D1501589

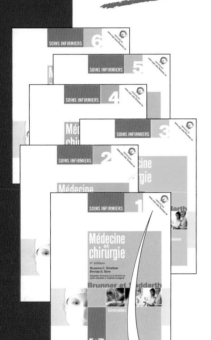

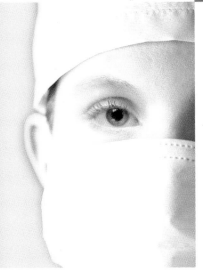

1

Médecine et chirurgie

Généralités

OUVRAGES PARUS DANS CETTE COLLECTION:

Notes au dossier – Guide de rédaction pour l'infirmière, Diane St-Germain avec
la collaboration de Sylvie Buisson, Francine Ménard et Kim Ostiguy, 2001.

Diagnostics infirmiers, interventions et bases rationnelles – Guide pratique,
4ᵉ édition, Marilynn E. Doenges, Monique Lefebvre et Mary Frances Moorhouse, 2001.

L'infirmière et la famille – Guide d'évaluation et d'intervention, 2ᵉ édition, Lorraine M. Wright et
Maureen Leahey, adaptation française de Lyne Campagna, 2001.

L'examen clinique dans la pratique infirmière, sous la direction de Mario Brûlé et Lyne Cloutier
avec la collaboration de Odette Doyon, 2002.

Soins infirmiers en pédiatrie, Jane Ball et Ruth Bindler, adaptation française de Kim Ostiguy et
Isabelle Taillefer, 2003.

Manuel de diagnostics infirmiers, traduction de la 9ᵉ édition, Lynda Juall Carpenito,
adaptation française de Lina Rahal, 2003.

Guide des médicaments, 2ᵉ édition, Judith Hopfer Deglin et April Hazard Vallerand,
adaptation française sous la direction de Nathalie Archambault et Sylvie Delorme, 2003.

Soins infirmiers en périnatalité, 3ᵉ édition, Patricia Wieland Ladewig, Marcia L. London,
Susan M. Moberly et Sally B. Olds, adaptation française de Francine Benoit, Manon Bernard,
Pauline Roy et France Tanguay, 2003.

Soins infirmiers – Psychiatrie et santé mentale, Mary C. Townsend, adaptation française
de Pauline Audet avec la collaboration de Sylvie Buisson, Roger Desbiens, Édithe Gaudet,
Jean-Pierre Ménard, Irène Robitaille et Denise St-Cyr-Tribble, 2004.

La dose exacte – De la lecture de l'ordonnance à l'administration des médicaments,
Lorrie N. Hegstad et Wilma Hayek, adaptation française de Monique Guimond avec
la collaboration de Julie Bibeau, 2004.

Soins infirmiers – Théorie et pratique, Barbara Kozier, Glenora Erb, Audrey Berman
et Shirlee Snyder, adaptation française sous la direction de Sophie Longpré
et Lyne Cloutier, 2005.

Soins infirmiers aux aînés en perte d'autonomie – Une approche adaptée aux CHSLD,
sous la direction de Philippe Voyer, 2006.

Soins infirmiers – Théorie et pratique : La profession d'infirmière auxiliaire,
France Cameron, 2006.

Pour plus de renseignements sur ces ouvrages, consultez notre site Internet:
www.competences-infirmieres.ca

SOINS INFIRMIERS

1

Médecine et chirurgie

4e édition

Généralités

Brunner et Suddarth

Suzanne C. Smeltzer
Brenda G. Bare

Adaptation française sous la direction de
Lyne Cloutier *et* **Sophie Longpré**

Avec la participation de
Nicole Allard, Marie-Claude Thériault,
Céline Plante, Lisette Gagnon,
Nicole Ouellet, Michel Dorval, Isabelle Rouleau,
Liette St-Pierre, Jacqueline Bergeron, Lise Talbot,
Maud-Christine Chouinard, Francine de Montigny,
Cécile Michaud, Marie-Chantal Loiselle,
Bilkis Vissandjée et Diane Morin

Et la collaboration de
Hugo Laplante

ERPI
ÉDITIONS DU RENOUVEAU PÉDAGOGIQUE INC.

5757, RUE CYPIHOT, SAINT-LAURENT (QUÉBEC) H4S 1R3
TÉLÉPHONE : (514) 334-2690   TÉLÉCOPIEUR : (514) 334-4720
erpidlm@erpi.com   w w w . e r p i . c o m

Directeur, développement de produits : Sylvain Giroux

Supervision éditoriale : Jacqueline Leroux
Traduction : Marie-Hélène Courchesne, Mireille Daoust, Louise Durocher, Suzanne Marquis, Raymonde Paradis, Véra Pollak
Révision linguistique : Michel Boyer, Emmanuel Dalmenesche et Louise Garneau
Correction d'épreuves : Michel Boyer et Louise Garneau
Recherche iconographique : Chantal Bordeleau

Direction artistique : Hélène Cousineau
Coordination de la production : Muriel Normand
Conception graphique : Marie-Hélène Martel
Couverture : Benoit Pitre
Édition électronique : Infoscan Collette

Dans cet ouvrage, les termes désignant les professionnels de la santé ont valeur de générique et s'appliquent aux personnes des deux sexes.

Les auteurs et l'éditeur ont pris soin de vérifier l'information présentée dans ce manuel. Ils se sont également assurés que la posologie des médicaments est exacte et respecte les recommandations et les pratiques en vigueur au moment de la publication de ce manuel. Cependant, étant donné l'évolution constante des recherches, des modifications dans les traitements et l'utilisation des médicaments deviennent nécessaires. Nous vous prions de vérifier l'étiquette-fiche de chaque médicament et les instructions de chaque appareil avant de procéder à une intervention. Cela est particulièrement important dans le cas de nouveaux médicaments, de médicaments peu utilisés et de techniques peu courantes. Les auteurs et l'éditeur déclinent toute responsabilité pour les pertes, les lésions ou les dommages entraînés, directement ou indirectement, par la mise en application de l'information contenue dans ce manuel.

Dépôt légal : 2006
Bibliothèque et archives nationales du Québec
Bibliothèque nationale du Canada
Imprimé au Canada

VOLUME 1 : 20393 – ISBN 2-7613-2037-9
VOLUME 2 : 20394 – ISBN 2-7613-2038-7
VOLUME 3 : 20395 – ISBN 2-7613-2039-5
VOLUME 4 : 20396 – ISBN 2-7613-2040-9
VOLUME 5 : 20397 – ISBN 2-7613-2041-7
VOLUME 6 : 20398 – ISBN 2-7613-2042-5
ENSEMBLE : 20328 – ISBN 2-7613-1575-8

1234567890 II 09876
20393 ABCD   LHM-9

AVANT-PROPOS

À l'aube du XXIe siècle, les infirmières ont devant elles un avenir qui sera fait de changements incomparables à ceux des siècles précédents :

- La science et la technologie ont presque aboli les frontières de notre monde et rendu la communication entre ses différentes parties plus aisée.
- La communication de masse s'est répandue et l'information est maintenant rapidement accessible tant pour les professionnels de la santé que pour la population.
- Les économies se situent davantage à l'échelle mondiale qu'à l'échelle régionale.
- Les changements industriels et sociaux ont conduit à une augmentation des voyages à travers le monde et des échanges culturels.

Aujourd'hui se présente aux infirmières une multitude d'occasions et de défis pour offrir dans des milieux de soins traditionnels ou non des soins de qualité supérieure fondés sur des résultats probants. Les soins de santé connaissant une évolution rapide, les infirmières doivent être en mesure d'élaborer des plans thérapeutiques* pour tous les milieux, que ce soit l'hôpital, la clinique, le domicile, les organismes communautaires ou les centres pour personnes âgées, et ce à toutes les étapes de la maladie et pour tous les âges de la vie. Une étude récente a démontré que les infirmières contribuaient grandement aux progrès des personnes hospitalisées. Par conséquent, elles doivent apprendre à déterminer rapidement les besoins des personnes à court ou à long terme et à collaborer efficacement avec ces dernières et la famille, ainsi qu'avec les membres de l'équipe de soins et les organismes communautaires, afin de créer un système de soins intégré. Pour s'assurer que les gens restent en bonne santé et pour promouvoir le bien-être de ceux qui sont atteints d'affections aiguës ou chroniques, les infirmières doivent encourager et favoriser l'adoption d'un mode de vie sain et des stratégies adéquates. La cartographie du génome humain et d'autres progrès ayant vulgarisé le sujet de la génétique, elles doivent se tenir au courant des questions qui y sont rattachées.

Pour bien se préparer à ces nombreuses perspectives et aux responsabilités qui seront les leurs, les infirmières doivent se tenir informées non seulement des nouvelles connaissances et compétences dans leur profession, mais également des résultats de recherches, des progrès scientifiques et des problèmes éthiques relatifs aux nombreux domaines de la pratique clinique. Plus que jamais, elles doivent développer leur esprit critique et faire preuve de créativité et de compassion.

Caractéristiques de la nouvelle édition

La nouvelle édition de *Soins infirmiers – Médecine et chirurgie* de Brunner et Suddarth est axée sur le XXIe siècle et sur la nécessité, pour les infirmières, d'être informées, hautement qualifiées, perspicaces, attentionnées et sensibles. Nous traitons des questions relatives aux soins infirmiers d'un point de vue physiologique, physiopathologique et psychosocial, et voulons aider l'étudiante à déterminer les priorités de soins dans ce contexte. L'information présentée est à la fine pointe de l'actualité et fournit à l'étudiante et aux autres utilisateurs du manuel les moyens de prodiguer des soins de qualité aux personnes et à leurs familles dans divers milieux et à domicile. Nous avons rédigé et adapté cette nouvelle édition de manière à aider les étudiantes à comprendre le rôle de l'infirmière dans une pratique en constante évolution et relativement aux divers aspects de la santé et de la maladie.

Outils d'enseignement

Chaque chapitre commence par l'énumération des objectifs d'apprentissage et par la rubrique *Vocabulaire*. Tout au long du manuel, l'étudiante trouvera des *Alertes cliniques* et des *Particularités reliées à la personne âgée* ainsi que des encadrés spécialisés traitant des sujets suivants :

- Enseignement
- Éthique et considérations particulières
- Examen clinique
- Facteurs de risque
- Gérontologie
- Grille de suivi des soins à domicile
- Pharmacologie
- Physiologie/physiopathologie
- Plan thérapeutique infirmier*
- Promotion de la santé
- Recherche en sciences infirmières
- Recommandations

---

* Afin de refléter les changements législatifs de janvier 2003, nous avons retenu l'expression « plan thérapeutique infirmier ». La description et les modalités d'implantation de celui-ci n'étant toutefois pas établies officiellement au moment de la mise sous presse de l'ouvrage, il est possible que les choix qui seront arrêtés par l'Ordre des infirmières et infirmiers du Québec (OIIQ) diffèrent de la présentation qui a été retenue ici. Cependant, les adaptatrices sont convaincues que les interventions infirmières qu'elles proposent sont garantes d'une pratique consciencieuse et sécuritaire. L'OIIQ prévoit une campagne d'information qui permettra à tous et à toutes de mieux saisir les tenants et les aboutissants de la question. Nous vous invitons à consulter le site de l'Ordre (www.oiiq.org) afin de vous tenir au courant.

Les illustrations, les photographies, les encadrés et les tableaux complètent la matière et visent à faciliter sa compréhension. Chaque chapitre se conclut par des exercices d'intégration et des références bibliographiques en anglais et en français. Le guide visuel (p. IX) vous permettra de vous familiariser avec les principales composantes du manuel.

Adaptation française

La version française a été réalisée par une équipe dynamique et chevronnée de professeures et cliniciennes issues de divers milieux de pratique et d'enseignement. La direction de l'adaptation a été réalisée par Lyne Cloutier et Sophie Longpré, toutes deux professeures au département des sciences infirmières de l'Université du Québec à Trois-Rivières. Ces deux professeures ont également assuré en 2005 la direction de l'ouvrage *Soins infirmiers – Théorie et pratique* de Kozier, Erb, Berman et Snyder. Fortes de cette expérience, elles ont pu établir la complémentarité des deux ouvrages et ainsi limiter les redondances.

L'équipe d'adaptation a eu le souci constant d'actualiser les connaissances présentées dans l'édition américaine en adaptant le contenu à la réalité québécoise et en l'étoffant lorsque c'était pertinent. L'ouvrage à été mis à jour de manière à ce qu'il reflète la pratique courante et aborde les progrès des soins de santé et de la technologie. D'une part, la terminologie respecte le contexte québécois, et, d'autre part, les informations statistiques, contextuelles, sociales ou environnementales sont fondées sur le contexte québécois ou canadien. L'équipe a été particulièrement soucieuse

d'intégrer les résultats probants liés à la pratique au Québec et au Canada. On trouve ainsi dans le manuel les toutes dernières recommandations canadiennes pour le contrôle de l'hypertension artérielle, du diabète et de la dyslipidémie, pour n'en nommer que quelques-unes. De plus, chaque fois que cela était possible, les adaptatrices ont ajouté des résultats de recherches menées au Québec ou au Canada. Plusieurs outils, tels que des feuilles d'évaluation, des formulaires de triage, des formulaires de suivi ou des programmes d'enseignement provenant de milieux de pratique québécois, sont présentés tout au long de l'ouvrage.

Un pharmacien, M. Hugo Laplante, a révisé l'ensemble de l'ouvrage dans le but de fournir à l'étudiante une information scientifique à jour et adaptée à la pratique d'ici. L'étudiante est ainsi assurée de trouver des données et des informations conformes aux normes de l'Association des pharmaciens du Canada.

Ressources complémentaires

Des outils d'apprentissage complémentaires accompagnent cette nouvelle édition. Ainsi, le Compagnon Web (**www.erpi.com/brunner.cw**) comprend, par chapitre, une bibliographie exhaustive et une liste de ressources et de sites Web spécialisés, ainsi que la rubrique « La génétique dans la pratique infirmière », lorsque le cas s'y prête. Dans la partie du Compagnon Web qui leur est réservée, les enseignants trouveront également un diaporama (fichiers PowerPoint) portant sur plusieurs chapitres et des cas cliniques rattachés à des problèmes de santé prioritaires.

Remerciements

Cet ouvrage est le fruit d'un long travail auquel de nombreuses personnes ont participé de près ou de loin. Nous souhaitons tout d'abord remercier les adaptatrices qui ont su, par leur travail consciencieux, refléter la réalité québécoise et canadienne. Leurs efforts n'auront pas été vains puisque nous sommes maintenant en mesure de mettre à la disposition des étudiantes infirmières de toute la province un ouvrage en français d'actualité et d'une grande qualité. Plusieurs personnes ont également accepté d'agir à titre de consultantes à différentes étapes du travail afin de relire ou de commenter des passages. Leurs commentaires, leurs propositions et leurs critiques nous auront permis de nous assurer de la pertinence du contenu.

Nous tenons à souligner le soutien indéfectible de toute l'équipe des Éditions du Renouveau Pédagogique. Tout d'abord Jean-Pierre Albert et Sylvain Giroux, qui ont suffisamment cru en nous pour nous confier la direction de l'adaptation. Un merci tout particulière-

ment chaleureux à Jacqueline Leroux, éditrice de l'ouvrage, qui a su jongler de façon magistrale avec cet immense casse-tête en gardant la tête froide et un mot d'humour ! Merci aussi à toute l'équipe de traduction et de révision, notamment à Michel Boyer, à Louise Garneau et à Emmanuel Dalmenesche.

Ce travail de longue haleine a représenté un défi tout particulièrement rude à certains moments, et il nous a fallu à l'occasion puiser dans nos réserves la détermination et la persévérance nécessaires pour mener à terme ce projet. Ces qualités, nous les devons en grande partie à des gens pour qui nous éprouvons une grande admiration, nos parents. Nous voudrions donc ici remercier ceux qui, par leur exemple, nous ont communiqué leur vision de la vie : Paul-André Cloutier, Raymonde Labelle, Micheline Gagnon et Serge Longpré.

Lyne Cloutier et Sophie Longpré

ADAPTATION

Cet ouvrage a été adapté sous la direction de

Lyne Cloutier, inf., M.Sc.
Professeure, Département des sciences infirmières
– Université du Québec à Trois-Rivières

Sophie Longpré, inf., M.Sc.
Professeure, Département des sciences infirmières
– Université du Québec à Trois-Rivières

Avec la participation de

Nicole Allard, inf., Ph.D.
Professeure, Département des sciences infirmières – Université du Québec à Rimouski

Jacqueline Bergeron, inf., B.Sc., MAP
Chargée de cours, Département des sciences infirmières – Université du Québec à Trois-Rivières ; Infirmière bachelière, CLSC Sainte-Geneviève – Centre de santé et services de la Vallée-de-la-Batiscan

Nancy Chénard, inf., B.Sc., DESS sciences infirmières
Coordonnatrice en clinique de transplantation cardiaque – Institut de cardiologie de Montréal

Maud-Christine Chouinard, inf., Ph.D.
Professeure, Module des sciences infirmières et de la santé – Université du Québec à Chicoutimi

Francine de Montigny, inf., Ph.D.
Professeure, Département des sciences infirmières – Université du Québec en Outaouais

Michel Dorval, Ph.D.
Professeur agrégé, Faculté de pharmacie – Université Laval ; Chercheur, Unité de recherche en santé des populations – Centre hospitalier universitaire affilié de Québec

Lisette Gagnon, inf., M.Sc. administration des services de santé, M.Sc.inf.
Chargée de cours, Faculté des sciences infirmières – Université de Montréal

Christian Godbout, inf., M.Sc.
Responsable de la formation en soins critiques/soins intensifs, chirurgie cardiaque – Hôpital Laval ; Chargé de cours, Département des sciences infirmières – Université du Québec à Rimouski

Josée Grégoire, inf., M.Sc., CSIC(C), CSU(C)
Enseignante de soins infirmiers – Cégep régional de Lanaudière à Joliette

Julie Houle, inf., M.Sc.
Professeure, Département des sciences infirmières – Université du Québec à Trois-Rivières

Marie-Chantal Loiselle, inf., M.Sc.
Conseillère en soins spécialisés (néphrologie) – Hôpital Charles-Lemoyne

Caroline Longpré, inf., M.Sc.
Enseignante de soins infirmiers – Cégep régional de Lanaudière à Joliette

Cécile Michaud, inf., Ph.D. (Sc.inf.)
Professeure adjointe, École des sciences infirmières, Faculté de médecine et des sciences de la santé – Université de Sherbrooke

Diane Morin, inf., Ph.D.
Professeure agrégée, Faculté des sciences infirmières – Université Laval

Nicole Ouellet, inf., Ph.D.
Professeure, Département des sciences infirmières – Université du Québec à Rimouski

Bruno Pilote, inf., M.Sc.
Enseignant de soins infirmiers – Cégep de Sainte-Foy

Céline Plante, inf., M.Sc.Clinique (sciences infirmières)
Professeure, Module des sciences de la santé – Université du Québec à Rimouski

Ginette Provost, inf., B.Sc.inf., M.A.
Conseillère clinicienne en soins spécialisés, Regroupement clientèle « Soins critiques-Traumatologie » – Centre hospitalier universitaire de Sherbrooke

Isabelle Reeves, inf., Ph.D.
Professeure agrégée, École des sciences infirmières, Faculté de médecine et des sciences de la santé – Université de Sherbrooke

Isabelle Rouleau, M.Sc.
Agent de recherche, Unité de recherche en santé des populations – Centre hospitalier universitaire affilié de Québec

Liette St-Pierre, inf., Ph.D.
Professeure, Département des sciences infirmières – Université du Québec à Trois-Rivières

Lise Talbot, inf., Ph.D.
Professeure agrégée, École des sciences infirmières, vice-doyenne, Faculté de médecine et des sciences de la santé – Université de Sherbrooke

Andréanne Tanguay, inf., M.Sc.
Chargée de cours, École des sciences infirmières, Faculté de médecine et des sciences de la santé – Université de Sherbrooke

Marie-Claude Thériault, B.Sc.inf., M.Sc.inf.
Professeure, École de science infirmière – Université de Moncton

Alain Vanasse, M.D., Ph.D
Professeur adjoint, Département de médecine familiale, Faculté de médecine et des sciences de la santé – Université de Sherbrooke

Bilkis Vissandjée, inf., Ph.D.
Professeure titulaire, Faculté des sciences infirmières – Université de Montréal

Et la collaboration de

Hugo Laplante, B.Pharm., M.Sc.
Pharmacien – Hôpital Saint-François d'Assise – CHUQ

 COMPAGNON WEB
Le modèle des cas cliniques a été élaboré par :
Martin Decoste, inf., B.Sc.
Enseignant de soins infirmiers – Cégep de Lévis-Lauzon

et le diaporama (fichiers PowerPoint) par :
Janine Roy, inf., B.Sc.
Chargée de cours, Université du Québec à Trois-Rivières

L'équipe d'adaptation et l'éditeur tiennent à remercier les personnes suivantes, qui ont apporté des commentaires précieux à diverses étapes de l'élaboration de l'ouvrage et de son matériel complémentaire :

Line Beaudet
Centre hospitalier universitaire de Montréal

Monique Bernard
Hôpital Maisonneuve-Rosemont

Monique Bernier
Cégep de Sainte-Foy

Johanne Bérubé
Cégep de Lévis-Lauzon

Suzanne Blair
Cégep André-Laurendeau

Raymonde Bourassa
Collège Montmorency

Sylvie Cantin
Cégep de Jonquière

Andrée Carbonneau
Cégep de Lévis-Lauzon

Julie Charette
CSSSTR, Centre de services Les Forges

Gilles Cossette
CSSS du Nord de Lanaudière

Jean-Guy Daniels
CSSS de la MRC d'Asbestos

Diane Demers
Collège Édouard-Montpetit

France Desrosiers
Cégep Saint-Jean-sur-Richelieu

Odette Doyon
Université du Québec à Trois-Rivières

Louise Gélinas
Collège de Bois-de-Boulogne

Denis Gervais
Cégep du Vieux Montréal

Monique Guillotte
Cégep André-Laurendeau

Isabelle Hemlin
Agence de développement de réseaux locaux de services de santé et de services sociaux de Montréal

Louise Hudon
Cégep de Sainte-Foy

Chantal Laperrière
Cégep de Saint-Laurent

Céline Laramée
Collège de Maisonneuve

Gaétane Lavoie
Cégep de Saint-Laurent

Marie-Noëlle Lemay
Collège de Bois-de-Boulogne

Sylvie Le May
Université de Montréal

Céline Longpré
Cégep de Saint-Jérôme

Renée Martin
Collège de Sherbrooke

Jocelyne Provost
Collège Montmorency

Pilar Ramirez Garcia
Faculté des sciences infirmières, Université de Montréal

Isabelle Sankus
Cégep de Saint-Laurent

Lise Schetagne
Collège Montmorency

Marie-Claude Soucy
Cégep de Limoilou

André St-Julien
Cégep du Vieux Montréal

Sylvie Théorêt
Institut de cardiologie de Montréal

Bach Vuong
Collège de Bois-de-Boulogne

GUIDE VISUEL

Les rubriques

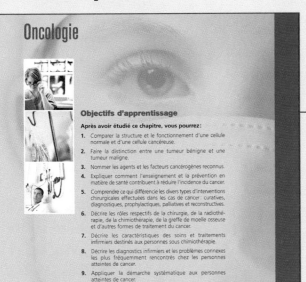

Oncologie

Objectifs d'apprentissage

Après avoir étudié ce chapitre, vous pourrez :

1. Comparer la structure et le fonctionnement d'une cellule normale et d'une cellule cancéreuse.
2. Faire la distinction entre une tumeur bénigne et une tumeur maligne.
3. Nommer les agents et les facteurs cancérogènes reconnus.
4. Expliquer comment l'enseignement et la prévention en matière de santé contribuent à réduire l'incidence du cancer.
5. Comprendre ce qui différencie les divers types d'interventions chirurgicales effectuées dans les cas de cancer : curatives, diagnostiques, prophylactiques, palliatives et reconstructives.
6. Décrire les rôles respectifs de la chirurgie, de la radiothérapie, de la chimiothérapie, de la greffe de moelle osseuse et d'autres formes de traitement du cancer.
7. Décrire les caractéristiques des soins et traitements infirmiers destinés aux personnes sous chimiothérapie.
8. Décrire les diagnostics infirmiers et les problèmes connexes les plus fréquemment rencontrés chez les personnes atteintes de cancer.
9. Appliquer la démarche systématique aux personnes atteintes de cancer.
10. Comprendre l'approche utilisée dans les centres de soins palliatifs pour personnes atteintes de cancer à un stade avancé.
11. Expliquer le rôle de l'infirmière dans l'évaluation et le traitement des urgences oncologiques les plus fréquentes.

■ Objectifs d'apprentissage

Énumère les facettes des apprentissages que l'étudiante sera en mesure d'acquérir en lisant le chapitre. Ces objectifs incitent aussi l'étudiante à faire des liens entre les notions.

■ Vocabulaire

Définit les termes relatifs aux notions clés et apparaissant en caractères gras à leur première occurrence dans le chapitre. Ces termes cernent clairement l'ensemble des concepts clés du chapitre.

VOCABULAIRE

ABCD : abréviation anglaise de *Airways* (voies respiratoires), *Breathing* (respiration), *Circulation* (circulation) *neurological Deficit* (déficit neurologique).

Aponévrose : membrane fibreuse conjonctive, blanchâtre et résistante, liée au muscle squelettique.

Aponévrotomie : incision chirurgicale de l'aponévrose d'une extrémité, visant à alléger la pression et à restaurer la fonction neurovasculaire.

Attelle de traction de Hare : attelle de traction portative, installée sur un membre inférieur afin de l'immobiliser et de réduire une fracture de la tête du fémur.

AVPU : abréviation anglaise de *Alert* (alerte), *Verbal* (réponse aux stimuli verbaux), *Pain* (réponse aux stimuli douloureux), *Unresponsive* (aucune réaction).

Carboxyhémoglobine (COHb) : hémoglobine qui, étant liée au monoxyde de carbone, ne peut se lier à l'oxygène ; il en résulte une hypoxémie.

Indice préhospitalier de traumatologie (IPT) : outil servant à juger et à évaluer la gravité d'un traumatisme grâce à divers

signes cliniques tels que la pression artérielle systolique, les fréquences cardiaque et respiratoire, les changements dans l'état de conscience et la présence de blessures pénétrantes. Selon le score obtenu et la présence ou l'absence d'un impact à haute vélocité, un algorithme oriente les ambulanciers vers le centre le plus approprié pour recevoir la personne.

Inotrope : ayant trait à la contractilité de la fibre musculaire.

Lavage péritonéal diagnostique : instillation de lactate de Ringer ou d'un sérum physiologique dans la cavité abdominale afin d'y détecter la présence de globules rouges, de globules blancs, de bile, de bactéries, d'amylase ou de contenu gastro-intestinal indiquant la présence d'une lésion abdominale.

Sphygmooxymétrie (saturométrie) : mesure de la saturation en oxygène de l'hémoglobine.

Triage : processus d'évaluation des besoins en matière de santé des personnes qui se présentent au service des urgences afin de déterminer l'ordre de priorité dans les soins qui leur seront prodigués et de les orienter vers les ressources appropriées.

■ Alerte clinique

Fournit des conseils judicieux pour la pratique clinique et des avertissements pour éviter les erreurs courantes.

! ALERTE CLINIQUE

De nombreuses personnes prennent des produits naturels et des suppléments nutritionnels, sans toutefois les considérer comme des «médicaments», de sorte qu'elles négligent parfois de signaler ce fait aux professionnels de la santé. Or, on doit mettre en garde les personnes qui reçoivent des anticoagulants, à la suite d'un AVC, d'un AIT ou d'un diagnostic de fibrillation auriculaire, contre deux plantes, le ginkgo biloba et les suppléments d'ail, dont les effets sur la warfarine (Coumadin) ont été démontrés. Le ginkgo est associé à une augmentation des temps de saignement, ainsi qu'à une _____ d'hémorragies spontanées et d'héma_____. Par ailleurs, prendre à la fois des suppl_____ warfarine peut hausser de façon con_____ international normalisé (RIN), accrois_____ de saignement (Evans, 2000). De nomb_____ naturels sont susceptibles d'accentuer _____ anticoagulant de la warfarine.

👤 Particularités reliées à la personne âgée

De nombreuses personnes âgées vivent des épisodes d'incontinence qui apparaissent de façon soudaine. Lorsque cela se produit, l'infirmière doit interroger la personne, et sa famille dans la mesure du possible, à propos de l'apparition des symptômes et des signes de l'incontinence urinaire ou d'autres symptômes ou signes pouvant indiquer une autre affection sous-jacente.

L'incontinence urinaire peut être provoquée par une infection urinaire aiguë ou une autre infection, la constipation, une diminution de l'apport liquidien, un changement dans l'évolution d'une affection chronique, comme l'augmentation du taux de glycémie chez une personne diabétique ou la

■ Particularités reliées à la personne âgée

Met en évidence les manifestations cliniques de l'affection chez la personne âgée.

👤 EXERCICES D'INTÉGRATION

1. Un homme âgé de 55 ans déclare qu'il ne veut pas participer à une recherche clinique portant sur un médicament. Il déclare : « Il se peut qu'on ne me donne pas le médicament, mais plutôt un placebo. J'aimerais avoir recours aux médecines douces, puisque la médecine traditionnelle ne peut pas m'aider. » Comment l'infirmière devrait-elle réagir ? Quelles données devrait-elle recueillir ou transmettre aux autres membres de l'équipe soignante ?

2. Une infirmière travaille auprès d'une famille dont l'un des membres est alcoolique et cocaïnomane ; elle met au point un plan thérapeutique infirmier. Cependant, un membre

de la famille dit à l'infirmière qu'il n'est pas d'accord avec le plan auquel ont souscrit les autres proches. Que diriez-vous à cette personne ? Quelles sont les stratégies qui pourraient s'avérer utiles auprès de cette personne et des autres membres de sa famille ?

3. Vous soignez un homme qui est en phase terminale à la suite d'un cancer du poumon. Ses enfants vous confient qu'ils se sentent accablés en raison de la situation désespérée de leur père. Que pouvez-vous faire pour les conseiller et les aider à trouver de l'espoir au seuil de la mort ? Comment pouvez-vous les soutenir et répondre à leurs besoins affectifs, sociaux et spirituels ?

■ Exercices d'intégration

Ces exercices qui viennent clore chaque chapitre sont tirés de brèves études de cas. Les questions posées encouragent l'étudiante à faire preuve d'esprit critique, c'est-à-dire à analyser, à comparer, à examiner, à interpréter et à évaluer l'information.

RÉFÉRENCES BIBLIOGRAPHIQUES
en anglais • en français

Allard, N. (2000). Cancer et fatigue. *Infirmière du Québec*, 7(4), 12-13, 45-19.
Association canadienne des infirmières en oncologie (2001). *Conseils pratiques sur la façon dont les personnes atteintes de cancer peuvent gérer la fatigue*. Toronto: Ortho Biothec.
Association canadienne des infirmières en oncologie (2001). *Normes de soins, rôles infirmiers en oncologie et compétences relatives aux rôles infirmiers*. Toronto: Astra Zeneca.
Bremerkamp, M. (2000). Mechanisms of action of 5-HT3 receptor antagonists: Clinical overview and nursing implications. *Clinical Journal of Oncology Nursing*, 4(5), 201–207.
Comité consultatif fédéral-provincial-territorial sur la santé de la population (1999). *Pour un avenir en santé : Deuxième rapport sur la santé de la population canadienne*. Ottawa.

Fattorusso,V., et Ritter, O. (1998). *Vademecum clinique : du diagnostic au traitement* (15 éd.). Paris : Masson.
Fibison, W.J. (2000). Gene therapy. *Nursing Clinics of North America*, 35(3), 757–773.
Fisher, B., et al. (1998). Tamoxifen for prevention of breast cancer: Report of the National Surgical Adjuvant Breast and Bowel Project P-1 study. *Journal of National Cancer Institute*, 9...
Frankel, M.S. ... inheritable ... scientific, ... *American A... of Science*, ...
Garnier et De... *termes d...*
Gouvernemen... *canadienne...*
Greco, K.E. (... Impact of t...
Green, E. (20... control: ge... workshop. ... *infirmiers ...*

Références bibliographiques

Rassemble les notices bibliographiques, en anglais et en français, des auteurs cités dans le chapitre.

Index

Pour faciliter le repérage de l'information, on trouve en fin d'ouvrage un index détaillé qui couvre l'ensemble des six volumes.

Les encadrés

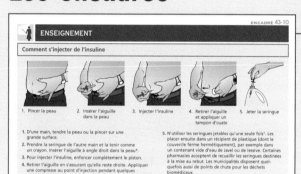

ENCADRÉ 43-10

ENSEIGNEMENT

Comment s'injecter de l'insuline

1. Pincer la peau
2. Insérer l'aiguille dans la peau
3. Injecter l'insuline
4. Retirer l'aiguille et appliquer un tampon d'ouate
5. Jeter la seringue

1. D'une main, tendre la peau ou la pincer sur une grande surface.
2. Prendre la seringue de l'autre main et la tenir comme un crayon. Insérer l'aiguille à angle droit dans la peau*.
3. Pour injecter l'insuline, enfoncer complètement le piston.
4. Retirer l'aiguille en s'assurant qu'elle reste droite. Appliquer une compresse au point d'injection pendant quelques secondes.

5. N'utiliser les seringues jetables qu'une seule fois†. Les placer ensuite dans un récipient de plastique (dont le couvercle ferme hermétiquement), par exemple dans un contenant vide d'eau de Javel ou de lessive. Certaines pharmacies acceptent de recueillir les seringues destinées à la mise au rebut. Les municipalités disposent quelquefois aussi de points de chute pour les déchets biomédicaux.

* On enseigne parfois à insérer l'aiguille à un angle de 45°.
† Même si certaines études révèlent qu'on peut sans danger réutiliser les seringues jetables, on doit d'abord s'assurer que l'hygiène personnelle est adéquate, qu'il n'existe pas de maladie grave, de lésions ouvertes sur les mains ni d'affaiblissement de la résistance à l'infection.

Enseignement

Fournit des consignes explicites pour les autosoins ou pour aider la personne à surmonter diverses difficultés. Le recours au besoin à des schémas ou à des photographies facilite la compréhension de la technique à enseigner.

Éthique et considérations particulières

Propose de brèves études de cas soulevant des dilemmes éthiques.

ENCADRÉ 13-2

ÉTHIQUE ET CONSIDÉRATIONS PARTICULIÈRES

Comment administrer des placebos ?

À cause des perceptions erronées sur les placebos et l'effet placebo, on doit se rappeler les principes suivants:

■ L'effet placebo n'indique pas une absence de douleur; il est plutôt l'effet d'une réaction physiologique réelle.

■ On ne doit jamais recourir à des placebos (comprimés ou injection sans ingrédients actifs) pour tester la sincérité d'une personne qui dit souffrir ou comme traitement de première ligne.

■ On ne doit jamais interpréter une réponse positive à un placebo (par exemple diminution de la douleur) comme une indication ... pas réelle.

■ Un placebo ne ... cament analgé... un effet analg... qu'elles se sen... décevoir l'infir...

ENC...

EXAMEN CLINIQUE

Bronchopneumopathie chronique obstructive: exemples de questions à poser

ANAMNÈSE

■ Depuis combien de temps la personne a-t-elle des problèmes respiratoires?
■ L'effort augmente-t-il la dyspnée? Si oui, quel type d'effort?
■ Quelles sont les limites de tolérance à l'effort chez cette personne?
■ À quels moments de la journée la personne se plaint-elle le plus de fatigue et d'essoufflement?
■ Quelles habitudes d'alimentation et de sommeil ont été touchées?
■ Que sait la personne au sujet de son affection et de son état?
■ Quels sont ses antécédents de tabagisme (primaire et secondaire)?
■ Est-elle exposée à la fumée ou à d'autres polluants dans son milieu de travail?
■ Quels facteurs ont déclenché la BPCO (effort, odeurs fortes, poussière, exposition à des animaux, etc.)?

EXAMEN PHYSIQUE

■ Quelle position la personne adopte-t-elle pendant la consultation?
■ Quel est son pouls et quelle est sa fréquence respiratoire?
■ Quelles sont les caractéristiques de sa respiration? À l'effort et sans effort? Autres?

■ Peut-elle finir une phrase sans chercher son souffl...
■ Contracte-t-elle les muscles abdominaux au cours ... l'inspiration?
■ Utilise-t-elle les muscles accessoires des épaules et ... lorsqu'elle respire?
■ Prend-elle beaucoup de temps pour expirer (expiration prolongée)?
■ Y a-t-il des signes de cyanose centrale?
■ Les veines de son cou sont-elles gonflées?
■ Y a-t-il un œdème périphérique?
■ La personne tousse-t-elle?
■ Quelles sont les caractéristiques de ses expectorations: couleur, quantité et consistance?
■ Présente-t-elle un hippocratisme digital?
■ Quels types de bruits pulmonaires (bruits clairs, faibles ou distants, crépitants, sibilants) perçoit-on? Décrire et consigner les observations à cet égard, ainsi que les régions où les bruits sont perçus.
■ Quel est l'état de conscience de la personne?
■ Note-t-on une altération de la mémoire à court terme ou à long terme?
■ L'état de stupeur s'aggrave-t-il?
■ La personne a-t-elle des appréhensions?

ENCADRÉ 28-1

FACTEURS DE RISQUE

MCV

FACTEURS NON MODIFIABLES

■ Antécédents familiaux de coronaropathie prématurée
■ Vieillissement
■ Sexe (hommes, femmes ménopausées)
■ Ethnie (risque plus élevé chez les autochtones que chez les sujets de race blanche)

FACTEURS MODIFIABLES

■ Hyperlipidémie
■ Hypertension
■ Tabagisme
■ Hyperglycémie (diabète)
■ Obésité
■ Sédentarité
■ Caractéristiques de la personnalité de type A, particulièrement l'hostilité
■ Usage de contraceptifs oraux

Examen clinique

Distingue clairement l'anamnèse, qui comprend d'une part des questions à poser pour établir l'histoire de santé et d'autre part les signes et symptômes qui permettent de détecter ou de prévenir les affections.

Facteurs de risque

Donne un aperçu des facteurs qui peuvent nuire à la santé (substances cancérogènes, environnement, consommation de certains produits, etc.).

ENCADRÉ 37-3

GÉRONTOLOGIE

Entretien des prothèses dentaires

Comme un grand nombre de personnes âgées portent des prothèses dentaires, les mesures d'hygiène buccodentaire et les examens périodiques contribuent au maintien de la santé.

- Brosser les prothèses dentaires deux fois par jour.
- Retirer les prothèses au coucher et les faire tremper dans l'eau ou dans un produit de nettoyage (ne pas les mettre dans l'eau chaude, car elles pourraient se déformer).
- Se rincer la bouche avec de l'eau tiède et salée, au lever, après chaque repas et au coucher.
- Nettoyer soigneusement la zone qui se trouve sous les prothèses partielles, car les particules alimentaires tendent à s'y loger.
- Consommer des aliments non adhérents et découpés en petits morceaux; mastiquer lentement.
- Rendre visite au denturologiste régulièrement pour qu'il évalue l'ajustement des prothèses et qu'il effectue les corrections nécessaires.

■ Gérontologie

Rassemble de l'information concernant les personnes âgées.

■ Grille de suivi des soins à domicile

Présente des recommandations explicites – destinées à la personne elle-même ou à son proche aidant, ou aux deux – afin d'assurer l'atteinte des objectifs de soins lorsque la personne a regagné son domicile.

ENCADRÉ 46-11

GRILLE DE SUIVI DES SOINS À DOMICILE

Personne sous dialyse péritonéale (DPCA ou DPA)

Après avoir reçu l'enseignement sur les soins à domicile, la personne ou le proche aidant peut:	Personne	Proche aidant
■ Expliquer ce qu'est l'insuffisance rénale et quels sont ses effets sur l'organisme.	✔	✔
■ Donner des informations générales sur la fonction rénale.	✔	✔
■ Expliquer les différentes phases de l'affection.	✔	✔
■ Expliquer les principes de base de la dialyse péritonéale.	✔	✔
■ Entretenir le cathéter et effectuer les soins du point d'insertion.	✔	✔
■ Évaluer les signes vitaux et le poids.	✔	✔
■ Expliquer en quoi consistent la surveillance et le maintien de l'équilibre hydrique.	✔	✔
■ Énumérer les principales techniques d'asepsie.	✔	✔
■ Effectuer les échanges de la DPCA en utilisant les techniques d'asepsie recommandées (les personnes qui reçoivent une DPA devraient également être en mesure d'expliquer la défaillance ou de non-disponibilité du cycleur).	✔	✔
...tenir, le cas échéant.	✔	✔
...ossibles de la dialyse péritonéale, les mesures utilisées pour les traiter.	✔	✔

■ Pharmacologie

Résume les traitements pharmacologiques courants et récents ainsi que les progrès dans le domaine.

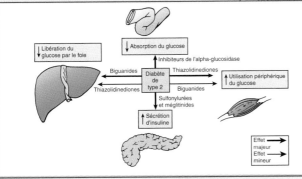

■ Promotion de la santé

Rappelle des consignes de sécurité susceptibles d'éviter des blessures ou des accidents.

ENCADRÉ 18-6

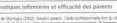

PROMOTION DE LA SANTÉ

Prévention des coups de chaleur

- Recommander à la personne d'éviter toute nouvelle exposition à des températures élevées; pendant une période assez longue, elle peut en effet présenter une hypersensibilité à la chaleur.
- Insister sur la nécessité de s'hydrater suffisamment et régulièrement, de porter des vêtements légers, amples et de couleur claire, et de réduire son activité par temps chaud.
- Conseiller aux athlètes de surveiller leurs pertes liquidiennes et pondérales durant leur entraînement, et de les compenser en buvant suffisamment.
- Conseiller à la personne d'augmenter graduellement l'intensité de l'effort physique, en prenant le temps qu'il faut pour s'acclimater à la chaleur.
- Recommander aux personnes âgées et vulnérables, qui vivent en milieu urbain où la chaleur est parfois intense, de fréquenter des lieux où elles auront de l'air frais (centres commerciaux, bibliothèques, par exemple).

■ Recherche en sciences infirmières

Résume des exemples de recherche en précisant l'objectif, le dispositif, les résultats et les implications pour la pratique infirmière. Cette rubrique sensibilise l'étudiante à l'importance de maintenir ses connaissances à jour en plus d'intégrer les résultats probants issus d'études réalisées par des infirmières.

RECHERCHE EN SCIENCES INFIRMIÈRES
7-1

Pratiques infirmières et efficacité des parents

F. de Montigny (2002). Devenir parent: l'aide professionnelle lors du séjour postnatal en centre hospitalier fait-elle une différence? Dans Perceptions sociales des parents d'un premier enfant: Événements critiques de la période postnatale immédiate, pratiques d'aide des infirmières et efficacité parentale. Thèse de doctorat en psychologie, Université du Québec à Trois-Rivières.

OBJECTIF
Cette étude vise à décrire les relations entre, d'une part, les perceptions qu'entretiennent les parents primipares à propos des pratiques d'aide des infirmières et des événements critiques de la période postnatale, ainsi que le sentiment qu'ils peuvent avoir d'exercer une certaine emprise sur les événements, et, d'autre part, l'anxiété des parents, leur façon de percevoir leur relation parentale et leur efficacité en tant que parents.

DISPOSITIF ET ÉCHANTILLON
L'échantillon de cette étude descriptive exploratoire était constitué de 320 parents (160 pères et 160 mères) d'un premier enfant. Seize jours après la naissance de l'enfant, on demanda aux participants de remplir un certain nombre de questionnaires: l'inventaire de l'anxiété situationnelle de Spielberger; l'inventaire des perceptions de l'efficacité parentale; l'échelle des pratiques d'aide, qui mesure les représentations que se font les parents de l'aide reçue des professionnels en matière d'habilitation; l'inventaire de la collaboration parent-intervenant, qui mesure les représentations des parents en ce qui concerne les rapports de collaboration et d'intimité qu'ils entretiennent avec les professionnels; l'échelle de perception de contrôle, qui mesure le sentiment qu'éprouvent les parents de pouvoir influer sur les événements; l'inventaire des moments critiques de la période postnatale, qui mesure le nombre et l'intensité des moments critiques en période postnatale; l'inventaire portant sur l'alliance parentale, qui mesure si les conjoints forment une équipe dans le but d'accomplir les diverses fonctions parentales.

RÉSULTATS
Cette recherche a permis de constater que l'expérience postnatale des parents met en évidence l'existence d'un modèle commun aux deux parents. Lorsque les infirmières adoptent des pratiques d'aide et de collaboration, les parents ont le sentiment d'avoir une certaine emprise sur les événements, perçoivent la période postnatale d'une manière positive, ont l'impression d'être des partenaires dans leur rôle de parents, sont moins anxieux et se sentent aptes à s'occuper efficacement de leur enfant dans les jours qui suivent la naissance. Ces résultats indiquent que l'anxiété est moindre chez les parents qui reçoivent de l'aide et du soutien de la part des infirmières au tout début de la période postnatale.

IMPLICATIONS POUR LA PRATIQUE INFIRMIÈRE
Dans un contexte d'amélioration de la santé, ces résultats nous indiquent que l'aide que les infirmières fournissent aux parents après la naissance de l'enfant influe grandement sur ce que vivent les parents. L'infirmière qui rencontre les parents après la naissance de leur enfant peut utiliser des stratégies de soutien adaptées à la situation; par exemple, elle s'adresse aux deux parents, reconnaît leur expérience, leurs atouts et leurs capacités. L'infirmière pose des questions, donne de l'information et accompagne les parents dans leurs décisions et leurs actions. Elle encourage les interactions avec le nouveau-né. Elle est à l'écoute des parents, elle les aide à communiquer entre eux de même qu'avec la famille étendue, soutenant ainsi la santé de la famille durant cette période de transition.

■ Recommandations

Décrit des interventions infirmières et leurs justifications scientifiques les plus récentes en vue de favoriser l'acquisition d'habiletés importantes. Chaque fois que des lignes directrices ont été énoncées par des comités d'experts, elles sont présentées dans la rubrique.

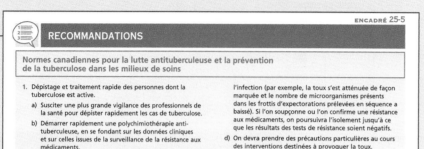

ENCADRÉ 25-5

RECOMMANDATIONS

Normes canadiennes pour la lutte antituberculeuse et la prévention de la tuberculose dans les milieux de soins

1. Dépistage et traitement rapide des personnes dont la tuberculose est active.

   a) Susciter une plus grande vigilance des professionnels de la santé pour dépister rapidement les cas de tuberculose.

   b) Démarrer rapidement une polychimiothérapie anti-tuberculeuse, en se fondant sur les données cliniques et sur celles issues de la surveillance de la résistance aux médicaments.

   l'infection (par exemple, la toux s'est atténuée de façon marquée et le nombre de microorganismes présents dans les frottis d'expectorations prélevées en séquence a baissé). Si l'on soupçonne ou l'on confirme une résistance aux médicaments, on poursuivra l'isolement jusqu'à ce que les résultats des tests de résistance soient négatifs.

   d) On devra prendre des précautions particulières au cours des interventions destinées à provoquer la toux.

Les figures et tableaux

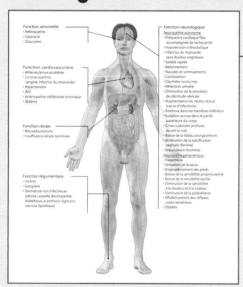

■ Effets multisystémiques

Schématise les conséquences multisystémiques d'une affection et permet d'en visualiser les principales manifestations cliniques.

■ Physiologie/physiopathologie

Démontre la séquence des événements physiopathologiques par des figures et des schémas clairs ainsi que par des algorithmes qui mettent en évidence les informations les plus utiles permettant de comprendre les manifestations cliniques et les options thérapeutiques.

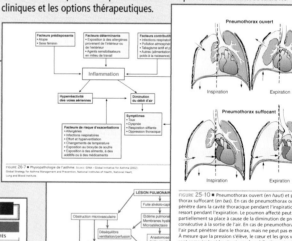

FIGURE 26-7 ■ Physiopathologie de l'asthme. Source: GINA – Global Initiative for Asthma (2002). Global Strategy for Asthma Management and Prevention, National Institutes of Health, National Heart, Lung and Blood Institute.

FIGURE 25-10 ■ Pneumothorax ouvert (*en haut*) et pneumo-thorax suffocant (*en bas*). En cas de pneumothorax ouvert, l'air pénètre dans la cavité thoracique pendant l'inspiration et en ressort pendant l'expiration. Le poumon affecté peut reprendre partiellement sa place à cause de la diminution de pression consécutive à la sortie de l'air. En cas de pneumothorax suffocant, l'air peut pénétrer dans le thorax, mais ne peut pas en ressortir. À mesure que la pression s'élève, le cœur et les gros vaisseaux sont comprimés et les structures du médiastin sont refoulées du côté opposé. La trachée est également repoussée vers le côté opposé du thorax et le poumon sain est comprimé.

FIGURE 25-6 ■ Pathogenèse et physiopathologie du syndrome de détresse respiratoire aigüe. Source: S. Fanzan (1997). A concise handbook of respiratory diseases (4ᵉ éd.). Stamford, CT: Appleton & Lange.

■ Plan thérapeutique infirmier*

Illustre les soins et les traitements sous l'angle de la démarche systématique dans la pratique infirmière. La numérotation et l'utilisation des puces font ressortir les liens entre chacune des interventions infirmières, leurs justifications scientifiques et les résultats escomptés.

* Voir la note de la page V.

TABLE DES MATIÈRES

Notions de base en soins infirmiers

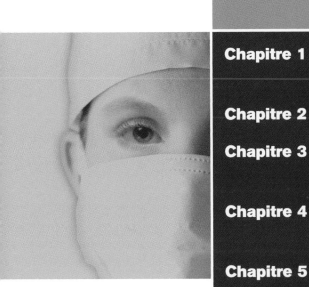

Adaptation française

Lise Talbot, inf., Ph.D., Professeure agrégée,
École des sciences infirmières, vice-doyenne, Faculté de
médecine et des sciences de la santé – Université de Sherbrooke

Lyne Cloutier, inf., M.Sc.
Professeure, Département des sciences infirmières – Université
du Québec à Trois-Rivières

Prestation des soins de santé et pratique infirmière

Objectifs d'apprentissage

Après avoir étudié ce chapitre, vous pourrez:

1. Définir les notions de santé et de bien-être.

2. Exposer les facteurs qui entraînent des changements importants dans le système de distribution des soins et des services de santé et en analyser les répercussions sur les soins et sur la profession d'infirmière.

3. Décrire les trois fonctions exercées par l'infirmière: soignante, leader, chercheuse.

4. Décrire les modèles de distribution des soins infirmiers.

5. Analyser l'élargissement du champ de compétence de la profession d'infirmière.

Comme d'autres secteurs d'activité de la société québécoise, les soins de santé ont connu de profonds changements au cours des dernières décennies. Élément déterminant du système de distribution des soins médicaux, la profession d'infirmière est fortement touchée par cette évolution. De plus, comme par le passé, elle aura beaucoup d'influence sur la forme que prendra le système de santé de demain.

Système de santé et soins infirmiers

Bien que les changements survenus dans le système de santé aient eu des répercussions sur la prestation des soins, la définition de la profession d'infirmière met toujours en relief le caractère particulier des soins infirmiers et en signale les principaux aspects.

DÉFINITION DES SOINS INFIRMIERS

En 1858, Florence Nightingale écrivait que les soins infirmiers avaient comme objectif de «placer le malade dans les meilleures conditions possibles pour que la nature agisse sur lui» et, depuis lors, les chefs de file de la profession ont défini notre pratique d'une manière qui montre qu'elle relève autant de l'art que de la science. Cette définition a toutefois évolué au fil du temps. En 2004, par exemple, l'Ordre des infirmières et infirmiers du Québec propose de définir ainsi le but de la pratique infirmière (OIIQ, 2004):

> La pratique infirmière vise à rendre la personne (famille, groupe ou collectivité) apte à prendre sa santé en charge selon ses capacités et les ressources que lui offre son environnement, quelle que soit l'étape de la vie qu'elle traverse et quelle que soit la phase de sa maladie. Elle vise également à rendre la personne capable d'assumer son bien-être et d'avoir une bonne qualité de vie.

Sept catégories d'énoncés décrivent ensuite les divers aspects sous lesquels on peut envisager l'exercice de la profession d'infirmière; les voici:

- Partenariat infirmière-client
- Promotion de la santé
- Prévention de la maladie, des accidents et des problèmes sociaux
- Processus thérapeutique
- Réadaptation fonctionnelle
- Qualité de vie
- Engagement professionnel

Les infirmières québécoises sont tenues de s'acquitter de leur rôle en respectant la *Loi sur les infirmières et les infirmiers du Québec* (L.R.Q., c. I-8) et de se conformer au *Code de déontologie des infirmières et infirmiers* du Québec qui précise l'ensemble des devoirs et des obligations morales propres à la profession (R.R.Q., 1981, c. I-8, r. 4.1). Pour mieux comprendre en quoi consiste la prestation des soins infirmiers, il convient d'analyser, d'une part, les besoins des personnes qui recourent aux soins de santé et, d'autre part, le fonctionnement du système de santé, particulièrement en regard des divers facteurs qui influent sur la profession d'infirmière et les services de santé.

DES SOINS ET SERVICES AXÉS SUR L'ÊTRE HUMAIN

La figure centrale des soins de santé et des services sociaux est évidemment le patient. Le terme de *patient*, qui provient du verbe latin *pati* signifiant «souffrir», a été utilisé traditionnellement pour désigner la personne qui reçoit des soins. Or, ce mot a une connotation de dépendance et de subordination. Pour cette raison, de nombreuses infirmières préfèrent utiliser le terme de *client*, qui vient d'un verbe latin signifiant «s'appuyer», ce qui évoque l'alliance et l'interdépendance. Dans ce manuel, toutefois, nous avons choisi d'utiliser aussi souvent que possible le terme de *personne* afin de mettre en valeur d'abord et avant tout l'être humain, indépendamment de son rapport avec la maladie ou avec le système de santé. Le concept de personne se définit comme suit (OIIQ, 2004):

> Un tout indivisible, unique et en devenir, agissant en conformité avec ses choix, ses valeurs et ses croyances, ainsi que selon ses capacités. La personne est en relation avec les autres (personne, famille, groupe ou collectivité) et en interaction avec son environnement.

La personne qui connaît un ou plusieurs problèmes de santé (un nombre de plus en plus grand de gens éprouvent de multiples problèmes de santé) a des besoins qui varient selon la nature de son ou de ses problèmes, selon les circonstances et selon son expérience de vie. L'une des principales fonctions de l'infirmière est de cerner les besoins immédiats de la personne et de prendre les moyens appropriés pour y répondre.

Besoins fondamentaux de la personne

Tous les êtres humains ont en commun des besoins fondamentaux qui doivent être satisfaits. Certains de ces besoins sont plus pressants que d'autres et il faut y répondre en suivant un ordre de priorités. Toutefois, dès qu'un besoin essentiel est satisfait, un besoin d'ordre supérieur surgit. Cette notion de besoin prioritaire s'inspire de la hiérarchie des besoins établie par Maslow (figure 1-1 ■).

Hiérarchie de Maslow

Selon Maslow, les besoins de l'être humain se répartissent de la manière suivante: les besoins physiologiques; le besoin de protection et de sécurité; le besoin d'affection et d'appartenance; le besoin d'estime de soi et de considération; le besoin d'actualisation de soi, qui englobe le besoin d'épanouissement, le besoin de connaître et de comprendre, ainsi que les besoins d'ordre esthétique. Les besoins d'ordre inférieur ne disparaissent jamais, et le fait de chercher à satisfaire des

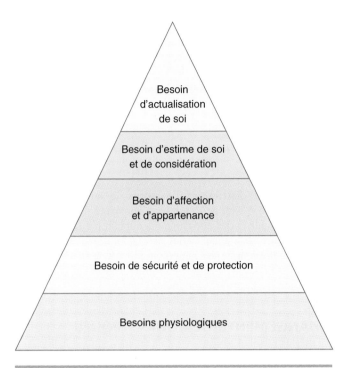

FIGURE 1-1 ■ La pyramide des besoins de l'être humain proposée par Maslow permet de comprendre que la personne passe des besoins fondamentaux aux besoins d'ordre supérieur en se fixant comme but ultime l'intégration de la santé et de l'actualisation de soi chez l'être humain.

besoins d'ordre supérieur est un signe d'évolution vers la santé psychologique et le bien-être. Cette hiérarchie des besoins constitue un cadre utile, qui peut convenir à divers modèles de soins infirmiers auxquels on recourt pour évaluer les atouts et les limites des personnes, de même que les interventions infirmières requises.

SYSTÈME DE SANTÉ EN TRANSITION

Les changements qui marquent le système de santé et les soins infirmiers reflètent le jeu des forces sociétales, économiques, technologiques, scientifiques et politiques qui se sont manifestées tout au long du XXᵉ siècle et dont l'action continue à se faire sentir au début du XXIᵉ siècle. Les transformations les plus importantes sont les suivantes: les changements démographiques, en particulier l'augmentation du nombre de personnes âgées et de la diversité culturelle de la population; l'évolution de la structure de la morbidité; les progrès technologiques; les attentes accrues de la part des consommateurs de soins et de services; le coût élevé des soins de santé et l'évolution de leur mode de financement; et les autres initiatives visant à réformer les soins de santé. Ces transformations ont conduit à des restructurations institutionnelles, à des compressions de personnel, à l'accroissement du nombre des services de consultation externe, à la diminution de la durée des hospitalisations et à l'augmentation des soins donnés dans la communauté ou à domicile. En outre, elles influent de façon considérable sur le milieu de travail des infirmières, qui tendent de plus en plus à donner des soins en milieu communautaire ou à domicile. À vrai dire, ces changements ont une influence dynamique sur notre perception de la santé et de la

maladie; ils modifient par conséquent l'orientation des soins infirmiers et du système de santé.

Étant donné qu'une proportion grandissante de la population est âgée de 65 ans ou plus et que les maladies chroniques sont maintenant plus répandues que les maladies aiguës, les traitements offerts et les objectifs visés par les services de santé ont évolué. En effet, on se préoccupe de plus en plus des nouvelles maladies infectieuses, des traumatismes et du bioterrorisme. Davantage que par le passé, les soins de santé doivent être axés sur la prévention, la promotion de la santé et les interventions ciblant les maladies chroniques. Cette évolution coïncide avec la priorité accordée à la maîtrise des coûts et à une gestion des ressources visant à offrir à l'ensemble de la population des soins de santé qui soient à la fois efficaces et de qualité.

Santé, bien-être et promotion de la santé

Le système de santé canadien, traditionnellement centré sur la maladie, accorde aujourd'hui davantage d'importance à la promotion de la santé et à la prévention de la maladie. Alors que la plupart des infirmières se consacraient auparavant aux personnes atteintes de maladies aiguës, elles sont aujourd'hui de plus en plus nombreuses à s'occuper d'abord de la promotion de la santé et de la prévention de la maladie.

SANTÉ

La façon dont on perçoit la santé dépend de la définition qu'on en donne. Dans le préambule de sa constitution, l'Organisation mondiale de la santé (OMS) définit la santé comme «un état de bien-être psychologique, physique et social complet, qui ne consiste pas seulement en l'absence de maladie ou d'incapacité» (Hood et Leddy, 2002). Or, cette définition ne tient pas compte des divers degrés de bien-être ou de maladie. Par ailleurs, la notion de continuum santé-maladie offre davantage de latitude pour décrire l'état de santé. Si on estime que la santé et la maladie représentent les deux extrémités d'un continuum, on ne peut affirmer qu'une personne jouit d'une santé parfaite ou qu'elle est complètement envahie par la maladie. Son état de santé change constamment et peut varier d'un grand bien-être à une très mauvaise santé, voire à la mort imminente. Par conséquent, on pense que l'être humain peut se trouver simultanément à divers degrés de santé et de maladie.

Le caractère restrictif de la définition de la santé proposée par l'OMS apparaît clairement lorsqu'il est question de maladie chronique et d'incapacité. En effet, une personne atteinte d'une maladie chronique ne peut satisfaire aux critères de santé établis par la définition de l'OMS. Toutefois, lorsqu'on inscrit la personne souffrant d'une maladie chronique ou d'une incapacité dans le continuum santé-maladie, on peut concevoir qu'elle a la possibilité d'atteindre un degré élevé de bien-être, pour autant qu'elle réussisse à atteindre son plein potentiel de santé malgré les limites imposées par sa maladie ou son incapacité. C'est ainsi que l'OIIQ (2004) décrit la santé:

[...] un processus dynamique et continu dans lequel une personne (famille, groupe ou collectivité) aspire à un état d'équilibre favorisant son bien-être et sa qualité de vie. Ce processus implique l'adaptation à de multiples facteurs environnementaux, un apprentissage ainsi qu'un engagement de la personne et de la société.

BIEN-ÊTRE

Le bien-être a été défini comme un état équivalent à la santé. Cookfair (1996) indique que le bien-être «implique un cheminement délibéré vers un état avancé de santé physique, psychologique et spirituelle, et correspond à une manière d'être dynamique, en constante fluctuation». Selon Leddy et Pepper (1998), les signes du bien-être sont la capacité à agir au mieux de ses possibilités, la faculté de s'adapter à diverses situations, une sensation de contentement et le sentiment que «tout se tient» et est harmonieux. À la lumière de ces définitions, il devient évident que l'objectif des professionnels de la santé est de favoriser les changements orientés vers la santé et le bien-être. Par ailleurs, l'aspect subjectif du sentiment de bien-être montre à quel point il est important de reconnaître l'individualité de la personne et de répondre à ses besoins en lui offrant tout un éventail de soins et de services de santé.

PROMOTION DE LA SANTÉ

Aujourd'hui, on accorde de plus en plus de place à la santé, à la promotion de la santé, au bien-être et aux autosoins. On définit la santé comme le fruit d'un mode de vie axé sur le bien-être. Ce résultat représente l'évolution d'une vaste gamme de mesures de promotion de la santé, dont les dépistages en série (comme la mammographie ou le test de Papanicolaou), les dépistages génétiques, les programmes de santé mentale et de salubrité de l'environnement, la réduction des risques, de même que la nutrition et l'enseignement. Le grand nombre de publications, de conférences et d'ateliers portant sur la santé et conçus pour le grand public témoigne de l'intérêt croissant pour les autosoins.

Les individus enrichissent continuellement leurs connaissances en matière de santé; d'ailleurs, on les encourage à s'occuper davantage de celle-ci et de leur bien-être. Dans les programmes structurés d'enseignement consacré aux autosoins, on insiste sur la promotion de la santé, la prévention et la prise en charge de la maladie, l'automédication et l'usage judicieux du système de santé. En outre, il existe une multitude de groupes d'entraide ainsi que de nombreux sites Internet et groupes de discussion qui permettent aux personnes atteintes des mêmes affections, maladies chroniques, déficiences et incapacités de mettre en commun leurs expériences et l'information dont elles disposent sur les autosoins.

Les professionnels de la santé prennent des mesures particulières pour atteindre et motiver les membres des divers groupes culturels et socioéconomiques relativement à leur mode de vie et à leurs façons de faire en matière de santé. Le stress, les régimes alimentaires inadéquats, le manque d'exercice, le tabagisme, les toxicomanies, les comportements à risque élevé (y compris les comportements sexuels à

risque) et l'hygiène déficiente constituent tous des aspects du mode de vie considérés comme nuisibles pour la santé. Les professionnels de la santé encouragent les gens à apporter des améliorations à leur mode de vie, à modifier leurs comportements à risque et à adopter des comportements sains.

Facteurs influant sur les soins et les services de santé

Le système de distribution des soins de santé se modifie rapidement en raison de l'évolution constante des besoins en matière de santé et des attentes de la population. De nouvelles priorités émergent sous l'effet des facteurs suivants: changements démographiques; augmentation de la morbidité, des déficiences et des incapacités; plus grande importance accordée à l'économie; et progrès technologiques.

CHANGEMENTS DÉMOGRAPHIQUES

Les changements touchant l'ensemble de la population portent tout autant sur les besoins en matière de soins de santé que sur la prestation des soins. En 2004, la population du Québec était évaluée à 7 542 760 personnes (Institut de la statistique du Québec, 2005). Cet accroissement de la population est attribuable en partie à l'amélioration des services de santé publique et à la qualité de l'alimentation.

Non seulement la population croît-elle en nombre, mais sa composition change également. En raison de la dénatalité et de la prolongation de l'espérance de vie due à l'amélioration des soins et des services de santé, le nombre d'enfants d'âge scolaire diminue et celui des personnes âgées, qui sont en majorité des femmes, augmente. Une grande partie de la population vit dans des secteurs très urbanisés; on assiste à la migration constante des groupes minoritaires vers le centre des villes et à celle des classes moyennes vers les banlieues. Le nombre des sans-abri, parmi lesquels on compte des familles entières, a augmenté de façon significative. La diversité culturelle s'accroît, car le pays accueille de plus en plus d'immigrés aux origines ethniques variées. En raison de ces changements démographiques et de la grande diversité des besoins à satisfaire, les moyens employés traditionnellement pour prodiguer les soins de santé n'ont plus la même efficacité, et une réorganisation d'envergure de tout le système de distribution des soins médicaux est devenue indispensable.

Vieillissement de la population

Selon certaines projections, c'est le Québec qui connaîtrait, aussi bien au Canada que dans le monde industrialisé, le plus haut taux d'accroissement des personnes de 65 ans et plus (Institut national de la santé publique, 2001). En 2021, plus de 1 personne sur 5 sera âgée de 65 ans et plus, comparativement à 12 % en 1996 (Thibault, Gauthier et Létourneau, 2000). En 2000, on estimait que près de 4 millions de Canadiens étaient âgés de 65 ans et plus, ce qui représente une hausse de 62 % par rapport aux données de 1981 (Agence de santé publique du Canada, 2005).

Bien des personnes âgées souffrent de problèmes de santé chroniques, multiples et marqués par des exacerbations. Les femmes âgées, dont les maladies sont souvent insuffisamment diagnostiquées et traitées, posent des problèmes particuliers. Or, la population des personnes âgées compte approximativement 3 femmes par rapport à 2 hommes et on prévoit qu'au sein de ce groupe le nombre des femmes continuera de dépasser celui des hommes. Les besoins des personnes âgées sont complexes et exigent de la part du secteur des soins de santé des investissements considérables, tant sur le plan du personnel soignant que sur le plan financier.

Diversité culturelle

En matière de soins et de services de santé, il est important d'évaluer les besoins et les caractéristiques des personnes appartenant à divers groupes ethniques et culturels. Le recensement effectué au Canada en 2001 révèle que près de 10 % de la population québécoise est constituée d'immigrants, alors qu'en 1996 cette proportion s'élevait à 9,4 %. La part des immigrants a donc augmenté de 6,4 % entre 1996 et 2001, tandis que le reste de la population québécoise ne s'est accru que de 1,1 % pendant cette période (Relations avec les citoyens et Immigration, 2004).

Cette évolution de la composition de la population incite les professionnels de la santé à tenir compte des éléments culturels dans la prestation des services. En effet, les personnes issues de divers groupes socioculturels introduisent dans les milieux de soins des croyances, des valeurs et des pratiques différentes ; elles se caractérisent en outre par des facteurs de risque particuliers à l'égard de certaines maladies et par des réactions particulières aux traitements. Ces facteurs ont d'importantes répercussions sur la façon dont l'individu réagit aux problèmes de santé ou à la maladie, aux personnes qui lui procurent des soins et aux soins eux-mêmes. Il se peut que, faute de comprendre et de respecter ces facteurs, les professionnels de la santé donnent des soins moins efficaces et mettent en jeu les résultats cliniques.

La culture consiste en un ensemble de modèles acquis, touchant le comportement, les croyances et les valeurs, qu'on peut attribuer à un groupe de personnes en particulier. Les groupes culturels se distinguent de multiples manières, notamment par la façon de se vêtir, la langue, les valeurs et les croyances, les règles ou les normes comportementales, les façons de faire propres à chaque sexe, l'économie, la politique, le droit et les règles sociales, les technologies, les habitudes alimentaires, et les pratiques en matière de santé.

Dans toutes les cultures, la promotion de la santé, la prévention, les causes et le traitement de la maladie, les stratégies d'adaptation, le passage de la vie à la mort et la mort elle-même relèvent de la sphère de la santé. Chacun d'entre nous possède son propre système de croyances et de valeurs, qui a été façonné au moins en partie par son milieu culturel. Ce système de croyances et de valeurs est très important et oriente les pensées, les décisions et les actions. Il aide à interpréter la maladie et les soins de santé, et à y réagir.

Pour améliorer les rapports qui s'établissent entre l'infirmière et la personne atteinte d'une maladie et obtenir des résultats cliniques satisfaisants, les soins infirmiers doivent

s'accompagner de compétences et être adaptés aux différences culturelles. On doit prendre toutes les mesures nécessaires pour aider l'individu à conserver ses caractéristiques culturelles.

L'infirmière qui connaît la signification culturelle et sociale que chacun accorde à certaines situations s'abstient d'imposer son propre système de valeurs à la personne dont le point de vue diffère du sien. La plupart du temps, c'est lorsque la communication entre l'infirmière, la personne et la famille vise la compréhension de la situation ou du problème et le respect des buts de chacun que le plan d'intervention est le mieux observé (chapitre 8 ⊕).

ÉVOLUTION DE LA STRUCTURE DE LA MORBIDITÉ

Au cours des cinquante dernières années, les problèmes de santé des Nord-Américains, notamment des Québécois, se sont beaucoup modifiés. Bon nombre des maladies infectieuses qui constituaient la principale menace pesant sur la vie ont été maîtrisées et éradiquées. D'autres, comme la tuberculose, le syndrome d'immunodéficience acquise (sida) et les infections transmissibles sexuellement, sont en recrudescence ; on craint qu'une nouvelle pandémie d'influenza ne se déclare. Un nombre de plus en plus élevé d'agents infectieux deviennent résistants à l'antibiothérapie à la suite d'un usage erroné et excessif des antibiotiques. Par conséquent, des affections qui étaient auparavant faciles à traiter sont devenues complexes et plus menaçantes que jamais. De nouvelles infections, comme le SRAS (syndrome respiratoire aigu sévère) et le virus du Nil occidental, ont fait leur apparition et à l'heure actuelle on ne connaît pas de thérapies susceptibles de lutter efficacement contre elles (Poirier et Maranda, 2005).

La chronicité des maladies s'accentue, les déficiences et les incapacités s'observent plus fréquemment en raison du prolongement de l'espérance de vie. En outre, on dispose d'un plus grand nombre de moyens pour traiter avec succès des affections comme le cancer, l'infection par le virus de l'immunodéficience humaine (VIH) et le diabète ; les personnes atteintes de ces maladies voient souvent leur longévité s'accroître de plusieurs dizaines d'années. Les personnes souffrant d'affections chroniques forment le plus important groupe de consommateurs de soins de santé au Québec (Institut national de la santé publique du Québec, 2001). La plupart des problèmes de santé ayant aujourd'hui un caractère chronique, bien des gens apprennent à préserver et à maximiser leur santé en fonction des contraintes de la maladie ou des incapacités persistantes. Au Québec, 70 % des décès sont attribuables à quatre types d'affections chroniques : les cancers, les maladies cardiovasculaires, les maladies respiratoires et le diabète (Poirier et Maranda, 2005).

Parce que le nombre de maladies chroniques s'accroît sans cesse, l'objectif des soins et services de santé s'est élargi ; on vise maintenant non seulement le traitement et l'éradication des maladies aiguës, mais également la prévention et le traitement rapide des exacerbations des maladies chroniques. Les infirmières, qui ont toujours encouragé les personnes qu'elles soignent à prendre en charge les soins prodigués, jouent un rôle de premier plan en raison de l'importance qu'on accorde actuellement à la prise en charge des problèmes de santé, des déficiences et des incapacités.

PROGRÈS DES TECHNOLOGIES ET DE LA GÉNÉTIQUE

Au cours des dernières décennies, les progrès des technologies de pointe et de la génétique ont été plus marqués que jamais. Les appareils perfectionnés ont révolutionné la chirurgie et les examens paracliniques, de sorte que beaucoup d'interventions et d'épreuves peuvent maintenant être effectuées sans hospitalisation. Le dépistage, le diagnostic et le traitement d'une foule de maladies se sont améliorés parce qu'on connaît davantage la génétique et qu'on la comprend mieux. De nos jours, des réseaux de communication de pointe, permettant de stocker, d'extraire et de diffuser rapidement l'information, relient la plupart des régions du monde. Par ailleurs, ces progrès scientifiques et technologiques accélèrent eux-mêmes l'évolution des moyens utilisés par le système de santé ainsi que leur désuétude. Enfin, les progrès des technologies de pointe et de la génétique ont soulevé de nombreuses questions d'ordre éthique, sur lesquelles le système de santé, le personnel soignant et la société doivent se prononcer.

CHANGEMENTS ÉCONOMIQUES

En vertu de la *Loi canadienne sur la santé* (2003), tous les résidents du Canada ont le droit de bénéficier des services de santé offerts par les régimes d'assurance maladie des provinces, et cela selon les mêmes modalités. De plus, tous les services de santé assurés sont remboursés par les régimes d'assurance maladie des provinces ou des territoires. Comme les coûts reliés aux soins connaissent une hausse vertigineuse, il n'est pas surprenant de constater que les questions d'ordre financier se trouvent aujourd'hui au cœur des débats sur les orientations du système de santé.

Or, en milieu hospitalier, comme nous l'avons vu précédemment, les infirmières s'occupent aujourd'hui de personnes plus âgées et plus malades, qui exigent davantage de soins. En milieu communautaire, les infirmières prennent en charge des personnes qui ont reçu un congé précoce de l'hôpital et qui nécessitent des soins à long terme – jadis prodigués par le centre hospitalier – faisant appel à des technologies de pointe. On ne peut nier l'importance d'un programme efficace de planification des départs de l'hôpital s'accompagnant d'un examen de l'utilisation des services et d'un programme d'amélioration de la qualité. Les infirmières qui travaillent dans des établissements de soins de courte durée sont tenues de veiller, tout autant que les autres membres de l'équipe soignante, au maintien d'un service de qualité, malgré les pressions qui s'exercent pour réduire la durée des séjours et les coûts du personnel. Elles doivent aussi collaborer avec les infirmières qui exercent leur profession en milieu communautaire pour assurer la continuité des soins.

Nécessité de fournir des soins et des services de qualité

Le grand public s'intéresse de plus en plus aux soins de santé et à la promotion de la santé et il est de mieux en mieux informé à ce sujet. Cette sensibilisation a été accentuée par la télévision, les journaux, les revues et les autres médias, de même que par les débats politiques. C'est pourquoi le public, à présent plus averti, commence à souscrire fortement à l'idée que la santé et la qualité des soins constituent des droits fondamentaux. Au Québec, l'évaluation de la qualité des soins s'effectue sous différentes formes. Mentionnons d'abord le mécanisme d'agrément des établissements. Facultatif jusqu'en 2002, le processus d'agrément des établissements relève de deux organismes : le Conseil canadien d'agrément des services de santé et le Conseil québécois d'agrément. Ces organismes ont entre autres pour mission de soutenir les établissements dans leur démarche d'amélioration continue de la qualité de leurs services et de leur organisation afin d'assurer la réalisation de leur mission et de certifier publiquement que les exigences de qualité telles qu'elles ont été circonscrites par le système d'agrément sont satisfaites (Conseil canadien d'agrément des services de santé, 2005 ; Conseil québécois d'agrément, 2004).

L'objectif de l'ACESI (Association canadienne des écoles en sciences infirmières) est de promouvoir la qualité des services de santé et des soins infirmiers. La formation infirmière et l'avancement des connaissances en sciences infirmières sont les moyens utilisés pour améliorer la santé des Canadiennes et des Canadiens (ACESI, 2004).

Par ailleurs, on a constaté que la qualité des soins définie par les organismes de réglementation se révélait quelquefois difficile à mesurer. Les critères de la qualité ne pouvaient satisfaire que les attentes minimales ; ils comportaient peu de mécanismes aptes à cerner la cause des problèmes ou à repérer les systèmes ou les processus susceptibles d'être améliorés. On a ensuite fait valoir que l'amélioration continue de la qualité (ACQ) constituait un mécanisme plus efficace pour rehausser la qualité des soins de santé. À la fin des années 1990, les normes révisées énoncées par le ministère de la Santé et des Services sociaux du Québec (MSSS) imposent aux organismes de soins de santé la mise en application d'un programme d'amélioration continue de la qualité. Selon des amendements récents aux normes du MSSS, les patients ont droit à des soins individualisés, préservant leur dignité, respectant leurs valeurs culturelles, psychosociales et spirituelles, et adaptés à leur âge. Les mesures d'amélioration de la qualité visent essentiellement à ce que les soins satisfassent aux normes du MSSS, ou aillent au-delà.

Contrairement aux programmes d'assurance de la qualité, qui sont axés sur des erreurs ou des incidents particuliers et sur les attentes minimales, les programmes d'amélioration continue de la qualité s'appliquent aux mécanismes utilisés pour fournir les soins ; ils ont comme objectif d'atteindre une meilleure qualité grâce à l'évaluation et au perfectionnement des processus interreliés qui ont le plus de répercussions sur l'évolution de l'état de santé et sur la satisfaction de la personne. Pour améliorer continuellement la qualité, il faut analyser, comprendre et perfectionner les processus cliniques, financiers et opérationnels. Lorsque l'on constate que certains problèmes ne constituent pas seulement des cas isolés, on les analyse et on étudie tous les éléments qui peuvent aider à les résoudre. On accorde la priorité aux processus qui ont des répercussions sur la qualité des soins.

PRATIQUE FONDÉE SUR LES RÉSULTATS PROBANTS

Alors que les organismes de soins de santé continuent d'appliquer les programmes d'amélioration continue de la qualité, les infirmières ont de nombreuses occasions de contribuer à cette démarche. Elles peuvent, par exemple, favoriser la prestation de soins fondés sur des résultats probants. Cette pratique – qui consiste à consulter et à évaluer la documentation et les études les plus récentes, et à établir des lignes directrices en fonction des résultats de ces recherches – est considérée comme un moyen d'assurer des soins de qualité. Les soins fondés sur des résultats probants comprennent l'utilisation d'indicateurs de résultats et de plans thérapeutiques infirmiers uniformes ; citons notamment les directives cliniques, les cheminements cliniques ou les suivis systématiques. Bon nombre de ces mesures sont mises en œuvre par les infirmières, surtout par les infirmières gestionnaires et les infirmières cliniciennes spécialisées. Les infirmières qui s'occupent de la prestation directe des soins doivent s'employer à analyser les résultats de recherche récents et à perfectionner les processus utilisés dans les programmes d'amélioration continue de la qualité. Pour élaborer les changements nécessaires à l'amélioration de la qualité des soins, elles doivent absolument connaître les processus et les facteurs qui influent sur les soins prodigués.

CHEMINEMENTS CLINIQUES ET SUIVI SYSTÉMATIQUE

De plus en plus d'établissements et de réseaux de santé utilisent les cheminements cliniques (aussi appelés cheminements critiques) ou le suivi systématique pour coordonner les soins qui s'appliquent à un ensemble de personnes (Klenner, 2000). Les cheminements cliniques servent de plans thérapeutiques interdisciplinaires et d'outils pour suivre la progression de la personne pour laquelle on vise à atteindre des résultats favorables dans des délais déterminés. Issus des bouleversements financiers qui ont marqué le secteur de la santé, les cheminements cliniques reflètent un changement important dans la gestion des soins. Par le passé (et il en est encore ainsi aujourd'hui dans de nombreux établissements), chaque discipline élaborait son plan thérapeutique et utilisait le dossier clinique comme principal outil de communication. Les soignants devaient lire les notes rédigées par leurs collègues pour obtenir un portrait détaillé du plan thérapeutique d'une personne en particulier. Même si les professionnels de la santé s'entendaient sur la manière de mesurer les progrès de la personne, les étapes individuelles dans les processus de soins et les résultats escomptés n'étaient généralement pas formulés avec précision. C'est au médecin que revenait la responsabilité de déterminer les cheminements individuels ; la plupart des gens restaient à l'hôpital jusqu'à ce que leur état n'exige

plus beaucoup de soins ou jusqu'à ce qu'ils soient transférés dans une maison de convalescence. On s'inquiétait beaucoup moins qu'aujourd'hui des coûts rattachés à la durée de l'hospitalisation ; les séjours de deux ou trois semaines en établissement de soins aigus étaient courants. Les décideurs, qui se préoccupent davantage de l'efficience et de l'efficacité des soins et services, ont décidé d'adopter une perspective plus globale, dont fait partie le cheminement clinique.

Des cheminements cliniques ont été mis au point pour un certain nombre de problèmes de santé ou d'interventions chirurgicales (opération à cœur ouvert, pneumonie accompagnée d'une autre maladie, fracture de la hanche), pour les personnes à haut risque (les personnes soumises à la chimiothérapie) et pour celles qui souffrent de certains problèmes de santé courants (diabète, douleur chronique, par exemple). Se fondant sur les résultats probants, les cheminements cliniques fournissent une définition de ce qui dans chaque cas constitue les meilleurs soins. Ils décrivent les étapes essentielles du processus – notamment les examens paracliniques, les traitements, les interventions, la médication, la consultation et l'enseignement –, qui doivent être franchies dans des délais déterminés pour que la personne obtienne rapidement les résultats désirés.

Pour que la personne franchisse les étapes essentielles et obtienne les résultats souhaités, il arrive fréquemment qu'un gestionnaire de cas (il s'agit souvent d'une infirmière) facilite et coordonne les interventions. Les infirmières qui prodiguent directement des soins jouent un rôle important dans la conception et la mise en œuvre des cheminements cliniques : elles participent d'abord à la collecte des données qui serviront à la recherche scientifique, puis elles prennent part à l'élaboration, à l'orientation, à l'application et à la révision des cheminements cliniques. De plus, elles suivent de près les succès obtenus et elles consignent et analysent les résultats.

Outil de référence qui contient toute l'information, le cheminement clinique vise les objectifs suivants :

- Promouvoir les soins de qualité et améliorer les résultats cliniques
- Uniformiser les aspects importants des soins
- Réduire les délais superflus dans les soins
- Diminuer les coûts

Éléments du cheminement clinique

Le cheminement clinique couvre divers diagnostics et affections et on l'utilise dans de nombreux contextes. Dans bien des cas, chaque établissement met au point son propre processus et, bien que la structure des divers cheminements cliniques varie d'un établissement à l'autre, on distingue un certain nombre de caractéristiques communes.

Population ciblée

Le premier élément important du cheminement clinique type est la mention de la population à laquelle il s'adresse (figure 1-2A ■). Le cheminement clinique est surtout utilisé auprès des groupes de personnes dont le traitement et la convalescence sont relativement prévisibles. En général, les établissements regroupent les diagnostics, mais ils peuvent y ajouter des mentions restrictives. Par exemple, le cheminement clinique d'une pneumonie acquise dans la communauté peut exclure les personnes atteintes d'une pneumonie à *Pneumocystis carinii* ou les personnes atteintes de BPCO sous-jacente, car celles-ci exigent un cheminement clinique hautement personnalisé et peuvent ne pas réagir aussi rapidement aux interventions.

Délais de réalisation

Tous les cheminements cliniques se divisent en délais de réalisation (figure 1-2B ■), exprimés en minutes, en heures, en jours, en semaines ou en phases. On peut décomposer les traitements d'urgence (infarctus du myocarde, traumatisme crânien, AVC) en intervalles de 15 minutes, tandis que les soins de longue durée qu'exigent certaines affections (douleur chronique, réadaptation à la suite d'un traumatisme médullaire) peuvent être décomposés en semaines ou en mois. Le cheminement consécutif à une anesthésie est un bon exemple d'interventions par phases.

Catégories d'interventions

Les catégories d'interventions sont les groupes d'activités qui entrent dans le plan thérapeutique détaillé, comme on peut le voir dans la colonne de gauche du cheminement clinique (figure 1-2C ■). Quel que soit l'ordre dans lequel elles sont énumérées, ces catégories comprennent généralement les points suivants :

- Éléments de l'examen clinique
- Examens paracliniques
- Soins et traitements
- Consultations
- Médicaments
- Alimentation
- Niveau d'activité
- Enseignement prodigué à la personne et à sa famille
- Planification du congé

Les équipes affectées au cheminement clinique ont en main une grille vierge et elles y inscrivent les interventions appropriées. Ce sont les représentants de la discipline dont relève l'intervention qui recommandent les délais de réalisation optimaux.

Résultats

Les résultats escomptés orientent les activités de soins et permettent la convergence des interventions des diverses disciplines. Un cheminement clinique bien rédigé définit les résultats pour chaque intervalle de temps (figure 1-2D ■). Ces résultats doivent être réalistes, susceptibles d'être atteints par 90 % de la population et refléter les progrès. Les résultats énoncés dans le cheminement clinique sont conformes, tant sur le plan du contenu que de la formulation, aux objectifs et aux résultats escomptés énoncés dans le plan thérapeutique infirmier. On tient compte des résultats physiologiques, psychologiques, sociaux et éducationnels pour assurer un séjour optimal.

Dossier des écarts

Le dossier des écarts (figure 1-3A ■) constitue une section très importante du cheminement clinique ; il énumère les mécanismes pouvant servir à améliorer les soins. Un écart est une déviation par rapport au cheminement clinique idéal. Puisque tous les éléments du cheminement clinique sont indispensables à la convalescence, les écarts peuvent avoir un effet négatif sur les résultats. S'il est indiqué dans le cheminement clinique qu'une épreuve ou un traitement est à effectuer au deuxième jour et que cela n'a pas été accompli, on parle d'écart. S'il est indiqué que la personne doit marcher trois fois par jour et qu'elle ne le fait qu'une fois, cela constitue également un écart. On note l'écart et on fournit les explications. Certains dossiers d'écarts exigent une note écrite, tandis que d'autres utilisent des codes (figure 1-3B ■). De nombreux hôpitaux ont créé un logiciel servant à enregistrer électroniquement les écarts.

Les gestionnaires de cas consignent les écarts et les analysent pour déceler les tendances dans les soins et les résultats. Considérons, par exemple, un cheminement clinique de pneumonie qui exige l'administration de la première dose d'antibiotiques dans les trois heures qui suivent l'arrivée de la personne à l'hôpital (les délais dans l'administration de la première dose d'un antibiotique sont associés à une augmentation de la morbidité et de la mortalité). Le gestionnaire de cas examine les dossiers des écarts et constate que seulement 40 % des personnes présentant une pneumonie ont reçu un antibiotique dans le délai prescrit. L'analyse du problème révèle que les retards sont attribuables au temps qu'il faut pour transmettre la demande de médicament à la pharmacie et ensuite pour administrer le médicament. En discutant du problème, l'équipe affectée au cheminement clinique de la pneumonie décide que la première dose de médicament doit être administrée au service des urgences, puisque c'est à cet endroit que les antibiotiques peuvent être administrés le plus rapidement. Elle modifie donc le cheminement clinique en conséquence. Lors de la révision suivante, le gestionnaire de cas constate que 92 % des personnes atteintes de pneumonie ont reçu leur antibiotique dans l'heure ou les deux heures qui ont suivi leur arrivée. Cet exemple montre bien que le cheminement clinique et l'analyse des données d'écart permettent d'évaluer un problème, d'élaborer un plan d'intervention, de mettre celui-ci en œuvre et d'en évaluer l'efficacité.

Rôle de l'infirmière dans le processus

L'infirmière joue un rôle clé dans tous les aspects de l'utilisation du cheminement clinique. Sa participation à l'élaboration du document constitue la première étape. Puisqu'elle se trouve au point de départ et au point d'arrivée de l'administration des soins, l'infirmière a un regard particulier sur la manière dont fonctionne le système de santé ; elle peut de ce fait influer sur l'amélioration des soins. Dans l'exemple précédent, qui portait sur l'administration d'un antibiotique, les infirmières étaient en mesure de déceler rapidement le problème et de proposer des solutions. Les membres du personnel appartenant à d'autres disciplines, qui sont des maillons de la chaîne, ne peuvent bénéficier d'une vue d'ensemble. Les infirmières doivent par ailleurs veiller à ce que le cheminement clinique s'applique à bon escient, autrement dit

A

B

SERVICE DES URGENCES – CHEMINEMENT CLINIQUE : PNEUMONIE

Critères d'exclusion : Sida, neutropénie, hypotension grave, dépendance aux stéroïdes > 20 mg/jour, ventilation assistée, traitement aux immunosuppresseurs, chimiothérapie.

	2e HEURE	3e HEURE	4e HEURE
ÉVALUATION	INITIALE/RÉVISÉE RÉACTION AU TRAITEMENT	INITIALE/RÉVISÉE RÉACTION AU TRAITEMENT	INITIALE/RÉVISÉE RÉACTION AU TRAITEMENT
CONSULTATIONS	AVISER LE RÉSIDENT À L'ADMISSION, S'IL Y A LIEU.		
EXAMENS PARACLINIQUES	1. RADIOGRAPHIE DU THORAX POSTÉROANTÉRIEURE/LATÉRALE 2. HÉMOGRAMME, ÉLECTROLYTES 3. HÉMOCULTURE (× 2) 4. CULTURE DES EXPECTORATIONS : OUI__ NON__ 5. GAZ ARTÉRIELS SI LA SATURATION EN OXYGÈNE < 92 % RA 6. ECG : FEMME >55 ; HOMME >45 OU SELON INDICATION CLINIQUE		
INTERVENTIONS	SELON LES PRATIQUES DE BASE		
SOLUTIONS IV/ MÉDICATION	1. PERFUSION INTERMITTENTE 2. OXYGÉNOTHÉRAPIE SELON L'ORDONNANCE 3. ANTIBIOTHÉRAPIE SELON L'ALGORITHME APRÈS HÉMOGRAMME ET CULTURE DES EXPECTORATIONS		

Acquise dans la communauté	**Nosocomiale**
La personne est-elle allergique à la pénicilline ?	**La personne est-elle allergique à la pénicilline ?**
Non – **Ceftriaxone 1 g q24 •**	**Non** – **Ticarcilline/clavulanate 3,1g q6 •**
Oui – **Triméthoprime-sulfaméthoxazole (TMP/SMZ) 2 amp. (320 mg/1 600 mg) IV q12 •**	**Oui** – **Ciprofloxacine 400 mg IV q12 • et clindamycine 600 mg IV q8 •**
ENTOURER LE MÉDICAMENT : HEURE D'ADMINISTRATION ______	**ENTOURER LE MÉDICAMENT : HEURE D'ADMINISTRATION ______**

C

ENSEIGNEMENT	1. RASSURER LA PERSONNE ET SES PROCHES ET LES INFORMER SUR LE PLAN DE SOINS ET DE TRAITEMENTS ET SUR LES INTERVENTIONS. 2. FOURNIR UN SOUTIEN PSYCHOLOGIQUE À LA PERSONNE. 3. LA PERSONNE ET SA FAMILLE PEUVENT DÉCRIRE EN QUOI CONSISTE LE SUIVI. OUI__ NON__ 4. LA PERSONNE ET SA FAMILLE ONT REÇU DES DIRECTIVES ÉCRITES SUR LE SUIVI. OUI__ NON__	1. RASSURER LA PERSONNE ET SES PROCHES ET LES INFORMER SUR LE PLAN DE SOINS ET DE TRAITEMENTS ET SUR LES INTERVENTIONS. 2. FOURNIR UN SOUTIEN PSYCHOLOGIQUE À LA PERSONNE. 3. LA PERSONNE ET SA FAMILLE PEUVENT DÉCRIRE EN QUOI CONSISTE LE SUIVI. OUI__ NON__ 4. LA PERSONNE ET SA FAMILLE ONT REÇU DES DIRECTIVES ÉCRITES SUR LE SUIVI. OUI__ NON__	1. RASSURER LA PERSONNE ET SES PROCHES ET LES INFORMER SUR LE PLAN DE SOINS ET DE TRAITEMENTS ET SUR LES INTERVENTIONS. 2. FOURNIR UN SOUTIEN PSYCHOLOGIQUE À LA PERSONNE. 3. LA PERSONNE ET SA FAMILLE PEUVENT DÉCRIRE EN QUOI CONSISTE LE SUIVI. OUI__ NON__ 4. LA PERSONNE ET SA FAMILLE ONT REÇU DES DIRECTIVES ÉCRITES SUR LE SUIVI. OUI__ NON__
PLANIFICATION DU CONGÉ ET SUIVI	DISPOSITIONS 1. ADMISSION : CH. N^{o}_____ 2. TRAITEMENT ET ORIENTATION 3. TRANSFERT VERS UN AUTRE ÉTABLISSEMENT 4. SANS EXAMEN NI TRAITEMENT 5. DÉPART CONTRE L'AVIS DU MÉDECIN 6. MORT À L'ARRIVÉE/À L'URGENCE HEURE DU CONGÉ :______	DISPOSITIONS 1. ADMISSION : CH. N^{o}_____ 2. TRAITEMENT ET ORIENTATION 3. TRANSFERT VERS UN AUTRE ÉTABLISSEMENT 4. SANS EXAMEN NI TRAITEMENT 5. DÉPART CONTRE L'AVIS DU MÉDECIN 6. MORT À L'ARRIVÉE/À L'URGENCE HEURE DU CONGÉ :______	DISPOSITIONS 1. ADMISSION : CH. N^{o}_____ 2. TRAITEMENT ET ORIENTATION 3. TRANSFERT VERS UN AUTRE ÉTABLISSEMENT 4. SANS EXAMEN NI TRAITEMENT 5. DÉPART CONTRE L'AVIS DU MÉDECIN 6. MORT À L'ARRIVÉE/À L'URGENCE HEURE DU CONGÉ :______
RÉSULTATS	1. ÉTAT STABLE 2. SPHYGMOOXYMÉTRIE > 92 % (AVEC OU SANS O_2) OUI__ NON__ 3. FC 60–135 OUI__ NON__ 4. FR 12–35 OUI__ NON__ 5. PAS > 90 OUI__ NON__ 6. ADMINISTRATION DE LA 1re DOSE D'ANTIBIOTIQUES OUI__ NON__	1. ÉTAT STABLE 2. SPHYGMOOXYMÉTRIE > 92 % (AVEC OU SANS O_2) OUI__ NON__ 3. FC 60–135 OUI__ NON__ 4. FR 12–35 OUI__ NON__ 5. PAS > 90 OUI__ NON__ 6. ADMINISTRATION DE LA 1re DOSE D'ANTIBIOTIQUES OUI__ NON__	1. ÉTAT STABLE 2. SPHYGMOOXYMÉTRIE > 92 % (AVEC OU SANS O_2) OUI__ NON__ 3. FC 60–135 OUI__ NON__ 4. FR 12–35 OUI__ NON__ 5. PAS > 90 OUI__ NON__ 6. ADMINISTRATION DE LA 1re DOSE D'ANTIBIOTIQUES OUI__ NON__

D

SIGNATURE	HEURE	INITIALES	SIGNATURE	HEURE	INITIALES

N.B. : La partie ombrée indique une intervention qui relève du médecin.

FIGURE 1-2 ■ Éléments du cheminement clinique. **(A)** Population ciblée. **(B)** Délais de réalisation. **(C)** Catégories d'interventions. **(D)** Résultats par intervalle de temps.

SOURCE : Graduate Hospital, Philadelphie : Pennsylvanie.

Cheminement clinique : _____
(Nom du service)

Nom de la personne : _____   **Numéro de dossier médical :** _ _ _ _ _ _

(Ne mettre qu'un code par ligne)

Date	Jour (1er, 2e, ...)	Écarts (codes)	Commentaires/Mesures prises
__ / __ / __			
__ / __ / __			
__ / __ / __			
__ / __ / __			
__ / __ / __			

A

CODES DES ÉCARTS

Affection ou problème de la personne

A1. Chirurgie
A1a. Intervention supplémentaire pour arrêter une hémorragie
A1b. Intervention supplémentaire pour toute autre raison
A1c. Infarctus du myocarde périopératoire
A1d. Tamponade (précoce ou tardive)
A1e. Dissection

A2. Infection
A2a. Sternum, débridement requis
A2b. Sternum, en surface (antibiotiques et pansement seulement)
A2c. Jambe
A2d. Infection urinaire
A2e. Septicémie

A3. Système nerveux
A3a. AVC, déficit temporaire ou permanent
A3b. Délire
A3c. Coma
A3d. Confusion ou agitation

A4. Fonction respiratoire
A4a. Ventilation prolongée
A4b. Syndrome de détresse respiratoire aiguë
A4c. Insuffisance respiratoire, réintubation
A4d. Pneumonie
A4e. Atélectasie

A5. Fonction rénale
A5a. Insuffisance rénale
A5b. Dialyse

A6. Fonction cardiaque
A6a. Arythmie auriculaire
A6b. Arythmie ventriculaire
A6c. Bloc cardiaque avec ou sans implantation d'un stimulateur
A6d. Insuffisance cardiaque
A6e. Arrêt cardiaque
A6f. Instabilité hémodynamique
A6g. Impossibilité de sevrer des agents inotropes

A7. Système vasculaire
A7a. Thrombose veineuse profonde
A7b. Ischémie dans un membre

Autres affections ou problèmes

A8. Autres
A8a. Complication gastro-intestinale grave nécessitant une intervention chirurgicale (par ex. : hémorragie, perforation, iléus)
A8b. Complication gastro-intestinale mineure nécessitant le repos de l'intestin (par ex. : iléus, nausées, résidu nasogastrique important)
A8c. Volume important recueilli du drain thoracique
A8d. Cicatrisation inefficace (c.-à-d. drainage stérile important de la plaie de la jambe ou du thorax)
A8e. Embolie pulmonaire
A8f. Complication provoquée par les anticoagulants
A8g. Thromboembolie
A8h. Intolérance à l'activité
A8i. Réaction médicamenteuse
A8j. Atteinte à l'intégrité de la peau

B. Problèmes iatrogènes
B1. Absence de thérapeute
B2. Erreur de transcription
B3. Inversion des étapes thérapeutiques
B4. Retard dans la consultation ou l'orientation
B5. Plan de congé incomplet
B6. Examen ou intervention retardée ou annulée
B7. Congé retardé
B8. Autre

C. Centre hospitalier/système de santé
C1. Manque de lit (préciser la cause)
C2. Manque d'équipement ou de fournitures
C3. Absence de résultats
C4. Mise en attente pour examen, intervention ou thérapie
C5. Cas, examen, intervention ou thérapie remis à plus tard
C6. Enseignement préopératoire non consigné au dossier
C7. Suivi non consigné au dossier

D. Famille/établissement
D1. Non disponibilité de soins de longue durée
D2. Non disponibilité de soins à domicile
D3. Planification du congé retardée par la personne ou la famille
D4. Difficultés pécuniaires
D5. Autre

Codes utilisés pour noter les écarts du cheminement clinique en chirurgie cardiaque (pontage aortocoronarien).
Westchester County Medical Center.

B

FIGURE 1-3 ■ Dossier des écarts. (A) Espaces vierges destinés à la consignation des écarts.
(B) Codes attribués aux écarts. SOURCE : *Critical Care Nurse, 17*(16), décembre 1997, 29-30. © 1997 American
Association of Critical Care Nurses. Reproduit avec la permission de L'AACCN (Copyright Clearance Center).

aux personnes appropriées, et que les diverses interventions se déroulent comme prévu. Dans certains milieux de soins ou pour certaines affections, ce sont les gestionnaires de cas (infirmières ou autres membres de l'équipe interdisciplinaire) qui suivent de près les personnes mentionnées dans le cheminement clinique. Dans d'autres milieux, ce sont les infirmières soignantes ou les infirmières des soins à domicile qui endossent ce rôle. Quel que soit l'environnement, c'est à l'infirmière qu'il revient d'aider la personne à atteindre ses objectifs et d'observer les progrès réalisés. Souvent, on remet aux personnes un exemplaire du cheminement clinique, à titre de référence. Le cheminement décrit le plan thérapeutique dans une langue simple et il s'accompagne d'illustrations. L'infirmière s'entretient du cheminement clinique avec la personne et met l'accent sur les résultats escomptés. Elle a également pour tâche de consigner les informations pertinentes. Même si les pratiques varient, un cheminement clinique bien conçu doit être simple et ne doit pas faire double emploi avec d'autres documents. Par exemple, il n'est pas nécessaire d'avoir un plan thérapeutique infirmier lorsqu'on utilise un cheminement clinique. En général, la section des résultats escomptés du cheminement clinique doit s'accompagner de pièces justificatives. Dans d'autres sections, il faut parfois cocher ou parapher certains éléments pour que les autres membres de l'équipe soignante puissent voir immédiatement ce qui a été accompli. Il est aussi important de noter les écarts et d'entreprendre des démarches pour y remédier que de participer à la redéfinition des pratiques dans le but de promouvoir la meilleure qualité de soins possible.

Aspects pratiques du cheminement clinique

La figure 1-4 ■ présente un cheminement clinique qui a cours à l'Hôpital Charles-LeMoyne pour les personnes présentant un accident vasculaire ischémique. La période couverte s'étend de l'arrivée de la personne au service des urgences jusqu'au moment où elle quitte l'hôpital. À chaque étape du séjour en établissement hospitalier, on précise les résultats escomptés. Dès l'arrivée de la personne, on songe à fournir de l'enseignement et à planifier le départ.

Peu importe la structure du cheminement clinique ou l'affection sur laquelle il porte, c'est un outil qui se modifie au fur et à mesure que la recherche ouvre la voie à de meilleures stratégies thérapeutiques et que l'analyse des données d'écart permet d'entrevoir de nouvelles pistes. La participation de l'infirmière est essentielle à la réussite du processus et à l'amélioration constante des soins.

Fonctions de l'infirmière

Ainsi que nous l'avons mentionné précédemment, les soins infirmiers ont pour objectif d'aider la personne «à prendre sa santé en charge selon ses capacités et les ressources que lui offre son environnement» (OIIQ, 2004). Ils s'appliquent donc à toute une gamme de situations. Lorsqu'elle prodigue des soins, l'infirmière doit assumer principalement – et souvent simultanément – trois fonctions: soignante, leader, chercheuse.

Qu'elle travaille dans le secteur des soins hospitaliers, des soins de santé communautaire, des soins de santé publique ou des soins à domicile, l'infirmière professionnelle endosse donc le rôle de *soignante*, qui comprend l'enseignement et la collaboration avec les autres membres de l'équipe de soins; le rôle de *leader*, chargée notamment de veiller au bon déroulement du cheminement clinique; et le rôle de *chercheuse*. Bien que chacune de ces fonctions comporte des activités particulières, elles sont interreliées et caractérisent le travail de l'infirmière dans son ensemble. L'exercice de chacune de ces fonctions lui permet de répondre aux besoins immédiats et futurs des personnes auxquelles elle prodigue des soins.

SOIGNANTE

En exerçant son rôle de soignante, l'infirmière doit assumer la responsabilité des soins dont le principal but est de satisfaire les besoins de l'individu, de sa famille ou de ses proches aidants. Ce rôle est primordial, que l'infirmière travaille dans le milieu des soins primaires, secondaires ou tertiaires, ou qu'elle assure des soins hospitaliers ou des soins de santé communautaire. Il s'inscrit nécessairement dans la démarche systématique des soins infirmiers, qui est la clé de voûte de l'exercice de la profession. Grâce à ses interventions directes, l'infirmière aide les personnes à satisfaire leurs besoins: elle leur enseigne à effectuer les soins, à elles et à leurs proches, elle coordonne les services nécessaires et collabore avec les professionnels appartenant à d'autres disciplines.

LEADER

Le rôle de leader a été perçu traditionnellement comme un rôle réservé aux infirmières dont le titre évoque l'autorité et qui ont sous leurs ordres des groupes importants d'infirmières ou d'autres professionnels de la santé. Toutefois, étant donné que les besoins des personnes en matière de soins de santé changent constamment, ce rôle doit maintenant englober tous les niveaux de la pratique infirmière. Il désigne entre autres les tâches accomplies par l'infirmière qui assume la responsabilité des interventions effectuées par d'autres personnes en vue de déterminer et d'atteindre certains objectifs de soins.

Le rôle de leader en soins infirmiers comprend quatre volets: décider, établir des relations, persuader et faciliter. Chacun de ces volets favorise le changement indispensable en vue d'atteindre le résultat souhaité. Tout le processus repose sur l'efficacité de la communication, laquelle conditionne son accomplissement. Pour assumer son rôle de leader, l'infirmière doit savoir établir des relations interpersonnelles orientées vers la modification du comportement d'autres personnes. Les quatre volets s'appliquent à toutes les étapes de la démarche systématique, quel que soit le milieu dans lequel l'infirmière exerce sa profession.

CHERCHEUSE

Auparavant, on pensait que seules les universitaires et les étudiantes de deuxième ou de troisième cycle faisaient de la recherche. Aujourd'hui, on estime que ce rôle incombe aussi aux infirmières soignantes.

Hôpital Charles-LeMoyne
Centre affilié universitaire
et régional de la Montérégie

CHEMINEMENT CLINIQUE
AVC ischémique

14 JOURS

Résultats escomptés : Harmoniser le séjour de la clientèle
Informer le patient/famille
du déroulement du séjour

CHEMINEMENT CLINIQUE AVC
14 JOURS

PHASE AIGUË			PHASE D'ÉVALUATION
	Urgence **(0-8 heures)**	**Admission** **(8-24 heures)**	**JOUR 2**	**JOUR 3-6**
Résultats escomptés	Maintenir les fonctions vitales Prévenir les complications Préserver les fonctions résiduelles Gérer la situation de crise			
Consultations	Neurologie	Service social Physiothérapie Ergothérapie Orthophonie : évaluation Nutrition	Neuropsychologie (si besoin)	Orthophonie : si troubles de communication (Jour 3)
Analyses/ examens	Selon ordonnance médicale pré-établie			

Évaluation	SV et SN q 1 pour 4 h
	et q 4h par la suite
	Auscultation pulmonaire
	TID
	Poids
	Dosage ingesta-excreta
	Fonction urinaire et fécale
	Intégrité de la peau TID
	Douleur
	Algorithme décisionnel
		SV et SN q 4 h et PRN
		• Collecte des données
		• Profil pharmaco
		• Besoins psychosociaux
		• Risques de chute et
		  de lésion de pression
		Algorithme décisionnel
			SV et SN q 4 h
			Auscultation pulmonaire TID
			Dosage ingesta-excreta
			Fonction urinaire et fécale
			Intégrité de la peau TID
			Pertinence de la sonde
			  vésicale
			Douleur
			Algorithme décisionnel
			Apport nutritionnel et hydrique
			  et voie d'alimentation
			  appropriée
			Évaluation des capacités/
			  incapacités ayant un impact
			  sur les habitudes de vie :
			  • Activité intellectuelle
			  • Langage
			  • Comportement
			  • Sens et perception
			  • Activités motrices
				Si stabilité :
				  SV + SN TID + PRN
				Auscultation pulmonaire TID
				Apports nutritionnels et hydriques & tolérance
				  des consistances et viscosité
				Fonction urinaire et fécale
				Intégrité de la peau TID
				Tolérance à l'effort
				Douleur
				Pertinence de la sonde DIE
				Poursuite de l'évaluation des capacités/
				  incapacités

Traitements activités	Repos au lit
	Tête à 30° minimum
	Positionnement anato-
	  mique (Bobath) q 2 h
	Soins de bouche q 4 h
	Sonde vésicale si
	  rétention urinaire
		Mesures de sécurité si
		risques de chute ou de
		lésion de pression
			Positionnement anatomique
			  (Bobath) q 2 h
			Mobilisation précoce
			Premier lever et première
			  séance au fauteuil
			Bain complet au lit
			Soins de bouche q 4 h
			Début de traitement au
			  service de physio/ergo
			  si tolère 1 h au fauteuil
				Positionnement anatomique (Bobath) q 2 h
				Mobilisation selon tolérance
				Séance au fauteuil BID
				Bain partiel au lit
				Soins de bouche q 4 h
				Traitement au service de physiothérapie/
				  ergothérapie avec ses vêtements
				Traitement au service d'orthophonie et
				  de neuropsychologie

Alimentation	NPO jusqu'à évaluation
	  de la capacité d'alimen-
	  tation per os
		NPO ou alimentation et
		hydratation selon algo-
		rithme décisionnel
			NPO ou alimentation et
			  hydratation selon algorithme
			  décisionnel
			Considérer alimentation
			  entérale en fonction de
			  la capacité d'alimentation
				Alimentation et hydratation selon l'évaluation
				  de la capacité d'alimentation

FIGURE 1-4 ■ Exemple de cheminement clinique utilisé pour les personnes ayant subi
un AVC. SOURCE : Hôpital Charles-LeMoyne

	Urgence (0-8 heures)	Admission (8-24 heures)	JOUR 2	JOUR 3-6
Enseignement Patient/famille		Orientation sur l'unité de soins Information sur l'investigation et le cheminement clinique Explication sur le rôle des différents intervenants et sur leur rôle dans les soins Remise du livret AVC Avis d'apporter vêtements et chaussures antidérapantes	Renforcement sur leur rôle dans les soins Information sur les moyens de prévenir les chutes et les lésions de pression Positionnement et mobilisation du patient Modalités d'alimentation sécuritaire Plan de traitement Cheminement clinique et les étapes de réadaptation Régime de protection majeur inapte	Informer sur les troubles de communication et sur les stratégies spécifiques à privilégier Cheminement clinique et les étapes de réadaptation selon l'évolution du patient Continuer l'enseignement en fonction des besoins et renforcer les apprentissages
Planification du congé	Évaluation des besoins psychosociaux			Évaluation de l'orientation au congé selon le pronostic médical et l'évaluation de l'équipe interdisciplinaire

PHASE DE CONSOLIDATION

	JOUR 7-9	JOUR 10-14
Résultats escomptés	AMÉLIORER SES ACTIVITÉS D'AUTO-SOINS AVEC OU SANS AIDE Se déplacer avec ou sans aide Rencontrer ses besoins nutritionnels via une alimentation adaptée et sécuritaire Maintenir la participation du patient /famille aux soins selon les informations reçues	Maintenir ses fonctions résiduelles Reconnaître ses déficits Participer au maximum de ses capacités aux AVQ et AVD Reconnaître les risques de récidive
Évaluation	SI STABILITÉ: SV BID Apports nutritionnels et hydriques & tolérance des consistances et viscosités Fonction urinaire et fécale Intégrité de la peau Tolérance à l'effort Douleur Technique de positionnement et de mobilisation Risque de chute	SV DIE ad congé Apports nutritionnels et hydriques & tolérance des consistances et viscosités Fonction urinaire et fécale Intégrité de la peau Tolérance à l'effort Douleur
Traitements activités	RÉÉDUCATION VÉSICALE SI PROBLÉMATIQUE DU RETOUR DE LA FONCTION URINAIRE Séance au fauteuil TID (30-60 minutes par séance selon tolérance) Lever et transfert avec aide Rééducation à marche avec aide à partir du jour 8 Positionnement anatomique Mobilisation aux 2 heures avec technique de transfert sécuritaire Bain partiel avec participation progressive du patient selon ses capacités Progression des traitements selon la récupération motrice, l'état de conscience et les troubles associés	Poursuite de la rééducation vésicale si pertinent Séance au fauteuil TID (1 heure et plus par séance) considérer séances thérapeutiques Lever, transfert et marche avec supervision ou sans aide Hygiène et habillement avec supervision Positionnement anatomique Mobilisation aux 2 heures avec aide, supervision ou sans aide Progression des traitements selon la récupération motrice, l'état de conscience et les troubles associés
Alimentation	AJUSTEMENT DU PLAN DE SOINS NUTRITIONNELS SELON L'ÉVOLUTION ET LES BESOINS DU PATIENT	
Enseignement Patient/famille	CHEMINEMENT CLINIQUE ET LES ÉTAPES DE RÉADAPTATION SELON L'ÉVOLUTION DU PATIENT Continuer l'enseignement en fonction des besoins et renforcer les apprentissages Encouragement à utiliser le côté atteint lors des transferts Enseignement de méthodes pouvant aider à améliorer le niveau de son autonomie	
Planification de congé	RAPPORT D'ÉVALUATION DE TOUS LES MEMBRES DE L'ÉQUIPE INTERDISCIPLINAIRE AU JOUR 7 DÉTERMINATION DE L'ORIENTATION À L'ÉQUIPE INTERDISCIPLINAIRE (TYPE A)	Détermination du potentiel compensatoire (Type B)

FIGURE 1-4 ■ (suite)

En matière de recherche, la principale tâche de l'infirmière est d'apporter sa contribution à l'élargissement de la base scientifique de la pratique. Il faut mener des études afin de déterminer l'efficacité des interventions et des soins infirmiers. C'est grâce à ces travaux que les sciences infirmières peuvent se développer et que les changements apportés à la pratique sont corroborés par des données scientifiques. La recherche a pour but de faire progresser la pratique fondée sur des résultats probants et, par conséquent, d'améliorer la qualité des soins.

Les infirmières qui ont reçu une formation en méthodologie de la recherche peuvent utiliser leurs connaissances et leur savoir-faire pour promouvoir et réaliser des études pertinentes et opportunes. Cela ne signifie pas que celles qui ne s'engagent pas directement dans des études de ce genre ne jouent pas un rôle primordial dans la recherche en sciences infirmières. Chacune d'entre elles peut apporter une contribution précieuse à la recherche et est tenue de le faire. Toutes les infirmières doivent se montrer constamment attentives aux problèmes qu'elles rencontrent dans leur pratique et qui peuvent servir de point de départ à la recherche.

Les infirmières de première ligne sont souvent les mieux placées pour repérer les problèmes susceptibles de faire l'objet de recherches et leur savoir clinique a une valeur inestimable. Elles peuvent contribuer à ce processus en facilitant la collecte des données ou en compilant leurs propres données. Lorsqu'elles expliquent la raison d'être d'une étude aux autres professionnels de la santé, aux patients et à leur famille, elles fournissent une aide précieuse à l'infirmière qui effectue la recherche.

Par-dessus tout, l'infirmière doit utiliser les résultats des recherches dans sa propre pratique. La recherche n'a aucune valeur en soi. Comme nous l'avons expliqué plus haut, la pratique fondée sur des résultats probants repose sur des recherches valides. L'avenir des sciences infirmières dépend de la volonté des infirmières de participer activement à la mise en application et à l'évaluation des résultats des études, lesquels ne peuvent être corroborés que s'ils sont appliqués, validés, répétés et généralisés. Les infirmières doivent rester au fait des études qui sont directement liées à leur propre pratique et les analyser de façon critique afin de déterminer les possibilités d'application des résultats et leurs effets sur certaines populations. Elles peuvent utiliser les résultats et les conclusions qu'elles en tirent afin d'améliorer leur pratique.

Modèles de distribution des soins infirmiers

Les soins infirmiers peuvent recourir à diverses méthodes organisationnelles. Le modèle utilisé varie beaucoup selon les établissements et selon les situations. On peut s'inspirer de ce qui a été utilisé dans le passé et de ce qui se fait à l'heure actuelle pour mettre au point les modèles et les méthodologies indispensables dans le système de distribution des soins en évolution constante que nous connaissons aujourd'hui.

SOINS INFIRMIERS EN ÉQUIPE

Les équipes de soins infirmiers, dont l'origine remonte aux années 1950 et 1960, réunissent un ensemble de personnes dirigées par la chef d'équipe ; elles sont chargées de prodiguer des soins diversifiés à un groupe de personnes déterminé. Dans ce modèle, les médicaments sont administrés par une infirmière, tandis que les bains et les soins physiques sont donnés par une infirmière auxiliaire, sous la supervision de l'infirmière qui est à la tête de l'équipe. Le personnel soignant se compose d'infirmières qui jouent souvent le rôle de chefs d'équipe auprès des infirmières auxiliaires et des préposés aux bénéficiaires. En raison de l'importance accordée actuellement à la limitation des coûts, on modifie la composition des équipes, qui comptent de plus en plus de préposés. Toutefois, rien ne prouve que les équipes de soins infirmiers soient rentables. De plus, la qualité des soins prodigués conformément à ce modèle est discutable et la fragmentation des soins pose problème.

SOINS INFIRMIERS INTÉGRAUX

Les soins infirmiers intégraux sont des soins complets et personnalisés prodigués par une seule infirmière tout au long de la période de traitement. Selon ce modèle, l'infirmière donne directement les soins, au lieu d'encadrer et de superviser les personnes qui s'en chargent. De nombreux établissements rejettent cette façon de faire, qu'ils jugent trop coûteuse. En effet, le rapport entre le nombre de patients et le nombre d'infirmières étant peu élevé, les professionnels doivent être plus nombreux, car la personne chargée des soins intégraux est en général une infirmière. Par ailleurs, on s'appuie sur ce modèle pour effectuer la transition vers la gestion de cas dans certains établissements.

L'infirmière en soins intégraux accepte d'assumer la responsabilité des soins infirmiers prodigués à la personne vingt-quatre heures sur vingt-quatre ; elle s'applique à satisfaire tous ses besoins. Il lui incombe de faire participer directement la personne et sa famille à tous les aspects des soins et c'est elle qui prend l'initiative des décisions à cet égard. Elle échange avec les autres membres de l'équipe soignante des informations sur les traitements dont bénéficie la personne. Ce modèle favorise la continuité des soins et une collaboration axée sur la qualité des soins.

Lorsque l'infirmière en soins intégraux n'est pas de service, une infirmière associée l'aide à assumer la responsabilité des soins. L'infirmière associée met en application le plan thérapeutique et, en vue de l'évaluer, elle fait part de ses observations à l'infirmière en soins intégraux. Celle-ci oriente la personne vers les services appropriés et veille à ce que toutes les informations pertinentes soient communiquées à ceux qui assureront la continuité des soins, entre autres aux membres de la famille.

La survie à long terme de la formule actuelle des soins infirmiers intégraux est incertaine. Alors qu'on continue de prendre des mesures pour réduire les coûts et que les soins à donner se multiplient, le nombre de personnes soignées par infirmière est de plus en plus élevé. Beaucoup de services doivent composer avec les contraintes engendrées par l'augmentation de la charge de travail en modifiant leur manière de concevoir les soins infirmiers intégraux ou en revenant aux modèles de l'équipe de soins ou du système fonctionnel. Dans d'autres services, on apporte des changements à la composition du personnel soignant et on reformule les modèles de soins infirmiers en tenant compte de l'élargissement des responsabilités de l'infirmière. Ailleurs, on adopte des modèles plus novateurs, comme la gestion de cas.

SOINS INFIRMIERS DE SANTÉ COMMUNAUTAIRE ET DE SANTÉ PUBLIQUE

Les soins infirmiers de santé communautaire et de santé publique ne sont pas des concepts nouveaux pour la profession d'infirmière. En effet, à partir du milieu ou de la fin du XIXᵉ siècle, la profession a joué un rôle essentiel dans la communauté grâce aux infirmières visiteuses qui s'occupaient des malades et des pauvres à domicile et en milieu communautaire, et donnaient de l'enseignement aux patients et à leurs proches. Les soins de santé communautaire et de santé publique reposent sur l'idée suivante : les interventions infirmières effectuées auprès de groupes de citoyens ont pour objectif de promouvoir le bien-être, de combattre la propagation des maladies et d'améliorer l'état de santé. Les infirmières en santé communautaire se chargent de donner les soins requis aux personnes appartenant à la communauté, tout en mettant l'accent sur les préventions primaire, secondaire et tertiaire. Dans ces milieux, les infirmières ont toujours concentré leurs efforts sur la promotion de la santé, la santé des mères et des enfants, ainsi que sur les soins aux personnes qui présentent un problème de santé chronique. Les infirmières en santé publique, pour leur part, ciblent davantage leur pratique sur les collectivités et la population en général. Elles peuvent mettre en œuvre les activités suivantes prévues dans le Programme national de santé publique du Québec 2003-2012 (ministère de la Santé et des Services sociaux, 2003) :

- Surveillance continue de l'état de santé de la population et de ses déterminants
- Promotion de la santé et du bien-être
- Prévention des maladies, des problèmes psychosociaux et des traumatismes
- Protection de la santé

Axés sur les individus et les familles, les soins infirmiers de santé communautaire se donnent dans divers milieux (Hunt, 2000) ; ils englobent les soins à domicile. La plupart du temps, les soins de santé communautaire et les soins à domicile s'adressent à des groupes particuliers de personnes, ayant des besoins précis. Ces besoins sont souvent liés à des traumatismes ou à des incapacités attribuables à la maladie chronique. Il peut aussi s'agir de besoins liés à une perte d'autonomie secondaire au vieillissement. Toutefois, le travail des infirmières en santé communautaire s'étend à des groupes de personnes présentant des problèmes et des besoins variés. Les soins à domicile constituent l'un des principaux volets des soins de santé communautaire dont il est question dans ce livre. Au Canada, les services de soins à domicile sont offerts à certaines populations (entre autres aux clientèles âgées et

aux autres clientèles vulnérables) par l'entremise de programmes et d'organismes communautaires, de même que par des organismes hospitaliers de soins à domicile.

Comme les séjours à l'hôpital raccourcissent de plus en plus et que les services ambulatoires de consultation externe sont de plus en plus utilisés, la demande de soins infirmiers à domicile en milieu communautaire s'est énormément accrue. Les services de soins infirmiers étant offerts tant en milieu hospitalier qu'à l'extérieur, les infirmières peuvent choisir d'exercer leur profession dans divers milieux de soins. Parmi ces milieux, on compte les centres hospitaliers de soins de courte durée, les cliniques privées, les centres de soins d'urgence, les services de consultation externe, les centres locaux de santé communautaire, les organismes de soins à domicile, les centres de soins infirmiers indépendants ou collectifs et les milieux de soins ambulatoires.

Les centres locaux de services communautaires (CLSC), qui ont vu le jour au cours des trois dernières décennies offrent notamment les services de première ligne suivants : soins ambulatoires, immunisations, évaluation de l'état de santé et dépistage, enseignement et consultation. Les populations visées par les CLSC sont diverses ; la plupart du temps, elles comptent une forte proportion de gens vivant en milieu rural, de personnes très jeunes ou très âgées, ou encore appartenant aux communautés culturelles.

Le nombre des organismes de toutes sortes qui fournissent des soins à domicile en milieu communautaire a augmenté parallèlement à l'accroissement des besoins. Les infirmières en soins à domicile n'ont pas la tâche facile, car les établissements de soins de courte durée renvoient à la maison ou dans la communauté des personnes qui commencent à peine à se rétablir et qui ont des besoins complexes. Bon nombre de ces personnes sont âgées et présentent des problèmes de santé multiples qui exigent des soins infirmiers importants et intensifs. Des technologies médicales comme la ventilation assistée, l'alimentation par voie intraveineuse et l'alimentation parentérale, auparavant réservées aux milieux de soins de courte durée, ont été adaptées aux soins à domicile.

Par conséquent, le milieu communautaire est devenu l'un des principaux champs d'exercice de la profession d'infirmière. Aujourd'hui, les soins infirmiers à domicile nécessitent des connaissances et des compétences de haut niveau en soins généraux, mettant l'accent sur les soins de santé communautaire, les soins de courte durée, les soins palliatifs et les soins de fin de vie. Cette spécialité exige aussi une grande compétence en matière d'évaluation, une bonne dose de jugement clinique et la capacité de prendre des décisions.

Les infirmières en soins à domicile, qui sont souvent appelées à donner des soins de courte durée, fournissent aux personnes présentant des besoins de santé urgents des services dits « de technologies de pointe et à forte intensité relationnelle ». En outre, il leur incombe de donner de l'enseignement tant au malade qu'à sa famille, d'entrer en contact avec les organismes communautaires, de coordonner les soins et le suivi. Pour ces raisons, le domaine d'application des soins infirmiers médicochirurgicaux ne se limite pas au milieu hospitalier, car les soins de courte durée sont aussi fournis à domicile et en milieu communautaire. Cet ouvrage met l'accent sur les besoins des personnes et des familles en matière de soins de santé à domicile et traite en particulier de l'enseignement, de la prise en charge des autosoins et de la préservation de la santé.

Élargissement du champ de compétence de l'infirmière

Les soins infirmiers professionnels doivent s'adapter constamment afin de pouvoir répondre aux besoins et aux attentes d'une société en mutation. L'élargissement du champ d'activité de l'infirmière illustre bien cette transformation et répond à la nécessité d'améliorer la répartition des services sanitaires et d'abaisser le coût des soins de santé. Les infirmières praticiennes et les infirmières cliniciennes spécialisées sont des infirmières de pratique avancée. À ce titre, elles prodiguent directement des soins, de manière autonome, au sein d'un organisme de soins de santé ou en collaboration avec un médecin. La spécialisation a évolué parallèlement à l'élargissement du champ d'activité en raison de l'essor spectaculaire du savoir et de la complexité des soins.

Les infirmières reçoivent actuellement une formation de pointe dans des spécialités aussi variées que les soins intensifs, les soins coronariens, les soins aux personnes atteintes de troubles respiratoires, les soins aux personnes atteintes de cancer, les soins à la mère et à l'enfant, les soins intensifs aux nouveau-nés, la rééducation, la traumatologie, les soins aux personnes vivant en milieu rural et les soins aux personnes âgées, pour n'en nommer que quelques-unes. Cette évolution s'accompagne de nouveaux titres, par lesquels on tente de mieux traduire ces nouvelles fonctions ainsi que la formation que l'infirmière doit recevoir pour les exercer ; les fonctions de l'infirmière sont toutefois moins distinctes qu'auparavant. En soins infirmiers médicochirurgicaux, les deux principaux titres sont ceux d'*infirmière praticienne* et d'*infirmière clinicienne spécialisée* ; le titre le plus récent est celui d'*infirmière de pratique avancée*, qui s'applique à la fois aux infirmières praticiennes et aux infirmières cliniciennes spécialisées.

L'Ordre des infirmières et infirmiers du Québec (OIIQ) exige que les infirmières praticiennes et les infirmières cliniciennes spécialisées reçoivent une formation de deuxième cycle. Les deux niveaux de formation, dont les programmes présentaient à l'origine de grandes différences quant à la portée et à la définition des fonctions, ont maintenant beaucoup de similitudes et comportent de nombreux recoupements.

Les infirmières praticiennes reçoivent pour la plupart une formation de généraliste (infirmière praticienne en pédiatrie, en gériatrie, par exemple). Elles estiment que leur rôle consiste à prodiguer directement une vaste gamme de services de soins de première ligne aux personnes et à leur famille. Elles ont pour objectif de collaborer avec les professionnels qui travaillent dans des milieux de soins de courte durée ou dans d'autres milieux de soins.

Pour leur part, les infirmières cliniciennes spécialisées reçoivent une formation leur permettant d'exercer dans un champ d'activité bien circonscrit (infirmière clinicienne spécialisée en soins cardiovasculaires ou en oncologie). Elles estiment que leur rôle comporte cinq volets principaux : pratique clinique, enseignement, gestion, consultation et recherche. Des études montrent que, dans les faits, elles accordent souvent la priorité aux volets enseignement et consultation : éducation et counselling visant les patients et leur famille ; enseignement, counselling et consultation s'adressant au personnel infirmier. La Fédération des médecins spécialistes du Québec leur accorde le droit de prescrire des médicaments, pour autant que leur formation les ait préparées à le faire. Bien qu'elles pratiquent surtout dans les milieux de soins de courte durée, elles donnent aussi des soins ailleurs, notamment en milieu communautaire et à domicile. Récemment, de nombreuses directrices de soins infirmiers ont reconnu que les infirmières cliniciennes spécialisées étaient de parfaites gestionnaires de cas. En effet, elles possèdent la formation et l'expérience clinique nécessaires pour organiser et coordonner les services et les ressources de manière à ce que les besoins en matière de soins de santé soient satisfaits de façon efficace.

La pratique avancée des soins infirmiers a incité les organisations professionnelles à définir plus clairement l'exercice de la profession. On a amendé les lois sur la pratique des soins infirmiers pour faire en sorte que les infirmières aient le droit de remplir des fonctions qui étaient auparavant réservées à la médecine. Parmi ces fonctions, mentionnons les suivantes : traitement, exécution de certaines interventions effractives, prescription de médicaments et de traitements. Le conseil des soins infirmiers de chacun des établissements adopte des règlements sur ces fonctions ; il détermine la formation et l'expérience requises de même que les situations cliniques dans lesquelles une infirmière peut accomplir ces fonctions.

En général, les soins de première ligne, les soins ambulatoires et la prévention prennent de plus en plus d'importance dans l'exercice de la profession d'infirmière. La pratique avancée permet aux infirmières d'interagir avec d'autres professionnels de la santé et d'établir une relation de continuité avec les médecins. Compte tenu de l'évolution des soins de santé, le rôle des infirmières de pratique avancée, en particulier dans les milieux de soins de première ligne, est appelé à progresser en ce qui concerne le champ d'activité, la responsabilité et la reconnaissance.

EXERCICES D'INTÉGRATION

1. Dans un établissement de soins de courte durée, vous êtes affectée à une unité de soins coronariens. Cernez un aspect des soins (le soutien à la famille, par exemple) qui pourrait être amélioré. Décrivez le mécanisme dont dispose l'hôpital pour examiner les questions qui concernent l'amélioration de la qualité.

2. Vous planifiez la sortie d'une personne âgée atteinte de plusieurs problèmes de santé chroniques. Un gestionnaire de cas s'occupera d'elle. Comment expliquerez-vous le rôle du gestionnaire de cas à cette personne et à son mari?

3. On vous demande de vous occuper d'une personne chez qui on vient de poser un diagnostic d'accident vasculaire cérébral. En quoi un cheminement clinique pourrait-il vous être utile à ce moment-ci?

RÉFÉRENCES BIBLIOGRAPHIQUES
en anglais • en français

ACESI (2004). *Lettres patentes*. Ottawa (Ont.): ACESI.

Agence de santé publique du Canada (2005). *Vieillissement et aînés - Quelques statistiques sur les aînés canadiens* (page consultée le 17 mai 2005); http://www.phac-aspc.gc.ca/seniors-aines/pubs/factoids/2001/toc_f.htm

Conseil canadien d'agrément des services de santé (2005). *Rapport canadien de 2004 sur l'agrément du système de santé.* Saint-Laurent (Québec): Conseil canadien d'agrément des services de santé.

Conseil québécois d'agrément (2004). *Le système d'agrément.* Montréal: Conseil québécois d'agrément.

Cookfair, J.M. (1996). *Nursing care in the community.* St. Louis: Mosby–Year Book.

Hood, L., & Leddy, S.K. (2002). *Leddy & Pepper's conceptual bases of professional nursing* (5th ed.). Philadelphia: Lippincott Williams & Wilkins.

Hunt, R. (2000). *Readings in community-based nursing.* Philadelphia: Lippincott Williams & Wilkins.

Institut de la statistique du Québec (2005). *Tableaux statistiques* (page consultée le 2005 05 17); http://www.stat.gouv.qc.ca/donstat/societe/demographie/struc_poplt/201_04.htm

Institut national de la santé publique du Québec (2001). *Le portrait de la santé: le Québec et ses régions.* Québec: Les Publications du Québec.

Klenner, S. (2000). Mapping out a clinical pathway. *RN, 63*(6), 33–36.

Leddy, S.K., & Pepper, J.M. (1998). *Conceptual Bases of Professional Nursing.* Philadelphia: Lippincott Williams & Wilkins.

Lévesque-Barbes, H. (2004). *Perspectives de l'exercice de la profession d'infirmière.* Montréal: OIIQ.

Ministère de la Santé et des Services sociaux (2003). *Programme national de santé publique 2003-2012.* Québec.

Ministère de la Santé et des Services sociaux du Québec (2003a). *Devenir un groupe de médecine de famille (GMF) – Guide d'accompagnement.* Québec.

Ordre des infirmières et infirmiers du Québec (2004). *Perspectives de l'exercice de la profession d'infirmière.* Montréal: OIIQ.

Poirier, A., et Maranda, M-A. (2005). *Le rapport national sur l'état de santé de la population du Québec: Produire la santé.* Québec: Direction du programme de santé publique du Québec, ministère de la Santé et des Services sociaux.

Relations avec les citoyens et Immigration (2004). *Portraits statistiques de la population immigrée recencée en 2001: Québec, régions métropolitaines de recensement et régions administratives.* Québec: Gouvernement du Québec.

Thibault, N., Gauthier, H., et Létourneau, E. (2000). *Perspectives démographiques du Québec 1996-2041, régions administratives et régions métropolitaines.* Québec: Institut de la Statistique du Québec. Sur Internet: http://ivt.crepuq.qc.ca/isq/francais/pdq/2000.

En complément de ce chapitre, vous trouverez sur le Compagnon Web:
• une bibliographie exhaustive;
• des ressources Internet.

Adaptation française
Diane Morin, inf., Ph.D.
Professeure agrégée,
Faculté des sciences infirmières –
Université Laval

CHAPITRE

2

Soins infirmiers communautaires

Objectifs d'apprentissage

Après avoir étudié ce chapitre, vous pourrez:

1. Analyser les changements dans le système de santé qui sont à l'origine du besoin accru d'infirmières en soins médicochirurgicaux dans le milieu communautaire.

2. Relever les différences et les similitudes entre les soins infirmiers communautaires et les soins infirmiers hospitaliers.

3. Décrire le processus de planification du congé qui assure la continuité des soins après le retour au domicile.

4. Décrire les méthodes utilisées pour repérer les ressources communautaires et orienter les personnes.

5. Expliquer comment on prépare et on effectue une visite à domicile.

6. Indiquer les mesures de sécurité personnelles que l'infirmière en soins à domicile doit prendre lorsqu'elle effectue ses visites.

7. Décrire les divers rôles et fonctions joués par l'infirmière dans les services de soins ambulatoires, les programmes de santé au travail, les programmes de santé en milieu scolaire, de même qu'auprès des personnes sans domicile fixe.

En raison des changements survenus dans le système de santé au cours des deux dernières décennies, on constate un accroissement des besoins concernant les soins ambulatoires et les soins à domicile. Ces changements exigent que les infirmières d'aujourd'hui et celles de demain soient hautement qualifiées et bien préparées pour offrir des soins dans la communauté.

Nécessité croissante des soins de santé communautaires

Nous avons vu comment les modifications apportées aux lois de la santé fédérales et provinciales, le resserrement des règlements régissant les pratiques professionnelles, la baisse des niveaux de financement des hôpitaux et la création de nouvelles infrastructures sanitaires ont transformé les milieux où sont prodigués les soins de santé. L'adoption de diverses lois, telles que la *Loi sur l'équilibre budgétaire du réseau public de la santé et des services sociaux*, communément appelée «Loi sur le déficit zéro» (L.R.Q., chapitre E-12.0001), la *Loi modifiant le code des professions* (loi 90), la *Loi sur les agences de développement de réseaux locaux de services de santé et de services sociaux* (loi 25) et la *Loi modifiant le régime de négociation des conventions collectives dans les secteurs public et parapublic* (loi 30), a fait en sorte que les agences régionales, les centres de santé et de services sociaux, les hôpitaux universitaires et d'autres fournisseurs de soins de santé sont maintenant soumis à un système de financement complexe qui favorise le transfert à la communauté de certains rôles autrefois réservés aux hôpitaux. C'est ainsi que, depuis la mise en place de ce qu'on appelle aujourd'hui le «virage ambulatoire» implanté surtout depuis 1995, les hôpitaux veulent écourter la durée des séjours hospitaliers. Jusqu'à récemment, ce virage touchait presque uniquement les adultes. Depuis 2003, il touche de plus en plus la clientèle des services pédiatriques. Il s'ensuit que les établissements de soins hospitaliers envoient à la maison, dans des établissements résidentiels ou dans des établissements de soins de longue durée, des personnes qui en sont à un stade de rétablissement ou de réadaptation beaucoup moins avancé que par le passé. Pour prodiguer les soins à domicile, il faut aujourd'hui avoir à sa disposition un matériel complexe, tel que des appareils de dialyse, des dispositifs de perfusion et des respirateurs (Brown, 2000).

Toutes les infrastructures sanitaires s'efforcent de limiter les coûts des services de santé et, de ce fait, sont quelquefois contraintes à en réduire la disponibilité, par le biais des listes d'attente par exemple. La durée des séjours à l'hôpital a énormément diminué, et les personnes sont plus souvent traitées en milieu de soins ambulatoires et à domicile.

Étant donné que les soins de santé sont aujourd'hui plus souvent donnés dans la communauté, et que cette tendance est croissante, les infirmières travaillent dans divers milieux de soins de santé publique, de soins ambulatoires, de soins à domicile et de soins de santé communautaires. Parmi ces milieux, on compte les directions de la santé publique, les services de soins ambulatoires, de soins de longue durée, de consultation prénatale et néonatale, de soins palliatifs ou de santé et sécurité au travail, ainsi que les services offerts au sein des organismes, des établissements ou des cliniques pour les personnes sans abri, les cliniques de soins infirmiers, les organismes privés de soins à domicile, les centres de soins d'urgence mineurs, les centres de chirurgie d'un jour, les établissements de court séjour et le domicile des personnes.

Dans ces milieux, les infirmières travaillent quelquefois sans supervision directe et sans pouvoir compter sur d'autres professionnels de la santé. Elles doivent donc être autonomes, capables de s'adapter et ouvertes à divers modes et conditions de vie. Pour travailler efficacement en milieu communautaire, il est essentiel d'avoir des compétences dans les domaines suivants : prise de décision indépendante, esprit critique, évaluation et éducation sanitaire ; la connaissance des soins infirmiers de base est aussi indispensable (Brown, 2000 ; Pierson, 1999).

Les soins infirmiers communautaires reposent sur une philosophie de partenariat avec les individus et les familles. Les soins dans la communauté sont donnés au fur et à mesure que l'individu ou la famille éprouvent des besoins autres que ceux qui peuvent être comblés par les hôpitaux (Hunt, 2000). Bien qu'on emploie indifféremment les termes «soins infirmiers communautaires» et «soins infirmiers en santé communautaire», il convient de faire une distinction entre ces deux termes. Le terme «soins infirmiers en santé communautaire» est quelquefois considéré comme équivalent à «soins infirmiers en santé publique». Or, les soins infirmiers en santé publique sont une spécialité qui utilise une approche populationnelle, bien qu'ils n'excluent pas la prestation de soins individuels. Le terme «soins infirmiers communautaires» est quelquefois perçu comme un énoncé plus large, qui s'étend aux soins infirmiers en santé communautaire et aux interventions infirmières en santé publique. Les services sont destinés aux individus et aux familles plutôt qu'à l'ensemble de la population. Ils comprennent les soins à domicile, les soins en santé scolaire et une foule d'autres services offerts aux individus et aux groupes dans la communauté (figure 2-1 ■). Nous pouvons quand même considérer que ces deux termes sont suffisamment équivalents pour être interchangeables.

SOINS DANS LA COMMUNAUTÉ

Les soins infirmiers en santé communautaire ont pour objectif de promouvoir et de préserver la santé des individus et des groupes, de prévenir la maladie ou d'en réduire le plus possible la progression, et d'améliorer la qualité de vie (Deshaies *et al.*, 2003). À l'opposé, les interventions effectuées par les infirmières œuvrant en santé publique demeurent axées sur la promotion de la santé et la prévention de la maladie à l'échelle des populations, bien qu'elles puissent viser des individus, des familles ou des petits groupes. Rappelons que l'Agence de santé publique du Canada (ASPC) définit ainsi l'approche de la santé des populations : «L'approche

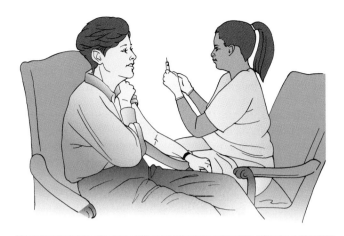

FIGURE 2-1 ■ Les soins infirmiers communautaires ou en santé communautaire prennent de nombreuses formes et visent de nombreux objectifs. Ici, l'infirmière exerce sa profession dans un milieu de travail, et son but est la promotion de la santé. Lorsque des employeurs avertis offrent à leurs employés des vaccins contre la grippe et d'autres services de santé, toute la communauté en bénéficie.

axée sur la santé de la population vise à améliorer l'état de santé d'une population entière et à réduire les inégalités en matière de santé entre différents groupes » (ASPC, 2002). Parmi les interventions, citons les soins directs donnés à des personnes et à des familles de même que l'action auprès des pouvoirs publics en faveur de certaines populations (par exemple, en vue d'obtenir des ressources pour les personnes âgées). L'infirmière en santé communautaire se concentre sur les déterminants de la santé et peut occuper une des nombreuses fonctions suivantes : planificatrice de programmes, épidémiologiste, gestionnaire de cas, coordonnatrice des services offerts à une population donnée, évaluatrice, chercheuse, infirmière en santé au travail, infirmière en milieu scolaire, infirmière en soins à domicile ou infirmière en milieu religieux. Ces divers rôles ont un point commun dans la mesure où l'infirmière se penche, dans tous les cas, à la fois sur les besoins de la communauté et sur ceux de l'individu. Les soins communautaires visent en général soit l'individu, soit la famille, bien que des mesures puissent être prises pour améliorer la santé de toute la communauté. Selon les objectifs visés et les orientations souhaitées, c'est soit l'individu, soit le groupe familial ou la population cible qui conserve la priorité. Les deux principaux volets des soins infirmiers en santé communautaire sont les autosoins et les soins préventifs, eu égard au contexte culturel et communautaire ; la continuité des soins et la collaboration représentent aussi des considérations importantes (Deshaies *et al.*, 2003). Certains aspects des soins infirmiers communautaires sont devenus des spécialités, comme les soins en milieu scolaire, les soins en santé au travail ou les soins à domicile.

Les infirmières qui exercent en milieu communautaire prodiguent des soins préventifs de niveau primaire, secondaire ou tertiaire. La prévention primaire, qui vise la promotion de la santé et la prévention de la maladie, comprend des interventions comme l'enseignement de saines habitudes de vie. La prévention secondaire est axée sur la préservation de la

santé et a pour objectif de détecter tôt la maladie et d'intervenir promptement en vue de prévenir ou de réduire les pertes relatives à la capacité fonctionnelle et à l'autonomie ; elle s'applique à des interventions comme le dépistage systématique et l'évaluation des risques pour la santé. Pour sa part, la prévention tertiaire s'attache à réduire le plus possible la détérioration de l'état de santé et à améliorer la qualité de vie. Les soins tertiaires s'étendent notamment à la rééducation grâce à laquelle les personnes peuvent atteindre leur plein potentiel en surmontant leurs problèmes physiques et psychologiques. Les infirmières œuvrant en santé communautaire ou en santé publique doivent garder en mémoire ce qui suit :

> À chaque étape de la vie, l'état de santé se caractérise par des interactions complexes entre plusieurs facteurs d'ordre social et économique, par surcroît en interdépendance avec l'environnement physique et le comportement individuel. Ces facteurs sont désignés comme les « déterminants de la santé ». Ils n'agissent pas isolément : c'est la combinaison de leurs effets, en tant que « déterminants de la santé », qui influe sur l'état de santé (ASPC, 2003).

SOINS À DOMICILE

Les soins à domicile sont en train de devenir un très important champ d'activité de la profession infirmière. Comme il faut soigner un nombre croissant de cas aigus hors des milieux hospitaliers, on recherche de plus en plus des infirmières qui possèdent de l'expérience dans le domaine des soins de courte durée et de la haute technologie. Les soins tertiaires, qui visent la réadaptation et le rétablissement optimal des fonctions, constituent un objectif important pour l'infirmière en soins à domicile, bien que la prévention primaire et secondaire fasse aussi partie de ses tâches. L'infirmière peut effectuer ses visites de façon intermittente ou régulière et avoir recours à la gestion de cas par téléphone pour favoriser le suivi et la communication.

Les soins infirmiers à domicile représentent un aspect particulier des soins en santé communautaire. Les visites à domicile sont effectuées par des infirmières qui sont employées pour la plupart par des établissements ayant pour mission d'offrir ce type de soins, ou par des organismes privés. Ces visites peuvent aussi faire quelquefois partie des tâches des infirmières en milieu scolaire, des infirmières cliniciennes ou des infirmières en santé au travail. La nature des services fournis au domicile des personnes varie d'une personne à l'autre et d'un type d'établissement à l'autre. Les visites des infirmières rattachées, par exemple, aux centres de santé et de services sociaux (CSSS) ont pour but de donner des soins professionnels, des soins de suivi et de l'enseignement visant à promouvoir la santé et à prévenir les complications. Pour leur part, les infirmières cliniciennes peuvent faire des visites à domicile lorsque la personne souffre d'une atteinte nécessitant un suivi complexe et innovateur. Les infirmières en santé publique font aussi des visites en vue de donner des conseils préventifs à des familles à risque élevé et des soins de suivi à des personnes ayant des maladies transmissibles. Les personnes qui reçoivent des soins à domicile souffrent souvent de maladies aiguës, de problèmes chroniques ou d'invalidités : pour favoriser l'observance thérapeutique, les infirmières doivent donc offrir plus d'enseignement, de soutien et de suivi à ces personnes et à leur famille.

Pour fournir des soins holistiques à domicile, on a de plus en plus recours à des équipes multidisciplinaires composées d'infirmières, de travailleurs sociaux, de physiothérapeutes, d'orthophonistes, d'ergothérapeutes, d'auxiliaires familiales et de médecins (Touchard et Berthelot, 1999). Ces équipes, souvent appelées équipes de soutien à domicile (SAD), assurent les soins et les services sociaux. L'ensemble du plan thérapeutique est quelquefois supervisé par un gestionnaire de cas ou une infirmière clinicienne spécialisée. Peut-être confiera-t-on cette tâche à des infirmières praticiennes, dans un avenir proche.

Les services de soins à domicile sont pour la plupart fournis par des organismes reconnus et subventionnés par l'État, des organismes sans but lucratif ou des entreprises privées. Dans les cas de soins fournis par des établissements privés, les frais sont assumés par des régimes d'assurance privés ou directement par les personnes traitées. Chaque source de financement a ses propres exigences quant à la nature des services fournis, au nombre de visites permises et au montant du remboursement que la personne recevra. La grande majorité des soins à domicile demeurent néanmoins à la charge de l'État.

Selon l'Enquête nationale de la santé des populations de 1996-1997 (Santé Canada, 1999), ce sont avant tout les aînés, surtout les femmes âgées et les personnes seules à la maison, qui ont recours aux soins à domicile. Pour être admissible à de tels services, la personne doit être atteinte d'une maladie aiguë, confinée chez elle et avoir besoin de soins infirmiers, de services sociaux, de services nutritionnels ou de services de réadaptation. Les soins infirmiers comprennent une évaluation professionnelle de l'état de la personne sur les plans physique, psychologique, social et environnemental. Les interventions possibles sont notamment les suivantes : thérapie intraveineuse et injections (figure 2-2 ■), alimentation parentérale, ponction veineuse, cathétérisme, traitement d'une plaie de pression, soins relatifs à une plaie ou à une stomie et enseignement. L'infirmière enseigne à la personne et à sa famille des techniques d'autosoins, ainsi que des activités visant la pré-

servation et la promotion de la santé (par exemple, conseils nutritionnels, programmes d'exercice, mesures de lutte contre le stress).

Au Canada, le système de soins permet aux infirmières de prendre en charge et d'évaluer les soins aux personnes gravement malades, dont les troubles complexes et instables les exposent fortement à une réhospitalisation. Les infirmières peuvent même agir, dans certaines situations, à titre de gestionnaires de cas et superviser les plans de soins offerts à domicile.

Soins infirmiers en milieu hospitalier et en milieu communautaire

La prestation des soins infirmiers à domicile est différente de celle des soins en milieu hospitalier. Pour séjourner dans un hôpital et y recevoir des traitements, la personne doit signer une formule d'autorisation. Elle a peu d'emprise sur les interventions qu'elle subit et doit se conformer aux règlements, aux protocoles et aux horaires de l'hôpital. Elle dort dans un lit d'hôpital et porte souvent des vêtements d'hôpital. Elle reçoit des soins, des bains et des médicaments à des moments qui sont en général déterminés en fonction des horaires de l'établissement et non en fonction de ce qui lui convient. Bien qu'on lui offre un menu quotidien à partir duquel elle peut choisir ses repas, la personne hospitalisée a un choix relativement restreint en ce qui concerne les aliments. Les membres de sa famille et ses amis lui rendent visite pendant les heures autorisées.

À l'opposé, l'infirmière en soins à domicile est considérée comme une invitée chez la personne et doit obtenir sa permission pour la visiter et lui donner des soins. L'infirmière a très peu d'emprise sur les habitudes, les conditions de vie et l'hygiène de la personne chez qui elle se rend. Le fait qu'elle ne soit pas pleinement habilitée à prendre les décisions risque dans certains cas de créer des conflits de rôles pour elle et de nuire à sa relation avec la personne soignée. Pour intervenir avec succès auprès des personnes, quelle que soit leur situation, l'infirmière se doit d'avoir une attitude non critique et de respecter leurs croyances, même si celles-ci diffèrent fortement des siennes. Cela peut s'avérer difficile lorsque le mode de vie de la personne comporte des activités que l'infirmière considère comme dangereuses ou inacceptables, telles que l'usage du tabac, la consommation d'alcool ou de drogues, ou les excès de table.

Il arrive que la propreté de la maison ne soit pas à la hauteur de celle de l'hôpital. Même si l'infirmière peut donner de l'enseignement sur le maintien de la propreté des lieux, c'est à la personne et à sa famille qu'il revient de mettre ou non en pratique ses suggestions. L'infirmière doit accepter la situation telle qu'elle est et prodiguer les soins quelles que soient les conditions d'hygiène du milieu.

Les appareils et le matériel habituellement disponibles dans les milieux de soins de courte durée font souvent défaut au domicile de la personne. L'infirmière doit donc improviser, par exemple lorsqu'elle doit changer un pansement ou effectuer

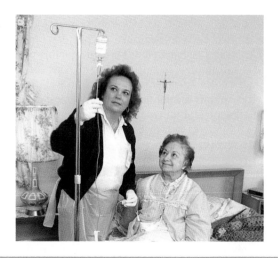

FIGURE 2-2 ■ La thérapie intraveineuse compte parmi les soins qui peuvent être donnés à domicile par une infirmière qualifiée.
Source : Good Samaritan Certified Home Health Agency, Babylon, New York.

un cathétérisme alors que la personne est installée dans un lit ordinaire, dont l'inclinaison n'est pas réglable, et qu'il n'y a pas de table de chevet (Johnson *et al.*, 1998).

À domicile, la lutte contre l'infection est aussi importante qu'en milieu hospitalier, mais elle peut présenter plus de difficulté et nécessiter le recours à des solutions ingénieuses. Comme dans n'importe quelle situation, il est important de bien se laver les mains avant et après la prestation de soins directs, même dans une maison où il n'y a pas d'eau courante. Si la technique aseptique s'impose, l'infirmière doit avoir un plan pour la mettre en application avant de se rendre au domicile de la personne. Cette directive s'applique aussi aux précautions universelles, aux mesures contre les risques de transmission ainsi qu'à l'élimination des sécrétions et des excrétions.

Lorsqu'elle donne des injections, l'infirmière doit placer les seringues souillées dans un contenant fermé. Les médicaments injectables ou autres doivent être tenus hors de la portée des enfants pendant les visites et rangés dans un endroit sûr si la personne les garde chez elle. Lorsqu'elle effectue des interventions effractives, l'infirmière doit être à jour dans son profil d'immunisation, notamment en ce qui concerne l'hépatite B et le tétanos.

À domicile, les distractions sont souvent plus nombreuses qu'à l'hôpital. La maison peut être bruyante, pleine de gens ou encombrée d'objets. L'infirmière doit parfois demander de baisser le volume du téléviseur pendant la visite ou inviter la personne à passer dans une pièce plus isolée afin de pouvoir s'entretenir avec elle ou l'examiner.

Il arrive que les amis, les voisins ou les membres de la famille s'informent de l'état de la personne auprès de l'infirmière. Or, la personne a droit à la confidentialité et aucune information ne doit être transmise sans sa permission. Si elle apporte un dossier médical au domicile qu'elle visite, l'infirmière doit le placer dans un endroit sûr afin d'éviter que d'autres personnes y aient accès ou l'égarent.

Planification du congé en vue d'un suivi à domicile

Lorsqu'on prévoit que le séjour d'une personne à l'hôpital sera écourté et qu'elle aura besoin de soins ou de suivi à domicile, la planification de son congé commence dès le moment de son admission et il se peut qu'elle nécessite la participation de divers membres du personnel. En milieu hospitalier, ce sont souvent les infirmières de liaison qui s'assurent que les besoins de la personne seront satisfaits lorsqu'elle sortira de l'hôpital. Dans les milieux de soins ambulatoires, des professionnels dirigent parfois les personnes vers des fournisseurs de soins à domicile en vue de leur éviter une nouvelle hospitalisation. Il arrive qu'on adresse des personnes à des infirmières en santé communautaire, qui offrent, par exemple, des services préventifs aux familles à risque élevé ou qui font du dépistage et donnent des traitements de suivi, notamment aux personnes atteintes de maladies transmissibles.

L'élaboration d'un plan de congé complet et détaillé exige la collaboration des professionnels non seulement de l'établissement orienteur et de l'établissement de soins à domicile, mais aussi des autres ressources communautaires, au besoin.

Il faut définir les besoins de la personne et y répondre par ordre d'importance, après avoir élaboré un plan de soins et de traitements précis. Il est essentiel que les professionnels mettent au point ce plan avec la personne et sa famille et qu'ils obtiennent leur collaboration.

Orientation et ressources communautaires

Les infirmières en soins à domicile et les infirmières en santé communautaire agissent quelquefois à titre de gestionnaires de cas. Après avoir évalué les besoins de la personne, elles peuvent diriger celle-ci vers d'autres membres de l'équipe, comme les auxiliaires familiales par exemple, ou les travailleurs sociaux. Elles collaborent avec l'équipe soignante et avec l'établissement vers lequel on a orienté la personne. Elles doivent continuellement coordonner les interventions des soignants afin d'éviter que celles-ci se recoupent ou soient effectuées deux fois. À l'heure actuelle, le rôle de gestionnaire de cas est surtout reconnu dans le cadre des réseaux de services en oncologie ou dans les réseaux de services destinés aux personnes âgées en perte d'autonomie.

C'est aux infirmières en soins à domicile et aux infirmières en santé communautaire qu'il incombe de transmettre à la personne et à sa famille de l'information sur les autres ressources communautaires qui peuvent les aider à combler leurs besoins. Au cours de la première visite et des visites suivantes, elles les aident à repérer les ressources disponibles et les encouragent à communiquer avec les organismes pertinents. Si cela est indiqué, elles établissent le premier contact (Pierson, 1999). Elles doivent travailler en partenariat avec les travailleurs sociaux lorsque les besoins sont complexes ou lorsque les organismes sont variés.

L'infirmière en santé communautaire doit bien connaître les ressources disponibles, de même que les services fournis par les organismes locaux, les conditions requises pour y avoir droit et, le cas échéant, les frais à encourir. L'infirmière peut consulter les répertoires des organismes de santé et de services sociaux qui existent dans la plupart des communautés. S'il n'y en a pas, l'organisme peut en créer un pour son personnel, dans lequel on trouvera les ressources communautaires fréquemment utilisées, le prix des services et les conditions requises pour y avoir droit. Étant donné que les ressources changent, ces répertoires doivent continuellement être mis à jour. Le lieu de culte ou la paroisse de la personne peut aussi représenter une ressource importante. Souvent, grâce à l'annuaire téléphonique, l'infirmière peut aider les personnes à trouver les marchés d'alimentation, les pharmacies, les banques, les établissements de santé, les services ambulanciers, les médecins, les dentistes, les pharmaciens, les organismes de services sociaux et les programmes destinés aux personnes âgées.

Préparation d'une visite à domicile

La plupart des organismes et des établissements qui offrent des soins à domicile ont un guide qui présente leur orientation et leurs méthodes ainsi que les services qu'ils sont en mesure de fournir. Avant d'effectuer une visite à domicile, il est indispensable de se familiariser avec ce guide et les indications qu'il contient. Il est important aussi de connaître les recommandations de l'organisme et les dispositions de la loi en ce qui concerne les mesures à prendre en cas de décès, de violence familiale ou de danger pour la personne si elle demeure à la maison.

Avant d'effectuer une visite à domicile, l'infirmière doit examiner de près le formulaire de congé, les informations et les services requis après le départ de l'hôpital ainsi que les autres données pertinentes qui la concernent. Elle devra peut-être communiquer avec l'établissement orienteur si le motif de la recommandation n'est pas clair ou s'il manque des informations importantes.

La première tâche consiste à téléphoner à la personne afin d'obtenir la permission de se rendre chez elle, de déterminer l'heure de la visite et de vérifier l'adresse. Cette première conversation téléphonique offre à l'infirmière l'occasion de se présenter, d'indiquer le nom de l'organisme ou de l'établissement auquel elle appartient et d'expliquer la raison de sa visite.

Si la personne n'a pas le téléphone, l'infirmière vérifie auprès de ceux qui la lui ont adressée s'il y a un numéro de téléphone où elle peut laisser un message. Lorsqu'elle doit se présenter au domicile de la personne sans avoir annoncé sa visite, elle demande la permission avant d'y entrer. De plus, il est bon qu'elle commence par expliquer le motif de sa présence et qu'elle établisse l'horaire des prochaines visites avant de partir.

La plupart des établissements qui offrent un programme de soins et services à domicile fournissent aux infirmières une trousse contenant le matériel dont elles ont habituellement besoin au cours de leurs visites. Il est important de veiller à ce que cette trousse soit toujours suffisamment approvisionnée et de ne pas oublier d'apporter les autres articles nécessaires à la visite. En général, les personnes n'ont pas chez elles les fournitures médicales qu'exige leur traitement.

Conduite d'une visite à domicile

MESURES DE SÉCURITÉ PERSONNELLE

Lorsqu'une infirmière effectue une visite à domicile, son établissement d'attache doit en connaître l'heure et le lieu. L'infirmière doit se renseigner sur le quartier et se faire indiquer le chemin pour s'y rendre. Il doit toujours y avoir un plan d'action en cas d'urgence.

En aucun cas l'infirmière n'est tenue d'effectuer une visite au mépris de sa propre sécurité. Si elle fait face à une situation dangereuse pendant une visite, elle doit retourner auprès de son établissement et entrer en contact avec son supérieur ou un policier, ou les deux. L'encadré 2-1 ■ présente les mesures de sécurité qui s'imposent lors des visites à domicile.

PREMIÈRE VISITE À DOMICILE

La première visite donne le ton à celles qui auront lieu par la suite et constitue une étape cruciale dans l'établissement

ENCADRÉ 2-1

Mesures de sécurité relatives aux soins à domicile

- Apprenez par cœur les numéros de téléphone de votre établissement d'attache, de la police et des services d'urgence ou enregistrez-les dans votre téléphone cellulaire.
- Informez l'organisme de votre horaire quotidien et des numéros de téléphone des personnes auxquelles vous rendez visite de sorte qu'on sache où vous trouver si vous ne revenez pas à l'heure prévue.
- Avant de partir, sachez où demeure la personne chez qui vous vous rendez et munissez-vous d'une carte qui vous permettra de vous orienter rapidement.
- Assurez-vous que votre voiture est en bon état de fonctionnement et que vous avez suffisamment d'essence.
- Garez votre voiture près du domicile de la personne et verrouillez les portières pendant la visite.
- Lorsque vous effectuez vos visites, n'utilisez pas une voiture de luxe et ne portez pas de bijoux coûteux.
- Lorsque vous vous rendez chez la personne au moyen des transports en commun ou à pied, soyez au courant de l'horaire des autobus et de l'itinéraire.
- Ayez toujours sur vous une pièce d'identité au nom de votre établissement et assez de monnaie pour téléphoner au cas où vous vous égareriez ou éprouveriez des difficultés. Pour communiquer avec leurs infirmières ou leur permettre de les joindre en cas d'urgence ou d'imprévu, la plupart des établissements leur fournissent un téléphone cellulaire.
- Lorsque vous effectuez une visite dans un secteur où la criminalité est élevée, faites-vous accompagner.
- Planifiez votre horaire de façon à pouvoir effectuer toutes vos visites lorsqu'il fait jour.
- N'entrez jamais dans une maison sans avoir obtenu la permission de le faire.
- Si vous ne vous sentez pas en sécurité, n'entrez pas dans la maison et partez.
- Familiarisez-vous avec la disposition des pièces de la maison et repérez les sorties.
- Si la personne ou un membre de sa famille est ivre, hostile ou désagréable, fixez un autre rendez-vous et partez.
- Si les membres d'une famille ont une grave dispute, ou maltraitent le malade ou quelqu'un d'autre, fixez un autre rendez-vous, communiquez avec votre supérieur et mettez les autorités compétentes au courant des mauvais traitements.

de la relation de l'infirmière avec la personne. Les situations auxquelles l'infirmière fait face sont diversifiées, et ce pour bien des raisons. La personne peut éprouver de la douleur et être incapable de s'occuper d'elle-même. Parfois, la famille se sent dépassée et doute de sa capacité à prendre soin de l'être cher. Elle peut se demander pourquoi la personne a reçu son congé de l'hôpital avant d'être complètement rétablie. Il se peut aussi qu'elle ne comprenne pas en quoi consistent les soins à domicile ou pourquoi il lui est impossible d'obtenir des services infirmiers 24 heures sur 24. Il est très important que l'infirmière montre à la personne et à sa famille qu'elle comprend leur situation et qu'elle est consciente du fait que la maladie bouleverse leur vie.

Au cours de la première visite, qui dure habituellement moins d'une heure, l'infirmière valide les informations qu'elle a en main, évalue la personne et établit un plan thérapeutique qu'elle suivra ou modifiera lors des visites ultérieures. Elle informe la personne des règlements et procédures de l'établissement qui offre les soins et services à domicile et lui communique les heures de service.

L'évaluation initiale porte sur la personne, son milieu de vie, sa capacité de prendre soin d'elle-même ou la capacité de la famille de lui prodiguer des soins, ainsi que sur la nécessité de lui fournir d'autres ressources. Au cours de cette évaluation, l'infirmière relève aussi la présence de dangers potentiels : passages encombrés, risques d'incendie, de pollution de l'air ou de l'eau, installations sanitaires inadéquates, etc.

La consignation des données relatives aux visites à domicile est soumise à des règles assez particulières. L'infirmière doit noter avec précision les besoins de la personne et les soins qu'elle reçoit en utilisant les outils en vigueur dans son établissement. Il se peut, par exemple, qu'elle utilise l'Outil d'évaluation multiclientèle (OEMC). En général, les documents uniformisés comprennent le diagnostic médical et des informations détaillées sur les limites de la capacité fonctionnelle de la personne. L'infirmière doit aussi indiquer les principaux problèmes rencontrés, les résultats attendus des soins et services à domicile, et les interventions, mesures ou moyens à prendre pour les atteindre. Les résultats escomptés des interventions infirmières doivent être énoncés en fonction du comportement de la personne ; ils doivent être réalistes et mesurables, et correspondre au diagnostic infirmier ou aux problèmes de la personne. De plus, ils doivent être accompagnés des mesures susceptibles de résoudre ces problèmes. Si les données ne sont pas consignées correctement, la qualité et la continuité des soins seront compromises.

VISITES À PRÉVOIR

Après avoir évalué la situation de la personne, fait son bilan et prodigué les soins requis, l'infirmière détermine si d'autres visites seront nécessaires et, si oui, à quelle fréquence. Pour prendre ces décisions, elle peut s'appuyer sur les critères suivants :

- *État de santé* La personne a-t-elle fait des progrès satisfaisants ? Quelle est la gravité des signes et symptômes qu'elle présente ? Semble-t-elle faire les progrès prévus ou tarder à se rétablir ?

- *Milieu de vie* La sécurité de la personne semble-t-elle menacée ? La personne est-elle seule, ou entourée de sa famille ou d'amis qui peuvent lui donner des soins ?

- *Niveau d'autonomie* La personne est-elle en mesure d'effectuer ses autosoins ? Jusqu'à quel point est-elle indépendante ? Est-elle alitée ? A-t-elle suffisamment d'énergie ou est-elle plutôt fragile et facilement épuisée ?

- *Niveau des soins infirmiers nécessaires* De quel niveau de soins la personne a-t-elle besoin ? Requiert-elle des soins de base ou des interventions complexes ?

- *Pronostic* Quelles sont les perspectives de rétablissement ? Faute de soins infirmiers, quels sont les risques que des complications surviennent ?

- *Information et enseignement sur la santé* La personne et sa famille ont-elles bien compris ce qui leur a été enseigné ? Ont-elles besoin qu'on renouvelle l'enseignement ? Quel est le niveau de compétence de la personne ou de sa famille en ce qui concerne les soins à donner ?

- *État mental* Quelle est la capacité de réagir de la personne ? Présente-t-elle des signes de confusion ou des difficultés de raisonnement ? A-t-elle tendance à être distraite ? A-t-elle tendance à oublier ou à avoir un temps de concentration limité ?

- *Niveau d'observance* La personne suit-elle les indications données ? Semble-t-elle capable de le faire ? Les membres de sa famille l'aident-ils à cet égard, ou bien refusent-ils ou sont-ils incapables de participer aux soins comme prévu ?

À chaque visite, l'infirmière évalue les mêmes facteurs afin de déterminer les besoins en matière de soins continus. La nécessité des visites à domicile diminue au fur et à mesure que la personne progresse et que, avec ou sans l'aide de ses proches, elle devient plus indépendante et plus apte à effectuer ses autosoins.

Il faut noter par ailleurs que, dans les programmes de soins à domicile, on intègre de plus en plus des modèles de suivi systématique des clientèles. Le suivi systématique des clientèles (SSC) est un terme générique qui désigne un mode d'organisation des services et de gestion des épisodes de soins ; il s'applique le plus souvent aux personnes atteintes de maladies chroniques ou complexes, tout au long d'un continuum de soins (Zander, 1997). Ce mode d'organisation qui se réalise en interdisciplinarité inclut : (1) l'évaluation uniformisée de l'état de santé ; (2) la planification des soins compte tenu des normes en vigueur ; (3) des services de nature biopsychosociale qui soient adaptés et dont l'efficacité soit reconnue scientifiquement ; (4) une coordination dans un contexte d'interface entre les programmes et dans un réseau intégré de services ; (5) un suivi rigoureux du plan d'intervention et une évaluation continue pour s'assurer que la personne recevra au moment voulu tous les services requis par son état et que ces services seront adéquats et efficaces ; (6) le soutien requis à la personne malade et à sa famille durant l'épisode de soins dans une perspective d'adaptation et d'autosoins (Villeneuve, 1999). Six mots clés sont intimement liés au SSC : pratique basée sur des données probantes, interdisciplinarité, continuité, coordination, responsabilité et qualité des soins et services. Le SSC repose sur la conviction que la personne qui souffre d'un problème de santé est la première à s'inquiéter de son état, qu'elle a des ressources personnelles pour faire face aux difficultés et que le réseau intégré de soins doit promouvoir un maximum d'autonomie. Il favorise l'adaptation, la participation et la collaboration de la personne et de sa famille afin d'augmenter le sentiment de responsabilité partagée dans l'atteinte du résultat des soins (Hogan, 1997). Cela est particulièrement important en ce qui concerne les soins à domicile, où la personne et ses proches doivent composer avec des enjeux de santé auxquels ils ne sont pas toujours préparés (Morin *et al.*, 2003).

CONCLUSION DE LA VISITE

Avant de conclure la visite, il est important que l'infirmière en résume les principaux points et qu'elle indique à la personne et à sa famille les attentes relatives aux visites ultérieures ou les progrès espérés. À la fin de chaque visite, elle doit donc passer en revue les questions suivantes :

- Quels sont les principaux points que la personne ou sa famille doivent retenir de la visite ?
- L'infirmière a-t-elle noté chez la personne et sa famille les qualités qui leur permettront d'accomplir leurs nouvelles tâches de façon satisfaisante ?
- Quels aspects du plan d'enseignement ou de traitements ont permis à la personne et à sa famille de comprendre ce qu'elles devaient faire ? Si la personne ou sa famille sont en mesure de lire, l'infirmière doit leur remettre des instructions écrites (elle peut aussi présenter les consignes sous forme d'enregistrements vidéo ou audio). Les documents imprimés doivent être dans la langue maternelle de la personne et, s'il y a lieu, en gros caractères.
- Quel intervenant la personne et sa famille doivent-elles appeler en cas d'urgence ? Ont-elles facilement accès aux numéros de téléphone des principaux services d'urgence ? Ont-elles le téléphone ou doit-on leur fournir un cellulaire ?
- Quels sont les signes de complication à signaler sans délai ?
- Quels sont le jour et l'heure de la prochaine visite ? Sera-t-elle effectuée par une autre infirmière ? À quelle fréquence les visites auront-elles lieu et pendant combien de temps se poursuivront-elles (s'il est possible de le savoir à ce moment-là) ?

Autres milieux de soins communautaires

MILIEUX DE SOINS AMBULATOIRES

Les soins ambulatoires sont prodigués, parfois en milieu hospitalier, par les cliniques médicales, les unités de soins ambulatoires, les services courants des centres de santé locaux, les centres de soins d'urgence mineurs, les programmes de réadaptation en cardiologie, en oncologie ou en pneumologie, les centres de santé mentale, les centres de santé pour étudiants, les programmes communautaires, les cliniques de soins infirmiers. Certains centres de soins ambulatoires desservent des populations particulières, comme les jeunes, les personnes sans domicile fixe, les travailleurs ou les populations autochtones. Les centres de quartier offrent des services aux personnes qui habitent un secteur délimité. Les activités des centres peuvent avoir lieu dans des immeubles, en milieu commercial ou dans des unités mobiles. Les organismes assurent parfois des soins ambulatoires parallèlement à d'autres services, comme les programmes de soins de jour ou de santé pour adultes. La nature des services offerts et les personnes qu'ils visent varient selon le mandat de l'établissement. Cela

veut donc dire que les fonctions d'infirmière en soins ambulatoires ne se définissent pas selon un modèle unique.

Les infirmières qui travaillent en milieu de soins ambulatoires assument notamment les responsabilités suivantes : donner des soins directs, procéder à la présélection des nouveaux arrivants, traiter les personnes atteintes de maladies aiguës ou chroniques, prendre en charge celles dont la situation est critique, orienter les personnes vers des établissements de santé ou des organismes pouvant leur offrir des services particuliers, enseigner les autosoins et offrir des programmes d'éducation sanitaire favorisant le maintien de la santé.

Les infirmières peuvent aussi agir à titre de gestionnaires, diriger les cliniques et superviser d'autres membres de l'équipe soignante. Au Canada anglais, des infirmières praticiennes, qui ont reçu une formation en soins primaires, pratiquent souvent dans des milieux de soins ambulatoires centrés sur la gérontologie, la pédiatrie, la santé de la famille ou de l'adulte, ou la santé de la femme. Au Québec, des projets novateurs devraient voir le jour dans un avenir proche. Malgré les restrictions imposées par les corporations professionnelles qui limitent actuellement le rôle des infirmières praticiennes de première ligne, celles-ci peuvent néanmoins contribuer grandement au bon fonctionnement d'un service de soins ambulatoires.

PROGRAMMES DE SANTÉ AU TRAVAIL

Les lois provinciales et fédérales, notamment la *Loi sur la santé et la sécurité au travail* (L.R.Q., c. S-2.1), ont des répercussions importantes sur le bien-être des personnes. Ces lois visent à créer des conditions de travail plus sûres et plus saines. Il est d'ailleurs dans l'intérêt de l'employeur d'offrir un milieu de travail sécuritaire, car une telle initiative contribue à réduire les coûts associés à l'absentéisme, à l'hospitalisation et à l'invalidité des employés (OIIQ, 1998).

Les infirmières œuvrant en santé au travail peuvent pratiquer dans des unités en milieu industriel ou agir à titre de consultantes pour une durée limitée ou à temps partiel. Elles peuvent aussi faire partie d'une équipe interdisciplinaire composée de divers professionnels de la santé, dont des infirmières, des médecins, des kinésiologues, des éducateurs spécialisés, des conseillers en gestion de programme, des nutritionnistes, des ingénieurs en sécurité et des hygiénistes du travail. L'infirmière en santé au travail remplit plusieurs fonctions et peut donner des soins directs aux employés qui tombent malades ou se blessent, diriger des programmes d'éducation sanitaire destinés aux membres du personnel d'une entreprise ou mettre sur pied des programmes visant à encourager certains comportements relatifs à la santé, comme manger sainement et faire suffisamment d'exercice. De plus, elle doit bien connaître les lois provinciales et fédérales qui s'appliquent dans ce domaine. L'infirmière en santé au travail peut surveiller l'audition, la vision, la pression artérielle ou la glycémie des employés (D'Amours, 1995). Elle peut même participer au dépistage des maladies infectieuses, des expositions aux radiations ou aux substances toxiques et en informer les autorités responsables.

PROGRAMMES DE SANTÉ EN MILIEU SCOLAIRE

Les programmes de santé en milieu scolaire offrent aux élèves des services précieux et desservent parfois aussi la communauté scolaire. Les enfants et les adolescents qui présentent des problèmes de santé sont plus à risque de présenter des mauvais résultats et des échecs scolaires. Chez les enfants qui fréquentent l'école primaire, les principaux problèmes de santé sont les blessures, les infections (dont la grippe et la pneumonie), la malnutrition, les maux de dents et des problèmes plus graves tels que l'hyperactivité avec déficit de l'attention ou les maladies chroniques. À l'école secondaire, les enfants présentent surtout les problèmes suivants : consommation d'alcool et de drogues, blessures, violence, grossesse, infections sexuellement transmissibles, blessures sportives, maux de dents et troubles mentaux, psychosociaux ou affectifs. Idéalement, les programmes de santé en milieu scolaire devraient disposer d'une équipe interdisciplinaire constituée de médecins, d'infirmières, de dentistes, de travailleurs sociaux, de conseillers en orientation scolaire, d'orthopédagogues, de psychologues, de cadres scolaires, de parents et d'élèves. De nombreuses infirmières en milieu scolaire ont un diplôme de 1er cycle universitaire. Des modèles novateurs faisant appel aux infirmières de pratique avancée pourraient parfaitement s'appliquer dans ce milieu et permettre de fournir les soins de santé primaires. En effet, il existe certains programmes de santé en milieu scolaire qui offrent des soins communautaires et dans le cadre desquels des infirmières de pratique avancée pourraient effectuer des examens physiques, poser certains types de diagnostics et traiter des élèves à l'aide d'ordonnances permanentes pour des épisodes circonscrits de maladies aiguës ou pour des maladies chroniques connues.

L'infirmière en milieu scolaire peut donc agir à titre de soignante, d'éducatrice sanitaire, de consultante et de conseillère. Elle collabore avec les élèves, les parents, les cadres et d'autres professionnels de la santé et des services sociaux en vue de résoudre les problèmes de santé des élèves. Elle effectue des tests de dépistage, donne de la formation en soins de base pour les blessures et des maux légers, administre des médicaments, participe au déploiement des campagnes d'immunisation des élèves et contribue, avec l'équipe d'enseignement, à repérer les élèves qui présentent des problèmes de santé. Elle doit bien connaître les règlements s'appliquant aux enfants d'âge scolaire et préscolaire lorsqu'il y a des services de garde associés à l'école, comme ceux qui imposent d'exclure de l'école les élèves atteints de maladies transmissibles ou porteurs de parasites comme les poux et la gale.

L'infirmière en milieu scolaire joue souvent le rôle de consultante en éducation sanitaire auprès des enseignants. En plus de livrer de l'information sur les pratiques sanitaires, d'offrir des cours sur la santé ou de participer à l'élaboration du programme scolaire dans ce domaine, elle peut être appelée à donner de la formation et du soutien à un enseignant et aux élèves de sa classe lorsque l'un d'entre eux présente un problème particulier, une difficulté chronique, une incapacité ou une maladie comme l'hémophilie ou le syndrome d'immunodéficience acquise (sida).

SOINS AUX PERSONNES ITINÉRANTES

L'itinérance est définie par Santé Canada (2005) comme la situation d' « une personne, famille ou ménage sans domicile fixe ou logement stable et sécuritaire ». On ne connaît pas avec exactitude le nombre de sans-abri qui vivent au Québec ou au Canada (Pauzé et al., 2003). Nous savons cependant que ce nombre est en augmentation et qu'il comprend de plus en plus de jeunes, de femmes accompagnées de leurs enfants (souvent victimes de mauvais traitements) et de personnes âgées. Les sans-abri forment un groupe hétérogène, au sein duquel se trouvent des membres de familles dysfonctionnelles, des personnes sans emploi et d'autres qui sont incapables de trouver un logement à prix abordable. Un grand nombre de sans-logis, soit environ 85 % d'entre eux, souffrent de maladies mentales chroniques ou consomment avec excès de l'alcool ou d'autres drogues (Roy et al., 2002). Plus rarement dans notre pays, certaines personnes perdent temporairement leur foyer à la suite de catastrophes naturelles.

Souvent, les sans-abri n'ont pas les moyens de se déplacer pour recevoir des soins de santé ou y ont difficilement accès. En raison des nombreux obstacles qu'ils rencontrent, ils ne sollicitent des soins qu'à un stade avancé de leur maladie et leur état se détériore plus rapidement que celui des autres personnes. Leurs problèmes de santé sont en grande partie liés à leurs conditions de vie, notamment aux écarts extrêmes de température, qui aggravent les risques pour leur santé.

Les sans-abri sont fortement exposés aux traumas, à la tuberculose, aux infections des voies respiratoires supérieures, à la mauvaise alimentation et à l'anémie, à la déshydratation, aux poux, à la gale, aux troubles vasculaires périphériques, aux infections sexuellement transmissibles, aux problèmes dentaires, à l'arthrite, à l'hypothermie et aux affections de la peau et des pieds. Ils sont fréquemment atteints de diabète, d'hypertension, de cardiopathie, de maladies mentales ou du sida. Ces problèmes sont d'autant plus graves que la situation transitoire dans laquelle ils se trouvent rend le suivi presque impossible à réaliser. Par ailleurs, dans les refuges, les sans-abri sont souvent entassés dans des pièces mal aérées, qui constituent des milieux propices à la propagation des maladies transmissibles comme la tuberculose.

Les infirmières en santé communautaire qui travaillent auprès des sans-abri doivent se montrer patientes et compréhensives, et s'abstenir de les juger. Elles doivent être capables de s'occuper efficacement de nombreuses catégories de gens présentant une vaste gamme de problèmes et de besoins. Leurs interventions consistent à obtenir des services de santé pour les sans-abri et à évaluer les besoins de ceux qui habitent dans les refuges. Dans certains cas, la pratique est organisée de telle sorte que les infirmières s'intègrent à des équipes de « travailleurs de rue ». Il s'agit d'un rôle novateur dans lequel l'empathie est la qualité centrale.

EXERCICES D'INTÉGRATION

1. Rappelez-vous une situation où il a été difficile de planifier le congé d'une personne. Évaluez l'efficacité de la démarche employée pour atteindre les objectifs visés. Quels changements aurait-on pu apporter pour améliorer à la fois la démarche et les résultats?

2. Mme X, une jeune mère logeant dans un refuge pour femmes sans abri, doit recevoir des soins de suivi à domicile après avoir obtenu son congé de l'hôpital. Au cours de la première visite, qui a lieu dans le refuge, la fille de Mme X demande à l'infirmière à quelle fréquence auront lieu les visites et pendant combien de temps elles se poursuivront. Quels critères d'évaluation utiliserez-vous pour répondre à ces questions? Selon quels facteurs détermine-t-on qu'une personne est admissible à des services de soins à domicile plutôt qu'à des services de soins ambulatoires?

RÉFÉRENCES BIBLIOGRAPHIQUES
en anglais • en français

ASPC – Agence de santé publique du Canada (2002); http://www.phac-aspc.gc.ca/ph-sp/ddsp/approche/index.html.

ASPC – Agence de santé publique du Canada (2003); http://www.phac-aspc.gc.ca/ph-sp/ddsp/determinants/index.html#What.

Brown, S. (2000). The legal pitfalls of home care. *RN, 63*(11), 75–80.

D'Amours, F. (1995). *Profil des infirmières en santé au travail des secteurs privé et public: rapport d'un sondage sur leurs activités.* Montréal: OIIQ.

Deshaies, C., Labrie-Gauthier, M., et Leprohon, J. (2003). *L'exercice infirmier en santé communautaire. Soutien à domicile* (Lignes directrices). Montréal: OIIQ.

Hogan T.D., (1997). Case management in wound care program. *Nursing Case Management, 2*(1), 2-15.

Hunt, R. (2000). *Readings in community-based nursing.* Philadelphia: Lippincott, Williams & Wilkins.

Johnson, J.Y., Smith-Temple, A.J., & Carr, P. (1998). *Nurses' guide to home health procedures.* Philadelphia: Lippincott-Raven.

Morin, D., Aubin, M., Gagnon, J., Reinharz, D., Pardis, M., et Dallaire, C. (2003). *Évaluation multicentrique des effets d'un modèle de suivi systématique interdisciplinaire: de l'hôpital à la communauté.* FCRRS/FRSQ Protocole de recherche.

OIIQ en collaboration avec l'Association des infirmières et infirmiers en santé du travail du Québec (1998). *Les défis de l'avenir en santé et en sécurité du travail.* Montréal: OIIQ.

Pauzé, R., Robert, M., Fournier, L. (2003). Examen des caractéristiques cliniques, familiales et personnelles associées à l'itinérance cachée d'adolescent(e)s en difficulté. *Canadian Journal of Public Health. 94*(2): 149-153.

Pierson, C.L. (1999). APNs in home care. *American Journal of Nursing, 99*(10), 22–23.

Roy, S., Laberge, D., Morin, D., et Rozier, M. (2002). Itinérance, détresse psychologique et prévention dans Godin, G., Lévy, J., et Trottier, G. (dir.). *Vulnérabilités et prévention VIH/SIDA. Enjeux contemporains.* Québec: Presses de l'Université Laval.

Santé Canada (1999). Enquête nationale de la santé des populations de 1996-1997.

Santé Canada (2005); http://www21.hrdc-drhc.gc.ca/homelessness/index_f.asp.

Touchard, B., & Berthelot, K. (1999). Collaborative home practice: Nursing and occupational therapy ensure appropriate medication administration. *Home Healthcare Nurse, 17*(1), 45–51.

Villeneuve, L. (1999). *Suivi systématique de clientèles dans la communauté.* Montréal: OIIQ. 11.

Zander, K. (1997). Use of variance from clinical paths: coming of age. *Clinical Performance and Quality in Health Care, 5*(1), 20-30.

En complément de ce chapitre, vous trouverez sur le Compagnon Web:
• une bibliographie exhaustive;
• des ressources Internet.

Adaptation française
Lyne Cloutier, inf., M.Sc.
Professeure, Département des
sciences infirmières – Université
du Québec à Trois-Rivières

CHAPITRE

3

Pensée critique, éthique et démarche systématique

Objectifs d'apprentissage

Après avoir étudié ce chapitre, vous pourrez:

1. Définir la pensée critique et décrire les personnes qui en font preuve.

2. Décrire le processus de pensée critique.

3. Définir les problèmes d'éthique qui se posent dans la vie en général et dans la pratique infirmière en particulier.

4. Reconnaître les divers dilemmes éthiques que rencontre couramment l'infirmière qui travaille en médecine-chirurgie.

5. Énoncer les stratégies qui peuvent aider à la prise de décisions d'ordre éthique.

6. Définir les étapes de la démarche systématique dans la pratique infirmière.

7. Élaborer un plan thérapeutique infirmier en utilisant les stratégies de la pensée critique.

De nos jours, l'infirmière rencontre des problèmes et des situations de plus en plus complexes. Cela est dû à un grand nombre de facteurs tels que les percées technologiques, l'alourdissement des soins et traitements, le vieillissement de la population et la complexité des processus morbides, ainsi qu'à des facteurs d'ordre éthique et culturel. Depuis les débuts de leur pratique, les infirmières recourent à une méthode de résolution de problèmes dans la planification et la prestation des soins et traitements infirmiers. Aujourd'hui, la prise de décisions lors de la résolution de problèmes se complexifie et exige de plus en plus l'utilisation de la pensée critique.

Pensée critique

La pensée critique est une aptitude multidimensionnelle, un processus cognitif ou mental. Elle fait intervenir le raisonnement, c'est-à-dire une pensée volontaire, systématique, rationnelle et axée sur les résultats, qui est fondée sur un ensemble de connaissances. Elle s'appuie aussi sur l'observation et l'analyse des informations et des idées. La pensée critique amène à formuler des conclusions et à adopter des décisions, des solutions et des choix pertinents et créatifs (Ignatavicius, 2001 ; Prideaux, 2000).

La pensée critique fait par ailleurs appel à la métacognition (l'observation de son propre raisonnement, ou processus de pensée) qui aide à renforcer la capacité de raisonnement et à l'améliorer (Wilkinson, 2001). Pour faire preuve d'impartialité dans ses jugements et ses décisions, on doit se fonder sur des connaissances approfondies et synthétiser dans leur contexte les informations dont on dispose. Dans la société actuelle, la pratique infirmière suppose d'excellentes habiletés de pensée critique. Ces habiletés permettent de raffiner la prise de décisions d'ordre clinique, ce qui aide à définir les besoins de la personne et à déterminer les interventions infirmières qui permettent d'y répondre.

La pensée critique et les personnes qui en font preuve ont des caractéristiques distinctes. Comme cela a été mentionné dans la définition ci-dessus, la pensée critique est une activité consciente, axée sur les résultats. Elle est réfléchie et intentionnelle. La personne qui a une pensée critique possède une grande curiosité intellectuelle et recherche la vérité, en toute impartialité, en restant ouverte aux éventuelles solutions de rechange.

RATIONALITÉ ET PERSPICACITÉ

La pensée critique est systématique et organisée. Elle s'acquiert par l'expérience, l'effort et la pratique. Elle exige certaines habiletés, notamment celles d'interpréter, d'analyser, d'évaluer, de déduire, d'expliquer et de se maîtriser (Ignatavicius, 2001). Elle nécessite des connaissances de fond ainsi que la maîtrise des concepts clés et des normes du « bien penser » (Prideaux, 2000). Elle suppose qu'on examine la réalité pour

valider l'exactitude des données et la fiabilité des sources, tout en restant attentif aux incohérences et en les remettant en question. On utilise l'interprétation pour déterminer la signification des données recueillies, et l'analyse pour déterminer les problèmes de la personne révélés par ces données. On recourt à l'inférence pour tirer des conclusions. L'explication sert à justifier les actes ou les interventions visant à traiter les problèmes de la personne, ainsi qu'à l'aider à atteindre les résultats escomptés. L'évaluation permet de déterminer si on a atteint les résultats. Enfin, on recourt à l'autorégulation pour examiner les soins prodigués et adapter les interventions en conséquence (Ignatavicius, 2001).

De plus, la pensée critique est réflective, car elle fait appel à la métacognition, à l'évaluation active et à l'amélioration du processus de pensée. Lorsqu'elle interprète les données et détermine les actes appropriés, la personne qui fait preuve de pensée critique doit envisager la possibilité qu'un point de vue puisse être subjectif. Elle doit être perspicace et faire preuve d'équité et d'intégrité ; elle doit être capable de remettre en question son éthique personnelle et chercher continuellement à réduire les effets de l'égocentrisme, de l'ethnocentrisme et des partis pris sur le processus de prise de décisions (Alfaro-LeFevre, 1999).

ÉLÉMENTS DE LA PENSÉE CRITIQUE

On peut considérer certaines activités cognitives ou mentales comme des éléments clés de la pensée critique. Quand elle recourt à la pensée critique, une personne doit :

- Poser des questions pour déterminer pourquoi certains événements sont survenus et établir s'il est nécessaire de recueillir d'autres données qui éclaireront la situation.
- Rassembler le plus d'informations pertinentes possible pour envisager le plus de facteurs possible.
- Valider les informations présentées pour s'assurer qu'elles sont exactes (qu'il ne s'agit pas d'opinions ou de suppositions) et sensées, et qu'elles reposent sur des faits ou des preuves.
- Analyser les informations pour déterminer ce qu'elles signifient et voir si elles forment des groupes ou des modèles qui mènent à certaines conclusions.
- Se fier à ses expériences cliniques antérieures et à ses connaissances pour expliquer les événements et pour prévoir les événements possibles, en étant conscient des points de vue subjectifs et des influences culturelles.
- Faire preuve de souplesse pour laisser les faits guider la pensée et pour prendre en considération toutes les possibilités.
- Considérer les options possibles et examiner les avantages et les désavantages de chacune d'entre elles.
- Prendre des décisions de façon créative et indépendante.

La personne doit aller au-delà du processus de résolution de problèmes élémentaire. Elle doit explorer et évaluer en profondeur les facteurs pertinents qui influent sur le problème ; elle doit aussi penser hors des sentiers battus. Elle doit remettre en question tous les résultats obtenus jusqu'à ce qu'émerge un tableau d'ensemble permettant d'expliquer le phénomène, les solutions possibles et les méthodes créatives pour aller de l'avant (Wilkinson, 2001). Dans la pratique infirmière, la pensée critique mène à l'élaboration d'un plan thérapeutique détaillé dont les chances de réussite sont très bonnes.

PENSÉE CRITIQUE DANS LA PRATIQUE INFIRMIÈRE

Lorsqu'on utilise la pensée critique pour élaborer un plan thérapeutique, on doit prendre en considération les facteurs humains susceptibles de modifier ce plan. Au cours du processus, l'infirmière interagit avec la personne, sa famille et d'autres membres de l'équipe soignante dans le but de fournir des soins infirmiers appropriés et personnalisés. De la collecte des données jusqu'à la prise de décisions, la culture, l'attitude et le processus de pensée de l'infirmière, de la personne et de ses proches, et des membres de l'équipe auront une influence sur le processus de pensée critique; on doit par conséquent tenir compte de l'interaction entre l'infirmière et la personne (Wilkinson, 2001). L'infirmière doit utiliser la pensée critique dans tous les milieux où elle exerce sa profession: soins actifs, soins ambulatoires, soins prolongés, soins à domicile ou dans la communauté. Quel que soit le milieu de soins, on doit considérer que la situation de chaque personne est unique, systémique et dynamique. Il faut étudier, analyser et interpréter les facteurs propres à chaque situation. L'interprétation des informations présentées permet alors à l'infirmière de se concentrer sur les facteurs les plus pertinents et significatifs pour la situation clinique. Les décisions relatives aux actes nécessaires et aux méthodes à suivre pour les accomplir sont ensuite intégrées dans un plan d'action.

Fonteyn (1998) a déterminé 12 stratégies de pensée auxquelles les infirmières ont le plus fréquemment recours, quel que soit leur champ d'activité:

- Reconnaître un profil
- Établir des priorités
- Recueillir des informations
- Émettre des hypothèses
- Anticiper les événements
- Établir des associations
- Établir un lien de causalité (« si…, alors… »)
- Faire respecter une règle de pratique
- Faire des choix (trouver des solutions de rechange)
- Déterminer la valeur
- Tirer des conclusions
- Donner des explications

Fonteyn a indiqué d'autres processus de pensée, de moindre importance, que l'infirmière peut utiliser:

- Peser le pour et le contre
- Poser une question
- Faire des suppositions
- Qualifier
- Généraliser

Toutes ces stratégies ont les caractéristiques de la pensée critique et des activités cognitives abordées précédemment. Selon Fonteyn, les explorer dans différentes situations cliniques et les mettre en pratique aide l'infirmière novice à examiner sa capacité de raisonnement et à l'améliorer.

Puisque la pensée critique s'acquiert à force de pratique et de temps, ce manuel propose de nombreux exercices d'intégration, en fin de chapitre. Les questions données dans l'encadré 3-1 ■ peuvent servir de guide lorsqu'on fait les exercices, mais on doit toutefois se rappeler que chaque situation est unique et exige qu'on tienne compte des circonstances mentionnées.

Éthique dans la pratique infirmière

Dans notre monde moderne et complexe, nous devons faire face à des problèmes d'ordre éthique qui touchent tous les aspects de notre vie. Dans le domaine des soins de santé, les problèmes d'ordre éthique se sont également multipliés en raison des controverses qui entourent les progrès technologiques et génétiques ou la réduction des ressources financières.

Aujourd'hui, le recours à la technologie de pointe peut prolonger la vie bien au-delà du moment où la mort surviendrait normalement. On dispose de procédés expérimentaux et de médicaments coûteux qu'on peut utiliser à cette fin, même quand de telles tentatives risquent d'échouer. Les progrès technologiques ont une influence à tous les stades de la vie. Par exemple, au cours de la période prénatale, on utilise le dépistage génétique, la fertilisation *in vitro*, le prélèvement et la congélation d'embryons, ainsi que la chirurgie prénatale. Les chances de survie des prématurés ont également augmenté grâce au soutien technique. Les enfants et les adultes qui seraient morts à cause d'une déficience organique vivent désormais plus longtemps grâce aux greffes d'organes. Les progrès technologiques ont aussi contribué à prolonger l'espérance de vie moyenne. Ils sont toutefois à double tranchant: même si, grâce à eux, beaucoup de gens bénéficient d'une meilleure qualité de vie, d'autres voient leurs souffrances prolongées. On peut donc se demander s'il est approprié – et dans quels cas – d'utiliser ce type de techniques très onéreuses, qui entraînent souvent des soins prolongés, douloureux et tout aussi coûteux. Les questions éthiques touchent également les pratiques et les politiques qui aboutissent à une répartition inégale des sommes allouées en matière de soins de santé selon l'âge, la race, le sexe, la déficience ou les mœurs.

PROBLÈMES D'ORDRE ÉTHIQUE

L'infirmière qui travaille en médecine et en chirurgie rencontre des dilemmes éthiques à la fois nombreux et divers. Être conscient des concepts philosophiques sous-jacents aide l'infirmière à réfléchir sur ces dilemmes. Ce chapitre aborde les concepts de base reliés à la philosophie de la morale, notamment la terminologie, les théories et les principes relatifs à l'éthique. Pour pouvoir exprimer ses positions

La pensée critique à l'œuvre : réflexions

Tout au long du processus de pensée critique, l'infirmière se pose continuellement des questions. Même si ces questions diffèrent selon la situation clinique, certaines peuvent servir de base pour tirer des conclusions et prendre des décisions.

Quand elle prend en charge la situation d'une personne, l'infirmière peut tenter de trouver des réponses à certaines de ces questions ou à toutes ces questions dans le but de déterminer les actes les plus appropriés :

- De quelle information d'évaluation pertinente ai-je besoin et comment dois-je l'interpréter ? Qu'est-ce que cette information m'apprend ?
- Quels problèmes cette information soulève-t-elle ? Ai-je cerné les plus importants d'entre eux ? Cette information soulève-t-elle des problèmes que je devrais prendre en considération ?
- Ai-je réuni toutes les informations dont j'ai besoin (signes et symptômes, résultats des examens paracliniques, anamnèse, facteurs émotionnels) ? Manque-t-il quelque chose ?
- Y a-t-il une information que je dois signaler immédiatement ? Dois-je demander de l'aide ?
- La personne présente-t-elle des facteurs de risque particuliers ? Lesquels sont les plus importants ? Que dois-je faire pour réduire ces risques ?
- Quelles complications possibles dois-je prévoir ?
- Quels sont les problèmes les plus importants dans cette situation ? La personne et sa famille perçoivent-elles les problèmes de la même façon que moi ?
- Quels sont les résultats escomptés pour cette personne ? Lesquels sont prioritaires ? La personne est-elle du même avis que moi ?
- Quelle sera ma première intervention dans cette situation ?
- Comment élaborer un plan thérapeutique en tenant compte de ces objectifs ?
- Y a-t-il des facteurs reliés à l'âge dont je dois tenir compte et, si oui, exigent-ils une approche particulière ? Dois-je apporter des changements au plan thérapeutique pour tenir compte de ces facteurs ?
- En quoi la dynamique familiale altère-t-elle cette situation ? Cela aura-t-il des répercussions sur mes actes ou sur le plan thérapeutique ?
- Quels facteurs culturels dois-je prendre en considération ?
- S'agit-il d'un problème d'ordre éthique ? Si oui, comment vais-je le résoudre ?
- Des recherches infirmières ont-elles été menées sur ce sujet ?

et acquérir les habiletés nécessaires à la prise de décisions d'ordre éthique, l'infirmière doit comprendre le rôle qu'elle a à jouer dans ce domaine.

On utilise les termes *éthique* et *morale* pour décrire les croyances à propos du bien et du mal, ainsi que pour suggérer des lignes de conduite à nos actes. Essentiellement, l'éthique est l'étude formelle et systématique des croyances morales, tandis que la morale porte sur le sens personnel des valeurs. La différence entre les deux termes est mince, et on les utilise souvent indistinctement.

THÉORIES DE L'ÉTHIQUE

La téléologie (ou conséquentialisme), une théorie classique de l'éthique, est l'étude de la finalité ou des conséquences des actes de l'être humain. L'utilitarisme, la forme la plus connue de cette théorie, a pour principe de base : « Viser le plus grand bien du plus grand nombre. » De ce fait, on doit choisir l'acte dont les conséquences seront bonnes. Cette théorie pose cependant un problème quand on doit juger des valeurs intrinsèques et déterminer où réside le bien supérieur. De plus, on doit s'interroger sur la légitimité de tout acte amoral qu'on pourrait entreprendre pour obtenir des effets conformes au bien supérieur.

La théorie déontologique, ou formaliste, est une autre théorie de l'éthique. Selon celle-ci, on doit suivre les normes morales ou les principes moraux quelles que soient leur finalité ou leurs conséquences. Dans une situation donnée, plus d'un principe moral peut s'appliquer. L'infirmière doit agir en se fondant sur le principe pertinent ou sur le plus pertinent des principes moraux. Cette théorie pose problème quand les points de vue tendancieux et les préjugés culturels influent sur le choix du principe moral le plus fondamental.

APPROCHES ÉTHIQUES

La métaéthique et l'éthique appliquée sont deux angles sous lesquels on peut aborder l'éthique. Dans le domaine des soins de santé, la notion de « consentement éclairé » est un exemple d'approche métaéthique (comprendre les concepts et la terminologie utilisés en éthique). Les infirmières savent que les personnes doivent donner leur consentement avant de subir une intervention chirurgicale, mais elles se demandent parfois si la personne a été suffisamment renseignée pour le faire en toute connaissance de cause. L'analyse du problème global posé par le consentement éclairé relève de la métaéthique.

On parle d'éthique appliquée quand on se pose des questions dans le cadre d'une discipline particulière pour déterminer les problèmes éthiques que soulève la pratique de cette discipline. Dans un grand nombre de disciplines, on recourt à des principes moraux généraux pour résoudre des problèmes déterminés. Les principes les plus courants utilisés en soins infirmiers sont les suivants : autonomie, bienfaisance, confidentialité, principe du double effet, loyauté, justice, non-malfaisance, paternalisme, respect de la personne, caractère sacré de la vie et véracité. De brèves définitions de ces principes essentiels sont données dans l'encadré 3-2 ■.

On peut considérer l'éthique dans les soins infirmiers comme une forme d'éthique appliquée, car elle aborde les situations morales se rapportant à la profession infirmière et aux soins des personnes. Les problèmes d'ordre éthique que l'infirmière peut rencontrer dans sa pratique ont souvent une portée plus vaste et relèvent de la bioéthique et de l'éthique de la prestation des soins. Cependant, l'infirmière « soigne » plutôt qu'elle ne « guérit ». Les problèmes d'ordre éthique posés par la pratique infirmière ne sont donc pas nécessairement analogues aux problèmes d'ordre éthique rencontrés par les médecins, car le but de la médecine est de guérir. La profession d'infirmière a son propre code de déontologie.

Principes éthiques fondamentaux

Ces principes éthiques peuvent servir à justifier les actions morales.

AUTONOMIE

Dérivé des mots grecs *autos* («soi») et *nomos* («règle» ou «loi»), ce terme signifiait au départ le droit de se gouverner par ses propres lois. Actuellement, son sens s'est élargi aux droits individuels que sont le respect de la vie privée et la liberté de faire des choix. Un individu autonome est celui qui se détermine selon des règles librement choisies.

BIENFAISANCE

C'est le devoir de faire du bien et de promouvoir des actions dont le but est de faire du bien (par exemple la bonté, la gentillesse, la générosité). Ce principe peut inclure la non-malfaisance, c'est-à-dire la volonté de ne pas nuire (voir ci-contre).

CARACTÈRE SACRÉ DE LA VIE

La vie est le bien le plus précieux. Par conséquent, toutes les formes de vie, même au sens strictement biologique, doivent avoir préséance sur tous les critères extérieurs utilisés pour évaluer la qualité de la vie.

CONFIDENTIALITÉ

Ce principe est relié à la notion de respect de la vie privée. L'infirmière ne doit divulguer à personne les renseignements que la personne lui a confiés, à moins que ce ne soit dans l'intérêt de la personne ou de la société.

JUSTICE

Prise au sens large, la notion de justice suppose que des cas semblables devraient être traités de façon semblable. Au sens strict, la justice peut être *distributive*. Elle revient alors à répartir entre les individus bénéfices et charges sociales, selon divers critères:

- De façon équitable
- Selon les besoins de chacun
- Selon l'effort fourni par chacun
- Selon la contribution de chacun à la société
- Selon le mérite
- Selon les stipulations de la loi

La justice *rétributive* récompense ou châtie selon la valeur des actes, sans tenir compte des circonstances.

LOYAUTÉ

Selon ce principe, il ne faut pas trahir ses promesses. On a le devoir de rester fidèle à ses engagements, qu'ils soient implicites ou explicites.

NON-MALFAISANCE

Il s'agit de la volonté de ne pas nuire à autrui et de le préserver du mal. Pour certaines personnes, la non-malfaisance est une composante de la bienfaisance. Dans ce cas, la non-malfaisance lie plus que la bienfaisance.

PATERNALISME

Le paternalisme consiste à limiter intentionnellement l'autonomie d'une personne dans le but de la protéger, d'augmenter son bien-être, de la secourir ou de satisfaire ses besoins. Selon ce principe, la prévention du mal prime tout mal potentiel, comme celui d'entraver l'autonomie ou la liberté de la personne protégée.

PRINCIPE DU DOUBLE EFFET

Ce principe permet de justifier moralement des actions qui peuvent avoir à la fois des conséquences favorables et néfastes. Le principe du double effet est gouverné par les quatre critères suivants:

1. L'action en elle-même est moralement bonne ou neutre.
2. L'intention sincère de la personne est d'obtenir un effet favorable, et non un effet néfaste (l'effet néfaste peut être prévisible, mais ne doit pas être prémédité).
3. L'effet favorable n'est pas obtenu par le biais de l'effet néfaste.
4. L'effet favorable est plus fort que l'effet néfaste, ou au moins de force égale.

RESPECT DE LA PERSONNE

Même si on associe souvent l'idée du *respect de la personne* à celle du respect de son *autonomie*, cette notion est plus large. On entend par respect de la personne le respect de ses choix et de ses droits.

VÉRACITÉ

Il s'agit de l'obligation de dire la vérité en toute circonstance et de ne jamais tromper autrui.

PROBLÈMES D'ORDRE MORAL

De nombreuses situations nécessitent un questionnement éthique. Certaines relèvent des *dilemmes moraux*: il s'agit de situations qui mettent en conflit plusieurs principes ou préceptes moraux contradictoires, et dans lesquelles l'infirmière devra opter pour le moindre mal. Dans d'autres situations, on rencontre des *problèmes moraux:* des principes ou des préceptes moraux entrent en conflit, mais l'un de ces principes ou de ces préceptes prédomine clairement. Dans d'autres situations encore, on est aux prises avec une *incertitude morale*: il est impossible de déterminer les principes moraux qui s'appliquent, mais on a nettement le sentiment que quelque chose ne va pas. Enfin, dans les situations de *détresse morale,*

l'infirmière sait quelle conduite adopter, mais ne peut pas agir comme elle le voudrait à cause des contraintes imposées par l'établissement où elle pratique (Jameton, 1984).

Par exemple, une personne dit à l'infirmière que, si elle est mourante, elle veut que tout soit tenté pour la maintenir en vie. Le chirurgien et la famille lui ont caché le fait qu'elle est en phase terminale et ont décidé de ne pas la réanimer si elle cesse de respirer. Du point de vue de l'éthique professionnelle, on doit informer les personnes du diagnostic afin qu'elles puissent décider de leurs traitements. Idéalement, le médecin devrait communiquer ce renseignement en présence de l'infirmière, dont le rôle est d'aider la personne à comprendre les termes utilisés et de lui apporter du soutien, au besoin. Le problème d'ordre moral vient de la contradiction entre les principes moraux de la famille et du médecin, qui veulent éviter que la personne ne ressente de la détresse, et ceux de l'infirmière, qui souhaite être loyale et véridique comme la personne le lui a demandé. Si on avait des doutes sur l'aptitude de la personne à comprendre, on aurait un dilemme moral, car aucun principe dominant ne serait évident. L'infirmière peut éprouver une véritable détresse sur le plan moral si elle risque une sanction disciplinaire ou le congédiement en dévoilant ce genre de renseignement sans l'accord du médecin ou de la famille.

Il est essentiel que les infirmières se sentent libres de discuter des divers problèmes d'ordre éthique, même s'il est toujours délicat de les aborder. Lorsque tous les membres de l'équipe multidisciplinaire peuvent exprimer librement leurs inquiétudes et arrivent à résoudre un problème éthique de façon acceptable pour tout le monde, la communication au sein de l'équipe s'améliore considérablement. On peut avoir recours aux services d'un expert, membre du comité d'éthique de l'établissement, pour aider l'équipe soignante, la personne et sa famille à définir le dilemme moral et les approches possibles. L'infirmière doit se familiariser avec les politiques qui traitent de l'autodétermination de la personne et de la résolution des questions éthiques. Elle doit défendre les droits de la personne en toutes circonstances (Trammelleo, 2000).

EXEMPLES DE PROBLÈMES D'ORDRE ÉTHIQUE DANS LA PRATIQUE INFIRMIÈRE

De par leur profession, les infirmières ont des obligations envers la société. Elles doivent entre autres respecter les droits des citoyens en matière de santé. Ces droits sont décrits dans l'encadré 3-3 ■. La profession d'infirmière non seulement souscrit à ces obligations, mais elle a aussi établi ses propres normes de responsabilité dans un code officiel de déontologie qui décrit explicitement les valeurs et les buts de la profession. Ce code, défini par l'Ordre des infirmières et infirmiers du Québec (OIIQ), est présenté dans l'encadré 3-4 ■. Il s'agit d'un outil essentiel dans le processus de prise de décisions d'ordre éthique des infirmières.

Les problèmes d'ordre éthique ont toujours eu une influence sur le rôle de l'infirmière. En 2004, l'OIIQ a publié le document *Perspectives de l'exercice de la profession d'infirmière*, dans lequel le but de la pratique infirmière est précisé (p. 11).

La pratique infirmière vise à rendre la personne (famille, groupe ou collectivité) apte à prendre sa santé en charge selon ses capacités et les ressources que lui offre son environnement, quelle que soit l'étape de la vie qu'elle traverse et quelle que soit la phase de sa maladie. Elle vise également à rendre la personne capable d'assumer son bien-être et d'avoir une bonne qualité de vie.

Compte tenu de cette définition, les infirmières doivent participer activement à la prise de décisions éthiques relatives aux soins de santé et aux réactions humaines. L'adoption de ce principe pourrait entraîner des conflits dans les établissements de soins où les rôles traditionnels de l'infirmière

sont définis par la structure administrative. Toutefois, si les infirmières suivent une démarche logique et systématique, les conflits portant sur les limites de compétence pourraient en être atténués. Dans les établissements où les infirmières jouent un rôle important au sein de l'équipe multidisciplinaire et où on privilégie la communication entre les divers intervenants, on note une amélioration des soins prodigués. Pour exercer efficacement sa profession dans ce type d'établissement, l'infirmière doit se tenir informée des problèmes éthiques. Elle doit aussi aider la personne à exprimer ses inquiétudes d'ordre moral.

Dans la profession d'infirmière, la composante fondamentale de l'éthique est le *caring*. Les théories en sciences infirmières qui tiennent compte des aspects biopsychosociaux et spirituels mettent l'accent sur une approche holistique, au cœur de laquelle on trouve l'humanisme ou le *caring*. Alors que la profession d'infirmière s'efforce de définir sa propre théorie de l'éthique, on cite souvent le *caring* comme étant son fondement moral. Pour qu'elles acceptent cet ethos professionnel, les infirmières doivent non seulement connaître les principaux dilemmes éthiques,

ENCADRÉ 3-3

Droits des citoyens du Québec en matière de santé

La *Loi sur les services de santé et les services sociaux* reconnaît aux citoyens du Québec des droits. Il s'agit notamment:

- de recevoir des informations sur les services et les ressources disponibles dans le réseau de la santé et des services sociaux et sur la façon de les obtenir;

- de recevoir des services de santé et des services sociaux adéquats sur les plans à la fois scientifique, humain et social, avec continuité et de façon personnalisée et sécuritaire, et ce, en respect des ressources disponibles;

- de choisir le professionnel et l'établissement, tout en tenant compte de l'organisation des services de l'établissement et de la disponibilité des ressources dont il dispose;

- de recevoir de l'information sur son état de santé, sur les options possibles compte tenu de son état et sur les risques associés à ces options;

- de consentir aux soins;

- de participer aux décisions qui concernent sa situation;

- de recevoir des soins en cas d'urgence;

- d'être accompagné ou assisté, par exemple lorsqu'on désire obtenir de l'information sur les services offerts ou au cours d'une démarche de plainte;

- d'avoir accès à son dossier d'usager;

- pour les personnes d'expression anglaise, de recevoir des services dans leur langue selon le programme d'accès à ces services établi pour la région.

SOURCE: *Les droits des usagers*, du Protecteur des usagers en matière de santé et de services sociaux: Les droits des usagers, (page consultée le 15 novembre 2006), [en ligne]; http://www.protecteurdesusagers. gouv.qc.ca/fr/mod.php?mod=userpage&menu=20&page_id=42& PHPSESSID=4ddfb1adb51903db058d8362c67e71e1. Reproduction autorisée par Les Publications du Québec.

Extraits du *Code de déontologie des infirmières et infirmiers du Québec*

CODE DE DÉONTOLOGIE DES INFIRMIÈRES ET INFIRMIERS

c. I-8, r.4.1

Code des professions

(L.R.Q., c. C-26, a. 87 ; 2001, c. 78, a. 6)

CHAPITRE I

Devoirs envers le public, le client et la profession

Section I

Devoirs inhérents à l'exercice de la profession

§1. Généralités

1. L'infirmière ou l'infirmier doit porter secours à celui dont la vie est en péril, personnellement ou en obtenant du secours, en lui apportant l'aide nécessaire et immédiate, à moins d'un risque pour l'infirmière ou l'infirmier ou pour les tiers ou d'un autre motif raisonnable.

   D 1513-2002, a. 1

2. L'infirmière ou l'infirmier ne peut refuser de fournir des services professionnels à une personne en raison de la race, la couleur, le sexe, la grossesse, l'orientation sexuelle, l'état civil, l'âge, la religion, les convictions politiques, la langue, l'ascendance ethnique ou nationale, l'origine ou la condition sociale, le handicap ou l'utilisation d'un moyen pour pallier ce handicap.

   L'infirmière ou l'infirmier peut cependant, dans l'intérêt du client, le référer à une autre infirmière ou un autre infirmier.

   Dans le présent code, à moins que le contexte n'indique un sens différent, on entend par client la personne qui reçoit des services professionnels d'une infirmière ou d'un infirmier.

   D 1513-2002, a. 2

3. L'infirmière ou l'infirmier ne peut poser un acte ou avoir un comportement qui va à l'encontre de ce qui est généralement admis dans l'exercice de la profession.

   D 1513-2002, a. 3

4. Dans le cadre de soins et traitements prodigués à un client, l'infirmière ou l'infirmier ne peut utiliser ou dispenser des produits ou des méthodes susceptibles de nuire à la santé ou des traitements miracles. L'infirmière ou l'infirmier ne peut non plus consulter une personne qui utilise ou dispense de tels produits, méthodes ou traitements miracles, ni collaborer avec cette personne, ni lui envoyer son client.

   D 1513-2002, a. 4

5. L'infirmière ou l'infirmier doit respecter le droit du client de consulter une autre infirmière ou un autre infirmier, un autre professionnel du domaine de la santé ou toute autre personne de son choix.

   D 1513-2002, a. 5

   [...]

8. L'infirmière ou l'infirmier doit, dans la mesure de ses possibilités, échanger ses connaissances avec les autres infirmières et infirmiers, les étudiants et les candidats à l'exercice.

   D 1513-2002, a. 8

9. L'infirmière ou l'infirmier ne peut, dans l'exercice de sa profession, se dégager de sa responsabilité civile personnelle.

   [...]

   D 1513-2002, a. 9

§2. Intégrité

10. L'infirmière ou l'infirmier doit s'acquitter de ses obligations professionnelles avec intégrité.

    D 1513-2002, a. 10

11. L'infirmière ou l'infirmier ne doit pas abuser de la confiance de son client.

    D 1513-2002, a. 11

12. L'infirmière ou l'infirmier doit dénoncer tout incident ou accident qui résulte de son intervention ou de son omission.

    L'infirmière ou l'infirmier ne doit pas tenter de dissimuler un tel incident ou accident.

    Lorsqu'un tel incident ou accident a ou peut avoir des conséquences sur la santé du client, l'infirmière ou l'infirmier doit prendre sans délai les moyens nécessaires pour le corriger, l'atténuer ou pallier les conséquences de cet incident ou accident.

    D 1513-2002, a. 12

13. L'infirmière ou l'infirmier ne peut s'approprier des médicaments ou autres substances, notamment des stupéfiants, une préparation narcotique ou anesthésique ou tout autre bien appartenant à une personne avec laquelle il est en rapport dans l'exercice de sa profession.

    D 1513-2002, a. 13

14. L'infirmière ou l'infirmier ne doit pas, au regard du dossier du client ou de tout rapport, registre ou autre document lié à la profession :

    1. les falsifier, notamment en y altérant des notes déjà inscrites ou en y insérant des notes sous une fausse signature ;

    2. fabriquer de tels dossiers, rapports, registres ou documents ;

    3. y inscrire de fausses informations ;

    4. omettre d'y inscrire les informations nécessaires.

    D 1513-2002, a. 14

15. L'infirmière ou l'infirmier doit s'abstenir d'exprimer des avis ou de donner des conseils contradictoires, incomplets ou non fondés. À cette fin, il doit chercher à avoir une connaissance complète des faits avant de donner un avis ou un conseil.

    D 1513-2002, a. 15

    [...]

§4. Compétence

17. L'infirmière ou l'infirmier doit agir avec compétence dans l'accomplissement de ses obligations professionnelles. À cette fin, l'infirmière ou l'infirmier doit notamment tenir compte des limites de ses habiletés et connaissances.

    D 1513-2002, a. 17

18. L'infirmière ou l'infirmier doit tenir à jour ses compétences professionnelles afin de fournir des soins et traitements selon les normes de pratique généralement reconnues.

    D 1513-2002, a. 18

19. L'infirmière ou l'infirmier doit, si l'état du client l'exige, consulter une autre infirmière ou un autre infirmier, un autre professionnel du domaine de la santé ou toute

Extraits du *Code de déontologie des infirmières et infirmiers du Québec (suite)*

autre personne compétente, ou le diriger vers l'une de ces personnes.

D 1513-2002, a. 19

[...]

§6. Disponibilité et diligence

25. Dans l'exercice de sa profession, l'infirmière ou l'infirmier doit faire preuve de disponibilité et de diligence raisonnables.

D 1513-2002, a. 25

26. Dans le cas où sa compétence spécifique dans un domaine donné est nécessaire pour fournir des soins et traitements sécuritaires à un client, l'infirmière ou l'infirmier consulté par une autre infirmière ou un autre infirmier doit fournir à ce dernier son opinion et ses recommandations dans un délai raisonnable.

D 1513-2002, a. 26

27. Avant de cesser d'exercer ses fonctions pour le compte d'un client, l'infirmière ou l'infirmier doit s'assurer que cette cessation de service n'est pas préjudiciable à son client.

D 1513-2002, a. 27

Section II
Relation entre l'infirmière ou l'infirmier et le client

§1. Relation de confiance

28. L'infirmière ou l'infirmier doit chercher à établir et maintenir une relation de confiance avec son client.

D 1513-2002, a. 28

29. L'infirmière ou l'infirmier doit agir avec respect envers le client, son conjoint, sa famille et les personnes significatives pour le client.

D 1513-2002, a. 29

30. L'infirmière ou l'infirmier doit respecter, dans les limites de ce qui est généralement admis dans l'exercice de la profession, les valeurs et les convictions personnelles du client.

D 1513-2002, a. 30

§2. Dispositions visant à préserver le secret quant aux renseignements de nature confidentielle

31. L'infirmière ou l'infirmier doit respecter les règles prévues au Code des professions relativement au secret qu'il doit préserver quant aux renseignements de nature confidentielle qui viennent à sa connaissance dans l'exercice de sa profession et des cas où il peut être relevé de ce secret.

D 1513-2002, a. 31

[...]

§3. Comportements prohibés

37. L'infirmière ou l'infirmier ne doit pas faire preuve de violence physique, verbale ou psychologique envers le client.

D 1513-2002, a. 37

[...]

SECTION III
Qualité des soins et des services

§1. Information et consentement

40. L'infirmière ou l'infirmier doit fournir à son client toutes les explications nécessaires à la compréhension des soins et des services qu'il lui prodigue.

D 1513-2002, a. 40

41. Lorsque l'obligation d'obtenir un consentement libre et éclairé incombe à l'infirmière ou à l'infirmier, ce dernier doit fournir au client toutes les informations requises.

D 1513-2002, a. 41

§2. Processus thérapeutique

42. L'infirmière ou l'infirmier doit, dans le cadre de ses fonctions, prendre les moyens raisonnables pour assurer la sécurité des clients, notamment en avisant les instances appropriées.

D 1513-2002, a. 42

[...]

44. L'infirmière ou l'infirmier ne doit pas faire preuve de négligence dans les soins et traitements prodigués au client. Notamment, l'infirmière ou l'infirmier doit:

1. intervenir promptement auprès du client lorsque l'état de santé de ce dernier l'exige;
2. assurer la surveillance requise par l'état de santé du client;
3. prendre les moyens raisonnables pour assurer la continuité des soins et traitements.

D 1513-2002, a. 44

45. L'infirmière ou l'infirmier ne doit pas faire preuve de négligence lors de l'administration d'un médicament. À cette fin, l'infirmière ou l'infirmier doit, notamment, avoir une connaissance suffisante du médicament et respecter les principes et méthodes concernant son administration.

D 1513-2002, a. 45

[...]

mais elles doivent aussi être conscientes des interactions quotidiennes avec les personnes qui posent des défis éthiques difficiles à définir. Les progrès technologiques et la pénurie des ressources ont été au centre de nombreux problèmes d'ordre éthique et de controverses, notamment sur les questions de vie et de mort. Pour autant, les infirmières ne doivent pas négliger la dimension éthique de nombreuses situations qu'elles rencontrent dans leur pratique quotidienne. Certaines des questions les plus courantes que rencontre l'infirmière portent sur la confidentialité, l'utilisation de mesures de contention, la confiance, le refus de prodiguer des soins, la génétique et la fin de la vie.

Confidentialité

L'infirmière doit porter une attention particulière au caractère confidentiel des renseignements obtenus dans l'exercice de ses fonctions quotidiennes. Si les données ne sont pas pertinentes, l'infirmière doit se demander s'il est prudent de les inscrire dans le dossier de la personne. Pendant son travail, elle doit souvent discuter du cas d'une personne avec d'autres membres de l'équipe soignante. Mais ces discussions doivent se dérouler derrière une porte close, là où d'autres personnes ne risquent pas de les entendre.

L'utilisation accrue des ordinateurs et la facilité d'accès aux renseignements qu'ils contiennent représentent une autre menace à la confidentialité. Il y a là un risque de mauvaise utilisation de ces renseignements, qui peut avoir des conséquences sociales négatives (Zolot, 1999). Par exemple, si les résultats de tests de dépistage du virus de l'immunodéficience humaine (VIH) ou de tests de dépistage génétique sont dévoilés, cela peut entraîner la perte d'un emploi ou la résiliation d'une police d'assurance. En raison des risques de malveillance (encadré 3-2), il est donc essentiel de respecter la confidentialité de l'information.

Mesures de contention

L'utilisation de mesures de contention (physiques ou pharmacologiques) peut également représenter un dilemme moral. L'infirmière doit évaluer attentivement les risques entraînés par l'application des mesures de contention (limitation de l'autonomie, risque accru de blessure) et les risques qu'entraînerait la non-application de ces mesures. Avant de décider d'y recourir, elle peut envisager d'autres stratégies, par exemple demander aux membres de la famille de rester au chevet de la personne qui souffre de confusion (Rogers et Bocchino, 1999).

À la fin de l'année 2002, le ministère de la Santé et des Services sociaux du Québec précisait, dans l'article 118 de la *Loi sur les services de santé et les services sociaux,* que l'utilisation de la contention, de l'isolement et des substances chimiques en vue de maîtriser la personne doit avoir un caractère exceptionnel:

> La force, l'isolement, tout moyen mécanique ou toutes substances chimiques ne peuvent être utilisés comme mesure de contrôle d'une personne, dans une installation maintenue dans un établissement, que pour l'empêcher de s'infliger ou d'infliger à autrui des lésions. L'utilisation d'une telle mesure doit être minimale et exceptionnelle et doit tenir compte de l'état physique et mental de la personne.

> Lorsqu'une mesure visée au premier alinéa est prise à l'égard d'une personne, elle doit faire l'objet d'une mention détaillée dans son dossier. Doivent notamment y être consignées une description des moyens utilisés, la période pendant laquelle ils ont été utilisés et une description du comportement qui a motivé la prise ou le maintien de cette mesure.

> Tout établissement doit adopter un protocole d'application de ces mesures en tenant compte des orientations ministérielles, le diffuser auprès des usagers et procéder à une évaluation annuelle de l'application de ces mesures.

Dans ce contexte, l'isolement, la contention et l'utilisation de substances chimiques en vue de maîtriser la personne constituent des interventions: ils sont par conséquent assimilables à des soins, et le consentement écrit est donc requis.

Véracité

Dire la vérité (faire preuve de véracité) est l'un des principes moraux fondamentaux de notre culture. Deux problèmes moraux qui sont directement liés au principe de la véracité peuvent se poser dans la pratique clinique: l'utilisation d'un placebo (une substance neutre destinée à traiter des symptômes) et la non-divulgation du diagnostic à la personne. Ces deux problèmes renvoient à la question de la confiance, qui est un élément essentiel dans la relation entre l'infirmière et la personne. On peut administrer un placebo dans le cadre d'une recherche expérimentale, lorsque la personne participe à la prise des décisions et sait que cette méthode peut faire partie des mesures thérapeutiques. Cependant, utiliser un placebo comme substitut d'un médicament actif dans le but de démontrer à la personne que ses symptômes ne sont pas réels risque d'être perçu comme une tromperie. Cette pratique peut miner considérablement la relation entre la personne et l'infirmière.

La divulgation du diagnostic pose un problème moral quand les médecins et la famille ont décidé de cacher la vérité à la personne. Toutefois, par solidarité avec les autres professionnels de la santé, les membres de l'équipe soignante préfèrent souvent donner des explications évasives, ce qui remet en question la probité de l'infirmière. Or l'établissement d'une relation de confiance avec la personne joue un rôle important dans la qualité des soins (Day et Stannard, 1999). Voici certaines stratégies qui pourraient aider l'infirmière à résoudre ce problème moral:

- ne jamais mentir à la personne;
- lui donner tous les renseignements concernant les interventions et les diagnostics infirmiers;
- aviser la famille et le médecin que la personne demande des renseignements.

Souvent les membres de la famille ignorent que la personne interroge les infirmières de façon répétée. Une meilleure connaissance des faits les conduirait peut-être à changer d'avis. S'il est moralement acceptable de divulguer le diagnostic, la façon de le faire revêt une grande importance. L'infirmière doit se montrer compatissante et attentionnée, car il ne suffit pas de préserver l'autonomie de la personne, il faut aussi se préoccuper de ses sentiments, en vertu du principe moral du respect.

Refus de prodiguer des soins

L'infirmière qui se voit obligée de refuser de fournir des services professionnels à une personne en particulier fait face à un problème d'ordre éthique. La raison de ce refus peut aller du conflit de valeurs personnelles au risque de subir soi-même des blessures. De telles situations sont plus fréquentes depuis l'apparition du syndrome d'immunodéficience acquise (sida). Selon une enquête, le nombre d'infirmières affirmant qu'elles pourraient refuser de soigner une personne atteinte du sida a diminué depuis les 10 dernières années, passant de 75 à 20 %. Cependant, le nombre d'infirmières susceptibles de refuser de soigner une personne atteinte du sida qui serait violente ou non coopérative est passé de 72 à 82 % (Ventura, 1999).

L'obligation éthique de soigner toutes les personnes est clairement établie dans le *Code de déontologie des infirmières et infirmiers du Québec*. L'infirmière peut utiliser certaines stratégies pour éviter d'avoir à faire face à ces situations morales. Par exemple, quand elle présente une demande d'emploi, elle peut poser des questions sur le type de clientèle de l'établissement. Si une situation en particulier la met mal à l'aise, elle peut refuser le poste. Mais il est inacceptable de refuser de soigner une personne ou de lui donner des soins qui ne répondent pas aux normes.

Fin de la vie

La mort et l'agonie posent très souvent un dilemme moral aux infirmières qui donnent des soins médicaux et chirurgicaux. Ce dilemme est difficile à résoudre, car la tâche des infirmières est d'aider au mieux-être et à la guérison. En raison des progrès technologiques, il peut être difficile d'accepter, dans un tel contexte, qu'on ne puisse plus rien faire ou que les traitements de pointe ne puissent prolonger la vie qu'au prix du bien-être et de la qualité de vie. Lorsqu'elle doit résoudre des problèmes moraux d'une telle ampleur, l'infirmière doit surtout réfléchir à son rôle de soignante. Les questions liées à la fin de la vie sont abordées dans le chapitre 17 ⇔.

Soulagement de la douleur

L'utilisation d'opioïdes pour soulager la douleur peut également placer les infirmières face à un dilemme. Les personnes souffrant de douleurs aiguës peuvent avoir besoin de fortes doses d'analgésiques, mais ces médicaments peuvent altérer la fonction respiratoire. Le risque de dépression respiratoire ou de dépendance ne devrait pas empêcher l'infirmière d'essayer de soulager la douleur d'une personne mourante. Dans le cas des personnes en phase terminale, l'infirmière peut s'appuyer sur le principe du double effet pour justifier ses actes (encadré 3-2). Les interventions visent à soulager la douleur et la souffrance pour améliorer le bien-être de la personne, et non à provoquer intentionnellement une dépression respiratoire. Il est donc justifié d'administrer des analgésiques aux personnes qui ne doivent pas être réanimées. Toutefois, on doit suivre de près leur fonction respiratoire et signaler au médecin tout signe de défaillance. Les analgésiques doivent être administrés en fonction des besoins de la personne.

Ordre de ne pas réanimer

L'ordre de ne pas réanimer pose souvent un problème moral à l'infirmière. Lorsque la personne est capable de prendre des décisions, on doit tenir compte de sa volonté de ne pas être réanimée, en vertu des principes du respect de l'autonomie ou du respect de la personne (Trammelleo, 2000). Toutefois, l'infirmière devrait se rappeler que ce genre de décision ne lui interdit en rien de continuer à administrer des soins, bien au contraire. Souvent, ces personnes ont besoin de soins et

traitements infirmiers et médicaux qui exigent une grande attention. Du point de vue éthique, toutes les personnes doivent être bien soignées et doivent bénéficier des interventions de l'infirmière, quel que soit leur état.

Maintien des fonctions vitales

Il existe des situations où l'ordre de ne pas réanimer n'a pas été donné (pas même par la personne mourante). L'infirmière peut alors se trouver dans la situation délicate d'avoir à enclencher des mesures de maintien des fonctions vitales, alors qu'elles semblent inutiles en raison de l'état physique de la personne. Cette situation se produit souvent quand la personne n'est pas en mesure de prendre une décision et que sa famille (ou quiconque est appelé à décider au nom de la personne) refuse de considérer l'ordre de ne pas réanimer comme une option. Dans ce cas, il arrive qu'on demande à l'infirmière de ne pas s'empresser de réanimer la personne ou qu'on lui donne verbalement l'ordre de ne pas la réanimer : ces ordres médicaux sont inacceptables. Dans de telles situations, on doit suivre à la lettre les politiques du centre hospitalier qui traitent de l'autodétermination de la personne (voir ci-dessous) et du respect du testament biologique. L'infirmière doit en discuter avec le médecin. Cette conversation peut être à l'origine d'une rencontre avec la famille, et cette dernière pourra reconsidérer sa décision, particulièrement si elle a peur de laisser mourir un être cher sans qu'on tente de le réanimer (Trammelleo, 2000). Finalement, l'infirmière peut s'entretenir avec des collègues qui font face à ce genre de situations dans le but de trouver du soutien.

Alimentation et hydratation

Une personne mourante peut non seulement refuser toute mesure extraordinaire destinée à prolonger sa vie, mais elle peut aussi demander qu'on cesse de l'alimenter et de l'hydrater. Pour un grand nombre de soignants, l'alimentation et l'hydratation font partie des besoins fondamentaux. Puisqu'il ne s'agit pas à leurs yeux de «mesures effractives», ils veulent satisfaire ces besoins à tout prix. Toutefois, selon d'autres soignants, l'alimentation et l'hydratation peuvent prolonger inutilement l'agonie. Face à un tel dilemme, l'infirmière doit peser les risques et les avantages pour la personne. Les recherches n'ont pas permis de démontrer que la non-administration de liquides entraîne une mort douloureuse à cause de la déshydratation (Smith, 1997 ; Zerwekh, 1997).

En évaluant l'effet néfaste de telles mesures, l'infirmière doit analyser attentivement les raisons pour lesquelles la personne demande qu'on cesse de l'alimenter et de lui fournir des liquides. Bien que le principe du respect de l'autonomie soit important et figure dans le code de déontologie de la pratique infirmière, il est parfois impossible de l'observer. Le problème est encore plus complexe dans le cas des personnes qui sont incapables de prendre des décisions éclairées, comme l'attestent certaines poursuites pour faute professionnelle. Même si les directives préalables peuvent fournir certaines réponses, l'infirmière ne peut pas s'appuyer sur des règles précises dans ces situations.

ÉTHIQUE PRÉVENTIVE

Tel que nous l'avons mentionné précédemment, il y a dilemme chaque fois qu'il faut choisir entre deux solutions. La décision qu'on doit prendre dans ce cas est celle du «moindre mal». Toutefois, diverses stratégies peuvent aider l'infirmière à prévoir ou à éviter certains dilemmes d'ordre éthique.

Souvent, le professionnel de la santé fait face à un dilemme : il ignore quels sont les souhaits de la personne parce que celle-ci est inconsciente ou que ses capacités cognitives sont trop affectées pour lui permettre de communiquer directement.

Directives préalables

Les directives préalables se présentent sous la forme d'un document en bonne et due forme dans lequel la personne précise ses volontés concernant les soins en cas d'inaptitude ou en fin de vie. Elles fournissent des renseignements précieux pouvant aider le personnel soignant et la famille dans la prise de décisions. Le testament biologique est un exemple de directive préalable. Souvent, on ne prend en considération que le testament biologique rédigé récemment par une personne en phase terminale. Comme il est difficile de définir avec précision le seuil de la phase terminale, le testament biologique n'est pas toujours respecté. Il est fréquent que ce document soit rédigé lorsque la personne est en bonne santé, et celle-ci pourrait changer d'avis lorsque son état de santé évolue. Si tel est le cas, elle peut toujours annuler le document.

Il existe un autre type de directives préalables : la désignation d'un exécuteur testamentaire. Selon la volonté de la personne, l'exécuteur testamentaire doit prendre les décisions à sa place. Dans ce cas, la personne peut formuler ses souhaits sur un grand nombre de problèmes. La désignation de l'exécuteur testamentaire est une directive préalable d'autant plus importante qu'elle constitue une procuration ; cependant, son rôle varie selon les lois de chaque province. Toutefois, même dans les provinces où elles ne sont pas officiellement reconnues, les directives préalables fournissent des renseignements très utiles. En effet, elles permettent aux professionnels de la santé de connaître les souhaits que la personne a formulés avant d'être dans une situation où elle ne peut plus communiquer ses désirs. Depuis le printemps 1990, le *Code civil du Québec* précise que toute personne apte a le droit de désigner la ou les personnes de son choix pour prendre soin d'elle-même et de ses biens en cas d'inaptitude. La personne doit rédiger un mandat en cas d'inaptitude pour désigner ces personnes (Curateur public du Québec, 2001).

Les infirmières ne doivent pas oublier que le comité d'éthique de l'établissement peut les aider à résoudre certains dilemmes. Le rôle de ces comités peut différer d'un établissement à l'autre. Dans certains centres hospitaliers, le seul mandat du comité est de mettre au point des règlements. Dans d'autres, son rôle est surtout didactique ou consultatif. Comme les membres de ces comités ont habituellement une solide expérience dans le domaine de la prise de décisions d'ordre éthique, les infirmières, la personne et sa famille ne devraient pas hésiter à les consulter, le cas échéant. Les infirmières qui s'intéressent particulièrement à ce domaine ou qui en ont une certaine expérience peuvent devenir des membres avisés des comités d'éthique et agir ensuite comme personnes-ressources auprès de leurs collègues.

L'importance accrue qu'on accorde à la prise de décisions d'ordre éthique a entraîné la création de nombreux programmes de formation continue. Ces derniers peuvent prendre la forme d'ateliers, mais aussi de cours et de programmes offerts par des universités. Dans les revues consacrées aux soins infirmiers et à la médecine, on trouve un grand nombre d'articles traitant de problèmes d'ordre éthique. Il existe également quelques livres en français consacrés à l'éthique clinique en général ou, plus particulièrement, à l'éthique en sciences infirmières (voir la bibliographie en fin de chapitre). Ces manuels constituent d'excellentes sources de référence pour les infirmières, car les théories morales et les dilemmes qu'elles rencontrent dans leur pratique y sont expliqués en détail.

Prise de décisions d'ordre éthique

Comme on l'a vu précédemment, les dilemmes éthiques sont courants et nombreux dans la pratique infirmière. Bien que les situations diffèrent et que l'expérience montre qu'il n'existe pas de solutions claires, les principes philosophiques fondamentaux restent les mêmes. L'infirmière peut appuyer ses réflexions sur ces principes et s'en servir pour justifier ses actes sur le plan moral. L'approche du processus de décisions d'ordre éthique peut suivre les étapes de la démarche systématique dans la pratique infirmière. Les étapes d'une analyse éthique sont présentées dans l'encadré 3-5 ■.

Démarche systématique dans la pratique infirmière

La démarche systématique est une méthode efficace de résolution de problèmes qui permet à l'infirmière de répondre aux besoins de la personne en matière de soins. Bien que la définition des composantes de cette démarche ne fasse pas l'unanimité, les étapes suivantes sont acceptées par tous : collecte des données, analyse et interprétation, planification, interventions et évaluation. Dans le présent manuel, la démarche systématique suit les cinq étapes traditionnelles et comporte deux composantes à l'étape de l'analyse et interprétation : diagnostics infirmiers et problèmes traités en collaboration. Une fois qu'on a défini les diagnostics infirmiers ou les problèmes traités en collaboration, les résultats escomptés sont souvent évidents. Les étapes sont les suivantes :

1. *Collecte des données.* Collecte systématique des données qui permettent de déterminer l'état de la personne et de cerner ses problèmes de santé actuels ou potentiels. (L'analyse des données peut faire partie de la collecte des données, mais on la considère généralement comme une étape distincte de la démarche systématique.)

2. *Analyse et interprétation.* Formulation des deux types de problèmes de soins infirmiers suivants :

   a) *Diagnostics infirmiers :* Problèmes de santé actuels ou potentiels qui peuvent être traités grâce à des interventions infirmières autonomes.

   b) *Problèmes traités en collaboration :* «Certaines complications physiologiques que l'infirmière surveille afin de déceler un état ou des changements

Étapes d'une analyse éthique

Les lignes directrices suivantes aideront les infirmières lors de la prise de décisions d'ordre éthique. Elles correspondent à un processus actif de prise de décisions, semblable à la démarche systématique définie dans ce chapitre.

COLLECTE DES DONNÉES

1. Évaluer l'aspect moral ou éthique du problème. Il s'agit de déterminer les aspects éthiques, juridiques et professionnels de la situation.

   a) S'agit-il d'une situation conflictuelle? (Par exemple, y a-t-il un conflit entre divers principes d'ordre éthique ou diverses obligations professionnelles?)

   b) Les procédés suscitent-ils des conflits? (Par exemple, qui devrait prendre les décisions? Y a-t-il des conflits entre les membres de l'équipe soignante, les membres de la famille, le tuteur et la personne?)

   c) Quelles sont les personnes clés mises en cause? Lesquelles pourraient être touchées par la décision?

PLANIFICATION

2. Traiter les renseignements.

   a) Inclure les renseignements suivants: antécédents médicaux, choix de traitement, diagnostics infirmiers, données juridiques, valeurs, croyances et religion de la personne.

   b) Distinguer les valeurs et les croyances des faits concrets.

   c) Établir la capacité ou l'incapacité de la personne à prendre des décisions.

   d) Préciser toute autre donnée pertinente qui devrait être relevée.

   e) Déterminer les questions d'ordre éthique et moral et les contradictions qu'elles peuvent comporter.

INTERVENTIONS

3. Inventorier les solutions possibles. Décider si les solutions sont conformes aux principes moraux et aux codes de déontologie pertinents. On peut choisir l'une ou l'autre des approches ci-dessous, ou les deux à la fois, et en comparer les résultats.

   a) *Approche utilitariste.* Prévoir les conséquences des différentes solutions. Déterminer si chacune de ces conséquences sera négative ou positive. Choisir la conséquence qui pourrait se révéler la plus positive ou qui pourrait assurer «le plus grand bien du plus grand nombre».

   b) *Approche déontologique.* Reconnaître les principes moraux qui s'appliquent. Comparer les solutions proposées en s'appuyant sur ces principes moraux. En cas de conflit, choisir la solution reposant sur le principe moral le plus fondamental.

ÉVALUATION

4. Décider et évaluer la décision.

   a) Quel est l'acte le plus moral?

   b) Quelles raisons d'ordre éthique justifient cette décision?

   c) Quelles raisons d'ordre éthique s'opposent à cette décision?

   d) Quels arguments peut-on invoquer pour écarter les raisons qui s'opposent à cette décision?

---

dans cet état. L'infirmière traite ces problèmes en utilisant les interventions prescrites par le médecin et par l'infirmière pour réduire les complications». (Carpenito, 1999, p. 7).

3. *Planification.* Établissement d'objectifs et de résultats et rédaction d'un plan thérapeutique conçu pour aider la personne à résoudre les problèmes prioritaires décelés ainsi qu'à atteindre les objectifs fixés et les résultats escomptés.

4. *Interventions.* Mise en application du plan thérapeutique au moyen d'interventions infirmières.

5. *Évaluation.* Détermination des réactions de la personne aux interventions infirmières et analyse de ses progrès au regard des objectifs fixés.

Cette division de la démarche systématique en cinq étapes distinctes permet de mieux expliquer les principales tâches que l'infirmière doit effectuer pour soigner la personne et traiter les complications. L'infirmière doit toutefois se rappeler que cette division est artificielle et que le processus, dans son ensemble, forme une boucle ininterrompue, c'est-à-dire que ces étapes, qu'elle doit constamment recommencer, sont interdépendantes (figure 3-1 ■). Un aperçu des activités infirmières indispensables à la mise en œuvre de la démarche de soins est présenté dans l'encadré 3-6 ■.

COLLECTE DES DONNÉES

La collecte des données s'effectue au cours de l'anamnèse, c'est-à-dire lorsqu'on passe en revue l'histoire de santé de la personne, et au cours de l'examen physique. De plus, pour déterminer les besoins de la personne et l'efficacité des soins qui lui sont prodigués il est essentiel d'effectuer une surveillance continuelle.

Anamnèse

L'anamnèse est la description et le bilan que la personne fait de sa situation de santé et des problèmes qu'elle perçoit (Brûlé, Cloutier et Doyon, 2002). L'anamnèse permet donc à l'infirmière de déterminer dans quelle mesure la personne est bien portante ou malade. Elle est réalisée dans le cadre d'une entrevue avec la personne. La façon dont l'infirmière aborde la personne déterminera, en grande partie, la quantité et la qualité des données qui lui seront communiquées. Pour pouvoir établir une relation reposant sur la confiance et le respect mutuels, l'infirmière doit démontrer à la personne qu'elle s'intéresse réellement à elle. Le tableau 3-1 ■ donne des exemples de techniques de communication thérapeutique efficaces pour atteindre cet objectif.

L'utilisation d'un questionnaire d'anamnèse aide à obtenir des renseignements pertinents et à orienter l'entrevue. Il

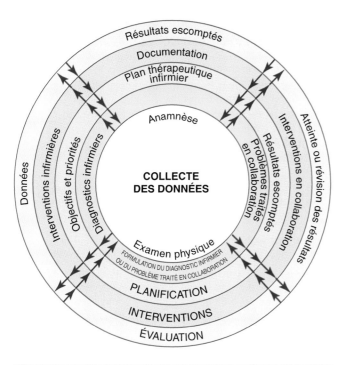

FIGURE **3-1** ■ Illustration schématique de la démarche systématique dans la pratique infirmière. Ces cercles concentriques illustrent les étapes de la démarche systématique, à partir de la collecte des données, au centre, en passant par la formulation des diagnostics infirmiers et des problèmes traités en collaboration, la planification – c'est-à-dire l'établissement des objectifs et de l'ordre des priorités du plan thérapeutique – les interventions et l'inscription des données, puis finalement l'évaluation des progrès de la personne au regard des objectifs.

existe un grand nombre de questionnaires de ce genre, mais l'infirmière doit les adapter aux réactions, aux problèmes et aux besoins de chaque personne. Si elle dispose de l'anamnèse antérieure de la personne, l'infirmière doit la consulter pour éviter à la personne de se répéter. Elle devra par ailleurs valider ces informations avec la personne afin de s'assurer que celles-ci sont toujours valables. Une infirmière expérimentée met la personne à l'aise pendant l'entrevue et adapte le questionnaire en fonction de la situation de celle-ci, tout en obtenant les renseignements pertinents dont elle a besoin. Il existe de nombreuses approches pour recueillir des données, notamment selon les besoins (modèle conceptuel de Virginia Henderson), ou selon les systèmes et fonctions de l'organisme. Les informations recueillies portent sur les besoins d'ordre physique, psychologique, affectif, intellectuel, développemental, social, culturel et spirituel de la personne.

Il est parfois préférable de demander à la personne de remplir elle-même le questionnaire, par exemple si l'infirmière sait qu'elle n'a pas le temps de faire l'entrevue correctement. Si elle opte pour cette méthode, l'infirmière doit toutefois prendre le temps nécessaire pour vérifier et clarifier avec la personne les renseignements fournis et obtenir des renseignements supplémentaires pour définir ses besoins.

Examen physique

L'infirmière peut réaliser l'examen physique avant, pendant ou après l'anamnèse, en fonction de l'état physique et émotionnel de la personne et de l'ordre des priorités.

L'examen physique permet de déterminer les facteurs physiques, psychologiques et affectifs qui indiquent le besoin de soins et traitements infirmiers. Pour réaliser l'examen physique, l'infirmière doit se servir des sens de la vue, de l'ouïe, du toucher et de l'odorat, ainsi que de sa capacité à mener des entrevues. Les techniques de l'examen physique et les méthodes d'évaluation du comportement et des changements de rôle sont abordées dans les chapitres 5 et 7 ⌐⌐.

Autres sources de données

L'infirmière peut également obtenir des données sur la personne en interrogeant les membres de sa famille, les personnes clés dans sa vie ou d'autres membres de l'équipe de soins, ainsi qu'en consultant son dossier de santé. Selon les besoins immédiats de la personne, elle peut recueillir ces données avant d'établir l'anamnèse et d'effectuer l'examen physique de la personne. Quel que soit l'ordre dans lequel elle organise son travail, l'infirmière doit utiliser toutes les sources de données pour déterminer les soins nécessaires.

Inscription des données recueillies

L'infirmière doit inscrire dans le dossier de la personne les renseignements obtenus lors de la collecte des données. Ce type de dossier favorise la communication entre les membres de l'équipe soignante, la coordination de la planification des interventions et la continuité des soins. Le dossier remplit également d'autres fonctions :

- C'est un document juridique qui peut être utilisé par le centre hospitalier et le personnel responsable des soins en cas de poursuites.
- C'est un outil qui permet de vérifier la qualité et la pertinence des soins donnés et de s'assurer que les normes de la pratique ont été respectées.
- C'est une source de données utiles pour la recherche, l'enseignement et la planification à court et à long terme.

Il existe de nombreux systèmes pour inscrire les données recueillies, et chaque établissement de soins choisit le système qui répond le mieux à ses besoins. Les systèmes le plus souvent utilisés sont les suivants : méthode des notes narratives, méthode SOAPIER (données subjectives, données objectives, analyse, planification, interventions, évaluation, révision), méthode APIE (analyse, problèmes, interventions, évaluation), méthode des notes d'exceptions, méthode des notes ciblées, dossier orienté vers les problèmes et dossier informatisé. De plus, de nombreux centres hospitaliers se sont tournés vers les systèmes d'informatisation des documents. Ces systèmes font gagner du temps, améliorent le contrôle de la qualité et facilitent l'accès au dossier des personnes.

ANALYSE ET INTERPRÉTATION

Dans la démarche systématique, l'évaluation sert à déterminer les diagnostics infirmiers et les problèmes traités en collaboration. Dès qu'elle a dressé l'anamnèse et effectué l'examen

Étapes de la démarche systématique dans la pratique infirmière

COLLECTE DES DONNÉES

1. Effectuer l'anamnèse de la personne.
2. Faire un examen physique.
3. Interroger les membres de la famille de la personne ou les personnes clés dans sa vie.
4. Étudier le dossier de soins.
5. Organiser et résumer les données recueillies.

ANALYSE ET INTERPRÉTATION

Diagnostics infirmiers

1. Déterminer les problèmes de la personne.
2. Reconnaître les manifestations caractéristiques de ces problèmes.
3. Définir les causes des problèmes.
4. Énoncer les diagnostics infirmiers de façon concise et précise.

Problèmes traités en collaboration

1. Déterminer les problèmes ou les complications possibles qui exigent des interventions en collaboration.
2. Déterminer les membres de l'équipe de soins dont la collaboration est nécessaire.

PLANIFICATION

1. Établir l'ordre de priorité des diagnostics infirmiers.
2. Fixer des objectifs.
   a) Établir des objectifs à court, à moyen et à long terme.
   b) Établir des objectifs réalistes et mesurables.
3. Choisir les interventions infirmières qui permettront d'atteindre les objectifs.
4. Définir les résultats escomptés.
   a) S'assurer que les résultats sont réalistes et mesurables.
   b) Fixer un délai pour l'obtention des résultats.

5. Rédiger un plan thérapeutique infirmier.
   a) Inclure les diagnostics infirmiers, les objectifs, les interventions et les délais fixés.
   b) Noter les renseignements de façon précise, concise et systématique.
   c) Mettre le plan à jour en fonction des changements dans les besoins et les problèmes de la personne.
6. Faire participer la personne, les membres de sa famille ou les personnes clés dans sa vie, ainsi que les membres de l'équipe de soins et de l'équipe pluridisciplinaire, à toutes les étapes de la planification.

INTERVENTIONS INFIRMIÈRES

1. Mettre en application le plan thérapeutique infirmier.
2. Coordonner les activités de la personne, de sa famille et des personnes clés dans sa vie, ainsi que des membres de l'équipe soignante et de l'équipe pluridisciplinaire.
3. Noter les réactions de la personne aux interventions.

ÉVALUATION

1. Recueillir des données objectives.
2. Comparer les résultats atteints par la personne aux objectifs fixés. Déterminer dans quelle mesure les objectifs ont été atteints.
3. Faire participer à l'évaluation la personne, sa famille, les personnes clés dans sa vie, ainsi que les membres de l'équipe soignante et de l'équipe pluridisciplinaire.
4. Définir les modifications à apporter aux diagnostics infirmiers, aux objectifs, aux interventions infirmières et aux résultats escomptés.
5. Poursuivre toutes les étapes de la démarche systématique : collecte des données, analyse et interprétation des données, planification, interventions et évaluation.

---

physique de la personne, l'infirmière doit organiser, analyser et interpréter les données recueillies et déterminer les besoins de la personne en matière de soins et traitements infirmiers.

Diagnostics infirmiers

Contrairement aux médecins, les infirmières ne disposent pas encore d'une taxonomie complète (système de classification) des catégories de diagnostics. La classification de données discrètes par catégories pertinentes permet d'organiser les éléments du savoir en unités cohérentes d'informations pertinentes. L'établissement d'une taxonomie a pour objectifs de définir les éléments du savoir dans un domaine d'études, de déceler les lacunes dans ce domaine, d'établir une terminologie commune pour améliorer la communication entre collègues de travail et de faciliter le codage de l'information normalisée destinée aux bases de données. Les diagnostics infirmiers, la première taxonomie établie dans le domaine des soins infirmiers, ont favorisé le développement de l'autonomie et de la fiabilité dans ce domaine et ont contribué à définir le champ de la pratique infirmière. Ils ne sont toutefois pas reconnus dans tous les milieux cliniques et leur utilisation est de ce fait limitée.

NANDA International est l'organisme officiel qui a établi la taxonomie des diagnostics infirmiers et formulé des diagnostics infirmiers acceptables. Il a regroupé les diagnostics selon les modes de réaction humaine (encadré 3-7 ■). Les catégories de diagnostic adoptées ont été généralement acceptées, mais on doit encore les valider, les raffiner et les élargir en se fondant sur l'utilisation clinique et la recherche ; ces catégories de diagnostic ne sont ni définitives ni exclusives, car elles doivent faire l'objet d'autres études visant à déterminer leur validité et leur applicabilité clinique.

Choix d'un diagnostic infirmier

Avant de formuler des diagnostics infirmiers pour une personne en particulier, l'infirmière regroupe les données présentant des caractéristiques communes. Ces regroupements de données mènent à la catégorisation de données relatives qui permettent de repérer les problèmes nécessitant une intervention infirmière. Les problèmes de la personne sont ensuite définis dans les diagnostics infirmiers. Les diagnostics infirmiers le plus souvent utilisés sont compilés et catégorisés par NANDA dans une taxonomie mise à jour tous les deux ans. Il est important de se rappeler que les diagnostics

Techniques de communication thérapeutique

TABLEAU
3-1

Technique	Définition	Valeur thérapeutique
Écouter	Processus actif qui permet de capter les informations et d'observer les réactions au message reçu.	L'infirmière peut communiquer à la personne l'intérêt qu'elle lui porte par des signes non verbaux.
Utiliser les silences	Moments de communication non verbale entre les interlocuteurs, dont les raisons sont thérapeutiques.	Les silences permettent à la personne de réfléchir; ils ralentissent l'interaction et encouragent la personne à amorcer la conversation; ils permettent à l'infirmière de communiquer à la personne qu'elle la soutient, la comprend et l'accepte.
Reformuler	Paraphrase des principales idées et pensées exprimées par la personne.	L'infirmière montre qu'elle écoute; elle valide ou souligne les propos de la personne.
Refléter	Renvoi des idées, des sentiments, des questions ou du contenu du message de la personne.	L'infirmière indique ainsi à la personne qu'elle comprend ce qu'elle dit et montre de l'empathie, de l'intérêt et du respect à son égard.
Clarifier	Demande de renseignements supplémentaires pour mieux comprendre le message reçu.	L'infirmière aide ainsi la personne à clarifier ses sentiments, ses idées et ses perceptions et à établir un lien entre ceux-ci et ses actions.
Demander des précisions	Questions ou phrases qui aident la personne à développer une idée ou à mieux l'expliquer.	L'infirmière permet à la personne de parler de questions importantes et d'orienter la conversation sur ces sujets.
Poser des questions ouvertes	Questions d'ordre général aidant la personne à choisir les sujets de la conversation.	L'infirmière montre à la personne qu'elle l'accepte et valorise son initiative.
Utiliser l'humour	Libération d'énergie au moyen de l'humour.	L'humour favorise l'introspection en faisant prendre conscience à la personne de ses sentiments refoulés, en résolvant des paradoxes, en tempérant l'agressivité et en révélant de nouvelles options; il s'agit d'une forme de sublimation acceptable sur le plan social.
Informer	Énoncés fournissant de l'information.	L'information est utile dans l'enseignement des soins de santé ou dans l'éducation de la personne sur les aspects importants du bien-être et des autosoins.
Vérifier ses perceptions	Questions que pose l'infirmière à la personne pour vérifier si elle comprend bien ce que la personne pense ou ressent.	L'infirmière indique à la personne ce qu'elle comprend, ce qui permet de clarifier la communication.
Repérer les thèmes importants	Thèmes ou problèmes rencontrés par la personne et qui reviennent régulièrement dans sa relation avec l'infirmière.	L'infirmière peut ainsi aider la personne à explorer et à comprendre ce qui la préoccupe.
Suggérer	Présentation de solutions de rechange destinées à aider la personne à résoudre des problèmes.	L'infirmière expose à la personne toutes les options qui s'offrent à elle.

SOURCE: G.W. Stuart et M.T. Laraia (2001). *Stuart and Sundeen's principles and practice of psychiatric nursing*, 7e éd., p. 34-35.

infirmiers ne sont ni des diagnostics médicaux, ni des traitements médicaux, ni des examens diagnostiques. Ils ne portent pas non plus sur le matériel utilisé pour appliquer un traitement médical et ne sont pas les problèmes auxquels se heurte l'infirmière lorsqu'elle soigne une personne. Les diagnostics infirmiers sont les problèmes de santé actuels ou potentiels que l'infirmière peut résoudre par ses interventions. Ils relèvent de la pratique autonome de l'infirmière. Autrement dit, ils décrivent succinctement les problèmes de la personne et servent de guide à l'infirmière dans l'élaboration du plan thérapeutique infirmier.

Pour être complet, le diagnostic doit englober l'étiologie et les manifestations du problème dont souffre la personne. Voici, par exemple, les diagnostics infirmiers qui s'appliquent à une personne souffrant de polyarthrite rhumatoïde, compte tenu des caractéristiques et de l'étiologie de cette affection:

- Mobilité physique réduite, reliée à la diminution de l'amplitude des mouvements articulaires

- Déficits de soins personnels (s'alimenter, se laver, se vêtir et utiliser les toilettes), reliés à la fatigue et à la raideur des articulations

Catégories de diagnostics infirmiers approuvés par NANDA

DOMAINE 1: PROMOTION DE LA SANTÉ

La connaissance de ce qu'est le bien-être ou le fonctionnement normal et les stratégies utilisées pour préserver et améliorer ce bien-être ou ce fonctionnement normal.

Classe 1: Connaissance de l'état de santé
La reconnaissance du fonctionnement normal et de l'état de bien-être.

Classe 2: Prise en charge de la santé
L'identification, le contrôle, l'application et l'intégration d'activités pour préserver la santé et le bien-être.

Diagnostics approuvés

00082 Prise en charge efficace du programme thérapeutique

00078 Prise en charge inefficace du programme thérapeutique

00080 Prise en charge inefficace du programme thérapeutique par la famille

00081 Prise en charge inefficace du programme thérapeutique par une collectivité

00084 Recherche d'un meilleur niveau de santé (préciser les comportements)

00099 Maintien inefficace de l'état de santé

00098 Entretien inefficace du domicile

00162 Motivation à améliorer la prise en charge de son programme thérapeutique

00163 Motivation à améliorer son alimentation

DOMAINE 2: NUTRITION

Les activités d'absorption, d'assimilation et d'utilisation des substances nutritives afin de maintenir ou réparer les tissus et produire de l'énergie.

Classe 1: Ingestion
L'action de prendre des aliments ou des substances nutritives dans l'organisme.

Diagnostics approuvés

000107 Mode d'alimentation inefficace chez le nouveau-né

000103 Trouble de la déglutition

00002 Alimentation déficiente

00001 Alimentation excessive

00003 Risque d'alimentation excessive

Classe 2: Digestion
Les activités physiques et chimiques qui transforment les aliments en substances absorbables et assimilables.

Classe 3: Absorption
L'action de faire passer les substances nutritives dans les tissus de l'organisme.

Classe 4: Métabolisme
Les réactions chimiques et physiques qui s'accomplissent dans les cellules et les organismes vivants pour développer et utiliser le protoplasme, produire des déchets, de l'énergie et libérer l'énergie nécessaire à tous les processus vitaux.

Classe 5: Hydratation
L'action de prendre et d'absorber des liquides et des électrolytes.

Diagnostics approuvés

00027 Déficit de volume liquidien

00028 Risque de déficit de volume liquidien

00026 Excès de volume liquidien

00025 Risque de déséquilibre de volume liquidien

00160 Motivation à améliorer son équilibre hydrique

DOMAINE 3: ÉLIMINATION

La sécrétion et l'excrétion des déchets de l'organisme.

Classe 1: Système urinaire
Les processus de sécrétion et d'excrétion d'urine.

Diagnostics approuvés

00016 Élimination urinaire altérée

00023 Rétention urinaire

00021 Incontinence urinaire complète (vraie)

00020 Incontinence urinaire fonctionnelle

00017 Incontinence urinaire à l'effort

00019 Incontinence urinaire par besoin impérieux

00018 Incontinence urinaire réflexe

00022 Risque d'incontinence urinaire par besoin impérieux

00166 Motivation à améliorer son élimination urinaire

Classe 2: Système gastro-intestinal
L'excrétion et l'expulsion des déchets par l'intestin.

Diagnostics approuvés

00014 Incontinence fécale

00013 Diarrhée

00011 Constipation

00015 Risque de constipation

00012 Pseudo-constipation

Classe 3: Système tégumentaire
Le processus de sécrétion et d'excrétion par la peau.

Classe 4: Système respiratoire
L'élimination des produits dérivés du métabolisme, des sécrétions et des corps étrangers par les poumons ou les bronches.

Diagnostics approuvés

00030 Échanges gazeux perturbés

DOMAINE 4: ACTIVITÉ / REPOS

La production, la conservation, l'utilisation ou l'équilibre des ressources énergétiques.

Classe 1: Sommeil/Repos
L'action de dormir paisiblement, de se reposer ou d'être inactif.

Diagnostics approuvés

00095 Habitudes de sommeil perturbées

00096 Privation de sommeil

00165 Motivation à améliorer son sommeil

Classe 2: Activité/Exercice
Le mouvement des parties du corps (mobilité), le travail ou l'exécution d'actions contre une résistance.

Diagnostics approuvés

00040 Risque de syndrome d'immobilité

00085 Mobilité physique réduite

00091 Mobilité réduite au lit

00089 Mobilité réduite en fauteuil roulant

00090 Difficulté lors d'un transfert

00088 Difficulté à la marche

00097 Activités de loisirs insuffisantes

00109 Déficit de soins personnels: se vêtir/soigner son apparence

00108 Déficit de soins personnels: se laver/effectuer ses soins d'hygiène

00102 Déficit de soins personnels: s'alimenter

00110 Déficit de soins personnels: utiliser les toilettes

00100 Rétablissement post-opératoire retardé

Classe 3: Équilibre énergétique
Un état dynamique d'harmonie entre l'apport et l'utilisation des ressources.

Diagnostics approuvés

00050 Champ énergétique perturbé

00093 Fatigue

Classe 4: Réponses cardio-vasculaires/respiratoires
Les mécanismes cardio-respiratoires qui soutiennent l'activité/repos.

Diagnostics approuvés

00029 Débit cardiaque diminué

00033 Respiration spontanée altérée

00032 Mode de respiration inefficace

00092 Intolérance à l'activité

00094 Risque d'intolérance à l'activité

00034 Intolérance au sevrage de la ventilation assistée

00024 Irrigation tissulaire inefficace (préciser: cardio-pulmonaire, cérébrale, gastro-intestinale, périphérique, rénale)

DOMAINE 5: PERCEPTIONS/COGNITION
Système humain de traitement de l'information qui comprend l'attention, l'orientation, la sensation, la perception, la cognition et la communication.

Classe 1: Attention
Capacité mentale à remarquer ou observer.

Diagnostics approuvés

00123 Négligence de l'hémicorps

Classe 2: Orientation
Conscience du temps, du lieu et de la personne.

Diagnostics approuvés

00127 Syndrome d'interprétation erronée de l'environnement

00154 Errance

Classe 3: Sensation/Perception
Réception de l'information par les sens (le toucher, le goût, l'odorat, la vision, l'audition, la kinesthésie) et la compréhension du sens des données, ayant pour résultat l'appellation, l'association, et/ou l'identification de modèle (pattern).

Diagnostics approuvés

00122 Trouble de la perception sensorielle (préciser: visuelle, auditive, kinesthésique, gustative, tactile, olfactive)

Classe 4: Cognition
Utilisation de la mémoire, apprentissage, analyse, résolution des problèmes, abstraction, jugement, discernement, capacité intellectuelle, calcul et langage.

Diagnostics approuvés

00126 Connaissances insuffisantes (préciser)

00161 Motivation à améliorer ses connaissances

00128 Confusion aigüe

00129 Confusion chronique

00131 Troubles de la mémoire

00130 Opérations de la pensée perturbées

Classe 5: Communication
Émission et réception de l'information verbale et non verbale.

Diagnostics approuvés

00051 Communication verbale altérée

00157 Motivation à améliorer sa communication

DOMAINE 6: PERCEPTION DE SOI
Conscience de sa personne.

Classe 1: Conception de soi
Ensemble des perceptions que la personne éprouve et entretient au sujet d'elle-même.

Diagnostics approuvés

00121 Identité personnelle perturbée

00125 Sentiment d'impuissance

00152 Risque de sentiment d'impuissance

00124 Perte d'espoir

00054 Risque de sentiment de solitude

00167 Motivation à améliorer le concept de soi

Classe 2: Estime de soi
Évaluation de sa propre valeur, de ses capacités, de son importance et de sa réussite.

Diagnostics approuvés

00119 Diminution chronique de l'estime de soi

00120 Diminution situationnelle de l'estime de soi

00153 Risque de diminution situationnelle de l'estime de soi

Classe 3: Image corporelle
Image mentale de son propre corps.

Diagnostics approuvés

00118 Image corporelle perturbée

DOMAINE 7: RELATIONS ET RÔLE
Les rapports et les associations positives ou négatives entre les personnes ou les groupes de personnes et les moyens utilisés pour exprimer ces relations ou ces liens.

Classe 1: Rôles de l'aidant naturel
Comportements sociaux attendus des personnes qui dispensent des soins sans être des professionnels de santé.

Diagnostics approuvés

00061 Tension dans l'exercice du rôle de l'aidant naturel

00062 Risque de tension dans l'exercice du rôle de l'aidant naturel

00056 Exercice du rôle parental perturbé

00057 Risque de perturbation dans l'exercice du rôle parental

00164 Motivation à améliorer l'exercice du rôle parental

Classe 2: Relations familiales
Association de personnes qui ont des liens biologiques ou des liens choisis.

Diagnostics approuvés

00060 Dynamique familiale perturbée

00159 Motivation à améliorer la dynamique familiale

Catégories de diagnostics infirmiers approuvés par NANDA (*suite*)

00063 Dynamique familiale dysfonctionnelle: alcoolisme

00058 Risque de perturbation de l'attachement parent-enfant

Classe 3: Performance dans l'exercice du rôle
Qualité des comportements dans des modes de fonctionnement correspondant aux normes sociales.

Diagnostics approuvés

00106 Allaitement maternel efficace

00104 Allaitement maternel inefficace

00105 Allaitement maternel interrompu

00055 Exercice inefficace du rôle

00064 Conflit face au rôle parental

00052 Interactions sociales perturbées

DOMAINE 8: SEXUALITÉ

Identité sexuelle, fonction sexuelle et reproduction.

Classe 1: Identité sexuelle
Expérience privée, sentiment profond et connaissance structurée d'être et d'appartenir à un sexe.[1]

Classe 2: Fonction sexuelle
Capacité ou aptitude à avoir des relations sexuelles.

Diagnostics approuvés

00059 Dysfonctionnement sexuel

00065 Habitudes sexuelles perturbées

Classe 3: Reproduction
Tout processus par lequel de nouveaux individus (personnes) sont procréés.

DOMAINE 9: ADAPTATION/TOLÉRANCE AU STRESS

Faire face aux processus de vie ou événements de la vie.

Classe 1: Réactions post-traumatiques
Réactions se produisant après un traumatisme physique ou psychologique.

Diagnostics approuvés

00114 Syndrome d'inadaptation à un changement de milieu

00149 Risque de syndrome d'inadaptation à un changement de milieu

00142 Syndrome de traumatisme de viol

00144 Syndrome de traumatisme de viol: réaction silencieuse

00143 Syndrome de traumatisme de viol: réaction mixte

00141 Syndrome post-traumatique

00145 Risque de syndrome post-traumatique

Classe 2: Stratégies d'adaptation
Processus de contrôle du stress environnemental.

Diagnostics approuvés

00148 Peur

00146 Anxiété

00147 Angoisse face à la mort

00137 Chagrin chronique

00072 Déni non constructif

00136 Deuil anticipé

00135 Deuil dysfonctionnel

00070 Inadaptation à un changement dans l'état de santé

00158 Motivation à améliorer ses stratégies d'adaptation

00069 Stratégies d'adaptation inefficaces

00073 Stratégies d'adaptation familiale invalidantes

00074 Stratégies d'adaptation familiale compromises

00071 Stratégies d'adaptation défensives

00077 Stratégies d'adaptation inefficaces d'une collectivité

00075 Motivation d'une famille à améliorer ses stratégies d'adaptation

00076 Motivation d'une collectivité à améliorer ses stratégies d'adaptation

Classe 3: Réactions neuro-comportementales au stress
Comportements reflétant les fonctions cérébrales et nerveuses.

Diagnostics approuvés

00009 Dysréflexie autonome

00010 Risque de dysréflexie autonome

00116 Désorganisation comportementale chez le nouveau-né/nourrisson

00115 Risque de désorganisation comportementale chez le nouveau-né/nourrisson

00117 Réceptivité du nouveau-né/nourrisson à progresser dans son organisation comportementale

00049 Capacité adaptative intracrânienne diminuée

DOMAINE 10: PRINCIPES DE VIE

Principes qui guident la conduite, les pensées et les comportements en lien avec les actes, coutumes, ou institutions et qui sont considérés comme vrais ou ayant une valeur intrinsèque.

Classe 1: Valeurs
L'identification et la valeur accordée aux modes de conduite privilégiés ou aux buts poursuivis.

Classe 2: Croyances
Attentes, opinions ou jugements au sujet des actes, coutumes ou institutions considérées comme vraies ou ayant une valeur intrinsèque.

Diagnostics approuvés

00068 Motivation à améliorer son bien-être spirituel

Classe 3: Congruence entre les valeurs/croyances/actes
Correspondance ou équilibre atteints entre les valeurs, les croyances et les actions.

Diagnostics approuvés

00066 Détresse spirituelle

00067 Risque de détresse spirituelle

00083 Conflit décisionnel (préciser)

00079 Non-observance (préciser)

DOMAINE 11: SÉCURITÉ/PROTECTION

Absence de danger, de blessures physiques ou d'atteinte du système immunitaire, prévention des pertes, et protection de la sûreté et de la sécurité.

Classe 1: Infection
Réponses de l'hôte à la suite d'une invasion pathogène.

Diagnostics approuvés

00004 Risque d'infection

---

1. Bureau Jules, *L'irrésistible différence: l'homme et la femme: identité, désir, amour et plaisir.* Laval (Québec): Éd. du Méridien, 1994.

Classe 2: Lésions
Atteinte corporelle ou blessures.

Diagnostics approuvés

00045 Atteinte de la muqueuse buccale

00035 Risque d'accident

00087 Risque de blessure en péri-opératoire

00155 Risque de chute

00038 Risque de trauma

00046 Atteinte à l'intégrité de la peau

00047 Risque d'atteinte à l'intégrité de la peau

00044 Atteinte à l'intégrité des tissus

00048 Dentition altérée

00036 Risque de suffocation

00039 Risque d'aspiration (de fausse route)

00031 Dégagement inefficace des voies respiratoires

00086 Risque de dysfonctionnement neurovasculaire périphérique

00043 Mécanismes de protection inefficaces

00156 Risque de syndrome de mort subite du nourrisson

Classe 3: Violence
Usage d'une force ou d'un pouvoir excessif entraînant des blessures ou de la maltraitance.

Diagnostics approuvés

00139 Risque d'automutilation

00151 Automutilation

00138 Risque de violence envers les autres

00140 Risque de violence envers soi-même

00150 Risque de suicide

Classe 4: Dangers environnementaux
Sources de dangers présentes dans le milieu.

Diagnostics approuvés

00037 Risque d'intoxication

Classe 5: Processus défensifs
Processus par lesquels l'individu se protège.

Diagnostics approuvés

00041 Réaction allergique au latex

00042 Risque de réaction allergique au latex

Classe 6: Thermorégulation
Processus physiologique de régulation de la chaleur et de l'énergie corporelle afin de protéger l'organisme.

Diagnostics approuvés

00005 Risque de température corporelle anormale

00008 Thermorégulation inefficace

00006 Hypothermie

00007 Hyperthermie

DOMAINE 12: BIEN-ÊTRE
Sentiment agréable résultant de la satisfaction des besoins physiques, psychiques ou sociaux.

Classe 1: Bien-être physique
Sentiment agréable résultant de la satisfaction des besoins physiques.

Diagnostics approuvés

00132 Douleur aigüe

00133 Douleur chronique

00134 Nausée

Classe 2: Bien-être dans l'environnement
Sentiment agréable produit par l'environnement.

Classe 3: Bien-être au sein de la société
Sentiment agréable résultant de la situation sociale.

Diagnostics approuvés

00053 Isolement social

DOMAINE 13: CROISSANCE/DÉVELOPPEMENT
Adéquation entre l'âge et la croissance physique, le développement des organes et/ou l'atteinte des étapes importantes du développement.

Classe 1: Croissance
Augmentation des dimensions physiques ou maturation des organes.

Diagnostics approuvés

00113 Risque de croissance anormale

00101 Perte d'élan vital chez l'adulte

Classe 2: Développement
Accomplissement, manque d'accomplissement, ou d'atteinte de certaines étapes importantes du développement.

Diagnostics approuvés

00111 Retard de la croissance et du développement

00112 Risque de retard du développement

SOURCE: ANADI/NANDA International (2004). *Diagnostics infirmiers – Définitions et classification – 2003-2004*. Paris: Masson, tableau 2-1 p. 267.

- Perturbation de l'estime de soi (diminution chronique, diminution situationnelle, risque de diminution situationnelle), reliée à la perte d'autonomie
- Alimentation déficiente, reliée à la fatigue et à un apport nutritionnel insuffisant

Problèmes traités en collaboration

La pratique infirmière comprend non seulement les diagnostics infirmiers et les interventions infirmières connexes, mais aussi certaines situations et interventions qui n'entrent pas dans la définition des diagnostics infirmiers. Ces activités portent sur les complications possibles d'origine médicale et nécessitent des interventions menées en collaboration par le médecin et d'autres membres de l'équipe pluridisciplinaire. On parle alors de *problème traité en collaboration*.

Les problèmes traités en collaboration sont des complications ou des manifestations physiologiques que l'infirmière surveille pour déceler des changements dans l'état de la personne ou la détérioration de son état de santé. L'infirmière traite ces problèmes au moyen d'interventions déterminées par le médecin et par les infirmières (Carpenito, 1999, p. 7).

Quand elle prend en charge ces problèmes, l'infirmière doit d'abord surveiller la personne à la recherche de complications ou de changements. Les complications sont généralement liées au processus morbide de la personne, aux traitements, aux médicaments ou aux examens diagnostiques. L'infirmière détermine des interventions pertinentes pour prévenir et traiter les complications et elle applique les traitements prescrits par le médecin. Les différences entre les diagnostics infirmiers et les problèmes traités en collaboration sont présentées dans la figure 3-2 ■. Après avoir formulé les diagnostics infirmiers et les problèmes traités en collaboration, l'infirmière les note dans le plan thérapeutique.

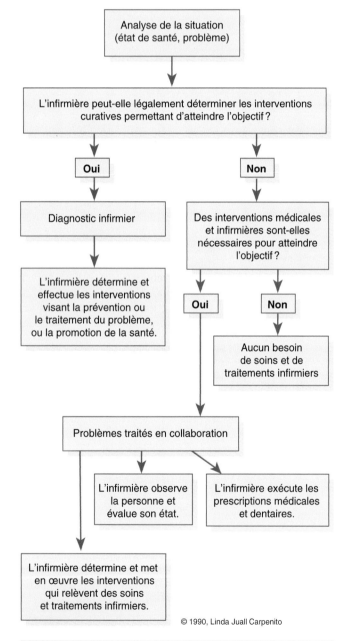

FIGURE **3-2** ■ **Distinction entre les diagnostics infirmiers et les problèmes traités en collaboration.** SOURCE: L. J. Carpenito (2001). *Nursing Diagnosis: Application to clinical practice* (8ᵉ éd.). Philadelphie: Lippincott Williams Wilkins.

PLANIFICATION

Une fois qu'elle a formulé les diagnostics, l'infirmière passe à l'étape suivante de la démarche systématique, soit la planification. Lors de cette étape, l'infirmière doit :

1. Établir l'ordre des priorités des diagnostics infirmiers et des problèmes traités en collaboration.

2. Définir les résultats escomptés.

3. Fixer les objectifs de soins (à court, à moyen et à long terme).

4. Déterminer les interventions infirmières particulières qui permettront d'atteindre les objectifs fixés.

5. Déterminer les interventions interdépendantes.

6. Inscrire les diagnostics infirmiers, les problèmes traités en collaboration, les résultats escomptés, les objectifs de soins et les interventions infirmières dans le plan thérapeutique infirmier.

7. Communiquer aux autres membres de l'équipe pluridisciplinaire toutes les données qui traduisent des besoins en matière de santé auxquels ils peuvent mieux répondre qu'elle.

Ordre de priorité des diagnostics infirmiers

L'infirmière et la personne ou les membres de sa famille établissent conjointement l'ordre de priorité des diagnostics infirmiers. Il peut arriver que la personne et l'infirmière n'accordent pas la même importance à un problème de santé ; ces divergences doivent être résolues de façon acceptable pour les deux parties. Il faut considérer l'urgence des problèmes et traiter les plus graves en premier. Par la suite, il faut être en mesure d'écouter attentivement les motivations de la personne pour établir ses priorités.

Établissement des résultats escomptés

Les résultats escomptés des interventions infirmières sont définis en fonction des comportements de la personne, du délai fixé pour les atteindre et de toute circonstance particulière inhérente à ceux-ci (Smith-Temple et Johnson, 2002). Les résultats escomptés doivent être réalistes et mesurables. Pour définir des résultats pertinents, on recourt à la Classification des résultats des soins infirmiers (CRSI–NOC). On peut associer ces résultats aux interventions et aux diagnostics infirmiers et on peut les utiliser au besoin (Aquilino et Keenan, 2000). Cependant, on doit parfois adapter les NOC et établir des critères réalistes convenant à une personne en particulier.

Pour évaluer les progrès réalisés, on utilise les résultats escomptés qui définissent le comportement souhaité de la part de la personne. Les résultats escomptés servent aussi de base pour évaluer la pertinence des interventions infirmières et pour déterminer si on doit modifier ou réviser le plan thérapeutique.

Établissement des objectifs de soins

Une fois qu'elle a établi l'ordre de priorité des diagnostics infirmiers, l'infirmière fixe les objectifs à court, à moyen et à long terme et choisit les interventions qui permettront de les atteindre. La personne et les membres de sa famille doivent participer à l'établissement des objectifs. Les objectifs à court terme peuvent être atteints rapidement. Les objectifs à moyen et à long terme seront atteints ultérieurement ; ils sont souvent axés sur la prévention des complications et d'autres affections, l'enseignement des autosoins et la réadaptation. Voici, par exemple, les objectifs fixés pour une personne atteinte de diabète, dont le diagnostic infirmier est *Connaissances insuffisantes sur le régime alimentaire prescrit.*

Objectif à court terme : suivre un régime pour personnes atteintes de diabète, comportant 6 300 kJ en 3 repas et 1 collation.

Objectif à moyen terme : planifier des menus pour une semaine en se fondant sur le *Guide alimentaire canadien.*

Objectif à long terme : observer le régime alimentaire prescrit.

Détermination des interventions infirmières

Quand elle planifie les interventions infirmières nécessaires pour atteindre les objectifs et les résultats escomptés, l'infirmière, en collaboration avec la personne et ses proches, établit des interventions personnalisées qui tiennent compte de la situation et des préférences de la personne. Dans la définition des interventions, on doit indiquer quelles sont les activités nécessaires et qui les effectuera. L'infirmière détermine les activités interdisciplinaires en collaboration avec d'autres membres de l'équipe de soins, au besoin.

L'infirmière élabore le plan d'enseignement de la personne et fait des démonstrations au besoin pour l'aider à maîtriser les autosoins. Dans les interventions planifiées, on doit tenir compte de la culture, de l'âge et du sexe de la personne. L'infirmière peut utiliser les interventions normalisées, comme celles qu'on trouve dans les plans de soins institutionnels ou dans la Classification des interventions de soins infirmiers – CISI-NIC – (Aquilino et Keenan, 2000 ; McCloskey et Bulechek, 2000). Il est important de personnaliser ces interventions pour en améliorer l'efficacité.

INTERVENTIONS INFIRMIÈRES

Exécuter le plan thérapeutique infirmier consiste à mettre en œuvre les interventions qui y sont stipulées. L'exécution du plan thérapeutique incombe à l'infirmière, mais la personne et ses proches, ainsi que les autres membres de l'équipe multidisciplinaire, y participent également, au besoin. L'infirmière doit coordonner le travail de tous ceux et celles qui participent à l'exécution du plan pour que l'horaire des activités favorise la guérison de la personne. Le plan thérapeutique infirmier sert de base à l'exécution :

- Les interventions infirmières sont effectuées dans l'ordre déterminé par les objectifs à court, à moyen et à long terme.

- Pendant qu'elle effectue les interventions, l'infirmière doit continuellement observer la personne et sa réaction aux soins.

- L'infirmière modifie le plan thérapeutique en fonction de l'état de santé de la personne, de ses problèmes et de ses réactions, ainsi que du changement dans l'ordre des priorités.

L'exécution du plan thérapeutique comprend la mise en œuvre directe ou indirecte des interventions. Elle vise à traiter les problèmes relevant des diagnostics infirmiers et les problèmes traités en collaboration, ainsi qu'à atteindre les résultats escomptés, ce qui satisfait les besoins de la personne en matière de santé.

Les interventions infirmières comprennent les activités suivantes : aider la personne à effectuer ses soins d'hygiène ; favoriser le bien-être physique et psychologique ; soutenir les fonctions respiratoires et les fonctions d'élimination ; faciliter l'ingestion d'aliments, de liquides et de nutriments ; surveiller l'environnement immédiat de la personne ; enseigner les soins de santé ; favoriser une relation thérapeutique ; mettre en œuvre diverses activités thérapeutiques. L'infirmière doit faire preuve de jugement, avoir une pensée critique et savoir prendre des décisions éclairées pour pouvoir choisir les interventions appropriées en se fondant sur des principes scientifiques et éthiques. Toutes les interventions infirmières gravitent autour de la personne et visent à atteindre des objectifs. L'infirmière doit les effectuer avec confiance en se montrant empathique et prête à accepter et à comprendre les réactions de la personne.

Certains actes infirmiers sont autonomes, d'autres sont interdépendants. L'infirmière effectue une intervention interdépendante lorsqu'elle administre un médicament ou un traitement prescrit par le médecin ou lorsqu'elle travaille de concert avec d'autres membres de l'équipe soignante pour atteindre des objectifs précis et pour surveiller et traiter les complications possibles. Puisqu'il s'agit d'interventions interdépendantes, l'infirmière ne doit pas suivre aveuglément les directives des autres membres de l'équipe soignante. Elle doit au contraire les examiner attentivement et, le cas échéant, les remettre en question. L'étape de l'exécution prend fin une fois que les interventions infirmières ont été menées à bien.

ÉVALUATION

L'évaluation est l'étape finale de la démarche systématique. Elle vise à établir les réactions de la personne aux interventions infirmières et à déterminer dans quelle mesure les objectifs de soins ont été atteints. Elle porte sur le plan thérapeutique infirmier. Les diagnostics infirmiers, les problèmes traités en collaboration, les priorités, les interventions infirmières et les résultats escomptés constituent les lignes directrices qui permettent d'orienter l'évaluation.

L'évaluation permet à l'infirmière de répondre aux questions suivantes :

- Les diagnostics infirmiers et les problèmes traités en collaboration étaient-ils justes ?
- La personne a-t-elle atteint les objectifs fixés et dans le délai prévu ?
- Les problèmes mis en lumière par les diagnostics infirmiers ont-il été résolus ?
- Les problèmes traités en collaboration ont-il été résolus ?
- Les besoins de la personne en matière de soins et de traitements infirmiers ont-ils été satisfaits ?
- Les interventions infirmières devraient-elles être poursuivies, modifiées ou faut-il y mettre un terme ?
- Des problèmes imprévus et qui n'ont pas fait l'objet de soins sont-ils apparus ?
- Quels facteurs ont pu contribuer au succès ou à l'échec du plan thérapeutique infirmier ?
- Faut-il changer l'ordre des priorités ?
- Faut-il modifier les objectifs et les critères ?

L'infirmière doit recueillir les données objectives qui permettent de répondre à ces questions auprès de toutes les sources : personne, membres de la famille ou proches, autres infirmières et autres membres de l'équipe pluridisciplinaire.

Elle doit corroborer ces données par l'observation directe, puis les inscrire dans le dossier de la personne.

INSCRIPTION DES RÉSULTATS ET MODIFICATION DU PLAN THÉRAPEUTIQUE INFIRMIER

L'infirmière doit noter les résultats dans le dossier de la personne en faisant preuve de concision et d'objectivité. Dans ces notes, elle doit : établir un lien entre les résultats, d'une part, et les diagnostics infirmiers et les problèmes traités en collaboration, d'autre part ; décrire les interventions infirmières et les réactions de la personne à ces interventions ; indiquer si les objectifs ont été atteints ; et inclure dans le dossier toutes les données pertinentes supplémentaires (Plan thérapeutique infirmier ⟳).

On doit modifier le plan thérapeutique à mesure qu'évoluent les besoins de la personne et l'ordre de priorité de ceux-ci. On doit aussi le modifier quand les besoins de la personne sont comblés et qu'on recueille des renseignements supplémentaires sur son état de santé. Quand elle met en œuvre les interventions, l'infirmière doit évaluer les réactions de la personne, les noter dans son dossier, puis modifier le plan thérapeutique en conséquence. Le fait que le plan soit bien élaboré et régulièrement mis à jour est la garantie que l'infirmière prodigue les meilleurs soins qui soient, conformément aux diagnostics infirmiers et aux problèmes traités en collaboration, et qu'elle répond aux besoins de la personne.

PLAN THÉRAPEUTIQUE INFIRMIER : EXEMPLE

M. Joseph Lemieux, 50 ans, comptable, a été admis au centre hospitalier sur la recommandation de son médecin. L'examen médical de routine, qu'il a subi 3 mois auparavant, a révélé une hypertension essentielle (pression artérielle de 170/110) et une diminution de la clairance de la créatinine urinaire. Durant les 3 mois suivants, malgré le régime alimentaire prescrit, la pression artérielle n'a pas pu être abaissée. M. Lemieux a cependant admis qu'il n'avait pas suivi scrupuleusement le régime alimentaire à faible teneur en sel et en cholestérol que son médecin lui avait recommandé, parce que son travail est extrêmement prenant et que, de plus, il s'occupe avec sa femme de ses deux filles adolescentes. Il boit entre 5 et 7 tasses de café par jour et ne consomme de l'alcool qu'à l'occasion de ses sorties. M. Lemieux mesure 1,75 m et pèse 105 kg. À son admission au centre hospitalier, l'examen physique a révélé une pression artérielle de 162/112, un pouls régulier de 96 battements par minute, une fréquence respiratoire régulière de 20 par minute, une température buccale de 37 °C et un œdème 1+ (traces) aux chevilles et aux pieds. M. Lemieux dit que ses pieds sont toujours enflés le soir. On a observé plusieurs taches foncées (de 2 cm de diamètre) bilatérales sur la face antérieure de la jambe. On a décidé de l'hospitaliser pendant quelques jours afin de mieux évaluer son état et d'amorcer un traitement. Au moment de l'admission, les recommandations du médecin étaient les suivantes : activités à volonté ; administration de Lasix à raison de 40 mg, 2 fois par jour ; régime alimentaire de 6 300 kJ par jour, faible en cholestérol et limité à 1 g de sodium. L'infirmière a déterminé que la mesure des signes vitaux se ferait toutes les 4 heures pendant les heures d'éveil.

Diagnostics infirmiers
- Maintien inefficace de l'état de santé, relié à l'hypertension, au stress, à l'obésité et à la caféine
- Stratégies d'adaptation inefficaces, reliées aux rôles exigeants à la maison et au travail
- Non-observance du régime alimentaire, reliée à un manque de connaissances et au mode de vie

Problème traité en collaboration
1. Ulcères des jambes

Objectifs
À court terme : Diminution progressive de la pression artérielle
À moyen terme : Modifications du mode de vie pour réduire le stress
À long terme : Modification du mode de vie pour réduire les agents stressants émotionnels et environnementaux
Observance du régime alimentaire
Absence d'ulcères ischémiques aux jambes

INTERVENTIONS INFIRMIÈRES	RÉSULTATS ESCOMPTÉS	RÉSULTATS OBTENUS
1. Mesurer la pression artérielle toutes les 4 heures.	■ J.L. ne présente plus d'augmentation de la pression artérielle.	■ La pression artérielle se situe entre 162/112 et 138/98 depuis l'admission. ■ Les pressions artérielles du bras gauche et du bras droit sont identiques. ■ La pression artérielle maximale mesurée entre la journée qui a suivi l'admission et l'heure du congé a été de 138/98.
2. Surveiller l'équilibre hydrique : a) Ingesta et excreta. b) Œdème périphérique.	■ Le débit urinaire de J.L. est normal par rapport à l'apport liquidien. ■ J.L. ne présente aucun signe d'œdème périphérique.	■ Ingesta : 1 850 mL. ■ Excreta : 1 685 mL. ■ Traces (1+) d'œdème des pieds tard dans la soirée.
3. Assurer une ambiance qui favorise le repos physique et mental. a) Inciter J.L. à alterner les périodes de repos et d'activité. b) Limiter le nombre de visiteurs et éviter les interactions stressantes.	■ J.L. alterne les périodes de repos et d'activité.	■ Le soir, J.L. ne reçoit que les membres de sa famille. ■ J.L. évite les interactions stressantes. ■ J.L. reste au lit 1 heure durant la matinée et 2 heures durant l'après-midi ; il débranche le téléphone lorsqu'il se repose. ■ J.L. se réveille plusieurs fois durant la nuit. Après l'administration de 30 mg de Dalmane, au coucher, il dort pendant 8 heures. ■ La femme et les filles de J.L. lui rendent visite le soir. Elles restent auprès de lui pendant 2 heures. Après ces visites, J.L. est calme et détendu. ■ La femme et les filles de J.L. sont conscientes du fait qu'il faut diminuer le stress ; elles ne lui parlent que des activités familiales habituelles.
4. Aider J.L. à modifier son mode de vie pour réduire le stress. a) Discuter du lien entre le stress affectif et le fonctionnement physiologique. b) Inciter J.L. à déterminer les stimuli qui entraînent le stress. c) Inciter J.L. à déterminer les modifications lui permettant de réduire le stress.	■ J.L. décrit le stress comme un précurseur des altérations du fonctionnement physiologique. Il repère les facteurs qui créent du stress. ■ J.L. détermine les modifications nécessaires pour réduire le stress. Il discute des modifications du mode de vie avec sa famille.	■ J.L. a décrit avec justesse le lien entre le stress et l'hypertension. ■ J.L. a décelé les facteurs de stress suivants : • Contraintes professionnelles qu'il s'impose lui-même : il ne veut pas refuser de nouveaux clients. • Surveillance assidue des activités scolaires et des loisirs de ses filles. ■ J.L. a élaboré des plans pour diriger ses nouveaux clients vers des confrères. ■ Il comprend qu'il doit ramener son nombre d'heures de travail à 8 heures par jour au maximum. ■ Après discussion entre tous les membres de la famille, il a été décidé que J.L. et sa femme participeront à tour de rôle aux activités des filles ; tous les membres de la famille ont montré beaucoup de sollicitude.
5. Expliquer à J.L. que l'obésité et la caféine sont des facteurs de risque qui aggravent l'hypertension. Orienter J.L. vers une diététiste et revoir avec lui les conseils donnés.	■ J.L. reconnaît les effets néfastes de l'obésité et de la caféine. ■ Il planifie de perdre du poids et de réduire sa consommation de caféine.	■ J.L. a décrit correctement les effets de l'obésité et de la caféine sur la pression artérielle. ■ Il a décidé de se joindre au groupe Mincavi ; par le passé, il a obtenu de bons résultats grâce à ce programme. ■ J.L. boit une tasse de café au petit-déjeuner et prend du café décaféiné pendant la matinée, au déjeuner et au dîner ; il se dit satisfait de ces nouvelles habitudes.
6. Déceler la présence d'ulcères ; signaler au médecin tout changement dans les taches foncées sur les jambes.	■ J.L. maintient l'intégrité de la peau de ses jambes.	■ J.L. n'a noté aucun changement de la peau des jambes les deuxième et troisième jours.
7. Enseigner les soins des pieds : inspecter et laver les pieds tous les jours, soigner les ongles, ne pas utiliser de solutions caustiques, hydrater la peau sèche, éviter toute source de chaleur sur les pieds, porter des chaussures et des chaussettes confortables et de la bonne pointure, éviter de croiser les jambes.	■ J.L. décrit les principes et les techniques des soins des pieds.	■ J.L. a discuté de l'importance des soins des pieds ; il a fait la démonstration des techniques de soins ; ses chaussures et ses chaussettes sont de la bonne pointure et sont confortables ; il ne croise pas les jambes quand il s'assoit.

EXERCICES D'INTÉGRATION

1. Au service des soins intensifs, vous êtes responsable des consultations externes. Comment l'approche en matière de pensée critique diffère-t-elle selon le milieu dans lequel les soins sont donnés : par exemple soins intensifs et soins ambulatoires ?

2. Vous venez d'achever l'anamnèse d'une personne. Comment déterminerez-vous les diagnostics infirmiers qui s'appliquent à son cas ? Quels types de ressources pourront vous aider ?

3. La fille d'une personne en phase terminale vous déclare qu'elle n'est pas prête à voir mourir son père. Le lendemain, vous trouvez l'« ordre de ne pas réanimer » dans le dossier de ce dernier. Décrivez les habiletés de pensée critique que

vous utiliserez afin de traiter ce problème et d'élaborer un plan thérapeutique pour la personne et sa famille. Comment avez-vous intégré la pensée critique dans la démarche de soins et de traitements ? Compte tenu de l'ordre de ne pas réanimer, quels changements pouvez-vous apporter au plan thérapeutique ? À quels problèmes d'ordre moral ou à quels dilemmes devez-vous vous préparer ?

4. La femme d'un homme hospitalisé depuis quelques jours vous donne sur ce dernier des renseignements qu'il ne vous a pas fournis. Comment déterminerez-vous si vous devez transmettre ces renseignements à l'infirmière qui soigne cet homme ?

RÉFÉRENCES BIBLIOGRAPHIQUES

en anglais • en français

Alfaro-LeFevre, R. (1999). *Critical thinking in nursing* (2nd ed.). Philadelphia: W.B. Saunders.

Aquilino, M.L., & Keenan, G. (2000). Having our say: Nursing's standardized nomenclatures. *American Journal of Nursing, 100*(7), 33-38.

Béland, G., et Bergeron, R. (2002). «Les niveaux de soins et les ordonnances de ne pas réanimer». *Le médecin du Québec, 37*(4), 105-111.

Blondeau, D. (dir. ; 1986). *De l'éthique à la bioéthique: repères en soins infirmiers,* Chicoutimi: Gaëtan Morin.

Blondeau, D. (2000) «La déontologie infirmière». Dans G. Durand, A. Duplantie, Y. Laroche et D. Laudy. *Histoire de l'éthique médicale et infirmière.* Montréal: Les Presses de l'Université de Montréal, 353-361.

Blondeau, D. (dir. ; 1999). *Éthique et soins infirmiers.* Montréal: Les Presses de l'Université de Montréal.

Blondeau, D. «Les valeurs de la profession infirmière». Dans O. Goulet et C. Dallaire (1999). *Soins infirmiers et société.* Montréal: Gaëtan Morin éditeur.

Blondeau, D., et Hébert, M. «La responsabilité professionnelle de l'infirmière». Dans O. Goulet et C. Dallaire (1999). *Soins infimiers et société.* Montréal: Gaëtan Morin éditeur.

Boisvert, J. (1999). *La formation de la pensée critique. Théorie et pratique.* Saint-Laurent

(Québec): Éditions du Renouveau Pédagogique.

Brûlé, M., Cloutier, L., et Doyon, O. (2002). *L'examen clinique dans la pratique infirmière.* Saint-Laurent (Québec): Éditions du Renouveau Pédagogique.

Carpenito, L.J. (2001). *Nursing diagnosis: Application to clinical practice* (9th ed.). Philadelphia: Lippincott Williams & Wilkins.

Carpenito, L.J. (1999). *Nursing care plan and documentation.* Philadelphia: Lippincott Williams & Wilkins.

Chamberland M. (1998). «Les séances d'apprentissage du raisonnement clinique (ARC)». *Annales de Médecine Interne, 149*(8), 479-84.

Cloutier, F., Moreau, D., Tremblay, N., et Bouchard, D. (1999). «Le testament de vie et le mandat en cas d'inaptitude: des moyens de faire connaître ses volontés de fin de vie». *L'infirmière du Québec, 7*(1), 18-22.

Curateur public du Québec (2001). www.curateur.gouv.qc.ca

Dallaire, C., et Blondeau, D. «Le savoir infirmier: une problématique». Dans O. Goulet et C. Dallaire (1999). *Soins infirmiers et société.* Montréal: Gaëtan Morin éditeur.

Day, L.J., & Stannard, D. (1999). Developing trust and connection with patients and their families. *Critical Care Nurse, 19*(3), 66-70.

Fonteyn, M.E. (1998). *Thinking strategies for nursing practice.* Philadelphia: Lippincott-Raven.

Giroux, M.T. (1999). »Médecin, apothicaire et principe du double effet». *Le Clinicien, 14*(7), 63-78.

Ignatavicius, D.D. (2001). Six critical thinking skills for at-the-bedside success. *Nursing Management, 32*(1), 37-39.

Jameton, A. (1984). *Nursing practice: The ethical issues.* Englewood Cliffs, NJ: Prentice-Hall.

McCloskey, J.C., & Bulechek, G.M. (Eds.). (2000). *Nursing interventions classification (NIC): Iowa Interventions Project* (2nd ed.). St. Louis: Mosby–Year Book.

Prideaux, D. (2000). Do you know? *Medical Teacher, 22*(6), 607.

Rogers, P.D., & Bocchino, N.L. (1999). Restraint-free care: Is it possible? *American Journal of Nursing, 99*(10), 26-33.

Smith, S.A. (1997). Controversies in hydrating the terminally ill patient. *Journal of Intravenous Nursing, 20*(4), 193-200.

Smith-Temple, J., & Johnson, J.Y. (2002). *Nurses' guide to clinical procedures* (4th ed.). Philadelphia: Lippincott-Raven.

Trammelleo, A.D. (2000). Protecting patients' end-of-life choices. *RN, 63*(8), 75, 77, 79.

Ventura, M.J. (1999). Ethics on the job–A survey: The realities of HIV/AIDS. *RN, 62*(4), 26-30.

Wilkinson, J.M. (2001). *Nursing process and critical thinking.* New Jersey: Prentice-Hall.

Zerwekh, J.V. (1997). Do dying patients really need IV fluids? *American Journal of Nursing, 97*(3), 26-31.

Zolot, J.S. (1999). Computer-based patient records. *American Journal of Nursing, 99*(12), 64-69.

 En complément de ce chapitre, vous trouverez sur le Compagnon Web:
• une bibliographie exhaustive;
• des ressources Internet.

Adaptation française
Maud-Christine Chouinard, inf., Ph.D.
Professeure, Module des sciences
infirmières et de la santé – Université
du Québec à Chicoutimi

CHAPITRE

4

Éducation pour la santé et promotion de la santé

Objectifs d'apprentissage

Après avoir étudié ce chapitre, vous pourrez:

1. Décrire les raisons d'être et l'importance de l'éducation pour la santé.

2. Expliquer la notion d'observance d'un régime thérapeutique.

3. Indiquer les variables qui influent sur l'observance du programme thérapeutique chez les personnes âgées.

4. Discerner les variables qui influent sur la réceptivité à l'apprentissage.

5. Décrire les stratégies qui renforcent les capacités d'apprentissage des personnes âgées.

6. Préciser quel est le lien entre la démarche systématique dans la pratique infirmière et le processus d'enseignement et d'apprentissage.

7. Élaborer un plan d'enseignement à l'intention d'une personne.

8. Définir les notions de santé, de bien-être et de promotion de la santé.

9. Expliquer les principales théories de promotion de la santé.

10. Décrire les principes de promotion de la santé suivants: responsabilité personnelle, nutrition, lutte contre le stress et activité physique.

11. Déterminer les variables qui influent sur les activités de promotion de la santé destinées aux enfants, aux jeunes adultes et aux adultes d'âge moyen, et aux personnes âgées.

12. Décrire le rôle de l'infirmière dans la promotion de la santé.

Une éducation pour la santé efficace constitue un solide fondement pour le bien-être des individus et des communautés. L'enseignement est un outil complet que toutes les infirmières utilisent pour aider les personnes et les familles à adopter des comportements sains et à modifier les habitudes de vie qui les prédisposent à la maladie. L'éducation pour la santé comprend toute activité d'apprentissage visant à faciliter l'adoption volontaire de comportements bénéfiques à la santé (Greene et Kreuter, cités par Loiselle, 1998). Elle repose sur trois concepts clés : l'apprentissage, le choix volontaire et les comportements de santé (Loiselle et Delvigne-Jean, 1998).

Situation actuelle de l'éducation pour la santé

En raison des changements survenus dans le milieu des soins de santé, il est devenu indispensable d'aborder l'**éducation pour la santé** de façon structurée afin que les personnes puissent satisfaire les besoins de santé qui leur sont propres. Parmi les facteurs importants dont l'infirmière doit tenir compte lorsqu'elle planifie son enseignement figurent la disponibilité des soins hors du milieu hospitalier classique, le recours à divers fournisseurs pour atteindre les objectifs de prise en charge des soins et le recours accru aux nouvelles stratégies pour remplacer les démarches traditionnelles. L'infirmière attentive à ces facteurs est en mesure d'offrir aux personnes l'information complète et détaillée dont elles ont besoin pour prendre des décisions éclairées en la matière. Les personnes exigent une information portant sur l'ensemble des problèmes de santé qu'elles rencontrent tout au long de leur vie, d'où le besoin accru d'offrir à chaque rencontre une éducation pour la santé holistique.

À titre d'éducatrice, l'infirmière doit relever le défi consistant à donner un enseignement adapté à la personne et à la famille, tout en s'attachant aux besoins de la **communauté**. L'éducation pour la santé représente une dimension importante des soins et traitements infirmiers, car elle peut avoir un effet favorable sur la capacité des individus et des familles d'adopter des comportements favorisant une autonomie optimale.

Au Québec, le rôle d'enseignement joué par l'infirmière est souligné par Hagan (2002) et dans *Perspective de l'exercice de la profession d'infirmière* (Ordre des infirmières et infirmiers du Québec, 2004). Selon ce document, « l'infirmière aide le client à utiliser et à accroître son répertoire personnel de ressources de façon à maintenir ou à améliorer sa santé et son bien-être. Elle facilite l'échange de connaissances en matière de santé et aide le client à faire des choix. L'infirmière reconnaît les comportements acquis en matière de santé, et ses interventions tiennent compte de la façon dont le client apprend » (p. 13). Selon le Code des professions du Québec (Gouvernement du Québec, 2005), tous les professionnels de la santé peuvent contribuer à l'information et à la promotion de la santé dans la mesure où celles-ci sont reliées à leurs activités professionnelles. Néanmoins, l'éducation pour la santé constitue une fonction indépendante des soins infirmiers et une des principales responsabilités de la profession, car les infirmières sont dans une position privilégiée à cet égard (Hagan et Proulx, 1996). C'est ainsi qu'en milieu hospitalier par exemple, en raison de leur relation directe et constante avec les personnes soignées et de la continuité des soins qu'elles assurent, elles sont en mesure de créer un partenariat qui favorise l'apprentissage. Dans la communauté, elles sont en contact avec les familles et les groupes dans plusieurs

VOCABULAIRE

Apprentissage : action d'acquérir des connaissances et des habiletés.

Bien-être : état de santé physique et émotionnelle satisfaisant entretenu par un mode de vie sain.

Bonne condition physique : état de santé physique satisfaisant résultant d'une activité physique appropriée et d'une alimentation équilibrée.

Communauté : groupe de personnes vivant dans une même région géographique et observant les mêmes lignes de conduite.

Éducation pour la santé : ensemble d'activités d'apprentissage conçues pour promouvoir les comportements sains.

Enseignement : transmission de connaissances.

Gestion du stress : comportements et techniques utilisés pour se donner les ressources nécessaires à la réduction du stress.

Nutrition : science consacrée à l'étude des aliments, à leur transformation et à leur utilisation dans l'organisme humain.

Observance : respect des lignes de conduite ou des recommandations en matière de santé.

Programme thérapeutique : suites d'actions favorisant la santé et le rétablissement.

Promotion de la santé : art et science visant à aider les personnes à modifier leur mode de vie de façon à accroître leur bien-être.

Réceptivité à l'apprentissage : disposition dans laquelle l'apprenant a les meilleures chances d'apprendre ; correspond habituellement à son besoin et à son désir perçus d'obtenir des informations particulières.

Renforcement : consolidation d'une réaction ou d'un comportement dans le but d'augmenter les probabilités que cette réaction ou ce comportement se perpétue.

Responsabilité personnelle : acceptation des conséquences de ses propres décisions ou comportements.

Rétroaction : information en retour sur les résultats des données transmises à une personne ou à un système.

milieux afin de faire la promotion des habitudes de vie saines. Les infirmières jouent également un rôle de premier plan par le truchement de leur intervention dans le cadre du service Info-santé CLSC, qui offre un accès rapide à des conseils de santé et à des informations pertinentes sur les ressources du système de santé (Hagan *et al.*, 1998). Ce service a également une mission d'éducation qui encourage les personnes à prendre elles-mêmes leur santé en main. Tous les soins et traitements infirmiers visent à promouvoir, à maintenir et à rétablir la santé, à prévenir la maladie et à aider les personnes à s'adapter aux séquelles de la maladie. C'est grâce à l'éducation pour la santé ou à l'enseignement que l'infirmière atteint un grand nombre de ces objectifs.

On doit envisager chaque rencontre de l'infirmière avec un consommateur des soins de santé, que cette personne soit malade ou bien portante, comme une occasion de donner un enseignement sur la santé. Bien que la personne ait le droit de décider si elle veut ou non apprendre, l'infirmière est tenue de lui présenter l'information de façon à l'inciter à reconnaître la nécessité de l'apprentissage. Par conséquent, elle doit saisir les occasions de favoriser le bien-être tant dans les milieux de soins de santé qu'à l'extérieur de ceux-ci. Les cadres dans lesquels elle peut donner de l'enseignement sont notamment les suivants : domicile des personnes, hôpitaux, centres de santé communautaire, établissements commerciaux, organismes de services, refuges et groupes d'action ou d'entraide formés par des consommateurs.

OBJECTIF DE L'ÉDUCATION POUR LA SANTÉ

L'accent mis sur l'éducation pour la santé s'explique en partie par le droit reconnu au public d'avoir accès à des soins de santé complets, notamment à une information à jour, et par l'émergence d'un public averti, qui pose davantage de questions importantes sur la santé et sur les services qu'il reçoit dans ce domaine. En raison de l'importance que la société accorde à la santé et de la responsabilité qui incombe à chacun de conserver et de promouvoir sa propre santé, les membres de l'équipe soignante, en particulier les infirmières, sont tenus de rendre l'éducation pour la santé constamment accessible. En effet, si les consommateurs ne possèdent pas les connaissances et la formation requises en matière d'autosoins, ils ne peuvent pas prendre de décisions efficaces en ce qui concerne leur santé.

Les personnes qui souffrent d'affections chroniques forment l'un des groupes qui a le plus besoin d'éducation pour la santé. L'espérance de vie de la population continuant d'augmenter, on s'attend à ce que le nombre de personnes appartenant à ce groupe augmente également. Ces personnes ont besoin d'être informées pour pouvoir participer activement à une grande partie de leurs soins et en assumer la responsabilité. L'éducation pour la santé peut les aider à s'adapter à la maladie, à prévenir les complications, à suivre le traitement prescrit et à résoudre les nouveaux problèmes. Elle peut aussi prévenir les situations de crise et réduire la possibilité d'une réhospitalisation due au manque d'informations sur les autosoins. L'objectif de l'éducation pour la santé est d'enseigner aux personnes à vivre le plus sainement possible, c'est-à-dire à s'efforcer d'atteindre leur plein potentiel de santé.

Le public a droit à l'éducation pour la santé et désire la recevoir. Mais cet enseignement contribue aussi à réduire les coûts des soins, car il permet de prévenir la maladie, d'éviter des traitements médicaux coûteux, de diminuer le nombre des séjours prolongés à l'hôpital et de hâter les congés. Pour les organismes de soins de santé, les programmes communautaires de promotion du bien-être représentent par ailleurs un outil de relations publiques qui accroît la satisfaction des personnes et améliore l'image de l'établissement. L'enseignement favorise également les bonnes relations entre le personnel soignant et les personnes soignées, ce qui permet d'éviter certains coûts liés aux poursuites pour faute professionnelle.

Observance du programme thérapeutique

L'un des objectifs de l'éducation pour la santé est d'encourager les personnes à observer leur **programme thérapeutique**. Pour réussir son traitement, la personne doit en général apporter à son mode de vie un ou plusieurs changements qui lui permettront d'accomplir certaines activités destinées à promouvoir et à préserver sa santé. Voici des exemples courants de comportements favorables : prendre les médicaments prescrits, manger sainement, augmenter le nombre de ses activités et de ses exercices quotidiens, effectuer une autosurveillance des signes et symptômes de maladie, mettre en pratique des mesures d'hygiène, se présenter à des examens de santé périodiques et prendre d'autres mesures thérapeutiques et préventives. On ne doit ni ignorer ni négliger le fait que de nombreuses personnes n'observent pas leur programme thérapeutique ; les taux d'**observance** sont généralement bas, surtout lorsque les traitements sont complexes ou de longue durée.

La non-observance du programme thérapeutique a fait l'objet de nombreuses études, avec des résultats peu concluants dans la plupart des cas. Il ne semble pas que la non-observance ait une cause prédominante. L'observance du traitement dépendrait plutôt d'un grand nombre de variables :

- Les variables démographiques, telles que l'âge, le sexe, l'origine ethnique, la situation socioéconomique et le niveau d'instruction.
- Les variables physiques, telles que la gravité des symptômes et le soulagement que le traitement peut apporter.
- Les variables thérapeutiques, telles que la complexité du traitement et ses effets indésirables.
- Les variables psychosociales, telles que l'intelligence, le soutien des proches (surtout les membres de la famille), l'attitude envers les professionnels de la santé, l'acceptation ou le refus de la maladie, les croyances religieuses ou culturelles.
- Les variables financières, en particulier les coûts directs et indirects associés au traitement prescrit.

Trois types de facteurs influenceraient l'adoption d'un comportement de santé (Vandal *et al.*, 1999) : les facteurs prédisposants, les facteurs facilitateurs et les facteurs de renforcement.

- Les facteurs prédisposants sont les différentes caractéristiques internes qui entraînent une motivation à l'action chez la personne, telles que les connaissances, les croyances, les perceptions, les attitudes, les valeurs et certaines variables sociodémographiques (âge, sexe, origine ethnique, situation socioéconomique et niveau d'instruction).

- Les facteurs facilitateurs sont les facteurs précédant le comportement et permettant à la motivation de s'actualiser, c'est-à-dire permettant à la personne de pouvoir adopter le comportement qu'elle désire ; il s'agit des ressources personnelles, des habiletés et des ressources de la communauté.

- Les facteurs de renforcement découlent du comportement de santé ; ils jouent un rôle de récompenses, d'incitatifs ou de punitions, contribuant ainsi au maintien ou à la cessation du comportement ; il s'agit notamment des bénéfices personnels, sociaux et matériels résultant du comportement de santé, de l'autorenforcement et du renforcement attribuable au comportement de ceux qui jouent un rôle clé dans la vie de la personne.

La réussite de l'éducation pour la santé donnée par l'infirmière est déterminée par l'évaluation continue des variables qui influent sur la capacité de la personne à adopter certains comportements, à obtenir des ressources et à entretenir un climat social favorable (Murray et Zentner, 2001). Les programmes d'enseignement ont davantage de chances d'être couronnés de succès si l'infirmière détermine les variables qui agissent sur l'observance du programme thérapeutique et les prend en compte dans le plan de traitement.

La non-observance du programme thérapeutique constitue un problème sérieux, qu'on doit résoudre pour que la personne utilise au maximum sa capacité d'autonomie et atteigne son plein potentiel de santé. Étonnamment, le besoin d'apprendre d'une personne ne semble pas être un stimulus suffisant pour qu'elle acquière les connaissances grâce auxquelles une complète observance du traitement sera possible. Les variables que constituent le choix, l'établissement d'objectifs partagés et la qualité de la relation infirmière-personne soignée ont une incidence directe sur les changements comportementaux que peut entraîner l'enseignement (Rankin et Stallings, 2000). Ces facteurs sont directement liés à ce qui motive la personne à apprendre. Quelle que soit la stratégie retenue, une intervention éducative centrée sur les connaissances ne sera efficace que si elle permet à la personne d'accroître son contrôle (Vandal *et al.*, 1999).

Utiliser un contrat peut aussi stimuler l'apprentissage. Un tel contrat repose sur l'évaluation des besoins de la personne, les données cliniques et la détermination d'objectifs précis, mesurables (Redman, 2000). Un contrat d'apprentissage bien conçu est réaliste et positif ; il comporte des objectifs mesurables, accompagnés d'un échéancier précis et d'un système de récompense pour la réalisation des objectifs. Il est consigné par écrit et contient des méthodes permettant une évaluation continue.

Le contrat a d'autant plus de valeur qu'il est plus clair, qu'il décrit avec plus de précision les objectifs à atteindre et qu'il permet de mieux évaluer les modifications du comportement. Dans un contrat d'apprentissage typique, on établit une série d'objectifs, qui vont des plus modestes et des plus faciles à atteindre aux plus complexes. La progression vers un nouvel objectif doit s'accompagner d'un **renforcement** positif fréquemment réitéré. Un programme d'amaigrissement visant la perte de 500 g à 1 kg par semaine, plutôt qu'un but global correspondant à la perte de 14 kg, constitue un exemple d'atteinte progressive des objectifs.

Particularités reliées à la personne âgée

Chez les personnes âgées, la non-observance du programme thérapeutique est un problème particulièrement important, qui entraîne l'élévation de la morbidité et de la mortalité, et l'augmentation du coût des traitements (U.S. Public Health Service, 2000). De nombreuses admissions dans les centres de soins de longue durée et les hôpitaux sont liées à la non-observance.

Les personnes âgées souffrent souvent d'une ou de plusieurs affections chroniques traitées à l'aide de nombreux médicaments et généralement compliquées par des exacerbations ponctuelles. Hormis ces problèmes, d'autres variables influent sur l'observance du traitement, notamment : l'hypersensibilité aux médicaments et à leurs effets secondaires, la difficulté de s'adapter aux changements et au stress, les contraintes financières, la perte de mémoire, l'inefficacité des réseaux de soutien, les vieilles habitudes d'automédication avec des médicaments en vente libre, la perte d'acuité visuelle et auditive, et une mobilité réduite. Afin d'inciter la personne âgée à suivre son traitement, on doit consacrer du temps et de l'énergie à évaluer toutes les variables susceptibles d'entraver les comportements qui améliorent la santé (figure 4-1 ■). L'infirmière doit aussi tenir compte du fait que des déficits cognitifs peuvent entraîner l'incapacité de la personne âgée à tirer des conclusions, à mettre en pratique les informations reçues ou à comprendre les principaux points enseignés (Eliopoulos, 2000). Elle doit en outre évaluer les

FIGURE **4-1** ■ En prenant le temps de donner aux personnes de l'enseignement sur leurs médicaments et leur programme thérapeutique, ainsi que sur les effets escomptés de ces derniers, on suscite leur intérêt et leur coopération. Les personnes âgées qui prennent une part active à cet apprentissage seraient plus susceptibles d'observer leur traitement.

forces et les faiblesses de la personne de façon à utiliser les forces restantes pour compenser les faiblesses. Mais, par-dessus tout, les professionnels de la santé doivent collaborer à la prestation de soins continus et coordonnés, faute de quoi les efforts de l'un risquent de nuire à ceux de l'autre.

Nature de l'enseignement et de l'apprentissage

On peut définir l'**apprentissage** comme l'acquisition de connaissances, d'attitudes ou d'habiletés, et l'**enseignement** comme l'acte par lequel on aide une personne à apprendre. Selon ces définitions, l'enseignement et l'apprentissage constituent un processus actif dans lequel l'enseignant et l'apprenant doivent contribuer à l'effort déployé pour obtenir le résultat escompté, à savoir une modification du compor-tement. L'enseignant ne doit pas se contenter de trans-mettre des connaissances à l'apprenant : il doit faciliter son apprentissage.

Aucune théorie ne fait autorité sur la façon dont se déroule l'apprentissage ni sur la façon dont il est déterminé par l'enseignement. On sait toutefois que certains facteurs peu-vent influer sur l'apprentissage, notamment la réceptivité à l'apprentissage, le milieu d'apprentissage et les tech-niques d'enseignement utilisées (Bastable, 1997 ; Green et Kreuter, 1999).

RÉCEPTIVITÉ À L'APPRENTISSAGE

L'un des principaux facteurs qui influent sur l'apprentissage est la réceptivité de la personne. Chez les adultes, la **récep-tivité à l'apprentissage** repose sur la culture, les valeurs personnelles, l'état physique et émotionnel, ainsi que sur les expériences d'apprentissage antérieures. L'adulte est prêt à apprendre lorsque la matière et les habiletés qu'on lui enseigne correspondent à la tâche à accomplir (Redman, 2000).

La culture englobe des valeurs, des idéaux et des compor-tements, et, au sein de chaque culture, les personnes suivent des traditions pour résoudre les problèmes et surmonter les défis de la vie quotidienne. Comme les valeurs diffèrent selon l'origine culturelle, les personnes adoptent différents modes de vie et font divers choix en matière de soins de santé. La culture est une des principales variables dont dépend la réceptivité à l'apprentissage : elle a en effet des conséquences tant sur la façon d'apprendre que sur les informations qui peuvent être apprises. Il arrive que des personnes refusent un enseignement qui entre en conflit avec les valeurs transmises par leur culture. Avant d'entreprendre son enseignement, l'infirmière doit donc effectuer une évaluation individuelle et culturelle, plutôt que de s'en tenir aux idées communément admises sur une culture donnée. Les caractéristiques sociales et culturelles de la personne doivent être bien intégrées dans le processus interactif d'enseignement et d'apprentissage. Les éléments culturels dont l'infirmière doit tenir compte lorsqu'elle conçoit un plan d'enseignement sont présentés dans l'encadré 4-1 ■.

Conception d'un plan d'enseignement

ÉLÉMENTS CULTURELS À PRENDRE EN CONSIDÉRATION

Lorsqu'on conçoit un plan d'enseignement, on doit tenir compte des croyances de la personne relativement aux éléments suivants :

- Taille, forme, limites et fonctions du corps
- Beauté et force
- Valeur de l'esprit ou du cerveau
- Nature et fonction du sang
- Régime alimentaire et nutrition
- Communication
- Sexe (homme ou femme)
- Soutien familial et social
- Santé et maladie physiques
- Santé et maladie mentales
- Douleur
- Médicaments, herbes médicinales et talismans
- Spiritualité ou religion
- Essence ou âme d'une personne

Les croyances à propos des comportements désirables et des comportements indésirables font partie des valeurs de chaque personne. L'infirmière doit savoir quelle valeur la personne accorde à la santé et aux soins. En situation clinique, les personnes expriment leurs valeurs à travers les actions qu'elles accomplissent et le niveau de connaissance qu'elles recherchent (Andrews et Boyle, 1998). Lorsque l'infirmière ne connaît pas suffisamment les valeurs culturelles de la per-sonne à laquelle elle donne un enseignement, il peut s'ensuivre des malentendus, un manque de coopération et des résultats cliniques défavorables (Leininger, 1991). Les valeurs et les comportements de chaque personne peuvent soit favoriser, soit défavoriser la réceptivité à l'apprentissage. La personne n'acceptera aucun enseignement qui n'est pas conforme à ses valeurs et à ses croyances sur la santé et la maladie (Giger et Davidhizar, 1999).

La réceptivité physique est d'une importance capitale. Tant qu'une personne n'est pas physiquement apte à apprendre, toute tentative de lui enseigner quoi que ce soit sera futile et n'apportera que des frustrations de part et d'autre. Par exemple, une personne qui ressent une douleur aiguë sera incapable de détourner son attention de la douleur assez longtemps pour pouvoir se concentrer sur ce que l'infirmière essaie de lui enseigner. De même, une personne qui éprouve des difficultés respiratoires concentrera toute son énergie sur sa respiration plutôt que sur l'apprentissage.

La réceptivité émotionnelle a aussi des conséquences sur la motivation. Une personne qui n'a pas accepté sa maladie ou la menace qu'elle représente n'a aucune motivation pour apprendre. Si elle refuse de se soumettre à un programme thérapeutique ou si elle considère qu'il est incompatible avec son mode de vie, elle peut consciemment éviter d'acquérir des connaissances à son sujet. Tant que la personne ne reconnaît pas la nécessité d'apprendre ou n'en manifeste pas la capacité, il est difficile de lui donner un enseignement. Toutefois, il n'est pas toujours judicieux d'attendre qu'elle soit émotionnellement prête à apprendre, car le moment opportun pourrait ne jamais se présenter si l'infirmière ne déploie pas des efforts pour stimuler sa motivation.

La maladie et la menace qu'elle représente s'accompagnent habituellement d'anxiété et de stress. L'infirmière qui est en mesure de reconnaître ces réactions peut atténuer l'angoisse et insuffler la volonté d'apprendre en donnant à la personne des explications et des consignes simples. Par ailleurs, l'apprentissage entraîne des changements de comportement et provoque normalement une légère anxiété qui peut souvent devenir un facteur de motivation.

Afin de stimuler la réceptivité émotionnelle, l'infirmière peut créer un climat d'apprentissage chaleureux et agréable et établir des objectifs d'apprentissage réalistes, ce qui aidera la personne à se sentir bien acceptée. Les apprenants qui atteignent leurs objectifs éprouvent un sentiment d'accomplissement et sont dès lors d'autant plus motivés pour saisir les nouvelles occasions d'apprendre.

La **rétroaction** donnée sur les progrès accomplis par la personne constitue également une source de motivation. Lorsque les efforts des apprenants sont couronnés de succès, la rétroaction doit prendre la forme de renforcements positifs ; dans le cas contraire, elle doit prendre la forme de suggestions constructives.

La réceptivité expérientielle renvoie aux expériences antérieures qui influent sur la capacité d'apprendre. Généralement, la formation et le vécu déterminent en grande partie la façon dont on aborde l'apprentissage. Une personne dont la formation scolaire est limitée ou inexistante est parfois incapable de comprendre le contenu didactique qui lui est présenté. Celle qui a connu des difficultés d'apprentissage peut être méfiante à l'égard de tout ce qui demande un effort intellectuel. Dans bien des cas, il est nécessaire de disposer d'un bagage assez complet de connaissances, d'habiletés physiques et de dispositions pour adopter les comportements qui permettent d'atteindre le plus haut niveau de santé possible. Faute d'un tel bagage, l'apprentissage risque d'être très difficile et très lent. Par exemple, une personne qui n'est pas sensibilisée aux principes de la nutrition peut ne pas comprendre les restrictions alimentaires qui lui sont imposées. Une personne aux yeux de laquelle l'apprentissage souhaité ne revêt aucune importance peut tout bonnement rejeter l'enseignement. Enfin, une personne qui n'est pas tournée vers l'avenir sera incapable d'apprécier à sa juste valeur l'enseignement des mesures de santé préventives. La réceptivité expérientielle est étroitement liée à la réceptivité émotionnelle, car la motivation tend à s'accroître lorsque la personne devient consciente de la nécessité d'apprendre et lorsque les tâches d'apprentissage lui semblent faciles, intéressantes et utiles.

Avant de mettre en route un programme d'enseignement et d'apprentissage, l'infirmière doit évaluer la réceptivité physique et émotionnelle de la personne, ainsi que sa capacité d'apprendre. C'est sur ces données qu'elle s'appuie pour fixer les objectifs susceptibles de motiver la personne à apprendre. En associant l'apprenant à l'élaboration d'objectifs mutuellement acceptables, l'infirmière l'encourage à participer activement et à partager de bon gré la responsabilité de l'apprentissage.

MILIEU D'APPRENTISSAGE

L'apprentissage n'exige pas nécessairement un enseignant, mais la plupart des personnes qui essaient d'apprendre de nouveaux comportements ou de modifier leurs comportements actuels ont besoin des services d'une infirmière au moins pendant un certain temps. L'interaction entre l'apprenant et l'infirmière qui s'efforce de satisfaire ses besoins d'apprentissage peut être plus ou moins structurée, selon les méthodes et les techniques d'enseignement utilisées.

Afin que l'enseignement se déroule dans les meilleures conditions possibles, l'infirmière peut éliminer les variables externes susceptibles de nuire au processus d'apprentissage. Par exemple, la température ambiante, l'éclairage, le niveau sonore et d'autres conditions extérieures doivent être adaptés à la situation. De plus, le moment choisi pour l'enseignement doit correspondre aux besoins de la personne. Par exemple, il vaut mieux remettre à plus tard une séance lorsque la personne est fatiguée, souffrante ou inquiète à l'idée d'un examen paraclinique ou d'un traitement à venir, ou encore lorsqu'elle reçoit des visiteurs. Toutefois, si les membres de la famille doivent participer aux soins, les séances auront lieu en leur présence afin qu'ils puissent acquérir les habiletés ou apprendre les techniques qui leur seront nécessaires.

TECHNIQUES D'ENSEIGNEMENT

Les techniques et les méthodes d'enseignement favorisent l'apprentissage à condition qu'elles soient adaptées aux besoins de la personne. L'infirmière dispose de nombreuses techniques, telles que les exposés, l'enseignement collectif et les démonstrations, et elle peut améliorer leur efficacité en préparant un matériel didactique adapté à la personne. L'infirmière a souvent recours aux exposés, ou cours magistraux, qui doivent toujours s'accompagner d'une discussion. Cette dernière est importante parce qu'elle donne à l'apprenant l'occasion d'exprimer ses sentiments et ses préoccupations, de poser des questions et d'obtenir des éclaircissements.

L'enseignement collectif convient à certaines personnes : il leur permet non seulement de recevoir les informations dont elles ont besoin, mais aussi de se sentir en sécurité au sein d'un groupe. Cette méthode permet aux personnes qui ont les mêmes problèmes ou les mêmes besoins de s'identifier les unes aux autres et d'obtenir un soutien moral et un encouragement. Ce type d'enseignement peut toutefois ne pas convenir aux personnes qui ont du mal à fonctionner ou à apprendre en groupe. Lorsqu'on donne un enseignement collectif, il est crucial d'effectuer une évaluation et un suivi de chacun des participants, afin de s'assurer que chaque personne maîtrise suffisamment les connaissances et les techniques enseignées.

Les démonstrations et les exercices pratiques constituent des éléments essentiels du programme d'enseignement, surtout lorsqu'il s'agit d'apprendre des techniques. Il est préférable de faire la démonstration de la technique dans un premier temps, puis de laisser à l'apprenant le temps nécessaire pour s'y exercer. Quand l'enseignement exige un matériel spécial (par exemple des seringues pour les injections, des sacs pour la colostomie, des appareils à dialyse, des pansements ou des dispositifs de succion), il est important d'utiliser des appareils similaires à ceux que la personne utilisera à domicile. En effet, la personne peut ressentir de la confusion et de la frustration, et faire des erreurs si elle a appris à exécuter une technique à l'aide d'un type d'appareil différent de celui dont elle doit ensuite se servir.

Le matériel didactique destiné à faciliter l'apprentissage peut notamment comprendre des livres, des dépliants, des photos, des films, des diapositives, des enregistrements vidéo et audio, des maquettes, des guides d'apprentissage programmé et des modules d'apprentissage assisté par ordinateur. Bien utilisé, ce matériel constitue un outil précieux qui permet de gagner beaucoup de temps et d'économiser beaucoup d'argent. Avant de s'en servir, l'infirmière doit le passer en revue afin de s'assurer qu'il répond aux besoins de la personne. Les techniques d'enseignement ne peuvent pas remplacer les interactions et les discussions entre êtres humains, mais elles peuvent les rendre plus efficaces (Recherche en sciences infirmières 4-1 ■).

Il est essentiel d'effectuer un renforcement et un suivi, car il faut du temps pour assimiler les nouvelles connaissances. Dans les stratégies d'enseignement, on doit tenir compte du fait qu'une seule séance d'apprentissage est rarement suffisante. Il est essentiel de laisser à la personne assez de temps pour apprendre et renforcer les notions acquises. Les séances de suivi sont indispensables : elles accroissent la confiance des apprenants en leurs habiletés et permettent de déterminer si des séances supplémentaires sont requises. Dans le cas des personnes hospitalisées qui risquent d'être incapables d'appliquer à la maison les notions apprises en milieu hospitalier, le suivi est primordial, car il permet de s'assurer qu'elles tirent tout le profit possible du programme d'enseignement.

ENSEIGNEMENT AUX PERSONNES PRÉSENTANT DES DÉFICIENCES

L'infirmière doit évaluer les besoins individuels des personnes qui présentent des déficiences et en tenir compte dans son plan d'enseignement. Elle doit parfois modifier à leur intention les techniques d'enseignement et la façon de communiquer les informations. Il est important de prendre conscience que certains groupes de personnes ont des besoins particuliers en matière de promotion de la santé et qu'on doit adapter son enseignement en modifiant ses méthodes ou en en créant de nouvelles. C'est par exemple le cas pour certaines personnes souffrant de déficiences physiques, de déficiences affectives, de déficiences auditives ou visuelles, de difficultés d'apprentissage ou de troubles du développement. Certaines stratégies à utiliser auprès des personnes présentant des déficiences sont résumées dans le tableau 4-1 ■.

Particularités reliées à la personne âgée

Les infirmières qui interviennent auprès des personnes âgées doivent avoir conscience des effets que les changements normaux qui surviennent avec l'âge ont sur leurs capacités d'apprentissage, et savoir comment les aider à s'adapter à ces changements. Avant tout, il est important de reconnaître que le simple fait d'être âgé ne rend pas inapte à l'apprentissage. Des études ont montré que les personnes âgées sont en mesure d'apprendre et de retenir ce qu'elles ont appris pour autant que l'information soit transmise à une vitesse convenable, qu'elle soit pertinente et qu'elle soit suivie de stratégies de rétroaction efficaces convenant à tous les apprenants (Rankin

RECHERCHE EN SCIENCES INFIRMIÈRES   4-1

Enseignement

F.P. Belleau, L. Hagan et B. Masse (2001). Effets d'une intervention éducative sur l'anxiété de la femme en attente d'une mastectomie. *Revue Canadienne de Nursing Oncologique, 11*(4), 172-180.

OBJECTIF

Le but de cette étude expérimentale était d'évaluer les effets d'une intervention éducative psychocognitive individualisée sur l'anxiété préopératoire de femmes en attente d'une mastectomie.

DISPOSITIF ET ÉCHANTILLON

Un échantillon de convenance de 60 femmes âgées entre 27 et 65 ans a été constitué. Ces femmes furent réparties aléatoirement dans deux groupes de 30 femmes. L'instrument de mesure utilisé, l'Inventaire d'anxiété situationelle (IAS), a servi à observer, à l'aide d'une analyse de variance à mesures répétées, l'anxiété vécue par les femmes avant et après l'intervention éducative. L'approche éducative mise en application auprès du groupe expérimental, de nature psychocognitive et individualisée, a été comparée à une approche éducationnelle cognitive traditionnelle (groupe témoin).

RÉSULTATS

Immédiatement après les interventions éducatives (expérimentale et traditionnelle), une réduction significative

de l'anxiété ($p < 0,01$) a été observée dans les deux groupes, l'intervention éducative expérimentale produisant une réduction supplémentaire de 4,83. La veille de la chirurgie, seule l'intervention éducative expérimentale a procuré une réduction notable de l'anxiété ($p < 0,03$), mais la différence de l'effet entre les deux approches ne s'est pas révélée significative.

IMPLICATIONS POUR LA PRATIQUE INFIRMIÈRE

L'infirmière occupe une place privilégiée pour aider et soutenir les femmes en attente d'une mastectomie. Il semble qu'une intervention éducative dans la période préopératoire puisse contribuer à réduire l'anxiété de ces femmes. Une intervention éducative d'orientation psychocognitive semble également contribuer à réduire davantage cette anxiété. Les résultats de cette étude confirment donc qu'il est important de mieux planifier et de mieux concevoir les interventions éducatives auprès de cette clientèle.

	TABLEAU 4-1
Enseignement aux personnes présentant des déficiences	

Type de déficience	Stratégie d'enseignement
Déficience physique ou affective	■ Adapter l'information en fonction des déficiences cognitives, perceptuelles et comportementales de la personne. ■ Donner des informations écrites et orales claires. ■ Mettre en relief les données importantes afin qu'elles soient faciles à consulter. ■ Ne pas utiliser de termes médicaux.
Déficience auditive	■ Avoir une élocution lente, dirigée, délibérée. ■ Utiliser le langage gestuel, si nécessaire. ■ Si la personne lit sur les lèvres, l'enseignante doit se placer de façon qu'elle puisse voir sa bouche. ■ Utiliser des appareils de télécommunication pour sourds (ATS). ■ Utiliser des documents écrits et des aides visuelles telles que les maquettes et les diagrammes. ■ Utiliser des vidéos et des films sous-titrés. ■ Si la personne souffre d'une surdité unilatérale, lui parler du côté de la «bonne oreille».
Déficience visuelle	■ Utiliser des dispositifs optiques tels qu'une loupe. ■ Régler convenablement l'éclairage et le contraste des couleurs des documents et du matériel. ■ Utiliser des documents imprimés en gros caractères. ■ Utiliser des documents en braille, si nécessaire. ■ Présenter les informations sous une forme auditive ou tactile. ■ Se procurer des bandes audio et des livres enregistrés. ■ Expliquer quels sont les bruits associés aux procédés, aux appareils et aux traitements. ■ Disposer le matériel dans le sens des aiguilles d'une montre.

Difficultés d'apprentissage
■ Difficulté à comprendre
	■ En cas de trouble de la perception visuelle:
	  • Expliquer l'information verbalement, la répéter et la renforcer fréquemment.
	  • Utiliser des enregistrements audio.
	  • Encourager l'apprenant à traduire en paroles l'information reçue.
	■ En cas de trouble de la perception auditive:
	  • Parler lentement en utilisant le moins de mots possible, répéter l'information et la renforcer fréquemment.
	  • Regarder la personne dans les yeux pour attirer son attention sur la tâche.
	  • Recourir aux démonstrations et aux contre-démonstrations, telles que le modelage, le jeu de rôles et les expériences pratiques.

■ Difficulté à s'exprimer	■ Faire appel à tous les sens, le cas échéant. ■ Utiliser de l'information écrite, enregistrée sur bande sonore ou électronique. ■ Revoir l'information et laisser à la personne du temps pour interagir et poser des questions. ■ Recourir aux gestes de la main et aux mouvements.
■ Trouble du développement	■ Donner l'information et l'enseignement en fonction du stade de développement de la personne et non en fonction de son âge. ■ Utiliser des signaux non verbaux, des gestes, le langage des signes et des symboles au besoin. ■ Donner des explications simples et des exemples concrets, et les répéter. ■ Encourager la participation active. ■ Faire des démonstrations et demander à la personne d'effectuer des contre-démonstrations.

et Stallings, 2000). Avant d'entreprendre son enseignement, l'infirmière doit effectuer une évaluation approfondie du niveau des fonctions physiologiques et psychologiques de chaque personne, car les changements associés au vieillissement varient considérablement d'un individu à l'autre.

Les changements cognitifs attribuables au vieillissement sont notamment les suivants: ralentissement de la fonction intellectuelle; déclin de la mémoire à court terme, de la pensée abstraite et de la concentration; et ralentissement de la vitesse de réaction. Ces changements sont souvent accentués par les problèmes de santé pour lesquels les personnes âgées

ont d'abord sollicité des soins. Les stratégies d'enseignement efficaces consistent notamment à présenter lentement un petit nombre d'informations à la fois, à répéter fréquemment les informations et à utiliser des techniques de renforcement (par exemple, utiliser des documents audiovisuels et écrits et répéter des exercices pratiques). De plus, on doit réduire au minimum les stimuli qui nuisent à la concentration dans le lieu où se donne l'enseignement.

Les changements sensoriels associés au vieillissement influent également sur l'enseignement et l'apprentissage. Afin de compenser la baisse de l'acuité visuelle de la personne, on peut recourir à des documents faciles à lire, en gros caractères et imprimés sur du papier mat. Comme la capacité de distinguer les couleurs est généralement altérée, il est souvent inefficace d'utiliser un matériel didactique chromocodé ou surligné. Pour tirer le meilleur parti de la capacité auditive de la personne âgée, l'enseignante doit lui parler distinctement sur un ton normal, ou plus bas que la normale, et lui faire face de façon à lui permettre, au besoin, de lire sur ses lèvres. Les repères visuels contribuent souvent à renforcer l'enseignement oral.

Les membres de la famille devraient participer aux séances d'enseignement lorsqu'ils le peuvent. Ils ont un rôle à jouer en matière de renforcement de la matière et peuvent ultérieurement aider l'apprenant à se rappeler les instructions données. Ils peuvent également donner à l'enseignante de précieux renseignements permettant d'évaluer les conditions de vie de la personne et les besoins d'apprentissage qui en découlent.

Lorsque l'infirmière, la famille et les autres professionnels de la santé concernés collaborent pour faciliter l'apprentissage de la personne âgée, ses chances de succès sont optimales. Grâce à un apprentissage réussi, la personne âgée sera plus apte à prendre en charge ses autosoins, aura une meilleure estime de soi et sera davantage disposée à apprendre au cours des séances ultérieures.

Démarche systématique dans la pratique infirmière : enseignement à la personne

Les étapes de la démarche systématique dans la pratique infirmière (collecte des données, analyse et interprétation, planification, interventions et évaluation) s'appliquent à la construction d'un plan d'enseignement visant à satisfaire les besoins de la personne en matière de connaissances et de techniques (encadré 4-2 ■).

COLLECTE DES DONNÉES

La première étape consiste à collecter de façon systématique les données portant sur les besoins d'apprentissage de la personne, sur sa réceptivité, ainsi que sur les besoins d'apprentissage de sa famille. L'infirmière doit déterminer toutes les variables externes et internes qui influent sur la réceptivité de la personne. À cette fin, elle peut utiliser un guide d'évaluation de l'apprentissage. Certains guides, d'une portée très large, sont axés sur la collecte de données générales sur la santé, tandis que d'autres le sont sur des traitements médicamenteux ou des processus morbides courants. Ces guides facilitent la collecte des données, mais on doit les adapter à chaque personne en fonction de ses réactions, de ses problèmes et de ses besoins.

Aussitôt que les données sont recueillies, l'infirmière les organise, les analyse, en fait la synthèse et les résume, puis détermine les besoins de la personne en matière d'enseignement.

ANALYSE ET INTERPRÉTATION

Formuler les diagnostics infirmiers permet de mieux adapter aux circonstances les objectifs d'enseignement et l'évaluation des progrès. L'enseignement est une intervention globale qui va de soi pour tous les diagnostics infirmiers, et qui constitue même la principale intervention dans le cas de certains d'entre eux. « Prise en charge inefficace du programme thérapeutique », « entretien inefficace du domicile », « recherche d'un meilleur niveau de santé » et « conflit décisionnel » : autant d'exemples de diagnostics infirmiers qui orientent la planification de l'enseignement. On doit utiliser avec prudence le diagnostic « connaissances insuffisantes », car le manque de connaissances n'est pas en soi une réaction organique ou un comportement, mais un facteur à l'origine du diagnostic ou influant sur lui (par exemple le diagnostic « prise en charge inefficace du programme thérapeutique » serait plus approprié en cas de manque de connaissances sur le traitement d'une plaie) (Carpenito, 1999). Un diagnostic infirmier correspondant aux besoins d'enseignement propres à la personne et à la famille permet d'orienter l'élaboration du plan d'enseignement.

PLANIFICATION

Une fois qu'elle a établi les diagnostics infirmiers, l'infirmière planifie le processus d'enseignement et d'apprentissage en suivant les étapes de la démarche systématique dans la pratique infirmière. À cette fin, elle doit accomplir les tâches suivantes :

1. Établir l'ordre de priorité des diagnostics.
2. Fixer les objectifs d'apprentissage à court, moyen et long terme.
3. Déterminer des stratégies d'enseignement appropriées pour atteindre les objectifs.
4. Préciser les résultats escomptés.
5. Inscrire dans le plan d'enseignement les diagnostics, les objectifs, les stratégies d'enseignement et les résultats escomptés.

Comme dans toute démarche de soins, l'infirmière doit établir l'ordre de priorité des diagnostics en collaboration avec l'apprenant et les membres de sa famille. À cette étape, elle doit déterminer les besoins d'apprentissage les plus urgents, qui seront les premiers auxquels elle devra répondre.

Une fois l'ordre de priorité des diagnostics établi, l'infirmière fixe les objectifs à court et à long terme et détermine les stratégies d'enseignement qui aideront l'apprenant à les atteindre. L'enseignement est plus efficace lorsque l'apprenant et l'infirmière s'entendent sur les objectifs (Lorig *et al.*, 1996). L'apprentissage commence par l'établissement d'objectifs réalistes et adaptés à la situation, c'est-à-dire tenant compte des capacités de la personne et de son désir de réussir. En impliquant la personne et sa famille dans l'élaboration des objectifs puis dans la planification des stratégies d'enseignement, l'infirmière les encourage à collaborer à l'exécution du plan dans son ensemble.

On peut énoncer les résultats escomptés des stratégies d'enseignement sous la forme de modifications comportementales souhaitables de la part de la personne ou de sa

Guide de l'enseignement à la personne

COLLECTE DES DONNÉES

1. Recueillir des données sur la réceptivité de la personne à l'éducation pour la santé.

   a) Quels sont les comportements et les croyances de la personne en matière de santé?

   b) Quelles adaptations comportementales la personne doit-elle faire sur les plans physique et psychologique?

   c) La personne est-elle prête à apprendre?

   d) La personne est-elle capable d'apprendre de nouveaux comportements?

   e) Y a-t-il d'autres informations qu'il serait utile de connaître sur la personne?

   f) Y a-t-il des variables (par exemple déficit auditif ou visuel, troubles cognitifs, problèmes de lecture ou d'écriture) qui influeront sur le choix de la stratégie ou de la méthode d'enseignement?

   g) Quelles sont les attentes de la personne?

   h) Que désire apprendre la personne?

2. Organiser les données recueillies, les analyser, en faire la synthèse et les résumer.

ANALYSE ET INTERPRÉTATION

1. Formuler les diagnostics infirmiers qui s'appliquent aux besoins d'apprentissage de la personne.

2. Déterminer les besoins d'apprentissage, leurs caractéristiques et leur étiologie.

3. Énoncer les diagnostics infirmiers de façon concise.

PLANIFICATION

1. Établir l'ordre de priorité des diagnostics infirmiers qui concernent les besoins d'apprentissage de la personne.

2. Préciser les objectifs d'apprentissage à court, moyen et long terme établis conjointement par l'enseignante et l'apprenant.

3. Déterminer les stratégies d'enseignement appropriées pour atteindre les objectifs.

4. Définir les résultats escomptés.

5. Élaborer le plan d'enseignement écrit.

   a) Indiquer les diagnostics, les objectifs, les stratégies d'enseignement et les résultats escomptés.

   b) Ordonner logiquement la matière à enseigner.

   c) Énoncer par écrit les points essentiels.

   d) Choisir le matériel didactique approprié.

   e) S'assurer que le plan est à jour et souple, de façon à pouvoir satisfaire les nouveaux besoins de la personne.

6. Impliquer l'apprenant, sa famille ou ses proches, les membres de l'équipe de soins et de traitements infirmiers et d'autres membres de l'équipe soignante dans tous les aspects de la planification.

INTERVENTIONS INFIRMIÈRES

1. Mettre en application le plan d'enseignement.

2. Utiliser un langage que la personne est en mesure de comprendre.

3. Utiliser un matériel didactique approprié et présenter des ressources disponibles dans Internet, le cas échéant.

4. Utiliser des appareils identiques à ceux dont la personne se servira après son congé.

5. Encourager la personne à participer activement à l'apprentissage.

6. Observer les réactions de la personne aux activités d'enseignement.

7. Donner une rétroaction à la personne.

ÉVALUATION

1. Recueillir des données objectives.

   a) Observer la personne.

   b) Lui poser des questions pour déterminer si elle comprend ce qu'on lui enseigne.

   c) Si nécessaire, recourir aux outils suivants: échelles d'évaluation, listes de contrôle, notes anecdotiques et interrogations écrites.

2. Comparer les adaptations comportementales de la personne avec les résultats escomptés. Déterminer dans quelle mesure les objectifs ont été atteints.

3. Faire participer à l'évaluation la personne, sa famille ou ses proches, les membres de l'équipe de soins et de traitements infirmiers et d'autres membres de l'équipe soignante.

4. Déterminer les modifications à apporter au plan d'enseignement.

5. Diriger la personne vers les ressources ou les organismes qui contribueront à renforcer l'apprentissage après le congé.

6. Passer en revue et approfondir toutes les étapes du processus d'enseignement: collecte des données, analyse et interprétation, planification, interventions et évaluation.

---

famille, ou des deux. Ces résultats réalistes et mesurables doivent être atteints dans un délai déterminé. L'infirmière évaluera l'efficacité des stratégies d'enseignement en fonction des résultats souhaités et des délais fixés.

Au cours de l'étape de la planification, l'infirmière doit décider dans quel ordre elle présentera la matière dans le cadre de chacune des stratégies d'enseignement. On doit traiter en priorité les informations indispensables (par exemple les techniques de survie pour la personne souffrant de diabète) et les sujets auxquels la personne ou sa famille accorde une importance particulière. Il est souvent utile d'utiliser un synopsis pour organiser la matière et s'assurer qu'aucune

information essentielle n'a été oubliée. C'est aussi au cours de cette étape que l'infirmière choisit et prépare le matériel didactique dont elle aura besoin pour mettre en œuvre ses stratégies d'enseignement.

La planification du processus d'enseignement et d'apprentissage se termine par la formulation du plan d'enseignement. Les points suivants doivent figurer dans ce dernier, qui doit être communiqué à toutes les infirmières de l'équipe de soins:

1. Les diagnostics infirmiers s'appliquant aux besoins d'apprentissage propres à la personne, ainsi que leur ordre de priorité.

2. Les objectifs des stratégies d'enseignement.

3. Les stratégies d'enseignement, présentées en utilisant des consignes.

4. Les résultats escomptés, qui correspondent aux modifications comportementales souhaitées chez l'apprenant.

5. La limite de temps prévue pour atteindre chacun des objectifs.

6. Les modifications comportementales de la personne (à inscrire dans le plan d'enseignement).

Les règles de rédaction et de révision du plan thérapeutique infirmier s'appliquent également au plan d'enseignement.

INTERVENTIONS INFIRMIÈRES

L'étape intitulée «Interventions infirmières» correspond à la mise à exécution du processus d'enseignement et d'apprentissage. Au cours de cette étape, la personne, sa famille et d'autres membres de l'équipe de soins et de traitements infirmiers et de l'équipe soignante accomplissent les activités indiquées dans le plan d'enseignement. L'infirmière assure la coordination de toutes ces activités.

L'infirmière doit faire preuve de souplesse et évaluer de façon continue les réactions de l'apprenant aux stratégies d'enseignement, ce qui l'aidera à modifier le plan d'enseignement en cas de besoin. Il est essentiel qu'elle fasse preuve de créativité afin de stimuler et de nourrir la motivation de l'apprenant. Elle doit aussi tenir compte des nouveaux besoins d'apprentissage qui sont susceptibles d'apparaître après le départ de l'hôpital ou l'arrêt des visites à domicile.

Cette quatrième étape prend fin lorsque les stratégies d'enseignement ont été menées à terme et que les réactions de l'apprenant aux diverses activités ont été inscrites dans son dossier. Grâce à ces renseignements, on pourra évaluer dans quelle mesure on a atteint les objectifs définis et obtenu les résultats escomptés.

ÉVALUATION

L'évaluation du processus d'enseignement et d'apprentissage permet de déterminer dans quelle mesure la personne a réagi efficacement aux stratégies d'enseignement et d'apprécier jusqu'à quel point les objectifs ont été atteints. Une partie importante de l'étape de l'évaluation consiste à répondre à la question suivante: «Comment peut-on améliorer l'enseignement et l'apprentissage?» C'est en fonction des réponses données à cette question qu'on décidera des changements à apporter au plan d'enseignement.

L'évaluation doit porter sur les points satisfaisants ainsi que sur les points qui nécessitent une modification ou un renforcement. On ne doit jamais tenir pour acquis qu'une personne sait une chose du seul fait qu'elle lui a été enseignée: l'enseignement n'entraîne pas automatiquement l'apprentissage. Afin de s'assurer que ce dernier a bel et bien eu lieu, on peut utiliser diverses techniques d'évaluation qui permettent de constater les changements de comportement. Ces techniques consistent notamment à observer directement le comportement, à recourir aux échelles d'évaluation, aux listes de contrôle et aux notes d'observation pour authentifier le comportement, et à mesurer indirectement les résultats grâce à des interrogations orales et des examens écrits. Dans bien des cas, la mesure du comportement réel (mesure directe) est la technique la plus précise et la plus valable. Pour l'obtenir, l'infirmière effectue souvent une analyse comparative en utilisant comme données de référence celles qu'elle a recueillies lors de l'admission de la personne: elle compare ce qu'elle observe au cours de la période de la prestation des soins et traitements infirmiers et de la mise en pratique des autosoins avec ces données de référence.

Les mesures indirectes sont notamment les suivantes: enquêtes sur la satisfaction de la personne, enquêtes d'attitudes et instruments permettant d'évaluer certaines variables influant sur l'état de santé. Toutes les mesures directes doivent si possible être complétées par des mesures indirectes. En effet, employer plus d'une technique d'évaluation améliore la fiabilité des renseignements obtenus et réduit les risques d'erreur.

Après avoir appliqué les techniques d'évaluation, l'infirmière doit interpréter les données et apprécier la qualité de l'apprentissage et de l'enseignement. Elle doit effectuer régulièrement cette évaluation tout au long du programme, lorsqu'il prend fin, et à certains intervalles par la suite.

Il est hautement souhaitable de continuer à évaluer l'apprentissage après que la personne a quitté l'hôpital. L'analyse des résultats de l'enseignement doit en effet se poursuivre pendant la prestation des soins à domicile. Les évaluations de suivi à domicile sont particulièrement importantes en raison du raccourcissement des séjours à l'hôpital et du virage en faveur de la chirurgie de court séjour et de la chirurgie d'un jour. L'enseignement donné après le congé de la personne et l'évaluation des soins à domicile seront d'autant plus faciles que les interventions du personnel infirmier du milieu hospitalier et du milieu communautaire seront bien coordonnées et que l'échange de renseignements sera efficace.

Loin d'être la dernière étape du processus d'enseignement et d'apprentissage, l'évaluation marque le début d'une nouvelle collecte de données. Les informations recueillies pendant l'évaluation doivent servir à réorienter les activités d'enseignement en vue d'améliorer les réactions et les résultats de l'apprenant.

Promotion de la santé

L'éducation pour la santé et la **promotion de la santé** sont liées par un objectif commun: encourager les personnes à atteindre un bien-être optimal pour qu'elles puissent mener la vie la plus saine possible et prévenir la maladie. La promotion de la santé est devenue l'une des pierres angulaires de la politique de santé publique en raison de la nécessité de réduire les coûts et de faire baisser le nombre des affections et des décès évitables.

Au Québec, les premières orientations en matière de promotion de la santé ont été clairement émises en 1992 dans la *Politique de la santé et du bien-être*, où six stratégies sont mises de l'avant: (1) favoriser le renforcement du potentiel des personnes; (2) soutenir les milieux de vie et développer des environnements sains et sécuritaires; (3) améliorer les conditions de vie ; (4) agir pour et avec les groupes vulné-rables ; (5) harmoniser les politiques publiques et les actions en faveur de la santé et du bien-être ; (6) orienter le système de santé et de services sociaux vers les solutions les plus efficaces et les moins coûteuses (ministère de la Santé et des Services sociaux, 1992, p. 134 ; O'Neill et Cardinal, 1998). En 1993, l'Association pour la santé publique du Québec formulait la Déclaration québécoise pour la promotion de la santé, dans laquelle la promotion de la santé est définie comme un instrument visant à réduire les écarts de santé entre les personnes, les groupes et les territoires.

En 1997, une première série d'orientations gouvernementales ont été formulées dans le but de réaliser des progrès en matière de maintien et d'amélioration de la santé et du bien-être de la population (ministère de la Santé et des Services sociaux, 1997). Les actions retenues à ce moment s'inscrivaient dans la perspective de la *Politique de santé et du bien-être* et s'articulaient autour de sept priorités : (1) le développement et l'adaptation sociale des enfants et des jeunes ; (2) les affections évitables par l'immunisation ; (3) le VIH-sida et les infections transmissibles sexuellement (ITS) ; (4) le dépistage du cancer du sein ; (5) le tabagisme ; (6) les traumatismes non intentionnels et intentionnels ; (7) l'alcoolisme et les toxicomanies.

Le *Programme national de santé publique 2003-2012,* la version la plus récente de cette initiative, énonce les activités à mettre en œuvre au cours des prochaines années afin d'agir sur les déterminants qui influencent la santé, dans ses dimensions physique et psychosociale, de façon à favoriser la santé et empêcher que surgissent ou se développent les problèmes de santé et les problèmes psychosociaux à l'échelle de la population québécoise (encadré 4-3 ■). À cet égard, la contribution des infirmières est essentielle au sein du réseau de santé publique, au niveau local ou régional, car elle permet d'améliorer la santé et le bien-être de la population du Québec (Colin et Rocheleau, 2004).

Santé et bien-être

La notion de promotion de la santé a évolué sous l'influence des changements apportés à la définition de la santé et par suite de la prise de conscience que le **bien-être** existe à de nombreux niveaux de fonctionnement. La santé, autrefois définie comme l'absence de maladie, est aujourd'hui considérée comme un état dynamique, en évolution, qui permet à une personne d'atteindre son plein potentiel de fonctionnement, quelle que soit la période de sa vie. On parle d'état de santé idéal lorsqu'une personne réussit à atteindre son plein potentiel malgré les contraintes qui pèsent sur elle.

Le bien-être est le reflet de la santé. Il implique un effort conscient et délibéré de la personne pour atteindre le meilleur état de santé possible. Il n'est pas fortuit, il suppose une planification et un engagement conscient, et résulte de l'adoption d'habitudes de vie visant à atteindre un niveau optimal de santé. De plus, il s'agit d'une expérience individuelle. En effet, une personne peut parvenir à un niveau de bien-être satisfaisant même si elle souffre d'une affection chronique ou d'une invalidité. On parle de bien-être quand une personne atteint son plein potentiel compte tenu des contraintes sur lesquelles elle n'a aucune prise.

Un grand nombre de recherches ont montré que les personnes influent sur leur propre santé par ce qu'elles font ou omettent de faire. Aujourd'hui, un état de santé déficient est souvent attribuable à des affections chroniques étroitement liées aux habitudes de vie (par exemple cardiopathie, cancers du poumon et du côlon, bronchopneumopathies chroniques obstructives, hypertension, cirrhose, lésions traumatiques, infections par le VIH [virus de l'immunodéficience humaine] et syndrome de l'immunodéficience acquise [sida]). Par conséquent, l'état de santé de la personne est dans bien des cas le reflet de son mode de vie.

Modèles de promotion de la santé

Depuis les années 1950, de nombreux modèles de promotion de la santé ont été élaborés dans le but de mettre en lumière les comportements préventifs et d'expliquer ce qui incite les personnes à les adopter (Robichaud-Ekstrand *et al.*, 2001). Toute action accomplie par une personne en vue de promouvoir ou de conserver sa santé, indépendamment de son état de santé réel ou perçu, est considérée comme un comportement préventif, qu'elle permette ou non d'obtenir le résultat souhaité (Downie, Fyfe et Tannahill, 1990). Il est essentiel de connaître les facteurs psychosociaux qui déterminent les comportements liés à la santé pour choisir des stratégies d'intervention efficaces, ainsi que pour proposer des contenus de programmes de promotion de la santé pertinents (Godin, 1991). Les facteurs psychosociaux décrits dans les principaux modèles de promotion de la santé sont présentés dans le tableau 4-2 ■.

Becker et ses collaborateurs (1993) ont conçu un modèle en partant du principe que quatre variables influent sur le choix et l'adoption des comportements liés à la promotion de la santé. La première variable, les facteurs relatifs à la démographie et à la maladie, comprend les caractéristiques de la personne, notamment âge, sexe, niveau d'instruction, travail, et gravité et durée de l'affection ou de l'invalidité. La deuxième variable, les obstacles, se compose des facteurs qui entraînent la non-disponibilité d'un moyen particulier de promouvoir la santé ou qui le rendent difficilement accessible. La troisième variable, les ressources, englobe des éléments tels que le soutien financier et social. La dernière variable, les facteurs perceptuels, renvoie à la façon dont les personnes perçoivent leur état de santé, leur efficacité personnelle et les exigences liées à leur affection. Les concepteurs de ce modèle ont mené des recherches pour vérifier l'hypothèse d'une corrélation directe entre ces quatre facteurs et la qualité de vie.

Pender (1996) a également élaboré un modèle. Celui-ci repose sur la théorie de l'apprentissage social et met en relief l'importance des facteurs de motivation qui interviennent dans l'acquisition et le maintien des comportements liés à la promotion de la santé. Le modèle de Pender examine de près l'incidence des facteurs cognitivo-perceptifs sur l'attention accordée à la santé. Il se penche aussi sur la façon dont les personnes perçoivent la maîtrise de la santé, l'efficacité personnelle, l'état de santé, ainsi que les bienfaits et les obstacles relatifs aux comportements liés à la promotion de la santé.

Ces modèles, ainsi que d'autres, peuvent guider l'organisation d'un travail ou d'une recherche cliniques favorisant la promotion de la santé. Toutefois, d'autres travaux seront

ENCADRÉ 4-3

Domaines d'intervention et objectifs du *Programme national de santé publique 2003-2012*

1. Développement, adaptation et intégration sociale :
   a) Services intégrés et soutien des pratiques cliniques préventives en périnatalité et pour la petite enfance.
   b) Intervention globale et concertée en milieu scolaire.
   c) Prévention de problèmes d'adaptation sociale et de santé mentale chez les adultes.
   d) Prévention de la perte d'autonomie chez les personnes âgées.

2. Habitudes de vie et maladies chroniques :
   a) Promotion de saines habitudes de vie et prévention des maladies chroniques, incluant éducation à la santé, pratiques cliniques préventives, modification des environnements et application de politiques publiques.
   b) Services dentaires préventifs.

3. Traumatismes non intentionnels :
   a) Promotion du port d'équipements de sécurité, d'environnements sûrs, et renforcement des lois et règlements concernant les usagers du réseau routier et les conducteurs de véhicules hors route.
   b) Promotion de l'adoption et de l'application de règlements favorisant la sécurité dans les activités de loisirs ou sportives pour prévenir les traumatismes à domicile.

4. Maladies infectieuses :
   a) Vaccination contre les maladies évitables par l'immunisation.
   b) Application des lignes directrices pour l'investigation des cas, la prévention des cas secondaires et le contrôle des éclosions.
   c) Dépistage et prévention des infections transmises sexuellement et par le sang (ITSS).
   d) Prévention des autres maladies infectieuses.

5. Santé environnementale :
   a) Promotion de moyens pour améliorer la qualité de l'air extérieur et intérieur.
   b) Prévention de certaines maladies d'origine environnementale.
   c) Vigie sanitaire, enquêtes épidémiologiques et mise en place de mesures de contrôle appropriées en cas de menace environnementale.
   d) Prévention et gestion des risques environnementaux.

6. Santé en milieu de travail :
   a) Promotion et prévention concernant les habitudes de vie et les maladies chroniques ainsi que l'adaptation sociale.

SOURCE : Ministère de la Santé et des Services sociaux du Québec (2003). *Programme national de santé publique 2003-2012*. (Version abrégée). Québec : Gouvernement du Québec. Reproduction autorisée par Les Publications du Québec.

---

nécessaires pour faire progresser la compréhension des comportements des familles et des communautés dans ce domaine.

DÉFINITION DE LA PROMOTION DE LA SANTÉ

On définit les activités de promotion de la santé comme les activités qui aident les gens à cultiver les ressources leur permettant de maintenir ou d'améliorer leur bien-être et leur qualité de vie. Ces activités impliquent que la personne qui ne souffre d'aucun symptôme prend les mesures pour demeurer en bonne santé, sans nécessairement recourir à l'aide d'un membre de l'équipe soignante.

Le but de la promotion de la santé est de mettre l'accent sur le potentiel de bien-être de chaque personne et de l'encourager à modifier ses habitudes, son mode de vie et son environnement de façon à réduire ses risques et à améliorer sa santé et son bien-être. Il s'agit d'un processus actif, qui ne peut être ni prescrit ni dicté. En effet, il appartient à chacun de décider d'apporter ou non les changements qui lui permettront d'atteindre un niveau de bien-être plus élevé. Des choix s'imposent, et seule la personne peut les faire.

Les notions de santé, de bien-être, de promotion de la santé et de prévention de la maladie ont été abondamment évoquées dans les ouvrages de vulgarisation, les médias d'information et les revues spécialisées. L'importance accordée à ces sujets a créé dans le public un désir d'information que les professionnels de la santé et les organismes de soins se sont montrés

disposés à satisfaire. Des programmes de promotion de la santé auparavant réservés au milieu hospitalier sont aujourd'hui offerts en milieu communautaire, à des endroits tels que les cliniques, les écoles, les églises, les bureaux et les usines. Le lieu de travail est en train de devenir un milieu privilégié pour la diffusion de tels programmes, car les employeurs s'efforcent de réduire les coûts associés à l'absentéisme, à l'hospitalisation, à l'invalidité, au roulement excessif de personnel et à la mort prématurée.

PRINCIPES DE PROMOTION DE LA SANTÉ

La promotion de la santé est un processus actif qui repose sur les principes suivants : responsabilité personnelle, sensibilisation à une alimentation équilibrée, gestion et réduction du stress, et bonne condition physique.

Responsabilité personnelle

Être responsable de sa propre personne est essentiel au succès des activités de promotion de la santé. La notion de **responsabilité personnelle** repose sur la prémisse que chaque personne est maître de son sort. En effet, il appartient à chacun de faire les choix qui déterminent dans quelle mesure son mode de vie est sain. De plus en plus de personnes reconnaissent l'influence considérable du mode de vie sur la santé et évitent les comportements qui les exposent à des risques élevés, tels que le tabagisme, l'alcoolisme, la toxicomanie, la suralimentation, la conduite en état d'ébriété ou les

		TABLEAU 4-2
Principaux facteurs psychosociaux influant sur l'adoption et le maintien d'un comportement préventif, selon les modèles théoriques		
Modèles	**Principaux facteurs**	**Exemples**
Modèle des croyances relatives à la santé (Becker, 1974)	Perception de sa vulnérabilité	Une personne décide de faire de l'exercice physique de façon régulière parce qu'elle considère qu'elle présente un risque de maladie coronarienne.
	Perception de la gravité des conséquences	Une personne considère la maladie coronarienne comme un état grave pouvant entraîner des incapacités l'empêchant de faire ses activités normales.
	Croyance en l'efficacité de l'action préventive	Une personne croit que la pratique régulière de l'activité physique est un moyen efficace de prévenir l'apparition d'une maladie coronarienne.
Théorie de l'action raisonnée (Ajzen et Fishbein, 1980)	Intention de la personne, déterminée par : ■ Attitude à l'égard du comportement ■ Importance accordée à l'opinion des proches	L'intention d'utiliser régulièrement de la soie dentaire peut dépendre de l'attitude de la personne, c'est-à-dire de la perception de ce comportement comme étant agréable ou désagréable. L'intention d'un jeune de fumer sa première cigarette peut être déterminée par la norme qui prévaut à l'intérieur de son groupe d'appartenance.
Théorie du comportement planifié (Ajzen et Madden, 1986)	Intention pouvant être renforcée par la perception du contrôle	L'utilisation d'un préservatif est plus probable lorsque la personne se reconnaît le droit de l'exiger au cours d'une relation sexuelle.
Théorie des comportements interpersonnels (Triandis, 1977)	Intention ■ Force de l'habitude ■ Présence de facteurs facilitants ou contraignants	Une personne peut s'être habituée à mettre sa ceinture de sécurité et le faire maintenant sans y penser. Une personne peut avoir des difficultés à modifier sa diète parce que les membres de sa famille ne croient pas que l'alimentation est importante pour la santé.
Théorie sociale cognitive (Bandura, 1977)	Croyance en l'efficacité du comportement	(Voir, ci-dessus, l'exemple donné pour le modèle des croyances relatives à la santé.)
	Croyance en l'efficacité personnelle dans l'adoption du comportement	Une personne qui doute d'avoir la capacité de cesser de fumer sera peu encline à renoncer au tabagisme.
Modèle transthéorique (Prochaska et DiClemente, 1994)	Stades de changement	La personne peut se situer à différents stades reflétant son intention de changer, dans un avenir plus ou moins rapproché, un comportement néfaste à sa santé.
	Processus de changement	Pour devenir non fumeuse, une personne doit accomplir certaines activités cognitives ou comportementales préalables.
	Balance décisionnelle	La décision d'adopter un comportement de santé est fondée sur le poids que la personne accorde aux avantages et aux inconvénients de ce comportement.
	Efficacité personnelle	(Voir, ci-dessus, l'exemple donné pour la théorie sociale cognitive.)

pratiques sexuelles à risque. Elles se sentent aussi tenues d'adopter des habitudes qui favorisent la santé, telles que la pratique régulière d'activités physiques, le port de la ceinture de sécurité et l'observance d'un régime alimentaire équilibré.

Pour encourager les personnes à accepter de prendre en charge leur propre santé, on a utilisé toute une gamme de techniques, qui vont des programmes d'éducation complets aux systèmes de récompense. Selon les études, aucune de ces techniques ne constitue une panacée. Il semble plutôt que la responsabilité que chaque personne est prête à assumer en matière de santé dépend de sa volonté et de ses motivations profondes. Les programmes de promotion de la santé sont des outils importants qui encouragent les personnes à se prendre en main et à adopter des comportements sains.

Nutrition

La **nutrition** est un volet de la promotion de la santé auquel on consacre aujourd'hui beaucoup d'attention et de publicité. D'innombrables ouvrages et articles traitent de sujets tels que les régimes alimentaires spéciaux, les aliments naturels et les dangers de certaines substances, comme le sucre, le sel, le cholestérol, les gras trans, les colorants et les additifs alimentaires. On admet généralement qu'une bonne alimentation est le facteur qui détermine, plus que tout autre, la santé et la longévité.

Sensibiliser les personnes à ce qu'est une alimentation saine contribue à leur faire comprendre l'importance d'un régime offrant tous les éléments nutritifs essentiels. Comprendre le lien qui existe entre l'alimentation et la maladie représente aussi une dimension importante des autosoins. Selon certains cliniciens, adopter une alimentation saine exige de remplacer les aliments transformés et raffinés par des aliments «naturels» et de réduire la consommation de sel, de graisses, de cholestérol, de caféine, d'alcool, d'additifs alimentaires et de produits de conservation.

Des renseignements détaillés sur l'évaluation nutritionnelle figurent dans le chapitre 5 ⭕. Y sont abordés les signes physiques qui traduisent l'état nutritionnel, l'évaluation de l'apport nutritionnel (dossier alimentaire, bilan de 24 heures), la comparaison de l'apport nutritionnel avec les rations quotidiennes recommandées et le calcul du poids santé.

Gestion du stress

La **gestion du stress** et la réduction du stress constituent des aspects importants de la promotion de la santé. Certaines études montrent que le stress a des effets délétères sur la santé et qu'il existe une relation de cause à effet entre le stress et les maladies infectieuses, les lésions traumatiques (résultant, par exemple, d'un accident de la route) et certaines affections chroniques. Le stress est devenu inévitable dans les sociétés modernes, où on exige des rendements excessifs. C'est la raison pour laquelle on déploie de plus en plus d'efforts pour encourager la population à combattre adéquatement le stress et à en réduire la forme nuisible. Les programmes de promotion de la santé portant sur le stress font souvent appel à des techniques telles que la relaxation, l'activité physique et la modification des situations stressantes. D'autres informations sur la gestion du stress sont présentées dans le chapitre 6 ⭕, notamment l'évaluation des risques pour la santé et les méthodes pour les atténuer, comme la rétroaction biologique et les techniques de relaxation.

Activité physique

La **bonne condition physique** fait également partie des principes de base de la promotion de la santé. En étudiant le lien entre la santé et la bonne condition physique, des cliniciens et des chercheurs ont découvert qu'un programme régulier d'exercices peut favoriser la santé: il améliore le fonctionnement des appareils circulatoire et respiratoire, contribue à réduire les concentrations de cholestérol et des lipoprotéines de basse densité, abaisse le poids corporel en augmentant la dépense énergétique, retarde l'apparition des changements dégénératifs comme l'ostéoporose, et améliore la souplesse, la force musculaire globale et l'endurance (Anspaugh, Hamrick et Rosata, 1994; Edelman et Mandle,

1998; U.S. Department of Health & Human Services, 1996). En revanche, l'activité physique peut être dangereuse si la personne néglige de s'y engager graduellement et d'augmenter lentement l'intensité en tenant compte de ses réactions. Tout programme d'exercices doit être personnalisé en fonction de l'âge, de l'état physique et des facteurs connus de risque cardiovasculaire ou autre. Un programme d'exercices approprié peut avoir des répercussions très favorables sur le rendement au travail et ailleurs, sur l'aspect physique et sur la santé physique et émotionnelle de la personne (Wall, 2000).

Promotion de la santé: processus de toute une vie

La promotion de la santé est un concept et un processus qui s'applique tout au long de la vie. Des études ont montré que les pratiques d'hygiène de la mère pendant la grossesse peuvent avoir une influence positive ou négative sur la santé de son enfant. Par conséquent, la promotion de la santé doit être abordée en période prénatale et poursuivie tout au long de l'enfance, de l'âge adulte et de la vieillesse.

La promotion de la santé comprend les mesures de dépistage systématique. Différents organismes, dont le Groupe d'étude canadien sur les soins de santé préventifs (www.ctfphc.org), le *Guidelines Advisory Committee* (www.gacguidelines.ca) au Canada et le ministère de la Santé et des Services sociaux du Québec (www.msss.gouv.qc.ca/index.php) publient régulièrement des recommandations relatives aux examens de santé périodiques dans lesquelles sont définis les groupes d'âge auxquels conviennent certains examens de dépistage. Les normes générales sont présentées dans le tableau 4-3 ■, mais on a aussi établi des normes pour des populations particulières.

ENFANTS ET ADOLESCENTS

Le dépistage représente depuis longtemps un aspect important des soins de santé destinés aux enfants. Il a toujours eu pour objectif de détecter tôt les problèmes de santé afin de pouvoir les traiter durant les premières années de la vie. La promotion de la santé ne se limite plus aujourd'hui au simple dépistage des troubles chez les enfants, mais implique un grand nombre de mesures visant à favoriser l'adoption de bonnes pratiques d'hygiène dès le jeune âge. Comme les habitudes liées à la santé se forment tôt, on doit encourager les enfants à acquérir des comportements positifs dès qu'ils en sont capables. C'est la raison pour laquelle on offre, tant aux enfants d'âge scolaire qu'aux adolescents, de plus en plus de programmes pour les aider à adopter de bonnes pratiques d'hygiène. Dans ces programmes, on explique les effets indésirables des habitudes telles que le tabagisme, les activités sexuelles à risque, l'abus d'alcool et d'autres drogues et la mauvaise alimentation. Mais ces programmes mettent aussi l'accent sur l'acquisition de valeurs positives, sur l'estime de soi et sur une bonne hygiène de vie. Ils sont conçus de façon à plaire à un groupe d'âge donné et mettent au premier plan des expériences d'apprentissage amusantes, intéressantes et pertinentes.

Examens systématiques recommandés aux adultes dans le cadre d'un programme de promotion de la santé*

TABLEAU
4-3

Type d'examen	Fréquence suggérée
Examen de santé	Tous les ans
Profil lipidique	Tous les 5 ans chez les hommes âgés de 40 ans ou plus et les femmes âgées de 50 ans ou plus ainsi que chez les personnes plus jeunes à risque
Glycémie à jeun	Tous les 3 ans chez les personnes âgées de 40 ans et plus; plus tôt et/ou plus fréquemment chez les personnes plus jeunes présentant des facteurs de risque du diabète
Test Hemoccult de dépistage du cancer du côlon	Tous les ans après l'âge de 50 ans
Électrocardiogramme	Chez les personnes à risque ou avant une intervention chirurgicale
Pression artérielle	Tous les ans, puis selon la fréquence déterminée conjointement par la personne et le clinicien
Test cutané de dépistage de la tuberculose	Chez les personnes à risque**
Radiographie pulmonaire	Lorsque le test à la tuberculine PPD est positif
Indice de masse corporelle	Tous les ans chez les adultes obèses
Mammographie	Tous les 2 ans chez les femmes âgées de 50 à 69 ans, ou plus tôt ou plus fréquemment chez les femmes à risque
Examen clinique des seins	Tous les ans
Examen gynécologique et test de Papanicolaou	À intervalles de 1 à 3 ans ou plus fréquemment chez les femmes à risque
Mesure de la densité osseuse	Chez les personnes à risque
Examen de l'état nutritionnel	Selon la fréquence déterminée conjointement par la personne et le clinicien
Toucher rectal	Chez les personnes à risque
Sigmoïdoscopie	Chez les personnes à risque
Examen des testicules	Chez les personnes à risque
Examen de la peau	Chez les personnes à risque
Dépistage des troubles de la vue ■ Glaucome	Chez les personnes à risque et chaque année à partir de 65 ans
Examen dentaire	Tous les 6 mois
Dépistage des troubles de l'audition	Chaque année à partir de 65 ans
Évaluation des risques pour la santé	Chaque année à partir de 65 ans
Évaluation de la capacité fonctionnelle	Chaque année à partir de 65 ans
VACCINATION DES ADULTES	
Vaccin antitétanique	Rappel tous les 10 ans
Vaccin antidiphtérique	Rappel tous les 10 ans
Vaccin antirubéolique	Donné aux femmes en âge de procréer qui ne l'ont pas encore reçu ou lorsque le titre est inférieur à 10 UI/mL

Type d'examen	Fréquence suggérée
Vaccin antpneumococcique	Donné une fois à l'âge de 65 ans ou avant en cas d'affection augmentant le risque d'infections invasives à pneumocoque**
Vaccin contre l'hépatite B (s'il n'a pas été reçu pendant l'enfance)	Série de 3 doses (une première dose est suivie d'une deuxième 1 mois plus tard, puis d'une troisième 5 mois après la deuxième) chez les adultes à risque**
Vaccin antigrippal	Tous les ans chez les personnes âgées de 60 ans et plus ainsi que chez celles présentant un risque élevé de complications ou susceptibles de transmettre l'influenza à des personnes présentant un risque élevé de complications**

* Note : Tous ces examens peuvent être effectués plus fréquemment si la personne le juge nécessaire ou si le professionnel de la santé le recommande.
** Pour plus de détails, consulter le protocole d'immunisation du Québec, Disponible sur Internet sur le site du ministère de la Santé et des Services sociaux du Québec à l'adresse suivante : http://206.167.52.1/fr/document/publication.nsf/4b1768b3f849519c852568fd0061480d/a61341010d1b912 885256e82006cc1bc?OpenDocument

JEUNES ADULTES ET ADULTES D'ÂGE MOYEN

Les jeunes adultes et les adultes d'âge moyen constituent un groupe qui manifeste de l'intérêt pour la santé et sa promotion, mais réagit également avec enthousiasme aux indications selon lesquelles les habitudes de vie peuvent améliorer la santé. Souvent, les adultes sont motivés pour apporter à leur mode de vie les changements susceptibles de leur procurer une meilleure santé et d'accroître leur bien-être. Beaucoup de ceux qui désirent améliorer leur santé recourent à des programmes de promotion de la santé qui les aident à effectuer les changements souhaités dans leur mode de vie. Les programmes axés sur des sujets comme le bien-être global, le renoncement au tabac, l'exercice, le conditionnement physique, le contrôle du poids, la résolution de conflit et la lutte contre le stress attirent un très grand nombre d'entre eux. À l'échelle nationale, beaucoup d'importance est accordée à la santé durant les années où les adultes sont en âge de procréer. Les jeunes adultes s'intéressent donc de plus en plus aux programmes qui portent sur la santé prénatale, le rôle parental, la planification familiale et les problèmes de santé de la femme.

Les programmes comportant le dépistage d'affections telles que le cancer, l'hypercholestérolémie, l'hypertension, le diabète et les troubles auditifs sont très recherchés dans ce groupe d'âge. Il en est de même des programmes destinés aux personnes souffrant de certaines affections chroniques comme le cancer, le diabète, la cardiopathie et la pneumopathie. Il est de plus en plus évident que l'affection et l'invalidité chroniques ne sont pas incompatibles avec la santé et le bien-être, tels qu'ils sont désormais définis. Par exemple, l'importance des programmes d'activité physique s'adressant à des personnes ayant eu une coronaropathie est reconnue (Houle, 2004). En effet, grâce à une attitude positive et à de bonnes pratiques d'hygiène, les personnes qui vivent avec les contraintes imposées par ces affections peuvent néanmoins atteindre un niveau optimal de santé (Recherche en sciences infirmières 4-2 ■).

Les programmes de promotion de la santé peuvent être offerts presque partout dans la communauté. Ils le sont souvent dans des endroits tels que les cliniques, les écoles primaires ou secondaires, les cégeps, les centres de loisirs, les églises et même les maisons particulières. De plus, des foires sur la santé sont fréquemment organisées dans les centres municipaux et les centres commerciaux. Grâce à leur rayonnement, les programmes de promotion de la santé ont pu satisfaire les besoins de beaucoup d'adultes qui n'auraient autrement pas eu l'occasion de tendre vers un mode vie plus sain.

Le lieu de travail est devenu propice aux activités de promotion de la santé. En effet, les employeurs sont de plus en plus préoccupés par l'augmentation des coûts de l'assurance-maladie entraînés par le traitement des maladies liées aux habitudes de vie. La hausse de l'absentéisme et la baisse de la productivité les inquiètent également. C'est pourquoi de nombreuses entreprises implantent des programmes de promotion de la santé sur les lieux de travail. Certaines engagent des spécialistes chargés d'élaborer un programme et de le mettre en application, tandis que d'autres utilisent des programmes préparés par des établissements de santé ou par des entreprises privées spécialisées dans ce domaine.

Habituellement, les programmes offerts dans les entreprises portent sur le dépistage systématique et le counseling, le conditionnement physique, la sensibilisation à une alimentation équilibrée, la sécurité au travail, ainsi que sur la gestion et la réduction du stress. De plus, certaines entreprises s'efforcent d'offrir un milieu de travail sain et sans danger. Beaucoup de grandes entreprises mettent à la disposition de leurs employés des salles d'entraînement et permettent aux employés à la retraite de profiter de leur programme de promotion de la santé. Si tous ces programmes se révèlent profitables, c'est-à-dire s'ils permettent réellement de réduire les dépenses liées à la santé, les employeurs considéreront qu'ils ont judicieusement investi leur argent, ce qui incitera un plus grand nombre d'entreprises à offrir des programmes de promotion de la santé dans le cadre des avantages sociaux consentis aux employés.

RECHERCHE EN SCIENCES INFIRMIÈRES 4-2

Promotion de la santé

M.C. Chouinard, A.L. Ntetu, R. Lapierre, D. Gagnon et M.H. Hudon (2004). Évaluation par les usagers de l'intervention infirmière dans le cadre des activités d'un réseau de cliniques de prévention des maladies cardiovasculaires. *Revue Canadienne de Nursing Cardiovasculaire, 14*(2), 33-41.

OBJECTIF

Cette étude visait à évaluer les processus des services dispensés par les infirmières dans le cadre d'un réseau de sept cliniques de prévention secondaire des maladies cardiovasculaires (MCV) selon la perspective des usagers. Elle cherchait à répondre aux questions suivantes : Quel est le degré de satisfaction envers les services infirmiers reçus lors des rencontres individuelles et des rencontres de groupe ? Quelles perceptions les usagers ont-ils des services offerts par le réseau, des interactions avec l'infirmière, du degré d'accessibilité des services et des changements dans leur état de santé ?

DISPOSITIF ET ÉCHANTILLON

Les services du réseau étaient dispensés par une équipe composée d'une infirmière, d'une diététiste et d'un médecin. Les services assurés par l'infirmière consistent en l'évaluation de la situation de santé de la personne et de ses facteurs de risque de MCV, la formulation d'objectifs de prise en charge, l'enseignement sur les facteurs de risque et leur modification, le suivi de la personne dans son autoprise en charge et le suivi auprès de son médecin traitant. Pour l'évaluation des services, deux méthodes ont été utilisées. La première a consisté en une enquête par questionnaire à laquelle ont répondu 1137 personnes (875 usagers et 262 accompagnateurs) ayant participé aux rencontres de groupe. Le questionnaire comportait deux parties : (1) huit énoncés avec une échelle de type Likert ; (2) trois questions ouvertes portant sur les aspects positifs et négatifs de l'enseignement reçu, et sur les suggestions d'amélioration. La deuxième approche a consisté à

réaliser 19 entrevues individuelles semi structurées selon une méthodologie de type phénoménologique inspirée de l'approche axée sur l'utilisation de Patton (1997). Les répondants ont été choisis par une procédure intentionnelle sur la base de leur diagnostic.

RÉSULTATS

Les résultats démontrent une satisfaction supérieure à 90 % pour la rencontre de groupe, notamment en ce qui a trait à la compétence du formateur, au contenu et au climat de la rencontre. La formule privilégiée est la rencontre individuelle. Les rencontres devraient être plus fréquentes dans les premiers mois. L'importance de la modification des facteurs de risque est reconnue par tous et les usagers rapportent que les services les ont aidés à changer leurs comportements et à améliorer leur santé.

IMPLICATIONS POUR LA PRATIQUE INFIRMIÈRE

Toute personne ayant souffert d'une maladie cardio-vasculaire devrait bénéficier d'un suivi par une infirmière après son hospitalisation, de façon à favoriser le retour à un état de santé optimal par l'adoption et le maintien de comportements de santé. Il est notamment important dans les premiers mois d'offrir des rencontres individuelles et des rencontres de groupe fréquentes, après quoi un suivi individuel semble plus apprécié. Ce suivi devrait se prolonger au-delà d'une année. L'information donnée dans ce contexte favorise des changements positifs dans les habitudes de vie.

PERSONNES ÂGÉES

La promotion de la santé est tout aussi importante chez les personnes âgées que dans les autres groupes d'âge. Bien que 80 % de celles qui ont plus de 65 ans souffrent d'au moins une affection chronique et qu'environ 50 % d'entre elles soient limitées dans leurs activités, les personnes âgées peuvent tirer un grand profit des programmes de promotion de la santé. En effet, les études montrent que ce sujet leur tient à cœur et que la plupart ont à cet égard une attitude positive et désirent prendre des mesures pour améliorer leur santé et leur bien-être (Ebersole et Hess, 1997 ; Staab et Hodges, 1996). Même s'il est impossible de venir à bout de leurs affections et de leurs invalidités chroniques, les personnes âgées ont intérêt à participer à des activités susceptibles de les aider à conserver leur autonomie et à atteindre un niveau optimal de santé. Grâce à leurs interventions, les infirmières en santé communautaire peuvent favoriser chez les personnes âgées

l'estime de soi, l'adaptation et l'autonomisation nécessaires à l'acquisition et au maintien de comportements optimaux (Lafrenière, 2004).

Au Québec, divers documents de promotion de la santé ont été élaborés pour satisfaire les besoins des personnes âgées (Association canadienne de gérontologie, 2000 ; Conseil des aînés, 2004 ; ministère de la Santé et des Services sociaux, 1999 ; Santé Canada, 1997, 2001). Les organismes tant publics que privés continuent à réagir favorablement à cette initiative, et des programmes particuliers voient le jour. Bon nombre d'entre eux sont offerts par des organismes de soins de santé, des églises, des centres communautaires, des résidences de personnes âgées et divers autres organismes. Les activités de promotion de la santé destinées aux personnes âgées sont les mêmes que celles qui s'adressent aux autres groupes d'âge : conditionnement physique et exercice, nutrition, sécurité et lutte contre le stress.

Soins et traitements infirmiers

En raison de leur expérience en matière d'hygiène et de soins, et de la confiance qu'elles inspirent depuis longtemps aux consommateurs, les infirmières jouent un rôle vital dans la promotion de la santé. Bien souvent, elles ont mis en route des programmes de promotion de la santé ou ont participé, avec d'autres professionnels de la santé, à la création et à la prestation de services de promotion du bien-être dans divers milieux (figure 4-2 ■).

À titre de professionnelles de la santé, les infirmières sont tenues de promouvoir les activités qui favorisent le bien-être et l'accomplissement de soi. Elles doivent profiter de chacune de leurs interventions auprès des personnes pour stimuler chez elles l'adoption d'attitudes et de comportements favorables à la santé.

FIGURE **4-2** ■ Le matériel didactique et les démonstrations facilitent l'apprentissage. L'infirmière (à droite) s'adresse à des apprenants dans le cadre d'un programme communautaire d'éducation pour la santé. Souvent créés et implantés par des infirmières, ces programmes offrent à la population des occasions de s'informer sur des sujets comme les régimes, l'alimentation, l'hypercholestérolémie, l'hypertension, le diabète ou la réanimation cardiorespiratoire.

EXERCICES D'INTÉGRATION

1. Vous élaborez un plan d'enseignement pour une femme d'âge moyen atteinte de sclérose en plaques et exposée à un risque élevé d'ostéoporose. Quelles stratégies de promotion de la santé utiliserez-vous? Quelles sont les variables susceptibles d'avoir une incidence sur la volonté ou la capacité de cette personne de suivre votre enseignement?

2. Vous devez donner à une personne âgée de l'enseignement sur les médicaments qu'elle devra prendre à la maison pour traiter sa cardiopathie et son diabète. Comment évaluerez-vous son état de santé et sa situation psychosociale de façon à déterminer la meilleure façon de lui transmettre des connaissances sur ses médicaments? En quoi modifierez-vous votre plan d'enseignement si elle présente une déficience auditive ou visuelle, ou si elle est incapable de lire ou d'écrire?

3. Un voisin vous dit qu'il a entendu parler d'une foire sur la santé qui se tient dans un centre municipal situé près de chez lui. Il vous demande si vous estimez qu'il devrait s'y rendre. Énoncez les raisons pour lesquelles votre voisin devrait aller à cette foire. Il vous dit aussi qu'il est inutile que sa femme se rende à la foire, car elle reçoit des soins médicaux pour son arthrite et son diabète. Quel conseil lui donneriez-vous à ce sujet?

RÉFÉRENCES BIBLIOGRAPHIQUES
en anglais • en français

Ajzen, I. & Fishbein, M. (1980). *Understanding attitudes and predicting social behavior.* Englewood Cliffs, NJ: Prentice-Hall.

Andrews, M.M., & Boyle, J.S. (1998). *Transcultural concepts in nursing care* (3rd ed.). Philadelphia: Lippincott Williams & Wilkins.

Anspaugh D.J., Hamrick, M.H., & Rosato, F.D. (1994). *Wellness: Concepts and applications* (2nd ed.). St. Louis: Mosby.

Association canadienne de gérontologie (2000). *Énoncé de politique sur une approche individualisée à la promotion de la santé des personnes âgées.* Ottawa: Association canadienne de gérontologie.

Association pour la santé publique du Québec (1993). *Déclaration québécoise pour la promotion de la santé.* Montréal: Association pour la santé publique du Québec.

Azjen, I. & Madden, T.J. (1986). Prediction of goal-directed behaviour: Attitudes, intentions, and perceived behavioural control. *Journal of Experimental Social Psychology, 22,* p. 453-474.

Bandura, A. (1977). *Social learning theory.* Englewood Cliffs, NJ: Prentice-Hall.

Bastable, S.G. (Ed.). (1997). *Nurse as educator: Principles of teaching and learning.* Boston: Jones & Bartlett.

Becker, M.H. (Ed.). (1974). *The health belief model and personal health behavior.* Thorofare, NJ: Charles B. Slack.

Becker, H.A., Stuifbergen, A.K., Oh, H., & Hall, S. (1993). The self-rated abilities for health practices scale: A health self-efficacy measure. *Health Values, 17,* 42–50.

Bibliographie sélective [et sites Web] en promotion de la santé à l'intention des professionnels de la santé et des services sociaux ainsi que du grand public. *Vie & Vieillissement, 2*(4), 27-30.

Brown, J. P., & Josse, R. G. (2002). Clinical practice guidelines for the diagnosis and management of osteoporosis in Canada. *Canadian Medical Association Journal, 167*(suppl. 10), S1-34.

Canadian Diabetes Association (2003). Clinical practice guidelines for the prevention and management of diabetes in Canada. *Canadian Journal of Diabetes, 27* (suppl. 2), S1-S152.

Canadian Task Force on Preventive Health Care (1994). *Screening for Testicular Cancer.* Groupe de travail canadien sur les soins de santé préventifs

Carpenito, L.J. (1999). *Nursing diagnosis: Application to clinical practice.* Philadelphia: Lippincott Williams & Wilkins.

*Chouinard, M.C., Ntetu, A.L., Lapierre, R., Gagnon, D. & Hudon, M.H. (2004). Évaluation par les usagers de l'intervention infirmière dans le cadre des activités d'un réseau de cliniques de prévention des maladies cardiovasculaires, *Revue Canadienne de Nursing Cardiovasculaire, 14*(2), 33-41.

Colin, C. & Rocheleau, L. (2004). Les infirmières de santé publique au Québec: Une contribution essentielle et... méconnue. *Santé Publique, 16*(2), 263-272.

Collège des médecins du Québec (2000). *Complément aux lignes directrices sur le dépistage du cancer du sein*. Montréal.

Conseil des aînés (2004). *Vivre et vieillir en santé : Guide pratique*. Montréal : Gouvernement du Québec.

Douketis, J. D., J. W. Feightner, et al. (1999). Periodic health examination: 1. Detection, prevention and treatment of obesity. Canadian Task Force on Preventive Health Care. *Canadian Medical Association Journal, 160*(4): 513-25.

Downie, R.S., Fyfe, C., & Tannahill, A. (1990). *Health promotion: Models and values*. New York: Oxford University Press.

Ebersole, P., & Hess, P. (1997). *Toward health aging: Human needs and nursing responses* (5th ed.). Philadelphia: Lippincott-Raven.

Edelman, C., & Mandle, C.L. (1998). *Health promotion throughout the lifespan* (4th ed.). St. Louis: C.V. Mosby.

Eliopoulos, C. (2000). *Gerontological nursing* (5th ed.). Philadelphia: Lippincott Williams & Wilkins.

Fodor, J.G., Frohlich, J.J., Genest, J.J.G., McPherson, P.R. & Working Group on Hypercholesterolemia and Other Dyslipidemias (2000). Recommendations for the management and treatment of dyslipidemia. *Canadian Medical Association Journal, 162*(10):1441-7.

Giger, J.N., & Davidhizar, R.E. (1999). *Transcultural nursing: Assessment and intervention* (3rd ed.). St. Louis: C.V. Mosby.

Godin, G. (1991). L'éducation pour la santé : les fondements psychosociaux de la définition des messages éducatifs. *Sciences Sociales et Santé, 9*(1), 69-84.

Gouvernement du Québec (2005). *Code des professions*. Québec : Éditeur officiel.

Green, L.W., & Kreuter, M. (1999). *Health promotion planning*. Palo Alto, CA: Mayfield Publishing.

Groupe de travail canadien sur les soins de santé préventifs (2001). Dépistage du cancer colorectal. *Canadian Medical Association Journal, 165* (2), 1-2.

Hagan, L. (2002). L'éducation pour la santé : Comment faciliter l'apprentissage de nouveaux comportements. *L'Infirmière du Québec, 10*(1), 25, 38-42.

Hagan, L. & Proulx, S. (1996). L'éducation pour la santé : Le temps d'agir. *L'Infirmière du Québec, 3*(3), 44-52.

Hagan, L., Morin, D. & Lépine, R. (1998). Info-santé CLSC: L'accessibilité, la qualité et l'efficacité reconnues. *L'Infirmière du Québec, 6*(2), 22-26.

Houle, J. (2004). Le défi de l'activité physique après une maladie coronarienne. *Perspective Infirmière, 2*(2), 39-44.

Institute for clinical systems improvement (2005). *Cervical cancer screening*. www.icsi.org

Lafrenière, S. (2004). Promouvoir la santé des aînés : Une question de conception. *Santé Publique, 16*(2), 303-312.

Leininger, M.M. (1991). *Culture care diversity and universality: A theory of nursing*. New York: National League of Nursing.

Loiselle, C.G. & Delvigne-Jean, Y. (1998). L'éducation pour la santé : Éléments d'une critique. *L'Infirmière Canadienne, 94*(3), 42-46.

Lorig, K., Stewart, A., Ritter, P., Gonzalez, V., Laurent, D., & Lynch, J. (1996). *Outcome measures for health education and other health care interventions*. Thousand Oaks, CA: Sage.

Ministère de la Santé et des Services sociaux du Québec (2006). *Programme québécois de dépistage du cancer du sein*. http://www.msss.gouv.qc.ca/sujets/prob_sante/cancer/index.php?pqdcs

Ministère de la Santé et des Services sociaux du Québec (2005). *Protocole d'immunisation du Québec*. http://206.167.52.1/fr/document/publication.nsf/4b1768b3f849519c852568fd0061480d/a61341010d1b912885256e82006cc1bc?OpenDocument

Ministère de la Santé et des Services sociaux du Québec (2003). *Programme national de santé publique 2003-2012*. Québec : Gouvernement du Québec.

Ministère de la Santé et des Services sociaux du Québec (1999). *Priorités nationales de santé publique : 1997-2002*. Québec : Gouvernement du Québec.

Ministère de la Santé et des Services sociaux du Québec (1997). *Bien vivre avec son âge. Revue de littérature sur la promotion de la santé des personnes âgées*. Québec : Gouvernement du Québec.

Ministère de la Santé et des Services sociaux du Québec (1992). *Politique de la santé et du bien-être du Québec*. Québec : Gouvernement du Québec.

Murray, R.B., & Zentner, J.P. (2001). *Nursing assessment and health promotion through the life span* (7th ed.). Englewood Cliffs, NJ: Prentice-Hall.

O'Neill, M. & Cardinal, L. (1998). Les ambiguïtés québécoises dans le domaine de la promotion de la santé. *Recherches sociographiques, 39*(1), 9-37.

Ordre des infirmières et infirmiers du Québec (2004). *Perspective de l'exercice de la profession d'infirmière*. Montréal.

Patton, M.Q. (1997). *Utilization focused evaluation* (3rd ed.). Thousand Oaks, CA: Sage.

Pender, N.J. (1996). *Health promotion in nursing practice* (3rd ed.). Norwalk, CT: Appleton & Lange.

Prochaska, J.O. & DiClemente, C.C. (1994). *The transtheoretical approach: Crossing traditional boundaries of therapy*. Malabar, F.L.: Krieger.

Rankin, S.H., & Stallings, K.D. (2000). *Patient education: Issues, principles, practices* (4th ed.). Philadelphia: Lippincott Williams & Wilkins.

Redman, B. (2000). *The practice of patient education* (9th ed.). St. Louis: C.V. Mosby.

Robichaud-Ekstrand, S., Vandal, S., Viens, C. & Bradet, R. (2001). Les modèles de comportements de santé. *Recherche en soins infirmiers, (64)*, 59-77.

Santé Canada (2001). *Vieillir... passionnément! Aînés en santé* [cédérom]. Ottawa : Ministère des travaux publics et des services gouvernementaux.

Santé Canada (1997). *Pour une société qui vieillit en santé. Une approche axée sur l'amélioration de la santé de la population*. Ottawa : Santé Canada.

Staab, A.S., & Hodges, L.C. (1996). *Essentials of gerontological nursing: Adaptation to the aging process*. Philadelphia: Lippincott-Raven.

Triandis, H.C. (1977). *Interpersonal behavior*. Montery, CA: Brook and Cole.

U.S. Department of Health & Human Services (1996). *Physical activity and health: A report of the Surgeon General*. Atlanta: U.S. Department of Health and Human Services, Centers for Disease Control and Prevention, National Center for Chronic Disease Prevention and Health Promotion.

U.S. Preventative Services Task Force (2001). *Recommendations and Rationale: Screening for Skin Cancer. American Journal of Preventative Medicine, 20*(3S); 44-6.

U.S. Public Health Service. (2000). *Healthy people 2010: Understanding and improving health*. Washington, DC: U.S. Government Printing Office.

Vandal, S., Bradet, R., Viens, C. & Robichaud-Ekstrand, S. (1999). L'adoption et le maintien d'un comportement de santé : Le défi de l'assiduité au traitement. *Recherche en soins infirmiers, (58)*, 103-113.

*Wall, L. (2000). Changes in hope and power in lung cancer patients who exercice. *Nursing Science Quaterly, 13*(3), 234-242.

En complément de ce chapitre, vous trouverez sur le Compagnon Web :
• une bibliographie exhaustive ;
• des ressources Internet.

Adaptation française
Lyne Cloutier, inf., M.Sc.
Professeure, Département des
sciences infirmières – Université
du Québec à Trois-Rivières

CHAPITRE

5

Examen clinique et évaluation nutritionnelle

Objectifs d'apprentissage

Après avoir étudié ce chapitre, vous pourrez:

1. Décrire les composantes de l'anamnèse, ou histoire de santé, et de l'examen physique.

2. Utiliser les habiletés et les techniques appropriées pour conduire une bonne entrevue.

3. Décrire les techniques d'inspection, de palpation, de percussion et d'auscultation utilisées lors d'un examen physique.

4. Utiliser les techniques d'inspection, de palpation, de percussion et d'auscultation pour effectuer l'examen physique des principales fonctions de l'organisme.

5. Utiliser les techniques de mesure de l'indice de masse corporelle, du tour de taille, les valeurs biochimiques, les résultats de l'examen clinique et les données sur l'alimentation pour effectuer l'évaluation nutritionnelle.

6. Exposer les considérations d'ordre éthique dont il faut tenir compte pour protéger les droits de la personne lors de la collecte des données relative à l'anamnèse et à l'examen physique.

7. Énumérer les facteurs qui peuvent altérer l'état nutritionnel des groupes à risques élevés comme les adolescents et les personnes âgées.

8. Effectuer une anamnèse, un examen physique et une collecte des données sur l'alimentation au domicile de la personne ou en milieu communautaire.

La capacité d'évaluer l'état de santé de la personne est l'une des compétences les plus importantes de l'infirmière, quel que soit le milieu de soins. En effet, il est essentiel que l'infirmière établisse une anamnèse complète, c'est-à-dire qu'elle dresse l'histoire de santé détaillée de la personne, et qu'elle utilise les techniques d'observation appropriées pour déterminer les problèmes physiques et psychologiques de la personne. La première étape de la démarche systématique est l'examen clinique; celui-ci consiste à obtenir des renseignements qui permettront de formuler les diagnostics infirmiers, de planifier les interventions et de les mettre en application, et d'évaluer leur efficacité.

Rôle de l'infirmière lors de l'examen clinique

Lors de l'examen clinique, l'infirmière brosse l'histoire de santé de la personne, établissant son anamnèse, et effectue l'examen physique. Elle peut mener l'examen clinique dans divers milieux, par exemple dans un établissement de soins de courte durée, une clinique ou un service de consultation externe, une école, un établissement de soins de longue durée ou le domicile de la personne. Pour déterminer les besoins de santé de celle-ci, les infirmières utilisent entre autres une liste de diagnostics infirmiers de plus en plus élaborée; elles possèdent les connaissances et les compétences nécessaires pour traiter les problèmes décrits au moyen des diagnostics infirmiers de façon autonome ou en collaboration. Dans le but d'aider la personne à recouvrer la santé ou à maintenir la meilleure qualité de vie possible, tous les membres de l'équipe multidisciplinaire – médecins, infirmières, nutritionnistes, travailleurs sociaux et autres – mettent à profit leurs connaissances et leurs aptitudes en commençant par effectuer une collecte des données complète. Comme le domaine d'intervention de chaque membre de l'équipe de soins de santé est unique, on a mis au point divers modèles d'anamnèse et d'examen physique. Quel que soit le modèle utilisé, les données recueillies par l'infirmière doivent être complémentaires des données obtenues par les autres membres de l'équipe. Le langage utilisé par les différents intervenants peut varier mais il est important de s'assurer que tous comprennent les données recueillies.

Conduite à tenir

La personne qui vient consulter en raison d'une affection particulière est souvent anxieuse. Il arrive que son anxiété soit aggravée par la peur d'un diagnostic de cancer, par les soucis relatifs à un changement éventuel de son mode de vie ou par d'autres inquiétudes. Il est donc important que l'infirmière établisse un lien avec la personne, la mette à l'aise et l'encourage à s'exprimer honnêtement (Fuller et Schaller-Ayers, 2000), noue un contact visuel avec elle et l'écoute attentivement pendant qu'elle répond aux questions relatives à son état de santé (figure 5-1 ■).

Quand elle interroge la personne sur son histoire de santé ou qu'elle effectue l'examen physique, l'infirmière doit tenir compte du langage corporel, le sien comme celui de la personne. Elle doit aussi s'intéresser au bagage de connaissances, au bagage culturel et au niveau de langage de la personne. Elle doit poser des questions qui sont facilement comprises et éviter les termes techniques et le jargon médical. Enfin, tout au long de l'anamnèse et de l'examen physique, elle doit prendre en considération les incapacités ou les déficiences (auditive, visuelle, cognitive et physique). Avant de terminer, l'infirmière doit résumer les données recueillies et les clarifier, puis s'assurer que la personne n'a plus de questions à poser. Ainsi, elle lui donnera la possibilité de corriger les renseignements qu'elle a mal compris et d'ajouter des précisions qui auraient pu être omises.

Considérations d'ordre éthique

Chaque fois qu'on interroge une personne au cours de l'anamnèse ou de l'examen physique, il convient de lui dire pourquoi on a besoin des renseignements demandés et l'usage qu'on veut en faire. L'infirmière doit donc lui expliquer en détail ce qu'est un examen clinique, comment l'entrevue va se dérouler et quel usage sera fait des données recueillies (Fuller et Schaller-Ayers, 2000). Elle doit aussi l'informer qu'elle est libre de participer ou non à cette collecte des données. Il est souhaitable de créer un cadre propice à l'établissement d'une relation de confiance pendant l'entrevue et de favoriser une communication ouverte et honnête. Après l'entrevue, l'infirmière détermine les renseignements portant sur l'état de santé de la personne qui sont pertinents et les consigne dans le formulaire de collecte des données. Ce formulaire dûment rempli doit être conservé dans un endroit sûr auquel ont accès seulement les intervenants directement engagés dans les soins de la personne. Cette mesure offre une garantie de confidentialité qui favorise le maintien de normes élevées de pratique.

FIGURE **5-1** ■ Pour réussir l'entrevue, l'infirmière doit être attentive, mettre la personne à l'aise et assurer son bien-être.

ANAMNÈSE

Tout au long de la collecte des données, et en particulier lorsqu'elle réalise l'examen clinique, l'infirmière doit porter attention aux effets que l'environnement psychosocial, ethnique et culturel de la personne a sur son état de santé et sur sa maladie, ainsi qu'aux comportements de la personne en matière de promotion de la santé. Elle doit également veiller à explorer l'environnement physique et interpersonnel de la personne ainsi que les habitudes de vie et les activités quotidiennes. L'infirmière doit également recueillir des données sur les affections actuelles de la personne, ses antécédents médicaux et ses antécédents familiaux. En passant ainsi en revue l'ensemble des systèmes et l'environnement personnel et social, on dresse un portrait complet de l'histoire de santé. On obtient ainsi un profil global de la personne qui porte autant sur sa santé que sur ses affections. C'est la raison pour laquelle il est plus approprié de parler d'histoire de santé, ou d'anamnèse, que d'antécédents médicaux ou infirmiers.

Les composantes de l'anamnèse constituent la charpente de la collecte des données effectuée par l'infirmière. Celle-ci peut facilement les adapter aux besoins des personnes selon l'établissement où elle pratique.

En combinant les renseignements obtenus par le médecin et par l'infirmière en une seule anamnèse, on prévient la duplication de données et on évite à la personne d'avoir à se répéter. De plus, cette méthode encourage la collaboration des membres de l'équipe multidisciplinaire qui participent aussi à la collecte et à l'interprétation des données (Butler, 1999).

Source des données

Ce n'est pas toujours la personne elle-même qui fournit les renseignements. Ce cas de figure survient notamment lorsque la personne présente un retard de développement ou une déficience intellectuelle, lorsqu'elle est désorientée ou encore lorsqu'elle est dans le coma. L'infirmière doit donc évaluer la fiabilité de la personne et la pertinence des renseignements qu'elle communique. Par exemple, les personnes désorientées seront vraisemblablement incapables de fournir des renseignements fiables, et le déni de la réalité fait quelquefois partie des mécanismes de défense des personnes toxicomanes. L'infirmière doit être capable d'évaluer les renseignements qu'elle reçoit (d'après le contexte de l'entrevue dans son ensemble).

Considérations culturelles

Quand elle établit l'anamnèse, l'infirmière doit prendre en considération l'origine culturelle de la personne (Weber et Kelley, 2003). Les attitudes et les croyances en matière de santé, de maladie, de soins, d'hospitalisation, d'usage de médicaments et d'utilisation de traitements complémentaires découlent de l'expérience de chaque personne et diffèrent selon le milieu d'origine. Une personne issue d'une autre culture que celle de l'infirmière peut ainsi avoir une perception différente des soins d'hygiène.

De la même manière, certaines personnes ne verbalisent pas leur souffrance, même si la douleur est intense, car l'expression de la douleur est considérée comme inacceptable dans leur culture ou leur ethnie d'origine. Dans certains cas, elles peuvent refuser de prendre des analgésiques. Dans certaines cultures, il existe des croyances particulières sur le traitement des affections. L'infirmière doit donc tenir compte de ces différences. Elle doit également respecter les attitudes et les comportements relatifs aux relations familiales et au rôle de la femme et des personnes âgées, même si ces attitudes et ces croyances entrent en conflit avec les siennes.

Contenu de l'anamnèse

Lors de sa première rencontre avec la personne, l'infirmière doit tout d'abord constituer une base de données complète, sauf dans les cas d'urgence. Si l'ordre et le modèle utilisés pour recueillir ces données sur la personne peuvent varier, le contenu de l'anamnèse couvre généralement les mêmes sujets. Une méthode traditionnelle comprend les données suivantes :

- Renseignements personnels
- Raison de la consultation
- Affection ou problème de santé actuel
- Antécédents médicaux
- Antécédents familiaux
- Revue systémique
- Profil de la personne

Renseignements personnels

Les renseignements personnels sont des données d'ordre général qui aident à mieux définir le contexte dans lequel la personne consulte. Il s'agit du nom, de l'adresse, de l'âge, du sexe, de l'état matrimonial, de l'emploi et des origines ethniques de la personne. Certaines infirmières établissent le profil de la personne à cette étape de l'entrevue, tandis que d'autres préfèrent attendre d'avoir gagné la confiance de la personne ou d'avoir répondu à ses besoins immédiats ou urgents. Par ailleurs, une personne souffrant de douleurs ou d'un autre problème tout aussi pressant ne sera pas nécessairement patiente si on lui pose des questions sur son emploi ou son statut matrimonial au lieu de s'intéresser au problème qui l'a incitée à demander des soins.

Raison de la consultation

La raison de la consultation correspond au principal symptôme qui incite la personne à consulter. Les questions du genre : « Quelle est la raison de la consultation ? » ou « Pourquoi avez-vous été admis au centre hospitalier ? » permettent habituellement de découvrir le symptôme principal. Si l'anamnèse a lieu au domicile de la personne, l'infirmière peut commencer par lui demander « Qu'est-ce qui vous préoccupe le plus aujourd'hui ? » et noter la réponse dans les mots exacts de la personne en les mettant entre guillemets (Orient, 2000). Si celle-ci indique « c'est le docteur qui m'envoie » ou « l'infirmière d'info-santé m'a conseillé de venir », l'infirmière doit faire préciser la raison de la visite chez le médecin ou du téléphone à info-santé. C'est cette donnée qu'elle doit inscrire comme raison de la consultation.

Maladie ou problème de santé actuel

L'évolution du problème de santé ou de la maladie est un facteur important qui peut aider les membres de l'équipe multi-disciplinaire à poser un diagnostic (dans le cas du médecin) ou à déterminer les besoins de la personne. L'examen physique a son utilité, mais il ne fait souvent que valider les renseignements obtenus auprès de la personne. Établir une anamnèse pertinente permet de préciser les éléments de l'examen physique qui doivent être réalisés et de déterminer les examens paracliniques nécessaires.

Si l'affection actuelle est un épisode d'une affection chronique, il faut noter l'ensemble de ces épisodes. Par exemple, dans le cas d'une personne admise à la suite d'une acidocétose diabétique, on doit indiquer dans l'anamnèse les faits saillants de l'évolution du diabète chez elle de façon à pouvoir situer adéquatement l'incident actuel. L'infirmière doit décrire l'affection ou le problème de santé actuel, et ce, des premiers symptômes jusqu'au moment de la consultation. Elle doit les noter en suivant un ordre chronologique, en commençant par exemple par : « La personne dit qu'elle était en bonne santé jusqu'à… » ou « La personne dit avoir ressenti des douleurs abdominales deux mois avant de consulter. »

La description de l'affection ou du problème de santé actuel doit notamment inclure des renseignements relatifs à la manière dont les symptômes se sont manifestés (soudaine ou graduelle), l'endroit où ils sont apparus et les circonstances entourant leur apparition (à la maison, au travail, après une dispute, après un effort), de même que leurs caractéristiques et leur évolution. Elle doit également couvrir des points tels que l'automédication (y compris les thérapies complémentaires), les interventions médicales, l'évolution et les effets du traitement et la perception que la personne a de la cause ou de la signification de l'affection ou du problème actuel.

L'infirmière doit décrire minutieusement les symptômes particuliers de la personne (douleurs, céphalées, fièvre, modification des habitudes d'élimination) en précisant leur siège (et la zone d'irradiation en cas de douleur), leur intensité, leur gravité et leur durée. Elle doit aussi déterminer si le symptôme est permanent ou intermittent, quels facteurs l'aggravent ou le soulagent, ainsi que tous les signes et symptômes associés dont la personne pourrait être consciente.

Les signes et symptômes associés accompagnent l'affection ou le problème qui a incité la personne à consulter. La présence ou l'absence de signes et symptômes associés peut renseigner l'infirmière sur l'origine ou la gravité du problème et aider à cerner davantage le problème. La revue des systèmes directement touchés par le symptôme principal permet de découvrir les signes et symptômes associés et ces derniers peuvent être interprétés par des résultats positifs ou négatifs. Par exemple, si la personne se plaint d'un symptôme vague comme la fatigue ou la perte de poids, on effectuera un examen physique général. Cependant, si le principal symptôme est une douleur thoracique, on effectuera seulement un examen sommaire du système cardiorespiratoire avant de procéder à l'ECG. Quoi qu'il en soit, on doit inscrire tous les résultats positifs ou négatifs, afin d'être en mesure de mieux cerner le problème par la suite.

Antécédents médicaux

Le résumé détaillé des antécédents médicaux et chirurgicaux est un élément important de l'anamnèse. Après avoir établi l'état de santé général de la personne, l'infirmière doit lui demander si elle a reçu des vaccins et si elle a des allergies connues aux médicaments ou à d'autres substances. Elle doit également noter les dates auxquelles la personne a été vaccinée, ainsi que ses types d'allergies et ses réactions. Elle demande à la personne les détails de son dernier examen de santé : radiographies, électrocardiogrammes, examens de la vue, tests auditifs, examens dentaires, test de Papanicolaou et mammographies (s'il s'agit d'une femme), examen rectal digital de la prostate (s'il s'agit d'un homme) et tout autre examen pertinent. Elle doit discuter avec la personne des affections dont elle a souffert dans le passé et lui faire remplir un questionnaire qui contient une liste de maladies précises. Pour chacune d'elles, elle doit noter la date ou l'âge de la personne au moment de l'affection, le nom de son médecin traitant et de l'établissement où elle a été soignée, ainsi que le diagnostic et le traitement. Elle doit aussi recueillir des données sur les points suivants :

- Affections de la petite enfance : rougeole, rubéole, polio, coqueluche, varicelle, scarlatine, fièvre rhumatismale, angine à streptocoques
- Affections à l'âge adulte
- Troubles psychiatriques
- Blessures : brûlures, fractures, traumatisme crânien
- Hospitalisations
- Chirurgies
- Médicaments actuels : prescription, médicaments en vente libre, remèdes maison, thérapies complémentaires
- Consommation d'alcool et de drogues

Si une hospitalisation ou une intervention médicale importante est associée au problème de santé actuel, l'infirmière ne doit pas le noter de nouveau : elle doit indiquer la rubrique où se trouvent ces données dans le dossier (par exemple, elle peut écrire : « Voir les données sur le bilan de l'affection actuelle »).

Antécédents familiaux

L'infirmière note l'âge et l'état de santé, ou l'âge et la cause du décès, des parents au premier degré (parents, frères et sœurs, époux, enfants) et des parents éloignés (grands-parents, cousins) afin de déterminer les affections héréditaires ou transmissibles ou les affections de cause environnementale. En général, on tient compte des affections suivantes : cancer, hypertension, cardiopathie, diabète, épilepsie, troubles mentaux, tuberculose, néphropathie, arthrose, allergies, asthme, toxicomanie et obésité. L'une des méthodes les plus faciles pour noter ces données consiste à utiliser un génogramme (figure 5-2 ■). L'infirmière note également les résultats des tests ou des dépistages génétiques, s'ils sont disponibles (chapitre 9 ⬡).

Revue systémique

La revue systémique comprend un aperçu global de l'état de santé ainsi que les symptômes reliés à chacun des systèmes de l'organisme. L'infirmière doit poser des questions sur les

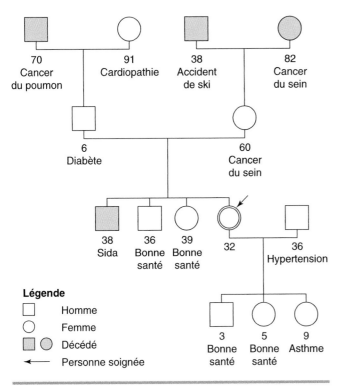

FIGURE **5-2** ■ Génogramme utilisé pour noter les antécédents médicaux des membres de la famille; il comprend leur âge et la cause de leur décès ou, s'ils sont vivants, leur état de santé actuel.

principaux systèmes et inventorier les symptômes passés ou actuels. Ainsi, elle s'assure qu'aucun renseignement important n'a été oublié. Encore une fois, l'infirmière doit inscrire toutes les réponses à ses questions, qu'elles soient négatives ou affirmatives. Si la personne répond à une question par l'affirmative, l'infirmière doit analyser attentivement cette information. Il n'est pas nécessaire d'inscrire les troubles déjà mentionnés; il suffit d'indiquer la rubrique où se trouvent ces données. La revue systémique permet également d'évaluer les habitudes de promotion de santé de la personne (Brûlé, Cloutier et Doyon, 2002).

La revue systémique peut prendre la forme d'une liste de vérification intégrée au bilan de santé (tableau 5-1 ■). Une telle liste présente entre autres avantages d'être facile à consulter et de laisser peu de place aux oublis, contrairement à un système reposant principalement sur la mémoire de l'infirmière.

Profil de la personne

L'infirmière établit le profil de la personne à partir des données personnelles obtenues au début de l'entrevue. Il est essentiel de disposer d'un profil complet de la personne (encadré 5-1 ■) pour pouvoir analyser ses problèmes et ses capacités à les résoudre.

Les renseignements recueillis à cette étape de l'entrevue sont très personnels et subjectifs. L'infirmière doit encourager la personne à exprimer librement et ouvertement ses sentiments, ses valeurs et ses expériences. Habituellement, elle pose d'abord des questions ouvertes, d'ordre général, puis des

questions plus directes quand elle a besoin d'élucider certains faits. La personne est souvent moins anxieuse si l'infirmière commence par lui poser des questions générales (par exemple lieu de naissance, emploi, niveau d'instruction) avant de passer à des questions intimes (par exemple activité sexuelle, image corporelle et stratégies d'adaptation).

En général, le profil de la personne porte sur les domaines suivants :

- Stade de développement
- Formation et emploi
- Environnement (milieu physique, vie spirituelle et culturelle, relations interpersonnelles)
- Mode de vie (schémas et habitudes)
- Handicap physique ou mental
- Concept de soi
- Sexualité
- Risque de mauvais traitements
- Réaction au stress et stratégies d'adaptation

Stade de développement

L'infirmière demande d'abord à la personne de lui raconter brièvement sa vie. Elle lui pose des questions sur son lieu de naissance et sur les endroits où elle a vécu afin de l'inciter à lui relater les premières années de sa vie. Pour découvrir les expériences de l'enfance et de l'adolescence qui ont pu la marquer, elle peut lui poser des questions du genre : « Pouvez-vous me raconter des faits de votre enfance ou de votre adolescence qui m'aideront à mieux vous connaître ? » L'infirmière doit inciter la personne à passer brièvement en revue les premières années de sa vie en soulignant les événements et les circonstances ayant une valeur particulière. Il arrive que la personne ne se rappelle aucun fait qui lui semble assez important pour être évoqué, mais il arrive aussi qu'elle saisisse cette occasion pour parler de ses échecs ou de ses succès personnels, de ses crises de développement ou de mauvais traitements affectifs ou physiques.

Formation et emploi

Les questions portant sur les études et la formation peuvent être très révélatrices de la situation économique d'une personne et de son employabilité. L'infirmière demande à la personne de lui parler de son travail pour obtenir des renseignements sur le rôle qu'elle exerce, sur ses tâches et sur la satisfaction qu'elle en retire. Il est parfois nécessaire de poser des questions directes à propos des emplois antérieurs et des objectifs de carrière si la personne ne donne pas ces renseignements spontanément.

Il est plus judicieux d'interroger la personne sur la formation qui lui a été nécessaire pour obtenir son emploi actuel que de lui demander si elle a obtenu son diplôme d'études secondaires. L'infirmière peut recueillir des renseignements sur la situation financière de la personne en lui posant des questions telles que : « Avez-vous des problèmes d'ordre financier actuellement ? » ou « Parfois, on dirait qu'on ne gagne jamais assez d'argent pour joindre les deux bouts. Êtes-vous d'accord avec cette affirmation ? »

Revue systémique		TABLEAU 5-1
Systèmes	**Habitudes de promotion de la santé**	
État mental ■ Humeur, processus de la pensée, concentration, délire, hallucinations, idées suicidaires	Développement d'un réseau de soutien social, connaissance et pratique de moyens pour se détendre	
Tête et cou ■ Diplopie, vue brouillée, scotomes, œil rouge, otalgie, surdité, acouphènes, épistaxis, rhinorrhée, otorrhée, masse cervicale, dentition, état des prothèses dentaires et lésion à la muqueuse buccale	Port et entretien d'orthèses, port de lunettes solaires, hygiène dentaire, visites chez le dentiste, le denturologiste et l'optométriste	
Fonction neurologique ■ Orientation, mémoire, céphalées, étourdissements, vertiges, convulsions, perte de conscience, parésie, paralysie, paresthésie, discours	Exercices ou jeux de mémoire	
Fonction respiratoire ■ Dyspnée, toux, expectorations, douleur thoracique, respiration sifflante	Contrôle des allergies, vaccination, lutte antitabagisme	
Fonction cardiaque ■ Douleur thoracique, dyspnée, orthopnée, palpitations, syncope, lipothymie, fatigue	Évaluation de la tension artérielle, mesure du cholestérol, activités physiques, lutte antitabagisme	
Fonction vasculaire ■ Œdème, douleur, engourdissement, modifications de la peau (coloration, température, texture, pilosité, ulcération), claudication intermittente	Port de bas compressifs, activité physique	
Fonction gastro-intestinale ■ Alimentation, hydratation, appétit, dysphagie, régurgitation, brûlures, nausées, vomissements, hématémèse, flatulence, intolérance aux graisses, ictère, douleur abdominale, élimination intestinale, selles colorées, hémorroïdes, gain ou perte de poids	Alimentation saine, hydratation	
Fonction musculosquelettique ■ Limitation d'amplitude, crampes, raideur, douleur osseuse, articulaire ou musculaire, œdème	Port adéquat des orthèses, prothèses, visite chez le podiatre, chaussures confortables, position de travail	
Fonctions rénale et reproductrice ■ Chez la femme: saignement vaginal, dysménorrhée, écoulement ou prurit vaginal, douleur abdominale et dyspareunie ■ Chez l'homme: écoulement urétral, lésion, hypertrophie du scrotum, masse à l'aine, impuissance ■ Chez les deux sexes: masse ou lésion, douleur, dysurie, élimination urinaire	Moyens contraceptifs, protection contre les ITS, examen de la prostate, test de Papanicolaou, auto-examen des testicules	
Fonction tégumentaire ■ Lésions, prurit, sécheresse de la peau, état des cheveux, état des ongles, changement de coloration de la peau	Protection solaire, auto-examen de la peau, hydratation	
Seins ■ Masse, douleur, écoulement du mamelon	Auto-examen des seins	

Environnement

Il s'agit notamment du milieu physique dans lequel vit la personne et des dangers auxquels elle est exposée, de sa vie spirituelle, de ses relations interpersonnelles et de son origine culturelle, ainsi que de son réseau de soutien.

Milieu physique Il faut interroger la personne sur le type de logement qu'elle occupe (appartement, duplex, maison unifamiliale), le quartier qu'elle habite, et sur la sécurité et le confort dont elle jouit. L'infirmière essaie de connaître les

dangers auxquels la personne peut être exposée, par exemple l'isolement, les risques d'incendie et les installations sanitaires inadéquates. L'environnement de la personne a une importance particulière s'il s'agit d'un sans-abri, qui vit dans la rue ou dans un refuge, ou si la personne souffre d'une déficience.

Vie spirituelle La spiritualité renvoie à la réflexion et à la méditation sur l'existence, à la capacité d'accepter les défis de la vie et au désir de trouver des réponses à des questions

Profil de la personne

ÉVÉNEMENTS PASSÉS RELATIFS À LA SANTÉ
- Lieu de naissance
- Endroits où la personne a déjà vécu
- Expériences importantes pendant l'enfance et l'adolescence

FORMATION ET EMPLOI
- Emplois antérieurs
- Emploi actuel
- Date de l'embauche
- Niveau de scolarité atteint
- Satisfaction d'ordre professionnel et objectifs de carrière

RESSOURCES FINANCIÈRES
- Revenu

ENVIRONNEMENT
Milieu physique
- Logement : type de logement, quartier, risques

Vie spirituelle
- Rôle de la religion dans la vie
- Croyances religieuses qui conditionnent la perception de la santé et de la maladie
- Pratiques religieuses

Relations interpersonnelles
- Origine culturelle : langue parlée, habitudes et valeurs, pratiques utilisées pour se maintenir en bonne santé ou pour se guérir
- Relations familiales : vie familiale, exercice du rôle, modes de communication, réseau de soutien
- Amitiés : quantité et qualité des relations

MODE DE VIE
- Sommeil : heure du coucher, nombre d'heures de sommeil nocturne, mesures de bien-être, qualité du sommeil, siestes (nombre et durée)
- Activités physiques : type, fréquence, intensité, durée
- Alimentation : liste des aliments consommés au cours des 24 dernières heures, préférences culinaires, restrictions
- Loisirs : type d'activités, temps consacré

- Caféine (café, thé, cola, chocolat) : type, quantité
- Tabac (cigarettes, pipe, cigare) : quantité par jour, depuis combien d'années, désir d'arrêter
- Alcool : type, quantité par semaine, consommation au cours de la dernière année
- Drogues : type, quantité, voie d'administration

INCAPACITÉ PHYSIQUE OU MENTALE
- Présence d'une limitation ou d'une incapacité (physique ou mentale)
- Répercussions de la limitation et de l'incapacité sur les activités quotidiennes et l'accès aux soins
- Aménagement nécessaire de l'environnement pour assurer le fonctionnement

CONCEPT DE SOI
- Concept de soi au moment présent
- Perception de soi dans l'avenir
- Image corporelle : degré de satisfaction, difficultés ou problèmes

SEXUALITÉ
- Perception de soi en tant qu'homme ou femme
- Qualité des rapports sexuels
- Inquiétudes liées à la sexualité ou aux pratiques sexuelles

RISQUE DE MAUVAIS TRAITEMENTS
- Abus, mauvais traitements physiques ou psychologiques dans le passé
- Peur du partenaire, du proche aidant ou d'un membre de la famille

RÉACTION AU STRESS ET STRATÉGIES D'ADAPTATION
- Principaux soucis ou problèmes actuels
- Défis ou tracas quotidiens
- Expériences passées du même genre de problème
- Stratégies d'adaptation utilisées dans le passé et résultats
- Stratégies d'adaptation actuelles et résultats escomptés
- Attentes à l'égard de la famille, des amis et de l'équipe soignante dans la résolution de problèmes

---

personnelles. La spiritualité passe pour un grand nombre de personnes par la pratique d'une religion. Les valeurs et les croyances spirituelles influent souvent sur l'attitude et le comportement de la personne en matière de problèmes de santé et de réaction face à la maladie. Il arrive qu'une maladie entraîne une crise de nature spirituelle et altère considérablement les ressources internes et les croyances. En posant des questions sur la spiritualité, l'infirmière peut déterminer l'existence des systèmes de soutien dont bénéficie la personne, ainsi que des croyances et des coutumes dont il faut tenir compte dans le plan thérapeutique. Elle doit donc évaluer brièvement les trois aspects suivants de la vie spirituelle :

- Rôle de la religion dans la vie de la personne.

- Croyances religieuses qui conditionnent la perception de la santé et de la maladie.

- Pratiques religieuses.

Pour obtenir des renseignements à ce sujet, l'infirmière peut notamment poser les questions suivantes :

- Est-ce que la religion ou un être supérieur est important pour vous ?

- Si oui, de quelle façon ?

- Sinon, qu'est-ce qui vous importe le plus dans la vie ?

- Y a-t-il des pratiques religieuses auxquelles vous tenez particulièrement et que nous devrions prendre en considération ?

- Votre problème de santé actuel vous fait-il douter sur le plan spirituel?

Relations interpersonnelles Les influences culturelles, la famille et les amis, ainsi que les réseaux de soutien dont la personne peut bénéficier constituent autant d'aspects de ses relations interpersonnelles. Les croyances et les pratiques transmises d'une génération à l'autre forment le bagage ethnique et culturel de la personne; elles s'expriment par la langue, l'habillement, le choix des aliments, les comportements liés à l'exercice du rôle et au maintien ou à la promotion de la santé et les perceptions en matière de santé et de maladie. Leur influence sur la maladie et sur les rapports de la personne avec l'équipe soignante ne doit jamais être sous-estimée (Fuller et Schaller-Ayers, 2000). L'infirmière doit donc connaître l'origine ethnique de la personne (origine culturelle et sociale) et ses racines (origine biologique). Les questions suivantes peuvent l'aider à obtenir des données pertinentes:

- D'où viennent vos parents ou vos ancêtres? En quelle année ont-ils immigré?
- Quelle langue parlez-vous à la maison?
- Quelles sont les coutumes et les valeurs qui vous tiennent à cœur?
- Faites-vous quelque chose en particulier pour rester en bonne santé?
- Avez-vous recours à des pratiques particulières pour vous soigner?

Relations familiales et réseaux de soutien Le profil de la personne doit comporter une évaluation de sa vie familiale (nombre de membres, âges, rôles), de ses modes de communication et de son réseau de soutien. Même si la famille traditionnelle se compose d'une mère, d'un père et des enfants, il ne faut pas oublier qu'il s'agit d'une institution qui admet d'autres structures. Pour certains, la «famille» est composée de personnes ayant des engagements communs ou des liens affectifs. D'où le rôle important que le compagnon de vie, les colocataires et les amis intimes peuvent jouer dans le réseau de soutien de la personne.

Habitudes de vie

En posant à la personne des questions sur ses habitudes de vie, l'infirmière peut obtenir des renseignements sur les comportements qu'elle adopte pour rester en bonne santé, notamment: habitudes de sommeil, activités physiques, alimentation et loisirs, usage du tabac, de l'alcool, de drogues et du café. Si un grand nombre de personnes donnent volontiers des renseignements à propos de leur sommeil ou de leurs loisirs, rares sont celles qui parlent spontanément de leur consommation de tabac, d'alcool ou de drogues; certaines sont même portées à nier ou à sous-estimer l'importance de leur consommation. Pour obtenir davantage de renseignements, l'infirmière peut demander à la personne: «Quel genre d'alcool aimez-vous prendre dans une soirée?» plutôt que: «Est-ce que vous buvez?» L'infirmière doit noter précisément le type d'alcool (par exemple vin, bière) et la quantité consommée par jour ou par semaine (par exemple 2 verres de

whisky tous les jours, depuis 2 ans). L'encadré 5-2 ■ présente des questions utiles pour déterminer la consommation d'alcool et de drogue d'une personne.

L'infirmière peut procéder de la même façon pour recueillir des informations sur le tabagisme et la consommation de caféine. Les questions à propos de l'usage de drogues suivent tout naturellement celles qui concernent l'usage du tabac, du café et de l'alcool. Si l'infirmière s'abstient de poser des jugements de valeur, la personne sera plus confiante et parlera plus facilement de ce sujet. Comme les diverses drogues et les méthodes d'administration changent rapidement de nom, l'infirmière doit parfois demander à la personne d'expliquer les termes qu'elle utilise.

L'évaluation du mode de vie doit aussi porter sur les approches complémentaires et parallèles en santé. On estime que 40 % environ des Nord-Américains y recourent, qu'il s'agisse des régimes alimentaires spéciaux, de la prière, de la visualisation, de l'imagerie mentale dirigée, des massages, de la méditation et des produits à base d'herbes médicinales (Evans, 2000; King, Pettigrew et Reed, 1999; Kuhn, 1999).

Incapacité physique ou mentale

Le profil général de la personne doit aussi contenir des questions permettant de déterminer si elle souffre d'une déficience auditive, visuelle, cognitive ou physique. Si la personne présente une déficience physique évidente (par exemple besoin de béquilles ou d'un fauteuil roulant pour se déplacer), l'infirmière doit déterminer si celle-ci était présente à la naissance ou si elle est survenue subséquemment. Dans le second cas, elle s'informe alors de la cause et de la date.

ENCADRÉ 5-2

EXAMEN CLINIQUE

Consommation d'alcool et de drogue: exemples de questions à poser

- **Avez-vous l'impression que vous devez réduire votre consommation d'alcool (*ou de drogue*)?**

  Oui   Non

- **Est-ce que les gens vous agacent quand ils critiquent vos habitudes de consommation d'alcool (*ou de drogue*)?**

  Oui   Non

- **Ressentez-vous un sentiment de culpabilité face à votre consommation d'alcool (*ou de drogue*)?**

  Oui   Non

- **Avez-vous déjà bu de l'alcool (*ou consommé de la drogue*) dès votre réveil pour vous calmer ou pour vous remettre d'un lendemain de veille (*ou pour démarrer la journée*)?**

  Oui   Non

* Dans la population en général, deux réponses positives ou plus indiquent le besoin d'une évaluation plus approfondie.
SOURCES: M.F. Fleming et K.L. Barry (1992). *Addictive Disorders.* St-Louis: Mosby; J.A. Ewing (1984). Detecting alcoholism: The CAGE questionnaire. *Journal of the American Medical Association, 252* (14), 1905-1907.

De plus, elle doit évaluer les conséquences de la déficience sur le fonctionnement de la personne et déterminer si elle représente un obstacle à l'accès aux soins de santé.

Concept de soi

Le concept de soi découle de la perception que chacun a de soi, perception qui se construit tout au long de la vie. Pour évaluer le concept de soi d'une personne, on peut l'interroger sur la façon dont elle envisage la vie, en lui demandant par exemple : «Que pensez-vous de votre vie, en général?» Le concept de soi peut être affecté par les problèmes de santé et les changements touchant la fonction physique ou l'apparence. Les répercussions de certaines interventions chirurgicales, comme la colostomie ou la mastectomie, peuvent perturber l'image qu'on a de son corps. Afin d'obtenir des renseignements utiles sur le concept de soi de la personne, l'infirmière peut lui poser la question : «Avez-vous des inquiétudes particulières par rapport à votre corps?»

Sexualité

Les questions sur la sexualité touchent un domaine on ne peut plus personnel, et l'infirmière est souvent gênée d'avoir à les poser; elle peut alors être portée à omettre cet aspect important du profil de la personne ou à mener une entrevue très superficielle à cette étape. Un manque de connaissances dans ce domaine ou des inquiétudes liées à sa propre sexualité peuvent nuire à l'efficacité de sa démarche (Ross, Channon-Little et Rosser, 2000).

L'infirmière peut intégrer les questions sur la sexualité aux questions relatives au mode de vie ou aux relations interpersonnelles; elle peut aussi les poser quand elle effectue l'examen de la fonction reproductrice. Par exemple, il peut être plus facile d'aborder la question de la sexualité au moment où on parle des menstruations, avec une femme, ou de l'élimination urinaire, avec un homme.

Les données recueillies sur les antécédents sexuels donnent à l'infirmière l'occasion de discuter ouvertement de questions liées à la sexualité et permettent à la personne d'exprimer ses inquiétudes en la matière à un professionnel informé. L'infirmière doit éviter de porter des jugements et veiller à utiliser un langage adapté à l'âge et aux antécédents de la personne. Il est souhaitable de commencer cette partie de la collecte des données en posant une question générale sur le stade de développement de la personne et l'existence ou l'absence de relations intimes dans sa vie. Ces questions peuvent inciter celle-ci à parler de ses inquiétudes concernant l'expression de la sexualité et la qualité de ses relations ou à aborder la contraception, les comportements sexuels à risque et les rapports protégés.

Avant de poser des questions sur la sexualité et les fonctions sexuelles, l'infirmière doit d'abord déterminer si la personne a une vie sexuelle active. Dans le cas des personnes âgées, elle doit aussi engager la conversation sur ce sujet et ne pas les traiter comme des êtres asexués (Miller, Zylstra et Stranridge, 2000). L'infirmière doit poser ses questions de manière à ce que la personne se sente libre de parler de cet aspect de sa vie quels que soient son état matrimonial et ses pratiques sexuelles. Les questions directes sont généralement

moins menaçantes quand elles commencent ainsi : «La plupart des gens pensent que…» ou «Un grand nombre de personnes ont peur de…» De telles formulations sous-entendent que les sentiments et les comportements auxquels on fait allusion sont normaux. Ainsi, la personne est incitée à donner des renseignements qu'elle cacherait autrement de peur que ses comportements ou ses sentiments soient jugés anormaux.

Si la personne répond abruptement à ces questions ou indique qu'elle ne désire pas poursuivre la discussion, l'infirmière doit respecter ce choix et continuer sa collecte des données sur un autre aspect. Cependant, en abordant le sujet de la sexualité, elle signifie à la personne qu'il est acceptable d'en discuter et qu'elle est ouverte en tout temps à ce genre de discussion. Les questions liées aux antécédents sexuels sont traitées dans les chapitres 48 et 51 ▭.

Risque de mauvais traitements

Les mauvais traitements d'ordre physique, sexuel et psychologique constituent un sujet de plus en plus important dans la société actuelle. Les personnes peuvent subir des mauvais traitements à tout âge, qu'il s'agisse d'hommes ou de femmes, et quels que soient les groupes socioéconomiques, ethniques et culturels (Little, 2000; Marshall, Benton et Brazier, 2000). Cependant, peu de personnes osent aborder ce sujet à moins qu'on ne leur pose des questions précises, par exemple :

- Êtes-vous victime de violence physique ou psychologique?
- Quelqu'un vous a-t-il déjà frappé ou a-t-il menacé de le faire?
- Avez-vous peur d'une personne proche de vous (conjoint, autre membre de la famille ou personnel soignant)?

Si la réponse de la personne indique qu'elle risque d'être victime de mauvais traitements, on doit approfondir l'évaluation, puis s'assurer qu'elle est en sécurité. L'infirmière doit l'orienter vers des ressources communautaires et professionnelles appropriées ainsi que vers un réseau de soutien. La violence familiale est abordée plus en détail dans le chapitre 48 ▭. Quand on les questionne directement, les personnes âgées avouent rarement qu'elles sont victimes de mauvais traitements (Marshall, Benton et Brazier, 2000). Les professionnels de la santé doivent évaluer les facteurs de risque : niveau élevé de stress ou alcoolisme chez la personne soignante, marques de violence, grande émotivité et dépendance financière, émotionnelle ou physique. Les personnes âgées ou handicapées sont exposées à un risque plus élevé de mauvais traitements; l'infirmière devrait donc leur poser systématiquement des questions sur ce sujet lors de la collecte des données.

Réaction au stress et stratégies d'adaptation

La façon dont une personne réagit au stress dépend de sa capacité de s'y adapter adéquatement. C'est pourquoi l'infirmière évalue les stratégies d'adaptation qu'elle a utilisées dans le passé et la perception qu'elle a du stress auquel elle est présentement exposée. Il est particulièrement important de définir quel soutien (financier, émotionnel ou physique) la personne attend de sa famille, de ses amis et des soignants.

Autres modèles d'anamnèse

Le modèle d'anamnèse présenté ci-dessus n'est qu'un exemple parmi de nombreux autres. Certains estiment que ce modèle traditionnel n'est pas approprié aux besoins des infirmières parce qu'il ne porte pas exclusivement sur l'évaluation des modes de réactions humaines aux problèmes de santé actuels ou potentiels.

Des auteurs proposent d'évaluer non seulement la santé biologique, mais aussi les autres aspects de la santé, tels que ses dimensions physique, fonctionnelle, émotionnelle, mentale et sociale (Brûlé, Cloutier et Doyon, 2002). Ces nouveaux modèles de collecte des données destinés à évaluer l'état de santé mettent l'accent sur les répercussions de la maladie ou de l'invalidité sur le fonctionnement de la personne, c'est-à-dire sur sa capacité de fonctionner normalement, de mener à bien ses activités physiques, mentales et sociales et d'assumer ses rôles. Ces nouveaux modèles permettraient d'aborder les questions de santé dans une perspective plus holistique que le modèle traditionnel. L'infirmière peut ajouter ces nouveaux outils à ceux qu'elle utilise déjà afin de déterminer les effets d'une maladie, d'un handicap ou d'un problème de santé sur l'état fonctionnel.

Les troubles de santé qui sont peu complexes (par exemple maux d'oreilles, amygdalectomie) et qui peuvent être soignés rapidement n'exigent habituellement pas une collecte des données aussi détaillée qu'une maladie ou un problème grave. Si les troubles de santé sont aigus et complexes ou si l'affection est chronique, on doit parfois obtenir des données supplémentaires qui ne sont pas mises au jour dans le profil global.

Quel que soit le modèle utilisé pendant la collecte des données, les renseignements recueillis par l'infirmière sont similaires et ils complètent ceux qui intéressent le médecin ou un autre membre de l'équipe soignante. La mise en commun de la collecte des données favorise la collaboration avec tous les intervenants, chacun apportant son expérience et sa façon de voir la situation.

Particularités reliées à la personne âgée

L'infirmière qui effectue une collecte des données auprès d'une personne âgée doit le faire calmement, sans se précipiter. Comme cette personne présente souvent des troubles auditifs et visuels, l'infirmière doit s'assurer que l'éclairage est suffisamment fort, mais pas trop violent, et que les bruits sont atténués dans la mesure du possible (Miller, Zylstra et Standridge, 2000). Elle doit aussi se placer de telle sorte que son interlocuteur puisse lire sur ses lèvres et voir ses expressions. Si la personne souffre de troubles auditifs, l'infirmière doit lui demander de porter son appareil auditif pendant l'entrevue. Elle doit tenir compte du fait que la population des personnes âgées n'est pas uniforme et qu'il peut y avoir de grandes différences parmi elles en matière de santé, de sexualité, de revenu et d'état fonctionnel (Bakshi et Miller, 1999; Ludwick, Dieckman et Snelson, 1999).

La personne âgée croit souvent que tout nouveau trouble physique dont elle est atteinte est attribuable à l'âge et non à une maladie qu'on peut traiter. Par ailleurs, les signes et symptômes de maladie passent souvent inaperçus et sont souvent plus subtils que chez les autres adultes. L'infirmière

doit donc poser des questions sur l'apparition de symptômes physiques subtils, sur les modifications récentes dans le fonctionnement et sur la détérioration du bien-être. Comme la polypharmacie est courante, l'infirmière doit porter une attention particulière aux antécédents et aux médicaments (prescrits et en vente libre) (Palmer, 1999). Même si la personne âgée présente parfois une diminution de la fonction mentale, on ne doit pas présumer qu'elle est incapable de donner des renseignements justes; cependant, il est souvent utile de demander à un membre de la famille (par exemple conjoint, enfant adulte, frère, sœur) d'être présent lors de l'entrevue afin de vérifier et de compléter les renseignements obtenus. Pour ce faire, la personne concernée doit évidemment avoir donné son assentiment. La collecte des données auprès des personnes âgées est abordée plus en détail dans le chapitre 24 .

EXAMEN PHYSIQUE

L'examen physique fait partie intégrante de la collecte des données. Les techniques de base et le matériel couramment utilisés pour effectuer cet examen sont présentés dans le présent chapitre. L'examen physique des divers systèmes, notamment les manipulations spéciales, est décrit en détail dans les chapitres correspondant aux affections en cause. Comme l'état nutritionnel de la personne est un élément important de la santé et du bien-être, nous abordons ici la collecte des données sur l'alimentation.

L'examen physique fait suite à l'anamnèse. On l'effectue dans une pièce bien chauffée et bien éclairée. L'infirmière doit faire déshabiller la personne, la couvrir d'un drap et ne dénuder que la région à examiner. Elle ne doit jamais perdre de vue le bien-être physique et psychologique de la personne. Elle doit aussi lui expliquer tous les procédés et leur justification avant chaque étape de l'examen. Elle doit se laver les mains avant et immédiatement après l'examen; ses ongles doivent être courts afin de ne pas blesser la personne. Elle doit porter des gants lorsqu'elle risque d'entrer en contact avec du sang ou des sécrétions corporelles durant l'examen.

Elle doit effectuer l'examen de façon systématique afin d'obtenir des données essentielles dans le laps de temps le plus court possible. Cette méthode favorise la collaboration de la personne et la met en confiance. L'anamnèse fournit à l'infirmière un tableau global de la situation. Elle doit par conséquent s'en servir comme guide pendant toutes les étapes de l'examen physique. Le déroulement de ce dernier dépend des circonstances et de la raison qui a poussé la personne à consulter. On effectue habituellement l'examen complet dans l'ordre suivant:

- Téguments
- Tête et cou
- Fonction respiratoire
- Seins
- Fonction cardiovasculaire
- Abdomen
- Rectum
- Organes génitaux

- Fonction neurologique
- Fonction musculosquelettique

Dans la pratique courante, on examine tous les organes et fonctions de l'organisme pertinents, mais pas nécessairement dans l'ordre ci-dessus (Weber et Kelley, 2003). Par exemple, pendant l'examen du visage, l'infirmière peut en déterminer la symétrie et, par conséquent, vérifier l'intégrité du septième nerf crânien, de sorte qu'elle n'a pas à y revenir lors de l'évaluation du système nerveux. En procédant ainsi, non seulement l'infirmière gagne du temps, mais elle évite aussi d'épuiser inutilement la personne en lui épargnant l'effort de changer constamment de position.

On ne procède pas toujours à un examen physique «complet». La plupart du temps, on n'effectue qu'un examen partiel pour répondre à un besoin précis. Par exemple, si un étudiant en bonne santé âgé de 20 ans doit subir un examen physique avant d'être admis dans une équipe de basketball et s'il ne signale aucun antécédent d'anomalies neurologiques, il est inutile d'effectuer l'évaluation complète de la fonction neurologique. Par contre, cette évaluation est nécessaire si une personne se plaint d'engourdissements passagers et de diplopie (vision double). De même, l'examen de la cage thoracique devra être plus minutieux chez la personne souffrant de douleurs thoraciques que chez celle qui souffre, par exemple, d'otalgie. En général, c'est l'anamnèse qui guide l'infirmière et qui lui permet d'obtenir des données supplémentaires pour établir le profil global.

L'infirmière doit apprendre les techniques de l'examen physique et les mettre en pratique en milieu clinique. C'est seulement lorsqu'elle en maîtrisera les techniques de base et pourra les intégrer dans l'examen complet qu'elle sera en mesure d'effectuer des examens de dépistage systématique comprenant une évaluation minutieuse d'un système de l'organisme particulier et l'utilisation de manipulations spéciales.

Les outils de base pour effectuer l'examen physique sont les sens: vue, odorat, toucher et ouïe. On peut recourir à des instruments spéciaux (par exemple stéthoscope, ophtalmoscope, otoscope) pour prolonger et affiner les sens. Ces outils sont faciles à utiliser. C'est par la pratique que l'infirmière acquerra de l'expérience, et par l'interprétation attentive de ses observations qu'elle pourra se perfectionner. Pour effectuer l'examen physique, l'infirmière utilise quatre techniques de base: l'inspection, la palpation, la percussion et l'auscultation (Weber et Kelley, 2003).

Inspection

L'inspection est la première technique de base que l'infirmière utilise; elle exige un bon sens de l'observation. Habituellement, on doit effectuer une inspection générale lors du premier contact avec la personne. L'infirmière se présente à celle-ci et lui serre la main. Lors de ce bref échange, elle peut enregistrer beaucoup d'impressions et faire de nombreuses observations valables. La personne est-elle jeune ou vieille? Quel âge a-t-elle? Son aspect physique général correspond-il à son âge réel? La personne est-elle maigre ou obèse? Est-elle anxieuse ou déprimée? Son corps paraît-il normal ou est-il déformé d'une quelconque façon? Quelle partie du corps est déformée? À quel degré par rapport à la normale? On ne doit pas se contenter d'énoncés vagues ou généraux, mais faire une description précise et détaillée, reposant sur une observation attentive:

- «La personne semble malade.» Qu'est-ce qui fait dire que la personne semble malade? Est-elle pâle? Sa peau est-elle moite, jaune ou cyanosée? A-t-elle des grimaces de douleur? A-t-elle de la difficulté à respirer? Présente-t-elle un œdème? Quelles caractéristiques physiques ou manifestations comportementales précises illustrent le fait qu'elle semble *malade*?
- «La personne semble souffrir d'une maladie chronique.» Qu'est-ce qui permet de l'affirmer? La personne semble-t-elle avoir perdu du poids? L'aspect du corps est différent selon qu'il s'agit d'une simple perte de poids ou d'une perte de poids résultant d'un cancer ou d'un autre trouble entraînant une perte de la masse musculaire (par exemple le sida). La perte s'accompagne alors d'une diminution de la masse musculaire ou d'une atrophie des muscles. L'état de la peau laisse-t-il soupçonner une maladie chronique? La peau est-elle pâle, déshydratée ou flasque à cause d'une perte de tissus sous-cutanés? L'infirmière doit noter toutes ces observations importantes dans le dossier de la personne.

Au cours de l'examen initial, l'infirmière doit noter des observations générales portant notamment sur la posture et la stature, les mouvements du corps, l'état nutritionnel, l'élocution et les signes vitaux.

Posture et stature

La posture peut donner des indices importants sur l'affection dont souffre la personne. Par exemple, les personnes qui souffrent de dyspnée secondaire à une cardiopathie préfèrent rester assises et se plaignent qu'elles étouffent quand elles s'étendent même pendant un bref moment. Les personnes souffrant d'une broncopneumopathie chronique obstructive (BPCO) restent assises avec le dos droit dans une posture tout à fait caractéristique; elles étirent les bras vers l'avant et les placent de chaque côté du lit (position du tripode) afin que les muscles respiratoires accessoires soient dans une position qui facilite la respiration. Les personnes souffrant de douleurs abdominales dues à une péritonite préfèrent rester en position couchée, sans bouger; le moindre mouvement imprimé au lit peut les faire gémir. Les personnes souffrant de douleurs abdominales provoquées par une colique hépatique ou néphrétique sont très agitées et ont de la difficulté à rester couchées dans une même position. Les personnes atteintes d'un syndrome méningé accompagné de céphalées ne peuvent ni pencher la tête ni fléchir les genoux sans que leur douleur soit exacerbée.

Mouvements du corps

On peut classer les anomalies de mouvements en deux grandes catégories: perturbation des mouvements volontaires ou involontaires et asymétrie des mouvements. Dans la première catégorie figurent les différents types de tremblements. Certains se produisent au repos (maladie de Parkinson), d'autres seulement lors d'un mouvement volontaire (ataxie cérébelleuse), d'autres encore au repos comme à l'effort (syndrome du sevrage de l'alcool, thyrotoxicose). Certains mouvements volontaires ou involontaires sont fins, d'autres très accentués, comme les spasmes convulsifs de l'épilepsie ou du tétanos et les convulsions choréiques (involontaires et irrégulières) des personnes atteintes de rhumatisme articulaire aigu ou de la chorée de Huntington. L'infirmière doit aussi noter la spasticité, les spasmes musculaires et une démarche anormale.

On observe l'asymétrie des mouvements dans certaines affections du système nerveux central (SNC), en particulier l'accident vasculaire cérébral. L'asymétrie des mouvements se traduit par l'altération d'un seul côté du corps. La personne peut présenter un affaissement d'un côté du visage ou être incapable de bouger normalement les membres supérieurs ou inférieurs du côté droit ou gauche. Comme la personne a moins de force du côté affecté, elle ne peut pas se déplacer sans traîner le pied. On peut aussi observer une spasticité (augmentation du tonus musculaire), en particulier chez les personnes atteintes de sclérose en plaques.

Alimentation

Il est important d'évaluer l'état nutritionnel de la personne. L'obésité peut être généralisée, à cause d'un apport énergétique excessif, ou localisée au tronc, en raison d'un trouble endocrinien comme la maladie de Cushing ou d'une corticothérapie prolongée. Une perte de poids généralisée peut résulter d'un régime amaigrissant, mais une perte de la masse musculaire peut traduire une maladie qui entrave la synthèse des protéines. L'évaluation de l'état nutritionnel est abordée en détail plus loin.

Élocution

Les défauts d'élocution peuvent être dus à une maladie du SNC ou à une incapacité d'articuler due à une lésion des nerfs crâniens. Une lésion du nerf laryngé récurrent ou une maladie qui provoque un œdème des cordes vocales peut provoquer une raucité de la voix. Chez les personnes atteintes de certaines affections du SNC (sclérose en plaques), la voix peut être saccadée ou hésitante.

Signes vitaux

Au cours de tout examen physique, l'infirmière doit prendre les signes vitaux – pression artérielle, pouls, respiration et température corporelle – puis les noter dans le dossier de la personne. Elle doit aussi indiquer les changements importants et les tendances, et signaler au médecin les changements inattendus ainsi que les valeurs qui s'écartent considérablement des valeurs normales de la personne. Enfin, elle doit évaluer la douleur (le cinquième signe vital) et l'inscrire dans le dossier.

La fièvre est une élévation de la température corporelle au-dessus de la normale. La température buccale normale est de 37,0 °C en moyenne. Toutefois, chez certaines personnes une température de 36,6 °C ou de 37,3 °C peut être normale. De plus, on observe des variations de 1 ou 2 degrés au cours de la journée. Chez la plupart des gens, la valeur la plus basse peut être mesurée tôt le matin. La température monte ensuite jusqu'aux environs de 37,3 ou 37,5 °C, puis redescend au cours de la nuit.

Palpation

La palpation est une partie importante de l'examen physique. Les techniques de palpation légère et profonde permettent à l'infirmière d'examiner de nombreuses parties de l'organisme qui sont invisibles à l'œil nu (figure 5-3 ■). Par exemple, elle peut palper les vaisseaux sanguins superficiels, les ganglions lymphatiques, la thyroïde, les organes abdominaux et pelviens et le rectum. Lors de l'examen de l'abdomen, on effectue l'auscultation avant la palpation et la percussion afin de ne pas modifier les bruits intestinaux.

La palpation permet également de déceler certains bruits organiques si leur intensité se situe entre des limites précises, par exemple certains bruits cardiaques ou certains frémissements vasculaires. Les frémissements provoquent une sensation de vibration qui ressemble au ronronnement d'un chat. Les vibrations de la voix, qui cheminent le long des bronches jusqu'à la périphérie des poumons, peuvent être décelées par palpation. Ces vibrations, qui portent le nom de *frémissement vocal*, peuvent être diminuées ou absentes dans certaines affections pulmonaires.

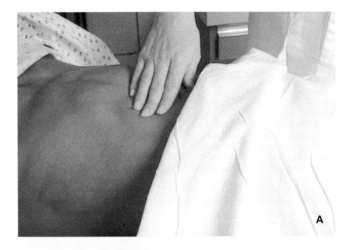

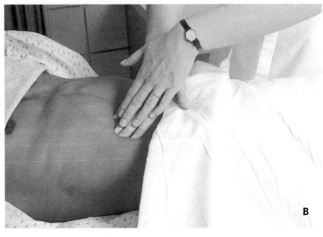

FIGURE **5-3** ■ Techniques **(A)** de palpation légère et **(B)** de palpation profonde. Photo © Ken Kasper.

Percussion

La percussion (figure 5-4 ■) est une technique qui consiste à frapper sur une surface du corps afin de provoquer l'émission de sons qui varieront en qualité selon la densité du tissu sous-jacent. Cette technique est difficile à maîtriser, mais elle permet de recueillir des renseignements importants sur les affections touchant l'abdomen et le thorax. Par ailleurs, son efficacité est limitée à une profondeur de 5 à 7 cm environ et à un diamètre de 2 à 3 cm environ. On percute la paroi thoracique ou abdominale en utilisant les doigts fléchis ensemble soit directement sur la paroi à percuter, soit en utilisant le majeur de la main non dominante comme plessimètre afin de produire des vibrations (figure 5-4). Le bruit qu'on entend reflète la densité des tissus sous-jacents. À la percussion, certains tissus ont une sonorité particulière, qu'on désigne par les termes suivants, en allant du son le plus fort au son le plus faible: tympanisme, hypersonorité, sonorité, submatité et matité. Le tympanisme est un son bourdonnant produit par la percussion d'un estomac contenant des bulles d'air. L'hypersonorité est audible lors de la percussion de tissus pulmonaires emphysémateux. La sonorité caractérise des poumons remplis d'air. La percussion du foie produit une submatité, et celle de la cuisse, une matité.

La percussion permet de noter des détails anatomiques normaux comme les contours du foie et la descente du diaphragme pendant l'inspiration. Elle permet aussi de déterminer l'importance d'un épanchement pleural (liquide dans la cavité pleurale) ou le siège d'une pneumonie ou de l'atélectasie (affaissement) d'un lobe du poumon. Les autres applications de cette technique sont expliquées dans les chapitres consacrés aux affections du thorax et de l'abdomen.

Auscultation

L'auscultation consiste à écouter les bruits organiques produits par la circulation de l'air ou d'un liquide, par exemple bruits respiratoires, vibrations vocales, bruits intestinaux, souffles et bruits cardiaques. Les bruits physiologiques peuvent être normaux (par exemple premier et deuxième bruits du cœur) ou pathologiques (par exemple souffle diastolique ou crépitations pulmonaires). Certains bruits normaux peuvent être déformés par un processus pathologique. Ainsi, chez une personne atteinte de pneumonie lobaire, les bruits de la respiration sont modifiés quand l'air doit traverser les poumons encombrés de sécrétions.

Le stéthoscope, qui prolonge l'oreille humaine, permet de détecter les bruits produits par l'organisme s'ils sont d'une amplitude suffisante. Le stéthoscope comporte deux pièces: la cupule et le diaphragme. La cupule permet de mieux entendre les bruits de très basse fréquence, comme les souffles diastoliques. Afin de ne pas réduire les vibrations audibles, on doit placer la cupule de telle sorte que toute sa surface touche légèrement la peau. Le diaphragme est un disque plus large qui permet de capter les bruits de haute fréquence, comme les bruits du cœur et les bruits respiratoires. On doit le placer fermement contre la peau (figure 5-5 ■). Pendant l'auscultation, l'infirmière doit éviter de toucher le tube ou de frotter d'autres surfaces (cheveux, vêtements) afin de ne pas être dérangée par les bruits parasites.

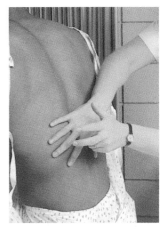

FIGURE **5-4** ■ Technique de percussion. Appuyer fermement la phalange distale du majeur (plessimètre) sur la paroi thoracique. Percuter cette phalange avec le majeur de l'autre main. Si la percussion est forte, elle produira un son clair et court. Plus le mouvement est rapide, plus le son produit est clair. Son intensité dépend de la force de percussion. Photo © Ken Kasper.

À l'instar de tous les autres sons, les bruits produits par l'organisme se caractérisent par leur intensité, leur fréquence et leur tonalité. L'intensité des bruits physiologiques est habituellement faible. C'est pourquoi on utilise le stéthoscope. Les sons organiques sont en fait des bruits, puisqu'ils se composent d'un mélange d'ondes de diverses fréquences, contrairement aux sons à fréquence unique qu'on associe à la musique ou qui sont produits par le diapason. La fréquence peut être basse (bruit rappelant un grondement) ou élevée (bruit strident ou sifflant). La tonalité est la caractéristique qui nous permet de distinguer différents sons. Elle permet à l'infirmière de distinguer la respiration sifflante, dont la tonalité est aiguë, du souffle diastolique, dont la tonalité est grave.

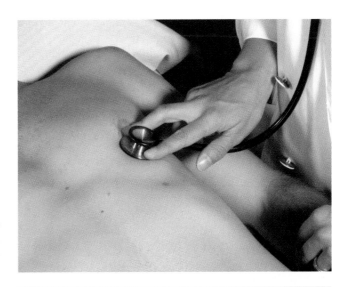

FIGURE **5-5** ■ Technique d'auscultation du cœur. Source: Université du Québec à Trois-Rivières, Service du soutien pédagogique et technologique, Claude Demers.

Évaluation nutritionnelle

L'évaluation nutritionnelle détaillée fait souvent partie intégrante de l'anamnèse et de l'examen physique. L'alimentation joue un rôle important dans le maintien de la santé et dans la prévention des affections et de la mort (Kant, Schatzkin, Graubard et Schairer, 2000 ; Landi, Onder, Gambassi *et al.*, 2000 ; Stampfer, Hu et Manson, 2000). De nos jours, les affections provoquées par les carences nutritionnelles, les excès alimentaires ou les régimes déséquilibrés sont devenues une cause importante de morbidité et de mortalité au Canada. Les trois principales causes de décès – cardiopathie, cancer et accidents vasculaires cérébraux – sont en partie reliées aux répercussions d'une alimentation inadéquate (Hensrud, 1999). D'autres problèmes, tels que l'obésité, l'ostéoporose, la cirrhose, la diverticulose et les troubles de l'alimentation, sont associés à des perturbations nutritionnelles. En cas d'affections ou de lésions, l'alimentation peut jouer un rôle essentiel dans la guérison et améliorer la résistance aux infections et à d'autres complications (Braunschweig, Gomez et Sheean, 2000). Le bilan nutritionnel permet d'obtenir des données sur l'excès de poids, la sous-alimentation, la perte de poids, la malnutrition, les carences en certains éléments nutritifs, les troubles métaboliques, les effets des médicaments sur l'alimentation, ainsi que sur les problèmes particuliers de la personne hospitalisée ou de la personne soignée à la maison ou dans d'autres milieux communautaires.

Certains signes et symptômes de troubles nutritionnels sont faciles à déceler, car ils sont caractéristiques. D'autres signes physiques peuvent être subtils et doivent être évalués soigneusement. Tout signe physique qui évoque un trouble nutritionnel doit faire l'objet d'une évaluation. Par exemple, certains signes qui semblent indiquer une carence nutritionnelle peuvent en fait traduire une affection systémique (par exemple un trouble endocrinien ou une maladie infectieuse). D'autres peuvent découler d'un problème digestif ou d'un problème affectant la capacité d'absorption, d'excrétion ou de stockage des éléments nutritifs dans l'organisme.

L'ordre dans lequel les paramètres sont examinés peut varier, mais l'évaluation nutritionnelle comprend une ou plusieurs des méthodes suivantes : mesure de l'indice de masse corporelle (IMC) et du tour de taille, valeurs biochimiques (albumine, transferrine, préalbumine, alpha-microglobuline, numération lymphocytaire, taux d'électrolyte, index de créatinurie/taille), résultats des examens cliniques et données sur l'alimentation.

INDICE DE MASSE CORPORELLE

L'indice de masse corporelle (IMC) est une mesure permettant d'évaluer la relation entre le poids corporel et la taille. On compare ensuite les valeurs obtenues aux normes établies. Pour établir l'IMC, on peut utiliser la formule suivante :

$$IMC = poids(kg)/taille(m)^2$$

Cependant, on considère que les tendances ou les changements notés au fil du temps sont plus utiles que les mesures isolées ou uniques. L'IMC (figure 5-6 ■) est étroitement lié à l'adiposité corporelle, mais une augmentation de la masse maigre ou une grosse ossature peut aussi l'augmenter.

Santé Canada (2001) a défini des catégories d'IMC qui permettent de déterminer le niveau de risque pour la santé, comparativement à la catégorie « poids normal » (tableau 5-2 ■).

Les personnes qui sont à 80 % ou moins de leur poids corporel idéal par rapport à leur taille ont des risques accrus de présenter des problèmes associés à un état nutritionnel médiocre. De plus, un faible IMC est associé à un taux de mortalité plus élevé chez les personnes hospitalisées et les personnes âgées qui résident dans la communauté (Landi *et al.*, 2000 ; Landi, Zuccala, Gambassi *et al.*, 1999).

Il est important d'évaluer le poids corporel et la taille habituels de la personne. Le poids pris à un moment donné ne fournit pas de renseignements sur les changements récents. L'infirmière doit donc demander à la personne quel est son poids corporel habituel et le comparer avec les données actuelles. Une diminution de la taille peut être due à l'ostéoporose, un problème grave relié à l'alimentation, particulièrement chez les femmes ménopausées. Une perte de taille de 2,5 à 7,5 cm peut indiquer une ostéoporose.

Outre le calcul de l'IMC, il est particulièrement utile de mesurer la circonférence de l'abdomen chez les personnes ayant un poids normal ou une surcharge pondérale. Pour déterminer la circonférence de l'abdomen, on place un ruban à mesurer dans un plan horizontal autour de l'abdomen au niveau de la crête iliaque.

Selon Santé Canada (2001), les seuils du tour de taille permettent d'évaluer le risque pour la santé associé à un excès d'adiposité abdominale, plus particulièrement chez les personnes ayant un IMC compris entre 18,5 et 34,9. Ces seuils ont été fixés en fonction du sexe :

■ Hommes : tour de taille ≥ 102 cm

■ Femmes : tour de taille ≥ 88 cm

Un tour de taille supérieur à ces seuils est associé à un risque accru de plusieurs affections chroniques dont le diabète de type 2, la coronaropathie et l'hypertension. La mesure du tour de taille ne donne pas davantage d'informations quant au risque pour la santé (Santé Canada, 2001).

VALEURS BIOCHIMIQUES

Les valeurs biochimiques nous renseignent sur la concentration tissulaire des éléments nutritifs et sur toute anomalie métabolique dans l'utilisation de ceux-ci. On les détermine à partir d'analyses du sérum (protéine sérique, sérumalbumine, globuline sérique, transferrine, alpha-microglobuline, hémoglobine, vitamine A sérique, carotène et vitamine C) et des analyses d'urine (créatinine, thiamine, riboflavine, niacine et iode). Même si elles reflètent un apport récent des éléments décelés, certaines de ces épreuves peuvent aussi révéler des taux inférieurs aux valeurs normales en l'absence de symptômes cliniques ou de déficience. Les indices standard des protéines sériques sont présentés dans le tableau 5-3 ■.

Lorsqu'elles sont faibles, les concentrations d'albumine sérique et de transferrine indiquent souvent une carence protéique chez l'adulte. On exprime ces concentrations en pourcentage des valeurs normales. La synthèse de l'albumine a lieu dans le foie, lequel doit fonctionner normalement et être adéquatement alimenté en acides aminés. Comme l'organisme

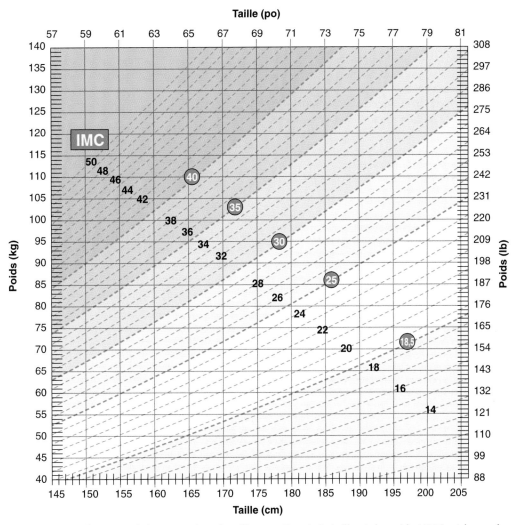

Pour connaître l'IMC, on doit trouver le point d'intersection de la taille et du poids. L'IMC est le nombre inscrit sur la ligne brisée la plus proche du point d'intersection. Par exemple, un poids de 69 kg et une taille de 173 cm donnent un IMC d'environ 23, qui se situe dans la catégorie « poids normal ».

FIGURE **5-6** ■ Calcul de l'indice de masse corporelle (IMC). Source : Santé Canada (2001).
Lignes directrices canadiennes pour la classification du poids chez les adultes. Ottawa : Santé Canada.
Reproduit avec la permission du Ministre des Travaux publics et Services gouvernementaux Canada, 2005.

IMC et niveau de risque pour la santé

TABLEAU 5-2

IMC	Catégorie de poids	Niveau de risque pour la santé
< 18,5	Poids insuffisant	Risque accru
18,5 - 24,9	Poids normal	Moindre risque
25,0 - 29,9	Excès de poids	Risque accru
30,0 - 34,9	Obésité classe I	Risque élevé
35,0 - 39,9	Obésité classe II	Risque très élevé
≥ 40,0	Obésité classe III	Risque extrêmement élevé

Source: Santé Canada (2001). *Lignes directrices canadiennes pour la classification du poids chez les adultes.* Ottawa: Santé Canada.

stocke une grande quantité d'albumine, la concentration d'albumine sérique peut rester stable à moins d'une malnutrition grave. Par conséquent, l'utilité de la mesure de l'albumine dans la détection d'une carence protéique récente est limitée. Une diminution des concentrations d'albumine peut être associée à une hyperhydratation, à une affection hépatique ou à une néphropathie et à une perte protéique excessive due à des brûlures, une chirurgie importante, une infection ou un cancer (Dudek, 2000). La transferrine est une protéine qui fixe le fer provenant des intestins et le transporte dans le sérum. Comme elle a une demi-vie courte, sa concentration diminue plus rapidement que celle de l'albumine lorsqu'il y a carence protéique. Pour évaluer les résultats de la thérapie nutritionnelle, on mesure à intervalles réguliers les taux de transferrine et les concentrations d'albumine et de préalbumine.

Même si elle n'est pas offerte dans tous les laboratoires, l'analyse de l'alpha-microglobuline est un moyen efficace pour surveiller les variations fortes et à court terme de l'état protéique.

Chez les personnes qui souffrent de malnutrition grave liée au stress et à un régime hypoénergétique, une réduction de la numération lymphocytaire totale est associée à l'altération de l'immunité à médiation cellulaire (Dudek, 2000). L'anergie, qui se traduit par l'absence de réaction spécifique à une injection sous-cutanée d'une petite concentration d'antigène de rappel, peut aussi indiquer une malnutrition entraînant un retard dans la réaction humorale et la synthèse des anticorps.

Le taux d'électrolyte sérique donne des indications sur l'équilibre hydroélectrolytique et la fonction rénale. L'index de créatinurie/taille calculé sur une période de 24 heures permet de déterminer le tissu métaboliquement actif et indique l'importance de l'épuisement protéique en comparant la masse corporelle normale en fonction de la taille et la masse cellulaire réelle de l'organisme. On prélève un échantillon d'urine de 24 heures, puis on mesure la quantité de créatinine pour la comparer aux valeurs normales en se fondant sur la taille et le sexe de la personne. Des valeurs inférieures à la normale peuvent indiquer une perte de la masse maigre et une carence protéique.

EXAMEN PHYSIQUE

L'aspect physique traduit souvent l'état nutritionnel. Bien qu'un poids normal par rapport à la taille, à l'ossature et à l'âge soit le signe le plus évident d'une bonne nutrition, l'état des tissus peut également refléter l'état nutritionnel général ou l'apport d'éléments nutritifs particuliers. Ces tissus sont notamment les suivants: cheveux, peau, dents, gencives, muqueuses, bouche et langue, muscles squelettiques, abdomen, membres inférieurs et glande thyroïde (tableau 5-4 ■). Les éléments particuliers de l'examen physique qui servent à déterminer les carences nutritionnelles sont notamment l'examen de la cavité buccale et l'examen de la peau (signe du pli cutané, œdème, souplesse, sécheresse, tonus sous-cutané, retard de cicatrisation des plaies et des ulcères, purpura et ecchymoses). L'examen des muscles et de l'ossature fournit aussi des renseignements sur l'atrophie et la faiblesse musculaires.

COLLECTE DES DONNÉES SUR L'ALIMENTATION

Afin de déterminer l'apport habituel en éléments nutritifs, on doit connaître la quantité et la qualité des aliments consommés habituellement par la personne, ainsi que la fréquence à laquelle elle prend certains aliments en particulier. Pour établir les quantités d'aliments consommés, on emploie les mesures utilisées au domicile (tasse, verre, cuillère à thé, etc.) Pour faire le relevé alimentaire, l'infirmière peut demander à la personne de tenir un journal des aliments absorbés ou de faire un rappel de 24 heures. L'infirmière doit expliquer la méthode utilisée, ainsi que la façon de mesurer et de noter l'apport alimentaire.

Journal alimentaire

Pour l'étude de l'état nutritionnel, l'infirmière utilise le plus souvent le journal alimentaire. Elle demande à la personne d'y inscrire tous les aliments consommés pendant une période donnée, habituellement comprise entre 3 et 7 jours. Elle lui enseigne comment évaluer et décrire avec précision les aliments qu'elle prend. Cette méthode donne des résultats assez précis si la personne inscrit sa consommation réelle et si elle est capable d'évaluer la quantité d'aliments absorbés.

Rappel de 24 heures

Le rappel de 24 heures consiste à noter tous les aliments consommés pendant une période de 24 heures. L'infirmière demande à la personne d'énumérer tout ce qu'elle a mangé le jour précédent en précisant le moment et les quantités. Toutefois, les renseignements recueillis ne traduisent pas toujours fidèlement la consommation habituelle. C'est pourquoi, à la fin de l'entrevue, l'infirmière doit demander à la personne si la ration d'aliments de la journée précédente était semblable à celle des autres jours. Afin d'obtenir des renseignements supplémentaires sur la consommation type, l'infirmière doit connaître la fréquence à laquelle la personne absorbe des aliments provenant des différents groupes.

Entrevue

Afin que la personne soit suffisamment à l'aise pour donner des renseignements exacts, l'infirmière doit établir une relation fondée sur le respect et la confiance. Elle commence en expliquant le but de l'entrevue et elle poursuit en se montrant souple et non directive pour permettre à la personne d'exprimer ses idées et ses sentiments. En même temps, l'infirmière doit inciter la personne à répondre aux questions. Sa façon de l'interroger peut avoir une influence sur sa collaboration. C'est ainsi que l'infirmière doit s'abstenir de porter des jugements et d'exprimer sa désapprobation, soit directement, par un commentaire, soit indirectement, par l'expression de son visage.

L'infirmière doit parfois poser plusieurs questions pour recueillir toutes les données dont elle a besoin. Pour connaître le type et la quantité d'aliments consommés, elle ne doit pas suggérer à la personne des réponses sur la grosseur de la portion servie, mais formuler ses questions de façon à la déterminer sans équivoque. Par exemple, pour déterminer la grosseur d'un hamburger, elle peut poser la question suivante: «Combien de hamburgers préparez-vous avec 500 g de viande hachée?» Pour déterminer la taille des portions de viande, de gâteau ou de tarte, elle peut aussi

Indices standard pour mesurer les taux de protéines sériques	TABLEAU 5-3

Protéine sérique	Taux normal
Albumine	35-50 g/L
Transferrine	> 0,2 g/L
Préalbumine	150-360 mg/L
Alpha-microglobuline	26-77 mg/L

SOURCE: S.G. Dudek (2001). *Nutrition essentials for nursing practice* (4e éd.). Philadelphie: Lippincott Williams & Wilkins.

Signes physiques révélant l'état nutritionnel

TABLEAU
5-4

	Signes d'une bonne alimentation	Signes d'une mauvaise alimentation
Apparence générale de la personne	Alerte, réceptive	Apathique, semblant souffrir d'une affection grave ou chronique
Cheveux	Brillants, lustrés, vigoureux; cuir chevelu sain	Ternes, secs, cassants, décolorés, tombant facilement; minces et clairsemés
Visage	Teint uniforme; apparence saine	Peau foncée au-dessus des joues et sous les yeux, squameuse, visage boursouflé ou joues creuses
Yeux	Brillants, clairs, humides	Membranes pâles, sèches (xérophtalmie); vascularité accrue, cornée ramollie (kératomalacie)
Lèvres	Souples et roses	Œdématiées; lésions aux commissures (chéilite)
Langue	Rouge foncé; papilles en surface	Lisse, œdématiée, de couleur pourpre, lésions, papilles atrophiées
Dents	Droites, bien espacées, sans caries, blanches	Caries, dents tachetées (fluorose), mal implantées, déchaussées
Gencives	Fermes et roses	Spongieuses; saignant facilement; bordures rouges, rétractées
Glande thyroïde	De taille et volume normaux	Hypertrophiée (goitre simple)
Peau	Lisse, coloration normale, hydratée	Rêche, sèche, squameuse, œdématiée, pâle, hyperpigmentée; absence de tissu adipeux sous-cutané
Ongles	Durs, rosés	Souples, en cuillères, striés, cassants
Squelette	Bonne posture, absence de déformation	Mauvaise posture, côtes saillantes, jambes arquées, genoux cagneux
Muscles	Bien développés, fermes	Flasques, insuffisamment développés, faible tonus, atrophiés
Membres supérieurs et inférieurs	Aucune douleur ou sensibilité particulière	Faiblesse, paresthésie, hypoesthésie, présence d'œdème
Abdomen	Plat	Proéminent, concave
Réflexes ostéotendineux	Réflexes normaux	Diminution ou absence des réflexes ostéotendineux
Poids	Proportionnel à la taille, à l'âge et à la masse corporelle	Surpoids ou maigreur

recourir à des modèles étalonnés, en plastique, ou inscrire les quantités en unités de mesure d'usage courant, par exemple en tasses, en cuillères à soupe, en millilitres ou en litres (pour les boissons).

Quand la personne parle d'un plat cuisiné en particulier, comme un ragoût, l'infirmière doit lui faire préciser les ingrédients et les quantités utilisées, et les inscrire par ordre décroissant. Quand on inscrit la quantité de chaque ingrédient, on doit indiquer si l'aliment a été consommé cru ou cuit, ainsi que le nombre de portions préparées. Quand la personne a fini le rappel de 24 heures, on lui lit la liste de ce qu'elle a consommé et on lui demande si elle n'a rien oublié (par exemple un fruit, un gâteau, un bonbon, une collation, un amuse-gueule, une boisson alcoolisée, etc.).

Pendant la collecte des données, l'infirmière doit également se renseigner sur la méthode de cuisson des aliments, sur leur provenance (dons, achats avec coupons primes), sur les habitudes d'achat, sur les suppléments de vitamines et de minéraux consommés régulièrement, ainsi que sur les revenus de la personne.

Particularités reliées à la culture et à la religion

La culture d'une personne détermine en grande partie les aliments qu'elle consomme et sa manière de les cuisiner et de les servir. Les pratiques culturelles et religieuses peuvent interdire ou dicter la consommation de certains aliments, en particulier les jours de fête ou lors d'événements familiaux. Les croyances religieuses et les coutumes sont importantes pour bien des gens, et l'infirmière doit en tenir compte lorsqu'elle recueille des données sur ce sujet. Elle doit éviter les stéréotypes et ne pas tenir pour acquis que les personnes issues d'une culture ou d'une religion en particulier adhèrent toutes aux mêmes coutumes alimentaires.

ANALYSE ET INTERPRÉTATION DES DONNÉES SUR L'ALIMENTATION

Une fois la collecte des données sur l'alimentation terminée, l'infirmière doit analyser la valeur nutritive des aliments. Pour déterminer si la personne a un régime alimentaire généralement équilibré, elle peut comparer son apport alimentaire aux recommandations du guide alimentaire de Santé Canada (figure 5-7 ■). Ce dernier comprend quatre groupes alimentaires de base. Ses recommandations portent sur la variété des aliments, les portions pour chaque groupe d'aliments et la consommation modérée des aliments à teneur élevée en gras ou en énergie. L'infirmière doit comparer l'apport alimentaire de la personne aux portions quotidiennes recommandées en fonction de l'âge.

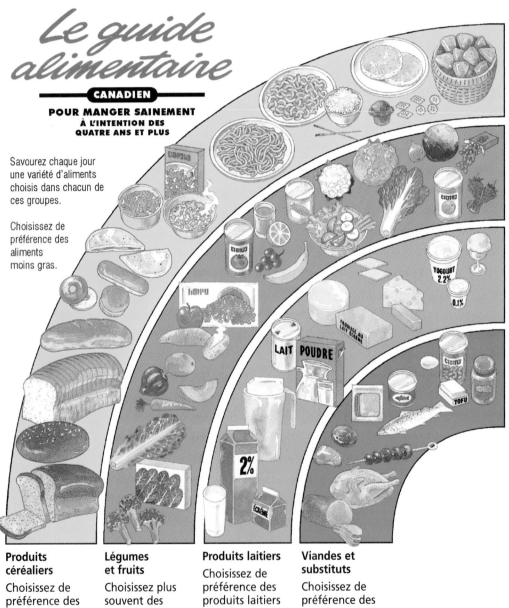

FIGURE **5-7** ■ Guide alimentaire canadien pour manger sainement. SOURCE: Santé Canada (2003). *Le guide alimentaire canadien pour manger sainement.* Bureau de la politique et de la promotion de la nutrition, Direction générale des produits de santé et des aliments (page consultée le 22 avril 2005), [en ligne], www.hc-sc.gc.ca/hpfb-dgpsa/onpp-bppn/food_guide_rainbow_f.html]. Reproduit avec la permission du Ministre des Travaux publics et Services gouvernementaux Canada, 2005.

Si elle désire connaître l'apport de certains éléments nutritifs précis, comme la vitamine A, le fer ou le calcium, l'infirmière ou la diététiste doit analyser ce que consomme la personne en consultant une liste d'aliments indiquant leur composition et leur valeur nutritive. Elle doit ensuite calculer l'apport de chaque élément nutritif en grammes ou en milligrammes. Elle compare ensuite l'apport nutritif total aux

taux quotidiens recommandés en fonction de l'âge, du sexe et de certaines circonstances, comme la grossesse ou l'allaitement (Monsen, 2000). L'infirmière participe souvent à l'évaluation du régime alimentaire de la personne et transmet les renseignements à la diététiste et au reste de l'équipe multidisciplinaire pour permettre une évaluation plus approfondie et l'élaboration d'interventions alimentaires cliniques.

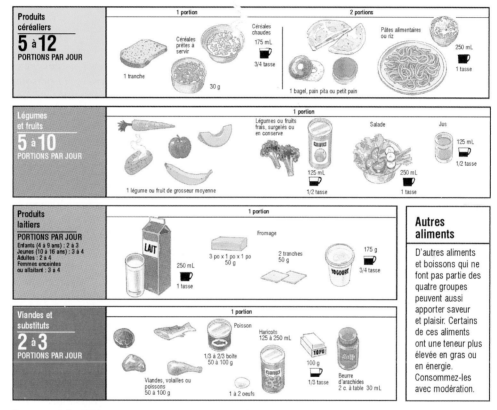

Des quantités différentes pour des personnes différentes
La quantité que vous devez choisir chaque jour dans les quatre groupes alimentaires et parmi les autres aliments varie selon l'âge, la taille, le sexe, le niveau d'activité; elle augmente durant la grossesse et l'allaitement. Le guide alimentaire propose un nombre plus ou moins grand de portions pour chaque groupe d'aliments. Ainsi, les enfants peuvent choisir les quantités les plus petites et les adolescents, les plus grandes. La plupart des gens peuvent choisir entre les deux.

Consultez le *Guide d'activité physique canadien pour une vie active saine* pour vous aider à mettre l'activité physique au programme de votre vie de tous les jours.

Mangez bon, mangez bien. Bougez. Soyez bien dans votre peau. C'est ça la VITALITÉ.

© Ministre de Travaux publics et Services gouvernementaux Canada, 1997
Cat. H39-252/1992F   ISBN 0-662-97564-2
Toute modification est interdite. Peut être reproduit sans autorisation.

FIGURE **5-7** ■ *(suite) Remarque:* Le *Guide alimentaire canadien* est actuellement en cours de révision. Veuillez consulter le site indiqué à la page précédente pour connaître les mises à jour.

Facteurs influant sur l'état nutritionnel dans diverses situations

Le bilan azoté reflète les gains ou les pertes en protéines. Chez l'adulte dont le bilan azoté est équilibré, la quantité d'azote absorbée (d'origine alimentaire) est égale à la quantité excrétée (dans les urines, les selles et la transpiration). Un bilan azoté équilibré est un signe de bonne santé. Le bilan azoté est positif quand la quantité d'azote absorbée est supérieure à la quantité excrétée. Il s'agit d'un indice de croissance tissulaire, par exemple lors de la grossesse, pendant l'enfance ou au cours du rétablissement qui suit une intervention chirurgicale et la formation de nouveaux tissus. Le bilan azoté est négatif quand les tissus se décomposent plus rapidement qu'ils ne se forment. Faute d'un apport protéique approprié, l'organisme transforme ses propres protéines en glucose, ce qui lui permet d'obtenir de l'énergie. Un apport protéique inapproprié peut être le résultat de la fièvre, d'une intervention chirurgicale, de brûlures ou de certaines affections chroniques. Chaque gramme d'azote excrété qui n'est pas remplacé représente une perte de 6,25 g de protéines ou de 25 g de tissu musculaire. Par conséquent, un bilan azoté qui reste négatif pendant 10 jours, à raison de 10 g par jour, peut signifier une perte de 2,5 kg de tissu musculaire.

Quand ils s'accompagnent d'anorexie (perte de l'appétit), les troubles qui entraînent un bilan azoté négatif peuvent provoquer une malnutrition. Celle-ci retarde la cicatrisation des plaies, prédispose aux infections et aux complications, augmente la durée de l'hospitalisation et prolonge l'alitement chez les personnes hospitalisées (Bender, Pusateri, Cook *et al.*, 2000).

La personne hospitalisée peut présenter une alimentation déficiente à cause de l'affection ou du problème qui a entraîné son hospitalisation ou parce que la nourriture offerte à l'hôpital lui est inhabituelle ou peu appétissante (Dudek, 2000 ; Wilkes, 2000). Celle qui se soigne à la maison peut être trop malade ou trop fatiguée pour aller s'acheter de la nourriture et la cuisiner ; elle peut également être incapable de manger en raison d'autres problèmes ou de limitations physiques. De plus, lorsqu'une personne dispose d'un faible revenu ou doit acheter des médicaments dont le prix est élevé, cela peut l'empêcher d'acheter des aliments nourrissants. Les personnes qui n'ont pas de logement adéquat ou d'installations pour cuisiner risquent également de mal s'alimenter.

Aujourd'hui, il est possible de recevoir des traitements complexes (par exemple ventilation assistée, perfusions intraveineuses, chimiothérapie) en clinique externe ou à la maison. Le bilan nutritionnel est donc un élément important du plan thérapeutique aussi bien à domicile que dans la communauté et à l'hôpital (Dabrowski et Rombeau, 2000 ; Worthington, Gilbert et Wagner, 2000).

De nombreux médicaments peuvent également modifier l'état nutritionnel. Certains peuvent couper l'appétit, irriter les muqueuses ou provoquer des nausées et des vomissements. D'autres peuvent modifier la flore intestinale ou entraver l'absorption des éléments nutritifs entraînant ainsi une malnutrition secondaire. Les personnes qui doivent prendre plusieurs médicaments chaque jour ressentent souvent une plénitude gastrique qui les empêche de manger. L'infirmière doit évaluer les médicaments prescrits et les médicaments en vente libre utilisés par la personne, ainsi que leurs effets sur l'appétit et l'apport alimentaire. Le tableau 5-5 ■ présente de nombreux facteurs qui altèrent l'état nutritionnel.

Évaluation de l'état nutritionnel

Pour déterminer l'état nutritionnel de la personne, on utilise conjointement les mesures de l'IMC, la mesure du tour de taille, les valeurs biochimiques et les données cliniques et alimentaires. En règle générale, l'IMC, le tour de taille, les valeurs biochimiques et les données alimentaires donnent plus d'information que l'examen physique. En effet, celui-ci ne peut pas révéler des carences infracliniques, sauf si elles sont importantes au point que la personne présente des symptômes apparents. Une carence prolongée en éléments nutritifs peut entraîner une baisse des taux biochimiques, et sans intervention nutritionnelle, la personne peut présenter des signes et symptômes caractéristiques et observables (tableau 5-4). On doit élaborer le plan d'action des interventions nutritionnelles en se fondant sur les résultats du bilan nutritionnel et sur le profil de cette dernière. Pour être efficace, ce plan doit répondre aux besoins de cette dernière : apport nutritionnel équilibré, maintien ou contrôle du poids, augmentation des apports nutritionnels au besoin.

Particularités reliées à l'adolescent

L'adolescence est une période critique, car c'est à cette étape que se créent bon nombre d'habitudes alimentaires qu'on conservera toute sa vie et c'est également une période de croissance intense. Par conséquent, la collecte des données et l'analyse de l'apport nutritionnel sont très importants. Selon une récente étude canadienne, la prévalence de l'obésité chez les jeunes a plus que doublé entre 1981 et 1996 (Tremblay et Willms, 2000). Malgré cela, la consommation totale de lait a diminué de 36 % comparativement aux années précédentes (Cavadini, Siega-Riz et Popkin, 2000). De plus, la consommation de cinq portions quotidiennes de fruits et de légumes n'est pas respectée.

Les adolescentes sont particulièrement exposées au risque de malnutrition, car leur apport en fer, en folate et en calcium est inférieur aux taux recommandés (Cavadini, Siega-Riz et Popkin, 2000). Les autres troubles de l'alimentation, comme l'anorexie et la boulimie, ont de meilleures chances de guérison s'ils sont décelés dès l'adolescence (Orbanic, 2001).

Particularités reliées à la personne âgée

On estime que la proportion de personnes âgées souffrant de malnutrition est comprise entre 5 et 10 % pour celles qui vivent dans la communauté et entre 30 et 60 % pour celles qui vivent à la maison ou dans des maisons d'accueil (Griep, Mets, Colly *et al.*, 2000). Les personnes âgées souffrant de malnutrition ont tendance à séjourner plus longtemps à l'hôpital que celles qui sont bien alimentées. De plus, elles risquent davantage de présenter des complications coûteuses (Bender *et al.*, 2000 ; Braunschweig, Gomez et Sheean, 2000 ; Cammon et Hackshaw, 2000).

TABLEAU
5-5

Facteurs associés à un risque de carence alimentaire

Facteurs	Conséquences possibles
Problème dentaire ou oral (dents manquantes, prothèse dentaire mal ajustée, problème de déglutition ou de mastication)	Apport inadéquat en aliments riches en fibres
Nil per os (NPO) à cause d'examens paracliniques	Apports énergétique et protéique inadéquats; déshydratation
Utilisation prolongée de solutés intraveineux (solution saline et glucose)	Apports énergétique et protéique inadéquats
Nausées et vomissements	Apports énergétique et protéique inadéquats; perte de liquide, d'électrolytes et de minéraux
Stress dû à la maladie, à la chirurgie et à l'hospitalisation	Augmentation des besoins en protéine et en énergie; augmentation du catabolisme
Drainage d'une plaie	Perte de protéines, de liquide, d'électrolytes et de minéraux
Douleur	Perte d'appétit; incapacité de faire des courses, de cuisiner et de manger
Fièvre	Augmentation des besoins en énergie et en liquide; augmentation du catabolisme
Drainage gastrique par sonde	Perte de protéines, de liquide et de minéraux
Alimentation par sonde	Quantités inadéquates; éléments nutritifs divers selon chaque formule
Affection gastro-intestinale	Apport inadéquat et malabsorption d'éléments nutritifs
Alcoolisme	Apport inadéquat en éléments nutritifs; consommation accrue d'aliments hyperénergétiques sans éléments nutritifs; carence vitaminique
Dépression	Perte d'appétit; incapacité de faire des courses, de cuisiner et de manger
Troubles de l'alimentation (anorexie, boulimie)	Apports énergétique et protéique inadéquats; perte de liquide, d'électrolytes et de minéraux
Médicaments	Apport inadéquat dû aux effets secondaires des médicaments (sécheresse de la bouche, perte d'appétit, diminution du goût, difficulté à avaler, nausées et vomissements, problèmes physiques limitant la capacité de faire des courses, de cuisiner et de manger); malabsorption des éléments nutritifs
Déplacement restreint ou handicap	Incapacité de se servir à manger ou à boire

Divers facteurs peuvent entraîner un apport alimentaire déficient: changements physiologiques dans le système gastro-intestinal, facteurs sociologiques et économiques, interactions médicamenteuses, affections diverses, consommation excessive d'alcool ou autre toxicomanie, mauvaise dentition ou dents manquantes. Ces facteurs amènent fréquemment la malnutrition, et cette dernière peut à son tour être une cause de maladie et de fragilité. Lorsqu'on donne des soins aux personnes âgées, que ce soit en milieu hospitalier, à domicile, en clinique externe ou dans les services de soins de longue durée, il est important d'évaluer les facteurs de risque et de déceler les personnes susceptibles de souffrir de malnutrition (Bender *et al.*, 2000; Cammon et Hackshaw, 2000; Morley, 2000).

De nombreuses personnes âgées consomment, quelquefois à tort, des quantités excessives de médicaments. Le nombre d'effets nocifs augmente proportionnellement au nombre de médicaments sur ordonnance et en vente libre pris par la personne. Les modifications physiologiques et physiopathologiques liées au vieillissement peuvent altérer le métabolisme et l'excrétion de nombreux médicaments. Par conséquent,

ceux-ci peuvent modifier l'apport alimentaire en raison de leurs effets secondaires, notamment nausées, vomissements, anorexie ou altérations de la conscience (Morley, 2000). Ils peuvent également altérer le métabolisme des éléments nutritifs en entraînant des changements dans leur distribution, leur utilisation et leur stockage. Les troubles touchant une partie quelconque du système gastro-intestinal peuvent bouleverser les besoins nutritionnels et l'état de santé des personnes de tous les âges. Toutefois, ils sont susceptibles d'affecter rapidement et plus fréquemment les personnes âgées.

De plus, chez les personnes âgées, les troubles de la nutrition sont souvent le résultat d'une maladie infectieuse telle qu'une pneumonie ou une infection des voies urinaires. Comme la malnutrition, les affections chroniques et aiguës peuvent perturber le métabolisme et l'utilisation des éléments nutritifs, fragilisant ces fonctions déjà altérées par le vieillissement. Les risques de dénutrition peuvent être réduits grâce à des mesures telles que la vaccination contre la grippe et le pneumocoque, ainsi que les traitements contre les infections bactériennes et les programmes sociaux comme la Popote roulante.

Les personnes âgées en bonne santé peuvent être exposées à des troubles nutritionnels en raison d'une baisse de l'acuité olfactive, d'une mauvaise hygiène dentaire, d'une capacité limitée de faire des courses et de cuisiner, de difficultés financières et du fait de vivre seul (Griep, Mets, Colly *et al.*, 2000). De plus, la baisse du niveau d'activité physique liée au vieillissement peut entraîner l'obésité si la personne ne réduit pas son apport en glucides. Évaluer l'alimentation est une première étape dans le maintien de l'état nutritionnel et la correction des carences, qui visent à maintenir la personne âgée en bonne santé et à assurer son bien-être.

Examen clinique à domicile et dans la communauté

L'examen clinique réalisé dans le milieu communautaire ou au domicile de la personne consiste à recueillir des renseignements précis sur les problèmes de santé actuels de la personne; la collecte des données doit également porter sur l'état émotionnel et physiologique, l'environnement et le domicile, l'efficacité du réseau de soutien ou des soins prodigués par la famille ou un proche aidant, ainsi que la disponibilité des ressources nécessaires. L'infirmière doit évaluer les stratégies d'adaptation de la personne et de sa famille et leur capacité de répondre à leurs besoins respectifs. Quand elle effectue l'examen physique dans un milieu communautaire ou au domicile de la personne, l'infirmière procède comme en centre hospitalier ou dans une clinique externe; elle recherche un cadre intime et veille à assurer en tout temps le confort et le bien-être de la personne.

Avant d'effectuer sa première visite à domicile, l'infirmière prévient la personne, ce qui permet également au proche aidant de se libérer pour participer à cette rencontre. Durant la visite, la collecte des données ne se limite pas à l'examen physique. L'infirmière doit aussi évaluer le milieu de vie, les facteurs de sécurité (par exemple détecteur de fumée, obstacles, barres de sécurité dans la salle de bains), les installations nécessaires aux soins et à la guérison, la préparation des repas et la conservation des aliments, la salle de bains, l'accès au téléphone et la disponibilité des membres de la famille et du réseau de soutien communautaire. Parfois, la personne n'a plus de famille pour l'aider et vit seule dans une maison ne répondant pas aux normes ou dans un refuge pour sans-abri. L'infirmière doit donc connaître les ressources disponibles dans la communauté et faire les démarches nécessaires pour que la personne puisse y recourir. La figure 5-8 ■ donne une liste de vérification pouvant servir à évaluer le milieu de vie de la personne.

INSTALLATIONS MATÉRIELLES
(cocher s'il y a lieu)

Extérieur
❑ Marches
❑ Marches dangereuses _____
❑ Balcon
❑ Déchets
❑ Bruit _____
❑ Éclairage inadéquat
❑ Autres

Intérieur
❑ Salle de bains accessible
❑ Surface de plancher sécuritaire _____
❑ Nombre de pièces
❑ Intimité _____
❑ Installations pour dormir
❑ Réfrigérateur
❑ Gestion des déchets _____
❑ Animaux
❑ Éclairage adéquat _____
❑ Marches, escalier
❑ Autres

RISQUES D'ACCIDENT
(cocher s'il y a lieu)
❑ Aucun
❑ Plancher, fenêtres ou toit inadéquats
❑ Éclairage inadéquat
❑ Appareils au gaz ou électriques ne répondant pas aux normes de sécurité
❑ Chauffage inadéquat
❑ Système de climatisation inadéquat
❑ Absence d'installations de sécurité incendie
❑ Revêtement de sol dangereux
❑ Rampe d'escalier inadéquate
❑ Rangement inapproprié des matières dangereuses
❑ Installations électriques non conformes
❑ Autres _____

FACTEURS DE SÉCURITÉ (cocher s'il y a lieu)
❑ Détecteurs de fumée _____
❑ Téléphone
❑ Emplacement des fils électriques _____
❑ Plan d'urgence
❑ Affichage des numéros de téléphone d'urgence ____
❑ Systèmes de chauffage d'appoint sûrs _____
❑ Absence d'obstacles dans les lieux de passage
❑ Autres _____

FIGURE **5-8** ■ Liste de vérification du domicile.

EXERCICES D'INTÉGRATION

1. Quelle méthode et quelles techniques utiliserez-vous pour recueillir des données auprès d'une personne souffrant de douleurs abdominales aiguës ? En quoi cette méthode et ces techniques changeront-elles si la personne est atteinte de démence ? si elle est atteinte de démence et si elle est non voyante ou malentendante ? si ses valeurs culturelles sont très différentes des vôtres ?

2. L'anamnèse (l'histoire de santé) et l'examen physique d'une personne âgée vous incitent à croire qu'elle est victime de mauvais traitements. Comment allez-vous approfondir cette question ? Quels outils d'évaluation peuvent vous aider à le faire ?

3. Vous établissez le bilan de santé d'un homme qui a été admis à l'urgence après avoir été heurté par une voiture alors qu'il traversait à pied une artère à 22 h. Il est conscient, capable de parler et ne présente pas d'importantes blessures physiques apparentes. Les ambulanciers qui l'ont

conduit à la salle d'urgence vous informent que l'homme est probablement en état d'ivresse. En quoi ces renseignements modifient-ils la collecte des données ? Comment déterminerez-vous, dans la salle d'urgence, les habitudes de consommation d'alcool de cette personne ? Expliquez vos réponses.

4. La collecte des données sur l'alimentation d'une adolescente révèle que son régime alimentaire est très élevé en matières grasses et faible en calcium. Quelles recommandations ferez-vous à cette jeune fille sur ce sujet ? Quelles recommandations particulières lui ferez-vous si elle est végétarienne ?

5. Vous devez visiter à domicile une personne âgée de 75 ans qui a récemment fait un AVC et qui vit seule dans un foyer pour personnes âgées autonomes. Quels facteurs physiques et environnementaux devez-vous évaluer durant cette première visite ? Quels risques d'accidents et quels facteurs de sécurité pourriez-vous relever dans ce type d'habitation ?

RÉFÉRENCES BIBLIOGRAPHIQUES

en anglais • en français

Bakshi, S., & Miller, D. (1999). Assessment of the aging man. *Medical Clinics of North America, 83*(5), 1131–1149.

Bender, S., Pusateri, M., Cook, A., et al. (2000). Malnutrition: Role of the TwoCal HN med pass program. *MedSurg Nursing, 9*(6), 284–296.

Biesalski, H.K. (2001). *Atlas de poche de nutrition.* Paris : Maloine.

Braunschweig, C., Gomez, S., & Sheean, P. (2000). Impact of declines in nutritional status on outcomes in adult patients hospitalized for more than 7 days. *Journal of the American Dietetic Association, 100*(11), 1316–1322.

Brûlé, M., Cloutier, L. et Doyon, O. (2002). *L'examen clinique dans la pratique infirmière.* Saint-Laurent : ERPI.

Butler, R. (1999). The 15-minute geriatric assessment. *Geriatrics, 54*(7), 3.

Cammon, S., & Hackshaw, H. (2000). Are we starving our patients? *American Journal of Nursing, 100*(5), 43–47.

Cavadini, C., Siega-Riz, A. M., & Popkin, B. (2000). U.S. adolescent food intake trends from 1965 to 1996. *Archives of Diseases of Children, 83*(1), 18–24.

Dabrowski, C., & Rombeau, J. (2000). Practical nutritional management in the trauma intensive care unit. *Surgical Clinics of North America, 80*(3), 921–931.

Dubost, M. et Scheider, W. L. (2000). *La nutrition.* Paris : Chenelière/McGraw-Hill.

Dudek, S. (2000). Malnutrition in hospitals: Who's assessing what patients eat? *American Journal of Nursing, 100*(4), 36–43.

Dudek, S.G. (2001). *Nutrition essentials for nursing practice* (4th ed.). Philadelphia: Lippincott Williams & Wilkins.

Epstein, O. & G.D. Perkin, D.P. de Bono & J. Cookson (2000). *Examen clinique, Éléments de sémiologie médicale.* Paris : DeBoeck Université.

Evans, V. (2000). Herbs and the brain: Friend or foe? *Journal of Neuroscience Nursing, 32*(4), 229–232.

Fellmann, A. (2003). La nutrition dans les établissements de santé : un programme national innovant. *Revue de l'infirmière,* (89), 6-7.

Ferry, M. (2002). *Nutrition de la personne âgée – aspects fondamentaux, cliniques et psychosociaux.* Paris : Masson.

Fuller, J., & Schaller-Ayers, J. (2000). *Health assessment: A nursing approach* (3rd ed.). Philadelphia: Lippincott Williams & Wilkins.

*Griep, M., Mets, T., Colly, K., et al. (2000). Risk of malnutrition in retirement homes elderly persons measured by the "Mini-nutritional assessment." *Journal of Gerontology: Medical Sciences, 55A*(2), M57–M63.

Hensrud, D. (1999). Nutrition screening and assessment. *Medical Clinics of North America, 83*(6), 1525–1543.

Institut de la statistique du Québec (1999). *Enquête sociale et de santé auprès des enfants et des adolescents québécois,* Sainte-Foy : Publications du Québec.

Kant, A., Schatzkin, A., Graubard, B., & Schairer, C. (2000). A prospective study of diet quality and mortality in women. *JAMA, 283*(16), 2109–2115.

Kergoat, M-J. (2001). Les sens chimiosensibles : modification du goût et de l'odorat au cours du vieillissement et son impact sur l'état nutritionnel [des personnes âgées]. *Le Gérontophile, 23*(2), 8-14.

King, M., Pettigrew, A., & Reed, F. (1999). Complementary, alternative, integrative: Have nurses kept pace with their clients? *MedSurg Nursing, 8*(4), 239–246.

Kuhn, M. (1999). *Complementary therapies for health care providers.* Philadelphia: Lippincott Williams & Wilkins.

Landi, F., Onder, G., Gambassi, G., et al. (2000). Body mass index and mortality among hospitalized patients. *Archives of Internal Medicine, 160,* 2641–2644.

Landi, F., Zuccala, G., Gambassi, G., et al. (1999). Body mass index and mortality among older people living in the community. *Journal of the American Geriatrics Society, 47,* 1072–1076.

Little, K. (2000). Screening for domestic violence. *Postgraduate Medicine, 108*(2), 135–141.

Lizotte, G. et Flaury, M. (2004). Sauriez-vous reconnaître le patient présentant des risques de malnutrition ? *Le Médecin du Québec, 39*(6), 81-86.

Ludwick, R., Dieckman, B., & Snelson, C. (1999). Assessment of the geriatric orthopedic trauma patient. *Orthopedic Nursing,* 13–18.

Mailhot, M. (1999). La nutrition chez les personnes atteintes du VIH. *Le Clinicien, 14*(11), 59-68, 73-74.

Marshall, C., Benton, D., & Brazier, J. (2000). Elder abuse: Using clinical tools to identify clues of mistreatment. *Geriatrics, 55*(2), 42–53.

Miller, K., Zylstra, R., & Standridge, J. (2000). The geriatric patient: A systematic approach to maintaining health. *American Family Physician, 61*(4), 1089–1104

Monsen, E. (2000). Dietary reference intakes for the antioxidant nutrients: Vitamin C, vitamin E, selenium, and carotenoids. *Journal of the American Dietetic Association, 100*(6), 637–640.

Morley, J. (2000). Management of nutritional problems in subacute care. *Clinics in Geriatric Medicine, 16*(4), 817–829.

National Institutes of Health, National Heart, Lung and Blood Institute, North American

Association for the Study of Obesity. (2000). *The practical guide: Identification, evaluation, and treatment of overweight and obesity in adults*. NIH Publication Number 00-4084. Bethesda, MD: NIH.

Orbanic, S. (2001). Understanding bulimia. *American Journal of Nursing, 101*(3), 35–42.

Orient, J. (2000). *Sapira's art and science of bedside diagnosis* (2nd ed.). Philadelphia: Lippincott Williams & Wilkins.

Palmer, R. (1999). Geriatric assessment. *Medical Clinics of North America, 83*(6), 1503–1520.

Ross, M., Channon-Little, L., & Rosser, S. (2000). *Sexual health concerns: Interviewing and history taking for health practitioners* (2nd ed.). Philadelphia: F.A. Davis.

Roy, L. (1998). Les défis de la nutrition au tournant du millénaire. *Le Clinicien, 13*(10), 51-54.

Roy, L. (1999). La nutrition dans la pratique de tous les jours : testez vos connaissances. *Le Clinicien, 14*(5), 67-74.

Roy, L. (1999). Les interactions des médicaments et des nutriments. *Le Clinicien, 14*(4), 57-61.

Santé Canada (2001). *Lignes directrices canadiennes pour la classification du poids chez les adultes*. Ottawa: Santé Canada.

Savoie, N. et Dagenais, F. (2001). Migraine et nutrition : y a-t-il un lien ? *Le Clinicien, 16*(10), oct. 2001, 45-51.

Stampfer, M., Hu, F., Manson, J., et al. (2000). Primary prevention of coronary heart disease in women through diet and lifestyle. *New England Journal of Medicine, 343*(1), 16–22.

Sylvain, C. (2000). Alimentation et grossesse. III, Diabète gestationnel... parlons nutrition. *Le Médecin du Québec, 35*(1), 109-110.

Thibault, L. (2001). La nutrition à l'heure des rythmes biologiques / Louise Thibault. *Le Clinicien, 16*(7), 101-114.

Tremblay, M.S., Willms J.D. (2000). Secular trends in the body mass index of Canadian children. *Journal de l'Association Médicale Canadienne, 28*(163), 1429-33.

Vercken, J-B., Oudart, N. et Biamonti, M. (1999). Nutrition entérale. *Revue de l'infirmière,* (52), 19-34.

Weber, J., & Kelley, J. (2003). *Health assessment in nursing* (2nd ed.). Philadelphia: Lippincott Williams & Wilkins.

Wilkes, G. (2000). Nutrition: The forgotten ingredient in cancer care. *American Journal of Nursing, 100*(4), 46–51.

Worthington, P., Gilbert, K., & Wagner, B. (2000). Parenteral nutrition for the acutely ill. *AACN Clinical Issues, 11*(4), 559–579.

 En complément de ce chapitre, vous trouverez sur le Compagnon Web :
- une bibliographie exhaustive ;
- des ressources Internet ;
- une rubrique « La génétique dans la pratique infirmière » : *Généralités*.

PARTIE 2

Notions biopsychosociales reliées à la santé et à la maladie

Adaptation française
Liette St-Pierre, inf., Ph.D.
Professeure, Département des
sciences infirmières – Université
du Québec à Trois-Rivières

CHAPITRE

6

Homéostasie, stress et adaptation

Objectifs d'apprentissage

Après avoir étudié ce chapitre, vous pourrez:

1. Faire le lien entre les principes de constance du milieu interne, d'homéostasie, de stress et d'adaptation, et la notion d'état d'équilibre.

2. Déterminer dans quelle mesure les mécanismes de compensation de l'organisme favorisent l'adaptation et le maintien de l'état d'équilibre.

3. Reconnaître les agents stressants physiologiques et psychosociaux.

4. Comparer les réactions au stress de l'axe sympathico-médullo-surrénalien à celles de l'axe hypothalamo-hypophysaire.

5. Expliquer le syndrome général d'adaptation en tant que théorie de l'adaptation au stress biologique.

6. Décrire le lien entre le processus de rétroaction négative et le maintien de l'état d'équilibre.

7. Comparer les divers processus d'adaptation: hypertrophie, atrophie, hyperplasie, dysplasie et métaplasie.

8. Décrire les processus d'inflammation et de réparation.

9. Évaluer les pratiques de santé d'une personne et déterminer leurs effets sur le maintien de l'état d'équilibre.

10. Expliquer comment les réactions d'adaptation inefficaces peuvent provoquer l'apparition des maladies ou en augmenter le risque.

11. Indiquer les moyens utiles pour réduire le stress.

12. Expliquer comment les réseaux sociaux et les groupes de soutien peuvent contribuer à réduire le stress.

Lorsqu'il subit une menace ou une lésion, l'organisme réagit à travers des changements fonctionnels et structuraux, qui peuvent être adaptés (avoir un effet positif) ou inadaptés (avoir un effet négatif). Ce sont les mécanismes de défense de l'organisme qui déterminent la différence entre adaptation et inadaptation, entre santé et maladie.

Stress et fonction

La physiologie est l'étude du fonctionnement de l'organisme vivant et de ses parties. La physiopathologie est l'étude des troubles fonctionnels de l'organisme. Les fonctions précises remplies par chacun des systèmes de l'organisme permettent à ce dernier de conserver une vitalité optimale. Les mécanismes qui modifient les conditions internes favorisent le maintien de l'équilibre de l'organisme et, en fin de compte, sa survie. Ces mécanismes compensatoires servent à rétablir l'équilibre de l'organisme. Ainsi, la respiration rapide (hyperpnée) qui survient après un exercice intense compense le manque d'oxygène et l'excès d'acide lactique accumulé dans les tissus musculaires.

Les processus physiopathologiques se déclenchent quand les lésions cellulaires se succèdent à un rythme trop rapide pour que les mécanismes compensatoires de l'organisme opèrent les changements adaptatifs nécessaires au maintien de la santé. L'insuffisance cardiaque est un exemple de modification physiopathologique : l'organisme réagit par une rétention de sodium et d'eau, et par une élévation de la pression veineuse, ce qui aggrave l'état pathologique. Ces mécanismes physiopathologiques se traduisent par des signes, que la personne, l'infirmière ou d'autres professionnels de la santé peuvent observer, ou par des symptômes, que la personne signale. Grâce à ces observations et à sa connaissance approfondie des processus physiologiques et physiopathologiques, l'infirmière peut déterminer la présence d'un trouble et planifier ses interventions en conséquence.

Équilibre dynamique : état d'équilibre

Pour comprendre les mécanismes physiologiques, il faut considérer l'organisme dans son ensemble. Comme chaque être vivant, l'humain possède un milieu interne et un milieu

VOCABULAIRE

Adaptation : modification qui aide l'individu à s'accommoder d'une nouvelle situation ou d'un nouveau milieu.

Agents infectieux : agents biologiques, comme les virus, les bactéries, les rickettsies, les mycoplasmes, les champignons, les protozoaires et les nématodes, qui causent des maladies chez les êtres humains.

Atrophie : diminution de la taille de la cellule entraînant une diminution du volume de l'organe.

Catécholamines : composés appartenant au groupe des amines (comme l'adrénaline, la noradrénaline ou la dopamine) et servant de neurotransmetteurs.

Corticotrophine (ACTH) : hormone sécrétée par le lobe antérieur de l'hypophyse ; l'ACTH stimule la sécrétion de cortisone et d'autres hormones par la corticosurrénale.

Dysplasie : changement dans l'apparence d'une cellule soumise à une irritation chronique.

État d'équilibre : stabilité qui se maintient au fil du temps ou qui résulte de la compensation d'un changement dans une direction donnée par un changement dans la direction opposée.

Glucocorticoïdes : groupe de stéroïdes, comme le cortisol, produits par la corticosurrénale ; les glucocorticoïdes jouent un rôle dans le métabolisme des glucides, des protéines et des graisses, et possèdent des propriétés anti-inflammatoires.

Gluconéogenèse : formation du glucose, particulièrement par le foie, à partir d'éléments non glucidiques comme les acides aminés et le glycérol des graisses.

Homéostasie : état d'équilibre de l'organisme ; stabilité du milieu interne.

Hormone antidiurétique (ADH) : hormone sécrétée par le lobe postérieur de l'hypophyse ; l'ADH provoque la constriction des vaisseaux sanguins, l'élévation de la pression artérielle et la réduction de l'excrétion de l'urine.

Hyperplasie : augmentation du nombre de nouvelles cellules.

Hypertrophie : augmentation de la taille de la cellule entraînant une augmentation du volume de l'organe.

Hypoxie : insuffisance de l'apport en oxygène d'une cellule.

Inflammation : réaction de protection localisée des tissus contre une lésion, une irritation ou une infection ; ses signes sont les suivants : douleur, rougeur, chaleur, tuméfaction et, parfois, incapacité fonctionnelle.

Métaplasie : transformation d'une cellule hautement spécialisée en une cellule moins spécialisée.

Processus d'adaptation : stratégies cognitives et comportementales utilisées pour lutter contre les agents stressants qui mettent à l'épreuve les ressources de l'individu.

Rétroaction négative : rétroaction qui réduit le rendement d'un système.

Rétroaction positive : rétroaction qui augmente le rendement d'un système.

Stress : situation perturbatrice qui survient en réaction à des influences nuisibles provenant des milieux interne et externe.

Vasoconstriction : rétrécissement d'un vaisseau sanguin.

Visualisation : utilisation de l'imagination pour se détendre ou pour détourner l'attention de sensations ou de situations désagréables.

Vitesse du métabolisme : vitesse à laquelle, pour produire l'énergie nécessaire aux processus organiques, certaines substances sont dégradées et d'autres synthétisées.

externe, entre lesquels il y a un échange constant d'informations et de matière. Dans le milieu interne, chaque organe, tissu et cellule constitue un système ou sous-système de l'ensemble, qui possède ses propres milieux interne et externe, entre lesquels ont lieu des échanges d'informations et de matière (figure 6-1 ■). L'interaction des sous-systèmes de l'organisme assure le maintien (même en présence de changement) d'un équilibre dynamique, ou **état d'équilibre**, dans lequel tous les sous-systèmes sont en harmonie les uns avec les autres. Quatre concepts permettent de mieux comprendre cet état d'équilibre : la constance, l'homéostasie, le **stress** et l'adaptation.

THÉORIES DE L'ÉTAT D'ÉQUILIBRE

Claude Bernard, physiologiste français du XIXe siècle, a élaboré le principe biologique suivant : la vie ne peut exister que s'il y a une constance, ou « fixité du milieu interne », malgré les changements du milieu externe. Selon lui, le milieu interne était constitué par les liquides qui entourent les cellules, et la constance était l'état d'équilibre interne maintenu grâce à des processus physiologiques et biochimiques. Ce principe supposait un processus statique.

Plus tard, Walter Cannon a donné le nom d'**homéostasie** à la stabilité du milieu interne qui, selon lui, est assurée par des mécanismes homéostasiques, ou compensatoires, qui sont entraînés par les changements du milieu interne. Tout changement du milieu interne déclenche donc une réaction de « redressement » visant à neutraliser le changement. Ces processus biologiques, qui maintiennent l'équilibre physiochimique, ne sont pas régis par la volonté.

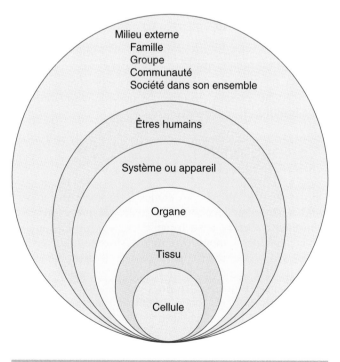

FIGURE **6-1** ■ Organisation des systèmes. Chaque système est un sous-système d'un système plus grand (supra-système), dont il constitue une partie. La cellule est ici le système le plus petit ; elle est le sous-système de tous les autres systèmes.

René Jules Dubos (1965) a approfondi la connaissance de la nature dynamique du milieu interne. Selon sa théorie, l'homéostasie et l'adaptation, deux concepts complémentaires, sont nécessaires au maintien de l'équilibre. D'après Dubos, les processus homéostasiques réagissent rapidement au stress en entraînant les modifications nécessaires à la préservation du milieu interne, alors que les processus adaptatifs donnent lieu à des changements structurels ou fonctionnels qui se poursuivent sur une période prolongée. Dubos a également mis l'accent sur le fait qu'il existe des écarts acceptables entre les réactions aux stimuli et que ces réactions varient d'une personne à l'autre. « La constance absolue est une utopie. » Dans un monde qui change constamment, l'homéostasie et l'adaptation sont nécessaires à la survie.

L'homéostasie désigne donc la stabilité interne de l'organisme. Lorsqu'une fonction de l'organisme s'écarte de sa zone de stabilité par suite d'un changement ou d'un stress, des mécanismes s'enclenchent, visant à rétablir et à maintenir l'équilibre dynamique. Lorsque ces processus adaptatifs ou compensatoires sont inefficaces, l'état d'équilibre est menacé, la fonction se dérègle, et des mécanismes physiopathologiques entrent en action. Les processus physiopathologiques peuvent aboutir à la maladie et demeurer actifs au cours de celle-ci, menaçant ainsi l'état d'équilibre. La maladie correspond à une variation anormale de la structure ou de la fonction de toute partie de l'organisme. En perturbant la fonction, elle limite la liberté d'action de la personne.

STRESS ET ADAPTATION

Le stress est un état qui apparaît lorsqu'un changement dans le milieu est perçu comme exigeant, menaçant ou dommageable pour l'équilibre dynamique ou l'état d'équilibre. La personne est, ou se sent, incapable de faire face à la nouvelle situation. Le changement ou le stimulus qui suscite cet état est appelé « agent stressant ». La nature de l'agent stressant est variable ; un événement ou un changement qui entraîne un stress chez une personne peut rester sans effet chez une autre ; de plus, chez une même personne, il peut ou non être une source de stress selon le moment et les circonstances. La personne évalue l'évolution des situations et y réagit. Le but ainsi visé est l'**adaptation,** ou accommodation au changement, grâce à laquelle la personne retrouve son état d'équilibre ainsi que l'énergie et la capacité de satisfaire à de nouvelles exigences. C'est par le **processus d'adaptation**, un mécanisme compensatoire présentant des composantes physiologiques et psychologiques, que la personne y parvient.

Le processus d'adaptation est constant et soutenu ; il nécessite un changement structurel, fonctionnel ou comportemental permettant à la personne de mieux s'harmoniser avec le milieu. Ce processus suppose une interaction entre la personne et le milieu. Son résultat dépend de l'accord entre, d'une part, les habiletés, les possibilités de la personne et le type de soutien social qu'elle peut obtenir, et, d'autre part, les divers obstacles ou agents stressants auxquels elle fait face. L'adaptation se fait donc selon un processus individuel ; les capacités de réaction et d'adaptation varient en outre chez chaque individu. Lorsqu'il rencontre de nouveaux obstacles, il peut réagir différemment, ce qui lui permet d'élargir le champ de ses capacités d'adaptation. L'adaptation se poursuit tout au long de la vie, à mesure que l'individu rencontre de nombreux problèmes développementaux et situationnels, en particulier ceux qui sont liés à la santé et à la maladie. Chacun de ces problèmes stimule l'adaptation, et l'objectif est atteint lorsque l'individu ressent un bien-être optimal, qu'il soit en bonne santé ou malade.

Le stress et l'adaptation peuvent survenir aux différents niveaux d'un système. Il est donc possible de les étudier au niveau des cellules, des tissus, des organes et des groupes humains. Les biologistes s'intéressent surtout aux composantes infracellulaires ou aux sous-systèmes de l'ensemble de l'organisme. Les spécialistes du comportement, dont de nombreuses infirmières chercheuses, étudient le stress et l'adaptation chez les individus, les familles, les groupes et les sociétés ; ils se penchent sur les changements que les groupes doivent apporter à leur organisation pour relever les défis de leur milieu social et physique. L'adaptation est la recherche constante d'harmonie dans un milieu donné. L'adaptation vise la survie, la croissance et la reproduction, buts vers lesquels tendent tous les systèmes.

Agents stressants : menaces pour l'état d'équilibre

Toute personne présente un certain niveau d'adaptation et fait régulièrement face à des changements. Ces changements sont normaux : ils contribuent à la croissance de la personne et enrichissent sa vie. Les agents stressants peuvent toutefois perturber cet équilibre. On peut définir l'agent stressant comme un événement ou une situation interne ou externe susceptible d'entraîner chez l'individu des changements physiologiques, émotionnels, cognitifs ou comportementaux.

TYPES D'AGENTS STRESSANTS

Les agents stressants prennent de nombreuses formes et appartiennent à un grand nombre de catégories. Ils peuvent être d'ordre physique (par exemple chaleur, froid et agents chimiques), physiologique (par exemple douleur et fatigue) ou psychosocial (par exemple peur d'échouer à un examen ou de perdre son emploi). Les agents stressants peuvent aussi constituer des transitions normales de la vie qui exigent une certaine adaptation (par exemple passer de l'enfance à la puberté, se marier ou avoir un enfant).

Les agents stressants peuvent être classés selon les catégories suivantes : (1) les frustrations ou les tracas de la vie de tous les jours ; (2) les incidents critiques qui touchent de grands groupes et même une nation entière ; et (3) les agents moins fréquents qui concernent un plus petit nombre de personnes. Les frustrations de tous les jours sont par exemple des événements aussi courants que les embouteillages, les pannes d'ordinateur et les disputes entre conjoints ou compagnons de chambre. Ces expériences n'ont pas toujours le même effet : ainsi, un orage déclenchera vraisemblablement une réaction plus négative s'il survient pendant des vacances au bord de la mer que s'il se produit à un autre moment de l'année. Il a été prouvé que ces « tracas quotidiens », même s'ils sont moins dramatiques, moins frustrants et moins irritants, peuvent nuire plus à la santé que les événements graves de la vie, et ce, en raison de leur effet cumulatif. Ils peuvent entraîner une hypertension artérielle, des palpitations ou d'autres problèmes physiologiques (Jalowiec, 1993).

La deuxième catégorie d'agents stressants concerne de grands groupes de personnes et parfois même une nation entière. Il s'agit d'événements historiques, liés par exemple au terrorisme et à la guerre, qui constituent des situations menaçantes vécues soit directement, dans la zone géographique touchée, soit indirectement, par le truchement des reportages. Les changements démographiques, économiques et technologiques font également partie de cette catégorie. Parfois, la tension entraînée par un agent stressant est la conséquence non seulement du changement lui-même, mais aussi de la rapidité à laquelle il se produit.

La troisième catégorie d'agents stressants a fait l'objet d'un plus grand nombre d'études. Il s'agit d'événements relativement peu fréquents, qui touchent directement l'individu. Relèvent de cette catégorie des événements marquants, tels que les décès, les naissances, les mariages, les divorces et les départs à la retraite, ainsi que les crises psychosociales, qui, selon Erickson, surviennent à différentes étapes du cycle de vie des êtres humains. Font aussi partie de cette catégorie les agents stressants chroniques persistants que sont, par exemple, une invalidité fonctionnelle permanente ou le fardeau que représentent les soins prolongés administrés à un parent âgé et vulnérable.

On peut aussi classer les agents stressants en fonction de leur durée :

- Les agents stressants intenses, de courte durée, comme la période d'étude qui précède les examens de fin d'année.

- Les agents stressants en série : une suite d'événements stressants qui sont la conséquence d'un premier événement, comme une perte d'emploi ou un divorce.

- Les agents stressants chroniques intermittents, comme les tracas quotidiens.

- Les agents stressants chroniques persistants, soit ceux qui sont continus, comme une maladie chronique, une invalidité ou la pauvreté.

RÔLE DU STRESS DANS LE DÉCLENCHEMENT DES MALADIES

Un des axes privilégiés des études menées en psychologie a été d'établir une relation entre les événements de la vie et la maladie – théorie selon laquelle le stress est un stimulus. Cette approche remonte à Adolph Meyer, qui, dans les années 1930, a utilisé les feuilles de surveillance permanente de ses patients pour établir un lien entre les maladies et les événements critiques de la vie. Selon d'autres recherches menées depuis, les personnes soumises à un stress constant souffrent plus fréquemment de maladies psychosomatiques.

Holmes et Rahe (1967) ont mis au point une échelle dans laquelle des valeurs numériques, appelées « unités de changements de la vie », sont attribuées à des événements typiques de la vie. À chaque degré de l'échelle correspondent des événements nécessitant un changement dans le mode de vie des personnes, et le stress est défini comme une accumulation de changements qui exigent une adaptation psychologique. En cochant les événements récents et en additionnant les chiffres qui leur sont attribués, on obtient un score total qui établit théoriquement la probabilité que la maladie apparaisse. Pour sa part, Tausig (1982) a élaboré un questionnaire portant sur les changements récents du mode de vie, qui contient 118 rubriques correspondant à des événements importants comme un décès, une naissance, un mariage, un divorce, des promotions, des disputes violentes et des vacances. Ces événements peuvent donc être agréables ou désagréables.

Les sources de stress ont fait l'objet de nombreuses études (Ballard, 1981; Bryla, 1996; Jalowiec, 1993). Les gens éprouvent en général des souffrances liées à l'altération de leur état de santé physique et émotionnelle, à la modification de leur niveau d'activité quotidienne et au déclin du soutien social ou à la perte d'un être cher. Les craintes suscitées par l'immobilisation, l'isolement, la solitude, les changements sensoriels, les problèmes financiers et la mort ou l'invalidité augmentent le niveau d'anxiété. Lorsqu'elle perd son rôle ou ne s'estime plus utile dans la vie, la personne peut éprouver une douleur intense. Chacune de ces variables connues ainsi qu'une myriade d'autres circonstances ou de contraintes accablantes risquent d'aboutir à une adaptation inefficace. Or, l'absence des habiletés d'adaptation nécessaires est souvent une source supplémentaire de stress. Lorsqu'une personne est aux prises avec des souffrances persistantes ou incessantes, une maladie causée par le stress finit souvent par l'atteindre. Les infirmières possèdent des habiletés qui leur permettent d'aider les personnes à vivre les situations pénibles et à maîtriser leurs réactions au stress.

RÉACTION PSYCHOLOGIQUE AU STRESS

Une fois qu'il a reconnu un agent stressant, l'individu réagit consciemment ou non en vue de se rendre maître de la situation. On appelle ce phénomène le «processus médiateur». Selon la théorie élaborée par Lazarus (1991a), l'évaluation cognitive et l'adaptation sont deux médiateurs importants du stress. L'évaluation cognitive et l'adaptation sont influencées par des variables antérieures, qui comprennent notamment les ressources internes et externes de la personne.

Évaluation de l'événement stressant

L'évaluation cognitive (Lazarus, 1999; Lazarus, 1991a; Lazarus et Folkman, 1984) consiste tout d'abord à apprécier la situation globalement (première évaluation), puis à inventorier les ressources et les options qui permettent d'y faire face (deuxième évaluation). La façon dont la personne évalue la situation dépend de ses objectifs, de ses engagements ou de ses motivations. La personne tient compte de facteurs tels que l'importance que revêt l'événement à ses yeux, le fait qu'il entre ou non en conflit avec ses désirs et le fait qu'il constitue ou non une menace pour son propre sentiment de force et d'identité du moi.

La première évaluation permet de déterminer si la situation est stressante ou non. Si elle ne l'est pas, elle devient non pertinente ou bénigne (positive). Si elle l'est, elle relève d'une des trois catégories suivantes : (1) elle cause un préjudice ou une perte; (2) elle est menaçante, c'est-à-dire qu'un préjudice ou une perte est anticipé; ou (3) elle est stimulante, c'est-à-dire qu'une chance ou un avantage est anticipé.

La deuxième évaluation porte sur les ressources et les options permettant de faire face à la situation. La personne peut alors blâmer les responsables d'un événement frustrant, se demander si elle est en mesure de modifier la situation (potentiel d'adaptation) et déterminer ses attentes futures, autrement dit déterminer si la situation est susceptible de s'améliorer ou de s'aggraver (Lazarus, 1999; Lazarus, 1991a, 1991c). Le degré de stress subi est fonction du rapport existant entre ce qui est en jeu et les ressources permettant de faire face à la situation (une sorte d'analyse risques-avantages).

La personne effectue également une réévaluation sur la base de nouvelles informations. Le processus d'évaluation n'est pas nécessairement séquentiel : la première évaluation, la deuxième évaluation et la réévaluation peuvent s'effectuer simultanément. De plus, la personne peut avoir en mémoire une information relative à un problème d'adaptation antérieur, de sorte qu'elle n'a pas besoin de reprendre tout le processus lorsqu'elle rencontre de nouveau une situation semblable.

Le processus d'évaluation donne souvent naissance à une émotion. Des émotions négatives, comme la peur et la colère, accompagnent l'évaluation d'une perte ou d'un préjudice, et des émotions positives accompagnent l'évaluation d'un obstacle à vaincre. Outre la composante subjective (sensation) qui l'accompagne, chaque émotion engendre une certaine réaction. Par exemple, les étudiants mal préparés peuvent se sentir menacés lorsqu'un contrôle imprévu survient dans une classe : ils éprouveront de la peur, de la colère et de la rancune, qu'ils manifesteront par des comportements ou des commentaires hostiles.

Lazarus (1991a) a intégré ses premières idées sur le stress, l'évaluation cognitive et l'adaptation dans un modèle plus complexe, qui fait le lien entre l'émotion et l'adaptation. Il a donné à ce modèle le nom de «théorie cognitive, motivationnelle et relationnelle», où le terme *relationnelle* «représente l'importance accordée à la négociation avec le monde physique et social» (p. 13). Il a proposé cette théorie de l'émotion pour établir un lien entre la psychologie, la physiologie et la sociologie : «Plus que tout autre champ de la pensée psychologique, l'émotion est une notion intégrante, organismique qui subsume en elle-même le stress psychologique et l'adaptation, et unifie motivation, cognition et adaptation en une configuration complexe» (p. 40).

Adaptation à l'événement stressant

Selon Lazarus, l'adaptation exige des efforts d'ordre cognitif et comportemental permettant à la personne de faire face à des contraintes internes ou externes particulières, qui mettent à l'épreuve ses ressources. L'adaptation peut être axée soit sur une émotion, soit sur un problème : dans le premier cas, elle vise à améliorer le bien-être de la personne en soulageant sa détresse; dans le second, elle tend à modifier directement le milieu afin que la situation puisse être résolue plus efficacement. On retrouve habituellement ces deux types d'adaptation dans une situation stressante. Même si elle est considérée comme stimulante ou favorable, la situation exige parfois des efforts d'adaptation visant à cultiver et à soutenir le défi, c'est-à-dire à préserver ses bienfaits et à écarter toute menace. Dans une situation nuisible ou menaçante, l'adaptation a pour but d'atténuer ou d'éliminer la source de stress et de faire disparaître l'émotion qu'elle a suscitée.

L'évaluation et l'adaptation dépendent de caractéristiques internes telles que la santé, l'énergie, les systèmes de croyance personnels, les engagements ou les projets de vie, l'estime de soi, la maîtrise de soi, la maîtrise de la situation, le savoir, les habiletés en matière de résolution de problème et les aptitudes sociales. Dans le domaine des sciences infirmières, les caractéristiques qui ont le plus souvent été étudiées sont les saines habitudes de vie et la «hardiesse». De saines habitudes de vie atténuent l'effet des agents stressants. Du point de vue de la pratique infirmière, cette atténuation de l'effet des agents stressants va dans le sens de l'objectif de promotion de la santé. Dans de nombreuses circonstances, il est plus facile de promouvoir de saines habitudes de vie que de modifier les agents stressants.

Le terme «hardiesse» désigne une qualité que possèdent la plupart des personnes qui vivent des expériences riches, variées et gratifiantes. Il s'agit d'une caractéristique de la personnalité qui intègre maîtrise de soi, engagement et motivation. Les personnes hardies perçoivent les agents stressants comme quelque chose qu'elles peuvent modifier et donc dominer. Pour elles, les situations potentiellement stressantes sont intéressantes et constructives, le changement et les nouvelles situations constituent des occasions stimulantes de grandir. On a de bonnes raisons de croire que la hardiesse est une variable importante qui a une incidence positive sur la réadaptation et l'amélioration générale de la santé après l'apparition d'une maladie aiguë ou chronique (Felton, 2000; Williams, 2000).

RÉACTION PHYSIOLOGIQUE AU STRESS

La réaction physiologique à un agent stressant, physique ou psychologique, est un mécanisme de protection et d'adaptation destiné à maintenir l'équilibre homéostasique de l'organisme. La réaction au stress est une «cascade d'événements neuronaux et hormonaux dont les conséquences sont à la fois de courte et de longue durée tant pour l'esprit que pour le corps [...]; un agent stressant est un événement qui met à l'épreuve l'homéostasie et, lorsqu'il débouche sur la maladie, on considère que le processus normal d'adaptation au stress a échoué» (McEwen et Mendelson, 1993, p. 101).

Syndrome général d'adaptation

La théorie de l'adaptation élaborée par Hans Selye a profondément influencé les recherches scientifiques sur le stress. Les expériences menées par Selye sur les animaux lui ont permis, en 1936, de décrire un syndrome caractérisé par l'hypertrophie de la corticosurrénale, le rétrécissement du thymus, de la rate, des ganglions lymphatiques et d'autres structures lymphatiques, et l'apparition d'ulcères gastroduodénaux profonds s'accompagnant d'hémorragies. Selon Selye, il s'agissait d'une réaction non spécifique à divers stimuli nuisibles. À partir de cette théorie de base, Selye a élaboré une théorie de l'adaptation au stress biologique qu'il a appelée «syndrome général d'adaptation».

Phases du syndrome général d'adaptation

Le syndrome général d'adaptation comporte trois phases: la réaction d'alarme, la résistance et l'épuisement. Pendant la première phase, le système nerveux sympathique s'active et déclenche la réaction de lutte ou de fuite entraînant la libération de **catécholamines** et le début de la réaction hormonale mettant en jeu la **corticotrophine** (**ACTH**) et la corticosurrénale. La réaction d'alarme est défensive et anti-inflammatoire, mais autolimitée. Vivre dans un état constant d'alarme aboutirait à la mort. L'individu soumis au stress passe donc à la deuxième phase. C'est au cours de la phase de la résistance qu'a lieu l'adaptation à l'agent stressant. Les sécrétions de cortisol continuent d'augmenter. Si l'exposition à l'agent stressant se prolonge, l'individu passe à la troisième phase: l'épuisement. Dès lors, l'activité hormonale s'accroît, ce qui exerce sur les appareils et systèmes de l'organisme (particulièrement sur les appareils circulatoire et digestif et sur le système immunitaire) des effets délétères qui peuvent être mortels. Les deux premières phases se répètent à divers degrés tout au long de la vie, chaque fois que l'individu doit faire face à des agents stressants.

Selye a comparé le syndrome général d'adaptation au processus de la vie. Pendant l'enfance, les agents stressants sont trop peu nombreux pour favoriser le développement de la fonction adaptative, et l'enfant est vulnérable. À l'âge adulte, l'individu fait face à de nombreux agents stressants et acquiert la capacité de résister ou de s'adapter. Plus tard, l'accumulation des agents stressants et l'usure de l'organisme affaiblissent de nouveau la capacité d'adaptation de l'individu, la résistance tombe, et la mort arrive tôt ou tard.

Syndrome local d'adaptation

Selon la théorie de Selye, il existe également un syndrome local d'adaptation. Ce syndrome correspond notamment à la réaction inflammatoire et aux processus de réparation qui ont lieu au siège des lésions tissulaires. Le syndrome local d'adaptation survient lorsque l'individu souffre de petites lésions topiques telles que la dermatite de contact. Le syndrome général d'adaptation se déclenche à son tour si la gravité de la lésion locale l'exige.

Selye a insisté sur le fait que le stress est une réaction non spécifique qui se manifeste en présence de tous les agents d'agression, qu'ils soient physiologiques, psychologiques ou sociaux. En fonction des nombreux facteurs de conditionnement qui existent dans son milieu, chaque personne donne sa propre interprétation d'un agent stressant donné. Ces facteurs de conditionnement expliquent aussi pourquoi la tolérance au stress varie d'un individu à l'autre: certaines personnes peuvent être affectées par des problèmes de santé liés à l'inadaptation, comme l'hypertension et les migraines, tandis que d'autres ne le sont pas.

Interprétation des stimuli stressants par l'encéphale

L'encéphale interprète les réactions physiologiques au stress grâce à un réseau complexe de messages chimiques et électriques. Les mécanismes neuronaux et hormonaux qui maintiennent l'équilibre homéostasique sont intégrés par l'hypothalamus, situé au centre de l'encéphale et entouré par le système limbique et les hémisphères cérébraux. L'hypothalamus coordonne les mécanismes du système nerveux autonome qui maintiennent la constance chimique du milieu interne de l'organisme. Avec l'aide du système limbique, l'hypothalamus régit également les émotions et de nombreux comportements viscéraux nécessaires à la survie (par exemple manger, boire, réguler la température, se reproduire, se défendre, agresser). L'hypothalamus est constitué d'un certain nombre de noyaux; quant au système limbique, il contient des structures telles que l'amygdale, l'hippocampe et les noyaux septaux.

Selon les recherches scientifiques, chacune de ces structures réagit différemment aux stimuli, et la réaction de chacune est caractéristique (Watkins, 1997). Les hémisphères cérébraux régissent les fonctions cognitives: opérations de la pensée, apprentissage et mémoire. Le système limbique est relié aux deux hémisphères cérébraux et au tronc cérébral. De plus, le système réticulaire activateur, groupe de cellules spécialisées qui acheminent les messages dans les deux sens, s'étend du tronc cérébral au mésencéphale et au système limbique. C'est ce réseau qui gère l'état d'éveil de l'organisme.

Dans la réaction au stress, des influx afférents provenant des organes sensoriels (œil, oreille, nez, peau) et des capteurs internes (barorécepteurs, chémorécepteurs) sont transmis aux centres nerveux de l'encéphale. La réaction à la perception du stress est intégrée dans l'hypothalamus, qui coordonne les modifications nécessaires au rétablissement de l'équilibre homéostasique. L'ampleur et la durée de la réaction varient; un stress important active les réactions du système sympathique et de l'axe hypophyso-surrénalien.

La réaction au stress active aussi les voies neurale et neuroendocrinienne régies par l'hypothalamus. Le système nerveux sympathique réagit en premier, suivi par l'axe sympathico-médullo-surrénalien. Enfin, si le stress persiste, l'axe hypothalamo-hypophysaire s'active à son tour (figure 6-2 ■).

Réaction du système nerveux sympathique

La réaction du système nerveux sympathique est rapide et de courte durée. La noradrénaline est libérée au niveau des terminaisons nerveuses qui sont en contact direct avec leurs organes cibles respectifs, ce qui stimule les organes vitaux et met tout l'organisme en éveil. L'élévation de la fréquence cardiaque provoque une **vasoconstriction** périphérique qui fait monter la pression artérielle. De plus, l'irrigation sanguine des organes abdominaux diminue. Ces mécanismes visent à assurer un débit sanguin accru aux organes vitaux (encéphale, cœur, muscles squelettiques). L'élévation de la glycémie permet à l'organisme de disposer rapidement de l'énergie dont il a besoin. Les pupilles se dilatent et l'activité mentale s'intensifie; le degré de vigilance augmente. En cas de traumatisme, la constriction des vaisseaux sanguins cutanés limite les saignements. La personne peut éprouver les sensations suivantes: pieds froids, peau et mains moites, frissons, palpitations et estomac noué. Généralement, elle paraît plus tendue et présente une raideur au niveau des muscles du cou, de la partie supérieure du dos et des épaules. Sa respiration peut être rapide et superficielle, et le diagramme est contracté.

Réaction de l'axe sympathico-médullo-surrénalien

Le système nerveux sympathique a non seulement un effet direct sur les principaux organes cibles, mais il stimule également la portion médullaire de la glande surrénale, de sorte qu'elle libère dans la circulation sanguine les hormones adrénaline et noradrénaline. Celles-ci agissent de la même façon que le système nerveux sympathique dont elles prolongent et soutiennent l'activité. L'adrénaline et la noradrénaline sont des catécholamines qui stimulent le système nerveux et exercent des effets métaboliques, lesquels entraînent une augmentation de la glycémie et de la **vitesse du métabolisme**. Les réponses aux stress de l'axe sympathico-médullo-surrénalien sont résumées dans le tableau 6-1 ■. L'effet de ces réponses porte le nom de «réaction de lutte ou de fuite».

Réaction de l'axe hypothalamo-hypophysaire

Lorsqu'une réaction physiologique de longue durée survient, le plus souvent suscitée par un stress persistant, l'axe hypothalamo-hypophysaire réagit. L'hypothalamus sécrète le facteur de libération de la corticotrophine; ainsi produite, celle-ci stimule à son tour la corticosurrénale, laquelle sécrète des **glucocorticoïdes**, principalement du cortisol. Le cortisol stimule le catabolisme des protéines, ce qui libère des acides aminés; il stimule aussi la capture des acides aminés par le foie et leur transformation en glucose (**gluconéogenèse**) et inhibe la capture du glucose (effet antiinsuline) par de nombreuses cellules de l'organisme, à l'exception des cellules cérébrales et hépatiques. Grâce aux effets métaboliques entraînés par le cortisol, l'organisme dispose d'une source immédiate d'énergie qu'il peut utiliser pour combattre le stress. Cet effet a cependant des conséquences importantes. Ainsi, la personne diabétique qui subit un stress, causé par exemple par une infection, a besoin de plus d'insuline que d'ordinaire; le catabolisme des protéines rend nécessaire l'administration de suppléments chez toute personne soumise à un stress (maladie, intervention chirurgicale, stress psychologique prolongé); enfin, la croissance est retardée chez les enfants soumis à un stress intense.

C'est lors de la réaction générale au stress que les effets des catécholamines (adrénaline et noradrénaline) et du cortisol sont les plus importants. D'autres hormones sont également libérées: l'**hormone antidiurétique (ADH)**, par l'hypophyse postérieure, et l'aldostérone, par la corticosurrénale. L'ADH et l'aldostérone favorisent la rétention sodique et hydrique: ce mécanisme d'adaptation agit en cas d'hémorragie ou de perte de liquides due à une forte transpiration. On a également montré que l'ADH a une influence sur l'apprentissage: elle peut donc favoriser l'adaptation à des situations nouvelles et menaçantes. Par ailleurs, la sécrétion de l'hormone de croissance et du glucagon stimule la capture des acides aminés par les cellules, ce qui favorise la mobilisation de l'énergie en réserve. Lors d'un événement stressant, les endorphines, opioïdes endogènes, sont produites en plus grande quantité et élèvent le seuil de tolérance à des stimuli douloureux. Ces hormones, qui peuvent aussi agir sur l'humeur, semblent être à l'origine de l'état d'euphorie éprouvé par les coureurs de

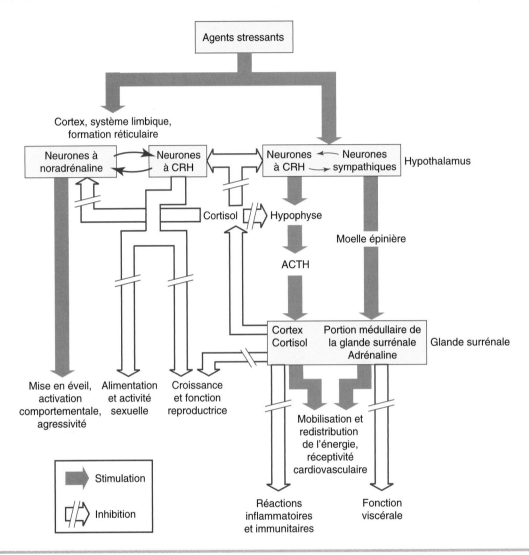

FIGURE **6-2** ■ Réactions au stress intégrées, interprétées par le système nerveux sympathique et l'axe hypothalamo-hypophyso-cortico-surrénalien. Les réactions se renforcent mutuellement, tant au niveau central qu'au niveau périphérique. La **rétroaction négative** provoquée par le cortisol peut aussi limiter une surréaction potentiellement néfaste pour l'individu. *Flèches colorées:* stimulation; *flèches creuses:* inhibition; CRH, facteur de libération de la corticotrophine (ACTH); ACTH, hormone adrénocorticotrope. Source: R.M. Berne et M.N. Levy (1993), *Physiology*, St. Louis, C.V. Mosby.

fond. La réaction générale au stress entraîne également la sécrétion d'autres hormones, dont la fonction adaptative est moins bien connue.

Réaction immunologique

Des études ont montré que le système immunitaire est relié au système neuroendocrinien et au système nerveux autonome. Le tissu lymphoïde est abondamment pourvu de nerfs du système nerveux autonome qui sont capables de libérer différents neuropeptides susceptibles d'agir directement sur la régulation des leucocytes et la réaction inflammatoire. Les hormones neuroendocriniennes libérées par le système nerveux central et les tissus endocriniens peuvent inhiber ou stimuler la fonction leucocytaire. En raison de leur grande diversité, les agents stressants peuvent entraîner différentes modifications de l'activité du système nerveux autonome, de même que de subtiles variations dans la synthèse des hormones et des neuropeptides. Toutes ces réactions possibles du système neuroendocrinien et du système nerveux autonome peuvent interagir de façon à déclencher, affaiblir, intensifier ou interrompre une réaction immunitaire (Watkins, 1997).

La *psychoneuro-immunologie* est l'étude des relations – et de leurs effets sur l'ensemble des résultats cliniques – entre le système neuroendocrinien, les systèmes nerveux central et autonome et le système immunitaire. L'activation du mécanisme de réaction au stress et l'ampleur de cette réaction

TABLEAU
6-1

Réponses au stress de l'axe sympathico-médullo-surrénalien

Effet	But	Mécanisme
Augmentation de la fréquence cardiaque et de la pression artérielle	Assurer une meilleure irrigation des organes vitaux.	Débit cardiaque accru en raison d'une augmentation de la contractilité du myocarde et de la fréquence cardiaque; retour veineux accru (vasoconstriction périphérique).
Élévation de la glycémie	Fournir plus d'énergie.	Glycogénolyse hépatique et musculaire accrue; dégradation accrue des triglycérides des tissus adipeux.
Augmentation de l'acuité mentale	Mettre l'organisme en état d'alerte.	Augmentation de l'irrigation sanguine de l'encéphale au détriment des organes abdominaux et de la peau.
Dilatation des pupilles	Augmenter le degré de vigilance.	Contraction du muscle radial de l'iris.
Augmentation de la tension des muscles squelettiques	Préparer l'organisme à agir, diminuer la fatigue.	Excitabilité des muscles; augmentation de l'irrigation sanguine des muscles au détriment des organes abdominaux.
Augmentation de la ventilation (la respiration peut être rapide et superficielle)	Fournir à l'organisme de l'oxygène pour augmenter ses réserves d'énergie.	Stimulation du centre respiratoire du bulbe rachidien; bronchodilatation.
Augmentation du temps de coagulation	Prévenir les hémorragies en cas de traumatisme.	Vasoconstriction des vaisseaux cutanés superficiels.

dépendent de la façon dont chacun perçoit les événements et s'y adapte. Les perceptions, les idées et les pensées peuvent donc avoir de profondes conséquences neurochimiques et immunologiques. De nombreuses études ont montré que la fonction immunitaire est affaiblie chez les personnes stressées. Cet affaiblissement se manifeste par les signes suivants: baisse du nombre de leucocytes, insuffisance de la réponse immunitaire aux immunisations et diminution de la cytotoxicité des cellules tueuses naturelles (Andersen *et al.*, 1998; Constantino, Secula, Rabin et Stone, 2000; Glaser et Kiecolt-Glaser, 1997; Pike *et al.*, 1997; Robinson, Matthews et Witek-Janusek, 2000). Selon d'autres études, certains traits de personnalité tels que l'optimisme et l'adaptation active ont des effets positifs sur la santé ou sur certaines mesures immunitaires particulières (Chalfont et Bennett, 1999; Goodkin *et al.*, 1996; Kennedy, 2000; Sergerstrom, Fahey, Kemeny et Taylor, 1998). Les recherches poursuivies dans ce nouveau champ d'étude permettront de découvrir jusqu'à quel point et par quels mécanismes il est possible d'agir consciemment sur son immunité.

RÉACTIONS INADAPTÉES AU STRESS

Comme nous l'avons déjà mentionné, la réaction au stress facilite l'adaptation aux situations menaçantes; cette réaction remonte très loin dans l'évolution de l'espèce humaine. Ainsi, la «réaction de lutte ou de fuite» est une réaction par anticipation qui mobilisait toutes les ressources de l'organisme de nos ancêtres et leur permettait de faire face aux prédateurs et aux autres dangers présents dans leur milieu. Des stimuli émotionnels qui ne sont liés à aucune menace déclenchent cette même réaction chez l'homme moderne.

Ainsi, une personne peut avoir une «poussée d'adrénaline» lorsque le match de baseball auquel elle participe est décisif ou lorsqu'elle est excitée à la pensée d'assister à une fête.

Les réactions au stress non efficaces sont qualifiées d'*inadaptées*. Les réactions inadaptées au stress sont des réactions ou des modes de réaction chroniques, récurrents, qui n'aident pas à atteindre les objectifs de l'adaptation. Ces objectifs sont les suivants: santé somatique ou physique (bien-être optimal); santé psychologique ou sensation de bien-être (bonheur, vie satisfaisante, bon moral); enrichissement du fonctionnement social, notamment travail, vie sociale et famille (relations positives). Ces objectifs sont compromis par les réactions inadaptées, qui peuvent notamment être des évaluations erronées ou relever d'une adaptation inefficace (Lazarus, 1991a).

La fréquence, l'intensité et la durée des situations stressantes favorisent l'apparition des émotions négatives et des processus de décharge neurochimique qui s'ensuivent. En évaluant les situations et en s'y adaptant plus efficacement, on peut anticiper et désamorcer certaines d'entre elles. Par exemple, on peut éviter les événements potentiellement stressants qui se répètent (par exemple les disputes conjugales) en communiquant mieux et en recourant à la méthode de la résolution de problèmes; on peut aussi corriger une tendance à la procrastination (remettre à plus tard l'exécution des tâches) afin de réduire le stress à l'approche des échéances.

Les processus d'adaptation consistant à recourir à l'alcool ou aux drogues pour réduire le stress augmentent le risque de maladie. D'autres modes d'adaptation inadéquats peuvent avoir le même effet, de façon moins directe. Par exemple, les personnes qui présentent des traits comportementaux de «type A» (impatience, compétitivité et poursuite de la réussite) et envisagent fondamentalement la vie de façon hostile sont plus sujettes que les autres aux maladies liées au stress. Les comportements de type A accroissent la production des catécholamines, soit les hormones médullosurrénales, de même que les effets concomitants de ces dernières sur l'organisme.

Les autres modes d'adaptation inadéquats sont notamment le déni, l'évitement et la distanciation. Par exemple, une femme qui découvre une masse dans un de ses seins, mais nie la gravité de ce problème et remet à plus tard une visite chez son médecin, recourt au déni. Le déni vise à lutter contre la menace, mais il peut aussi mettre la vie de la personne en danger.

Dans les modèles conceptuels de la maladie, on mentionne souvent le stress et l'inadaptation comme des précurseurs de la maladie. Selon un modèle général, fondé sur la théorie de Selye, tout agent stressant susciterait un état de déséquilibre physiologique. Si cet état se prolonge ou si la réaction est excessive, la résistance de la personne à la maladie sera amoindrie. Or, associée à une prédisposition de la personne à la maladie (attribuable à ses traits génétiques, à son état de santé ou à son âge), cette vulnérabilité conduit à la maladie. Si la réaction de l'axe sympathico-médullo-surrénalien se prolonge ou est excessive, un état d'alerte chronique s'installe et risque d'entraîner une hypertension artérielle, des changements artérioscléreux et une maladie cardiovasculaire. Par ailleurs, si la sécrétion d'ACTH se prolonge ou est excessive, on observe des comportements de repli sur soi et de dépression ; de plus, la réponse immunitaire est affaiblie, et des infections et des tumeurs peuvent apparaître.

Selye (1976) a proposé une liste de troubles qu'il a appelés «maladies par inadaptation» : hypertension, cardiopathies et maladies vasculaires, néphropathies, hypertension gravidique, affections rhumatismales et polyarthrite rhumatoïde, maladies inflammatoires de la peau et des yeux, infections, allergies et hypersensibilité, maladies nerveuses et mentales, troubles sexuels, maladies digestives, troubles du métabolisme et cancer.

ENCADRÉ 6-1

Signes et symptômes de stress

- Irritabilité généralisée, hyperexcitation ou dépression
- Sécheresse de la gorge et de la bouche
- Besoin irrépressible de pleurer, de crier, de fuir ou de se cacher
- Fatigue au moindre effort, perte d'intérêt
- «Anxiété inexpliquée» sans raison ni cause apparente
- Sursautement au moindre stimulus
- Bégaiement ou autre trouble d'élocution
- Hyperactivité: allées et venues sans raison, impossibilité de rester immobile
- Signes et symptômes gastro-intestinaux: «papillons» dans l'estomac, diarrhée, vomissements
- Modification du cycle menstruel
- Perte d'appétit ou appétit excessif
- Utilisation accrue des médicaments d'ordonnance, comme des tranquillisants ou des psychotoniques
- Prédisposition aux accidents
- Comportement perturbé
- Cœur qui bat trop fort
- Comportement impulsif, instabilité affective
- Incapacité de se concentrer ou de penser clairement
- Sensation d'irréalisme, faiblesses ou étourdissements
- Tension, agitation
- Tremblements, tics nerveux
- Rire nerveux
- Grincement des dents
- Insomnie, cauchemars ou autres troubles du sommeil
- Transpiration excessive
- Fréquence accrue des mictions
- Tension musculaire et migraines
- Douleurs dans le cou ou dans le bas du dos
- Usage accru du tabac
- Toxicomanie et alcoolisme

Source: H. Selye (1976), *Stress in health and disease*, Stoneham, MA: Butterworths.

INDICES DE STRESS

Pour évaluer les indices de stress et la réaction au stress, on a recours à des mesures tant subjectives qu'objectives. Une liste des signes et symptômes pouvant être observés directement ou signalés par la personne est présentée dans l'encadré 6-1 ■. Ils sont d'ordre psychologique, physiologique ou comportemental, et reflètent les comportements sociaux et les opérations de la pensée. Certaines de ces réactions peuvent être des comportements d'adaptation. Avec le temps, chaque personne qui subit un stress tend à adopter un modèle de comportement caractéristique, qui témoigne du déséquilibre du système.

Les mesures expérimentales des indices de stress ont permis de mieux comprendre ce processus complexe. On peut ainsi recourir aux analyses des urines et du sang pour relever les variations des concentrations d'hormones et des produits de dégradation hormonale. Les mesures fiables du stress sont notamment les concentrations sanguines de catécholamines, de corticoïdes, d'ACTH et d'éosinophiles. On peut aussi

mesurer le rapport créatine-créatinine dans le sang et l'élévation des concentrations de cholestérol et d'acides gras libres, et effectuer le dosage biologique des immunoglobulines. Grâce aux progrès de la neuro-immunologie, on devrait bientôt pouvoir obtenir des mesures plus précises. Enfin, on peut aussi mesurer les élévations de la pression sanguine et de la fréquence cardiaque.

Non seulement les chercheurs recourent aux analyses de laboratoire, mais ils ont aussi conçu des questionnaires permettant de reconnaître et d'évaluer les agents stressants, le stress et les stratégies d'adaptation. Bon nombre de ces questionnaires sont abordés dans le compte rendu de recherche établi par Barnfather et Lyon (1993) sur la base d'un congrès tenu par des infirmières chercheuses, qui était consacré à l'état des connaissances dans le domaine des études sur le stress et l'adaptation. Divers rapports de recherche présentent des exemples d'instruments de mesure que les infirmières utilisent couramment pour évaluer les niveaux de détresse et de fonctionnement des personnes (Cronquist, *et al.*, 2000; Starzonski et Hilton, 2000). Enfin, Miller et Smith (1993) ont créé des instruments de mesure du stress popularisés dans des revues non spécialisées.

SOINS ET TRAITEMENTS INFIRMIERS

L'infirmière doit être consciente que le moment idéal pour effectuer des interventions destinées à promouvoir la santé correspond au stade où les processus compensatoires de la personne fonctionnent encore. Un des principaux rôles de l'infirmière consiste à reconnaître aussi tôt que possible les agents stressants, qu'ils soient physiologiques ou psychologiques; à cette fin, elle peut consulter des revues scientifiques pour obtenir des informations sur les interrelations existant entre la santé physique et la santé émotionnelle. L'infirmière doit être en mesure d'établir un lien entre les signes et symptômes de détresse qu'elle observe et les processus physiologiques qu'ils traduisent. Elle doit aussi déterminer où se situe la personne sur le continuum fonctionnel qui va de la santé et des mécanismes compensatoires à la physiopathologie et à la maladie. Par exemple, si un examen de santé révèle qu'une femme anxieuse d'âge moyen présente un excès de poids et une pression artérielle de 130/85 mm Hg, l'infirmière la conseillera en matière de régime alimentaire, de lutte contre le stress et d'activité physique. Elle l'encouragera aussi à perdre du poids et lui parlera de sa consommation de sel (qui influe sur l'équilibre hydrique) et de caféine (qui a un effet stimulant). Ensemble, l'infirmière et la personne recenseront les agents stressants provenant tant du milieu interne que du milieu externe et discuteront des stratégies destinées à atténuer le stress lié au mode de vie. Le but de cet exercice est d'établir de saines habitudes de vie et de prévenir l'hypertension artérielle et ses conséquences.

Effets du stress au niveau de la cellule

Les processus pathologiques peuvent se manifester à tous les niveaux de l'organisme. La cellule étant l'unité ou le sous-système le plus petit (les tissus étant formés de cellules, les organes, de tissus, et ainsi de suite), on peut parler de santé et de maladie ou d'adaptation et d'inadaptation au niveau de la cellule. De fait, les scientifiques décrivent souvent les processus pathologiques au niveau infracellulaire, ou moléculaire.

On peut illustrer les divers états de la cellule grâce à un continuum fonctionnel et structurel, sur lequel on trouve la cellule normale, la cellule adaptée, la cellule lésée ou malade et la cellule morte (figure 6-3 ■). Le passage d'un état à l'autre peut survenir si rapidement qu'il est parfois impossible de le déceler. En effet, les frontières entre les divers états ne sont pas étanches, et la maladie n'est en fin de compte que l'extension ou l'altération d'un processus normal. Les premiers changements qui se produisent au niveau infracellulaire, ou moléculaire, sont difficiles à déceler car ils restent imperceptibles tant que les fonctions et les structures qui assurent l'état d'équilibre ne sont pas modifiées. Lorsqu'une cellule est lésée, certains changements peuvent être réversibles; dans d'autres cas, les lésions entraînent la mort de la cellule. Par

exemple, le bronzage de la peau est une réaction morphologique d'adaptation à l'exposition aux rayons du soleil. Toutefois, si l'exposition se prolonge, des brûlures et des lésions apparaissent, qui provoquent la mort de certaines cellules, comme en témoigne la desquamation (la peau «pèle»).

Le mode et la vitesse de réaction aux stimuli diffèrent d'une cellule à l'autre et d'un tissu à l'autre. En effet, certaines cellules sont plus vulnérables que d'autres à un type particulier de stimulus ou d'agent stressant. La réaction est déterminée par le type des cellules touchées, par leur capacité d'adaptation et par leur état physiologique. Par exemple, les cellules du muscle cardiaque réagissent à l'**hypoxie** (oxygénation insuffisante) plus rapidement que les cellules des muscles lisses.

D'autres facteurs influent sur la réaction cellulaire, notamment le type ou la nature du stimulus, sa durée d'action et sa puissance. Par exemple, les neurones qui commandent la respiration peuvent acquérir une tolérance à de faibles quantités de barbituriques prises régulièrement, mais l'absorption d'une seule dose forte risque d'aboutir à la dépression respiratoire et à la mort.

MAINTIEN DE L'ÉTAT D'ÉQUILIBRE

La notion selon laquelle la cellule se situe sur un continuum fonctionnel et structurel suppose qu'il existe une relation entre la cellule et les mécanismes de compensation, constamment à l'œuvre pour maintenir l'état d'équilibre de l'organisme. Les mécanismes de compensation sont principalement régulés par le système nerveux autonome et le système endocrinien, et cette régulation s'accomplit grâce à la rétroaction négative.

Rétroaction négative

Partout dans l'organisme, les mécanismes de **rétroaction négative** exercent un contrôle sur le milieu interne et rétablissent l'homéostasie lorsque les conditions s'écartent de la normale. Lorsqu'ils décèlent un écart d'adaptation par rapport à une valeur ou à une gamme de valeurs prédéterminées, ces mécanismes provoquent une réaction visant à réduire ou à éliminer cet écart. Diverses fonctions sont régulées par des

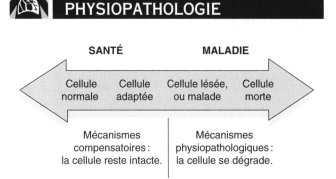

FIGURE **6-3** ■ Continuum fonctionnel et structurel de la cellule. Dans la réalité, il est plus difficile de discerner les changements subis par la cellule, car on ne peut jamais définir clairement à quel moment les mécanismes physiopathologiques remplacent les mécanismes compensatoires.

mécanismes de rétroaction négative, notamment la pression artérielle, l'équilibre acidobasique, la glycémie, la température et l'équilibre hydroélectrolytique.

La plupart des systèmes d'autorégulation de l'organisme sont intégrés par l'encéphale et influencés par les systèmes nerveux et endocriniens. Le rôle de ces systèmes est de déceler les écarts par rapport à la valeur prédéterminée et de déclencher des réactions de compensation dans les muscles et les glandes. Les principaux organes touchés par ces réactions sont le cœur, les poumons, les reins, le foie, l'appareil gastro-intestinal et la peau. Lorsque ces organes sont stimulés, leur activité s'accélère ou se ralentit, ou leur quantité de sécrétions augmente ou diminue. D'où l'expression « organes d'homéostasie ou d'accommodation ».

À ces réactions régies par les systèmes nerveux et endocrinien s'ajoutent des réactions locales déclenchées par de petites boucles de rétroaction au niveau de divers groupes de cellules ou de tissus. Lorsqu'elles décèlent un changement dans leur entourage immédiat, les cellules s'activent pour en contrecarrer les effets. Par exemple, l'accumulation d'acide lactique dans le muscle au cours d'un effort stimule la dilatation des vaisseaux sanguins dans la région avoisinante, ce qui augmente le débit sanguin, accroît l'apport en oxygène et favorise l'élimination des déchets.

Les activités des boucles de rétroaction ont pour but l'homéostasie. L'état d'équilibre est assuré par l'action continuelle et variable des organes liés à l'adaptation, ainsi que par les constants petits échanges de substances chimiques qui ont lieu entre les cellules, le liquide interstitiel et le sang. Par exemple, une élévation de la concentration de gaz carbonique dans le liquide extracellulaire entraîne une augmentation de la ventilation pulmonaire qui, à son tour, entraîne une diminution de la concentration de gaz carbonique. Au niveau cellulaire, l'augmentation de la concentration de gaz carbonique entraîne une augmentation de la concentration d'ions hydrogène dans le sang. Des chémorécepteurs situés dans le centre respiratoire du bulbe rachidien décèlent cette élévation et accélèrent la décharge de neurones qui stimulent le diaphragme et les muscles intercostaux, ce qui entraîne une augmentation de la fréquence respiratoire. Le gaz carbonique en excès est expiré, la concentration d'ions hydrogène retourne à la normale, et la stimulation des neurones cesse.

Rétroaction positive

Il existe un autre type de rétroaction, la **rétroaction positive**. Celle-ci entretient la séquence des mécanismes déclenchés par la perturbation initiale, sans qu'aucun mécanisme de compensation intervienne. Le système devient de plus en plus déséquilibré, ce qui entraîne désordre et désintégration. Toutefois, les effets de la rétroaction positive ne sont pas toujours nuisibles : par exemple, la coagulation du sang chez les êtres humains est un important mécanisme de rétroaction positive.

ADAPTATION DE LA CELLULE

Les cellules sont des unités complexes qui réagissent de façon dynamique aux divers changements et tensions de la vie quotidienne. Elles ont à la fois des fonctions de maintien et des fonctions spécialisées, c'est-à-dire qu'elles doivent, d'une part, assurer leur propre fonctionnement et, d'autre part, agir de concert avec les tissus et les organes dont elles font partie. L'organisme n'est pas menacé si des cellules cessent individuellement de fonctionner, mais à mesure que le nombre de cellules mortes augmente les fonctions spécialisées des tissus se modifient, ce qui peut compromettre la santé.

Les cellules s'adaptent au stress exercé par le milieu en modifiant leur structure ou leur fonction. Les principaux modes d'adaptation sont l'hypertrophie, l'atrophie, l'hyperplasie, la dysplasie et la métaplasie (tableau 6-2 ■).

L'**hypertrophie** et l'atrophie entraînent des modifications du volume des cellules et, par conséquent, des organes dont elles font partie. L'hypertrophie de compensation, qui se traduit par une augmentation de la masse musculaire, touche le plus souvent le muscle cardiaque et les muscles squelettiques soumis à une surcharge de travail pendant une période prolongée. C'est par exemple le cas des muscles saillants de l'athlète qui pratique la musculation.

L'**atrophie** peut résulter d'une maladie, de la diminution de l'utilisation, de l'irrigation sanguine ou de l'innervation d'un organe ou d'un tissu, ou d'une nutrition inadéquate. L'inactivité d'une partie du corps est souvent associée au processus de vieillissement. Le volume des cellules et des organes diminue ; les structures le plus souvent touchées sont les muscles squelettiques, les organes sexuels secondaires, le cœur et l'encéphale.

L'**hyperplasie** est l'augmentation du nombre de nouvelles cellules qui se forment dans un organe ou un tissu. La masse tissulaire augmente à mesure que les cellules se multiplient et sont soumises à une plus grande stimulation. L'hyperplasie est une réaction mitotique (modification produite par mitose), réversible après la disparition du stimulus, contrairement à la néoplasie, ou transformation maligne, qui se poursuit lorsque le stimulus a disparu. L'hyperplasie peut aussi être provoquée par des hormones. Par exemple, le volume de la glande thyroïde augmente sous l'effet de la thyréostimuline (TSH), sécrétée par l'hypophyse, lorsqu'un déficit en hormone thyroïdienne est détecté.

La **dysplasie** est un changement de l'aspect des cellules qui ont été soumises à une irritation chronique. Les cellules dysplasiques ont tendance à subir des transformations malignes. Il est ainsi fréquent que les cellules épithéliales des bronches soient dysplasiques chez les fumeurs.

La **métaplasie** est la transformation d'une cellule hautement spécialisée en une cellule moins spécialisée. Il s'agit d'un mécanisme de protection cellulaire, car la cellule moins spécialisée est plus résistante au stress qui a provoqué le changement. Par exemple, chez les fumeurs, l'épithélium prismatique cilié qui tapisse les bronches est remplacé par de l'épithélium pavimenteux. Les cellules pavimenteuses sont plus aptes à survivre à l'irritation ; toutefois, la perte des cils et du mucus protecteur peuvent avoir des conséquences néfastes.

Ces adaptations assurent la survie de l'organisme. Elles traduisent les changements subis par la cellule normale en réaction au stress. Si le stress persiste, les fonctions de la cellule adaptée peuvent se dégrader, ce qui entraîne l'apparition d'une lésion.

Adaptation	Stimulus	Exemples
Hypertrophie: augmentation de la taille de la cellule entraînant une augmentation du volume de l'organe	Augmentation de la charge de travail	■ Muscles des jambes chez le coureur ■ Muscles du bras chez le joueur de tennis ■ Muscle cardiaque chez la personne souffrant d'hypertension
Atrophie: diminution de la taille de la cellule entraînant une diminution du volume de l'organe	Diminution de: ■ l'utilisation de l'organe ■ l'apport sanguin ■ l'apport nutritionnel ■ la stimulation hormonale ■ l'innervation	■ Organes sexuels secondaires chez la personne âgée ■ Membres immobilisés par un plâtre
Hyperplasie: augmentation du nombre de nouvelles cellules (accélération de la mitose)	Influence hormonale	■ Croissance des seins pendant la puberté ou la grossesse ■ Régénération des cellules hépatiques ■ Formation de nouveaux globules rouges après une perte de sang
Dysplasie: changement dans l'aspect de cellules soumises à une irritation chronique	Reproduction des cellules entraînant la modification de leur taille et de leur forme	■ Modification des cellules épithéliales de la peau ou du col utérin, produisant des changements tissulaires irréguliers susceptibles d'être les précurseurs d'une affection maligne
Métaplasie: transformation (réversible) d'un type de cellule adulte en un autre type	Stress subi par une cellule hautement spécialisée	■ Transformation des cellules épithéliales qui tapissent les bronches en réaction à l'irritation provoquée par la fumée (les cellules deviennent moins spécialisées)

TABLEAU 6-2 — Adaptation de la cellule aux agents stressants

LÉSION DE LA CELLULE

La lésion est une perturbation de la régulation de l'état d'équilibre. Tout agent stressant qui entrave la capacité d'une cellule ou d'un système de maintenir l'équilibre optimal de ses processus d'adaptation entraîne une lésion. Il en résulte des dommages structurels et fonctionnels, qui peuvent être réversibles (permettre le rétablissement) ou irréversibles (conduire à la détérioration ou à la mort). Les adaptations homéostasiques sont liées aux changements minimes qui touchent les systèmes de l'organisme. Lorsqu'ils sont adaptés, les changements jouent un rôle de compensation puisqu'ils permettent de maintenir l'état d'équilibre, mais parfois à des niveaux différents. En revanche, en cas de lésion, l'équilibre ne peut être assuré, et des modifications fonctionnelles apparaissent.

Divers facteurs peuvent perturber ou léser un système, qu'il s'agisse d'une cellule, d'un tissu, d'un organe ou de l'organisme (figure 6-4 ■). Ces facteurs, qui peuvent provenir du milieu interne ou externe, sont notamment les suivants: hypoxie, déséquilibre nutritionnel, agents physiques, agents chimiques, **agents infectieux**, mécanismes immunitaires, anomalies génétiques et facteurs psychogènes. Les facteurs les plus courants sont l'hypoxie (déficience en oxygène), les lésions chimiques et les agents infectieux. De plus, la présence d'une lésion prédispose le système à une nouvelle atteinte. Par exemple, une oxygénation inadéquate et des carences alimentaires exposent le système aux infections. Ces facteurs agissent au niveau cellulaire en endommageant ou en détruisant:

■ l'intégrité de la membrane cellulaire, qui assure l'équilibre ionique;

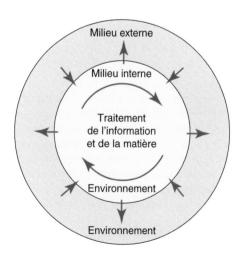

FIGURE **6-4** ■ Les facteurs qui entraînent l'apparition d'un trouble peuvent provenir du milieu interne ou du milieu externe. Il peut s'agir d'un excès ou d'un manque d'informations ou de matière, ou encore d'une erreur d'autorégulation.

- la capacité de la cellule de transformer l'énergie (respiration en aérobie, production du triphosphate d'adénosine);
- la capacité de la cellule de synthétiser les enzymes et les autres protéines qui lui sont nécessaires;
- la capacité de la cellule de croître et de se reproduire (intégrité génétique).

Hypoxie

L'hypoxie, ou oxygénation cellulaire insuffisante, entrave la capacité de la cellule de transformer l'énergie. Elle peut être causée par:

- la diminution de l'irrigation sanguine dans une région donnée;
- la diminution de la capacité de transport de l'oxygène par le sang (diminution du taux d'hémoglobine);
- une perturbation du rapport ventilation-perfusion ou d'un trouble respiratoire réduisant la quantité d'oxygène dans la circulation;
- un trouble enzymatique au niveau de la cellule, qui la rend incapable d'utiliser l'oxygène qu'elle reçoit.

La cause la plus fréquente de l'hypoxie est l'ischémie, ou apport sanguin insuffisant. On observe souvent de l'ischémie dans les cellules du myocarde quand le rétrécissement des vaisseaux sanguins dû à l'athérosclérose entraîne une diminution du débit sanguin artériel. L'ischémie résulte aussi des caillots intravasculaires (thrombus ou emboles) qui entravent la circulation sanguine. Les thrombus et les emboles sont souvent à l'origine des accidents vasculaires cérébraux. Les différents tissus peuvent survivre sans oxygène pendant un laps de temps variable: par exemple entre 3 à 6 minutes pour les cellules cérébrales, selon la situation. Si la maladie qui entraîne l'hypoxie évolue lentement et progressivement, il peut s'établir une circulation collatérale: l'apport en sang est alors assuré par d'autres vaisseaux irriguant la région. Ce mécanisme est toutefois peu fiable.

Déséquilibre nutritionnel

Un déséquilibre nutritionnel est une insuffisance, relative ou absolue, ou un excès d'un ou de plusieurs éléments nutritifs essentiels. Il peut être dû à une sous-alimentation (consommation insuffisante d'aliments ou régime hypoénergétique) ou à une suralimentation (consommation excessive d'aliments ou régime hyperénergétique). Lorsque la suralimentation conduit à l'obésité, les cellules de l'organisme contiennent des quantités excessives de lipides. Il faut alors davantage d'énergie pour soutenir les tissus excédentaires, ce qui fatigue l'organisme. L'obésité est associée à de nombreuses maladies, notamment aux maladies pulmonaires et cardiovasculaires.

Certaines carences résultent de l'apport insuffisant d'un élément nutritif essentiel ou du déséquilibre entre des éléments nutritifs. Les carences en protéines et en vitamines (avitaminose) en sont des exemples courants. Une carence énergétique portant atteinte à la cellule peut survenir lorsque les réserves de glucose sont insuffisantes ou lorsque le taux d'oxygène est trop faible pour assurer la transformation du glucose en énergie. Chez certaines personnes, une sécrétion insuffisante d'insuline ou l'incapacité d'utiliser cette hormone peut empêcher le glucose contenu dans le sang de pénétrer dans les cellules. Ces personnes sont atteintes de diabète sucré, un trouble du métabolisme pouvant mener à une carence nutritionnelle.

Agents physiques

Les agents physiques peuvent porter atteinte aux cellules ou à l'organisme entier. Ces agents sont notamment les suivants: températures extrêmes, irradiation, chocs électriques et traumas. La gravité de l'atteinte est déterminée par la durée de l'exposition et l'intensité du facteur d'agression.

Températures extrêmement élevées

Lorsque la température d'une personne est élevée, ses dépenses énergétiques s'élèvent au-dessus de la dépense énergétique de repos. Cet état, appelé **hypermétabolisme**, entraîne l'accélération de la fréquence respiratoire, de la fréquence cardiaque et de la vitesse du métabolisme basal. Si la fièvre est provoquée par une infection, le centre thermorégulateur de l'hypothalamus peut se régler de façon à maintenir la température à un niveau plus élevé, puis revenir à la normale lorsque la fièvre tombe. La température corporelle s'élève par l'intermédiaire de mécanismes physiologiques. Lorsqu'elle dépasse 41°C, on parle d'hyperthermie: le centre thermorégulateur ne remplit pas sa fonction physiologique, et la température monte en flèche. Un coup de chaleur peut alors survenir. La température élevée finit par provoquer la coagulation des protéines cellulaires et la mort des cellules. On doit rapidement refroidir l'organisme afin de prévenir les lésions cérébrales.

La réaction locale à une brûlure est similaire. Le métabolisme s'accélère et, à mesure que la chaleur monte, les protéines coagulent, les systèmes enzymatiques sont détruits et, dans les cas extrêmes, les tissus se carbonisent. On dit que les brûlures de l'épithélium sont partielles si toutes les cellules qui participent à la réépithélisation ne sont pas détruites. Dans le cas des brûlures totales, toutes les cellules ont été détruites, et la plaie doit être réparée par greffe. Le pronostic est fonction du pourcentage de la surface corporelle brûlée. Lorsque la lésion est grave, tout l'organisme est touché, ce qui entraîne l'hypermétabolisme.

Températures extrêmement basses

Les températures extrêmement basses provoquent une vasoconstriction. Le débit sanguin ralentit et entraîne la formation de caillots provoquant des lésions ischémiques dans les tissus touchés. Lorsque les températures deviennent très basses, des cristaux de glace se forment, ce qui peut faire exploser les cellules.

Irradiation et choc électrique

On utilise l'irradiation pour diagnostiquer et traiter certaines maladies. Les rayons à effet ionisant ont une action destructrice qui peut causer des lésions. Par ailleurs, l'irradiation atténue la réaction inflammatoire protectrice de la cellule, ce qui crée un milieu favorable aux infections. Quant au choc électrique, il peut provoquer des brûlures à cause de la chaleur qui se dégage lorsque le courant électrique traverse le corps. Il peut également stimuler trop fortement les nerfs qu'il touche et provoquer, par exemple, une fibrillation ventriculaire.

Traumas

Les traumas peuvent provoquer des ruptures des cellules et des tissus. La gravité des lésions, la quantité de sang perdu et le degré d'atteinte des nerfs influent grandement sur le pronostic.

Agents chimiques

Les lésions chimiques peuvent être causées par des poisons, tels que la soude, qui exercent une action corrosive sur le tissu épithélial, ou par des métaux lourds, tels que le mercure, l'arsenic et le plomb, qui ont chacun des effets destructeurs particuliers. Beaucoup d'autres substances chimiques peuvent être toxiques à certaines doses, chez certaines personnes et pour certains tissus. Ainsi, une sécrétion excessive d'acide chlorhydrique peut léser la paroi de l'estomac ; de fortes doses de glucose peuvent entraîner des modifications osmotiques qui perturbent l'équilibre hydroélectrolytique ; enfin, lorsqu'on la trouve en trop grande quantité, l'insuline peut causer une concentration trop basse de glucose dans le sang (hypoglycémie) et aboutir au coma.

Divers médicaments, dont des médicaments prescrits, peuvent aussi causer des intoxications. Certaines personnes tolèrent moins les médicaments et présentent des réactions toxiques aux doses habituelles. Le vieillissement tend à diminuer la tolérance aux médicaments. La polypharmacie (prise de nombreux médicaments à la fois) est fréquente chez les personnes âgées et représente un problème en raison des effets imprévisibles de l'interaction de ces médicaments.

L'alcool (éthanol) est aussi une substance irritante. Dans l'organisme, il se transforme en acétaldéhyde, qui exerce un effet toxique direct sur les cellules hépatiques et entraîne un grand nombre d'anomalies du foie, dont la cirrhose chez les personnes prédisposées. Le dysfonctionnement des cellules hépatiques entraîne, à son tour, des complications dans d'autres organes.

Agents infectieux

On sait que les virus, les bactéries, les rickettsies, les mycoplasmes, les champignons, les protozoaires et les nématodes sont des agents biologiques qui causent des maladies chez les êtres humains. La gravité des maladies infectieuses dépend du nombre de microorganismes qui pénètrent dans l'organisme, de leur virulence et des défenses de l'hôte (par exemple son état de santé, son âge, l'état de son système immunitaire).

Certaines bactéries, comme celles qui provoquent le tétanos et la diphtérie, produisent des exotoxines qui circulent dans l'organisme et entraînent des lésions cellulaires. D'autres, comme les bactéries à Gram négatif, produisent des endotoxines en mourant. D'autres encore, comme le bacille de la tuberculose, provoquent une réaction immunitaire.

Les virus, les plus petits organismes vivants, parasitent les cellules vivantes qu'ils envahissent. Ils infectent des cellules spécifiques et se reproduisent par réplication à l'intérieur de ces cellules selon un mécanisme complexe. Puis, ils migrent vers d'autres cellules où leur réplication se poursuit. La réaction immunitaire est une tentative de l'organisme pour éliminer les virus, mais les cellules envahies par les virus peuvent alors subir des lésions. En présence d'une infection, les réactions physiologiques habituelles de l'organisme sont la réaction inflammatoire et la réaction immunitaire.

Perturbation des réactions immunitaires

Le système immunitaire est extrêmement complexe. Son rôle est de défendre l'organisme contre tout agent étranger et, par conséquent, contre tous les types de cellules étrangères, telles les cellules cancéreuses. La réaction immunitaire vise à maintenir l'état d'équilibre, mais, comme d'autres processus d'adaptation, elle peut être perturbée et entraîner une atteinte cellulaire. Grâce à la réaction immunitaire, l'organisme est capable de repérer et de détruire les substances étrangères. Les antigènes (substances étrangères) qui pénètrent dans l'organisme sont éliminés par les anticorps, qui les attaquent et les détruisent (réaction antigène-anticorps).

Le système immunitaire peut être hypoactif ou hyperactif, ce qui donne lieu à des maladies immunodéficitaires dans le premier cas et à des troubles dus à l'hypersensibilité dans le second cas. Lorsque le système immunitaire est lui-même perturbé, les tissus de l'organisme peuvent subir des lésions ; on parle alors de maladies auto-immunes (partie 11 ⏥).

Troubles génétiques

Les anomalies génétiques suscitent un vif intérêt chez les chercheurs à cause des maladies dont elles sont responsables et de leurs effets sur la structure génétique. Bon nombre de ces anomalies produisent des mutations qui n'ont aucun effet manifeste, comme l'absence d'un seul enzyme. D'autres contribuent à l'apparition d'affections congénitales plus évidentes, comme le syndrome de Down. Grâce au Projet génome humain, les personnes peuvent subir des évaluations portant sur des maladies comme la dépranocytose, la mucoviscidose, l'hémophilie A et l'hémophilie B, le cancer du sein, l'obésité, les affections cardiovasculaires, la phénylcétonurie et la maladie d'Alzheimer. Les professionnels de la santé disposent d'informations et de technologies génétiques qui leur permettent d'offrir des services de dépistage, d'analyse et de conseil aux personnes ayant des préoccupations d'ordre génétique. Grâce aux connaissances recueillies dans le cadre du Projet génome humain, il est également possible d'évaluer le profil génétique de l'individu et de prévenir ou de traiter certaines maladies. La génétique diagnostique et la thérapie génique permettent de repérer et de modifier un gène avant qu'il présente des caractéristiques susceptibles d'aboutir à une maladie ou à une invalidité.

RÉACTION DE LA CELLULE À UNE LÉSION : INFLAMMATION

Tous les agents (physiques, chimiques, infectieux) mentionnés ci-dessus peuvent léser ou tuer les cellules ou les tissus de l'organisme. Une réaction inflammatoire (ou inflammation) touche alors les tissus sains qui entourent le siège de la lésion. L'**inflammation** est une réaction de défense visant à neutraliser, à combattre ou à éliminer l'agent en cause et à préparer la réparation des tissus. Il s'agit d'une réaction non spécifique (elle ne dépend pas d'un agent d'agression particulier) qui joue un rôle de protection. Par exemple, on peut observer une inflammation en présence d'une piqûre de guêpe, d'un mal de gorge, d'une incision chirurgicale ou d'une brûlure. L'inflammation se manifeste aussi en cas de lésions cellulaires, telles que les accidents vasculaires cérébraux et les infarctus du myocarde.

Il faut distinguer l'inflammation de l'infection. Les agents infectieux ne sont pas les seuls agents qui peuvent déclencher une réaction inflammatoire. Une infection est provoquée par un agent infectieux qui vit, croît et prolifère dans les tissus, et qui peut anéantir les défenses normales de l'organisme.

Quelle que soit sa cause, la réaction inflammatoire locale se décompose en une suite générale d'événements qui entraîne des modifications dans la microcirculation, notamment la vasodilatation, l'augmentation de la perméabilité vasculaire et l'infiltration des leucocytes dans les cellules (figure 6-5 ■). Ces changements provoquent l'apparition de cinq signes cardinaux : rougeur, chaleur, tuméfaction, douleur et incapacité fonctionnelle.

Immédiatement après l'atteinte, il se produit une vasoconstriction passagère. Cette dernière est suivie par la vasodilatation et une accélération du débit sanguin dans la microcirculation, ce qui entraîne la rougeur et la chaleur. Puis, la perméabilité vasculaire augmente, et les liquides plasmatiques (contenant entre autres de l'eau, des protéines et des solutés) se répandent dans les tissus enflammés, qui deviennent tuméfiés. La douleur est provoquée par la pression des liquides (tuméfaction) sur les terminaisons nerveuses, qui sont aussi irritées par les médiateurs chimiques libérés dans la région enflammée. La bradykinine est l'un des médiateurs chimiques qui pourrait provoquer de la douleur. L'incapacité fonctionnelle est fort probablement reliée à la douleur et à la tuméfaction, mais ses mécanismes exacts n'ont pas encore été élucidés.

Quand le débit sanguin augmente et que les liquides plasmatiques se répandent dans les tissus environnants, les éléments qui se forment (globules rouges, globules blancs et plaquettes) restent dans le sang et le rendent plus visqueux. Les leucocytes (globules blancs) s'accumulent dans les vaisseaux, en sont évacués, puis migrent vers le siège de la lésion, où ils englobent les agents en cause et éliminent les débris cellulaires (phagocytose). Le fibrinogène contenu dans les liquides plasmatiques coagule et se transforme en fibrine, un élément nécessaire à la formation d'un caillot ; ce dernier isole la région lésée et empêche la propagation de l'infection.

Médiateurs chimiques

La réaction inflammatoire est amorcée par la lésion, mais les modifications vasculaires qui s'ensuivent sont entraînées par les substances chimiques libérées dans la région enflammée. Les principales substances chimiques sont l'histamine et les kinines. L'histamine est présente dans de nombreux tissus de l'organisme, mais elle est toutefois concentrée dans les mastocytes. Elle est libérée au moment où se produit la lésion, et c'est elle qui amorce la vasodilatation et l'augmentation de la perméabilité vasculaire. Les kinines intensifient la vasodilatation et la perméabilité vasculaire, tout en attirant les neutrophiles vers la région atteinte. On pense que les prostaglandines, un autre groupe de substances chimiques, contribuent également à l'augmentation de la perméabilité vasculaire.

Réaction systémique à l'inflammation

La réaction inflammatoire se limite souvent à la région atteinte. Dans ce cas, elle s'accompagne seulement de signes et symptômes locaux. Mais elle peut aussi provoquer des réactions systémiques, dont la fièvre est le signe le plus fréquent. La fièvre est très probablement causée par des pyrogènes endogènes (substances internes qui provoque la fièvre) libérés par les neutrophiles et les macrophages (formes spécialisées de leucocytes). Ces substances agissent sur le centre de thermorégulation de l'hypothalamus de façon à faire monter la température corporelle. Ce phénomène peut s'accompagner d'une leucocytose, c'est-à-dire une activation de la production et de la libération des neutrophiles par la moelle osseuse, destinée à aider l'organisme à mieux combattre l'infection. Des symptômes généraux, non spécifiques apparaissent au cours de ce processus : malaise, perte d'appétit, endolorissement et faiblesse.

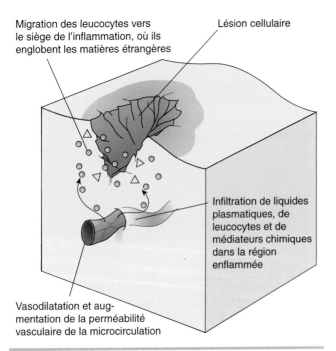

Migration des leucocytes vers le siège de l'inflammation, où ils englobent les matières étrangères

Lésion cellulaire

Infiltration de liquides plasmatiques, de leucocytes et de médiateurs chimiques dans la région enflammée

Vasodilatation et augmentation de la perméabilité vasculaire de la microcirculation

FIGURE **6-5** ■ Réaction inflammatoire. Une lésion cellulaire est causée par des agents chimiques, physiques, infectieux ou autres. L'organisme réagit par la vasodilatation et la libération de médiateurs chimiques, de leucocytes et de protéines. Les leucocytes éliminent les débris cellulaires. Le fibrinogène et le plasma coagulent afin d'empêcher l'infection de s'étendre.

Types d'inflammations

Les inflammations sont principalement classées selon leur durée et le type d'exsudats qu'elles produisent. L'inflammation peut être aiguë, subaiguë ou chronique. L'inflammation aiguë se caractérise par les modifications vasculaires et exsudatives locales abordées ci-dessus. Elle dure habituellement moins de deux semaines. Elle est immédiate et joue un rôle de protection. Une fois que l'agent d'agression a été éliminé, elle disparaît, et la guérison de la lésion se poursuit jusqu'à ce que les structures et les fonctions soient entièrement ou presque entièrement rétablies.

L'inflammation devient chronique quand l'agent d'agression persiste et que la réaction aiguë se prolonge. Elle peut également se déclarer insidieusement sans qu'il y ait de phase aiguë. Les symptômes peuvent demeurer présents pendant des mois ou même des années. L'inflammation chronique n'a pas d'effet favorable et protecteur sur l'organisme. Au contraire, elle est invalidante et peut avoir des conséquences à long terme. Lorsque l'inflammation devient chronique, des changements se produisent au siège de la lésion, et les exsudats deviennent prolifératifs. S'amorce alors un cycle d'infiltration cellulaire, de nécrose et de fibrose, qui entraîne une réparation et une dégradation simultanées. Il peut alors se former des cicatrices volumineuses qui endommagent les tissus de façon permanente.

L'inflammation subaiguë se situe entre l'inflammation aiguë et l'inflammation chronique. Elle se caractérise par certains éléments du processus exsudatif actif de la phase aiguë et par certains éléments du processus de réparation qui a lieu au cours de la phase chronique. L'expression «inflammation subaiguë» est peu usitée.

GUÉRISON DE LA CELLULE

Le processus de réparation, qui s'amorce à peu près en même temps que la lésion, est intimement lié à l'inflammation. La guérison se poursuit après l'élimination des débris ayant provoqué l'inflammation. Elle peut se faire selon deux processus: la régénération et le remplacement. Dans le premier cas, la lésion est graduellement réparée grâce à une prolifération de cellules du même type que celles qui ont été détruites. Dans le second cas, les cellules détruites sont remplacées par des cellules d'un autre type, habituellement conjonctives, qui comblent la plaie et entraînent la formation d'une cicatrice.

Processus de régénération

La capacité de régénération des cellules dépend de leur nature: labile, permanente ou stable. Les cellules labiles se multiplient constamment: les cellules usées sont ainsi remplacées grâce aux processus physiologiques normaux. C'est par exemple le cas des cellules épithéliales de la peau et de celles qui tapissent le tractus gastro-intestinal. Les cellules permanentes, telles que les neurones (les corps cellulaires seuls, sans leurs axones), ne peuvent pas se régénérer. La destruction d'un neurone constitue une perte définitive, mais les axones peuvent se régénérer. Pour que l'activité normale soit rétablie, la régénération tissulaire doit s'effectuer selon un mode fonctionnel, en particulier par la constitution de plusieurs axones. Les cellules stables ont une capacité de régénération latente. Au cours des processus physiologiques normaux, ces cellules ne sont pas détruites et n'ont donc pas besoin d'être remplacées. En revanche, si elles sont lésées ou détruites, elles sont capables de se régénérer. Les cellules fonctionnelles du rein, du foie et du pancréas sont des cellules stables.

Processus de remplacement

Selon le degré de l'atteinte, la guérison des tissus peut se faire en première intention ou en seconde intention. Dans la guérison en première intention, la plaie est propre et sèche, et ses bords sont rapprochés comme ceux d'une plaie chirurgicale. La cicatrice formée est peu visible, et la lésion guérit habituellement en une semaine. Dans la guérison en seconde intention, la plaie ou l'anomalie est plus importante, ses bords sont écartés, et elle contient des tissus nécrosés ou morts. La plaie se remplit de tissus de granulation de bas en haut. Le processus de réparation est plus long et entraîne la formation de plus de tissu cicatriciel, ainsi que la perte de fonctions spécialisées. Ainsi, après un infarctus du myocarde, le tracé électrocardiographique est anormal car le signal électrique ne peut pas traverser le tissu conjonctif qui a remplacé le territoire infarci.

Les processus d'inflammation et de réparation sont fonction de l'état de la personne, du milieu, ainsi que de la nature et de la gravité de la lésion. Toutes les atteintes évoquées ci-dessus peuvent provoquer la mort de la cellule. Le processus est en substance le suivant. La détérioration de la membrane cellulaire permet aux ions de circuler librement. Le sodium et le calcium pénètrent dans la cellule, suivis par l'eau, ce qui entraîne la formation d'un œdème. L'énergie cesse alors d'être transformée. Les influx nerveux ne sont plus transmis, et les muscles ne se contractent plus. Lorsque la membrane cellulaire se rompt, cela permet la fuite des enzymes lysosomiaux, qui détruisent les tissus. La mort et la nécrose de la cellule surviennent alors.

SOINS ET TRAITEMENTS INFIRMIERS

Lorsqu'elle évalue la personne qui sollicite des soins, l'infirmière doit porter attention à la fois aux signes objectifs et aux symptômes subjectifs qui constituent les principaux indices des processus physiologiques. Elle doit recueillir les données de façon à pouvoir répondre aux questions suivantes:

■ La fréquence cardiaque, la fréquence respiratoire et la température sont-elles normales?

■ Une souffrance d'ordre émotionnel est-elle associée aux problèmes de santé?

■ Observe-t-on d'autres indices de perturbation de l'état d'équilibre?

■ Quels sont la pression artérielle, la taille et le poids de la personne?

■ Observe-t-on des problèmes de mouvement ou de sensibilité?

■ La personne présente-t-elle des problèmes d'affect, de comportement, d'élocution, de capacité cognitive, d'orientation ou de mémoire?

■ La personne souffre-t-elle de déficits, de lésions ou de malformations apparentes?

Les examens paracliniques tels que la tomodensitométrie (TDM), l'imagerie par résonance magnétique (IRM) et la tomographie par émission de positrons (PET) peuvent révéler d'autres signes de changement. Les épreuves de laboratoire, notamment celles qui portent sur les électrolytes, l'urée, la glycémie et l'analyse d'urine, peuvent aussi fournir des données objectives.

Lorsqu'elle établit un diagnostic infirmier, l'infirmière doit faire le lien entre les symptômes dont se plaint la personne et les signes physiques qu'elle présente. Le traitement de troubles biologiques particuliers est abordé dans les chapitres suivants. Toutefois, indépendamment de ces traitements, l'infirmière peut recourir à des interventions visant à lutter contre le stress afin d'aider toute personne à réagir aux troubles biologiques ou psychologiques déclencheurs de stress.

Gestion du stress : interventions infirmières

Qu'il soit manifeste ou latent, le stress est omniprésent ; en d'autres termes, il se trouve à la fois partout et n'importe où. Des émotions telles que l'anxiété, la frustration, la colère et les sentiments d'infériorité, de détresse ou d'impuissance sont souvent associées au stress. Ces émotions risquent de perturber les activités de la vie quotidienne. Elles peuvent par exemple entraîner des troubles du sommeil, des modifications des habitudes alimentaires et du rythme des activités, ainsi que des bouleversements dans la dynamique familiale ou l'exercice du rôle.

De nombreux diagnostics infirmiers peuvent s'appliquer aux personnes stressées, notamment l'anxiété, qu'on définit comme un vague sentiment de malaise, dont la source peut être imprécise ou inconnue de la personne. Le stress peut aussi se manifester par l'inefficacité des modes d'adaptation, l'altération des opérations de la pensée ou la perturbation des relations. Ces réactions humaines se reflètent dans les diagnostics infirmiers suivants : inadaptation à un changement dans l'état de santé, stratégies d'adaptation inefficaces, stratégies d'adaptation défensives, déni non constructif. Tous ces diagnostics témoignent de l'inefficacité des réactions adaptatives. D'autres diagnostics sont possibles, notamment : isolement social, exercice du rôle parental perturbé, détresse spirituelle, motivation à améliorer les stratégies d'adaptation familiale, conflit décisionnel, diminution situationnelle de l'estime de soi, sentiment d'impuissance. Tout comme les sources de stress, les réactions humaines au stress sont variées. Établir un diagnostic exact permet donc de mieux préciser les objectifs et les interventions et, par conséquent, d'obtenir de meilleurs résultats.

L'objectif des méthodes de gestion du stress est de réduire celui-ci, de le prévenir et d'aider la personne à mieux s'y adapter. Les infirmières peuvent utiliser ces méthodes non seulement pour aider les personnes dont elles s'occupent, mais aussi pour s'aider elles-mêmes. Les mesures de promotion de la santé sont essentielles car il est crucial de prévenir la maladie, d'améliorer la qualité de la vie et de réduire les coûts des soins de santé. La prévention du stress est un objectif important de ces mesures. Les méthodes visant à réduire le stress et à améliorer les stratégies d'adaptation peuvent faire appel aux ressources tant internes qu'externes. Afin de réduire le stress, on peut par exemple adopter des habitudes alimentaires saines et utiliser des techniques de relaxation (ressources internes) ou créer un vaste réseau social et acheter certains biens et services (ressources externes). Il est beaucoup plus facile pour les individus possédant des ressources financières suffisantes de s'adapter aux contraintes du milieu, car ils ont les moyens de payer les biens et services, ce qui peut leur permettre de se sentir moins vulnérables.

PROMOUVOIR DE SAINES HABITUDES DE VIE

La santé et l'énergie font partie des ressources personnelles qui aident l'individu à s'adapter. De saines habitudes de vie offrent ces ressources, tout en atténuant ou en amortissant l'impact des agents stressants. On peut détecter les habitudes de vie qui rendent l'individu plus vulnérable à la maladie grâce à une évaluation des risques pour la santé.

L'évaluation des risques pour la santé vise à promouvoir la santé. Cette méthode consiste à examiner les habitudes personnelles de la personne et, le cas échéant, à lui recommander les changements nécessaires. Les questionnaires conçus à cette fin permettent d'estimer le degré d'exposition à la maladie d'une personne présentant un ensemble donné de caractéristiques. On part du principe que la personne ainsi informée modifiera ses comportements (par exemple elle cessera de fumer, se soumettra à des examens de dépistage périodiques) dans le but d'améliorer sa santé. En règle générale, les questionnaires permettent de recueillir les données suivantes :

1. Données démographiques : âge, sexe, origine ethnique
2. Antécédents personnels et familiaux de maladies et de problèmes de santé
3. Mode de vie
   a) Alimentation, sommeil, exercice, tabagisme, consommation d'alcool, activité sexuelle, pratiques de conduite automobile
   b) Agents stressants à la maison et au travail
   c) Relations relatives à l'exercice du rôle et agents stressants connexes
4. Données physiques
   a) Pression artérielle
   b) Taille, poids
   c) Analyses du sang et de l'urine
5. Comportements à risque élevé

On compare les données personnelles avec les données moyennes sur les risques recueillies dans la population en général, puis on fait ressortir les facteurs de risque de la personne et on les évalue. Cette analyse permet de déterminer les risques auxquels la personne est exposée, ainsi que les principaux facteurs qui menacent sa santé. En effectuant d'autres comparaisons avec les données provenant de la population, on peut estimer le nombre d'années qui s'ajouteraient à l'espérance de vie de la personne si elle effectuait les changements proposés. Toutefois, jusqu'à présent, les recherches n'ont pas permis de prouver que les gens sont prêts à modifier leurs comportements même si on leur fournit de tels renseignements. Par ailleurs, les études semblent indiquer que la classe sociale est le facteur qui influe le plus sur l'état de santé, et que le niveau de scolarité est le facteur déterminant au sein d'une classe sociale donnée (Mickler, 1997).

AMÉLIORER LES STRATÉGIES D'ADAPTATION

Selon McCloskey et Bulechek (1999), l'«amélioration de la capacité d'adaptation» constitue une intervention infirmière. Voici la définition qu'ils en donnent: «Soutien à apporter à une personne afin qu'elle s'adapte au stress, à des changements ou à des événements menaçants qui l'empêchent d'exercer ses différents rôles et de faire face aux exigences de la vie» (encadré 6-2 ■). L'infirmière peut miser sur les stratégies d'adaptation que la personne utilise déjà, selon son évaluation des risques pour la santé, ou lui enseigner au besoin de nouvelles stratégies.

Un examen de 57 études de recherche en sciences infirmières a permis de mettre en lumière cinq moyens principaux de faire face à la maladie (Jalowiec, 1993):

- Essayer d'envisager l'issue de la maladie avec optimisme
- Recourir à un soutien social
- Utiliser des ressources spirituelles
- Essayer de garder la maîtrise soit de la situation, soit de ses sentiments
- Essayer d'accepter la situation

Les autres stratégies d'adaptation sont notamment les suivantes: s'informer, établir de nouvelles priorités quant à ses besoins et à ses rôles, réduire ses attentes, faire des compromis, se comparer à d'autres, planifier des activités en vue de conserver son énergie, procéder étape par étape, écouter son corps et se motiver.

L'infirmière peut intervenir pour améliorer les stratégies d'adaptation et tenter de trouver des moyens pour améliorer les habiletés de gestion de la personne.

ENSEIGNER DES TECHNIQUES DE RELAXATION

Les techniques de relaxation constituent une des principales méthodes utilisées pour réduire le stress. Les techniques les plus courantes sont la relaxation progressive, le réflexe de relaxation de Benson et la **visualisation**. L'objectif de l'entraînement à la relaxation est de susciter une réaction qui s'oppose à la réaction au stress. Lorsque cet objectif est atteint, l'action de l'hypothalamus s'adapte de façon à réduire l'activité des systèmes nerveux sympathique et parasympathique. L'enchaînement des effets physiologiques et de leurs signes et symptômes est interrompu, et le stress psychologique s'atténue. Il s'agit d'une réaction acquise qui nécessite un apprentissage.

Les différentes techniques de relaxation ont quatre caractéristiques communes: (1) l'environnement doit être calme; (2) la personne s'installe confortablement; (3) elle garde une attitude passive; et (4) elle recourt à un mécanisme mental (par exemple elle focalise son attention sur un mot, une expression ou un bruit).

Relaxation progressive

La relaxation progressive consiste à tendre et à détendre les muscles les uns après les autres. La personne peut ainsi sentir la différence entre les sensations procurées par la tension et par la détente. Pour faire cet exercice, il est préférable que la personne s'étende sur un matelas souple posé sur le sol, dans une pièce tranquille, et qu'elle respire naturellement. D'habitude, quelqu'un lit les directives à voix basse, lentement et calmement; les directives peuvent aussi être enregistrées. La personne contracte ses muscles (un groupe musculaire après l'autre), maintient la contraction, la ressent, puis décontracte ses muscles. Chaque fois qu'elle contracte un groupe musculaire donné, la personne garde le reste de son corps détendu et s'applique à sentir la tension et la détente. Lorsque l'exercice est terminé, tout le corps doit être détendu (Benson, 1993; Benson et Stark, 1996).

Réflexe de relaxation de Benson

Selon Benson (1993), les étapes du réflexe de relaxation sont les suivantes:

1. Choisir une courte expression ou un mot qui évoque pour soi une croyance fondamentale.
2. Adopter une position confortable.
3. Fermer les yeux.
4. Décontracter les muscles.
5. Prendre conscience de sa respiration et commencer à répéter l'expression ou le mot choisi.
6. Conserver une attitude passive.
7. Poursuivre l'exercice pendant un nombre de minutes déterminé.
8. Faire l'exercice deux fois par jour.

Cet exercice combine la méditation et la relaxation. Tout en répétant l'expression ou le mot choisi, il est essentiel de conserver une attitude passive. Lorsque d'autres pensées ou des distractions (bruits, douleur) interviennent, Benson recommande de ne pas les combattre, mais de simplement continuer à répéter l'expression ou le mot choisi. La personne peut effectuer cet exercice à n'importe quel moment de la journée, mais il est plus efficace si la personne est à jeun.

Visualisation

La visualisation consiste à «utiliser délibérément son imagination en vue de se détendre ou de détourner son attention de sensations indésirables» (McCloskey et Bulechek, 1999, p. 506). L'infirmière aide la personne à choisir une scène ou une expérience agréable (par exemple regarder la mer ou tremper ses pieds dans l'eau fraîche d'un ruisseau). C'est cette image qui sert de mécanisme mental. La personne s'assoit confortablement et reste immobile. Guidée par l'infirmière, elle visualise la scène, en essayant de ressentir et de revivre cette représentation à l'aide de tous ses sens. La description de la scène peut être enregistrée; il existe aussi dans le commerce des enregistrements conçus spécialement pour la visualisation et la relaxation.

On peut également recourir à d'autres techniques de relaxation, telles que la méditation, les exercices respiratoires, le massage, le reiki, la musicothérapie et le recours à l'humour.

Améliorer la capacité d'adaptation : interventions infirmières

DÉFINITION

Soutien à apporter à une personne afin qu'elle s'adapte au stress, à des changements ou à des événements menaçants qui l'empêchent d'exercer ses différents rôles et de faire face aux exigences de la vie.

ACTIVITÉS

- Évaluer l'adaptation de la personne aux changements de son image corporelle, si nécessaire.
- Déterminer les conséquences de la nouvelle condition de la personne sur sa vie, ses responsabilités et ses relations.
- Encourager la personne à définir les changements de rôle de façon réaliste.
- Évaluer les connaissances de la personne sur l'évolution de la maladie.
- Évaluer les différentes réactions possibles face à la situation et en discuter avec la personne.
- Adopter une approche calme et rassurante.
- Établir un climat d'acceptation.
- Aider la personne à évaluer la situation de manière objective.
- Aider la personne à découvrir le type d'informations qui l'intéresse le plus.
- Informer régulièrement la personne sur le diagnostic, le traitement et le pronostic.
- Indiquer à la personne les choix réalistes qui s'offrent à elle quant à certains aspects du traitement.
- Encourager la personne à faire preuve d'un espoir réaliste afin de surmonter ses sentiments d'impuissance.
- Évaluer la capacité de la personne à prendre des décisions.
- Tenter de comprendre le point de vue de la personne face à une situation stressante.
- Conseiller à la personne de ne pas prendre de décisions lorsqu'elle se trouve en situation de stress.
- Encourager la personne à faire face à la situation de façon progressive.
- Encourager la personne à faire preuve de patience lorsqu'elle tente d'établir de nouvelles relations.
- Encourager la personne à établir des relations avec des personnes qui partagent ses intérêts et ses objectifs.
- Encourager la personne à participer à des activités sociales et communautaires.
- Aider la personne à accepter les limites d'autrui.
- Montrer à la personne qu'on comprend son univers culturel et spirituel.
- Encourager le recours au soutien spirituel, si nécessaire.
- Mettre l'accent sur les réussites passées de la personne.
- Examiner les raisons pour lesquelles la personne s'autocritique.
- Confronter la personne à ses réactions ambivalentes (colère ou dépression).

- Donner à la personne des moyens constructifs d'évacuer ses mouvements de colère ou d'hostilité.
- Organiser les activités de façon à promouvoir l'autonomie de la personne.
- Aider la personne à reconnaître les réactions favorables venant d'autrui.
- Encourager la personne à déterminer ses propres valeurs.
- Analyser avec la personne les stratégies d'adaptation qu'elle a déjà utilisées.
- Mettre la personne en contact avec des individus ou des groupes de personnes qui ont traversé avec succès une situation similaire à la sienne.
- Favoriser l'utilisation de mécanismes de défense appropriés à la situation.
- Encourager la personne à exprimer ses sentiments, ses perceptions et ses craintes.
- Expliquer les conséquences qu'entraîne la non-maîtrise des sentiments de culpabilité et de honte.
- Encourager la personne à déterminer ses forces et ses habiletés.
- Aider la personne à définir ses objectifs à court terme et à long terme.
- Aider la personne à décomposer des objectifs complexes en étapes courtes et faciles à franchir.
- Aider la personne à trouver les ressources qui l'aideront à atteindre ses objectifs.
- Diminuer les stimuli environnementaux que la personne pourrait percevoir comme des menaces.
- Évaluer les besoins et les désirs de la personne en matière de soutien social.
- Aider la personne à déterminer les groupes de soutien qui peuvent l'aider.
- Évaluer les risques d'automutilation.
- Encourager la famille à participer au traitement.
- Encourager les membres de la famille à exprimer les sentiments que leur inspire la maladie de l'un des leurs.
- Enseigner à la personne les techniques appropriées d'entraînement aux habiletés sociales.
- Aider la personne à déterminer les stratégies d'adaptation efficaces qui l'aideront à mieux accepter ses limites et à modifier son comportement face aux changements.
- Aider la personne à résoudre les problèmes de manière constructive.
- Enseigner à la personne des techniques de relaxation, si nécessaire.
- Permettre à la personne d'exprimer son chagrin et l'aider à accepter la maladie chronique ou l'invalidité, si nécessaire.
- Aider la personne à surmonter les malentendus.
- Encourager la personne à analyser son comportement.

SOURCE: J.C. McCloskey et G.M. Bulechek (2000). *Classification des interventions de soins infirmiers CISI • NIC,* Paris: Masson, p. 134-135.

PRÉPARER LA PERSONNE À GÉRER LE STRESS

On prescrit fréquemment les deux interventions infirmières suivantes pour réduire le stress et améliorer la capacité d'adaptation de la personne : lui offrir une information sensorielle et lui enseigner comment se déroulent les interventions (par exemple à travers l'enseignement préopératoire). Cet enseignement préparatoire peut avoir un contenu structuré. C'est notamment le cas lorsqu'on donne une leçon sur la préparation à l'accouchement à de futurs parents, lorsqu'on explique l'anatomie cardiovasculaire à une personne cardiaque ou lorsqu'on décrit les sensations ressenties au cours d'un cathétérisme cardiaque. Ces techniques peuvent aider la personne à modifier sa relation avec le milieu et l'amener à percevoir de façon plus positive une intervention qu'elle considérait auparavant comme nuisible ou menaçante. En communiquant de telles informations, l'infirmière atténue également la réaction émotionnelle de la personne, ce qui lui permet de se concentrer sur ses problèmes et de les résoudre plus efficacement (Calvin et Lane, 1999 ; Millo et Sullivan, 2000).

DÉVELOPPER LE SOUTIEN SOCIAL

La nature du soutien social et son incidence sur l'adaptation ont fait l'objet de nombreuses études. On sait que le soutien social a une influence modératrice sur le stress lié aux événements de la vie. En effet, le soutien social permet de communiquer à la personne divers types d'informations émotionnelles (Heitzman et Kaplan, 1988 ; Wineman, 1990). Un premier type d'informations amène les personnes à se sentir entourées et aimées. Ce soutien émotionnel provient le plus souvent d'une relation où deux personnes expriment leur confiance et leur attachement mutuel en s'aidant à combler leurs besoins affectifs. Un second type d'informations amène les personnes à se sentir estimées et valorisées. C'est lorsqu'on reconnaît que la personne occupe une position favorable au sein du groupe que ce type d'informations est le plus efficace. Il rehausse l'estime de soi et porte le nom de « soutien affectif ». Un troisième type d'informations amène les personnes à croire qu'elles font partie d'un réseau de communication et d'engagement mutuel. Les membres de ce type de réseau échangent des renseignements, ainsi que des biens et des services.

Le soutien social facilite également les comportements adaptatifs de l'individu. Cet aspect positif dépend toutefois de la nature du soutien. Il ne suffit pas de relations prolongées et d'interactions fréquentes : un tel soutien n'est possible que s'il y a un engagement et un intérêt profonds et il ne peut exister si la relation est superficielle. Les aspects essentiels au sein d'un réseau social sont donc le caractère intime des échanges et la présence de solidarité et de confiance.

Le soutien émotionnel apporté par les membres de la famille et les proches fait prendre conscience à la personne qu'elle est aimée et qu'on essaie de l'aider. Les émotions qui accompagnent le stress sont désagréables et s'intensifient souvent de façon rapide et irrépressible en l'absence de soulagement. Être capable de parler à quelqu'un et d'exprimer ouvertement ses sentiments peut aider à reprendre la situation en main.

L'infirmière est en mesure d'offrir un tel soutien, mais il importe aussi qu'elle détermine le réseau de soutien social dont la personne dispose et qu'elle l'encourage à y recourir. En effet, les personnes qui sont solitaires, qui se tiennent à l'écart ou se replient sur elles-mêmes en période de stress risquent fort d'être incapables de s'adapter.

L'anxiété peut également altérer la capacité de traiter l'information. Grâce à son réseau de soutien, la personne peut se renseigner et prendre conseil auprès de ceux qui peuvent l'aider à analyser la menace et à élaborer une stratégie pour y faire face. Ici encore, ce recours aux autres aide la personne à garder la maîtrise de la situation et à préserver son estime de soi.

Les réseaux sociaux apportent un soutien à la personne qui lutte contre le stress en lui offrant :

- une identité sociale positive ;
- un soutien affectif ;
- une aide et des services matériels ;
- un accès à l'information ;
- un accès à de nouveaux contacts sociaux et à de nouveaux rôles sociaux.

RECOMMANDER L'ADHÉSION À DES GROUPES D'ENTRAIDE ET DE THÉRAPIE

Les groupes d'entraide s'adressent spécialement à des personnes qui vivent des situations stressantes comparables. Il existe des groupes formés de parents d'enfants atteints de leucémie, de personnes ayant subi une stomie ou une mastectomie, ou souffrant de différentes formes de cancer ou d'autres maladies graves, de maladies chroniques ou d'invalidités. D'autres groupes réunissent des chefs de famille monoparentale, des toxicomanes et les membres de leur famille ou des enfants victimes de mauvais traitements. Dans de nombreuses communautés, on trouve des groupes d'entraide professionnels, communautaires ou religieux. Par ailleurs, des groupes de rencontre, des programmes de formation personnelle et sociale et des ateliers de conscientisation aident les gens à modifier leurs comportements habituels lorsqu'ils interagissent avec leur milieu. Faire partie d'un groupe de personnes ayant des problèmes ou des objectifs communs a sur l'individu un effet libérateur qui l'encourage à s'exprimer ouvertement et à échanger des idées.

Comme nous l'avons déjà mentionné, la santé psychologique et biologique de la personne, ses ressources internes et externes pour lutter contre le stress et ses relations avec le milieu sont des indicateurs de son état de santé. Ces facteurs sont directement liés aux pratiques de chacun en matière de santé. L'infirmière assume une responsabilité importante en déterminant les pratiques de santé de la personne qui reçoit des soins. Si ces pratiques n'aident pas la personne à atteindre un état d'équilibre physiologique, psychologique et social, l'infirmière est tenue, si la personne accepte de collaborer avec elle, de rechercher de nouveaux moyens de favoriser cet équilibre.

Le mode d'adaptation au stress de la personne, les rapports qu'elle entretient avec les autres, et les valeurs et les objectifs qu'elle défend sont étroitement liés aux mécanismes physiologiques présentés dans ce chapitre. Il est donc indispensable d'effectuer une évaluation complète de la personne pour pouvoir apprécier ses pratiques en matière de santé et

pour intervenir en cas de problème. D'autres chapitres traitent plus en profondeur de problèmes particuliers et des soins et traitements infirmiers qu'ils exigent.

EXERCICES D'INTÉGRATION

1. Une personne ayant survécu à un grave accident d'automobile est hospitalisée. Elle souffre de brûlures importantes, d'une fracture de la hanche et de multiples lacérations et abrasions. Quels sont les agents stressants physiques, physiologiques et psychosociaux réels ou potentiels qui peuvent être présents lors d'un tel trauma? Quelles sont les interventions infirmières susceptibles de réduire ou d'éliminer les effets de ces agents?

2. On diagnostique une ostéoporose chez une femme âgée de 50 ans ayant des côtes fracturées. L'infirmière évalue le mode d'adaptation de cette femme, à laquelle elle donne des soins de suivi. Au cours de ses interactions avec celle-ci, quels indices signaleront à l'infirmière que la femme utilise des stratégies d'adaptation axées sur le problème et axées sur l'émotion?

3. Parmi les personnes dont vous vous occupez, choisissez-en une qui souffre d'une maladie ou d'une lésion aiguë. Comment l'homéostasie a-t-elle été préservée ou perturbée?

Quels sont les mécanismes de compensation manifestes? En quoi le traitement médical de la personne contribue-t-il aux mécanismes de compensation? Comment déterminerez-vous les interventions infirmières susceptibles de faciliter le processus de guérison?

4. Une famille, composée de deux parents, de deux fils adolescents et du grand-père maternel, s'efforce de définir ses besoins en matière de promotion de la santé avec l'aide d'une infirmière. L'anamnèse de la famille révèle que la mère souffre d'un diabète apparu à l'âge adulte, que le père est atteint d'une coronaropathie, que les fils présentent un excès de poids et que le grand-père souffre d'une légère insuffisance cardiaque congestive. La famille possède de nombreuses ressources pour apporter des changements à son mode de vie. Quelles interventions l'infirmière mettra-t-elle en œuvre afin de promouvoir un mode de vie plus sain chez cette famille?

RÉFÉRENCES BIBLIOGRAPHIQUES
en anglais • en français

Anderson, B.L., Farrar, W.B., Golden-Kreutz, D., et al. (1998). Stress and immune responses after surgical treatment for regional breast cancer. *Journal of National Cancer Institute, 90*(1), 30–36.

Ballard, A. (1981). Identification of environmental stressors for patients in a surgical intensive care unit. *Issues in Mental Health Nursing, 11*(3), 89–100.

Barnfather, J.S., & Lyon, B.L. (Eds.). (1993). *Stress and coping: State of the science and implications for nursing theory, research and practice.* Indianapolis: Sigma Theta Tau International Inc.

Benson, H. (1993). The relaxation response. In D. Goleman & J. Gurin (Eds.), *Mind-body medicine: How to use your mind for better health* (pp. 125–148). Yonkers, NY: Consumer Reports Books.

Benson, H., & Stark, M. (1996). *Timeless healing.* New York: Scribner.

Bryla, C.M. (1996). The relationship between stress and the development of breast cancer: A literature review. *Oncology Nursing Forum, 23*(3), 441–448.

Calvin, R.L., & Lane, P.L. (1999). Perioperative uncertainty and state anxiety of orthopedic surgical patients. *Orthopaedic Nursing, 18*(6), 61–66.

Chalfont, L., & Bennett, P. (1999). Personality and coping: Their influence on affect and behavior following myocardial infarction. *Coronary Health Care, 3*(3), 110–116.

*Constantino, R.E., Sekula, L.K., Rabin, B., & Stone, C. (2000). Negative life experiences, depression, and immune function in abused and non-abused women. *Biological Research in Nursing, 1*(3), 190–198.

Cronquist, A., Wredding, R., Norlander, R., Langius, A., & Bjorvell, H. (2000). Perceived discomfort and related coping phenomenon in patients undergoing percutaneous transluminal coronary angioplasty. *Coronary Health Care, 4*(3), 123–129.

Dubos, R. (1965). *Man adapting.* New Haven, CT: Yale University Press.

*Felton, B.S. (2000). Resilience in a multicultural sample of community-dwelling women older than age 85. *Clinical Nursing Research, 9*(2), 102–103.

Glaser, R., & Kiecolt-Glaser, J.K. (1997). Chronic stress modulates the virus-specific immune response to latent herpes simplex virus type 1. *Annals Behavioral Medicine, 19*(2), 78–82.

Goodkin, K., Feaster, D.J., Tuttle, R., Blaney, N.T., Kumar, M., Baum, M.K., Shapshak, P., & Fletcher, M.A. (1996). Bereavement is associated with time-dependent decrements in cellular immune function in asymptomatic human immunodeficiency virus type 1-seropositive homosexual men. *Clinics in Diagnostic Laboratory Immunology, 3*(1), 109–180.

Heitzman, C.A., & Kaplan, R.M. (1998). Assessment of methods for measuring social support. *Health Psychology, 7*, 75–109.

Holmes, T.H., & Rahe, R.H. (1967). The social readjustment rating scale. *Journal of Psychosomatic Research, 11*, 213–218.

Jalowiec, A. (1993). Coping with illness: Synthesis and critique of the nursing literature from 1980–1990. In J.S. Barnfather & B.L.

Lyon (Eds.), *Stress and coping: State of the science and implications for nursing theory, research and practice.* Indianapolis: Sigma Theta Tau International Inc.

*Kennedy, J.W. (2000). Women's inner balance: A comparison of stressors, personality traits, and health problems by age groups. *Journal of Advanced Nursing, 31*(3): 639–650.

Lazarus, R.S. (1999). *Stress and emotion: a new synthesis.* New York: Springer.

Lazarus, R.S. (1991a). *Emotion and adaptation.* New York: Oxford University Press.

Lazarus, R.S. (1991b). Progress on a cognitive-motivational-relational theory of emotion. *American Psychologist, 46*(8), 819–834.

Lazarus, R.S., & Folkman, S. (1984). *Stress, appraisal, and coping.* New York: Springer Publishing Co.

McCloskey, J.C., & Bulechek, G.M. (Eds.). (1999). *Nursing interventions classification (NIC)* (2nd ed.). St. Louis: Mosby–Year Book.

McEwen, B., & Mendelson, S. (1993). Effects of stress on the neurochemistry and morphology of the brain: Counterregulation versus damage. In I. Goldberger & S. Breznitz (Eds.), *Handbook of stress* (2nd ed.). New York: The Free Press.

Mickler, M. (1997). *Community organizing and community building for health.* New Brunswick, NJ: Rutgers University Press.

Miller, L.H., & Smith, A.D. (1993). *The stress solution.* New York: Pocket Books.

*Millio, M.E., & Sullivan, K. (2000). Patients with operable esophageal cancer: Their experience of information giving in a regional thoracic unit. *Journal of Clinical Nursing, 9*(2), 236–246.

Pike, J.L., Smith, T.L., Hauger, R.L., et al. (1997). Chronic life stress alters sympathetic, neuroendocrine, and immune responsivity to an acute psychological stressor in humans. *Psychosomatic Medicine, 59*(4), 447–457.

Rivolier, J. (1992). *Facteurs humains et situations extrêmes.* Paris: Masson.

Robinson, F.P., Matthews, H.L., Witek-Janusek, L. (2000). Stress reduction and HIV disease: A review of intervention studies using a psychoimmunology framework. *Journal of the Association of Nurses in AIDS Care, 11*(2), 87–96.

Selye, H. (1976). *The stress of life.* (Rev. ed.). New York: McGraw-Hill.

Sergerstrom, S.C., Fahey, J.L., Kemeny, M.E., & Taylor, S.E. (1998). Optimism is associated with mood, coping, and immune change in response to stress. *Journal of Perspectives in Social Psychology, 74*(6), 1646–1655.

*Starzonski, R., & Hilton, A. (2000). Patient and family adjustment to kidney transplantation with and without an interim period of dialysis. *Nephrology Nursing Journal, 27*(1), 17, 18, 21–33, 52.

Tausig, M. (1982). Measuring life events. *Journal of Health and Social Behavior, 23*(1), 52–64.

Watkins, A. (Ed.). (1997). *Mind-body medicine: A clinician's guide to psychoneuroimmunology.* New York: Churchill Livingstone.

*Williams, A.M. (2000). Distress and hardiness: A comparison of African Americans and white caregivers. *Journal of National Black Nurses Association, 11*(1), 21–26.

*Wineman, N.M. (1990). Adaptation to multiple sclerosis: The role of social support, functional disability, and perceived uncertainty. *Nursing Research, 39,* 294–299.

En complément de ce chapitre, vous trouverez sur le Compagnon Web:
- une bibliographie exhaustive;
- des ressources Internet.

Adaptation française
Francine de Montigny, inf., Ph.D.
Professeure, Département des
sciences infirmières – Université
du Québec en Outaouais

CHAPITRE

7

Individu, famille et maladie

Objectifs d'apprentissage

Après avoir étudié ce chapitre, vous pourrez:

1. Décrire l'approche holistique, axée sur la préservation de la santé et du bien-être.

2. Expliquer les notions d'«équilibre émotif» et de «troubles émotifs».

3. Cerner les variables qui influent sur la capacité de gérer le stress et sont à l'origine des déséquilibres émotifs.

4. Expliquer les notions suivantes: anxiété, état de stress post-traumatique, dépression, perte et deuil.

5. Décrire la démarche permettant de comprendre la signification de la mort et du passage de la vie à la mort.

6. Exposer les répercussions de la maladie sur la famille et son fonctionnement.

7. Déterminer le rôle de l'infirmière dans le dépistage des problèmes liés à la toxicomanie de même que les stratégies lui permettant d'aider la famille de la personne toxicomane à composer avec la situation.

8. Explorer la notion de «spiritualité» et les démarches infirmières visant à répondre aux besoins spirituels des personnes soignées.

9. Décrire les interventions infirmières qui favorisent l'adaptation des personnes et des familles.

Afin de préserver leur santé ou de la retrouver, les gens recherchent le soutien des professionnels. De nos jours, tant les individus que leurs proches s'engagent plus activement dans les traitements et les activités visant à prévenir la maladie et à améliorer la santé. Parallèlement, un grand nombre de personnes et de professionnels de la santé ont compris que la tête, le corps et l'esprit sont interdépendants, que ce sont ces rapports qui permettent de préserver le bien-être, de surmonter la maladie ou de l'accepter. Cette **approche holistique** de la santé et du bien-être ainsi que l'intérêt accru que le public manifeste à cet égard exigent qu'on aborde sous un angle nouveau des notions comme celles de choix, de guérison ou de partenariat entre le professionnel de la santé et la personne qu'il soigne. Lorsqu'on adopte la perspective holistique, on ne se contente pas de vouloir prévenir la maladie, on cherche aussi à comprendre dans quelle mesure l'équilibre émotif de la personne contribue à son état de santé. Cette façon de voir aide la personne à prévenir l'aggravation ou la récurrence de nombreuses maladies et à élaborer des stratégies destinées à améliorer son état de santé.

Approche holistique de la santé et des soins de santé

Depuis les années 1980, les traitements holistiques dits « parallèles » s'ajoutent de plus en plus souvent aux traitements traditionnels. Selon l'Enquête nationale sur la santé de la population (ENSP), près de 20 % des Canadiens et Canadiennes ont eu recours en 1999 aux praticiens des approches complémentaires et parallèles en santé. Bien d'autres études (Angus Reid Group, 1997 ; Sondage Berger, 1999) indiquent que les gens font appel en plus grand nombre aux **traitements complémentaires** afin de composer avec leur maladie et avec les thérapies traditionnelles. Même si une forte proportion de ces personnes consultent un médecin traditionnel, seulement 38 % d'entre elles l'informent du fait qu'elles utilisent des produits de santé naturels (Sondage Berger, 2000).

Dans tous les contextes, il est impératif de discuter avec la personne de ces traitements complémentaires et parallèles. Lorsqu'elle effectue la collecte des données et procède à l'examen clinique, l'infirmière doit se renseigner sur les traitements complémentaires employés, dont les plus courants sont énumérés dans l'encadré 7-1 ■.

Certains estiment que l'approche holistique leur permet d'utiliser leurs forces intérieures et de cultiver les valeurs et les croyances relatives à la santé qui avaient cours avant notre époque, celle-ci misant essentiellement sur les innovations techniques et sur les plus récentes découvertes des sciences biomédicales. Le peu d'intérêt que certains professionnels de la santé manifestent à l'égard de la personne, de sa famille et de l'environnement entraînent des sentiments de déception et de dépersonnalisation. La maladie, particulièrement la maladie chronique, coûte de plus en plus cher au système de santé, les dépenses atteignent des sommes astronomiques, pourtant la satisfaction de la population quant aux soins reçus s'amenuise constamment.

La participation de la personne et de ses proches à la préservation de la santé s'accorde avec le modèle d'autosoins prôné par la profession infirmière. Ce modèle correspond au principe de la recherche de l'équilibre entre, d'une part, la médecine axée sur les techniques de pointe et l'intervention d'urgence et, d'autre part, la reconnaissance du rôle joué par la tête, le corps et l'esprit dans la guérison. L'approche holistique de la santé représente une approche globale qui se

VOCABULAIRE

Anxiété : état émotionnel caractérisé par de l'appréhension, des malaises, de l'agitation ou de l'inquiétude.

Approche holistique : conception selon laquelle l'organisme représente un tout formé de la tête, du corps et de l'esprit.

Dépression : état dans lequel se trouve une personne qui éprouve de la tristesse, de la détresse et du désespoir, de sorte qu'elle n'a plus suffisamment d'énergie pour se livrer à ses activités habituelles.

Deuil : sentiments, réactions et pensées engendrées par une perte.

État de stress post-traumatique (ESPT) : ensemble de symptômes anxiogènes graves se développant à la suite d'un événement traumatisant.

Famille : groupe dont les membres sont liés par l'affection, la loyauté et le sentiment d'être responsables les uns des autres.

Foi : croyance en Dieu ou en un être suprême.

Homéopathie : théorie et pratiques médicales visant à guérir la personne dans sa totalité, en stimulant ses processus de guérison naturels.

Santé mentale : état de la personne qui est en mesure de satisfaire ses besoins fondamentaux, d'assumer ses responsabilités, de maintenir ses relations avec les autres, de résoudre les conflits et de croître tout au long de sa vie.

Toxicomanie : usage de psychotropes exerçant des effets physiques et psychologiques délétères et pouvant désorganiser la vie de la personne.

Traitements complémentaires : traitements servant d'appoint aux traitements traditionnels ; ils permettent d'influer sur le stress, l'anxiété, la dépression et sur divers états physiques ou émotionnels.

Trouble mental : état de la personne dont la manière d'agir présente des lacunes, qui se montre incapable d'entretenir des relations avec les autres, de gérer le stress ou les conflits de façon adéquate.

ENCADRÉ 7-1

Principaux traitements complémentaires

- Médecines parallèles, notamment l'acupuncture, l'**homéopathie** et la naturopathie
- Interventions sur le corps et l'esprit, notamment la méditation, l'hypnose, la thérapie par la danse, la musique, l'art et la prière
- Thérapies dites biologiques, comme celles qui se basent sur l'usage des plantes ou sur un mode d'alimentation particulier, ou encore sur les capacités biologiques de la personne; la thérapie orthomoléculaire en fait partie
- Thérapies et méthodes fondées sur la manipulation des os et des articulations, comme la chiropraxie ou l'ostéopathie, ou encore sur la manipulation des muscles, comme la massothérapie
- Thérapies portant sur les champs d'énergie, notamment le qi gong, le reiki et le toucher thérapeutique

SOURCE: B. M. Dossey, C. Guzzetta et L. Keegan (2002). *Holistic nursing: A Handbook for practice.* Gaithersburg, MD: Aspen Publications.

fonde sur l'idée que le corps et l'esprit ne font qu'un, qu'ils ne forment pas deux entités séparées comme le prétend la médecine traditionnelle. Des facteurs tels que l'environnement physique, les conditions économiques, le contexte socioculturel, l'état émotionnel, les relations interpersonnelles et les réseaux de soutien peuvent influer sur la santé, ensemble ou séparément. Tout professionnel de la santé devrait comprendre l'importance des liens qui existent entre la santé physique, l'équilibre émotif et le bien-être spirituel et en tenir compte dans les soins qu'il prodigue. C'est son aptitude à saisir l'interdépendance entre la santé physiologique, l'équilibre émotif et le contexte social, à prendre en considération les divers stades de la vie ainsi que les tâches et responsabilités que comporte chacun d'entre eux qui permet à l'infirmière d'élaborer un plan thérapeutique holistique.

Cerveau, santé physique et émotionnelle

Les recherches consacrées à la structure et au fonctionnement du cerveau, aux neurotransmetteurs et aux liens qui unissent le corps au cerveau indiquent qu'il pourrait exister une relation bilatérale fondamentale et ténue entre l'environnement du cerveau et l'humeur, le comportement et la résistance aux maladies (Cohen et Herbert, 1996). La recherche portant sur le cerveau a entre autres comme objectif d'inventorier les connaissances médicales et psychiatriques traditionnelles et d'y intégrer les nouvelles données psychobiologiques et psychoneuro-immunologiques. Les chercheurs œuvrant dans le domaine de la psychobiologie examinent les fondements biologiques des déséquilibres mentaux; ils ont pu établir des rapports entre les troubles mentaux et certaines modifications de la structure et du fonctionnement du cerveau. Quant aux chercheurs en psychoneuro-immunologie, ils étudient les liens entre les émotions, le système nerveux central, le système neuroendocrinien et le système immunitaire; ils

ont pu prouver hors de tout doute que certaines variables psychosociales modifient le fonctionnement du système immunitaire.

Au fur et à mesure que la recherche neuroscientifique évolue, les découvertes concernant les neurotransmetteurs et le fonctionnement du cerveau permettent de mieux comprendre les émotions, l'intelligence, la mémoire et de nombreux aspects du fonctionnement du corps humain en général. À l'avenir, il se pourrait que les spécialistes se mettent d'accord sur une définition des déséquilibres mentaux qui engloberait la dimension biologique. En acquérant davantage de connaissances biologiques à propos du cerveau et du système nerveux, les chercheurs posent les bases de progrès considérables dans le traitement aussi bien des symptômes que de la maladie qui les engendre.

Compte tenu des avancées enregistrées jusqu'à présent, les professionnels de la santé devraient s'intéresser à la santé émotionnelle tout autant qu'à la santé physiologique; ils devraient chercher à mieux comprendre les effets que peuvent avoir les facteurs biologiques, affectifs et sociaux sur les individus, les familles et les collectivités. Les infirmières et les autres professionnels de la santé doivent se colleter avec des problèmes comme la **toxicomanie**, l'itinérance, la violence familiale, les troubles de l'alimentation, les traumatismes, et les troubles mentaux comme l'anxiété et la dépression.

Au Canada, la santé mentale relève de la compétence des provinces, qui en confient la gestion aux régions; il n'existe donc pas de politique de santé mentale à l'échelle du pays, d'où une possible fragmentation des services. Toutefois, la répartition régionale des services permet d'adapter les mesures de soutien aux besoins de chacune des régions et facilite la collaboration entre les divers intervenants.

Les infirmières de tous les milieux entrent en contact avec des personnes atteintes de déséquilibres mentaux, c'est pourquoi elles peuvent contribuer grandement à la mise en œuvre des objectifs gouvernementaux dans le domaine de la santé mentale en décelant les troubles émotifs de même qu'en cherchant à améliorer la santé psychologique des personnes et des familles.

Santé mentale et troubles émotifs

On estime qu'une personne est en bonne santé sur le plan émotif si elle est apte à s'acquitter correctement de ses obligations et à être aussi productive que possible. Généralement parlant, les personnes qui jouissent d'une bonne **santé mentale** sont satisfaites d'elles-mêmes et de leur vie. Au cours de leur existence, ces personnes s'engagent dans des activités qui répondent à leurs besoins, elles tentent de réaliser leurs objectifs personnels tout en relevant les défis et en surmontant les problèmes du quotidien. Il est souvent difficile de trouver un juste équilibre entre les sentiments, les pensées et les comportements qui peuvent soulager la détresse affective; la personne doit déployer une énergie considérable pour contourner les obstacles de la vie, les modifier ou s'y adapter. La personne qui jouit d'une bonne santé mentale accepte la réalité et conserve une image positive d'elle-même. La santé mentale s'exprime aussi par les valeurs et les croyances humanistes, ainsi que par la capacité d'entretenir des relations interpersonnelles satisfaisantes, d'être productif et de nourrir des espoirs réalistes (encadré 7-2 ■).

Les personnes dont les besoins affectifs ne sont pas satisfaits ou qui sont en état de désarroi se sentent accablées par le malheur. Au fur et à mesure que les tensions s'accroissent, elles se sentent de plus en plus désemparées et menacées. La manière dont chacun réagit aux problèmes de la vie exprime son niveau d'adaptabilité et de maturité ; les expériences biologiques, émotionnelles socioculturelles contribuent à modeler cette réaction. Les personnes qui sont en bonne santé sur le plan émotif arrivent à s'adapter aux événements stressants et à résoudre en même temps les divers problèmes de l'existence.

La personne qui, en raison du stress qu'elle subit, est incapable de se comporter de façon adéquate et de satisfaire ses besoins risque de connaître des problèmes émotifs. Les stratégies d'adaptation inefficaces ou malsaines s'expriment par des comportements, des pensées et des sentiments dysfonctionnels. Ces comportements visent à soulager le stress accablant, bien qu'ils puissent engendrer de nouvelles difficultés.

Les facteurs génétiques ou biologiques, le niveau de croissance et de maturité physique et affective, les expériences familiales et les expériences vécues au cours de l'enfance, l'aptitude à apprendre, tous ces éléments influent considérablement sur la capacité d'adaptation. Pour résoudre les conflits, les individus ont tendance à adopter les mêmes stratégies que celles qui avaient été utilisées par les membres de leur famille, par les soignants ou par d'autres personnes côtoyées tôt dans la vie. Si ces stratégies ne sont pas efficaces, la personne qui cherche à s'en prévaloir manifestera toute une gamme de comportements improductifs et qui seront source de douleur. Les comportements dysfonctionnels affectent fortement la stabilité émotive de la personne et peuvent aussi mettre en danger son entourage. Lorsque ces comportements destructeurs se répètent, un cercle vicieux s'enclenche : l'aptitude à raisonner s'affaiblit, les sentiments négatifs se renforcent et de nouveaux gestes dysfonctionnels entravent la capacité de s'acquitter de ses obligations quotidiennes (encadré 7-3 ■).

Il n'existe pas de définition universellement admise des troubles émotifs. Cependant, bien des opinions et des théories s'accordent sur un point : un certain nombre de variables peuvent entraver la croissance et le développement affectifs, ce qui empêche la personne de s'adapter à son entourage. La plupart des cliniciens ont adopté la définition du **trouble mental** proposée par le *Manuel diagnostique et statistique des troubles mentaux* (*DSM-IV-TR*), de l'American Psychiatric Association, qui se lit comme suit : […] chaque trouble mental est conçu comme un modèle ou un syndrome comportemental ou psychologique cliniquement significatif, survenant chez un individu et associé à une détresse concomitante […] ou à un handicap […] ou à un risque significativement élevé de décès, de souffrance, de handicap ou de perte importante de liberté (American Psychiatric Association, 2003, p. XXVIII). Les facteurs de risque de troubles mentaux sont présentés à l'encadré 7-4 ■.

Les personnes qu'on soigne en médecine et chirurgie doivent souvent surmonter des problèmes psychosociaux comme l'anxiété, la dépression, le sentiment de perte ou de deuil. La toxicomanie, l'atteinte à l'image corporelle et les troubles de l'alimentation nécessitent des soins tant sur le plan physique qu'émotif afin de restaurer la santé optimale des personnes. L'équipe soignante doit relever un double défi : d'une part, comprendre dans quelle mesure les émotions de la personne affectent ses problèmes physiologiques du moment et, d'autre part, découvrir quels soins peuvent le mieux alléger sa détresse émotive et spirituelle sous-jacente.

ENCADRÉ 7-2

Caractéristiques associées à la santé mentale

- Perception positive de soi-même
- Relations interpersonnelles satisfaisantes
- Large éventail d'émotions appropriées
- Affection et empathie envers soi et envers les autres
- Comportement réaliste et responsable
- Aptitude à s'adapter avec efficacité
- Aptitude à négocier et à résoudre les conflits
- Aptitude à collaborer avec les autres et à travailler en équipe
- Aptitude à s'investir dans un travail productif et enrichissant
- Aptitude à s'adapter aux divers défis du quotidien
- Capacité de trouver un sens à la vie
- Capacité de nourrir des espoirs et d'avoir des buts dans la vie
- Lucidité à propos de ses atouts et des aspects de sa personnalité susceptibles d'être améliorés
- Sens de l'humour
- Respect d'autrui, de ses droits et de ses différences

ENCADRÉ 7-3

Caractéristiques associées aux troubles mentaux

- Forte anxiété
- Forte dépression
- Inefficacité des mécanismes d'adaptation
- Profond sentiment de désespoir et d'impuissance
- Gestion inefficace du stress
- Difficulté à se sentir à l'aise tant avec soi qu'avec les autres
- Inaptitude à jouir de la vie
- Extrême négativité des pensées, des sentiments et des comportements
- Désorganisation ou perturbations dans les opérations de la pensée
- Incapacité d'accepter la réalité
- Traits de personnalité qui contribuent aux comportements dysfonctionnels
- Désir de se faire du tort ou de nuire à autrui
- Expériences traumatisantes
- Incapacité de répondre à ses besoins fondamentaux
- Absence de réseau de soutien
- Problèmes physiologiques découlant d'un stress constant

FACTEURS DE RISQUE

Troubles mentaux

FACTEURS NON MODIFIABLES

- Âge
- Sexe
- Antécédents génétiques
- Antécédents familiaux

FACTEURS MODIFIABLES

- Situation conjugale
- Milieu familial
- Problèmes de logement
- Pauvreté ou difficultés financières
- Santé physique
- État nutritionnel
- Niveau de stress
- Milieu social et activités
- Traumatismes
- Toxicomanie
- Exposition à des toxines ou à d'autres polluants
- Accessibilité des soins de santé à un coût raisonnable

Santé et détresse au sein de la famille

La **famille** joue un rôle central dans la vie de chacun et forme en grande partie l'environnement des individus. C'est au sein de la famille que les personnes évoluent, élaborent leur perception de soi, leurs valeurs, leurs croyances et accomplissent les tâches inhérentes aux diverses étapes de la vie (encadré 7-5 ■). La famille est aussi la première source d'information et de socialisation en ce qui concerne la santé et la maladie. La famille enseigne également à ses membres des stratégies qui les aident à trouver l'équilibre entre proximité et distance, entre partage (camaraderie) et individualité. L'un des principaux rôles de la famille est de fournir à ses membres les ressources physiques et émotives et le soutien nécessaire à la préservation de leur santé dans les périodes de crise, notamment en cas de maladie. Il a été démontré que, grâce à l'éducation, les familles sont plus résilientes, s'adaptent aux facteurs de stress et composent avec eux (Friedman, 1998).

Lorsqu'un des membres de la famille devient malade, tous les autres sont touchés. Selon la nature du problème de santé, les membres de la famille doivent apporter certaines modifications à leurs habitudes de vie ou même les restructurer du tout au tout.

Les problèmes de santé entravent souvent le fonctionnement de la famille dans son ensemble. Selon Wright et Leahey (2001), la famille remplit cinq fonctions essentielles tant à la croissance de ses membres qu'à celle de la famille considérée comme un tout. La première de ces fonctions, soit la gérance, se réfère au bon usage du pouvoir et à la capacité de prendre des décisions au sujet des ressources, d'établir des règles, de

prendre des dispositions en matière financière et d'élaborer des projets; ces responsabilités incombent aux adultes. La deuxième fonction, la délimitation des frontières, consiste à séparer clairement les générations et à définir les rôles respectifs des adultes et des enfants au sein de la famille. La troisième fonction est la communication, absolument indispensable à la croissance de l'individu et de la famille dans son ensemble. Les membres d'une famille qui fonctionne adéquatement disposent d'une vaste gamme de moyens pour communiquer de façon claire, directe et chargée de sens. La quatrième fonction est l'éducation et le soutien. L'éducation vise à transmettre des modèles de comportement permettant de mener une vie saine sur le plan physique, émotionnel et social; le soutien, quant à lui, se traduit par des faits et des gestes qui montrent à chaque membre de la famille qu'il est aimé et que son bien-être est important. Le soutien familial contribue à la santé et il constitue un facteur essentiel dans l'adaptation à la maladie ou aux crises. La cinquième fonction est la socialisation. Les familles assurent la transmission des traditions culturelles et des comportements acceptables qui permettent d'agir comme il convient tant au sein de la famille qu'à l'extérieur.

INTERVENTIONS INFIRMIÈRES

La famille peut fonctionner de diverses manières. L'infirmière évalue le fonctionnement de la famille pour déterminer dans quelle mesure celle-ci peut s'adapter aux conséquences de la maladie touchant l'un de ses membres. Si la famille est chaotique ou désorganisée, l'enseignement de stratégies d'adaptation efficaces devient un élément prioritaire du plan thérapeutique infirmier. Il est parfois indiqué d'offrir une aide plus soutenue aux familles qui étaient d'ores et déjà aux

Tâches de l'adulte au cours des diverses étapes de la vie

Les étapes de la vie adulte et les tâches qui en découlent peuvent jouer un rôle déterminant dans l'adaptation à la maladie.

JEUNE ADULTE

- Devenir autonome
- Choisir son mode de vie
- S'engager dans une carrière
- Nouer des relations intimes
- Se marier et fonder une famille

ADULTE D'ÂGE MÛR

- Assurer sa sécurité financière
- Préparer sa retraite
- Établir des relations d'adulte à adulte avec ses enfants
- Consolider ses relations conjugales
- Soutenir ses enfants et ses parents âgés

ADULTE VIEILLISSANT

- S'adapter à la retraite et aux changements de rôle
- S'adapter au déclin des forces physiques
- Faire le point sur ses réalisations
- Se préparer à la mort

prises avec d'autres problèmes afin qu'elles soient en mesure de s'engager pleinement en cas de maladie. Lorsqu'elle effectue la collecte des données auprès de la famille, l'infirmière en évalue la structure et le fonctionnement. Il lui faut notamment recueillir des données sociodémographiques, des données sur l'étape de développement familial (en gardant à l'esprit le fait que les membres de la famille en sont à diverses étapes de leur vie), des données sur la structure et le fonctionnement de la famille, ainsi que des données sur les capacités d'adaptation. On examinera aussi le rôle de l'environnement dans la santé familiale.

Les interventions auprès des membres de la famille visent à renforcer les capacités d'adaptation grâce aux soins prodigués, à la communication et à l'éducation. Le fait de bien communiquer à l'intérieur de la famille influe grandement sur la qualité de la vie familiale et peut aider ses membres à faire des choix appropriés, à envisager des solutions de rechange ou à traverser les épreuves. Dans une cellule familiale, il peut arriver, par exemple, qu'une personne ait à subir une intervention chirurgicale majeure en raison d'un cancer, alors que son conjoint est atteint d'une affection cardiaque, que l'aîné souffre de diabète de type 1 et que le cadet s'est fracturé le bras. Dans les situations de ce genre, il faut composer avec les multiples problèmes de santé tout en accomplissant les tâches liées à l'évolution de chacun et en veillant aux divers besoins familiaux et individuels. Malgré l'inquiétude qu'éprouvent les membres de la famille, individuellement et collectivement, il n'est pas inéluctable qu'une crise se produise. La famille peut s'adapter efficacement à sa situation, ou bien elle peut connaître une crise, ou encore être chroniquement incapable de composer avec les événements. Il appartient à l'équipe soignante d'évaluer soigneusement la famille, d'élaborer des interventions qui permettront à chacun de ses membres de gérer le stress, de mettre en œuvre des méthodes de traitement particulières et d'aider la famille à se constituer un réseau de soutien.

Les atouts, les ressources et les connaissances dont dispose la famille se trouvent renforcées par les interventions thérapeutiques. L'infirmière doit en priorité chercher à préserver et à améliorer l'état de santé de la personne qu'elle soigne et à prévenir toute détérioration d'ordre physique ou affectif. Ensuite, elle doit s'occuper du cycle enclenché par la maladie: une personne est touchée par la maladie, le stress affecte les autres membres de la famille, des maladies peuvent se déclarer chez certains d'entre eux, ce qui représente un stress additionnel pour la personne malade.

C'est en leur apprenant des stratégies d'adaptation efficaces que l'infirmière aide les membres de la famille à gérer les nombreux facteurs de stress qui les affligent quotidiennement. Au cours de l'étude qu'ils ont entreprise en 1994, Burr et ses collaborateurs ont cerné sept éléments qui améliorent les capacités d'adaptation des membres de la famille aux prises avec le stress. L'aptitude à communiquer et la spiritualité constituent, d'après ces chercheurs, les éléments les plus utiles. Les capacités cognitives, la maturité affective, l'aptitude à nouer des relations, la volonté d'utiliser les ressources de leur collectivité, ainsi que les forces et les talents de chacun favorisent également l'adaptation à une situation stressante. Dans son travail auprès des familles, l'infirmière ne doit pas sous-estimer l'importance que peuvent avoir pour la santé

des familles aussi bien ses interactions thérapeutiques, ses interventions didactiques, l'image qu'elle projette, que les soins et l'enseignement qu'elle prodigue (Recherche en sciences infirmières 7-1 ■).

Faute de soutien de la part des membres de la famille et de l'équipe soignante, le risque d'utiliser des stratégies d'adaptation inefficaces s'accroît. Souvent, les individus sont aux prises avec le déni et le blâme. Les maladies physiologiques, le repli sur soi et l'isolement sont parfois le résultat de conflits familiaux graves, de comportements violents ou de la toxicomanie. La consommation d'alcool ou l'usage de drogues est souvent la solution que choisissent les membres de la famille qui ont l'impression qu'il leur est impossible de résoudre les problèmes avec lesquels ils doivent composer. Certaines personnes adoptent fréquemment ces comportements dysfonctionnels lorsqu'elles se trouvent dans une situation difficile ou problématique.

Anxiété

Tout le monde éprouve un certain degré d'**anxiété** (état de tension émotive) face à une situation nouvelle, difficile ou menaçante. Dans certaines circonstances cliniques, la peur de l'inconnu, les nouvelles concernant la santé ainsi que toute anomalie du fonctionnement corporel engendrent de l'anxiété. Certes, le fait de ressentir une légère anxiété peut aider les gens à prendre position, à agir, à accomplir leurs tâches ou à modifier leur mode de vie, mais une anxiété plus intense peut pratiquement les paralyser. Si elle se transforme en panique, l'anxiété devient invalidante. Lorsqu'une personne reçoit de mauvaises nouvelles au sujet des résultats d'une épreuve diagnostique, il est certain qu'elle éprouvera de l'anxiété. Chacun présente des signes et symptômes d'anxiété physiologiques, émotifs et comportementaux qui lui sont propres.

INTERVENTIONS INFIRMIÈRES

Dans le cadre des soins qu'elle prodigue, l'infirmière doit être à l'affût de tout signe exprimant l'anxiété ou l'apparition d'un sentiment de culpabilité (encadré 7-6 ■). L'anxiété intense exacerbera probablement la détresse physiologique; après une intervention chirurgicale par exemple, l'anxiété peut intensifier la douleur postopératoire. À la suite d'un diagnostic de diabète de type 1, l'inquiétude et la peur que la personne éprouvera pourraient l'empêcher d'accomplir ses activités d'autosoins. En cas d'anxiété modérée ou intense, il existe un risque que des symptômes somatiques se manifestent.

On trouve dans le *DSM-IV-TR* (American Psychiatric Association, 2003) la liste des maladies qui engendrent de l'anxiété. Il s'agit notamment des affections endocriniennes, comme l'hypothyroïdie, l'hyperthyroïdie, l'hypoglycémie, l'hypercorticisme; des maladies cardiovasculaires, comme l'arythmie, l'insuffisance cardiaque et l'embolie pulmonaire; des troubles respiratoires, comme la pneumonie ou la MPOC; et des maladies neurologiques, comme l'encéphalite ou les néoplasies.

Les infirmières doivent rester à l'écoute des personnes qui s'inquiètent de manière excessive et dont l'état se détériore sur le plan émotif, social ou professionnel. Si la participation

RECHERCHE EN SCIENCES INFIRMIÈRES

7-1

Pratiques infirmières et efficacité des parents

F. de Montigny (2002). Devenir parent: l'aide professionnelle lors du séjour postnatal en centre hospitalier fait-elle une différence?
Dans *Perceptions sociales des parents d'un premier enfant: Événements critiques de la période postnatale immédiate, pratiques d'aide des infirmières et efficacité parentale.* Thèse de doctorat en psychologie, Université du Québec à Trois-Rivières.

OBJECTIF

Cette étude vise à décrire les relations entre, d'une part, les perceptions qu'entretiennent les parents primipares à propos des pratiques d'aide des infirmières et des événements critiques de la période postnatale, ainsi que le sentiment qu'ils peuvent avoir d'exercer une certaine emprise sur les événements, et, d'autre part, l'anxiété des parents, leur façon de percevoir leur relation parentale et leur efficacité en tant que parents.

DISPOSITIF ET ÉCHANTILLON

L'échantillon de cette étude descriptive exploratoire était constitué de 320 parents (160 pères et 160 mères) d'un premier enfant. Seize jours après la naissance de l'enfant, on demanda aux participants de remplir un certain nombre de question-naires: l'inventaire de l'anxiété situationnelle de Spielberger; l'inventaire des perceptions de l'efficacité parentale; l'échelle des *pratiques d'aide*, qui mesure les représentations que se font les parents de l'aide reçue des professionnels en matière d'habilitation; l'inventaire de la *collaboration parent-intervenant*, qui mesure les représentations des parents en ce qui concerne les rapports de collaboration et d'intimité qu'ils entretiennent avec les professionnels; l'échelle de *perception de contrôle*, qui mesure le sentiment qu'éprouvent les parents de pouvoir influer sur les événements; l'inventaire des *moments critiques de la période postnatale*, qui mesure le nombre et l'intensité des moments critiques en période post-natale; l'inventaire portant sur l'*alliance parentale*, qui mesure si les conjoints forment une équipe dans le but d'accomplir les diverses fonctions parentales.

RÉSULTATS

Cette recherche a permis de constater que l'expérience postnatale des parents met en évidence l'existence d'un modèle commun aux deux parents. Lorsque les infirmières adoptent des pratiques d'aide et de collaboration, les parents ont le sentiment d'avoir une certaine emprise sur les événements, perçoivent la période postnatale d'une manière positive, ont l'impression d'être des partenaires dans leur rôle de parents, sont moins anxieux et se sentent aptes à s'occuper efficacement de leur enfant dans les jours qui suivent la naissance. Ces résultats indiquent que l'anxiété est moindre chez les parents qui reçoivent de l'aide et du soutien de la part des infirmières au tout début de la période postnatale.

IMPLICATIONS POUR LA PRATIQUE INFIRMIÈRE

Dans un contexte d'amélioration de la santé, ces résultats nous indiquent que l'aide que les infirmières fournissent aux parents après la naissance de l'enfant influe grandement sur ce que vivent les parents. L'infirmière qui rencontre les parents après la naissance de leur enfant peut utiliser des stratégies de soutien adaptées à la situation; par exemple, elle s'adresse aux deux parents, reconnaît leur expérience, leurs atouts et leurs capacités. L'infirmière pose des questions, donne de l'information et accompagne les parents dans leurs décisions et leurs actions. Elle encourage les interactions avec le nouveau-né. Elle est à l'écoute des parents, elle les aide à communiquer entre eux de même qu'avec la famille étendue, soutenant ainsi la santé de la famille durant cette période de transition.

---

au plan thérapeutique (autoadministration d'insuline, par exemple) pose problème en raison de l'anxiété extrême, l'infirmière doit entreprendre les interventions immédiatement. En premier lieu, elle aidera la personne à verbaliser ses sentiments et ses peurs ainsi qu'à découvrir les sources de son anxiété. Il lui faudra faire de l'enseignement une de ses priorités afin d'apprendre à la personne à améliorer ses capacités d'adaptation et à utiliser des techniques de relaxation. Dans certains cas, le médecin peut prescrire des anxiolytiques. On énumère à l'encadré 7-7 ■ les principes infirmiers de base qui peuvent aider les personnes à surmonter une anxiété intense. On trouvera au chapitre 6 ⏣ des renseignements complémentaires concernant le stress et la relaxation.

État de stress post-traumatique

Dans divers milieux médicochirurgicaux, particulièrement dans les services d'urgence, dans les unités de soins aux grands brûlés et dans les centres de réadaptation, les infirmières soignent des personnes extrêmement anxieuses et qui ont vécu des événements accablants, allant bien au-delà des expériences humaines normales. Quelques-unes de ces personnes souffrent d'un **état de stress post-traumatique (ESPT)**. Il s'agit d'une affection qui engendre de l'anxiété, de la colère, de l'agressivité, de la dépression et un sentiment de méfiance qui modifie la perception de soi et empêche la personne d'accomplir ses activités quotidiennes. Le viol, la violence familiale, la torture, les actes de terrorisme, les incendies, les tremblements de terre ou les guerres représentent tous des événements qui accroissent le risque d'ESPT. Les personnes qui ont connu ce genre de traumatisme ont souvent recours aux services de santé en raison de leurs multiples blessures, des traitements qu'elles doivent suivre et des divers problèmes émotifs et physiques qu'elles connaissent.

On observe chez les personnes fortement traumatisées un certain nombre de réactions physiologiques: activité accrue du système nerveux sympathique, hausse des concentrations de catécholamines plasmatiques ainsi que des concentrations urinaires d'adrénaline et de noradrénaline. Des chercheurs

ENCADRÉ 7-6

EXAMEN CLINIQUE

Signes et symptômes d'anxiété

SYMPTÔMES PHYSIOLOGIQUES
- Modifications de l'appétit
- Maux de tête
- Tension musculaire
- Fatigue ou léthargie
- Modifications pondérales
- Symptômes de rhume ou de grippe
- Dérangement d'estomac
- Grincement de dents
- Palpitations
- Hypertension
- Agitation
- Troubles du sommeil
- Irritation cutanée
- Prédisposition aux blessures
- Hausse de la consommation d'alcool ou usage de drogue

SYMPTÔMES ÉMOTIFS
- Oublis
- Productivité réduite
- Abattement
- Manque de concentration
- Attitude négative
- Confusion
- Pensées désordonnées
- Absence d'idées nouvelles
- Ennui
- Discours intérieur négatif
- Anxiété

- Frustration
- Dépression
- Pleurs par intermittence
- Irritabilité
- Inquiétude
- Découragement
- Rire nerveux

SYMPTÔMES RELATIONNELS
- Isolement
- Intolérance
- Ressentiment
- Solitude
- Propos cinglants
- Repli sur soi
- Harcèlement
- Méfiance
- Peu d'amis
- Pas de relations intimes
- Manipulation

SYMPTÔMES RELIÉS À LA VIE SPIRITUELLE
- Sensation de vacuité
- Incapacité de trouver un sens à la vie
- Doute
- Attitude impitoyable
- Victimisation
- Égarement
- Cynisme
- Apathie

ENCADRÉ 7-7

RECOMMANDATIONS

Traitement de l'anxiété

- Écouter attentivement la personne et l'inciter à exprimer ce qu'elle ressent.
- Faire des remarques encourageantes et se concentrer sur les aspects positifs de la vie dans l'immédiat («ici et maintenant»).
- Toucher la personne (si elle l'autorise) en signe de soutien.
- Explorer le sentiment de sécurité de la personne et sa perception du bien-être en général.
- Fournir des explications concernant les techniques utilisées, les règlements, les examens paracliniques, la pharmacothérapie, les traitements ou les méthodes de soins.
- Explorer les stratégies d'adaptation efficaces et aider la personne à les mettre en pratique (respiration, relaxation graduelle, visualisation, imagerie, par exemple).
- Utiliser les techniques appropriées permettant à la personne de se distraire pour l'aider à se décontracter et pour l'empêcher de se laisser submerger par l'anxiété.

(Gelles, 1997 ; Gelles et Loseke, 1993) ont avancé l'hypothèse selon laquelle les personnes atteintes d'ESPT ne maîtriseraient plus leurs réactions aux stimuli. La surexcitation qui s'ensuit accélère le métabolisme dans son ensemble et déclenche une réactivité émotionnelle, de sorte que ces personnes présentent des troubles du sommeil, sursautent au moindre stimuli et font preuve d'une vigilance extrême.

Les personnes âgées ressentent plus vivement les effets des traumatismes, de même que ceux de l'ESPT, parce que le vieillissement est associé à une diminution de l'activité neurale. On pense que les personnes très anxieuses au départ sont davantage prédisposées à l'ESPT (Recherche en sciences infirmières 7-2 ■).

Les symptômes de l'ESPT peuvent apparaître au cours des heures qui suivent le traumatisme, mais aussi de nombreuses années plus tard. En cas d'ESPT aigu, les symptômes se manifestent pendant moins de trois mois, alors que si cette affection est chronique leur durée dépasse les trois mois. Lorsque l'ESPT est d'apparition tardive, il peut s'écouler jusqu'à six mois entre le moment où le traumatisme a lieu et

RECHERCHE EN SCIENCES INFIRMIÈRES 7-2

État de stress post-traumatique

M. R. Hampton et I. Frombach (2000). Women's experience of traumatic stress in cancer treatment. *Heath Care of Women International, 21*(1), 67-76.

OBJECTIF

Une recherche bibliographique consacrée aux journaux qui se spécialisent dans les soins a permis d'aboutir à la conclusion suivante : peu d'articles reconnaissent que les expériences des hommes et des femmes qui sont aux prises avec des problèmes de santé diffèrent fréquemment. Cette étude avait donc comme objectif d'examiner les différences liées au sexe quant à la fréquence de l'ESPT et quant aux facteurs permettant d'en prévoir l'apparition dans un groupe de personnes atteintes de cancer.

DISPOSITIF ET ÉCHANTILLON

On a demandé à 225 personnes qui étaient traitées dans une clinique d'oncologie de remplir une série de questionnaires. Les noms de 87 personnes (59 femmes et 28 hommes) ont finalement été retenus. Les participants ont rempli l'échelle mesurant les effets de l'événement (servant à évaluer l'ESPT), l'échelle mesurant le sentiment que leur vie est menacée et l'échelle mesurant l'intensité du traitement (servant à distinguer le traumatisme relié au diagnostic de celui qui est relié au traitement du cancer), le questionnaire évaluant les stratégies d'adaptation dans les cas de cancer (servant à mesurer les moyens le plus souvent utilisés par les personnes atteintes de cancer) et l'échelle évaluant le sens de la maladie (servant à déterminer la signification que la personne donne à son expérience et à évaluer trois mesures de soutien social).

RÉSULTATS

Les symptômes de l'ESPT ont été plus marqués, et de manière significative, chez les femmes que chez les hommes (p > 0,05).

Les principaux facteurs permettant de prévoir l'apparition de l'ESPT chez les femmes étaient l'intensité perçue du traitement du cancer, les relations tendues avec les professionnels de la santé et l'évitement cognitif comme stratégie d'adaptation ; chez les hommes, seul le comportement d'évitement permettait de prévoir l'apparition de l'ESPT. Les femmes donnaient à l'intensité des traitements un score plus élevé que ne le faisaient les hommes (p > 0,05), elles trouvaient que ces traitements étaient plus nombreux et plus diversifiés et elles avaient connu plus de difficultés relationnelles avec les professionnels de la santé. Les femmes disaient de plus que les aspects interpersonnels et relationnels de la maladie étaient les éléments les plus stressants et les plus pénibles de cette expérience du cancer. Les hommes, quant à eux, ont signalé que chez eux le stress était associé à l'exercice du rôle professionnel et aux problèmes financiers.

IMPLICATIONS POUR LA PRATIQUE INFIRMIÈRE

Pour certaines femmes, être traitée pour un cancer constitue une expérience très difficile à vivre. En raison de l'intensité des traitements, le risque d'ESPT augmente. De façon générale, le soutien des professionnels de la santé est indispensable aux femmes ; celles-ci veulent avoir une plus grande emprise sur le traitement, avoir l'occasion de raconter leur expérience et de verbaliser leurs inquiétudes, recevoir l'aide des groupes de soutien et avoir accès à des traitements complémentaires. Les ressources psychosociales peuvent aider à prévenir l'ESPT engendré par le cancer, à le dépister et à élaborer des interventions permettant de le traiter.

---

celui où les symptômes se font jour (American Psychiatric Association, 2003). On trouvera plus de détails sur cette question dans l'encadré 7-8 ■.

INTERVENTIONS INFIRMIÈRES

Bien qu'on pense souvent que l'ESPT se manifeste rarement au sein de la population en général, les études menées auprès de groupes à haut risque révèlent que 50 % des personnes appartenant à ces groupes en souffrent (McCann et Pearlman, 1990). C'est pourquoi il est essentiel que les infirmières sachent déceler les personnes à risque et qu'elles connaissent bien les symptômes couramment associés à l'ESPT.

La sensibilité et l'empathie dont l'infirmière fait preuve auprès des personnes qui présentent des symptômes d'ESPT consolident la relation interpersonnelle sans laquelle son travail ne peut donner les résultats escomptés. La santé physique de ces personnes est touchée ; de plus, elles sont aux prises avec les émotions suscitées par le souvenir d'une expérience qui s'inscrit hors du champ des expériences humaines habituelles et qui transgresse l'idée qu'on se fait habituellement de ce qui est juste. Dans ce type de cas, les interventions infirmières doivent viser les objectifs suivants : établir une relation de

confiance, explorer en profondeur l'expérience traumatisante, enseigner les techniques d'adaptation indispensables à la guérison et aux autosoins. Les progrès que la personne pourra réaliser dépendent de sa capacité à gérer sa détresse physique et émotionnelle.

Dépression

La **dépression** représente une manière courante de réagir aux problèmes de santé et il arrive souvent qu'on ne diagnostique pas cette affection chez les personnes qui reçoivent des soins. La dépression peut être déclenchée par une blessure, une maladie ou par une perte dont la personne souffrait déjà et qui se trouve aggravée par le nouveau problème de santé. Elle peut aussi prendre la forme d'un symptôme somatique qui, en réalité, constitue une manifestation physique de ce trouble.

La dépression clinique se distingue du sentiment de tristesse occasionnel par sa durée et par sa gravité. La plupart des gens se sentent démoralisés ou déprimés à l'occasion, mais il s'agit d'un sentiment qui dure peu et ne les empêche pas de se livrer à leurs activités quotidiennes. La dépression se manifeste par les signes cliniques suivants : les personnes atteintes se

ENCADRÉ 7-8

EXAMEN CLINIQUE

Signes physiologiques et psychologiques de l'ESPT

SIGNES PHYSIOLOGIQUES

- Pupilles dilatées
- Maux de tête
- Modification de la morphologie du sommeil
- Tremblements
- Pression artérielle élevée
- Tachycardie ou palpitations
- Diaphorèse, peau moite et froide
- Hyperventilation
- Dyspnée
- Sensation de suffocation
- Nausées, vomissements ou diarrhée
- Ulcères gastriques
- Sécheresse de la bouche
- Douleurs abdominales
- Tensions ou douleurs musculaires
- Épuisement

SIGNES PSYCHOLOGIQUES

- Anxiété
- Colère
- Dépression
- Peur ou phobies
- Sentiment de culpabilité lié au fait d'avoir survécu
- Hypervigilance
- Cauchemars ou rappel d'images
- Pensées inopportunes au sujet du traumatisme
- Pertes de mémoire
- États de dissociation
- Agitation ou irritabilité
- Sursaut au moindre stimuli
- Toxicomanie
- Haine de soi
- Sentiment d'aliénation
- Découragement, désespoir, sentiment d'impuissance
- Absence d'intérêt pour la vie
- Manque de concentration
- Difficultés de communication, manque d'empathie, incapacité de se montrer affectueux
- Problèmes relationnels
- Problèmes sexuels, allant du passage à l'acte à l'impuissance
- Incapacité de nouer des rapports intimes
- Méfiance
- Incapacité de gérer ses impulsions
- Agressivité, comportements offensants ou violents, entre autres le suicide
- Recherche de sensations fortes

L. C. Copel (2000). *Nurses' clinical guide, Psychiatric and mental health care*, 2e éd., Springhouse, PA: Springhouse.

sentent abattues, elles ont peu d'intérêt pour les activités qui leur procurent du plaisir, et cela pendant une période d'au moins deux semaines. Certaines de ces personnes sont incapables de se comporter adéquatement sur le plan professionnel ou social et de se livrer à leurs activités quotidiennes, alors que d'autres parviennent à assumer leurs responsabilités, mais au prix de grands efforts et en s'obligeant à dissimuler leur détresse. Parfois, elles réussissent même à la dissimuler pendant des mois, voire des années, et leurs proches sont très étonnés lorsqu'elles finissent par succomber à la dépression.

Nombreux sont ceux qui souffrent de dépression et qui cherchent à faire traiter les affections somatiques dont ils souffrent. Les principaux symptômes somatiques que présentent les personnes aux prises avec la dépression sont les céphalées, les lombalgies, les douleurs abdominales, la fatigue, les malaises, l'anxiété, la diminution de la libido ou les problèmes sexuels (Stuart et Laraia, 2000). Ces symptômes sont des manifestations courantes de la dépression. Chez environ 50 % des gens, la dépression n'est pas diagnostiquée et prend la forme d'une affection physique (Carson, 1999). Les personnes atteintes de dépression éprouvent des difficultés à s'acquitter de leurs obligations professionnelles ou scolaires; on observe chez elles un taux d'absentéisme élevé.

Les symptômes caractéristiques de la dépression clinique sont notamment les sentiments de tristesse, d'inutilité, de fatigue et de culpabilité, ainsi que la difficulté à se concentrer et à prendre des décisions. On rencontre habituellement des changements en ce qui concerne l'appétit, une prise ou une perte de poids, des troubles du sommeil, de l'agitation ou un ralentissement psychomoteur. Il arrive souvent que la personne déprimée nourrisse des pensées récurrentes de mort ou de suicide ou qu'elle ait déjà fait des tentatives de suicide (American Psychiatric Association, 2003). On pose un diagnostic de dépression clinique lorsqu'une personne présente au moins cinq des neuf critères diagnostiques de dépression énumérés à l'encadré 7-9 ■ (American Psychiatric Association, 2003). Malheureusement, seulement une personne déprimée sur trois fait l'objet d'un diagnostic et d'un traitement adéquats.

ENCADRÉ 7-9

Critères diagnostiques de la dépression selon le *DSM-IV-TR*

Au moins cinq des symptômes suivants doivent être présents depuis un certain temps, l'un des deux premiers l'étant la plupart du temps.

1. Humeur dépressive
2. Diminution marquée de l'intérêt ou du plaisir
3. Perte ou gain de poids
4. Insomnie ou hypersomnie
5. Agitation ou ralentissement psychomoteur
6. Fatigue ou perte d'énergie
7. Sentiment de dévalorisation ou de culpabilité
8. Diminution de l'aptitude à penser ou à se concentrer
9. Idées de suicide ou de mort

American Psychiatric Association (2003). *Manuel diagnostique et statistique des troubles mentaux (DSM-IV-TR)*. Paris: Masson.

En 2001, les suicides représentaient 2,4 % des décès au Québec ; en fait, le suicide est plus fréquent au Québec que dans le reste du Canada (Saint-Laurent et Bouchard, 2004). Bien que le suicide représente le tiers des décès chez les jeunes Québécois de 15 à 29 ans, c'est chez les hommes d'âge mûr qu'il est le plus fréquent. Aux États-Unis, environ 15 % des personnes fortement déprimées se suicident ; deux tiers d'entre elles avaient consulté un professionnel de la santé au cours des mois qui précédaient leur décès (National Institute of Mental Health, 1992). Toute personne qui se dévalorise, qui a le sentiment qu'elle échoue dans ce qu'elle entreprend, qui est convaincue qu'elle ne peut rien espérer de la vie et que sa situation ne peut s'améliorer présente un risque de suicide. Les facteurs de risque de suicide sont notamment les suivants :

- Âge (avoir moins de 20 ans ou plus de 45 ans et, en particulier, plus de 65 ans)
- Sexe : les femmes font plus de tentatives, les hommes arrivent à leurs fins plus fréquemment
- Appartenance à une famille dysfonctionnelle, dont les membres ont cumulé de nombreuses pertes et dont les capacités d'adaptation sont limitées
- Antécédents familiaux de suicide
- Dépression grave
- Douleur intense, rebelle à tout traitement
- Maladies chroniques et invalidantes
- Toxicomanie
- Anxiété grave
- Problèmes insurmontables
- Perturbation grave de l'estime de soi et de l'image corporelle
- Projets de suicide

INTERVENTIONS INFIRMIÈRES

Puisque toute perte fonctionnelle, tout changement dans l'exercice du rôle ou toute modification de l'image corporelle est un facteur de risque de dépression, il s'ensuit que les infirmières – quel que soit le milieu dans lequel elles exercent – sont appelées à rencontrer des personnes déprimées ou suicidaires. Il faut songer à la dépression dès qu'on note une modification dans les opérations de la pensée et dans les émotions ou la perte de l'estime de soi. On trouve à l'encadré 7-10 ■ la liste des facteurs de risque de dépression. Cette maladie peut affecter les personnes de tout âge et elle est plus fréquente chez les femmes que chez les hommes, bien que le suicide soit plus fréquent chez les hommes que les femmes (Saint-Laurent et Bouchard, 2004). Chez les personnes âgées, l'infirmière doit aussi être à l'affût d'une diminution de la vivacité d'esprit ou d'une tendance au repli sur soi, car il peut s'agir d'un signe de dépression. Il est souvent utile de consulter une infirmière psychiatrique qui sait faire la distinction entre les symptômes de dépression et les signes de démence.

Si elle peut verbaliser ses peurs, ses frustrations, sa colère et son désespoir, la personne se sentira moins impuissante et aura plus de chances de bénéficier du traitement adéquat. En aidant la personne à résoudre les conflits et les problèmes interpersonnels et à surmonter son chagrin, en l'encourageant à parler des pertes qu'elle subit ou qu'elle peut subir, l'infirmière peut l'aider à guérir plus rapidement. Elle peut également l'aider à cerner les discours négatifs qu'elle se tient, et à en diminuer l'importance, ainsi qu'à recadrer ses attentes irréalistes ; elle peut lui expliquer que les idées négatives contribuent à la dépression. Puisque la dépression peut nuire à la santé physique et entraver les activités d'autosoins, les infirmières doivent veiller à l'apparition de nouveaux problèmes. Elles doivent évaluer l'état des personnes atteintes de dépression et déterminer si un traitement antidépresseur peut leur être utile.

Les recherches ont montré que, outre les mesures dont il a été question plus haut, la détresse psychologique s'atténue lorsque l'anxiété et la dépression sont traitées par des interventions psychopédagogiques, par la constitution de réseaux de soutien et par du counselling (Devine et Westlake, 1995). Pour aider la personne déprimée et ses proches à mieux comprendre cette affection et les possibilités de traitement, de même qu'à adopter des stratégies d'adaptation efficaces, il peut s'avérer utile de les adresser à un psychologue. En situation de crise, il est indiqué de diriger la personne vers un psychiatre, une infirmière psychiatrique spécialisée ou un centre de crise. Dans le cadre de sa démarche, l'infirmière doit expliquer à la personne que la dépression est une maladie, et non un signe de faiblesse, et qu'un traitement efficace l'aidera à se sentir mieux et à retrouver son équilibre émotif (Stuart et Laraia, 2000).

Toxicomanie

Certaines personnes font usage de substances euphorisantes pour essayer de surmonter les problèmes du quotidien. La personne qui consomme diverses substances psychoactives est incapable de prendre des décisions réfléchies et de trouver des solutions adéquates à ses problèmes. Elle ne réussit pas à cerner les stratégies d'adaptation et se rabat sur les drogues illicites, les médicaments d'ordonnance ou en vente libre, ou encore l'alcool associé ou non à des drogues afin de gérer les pressions, les tensions et les difficultés de la vie. Le recours

ENCADRÉ 7-10

 FACTEURS DE RISQUE

Dépression

- Antécédents familiaux
- Situations stressantes
- Sexe féminin
- Épisodes antérieurs de dépression
- Apparition des symptômes avant l'âge de 40 ans
- Maladie concomitante
- Tentatives de suicide
- Absence de réseau de soutien
- Antécédents de sévices ou de violences sexuelles
- Toxicomanie

continuel à ces substances engendrera chez la personne des problèmes physiologiques, émotifs, cognitifs ou comportementaux qui se répercuteront sur les membres de sa famille et sur toute la collectivité au sein de laquelle elle vit. Certaines personnes peuvent réagir à une maladie qui les affecte, ou qui affecte l'un de leur proches, en consommant des substances qui leur permettent d'atténuer la douleur qu'elles ressentent sur le plan psychologique.

INTERVENTIONS INFIRMIÈRES

La toxicomanie se rencontre dans tous les milieux de soins ; l'intoxication et le repli sur soi y sont fréquemment associés. Souvent, l'infirmière doit s'occuper de personnes ayant subi des traumatismes tandis qu'elles étaient en état d'ébriété, alors que d'autres sont atteintes d'une affection qui n'est pas directement liée à leur consommation d'alcool ou de drogues. Chez les toxicomanes, nombreux sont ceux qui cherchent à dissimuler leur dépendance. Le déni dont ils font preuve, ou leur peu de connaissances concernant les effets de cette habitude, peut être détecté par l'infirmière quand elle recueille les données qui servent à évaluer l'usage de drogues ou d'alcool (encadré 7-11 ■).

Lorsqu'elle effectue sa collecte de données, l'infirmière peut avoir recours à des outils qui lui permettent de dépister l'usage de drogues, par exemple au questionnaire CAGE (Ewing, 1984), au test de dépistage de l'alcoolodépendance du Michigan (Selzer, 1971) ou à l'indice permettant de mesurer la gravité de la toxicomanie (McLellan, Kushner, Metzger et Peters, 1992). Les questions visant à déceler l'usage de drogues, qui font partie du questionnaire CAGE (CAGEAID), sont présentées au chapitre 5 ⬥ (encadré 5-2).

Les professionnels de la santé jouent un rôle stratégique dans le dépistage de la toxicomanie, dans la mise en œuvre des méthodes de traitement et dans les recommandations de suivi. Puisque la toxicomanie d'une personne affecte fortement l'ensemble de sa famille, l'infirmière aide tous les membres à composer avec la situation, à se montrer moins complice et à inciter leur proche à se faire traiter.

L'infirmière accordera également la priorité aux soins qu'elle prodigue aux proches qui sont codépendants. Ceux-ci tendent à entretenir des relations malsaines avec autrui. Ils ont besoin de se rendre indispensables, de conserver leur emprise sur leur entourage ; c'est pourquoi ils souhaitent rester auprès de la personne toxicomane et souffrir avec elle.

Il arrive que des membres de la famille viennent demander à l'équipe de soins de les aider à mettre un frein au comportement dysfonctionnel de la personne qui consomme de l'alcool ou fait usage de drogue. Dans ce cas, l'infirmière organise une entrevue thérapeutique pendant laquelle le toxicomane devra faire face à son problème ; on s'efforcera de lui expliquer pourquoi il doit se faire traiter. L'infirmière ou un autre conseiller spécialisé dans les problèmes de dépendance aidera la famille à présenter à la personne toxicomane un tableau réaliste de sa situation, des inquiétudes qu'elle suscite, et un plan de traitement sera proposé. L'intervention thérapeutique se fonde sur la prémisse qu'une confrontation empathique et honnête pourra amener la personne à cesser de se réfugier dans le déni et à admettre qu'elle est toxicomane. Si la personne refuse de participer au plan de traitement qui lui est

offert, les membres de la famille exposent les conséquences de ce refus et s'engagent quant à eux à s'y tenir. Ce type d'intervention donne aux membres de la famille une certaine emprise sur la situation et fournit un cadre indispensable à la mise en œuvre du traitement.

Même si elle a bénéficié d'un traitement de désintoxication, la personne récidive parfois. L'infirmière doit travailler en collaboration avec cette personne et avec les membres de sa famille afin de prévenir les rechutes et de s'y préparer, le cas échéant. On estime que la rechute fait partie intégrante du processus pathologique ; c'est d'ailleurs pour cette raison qu'il faut considérer la toxicomanie comme une maladie chronique et la traiter en tant que telle.

L'infirmière qui travaille en collaboration avec une personne et une famille aux prises avec la toxicomanie doit réfuter le mythe selon lequel il s'agirait là d'une faiblesse de caractère ou d'une faute morale. Dans notre société, il existe des divergences d'opinions au sujet de la toxicomanie. Les données dont elle dispose concernant le milieu de vie de la personne aident l'infirmière à déterminer si celle-ci consomme des substances nocives et, ce faisant, quel genre de substances et à quel moment elle en consomme (Copel, 2000). Une combinaison de variables, par exemple les valeurs et les croyances, les normes personnelles et familiales, les convictions spirituelles et les conditions de vie, peuvent prédisposer une personne à consommer des drogues, mais elles peuvent aussi l'inciter à se faire traiter et l'encourager à se rétablir complètement (Copel, 2000). L'attitude d'une personne, tout particulièrement à l'égard de l'alcool, reflète, dit-on, les croyances et les attitudes qui ont cours dans la culture dont elle est issue (Giger et Davidhizar, 1999).

Perte et deuil

La perte fait partie du cycle de la vie. Chacun vit des pertes lorsqu'il traverse des périodes de changement, de croissance et de transition. Cette expérience universelle, douloureuse et effrayante, se vit souvent dans la solitude. Elle déclenche

---

ENCADRÉ **7-11**

EXAMEN CLINIQUE

Évaluation de la toxicomanie

- Usage de la substance dans le passé et de manière répétée
- Opinion de la personne : pense-t-elle qu'il s'agit vraiment d'un problème ?
- Âge au moment de la première et de la dernière consommation
- Depuis quand la personne consomme-t-elle ?
- Mode de consommation privilégié
- Quantité utilisée
- Mode d'approvisionnement
- Effets de la substance
- Tentatives pour réduire la consommation ou y mettre fin

une gamme de réactions et d'émotions (encadré 7-12 ■), entre autres le déni, le choc, l'incrédulité, la colère, l'inertie, les regrets, le sentiment de solitude, la tristesse, la perte d'emprise sur sa vie, la dépression et le désespoir spirituel (Brewster, 1999).

Outre les pertes qui accompagnent les divers passages de la vie, d'autres pertes peuvent affliger l'individu: perte de la santé, d'une partie du corps, de l'image de soi, de l'estime de soi et même de la vie. Lorsque la perte est occultée, ou lorsque les pertes s'accumulent, il y a risque d'anxiété, de dépression et de problèmes de santé. Par ailleurs, les problèmes de santé, comme le diabète, le syndrome d'immunodéficience acquise (sida), les maladies cardiaques ou gastro-intestinales, les dysfonctionnements neurologiques ou les invalidités, sont souvent vécus comme un **deuil.**

Le deuil se vit de multiples façons, car bien des éléments interviennent. Sa durée varie selon la signification donnée à la perte, le nombre de mois ou d'années que l'on a fréquenté et aimé le défunt, la prévisibilité ou la soudaineté de la mort, la façon dont on s'est préparé à la disparition de l'être cher, la

stabilité émotionnelle dont on jouit et la maturité dont on fait preuve et qui favorise l'adaptation à la situation (Arnold et Boggs, 1999).

Quelle que soit la durée du processus de deuil, la personne doit s'efforcer d'atteindre deux objectifs fondamentaux: (1) guérir; et (2) accepter la perte. Le genre de perte subie, la façon dont la personne s'est adaptée aux changements et a franchi des transitions par le passé, les croyances spirituelles, le bagage culturel et le type de personnalité constituent également des facteurs qui influent sur l'expérience du deuil (Kemp, 2000). Certaines personnes peuvent recourir à un usage immodéré de médicaments d'ordonnance, de drogues ou d'alcool, si elles n'arrivent pas à s'adapter à la perte qu'elles ont subie; le processus de deuil se complique alors de la consommation de substances qui créent une dépendance.

INTERVENTIONS INFIRMIÈRES

Les infirmières dépistent les personnes et les membres de leur famille qui sont en deuil et les aident à s'acquitter des quatre principales tâches associées à ce processus: (1) accepter la perte; (2) reconnaître l'intensité de la douleur; (3) s'adapter à une nouvelle vie; et (4) rechercher de nouvelles relations et de nouvelles activités (Worden, 1982). On trouve à l'encadré 7-13 ■ la liste des soins infirmiers qui peuvent aider les personnes en deuil.

L'infirmière fera également la distinction entre les signes et symptômes de deuil et ceux de la dépression; elle différenciera par exemple les pensées, les sentiments, les réactions physiques ou physiologiques et les comportements qui caractérisent habituellement le deuil de ceux qui caractérisent la dépression (encadré 7-9). Les personnes qui traversent un deuil ressentent un certain nombre de symptômes physiques: douleurs, gorge serrée, suivie par l'impression d'étouffer ou d'être essoufflé, envie de soupirer, sensation de vide dans l'abdomen, faiblesse musculaire et forte souffrance qui peut devenir invalidante. Le deuil peut affaiblir davantage une personne fragilisée par la maladie et peut fortement perturber les rapports entre tous les membres de la famille.

La mort et le passage de la vie à la mort

Accepter la mort, qu'il s'agisse de la sienne ou de celle d'un être cher, constitue le défi le plus difficile à relever. Chez la plupart des gens, l'idée même de la mort est anxiogène et menaçante. Kübler-Ross (1975, p. 1) écrivait ce qui suit: «La question que pose la mort est une clé qui déverrouille la porte de la vie… Pour ceux qui cherchent à la comprendre, la mort est une force hautement créative.» Les personnes qui se trouvent au seuil de la mort ont peur de l'inconnu et de la solitude, tout comme elles ont peur de souffrir, de se séparer de leur corps et de perdre toute emprise sur leur existence.

Le passage de la vie à la mort a changé, depuis quelques années, grâce aux grands progrès réalisés dans les soins prodigués aux mourants et aux personnes atteintes d'une maladie chronique. Les innovations techniques et les nouveaux

ENCADRÉ **7-12**

EXAMEN CLINIQUE

Signes et symptômes de deuil

SIGNES ET SYMPTÔMES PHYSIOLOGIQUES
■ Modification de la fréquence cardiaque
■ Modification de la pression artérielle
■ Troubles gastro-intestinaux
■ Oppression thoracique
■ Essoufflement
■ Faiblesse
■ Modification de l'appétit
■ Troubles du sommeil
■ Symptômes physiques vagues, mais pénibles

SYMPTÔMES ÉMOTIFS
■ Tristesse
■ Dépression
■ Colère
■ Repli sur soi
■ Sentiment de solitude
■ Apathie
■ Regrets
■ Culpabilité ou blâme
■ Remise en question de ses croyances

SYMPTÔMES COMPORTEMENTAUX
■ Ralentissement des mouvements
■ Oublis
■ Activités sans but
■ Pleurs
■ Soupirs
■ Manque d'intérêt
■ Difficultés de concentration

ENCADRÉ 7-13

Soins à la personne en deuil

- Privilégier les contacts physiques avec la personne en deuil (si elle les accepte) et essayer de communiquer avec elle sur le plan des émotions.
- Explorer la présence de signes et symptômes de deuil.
- Faire preuve d'une vraie compassion et d'une réelle empathie.
- Inciter la personne à donner libre cours à son chagrin et lui expliquer qu'il s'agit d'un sentiment normal dans son état.
- Lui parler de la perte qu'elle vient de subir ou mentionner le nom de la personne décédée.
- L'encourager à parler de la relation qu'elle entretenait avec le défunt.
- Comprendre qu'elle a besoin de parler des événements ayant entouré le décès, ainsi que des émotions qu'elle a ressenties; s'attendre à ce qu'elle se répète.
- La prévenir qu'elle connaîtra des sautes d'humeur et des changements divers et qu'elle éprouvera du chagrin.
- L'inciter à élaborer des stratégies d'adaptation efficaces et à les utiliser.
- L'exhorter à oublier par moments son deuil et à s'engager dans des activités d'autosoins.
- L'encourager à chercher du réconfort dans la religion ou dans la nature.
- L'aider à repérer les pertes secondaires et à régler les problèmes appartenant au passé.
- La rassurer sur le fait qu'elle finira par s'en sortir.
- La prévenir qu'elle connaîtra des moments difficiles, par exemple lors des anniversaires.
- L'encourager à solliciter des traitements médicaux ou psychiatriques, selon ses besoins.

traitements ont permis de prolonger la vie; de nos jours, un grand nombre de décès sont attribuables à des maladies chroniques qui entraînent une détérioration physiologique et la défaillance de plusieurs systèmes de l'organisme.

La préparation à une mort imminente peut déclencher un deuil par anticipation qui aura parfois des effets positifs sur le deuil lui-même, mais cette remarque ne s'applique pas à tout le monde. Certains proches estiment que le deuil par anticipation les expose au risque de ne pas pouvoir s'adapter au deuil lui-même (Levy, 1991). L'infirmière doit savoir que chacun traverse le processus de deuil à sa façon, qu'il s'agit là d'une expérience très personnelle. Par conséquent, elle cherchera à répondre aux besoins de chacun du mieux qu'elle pourra (Recherche en sciences infirmières 7-3 ■).

ACCOMPAGNEMENT DE LA PERSONNE QUI SE TROUVE AU SEUIL DE LA MORT

Pour accompagner adéquatement les mourants, il faut que l'infirmière comprenne le deuil qu'ils éprouvent et qu'elle connaisse les étapes qu'ils traversent au cours de la phase terminale. Bowlby (1961) définit ainsi ces étapes: la protestation, la désorganisation et la réorganisation. Kübler-Ross (1975), quant à elle, en dénombre cinq: le déni, la colère, le

marchandage, la dépression et l'acceptation. Souvent, le mourant et ceux qui l'entourent ne traversent pas ces étapes dans l'ordre ou de façon linéaire, mais plutôt dans un va-et-vient désordonné. Engel (1964) propose un autre modèle permettant de mener à bien le processus du deuil. Selon lui, les diverses étapes sont le choc et l'incrédulité, la prise de conscience et la restitution. Presque tous les modèles ont en commun des périodes d'évitement, de confrontation et d'acceptation (Cooley, 1992).

Quant à Martocchio (1982), il propose un modèle qui permet de saisir le caractère individuel du processus, chacun ayant sa propre «manière de vivre au seuil de la mort». Selon lui, la vie au seuil de la mort comprend quatre étapes, déterminées par la trajectoire clinique des mourants. La première est une période de hauts et de bas, d'espoir et de dépression; bien qu'il y ait des moments d'espoir, la menace du déclin et de la mort est toujours présente. La deuxième étape est une descente par plateaux, la tendance générale étant celle d'une invalidité progressive qui mène inexorablement à la mort. La troisième étape est un déclin rapide, car de nombreux paramètres physiologiques indiquent que la mort est imminente; c'est à cette étape que se trouvent la personne soignée dans les unités de soins intensifs de même que ses proches, qui n'ont pas eu le temps de se préparer à la mort. La dernière étape est la chute provoquée par une situation de crise; citons par exemple une forte hémorragie cérébrale qui ne laisse presque aucune chance de survie. Souvent, la personne qui arrive à cette étape est maintenue en vie artificiellement. L'infirmière doit savoir qu'une personne peut faire l'expérience de plus d'une de ces manières de vivre au seuil de la mort.

INTERVENTIONS INFIRMIÈRES

Les soins que l'infirmière prodigue à la personne qui est en phase terminale et aux membres de sa famille viseront à améliorer le bien-être, à assurer la sécurité, à satisfaire les besoins physiques et émotionnels et à enseigner des stratégies d'adaptation. Plus que jamais, elle doit expliquer au mourant et à sa famille ce qui leur arrive. Elle devient pour eux une confidente à qui ils peuvent parler de la mort. Les soins palliatifs, la résolution des problèmes psychosociaux tant individuels que familiaux, le traitement de la douleur et des autres symptômes font partie intégrante de ses tâches. Elle ne doit pas perdre de vue les considérations éthiques et la qualité de vie du mourant. Il est de la plus haute importance d'aider le mourant à traverser la phase de transition de la vie à la mort, à préserver ses relations, à résoudre les problèmes familiaux de façon satisfaisante, à exprimer ses dernières volontés.

L'infirmière joue un rôle clé au cours de ce processus; en effet, c'est elle qui donne au mourant et à ses proches toutes les explications nécessaires concernant la maladie et le passage de la vie à la mort afin de leur rendre cette période plus facile à supporter et de les aider à résoudre les problèmes qui se posent. En conservant autant d'emprise que possible sur les événements pendant cette période si difficile, le mourant et sa famille pourront donner un sens à cette expérience accablante. Que la personne soit dans un centre hospitalier, dans un centre de soins de longue durée ou chez elle, il appartient à l'infirmière de l'informer des possibilités et de l'accompagner,

RECHERCHE EN SCIENCES INFIRMIÈRES 7-3

Accompagnement des parents en deuil

F. de Montigny, L. Beaudet et L. Dumas (2003). Les besoins des mères et des pères en deuil d'un enfant. *Perspectives soignantes*, (17) 89-108.

OBJECTIF

Cette étude vise à décrire les besoins des pères et des mères lors du décès de leur enfant.

DISPOSITIF ET ÉCHANTILLON

L'échantillon de cette étude descriptive exploratoire était constitué de 70 personnes appartenant à 50 familles touchées par la mort de leur enfant au cours des six années précédant le moment de la collecte des données. Ainsi, 46 mères et 24 pères ont témoigné de leur expérience lors d'une entrevue semi-structurée. Parmi ces personnes, 31 % avaient été touchées par un deuil périnatal (n: 22), 26 % par le décès d'un bébé de moins d'un an (n: 18); 11 % par le décès d'un enfant lors d'un accident (n: 8); et 31 % avaient subi le décès d'un enfant à la suite d'une maladie chronique ou d'un cancer (n: 22).

RÉSULTATS

L'analyse des réponses des parents endeuillés a permis de définir quatre catégories de besoins: les besoins affectifs, reliés aux sentiments; les besoins cognitifs, reliés aux connaissances; les besoins physiques, reliés aux gestes accomplis; et les besoins spirituels, reliés à l'âme et à l'esprit. Les parents ont en commun les besoins affectifs suivants: être soutenus, s'exprimer, être écoutés, avoir une certaine emprise sur les événements, être respectés dans ce qu'ils vivent, à leur rythme, non seulement au moment du décès, mais aussi à d'autres moments de leur vie. Les besoins cognitifs portent essentiellement sur la nécessité d'obtenir des informations, alors qu'au niveau physique les parents éprouvent le désir

de vivre des moments hors du deuil. Sur le plan spirituel, les parents souhaitent connaître les rituels funéraires, s'imprégner de leur signification et être accompagnés afin de donner un sens à cette expérience et à la vie qui se poursuit sans la présence de leur enfant.

IMPLICATIONS POUR LA PRATIQUE INFIRMIÈRE

Le rôle de l'infirmière est de soutenir les personnes tant au moment de la crise qu'à long terme. Il s'agit de permettre aux mères et aux pères d'exprimer, dès que possible, leurs perceptions et leurs émotions. L'infirmière leur transmet des informations sur le caractère normal de la diversité des réactions et sur la nécessité de se procurer du soutien en fonction de l'expérience de chacun. Pour appuyer les parents dans leur prise de décision, l'infirmière se tient à leur disposition, tant physiquement qu'émotivement, pour répondre à leurs multiples questions, leur fournir des indications sur ce qui va se passer ensuite; elle s'enquiert des rituels désirés par chacun des deux parents, leur explique les aspects légaux, etc. Au fil des semaines et des mois, l'intervention continuera de favoriser l'expression des sentiments et des perceptions tout en encourageant les parents à donner «leur» sens à cette perte et à la vie qui se poursuit (Davis *et al.*, 2000; Neimeyer, 2000). L'infirmière peut aussi amener les mères et les pères à réfléchir aux pertes qu'ils ont connues dans le passé et aux sentiments ressentis alors, de même qu'aux actions qui les avaient aidés dans ces moments pénibles. L'infirmière s'efforce de mettre les parents en contact avec leurs forces intérieures et de les amener à faire appel aux ressources personnelles souvent occultées par la perte dont ils ressentent si vivement les effets.

---

ainsi que ses proches, dans les décisions qui s'imposent en fin de vie. Elle effectue également les démarches indispensables pour que les soins à domicile et les soins palliatifs soient assurés. Par ailleurs, il incombe à l'infirmière de servir de porte-parole au mourant et de veiller à ce que ses droits soient respectés. Le testament biologique et l'expression des dernières volontés permettent à la personne d'exercer son droit de mourir dignement. On trouvera davantage de renseignements sur les soins en fin de vie au chapitre 17 🔗.

Spiritualité et détresse spirituelle

La spiritualité est le sentiment d'être en contact avec soi et avec les autres, avec les forces de la vie ou avec Dieu; elle aide les gens à se transcender et à découvrir le sens de la vie. La spiritualité aide aussi à trouver un but à sa vie, à en comprendre les vicissitudes et à renforcer ses liens avec Dieu ou avec un être suprême. Grâce à cette démarche spirituelle, la personne découvre la vérité sur elle-même, sur le monde et sur des notions comme l'amour, la compassion, la sagesse, l'honnêteté, l'engagement, l'imagination, le respect et la morale. Souvent, le comportement spirituel prend la forme du

sacrifice, de l'autodiscipline, de la contemplation et de la méditation. La religion et la nature sont les deux véhicules qui permettent de rester en contact avec Dieu ou avec un être suprême. Toutefois, il n'est pas nécessaire de fréquenter un édifice consacré au culte, d'avoir des croyances religieuses ou d'adhérer à un dogme pour vivre une expérience spirituelle. La **foi**, considérée comme le fondement de la spiritualité, est la croyance en une entité qu'on ne peut voir (Carson, 1999). Pour la personne qui a des valeurs spirituelles, la vie est un mystère qui se dévoile tout au long de l'existence et qui donne des réponses à des questions concernant le sens de son passage sur terre, l'espérance, les rapports avec Dieu, l'acceptation, le pardon et la transcendance (Byrd, 1999; Sheldon, 2000; Sussman, Nezami et Mishra, 1997).

Avoir la foi ou une spiritualité forte peut influer de manière positive sur la santé (Dunn et Horgas, 2000; Kendrick et Robinson, 2000; Matthews et Larson, 1995). La spiritualité renforce aussi l'espoir; la personne qui souffre d'une maladie grave, chronique ou terminale, ainsi que sa famille trouvent souvent du réconfort dans la religion ou dans les valeurs spirituelles. Par ailleurs, l'expérience de la maladie ou du deuil peuvent aussi amener à douter. La personne qui commence à douter peut perdre la foi, ne plus trouver de sens à la vie et vivre une crise spirituelle. On pose le diagnostic infirmier de détresse spirituelle lorsque la personne traverse une période de remise en question de ses croyances ou qu'elle perd les valeurs spirituelles qui lui donnent des forces et qui lui permettent d'espérer et de trouver un sens à sa vie.

INTERVENTIONS INFIRMIÈRES

La personne ou les proches qui traversent une période de détresse spirituelle éprouvent des sentiments comme le désespoir, le découragement, l'ambivalence, la colère, le ressentiment ou la peur. Ils peuvent remettre en question la signification de la souffrance, le sens de la vie et de la mort et ressentir un vide intérieur. Pour évaluer la force spirituelle d'une personne, l'infirmière lui pose des questions sur la signification que celle-ci donne au bien-être spirituel, à l'espérance et à la sérénité. Elle détermine si la maladie ou le deuil a modifié ses croyances et ses valeurs spirituelles. Par ailleurs, lorsqu'elle explore les besoins spirituels, l'infirmière doit s'enquérir des pratiques religieuses ou spirituelles de la personne, dans le présent ou dans le passé, et observer les réactions de douleur, de colère, de culpabilité, de dépression, de doute, d'anxiété ou de sérénité. Elle peut aussi simplement demander à la personne ou aux membres de sa famille s'ils souhaitent recevoir une quelconque forme de soutien spirituel.

Pour qu'elle puisse apporter du soutien sur le plan spirituel, l'infirmière doit être présente, écouter et soutenir la personne avec empathie lorsque celle-ci doute, a peur, souffre, est désespérée ou lui confie sa détresse psychologique. Parmi les interventions ou attitudes qui facilitent la croissance spirituelle ou la réconciliation avec la vie, mentionnons la présence, l'écoute active et l'empathie, le respect et l'acceptation, tout comme les techniques de communication thérapeutique visant à encourager la verbalisation des sentiments, le recours à la prière, à la méditation et à l'imagerie. D'autres interventions peuvent avoir pour but de faciliter les contacts avec des guides spirituels ou d'encourager la personne à accomplir des rites religieux ou spirituels (Sumner, 1998; Sussman, 2000).

La personne qui souffre d'une maladie grave, chronique ou terminale doit faire face à des pertes physiques et émotionnelles qui menacent son intégrité spirituelle. Au cours d'une maladie aiguë ou chronique, de la réadaptation, tout comme au seuil de la mort, le soutien spirituel peut inciter la personne à nouer ou à consolider ses liens avec soi, avec les êtres chers et avec Dieu ou l'être suprême auxquel elle croit pour transcender la souffrance et pour lui trouver un sens. Les infirmières peuvent soulager la détresse et les souffrances et améliorer le bien-être en répondant aux besoins spirituels de la personne.

EXERCICES D'INTÉGRATION

1. Un homme âgé de 55 ans déclare qu'il ne veut pas participer à une recherche clinique portant sur un médicament. Il déclare: «Il se peut qu'on ne me donne pas le médicament, mais plutôt un placebo. J'aimerais avoir recours aux médecines douces, puisque la médecine traditionnelle ne peut pas m'aider.» Comment l'infirmière devrait-elle réagir? Quelles données devrait-elle recueillir ou transmettre aux autres membres de l'équipe soignante?

2. Une infirmière travaille auprès d'une famille dont l'un des membres est alcoolique et cocaïnomane; elle met au point un plan thérapeutique infirmier. Cependant, un membre de la famille dit à l'infirmière qu'il n'est pas d'accord avec le plan auquel ont souscrit les autres proches. Que diriez-vous à cette personne? Quelles sont les stratégies qui pourraient s'avérer utiles auprès de cette personne et des autres membres de sa famille?

3. Vous soignez un homme qui est en phase terminale à la suite d'un cancer du poumon. Ses enfants vous confient qu'ils se sentent accablés en raison de la situation désespérée de leur père. Que pouvez-vous faire pour les conseiller et les aider à trouver de l'espoir au seuil de la mort? Comment pouvez-vous les soutenir et répondre à leurs besoins affectifs, sociaux et spirituels?

RÉFÉRENCES BIBLIOGRAPHIQUES
en anglais • en français

Aguilera, D.C. (1995). *Intervention en situation de crise*. Saint-Laurent (Québec): Éditions du Renouveau Pédagogique.

Alary, J., Jutras, S., Gauthier, Y., et Goudreau, J. (1999). *Familles en transformation: récits de pratiques en santé mentale*. Boucherville (Québec): Gaétan Morin éditeur.

American Psychiatric Association (2003). *DSM-IV-TR – Manuel diagnostique et statistique des troubles mentaux*. Paris: Masson.

Arnold, E., & Boggs, K. (1999). *Interpersonal relationships: Professional communication skills for nurses* (3rd ed.). Philadelphia: W.B. Saunders.

Bowlby, J. (1961). *Attachment and loss* (Vol. 1). New York: Basic Books.

Brewster, S. (1999). *To be an anchor in the storm: A guide for families and friends*. New York: Sealpress.

Burr, W., Klein, S., Burr, R., Doxey, C., Haeker, B., Holman, T., Martin, P., McClure, R., Parrish, S., Stuart, D., Taylor, A., & White, M. (1994). *Reexamining family stress: New theory and research*. Thousand Oaks, CA: Sage.

Byrd, E.K. (1999). Spiritual care matters: Application of helping theories and faith in the lives of persons with disabilities. *Journal of Religion, Disability, and Health, 3*(1), 3–13.

Carson, V.B. (1999). *Mental health nursing: The nurse-patient journey* (2nd ed.). St. Louis, MO: Mosby.

Choinière, R. (2003). *La mortalité au Québec: une comparaison internationale*. Institut national de santé publique du Québec: Québec.

Cohen, S., & Herbert, T. (1996). Health psychology: Psychological factors and physical disease from the perspective of human psychoneuroimmunology. *Annual Review of Psychology, 47*, 113–142.

Cooley, M.E. (1992). Bereavement care: A role for nurses. *Cancer Nursing, 15*(2), 125–129.

Copel, L.C. (2000). *Nurse's clinical guide: Psychiatric and mental health care* (2nd ed.). Springhouse, PA: Springhouse.

De Montigny, F. (2002). *Perceptions sociales des parents d'un premier enfant: événements critiques de la période postnatale immédiate, pratiques d'aide des infirmières et efficacité parentale.* Thèse de doctorat en psychologie sous la direction de Carl Lacharité, Université du Québec à Trois-Rivières. Auteure.

De Montigny, F., et Beaudet, L. (1997). *Lorsque la vie éclate: impact de la mort d'un enfant sur la famille.* Saint-Laurent (Québec): Éditions du Renouveau Pédagogique.

De Montigny, F., Beaudet, L., et Dumas, L. (2003). Les besoins des mères et des pères en deuil d'un enfant. *Perspectives soignantes, 17,* 89-108.

Devine, E.C., & Westlake, S.K. (1995). The effects of psychoeducational care provided to adults with cancer: Metaanalysis of 116 studies. *Oncology Nursing Forum, 22*(9), 1369–1376.

Dunn, K.S., & Horgas, A.L. (2000). The prevalence of prayer as a spiritual self-care modality in elders. *Journal of Holistic Nursing, 18*(4), 337–351.

Engel, G. (1964). Grief and grieving. *American Journal of Nursing, 64*(7), 93–96.

Ewing, J.A. (1984). Detecting alcoholism: The CAGE questionnaire. *Journal of American Medical Association, 252*(14), 1906.

Fortinash, K. M., et Holoday-Worret, P.A. (2003). *Soins infirmiers en santé mentale et psychiatrie.* Laval: Beauchemin.

Friedman, M.M. (1998). *Family nursing: Research, theory, and practice* (4th ed.). Stamford, CT: Appleton & Lange.

Gelles, J. (1997). *Intimate violence in families.* Thousands Oaks, CA: Sage.

Gelles, J., & Loseke, D. (Eds.) (1993). Current controversies on family violence. Newbury Park, CA: Sage.

Giger, J.N., & Davidhizar, R.E. (1999). *Transcultural nursing: Assessment and intervention* (3rd ed.). St. Louis: C.V. Mosby.

Hanus, M. (2004). *Le deuil après un suicide.* Paris: Maloine.

Hanus, M. (2000). *La mort retrouvée.* Paris: Frison-Roche.

Kemp, C. (2000). *Terminal illness.* Philadelphia: Lippincott Williams & Wilkins.

Kendrick, K.D., & Robinson, S. (2000). Spirituality: Its relevance and purpose for clinical nursing in a new millennium. *Journal of Clinical Nursing, 9*(5), 701–705.

Kirby, M.J.L., et Keon, W. J. (2004). *Santé mentale, maladie mentale et toxicomanie: aperçu des politiques et des programmes au Canada,* rapport provisoire du Comité sénatorial permanent des affaires sociales, des sciences et de la technologie. Ottawa.

Kubler-Ross, E. (1975). *Death: The final stage of growth.* Englewood Cliffs, NJ: Prentice-Hall.

Ladouceur, R., Marchand, A., et Boisvert, J.M. (1999). *Les troubles anxieux: approche cognitive et comportementale.* Boucherville: Gaëtan Morin éditeur.

Lalonde, P., *et al.* (1995). *Démystifier les maladies mentales: la schizophrénie.* Boucherville: Gaëtan Morin.

Lalonde, P., Aubut, J., et Grunberg, F. (2001). *Psychiatrie clinique: une approche bio-psycho-sociale.* Boucherville: Gaëtan Morin.

Leblanc, J., *et al.* (1996). *Démystifier les maladies mentales: les dépressions et les troubles affectifs cycliques.* Boucherville: Gaëtan Morin.

Levy, L.H. (1991). Anticipatory grief: Its measurement and proposed reconceptualization. *Hospice Journal, 7*(4), 1–28.

Martocchio, B.C. (1982). *Living while dying.* Bowie, MD: Robert J. Brady.

Matthews, D.A., & Larson, D.B. (1995). *The faith factor: An annotated bibliography of clinical research on spiritual subjects* (Vol. 3). Rockville, MD: National Institute for Health Care Research.

McCann, I.J., & Pearlman, L.A. (1990). *Psychological trauma and the adult survivor.* New York: Brunner/Mazel.

McFarland, G.K., Wasli, E.L., et Gerety, E.K. (1999). *Santé mentale: démarche de soins et diagnostics infirmiers.* Paris: Masson.

McLellan, A.T., Kushner, H., Metzger, D., & Peters, R. (1992). The fifth edition of the addiction severity index. *Journal of Substance Abuse Treatment, 9*(3), 199–213.

Ministère de la Santé et des Services sociaux (2000). *Bilan d'implantation de la politique de santé mentale.* Québec: Gouvernement du Québec.

National Institute of Mental Health. (1992). *Depression awareness, recognition, treatment fact sheet.* DHHS Publication No. [ADM] 92 1680. Rockville, MD: Government Printing Office.

Ordre des infirmières et infirmiers du Québec (2004). *Dépister la violence conjugale pour mieux la prévenir: orientations pour la pratique infirmière.* Montréal: OIIQ.

Ordre des infirmières et infirmiers du Québec (2003). *Guide d'application de la nouvelle Loi sur les infirmières et infirmiers du Québec et de la Loi modifiant le Code des professions et d'autres dispositions législatives dans le domaine de la santé.* Montréal: OIIQ.

Ordre des infirmières et infirmiers du Québec (2003). *L'exercice infirmier en santé mentale et en psychiatrie.* Montréal: OIIQ.

Phaneuf, M. (2002). *Communication, entretien, relation d'aide et validation.* Montréal: Chenelière/McGraw-Hill.

Pomerleau, G., *et al.* (2001). *Démystifier les maladies mentales: anorexie et boulimie, comprendre pour agir.* Boucherville: Gaëtan Morin.

Saint-Laurent, D., et Bouchard, C. (2004). *L'épidémiologie du suicide au Québec: que savons-nous de la situation récente?* Institut national de santé publique du Québec: Québec.

Séguin, M., Roy, F., et Bouchard, M. (2005). *Programme de postvention en milieu scolaire.* Montréal: Éditions Logiques.

Séguin, M., et Fréchette, L. (1999) *Le deuil.* Montréal:Éditions Logiques.

Selzer, M.L. (1971). The Michigan alcoholism screening test: The quest for a new diagnostic instrument. *American Journal of Psychiatry, 127,* 1653–1658.

Sheldon, T.E. (2000). Spirituality as a part of nursing. *Journal of Hospice and Palliative Care, 2*(3), 101–108.

Stuart, G.W., & Laraia, M.T. (2000). *Principles and practice of psychiatric nursing* (7th ed.). St. Louis: C.V. Mosby.

Sumner, C.H. (1998). Recognizing and responding to spiritual distress. *American Journal of Nursing, 98*(1), 26–30.

Sussman, D. (2000). A spiritual approach: Nurses and chaplains team up to provide pastoral care. *Healthweek, 5*(17), 12.

Sussman, S., Nezami, E., & Mishra, S. (1997). On operationalizing spiritual experience for health promotion research and practice. *Alternative Therapies in Clinical Practice, 4*(4), 120–125.

Tessier, L., et Clément, M. (1992). *La réadaptation psychosociale en psychiatrie: défis des années 90.* Boucherville: Gaëtan Morin.

Towsend, M. C. (2004). *Soins infirmiers: psychiatrie et santé mentale.* Saint-Laurent: Éditions de Renouveau Pédagogique.

Worden, W. (1982). *Grief counseling and grief therapy: A handbook for the mental health practitioner.* New York: Springer Publishing.

Wright, L. M., et Leahey, M. (2001). *L'infirmière et la famille: guide d'évaluation et d'intervention,* adapté par L. Campagna. Saint-Laurent (Québec): Éditions du Renouveau Pédagogique.

 En complément de ce chapitre, vous trouverez sur le Compagnon Web:
• une bibliographie exhaustive;
• des ressources Internet.

Adaptation française
Bilkis Vissandjée, inf., Ph.D.
Professeure titulaire, Faculté des sciences infirmières –
Université de Montréal
Avec la collaboration de
Isabelle Hemlin
*Agence de développement de réseaux locaux de services
de santé et de services sociaux de Montréal*

CHAPITRE

8

Soins infirmiers transculturels

Objectifs d'apprentissage

Après avoir étudié ce chapitre, vous pourrez:

1. Cerner certaines de vos particularités culturelles ainsi que celles des personnes auxquelles vous prodiguez des soins.

2. Appliquer les principes, les concepts et les théories des soins infirmiers transculturels lors des interventions effectuées auprès des personnes, des familles, des groupes et des communautés.

3. Élaborer des outils et des stratégies visant à planifier, à assurer et à évaluer les soins infirmiers dans une perspective transculturelle.

4. Effectuer une analyse critique des outils, des stratégies et des décisions dans une perspective de soins infirmiers transculturels.

Définitions de la culture

Les soins infirmiers transculturels se fondent sur le concept de culture et sur les rapports à établir entre, d'une part, les soins de santé et, d'autre part, les croyances, les normes et les pratiques des personnes, de leurs proches et de leurs amis. La reconnaissance de l'aspect culturel des soins infirmiers a fait l'objet d'efforts soutenus de la part de nombreux chercheurs. Citons entre autres les travaux de Cohen-Émerique (1989, 1993), de Bourque (1996), de Legault (2000) et de Vatz-Laaroussi (1999) en travail social ; de l'American Association of Colleges of Nursing (1996) ; de Leininger (1991, 1995, 1996, 2001), de Giger et Davidhizar (2004), et de Spector (2000).

On doit la première définition du terme de *culture* (1871) à sir Edward Tylor, anthropologue britannique ; la culture désigne selon lui les connaissances, les croyances, l'art, la moralité, les lois, les coutumes et tous les autres savoir-faire ou habitudes acquis par les êtres humains à titre de membres de leur société. Au cours du siècle dernier, et particulièrement au cours des dernières décennies du XXᵉ siècle, des centaines de définitions de la culture ont été proposées, unissant certains des éléments énoncés par sir Edward Tylor à d'autres éléments tels que l'appartenance ethnique, la nationalité, la religion, la langue, le phénotype et le pays d'origine (Spector, 2000 ; Renaud, 2001 ; Hyman, 2001 ; Spitzer, 2004). En outre, on ne doit pas négliger le contexte social dans lequel s'inscrit la culture. Ainsi, lorsqu'on planifie, met en pratique et évalue des soins infirmiers culturellement appropriés, on tient compte non seulement du sexe de la personne, qui est une référence biologique, mais aussi du concept de genre, qui est une référence culturelle et sociale particulière aux femmes et aux hommes et qui comprend l'ensemble des rôles, des comportements et des valeurs déterminés par la société, ainsi que le pouvoir et l'influence relative que la société attribue aux deux sexes en les différenciant. On prend aussi en considération le contexte socioéconomique, la présence de handicaps particuliers et l'orientation sexuelle (Hyman, 2001 ; Vissandjée *et al.*, 2004 ; Spitzer, 2004).

D'après Madeleine Leininger (1991, 2001), pionnière du courant des « soins infirmiers transculturels », la culture comprend les connaissances, aussi bien apprises que transmises, qui portent sur les valeurs, les croyances, les règles de conduite ainsi que les habitudes de vie qui régissent les pensées et les actions en fonction de modèles déterminés. Les travaux de Giger et Davidhizar (2004) appuient les notions de diversité et d'universalité présentes dans la théorie de Leininger ; ces auteurs soulignent en effet que les soins infirmiers transculturels doivent tenir compte des différences et des similitudes entre les cultures, autrement dit des valeurs, des croyances et des pratiques de chacun en ce qui a trait à la santé, aux soins de santé et à la maladie. La culture évolue au fil du temps, car l'esprit « s'imprègne de structures sociales et religieuses ainsi que de manifestations intellectuelles et artistiques de la société où évoluent tant les infirmières que les hommes, les femmes, les familles et les communautés requérant des soins » (Giger et Davidhizar, 2004).

Le concept de culture comporte quatre caractéristiques fondamentales :

- La culture s'apprend dès la naissance grâce au langage et à la socialisation.

- Commune aux membres d'un groupe, la culture se traduit par le sentiment d'être distinct des autres groupes, cette différence étant perçue aussi bien à l'intérieur qu'à l'extérieur du groupe.

- La culture est déterminée par des conditions particulières, liées aux environnements physique, technique et social, ainsi qu'à la disponibilité des ressources.

- La culture représente un processus dynamique, à l'action plus ou moins apparente, mais en constante évolution.

Les traits mentionnés précédemment évoluent également en fonction de l'âge, de l'apparence physique et des habitudes de vie. Il faut donc être prudent lorsqu'on interprète des traits caractérisant l'appartenance à un groupe culturel donné, car on ne tient pas nécessairement compte de tous les éléments qui en relèvent.

Le terme de *diversité culturelle* a été défini de bien des manières, lui aussi, et il le sera encore au fur et à mesure que la société se transformera. L'appartenance religieuse, le pays d'origine, le pays de naissance, la couleur de la peau servent fréquemment de critères pour désigner les personnes perçues comme différentes. Il est important de préciser de nouveau que la diversité culturelle n'est pas liée uniquement à l'existence de « minorités ethniques ».

Enfin, pour vraiment cerner les différences culturelles susceptibles d'influer sur la planification, la mise en pratique et l'évaluation des soins infirmiers, l'infirmière doit prendre conscience du rôle joué par son propre héritage culturel, qui façonne ses valeurs, ses croyances et ses normes (Krumberger, 2000).

Lorsqu'elle prodigue des soins personnalisés et efficaces, qui tiennent compte des valeurs culturelles et y sont attentifs, l'infirmière se sert de ses compétences en matière culturelle (Hunt, 2000 ; Krumberger, 2000 ; Wilkinson, 2001). Les soins « culturellement compétents » constituent un processus dynamique, exigeant une certaine connaissance des données propres à la culture de la personne qui reçoit les soins ; l'infirmière doit également faire preuve de sensibilité dans la planification, la mise en pratique et l'évaluation de ces soins. Elle incorpore ainsi ses propres connaissances culturelles dans le plan thérapeutique, tout en prenant conscience du fait que deux perspectives culturelles sont en présence : la sienne et celle de la personne dont elle s'occupe (Giger et Davidhizar, 2004). En s'interrogeant sur ses croyances culturelles et sur les possibilités de conflit avec celles des personnes qu'elle soigne, l'infirmière franchit la première étape du processus qui lui permettra de devenir compétente dans le domaine culturel (Krumberger, 2000). Une des dimensions complexes inhérentes à la notion de compétence dans le domaine des soins interculturels vient du fait que, dans la définition même du terme de culture, on reconnaît l'existence de nombreuses sous-cultures.

La diversité ne se manifeste pas seulement entre les communautés culturelles, mais également au sein de ces communautés. L'infirmière ne doit donc pas tomber dans le piège des stéréotypes culturels ; les femmes, les hommes, les familles et les communautés qui requièrent des soins représentent pour elle les meilleures sources d'information en ce qui a trait aux valeurs, aux croyances et aux préférences qu'elle doit prendre en considération dans la planification, la mise en pratique et l'évaluation de ses soins.

Culture, société et immigration

Immigration au Canada Selon Citoyenneté et Immigration Canada, la *Loi sur l'immigration* répond à trois objectifs fondamentaux qui, des points de vue social, humanitaire et économique, sous-tendent le programme d'immigration. Il s'agit de :

- Stimuler le développement économique
- Faciliter la réunion, au Canada, des résidents canadiens avec leurs proches parents de l'étranger
- Remplir, envers les réfugiés, les obligations légales et humanitaires imposées au Canada

Immigration au Québec Au Québec, des orientations similaires guident les politiques d'immigration. On voit, par exemple, dans l'immigration un moyen de favoriser la croissance économique et d'infléchir l'évolution démographique. L'immigration permet notamment d'accueillir des personnes scolarisées ou encore des personnes appartenant à la catégorie des gens d'affaires, qui injecteront de nouveaux capitaux dans l'économie.

COMMUNAUTÉS CULTURELLES DU QUÉBEC

Le Québec se définit comme une société pluraliste (Gouvernement du Québec, 2005). Il est ouvert aux apports multiples des autres cultures, dans le respect des valeurs démocratiques fondamentales, comme en témoignent les valeurs et principes exposés dans l'encadré 8-1 ■.

Le tableau 8-1 ■ illustre l'évolution, sur trois décennies, de la population dont la langue maternelle n'est ni l'anglais ni le français, tout comme celle de la population qui, à la maison, s'exprime dans une langue autre que l'anglais ou le français.

Pronovost (2004) montre que la question des communautés culturelles au Québec est assez complexe : « [...] la diversité des communautés et les particularités de leur histoire, de leur expérience de vie en Amérique et de leur culture en mouvement interdisent toute synthèse, tout syncrétisme. L'hétérogénéité est de règle. » (Pour un portrait statistique des communautés culturelles du Québec, se reporter aux ressources Internet proposées sur le Compagnon Web.)

La diversité ethnique s'accentue depuis vingt ans dans la région montréalaise, tout comme dans de nombreux centres urbains tels que Sherbrooke, Québec, Vancouver et Toronto. Le recensement de 2001 révélait que 27,6 % de la population montréalaise était originaire de l'extérieur du Canada. Le ministère des Relations avec les citoyens et de l'Immigration (MRCI, 2004) prévoit une hausse de l'immigration au cours des prochaines années[1]. Au Québec, les immigrés ne proviennent plus des bassins traditionnels de l'Europe occidentale, mais davantage du Moyen-Orient, d'Afrique du Nord, d'Asie du Sud-Est, ou encore des Antilles et d'Amérique centrale.

IMMIGRATION ET SANTÉ

L'immigration est bien plus qu'une affaire de statut (Renaud, 2001). Elle représente une des expériences de transition les plus marquantes de la vie d'une personne (Meleis, 1995, 2000). En quittant son pays d'origine, le migrant doit traverser une série de deuils, se séparer de ses amis et d'une bonne partie de sa famille, et vivre en même temps une expérience qui suppose une adaptation importante, tant physique que sociale et culturelle. Toute personne en processus de migration vit une période d'adaptation plus ou moins longue, qui sera largement tributaire de sa trajectoire migratoire (Berry *et al.*, 1987 ;

---

1. La planification stratégique 2001-2004 permet d'entrevoir une augmentation de cette proportion. Depuis le recensement de 2001, le nombre de personnes admises au Québec est passé d'environ 30 000 par an à plus de 45 000 par an ; à ce nombre s'ajoutent au moins 8 000 réfugiés.

ENCADRÉ 8-1

Valeurs et principes énoncés par le ministère des Relations avec les citoyens et de l'Immigration (MRCI)

- La *Charte des droits et libertés de la personne* est une loi fondamentale axée sur le respect de la dignité de tout être humain, qui affirme et protège, pour toute personne, les libertés et les droits fondamentaux, le droit à l'égalité sans discrimination, ainsi que les droits politiques, judiciaires, économiques et sociaux.

- La *Charte de la langue française* permet au peuple québécois d'exprimer son identité en faisant du français la langue du gouvernement et des textes de loi, aussi bien que la langue normale et habituelle du travail, de l'enseignement, des communications, du commerce et des affaires.

- L'Énoncé de politique en matière d'immigration et d'intégration stipule que les institutions publiques, parapubliques et privées doivent s'adapter à la réalité pluraliste afin de soutenir les immigrants et leurs descendants dans leurs démarches d'intégration. L'Énoncé propose également un « contrat moral » qui définit le Québec comme une société d'accueil, démocratique, d'expression française et pluraliste,

où les Québécoises et les Québécois, qu'ils soient nés ici ou immigrés, ont le droit de choisir librement leur style de vie, leurs valeurs, leurs opinions et leur religion, mais ont aussi la responsabilité de respecter toutes les lois, même si celles-ci se révèlent incompatibles avec leur religion ou leurs valeurs personnelles.

- La *Déclaration du gouvernement du Québec sur les relations interethniques et interraciales* condamne sans appel le racisme et la discrimination raciale sous toutes leurs formes. Elle engage les ministères et organismes à se conformer aux exigences de la *Charte des droits et libertés de la personne*.

- La *Loi sur l'accès à l'égalité en emploi dans des organismes publics* institue un cadre particulier afin de favoriser l'accès à l'emploi pour les femmes, les autochtones, les personnes faisant partie d'une minorité visible et les personnes dont la langue maternelle n'est pas le français ou l'anglais et qui appartiennent à un groupe autre que celui des autochtones et celui des personnes faisant partie d'une minorité visible.

SOURCE : ministère des Relations avec les citoyens et de l'Immigration (2004).

Distribution en pourcentage de la population du Québec, suivant la langue maternelle et la langue d'usage, de 1971 à 2001	1971	1981	1991	1996	2001
TABLEAU 8-1	**1971**	**1981**	**1991**	**1996**	**2001**
LANGUE MATERNELLE					
■ Anglais	13,1	10,9	9,2	8,8	8,4
■ Français	80,7	82,5	82,0	81,5	81,6
■ Autres	6,2	6,6	8,8	9,7	10,0
LANGUE AU FOYER					
■ Anglais	14,7	12,3	11,2	10,8	10,5
■ Français	80,7	82,5	83,0	82,8	83,1
■ Autres	4,6	5,2	5,8	6,4	6,4

SOURCE: J. Henripin (2004). *Pour une politique de population.* Montréal: Éditions Varia, 28.

Vissandjée *et al.,* 1999; Battaglini et Gravel, 2000; Meleis, 2000; Hyman, 2001). Cette période sera marquée par un ensemble de ruptures, parfois très douloureuses. C'est dans ce climat de rupture que sera d'abord vécue la période d'immigration et, par définition, d'adaptation (Bibeau, 1987; Corin, 1990; Fassin, 2000; Cognet *et al.,* 2004). L'essor et la diversification de l'immigration ont par conséquent fait émerger des besoins d'adaptation des services de santé à cette nouvelle réalité.

La santé des migrants est une question complexe et qui évolue rapidement. En raison de la mondialisation et du développement technique croissant, on nomme migration tout ce qui se situe entre les déplacements à court terme et l'installation permanente. Les répercussions de ces diverses formes de migration peuvent être assez variées (Battaglini et Gravel, 2000; Hyman, 2001; Renaud, 2001; Basrur, 2003; Vissandjée *et al.,* 2004). D'une part, la mobilité des populations représente un facteur important en matière de santé des collectivités (Renaud *et al.,* 2004). D'autre part, de nombreux chercheurs ont montré que les immigrants ne sont en meilleure santé que le reste des Canadiens que temporairement, car la «bonne santé» dont ils doivent jouir pour être autorisés à résider au Canada s'érode au fur et à mesure que leur séjour se prolonge (Chen, 1996; Vissandjée *et al.,* 1998; Hyman, 2001). L'adaptation en tant que processus renvoie aux capacités dont fait preuve la personne qui doit composer avec une situation nouvelle ou un environnement nouveau (Berry *et al.,* 1987). Dans le contexte migratoire, l'adaptation désigne la capacité de la personne à s'insérer dans des structures préexistantes et à apprendre à les utiliser. Il s'agit, en quelque sorte, de repartir à zéro dans un environnement inconnu, de réapprendre les gestes quotidiens, de trouver un travail convenable et de s'y adapter, de réagir à un nouveau système de santé, de reconstruire un réseau social, etc. Le fait d'immigrer, d'avoir à s'adapter d'une manière parfois radicale, ne met pas nécessairement en danger la santé de la personne, mais il engendre chez elle de nouveaux besoins; elle se trouve placée dans des situations de stress qui peuvent avoir sur elle des répercussions biologiques, psychologiques et sociales.

Soins infirmiers transculturels

Les *soins infirmiers transculturels,* qu'on appelle parfois indifféremment «soins infirmiers interculturels» ou «soins infirmiers multiculturels», représentent un champ d'étude et d'exercice reconnu, qui se rapporte directement et systématiquement aux valeurs, aux croyances et aux pratiques de soins communes aux femmes, aux hommes, aux familles et aux communautés issus d'une culture particulière (Giger et Davidhizar, 2004). L'objectif fondamental des soins infirmiers transculturels est la prestation de soins à la fois spécifiques à une culture et universels (Leininger, 2001; Giger et Davidhizar, 2004). Lorsque l'infirmière intervient au-delà des frontières de son pays, on utilise souvent les termes de soins infirmiers *internationaux* ou *transnationaux.*

Des infirmières, des anthropologues et d'autres chercheurs ont rédigé de nombreux textes portant sur les aspects culturels des soins infirmiers et des soins de santé. Madeleine Leininger (2001), qui jouit d'une renommée internationale, a mis au point une théorie fondée sur les résultats de ses nombreuses recherches et intitulée «Diversité et universalité des soins culturels». Cette théorie vise à fournir un cadre à l'élaboration de soins infirmiers congruents à la culture de la personne qu'on soigne, surtout lorsqu'il y a une différence marquée entre la culture de la personne et celle de l'infirmière. En adaptant le plus possible les soins infirmiers aux valeurs, aux croyances et au mode de vie de la personne, l'infirmière favorise sa guérison, élimine les facteurs susceptibles de nuire à sa santé ou à son bien-être, ou encore elle l'aide à mourir paisiblement, d'une manière convenable et chargée de sens sur le plan culturel.

Selon la théorie de Leininger, prodiguer des soins congruents à la culture (soins de santé chargés de sens, bienfaisants et satisfaisants, adaptés aux valeurs culturelles de la personne) signifie mettre en œuvre, adapter ou restructurer les soins culturels (figure 8-1 ■). Par *adaptation,* on entend la planification, la prestation et l'évaluation des soins dans le but d'aider les personnes issues d'une culture donnée à obtenir des résultats satisfaisants sur le plan thérapeutique. La *restructuration* désigne la planification, la prestation et l'évaluation des soins dans le but d'aider les personnes à réaménager, à transformer ou à modifier leur mode de vie; ainsi acquerront-elles des habitudes plus appropriées à leurs besoins de soins de santé. C'est de cette façon que l'infirmière respecte le plus possible les valeurs et les croyances culturelles de la personne, tout en lui offrant un mode de vie plus sain. Voici quelques définitions qui permettent de mieux comprendre les relations entre le système de santé et la culture:

- *Acculturation*: processus par lequel les membres d'un groupe humain s'adaptent aux valeurs et aux comportements d'un autre groupe ou apprennent à les accepter.

- *Cécité culturelle*: incapacité de discerner les croyances, les valeurs et les normes des autres, en raison de ses fortes tendances ethnocentriques (propension à considérer sa propre culture comme supérieure aux autres).

- *Domination culturelle*: tendance à imposer ses propres croyances, valeurs et comportements culturels aux personnes ayant des croyances, des valeurs et des comportements culturels différents.

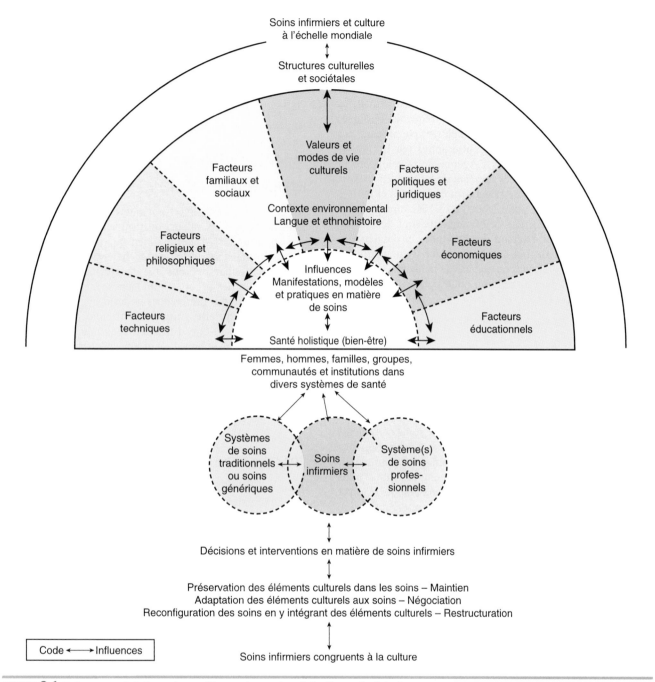

FIGURE 8-1 ■ Conçu par Leininger, le modèle en « Lever de soleil » illustre la théorie de la diversité et de l'universalité des soins culturels. SOURCE: M. Leininger (2001). *Culture care diversity and universality: A theory of nursing*. New York: National League for Nursing Press.

■ *Tabous culturels*: activités ou actions interdites en vertu des règles de conduite propres à un groupe culturel donné.

SOINS INFIRMIERS CONGRUENTS À LA CULTURE

Le terme de *soins infirmiers congruents à la culture* désigne les soins qui s'appliquent à une situation clinique donnée. Ce terme se rapporte également au processus, certes complexe, visant à intégrer le savoir-être, le savoir-faire et le savoir lui-même (notamment en matière de collecte des données, de prise de décision, d'exercice du jugement, d'esprit critique et d'évaluation); ce processus permet à l'infirmière de planifier les soins, de les donner et de les évaluer en tenant compte le plus possible des spécificités culturelles de la personne.

Dans le système de santé, comme dans la société en général, l'infirmière entre en contact avec des personnes qui ne sont pas toutes issues du même horizon culturel. Les normes, les valeurs, les cadres de référence diffèrent, ainsi que les préférences, les besoins en matière de santé, les façons d'y recourir et, enfin, les manières de se soigner. On évalue ces particularités et on en tient compte dans la mesure du possible, en respectant les normes de la personne à soigner, tout autant que celles de l'infirmière et de l'établissement, afin de fournir des soins infirmiers appropriés et de qualité.

Les normes relatives à l'adaptation culturelle adoptées par la direction des établissements jouent un rôle crucial dans la prestation des soins congruents à la culture. Ainsi, les règlements relatifs aux visites (nombre, fréquence et durée) pourraient comporter une certaine souplesse; par ailleurs, des services d'interprétariat (fournis entre autres par la Banque interrégionale d'interprètes de l'Agence de développement de réseaux locaux de services de santé et de services sociaux de Montréal – encadré 8-2 ■) devraient être offerts et utilisés aussi souvent que nécessaire (Suro, 2000; Hemlin et Mesa, 1996; Bischoff, 2003). Les établissements sont de plus en plus sensibilisés à la diversité des habitudes et des régimes alimentaires; ils favorisent la mise en place d'un environnement où certaines pratiques en matière de médecine traditionnelle, de spiritualité et de religion pourraient également être respectées et encouragées.

Giger et Davidhizar (2004) ont élaboré un modèle destiné à guider l'infirmière dans sa prise en compte des particularités culturelles. Ce modèle doit servir à planifier, à mettre en pratique et à évaluer les soins infirmiers. Selon ces auteurs, les dimensions pertinentes sont la communication, l'espace, l'orientation temporelle, l'organisation sociale, l'environnement et les variations biologiques.

Pour créer un environnement propice aux soins congruents à la culture et au respect des personnes issues d'autres horizons que celui de l'infirmière, il est important de communiquer efficacement, en se servant non seulement des mots, mais aussi du langage du corps et d'autres signaux comme le ton et la force de la voix. En effet, les relations entre l'infirmière et la personne sont tributaires de la capacité de comprendre et d'être compris, indépendamment de la complexité de la situation clinique. On parle approximativement 120 langues au Québec, l'anglais étant après le français la langue utilisée par le plus grand nombre de personnes. Bien sûr, on ne peut exiger des infirmières qu'elles puissent s'exprimer dans toutes les langues; cependant, il est important qu'elles disposent de stratégies et d'outils qui leur permettent de communiquer efficacement lors d'une situation de soins comportant une distance linguistique. Par exemple, avant de recourir aux services d'un interprète, on doit savoir à quel type d'interprète on veut s'adresser. Il faut différencier les interprètes qui ont reçu une formation des membres de la famille ou des amis (encadré 8-3 ■). Le choix d'un interprète repose sur plusieurs facteurs, entre autres sur les connaissances de l'infirmière, les règles mises en place par l'établissement de soins, favorisant ou non l'accès aux ressources d'interprétariat.

Certains signes permettent de détecter les obstacles linguistiques potentiels ou de déterminer l'inefficacité de la communication.

- *Tentatives pour changer de sujet* La personne ne semble pas comprendre ce qu'on lui dit et elle voudrait passer à un sujet qui lui est plus familier.

- *Absence de questions* La personne ne semble pas saisir la nature du message et éprouve une certaine difficulté à formuler des questions.

- *Rire inopportun* La personne semble mal à l'aise et cherche à dissimuler son embarras.

- *Signaux non verbaux* La personne envoie des messages par son comportement sans s'exprimer verbalement.

L'encadré 8-4 ■ propose certains moyens pour surmonter les obstacles linguistiques.

Caractéristiques portant l'empreinte de la culture

Si les gens agissent de diverses manières, c'est en partie parce que les normes et les valeurs influent sur les comportements et sur les attitudes. Toutefois, bien que certains attributs et certaines attitudes soient fréquemment associés à des groupes culturels particuliers, notons que ceux-ci ne constituent pas nécessairement des groupes homogènes. L'infirmière qui ne tient pas compte des préférences et des croyances culturelles des personnes qu'elle soigne fait preuve d'insensibilité, estime-t-on, et peut-être d'indifférence, mais celle qui suppose que tous les membres d'un groupe culturel donné agissent de la même façon risque de leur attribuer des stéréotypes. Pour ne pas tomber dans ce travers, il importe de personnaliser les soins le plus possible et de s'informer des préférences de chacun; l'infirmière trouvera très utile d'effectuer régulièrement des évaluations culturelles (voir ci-dessous).

ESPACE ET DISTANCE

Certaines personnes peuvent considérer le voisinage immédiat comme une extension d'elles-mêmes; cependant, la distance qu'ils tiennent à conserver entre leur corps et celui des autres pour se sentir à l'aise relève de la culture.

Il n'est pas facile de connaître les exigences et la diversité des opinions en matière d'espace personnel. Par exemple, lorsqu'une infirmière s'assoit près d'elle, telle personne verra dans ce geste l'expression de sa chaleur et de son intérêt, tandis que telle autre y verra l'envahissement de son espace personnel. Lorsqu'une personne semble se placer trop près ou trop loin des autres, l'infirmière doit réfléchir aux préférences culturelles en matière d'espace et de distance. Comme les rapports qui s'établissent au cours des soins infirmiers donnent lieu en général à des contacts physiques étroits, l'infirmière doit être sensibilisée à ces spécificités culturelles et en tenir compte pendant ses interventions (Davidhizar, Dowd et Newman-Giger, 1999).

CONTACT VISUEL

Le regard représente un outil important dans la collecte des données, surtout en ce qui concerne les observations à relever. En général, au cours d'une conversation, la plupart des gens se regardent fréquemment dans les yeux, pendant une période variable. Lorsqu'on écoute, on regarde plus souvent l'autre, bien que les contacts visuels persistants puissent être perçus comme menaçants par certaines personnes. Un regard peut communiquer de la chaleur et effacer certaines incompréhensions. L'absence de contact visuel peut indiquer de la

L'interprète en milieu social : un maillon essentiel entre soignant et patient

La mission

La **Banque interrégionale d'interprètes** a pour mission de favoriser l'accès aux services de santé et aux services sociaux publics aux personnes issues des diverses communautés culturelles qui ne maîtrisent pas suffisamment le français ou l'anglais pour comprendre et être compris des professionnels de la santé.

Les objectifs

↳ Assurer l'accessibilité aux services de santé et aux services sociaux aux personnes qui ont des difficultés à communiquer

↳ Améliorer l'efficience des services en facilitant la communication entre le professionnel et le client, à la fois sur le plan verbal et culturel

↳ Offrir une interprétation fidèle, neutre et confidentielle, tout en respectant les valeurs des personnes impliquées

**(514) 286-6500
poste 5533**

L'interprète en milieu social

L'interprète en milieu social est un professionnel qualifié qui transmet toutes les données de la communication verbale et non verbale entre des personnes de langue et de culture différentes dans la plus grande confidentialité.

Il aide le client et le professionnel à comprendre les valeurs, les concepts et les pratiques culturelles de l'autre, le tout en adoptant une position de neutralité, un niveau de langage adapté à ses interlocuteurs et selon une stricte éthique professionnelle.

Pour ce faire, il a suivi une formation d'interprète couvrant également la culture québécoise et le fonctionnement des institutions de même que les termes techniques et cliniques propres au domaine de la santé.

L'interprète en milieu social, un partenaire apprécié

L'interprète répond à des besoins différents selon les situations, qu'il s'agisse de fixer un rendez-vous, de poser un diagnostic, de faire une évaluation psychosociale, d'obtenir un consentement éclairé pour des soins ou pour une curatelle.

Recourir à un interprète adéquatement formé permet d'offrir un service de qualité égale à tous.

Utiliser la Banque, c'est facile...

Il suffit de préciser la langue, la date et l'heure de l'interprétation, le nom de l'intervenant et son numéro de téléphone.

...et c'est payant

L'interprète vous permet de réduire considérablement les pertes de temps : rendez-vous manqué, situation qui ne semble pas s'améliorer et qui entraîne des visites à répétition, etc.

Vous pouvez ainsi éviter des examens diagnostiques coûteux et inutiles dus à la difficulté d'obtenir du client les informations sur son état de santé ou sur ses antécédents.

Tarif réservé au réseau :

↳ pour des rencontres, à raison de 26 $ de l'heure pour un minimum de deux heures ;
↳ par téléphone, au même tarif horaire, par tranche de 15 minutes.

Des services de traduction sont également disponibles au tarif de 0,25 $ le mot.

Les rencontres annulées moins de 48 heures ouvrables avant le rendez-vous sont facturées au tarif régulier.

Les honoraires perçus sont versés en totalité aux interprètes et aux traducteurs.

L'Agence de Montréal assure les frais de coordination et d'administration. Toutefois, un montant de 10 % est ajouté à la facture pour en assumer une partie, tout comme le sont les taxes TPS et TVQ.

Quelques-unes des langues disponibles

Albanais, amharique, arabe, arménien, bengali, cambodgien, cantonais, coréen, créole, dari, espagnol, farsi, grec, hindi, hongrois, italien, kurde, laotien, mandarin, ourdou, pashto, perse, polonais, portugais, panjabi, roumain, russe, serbo-croate, slovaque, somalien, swahili, tamoul, tchèque, turc, vietnamien…

Qui sont nos clients ?

Depuis 1993, nous desservons les régions suivantes : Montréal, Laval et Montérégie.

Nos interprètes facilitent régulièrement le travail des intervenants de plus d'une centaine d'établissements, soit :

↳ des centres de santé et de services sociaux (ex CLSC et CHSLD)
↳ des hôpitaux
↳ des centres jeunesse
↳ des centres de réadaptation
↳ des écoles
↳ la CSST – accidentés du travail
↳ la SAAQ – accidentés de la route
↳ et d'autres encore

N'hésitez pas !

Appelez-nous et laissez l'interprète faciliter votre travail.

Heures d'ouverture

Lundi au vendredi : 8 h 30 à 12 h
13 h 30 à 16 h 30

Un répondeur prend vos messages en tout temps.

☎ : (514) 286-6500, poste 5533
ATS : (514) 286-6535
: (514) 286-5692
🖥 : 06_banque_interpretes_montreal@ ssss.gouv.qc.ca

3725, rue Saint-Denis
Montréal (Québec) H2X 3L9

Mise à jour : avril 2004—modification avril 2005

Banque interrégionale d'interprètes

Communiquer efficacement pour soigner sans distinction de langue ou de culture

Agence de développement de réseaux locaux de services de santé et de services sociaux

Québec 🏛

ENCADRÉ 8-3

Types d'interprètes et critères de sélection

TYPES D'INTERPRÈTES

- Membres de la famille, proches et amis
- Personnel de l'établissement n'ayant pas reçu de formation officielle d'interprète
- Personnel de l'établissement ayant reçu une formation officielle d'interprète
- Personnes ne faisant pas partie de l'établissement, mais ayant reçu une formation d'interprète

QUELQUES CRITÈRES À CONSIDÉRER DANS LE CHOIX DE L'INTERPRÈTE

- Qualité de la langue : L'interprète maîtrise-t-il une des deux langues officielles du Canada ou, au Québec, le français ? L'interprète a-t-il reçu la formation nécessaire pour accomplir ce travail ?
- Neutralité et impartialité : Quel type de relations l'interprète entretient-il avec la personne soignée ? A-t-il un parti pris pour le personnel soignant ou pour la personne qui reçoit des soins ?
- Confidentialité : La personne qui reçoit des soins consent-elle à s'exprimer en présence de cet interprète ?

gêne, de la timidité, de l'humilité, de la soumission, du respect, ou tout simplement l'absence d'intérêt. Tout contact visuel doit faciliter les rapports entre l'infirmière et la personne qu'elle soigne (Giger et Davidhizar, 2004).

TEMPS

Les attitudes à l'égard du temps diffèrent grandement d'une culture à l'autre et peuvent nuire à l'efficacité de la communication entre l'infirmière et la personne. Certaines valeurs et normes culturelles déterminent les attitudes à l'égard de la ponctualité et de l'organisation du temps, voire la notion même d'attente. Les montres, les levers et les couchers de soleil symbolisent le temps et constituent des moyens servant à mesurer la durée et le temps qui passe (Giger et Davidhizar, 2004 ; Spector, 2000).

Au nom de l'efficacité, la plupart des professionnels de la santé accordent une grande importance au temps. Les moments traditionnellement réservés au repas, au sommeil et à d'autres activités ou événements peuvent constituer des repères temporels. Cependant, pour certains, c'est parfois le présent qui importe le plus et ils perçoivent le temps par larges tranches et non pas en fonction d'un moment déterminé. Faire preuve de souplesse à l'égard des horaires représente donc le meilleur moyen de s'adapter à certaines particularités.

TOUCHER

Le toucher, ou sensation tactile, constitue un moyen de communication précieux, car il permet de réduire les barrières entre la personne et l'infirmière. La signification que les gens accordent au toucher est en très grande partie tributaire de certaines normes et valeurs culturelles. Les significations du toucher peuvent être très variées, en fonction des normes et

valeurs. Le toucher peut unir, rassurer et même atténuer l'anxiété ; il s'agit manifestement d'un acte important, surtout lorsque les personnes en présence ne sont pas du même sexe. Cet acte devra donc être empreint de sensibilité, dans tous les sens du terme.

COMMUNICATION

Comme nous l'avons vu plus haut, la diversification du profil linguistique et le nombre grandissant d'allophones posent un défi de taille au réseau québécois de la santé et des services

ENCADRÉ 8-4

Moyens permettant de surmonter les obstacles linguistiques

- Accueillez la personne en l'appelant par son nom de famille ou par ses nom et prénom. Évitez de vous adresser à elle avec trop de désinvolture ou de familiarité. Souriez.
- Si vous connaissez certains mots de la langue que parle la personne, utilisez-les. La personne s'aperçoit ainsi que vous êtes au fait de son principal moyen de communication et que vous le respectez.
- Agissez sans hâte. Prêtez attention au moindre effort pour communiquer dont font preuve la personne ou ses proches.
- Adoptez un ton de voix modéré, calme. Évitez de parler trop fort. Résistez à la tentation d'élever le volume et le ton de la voix quand la personne qui écoute semble ne pas comprendre.
- Structurez vos idées. Répétez et récapitulez souvent. Recourez si possible à des supports audiovisuels.
- Servez-vous de phrases courtes et simples, employez la forme active.
- Utilisez des mots simples, comme « douleur » plutôt que « malaise ». Évitez le jargon médical, les expressions idiomatiques et l'argot.
- Répétez les noms au lieu d'utiliser des pronoms personnels. Par exemple, ne dites pas « Il prend ses médicaments, n'est-ce pas ? », mais « Juan prend-il ses médicaments ? ».
- Faites des gestes simples pour illustrer ce que vous dites.
- Donnez les directives dans l'ordre de leur exécution. Par exemple, ne dites pas « Avant de rincer la bouteille, lavez-la », mais « Premièrement, il faut laver la bouteille. Deuxièmement, il faut la rincer ».
- Abordez un seul sujet à la fois et évitez de transmettre trop d'informations dans la même conversation.
- Assurez-vous que la personne comprend en lui demandant de répéter les directives et de décrire l'intervention.
- Examinez les règles en vigueur dans votre établissement concernant les soins à donner à une personne qui ne parle ni le français ni l'anglais.
- Faites l'inventaire des moyens mis à votre disposition pour réduire les barrières linguistiques.
- Vérifiez quels sont les moyens mis à votre disposition en matière d'interprétariat, encadré ou non, et quelles sont les façons de les obtenir. Les directives doivent définir les différents types d'interprètes, les avantages et inconvénients selon les circonstances.

sociaux, qui se doit d'offrir des services de qualité appropriés et équitables.

L'importance de la communication dans le processus de soins est inculquée aux infirmières pendant leur formation (Giger et Davidhizar, 2004). L'une des principales tâches de l'infirmière consiste à fournir de l'enseignement afin de favoriser et de renforcer les comportements de santé, d'encourager les personnes à se prendre en charge et à participer à leurs soins. L'instauration d'une communication adéquate entre l'infirmière et la famille constitue une condition essentielle à la mise en œuvre des soins de même qu'au rétablissement de la personne (Murphy et Clarke, 1993 ; Vissandjée *et al.*, 1998, 1999).

L'infirmière doit savoir communiquer avec les personnes qui ne parlent ni le français ni l'anglais ; tout comme le directeur de l'établissement qui l'emploie, elle doit connaître les effets que peuvent avoir les moyens utilisés sur la qualité des soins, de même que leurs répercussions sur les plans légal et éthique.

L'obligation de procurer à la personne une information complète et d'obtenir de sa part un consentement éclairé illustre la complexité des problèmes de communication qui peuvent se présenter. Par exemple, il arrive que certaines personnes ne souhaitent pas être informées de leur état ; elles s'attendent à ce que les membres de leur famille « portent le fardeau » de cette information et des décisions qui s'y rapportent (Kudzma, 1999). Dans de tels cas, l'infirmière se conformera aux règles en vigueur dans son établissement ainsi qu'aux normes éthiques. Son attitude doit favoriser le dialogue.

OBSERVANCE DES FÊTES

Dans toutes les cultures, on célèbre des fêtes, tant civiles que religieuses. Les infirmières doivent donc se familiariser avec les principales fêtes des groupes culturels auprès desquels elles travaillent. Pour obtenir de l'information sur ces grandes célébrations, elles peuvent puiser à diverses sources, entre autres auprès des organismes non gouvernementaux à vocation culturelle, des aumôniers des hôpitaux et des personnes elles-mêmes. Si possible, on évite de faire coïncider les dates des consultations, des examens, des opérations ou d'autres interventions majeures avec celles des fêtes que la personne considère comme importantes. Lorsqu'il n'y a pas de contre-indications et conformément aux règlements en vigueur dans l'établissement, les personnes qui reçoivent des soins et leurs proches devraient pouvoir accomplir leurs rituels de fête dans l'établissement de soins.

RÉGIME ALIMENTAIRE

Les significations culturelles associées à la nourriture varient considérablement, mais elles comprennent habituellement au moins un des éléments suivants : assouvissement de la faim ; recherche de la santé et de la guérison ; prévention de la maladie ; expression de la sollicitude envers l'autre ; resserrement des liens entre les femmes et les hommes, les familles, les groupes, les communautés et consolidation des liens de parenté et des alliances familiales. La nourriture peut aussi être associée au renforcement des liens sociaux ; à la célébration

des événements marquants (anniversaires, mariages, funérailles, par exemple) ; à l'expression de la gratitude ou de l'estime ; à la reconnaissance d'une réussite ou d'une réalisation ; à la célébration des cérémonies sociales, culturelles ou religieuses ; à la conduite des négociations d'affaires ; et à la manifestation de l'abondance, de la richesse ou du rang social.

Certaines pratiques culturelles déterminent entre autres la nature des aliments, le moment où ils sont présentés, le nombre et la fréquence des repas, les personnes qui se trouvent ensemble à table et celles qui reçoivent les meilleures parts. La façon de préparer et de servir les aliments ; la façon de les manger (à l'aide des baguettes, des mains, ou encore d'une fourchette, d'un couteau et d'une cuiller) ; et l'endroit où les gens achètent leurs aliments préférés (par exemple, dans les épiceries proposant des produits *ethniques*, dans les magasins d'alimentation spécialisée) relèvent également de préférences attribuables à la culture.

Certaines religions imposent le jeûne à leurs fidèles (c'est le cas notamment des mormons, des catholiques, des bouddhistes, des juifs, des musulmans) ; on les incite à se priver de certains aliments à certains moments de l'année ou à réfléchir avant de prendre certains médicaments (par exemple, les musulmans pratiquants préfèrent recourir à une insuline d'origine non porcine). Les pratiques religieuses s'étendent aussi parfois à l'utilisation rituelle d'aliments et de boissons (songeons par exemple au repas de la Pâque, à la consommation de pain et de vin pendant les cérémonies religieuses). L'encadré 8-5 ■ présente quelques pratiques alimentaires de certains groupes religieux.

De nombreux groupes aiment festoyer, souvent en compagnie des membres de la famille ou d'amis, à l'occasion de certaines fêtes. Par exemple, bien des chrétiens mangent copieusement à Noël ou à Pâques et consomment également des aliments traditionnels riches en calories et en matières grasses, entre autres des biscuits, des pâtisseries et des bonbons. Ces pratiques alimentaires enracinées dans la culture prennent une importance particulière lorsqu'on soigne des personnes atteintes de diabète, d'hypertension, d'affections gastro-intestinales ou d'autres maladies dans lesquelles le régime alimentaire joue un rôle essentiel en ce qui concerne aussi bien le traitement des maladies que la préservation de la santé.

VARIATIONS BIOLOGIQUES

Outre les adaptations auxquelles elle doit se livrer dans le domaine psychosocial, l'infirmière doit aussi prendre en considération les aspects physiologiques de la culture quant à la façon dont la personne réagit à un traitement particulier, notamment aux médicaments. Les prédispositions génétiques et les rythmes métaboliques diffèrent ; ainsi, quand on administre une dose soi-disant normale d'un médicament, certaines personnes ont tendance à présenter des réactions attribuables à une surdose, tandis que chez d'autres l'effet favorable est beaucoup plus faible que ce à quoi on s'attendait. Le polymorphisme – variations dans les réactions aux médicaments en raison de l'âge, du sexe, de la taille et de la constitution du corps humain – est connu depuis longtemps des professionnels de la santé (Campinha-Bacote, 1994 ; Kudzma, 1999 ; Munoz et Hilgenberg, 2005). L'utilisation de suppléments à

Religions et interdictions alimentaires

HINDOUISME
- Viandes de toutes sortes
- Graisses animales

ISLAM
- Porc
- Produits et boissons alcoolisés (y compris les extraits, comme les essences de vanille et de citron)
- Graisses animales
- Gélatine contenant du porc, guimauve et autres confiseries contenant de la gélatine de porc

Remarque: Des étiquettes indiquent si les aliments sont hallal («préparés en respectant les prescriptions du Coran»).

JUDAÏSME
- Porc
- Oiseaux de proie
- Crustacés et poissons nécrophages (par exemple, crevettes, crabes, homards, escargots, poissons-chats). Les poissons pourvus de nageoires et d'écailles peuvent être consommés.
- Consommation de lait et de viande au cours du même repas
- Ingestion de sang (par exemple, boudin, viande crue). Les transfusions de sang sont admises.

Remarque: Des étiquettes indiquent si les articles sont casher («conservés adéquatement» ou «conformes») ou parèves (ne contenant ni viande ni lait).

ÉGLISE DE JÉSUS-CHRIST DES SAINTS DES DERNIERS JOURS (RELIGION MORMONE)
- Alcool
- Tabac
- Boissons contenant de la caféine (café, thé, colas et certaines autres boissons gazeuses)

ÉGLISE ADVENTISTE DU SEPTIÈME JOUR
- Porc
- Certains fruits de mer, entre autres les crustacés
- Boissons fermentées

Remarque: Le végétarisme est optionnel, mais encouragé.

base d'herbes médicinales (plantes ou parties de plantes) qui produisent et contiennent des substances chimiques agissant sur l'organisme, l'apport alimentaire, les facteurs génétiques, tous ces éléments, pris ensemble ou séparément, peuvent avoir des répercussions sur l'efficacité du traitement et sur l'observance médicamenteuse (Kudzma, 1999; Giger et Davidhizar, 2004).

APPROCHES COMPLÉMENTAIRES ET PARALLÈLES EN SANTÉ

La médecine officielle est généralement désignée par les appellations suivantes: médecine occidentale, allopathie. Il existe également des approches complémentaires et parallèles

en santé (ACPS), qui se réfèrent aux interventions touchant le corps et l'esprit: thérapies fondées sur la biologie, méthodes s'appuyant sur les mouvements du corps ainsi que thérapies énergétiques (National Institutes of Health, National Center for Complementary and Alternative Medicine).

- Les *ACPS* sont des systèmes complets qui, s'appuyant à la fois sur la théorie et la pratique, s'écartent de la médecine officielle. Mentionnons, par exemple, la médecine orientale traditionnelle (entre autres l'acupuncture, la phytothérapie, le massage oriental et le *qi gong*); l'âyurveda, médecine traditionnelle de l'Inde (régime alimentaire, exercice, méditation, phytothérapie, massage, exposition à la lumière du soleil et techniques de respiration visant à rétablir l'harmonie entre le corps, l'esprit et l'âme); l'homéopathie (phytothérapie et minéraux); et la naturopathie (régime alimentaire, acupuncture, phytothérapie, hydrothérapie, manipulations du rachis et des tissus mous, courants électriques, thérapie par ultrasons et photothérapie, counselling thérapeutique et pharmacologie).

- Les *interventions touchant le corps et l'esprit* sont des techniques destinées à stimuler la capacité de l'esprit à agir sur les symptômes et sur le fonctionnement de l'organisme. Elles comprennent, par exemple, la danse, la musique, l'art-thérapie et différentes formes de prière et de méditation.

- Les *thérapies fondées sur la biologie* comprennent notamment la phytothérapie, les thérapies axées sur des régimes alimentaires particuliers, les thérapies orthomoléculaires (magnésium, mélatonine, mégadoses de vitamines) et les thérapies biologiques (cartilage de requin, pollen d'abeille).

- Les *méthodes s'appuyant sur les mouvements du corps* comprennent entre autres la chiropraxie (surtout la manipulation de la colonne vertébrale), les manipulations ostéopathiques, la massothérapie (manipulation des tissus mous) et la réflexologie.

- Les *thérapies énergétiques* sont des interventions axées sur les champs énergétiques qui se trouvent à l'intérieur du corps (biochamps) ou à l'extérieur de celui-ci (champs électromagnétiques). Elles font appel, par exemple, au *qi gong*, au *reiki*, au toucher thérapeutique, aux champs électromagnétiques pulsés, au courant alternatif ou au courant direct.

Bien des ACPS sont de plus en plus acceptées en tant qu'options de traitement. En effet, le médecin peut recommander parfois d'utiliser l'acupuncture ou la phytothérapie en vue de lutter contre les aspects d'une maladie qui ne réagissent pas aux traitements «occidentaux» ou afin d'atténuer les effets indésirables qui y sont associés.

Les médecins et les infirmières cliniciennes peuvent travailler en collaboration avec un phytothérapeute, ou encore avec un spirite ou un chaman pour offrir à la personne un plan de traitement complet. Par respect pour le mode de vie et les croyances des personnes appartenant à d'autres cultures, les guérisseurs et les professionnels de la santé doivent souvent tenir compte des points forts de leurs méthodes respectives (Palmer, 2001). Les ACPS se répandent au rythme de la diffusion de l'information, grâce à des imprimés ou à Internet.

L'infirmière doit donc demander à chacune des personnes dont elle s'occupe si elle emploie des ACPS, être consciente de l'incompatibilité possible entre les traitements et être prête à fournir de l'information sur les traitements qui risquent d'être nuisibles. Il est important qu'elle respecte les croyances de la personne et le droit de celle-ci de choisir les soins qu'on lui propose. L'infirmière veille à la défense des intérêts de la personne en facilitant l'intégration du traitement médical officiel et des ACPS.

Guérisseurs

La confiance envers les guérisseurs se rencontre dans de nombreuses cultures. Certains Québécois d'origine hispanique peuvent faire appel à diverses personnes: *curandero* ou *curandera*, *espiritualista* (spirite), *yerbo* (herboriste) ou *sabador* (guérisseur qui manipule les os et les muscles). Il est possible que des personnes originaires de certains pays d'Afrique de l'Ouest ou d'Haïti demandent l'assistance d'un hougan (prêtre ou prêtresse vaudou), d'un spirite, d'un sorcier (il s'agit habituellement d'une femme qui utilise des rituels magiques pour traiter les maladies) ou d'une « vieille femme » (une femme âgée qui a élevé une famille avec succès et qui se spécialise dans le soin des enfants et les remèdes traditionnels). Certaines personnes d'origine asiatique peuvent indiquer qu'elles ont consulté des herboristes, des acupuncteurs ou un sage de leur communauté.

En s'examinant de manière critique, l'infirmière pourra mettre au jour ses propres partis pris culturels et sa vision du monde; cet exercice jouera un rôle essentiel dans la résolution des conflits d'ordre culturel ou éthique. Ainsi pourra-t-elle collaborer avec la personne, la famille, le médecin et les autres professionnels de la santé pour trouver une solution adaptée à la culture de la personne.

Étiologie de la maladie

L'origine des maladies peut être expliquée à partir de trois grands modèles, ou paradigmes: le modèle biomédical, ou scientifique; le modèle naturaliste, ou holistique; et le modèle magico-religieux.

Modèle biomédical

C'est le modèle biomédical, ou modèle scientifique, qui prévaut dans la plupart des milieux de la santé; c'est aussi celui qu'adoptent la plupart des infirmières et des autres professionnels de la santé. Il repose sur des hypothèses fondamentales, notamment: tous les événements de la vie ont une cause et un effet; le corps humain fonctionne en grande partie comme une machine; et tout ce qui appartient à la réalité peut être observé et mesuré (la pression artérielle, le taux de PCO_2, les capacités intellectuelles, par exemple).

Modèle naturaliste

D'après le modèle naturaliste, ou modèle holistique, un équilibre est conservé avec l'harmonie des forces de la nature.

La théorie du yin et du yang, par exemple, dont les racines se rattachent au taoïsme (« la Voie »), philosophie chinoise remontant à l'Antiquité, appartient au modèle naturaliste. Selon cette théorie à laquelle adhèrent de nombreux groupes asiatiques, la santé se définit par l'équilibre parfait, ou harmonie, entre des dimensions de la personne. Cette théorie suppose que tous les êtres et tous les objets de l'univers sont constitués d'énergie yin et d'énergie yang. Le siège de ces forces contraires se trouve dans le système nerveux autonome; tant que celles-ci restent en équilibre, la personne conserve la santé. Le yin représente l'énergie féminine et négative, le vide, l'obscurité et le froid, tandis que le yang est masculin et positif, émettant chaleur et plénitude. Les aliments se divisent en deux groupes, les aliments froids (yin) et les aliments chauds (yang), et ils se transforment en énergie yin et en énergie yang lorsqu'ils sont métabolisés par l'organisme. Une personne atteinte d'une maladie chaude (fièvre, éruption cutanée, mal de gorge, ulcère, infection) doit consommer des aliments froids; si elle souffre d'une maladie froide (par exemple, cancer, céphalée, crampes d'estomac, rhume), elle doit consommer des aliments chauds.

Selon cette théorie du chaud et du froid, les quatre humeurs du corps – le sang, le phlegme, la bile noire et la bile jaune – régulent les fonctions corporelles de base, notamment la température du corps. Pour traiter une maladie, il est nécessaire de rétablir l'équilibre des humeurs, d'ajouter ou de soustraire du froid, de la chaleur, de la sécheresse ou de l'humidité. Les aliments, les herbes, les médicaments et les maladies se répartissent en éléments chauds et en éléments froids, en fonction non pas de leurs caractéristiques physiques, mais de leurs effets sur l'organisme. C'est la femme ou l'homme dans son ensemble qui importe, et non pas seulement un malaise particulier. Les tenants de la théorie du chaud et du froid soutiennent que la santé est un état de bien-être total, touchant les aspects physiques, psychologiques, spirituels et sociaux.

Enfreindre les lois de la nature peut donc engendrer des déséquilibres, un chaos et la maladie. Ceux qui adhèrent à ce paradigme emploient des métaphores telles que « le pouvoir de guérison de la nature ». Beaucoup de Chinois, par exemple, ne voient pas dans la maladie un facteur perturbant venant de l'extérieur, mais considèrent plutôt qu'elle appartient au rythme de la vie et qu'elle exprime les lacunes de l'harmonie intérieure.

Modèle magico-religieux

Le modèle magico-religieux est un autre modèle d'explication de la maladie. Selon cette perspective, le monde est une arène dominée par les forces surnaturelles; le sort du monde et de ceux qui s'y trouvent est soumis à l'action des forces du bien et du mal. Par exemple, certaines personnes originaires d'Afrique de l'Ouest ou d'Haïti voient dans le vaudou et la sorcellerie une cause magique de la maladie. La guérison fondée sur la foi, qui s'appuie sur les croyances religieuses, se pratique surtout dans certaines religions chrétiennes, dont la science chrétienne (Christian Science), tandis que divers rituels de guérison peuvent être observés dans de nombreuses autres religions, entre autres dans l'Église de Jésus-Christ des saints des derniers jours.

Certains aspects de l'holisme deviennent de plus en plus populaires, notamment les techniques visant à soulager la douleur chronique, comme l'hypnose, le toucher thérapeutique et la rétroaction biologique.

Indépendamment du modèle auquel elle adhère et du fait qu'elle soit d'accord ou non avec les croyances de la personne à cet égard, il est primordial que l'infirmière tienne compte des éléments importants qui existent chez les femmes et les hommes, et les communautés, en ce qui concerne la maladie, la santé et le bien-être.

Évaluation du facteur culturel

En vue de constituer une base de données destinée à l'héritage culturel d'une femme ou d'un homme, les infirmières peuvent recourir aux outils d'évaluation culturelle existants ou les modifier (Spector, 2000; Leininger, 2001) afin que les facteurs transculturels soient incorporés dans le plan thérapeutique. Le modèle de Giger et Davidhizar (2004) a été utilisé pour planifier toute une gamme d'interventions, allant des activités de prévention à l'exercice des compétences infirmières (Giger et Davidhizar, 2004; Smith-Temple et Johnson, 2002). L'information présentée dans ce chapitre ainsi que les recommandations générales qui suivent peuvent guider l'infirmière soucieuse d'acquérir une certaine compétence culturelle.

- De quel pays la personne est-elle originaire? Dans quel pays est-elle née? Depuis combien de temps vit-elle ici? Quelle est sa langue maternelle et quel est son niveau d'alphabétisation?
- Quel est l'héritage culturel de la personne? De quelle façon s'identifie-t-elle aux personnes qui possèdent le même héritage culturel qu'elle?
- Quelle religion la personne pratique-t-elle et jusqu'à quel point celle-ci influe-t-elle sur sa vie quotidienne?
- La personne participe-t-elle à des activités culturelles? Porte-t-elle des vêtements traditionnels? Observe-t-elle les fêtes traditionnelles?
- A-t-elle des préférences alimentaires? Est-elle soumise à des restrictions sur ce plan?
- Quels sont les modes de communication de la personne? Évite-t-elle le contact visuel? Quelle distance physique conserve-t-elle entre elle et les autres? Parle-t-elle ouvertement de ses symptômes?
- Qui est le ou la chef de la famille? Prend-il, ou prend-elle, part aux décisions qui touchent la personne?
- Comment la personne prend-elle soin de sa santé?

- D'après la personne, quelle est la cause de son problème actuel?
- A-t-elle fait appel à des guérisseurs?
- A-t-elle eu recours à d'autres thérapies?
- D'après la personne, quelle sorte de traitement serait le plus efficace? Quels sont les principaux résultats qu'elle espère obtenir grâce à ce traitement?
- La personne observe-t-elle des rituels religieux liés à la santé, à la maladie ou à la mort?

Autres réflexions concernant la culture: connais-toi toi-même!

Dans le cadre d'une relation clinique, l'infirmière doit tenir compte de sa propre orientation culturelle lorsqu'elle procède à l'évaluation de la personne, de sa famille et de ses amis:

- Réfléchissez à vos propres attitudes, valeurs, croyances et pratiques culturelles.
- Essayez de comprendre les raisons des comportements en examinant en quoi ils se ressemblent et en quoi ils diffèrent.
- Évitez de penser que toutes les personnes sont semblables; autrement dit, évitez les stéréotypes culturels du genre «tous les Chinois aiment le riz» ou «tous les Italiens mangent des spaghettis».
- Soyez consciente du fait que, en général, les gens comprennent plus facilement les personnes dont l'héritage culturel est semblable au leur, alors qu'ils ont tendance à considérer comme étranges les personnes qui sont différentes.
- Si une personne dit ou fait quelque chose que vous ne comprenez pas, demandez-lui des éclaircissements. Sachez écouter. La plupart des gens ont une réaction favorable lorsque les questions s'inspirent de l'intérêt qu'on leur porte.
- Si possible, adressez-vous à la personne en lui parlant dans sa langue (même de simples salutations ou formules de politesse seront appréciées). Évitez de parler avec un faux accent ou d'utiliser des mots qui rendraient la situation burlesque.
- Soyez naturelle. Tous les moyens sont bons pour en apprendre davantage sur la diversité culturelle.
- Ayez une attitude tolérante, ouverte. Attendez-vous à être surprise. Prenez plaisir à l'être.

EXERCICES D'INTÉGRATION

1. Vous vous occupez d'un jeune adulte, hospitalisé en raison de calculs rénaux et dont l'héritage culturel est très différent du vôtre. Comment vous y prendrez-vous pour évaluer ses croyances et pratiques culturelles et les incorporer à votre plan thérapeutique?

2. Une femme âgée, d'origine hispanique et qui ne parle pas le français, est hospitalisée à la suite d'une intervention chirurgicale non urgente. Son état s'améliore et on prévoit qu'elle quittera bientôt le centre hospitalier. Cependant, ses proches, qui insistent pour rester auprès d'elle aussi longtemps que possible, refusent de partir quand arrive l'heure de la fin des visites. Comment élaboriez-vous une stratégie susceptible de résoudre le problème en tenant compte de la personne, de ses proches et de l'équipe de soins?

3. Une personne âgée qui s'est installée au Canada il y a sept ans quittera le centre hospitalier dans trois jours après avoir été soignée pour une pneumonie. Le dossier indique qu'elle ne parle pas le français et qu'elle vit seule dans un quartier où la plupart des résidents ont la même origine ethnique qu'elle. Comment planifierez-vous l'enseignement préalable à ce départ?

RÉFÉRENCES BIBLIOGRAPHIQUES
en anglais • en français

Abdallah-Pretceille, M. (1989). L'école face au défi pluraliste. Dans C. Camilleri et M. Cohen-Emerique (dir.), *Chocs de cultures: concepts et enjeux pratiques de l'interculturel.* Paris: L'Harmattan.

American Association of Colleges of Nursing. (1996). *Diversity Task Force Report, October 1996.* Washington, D.C.: Author.

Amselle, J.L. (1985), Ethnies et espaces: pour une anthropologie topologique. Dans J.L. Amsell et E. M'bokolo (dir.), *Au coeur de l'ethnie. Ethnies, tribalisme et État en Afrique* (p. 11-48). Paris: La Découverte.

Basrur, S. (2003) *Vers un cadre de travail pour la santé des migrants au 21e siècle.* Rapport final. Ottawa: Santé Canada.

Battaglini, A., et Gravel, S. (2000). Diversité culturelle et planification de la santé. Dans S. Gravel et A. Battaglini (dir.), *Culture, santé et ethnicité, vers une santé pluraliste* (p. 79-127). Montréal: Direction de la santé publique de la Régie régionale de la santé et des services sociaux de Montréal-Centre.

Berry, J.W., Kim, U., & Boski, P. (1987). Psychological Acculturation of Immigrants. In *Cross-cultural Adaptation, Current Approaches.* Kim et Gudykunst, International and Intercultural Communication Annual, 11, 62-89.

Bibeau, G. (1987). *À la fois d'ici et d'ailleurs: les communautés culturelles du Québec dans leurs rapports aux services sociaux et aux services de santé,* rapport de synthèse n° 2, Commission d'enquête sur les services de santé et les services sociaux. Québec.

Bischoff, A., Bovier, P.A., Isah, R., Gariazzo, F., Eytan, A., & Loutan, L. (2003). Language Barriers Between Nurses And Asylum Seekers: Their Impact On Symptom Reporting And Referral. *Social Science & Medicine,* 57, 503-512

Bourhis, R.Y., et Montreuil, A. (2004). Les assises socio-psychologiques du racisme et de la discrimination. Dans J. Renaud, A. Germain et X. Leloup (dir.), *Racisme et discrimination: Permanence et résurgence d'un phénomène inavouable.* Sainte-Foy (Québec): Presses de l'Université Laval.

Bourque, N. M. (1996) Searching for the knowledge to heal: improving the links between medical research and the consumer.

Canadian Journal of Public Health. 87, Suppl. 2, S68-70.

Bowen, S. (2001). *Barrières linguistiques dans l'accès aux soins de santé.* Ottawa: Santé Canada. Disponible sur internet: www.hc-sc.gc.ca/hcs-sss/pubs/care-soins/2001-lang-acces/index_f.html.

Campinha-Bacote, J. (1994). Ethnic pharmacology: a neglected area of cultural competence. *Ohio Nurses Review,* 69(6), 9-10.

Centre de géronto-gériatrie affilié à l'Université de Montréal. (1995). *Origine ethnoculturelle et soins infirmiers gériatriques: les Vietnamiens, les Italiens, les Roumains, les Grecs, les Haïtiens.* Fondation du Centre hospitalier de Côte-des-Neiges.

Chen, J., Ng, E., et Wilkins, R. (1996). La santé des immigrants au Canada en 1994-1995. *Rapport sur la santé,* 7(4), 37-50. Ottawa: Statistique Canada.

Clarkson, M., Pica, L., et Lacombe, H. (2002). Spiritualité, religion et santé: une analyse exploratoire. Dans *Enquête sociale et de santé 1998* (p. 603-625). Québec: Institut de la statistique du Québec.

Clarkson, M., Tremblay, R., et Audet, N. (2002). *Santé et bien-être, immigrants récents au Québec: une adaptation réciproque?* Étude sur les communautés culturelles de 1998-1999. Québec: Institut de la statistique du Québec.

Cognet, M. (2004). L'accès à l'emploi dans les services de santé: effet de la dimension ethnique. Étude du groupe des auxiliaires familiaux et préposés aux bénéficiaires à Montréal. Dans J. Renaud, A. Germain et X. Leloup (dir.), *Racisme et discrimination: permanence et résurgence d'un phénomène inavouable* (p. 60-86). Québec: Presses de l'Université Laval.

Cognet, M. (2003). Politiques d'immigration canadienne et femmes d'ailleurs dans les emplois dans le secteur des soins et des services à domicile. Dans F. Saillant et M. Boulianne, *Transformations sociales, genre et santé.* Perspectives critiques et comparatives (p. 183-205). Presses de l'Université Laval et L'Harmattan.

Cognet, M., Bertot J., Couturier Y., Rhéaume J., et Fournier B. (2004). *Organisation des soins infirmiers de santé primaire en milieu pluriethnique,* rapport de recherche. Montréal: CSSS Côte-des-Neiges/Métro/Parc-Extension.

Cohen-Emerique, M. (1993). L'approche interculturelle dans le processus d'aide. *Santé mentale au Québec,* 18(1), 71-92.

Cohen-Emerique, M., et Camilleri, C. (1989). *Chocs de cultures: concepts et enjeux pratiques de l'interculturel.* Paris: L'Harmattan.

Corin, E. Bibeau, G., Martin, J.-C., et Laplante, R. (1990). *Comprendre pour soigner autrement.* Montréal: Les Presses de l'Université de Montréal.

Davidhizar, R., Dowd, S., & Newman-Giger, J. (1999). Managing diversity in the health care workplace. *Health Care Supervisor,* 17(3), 51-62.

Fassin, D. (2000). Comprendre et connaître les inégalités de santé. Dans A. Leclerc, D. Fassin, H. Grandjean, M. Kaminski et T. Lang, *Les inégalités sociales de santé* (p. 13-25). Paris: La Découverte.

Germain, A., Archambault, J., Blanc, B., Charbonneau, J., Dansereau, F., et Rose, D. (1995). *Cohabitation interethnique et vie de quartier.* Gouvernement du Québec: Direction des communications et ministère des Affaires internationales, de l'immigration et des Communautés culturelles.

Giger, J.N, & Davidhizar, R.E (2004). *Transcultural nursing: assessment and intervention* (4th ed). St. Louis: Mosby.

Gouvernement du Québec (2005). *Une société ouverte* (page consultée le 27 septembre 2005); http://www.immigration-quebec.gouv.qc.ca/francais/avantages-quebec/societe.html#pluraliste.

Gouvernement du Québec (1999). *Règlements adoptés en vertu de la Loi sur l'immigration au Québec.* Éditeur officiel du Québec.

Gouvernement du Québec (1994). *Loi sur l'immigration au Québec.* L.R.Q., chapitre I-0.2. Éditeur officiel du Québec.

Gravel, S., Brodeur, J.-M., Champagne, F., et Vissandjée, B. (2004). Évolution de la prise en compte au Québec de l'immigration par la santé publique: les aspects éthiques. Présenté à la Revue d'épidémiologie et de santé publique.

Gravel, S., et Battaglini, A. (2000). *Culture, santé et ethnicité, vers une santé pluraliste.* Montréal: Direction de la santé publique de la Régie régionale de la santé et des services sociaux de Montréal-Centre.

Helly, D. (1997). «Les transformations de l'idée de nation». Dans G. Bouchard et Y. Lamonde (dir.), *La nation dans tous ses états. Le Québec en comparaison* (p. 311-336). Paris et Montréal: L'Harmattan.

Hemlin I., et Mesa, A.-M. (1996). *Des voix pour l'avenir: la banque interrégionale d'interprètes 1993-1996: bilan d'une expérience* réussie. Montréal: Régie régionale de la santé et des services sociaux de Montréal-Centre.

Henripin, J. (2004). *Pour une politique de population.* Montréal: Éditions Varia.

Hunt, R. (2000). *Readings in community-based nursing.* Philadelphia: Lippincott Williams & Wilkins.

Hyman, I. (2001). *Health Policy Working Paper Series: Immigration and Health.* Applied Research and Analysis Directorate. Ottawa: Minister of Public Works and Government Services, Canada. Retrieved in April 2005 from http://www.hc-sc.gc.ca/iacb-dgiac/arad-draa/english/rmdd/wpapers/Immigration.pdf.

Hyman, I., & Guruge, S. (2002). A review of theory and health promotion strategies for new immigrant women. *Canadian Journal of Public Health,* 93, 183-187.

Institut de la statistique du Québec (2005). *Le Québec chiffres en main,* édition 2005. Québec: Institut de la statistique du Québec.

Jimenez, V., Oxman-Martinez, J., Loiselle-Léonard, M., et Marleau, J. (2000). *Bilan des écrits du Québec sur les services de santé et les services sociaux (1980-1999),* Immigration et métropoles. Montréal: Université McGill.

Juteau, D. (1999) *L'ethnicité et ses frontières.* Montréal: Presses de l'Université de Montréal.

Krumberger, J.M. (2000). Critical care close-up. *RN,* 63(4), 24AC2–24AC3.

Kudzma, E.C. (1999). Culturally competent drug administration. *American Journal of Nursing,* 99(8), 46–51.

Kuster, M., Goulet, C., et Pepin, J. (2002) Significations du soin postnatal pour des immigrants algériens. *L'Infirmière du Québec,* 10(1), 12-13.

Lacombe, H., Pica, L., et Clarkson, M. (2002) Spiritualité, religion et santé chez des immigrants récents: une approche exploratoire. Dans M. Clarkson, R. Tremblay et N. Audet (dir.), *Santé et bien-être, immigrants récents au Québec: une adaptation réciproque?* Étude sur les communautés culturelles de 1998-1999 (p. 319-332). Québec: Institut de la statistique du Québec.

Legault, G. (2000). *L'intervention interculturelle.* Montréal: Gaëtan Morin Éditeur.

Leininger M. (2002). Culture care assessments for congruent competency practices. In Leininger, M. (2002). Culture care theory: A Major Contribution to Advance Transcultural Nursing Knowledge and Practices. *Journal of Transcultural Nursing,* 13(3), 189-192.

Leininger, M. (2001). *Culture care diversity and universality: A theory of nursing.* New York: National League for Nursing Press.

Leininger, M. (1997). Overview of the theory of culture care with the ethnonursing research method. *Journal of Transcultural Nursing,* 8, 32-53.

Leininger, M. (1996) Culture care theory, research and practice. *Nurse Science Quaterly* 9, 71-78.

Leininger, M. (1995). Culture care assessment to guide nursing practices. In *Transcultural nursing: concepts, theories research & practices,* 2nd ed. (p. 115-148). New York, Montréal: McGraw-Hill.

Leininger, M. (1991). *Culture Care Diversity and Universality: A Theory of Nursing.* New York: National League for Nursing Press.

Leininger, M. (1985). Transcultural Care Diversity and Universality: A Theory of Nursing. *Nursing and Health Care,* 6, 208-212.

Marzouki, M. (1994). Promotion de la santé: une vision du Sud. Dans R. Bastien, L. Langevin, G. Larocque et L. Renaud (dir.), *Promouvoir la santé. Réflexions sur les théories et les pratiques.* Montréal: Réseau francophone international pour la promotion de la santé.

Massé, R. (1995). *Culture et santé publique: Les contributions de l'anthropologie à la prévention et à la promotion de la santé.* Montréal: Gaëtan Morin Éditeur.

McAll, C., Tremblay, L., et Le Goff, F. (1997). *Proximité et distance. Les défis de communication entre intervenants et clientèle multiethnique en CLSC.* Montréal: Éditions Saint-Martin.

Meintel, D. (1993). Introduction: Nouvelles approches constructivistes de l'ethnicité. *Culture,* 13(2), 10-16.

Meleis, A. I., Sawyer, L., Im, E.O., Messias, D. K., & Schumacher, K. (2000). Experiencing Transitions: An Emerging Middle-Range Theory. *Advances in Nursing Science,* 23(1), 12-18.

Meleis, A. I., Isenber, M., Koerner, J.E., Lacey, B., & Stern, P. (1995). *Diversity, Marginalization and Culturally Competent Health Care Issues in Knowledge Development.* Washington, DC: American Academy of Nursing.

Mères et Mondes (1996). Feuillets d'information sur la santé des mères et des nouveau-nés de communautés culturelles de Montréal, nᵒˢ 1-8. Régie régionale de Montréal-Centre. CLSC Côte-des-Neiges et René-Cassin.

Mesa, A.-M. (1997). *L'interprète culturel: un professionnel apprécié.* Montréal: Régie régionale de la santé et des services sociaux de Montréal-Centre.

Ministère des Relations avec les citoyens et de l'Immigration (2004). *Des valeurs partagées, des intérêts communs, briller parmi les meilleurs.* Plan d'action 2004-2007: pour assurer la pleine participation des Québécois des communautés culturelles au développement du Québec. Québec: Gouvernement du Québec.

Munoz C., & Hilgenberg C. (2005) Ethnopharmacology: understanding how ethnicity can affect drug response is essential to providing culturally competent care. *American Journal of Nursing,* 105(8): 40-9.

Murphy, K., Macleod-Clark, J. (1993). Nurse's experience of caring for ethnic-minority clients. *Journal of Advanced Nursing.* 18, 442-450.

Ntetu, A.L., et Vissandjée, B. (1996) Interactions en contexte clinique pluriculturel: regard critique et illustrations. Dans Turgeon, L. (dir.). *Nous et les autres: les constructions identitaires au Québec et ailleurs* (p. 1-14). CELAT et Presses de l'Université du Québec.

Palmer, J. (2001). Respecting tradition in healing. *Reflections on Nursing Leadership,* 27(2), 30–31.

Politique, planification et recherche stratégiques et le projet Metropolis (s.d.). *Revue des études ethniques au Québec,* INRS-Culture et Société, Citoyenneté et Immigration Canada.

Pronovost, G. (2004). Familles et communautés culturelles. *Conseil de développement de la recherche sur la famille du Québec,* 5(2), 1-25.

Renaud, J. (2001) *Ils sont maintenant d'ici! Les dix premières années au Québec des immigrants admis en 1989.* Sainte-Foy (Québec): Les Publications du Québec.

Renaud, J., Gingras, L., Carpentier, A., Pinsonneault, G., Faille, M. (1998). *Les trois premières années au Québec des requérants du statut de réfugié régularisés.* Collection Études, Recherches et Statistiques. Gouvernement du Québec.

Roy, G. (2000). Les modèles de pratique. Dans G. Legault (dir.), *L'intervention interculturelle* (p. 132-145). Boucherville, Québec: Gaëtan Morin Éditeur.

Roy, G., et Kapoor-Kohli, A. (2004). Intervenir avec un interprète: rencontre malgré les interférences. Intervention. *Revue de l'Ordre des travailleurs sociaux du Québec,* 120, 35-46.

Santé Canada en direct; http://www.hc-sc.gc.ca/hppb/soinsdesante/pubs/circumstance/partie2/index.html.

Smith-Temple, J., & Johnson, J.Y. (2002). *Nurse's guide to clinical procedures.* (4th ed.). Philadelphia: Lippincott Williams & Wilkins.

Soucy, O. (1998-2002). *Les Libanais* (2002), *Les Égyptiens* (2001), *Les Espagnols* (1998), *Les Italiens* (1998). Série «Origine ethnoculturelle et soins infirmiers gériatriques». Montréal: Institut universitaire de gériatrie de Montréal.

Soucy, O. (1995-1996). *Les Haïtiens* (1996), *Les Vietnamiens* (1995), *Les Grecs* (1995), *Les Roumains* (1995). Série «Origine ethnoculturelle et soins infirmiers gériatriques». Montréal: Centre hospitalier Côte-des-Neiges.

Spector, R.E. (2000). *Cultural diversity in health and illness.* New Jersey: Prentice-Hall.

Spitzer, D. (2004). *Gender, Sex and Health.* International Conference Report. Institute for Gender and Health.

Suro, R. (2000). Beyond economics. *American Demographics,* 22(2), 48–55.

Vatz-Laaroussi M. (2003). *Vers un modèle d'analyse de l'immigration dans les régions du Québec,* Conversations Metropolis. Ottawa.

Vatz-Laaroussi. M. (1999). *L'accueil et l'intégration des immigrants: à qui la responsabilité?* Le cas des jumelages entre familles québécoises et familles immigrantes. Rapport de recherche. Ministère des Relations avec les citoyens et de l'Immigration.

Vatz-Laaroussi, M., et Rachédi, L. (2004). *Familles immigrantes, école et communauté dans une ville moyenne du Québec,* 7ᵉ Conférence nationale Métropolis. Montréal.

Vissandjée, B. (1996). Les préjugés sont les paravents de nos peurs. Regard critique sur le développement des préjugés et des conflits interraciaux: difficultés cliniques vs différence culturelle. Dans A.L. N'Tetu (dir.), *Problématique de la communication en soins infirmiers interculturels* – Actes du colloque, 22 mai 1995 (p. 56-69). Chicoutimi (Québec): CERII.

Vissandjée, B. (1991). Le nursing transculturel: une perspective de la théorie de Leininger. *Nursing Montréal,* 5(2), 5-7.

Vissandjée, B., Carignan, P., et Bourdeau-Marchand, M. (1999). Les nouvelles immigrantes et la santé. *The Canadian Nurse,* 95(4), 35-44.

Vissandjée B., et Dupéré, S. (2000). Culture, migration et enquête: défis incontournables. *Journal of International Migration and Integration,* 1(4), 477-492.

Vissandjée, B., et Dupéré, S. (2000). La communication interculturelle en contexte clinique: une question de partenariat. *Revue canadienne de recherche en sciences infirmières,* 32(1), 99-113.

Vissandjée, B., Hemlin, I., Gravel, S., Roy, S., et Dupéré, S. (2004). La diversité culturelle montréalaise : une diversité de défis pour la santé publique. *Santé publique, 17*(3), 417-428.

Vissandjée, B., N'tétu, A.L., Courville, F., Bourdeau, M., et Breton, E. (1998). L'interprète en milieu clinique interculturel :

l'acte de communication soumis au phénomène du filtrage ? *L'infirmière canadienne, 94*(5), 36-42.

Wilkinson, J.M. (2001). *Nursing process and critical thinking*. New Jersey: Prentice-Hall.

En complément de ce chapitre, vous trouverez sur le Compagnon Web :
• une bibliographie exhaustive ;
• des ressources Internet.

Adaptation française
Michel Dorval, Ph.D.
Professeur agrégé, Faculté de pharmacie – Université Laval
Isabelle Rouleau, M.Sc.
Agent de recherche, Unité de recherche en santé des populations – Centre hospitalier universitaire affilié de Québec

CHAPITRE

9

Génétique

Objectifs d'apprentissage

Après avoir étudié ce chapitre, vous pourrez:

1. Décrire le rôle de l'infirmière dans l'intégration de la génétique aux soins infirmiers.

2. Effectuer une évaluation fondée sur la génétique.

3. Indiquer les modes de transmission courants des troubles génétiques.

4. Indiquer les enjeux éthiques des soins infirmiers liés à la génétique.

Les découvertes relatives au **génome** humain ont marqué le début d'une nouvelle ère en médecine, celle de la *médecine génomique*, selon laquelle de multiples gènes contribuent, de concert avec certains facteurs environnementaux, au développement de la maladie. La médecine génomique vise à améliorer les prédictions sur la prédisposition des individus aux maladies, sur le moment de leur apparition, sur leur ampleur et leur ultime gravité, ainsi que sur les traitements ou les médicaments susceptibles

VOCABULAIRE

Acide désoxyribonucléique (ADN): matériel génétique principal chez les humains; il se compose de bases azotées, de sucres et de groupements phosphate combinés de façon à former une double hélice.

Allèle: l'une ou l'autre des formes possibles d'un gène (au nombre de deux ou plus) occupant la même position dans une paire de chromosomes; chacun des parents transmet un allèle de chacun de ses gènes.

Arbre généalogique: représentation graphique des antécédents familiaux.

Autosome: l'un des 44 chromosomes qui n'interviennent pas dans la détermination du sexe.

Chromosome: structure microscopique située dans le noyau de la cellule et contenant de l'information génétique; chez une espèce donnée, le nombre de chromosomes est constant (par exemple, chez les humains il est de 46).

Dépistage des gènes de prédisposition: dépistage utilisé pour déterminer les probabilités qu'une personne en bonne santé contracte une maladie donnée, qu'il existe ou non des antécédents dans sa famille. La présence d'une mutation génétique caractéristique d'une maladie indique que la personne présente un risque accru de développer l'affection, mais elle ne constitue pas un diagnostic. Le test d'ADN servant au dépistage des mutations génétiques responsables du cancer du sein ou de l'ovaire héréditaire en est un exemple.

Dépistage génétique de masse: application d'un test à un groupe pour déterminer si des individus de ce groupe présentent une affection génétique ou une mutation d'un gène particulier (par exemple, le dépistage de la maladie de Tay-Sachs chez les Juifs d'origine ashkénaze).

Dépistage prénatal: dépistage utilisé pour découvrir si un fœtus risque de présenter une anomalie congénitale comme le syndrome de Down ou le spina-bifida (par exemple, dépistage de multiples marqueurs dans le sang maternel pendant la grossesse).

Dépistage présymptomatique: dépistage utilisé pour déterminer si les personnes qui ont des antécédents familiaux d'une maladie, mais qui n'en présentent pas encore les symptômes, sont porteuses de la mutation génétique. Le dépistage de la chorée de Huntington en est un exemple.

Diploïde: se dit d'une cellule qui contient deux exemplaires de chaque chromosome; chez les humains, la cellule somatique, qui est diploïde, contient 46 chromosomes (2 × 23).

Dominant: se dit d'un caractère génétique normalement exprimé lorsqu'une personne est porteuse d'une mutation génétique sur un chromosome d'une paire et que la forme « normale » du gène se trouve sur l'autre chromosome.

Expression variable: variation de l'ampleur de la manifestation d'un caractère; gravité clinique.

Génétique: science qui étudie l'hérédité, soit le mode selon lequel les parents transmettent à leurs enfants des prédispositions ou des caractères particuliers.

Génome: ensemble des gènes d'un génotype donné.

Génomique: étude du génome humain; elle comprend le séquençage, la cartographie et la détermination de la fonction des gènes.

Génotype: constitution génétique, soit l'ensemble des gènes qu'une personne hérite de ses parents.

Haploïde: se dit d'une cellule qui contient un seul exemplaire de chaque chromosome; chez les humains, les gamètes (ovules et spermatozoïdes) sont haploïdes; ils contiennent 23 chromosomes.

Lié au sexe: situé sur le chromosome X.

Méiose: réduction chromatique des cellules germinales, donnant lieu à la formation de gamètes haploïdes (ovules ou spermatozoïdes ayant 23 chromosomes).

Mitose: division de la cellule somatique qui donne normalement lieu à la formation de deux cellules filles diploïdes, c'est-à-dire ayant chacune 46 chromosomes.

Monosomie: absence de l'un des chromosomes d'une paire dans une cellule normalement diploïde (par exemple, les femmes dont la constitution génétique est 45,X n'ont qu'un chromosome X).

Mutation: modification héréditaire du matériel génétique.

Non-disjonction: séparation incomplète d'une paire de chromosomes au cours de la méiose entraînant des nombres anormaux de chromosomes dans les cellules reproductrices (gamètes) ainsi que dans les cellules somatiques après fécondation.

Nucléotide: élément constitutif de l'acide nucléique composé d'une base azotée, d'un sucre à 5 carbones et d'un groupement phosphate.

Pénétrance: pourcentage des personnes porteuses d'une mutation génétique particulière présentant en fait le caractère correspondant. Par exemple, la probabilité qu'une femme porteuse d'une mutation du gène BRCA1 responsable du cancer du sein héréditaire développe la maladie peut atteindre 80 % (et non 100 %).

Phénotype: constitution physique, biochimique et physiologique complète d'un individu; il est déterminé par le génotype et par les facteurs environnementaux.

Polymorphisme: variation génétique de deux allèles ou plus qui se maintient au sein d'une population.

Porteur: individu hétérozygote; il possède deux allèles différents d'une paire de gènes.

Projet génome humain: projet de recherche international visant à déterminer et à caractériser l'ordre de chaque base du génome humain.

Récessif: se dit d'un caractère génétique qui n'est exprimé que lorsqu'une personne possède deux copies d'un gène autosomique mutant ou une seule copie d'un gène mutant lié au chromosome X en l'absence d'un autre chromosome X.

Transcription: processus par lequel l'information contenue dans l'ADN est reproduite, en multiples exemplaires, sous forme d'ARN messager.

Trisomie: présence, sur une paire de chromosomes, d'un chromosome supplémentaire – par exemple, la trisomie 21 (syndrome de Down).

d'être efficaces ou, au contraire, néfastes (Billings, 2000). Déjà, la mise en œuvre de nouvelles stratégies fondées sur les gènes pour dépister et traiter les maladies permet aux professionnels de la santé d'adapter leurs soins à la constitution génétique propre à chacun.

Pour relever les défis de la médecine génomique, les infirmières doivent comprendre les techniques et les traitements nouveaux qui s'appliquent aux soins de santé fondés sur la génétique. Elles doivent aussi reconnaître qu'elles représentent un lien vital entre les personnes et les services de santé ; souvent, c'est d'abord à elles que les gens posent leurs questions sur les facteurs de risque liés aux antécédents familiaux, sur l'information relative à la génétique, et sur les tests génétiques et leur interprétation. Pour intégrer la génétique à ses soins, l'infirmière doit procéder à la collecte des données, à la planification et aux interventions selon une approche qui lui permet de déterminer les besoins changeants des individus en matière de soins de santé liés à la génétique et de répondre à ces besoins (Lea, Williams, Jenkins *et al.*, 2000).

Les infirmières doivent apprendre à reconnaître les modes de transmission héréditaire lorsqu'elles recueillent les antécédents familiaux et médicaux ; elles doivent aussi comprendre à quel moment il convient d'envisager les nouvelles options en matière de dépistage génétique et d'interventions thérapeutiques. Ce chapitre décrit les applications cliniques des principes de la génétique en soins infirmiers médicaux et chirurgicaux ; il trace les grandes lignes de la participation de l'infirmière à l'évaluation et au conseil génétiques ; il aborde d'importants enjeux éthiques ; enfin, il fournit des ressources en génétique destinées tant aux infirmières qu'aux personnes traitées.

Démarche d'intégration de la génétique à la pratique des soins infirmiers

Les infirmières sont appelées à faire une contribution unique à la médecine génomique par leur vision holistique des soins infirmiers. Quel que soit le milieu dans lequel elles évoluent, elles sont idéalement placées pour incorporer la génétique à l'évaluation, à la planification et aux interventions qu'elles effectuent auprès de personnes dont l'âge et le stade de vie diffèrent. Selon la vision holistique qui caractérise leur profession, les infirmières tiennent compte des expériences intellectuelles, physiques, spirituelles, sociales, culturelles, biopsychologiques, éthiques et esthétiques de chaque personne lorsqu'elles se penchent sur l'information, le dépistage, les diagnostics et les traitements fondés sur la génétique. Les connaissances en génétique constituent donc un élément essentiel de la pratique des soins infirmiers (Lea, Anderson et Monsen, 1998).

L'intégration de la génétique à la pratique des soins infirmiers doit se faire dans le cadre d'une conception des soins qui permet aux infirmières de reconnaître dans quelles conditions les facteurs génétiques influent ou pourraient influer sur la santé d'un individu. Les infirmières doivent utiliser efficacement les antécédents familiaux et les résultats des tests génétiques, renseigner les personnes sur les concepts de la génétique, comprendre les conséquences personnelles et sociétales de l'information génétique et attacher de l'importance au caractère intime et confidentiel de celle-ci.

Face à l'information, au dépistage et aux affections génétiques, l'individu peut soit se sentir impuissant, soit prendre conscience de son pouvoir (« se sentir habilité »). L'information génétique peut stigmatiser les personnes lorsqu'elle altère la perception qu'elles ont d'elles-mêmes ou que les autres ont à leur égard. Les infirmières peuvent aider les personnes et les familles à comprendre la dimension génétique de leur individualité et les modes de transmission des caractères et des affections génétiques au sein des familles, ainsi que l'incidence des facteurs génétiques et environnementaux sur la santé et la maladie (Lea, Anderson et Monsen, 1998 ; Peters *et al.*, 1999).

Les infirmières facilitent la communication entre les membres de la famille, le système de santé et les ressources communautaires ; grâce à la continuité des soins qu'elles prodiguent aux personnes et aux familles, elles offrent un soutien précieux. Toutes les infirmières doivent pouvoir reconnaître dans les questions qui leur sont posées les éléments qui relèvent de l'information génétique ; elles doivent aussi savoir comment obtenir une telle information en recueillant des données anamnestiques sur l'individu et sa famille, et en effectuant des évaluations physiques. L'infirmière capable de détecter un problème d'ordre génétique est en mesure de fournir les ressources et le soutien nécessaires aux individus et aux familles (Lea, Jenkins et Francomano, 1998).

La démarche d'intégration de la génétique aux soins infirmiers exige de l'infirmière qu'elle prenne conscience de ses attitudes, de son expérience et de ses préconceptions en matière d'hérédité, ainsi que de la façon dont celles-ci se manifestent dans l'exercice de sa profession. L'encadré 9-1 ■ donne un aperçu de la marche à suivre pour effectuer des autoévaluations périodiques.

Notions de génétique

Les scientifiques et les philosophes s'interrogent depuis longtemps sur l'hérédité ; ils ont élaboré des théories pour expliquer comment les caractères se transmettent aux descendants. Les percées réalisées dans les domaines de la technologie et de la recherche ont accéléré les progrès en génétique, ce qui a permis aux scientifiques de mieux comprendre des maladies relativement rares, comme la phénylcétonurie (PCU) ou l'hémophilie, qui sont liées à des mutations déterminées par un seul gène et transmises d'une génération à l'autre. Grâce à de nouvelles techniques et à de nouveaux outils, les scientifiques peuvent caractériser les variations métaboliques héréditaires qui interagissent au fil du temps et aboutissent à des maladies courantes, comme le cancer, la cardiopathie et la démence. Les méthodes de la **génétique** cèdent peu à peu la place à celles de la **génomique**. Parallèlement, les connaissances acquises

RECOMMANDATIONS

Autoexamen des attitudes, des expériences et des préconceptions

La connaissance de soi est l'une des pierres angulaires d'une pratique infirmière de qualité. Or, vos attitudes et vos expériences influent sur l'exercice de vos fonctions. Les attitudes résultent des expériences sociales, culturelles et religieuses vécues par chacun. La prise de conscience de vos propres valeurs, croyances et perceptions culturelles n'est pas seulement importante pour la relation que vous entretenez avec la personne soignée; elle constitue aussi la première étape de la démarche d'intégration de la génétique aux soins infirmiers.

Une autoévaluation périodique permet de baliser la démarche infirmière et de rendre plus efficace la mise à jour de vos connaissances et de votre pratique en génétique. Pour prendre conscience de vos propres attitudes, expériences et préconceptions, examinez les points suivants:

- *Vos croyances ou les valeurs de votre famille en matière de santé.* Quelles sont vos croyances familiales, religieuses ou culturelles à l'égard des causes de la maladie? En quoi vos valeurs ou vos préjugés ont-ils influé sur votre compréhension des affections génétiques?

- *Vos perspectives philosophiques, théologiques, culturelles et éthiques relativement à la santé.* En quoi ces opinions peuvent-elles influer sur votre propre utilisation de l'information ou des services génétiques? Quelles expériences avez-vous vécues avec des gens appartenant à des groupes sociaux, culturels ou ethniques différents? Comment transmettriez-vous de l'information génétique à des individus appartenant à des groupes sociaux, culturels ou ethniques différents? Êtes-vous capable de reconnaître dans quelles circonstances les valeurs ou les préjugés personnels risquent de modifier ou de compromettre la transmission de l'information génétique?

- *Votre niveau d'expertise en génétique.* Êtes-vous en mesure de reconnaître les limites de votre propre expérience en génétique et de savoir quand recommander aux personnes d'avoir recours à une évaluation génétique plus approfondie?

- *Votre expérience en matière d'anomalies congénitales, de maladies chroniques et d'affections génétiques.* Un membre de votre famille ou un de vos amis est-il atteint d'une maladie ou d'un trouble génétique? D'après votre expérience, ces troubles sont-ils invalidants ou habilitants? Considérez-vous que les parents sont «fautifs» lorsqu'ils donnent naissance à un enfant présentant une anomalie congénitale ou une affection génétique? Plaidez-vous en faveur de l'accès équitable aux soins et pour les autres droits des personnes présentant des anomalies congénitales, des affections génétiques ou d'autres invalidités?

- *Votre point de vue sur l'ADN (le fondement de votre identité, puisque votre constitution génétique est différente de celle de toute autre personne, à l'exception d'un vrai jumeau).* Quelles sont vos préconceptions sur l'ADN? Par exemple, tenez-vous pour acquis que la composante génétique du «soi» est un soi imparfait? Voici un autre exemple. Les porteurs sains d'altérations génétiques qui les prédisposent à développer ultérieurement certaines maladies appartiennent désormais à une nouvelle catégorie d'individus «à risque». Une personne «à risque» n'est pas encore malade, mais pourrait ne pas demeurer en bonne santé aussi longtemps que la personne «moyenne». Est-il bon de se savoir «à risque»? Faut-il interdire la recherche de cette information ou faire en sorte qu'elle demeure secrète à cause de la discrimination qu'elle peut occasionner?

- *Vos croyances sur les options en matière de reproduction.* Quelles sont vos croyances à l'égard du diagnostic prénatal et de l'interruption de grossesse? Quelles conséquences ces croyances peuvent-elles avoir sur les soins que vous donnez à une personne dont les croyances diffèrent des vôtres?

- *Votre position sur le dépistage et le génie génétiques.* Considérez-vous que le dépistage et le génie génétiques – qui permettent d'éliminer ou de perfectionner certains caractères – sont des moyens de créer un «soi génétique idéal»?

- *Votre façon de traiter les personnes présentant des déficiences.* Comment vos attitudes sont-elles reflétées dans votre pratique et votre milieu de travail? Par exemple, avez-vous accès à des téléscripteurs ou à des interprètes pour venir en aide aux personnes atteintes d'une déficience auditive? Vos formalités d'admission sont-elles adaptées aux besoins de la personne présentant des déficiences?

Sources: National Coalition of Health Professional Education in Genetics (2001). *Core competencies*; http://www.nchpeg.org; R. Kenan (1996). The at-risk health status and technology: A diagnostic invitation and the gift of knowing. *Social Science and Medicine, 42*(11), 1545-1553; J.A. Peters, L. Djurdjinovic et D. Baker (1999). The genetic self: The Human Genome Project, genetic counseling and family therapy. *Families, Systems & Health, 17*(1), 5-25.

sur les gènes individuels et leurs fonctions ouvrent la voie à des recherches sur les interactions génétiques complexes qui commandent les processus biologiques. On croit aujourd'hui que la plupart des maladies résultent d'une combinaison d'influences et d'interactions génétiques et environnementales (Billings, 2000).

RÔLE DES GÈNES DANS LA DIVERSITÉ HUMAINE

Les gènes jouent un rôle clé dans la santé et la maladie chez les humains. Les travaux effectués dans le cadre du **Projet génome humain** (un projet de recherche international visant à cartographier et à séquencer le génome humain en entier) ont montré à quel point le patrimoine génétique influe sur le développement humain et sur le bon fonctionnement de l'organisme. La connaissance de l'association entre certains gènes et certaines maladies permet de poser des diagnostics, même chez le fœtus. Les recherches continuent de mettre en évidence l'origine génétique de nombreuses affections courantes. Bon nombre d'autres associations entre la génétique, la santé et la maladie seront sans doute découvertes au fur et à mesure que les scientifiques compléteront et perfectionneront la cartographie et le séquençage des gènes.

Gènes et chromosomes

Le **génotype**, c'est-à-dire la constitution génétique propre à une personne, est composé de 30 000 à 40 000 gènes. Le **phénotype**, soit les caractéristiques observables du génotype, comprend l'apparence physique et d'autres caractères biologiques, physiologiques et moléculaires. Les facteurs environnementaux modifient le phénotype de tous les individus, même les caractères qui présentent une composante génétique déterminante.

Chez l'humain, la croissance, le développement et la maladie sont tributaires d'influences et d'interactions à la fois génétiques et environnementales. Le rôle des facteurs génétiques est parfois majeur, parfois mineur. Par exemple, chez une personne atteinte de fibrose kystique ou de PCU, la contribution génétique est importante. Par contre, la contribution génétique sous-jacente à la réaction d'une personne à l'infection peut être moindre.

D'un point de vue conceptuel, les gènes constituent les unités de l'hérédité. Un gène se compose d'un segment d'**acide désoxyribonucléique** (**ADN**) qui contient un ensemble précis d'instructions pour la fabrication de une ou plusieurs protéines dont les cellules de l'organisme ont besoin pour bien fonctionner. Les gènes régissent à la fois la nature des protéines fabriquées et la vitesse à laquelle celles-ci sont produites. La structure de la molécule d'ADN est représentée par une double hélice; elle se compose essentiellement de molécules de sucre et de phosphate, et de paires de bases azotées. Chaque **nucléotide** contient un sucre (le désoxyribose), un groupement phosphate et l'une des quatre bases azotées suivantes : adénine (A), cytosine (C), guanine (G) ou thymine (T). L'ADN est formé de deux brins, dont chacun se compose d'un certain nombre de nucléotides. Ces deux brins sont retenus ensemble par l'appariement de leurs bases et les liaisons hydrogène qui s'établissent entre elles (figure 9-1 ■).

Les gènes sont groupés et disposés en lignes dans les **chromosomes**, qui se trouvent dans le noyau de la cellule. Toutes les cellules de l'organisme humain contiennent 46 chromosomes formant des paires, à l'exception des ovules (œufs) et des spermatozoïdes, qui n'en comptent que 23. Vingt-deux paires de chromosomes, les **autosomes**, sont les mêmes chez la femme et chez l'homme. Les chromosomes sexuels forment la 23ᵉ paire. La femme possède deux chromosomes X et l'homme, un chromosome X et un chromosome Y. Au moment de la conception, chacun des parents donne normalement un chromosome de chaque paire à son enfant. Celui-ci reçoit donc une moitié de ses chromosomes de son père, et l'autre moitié, de sa mère (figure 9-2 ■).

L'examen minutieux de séquences d'ADN provenant de nombreux individus révèle que ces séquences sont loin d'être identiques au sein d'une population donnée. L'ADN présente au contraire des variations de séquences qui constituent les **allèles** des gènes. Les séquences qu'on trouve sous de nombreuses formes sont dites polymorphes, ce qui signifie qu'il existe au moins deux formes courantes d'un gène particulier.

Division cellulaire

L'organisme humain croît et se développe grâce à la division cellulaire, laquelle se présente sous deux formes nettement distinctes, la mitose et la méiose.

La **mitose** est le processus de division cellulaire qui contribue à la croissance, à la différenciation et à la réparation des cellules. Au cours de ce processus, les chromosomes de chaque cellule se dédoublent par réplication. La mitose aboutit à la formation de deux cellules, les cellules filles, qui contiennent chacune le même nombre de chromosomes que la cellule mère. Les cellules filles sont dites **diploïdes**, car elles contiennent 46 chromosomes formant 23 paires. La mitose se produit dans toutes les cellules de l'organisme sauf les cellules germinales, qui donnent naissance aux ovules (œufs) et aux spermatozoïdes.

La **méiose**, par contre, ne touche que les cellules reproductrices. Il s'agit du processus de formation des ovules et des spermatozoïdes. Au cours de la méiose, le nombre des chromosomes diminue. Les ovules ou les spermatozoïdes ainsi formés contiennent 23 chromosomes, soit la moitié du nombre habituel. Ces cellules sont dites **haploïdes** car, contrairement à toutes les autres cellules de l'organisme, elles ne contiennent qu'une seule copie de chaque chromosome.

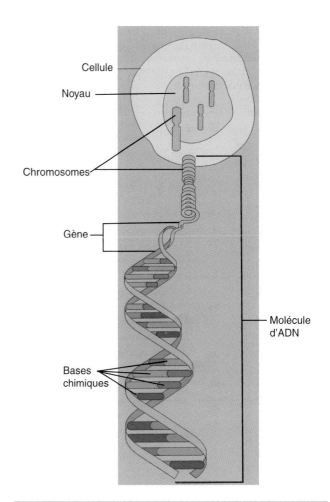

FIGURE **9-1** ■ L'ADN, qui contient les instructions permettant aux cellules de fabriquer les protéines, se compose de quatre bases chimiques, d'un sucre et d'un acide. Présentant un enroulement serré, les brins d'ADN forment des unités, appelées chromosomes, logées dans le noyau de la cellule. Les sous-unités actives de l'ADN portent le nom de gènes. Source : Schéma créé pour le National Cancer Institute. Reproduit avec l'autorisation de l'illustratrice, Jeanne Kelly. © 2001.

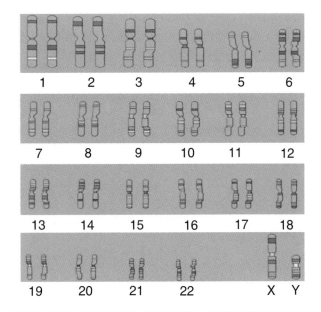

FIGURE 9-2 ■ Chaque cellule humaine contient 23 paires de chromosomes, qui se distinguent les unes des autres par la taille et par l'aspect unique de leurs bandes chromosomiques. Cet ensemble de chromosomes appartient à un homme puisqu'il contient un chromosome Y. Les femmes possèdent deux chromosomes X. SOURCE: National Institutes of Health et National Cancer Institute (1995). *Understanding gene testing* (NIH Pub. No. 96-3905). Washington, DC: U.S. Department of Human Services.

Pendant la phase initiale de la méiose, les chromosomes se disposent en paires en prévision de la division cellulaire. Certaines de leurs parties se croisent, et un échange de matériel génétique se produit. Ce phénomène, appelé «recombinaison», crée une plus grande diversité dans la composition des ovules et des spermatozoïdes.

Au cours de la méiose, il arrive qu'une paire de chromosomes ne se sépare pas complètement, ce qui donne lieu à la création d'un spermatozoïde ou d'un ovule qui contient deux copies d'un chromosome particulier ou qui n'en contient aucune. Ce phénomène sporadique, appelé **non-disjonction**, peut avoir pour conséquence soit la trisomie, soit la monosomie. Le syndrome de Down est un exemple de **trisomie**. Une personne atteinte de cette affection possède trois chromosomes numéro 21. Par ailleurs, le syndrome de Turner est un exemple de **monosomie**. Les filles touchées ont en général un seul chromosome X, anomalie responsable de leur petite taille et de leur infertilité (Lashley, 1998).

Mutations génétiques

À l'intérieur de chaque cellule, des interactions nombreuses et complexes servent à la régulation et à l'expression des gènes humains. Ces interactions sont liées à la structure et à la fonction des gènes, à la **transcription** et à la traduction, ainsi qu'à la synthèse des protéines. Les altérations relatives à la structure et à la fonction des gènes de même qu'au processus de synthèse des protéines peuvent avoir une incidence sur la santé de l'individu. Les changements dans la structure génétique, appelés **mutations**, touchent de façon permanente la séquence de l'ADN, qui à son tour peut modifier la nature et la fonction des protéines fabriquées (figure 9-3 ■).

Certaines mutations génétiques n'ont aucun effet important sur la protéine produite, mais d'autres entraînent sa transformation partielle ou complète. Les conséquences de la mutation dépendent de la nature de la modification et de l'importance de la protéine dans le bon fonctionnement de l'organisme. Lorsqu'elles touchent les hormones, les enzymes ou d'importants produits protéiques, les mutations génétiques ont des répercussions majeures sur la santé.

L'anémie falciforme est un exemple de maladie génétique résultant d'une petite mutation qui, en modifiant la structure protéique, produit de l'hémoglobine S. La personne à laquelle

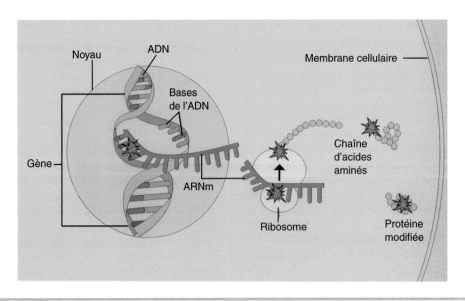

FIGURE 9-3 ■ Lorsqu'un gène porte une mutation, la protéine dont il régit la synthèse est anormale. Certains changements peuvent avoir des effets limités tandis que d'autres sont invalidants.

SOURCE: National Institutes of Health et National Cancer Institute (1995). *Understanding gene testing* (NIH Pub. No. 96-3905). Washington, DC: U.S. Department of Human Services.

sont transmises deux copies du gène responsable de la production de l'hémoglobine S est atteinte d'anémie falciforme, maladie dont les symptômes sont une anémie grave et des lésions organiques d'origine thrombotique causées par l'hypoxie (Lashley, 1998 ; Lea, 2000).

D'autres mutations génétiques sont plus étendues : il peut s'agir de la délétion (perte), de l'insertion (addition), de la duplication (multiplication) ou du remaniement (translocation) d'un segment d'ADN plus long. La dystrophie musculaire de Duchenne, une forme héréditaire de dystrophie musculaire, est un exemple de trouble génétique causé par des mutations structurelles telles que les délétions ou les duplications qui se produisent dans le gène de la dystrophine. Un autre type de mutation, appelée « répétition de triplets », est due à l'expansion de la quantité habituelle de triplets répétés dans un gène. La dystrophie myotonique, la chorée de Huntington et le syndrome du X fragile sont des exemples de maladies causées par ce type de mutation génétique.

Les mutations génétiques peuvent être héréditaires ou acquises. Les mutations héréditaires, ou mutations germinales, sont présentes dans l'ADN de toutes les cellules de l'organisme et sont transmises d'une génération à l'autre par l'intermédiaire des cellules reproductrices. Comme elles sont présentes dans la première cellule d'un individu (le zygote), elles sont transmises à toutes les cellules de l'organisme lors de chacune des divisions cellulaires (figure 9-4 ■). Le gène responsable de la chorée de Huntington est un exemple de mutation germinale.

Des mutations génétiques spontanées ont lieu dans certains ovules ou spermatozoïdes au moment de la conception. Elles ne sont pas transmises à d'autres membres de la famille. La

personne qui porte la nouvelle mutation « spontanée » peut toutefois la transmettre à ses enfants. L'achondroplasie, le syndrome de Marfan et la neurofibromatose de type 1 sont des exemples de maladies génétiques susceptibles de toucher un seul membre d'une famille par suite d'une mutation spontanée.

Les mutations acquises se produisent dans les cellules somatiques, et les changements dans l'ADN qu'elles entraînent ont lieu après la conception, au cours de la vie d'une personne. Ces mutations sont la conséquence de modifications cumulatives touchant des cellules autres que les cellules reproductrices (figure 9-5 ■). Lorsqu'elles ont lieu dans une cellule qui peut encore se diviser, elles sont transmises aux cellules filles et à toute la lignée que cette cellule engendre.

Le corps humain est le théâtre de mutations génétiques incessantes. Or, les cellules sont dotées de mécanismes internes leur permettant de reconnaître les mutations de l'ADN et, la plupart du temps, de corriger le changement avant sa transmission par division cellulaire. Toutefois, avec le temps, les cellules peuvent perdre leur capacité de réparer les dommages causés par les mutations génétiques, qui s'accumulent alors et risquent d'aboutir à des maladies telles que le cancer et peut-être à d'autres troubles dus au vieillissement tels que la maladie d'Alzheimer (Lashley, 1998).

Variation génétique

On effectue actuellement la classification des composantes génétiques de certaines maladies complexes (par exemple, la cardiopathie, le diabète, les cancers les plus fréquents, les troubles psychiatriques) qui résultent de l'interaction du milieu, du mode de vie et des effets mineurs de nombreux gènes. On mène de nouvelles études sur la diversité génétique

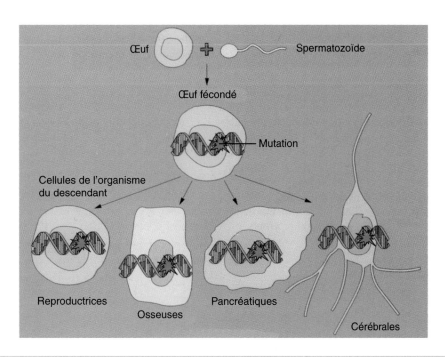

FIGURE 9-4 ■ Les mutations héréditaires sont contenues dans l'ADN des cellules reproductrices. Lorsqu'elles se joignent au moment de la conception, les cellules reproductrices portant une mutation forment un organisme dans lequel toutes les cellules contiennent le gène muté. SOURCE : National Institutes of Health et National Cancer Institute (1995). *Understanding gene testing* (NIH Pub. No. 96-3905). Washington, DC : U.S. Department of Human Services.

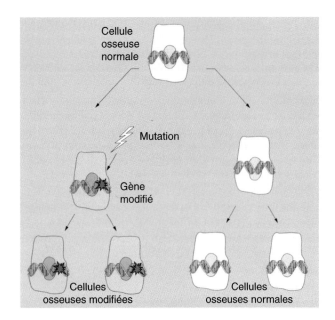

FIGURE **9-5** ■ Les mutations acquises sont des changements qui surviennent dans l'ADN au cours de la vie d'une personne. Si la mutation touche une cellule de l'organisme, seules les cellules filles de cette dernière porteront des copies de la mutation. Source: National Institutes of Health et National Cancer Institute (1995). *Understanding gene testing* (NIH Pub. No. 96-3905). Washington, DC: U.S. Department of Human Services.

chez les humains en vue d'établir une carte des variations communes de l'ADN. Des variations génétiques existent chez les individus de toutes les populations. Pour désigner celles qu'on rencontre le plus souvent dans tout le génome humain, on utilise les termes **polymorphisme** et «polymorphisme mononucléotidique», ou SNP (du terme anglais *single nucleotide polymorphism,* prononcé snip). En perturbant certaines fonctions, les SNP peuvent contribuer directement à l'expression d'un caractère ou d'une maladie. Leur étude se révèle de plus en plus importante pour la découverte des variations des séquences de l'ADN qui altèrent la fonction biologique. Ces nouvelles connaissances permettront aux cliniciens de subdiviser les classifications des maladies et d'individualiser les thérapies (Collins, 1999; Collins et McKusick, 2001). Par exemple, un polymorphisme ou un SNP peut amoindrir l'efficacité et l'innocuité d'un traitement lorsqu'il touche les protéines ciblées par le médicament utilisé ou des protéines qui jouent un rôle dans son transport ou son métabolisme (McCarthy et Hilfiker, 2000; Schafer et Hawkins, 1998).

MODES DE TRANSMISSION HÉRÉDITAIRE AU SEIN DES FAMILLES

Lorsqu'elle effectue sa collecte des données, l'infirmière doit obtenir et consigner les antécédents familiaux. L'évaluation de ces antécédents sous forme d'**arbre généalogique** constitue la première étape de l'établissement du mode de transmission des caractères héréditaires. Les infirmières doivent se familiariser avec l'hérédité mendélienne de même qu'avec la construction et l'analyse d'un arbre généalogique

afin de contribuer à l'orientation des individus et des familles susceptibles de bénéficier de services de conseil, de dépistage ou de thérapeutique génétiques plus approfondis (Lea, Jenkins et Francomano, 1998; Lea, 2000).

Les affections mendéliennes sont des affections génétiques transmises dans les familles selon des proportions fixes d'une génération à l'autre. Ces affections, qui doivent leur nom à Gregor Mendel, sont la conséquence de mutations génétiques présentes sur un seul ou les deux chromosomes d'une paire. Elles peuvent être transmises par un des parents, ou les deux. Les affections mendéliennes, qui sont classées selon leur mode de transmission au sein des familles, appartiennent à l'une des trois catégories suivantes: les affections autosomiques dominantes, les affections autosomiques récessives et les affections **liées au sexe**. Les termes **dominant** et **récessif** peuvent qualifier un caractère, une affection génétique ou un phénotype, mais non les gènes ou les allèles qui sont à l'origine des caractéristiques observables (Thompson *et al.*, 2001).

Transmission des affections héréditaires selon le mode autosomique dominant

Les affections autosomiques dominantes touchent autant les filles que les garçons d'une même famille et leur mode de transmission peut être représenté dans l'arbre généalogique par une distribution davantage verticale qu'horizontale des cas (figure 9-6 ■). Un individu atteint d'une affection autosomique dominante porte la mutation génétique responsable sur un seul des deux chromosomes d'une paire. Chacun des enfants de cet individu aura une probabilité de 50 % d'hériter de la mutation génétique responsable de l'affection et une probabilité de 50 % d'hériter de la version normale du gène. Les enfants auxquels la mutation génétique ne sera pas transmise ne développeront pas l'affection dominante et ne risquent pas de la transmettre à leurs enfants (figure 9-7 ■). Le tableau 9-1 ■ présente les différents mode de transmission des affections héréditaires.

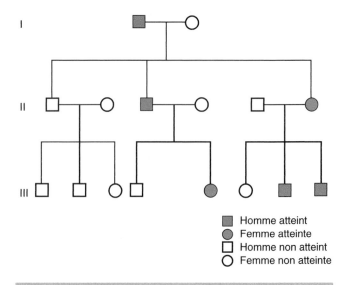

FIGURE **9-6** ■ Arbre généalogique illustrant le mode de transmission autosomique dominant sur trois générations.

TABLEAU
9-1

Modes de transmission mendélienne

Caractéristiques	Exemples
AFFECTIONS HÉRÉDITAIRES AUTOSOMIQUES DOMINANTES	
Transmission verticale au sein des familles	■ Syndrome du cancer du sein ou de l'ovaire héréditaire
Hommes et femmes atteints également	■ Hypercholestérolémie familiale
Expression variable chez les personnes atteintes, même au sein d'une famille	■ Cancer colorectal héréditaire sans polypose ■ Chorée de Huntington
Pénétrance réduite (dans certaines maladies)	■ Syndrome de Marfan
Âge avancé du père associé aux cas sporadiques	■ Neurofibromatose
AFFECTIONS HÉRÉDITAIRES AUTOSOMIQUES RÉCESSIVES	
Mode de transmission où les cas se distribuent davantage selon une ligne horizontale sur l'arbre généalogique	■ Fibrose kystique
Hommes et femmes atteints également	■ Galactosémie
Associées à la consanguinité (parenté génétique)	■ Phénylcétonurie
Associées à certains groupes ethniques	■ Anémie falciforme
Maladie de Tay-Sachs	■ Maladie de Canavan
AFFECTIONS HÉRÉDITAIRES RÉCESSIVES LIÉES AU SEXE	
Transmission représentée sur l'arbre généalogique par une distribution verticale des cas	■ Dystrophie musculaire de Duchenne
Hommes atteints principalement	■ Hémophilie A et hémophilie B
Syndrome de Wiscott-Aldrich	■ Formes protane et deutane du daltonisme
AFFECTIONS HÉRÉDITAIRES MULTIFACTORIELLES	
Apparition attribuable à une combinaison de facteurs génétiques et environnementaux	■ Cardiopathie congénitale
Récurrence possible au sein des familles	■ Fente labiale ou palatine, ou les deux
Mode de transmission ne présentant pas les caractéristiques du mode de transmission observé dans d'autres affections héréditaires mendéliennes	■ Anomalies du tube neural (anencéphalie et spina-bifida) ■ Diabète ■ Arthrose ■ Hypertension artérielle

Source : D.H. Lea, J.F. Jenkins et C.A. Francomano (1998). *Genetics in clinical practice: New directions for nursing and health care.* Sudbury, MA : Jones & Bartlett ; D.H. Lea (2002). Genetics. Dans A.B. Maher, S.W. Salmond et T.A. Pellino (dir.). *Orthopaedic nursing.* Philadelphia : W.B. Saunders.

Les affections héréditaires autosomiques dominantes présentent souvent divers degrés de gravité chez les membres atteints d'une même famille et chez d'autres personnes. En effet, chez certains individus, les symptômes peuvent être graves et, chez d'autres, légers. On utilise le terme **expression variable** pour désigner cette caractéristique, qui est la résultante de l'interaction des facteurs génétiques et environnementaux.

La **pénétrance**, soit le pourcentage des personnes porteuses d'une mutation génétique particulière présentant en fait le caractère correspondant, est un autre phénomène observé dans la transmission selon le mode autosomique dominant. Dans des affections comme l'achondroplasie, presque 100 % des personnes porteuses de la mutation génétique présentent des signes de la maladie. Dans d'autres, la présence de la mutation génétique n'implique pas nécessairement que la

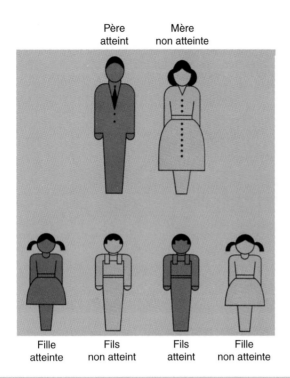

Père atteint — Mère non atteinte

Fille atteinte — Fils non atteint — Fils atteint — Fille non atteinte

FIGURE 9-7 ■ Dans les troubles génétiques dominants, si un des parents atteint porte un allèle qui est responsable de la maladie et qui domine son pendant normal, le risque que chaque enfant de la famille hérite de cet allèle et du trouble sera de 50 %.
Source: National Institutes of Health et National Cancer Institute (1995). *Understanding gene testing* (NIH Pub. No. 96-3905). Washington, DC: U.S. Department of Human Services.

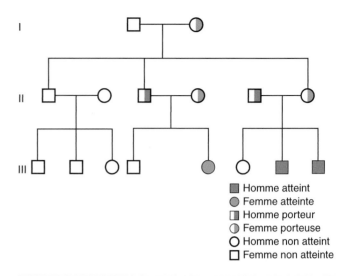

■ Homme atteint
● Femme atteinte
▣ Homme porteur
◑ Femme porteuse
○ Homme non atteint
□ Femme non atteinte

FIGURE 9-8 ■ Arbre généalogique illustrant le mode de transmission autosomique récessif sur trois générations.

personne sera atteinte. Par exemple, la probabilité qu'une femme porteuse d'une mutation du gène BRCA1 responsable d'un cancer du sein héréditaire développe la maladie au cours de sa vie peut atteindre 80 % et non 100 %. On parle alors de «pénétrance incomplète», car la probabilité d'apparition de la maladie dont le gène est responsable n'est pas de 100 %. En d'autres termes, une personne peut hériter de la mutation génétique qui cause une affection autosomique dominante sans présenter aucune de ses caractéristiques observables. Elle porte néanmoins la mutation, et le risque qu'elle transmette le gène défectueux à chacun de ses enfants est quand même de 50 %. Dans les cas de pénétrance incomplète, le gène semble «sauter» une génération, ce qui donne lieu à des erreurs dans l'interprétation des données provenant de l'histoire familiale et dans le conseil génétique. L'otospongiose (40 %) et le rétinoblastome (80 %) sont aussi des exemples d'affections génétiques à pénétrance incomplète (Lashley, 1998).

Transmission des affections héréditaires selon le mode autosomique récessif

Le mode de transmission des affections héréditaires autosomiques récessives diffère de celui des affections autosomiques dominantes en ce qu'il a tendance à former sur l'arbre généalogique une distribution davantage horizontale que verticale; c'est ainsi qu'une telle affection se trouve souvent chez plusieurs membres d'une famille d'une même génération (figure 9-8 ■). Les affections génétiques transmises selon un mode autosomique récessif sont fréquentes dans certains groupes ethniques et tendent à toucher plus souvent les enfants dont les parents ont des liens de parenté, comme les cousins germains (tableau 9-1).

Selon le mode de transmission autosomique récessif, chacun des parents porte une mutation génétique sur l'un des deux chromosomes d'une paire, et la copie normale du gène sur l'autre. Ces parents sont dits **porteurs** de la mutation génétique en question. Contrairement à l'individu atteint d'une affection héréditaire autosomique dominante, le porteur d'une mutation génétique responsable d'une affection héréditaire récessive n'en présente pas les symptômes. Lorsque deux parents porteurs ont ensemble des enfants, il y a (à chaque grossesse) 25 % de risques qu'ils mettent au monde un enfant qui héritera de la mutation génétique de son père et de sa mère et qui sera atteint de la maladie (figure 9-9 ■).

Transmission des affections héréditaires liées au sexe

Les affections héréditaires liées au sexe peuvent être transmises au sein des familles selon le mode dominant ou le mode récessif (tableau 9-1). Dans les deux cas, la mutation génétique est située sur le chromosome X. Tous les garçons héritent d'un chromosome X de leur mère et d'un chromosome Y de leur père : la constitution masculine normale est donc de 46,XY. Comme les hommes n'ont qu'un seul chromosome X, les gènes de celui-ci n'ont pas leur pendant, comme c'est le cas pour les femmes. Donc, une mutation génétique sur ce chromosome est nécessairement exprimée puisqu'il n'existe pas d'autre copie du gène. Les femmes, par contre, héritent d'un chromosome X de chacun de leurs parents : la constitution féminine normale est donc de 46,XX. Une femme peut être porteuse d'une mutation génétique ou atteinte si cette mutation est à l'origine d'une affection liée au sexe transmise selon le mode dominant. De façon aléatoire, la femme transmettra à ses fils soit le chromosome X reçu de sa mère, soit le chromosome X reçu de son père.

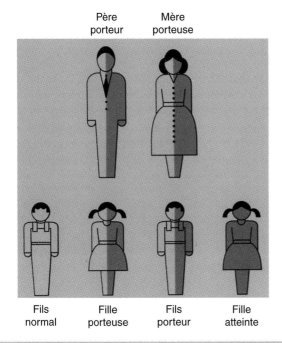

Père
porteur   Mère
porteuse

Fils
normal   Fille
porteuse   Fils
porteur   Fille
atteinte

FIGURE 9-9 ■ Dans les maladies associées à des mutations génétiques récessives, chacun des parents porte un allèle normal et un allèle modifié, mais ne présente pas l'affection. La probabilité que chaque enfant hérite de deux allèles modifiés et développe la maladie est de une sur quatre; elle est de une sur quatre qu'il hérite de deux allèles normaux; et elle est de deux sur quatre qu'il hérite d'un allèle normal et d'un allèle modifié, et qu'il soit un porteur comme ses parents. Source : National Institutes of Health et National Cancer Institute (1995). *Understanding gene testing* (NIH Pub. No. 96-3905). Washington, DC: U.S. Department of Human Services.

Les affections liées au sexe sont le plus souvent transmises par une femme porteuse d'une mutation génétique située sur l'un de ses chromosomes X. Il s'agit du mode de transmission récessif lié au sexe. Dans un tel cas, la probabilité qu'une femme porteuse transmette la mutation génétique à chacun de ses fils, qui seront atteints s'ils héritent de la mutation, de même qu'à chacune de ses filles, qui seront porteuses comme leur mère, est de 50 % (figure 9-10 ■).

Modes de transmission non traditionnels

Bien que les affections héréditaires mendéliennes se transmettent au sein des familles selon un mode établi, beaucoup de maladies et de caractères échappent aux règles classiques de l'hérédité. En effet, divers facteurs influent sur le fonctionnement et l'expression d'un gène. Différentes mutations touchant un même gène peuvent provoquer des symptômes qui varient selon les individus, comme dans le cas de la fibrose kystique. Par ailleurs, différentes mutations touchant plusieurs gènes peuvent aboutir à un même résultat : c'est ce qu'on observe dans la maladie d'Alzheimer. Certains caractères sont attribuables à la mutation simultanée de deux gènes ou plus. Or, grâce à un phénomène récemment observé, l'empreinte parentale, on peut déterminer laquelle des paires de gènes (celle de la mère ou celle du père) sera inactivée et laquelle sera activée. On a noté ce mode de transmission dans le syndrome d'Angelman, une forme grave de déficience mentale et d'ataxie (Thompson *et al.*, 2001).

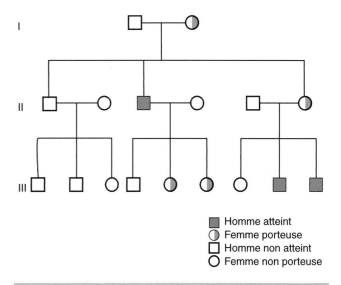

■ Homme atteint
◖ Femme porteuse
□ Homme non atteint
○ Femme non porteuse

FIGURE 9-10 ■ Arbre généalogique illustrant le mode de transmission récessif lié au sexe sur trois générations.

Affections génétiques multifactorielles et complexes

Beaucoup d'anomalies congénitales et d'affections courantes, comme la cardiopathie, l'hypertension artérielle, le cancer, l'arthrose et le diabète, sont la conséquence d'interactions entre des mutations génétiques multiples et des facteurs environnementaux ; c'est pourquoi on les dit multifactorielles ou complexes (tableau 9-1). Bien qu'elles soient parfois regroupées dans certaines familles, les affections multifactorielles ne se conforment pas au mode de transmission caractéristique observé dans les familles touchées par des maladies héréditaires mendéliennes (figure 9-11 ■). Les anomalies du tube neural, comme le spina-bifida et l'anencéphalie, sont des exemples d'affections génétiques multifactorielles (encadré 9-2 ■).

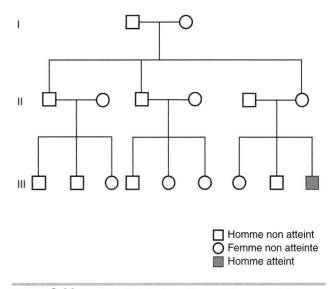

□ Homme non atteint
○ Femme non atteinte
■ Homme atteint

FIGURE 9-11 ■ Arbre généalogique illustrant la transmission des affections multifactorielles sur trois générations.

Anomalies du tube neural et acide folique

La plupart des anomalies du tube neural résultent de sa fermeture incomplète au début du développement embryonnaire et sont causées par l'interaction de facteurs génétiques et environnementaux. Plus rarement, des anomalies chromosomiques, comme la trisomie 18, ou une exposition prénatale à certains médicaments, comme l'acide valproïque, sont à l'origine des malformations du tube neural.

Des études montrent que l'acide folique, pris selon la quantité recommandée de 0,4 mg par jour avant la conception et pendant les 3 premiers mois de la grossesse, réduit de 70 % la récurrence des anomalies du tube neural chez les femmes qui, au cours d'une grossesse antérieure, ont porté un fœtus atteint. On recommande aujourd'hui à *toutes* les femmes en âge de procréer de prendre quotidiennement des multivitamines contenant de l'acide folique (0,4 mg) afin de réduire le risque de ce type d'anomalie (Centers for Disease Control and Prevention, 1992; Hall et Solehdin, 1998). On reconnaît que l'acide folique est un facteur environnemental important, qui joue un rôle crucial dans le développement fœtal et influe sur l'issue de la prédisposition génétique aux malformations du tube neural.

chromosomiques «équilibrés» possèdent tout leur matériel héréditaire, bien que celui-ci soit réorganisé. Ces personnes présentent un risque accru de fausses couches, et leurs enfants sont plus susceptibles d'être porteurs d'un réarrangement chromosomique non équilibré pouvant provoquer des déficiences physiques ou mentales. On offre donc aux porteurs connus des services de conseil et de dépistage génétiques prénatals.

Des analyses chromosomiques peuvent s'avérer nécessaires à tout âge. Elles sont souvent indiquées pour confirmer un diagnostic de trisomie 21, par exemple, ou lorsqu'une femme a fait au moins deux fausses couches inexpliquées. Pour effectuer une analyse chromosomique, on prélève un échantillon de tissu (par exemple, du sang, de la peau ou du liquide amniotique), on procède à la préparation et à la coloration des chromosomes, qu'on analyse ensuite au microscope. L'étude microscopique des chromosomes, ou cytogénétique, constitue un domaine qui évolue rapidement. On l'utilise aujourd'hui conjointement avec de nouvelles techniques moléculaires, comme l'hybridation in situ en fluorescence, qui permet un examen plus détaillé des chromosomes. Cette dernière technique permet de détecter de petites anomalies et, notamment, de caractériser les réarrangements chromosomiques (Thompson *et al.*, 2001).

ANOMALIES CHROMOSOMIQUES ET AFFECTIONS GÉNÉTIQUES

Les anomalies touchant la structure ou le nombre des chromosomes sont une des principales causes des malformations congénitales, de la déficience mentale et des tumeurs malignes. Des anomalies chromosomiques sont présentes chez approximativement 1 enfant né vivant sur 160, sans compter qu'elles sont la cause de plus de 50 % des fausses couches qui surviennent au cours du premier trimestre de la grossesse (Lashley, 1998; Thompson *et al.*, 2001). La plupart du temps, ces anomalies sont liées à un chromosome surnuméraire ou manquant. On parle dans ce cas d'aneuploïdie. Un nombre anormal de chromosomes entraîne toujours une déficience mentale ou physique plus ou moins importante.

Le syndrome de Down, ou trisomie 21, est une affection chromosomique courante qui affecte plus fréquemment les fœtus des femmes de 35 ans et plus. La personne atteinte de trisomie 21 possède un chromosome numéro 21 supplémentaire, ce qui entraîne les conséquences suivantes : faciès particulier et risque accru de cardiopathie congénitale, problèmes thyroïdiens, problèmes de la vision et déficience mentale. Parmi les autres exemples d'anomalies chromosomiques, citons les trisomies 13 et 18, toutes deux plus graves que le syndrome de Down, et les maladies liées à la présence d'un chromosome sexuel surnuméraire ou manquant (par exemple, le syndrome de Turner, qui survient lorsqu'une femme a un seul chromosome X au lieu des deux habituels) (Lashley, 1998).

Les anomalies chromosomiques peuvent aussi se présenter sous la forme d'un réarrangement structurel dans un chromosome ou entre des chromosomes. Moins courantes que les erreurs qui modifient le nombre de chromosomes, ces anomalies touchent néanmoins 1 nouveau-né sur 500 (Thompson *et al.*, 2001). Les personnes porteuses de réarrangements

Applications cliniques de la génétique

L'une des applications les plus immédiates des nouvelles découvertes de la génétique est la mise au point de tests qui servent à la détection des caractères, au diagnostic des affections génétiques et au dépistage des personnes ayant une prédisposition héréditaire à une maladie comme le cancer ou la cardiopathie. La pharmacogénétique représente aussi une nouvelle application de l'étude des gènes. Elle comprend le dépistage des variations génétiques qui influent sur l'innocuité et l'efficacité des médicaments et des thérapies géniques, ce qui permet l'élaboration de plans de traitement et de prise en charge personnalisés. Par ailleurs, on verra peut-être dans un avenir prochain l'utilisation des puces à ADN pour cartographier le génome d'une personne et déceler les variations génétiques pouvant donner lieu à des maladies. Les infirmières seront appelées à intervenir auprès de personnes soumises à des dépistages génétiques et à des thérapies géniques. Grâce à leur connaissance des applications cliniques des techniques génétiques modernes, elles seront préparées à offrir à ces personnes l'information et le soutien nécessaires, et à prodiguer des soins de santé de haute qualité dans ce domaine.

DÉPISTAGE GÉNÉTIQUE

Le dépistage génétique permet d'obtenir des renseignements conduisant au diagnostic d'affections héréditaires ou d'autres maladies dont l'étiologie est en partie génétique. Il s'effectue au moyen d'analyses de laboratoire particulières portant sur des chromosomes, des gènes ou des produits géniques (par exemple, les enzymes et les protéines) et il a pour but de révéler si une modification génétique liée à une maladie donnée est présente chez un individu. Il y a trois types de tests de dépistage génétique : les tests chromosomiques, les tests biochimiques et les tests d'analyse de l'ADN.

Comme l'indique le Secretary's Advisory Committee on Genetic Testing (SACGT, 2000), le dépistage génétique a plusieurs usages importants. Le **dépistage prénatal**, qui englobe les trois types de tests génétiques précités, est souvent utilisé pour détecter et diagnostiquer des affections comme le syndrome de Down. Le dépistage des porteurs permet aux couples ou aux individus de savoir s'ils ont un allèle récessif qui peut donner lieu à une affection héréditaire (par exemple, la fibrose kystique, l'anémie falciforme ou la maladie de Tay-Sachs) et qu'ils risquent de transmettre à leurs enfants. Le dépistage néonatal, qui fait beaucoup appel aux tests génétiques, sert à la détection d'un nombre de plus en plus grand de maladies, dont la PCU et la galactosémie. Le dépistage diagnostique permet de détecter la présence ou l'absence d'une altération génétique ou d'un allèle donné pour établir ou confirmer un diagnostic chez un individu atteint, par exemple, de dystrophie myotonique ou du syndrome du X fragile. Dans un avenir prochain, on utilisera de plus en plus les tests génétiques pour déterminer la prédisposition d'une personne à une maladie et pour élaborer des plans de traitement et de prise en charge individualisés. Le tableau 9-2 ■ présente des exemples des utilisations actuelles des tests génétiques.

De plus en plus, les infirmières participeront au dépistage génétique ; leur rôle consistera surtout à dispenser de l'enseignement, à s'assurer que les personnes font des choix éclairés en matière de santé et donnent leur consentement en toute connaissance de cause, à plaider en faveur du respect du caractère intime et confidentiel des résultats des tests génétiques, et à aider les personnes à comprendre les enjeux complexes du dépistage génétique (Lea et Williams, 2002).

Dépistage génétique de masse

Le **dépistage génétique de masse** consiste à effectuer des tests auprès de populations ou de groupes, qu'ils présentent ou non des antécédents familiaux positifs ou des symptômes. Il a été défini en 1975 par le Committee for the Study of Inborn Errors of Metabolism de la National Academy of Sciences (SACGT, 2000), qui a établi plusieurs objectifs importants. L'un de ces objectifs est l'intervention. C'est ainsi qu'on s'emploie à détecter les personnes atteintes de troubles génétiques qui, non traités, peuvent se révéler dangereux pour la santé. Le dépistage néonatal illustre cet objectif. Le dépistage de masse a aussi pour but d'offrir des options en matière de reproduction aux personnes dont la probabilité est forte qu'elles mettent au monde des enfants atteints de maladies graves et incurables ou à celles qui pourraient bénéficier de

TABLEAU 9-2

Tests génétiques : exemples d'utilisations courantes

Utilité du test génétique	Type de test génétique
DÉPISTAGE DES PORTEURS	
■ Fibrose kystique	■ Analyse de l'ADN
■ Maladie de Tay-Sachs	■ Mesure de l'activité de l'hexosaminidase A et analyse de l'ADN
■ Maladie de Canavan	■ Analyse de l'ADN
■ Anémie falciforme	■ Électrophorèse de l'hémoglobine
■ Thalassémie	■ Numération globulaire et électrophorèse de l'hémoglobine
DIAGNOSTIC PRÉNATAL – on effectue souvent une amniocentèse quand il y a un risque de trouble chromosomique ou génétique.	
■ Risque de syndrome de Down	■ Analyse chromosomique
■ Risque de fibrose kystique	■ Analyse de l'ADN
■ Risque de maladie de Tay-Sachs	■ Mesure de l'activité de l'hexosaminidase A et/ou analyse de l'ADN
■ Risque d'anomalie du tube neural	■ Analyse protéinique
DIAGNOSTIC	
■ Syndrome de Down	■ Analyse chromosomique
■ Syndrome du X fragile	■ Analyse de l'ADN
■ Dystrophie myotonique	■ Analyse de l'ADN
DÉPISTAGE PRÉSYMPTOMATIQUE	
■ Chorée de Huntington	■ Analyse de l'ADN
■ Dystrophie myotonique	■ Analyse de l'ADN
DÉPISTAGE DES GÈNES DE PRÉDISPOSITION	
■ Cancer du sein et de l'ovaire héréditaire	■ Analyse de l'ADN
■ Cancer colorectal héréditaire sans polypose	■ Analyse de l'ADN

services de conseil génétique, de diagnostic prénatal et d'autres options en matière de reproduction. Ce deuxième objectif est illustré par le dépistage d'affections comme la maladie de Tay-Sachs et la maladie de Canavan chez les Juifs d'origine ashkénaze. L'utilisation d'indicateurs chromosomiques multiples auprès des femmes enceintes pour découvrir des anomalies congénitales, comme les anomalies du tube neural et le syndrome de Down, représente un troisième objectif du dépistage de masse. Enfin, ce dernier peut être utilisé pour les besoins de la santé publique : il sert à déterminer l'incidence et la prévalence d'une anomalie congénitale ou à examiner la faisabilité et la valeur de nouvelles méthodes de dépistage génétique.

Le plus souvent, le dépistage de masse s'applique à des programmes prénatals et néonatals auxquels les infirmières participent de différentes façons et dans différents milieux. Toutefois, on prévoit qu'il s'étendra à l'avenir aux maladies à déclenchement tardif, comme le cancer, la cardiopathie, le diabète et l'hémochromatose. Le tableau 9-3 ■ présente des exemples d'application du dépistage de masse.

Dans les années à venir, on aura recours au dépistage de masse pour repérer les personnes prédisposées à des maladies comme la cardiopathie et les cancers du sein et du côlon. Les infirmières auront alors pour rôle d'aider à expliquer les notions de génétique, telles que le risque et la prédisposition génétique, de favoriser la prise de décisions éclairées, de promouvoir les mesures de prévention et d'intervention précoce, et de protéger la vie privée des personnes (Lea et Williams, 2002).

Dépistage individuel et dépistage de masse des maladies à déclenchement tardif

Les maladies à déclenchement tardif sont des troubles ayant une composante génétique qui ne se manifestent pas dès la naissance. Souvent, les signes et symptômes n'apparaissent qu'à la fin de l'adolescence ou à l'âge adulte, mais il ne fait pas de doute que la maladie est héréditaire. Certaines de ces affections sont attribuées à des mutations génétiques particulières qui se transmettent selon un mode autosomique soit dominant, soit récessif. Toutefois, la majorité des maladies à déclenchement tardif sont considérées comme essentiellement multifactorielles (polygéniques) (par exemple : cardiopathie, diabète, arthrite). Pour ces maladies, la collecte des données comprend les antécédents familiaux et la reconnaissance des lésions ou des manifestations cliniques qui y sont associées. L'infirmière suggère à la personne les tests génétiques appropriés compte tenu de la nature de la maladie à déclenchement tardif et de sa base génétique (c'est-à-dire si elle est mendélienne ou multifactorielle). Le tableau 9-4 ■ décrit les maladies à déclenchement tardif, l'âge auquel elles apparaissent, leur mode de transmission, les gènes en cause et le type de dépistage offert.

Lorsqu'un seul gène est responsable d'une maladie à déclenchement tardif chez un individu qui en présente les symptômes, on confirme le diagnostic au moyen d'un test génétique afin de faciliter la planification des soins et du traitement. Le plus souvent, on a recours au dépistage diagnostique pour les affections autosomiques dominantes, comme la chorée de Huntington ou la thrombophilie avec facteur V Leiden, et pour les affections autosomiques récessives, comme l'hémochromatose. Dans les familles où la présence d'une maladie à déclenchement tardif est connue ou dont un membre atteint est porteur d'une mutation génétique confirmée, le **dépistage présymptomatique** permet à des individus asymptomatiques de savoir qu'ils sont porteurs d'une mutation génétique et qu'ils sont susceptibles de développer la maladie. La chorée de Huntington a servi de modèle pour le dépistage présymptomatique, car la présence de la mutation permet de prévoir le moment du déclenchement de la maladie et sa progression. Bien qu'il ne soit pas encore possible de prévenir la chorée de Huntington, l'information génétique

Applications du dépistage génétique de masse		TABLEAU 9-3
Moment du dépistage	**Objectif**	**Exemples**
Dépistage préconceptionnel	Détecter les affections héréditaires autosomiques récessives dont la fréquence est plus élevée dans certains groupes ethniques	■ Fibrose kystique – tous les couples, mais en particulier les populations blanches d'Europe du Nord et juives ashkénazes ■ Maladie de Tay-Sachs – populations juives ashkénazes ■ Anémie falciforme – populations afro-américaines, portoricaines, méditerranéennes, moyen-orientales ■ Thalassémie alpha – populations asiatiques du Sud-Est, afro-américaines
Dépistage prénatal	Détecter les affections génétiques courantes pour lesquelles il est possible de poser un diagnostic prénatal lorsqu'une grossesse présente un risque accru	■ Anomalies du tube neural – spina-bifida, anencéphalie ■ Syndrome de Down ■ Autres anomalies chromosomiques – trisomie 18
Dépistage néonatal	Détecter les affections génétiques pour lesquelles un traitement particulier existe	■ Phénylcétonurie (PCU) ■ Galactosémie ■ Homocystinurie ■ Déficit en biotinidase

Maladies à déclenchement tardif

TABLEAU 9-4

Description clinique	Âge au moment du déclenchement	Mode de transmission	Dépistage offert
MALADIE D'ALZHEIMER FAMILIALE À DÉCLENCHEMENT PRÉCOCE			
▪ Démence progressive, pertes de mémoire, troubles de la personnalité, perte de la fonction intellectuelle associée à l'atrophie du cortex cérébral, formation de plaques de bêta-amyloïde et dégénérescence neurofibrillaire intraneuronale	▪ < 60-65 ans et souvent avant 55 ans	Autosomique dominant	Présymptomatique
MALADIE D'ALZHEIMER FAMILIALE À DÉCLENCHEMENT TARDIF			
▪ Démence progressive, déclin cognitif	▪ > 60-65 ans		Présymptomatique
DÉMENCE FRONTOTEMPORALE AVEC PARKINSONISME LIÉE AU CHROMOSOME 17			
▪ Démence et/ou parkinsonisme; changements comportementaux à progression lente, troubles d'élocution et/ou signes et symptômes extrapyramidaux, rigidité, bradykinésie et mouvements des yeux saccadés	▪ 40-60 ans	Autosomique dominant	Recherche
CHORÉE DE HUNTINGTON			
▪ Changement cérébral dégénératif étendu avec perte progressive de la motricité volontaire et involontaire, déclin cognitif, chorée (mouvements involontaires) au stade avancé, perturbations psychiatriques	▪ Âge moyen: 35-44 ans	Autosomique dominant	Diagnostique et présymptomatique
TROUBLES NEUROMUSCULAIRES			
Ataxie spinocérébelleuse de type 6 ▪ Ataxie cérébelleuse à progression lente, dysarthrie et nystagmus	▪ Âge moyen: 43-52 ans	Autosomique dominant	Diagnostique et présymptomatique
Ataxie spinocérébelleuse de type 1 ▪ Ataxie, dysarthrie et dysfonction bulbaire	▪ Âge moyen: 30-40 ans	Autosomique dominant	Diagnostique et présymptomatique
Ataxie spinocérébelleuse de type 2 ▪ Mouvements des yeux lents et saccadés, neuropathie périphérique, diminution des réflexes ostéotendineux, démence	▪ Âge moyen 30-40 ans	Autosomique dominant	Diagnostique et présymptomatique
Ataxie spinocérébelleuse de type 3 ▪ Ataxie cérébelleuse progressive et divers autres symptômes neurologiques, dont syndrome de dystonie-rigidité, syndrome parkinsonien ou dystonie et neuropathie périphérique combinées	▪ Âge moyen: trentaine	Autosomique dominant	Diagnostique et présymptomatique
Dystrophie musculaire myotonique légère ▪ Cataractes et myotonie ou atrophie et faiblesse musculaires, calvitie frontale et changements électrocardiographiques (bloc auriculo-ventriculaire ou arythmie), diabète dans 5 % des cas	▪ 20-70 ans	Autosomique dominant avec pénétrance variable	Recherche
Sclérose latérale amyotrophique (SLA) ▪ Perte progressive de la fonction motrice se manifestant principalement par des atteintes des neurones moteurs inférieurs	▪ 50-70 ans	À la fois autosomique dominant et autosomique récessif	Recherche
TROUBLES HÉMATOLOGIQUES			
Hémochromatose héréditaire ▪ Absorption élevée du fer par la muqueuse gastro-intestinale causant une surcharge en fer dans le foie, la peau, le pancréas, le cœur, les articulations et les testicules.	▪ 40-60 ans chez les hommes; après la ménopause chez les femmes	Autosomique récessif	Diagnostique et présymptomatique

Maladies à déclenchement tardif (*suite*)

TABLEAU
9-4

Description clinique	Âge au moment du déclenchement	Mode de transmission	Dépistage offert
■ Symptômes précoces: douleur abdominale, faiblesse, léthargie, perte de poids ■ Les personnes non traitées peuvent présenter les troubles suivants: pigmentation anormale de la peau, diabète, fibrose ou cirrhose du foie, insuffisance cardiaque, dysrythmies ou arthrite			
Thrombophilie avec facteur V Leiden ■ Réponse anticoagulante insuffisante à la protéine C activée avec risque accru de thromboembolisme et risque de perte fœtale plus élevée au cours de la grossesse	■ Dans la trentaine; au cours de la grossesse chez les femmes	Autosomique dominant	Diagnostique et présymptomatique
Maladie kystique des reins dominante ■ Affection génétique la plus fréquente chez les humains ■ Manifestations: kystes rénaux, kystes hépatiques, parfois anévrisme intracrânien et aortique, et hypertension; diminution de la filtration glomérulaire pouvant entraîner une insuffisance rénale	■ Variable – chez tous les porteurs, la maladie peut être détectée par échographie à 30 ans	Autosomique dominant	Diagnostique et présymptomatique
Diabète de type II ■ Résistance à l'insuline et altération de la tolérance au glucose	■ Variable – le plus souvent > 30 ans	Multifactoriel	Recherche
MALADIE CARDIOVASCULAIRE			
■ Hypercholestérolémie familiale; concentration élevée de LDL menant à la coronaropathie, aux xanthomes et à l'arc cornéen	■ 40-50 ans	Autosomique dominant	Recherche
HYPERLIPIDÉMIE			
■ Concentration élevée de lipoprotéines et de triglycérides de faible densité associée à la coronaropathie prématurée et à l'acrosyndrome	■ 30-40 ans		Diagnostique et recherche
DÉFICIENCE EN ANTITRYPSINE ALPHA-1			
■ Destruction de 60 à 70 % des petites voies aériennes et de la paroi alvéolaire, emphysème atteignant surtout les bases, BPCO	■ 35 ans chez les fumeurs ■ 45 ans chez les non-fumeurs	Multifactoriel d'apparence autosomique récessive	Diagnostique et présymptomatique
CANCERS			
Adénomatose polyendocrinienne ■ Cancer médullaire de la thyroïde, phéochromocytome et anomalies parathyroïdiennes	■ Début de l'âge adulte	Autosomique dominant	Diagnostique et présymptomatique
Cancer du sein ■ Cancer du sein ou de l'ovaire héréditaire dû à la mutation des gènes BRCA1 et BRCA2 ■ Sein, ovaire, prostate et côlon (BRCA1) ■ Sein, ovaire et autres cancers (BRCA2)	■ 30-70 ans, souvent < 50 ans	Autosomique dominant	Gènes de prédisposition
Cancer colorectal héréditaire sans polypose ■ Cancers des cellules colorectales, endométriales, vésicales, gastriques, biliaires et rénales ainsi que hyperplasie endométriale atypique et leiomyosarcome utérin	■ < 50 ans	Autosomique dominant	Gènes de prédisposition
Syndrome de Li-Fraumeni ■ Sarcome des tissus mous, cancer du sein, leucémie, ostéosarcome, mélanome et autres cancers, dont souvent cancers du côlon, du pancréas, de la corticosurrénale et du cerveau	■ Souvent < 40 ans	Autosomique dominant	Gènes de prédisposition et recherche

Description clinique	Âge au moment du déclenchement	Mode de transmission	Dépistage offert
Syndrome de Cowden ■ Cancer du sein, cancer non médullaire de la thyroïde (papillaire ou folliculaire) ■ Adénofibromes du sein et nodules thyroïdiens non cancéreux ou goitre; papillomes multiples de la muqueuse buccale (papules d'aspect pavimenteux), trichilemmomes faciaux, polypes gastro-intestinaux ■ Palais ogival, langue scrotale épaissie, mégalencéphalie et thorax en entonnoir	■ De l'adolescence à la vingtaine pour les lésions mucocutanées ■ 40-50 ans pour le cancer	Autosomique dominant	Gènes de prédisposition et recherche

Sources: J.L. Cummings, H.V. Vinters, G.M. Cole et Z.S. Khachaturiar (1998). Alzheimer's disease: Etiologies, pathophysiology, cognitive reserve and treatment opportunities, *Neurology, 51(Suppl.)*, 2-17; M.G. Dik, C. Jonker, H.C. Comijs, L.M. Bouter, J.W. Twisk, G.J. van Kamp et D.J. Deeg (2001). Memory complaints and APOE-epsilon4 accelerate cognitive decline in cognitively normal elderly, *Neurology, 57*(12), 2217-2222; A. Durr et A. Brice (2000). Clinical and genetic aspects of spinocerebellar degeneration, *Current Opinions in Neurology, 13*(4), 407-413; GeneTests GeneClinics (2001). [En ligne], http://www.genetest.org; K. Larkin et M. Fardaci (2001). Myotonic dystrophy – a multigene disorder, *Brain Research Bulletin 2001, 56*(3-4), 389-395; N.M. Lindor, M.H. Greene et le Mayo Familial Cancer Program (1998). The concise handbook of familial cancer syndromes, *Journal of the National Cancer Institute, 90*(14), 1039-1071; E.A. McIntyre et M. Walker (2002). Genetics of type 2 diabetes and insulin resistance: Knowledge from human studies, *Clinical Endocrinology, 57*(3), 303-311; A. Pizzuti, D.L. Friedman et C.T. Coskey, (1993). The myotonic dystrophy gene, *Archives of Neurology, 50*(11), 1173-1179; P.M. Ridker, J.P. Miletich, J.E. Buring, A.A. Ariyo, D.T. Price, J.E. Manson et J.A. Hill (1998). Factor V Leiden mutation as a risk factor for recurrent pregnancy loss, *Annals of Internal Medicine, 128*(12), 1000-1003; E. Rogaeva (2002). The solved and unsolved mysteries of the genetics of early-onset Alzheimer's disease, *Neuromolecular Medicine, 2*(1), 1-10; S.M. Rosso et J.C. van Swieten (2002). «New developments in frontotemporal dementia and parkinsonism linked to chromosome 17, *Current Opinion in Neurology, 15*(4), 423-428.

permet aux professionnels de la santé d'élaborer un plan de soins cliniques et de soutien psychologique ou autre. Pour les familles dans lesquelles la présence d'une maladie à déclenchement tardif est connue, on envisage le dépistage présymptomatique dans deux cas: lorsqu'un résultat positif ou négatif aura des répercussions sur le traitement médical ou lorsque le traitement est plus efficace s'il commence à un stade précoce de la maladie. Le dépistage présymptomatique est donc offert pour plusieurs maladies à déclenchement tardif, comme le cancer, la thrombophilie et la déficience en antitrypsine.

Lorsque l'apparition d'une maladie à déclenchement tardif n'est pas liée à un gène unique, on croit que, la plupart du temps, de multiples gènes sont en cause. Ces gènes de prédisposition agissent sur l'évolution et la gravité de la maladie. Le dépistage des gènes de prédisposition est surtout effectué dans le cadre de programmes de recherche en vue de découvrir les gènes potentiellement responsables d'affections comme la maladie d'Alzheimer, les troubles mentaux, la cardiopathie, l'hypertension et l'hypercholestérolémie. Dans certains cas, l'interaction de plusieurs gènes et de facteurs environnementaux ou métaboliques influe sur le déclenchement et la progression de la maladie. En outre, le dépistage des gènes de prédisposition peut aider à faire ressortir les variations relatives à une maladie ou à la réponse à un traitement. Par exemple, l'ostéoporose n'est pas causée par un gène unique. Or, plusieurs polymorphismes touchant les gènes liés au récepteur de la vitamine D, aux récepteurs d'œstrogènes et d'androgènes, à la production de cytokines (qui stimulent les ostéoclastes), ainsi qu'au collagène de type 1-alpha 1 font actuellement l'objet de recherches qui pourraient permettre de prévoir la densité minérale des os et le risque de fracture. Certains gènes de prédisposition peuvent indiquer à l'avance la réponse à un traitement. Par exemple, les signes et symptômes de l'asthme peuvent être semblables chez des individus qui réagissent par ailleurs différemment au traitement. Le dépistage des gènes de prédisposition peut permettre de classifier les formes d'asthme selon leur sensibilité ou leur résistance au traitement par les corticostéroïdes.

Le dépistage de masse, soit le dépistage génétique appliqué à des groupes importants ou à des populations entières, s'utilise de plus en plus pour découvrir les maladies à déclenchement tardif. À l'heure actuelle, il est offert dans certains groupes ethniques en vue de détecter des gènes de prédisposition au cancer. Par exemple, les Juifs ashkénazes (Juifs originaires d'Europe de l'Est) risquent davantage d'hériter d'une mutation particulière des gènes BRCA1 ou BRCA2. Le risque que des individus porteurs de l'une de ces mutations développent un cancer du sein au cours de la vie varie de 50 % à 80 % pour BRCA1 et de 40 % à 70 % pour BRCA2. Le risque de cancer de l'ovaire est d'environ 40 % pour BRCA1 et 20 % pour BRCA2. De plus, une mutation sur BRCA2 prédispose au cancer de la prostate et au cancer du sein chez l'homme (Garber et Offit, 2005). Par conséquent, la détection de l'une de ces mutations permet à la personne porteuse d'opter pour un dépistage du cancer ou pour des traitements médicaux comme la chimioprévention et la mastectomie ou l'ovariectomie préventives. On envisage le recours au dépistage de masse pour d'autres maladies à déclenchement tardif comme le diabète de type 2 et l'hémochromatose héréditaire (trouble de surcharge en fer). Pour qu'un test génétique puisse s'appliquer au dépistage de masse, les conditions suivantes doivent être réunies: (1) information suffisante sur la distribution des gènes au sein des populations; (2) exactitude des prévisions sur l'apparition et la progression de la maladie; (3) traitement médical approprié pour les individus asymptomatiques porteurs d'une mutation (U.S. Preventive Services Task Force, 1996).

Soins infirmiers et maladies à déclenchement tardif

Les infirmières doivent être sensibilisées aux antécédents familiaux indiquant que de nombreuses générations (mode de transmission autosomique dominant) ou de nombreux enfants de mêmes parents (mode de transmission autosomique récessif) sont atteints d'une maladie donnée, ou encore, qu'une affection apparaît plus tôt que dans la population en général (par exemple, générations multiples atteintes de cancers du sein ou de l'ovaire avant la ménopause). Dans de tels cas, elles discutent de la présence possible d'une maladie à déclenchement tardif avec d'autres membres de l'équipe de soins en vue de trouver les ressources nécessaires et l'orientation vers les services appropriés.

Pendant qu'on élabore le diagnostic, l'infirmière doit renseigner la personne sur le dépistage génétique. Elle l'aide à prendre des décisions à cet égard et, au préalable, elle l'oriente vers les services appropriés d'enseignement et de consultation sur les maladies à déclenchement tardif. Elle tient compte de ses questions ou de ses préoccupations quant aux avantages et aux limites du dépistage génétique sur le plan individuel et à ses répercussions sur la famille. Une fois le dépistage terminé, l'infirmière offre du soutien aux personnes qui viennent de recevoir un diagnostic de maladie à déclenchement tardif et leur donne de l'enseignement sur la signification et les conséquences des résultats.

Après qu'on a détecté chez un individu une mutation responsable d'une maladie à déclenchement tardif, on peut recommander aux autres membres de sa famille d'avoir recours à un **dépistage des gènes de prédisposition**. Si le dépistage révèle qu'une personne est porteuse de la mutation, l'infirmière l'informe du risque que courent les membres de sa famille. Durant l'entretien, elle lui certifie que les résultats de ses tests sont confidentiels et ne seront communiqués à d'autres, y compris aux membres de sa famille, qu'avec sa permission. Si elle s'adresse à un membre non atteint de la famille, l'infirmière lui donne des renseignements sur l'hérédité et sur le risque qu'il développe la maladie; elle lui apporte son soutien au cours du processus décisionnel et l'oriente vers des services de génétique.

Soins infirmiers et interventions relatives à l'évaluation et au conseil génétiques

Le processus d'évaluation et de conseil génétiques implique des tests et des interventions additionnels à la suite desquels les personnes et leur famille doivent prendre des décisions à l'égard de la reproduction, de la fertilité, du dépistage pour les enfants et des choix de traitement, comme les opérations chirurgicales prophylactiques. Les services d'évaluation et de conseil génétiques sont traditionnellement offerts à divers stades de la vie: périodes prénatale ou périnatale, période néonatale, enfance, adolescence et âge adulte. Dans chacun de ces cas, l'infirmière assume des responsabilités en ce qui concerne la collecte des données, les interventions psychosociales et la communication d'une information exacte au moment où les membres de la famille examinent les possibilités qui leur sont offertes en matière de dépistage génétique et de thérapie. Elle considère toujours la personne en fonction de son contexte familial.

Lorsqu'elle est appelée à conseiller un individu ou les membres d'une famille envisageant le dépistage génétique de maladies qui se révèlent aux stades prénatal ou néonatal, pendant l'enfance ou à l'âge adulte, l'infirmière leur transmet une information précise au moment où ils examinent les choix qui s'offrent à eux. Dans le cas où un diagnostic prénatal confirme la présence d'une maladie génétique chez le fœtus, les interventions de l'infirmière consistent à donner l'information et le soutien nécessaires aux décisions à venir à propos de la grossesse. Lorsqu'un diagnostic génétique s'applique à une affection comme le syndrome de Down ou le cancer du sein ou de l'ovaire héréditaire, les familles ont besoin d'être renseignées sur la portée et la gravité des problèmes potentiels, la proportion d'individus atteints de formes bénignes de la maladie, les choix de traitement, les organismes de soutien et le pronostic à long terme (Williams et Lea, 2003).

Aider les personnes à prendre des décisions est une intervention infirmière importante lors de consultations génétiques. C'est le cas, par exemple, quand une femme ou un couple étudient la possibilité de mettre fin à une grossesse ou quand des individus envisagent le dépistage présymptomatique pour des affections comme la chorée de Huntington ou le dépistage des gènes de prédisposition pour des cancers héréditaires. L'infirmière oriente l'individu et la famille dans leurs recherches sur les choix offerts, indique les avantages et les inconvénients de chacun d'entre eux, aide l'individu et la famille à examiner leurs valeurs et leurs croyances, respecte le droit de chacun de recevoir ou non de l'information et aide l'individu à expliquer sa décision aux autres (McCloskey et Bulechek, 2000).

Parmi les autres dimensions essentielles des soins infirmiers relatifs au conseil génétique, citons l'enseignement et une intervention appelée «amélioration de la capacité d'adaptation». L'enseignement est nécessaire, par exemple, au moment de l'annonce du résultat du dépistage génétique. La famille a alors besoin d'être informée sur la gamme des résultats cliniques possibles pour cette affection, sur les traitements offerts et, dans le cas d'un diagnostic prénatal de maladie génétique, sur les choix concernant l'interruption ou la poursuite de la grossesse. Pour sa part, l'«amélioration de la capacité d'adaptation» consiste à «apporter du soutien à une personne afin qu'elle s'adapte au stress, à des changements ou à des événements perçus comme menaçants et qui l'empêchent d'exercer ses différents rôles et de faire face aux exigences de la vie» (McCloskey et Bulechek, 2000, p. 234). Cette intervention est essentielle tout au long du processus d'évaluation, de conseil et de dépistage génétiques. On a conçu des indicateurs de l'évolution des connaissances, du processus décisionnel et de l'adaptation de la personne (Johnson, Maas et Moorhead, 2000), que l'infirmière peut utiliser lorsqu'elle rédige le compte rendu des soins et traitements infirmiers prodigués aux familles.

PROFILS GÉNÉTIQUES INDIVIDUALISÉS

L'information sur les gènes et leurs variations aide les chercheurs à déceler les anomalies génétiques qui prédisposent certains individus ou groupes à la maladie et qui ont une incidence sur leur réponse aux traitements. Il faudra attendre encore longtemps avant que se répande l'usage d'une information génétique individualisée indiquant à l'avance la prédisposition à des maladies courantes. Toutefois, des tests génétiques s'appliquant à des gènes qui ne sont pas liés à des maladies (c'est-à-dire les polymorphismes des enzymes de détoxication, les variations des récepteurs des cellules ou des récepteurs des médicaments, ou d'autres polymorphismes héréditaires liés au métabolisme) existent déjà. On appelle « profils génétiques » ces tests portant sur les variations individuelles ou les polymorphismes héréditaires. Le métabolisme des enzymes est l'un des principaux processus sur lesquels est axé le profilage génétique. On a relevé plusieurs polymorphismes liés au métabolisme des enzymes dans le cytochrome P450, depuis longtemps reconnu pour modifier le métabolisme des médicaments. Il existe trois sous-catégories de profils génétiques regroupant les différents génotypes qui se présentent dans la population concernant le métabolisme des enzymes. Ces profils sont fonction de la constitution génétique de l'individu quant à la transformation des composés exogènes, tels que les médicaments, en métabolites inactifs ou actifs (Norton, 2001b).

Le domaine de la pharmacogénétique (l'étude des effets des variations des gènes sur la sensibilité à l'action des médicaments) fait rapidement progresser la façon dont les infirmières seront appelées à administrer les traitements médicamenteux. Le métabolisme des médicaments est associé à l'activité enzymatique, elle-même régie par les gènes, en ce qui a trait à l'absorption, à la distribution et à l'excrétion. Les SNP (polymorphismes mononucléotidiques), ou modifications d'une seule base, des gènes agissant sur l'activité enzymatique peuvent entraîner soit un ralentissement, soit une accélération du métabolisme des médicaments. Le dépistage de ces SNP permettra d'obtenir un profil génétique selon lequel on classera les individus en fonction de la façon dont ils métabolisent les médicaments. Les catégories ainsi établies seront les suivantes : métaboliseur efficace (présentant un métabolisme normal), mauvais métaboliseur (incapable de métaboliser efficacement) et métaboliseur ultrarapide ou rapide (présentant un métabolisme extrêmement rapide des composantes des médicaments). Le mauvais métaboliseur est le plus susceptible de ressentir les effets nuisibles des préparations pharmaceutiques en raison de leur élimination ralentie, tandis que le métaboliseur ultrarapide n'est pas assez sensible à leur action. Pour obtenir un effet thérapeutique, le métaboliseur efficace peut recevoir la posologie standard, mais le mauvais métaboliseur a besoin d'une dose plus faible, et le métaboliseur ultrarapide, d'une dose plus forte (Roses, 2000). Par exemple, un mauvais métaboliseur à qui on administre des antipsychotiques risque davantage de subir une sursédation et d'avoir besoin d'une modification de la posologie pour réagir de façon appropriée à la thérapie (Scordo et Spina, 2002).

Les tests d'ADN servant à déterminer les profils génétiques propres à chaque personne seront essentiels à la planification des traitements, à l'évaluation de leurs résultats, à la prévention de leurs effets nuisibles et à leur perfectionnement. Par conséquent, les infirmières devront savoir comment les polymorphismes agissent sur la prédisposition à la maladie et sur la réaction aux médicaments. En outre, la compréhension de l'effet des polymorphismes sur la fonction des protéines et des enzymes et une appréciation de leur distribution dans

certaines populations seront nécessaires à la promotion de la santé. Enfin, étant donné qu'elles communiqueront de l'information sur les profils génétiques, les infirmières devront connaître les répercussions de la génétique sur les traitements.

La génétique dans l'exercice de la profession d'infirmière

Dans le cadre des soins liés aux affections héréditaires, l'exercice de la profession d'infirmière suppose l'intégration des principes de la génétique humaine aux soins prodigués conjointement avec d'autres professionnels, dont les spécialistes en génétique, en vue de promouvoir l'amélioration, le maintien et le rétablissement de la santé. Quel que soit leur milieu de travail, lorsqu'elles donneront des soins liés à la génétique, les infirmières se livreront aux cinq importantes activités suivantes : aider à recueillir et à interpréter les antécédents familiaux et médicaux pertinents ; repérer les individus et les familles ayant besoin d'une évaluation et d'un conseil génétiques plus approfondis et les diriger vers les services appropriés ; offrir aux individus et aux familles des renseignements et des ressources ; collaborer avec des spécialistes en génétique ; et participer à la gestion et à la coordination des soins aux personnes présentant des affections génétiques. Les soins infirmiers liés à la génétique s'appliquent aux personnes atteintes d'affections génétiques, à celles qui peuvent être prédisposées à les développer ou à les transmettre de même qu'aux personnes qui désirent obtenir de l'information sur le sujet et être orientées vers d'autres services de génétique (Lea, Williams, Jenkins *et al.*, 2000).

Les infirmières apportent du soutien aux personnes et aux familles qui ont des préoccupations de santé liées à la génétique en veillant à ce qu'elles fassent des choix éclairés et en plaidant en faveur de la confidentialité de l'information obtenue et de l'égalité d'accès au dépistage et aux traitements. Conçu par l'Association des Infirmières et des Infirmiers du Canada (AIIC), l'ouvrage intitulé *Le rôle de l'infirmière dans les techniques de reproduction et de génétique* énonce les rôles et les responsabilités des infirmières ainsi que les enjeux de la prestation des soins de santé liés à la génétique.

GÉNÉTIQUE ET ÉVALUATION DE L'ÉTAT DE SANTÉ

L'évaluation de l'état de santé lié à la génétique est un processus continu. L'infirmière recueille des données pouvant l'aider à repérer les individus et les familles qui présentent – ou risquent de présenter – des problèmes de santé liés à la génétique, ou qui peuvent bénéficier de services additionnels d'information, de consultation, de dépistage et de thérapie. Ce processus peut commencer avant la conception et se poursuivre tout au long de la vie. L'infirmière évalue les antécédents familiaux et médicaux, y compris les antécédents prénatals, les maladies de l'enfant, les antécédents développementaux, les affections à déclenchement tardif (dans le cas d'un adulte), de même que les interventions chirurgicales, les traitements et les médications antérieures ; ces données peuvent se rapporter à une affection génétique existante ou possible. (Voir le chapitre 5 ⮑, qui présente plus en détail l'évaluation des antécédents médicaux.) L'infirmière détermine également l'origine ethnique de la personne et effectue un examen physique afin de réunir des données génétiques pertinentes. Son évaluation s'étend aussi à la culture, aux croyances spirituelles et à l'ascendance de la personne. Enfin, l'infirmière doit toujours déterminer à quel point la personne ou la famille comprend les enjeux de santé réels ou potentiels liés à la génétique, et elle doit saisir comment on les aborde au sein de la famille (ISONG, 1998; Lea, Jenkins et Francomano, 1998).

Évaluation des antécédents familiaux

Quel que soit son milieu de travail, l'infirmière évalue continuellement les antécédents familiaux pour découvrir la présence d'un caractère génétique, d'une maladie héréditaire ou d'une prédisposition. À cette fin, elle utilise souvent un questionnaire (encadré 9-3 ■) qui facilite la détection des affections génétiques pour lesquelles on peut offrir des services complémentaires d'information, d'enseignement, de dépistage ou de thérapie. En collaboration avec d'autres professionnels de la santé et avec des spécialistes, l'infirmière peut ensuite déterminer s'il y a lieu d'offrir des services d'évaluation et de dépistage génétiques plus approfondis. Des antécédents familiaux détaillés et exacts constituent l'information la plus complète sur la santé liée à la génétique. Ces antécédents doivent s'étendre à au moins trois générations et inclure des données sur l'état de santé actuel et antérieur de tous les membres de la famille, y compris l'âge auquel toutes les maladies sont apparues de même que l'âge auquel sont survenus les décès et la cause de ceux-ci. L'infirmière se renseigne aussi sur les affections ayant une composante héréditaire connue et pouvant faire l'objet d'un dépistage génétique. De plus, elle s'informe de la présence d'anomalies congénitales, de déficience mentale ou de caractères familiaux et demande si des membres de la famille sont atteints d'une même maladie (Lashley, 1998; Lea, Jenkins et Francomano, 1998).

Lorsqu'elle évalue le risque d'affections génétiques au sein d'un couple ou d'une famille, l'infirmière s'informe aussi de la présence de liens de parenté (consanguinité) entre les géniteurs. Par exemple, lorsqu'elle recueille les antécédents familiaux préconceptionnels ou prénatals, elle demande aux futurs parents s'ils ont des grands-parents communs (c'est-à-dire s'ils sont cousins germains). Cette information est importante, car les individus qui ont les mêmes grands-parents possèdent davantage de gènes en commun que ceux qui ne sont pas apparentés, ce qui augmente la probabilité qu'ils aient des enfants atteints d'affections autosomiques récessives, comme la fibrose kystique. Le nombre de gènes en commun dépend du degré de parenté. Par exemple, un des parents et son enfant partagent la moitié de leurs gènes, et les cousins germains, le huitième. Vérifier la consanguinité donne à l'infirmière l'occasion d'offrir des services complémentaires d'évaluation et de conseil génétiques, et permet dans certains cas d'expliquer la présence dans une famille d'un enfant ou d'un membre atteint d'une affection autosomique récessive rare (Lea, Jenkins et Francomano, 1998).

Quand les antécédents familiaux révèlent que la personne a été adoptée, l'évaluation de l'état de santé fondée sur la génétique devient plus difficile. L'infirmière et l'équipe soignante doivent prendre toutes les mesures nécessaires pour aider la personne à obtenir le plus de données possibles sur ses parents biologiques, y compris leur origine ethnique.

Les questions qui portent sur l'histoire reproductive (par exemple, antécédents de fausses couches ou de mortinaissance) font partie de l'évaluation des antécédents familiaux, car elles permettent de détecter de possibles affections chromosomiques. L'infirmière recueille aussi les informations suivantes: antécédents de maladies héréditaires ou d'anomalies congénitales chez les membres de la famille; maladies de la mère, comme le diabète de type 1, les troubles convulsifs ou la PCU, qui peuvent augmenter le risque qu'elle engendre des enfants avec des anomalies congénitales; exposition à l'alcool ou aux drogues pendant la grossesse. Elle note aussi l'âge de la mère; on doit offrir un dépistage diagnostique prénatal (par exemple, dépistage par amniocentèse) aux femmes de 35 ans et plus qui envisagent une grossesse ou qui sont déjà enceintes car, plus la mère est avancée en âge, plus les risques d'anomalies chromosomiques, comme le syndrome de Down, sont élevés (Lea, Jenkins et Francomano, 1998).

Évaluation de l'ascendance et de l'origine ethnique

L'évaluation de l'ascendance et de l'origine ethnique contribue à la détection des individus et des groupes qui peuvent bénéficier des tests génétiques visant la détermination de l'état de porteur, le diagnostic prénatal ou la recherche des gènes de prédisposition. Par exemple, le dépistage des porteurs de l'anémie falciforme est systématiquement offert aux individus d'origine afro-américaine, tandis que le dépistage des porteurs de la maladie de Tay-Sachs et de la maladie de Canavan l'est aux Juifs d'origine ashkénaze. Des organisations professionnelles, dont l'American College of Obstetrics and Gynecology (ACOG, 2001), recommandent que des services de dépistage des porteurs soient offerts aux populations d'appartenance raciale ou ethnique pertinente. Récemment, l'ACOG et l'American College of Medical Genetics (ACMG) ont recommandé que le dépistage des porteurs de la fibrose kystique soit offert à tous les couples, mais particulièrement à ceux qui sont originaires des pays d'Europe du Nord ou qui sont d'ascendance juive ashkénaze (ACOG, 2001). Idéalement, le dépistage des porteurs doit être effectué avant la conception, ce qui permet aux personnes intéressées de prendre des décisions en matière de reproduction. Par ailleurs, le diagnostic prénatal est offert et expliqué aux conjoints qui sont tous deux porteurs.

Il est aussi important de se renseigner sur l'origine ethnique de la personne lorsqu'on évalue la prédisposition à des maladies à déclenchement tardif, comme le cancer du sein ou de l'ovaire héréditaire. Par exemple, une mutation particulière du gène BRCA1, qui prédispose au cancer, semble plus fréquente chez les femmes juives d'origine ashkénaze. Par conséquent, les informations sur l'origine ethnique peuvent permettre de détecter les personnes qui présentent un risque accru de porter certaines mutations génétiques prédisposant au cancer (American Medical Association, 2001).

Questionnaire sur les antécédents familiaux (préalable au dépistage génétique)

QUESTION 1

Si vous ou un membre de votre famille, votre conjoint ou un membre de sa famille avez ou avez eu l'un des troubles suivants, veuillez entourer le crochet sous «Moi-même» ou «Mon conjoint» et indiquer le lien de parenté exact entre cette personne et «Moi-même» ou «Mon conjoint»; par exemple: enfant (né ou à venir), conjoint, frère ou sœur, grand-père ou grand-mère, cousin ou cousine, tante ou oncle, nièce ou neveu.

Trouble	Moi-même	Mon conjoint	Lien de parenté
Anomalie congénitale; si oui, laquelle? _____	✔	✔	_____
Cancer; si oui, lequel? _____	✔	✔	_____
Taux élevé de cholestérol	✔	✔	_____
Fente labiale ou fente palatine	✔	✔	_____
Fibrose kystique	✔	✔	_____
Syndrome de Down	✔	✔	_____
Syndrome du X fragile	✔	✔	_____
Laparoschisis (ouverture dans le ventre à la naissance)	✔	✔	_____
Perte auditive ou surdité (non due au vieillissement)	✔	✔	_____
Problème cardiaque (à la naissance)	✔	✔	_____
Cardiopathie (déclenchement précoce)	✔	✔	_____
Hémophilie (coagulation lente/hémorragie)	✔	✔	_____
Mort infantile (avant l'âge de 1 an)	✔	✔	_____
Problèmes de santé héréditaires	✔	✔	_____
Problèmes rénaux (autres que l'infection)	✔	✔	_____
Fausses couches	✔	✔	_____
Déficience mentale	✔	✔	_____
Faiblesse musculaire (dystrophie musculaire)	✔	✔	_____
Interruption de grossesse due à une anomalie congénitale; si oui, laquelle? _____	✔	✔	_____
Anémie falciforme	✔	✔	_____
Tumeur de la peau ou des nerfs	✔	✔	_____
Spina-bifida (ouverture dans le dos à la naissance)	✔	✔	_____
Mortinaissances (morts fœtales tardives)	✔	✔	_____
Accident vasculaire cérébral précoce (appelé thrombose)	✔	✔	_____
Thalassémie	✔	✔	_____
Perte visuelle ou cécité (non due au vieillissement)	✔	✔	_____

Note: Si vous avez entouré le crochet correspondant à l'un ou l'autre de ces troubles, discutez avec votre infirmière des services d'évaluation et de conseil génétiques qui sont à votre disposition.

Avez-vous d'autres sujets de préoccupation relativement à votre santé?

(Veuillez entourer la réponse)   Oui   Non

Si vous avez entouré Oui, parlez-en à votre infirmière, qui pourra vous aider ou vous trouver les ressources ou l'aide dont vous avez besoin.

Nom de la personne traitée _____

Date de naissance _____

Nom de la personne qui remplit le questionnaire (si ce n'est pas la personne traitée)

_____

Lien de parenté avec la personne traitée _____

Date à laquelle le questionnaire a été rempli _____

Nom de l'infirmière _____

Date à laquelle la personne a été vue _____

_____

SOURCE: Foundation for Blood Research.

L'infirmière vérifie l'ascendance et l'origine ethnique afin de repérer les individus susceptibles d'être atteints d'une affection sous-jacente pouvant nuire à l'innocuité et à l'efficacité de certains médicaments ou traitements. Par exemple, le déficit en glucose-6-phosphate déshydrogénase (G6PD) est une anomalie enzymatique commune qui touche des millions de personnes un peu partout dans le monde, en particulier celles qui viennent des pays méditerranéens, d'Asie du Sud-Est, d'Afrique, du Moyen-Orient et du Proche-Orient. Le déficit en G6PD est attribuable à une mutation génétique touchant le chromosome X. Les individus dont la déficience est grave souffrent d'anémie hémolytique chronique, tandis que chez ceux dont la déficience l'est moins la maladie se manifeste seulement s'ils ont une infection, s'ils sont exposés à des médicaments producteurs de peroxyde ou aux boules de naphtaline, ou encore lorsqu'ils ingèrent des gourganes (Lashley, 1998).

L'évaluation de l'ascendance et de l'origine ethnique est aussi importante en ce qui concerne le métabolisme des médicaments. La capacité de métaboliser et d'éliminer certains médicaments est tributaire de l'acétylation effectuée dans le foie par l'enzyme N-acétyltransférase. Il existe beaucoup de versions différentes (polymorphismes) du gène de l'enzyme N-acétyltransférase, et la distribution de ces polymorphismes varie selon les groupes ethniques. Il s'agit là d'une considération importante, par exemple, lorsque l'isoniazide (INH) est prescrit pour traiter la tuberculose. Chez les métaboliseurs rapides ou ultrarapides, le risque de développer une hépatite causée par l'isoniazide est beaucoup plus élevé; ce risque s'applique particulièrement aux personnes d'origine chinoise ou japonaise (Lashley, 1998).

Évaluation physique

L'évaluation physique fournit parfois des indices révélant la présence d'une affection génétique particulière chez un individu ou une famille. Pour orienter son évaluation physique, l'infirmière peut utiliser les antécédents familiaux comme point de départ. Par exemple, des antécédents d'hypercholestérolémie familiale lui indiqueraient qu'elle doit rechercher chez les membres de la famille des symptômes d'hyperlipidémie (xanthomes, arc cornéen, douleur abdominale d'origine inexpliquée). Ou encore, des antécédents de neurofibromatose de type 1, une affection héréditaire associée à des tumeurs du système nerveux central, l'inciteraient à effectuer une évaluation détaillée des proches parents de la personne. Des observations comme des taches café au lait, des taches de rousseur sur les aisselles ou des tumeurs cutanées (neurofibromes) justifieraient la recommandation d'examens plus approfondis, dont une évaluation et un conseil génétiques (Lea, Jenkins et Francomano, 1998).

Lorsque, à la suite de l'évaluation des antécédents familiaux ou d'un examen physique, l'infirmière soupçonne la présence d'une affection génétique, elle peut, en collaboration avec l'équipe soignante, prendre l'initiative d'une discussion et d'une évaluation plus approfondies. Elle peut donner de l'information sur la génétique, discuter des possibilités de dépistage, expliquer en quoi cela consiste, et recommander la consultation d'un généticien (encadré 9-4 ■).

ENCADRÉ 9-4

Indications pour une orientation vers des services de génétique

PÉRIODES PRÉCONCEPTIONNELLE ET PRÉNATALE
- Mère âgée de 35 ans ou plus au moment prévu de l'accouchement
- Parents ayant déjà eu un enfant présentant un trouble chromosomique
- Test de dépistage révélant un profil d'alpha-fœtoprotéine (AFP) positif
- Parents ayant des antécédents familiaux d'anomalies congénitales ou ayant déjà un enfant présentant une anomalie congénitale
- Histoire reproductive révélant deux fausses couches inexpliquées ou plus
- Mère atteinte de troubles tels que diabète, épilepsie ou alcoolisme
- Exposition à certains médicaments ou drogues pendant la grossesse
- Antécédents familiaux de déficience mentale

ENFANCE
- Dépistage néonatal positif
- Une ou plusieurs anomalies congénitales
- Traits faciaux insolites (dysmorphie)
- Retard du développement ou déficience mentale
- Trouble métabolique soupçonné
- Taille exceptionnellement grande ou petite, ou retards de croissance
- Anomalie chromosomique connue

ÂGE ADULTE
- Déficience mentale sans cause connue
- Infertilité ou multiples fausses couches inexpliquées
- Antécédents personnels ou familiaux d'accidents thrombotiques
- Affections à déclenchement tardif telles qu'hémochromatose, perte auditive, déficience visuelle
- Antécédents familiaux de maladie neurodégénérative tardive (par exemple, chorée de Huntington)
- Signes d'une affection génétique telle que neurofibromatose (taches café au lait, neurofibromes cutanés), syndrome de Marfan (taille exceptionnellement grande, dilatation de la racine de l'aorte) ou autre

ANTÉCÉDENTS DE CANCER
- Antécédents personnels ou familiaux de cancer associé à une prédisposition héréditaire connue ou soupçonnée (par exemple, cancer du côlon, cancer de l'ovaire, rétinoblastome, cancer du sein précoce)
- Plusieurs membres de la famille atteints de cancer
- Membre de la famille atteint de cancer à un âge exceptionnellement jeune
- Membre de la famille atteint d'une forme rare de cancer

Évaluation culturelle, sociale et spirituelle

Lorsqu'elle recueille des données génétiques et qu'elle en discute, l'infirmière doit évaluer les orientations culturelles, sociales et spirituelles de la personne et de sa famille. Elle doit tenir compte de l'opinion de la personne à l'égard de la signification d'une affection génétique et de son effet sur l'image de soi, et prendre en considération sa perception du rôle de la génétique dans la santé et la maladie, la reproduction et l'invalidité. Le bagage social et culturel de la personne détermine ses interprétations et ses valeurs vis-à-vis de l'information provenant du dépistage et de l'évaluation génétiques ; il influe par conséquent sur la façon dont elle perçoit la santé, la maladie et le risque. La structure familiale, le processus décisionnel et le niveau d'instruction jouent aussi un rôle à cet égard (Lea, Jenkins et Francomano, 1998).

L'évaluation des croyances, des valeurs et des attentes de la personne au sujet du dépistage et de l'information génétiques fournit à l'infirmière des renseignements pertinents. Dans certaines cultures, par exemple, les individus croient que «bonne santé» veut dire «absence de symptômes» et que l'origine de la maladie est surnaturelle. Il arrive que les personnes qui ont de telles croyances opposent d'abord un refus à l'infirmière qui leur propose un dépistage présymptomatique ou un dépistage des porteurs. Toutefois, en intégrant des ressources comme des dirigeants communautaires, l'infirmière peut contribuer à surmonter les obstacles sociaux, culturels et économiques (Lea, Jenkins et Francomano, 1998).

Évaluation psychosociale

L'évaluation psychosociale est un élément essentiel de l'évaluation de l'état de santé fondée sur la génétique (encadré 9-5 ■). Après avoir effectué une première évaluation psychosociale, l'infirmière tentera de prévoir l'effet que de

EXAMEN CLINIQUE

Dimension psychosociale de l'évaluation génétique de l'état de santé

L'infirmière évalue :

- Le niveau d'instruction des membres de la famille, et la compréhension qu'ils ont de l'affection ou du risque génétique.

- Les objectifs ou les résultats cliniques désirés relativement à l'affection génétique ou aux préoccupations.

- Les règles de la famille en matière de révélation de l'information médicale (par exemple, certaines familles peuvent ne pas révéler la présence d'affections comme le cancer ou la maladie mentale lors de l'évaluation des antécédents familiaux).

- Les règles, les limites et les pratiques culturelles de la famille de même que les préférences personnelles en ce qui concerne la connaissance de l'information médicale.

- Les mécanismes d'adaptation antérieurs et le soutien social disponible.

- La capacité de prendre une décision éclairée (par exemple, la personne subit-elle des tensions dues à la situation familiale, à une maladie aiguë ou chronique, ou à des médicaments susceptibles d'altérer sa capacité de prendre une décision éclairée ?).

nouvelles informations pourront avoir sur la personne et sa famille et sera sensible aux réactions que ces informations risquent de susciter.

SERVICES D'ÉVALUATION ET DE CONSEIL GÉNÉTIQUES

Étant donné qu'on reconnaît de plus en plus la contribution de la génétique au continuum santé-maladie, le processus de conseil génétique est appelé à devenir une des responsabilités de tout professionnel de la santé en pratique clinique. Pour les infirmières, qui sont au courant des antécédents personnels et familiaux, le rôle de fournisseur de services de génétique est manifeste et naturel. Elles évaluent l'état de santé de la personne et l'orientent vers des services spécialisés de diagnostic et de thérapie. Elles lui donnent des indications préparatoires en lui expliquant la raison et les objectifs de la recommandation. Elles collaborent avec les fournisseurs de soins de santé primaires et les spécialistes grâce au soutien qu'elles assurent durant et après les interventions. Enfin, elles coordonnent le suivi et la gestion des cas.

Services de génétique

Les services de génétique offrent information, enseignement et soutien aux personnes et aux familles qui craignent de développer des problèmes de santé liés à la génétique. Les professionnels de ce domaine, dont les médecins généticiens, les conseillères génétiques et les infirmières praticiennes spécialisées, assurent des services adaptés aux besoins des personnes et des familles qui leur sont adressées par les fournisseurs de soins primaires. Les spécialistes en génétique travaillent souvent en équipe pour recueillir et interpréter les données complexes des antécédents familiaux, évaluer et diagnostiquer les affections génétiques, interpréter et expliquer des résultats de tests compliqués, soutenir les personnes tout au long du processus d'évaluation et offrir les ressources nécessaires à l'obtention d'un appui professionnel et familial additionnel. Du début à la fin, les personnes qui font appel aux services de génétique participent au processus à titre de membres de l'équipe et de décideurs. Les services impliquent un processus d'évaluation et de communication grâce auquel les individus et leur famille en viennent à comprendre les aspects pertinents de la génétique, à prendre des décisions éclairées en matière de santé et à obtenir le soutien nécessaire pour intégrer à leur vie quotidienne des informations génétiques d'ordre personnel ou familial (Lea, Jenkins et Francomano, 1998).

Le conseil génétique peut s'étendre sur une longue période et comprendre plusieurs séances, auxquelles peuvent participer d'autres membres de la famille. Cette façon de procéder permet aux personnes et aux familles d'acquérir des connaissances d'ordre génétique, de recevoir du soutien et des conseils relativement aux décisions qu'ils ont à prendre, et, lorsqu'ils ont des maladies ou des inquiétudes d'ordre génétique, d'obtenir des soins complets et coordonnés. L'encadré 9-6 ■ résume les étapes du conseil génétique, qui peut être offert à n'importe quel stade de la vie, bien que les questions traitées s'appliquent souvent au stade au cours duquel ce service est sollicité. L'encadré 9-7 ■ en présente quelques exemples (Lea, Jenkins et Francomano, 1998).

Étapes du conseil génétique

INFORMATION ET ÉVALUATION
- Raison de la recommandation
- Antécédents familiaux
- Antécédents et dossiers médicaux
- Résultats d'évaluations médicales ou d'autres tests pertinents
- Préoccupations sociales et émotionnelles
- Facteurs culturels, éducationnels et financiers pertinents

ANALYSE DES DONNÉES
- Antécédents familiaux
- Examen physique, s'il y a lieu
- Examens paracliniques (par exemple, échocardiogramme, examen ophtalmologique ou neurologique)

COMMUNICATION DES RÉSULTATS DES TESTS GÉNÉTIQUES
- Histoire naturelle de la maladie
- Mode de transmission héréditaire

- Enjeux et options relatifs à la santé reproductive et à celle de la famille
- Choix en matière de dépistage
- Questions relatives à la prise en charge et au traitement

CONSULTATION ET SOUTIEN
- Mise au jour des questions et des préoccupations individuelles et familiales
- Liste des réseaux de soutien existants
- Soutien émotionnel et social
- Orientation vers d'autres services de soutien et de consultation, s'il y a lieu

SUIVI
- Résumé écrit à l'intention des fournisseurs de soins primaires qui ont orienté l'individu et à l'intention de sa famille
- Coordination des soins entre les fournisseurs de soins primaires et les spécialistes
- Explications complémentaires sur les résultats des tests et le diagnostic

SOURCE : D.H. Lea, J.F. Jenkins et C.A. Francomano (1998). *Genetics in clinical practice. New directions for nursing and health care.* Sudbury, MA : Jones & Bartlett.

Rôle de l'infirmière dans le conseil génétique

Les personnes sollicitent un conseil génétique pour diverses raisons et à divers stades de leur vie. Certaines ont besoin d'une information préalable à la grossesse ou à la naissance ; d'autres y sont dirigées à la suite de la naissance d'un enfant atteint d'une anomalie congénitale ou chez lequel on soupçonne la présence d'une affection génétique ; d'autres encore cherchent à obtenir de l'information pour elles-mêmes ou leur famille à cause de la présence d'une affection génétique ou d'antécédents familiaux de cette affection. Quels que soient le moment et la situation, le conseil génétique est offert à toutes les personnes qui se posent des questions sur l'hérédité et leur santé. En collaboration avec l'équipe soignante, l'infirmière considère la possibilité de recommander une consultation génétique à toute personne dont la famille présente une maladie héréditaire et qui pose des questions telles que : « Quelle est la probabilité que je développe cette maladie ? » « Existe-t-il un test génétique qui pourra répondre à ma question ? » « Existe-t-il un traitement ou une cure ? » « Quels choix s'offrent à moi ? » (Lea, Jenkins et Francomano, 1998).

Les infirmières dirigent les personnes vers le service de conseil génétique, collaborent avec les spécialistes en génétique et participent au processus grâce aux interventions suivantes :

- Fournir une information appropriée avant, pendant et après le conseil génétique
- Aider à recueillir des données pertinentes sur les antécédents familiaux et médicaux
- Offrir du soutien aux personnes et aux familles tout au long du processus de conseil génétique

- Intégrer aux soins de santé liés à la génétique le recours aux services offerts par les réseaux de soutien locaux et nationaux appropriés

Effectuées en collaboration avec les individus et les familles, ces interventions contribuent à faire en sorte que le conseil génétique soit pleinement profitable (Lea, Jenkins et Francomano, 1998 ; Lea, Williams, Jenkins *et al.*, 2000).

Respecter les droits des personnes

Respecter le droit de la personne à l'autodétermination – c'est-à-dire appuyer les décisions qui reflètent ses croyances, ses valeurs et ses intérêts personnels – est un principe fondamental qui régit la façon dont les infirmières donnent des informations et des conseils relatifs à la génétique. Les spécialistes et les infirmières qui participent au conseil génétique s'efforcent de respecter la capacité de la personne de prendre des décisions autonomes. Pour assurer une consultation non directive, on doit tout d'abord reconnaître ses propres valeurs (encadré 9-1) et l'incidence qu'elles peuvent avoir sur la communication de l'information.

La confidentialité de l'information sur la génétique et le respect de la vie privée sont d'autres principes essentiels qui sous-tendent le conseil génétique. La personne a le droit d'avoir recours à un dépistage sans que les résultats soient révélés à qui que ce soit, y compris les assureurs et les médecins.

Tous les spécialistes de la génétique, dont les infirmières qui prennent part au processus de conseil génétique et celles qui ont accès à de l'information personnelle sur la génétique, doivent respecter le désir de confidentialité des individus. Par conséquent, même si elle trouve difficile de garder l'information confidentielle, l'infirmière ne doit pas

ENCADRÉ 9-7

Conseil génétique à différents stades de la vie

QUESTIONS RELATIVES À LA PÉRIODE PRÉNATALE

- Compréhension du dépistage prénatal et du dépistage diagnostique
- Conséquences des choix en matière de reproduction
- Possibilité d'anxiété et de détresse émotionnelle
- Effets sur les conjoints, la famille et la formation des liens entre les parents et le fœtus

QUESTIONS RELATIVES À LA PÉRIODE NÉONATALE

- Compréhension des résultats du dépistage néonatal
- Possibilité de perturbation de la relation parents-nouveau-né au moment où une affection génétique est diagnostiquée
- Culpabilité des parents
- Conséquences pour les frères et sœurs et les autres membres de la famille
- Coordination et continuité des soins

QUESTIONS RELATIVES À L'ENFANCE

- Soin des enfants présentant des besoins médicaux complexes
- Coordination des soins
- Possibilité de perturbation de la relation parents-enfant
- Possibilité de stigmatisation sociale

QUESTIONS RELATIVES À L'ADOLESCENCE

- Possibilité de perturbation de l'image de soi et de baisse de l'estime de soi
- Possibilité d'altération de la perception de la famille
- Conséquences sur le mode de vie et la planification familiale

QUESTIONS RELATIVES À L'ÂGE ADULTE

- Possibilité de résultats de tests ambigus
- Dépistage d'une prédisposition génétique ou établissement d'un diagnostic relativement à une affection pour laquelle il n'existe pas de traitement («lacune thérapeutique»)
- Effet sur le mariage, la reproduction, le rôle des parents et le mode de vie
- Répercussions potentielles sur l'assurabilité et l'employabilité

SOURCE: D.H. Lea, J.F. Jenkins et C.A. Francomano (1998). *Genetics in clinical practice. New directions for nursing and health care.* Sudbury, MA: Jones & Barlett.

Offrir une information préalable au conseil génétique

Préparer la personne et la famille, favoriser une prise de décision en connaissance de cause et obtenir un consentement éclairé sont des interventions essentielles au conseil génétique. L'infirmière vérifie si la personne est apte à donner un consentement volontaire. Pour ce faire, elle évalue les facteurs qui peuvent l'en empêcher, comme les troubles d'audition ou d'élocution, la déficience intellectuelle et les effets des médicaments. Elle s'assure en outre que la décision de la personne d'avoir recours au dépistage n'a pas été obtenue par la coercition, la persuasion ou la manipulation. Étant donné qu'il peut être nécessaire de répéter l'information au bout d'un certain temps, l'infirmière offre au besoin des explications complémentaires (Bove *et al.*, 1997).

Lorsque l'infirmière dirige une personne ou une famille vers un service de conseil génétique, on lui demande de fournir des renseignements généraux en vue de l'évaluation. Les spécialistes doivent connaître le motif de la recommandation, la raison pour laquelle la personne ou la famille sollicite une consultation et les problèmes potentiels de santé liés à la génétique. L'infirmière peut, par exemple, orienter une famille, dont un membre a un cancer du sein ou de l'ovaire héréditaire, pour qu'elle obtienne davantage de renseignements ou de conseils, et pour qu'on lui précise la probabilité que d'autres membres de la famille contractent la maladie. Par ailleurs, la famille peut avoir des préoccupations au sujet de la confidentialité de l'information et du respect de sa vie privée. À l'aide des données recueillies par l'infirmière, les spécialistes planifient le conseil génétique de façon à donner suite à ces considérations.

Avec la permission de la personne, l'infirmière peut aussi communiquer aux spécialistes les résultats des tests et des examens médicaux pertinents. Elle doit obtenir le consentement de la personne et, s'il y a lieu, d'autres membres de la famille pour extraire, examiner et transmettre les dossiers médicaux qui se rapportent à l'affection génétique considérée. Dans certaines circonstances, il faut évaluer plus d'un membre d'une même famille pour établir un diagnostic de trouble génétique. L'infirmière peut préparer la famille pour cette évaluation en lui expliquant que l'information qu'on obtiendra est indispensable et assurera la pertinence des renseignements et des conseils (y compris l'interprétation des risques) qui lui seront donnés.

L'infirmière devra fournir des données sur l'état émotionnel et la situation sociale de la personne et de la famille. En effet, les spécialistes voudront être mis au courant des habiletés d'adaptation de la famille chez laquelle on a récemment diagnostiqué un trouble génétique. Ils demanderont aussi qu'on les renseigne sur le type d'information sollicité. Par ailleurs, l'infirmière aide à discerner les facteurs culturels ou autres qui peuvent déterminer qui sera le porte-parole et influer sur ce que les personnes sont en mesure de dire. Pour les personnes qui présentent une déficience auditive, par exemple, on peut faire appel aux services d'un interprète. Le professionnel de la génétique examine ces questions avec l'infirmière puis en tient compte lorsqu'il se prépare pour l'évaluation et le conseil (Lea, Jenkins et Francomano, 1998).

la communiquer aux membres de la famille, aux compagnies d'assurances, aux employeurs ni aux établissements scolaires si c'est ce que souhaite la personne. Or, il se peut que l'infirmière veuille la révéler à des membres de la famille qui risqueraient autrement d'être gravement lésés. Toutefois, la personne peut avoir une autre vision des choses et souhaiter cacher l'information à sa famille. On se trouve alors devant un dilemme éthique. Dans ce cas, l'infirmière est tenue de respecter la volonté de la personne, tout en lui expliquant que l'information pourrait profiter aux autres membres de sa famille (ISONG, 2002).

Préparer la personne à l'évaluation génétique

Avant le rendez-vous fixé pour le conseil génétique, l'infirmière discute avec la personne et la famille de la nature des données sur les antécédents familiaux qui seront recueillies pendant la consultation. La collecte et l'analyse de ces données sont approfondies et ont trait principalement aux éléments susceptibles de se rapporter au problème génétique en question. Bien qu'elle soit adaptée à chaque situation, une telle analyse comporte toujours une évaluation relative à toute autre affection potentiellement héréditaire pour laquelle on peut offrir un dépistage et des mesures préventives et thérapeutiques.

Il peut être nécessaire qu'un spécialiste de la génétique médicale effectue un examen physique pour reconnaître les manifestations cliniques qui caractérisent une affection génétique. L'examen permet aussi de déterminer la nécessité d'autres épreuves de laboratoire pour clarifier le diagnostic. Un examen physique approfondi s'étend en général à tous les appareils et systèmes de l'organisme, une attention particulière étant apportée aux caractéristiques physiques associées à l'établissement du diagnostic. L'infirmière décrit les examens paracliniques qui font partie du conseil génétique et explique leurs objectifs (Lashley, 1998 ; Lea, Jenkins et Francomano, 1998).

Communiquer à la personne l'information génétique

Une fois les antécédents familiaux recueillis et l'examen physique effectué, l'équipe de spécialistes en génétique examine l'information rassemblée avant de commencer la consultation. Les spécialistes rencontrent la personne et la famille pour discuter de leurs observations. Lorsque les données provenant des antécédents familiaux et médicaux ainsi que de l'examen physique confirment la présence d'une affection génétique dans la famille, un spécialiste explique à la personne l'histoire naturelle de l'affection, son mode de transmission et ses conséquences sur la santé générale et sur la santé reproductive. S'il y a lieu, il lui décrit les services de dépistage et de prise en charge dont elle peut se prévaloir et en discute avec elle. L'infirmière vérifie que la personne comprend bien l'information donnée par les spécialistes au cours du conseil génétique et au besoin elle la clarifie.

Offrir du soutien

L'équipe de spécialistes en génétique offre du soutien pendant la séance de conseil génétique et encourage la personne et sa famille à exprimer leurs préoccupations. Le spécialiste applique les principes de l'écoute active pour interpréter les craintes et les émotions, susciter et offrir des réactions, et montrer qu'il comprend ces craintes. Au besoin, il oriente la personne vers des sources complémentaires de soutien social et émotionnel. Il discute de la situation avec l'infirmière et les membres de l'équipe de soins primaires, qui pourront alors prévoir un soutien et un encadrement à plus long terme (Lea, Jenkins et Francomano, 1998). L'infirmière vérifie si la personne comprend l'information donnée pendant la séance de conseil génétique, la clarifie au besoin, répond aux questions, évalue les réactions de la personne et détermine ses sources de soutien.

Suivi après l'évaluation génétique

Pour faire suite à l'évaluation et au conseil génétiques, les spécialistes préparent un résumé écrit qu'ils envoient, avec la permission de la personne, à son fournisseur de soins primaires de même qu'à toutes les autres personnes qui, selon la famille, lui prodiguent des soins de santé ou y prennent part. Le résumé de la consultation comprend un bref compte rendu des résultats de l'évaluation des antécédents familiaux et des examens cliniques et paracliniques. Il traite du diagnostic (s'il a été établi), se penche sur la question de l'hérédité et du risque de récurrence qui y est associé pour la personne et la famille, présente les choix en matière de santé reproductive et de santé en général, et recommande des tests et une prise en charge complémentaires. Ce résumé est aussi envoyé à la personne, et une copie est conservée dans son dossier médical. Pour sa part, l'infirmière assume les responsabilités suivantes : elle examine le résumé avec la personne et la famille et détermine s'il faut prévoir d'autres séances de conseil génétique (Lea, Jenkins et Francomano, 1998 ; Lea et Williams, 2002 ; Lea et Smith, 2002).

Une séance de conseil génétique de suivi est toujours offerte aux personnes et aux familles, car certaines ont parfois besoin de plus de temps pour comprendre et examiner les détails d'un dépistage ou d'un diagnostic génétiques, ou désirent réexaminer leurs choix en matière de reproduction au moment où elles envisagent une grossesse. Elle est aussi offerte lorsqu'on recommande une évaluation et une séance de conseil génétique complémentaires pour les membres de la famille étendue (Lea, Jenkins et Francomano, 1998).

Dans le cadre de leurs interventions de suivi, les infirmières peuvent expliquer aux personnes comment obtenir de l'information sur les enjeux génétiques. On peut trouver dans Internet certaines des données les plus à jour et les plus fiables dans ce domaine. Vous trouverez une liste de plusieurs de ces sources sur le Compagnon Web de l'ouvrage.

Enjeux éthiques

Les récents progrès de la génétique obligent les infirmières à s'interroger sur leurs responsabilités quant à l'utilisation de l'information génétique et à réfléchir sur les enjeux éthiques en cause, comme la prise de décision éclairée, le caractère intime et confidentiel des renseignements obtenus, l'accès aux soins de santé et la justice à cet égard. Les principes éthiques d'autonomie, de fidélité et de véracité sont aussi importants (American Nurses Association, 2001).

Des questions éthiques se rapportant à la génétique se présentent dans divers milieux de soins et à tous les niveaux de la pratique infirmière. Au niveau de la prestation directe des soins, les infirmières participent à la communication de l'information, au dépistage et à la thérapeutique fondée sur les gènes. Les soins doivent être prodigués dans le respect des valeurs de l'autodétermination et de l'autonomie personnelle. Les personnes doivent participer aussi pleinement que possible à la planification et à la prestation de leurs propres soins de santé. À cette fin, on doit leur fournir ainsi qu'à leur famille une information appropriée, exacte et complète, à un niveau et sous une forme tels qu'elles soient en mesure de prendre en toute connaissance de cause des décisions personnelles, médicales et reproductives. Les infirmières, en tant que professionnelles de la santé les plus accessibles, apportent une contribution inestimable au processus de consentement éclairé. Elles peuvent aider les personnes à clarifier leurs valeurs et leurs objectifs, vérifier leur compréhension de l'information, protéger leurs droits et appuyer leurs choix. Elles peuvent plaider en faveur de l'autonomie en ce qui concerne les décisions liées à la santé. L'ISONG (2000) a publié un document sur la prise de décision et le consentement qui offre soutien et conseils aux infirmières qui assistent les personnes envisageant un dépistage génétique.

Les infirmières doivent veiller à la confidentialité de l'information génétique provenant de sources telles que les antécédents familiaux, les tests et d'autres interventions fondées sur la génétique. De plus en plus d'individus s'inquiètent des menaces qui pèsent sur leur vie privée. Les infirmières doivent être sensibilisées aux enjeux éthiques relatifs au caractère intime et confidentiel de l'information génétique, y compris les conflits qui opposent le respect de la vie privée d'un individu et la nécessité d'informer la famille. À ce sujet, le document de l'ISONG, « Privacy and Confidentiality of Genetic Information » (2002), est une ressource utile.

Les principes éthiques procurent aux infirmières l'encadrement holistique dont elles ont besoin pour s'attaquer avec intégrité aux problèmes qui ont une dimension morale. Ces principes leur servent aussi de base pour communiquer l'information génétique à la personne, à la famille, aux autres professionnels de la santé, aux agences et aux organismes communautaires, et à la société dans son ensemble. De plus, ils apportent du soutien aux infirmières qui se trouvent dans des situations cliniques où se manifestent des dilemmes éthiques. Les principes éthiques offrent des lignes de conduite morale que les infirmières peuvent utiliser pour justifier leur pratique. Pour aider à résoudre les dilemmes éthiques susceptibles de survenir dans la pratique clinique, on privilégie les principes de bienfaisance (faire le bien) et de non-malfaisance (ne pas faire de mal), ainsi que ceux d'autonomie, de justice, de fidélité et de véracité. Mais le principe qui sous-tend tous les soins infirmiers est le respect de la personne. Grâce à une éthique fondée sur ces principes et intégrant les valeurs de l'entraide, les infirmières sont en mesure de favoriser les discussions réfléchies qui se révèlent précieuses lorsque des personnes et des familles font face à des décisions et à leurs conséquences relativement à la santé liée à la génétique et à la reproduction (Scanlon et Fibison, 1995 ; ISONG, 2000).

EXERCICES D'INTÉGRATION

1. Une des personnes que vous soignez, âgée de 53 ans, se remet d'une mastectomie droite. Atteinte d'un cancer du sein à 45 ans, elle a déjà subi une mastectomie gauche. Sa fille de 31 ans exprime son inquiétude au sujet des risques qu'elle puisse elle-même souffrir de la maladie en vous disant que sa sœur et sa grand-mère maternelle ont aussi eu un cancer du sein. Quel est le mode de transmission qui semble exister dans cette famille ? Quelle information sur la génétique donneriez-vous à cette femme ?

2. Un homme de 48 ans chez qui on vient de diagnostiquer un cancer du foie est admis dans votre service médical. Il vous dit qu'il s'inquiète pour ses enfants, un garçon de 18 ans et une fille de 15 ans : « Je ne veux pas qu'ils soient atteints eux aussi. » Votre collecte des données révèle que cet homme présente des antécédents d'arthrite et de diabète, et son frère de 40 ans, des antécédents de « surcharge en fer ». Quelle maladie à déclenchement tardif cette anamnèse semble-t-elle indiquer ? Quelle intervention infirmière effectueriez-vous ?

3. M. Gagnon que vous soignez a trois filles âgées de 25, 30 et 32 ans et un fils de 22 ans. Il a aussi quatre sœurs, dont deux ont eu un cancer du sein au début de la quarantaine et ont choisi d'avoir recours à un test de prédisposition génétique liée aux gènes BRCA1 et BRCA2. Le dépistage a révélé que toutes deux étaient porteuses d'une mutation du gène BRCA1. Les filles de M. Gagnon, qui sont au courant de ces résultats, veulent savoir si elles sont aussi porteuses. Leur père refuse de se soumettre au dépistage et, lors d'un examen de santé périodique, il vous dit : « Je ne veux pas de dépistage. J'ai le droit de refuser et je ne veux pas savoir si je suis porteur de ce gène. J'aime mes filles, mais j'ai peur d'apprendre qu'elles sont porteuses. » Comment réagiriez-vous ? Que répondriez-vous si l'une des filles de M. Gagnon vous téléphonait et vous demandait de l'aide ? En matière de conseil génétique, quels sont les problèmes particuliers à la situation de cette fille ?

RÉFÉRENCES BIBLIOGRAPHIQUES

ACOG – American College of Obstetricians and Gynecologists. (2001). *Preconception and prenatal carrier screening for cystic fibrosis: Clinical and laboratory guidelines.* Washington, DC: Author.

American Medical Association. (2001). *Identifying and managing hereditary risk for breast and ovarian cancer.* Chicago: Author.

American Nurses Association. (2001). *Code for nurses with interpretive statements.* Washington, DC: Author.

Billings, P.R. (2000). Applying advances in genetic medicine: Where do we go from here? *Healthplan, 41*(6), 32–35.

Bove, C.M., Fry, S.T., & MacDonald, D.J. (1997). Presymptomatic and predisposition genetic testing: Ethical and social considerations. *Seminars in Oncology Nursing, 13*(2), 135–140.

Centers for Disease Control and Prevention. (1992). Recommendations for the use of folic acid to reduce the number of cases of spina bifida and other neural tube defects. *Morbidity and Mortality Weekly Report, 41*(RR-14), 1–7.

Collins, F.S. (1999). Medical and societal consequences of the Human Genome Project. *New England Journal of Medicine, 341*(1), 28–37.

Collins, F.S., & McKusick, V.A. (2001). Implications of the Human Genome Project for medical science. *Journal of American Medical Association, 285*(5), 540–544.

Garber, J.E., & Offit K. (2005). Hereditary cancer predisposition syndromes. *Journal of Clinical Oncology, 23*(2), 276-292.

Hall, J., & Solehdin, M. (1998). Folic acid for the prevention of congenital anomalies. *European Journal of Pediatrics, 157,* 445–450.

ISONG (2002). Position statement. Privacy and confidentiality of genetic information: The

role of the nurse. *MedSurg Nursing, 11*(2), 103. Position statement available on-line: http://www.globalreferrals.com/privacy.htm.

ISONG (2000). Position statement. Informed decision-making and consent: The role of nursing. *International Society of Nurses in Genetics Newsletter, 11*(3), 7–8. Position statement available on-line: http://www.globalreferrals.com/consent.htm.

ISONG (1998). *Statement on the scope and standards of genetics clinical nursing practice.* Washington, DC: American Nurses Association.

Johnson, M., Maas, M.L., & Moorhead, S. (Eds.) (2000). *Nursing interventions classification.* St. Louis: C.V. Mosby.

Lashley, F.R. (1998). *Clinical genetics in nursing practice* (2d ed.). New York: Springer.

Lea, D.H. (2000). A clinician's primer in human genetics: What nurses need to know. *Nursing Clinics of North America, 35*(3), 583–614.

Lea, D.H., Anderson, G., & Monsen, R.B. (1998). A multiplicity of roles for genetic nursing: Building toward holistic practice. *Holistic Nursing Practice, 12*(3), 77–87.

Lea, D.H., Jenkins, J.F., & Francomano, C.A. (1998). *Genetics in clinical practice: New directions for nursing and health care.* Sudbury, MA: Jones & Bartlett.

Lea, D.H., & Smith, R.S. (2002). *Genetics resource guide: A handy reference for public health nurses.* Scarborough, ME: Foundation for Blood Research.

Lea, D.H. & Williams, J. K. (2002). Genetic testing and screening. *American Journal of Nursing, 102*(7), 36–50.

Lea, D.H., Williams, J.K., Jenkins, J., Jones, S., & Calzone, K. (2000). Genetic health care: Creating interdisciplinary partnerships with nursing in clinical practice. *National Academies of Practice Forum, 2*(3), 177–186.

McCarthy, J.J., & Hilfiker, R. (2000). The use of single-nucleotide polymorphism maps in pharmacogenomics. *Nature Biotechnology, 18*(5), 505–508.

McCloskey, J.C. & Bulechek, G. M. (Eds.). (2000). *Nursing interventions classification*

(NIC): Iowa Intervention Project (3rd ed.). St. Louis: C. V. Mosby.

Norton, R.M. (2001). Pharmacogenomics: Pharmacogenomics and individualized drug therapy. *Medscape Pharmacotherapy* (http://www.medscape.com).

Peters, J.L., Djurdjinovic, L., & Baker, D. (1999). The genetic self: The Human Genome Project, genetic counseling and family therapy. *Families, Systems & Health, 17*(1), 5–25.

Roses, A. (2000). Pharmacogenetics and future drug development and delivery. *Lancet, 355*(9212), 1358–1361.

SACGT – Secretary's Advisory Committee on Genetic Testing (2000). National Institutes of Health. A public consultation of oversight of genetic tests. Bethesda, MD. Available from http://www4.od.nih. gov/oba/sacgt.htm.

Scanlon, C., & Fibison, W. (1995). *Managing genetic information: Implications for nursing practice.* Washington, DC: American Nurses Association.

Schafer, A.J., & Hawkins, J.R. (1998). DNA variation and the future of human genetics. *Nature Biotechnology, 16,* 33–39.

Scordo, M.G., & Spina, E. (2002). Cytochrome P450 polymorphisms and response to antipsychotic therapy. *Pharmacogenomics, 3*(2), 201–218.

Thompson, M.W., McInnes, R.R., & Willard, H.F. (2001). *Thompson and Thompson's genetics in medicine* (6th ed.). Philadelphia: W.B. Saunders.

U.S. Preventive Services Task Force. (1996). *Guide to clinical preventive services* (2d ed.). Baltimore: Williams & Wilkins.

Williams, J.K., & Lea, D.H. (2003). *Genetic issues for perinatal nurses* (2d ed.). White Plains, NY: March of Dimes.

 En complément de ce chapitre, vous trouverez sur le Compagnon Web:

- une bibliographie exhaustive;
- des ressources Internet.

Adaptation française
Cécile Michaud, inf., Ph.D. (Sc. inf.)
Professeure adjointe, École des sciences infirmières, Faculté de médecine et des sciences de la santé – Université de Sherbrooke
Marie-Chantal Loiselle, inf., M.Sc.
Conseillère en soins spécialisés (néphrologie) – Hôpital Charles-Lemoyne

Phénomène de chronicité

Objectifs d'apprentissage

Après avoir étudié ce chapitre, vous pourrez:

1. Définir les expressions « affection chronique » et « chronicité ».

2. Indiquer les facteurs liés à l'augmentation de la fréquence des affections chroniques.

3. Décrire les caractéristiques de l'expérience des personnes qui vivent avec une affection chronique.

4. Formuler les buts des interventions effectuées dans le cadre d'une approche intégrée des affections chroniques.

5. Appliquer la démarche systématique à la personne vivant avec une affection chronique et à ses proches.

Fougeyrollas (1998) a résumé l'émergence du phénomène de la chronicité. À son avis, la prise de conscience de ce phénomène est relativement récente. La Classification internationale des maladies (CIM) constituait, jusqu'à la fin des années 1960, la seule façon de nommer les problèmes de santé. Or, cette classification correspondait à une conception de soins curatifs: une fois traitée, la personne atteinte d'une affection devait être guérie. Comment classer les conséquences à long terme des maladies lorsque l'épisode aigu est terminé? Cette question a mené l'Organisation mondiale de la santé (OMS) à élaborer un nouveau cadre de référence, la *Classification internationale des handicaps: déficiences, incapacités et désavantages*. Ce cadre de référence présente les relations suivantes: la maladie/blessure entraîne une déficience fonctionnelle et organique qui produit une incapacité au niveau du comportement et des activités de la personne. Cette incapacité peut engendrer un ou des désavantages (handicaps) par rapport aux rôles de survie. Si la déficience peut être compensée par une aide technique ou un médicament, il n'y a pas d'incapacité ou très peu d'incapacité. Ainsi, une personne ayant fait un infarctus peut avoir accès, par exemple, à un stimulateur électrosystolique (SES) ou à des bêtabloquants pour compenser des arythmies, ce qui lui permet de retrouver sa qualité de vie. Si l'environnement est adapté, le handicap peut être absent ou atténué.

Certaines affections chroniques occasionnent peu d'incapacités ou de handicaps et de ce fait modifient peu la qualité de la vie. D'autres la compromettent grandement en raison des incapacités qui en découlent (Kempen, Ormel, Brilman et Relyveld, 1997). Certaines maladies exigent de recourir à une technologie de pointe pour assurer la survie de la personne: c'est par exemple le cas dans les derniers stades de la sclérose latérale amyotrophique ou dans l'insuffisance rénale terminale. Bien des personnes atteintes de maladies et d'incapacités demeurent autonomes et leur vie quotidienne n'en est que légèrement perturbée, tandis que d'autres ont besoin d'une surveillance fréquente et étroite ou d'un placement dans un établissement de soins de longue durée.

Phénomène de chronicité

Selon l'OMS (2003), les affections chroniques regroupent de nombreux problèmes de santé qui ont comme points communs d'être persistants et d'exiger un certain niveau d'autogestion. Elles comprennent les affections non transmissibles comme les cardiopathies, le diabète, le cancer et l'asthme; les affections transmissibles persistantes comme l'infection par le VIH et la tuberculose; les troubles mentaux de longue durée comme la schizophrénie et la dépression; et, finalement, les handicaps physiques permanents qui résultent d'un traumatisme ou d'une déficience.

Thorne et Paterson (1998) ont analysé les concepts traités dans les études qualitatives portant sur l'expérience vécue par la personne atteinte d'une affection chronique (tableau 10-1 ■). Elles notent un changement de perspective. Au lieu de se concentrer sur la souffrance et la perte associées à la maladie, les chercheurs se sont davantage intéressés, depuis les années 1990, au potentiel des personnes qui vivent avec une affection chronique, mettant ainsi en évidence leur courage, leur espoir et les efforts entrepris pour poursuivre leur vie. L'article de Noiseux et Ricard (2005) présente une étude menée dans une perspective de santé (Recherche en sciences infirmières ■).

Les réactions psychologiques et émotionnelles provoquées par les maladies aiguës et les maladies chroniques, ainsi que par l'évolution de l'état de santé, sont présentées en détail dans le chapitre 7 ᴐ. Lorsqu'une personne apprend qu'elle souffre d'une maladie, elle peut manifester de la consternation, de l'incrédulité, de la dépression, de la colère, du ressentiment et d'autres sentiments. En général, les personnes composent avec leur problème de santé comme avec tout autre événement de leur vie. Leur réaction est en partie déterminée par leur compréhension de la maladie et leur perception des répercussions qu'elle risque d'avoir sur leur propre vie et sur celle de leur famille. La façon dont une personne compose avec le problème de santé chronique dépend des facteurs suivants (Lewis, 1998):

■ La personnalité

■ Les sentiments de colère ou de chagrin difficilement surmontés par le passé

■ La soudaineté, l'importance et la durée des modifications au mode de vie imposées par la maladie

Changement de perspective dans les études qualitatives portant sur l'expérience vécue par la personne atteinte d'une affection chronique			TABLEAU 10-1
Années	**Nombre d'études qualitatives**	**Concepts**	**Perspective**
1980-1985	20	■ Souffrance ■ Perte ■ Interruption biographique ■ Rôle de malade	Maladie
1990-1995	90	■ Courage ■ Espoir ■ Recadrage ■ Reconstitution ou redéfinition du soi ■ Reprise du contrôle sur leur santé ■ Redéfinition de la santé	Santé

Source: Thorne et Paterson (1998).

- Les ressources familiales et individuelles dont la personne dispose pour lutter contre le stress
- Le stade du cycle de vie de la personne et de la famille
- L'expérience antérieure de la maladie et des situations de crise
- La codépendance dans les systèmes familiaux

Toutefois, la majorité des auteurs qui ont publié depuis 1990 mettent aussi l'accent sur les contextes interactionnel et structurel qui nuisent au développement du potentiel et des ressources des personnes vivant avec une affection chronique (Noiseux et Ricard, 2005 ; Thorne et Paterson, 1998). Ce chapitre présente certains des problèmes rencontrés par ces dernières ; il guide également l'infirmière qui leur donne des soins dans sa collecte des données et ses interventions.

DÉFINITION ET FACTEURS DE RISQUE

Les maladies chroniques sont des affections ou des problèmes de santé qui provoquent des symptômes ou des incapacités nécessitant un traitement de longue durée (6 mois ou plus) (Rapoport, Jacobs, Bell et Klarenbach, 2004). Elles sont souvent appelées maladies non transmissibles (MNT), même si elles comprennent des maladies qui, à l'origine, sont transmissibles, telles que le sida et la tuberculose. Elles se caractérisent par une étiologie incertaine, des facteurs de risque multiples, une longue période de latence, une affection de longue durée, une origine non infectieuse (la plupart du temps) et, dans bien des cas, la possibilité de les éviter ou, tout au moins, de ralentir leur progression ou d'en diminuer les complications (ASPC, 2003). Cette dernière caractéristique concerne, sur le plan individuel, des facteurs comme le tabagisme, l'obésité, la malnutrition, la maîtrise de la pression artérielle, la consommation d'alcool et la sédentarité (Jenkins, 2003). Toutefois, ces facteurs comportementaux ne doivent pas être dissociés des facteurs environnementaux et des facteurs de risque non modifiables (figure 10-1 ■). Ces derniers sont l'âge, le sexe et le bagage génétique. Les facteurs de risque intermédiaires sont l'hypertension, l'obésité, l'hyperlipidémie et l'intolérance au glucose. Les facteurs environnementaux incluent le milieu socioéconomique (par exemple, revenu, niveau d'instruction), l'environnement (par exemple, qualité de l'air et de l'eau) et la culture (normes et valeurs).

Pour démontrer la synergie entre ces facteurs, Jenkins (2003) propose d'utiliser le triangle épidémiologique, qui se compose de l'agent, de l'hôte et de l'environnement (figure 10-2 ■). Auparavant, la définition de l'agent ne s'étendait qu'au parasite, à la bactérie ou au virus qui entraîne la maladie. Mais on considère aujourd'hui qu'il comprend aussi des facteurs qui n'étaient pas pris en compte jusque-là comme les substances toxiques, la poussière ou les événements stressants ou traumatiques. L'hôte est la « cible » de la maladie : il peut aussi être considéré comme un participant actif, capable de réagir ou de résister à l'agent. Finalement, l'environnement est constitué des milieux physique (air, sol, etc.), humain (famille, proches, etc.) et social (structures, organisations, etc.) qui entourent l'hôte. L'analyse des facteurs et de leur interaction oriente les professionnels de la santé vers des interventions intersectorielles et communautaires, sur les plans individuel et collectif, visant à réduire les facteurs de risque et à accroître les facteurs de protection.

PRÉVALENCE ET COÛTS SOCIAUX

Les affections chroniques touchent tous les groupes d'âge, tous les groupes socioéconomiques et toutes les cultures, bien que certains groupes, tels que les autochtones, soient considérés comme plus vulnérables (ASPC, 2003). Sur le plan mondial, elles sont la cause de 60 % des décès et l'Agence de santé publique du Canada estime qu'elles seront responsables de 73 % des décès en 2020. En 2003, 16 millions de Canadiens vivaient avec une affection chronique et 87 % des incapacités leur étaient attribuables, entraînant des coûts directs estimés à 67 % des dépenses en matière de santé (ASPC, 2003). Toutes les affections chroniques sont en progression (tableau 10-2 ■).

Les affections chroniques ont des conséquences mesurables sur la qualité de vie, le recours aux services de santé et la mortalité. Ces conséquences varient non seulement en intensité, mais aussi en fonction de l'âge. Schultz et Kopec (2003) ont évalué l'impact des problèmes de santé chroniques sur la qualité de vie à partir de données recueillies dans l'Enquête sur la santé de la population de Statistique Canada réalisée en 1996-1997 auprès de 17 244 sujets. Cette enquête portait sur des problèmes de santé chroniques autodéclarés. Schultz et Kopec constatent la difficulté d'isoler les problèmes de santé, compte tenu du nombre de personnes vivant avec plus d'une affection chronique. Par ailleurs, ils notent des différences d'impact selon l'âge. Ainsi, chez les personnes jeunes, les affections chroniques qui ont le plus de retentissement sur la qualité de vie sont l'incontinence urinaire et l'arthrite ou le rhumatisme. Chez les personnes plus âgées, ce sont les troubles dus à un accident vasculaire cérébral ainsi qu'à la maladie d'Alzheimer qui ont le plus de répercussions sur la qualité de vie.

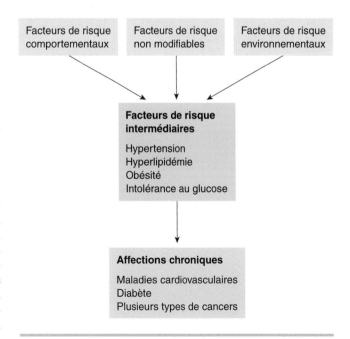

FIGURE 10-1 ■ Affections chroniques et facteurs de risque.
Source : ASPC (2003). Les maladies chroniques. Agence pour la santé publique du Canada (page consultée le 22 novembre 2005), [en ligne], http://www.phac-aspc.gc.ca/ccdpc-cpcmc/topics/chronic-disease_f.html. Adapté avec la permission du Ministre des Travaux publics et Services gouvernementaux Canada, 2005.

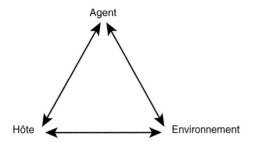

FIGURE 10-2 ■ Triangle épidémiologique. Source: C. D. Jenkins (2003). Building better Health. A Handbook of behavior change. Washington: Pan American Health Organization (p. 11).

Utilisant les mêmes données, Rapoport et ses collègues (2004) ont évalué le fardeau économique que pouvaient constituer les affections chroniques. Ces auteurs ont démontré la fréquence très élevée de ces affections et l'utilisation proportionnelle des services de santé chez les personnes âgées de plus de 20 ans. En effet, près de 40 % des Canadiens de moins de 40 ans qui ont été interviewés souffraient d'au moins une affection chronique et ce pourcentage était de 100 % chez les 80 ans et plus. Ces chercheurs se sont aussi déclarés étonnés par le nombre élevé de Canadiens qui vivent avec plus d'une affection chronique. Par ailleurs, la fréquence des problèmes de cette nature laisse entrevoir une augmentation du recours aux services de santé. Ainsi, les personnes atteintes d'une affection chronique consulteront plus souvent leur médecin et seront hospitalisées plus longtemps que les autres (figure 10-3 ■). Notons que, dans cette enquête, les affections chroniques les plus fréquentes chez les 60 ans et plus sont par ordre décroissant: l'arthrite ou le rhumatisme (46 %), l'hypertension artérielle (35 %), les maux de dos (18 %), les cardiopathies (16 %), les cataractes (15 %), le diabète (11 %) et les troubles thyroïdiens (10 %).

Dans les pays développés, les affections chroniques sont devenues la principale cause de mortalité et, parmi celles-ci, les maladies cardiovasculaires occupent le premier rang au Canada. Suivent, par ordre décroissant, les cancers, les maladies respiratoires, le diabète, les troubles mentaux et les maladies musculosquelettiques (Statistique Canada, 2005). La fréquence des problèmes de santé chroniques augmente même dans les pays en développement, phénomène qui leur impose un double fardeau: tenter d'éradiquer les maladies infectieuses tout en apprenant à faire face aux affections chroniques (Kickbusch, 1997). Les raisons pour lesquelles tant de personnes souffrent de ces affections sont notamment les suivantes:

■ Baisse du nombre de morts attribuables aux maladies infectieuses, comme la variole, la diphtérie et d'autres affections graves

■ Accroissement de la longévité dû aux progrès de la technologie et de la pharmacologie, à une meilleure alimentation, à des conditions de travail plus sûres et à une plus grande accessibilité (pour certains) aux soins de santé

■ Amélioration des examens de dépistage et des examens paracliniques permettant une détection et un traitement précoces des maladies

■ Traitement prompt et énergique des maladies aiguës, comme l'infarctus du myocarde et les infections associées au sida

■ Tendance à contracter une ou plusieurs affections chroniques avec le vieillissement

■ Facteurs liés au mode de vie moderne, comme le tabagisme, le stress chronique et l'obésité, qui augmentent le risque de maladies chroniques telles que la pneumopathie, l'hypertension et les maladies cardiovasculaires.

Les affections chroniques posent un problème de taille, car dans bien des cas l'organisme subit des changements physiologiques avant que les symptômes de la maladie se manifestent. Il en est ainsi de l'hypertension (Sadowski et Redeker, 1996). Depuis quelque temps, les responsables de la santé publique encouragent l'adoption de meilleures habitudes de vie, et ce dès l'enfance. Bien que les médias attirent l'attention de la population canadienne sur les bienfaits d'un mode de vie sain,

Progression de certaines affections chroniques (1994-2001)				TABLEAU 10-2
	1994-1995	**1996-1997**	**1998-1999**	**2000-2001**
	%	%	%	%
Arthrite ou rhumatisme	12,7	13,8	15,3	15,2
■ Hommes	9,5	9,7	11,2	11,4
■ Femmes	15,7	17,8	19,2	19,0
Asthme	6,5	7,2	8,1	8,4
■ Hommes	6,2	6,0	7,2	6,9
■ Femmes	6,7	8,4	8,9	9,9
Diabète	3,0	3,2	3,5	4,1
■ Hommes	3,1	3,5	3,9	4,4
■ Femmes	3,0	2,9	3,0	3,9

SOURCE: Adapté de Statistique Canada (2003). *Problèmes de santé chroniques* (page consultée le 30 novembre 2005), [en ligne], http://www.statcan.ca/francais/freepub/82-221-XIF/01103/hlthstatus/conditions2_f.htm.

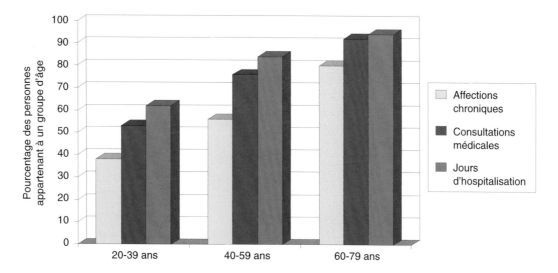

FIGURE 10-3 ■ Progression des affections chroniques
et de l'utilisation des services de santé en fonction de l'âge.
SOURCE: J. Rapoport, P. Jacobs, N. Bell et S. Klarenbach (2004). Pour une mesure
plus précise du fardeau économique des maladies chroniques au Canada.

Maladies chroniques au Canada, 25(1), (page consultée le 8 novembre 2005),
[en ligne], http://www.phac-aspc.gc.ca/publicat/cdic-mcc/25-1/c_f.html.
Adapté avec la permission du Ministre des Travaux publics et Services
gouvernementaux Canada, 2005.

l'obésité est en augmentation (de 13,8 % en 1979 à 23 % en 2004; Tjepkema, 2005), le tabagisme reste important (20 %; Santé Canada, 2004) et moins de 50 % des Canadiens font de l'exercice (Bryant et Walsh, 2003). Les conséquences de ces habitudes de vie sont une augmentation de la fréquence du diabète, de l'hypertension, des troubles cardiaques et des maladies respiratoires chroniques (Juarbe, 1998; Wing, Goldstein, Acton *et al.*, 2001) ainsi que du syndrome métabolique (Ford, Giles et Dietz, 2002).

TRAJECTOIRES DES AFFECTIONS CHRONIQUES

Les affections chroniques évoluent selon trois trajectoires différentes (Major, 2005; Murray, Kendall, Boyd, Sheikh, 2005) qui sont illustrées à la figure 10-4 ■. L'axe vertical représente le niveau de fonctionnement de la personne qui vit avec le problème de santé chronique et l'axe horizontal, le temps.

La première trajectoire se caractérise par une période prolongée de fonctionnement optimal, suivie d'un déclin relativement rapide, qui se mesure en semaines, en mois, parfois en années. Cette trajectoire est typique d'une personne qui vit avec le cancer. La deuxième trajectoire consiste en des incapacités à long terme avec des épisodes aigus qui nécessitent des hospitalisations. Elle représente assez bien l'évolution de la plupart des affections chroniques cardiaques, pulmonaires, endocriniennes et autres. Finalement, la troisième trajectoire présente un déclin lent et constant, souvent associé avec les maladies neurologiques, les maladies articulaires et la plupart des maladies dégénératives liées au vieillissement.

Selon Murray et ses collaborateurs (2005), cette conceptualisation des trajectoires des affections chroniques permet de mettre l'accent sur la qualité de vie ainsi que sur la gestion des symptômes plutôt que sur une éventuelle guérison, souvent espérée. Toutefois, ces trajectoires ne sont pas des destins. Chaque personne, selon la gravité de sa maladie et ses

ressources, suivra une trajectoire qui lui est propre. De plus, une personne cumule souvent plusieurs problèmes de santé, créant ainsi une trajectoire qui est unique (Murray *et al.*, 2005).

Caractéristiques de l'expérience de la personne qui vit avec une affection chronique

Toute personne ayant un problème de santé se doit d'autogérer sa santé. « Autogérer sa santé (s'auto-soigner) signifie prendre soi-même des décisions et poser des gestes concrets pour faire face à ses problèmes de santé et améliorer son état » (Santé Canada, 1997). Parfois, les professionnels de la santé se concentrent sur le traitement de la maladie en oubliant la personne qui en est atteinte (Hellstrom, Lindqvist et Mattsson, 1998). Il est important de considérer celle-ci dans sa globalité, à plus forte raison lorsque l'affection est chronique (Soderberg, Lundman et Norberg, 1999). Le problème de santé chronique est un contexte avec lequel la personne doit composer, c'est-à-dire qu'elle doit donner un sens à son expérience (Michaud, 2000) et se reconstruire une identité positive (Pettie et Triolo, 1999). Pour bien prendre conscience des difficultés auxquelles la personne fait face et être en mesure de planifier des interventions efficaces, l'infirmière doit comprendre les caractéristiques et les conséquences de l'affection chronique (Carroll, 1998; Koch, Kralik et Taylor, 2000; Lubkin et Larsen, 2006). Ces caractéristiques sont les suivantes:

1. La personne qui apprend qu'elle a un problème de santé chronique doit gérer non seulement le traitement de la maladie, mais aussi les dimensions psychologiques et sociales qui y sont associées. Le fait de vivre pendant de nombreuses années avec des symptômes et les incapacités qui en découlent peut porter atteinte à l'identité, mener à des changements de rôle, altérer l'image

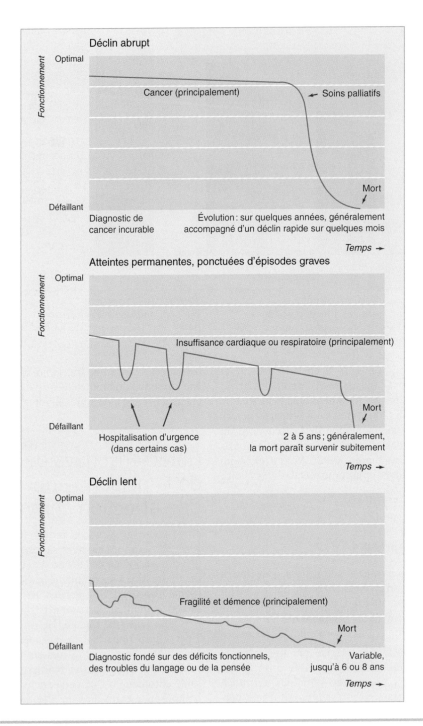

FIGURE 10-4 ■ Affections chroniques: trois trajectoires types.

SOURCE: S.A. Murray, M. Kendall, K. Boyd, A. Sheikh (2005). Illness trajectories and palliative care. *British Journal of Medicine, 330,* 1008. (Reproduit avec l'autorisation de BMJ Publishing.)

corporelle et perturber les habitudes de vie (Dean, 1999). La personne compose avec le problème selon son âge et sa situation (Price, 1996; Sidell, 1997). Chaque fois qu'un changement survient, elle et sa famille doivent s'engager dans une nouvelle démarche personnelle favorisant le rétablissement physique, émotionnel et social (Carroll, 1998; Lewis, 1998; Miller, 1999; Noiseux et Ricard, 2005; Tappan, Williams, Fishman et Theris, 1999).

2. La vie avec un problème de santé chronique n'est pas linéaire: il y a des périodes de crise, des périodes de stabilité et d'instabilité, des poussées et des rémissions. Chaque période apporte de nouveaux défis sur les plans physique, psychologique et social. Par voie de conséquence, les approches thérapeutiques et les types d'intervention sont aussi appelés à changer (Corbin et Strauss, 1991).

3. La personne atteinte d'un problème de santé chronique doit composer avec les exigences que lui impose la gestion de ses problèmes tout en continuant à pratiquer les activités socialement attendues et inhérentes à la vie normale (Milde, Hart et Fearing, 1996). L'autogestion de la santé peut s'avérer une épreuve difficile (Thorne et Paterson. 2001). L'apprentissage de cette autogestion est un processus qui demande du temps et qui exige des connaissances et une planification (Baker, 1998). La tâche est parfois désagréable et peu pratique. Il arrive souvent que des personnes cessent de prendre leurs médicaments ou en modifient la posologie parce que les effets secondaires se révèlent plus gênants que les symptômes de la maladie (Loiselle et Michaud, 2004). Il arrive également qu'elles négligent certains aspects de leur plan thérapeutique, considérés comme trop accaparants, épuisants ou coûteux (Davis et Magilvy, 2000 ; Wichowski et Kubsch, 1997).

4. Une maladie peut entraîner l'apparition d'autres affections chroniques. Par exemple, le diabète peut provoquer des altérations neurologiques et vasculaires susceptibles de causer des problèmes concernant la vue, le cœur ou les reins, ainsi qu'un dysfonctionnement érectile (Warren-Boulton, Greenberg, Lising et Gallivan, 1999).

5. Le problème de santé chronique touche toute la famille. La vie familiale peut être bouleversée par des renversements de rôles (Saiki-Craighill, 1997), des rôles non remplis, des pertes de revenus, du temps consacré à la gestion du traitement, des activités sociales restreintes et par le coût des traitements (Dokken et Sydnor-Greenberg, 1998). Lorsque la maladie est grave, les proches aidants éprouvent souvent du stress et de la fatigue : toute la famille a alors besoin de soins (Canam et Acorn, 1999 ; Fisher et Weiks, 2000).

6. Au quotidien, la responsabilité du traitement de la maladie repose en grande partie sur la personne et sur sa famille (Commission sur l'avenir des soins de santé au Canada, 2002). Le centre de soins des affections chroniques n'est pas l'hôpital, mais le domicile, car c'est le lieu où sont effectués les soins jour après jour. Les hôpitaux, les cliniques, les cabinets médicaux, les centres de réadaptation et les organismes communautaires (services de soins infirmiers à domicile, services sociaux, et associations et sociétés consacrées à une maladie particulière) constituent des services auxiliaires ou d'appoint pour cette gestion quotidienne à domicile.

7. L'autogestion de la santé est un processus de découverte (Michaud, 2000). Les professionnels de la santé peuvent enseigner à la personne comment prendre soin d'elle-même. Toutefois, donner de l'information sur les symptômes n'équivaut pas à les éprouver. Chaque personne doit découvrir comment son corps réagit à diverses situations (par exemple les effets de l'hypoglycémie, les activités susceptibles de provoquer l'angine de poitrine) et la façon de prévenir et de traiter de tels problèmes.

8. L'autogestion de la santé est un processus de collaboration, car elle implique à la fois des problèmes d'ordre médical, social et psychologique qui sont souvent complexes, surtout chez les personnes gravement atteintes ou chez les personnes qui composent avec plusieurs affections chroniques. Les professionnels de la santé doivent travailler conjointement avec la personne et la famille afin de leur offrir la gamme complète des soins et services dont elles ont besoin pour être en mesure d'autogérer leur santé à la maison (Gater, Goldberg, Jackson *et al.*, 1997).

9. Les affections chroniques ont un impact économique important. Elles imposent un lourd fardeau financier qui atteint, selon les estimations, 70 milliards de dollars par année au Canada (ASPC, 2005). Les sommes engagées servent surtout à payer les hospitalisations ainsi que le matériel, les médicaments et les services de soutien nécessaires. Par exemple, chez les enfants vivant avec une affection chronique, le traitement des maladies aiguës exige un séjour à l'hôpital plus long et des frais plus élevés (Hodgson et Cohen, 1999 ; Silber, Gleeson et Zhao, 1999). Il est peu probable que les coûts globaux des soins de santé diminuent tant que la fréquence des maladies chroniques et le coût des soins qu'elles nécessitent n'accuseront pas une forte tendance à la baisse.

10. Les affections chroniques posent des problèmes éthiques épineux aux personnes qui les vivent, aux professionnels de la santé et à la société (OMS, 2002). Il est extrêmement difficile de résoudre des problèmes tels que l'établissement du contrôle des coûts, l'allocation des ressources rares comme les reins et les cœurs destinés à la transplantation, l'attribution des services comme la dialyse (St-Arnaud, Bouchard, Loiselle *et al.*, 2003), la façon de définir la qualité de la vie et de déterminer quand il convient de mettre un terme aux mesures d'entretien artificiel de la vie. Les personnes, les familles et la société réagissent aux problèmes éthiques en fonction de leur propre sens moral et de leur définition de la qualité de la vie.

11. Vivre avec une affection chronique, c'est vivre dans l'incertitude (Mishel, 1999 ; Price, 1996). Les professionnels de la santé peuvent avoir une idée de l'évolution habituelle de certaines affections chroniques (par exemple la maladie de Parkinson). Mais le nombre de variables en jeu dans chaque cas (Murray *et al.*, 2005) est tellement important qu'il est impossible de prédire avec certitude le cours d'une maladie chez une personne en particulier (comment réagira-t-elle au traitement ? la maladie évoluera-t-elle ? si oui, à quelle vitesse ?). Même lorsqu'elle est en « rémission », la personne éprouve toujours la crainte d'une récidive (Smeltzer, 1992 ; Wiener et Dodd, 1993).

UNE APPROCHE INTÉGRÉE DES AFFECTIONS CHRONIQUES

La chronicité est un phénomène qui concerne non seulement les personnes directement touchées, mais aussi la société en général. C'est pourquoi de grands efforts doivent être déployés afin de favoriser la mise en place d'approches novatrices pour promouvoir la santé et prévenir la maladie. Au Canada, l'Agence de santé publique (ASPC, 2003) propose une approche intégrée dont les objectifs sont la réduction et la prévention simultanées de nombreux facteurs de risque communs aux principales affections chroniques, l'utilisation conjointe des services de santé et des ressources communautaires, la continuité et l'équilibre entre les soins de santé préventifs et la promotion de la santé avec la participation de la population aux décisions sur ce sujet et, finalement, la coopération entre les organismes gouvernementaux et les organisations non gouvernementales. Cette approche intégrée vise la mise en place d'interventions favorisant (1) la promotion de l'équité en santé (éducation, répartition du revenu, sécurité publique, logement, milieu de travail, emploi, réseaux sociaux et transport), (2) l'élaboration et la mise en œuvre de politiques de prévention des affections chroniques, (3) des services communautaires qui intègrent la participation non seulement de la personne, mais aussi de ses proches et des membres de l'environnement social qui influencent les comportements, (4) l'augmentation des mesures de prévention des affections chroniques dans les services de santé et (5) l'élaboration d'un programme de recherche et de surveillance, et d'un plan de transfert des connaissances dans la pratique.

CONSÉQUENCES POUR LES SOINS ET TRAITEMENTS INFIRMIERS

L'objectif formulé par Noiseux et Ricard (2004) s'harmonise avec cette approche intégrée, car on doit viser selon elles à fournir des soins et traitements orientés vers le rétablissement (Recherche en sciences infirmières ■). Les infirmières doivent tenir compte non seulement des aspects médicaux du problème de santé, mais aussi des dimensions physique, affective et sociale de la personne, prise dans sa globalité (Dean, 1999). Les réactions des personnes à la maladie, à l'enseignement et aux régimes thérapeutiques sont souvent différentes de celles auxquelles s'attendent les soignants. Bien que les affections chroniques aient habituellement des répercussions sur la qualité de la vie, surtout si elles sont graves (Schlenk, Erlen, Dunbar-Jacob *et al.*, 1998), les mesures prises par les personnes pour y faire face sont souvent déterminées par la façon dont celles-ci perçoivent la qualité de la vie. Les infirmières et les autres professionnels de la santé doivent reconnaître que chaque personne est unique et qu'elle fait des choix ou prend des décisions en fonction des circonstances de sa vie (Thorne, Paterson et Russell, 2003). La signification de l'autogestion pour la personne et sa famille est bien plus que la simple observance du plan thérapeutique et elle reflète toutes les décisions quotidiennes qu'elles doivent prendre en fonction de leur contexte de vie. Pour Thorne et ses collaboratrices (2003), le processus décisionnel est influencé par les divers objectifs et attentes de la personne, lesquels sont souvent contradictoires, par la représentation de sa décision, par des processus psychologiques complexes et par le contexte socioculturel (Garrou, 1998, cité par Paterson, Russell et Thorne, 2001). Par ailleurs, les personnes ont le droit de recevoir des soins sans craindre d'être «disqualifiées» ou de se voir refuser un traitement si elles ont fait des choix qui auraient pu les conduire à développer un problème de santé ou à aggraver celui-ci. Les soins et les traitements infirmiers doivent, par conséquent, avoir entre autres objectifs celui d'accompagner le processus décisionnel (Michaud et Loiselle, 2003).

Des soins centrés sur la personne et sa famille

Le rétablissement de la personne atteinte d'une affection chronique ne peut se réaliser que si celle-ci est considérée comme une personne unique, ayant le potentiel et les ressources nécessaires pour se soigner elle-même et accomplir une fonction primordiale dans la société (Noiseux et Ricard, 2005). Par le rôle qu'elles jouent auprès des personnes dans cette situation, les infirmières sont bien placées pour saisir tout ce qu'implique la vie avec un tel problème. Gadow (1990, cité dans RNAO, 2002) soutient que cette prise en compte est essentielle à la bonne pratique des soins infirmiers et témoigne de la contribution unique des soins infirmiers dans la planification de soins et de services qui répondent vraiment aux besoins des personnes et de leur famille. Cette conception des soins centrés sur la personne et sa famille plutôt que sur le traitement a fait ses preuves (RNAO, 2002). Elle s'avère indiquée pour amener les personnes à autogérer leur santé en vue de favoriser leur rétablissement.

Les infirmières qui exercent leur profession selon une conception des soins centrés sur la personne et sa famille adhèrent aux valeurs et aux croyances suivantes (RNAO, 2002):

- La reconnaissance de la primauté des désirs, des préoccupations, des valeurs, des priorités, des perspectives et des ressources de la personne et de ses proches. Les soins prodigués par l'équipe soignante tournent autour des objectifs de la personne.

- La reconnaissance de la personne comme un être à part entière et unique, et non pas comme un problème ou un diagnostic. Cette personne est l'experte de sa propre vie et le leader pour le partage des renseignements, la prise de décision, les soins en général et la participation d'autres personnes aux soins.

- Les soins privilégient la réceptivité, l'accès universel et la rapidité de la réponse aux besoins. Il importe d'assurer la continuité et l'uniformité des soins.

Ces valeurs et ces croyances doivent être présentes dans tous les aspects des soins et des services. Concrètement, leur mise en application dans les soins au quotidien exige que l'infirmière puisse:

1. formuler les principales préoccupations ou les besoins de la personne et de sa famille en fonction des connaissances dont disposent celles-ci;

2. accompagner la personne et sa famille dans la prise de décision;

3. prodiguer des soins en favorisant la pleine participation de la personne et de sa famille;

4. évaluer la prestation des soins et des résultats liés à la santé.

Cette démarche s'appuie sur des questions et des interventions (RNAO, 2002; Santé Canada, 1997; Wright et Leahey, 2001). On peut s'en servir auprès des collectivités en utilisant des questions adaptées à des groupes, en procédant par sondage ou en formant des groupes de discussion. Toutefois, nous la présentons ici dans le cadre d'une entrevue avec une personne et les membres de sa famille.

RECHERCHE EN SCIENCES INFIRMIÈRES 10-1

Le rétablissement : un phénomène aux multiples dimensions

S. Noiseux, et N. Ricard (2005). Le rétablissement de personnes vivant avec la schizophrénie. *Perspective infirmière, 3*(2), 11-22.
Les sections « Objectifs », « Dispositif et échantillon » et « Résultats » sont tirées de la thèse de doctorat (Noiseux, 2004).

OBJECTIF

Au Québec, la schizophrénie représente l'un des troubles mentaux les plus graves et elle occasionne des coûts économiques et sociaux les plus lourds parmi les divers problèmes de santé. Le phénomène de rétablissement des personnes vivant avec la schizophrénie questionne autant les chercheurs que les intervenants du domaine de la santé mentale en raison de la notion de chronicité associée à cette maladie. L'objectif de cette étude était de rejoindre des groupes de personnes directement concernées par le rétablissement pour comprendre et décrire en profondeur ses diverses dimensions et de proposer une explication théorique de ce phénomène complexe. Cette étude repose sur un devis qualitatif et vise à répondre à la question de recherche suivante : « Comment le rétablissement est-il perçu et décrit par des personnes vivant avec la schizophrénie, par des proches et par des intervenants qui interagissent auprès de ces personnes ? »

DISPOSITIF ET ÉCHANTILLON

L'approche de la théorisation ancrée a été retenue comme méthode de recherche, car elle permet de développer une théorie enracinée dans la réalité (*grounded theory*). La collecte et l'analyse des données ont été effectuées à partir de 41 entrevues semi-structurées avec des personnes vivant avec la schizophrénie, des proches et des intervenants. Les entrevues ont été enregistrées et transcrites intégralement. Le processus d'analyse du contenu des entrevues a été réalisé selon le modèle de Strauss et Corbin qui suggère trois étapes permettant l'organisation et l'analyse des données visant la conceptualisation du phénomène à l'étude.

RÉSULTATS

Il ressort sept « conditions » qui caractérisent le rétablissement, soit : l'expérience de la schizophrénie, la descente aux enfers, le jaillissement d'une étincelle, la démarche personnelle d'introspection, l'activation de dispositions combatives, la découverte de clefs d'un mieux-être, la capacité de manœuvrer le jeu du rapport inégal des forces intérieures et extérieures, et la perception d'une lumière au bout du tunnel. Ainsi, de par la persistance des symptômes schizophréniques qui l'envahissent, la personne voit son existence basculer et peut en

arriver à vivre cette expérience comme une véritable descente aux enfers. Rendue au plus profond de cette descente où la souffrance est devenue incommensurable, la personne peut ressentir une étincelle ou un déclic qui l'amène à se livrer elle-même à une démarche d'introspection. Ces événements, s'ils surviennent chez une personne dont les dispositions sont combatives, représentent des conditions qui influencent le rétablissement. Ces conditions conduisent à la découverte de clefs d'un mieux-être qui permettent à la personne de manœuvrer les forces intérieures et extérieures pour enfin percevoir une lumière au bout du tunnel. Finalement, l'ensemble de ces résultats nous a permis de définir le rétablissement comme : « Un processus non linéaire caractérisé par des mouvements intrinsèques qui résident dans le rôle d'acteur que la personne adopte pour se reconstruire un sens de soi ainsi que pour manœuvrer le jeu du rapport inégal des forces intérieures et extérieures dans le but de se tracer des voies dans le monde social et de ressentir un mieux-être dans toutes ses dimensions biopsychosociales ». Les participants de l'étude s'accordent aussi pour dire que le rétablissement n'exclut pas la présence de symptômes et de rechutes mais permet, le temps d'un épisode de crise, de réaliser le chemin parcouru et de se redonner le souffle nécessaire pour reprendre où on a laissé dans l'apprentissage à vivre avec la schizophrénie.

IMPLICATIONS POUR LA PRATIQUE INFIRMIÈRE

Cette conception du rétablissement (ou *recovery*) peut influer sur la façon dont les infirmières envisagent ou évaluent l'évolution de l'état de santé des personnes vivant avec une affection chronique et leur permet, par conséquent, de mieux planifier leurs interventions. Elle met en évidence le fait qu'il est important de stimuler, par une approche biopsychosociale, le potentiel des personnes et leurs ressources, dans le contexte d'une pratique basée sur l'acceptation des différences et sur l'espoir. Concernant les soins aux personnes vivant avec la schizophrénie, les auteurs orientent les infirmières œuvrant en santé mentale vers la reconnaissance des éléments des contextes interactionnel et structurel qui contribuent à l'exclusion sociale. Cette reconnaissance devrait mener à un engagement social et politique destiné à faciliter l'intégration sociale des personnes vivant avec la schizophrénie.

Formuler les préoccupations et les besoins, et repérer les ressources

Les préoccupations, les besoins et les ressources de la personne peuvent être explorés au moyen des questions suivantes :

Signification de l'expérience et priorités

- Comment vivez-vous votre expérience ? Avez-vous déjà vécu une expérience comme celle-ci ? Qu'est-ce qui vous a le plus aidé ?

- Quels sont vos objectifs (ou vos attentes) en ce qui a trait à votre santé ?

- Comment souhaitez-vous participer à vos soins ?

- Quels sont vos besoins en matière d'information ?

- Quelle est votre principale préoccupation ?

- Quelles sont vos principales ressources (forces) ?

Espoirs et préférences

- Quelle est votre définition de la qualité de vie ? Comment saurez-vous que vos espoirs sont comblés à cet égard ?

- Quelles sont vos attentes envers l'équipe de soins ?

Ressources personnelles et familiales

(La famille est définie ici comme tout être proche que la personne considère comme important ; Wright et Leahey, 2001)

- Comment avez-vous appris à autogérer votre santé jusqu'à présent ? Qui vous y aide ? Quelles sont vos principales difficultés ? vos principaux intérêts ?

- Outre l'équipe soignante et vous-même, qui devrait, selon vous, participer à vos soins?
- Qui doit prendre des décisions en votre nom si vous n'êtes pas capable de le faire vous-même?

Une fois les préoccupations, les besoins et les ressources connus, l'infirmière a des responsabilités à l'égard de l'équipe de soins quant à la divulgation de l'information. De plus, elle est en mesure de fournir l'enseignement demandé, au rythme qui convient à la personne. Enfin, elle assure la continuité des soins en consignant l'information obtenue.

Accompagner la personne et sa famille dans la prise de décision

Lorsqu'elle connaît les préoccupations de la personne et son désir de participer aux décisions qui la concernent, l'infirmière peut l'aider, grâce aux questions suivantes, à dégager les choix qui s'offrent à elle et à voir les possibilités et les ressources disponibles.

Choix

- Quelles sont les possibilités, à votre avis?
- De quoi avez-vous besoin pour faire un choix?
- Quelles sont les conséquences que vous prévoyez pour chacun de ces choix?

Possibilités et ressources

- De quoi avez-vous besoin pour vous aider à prendre une décision concernant les possibilités qui vous offertes?
- Qu'est-ce qui vous aiderait à prendre une décision concernant les soins de réadaptation (au domicile, par le CLSC, ou en centre de réadaptation)?

Après avoir soutenu la prise de décision, l'infirmière peut inviter la personne et sa famille à participer aux rencontres d'équipe dont le but est de planifier les soins qui les concernent. Quelles que soient ses valeurs, l'infirmière doit respecter les décisions de la personne. S'il y a conflit de valeurs, l'infirmière cherchera à le résoudre en écoutant, en cherchant à comprendre, en vérifiant les aspects légaux de ces décisions et en obtenant des renseignements auprès de diverses ressources. Une fois le conflit réglé, s'il y a lieu, l'infirmière consigne au dossier les décisions de la personne et de la famille et, si ces dernières ne peuvent être présentes lors des rencontres d'équipe, les communique aux autres membres de l'équipe de soins.

Prodiguer les soins en favorisant la participation de la personne et de sa famille

Lorsqu'elle prodigue des soins, l'infirmière doit:

- Favoriser la participation de la personne et de sa famille dans la mesure où celles-ci le désirent.
- Les inviter à partager leurs connaissances ou leurs compétences.
- Fournir des renseignements touchant la promotion de la santé. L'équipe de l'Hôpital Charles-LeMoyne résume par l'acronyme PLAISIR (Reeves, Michaud, Loiselle, Lapointe, 2001-2002) les différents thèmes qui peuvent être abordés selon la disponibilité et l'intérêt de la personne et de sa famille : P (reprise des activités **p**hysiques),

L (activités de **l**oisir), A (activités liées à l'**a**utogestion de la santé: alimentation, médication, traitement), I (activités d'**i**nteraction sociale), S (activités pour soutenir la **s**piritualité: espoir et foi), I (**i**nspiration sans fumée) et R (activités de **r**epos et **r**elaxation).

- Utiliser un niveau de langage approprié (par exemple, avec ou sans termes techniques).
- Avoir recours à des stratégies qui renforcent la confiance:
  - Se présenter et appeler la personne par le nom qu'elle préfère.
  - Donner à la personne des renseignements écrits ou visuels qui lui permettent de connaître les membres de l'équipe; expliquer le rôle de chacun et nommer la principale personne-ressource.
- Faire preuve de respect et d'estime envers la personne en l'écoutant avec ouverture d'esprit:
  - Écouter, valider sa compréhension.
  - S'informer régulièrement auprès de la personne de son expérience concernant les soins et les services qu'elle reçoit.
- Utiliser un langage positif lorsqu'elle s'entretient avec la personne et sa famille.
  - Utiliser les mots mêmes de la personne pour décrire les situations (par exemple : « M. Légaré dit qu'il ne veut pas prendre ses pilules parce que… »; ou « Mme Saintonge dit qu'elle ne veut pas se lever parce que… »).
  - Utiliser un langage qui fait ressortir les points forts (par exemple : au lieu de dire qu'une personne est exigeante ou « contrôlante », dire qu'elle connaît bien ses besoins).
  - Ne pas parler d'obéissance ou de résistance au changement.
  - Ne pas désigner les personnes par leur diagnostic ou leur problème.
- Faire participer la famille ou les proches selon les souhaits de la personne.
- S'assurer que les objectifs de la personne sont à la base de la coordination, de la continuité et de l'uniformité des soins:
  - Élaborer le plan thérapeutique avec la personne ou prendre des mesures qui permettent d'atteindre ses objectifs.
  - Savoir ce que la personne pense de la coordination des soins ou des services et en faire part au médecin responsable ou à toute personne chargée de la planification du congé (par exemple : La personne comprend-elle le rôle des prestataires de services? Les renseignements fournis sont-ils uniformes?).
  - Planifier le congé en dressant avec la personne la liste de ses ressources familiales (écocarte) et en faisant la promotion des ressources communautaires (par exemple: professionnels de la santé, groupes de soutien).
  - Servir de ressource (par exemple pour savoir à qui demander de l'aide ou comment obtenir une consultation avec les professionnels de la santé après le congé).
- Faciliter l'apprentissage et le développement personnel en aidant la personne à repérer les problèmes qui peuvent survenir en cours de traitement, à apprendre de ses

expériences, à expérimenter et à porter une attention particulière à des étapes ou à des moments charnières qui comportent des défis particuliers.

■ Offrir un environnement propice au développement des compétences d'autogestion en matière de santé afin que la personne puisse se rétablir, expérimenter en toute sécurité et développer sa capacité de fonctionner dans la communauté. Certaines personnes auront davantage besoin de l'aide d'un professionnel dans les premiers temps et préféreront par la suite fréquenter un groupe de soutien dans la communauté. D'autres souhaiteront être rapidement mises en rapport avec des personnes vivant la même expérience qu'elles. L'important est de permettre l'accès à des ressources variées.

Évaluer les résultats

Pour faire participer la personne à l'évaluation des soins et de leurs résultats sur sa santé, l'infirmière peut demander :

■ Comment sont les soins que vous recevez ?

■ Que pensez-vous de vos progrès ?

■ Quels sont les moyens qui vous permettraient de réaliser des progrès satisfaisants pour vous ?

■ Qu'est-ce que je peux faire d'autre pour vous aider ?

■ Qu'est-ce qui vous aide le plus dans ce que font les professionnels de la santé ?

■ Comment pourrions-nous améliorer les soins que nous vous prodiguons ?

Si possible, l'infirmière modifiera le plan afin d'améliorer la qualité des soins selon le point de vue de la personne et de sa famille.

MISE EN PRATIQUE

L'histoire de M. Surprenant permettra de mettre en application les concepts sur lesquels se fondent les soins centrés sur la personne et sa famille. Cette histoire s'inspire des travaux de Loiselle, Brunelle et Daniel (2003).

M. Surprenant, âgé de 64 ans, est atteint d'une maladie rénale chronique consécutive au diabète et à l'hypertension. Il est suivi à la clinique de prévention des maladies rénales chroniques depuis 6 mois. Il se présente à l'urgence, accompagné de sa femme, pour une dyspnée importante et un œdème des membres inférieurs. Sa femme explique qu'ils ont célébré deux anniversaires durant la fin de semaine et que les tentations alimentaires ont été nombreuses. Lors de l'évaluation clinique, les signes vitaux sont les suivants : PA 190/95 ; FR 32/min ; FC 99/min et T⁰ 36,8. La liste des médicaments comprend Novolin ge Toronto et Novolin ge NPH selon la glycémie ; Lasix, 40 mg Die ; Adalat XL, 60 mg Die et Avapro, 300 mg Die. Le bilan sanguin donne les résultats suivants : potassium, 6 mmol/L ; créatinine, 297 mmol/L ; urée, 32 mmol/L ; glycémie, 12 mmol/L ; sodium, 139 mmol/L ; calcium, 0,96 mmol/L ; phosphore, 2,1 mmol/L ; bicarbonate, 18 mmol/L et hémoglobine, 110 mmol/L. À la lumière de l'évaluation clinique, on hospitalise la personne à l'unité

de médecine/néphrologie pour remédier à une surcharge liquidienne, survenue à la suite d'une décompensation rénale. Vous êtes l'infirmière affectée aux soins de M. Surprenant.

Formuler les préoccupations et les besoins, et repérer les ressources

Vous procédez à la collecte des données sur M. Surprenant dès son admission à l'unité et vous vous informez de ses principales préoccupations. Vous apprenez qu'il est atteint du diabète de type 2 depuis une dizaine d'années et d'hypertension depuis plus de vingt ans. La gestion et la maîtrise du diabète se sont révélées plus difficiles depuis qu'il est à la retraite, car il est moins actif et a plus souvent l'occasion d'aller au restaurant. Récemment, le néphrologue de la clinique de prévention des maladies rénales chroniques a modifié son régime médicamenteux dans le but de ralentir la progression de la maladie rénale. M. Surprenant vous mentionne qu'il a beaucoup de nouveaux médicaments dont il connaît peu les mécanismes d'action et les effets secondaires. Il se dit très préoccupé par sa maladie rénale et craint de se retrouver en dialyse. Lors de sa dernière visite chez le néphrologue, celui-ci estimait, en raison du taux de filtration glomérulaire (TFG), que ses reins fonctionnaient à 30 % et qu'il devait envisager, à court ou à moyen terme, un traitement de suppléance rénale. M. Surprenant a du mal à comprendre pourquoi il en est arrivé là. Sa femme s'inquiète aussi des traitements de dialyse et elle trouve qu'il prend trop de médicaments. Vous tentez alors de connaître leurs attentes envers l'équipe de soins durant l'hospitalisation, ainsi que leurs priorités en matière d'information. M. Surprenant pose des questions : Pourquoi est-il atteint de maladie rénale ? A-t-il besoin de traitements de suppléance rénale (dialyse) dès maintenant ?

Accompagner la personne et sa famille dans la prise de décision

Le couple Surprenant n'a pas l'impression de pouvoir faire des choix et il croit que la dialyse est inéluctable. Vous comprenez leur réaction et vous leur proposez de revoir leurs connaissances sur la maladie rénale chronique, sur les moyens d'en ralentir la progression et sur les options en matière de suppléance rénale. Le couple souhaite qu'on s'emploie en priorité à ralentir la progression de la maladie. Vous planifiez alors avec eux un plan d'enseignement visant les éléments de promotion et de prévention suivants : la gestion et la maîtrise rigoureuses du diabète, la gestion et la maîtrise rigoureuses de l'hypertension, l'utilisation de médicaments rénoprotecteurs (inhibiteurs de l'enzyme de conversion de l'angiotensine [IECA] et antagonistes des récepteurs de l'angiotensine II [ARA]), l'amélioration des aspects nutritionnels et le traitement des complications (anémie, maladies osseuses dont l'ostéodystrophie rénale). Dans un esprit de partenariat, vous validez ce plan et encouragez le couple à s'engager dans une démarche d'autogestion de la santé. De plus, vous leur mentionnez que vous allez transmettre leurs inquiétudes au néphrologue pour qu'il puisse leur expliquer la situation.

Prodiguer les soins avec la participation de la personne et de sa famille

Afin de mettre en valeur ses forces et ses compétences, vous demandez à M. Surprenant d'expliquer ce qu'il sait de la maladie rénale chronique. Vous offrez également la possibilité à sa femme de le faire. En vous appuyant sur leurs connaissances, vous passez en revue les rôles du rein et vous utilisez, comme soutien à l'enseignement, les résultats des analyses du sang de M. Surprenant. Par exemple, lorsque vous traitez de la filtration du sang par le rein, vous faites le lien entre la valeur élevée de la créatinine sanguine et la capacité amoindrie de ses reins à éliminer les déchets circulant dans le sang. Vous pourrez aussi traiter du rôle du rein quant à la production d'une hormone qui contribue à la fabrication des globules rouges en faisant le lien avec le taux d'hémoglobine, si M. Surprenant parle de sa fatigue. Tout au long de l'enseignement, vous vous assurez de respecter leur rythme d'apprentissage, leur capacité d'enrichir leurs connaissances et leur satisfaction par rapport à l'information donnée.

Au cours de l'enseignement, vous permettez à M. Surprenant et à sa femme d'acquérir un sentiment de compétence dans leur expérience de l'autogestion de la maladie rénale chronique. Vous les aidez à reconnaître les problèmes qui peuvent survenir en cours de traitement, à apprendre de leurs expériences et à expérimenter de nouvelles façons de faire en cours d'hospitalisation. Vous invitez M. Surprenant à vous faire part de son expérience d'autogestion du diabète et de l'hypertension. Vous faites ressortir les comportements d'autogestion qui sont utiles à la prévention de la maladie rénale et vous soulignez ses forces personnelles et familiales.

Vous révisez ce qu'il faut surveiller en priorité pour freiner la maladie rénale : glycémie et pression artérielle. Vous donnez à chacun l'occasion de démontrer son savoir-faire en expliquant la technique du glucomètre, la cible à atteindre (entre 4 et 6 mmol/L à jeun) et les actions à poser selon les résultats obtenus. Vous vérifiez avec le couple s'il y a lieu que la nutritionniste se joigne à la conversation pour ce qui est de l'alimentation. Mme Surprenant propose d'organiser une promenade quotidienne avant le souper pour divertir son mari de ses fringales avant les repas. Vous soulignez alors la solidarité du couple ainsi que l'excellence de l'idée proposée. Lors de l'apprentissage de l'autogestion de l'hypertension, vous suivez la même démarche : technique de l'automesure de la pression artérielle, cibles visées, médication, actions selon les résultats obtenus, partenaires possibles (le pharmacien, par exemple). Toujours dans le but de rendre M. Surprenant et sa femme aptes à gérer la maladie rénale chronique, vous indiquez quelques signes et symptômes de l'évolution de la maladie rénale et les mesures à prendre s'ils se manifestent. Vous leur demandez de se rappeler les événements précédant l'hospitalisation et vous faites des liens avec les signes et symptômes de la décompensation rénale. Ainsi, vous reliez entre eux les signes d'œdème des membres inférieurs, le gain de poids, l'élévation de la pression artérielle, les difficultés respiratoires, la diminution des urines et la rétention de liquides. Vous informez M. Surprenant qu'il doit communiquer avec l'infirmière de la clinique de prévention des maladies rénales chroniques si ces symptômes surviennent. L'infirmière pourra réagir rapidement en collaboration avec le néphrologue pour planifier un rendez-vous et, peut-être, retarder une détérioration ou éviter une hospitalisation et ses inconvénients. Si M. Surprenant ne la connaît pas, vous pouvez amorcer un contact téléphonique pour encourager la communication et assurer la continuité des soins.

En prévision du départ de l'hôpital, vous réalisez une écocarte qui fait état des ressources dont dispose le couple. Vous présentez à celui-ci les différentes ressources communautaires auxquelles il pourrait s'adresser lorsque les traitements de suppléance rénale seront inévitables : la Fondation canadienne des maladies du rein et l'Association générale des insuffisants rénaux (AGIR). Vous lui remettez les numéros de téléphone de ces deux groupes communautaires.

Puisque vous connaissez bien les préoccupations et les besoins d'apprentissage de la personne et de sa famille, vous êtes en mesure de transmettre leur point de vue aux autres membres de l'équipe. Par conséquent, vous informez le néphrologue qu'elles ont besoin d'explications sur l'éventualité des traitements de suppléance rénale. Vous faites le suivi auprès de la nutritionniste pour qu'elle puisse adapter le régime alimentaire au stade de la maladie rénale chronique. Une diète faible en protéines s'avère efficace pour ralentir la progression de l'affection et la nutritionniste aura à produire un régime équilibré pour éviter la dénutrition. Vous faites intervenir le pharmacien pour qu'il complète l'enseignement sur la médication et examine la possibilité de la simplifier. Vous pouvez amorcer une conversation sur le fardeau financier qu'impose le régime médicamenteux et offrir une rencontre avec un travailleur social, si nécessaire.

Évaluer les résultats

L'évaluation des résultats est un exercice crucial, qui s'intègre à toutes les étapes de votre démarche : lorsque vous formulez les préoccupations, facilitez la prise de décision et prodiguez des soins et des services. Vous vous informez de la satisfaction du couple quant aux explications fournies. Vous tentez de préciser les interventions que le couple a trouvées les plus utiles et celles qui devraient être améliorées. Vous communiquez les valeurs objectives de l'état de santé : poids, pression artérielle, bilan sanguin et autres. Vous vérifiez si ces valeurs correspondent à un certain mieux-être. La participation de la personne et de sa famille à l'évaluation des soins fait aussi partie de l'apprentissage de l'autogestion de la santé.

EXERCICES D'INTÉGRATION

1. Un homme de 53, qui est traité pour de l'asthme depuis 5 ans, refuse aujourd'hui de prendre régulièrement les médicaments prescrits. Malgré ses capacités de prise de décision et sa réussite professionnelle, il est totalement démuni devant son problème d'asthme, qui lui cause une très grande anxiété. Il n'est plus suivi par son médecin qui, selon lui, ne l'écoutait pas assez. Il a décidé de se soigner lui-même. Aujourd'hui, il téléphone à la clinique où vous travaillez : son asthme s'est détérioré. Comment l'aborderez-vous ? Comment assurerez-vous le suivi ? (Source : Santé Canada, 1997).

2. Une étudiante âgée de 25 ans, qui a consulté des médecins et s'est fait dire pendant des années que ses symptômes étaient « imaginaires », apprend qu'elle est atteinte de fibromyalgie. À cause d'une fatigue et d'une douleur chroniques, elle a souvent sauté des cours et a fini par abandonner ses études. Son mari ne l'aide pas beaucoup, car il croit que la maladie n'existe que « dans sa tête ». Comment aiderez-vous cette femme à composer avec sa maladie et avec les conséquences de celle-ci sur sa vie familiale et sa vie sociale ?

3. On vient de diagnostiquer un trouble bipolaire chez un jeune homme âgé de 19 ans. Ce dernier est convaincu que sa consommation de marijuana, laquelle a maintenant cessé, est à l'origine de son problème. Il ne veut pas en savoir plus sur sa maladie et il refuse de prendre ses médicaments. Comment l'aborderez-vous ? Quels sont les éléments de son développement dont vous devrez tenir compte ?

4. Une femme âgée de 85 ans va bientôt quitter l'hôpital où elle a été soignée pour une insuffisance cardiaque aiguë. En quoi l'enseignement et la planification du congé destinés à cette femme différeront-ils de ceux que l'on met au point pour une personne âgée de 45 ans rentrant chez elle après un infarctus aigu du myocarde ?

5. À la suite d'une colite, un homme de 58 ans a été opéré d'urgence et il est maintenant porteur d'une iléostomie. Depuis l'intervention chirurgicale, il refuse d'effectuer ses autosoins. Son attitude est claire : c'est aux professionnels de la santé qu'il revient de s'occuper de lui. Il ne participe pas à ses soins, reste au lit et ne regarde pas son iléostomie. Plus les membres de l'équipe soignante l'encouragent et lui offrent leur soutien, plus il se montre passif et agressif verbalement. Certaines infirmières disent : « C'est à vous de décider : si vous ne nous dites pas ce dont vous avez besoin, nous ne pouvons pas décider pour vous. » Comment l'aborderez-vous ? Comment assurerez-vous le suivi ? (Source : Santé Canada, 1997).

6. Une Autochtone âgée de 43 ans vous dit qu'elle a toujours soif et qu'elle souffre souvent de vaginite. Elle ajoute qu'elle n'a pas subi de test de Papanicolaou, ni d'examen physique depuis la naissance de son dernier enfant, il y a 8 ans. Elle estime que les soins prodigués ne respectent pas sa conception de la santé ? Comment trouverez-vous les ressources qui lui permettront de bénéficier de soins de santé ?

7. Un homme d'origine haïtienne, âgé de 45 ans, est atteint de sclérose en plaques : il est actuellement en rémission. Son médecin lui a conseillé d'entreprendre un programme d'exercices réguliers. Il vous demande pour quelles raisons il devrait faire de l'exercice puisque, de toute façon, sa maladie va un jour ou l'autre empirer. Il a un emploi de chauffeur de taxi. Il vit avec sa femme qui travaille à la maison et ses trois enfants adolescents, tous écoliers. Comment lui expliquerez-vous le lien qui existe entre les activités de promotion de la santé et la qualité de la vie ? Comment vous y prendrez-vous pour l'amener à envisager d'entreprendre un programme d'exercices ? Que pourrait faire sa famille pour l'aider ?

RÉFÉRENCES BIBLIOGRAPHIQUES
en anglais • en français

L'astérisque indique un compte rendu de recherche en soins infirmiers.

ASPC (2003). *Les maladies chroniques.* Agence pour la santé publique du Canada (page consultée le 22 novembre 2005), [en ligne], http://www.phac-aspc.gc.ca/ccdpc-cpcmc/topics/chronic-disease_f.html.

ASPC (2005). *Promotion de la santé et prévention et contrôle des maladies chroniques* (page consultée le 22 novembre 2005), [en ligne], http://www.tbs-sct.gc.ca/est-pre/20052006/PHAC-ASPC/PHAC-ASPCr5601_f.asp.

Baker, L.M. (1998). Sense making in multiple sclerosis: The information needs of people during an acute exacerbation. *Qualitative Health Journal, 8*(1), 106–120.

Bryant, S., Walsh, P. (2003). *L'exercice physique et l'obésité.* Santé Canada (page consultée le 22 novembre 2005), [en ligne], http://www.phac-aspc.gc.ca/publicat/whsr-rssf/pdf/WHSR_Chap_5_f.pdf.

*Canam, C., & Acorn, S. (1999). Quality of life for family caregivers of people with chronic health problems. *Rehabilitation Nursing, 24*(5), 192–196.

Carroll, L.W. (1998). Understanding chronic illness from the patient's perspective. *Radiologic Technology, 70*(1), 37–41.

Commission sur l'avenir des soins de santé au Canada (2002). Les soins à domicile au Canada. Université de Windsor (page consultée le 30 novembre 2005), [en ligne], http://www.hc-sc.gc.ca/francais/soins/romanow/hcc0586.html.

Corbin, J., & Strauss, A. (1991). A nursing model for chronic illness management based upon the trajectory framework. *Scholarly Inquiry for Nursing Practice, 5*(3), 155–174.

*Davis, R.N., & Magilvy, J.K. (2000). Quick Pride: The experience of chronic illness by rural older adults. *Journal of Nursing Scholarship, 32*(4), 385–390.

Dean, P.R. (1999). Personal perception of chronic illness. *Home Care Provider, 4*(2), 54–57.

Dokken, D.L., & Sydnor-Greenberg, N. (1998). Helping families mobilize their personal resources. *Pediatric Nursing, 24*(1), 66–69.

Fisher, L., & Weiks, K.L. (2000). Can addressing family relationships improve outcomes in chronic disease? Report of the National Working Group on Family-Based Interventions in Chronic Disease. *Journal of Family Practice, 49*(6), 561–566.

Ford E.S., Giles W.H., & Dietz W.H. (2002) Prevalence of the metabolic syndrome among US adults: findings from the Third National Health and Nutrition Examination Survey. *Journal of the American Medical Association, 287,* 356-359.

Fougeyrollas, P. (1998). Changements sociaux et leurs impacts sur la conceptualisation du processus de handicap. *Réseau international CIDIH et facteurs environnementaux, 9*(2-3), 7-13.

Gater, R., Goldberg, D., Jackson, G., Jennett, N., Lowson, K., Ratcliffe, J., Saraf, T., Warner, R. (1997). The care of patients with chronic schizophrenia: a comparison between two services. *Psychological Medicine. 27*(6):1325-1336.

Hellstrom, O., Lindqvist, P., & Mattsson, B. (1998). A phenomenological analysis of doctor-patient interaction: a case study. *Patient Education & Counseling, 33*(1), 83–89.

Hodgson, R.A., & Cohen, A.J. (1999). Medical care expenditures for diabetes, its chronic complications, and its comorbidities. *Previews in Medicine, 29*(3), 173–186.

Jenkins, C.D. (2003). *Building better health. A handbook of behavior change.* Washington: Pan American Health Organization.

Juarbe, T.C. (1998). Risk factors for cardiovascular disease in Latina women. *Progress in Cardiovascular Nursing, 13*(2), 17–27.

Kempen, G.I., Ormel, J., Brilman, E.I., & Relyveld, J. (1997). Adaptive responses among Dutch elderly: the impact of eight chronic medical conditions on health-related quality of life. *American Journal of Public Health, 87*(1), 38–44.

Kickbusch, I. (1997). *Think health: What makes the difference?* Paper Presented at the Fourth International Conference on Health Promotion, World Health Organization, Jakarta, July.

*Koch, T., Kralik, D., & Taylor, J. (2000). Men living with diabetes: minimizing the intrusiveness of the disease. *Journal of Clinical Nursing, 9*(2), 247–254.

Lewis, K.S. (1998). Emotional adjustment to a chronic illness. *Lippincott's Primary Care Practice, 2*(1), 38–51.

Loiselle, M.-C., Brunelle, G.D., Daniel, N. (2003). Vers une meilleure compréhension de la prise en charge globale. *Perspective infirmière, 1*(2), 47, 51-56.

Loiselle, M.-C., Michaud C. (2004). Recherche-action et infirmière comme cochercheure. Congrès de l'Ordre des infirmières et des infirmiers du Québec. Palais des Congrès. Montréal.

Lubkin, I.M., Larsen, P. (2006). *Chronic illness: Impact and interventions.* Boston: Joes & Barlett Pub.

Major, D. (2005). Les soins palliatifs au Québec : Où en sommes-nous ? Où allons-nous ? Conférence scientifique. Greenfield Park : Centre de recherche – Hôpital Charles-LeMoyne.

Michaud, C. (2000). Apprentissage de parents et d'infirmières lors de l'application du PRIFAM. Thèse de doctorat. Université de Montréal (page consultée le 30 novembre), [en ligne], www.theses.umontreal.ca/theses/nouv/michaud_c/these.pdf.

Michaud, C., Loiselle, M.C. (2003). L'évaluation d'un programme de prédialyse. *Perspective infirmière, 1*(2), 41-46.

Milde, F.K., Hart, L.K., Fearing, M.O. (1996). Sexuality and fertility concerns of dialysis patients. *American Nephrology Nurses Association, 23*(3), 307-313.

Miller, M. (1999). Clinical sidebar. *Image: Journal of Nursing Scholarship, 31*(2), 125.

Mishel, M.H. (1999). Uncertainty in chronic illness. *Annual Review of Nursing Research, 17*, 269–294.

Murray, S.A., Kendall, M., Boyd, K., Sheikh, A. (2005). Illness trajectories and palliative care. *British Journal of Medicine, 330*, 1007-1011.

Noiseux, S. (2004). Élaboration d'une théorie du rétablissement de personnes vivant avec la schizophrénie. Thèse de doctorat non publiée. Université de Montréal.

Noiseux, S., Ricard, N. (2005). Le rétablissement de personnes vivant avec la schizophrénie. *Perspective infirmière, 3*(2), 11-22.

OMS (2002). *Réduire les risques et promouvoir une vie saine.* Rapport sur la santé dans le monde (page consultée le 22 novembre 2005), [en ligne], http://www.who.int/whr/2002/fr/index.html.

OMS (2003). Des soins novateurs pour les affections chroniques. Rapport mondial. Genève : Organisation mondiale de la santé (page consultée le 8 novembre 2005), [en ligne], http://whqlibdoc.who.int/publications/2003/9242590177.pdf.

Paterson, B. L., Russell, C.,& Thorne, S. (2001). Critical analysis of everyday self-care decision making in chronic illness. *Journal of Advanced Nursing, 35*, 335-341.

Pettie, D., & Triolo, A.M. (1999). Illness as evolution: The search for identity and meaning in the recovery process. *Psychiatric Rehabilitation Journal, 22*(3), 255-263.

*Price, B. (1996). Illness careers: the chronic illness experience. *Journal of Advanced Nursing, 24*(2), 275–279.

Rapoport, J., Jacobs, P., Bell, N. Klarenbach, S. (2004). Pour une mesure plus précise du fardeau économique des maladies chroniques au Canada. *Maladies chroniques au Canada, 25*(1), (page consultée le 8 novembre 2005), [en ligne], http://www.phac-aspc.gc.ca/publicat/cdic-mcc/25-1/c_f.html.

Reeves, I., Michaud, C., Loiselle, M.-C., Lapointe, E. (2001-2002). Développement et évaluation d'un programme de mieux-être PLAISIR : projet pilote. Projet de recherche subventionné par la Fondation de recherche en sciences infirmières du Québec.

RNAO (2002). *Soins axés sur les besoins du client.* Ligne directrice sur les pratiques exemplaires en soins infirmiers. Association des infirmières et infirmiers de l'Ontario (page consultée le 30 novembre 2005), [en ligne], www.rnao.org/bestpractices/PDF/french/Soins_axés_sur_les_besoins_du_client.pdf.

Sadowski, A.V., & Redeker, N.S. (1996). The hypertensive elder: a review for the primary care provider. *Nurse Practitioner, 21*(5), 105–112.

*Saiki-Craighill, S. (1997). The children's sentinels: mothers and their relationships with health professionals in the context of Japanese health care. *Social Science and Medicine, 44*(3), 291–300.

Santé Canada (1997). *Prendre en main sa santé* (page consultée le 26 novembre), [en ligne], http://www.hc-sc.gc.ca/hcs-sss/pubs/care-soins/1997-self-auto-contribut/table-tableau-1_f.html.

Santé Canada (2004). *Enquête de surveillance de l'usage du tabac au Canada* (page consultée le 22 novembre 2005), [en ligne], http://www.hc-sc.gc.ca/hl-vs/tobac-tabac/research-recherche/stat/ctums-esutc/2004/index_f.html.

*Schlenk, E.A., Erlen, J.A., Dunbar-Jacob, J., McDowell, J., Engberg, S., Sereika, S.M., Rohay, J.M., & Bernier, M.J. (1998). Health-related quality of life in chronic disorders: a comparison across studies using the MOS SF-36. *Quality of Life Research, 7*(1), 57–65.

Schultz, S. E., Kopec, J.A. (2003). Effet des problèmes de santé chroniques. Rapports sur la santé, *14*(4), Statistique Canada, n° 82-003 au catalogue (page consultée le 22 novembre 2005), [en ligne], http://www.statcan.ca/francais/studies/82-003/archive/2003/14-4-c_f.pdf.

Sidell, N.L. (1997). Adult adjustment to chronic illness: a review of the literature. *Health and Social Work, 22*(1), 5–11.

Silber, J.H., Gleeson, S.P., & Zhao, H. (1999). The influence of chronic disease on resource utilization in common acute pediatric conditions. Financial concerns for children's hospitals. *Archives of Pediatrics and Adolescent Medicine, 153*(2), 169–179.

Smeltzer, S.C. (1992). Use of the trajectory model of nursing in multiple sclerosis. In P. Woog (Ed.). *The chronic illness trajectory framework* (p. 73–88). New York: Springer.

Soderberg, S., Lundman, B., & Norberg, A. (1999). Struggling for dignity: the meaning of women's experience of living with fibromyalgia. *Qualitative Health Research, 9*(5), 575–587.

St-Arnaud, J., Bouchard, L, Loiselle, C.G., Verrier, P., Laflamme, M.-C., Audet, M. (2003). L'impact de la rareté des ressources sur la pratique de la dialyse au Québec. *Perspective infirmière, 1*(2), 16-31.

Statistique Canada (2003). *Problèmes de santé chroniques* (page consultée le 30 novembre 2005), [en ligne], http://www.statcan.ca/francais/freepub/82-221-XIF/01103/hlthstatus/conditions2_f.htm.

Statistique Canada (2005). *Le Canada en statistiques. Tableaux par sujet : La santé* (page consultée le 22 novembre 2005), [en ligne], http://www40.statcan.ca/l02/ind01/l2_2966_f.htm.

*Tappan, R.M., Williams, C., Fishman, S., & Theris, T. (1999). Persistence of self in advanced Alzheimer's disease. *Image: Journal of Nursing Scholarship, 31*(2), 121–125.

Thorne, S., Paterson, B. (1998). Shifting images of chronic illness. *Image-the Journal of Nursing Scholarship, 30*(2), 173-178.

Thorne, S., Paterson, B. (2001). Health care professional support for self-care management in chronic illness: insights from diabetes research. *Patient Education and Counselling, 42*, 81-90.

Thorne, S., Paterson, B., Russell, C. (2003). The structure of every self-care decision making in chronic illness. *Qualitative Health Research, 13*(10), 1337-1352.

Tjepkema, M. (2005). Obésité mesurée – Obésité chez les adultes au Canada : poids et grandeur mesurés. Nutrition : Résultats de l'enquête sur la santé dans les collectivités canadiennes (page consultée le 22 novembre 2005), [en ligne], http://www.statcan.ca/francais/research/82-620-MIF/20050001/pdf/aobesity_f.pdf.

Warren-Boulton, E., Greenberg, R., Lising, M., & Gallivan, J. (1999). An update on primary care management of type 2 diabetes. *Nurse Practitioner, 24*(12), 14–24.

*Wichowski, H.C., & Kubsch, S.M. (1997). The relationship of self-perception of illness and compliance with health care regimens. *Journal of Advanced Nursing, 25*(3), 548–553.

*Wiener, C., & Dodd, M.J. (1993). Coping amid uncertainty: an illness trajectory perspective. *Scholarly Inquiry for Nursing Practice, 7*(1), 17–35.

Wing, R., Goldstein, M., Acton, K., Birch, L. Jakicic, J., Sallis Jr., J., Smith-West, D., Jeffery, R., & Surwit, R. (2001). Lifestyle changes related to obesity, eating behavior, and physical activity. *Diabetes Care, 24*, 117–123.

Wright, L.M., Leahey, M. (2001). *L'infirmière et la famille : guide d'évaluation et d'intervention* (2ᵉ éd.). Saint-Laurent (Québec) : Éditions du Renouveau Pédagogique.

En complément de ce chapitre, vous trouverez sur le Compagnon Web :
- une bibliographie exhaustive ;
- des ressources Internet.

Adaptation française
Lisette Gagnon, inf., M.Sc.
administration des services
de santé, M.Sc. inf.
Chargée de cours, Faculté des
sciences infirmières – Université
de Montréal

Réadaptation : principes et techniques

Objectifs d'apprentissage

Après avoir étudié ce chapitre, vous pourrez :

1. Exposer les buts de la réadaptation.

2. Expliquer la démarche interdisciplinaire en réadaptation.

3. Reconnaître les réactions émotionnelles des personnes nouvellement atteintes d'une ou de plusieurs incapacités.

4. Appliquer la démarche systématique aux personnes présentant des déficits en matière de soins personnels, une altération de la mobilité, une atteinte à l'intégrité de la peau et une altération de l'élimination.

5. Décrire les interventions infirmières destinées à promouvoir l'autonomie par l'intermédiaire des activités de la vie quotidienne.

6. Décrire les interventions infirmières destinées à promouvoir la mobilité, l'ambulation et l'utilisation d'aides à la locomotion.

7. Énoncer les facteurs de risque de plaies de pression et les interventions infirmières destinées à prévenir ces dernières.

8. Intégrer des mesures de rééducation vésicale et intestinale dans le plan thérapeutique destiné aux personnes atteintes d'incontinence urinaire ou fécale.

9. Expliquer l'importance du suivi pour les personnes qui requièrent des soins et des services de réadaptation alors qu'elles quittent un établissement de soins de santé pour retourner à la maison ou aller dans un centre de soins de longue durée.

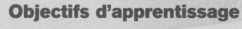

La **réadaptation** est un processus dynamique, axé sur le développement du potentiel d'autonomie de la personne malade ou présentant une **incapacité** (degré de réduction d'une aptitude de la personne), qui vise l'atteinte d'un fonctionnement optimum sur les plans physique, mental, spirituel, social et économique. La réadaptation aide la personne à acquérir une qualité de vie acceptable dans la dignité, le respect de soi et l'autonomie. On lui enseigne comment utiliser ses ressources et ses habiletés pour s'adapter à sa situation de santé. La réadaptation est donc centrée sur les aptitudes (possibilité d'accomplir une activité physique et mentale) et non sur les incapacités. Le modèle conceptuel mis au point par le Réseau international sur le Processus de production du handicap (RIPPH) permet de comprendre l'ensemble du processus de développement humain et les variables qui influent sur le processus de production du handicap (figure 11-1 ■). Ce modèle propose une nouvelle définition du handicap. Ainsi, à la suite d'une maladie, d'un traumatisme ou d'une autre situation entraînant une atteinte à l'intégrité des systèmes organiques (facteurs de risque), la personne peut présenter une déficience physique susceptible de réduire ses aptitudes à réaliser des activités physiques ou mentales (facteurs personnels). En interagissant avec les facteurs personnels, les facteurs environnementaux deviennent des obstacles à la réalisation des habitudes de vie ou, au contraire, des facilitateurs. Selon les résultats de cette interaction, la personne sera en mesure de remplir ses rôles sociaux et de réaliser ses habitudes de vie, donc de participer sur le plan social, ou bien elle vivra des « situations de handicap » dues aux obstacles rencontrés dans diverses circonstances de sa vie (Fougeyrollas *et al.*, 1996). En lien avec ce modèle, la réadaptation peut être définie comme un processus d'apprentissage dynamique et interpersonnel, dans lequel s'engagent la personne présentant des incapacités notables et les membres de sa famille, en partenariat avec les membres de l'équipe interdisciplinaire, dans le but d'éliminer ou de réduire les obstacles à la réalisation de ses habitudes de vie, de façon à permettre à la personne de réintégrer son milieu de vie naturel et de remplir ses rôles socioprofessionnels (Gagnon, 2004).

La réadaptation fait partie intégrante des soins infirmiers et doit être entreprise dès les premiers contacts avec la personne. Comme toute maladie grave ou tout traumatisme peut occasionner une diminution temporaire ou permanente des aptitudes de la personne à réaliser ses habitudes de vie, les soins doivent reposer sur les principes de la réadaptation. Ces principes visent essentiellement à permettre à la personne de recouvrer le plus rapidement possible son autonomie ou les fonctions dont elle jouissait avant la maladie ou le traumatisme, et donc de participer sur le plan social. Si cet objectif ne peut être atteint, on l'aidera à développer son potentiel d'autonomie et à acquérir une qualité de vie acceptable à ses yeux. Pour orienter le programme de réadaptation, il convient d'établir, en collaboration avec la personne, des objectifs réalistes, basés sur l'évaluation de sa situation de santé.

Le recours aux services de réadaptation ne peut que s'accroître, car les progrès technologiques permettent maintenant de sauver ou de prolonger la vie de personnes atteintes de maladies ou de traumatismes graves. En effet, de plus en plus de personnes ayant besoin de soins et de traitements de longue durée réintègrent leur foyer et leur communauté alors qu'elles se remettent d'une maladie ou d'un traumatisme sérieux. Toute personne dont l'état nécessite des services de réadaptation, peu importe son âge, son sexe, son appartenance ethnique, sa situation socioéconomique ou sa maladie, a droit à de tels services (encadré 11-1 ■)

Au Canada, une vaste enquête sur la participation et les limitations d'activités (EPLA), menée par Statistique Canada en 2001, a permis de dresser le profil des personnes vivant en ménage et ayant déclaré des limitations dans la réalisation de leurs activités quotidiennes en raison d'un état ou d'un problème de

VOCABULAIRE

Activités de la vie quotidienne (AVQ): activités telles que prendre son bain, soigner son apparence, s'habiller, s'alimenter, utiliser les toilettes et effectuer ses soins d'hygiène périnéale.

Activités instrumentales de la vie quotidienne (AIVQ) ou activités de la vie domestique (AVD): activités complexes permettant de vivre de façon autonome, telles que préparer les repas, faire les courses, tenir la maison, gérer l'argent et utiliser des moyens de transport.

Aide technique: tout objet, équipement ou pièce d'équipement, appareil ou système - offert dans le commerce et utilisé tel quel ou modifié ou personnalisé - servant à améliorer la capacité fonctionnelle des personnes atteintes d'incapacité.

Déficience: perte ou anomalie d'ordre psychologique, physiologique ou anatomique touchant la structure ou la fonction d'un organe (par exemple dysphagie, hémiparésie); anomalie affectant la structure ou l'apparence du corps, de même que le fonctionnement d'un organe ou d'un système, quelle qu'en soit la cause.

Incapacité: degré de réduction d'une aptitude à accomplir normalement une habitude de vie ou une activité.

Plaies de pression: lésions cutanées touchant principalement les tissus recouvrant les saillies osseuses et résultant de plusieurs causes, dont une pression prolongée et un apport sanguin insuffisant.

Réadaptation/adaptation: action de rendre apte; apprentissage et acquisition de techniques et d'habiletés nouvelles en vue de réaliser ses habitudes de vie et de participer sur le plan social.

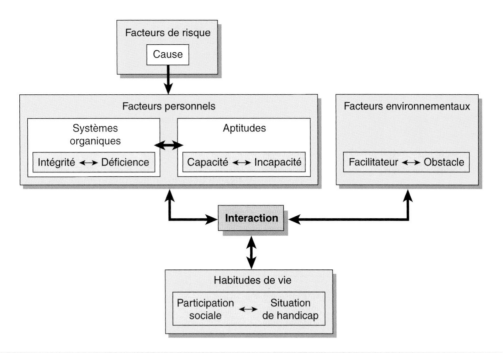

FIGURE 11-1 ■ Processus de production du handicap : modèle explicatif des causes et des conséquences des maladies, traumatismes et autres atteintes à l'intégrité ou au développement de la personne. Source : RIPPH, document tiré du site Réseau international sur le Processus de production du handicap, « Classification québécoise du Processus de production du handicap », 22 avril 2005. http://www.ripph.qc.ca

ENCADRÉ 11-1

ÉTHIQUE ET CONSIDÉRATIONS PARTICULIÈRES

Toutes les personnes ont-elles droit aux services de réadaptation ?

SITUATION

Vous travaillez dans une région où vivent de nombreux immigrants illégaux et de nombreuses personnes ne bénéficiant pas d'une assurance-maladie. À cause de la violence qui règne dans la communauté, les membres de cette population sont souvent victimes d'actes mettant leur vie en danger. Une victime d'un tel acte vient d'être sauvée et son état est stabilisé. L'équipe soignante évalue présentement ses besoins en matière de soins et services de réadaptation. Quant à vous, vous êtes préoccupée par l'incapacité de la personne à effectuer ses soins personnels et à se déplacer sans danger.

DILEMME

À titre de soignante, vous vous intéressez à la communauté en adoptant une perspective globale et en prenant en considération ses valeurs et les dépenses qu'elle doit assumer. Vous devez aussi défendre les droits des personnes que vous soignez. Vous êtes également consciente des conséquences pour la personne du fait de recevoir ou non des soins et services de réadaptation.

DISCUSSION

Qui détermine la durée du séjour à l'hôpital et l'étendue des soins ? Qui s'occupera d'une personne qui a besoin de services de réadaptation mais qui est incapable d'en assumer les coûts ? La réadaptation est-elle un service de santé essentiel ?

santé. Selon les résultats de cette étude, qui excluent les personnes vivant en établissement, 12,4 % de la population canadienne affirme avoir des limitations d'activités reliées à un problème de santé et 6 % de la population déclare présenter une incapacité grave ou très grave (Statistique Canada, 2001). Les femmes (13,3 %) sont plus nombreuses que les hommes (11,5 %) à déclarer une incapacité, et ce, pour tous les groupes d'âge à l'exception du groupe des 15-24 ans. Dans le cadre de l'EPLA, on considère qu'une personne a une incapacité si sa condition physique ou mentale ou un problème de santé réduit sa capacité à exercer des activités normales pour son âge. Pour mesurer le degré de gravité d'une incapacité, Statistique Canada a construit un indicateur (échelle à quatre niveaux : légère, moyenne, grave et très grave) qui repose sur l'intensité et la fréquence rapportée des limitations d'activité. Si les incapacités visuelles et auditives touchent tous les groupes d'âges, les autres types d'incapacités varient selon l'âge. Une personne a une incapacité si elle a de la difficulté à parler, à entendre, à voir, à marcher, à monter ou à descendre les escaliers, à saisir, soulever ou transporter des objets, à accomplir les **activités de la vie quotidienne (AVQ)** ; si elle présente des problèmes d'apprentissage ou de mémoire, une déficience intellectuelle ou des problèmes psychologiques. De fait, 82 % des participants à l'étude déclarent plus d'une incapacité. Chez les personnes âgées de 15 ans et plus ayant une incapacité, celle-ci est liée à la mobilité pour 71,7 % d'entre elles ; à la douleur, pour 69,5 % ; à l'agilité ou à la dextérité, pour 66,6 %.

Plus de 3,6 millions de Canadiens déclarent présenter une forme quelconque d'incapacité. En raison du vieillissement de la population, on s'attend à ce que ce nombre augmente au cours des prochaines décennies : selon les données recueillies, le pourcentage d'incapacité augmente progressivement avec l'âge pour atteindre 40,5 % chez les personnes âgées de 65 ans et plus et 53,3 % chez les personnes âgées de 75 ans et plus. La gravité de l'incapacité augmente également graduellement jusqu'à l'âge de 65 ans (Statistique Canada, 2001).

Loi canadienne et lois québécoises pour la protection des droits des personnes atteintes d'incapacité

Au Canada, dans le groupe d'âge des 15-24 ans, parmi les personnes ayant une incapacité, 46 % sont occupées (dont 48 % étudient à temps plein et 45,7 % sont sur le marché du travail), 11 % sont au chômage et 43 % sont inactives, alors que, parmi les personnes ne présentant pas d'incapacité, 57 % sont occupées (dont 57 % étudient à temps plein et 56,6 % sont sur le marché du travail) et 8,5 % sont au chômage. Notons que les personnes occupées sur le marché du travail peuvent détenir un emploi à temps plein ou à temps partiel tout en poursuivant leurs études. Le pourcentage des personnes du groupe d'âge des 25-54 ans déclarant une incapacité et occupant un emploi est de 51,2 %, alors que ce pourcentage est de 82,3 % pour les personnes sans incapacité du même groupe d'âge. Chez les personnes du groupe d'âge des 15-24 ans ayant une incapacité, près de 31 % présentent une incapacité grave ou très grave, contre 42 % pour le groupe d'âge des 25-54 ans. Les données disponibles ne permettent cependant pas d'établir des liens entre la gravité de l'incapacité et la situation professionnelle des personnes. Toutefois, le revenu par ménage est significativement plus bas en cas d'incapacité ; l'écart est de 5 300 $ pour le groupe d'âge des 15-24 ans et de 20 100 $ pour le groupe d'âge des 25-54 ans (Statistique Canada, 2001). En 1978, le gouvernement du Québec votait une loi intitulée *Loi assurant l'exercice des droits des personnes handicapées*, en vertu de laquelle était créé l'Office des personnes handicapées (OPHQ). Cet organisme a pour fonction de veiller à la coordination des services dispensés aux personnes ayant des incapacités, de les informer, de les conseiller, de promouvoir leurs intérêts et de favoriser leur intégration scolaire, professionnelle et sociale. Par exemple, à la demande de la personne présentant une incapacité, l'OPHQ prépare un plan de service afin de faciliter son intégration scolaire ou son intégration sur le marché du travail ; l'OPHQ peut aussi accorder une subvention à l'employeur afin de favoriser l'embauche de la personne ainsi que l'adaptation de son poste de travail. Cette loi oblige les employeurs à élaborer et à mettre en œuvre un plan d'embauche des personnes atteintes d'incapacités, et les organismes publics de transport, à élaborer et à mettre en œuvre un plan de développement des transports en commun pour ces personnes. De plus, les propriétaires d'édifices doivent prendre des mesures visant à rendre leurs immeubles accessibles aux personnes atteintes d'incapacités.

Les droits à l'égalité des personnes présentant des incapacités sont inscrits dans l'article 15 (1) de la *Charte canadienne des droits et libertés* (1982), qui stipule que toutes les personnes « ont droit à la même protection et au même bénéfice de la loi, indépendamment de toute discrimination, notamment des discriminations fondées sur la race, l'origine nationale ou ethnique, la couleur, la religion, le sexe, l'âge ou les **déficiences** mentales ou physiques ». Selon l'article 10 de la *Charte québécoise des droits et libertés de la personne* (dernière révision, 1999) : « Toute personne a droit à la reconnaissance et à l'exercice, en pleine égalité, des droits et libertés de la personne, sans distinction, exclusion ou préférence fondée sur la race, la couleur, le sexe, la grossesse, l'orientation sexuelle, l'état civil, l'âge sauf dans la mesure prévue par la loi, la religion, les convictions politiques, la langue, l'origine ethnique ou nationale, la condition sociale, le handicap ou l'utilisation d'un moyen pour pallier ce handicap ».

De plus, l'article 1 de la *Loi sur les services de santé et services sociaux* (L.R.Q., chapitre S - 4.2) du Québec stipule que cette loi a pour but le maintien et l'amélioration de la capacité physique, psychique et sociale des personnes d'agir dans leur milieu et d'accomplir les rôles qu'elles entendent assumer d'une manière acceptable pour elles-mêmes et pour les groupes dont elles font partie, notamment en favorisant l'adaptation ou la réadaptation des personnes, leur intégration ou leur réintégration sociale et en diminuant l'impact des problèmes qui compromettent leur équilibre, leur épanouissement et leur autonomie.

Ces lois visent à assurer les droits des personnes atteintes d'incapacités qui, pendant de nombreuses années, ont été victimes de discrimination en matière d'emploi et d'accès à des installations publiques ainsi qu'à des services publics et privés, dont les services de santé. Dans les établissements de santé, les besoins multiples et complexes de ces personnes posent plusieurs défis aux soignants, ces derniers devant assister les personnes qui ont de la difficulté à communiquer, à se déplacer, à s'habiller, à s'alimenter, à exécuter leurs soins d'hygiène personnelle, etc. Ignorant les besoins particuliers d'une personne atteinte d'incapacité, médecins et infirmières pourraient négliger de lui prodiguer les soins et services nécessaires. Par exemple, un obstétricien ayant peu de connaissances et d'expérience en matière de lésions médullaires pourrait à tort conseiller à une femme présentant une telle lésion d'éviter la grossesse. De plus, le médecin et les infirmières qui auraient à s'occuper de cette femme pourraient ne pas connaître les techniques facilitant les transferts du fauteuil à la table d'examen ou encore négliger de lui donner les conseils appropriés sur les soins d'élimination vésicale et intestinale, ainsi que sur les soins de prévention des lésions de la peau pendant la grossesse. L'équipe médicale doit aussi être bien informée et apte à répondre aux besoins et problèmes particuliers qui pourraient survenir pendant le travail et l'accouchement d'une femme atteinte d'une lésion médullaire haute (niveau cervical), par exemple pour ce qui est du traitement de l'hyperréflexie autonome. Dans ce domaine, la personne atteinte doit souvent informer et former elle-même les professionnels de la santé.

Si elles vivent de mauvaises expériences résultant d'attitudes inappropriées et d'un manque de connaissances et de compassion des soignants, les personnes atteintes d'incapacité éviteront parfois de solliciter des soins médicaux ou de participer aux programmes et aux activités de promotion de la santé. Pour faciliter et promouvoir leur participation à ces activités, les infirmières comme tous les membres de l'équipe interdisciplinaire doivent acquérir et maintenir à jour des connaissances et des habiletés, tout en étant disponibles pour aider les personnes à conserver un haut niveau de bien-être. En outre, les infirmières sont bien placées pour orienter la conception architecturale des milieux de soins et le choix des équipements et du matériel de façon à faciliter l'accès à des soins de qualité, et ainsi contribuer à la promotion de la santé. On peut ainsi recourir à divers équipements, tels que des rampes, des barres d'appui, des sièges de toilettes surélevés et rembourrés ou des tables d'examen matelassées à hauteur ajustable et adaptées pour faciliter les examens pelviens, les tests de dépistage annuel du cancer du col utérin et les évaluations urologiques. De la sorte, il est plus facile pour les personnes atteintes d'incapacité de se soumettre à des examens de santé liés à leur situation et à des contrôles systématiques de dépistage destinés à la population en général (par exemple mammographie, examen des testicules et de la prostate, examen d'ostéodensitométrie). Les professionnels de la santé qui effectuent ces examens et ces contrôles sont donc à même d'influer sur les décisions relatives à l'adaptation du matériel et des interventions en vue de mieux répondre aux besoins particuliers des personnes atteintes d'incapacité, que ces besoins découlent de déficiences cognitives ou motrices, ou de troubles de la communication.

Il est important que les infirmières et les professionnels de la réadaptation conçoivent, organisent et offrent des activités éducatives visant la promotion de la santé des personnes atteintes d'incapacité. Par exemple, la participation à des cours dispensant des connaissances sur la nutrition et le contrôle du poids est très utile aux personnes qui doivent se déplacer en fauteuil roulant ou qui ont besoin d'aide pour effectuer leurs transferts. L'enseignement s'adressant aux adolescents et aux jeunes adultes atteints d'une lésion médullaire ou d'un traumatisme crânien cérébral doit aussi porter sur les pratiques sexuelles à risque et les moyens de protection, car ils sont exposés comme la population en général au syndrome d'immunodéficience acquise (sida) et aux grossesses non désirées. De plus, les infirmières doivent enseigner des comportements de prudence concernant la consommation d'alcool et la prise de médicaments en vente libre, aux personnes atteintes d'un déficit neurologique qui prennent une médication antispasmodique ou anticonvulsivante. Cet enseignement vise à éviter les risques reliés aux interactions médicamenteuses possibles. Par ailleurs, les infirmières doivent enseigner aux personnes ayant subi un accident vasculaire cérébral et aux personnes diabétiques comment surveiller leur tension artérielle ou leur niveau de glycémie. Enfin, on doit aussi enseigner à toutes les personnes atteintes d'incapacité les signes et symptômes précurseurs de l'accident vasculaire cérébral, de la crise cardiaque et du cancer, ainsi que les moyens d'obtenir de l'aide dans une telle situation.

En tant que membres à part entière de la société active, les personnes atteintes d'incapacité ne constituent plus une minorité invisible. Mieux reconnaître leurs besoins permettra de réaliser les changements nécessaires pour améliorer leur accès aux soins et apporter une réponse adéquate à leurs besoins. Les infirmières peuvent intervenir en faveur des personnes atteintes d'incapacité pour éliminer les pratiques discriminatoires à leur endroit ; elles peuvent par exemple favoriser la modification du milieu physique pour leur faciliter l'accès aux établissements publics et privés, dont à ceux qui dispensent des services de santé.

Objectif de la réadaptation

Toute personne, quel que soit son âge, peut présenter une incapacité à la suite d'une maladie aiguë (par exemple un accident vasculaire cérébral ou un traumatisme) ou de la progression d'une maladie chronique (par exemple l'arthrite ou la sclérose en plaques). La personne atteinte vit de nombreuses pertes : perte d'une fonction, de son indépendance, de certains rôles sociaux, de son statut professionnel et de ses revenus d'emploi, etc. La personne et les membres de sa famille traversent alors une période de turbulence émotionnelle, dont les étapes sont généralement la désorganisation et la confusion, le déni de l'incapacité, le chagrin, la dépression, la colère et, finalement, l'adaptation à la situation de santé. Une étape résolue peut réapparaître ultérieurement, surtout si la personne est atteinte d'une maladie chronique entraînant progressivement de plus en plus de pertes. Si toutes les personnes ne vivent pas nécessairement chacune de ces étapes, la plupart manifesteront du chagrin. Dans ce cas, le personnel soignant ne doit pas tenter de rassurer à tout prix la personne, ce qui pourrait provoquer chez elle de l'hostilité et entraîner un comportement difficile. L'infirmière doit plutôt être disponible pour écouter la personne, l'encourager à exprimer ses sentiments au regard de la situation qu'elle vit, lui manifester de la compassion et l'aider à comprendre que les sentiments qu'elle éprouve (chagrin, colère, etc.) font partie de son processus d'adaptation et d'acceptation de la perte. L'encadré 11-2 ■ traite des problèmes propres aux personnes âgées.

Les caractéristiques personnelles antérieures, dont l'habileté à utiliser des stratégies d'adaptation, jouent un rôle important dans le processus d'adaptation : par exemple, une personne peut être particulièrement indépendante et déterminée, et une autre, dépendante et apparemment sans pouvoir sur sa situation. L'un des objectifs de la réadaptation est d'aider la personne à acquérir une image de soi positive par l'utilisation de stratégies efficaces. L'infirmière doit évaluer les habiletés d'adaptation des personnes qu'elle soigne, puis offrir son aide à celles qui ont des difficultés à s'adapter à leur état de santé (Recherche en sciences infirmières 11-1 ■). Pour faciliter l'adaptation, la personne et sa famille peuvent se joindre à un groupe de soutien ou consulter un professionnel de la santé mentale. Voir, chapitre 6 ⊂⊃, les réactions d'adaptation efficaces et inefficaces à la maladie.

GÉRONTOLOGIE

Problèmes propres à la personne âgée présentant une incapacité

- Perte de l'autonomie, qui est une source d'estime de soi et de dignité.
- Plus grande vulnérabilité à la discrimination et à la violence.
- Accentuation de l'isolement social.
- Imposition d'un fardeau supplémentaire au conjoint, qui éprouve parfois aussi des problèmes de santé.
- Diminution de l'accès aux services communautaires et aux soins de santé.
- Diminution de l'accès aux établissements religieux.
- Augmentation de la vulnérabilité résultant de l'apparition de nouveaux problèmes de santé, de la diminution des réserves physiologiques ou d'une altération préexistante de la mobilité ou de l'équilibre.
- Peurs et doutes à propos de la capacité d'apprendre ou de réapprendre à effectuer les soins personnels, les exercices et les techniques de transfert et de mobilité indépendante.
- Réadaptation compromise à cause d'un système de soutien inadéquat.

Équipe de réadaptation

La réadaptation est un processus créatif et dynamique qui exige une collaboration étroite entre une équipe de professionnels, la personne atteinte et sa famille. Les membres de l'équipe de réadaptation appartiennent à différentes disciplines, et chacun d'eux apporte une contribution particulière. Chaque professionnel évalue les besoins de la personne en fonction de sa spécialité. Puis, en collaboration avec la personne atteinte et les membres de sa famille, les membres de l'équipe interdisciplinaire établissent des objectifs communs et se réunissent fréquemment pour échanger leurs observations, évaluer les progrès de la personne et modifier les objectifs s'il y a lieu, afin de faciliter sa réadaptation et l'aider à retrouver son autonomie, sa dignité et une qualité de vie acceptable.

La personne atteinte est le membre le plus important de cette équipe. C'est vers elle que sont axés tous les efforts, et c'est elle qui détermine le résultat final du processus. En s'impliquant dans son processus de réadaptation, elle apprend à fonctionner en utilisant les capacités qui lui restent et à s'adapter à son incapacité.

La famille doit également faire partie de l'équipe, car, étant une entité dynamique, elle est nécessairement affectée et doit s'adapter aux changements que provoque l'incapacité. C'est en s'engageant dans le processus de réadaptation que la famille pourra offrir à son proche un soutien constant, l'aider à résoudre ses problèmes et apprendre à lui prodiguer les soins et traitements dont il a besoin (Recherche en sciences infirmières 11-2 ■).

L'infirmière en réadaptation doit établir une relation thérapeutique et une relation de confiance avec la personne et sa famille. Elle met constamment en relief les atouts et les forces de la personne afin de renforcer ses efforts pour améliorer son estime de soi et sa capacité de prendre soin d'elle-même. Lorsqu'elle interagit avec la personne, elle pratique l'écoute active, l'encourage, souligne ses succès et s'en réjouit avec elle.

Conformément à la démarche systématique, l'infirmière élabore un plan thérapeutique destiné à faciliter la réadaptation, à rétablir et à maintenir un niveau de santé optimal et à prévenir les complications. Elle aide la personne à prendre conscience de ses forces et de ses succès passés et à établir de nouveaux objectifs. Généralement, les interventions infirmières portent sur l'adaptation à l'incapacité, l'autonomie dans les soins personnels, la mobilité, les soins de la peau et le traitement des problèmes d'élimination urinaire et intestinale. L'infirmière exerce un rôle de soignante, d'enseignante, de conseillère, de porte-parole de la personne et de consultante. Souvent, elle est la gestionnaire de cas, responsable de la coordination de l'ensemble du programme de réadaptation. À ce titre, elle coordonne les soins et services administrés par tous les membres de l'équipe interdisciplinaire et collabore avec eux et avec l'infirmière à domicile, qui assumera la responsabilité des soins lorsque la personne sera de retour à la maison.

En plus de l'infirmière soignante, l'équipe interdisciplinaire de réadaptation peut comprendre un médecin, une infirmière praticienne, un médecin physiatre, un physiothérapeute, un ergothérapeute, une nutritionniste, une orthophoniste, un psychologue, un neuropsychologue, une infirmière de liaison en psychiatrie, un travailleur social, un conseiller en orientation, un orthésiste ou un prothésiste, un ingénieur en rééducation fonctionnelle et un sexologue ou un sexothérapeute.

Domaines de pratique spécialisés

Bien que la réadaptation soit une composante de l'ensemble des soins donnés aux personnes, des programmes spécialisés de réadaptation sont conçus et offerts dans les hôpitaux généraux, les établissements spécialisés en réadaptation et les services de consultation externe. Au Canada, le Conseil canadien d'agrément des services de santé (CCASS) offre un programme d'agrément des établissements de santé appelé Programme MIRE (Mesures implantées pour le renouveau de l'évaluation); ce programme établit les normes nationales, qui sont élaborées en collaboration avec les professionnels de la santé et utilisées pour l'autoévaluation et l'évaluation par les pairs de la qualité des soins et services dispensés dans les établissements de santé au Canada. De plus, au Québec, le Conseil québécois d'agrément propose aux établissements de santé un cadre normatif reposant sur le principe de l'auto-évaluation des résultats et des processus organisationnels, qui permet à l'établissement d'élaborer un plan d'amélioration continue de la qualité. Ces organismes ont pour mission de s'assurer du respect des normes de qualité dans les établissements visités (CCASS, 2002; CQA, 2005).

RECHERCHE EN SCIENCES INFIRMIÈRES 11-1

Incapacité chez les personnes âgées

J. Cataldo, (2001) « The relationship of hardiness and depression to disability in institutionalized older adults », *Rehabilitation Nursing 26*(1), p. 28-33.

OBJECTIF

Selon plusieurs études portant sur les personnes âgées, il existe un lien entre la dépression et l'incapacité. La hardiesse est un trait de personnalité qui atténue les effets de la dynamique du stress et de la dépression et accroît la capacité d'avoir une réaction psychologique positive face à un agent stressant. La hardiesse n'explique qu'en partie la variance relative à la dépression puisque même les personnes les plus hardies sont susceptibles d'y succomber. Deux hypothèses sont soumises à l'étude : (1) compte tenu de l'incidence des facteurs physiologiques (état physique et durée du séjour [DDS]), la hardiesse apportera une contribution importante à l'explication de l'incapacité chez un échantillon de personnes âgées vivant en centre d'hébergement ; (2) compte tenu de l'incidence de l'état physique, de la DDS et de la hardiesse, la dépression apportera une contribution importante à l'explication de l'incapacité chez un échantillon de personnes âgées vivant en centre d'hébergement.

DISPOSITIF ET ÉCHANTILLON

Un groupe de 33 femmes et de 25 hommes de diverses origines culturelles, âgés de 60 à 93 ans, a participé à une entrevue de 45 minutes. La hardiesse a été mesurée à l'aide d'une échelle d'évaluation de la hardiesse liée à la santé, le Health-Related Hardiness Scale (HRHS), composée de 34 éléments sur une échelle de type Lickert en 6 points. L'instrument comporte deux volets : motivation/obstacle à surmonter et pouvoir. Un score élevé indique une hardiesse élevée. La dépression a été mesurée à l'aide d'une échelle d'autoévaluation de la dépression, le Zung Self-Rating Depression Scale (ZSDS) ; cet inventaire de dépistage comporte 22 éléments. Un score élevé indique la présence d'un grand nombre de symptômes de dépression. L'état de santé physique a été mesuré à l'aide d'une échelle d'évaluation de la réponse clinique, le Clinical Response Scale (CRS) ; cet indicateur sanitaire comporte 56 éléments, lesquels étaient notés au moyen des données inscrites dans le dossier médical des personnes pendant une période de un mois. Un score élevé indique la détérioration de l'état de santé. Les données relatives à la DDS provenaient du système informatique de l'établissement, le jour de l'admission étant considéré comme le jour 1. L'incapacité a été mesurée à l'aide de l'indicateur des activités quotidiennes de Barthel, qui comporte 10 variables liées aux soins personnels et à la mobilité. Un score élevé indique l'autonomie, et un score bas, l'incapacité.

RÉSULTATS

Les deux hypothèses ont été corroborées. Les variables psychologiques : hardiesse et dépression ont plus contribué que l'état de santé et la DDS à expliquer l'incapacité chez un échantillon de personnes âgées résidant dans un centre d'hébergement. La DDS et l'état de santé physique représentaient 14,7 % de la variance relative à l'incapacité. Pour sa part, la hardiesse représentait 10,5 % de la variance, et la dépression, une proportion supplémentaire de 7,4 %.

IMPLICATIONS POUR LA PRATIQUE INFIRMIÈRE

Les infirmières doivent aider les personnes âgées atteintes d'incapacité à acquérir de la hardiesse. Elles peuvent les encourager à voir leur incapacité comme un défi à relever et à s'engager à le surmonter. Elles peuvent aussi les aider à reprendre du contrôle sur leur vie en favorisant leur participation aux décisions qui les concernent (décisions quotidiennes liées à leurs soins et traitements, par exemple le traitement de la douleur). Comme le niveau d'incapacité ne s'explique pas exclusivement par des facteurs physiologiques, les infirmières qui observent des signes et symptômes de dépression chez des personnes âgées atteintes d'incapacité doivent communiquer ces observations au médecin et aux membres de l'équipe interdisciplinaire s'il y a lieu, et s'assurer que ces personnes reçoivent un traitement approprié à leur état dépressif.

Les programmes spécialisés de réadaptation visent principalement à répondre aux besoins des personnes présentant des déficits neurologiques. Ceux qui s'adressent aux personnes atteintes d'une lésion cérébrale (AVC et trauma crânien cérébral [TCC]) mettent l'accent sur la remédiation cognitive afin d'aider les personnes à pallier leurs déficits d'attention, de mémoire et de jugement perceptuel, et les assister dans l'acquisition de comportements sécuritaires et d'habiletés en matière de soins personnels et de mobilité. Les interventions consistent aussi à aider les personnes qui ont des difficultés à avaler leur nourriture en toute sécurité (dysphagie) et à communiquer efficacement. Ces programmes s'adressent non seulement aux personnes victimes d'un AVC ou d'un TCC, mais également aux personnes souffrant de troubles neurologiques, tels que la sclérose en plaques, la maladie de Parkinson, la sclérose latérale amyotrophique et les tumeurs du système nerveux.

Depuis la Seconde Guerre mondiale, le nombre des programmes de réadaptation destinés aux personnes atteintes d'une lésion de la moelle épinière s'est accru. Les principaux objectifs de ces programmes sont les suivants : comprendre les effets et les complications de la lésion médullaire ; traiter les problèmes liés à l'élimination vésicale et intestinale ainsi qu'à la sexualité ; améliorer la fécondité masculine ; aider la personne à acquérir si possible les habiletés nécessaires pour prendre en charge ses soins personnels ; enseigner les mesures de prévention des plaies de pression, les techniques de mobilité au lit et de transferts, ainsi que la conduite d'un véhicule adapté. Ils portent aussi sur l'évaluation des capacités professionnelles et les besoins de formation qui permettront à la personne de réintégrer le marché du travail et la communauté.

Pour leur part, les programmes de réadaptation orthopédique offrent des soins et services aux personnes ayant subi

RECHERCHE EN SCIENCES INFIRMIÈRES 11-2

Proches aidants

J. Secrest (2000), « Transformation of the relationship : The experience of primary support persons of stroke survivors »,
Rehabilitation Nursing 25(3), p. 93-99.

OBJECTIF

La plupart des personnes qui survivent à un accident vasculaire cérébral (AVC) vivent à la maison. Pour que les habiletés acquises pendant le séjour en établissement de réadaptation se maintiennent et se développent après le retour à la maison, il est nécessaire d'inclure le proche aidant principal (PAP) dans le processus de réadaptation. Pendant la phase des soins aigus comme pendant la phase de réadaptation intensive et par la suite à domicile, les infirmières informent le PAP des besoins de la personne et lui enseignent les soins à produire. Comprendre l'expérience de l'AVC selon la perspective du PAP devrait permettre aux infirmières d'élaborer et de proposer des interventions de soins pour lui faciliter la tâche. Cette étude visait à explorer la qualité de vie du PAP d'une personne ayant survécu à un AVC.

DISPOSITIF ET ÉCHANTILLON

L'échantillon comptait 8 femmes et 2 hommes âgés de 40 à 72 ans. Les critères d'admissibilité à l'étude étaient : (1) être le PAP d'une personne qui a survécu à un AVC subi dans les 6 mois précédant l'étude, qui a été hospitalisée afin de suivre un programme de réadaptation, qui a suivi celui-ci jusqu'au bout et qui vit présentement à la maison ; et (2) être volontaire et apte à faire part de son expérience. Pour obtenir une description de l'expérience personnelle du PAP, on lui demandait simplement au cours de l'entrevue : « Veuillez relater les expériences les plus importantes que vous avez vécues depuis l'AVC de votre [proche]. » Les chercheurs ont mis en lumière les biais potentiels pouvant fausser le phénomène étudié afin qu'ils n'infléchissent pas outre mesure les résultats de l'étude. Le compte rendu in extenso (verbatim) de l'entrevue a été transcrit mot à mot, puis analysé par les membres du groupe de recherche.

RÉSULTATS

Les participants ont rarement parlé d'eux à titre personnel. Les expériences décrites étaient en rapport avec d'autres. Les PAP ont exprimé leur inquiétude à propos de leur capacité à exercer leur fonction pendant une longue période. La question « temps » était omniprésente dans les entrevues : durée du mariage des couples, changements dans la façon dont la personne ayant survécu à l'AVC percevait le temps et mémoire du passé dans l'état actuel des choses. Les participants percevaient la perte de mémoire touchant la personne comme la perte d'un aspect important de la relation. D'autres thèmes sont apparus, comme la perception de la fragilité de la vie, cette perception amenant les PAP à faire preuve de beaucoup de vigilance dans la surveillance de la personne et à assumer une plus grande responsabilité dans la relation. La lourdeur de la responsabilité et le sentiment de perte revenaient constamment dans les transcriptions. Tous les participants ont décrit l'expérience d'une relation qui s'était transformée. Leur qualité de vie était différente mais leurs relations étaient demeurées intactes.

IMPLICATIONS POUR LA PRATIQUE INFIRMIÈRE

Les infirmières doivent évaluer la relation qui existait avant l'AVC entre la personne et le PAP afin de préparer ce dernier à ce qui l'attend. Grâce à cette évaluation, la négociation des objectifs d'apprentissage, l'enseignement et le counseling seront plus efficaces. Les infirmières doivent en particulier encourager les PAP à rejoindre des groupes de soutien. Elles peuvent d'ailleurs jouer un rôle clé dans l'organisation et le fonctionnement de ces groupes. Enfin, les PAP ont besoin qu'on les autorise à penser à eux-mêmes, à pleurer leurs pertes et à demander du soutien pour s'acquitter de leurs responsabilités supplémentaires.

---

une amputation traumatique ou non traumatique et à celles ayant subi une arthroplastie ou qui souffrent d'arthrite. Les interventions visent à accroître l'autonomie de la personne, qu'elle ait été amputée et utilise une prothèse ou qu'elle ait subi le remplacement d'une articulation. Elles visent également à soulager la douleur, à préserver l'énergie et à protéger les articulations.

Pour les personnes qui ont été victimes d'un infarctus du myocarde, la réadaptation cardiologique commence dès le début du traitement en soins aigus et se poursuit en externe après le congé de l'hôpital. L'accent est mis sur les points suivants : application contrôlée et progressive d'un programme d'exercices, conseils en nutrition clinique, gestion du stress et sexualité.

Des programmes de réadaptation respiratoire sont destinés aux personnes atteintes de bronchopneumopathie obstructive chronique et à celles qui ont besoin d'une assistance ventilatoire. Des inhalothérapeutes les aident à acquérir des techniques de respiration plus efficaces. Les thérapeutes leur enseignent les techniques de conservation d'énergie,

l'automédication et la gestion à domicile des problèmes respiratoires, ainsi que la façon d'utiliser des appareils facilitant la respiration (par exemple un respirateur).

Des programmes de gestion de la douleur sont offerts aux personnes souffrant de douleur chronique, en particulier de lombalgie. Ces programmes proposent diverses méthodes de traitement de la douleur, des exercices, du soutien psychologique et l'évaluation des capacités professionnelles.

Des programmes de réadaptation spécialisés s'adressent aux personnes qui ont subi des brûlures graves. Bien que les interventions de réadaptation soient mises en œuvre dès la période des soins aigus à l'unité de soins intensifs, la personne brûlée a besoin d'un programme centré sur la mobilité progressive des articulations, la prise en charge des soins personnels et le soutien psychologique continu.

Les enfants ont aussi besoin de programmes de réadaptation spécialisés. Ces programmes s'adressent à ceux qui présentent des anomalies congénitales ou acquises, telles que la paralysie motrice cérébrale, le spina-bifida, le traumatisme crânien cérébral et la lésion de la moelle épinière.

En réadaptation, comme dans tout autre domaine des soins infirmiers, l'infirmière doit posséder les connaissances et les habiletés nécessaires pour intervenir auprès des personnes qui font un usage abusif d'alcool ou de drogue. Elle doit évaluer toutes les personnes atteintes d'incapacité, y compris les adolescents, afin de déterminer la présence d'un problème potentiel ou réel de toxicomanie. Près de 15 millions d'Américains consomment des drogues illicites, environ 58 millions présentent un problème lié à la consommation abusive d'alcool, et 30 % de la population utilise des produits contenant de la nicotine. L'alcoolisme chez les parents est une des principales variables expliquant l'abus d'alcool et de drogues. Le taux d'alcoolisme chez les personnes atteintes d'incapacité serait de deux à trois fois supérieur à celui de la population en général. De 40 à 80 % des lésions de la moelle épinière seraient reliées à l'abus d'alcool et de drogues, alors que 40 à 80 % des personnes ayant subi un traumatisme crânien auraient été intoxiquées au moment de l'accident (U.S. Department of Health and Human Services, 2000). Au Canada, en 2000, plus de 35 % des personnes décédées dans un accident de la route avait un taux d'alcool sanguin positif ; en outre, plus de 69 000 contraventions ont été délivrées pour conduite avec facultés affaiblies (Santé Canada, 2004).

L'abus d'alcool et de drogues est un problème à ne pas négliger en réadaptation, notamment dans le cas des personnes atteintes d'incapacité qui tentent de retrouver un emploi par le biais d'un programme de réinsertion professionnelle. Le traitement de l'alcoolisme et de l'abus de drogues inclut: une évaluation physique et psychosociale approfondie, une désintoxication, un suivi psychologique, un traitement médical et un soutien psychosocial destiné à la personne et à sa famille, le traitement de tout trouble psychiatrique coexistant et l'orientation de la personne vers les ressources communautaires offrant une assistance sur le plan social, juridique, spirituel ou professionnel. La durée du traitement et du processus de réadaptation varie selon les besoins de la personne. Les intervenants doivent encourager la participation à des groupes d'entraide (Alcooliques Anonymes, Narcotiques Anonymes), bien que cela puisse poser divers défis à la personne si elle est atteinte de déficits neurologiques, si elle se déplace en fauteuil roulant ou si elle doit rencontrer des personnes ne présentant pas d'incapacités et ne comprenant pas toujours sa situation. Dans tous les domaines de la réadaptation, l'infirmière doit appliquer la démarche systématique conformément aux explications données dans ce chapitre.

Évaluation des habiletés fonctionnelles

L'élaboration du plan d'intervention individualisé en réadaptation repose sur une évaluation approfondie de l'ensemble des capacités de la personne, réalisée par les membres de l'équipe interdisciplinaire. Cette évaluation touche les aspects physiologique, psychologique et socioéconomique, les capacités fonctionnelles et cognitives, les comportements ainsi que le milieu familial et professionnel de la personne. Elle sert notamment à déterminer la capacité d'une personne à accomplir les activités de la vie quotidienne (AVQ) et les **activités instrumentales de la vie quotidienne (AIVQ)**, aussi appelées **activités de la vie domestique (AVD)**. Les AVQ englobent les tâches accomplies pour répondre aux besoins élémentaires, comme se laver, s'habiller, utiliser les toilettes, s'alimenter et se déplacer. Les AIVQ, ou AVD, incluent les tâches nécessaires pour vivre de façon autonome, comme faire ses courses et préparer les repas, utiliser le téléphone, faire le ménage, gérer l'argent et voyager.

Pour évaluer les capacités fonctionnelles de la personne, l'infirmière l'observe pendant qu'elle accomplit une activité (par exemple s'alimenter ou s'habiller), note son degré d'autonomie, le temps qu'elle met pour effectuer l'activité, sa mobilité, sa coordination et son endurance, ainsi que l'ampleur de l'aide dont elle a besoin. En outre, elle évalue soigneusement le bon fonctionnement des articulations, la force musculaire, la réserve cardiovasculaire et l'intégrité du système neurologique, car la capacité fonctionnelle dépend également de ces facteurs. Les résultats des observations de l'infirmière sont compilées dans un outil d'évaluation de la capacité fonctionnelle. Ce type d'outil, auquel est intégré une échelle d'évaluation ou un score, permet de standardiser les paramètres d'évaluation, de mesurer les progrès réalisés par la personne à différentes étapes de son processus de réadaptation et de communiquer clairement ces résultats à tous les membres de l'équipe interdisciplinaire. Ces outils sont utilisés en réadaptation pour faire une première évaluation des habiletés fonctionnelles de la personne, puis pour suivre sa démarche vers l'autonomie.

L'échelle de mesure de l'indépendance fonctionnelle (MIF) est un des outils les plus souvent utilisés en réadaptation pour évaluer la capacité de la personne à accomplir une activité donnée. La MIF permet de mesurer 18 paramètres. Les paramètres relatifs aux soins personnels sont les suivants: s'alimenter, prendre son bain, soigner son apparence, vêtir le haut de son corps, vêtir le bas de son corps, utiliser les toilettes, contrôler ses sphincters. La MIF mesure aussi la capacité de la personne à effectuer ses transferts, à marcher et à utiliser les escaliers, ainsi que les habiletés de communication et de cognition sociale. La MIF a été adaptée pour évaluer les capacités fonctionnelles des enfants. Pour les enfants comme pour les adultes, le niveau d'autonomie au regard de chacun des paramètres est mesuré à l'aide d'une échelle en sept points, allant de 1 (très forte dépendance) à 7 (autonomie ou indépendance).

L'échelle PULSES permet d'apprécier la condition physique (bilan santé-maladie), le fonctionnement des membres supérieurs (alimentation, soins d'hygiène), le fonctionnement des membres inférieurs (transferts, marche), les fonctions sensorielles (vue, ouïe, langage), l'élimination vésicale et intestinale (contrôle des sphincters) et les facteurs socioéconomiques (soutien social et financier). Chacun de ces domaines est noté sur une échelle en quatre points allant de 1 (autonomie) à 4 (très forte dépendance).

L'index de Barthel est utilisé pour mesurer le degré d'autonomie de la personne dans l'exécution des AVQ (s'alimenter, se laver, se vêtir, soigner son apparence) et pour évaluer le contrôle des sphincters, la capacité d'utiliser les toilettes, les transferts et les déplacements (que la personne marche ou qu'elle soit en fauteuil roulant). Cet index ne s'applique pas aux habilités relatives à la communication ou à la cognition.

Le PECS (*Patient Evaluation Conference System*) comprend 15 catégories. Il s'agit d'une échelle d'évaluation complète qui tient compte des éléments suivants : la médication, la douleur, l'alimentation, l'utilisation d'aides techniques, l'état psychologique, le travail et les loisirs. De nombreux outils d'évaluation sont aussi utilisés par les professionnels de la réadaptation afin de mesurer plus précisément une ou plusieurs capacités fonctionnelles particulières.

En plus de procéder à une évaluation détaillée de la capacité fonctionnelle de la personne, l'infirmière doit évaluer son état physique, mental, émotionnel, spirituel et socioéconomique. Elle doit également évaluer les complications découlant de l'incapacité, telles que l'atrophie et les contractions musculaires, les spasmes et les contractures articulaires, ainsi que les capacités résiduelles non affectées par la maladie ou l'accident. Enfin, elle mesure les risques de lésions de la peau, et explore les problèmes d'élimination vésicale et intestinale ainsi que les problèmes de dysfonctionnement sexuel.

DÉMARCHE SYSTÉMATIQUE
dans la pratique infirmière

Personne ayant de la difficulté à effectuer les AVQ

Les AVQ incluent les soins personnels que la personne doit effectuer quotidiennement pour répondre à ses besoins de base (par exemple se laver/prendre son bain, s'alimenter et utiliser les toilettes). De nombreuses personnes sont incapables d'accomplir ces tâches sans aide. Par conséquent. un programme de réapprentissage des AVQ doit être mis en œuvre dès le début de la réadaptation, car la capacité d'effectuer ces activités sans aide est souvent la clé de l'autonomie et une condition essentielle au retour à la maison et à la réintégration sociale.

▣ COLLECTE DES DONNÉES

L'infirmière doit évaluer la capacité de la personne à effectuer les AVQ, déterminer son degré d'autonomie et les interventions infirmières dont elle a besoin. Elle procède à cette évaluation en observant la personne. Pour prendre un bain, la personne doit faire couler l'eau, réunir les objets nécessaires, entrer dans le bain, se laver, sortir du bain, puis se sécher. Pour s'habiller et se déshabiller, elle doit prendre les vêtements dans la penderie, les enfiler et les attacher, puis les enlever. Pour s'alimenter, elle doit porter les aliments à sa bouche à l'aide d'une fourchette ou d'une cuillère, puis mastiquer la nourriture et l'avaler. Pour utiliser les toilettes, elle doit ouvrir sa braguette ou baisser sa culotte, s'asseoir sur le siège, s'essuyer, se relever puis refermer sa braguette ou remonter sa culotte. Pour soigner son apparence, elle doit se peigner, se brosser les dents, se

raser ou se maquiller et se laver les mains. Si elle peut s'asseoir et lever les mains jusqu'à sa tête, elle est probablement en mesure de commencer à effectuer ses soins personnels.

L'infirmière doit bien connaître l'état de santé générale de la personne et ses répercussions sur la capacité d'effectuer les AVQ. Elle doit aussi tenir compte du soutien que la personne peut recevoir de sa famille afin de fixer, en collaboration avec la personne et ses proches, des objectifs réalistes et d'élaborer un plan thérapeutique.

▣ ANALYSE ET INTERPRÉTATION

En se fondant sur les données recueillies, l'infirmière peut poser le diagnostic infirmier suivant :

- Déficit de soins personnels : se laver/effectuer ses soins d'hygiène, se vêtir/soigner son apparence, s'alimenter, utiliser les toilettes.

▣ PLANIFICATION

Les principaux objectifs sont les suivants : en utilisant les aides techniques nécessaires, être capable de prendre son bain et d'effectuer ses soins d'hygiène seul ou avec de l'aide ; se vêtir/soigner son apparence seul ou avec de l'aide ; s'alimenter seul ou avec de l'aide ; et utiliser les toilettes seul ou avec de l'aide. Le plan thérapeutique pourrait aussi viser la satisfaction de la personne quant au degré d'autonomie atteint dans l'exécution des AVQ.

▣ INTERVENTIONS INFIRMIÈRES

Développer les habiletés en matière de soins personnels

La motivation est essentielle à l'apprentissage des habiletés de soins personnels. L'infirmière doit donc encourager la personne à faire sans aide ce qu'elle peut faire par elle-même et à reconnaître ce qu'elle peut faire seule sans danger. *Il est particulièrement important qu'elle sache quand demander de l'aide.*

Pendant que la personne travaille à acquérir le plus d'autonomie possible dans ses soins personnels, l'infirmière et l'ergothérapeute doivent lui enseigner les méthodes les plus efficaces pour y arriver, tout en la guidant et en la soutenant dans ses apprentissages. L'assistance des soignants et la constance de leurs consignes facilitent le processus d'apprentissage. En observant comment la personne accomplit ses soins personnels, l'infirmière recueille des données qui lui permettront d'évaluer ses progrès et d'augmenter sa motivation (encadré 11-3 ■).

Les apprentissages des AVQ doivent être adaptés aux besoins et au mode de vie de la personne. Une manipulation qui peut apparaître simple exige souvent de la concentration et des efforts considérables de la part de la personne atteinte d'incapacité. Comme il existe en général plus d'une façon d'accomplir une activité donnée, l'infirmière doit faire preuve de sens pratique et de créativité pour faire progresser la personne vers l'autonomie. Ainsi, une personne peut se pencher vers l'avant pour toucher sa tête si elle ne peut le faire en position droite. C'est aussi en encourageant la personne à adhérer à un groupe de soutien que l'infirmière peut l'aider à découvrir des solutions créatives à ses problèmes de soins personnels.

▣ ▣ ▣

ENCADRÉ 11-3

ENSEIGNEMENT

Activités de la vie quotidienne

1. Déterminer le but de l'activité avec la personne en faisant preuve de réalisme. Fixer des objectifs qui pourront être atteints à court terme.

2. Inventorier différentes façons d'accomplir l'activité (par exemple, il existe plus d'une façon d'enfiler un vêtement).

3. Choisir la méthode la plus susceptible de réussir.

4. Consigner la méthode choisie dans le plan thérapeutique et inscrire dans les notes d'observation dans quelle mesure la personne est capable de l'exécuter.

5. Déterminer les mouvements nécessaires pour effectuer l'activité (par exemple, pour saisir un verre, on étend le bras, on ouvre la main, on entoure le verre avec les doigts, on lève le bras qui tient le verre à la verticale, puis on fléchit le bras vers le corps).

6. Commencer par l'exécution des mouvements requérant la motricité grossière, puis inclure graduellement des mouvements faisant travailler la motricité fine (par exemple boutonner un vêtement, manger avec une fourchette).

7. Encourager la personne à effectuer l'activité du mieux qu'elle peut compte tenu des limites imposées par son incapacité.

8. Vérifier la tolérance de la personne à l'activité.

9. Réduire au minimum les frustrations et la fatigue.

10. Encourager la personne en la félicitant de ses efforts et de ses réalisations.

11. Aider la personne à effectuer l'activité et à s'y exercer dans un cadre réel.

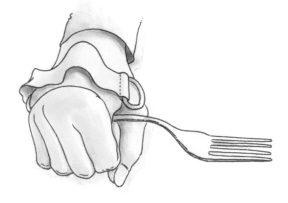

FIGURE 11-2 ■ Courroie universelle. Elle sert à retenir les ustensiles, la brosse à dents ou le peigne pour favoriser l'autonomie des personnes dont l'usage des mains est limité.
Source: © Stéphane Bourrelle.

Recommander l'utilisation d'aides techniques

Une **aide technique** (un appareil adapté ou une technologie d'assistance) peut se révéler utile pour la personne qui éprouve de la difficulté à effectuer une AVQ. On trouve une grande diversité d'aides techniques dans le commerce, mais l'infirmière, l'ergothérapeute, la personne ou un membre de sa famille peuvent aussi en fabriquer. Par exemple, la courroie universelle (figure 11-2 ■) peut améliorer l'autonomie des personnes qui ont de la difficulté à utiliser leurs mains. Elle permet en effet de retenir un ustensile, une brosse à dents, un peigne ou autre objet. L'infirmière, comme l'ergothérapeute, doit se tenir au courant des nouvelles aides techniques offertes sur le marché et évaluer leur utilité. Bien entendu, elle doit faire appel à son jugement professionnel et faire preuve de prudence lorsqu'elle recommande des aides techniques car, par le passé, des vendeurs peu scrupuleux ont proposé des articles superflus, trop coûteux ou inutilisables.

Il existe aussi sur le marché un vaste choix d'aides techniques informatisées destinées aux personnes atteintes d'incapacités graves. De plus, des aides techniques personnalisées peuvent être créées pour augmenter l'autonomie de ces personnes. On peut obtenir des informations sur les aides techniques, les aides à la communication et les aides facilitant l'accès à l'ordinateur auprès du Centre régional d'information, de démonstration et d'évaluation des aides techniques (CRIDEAT). Le projet ABLE DATA offre aussi une liste informatisée des aides techniques et de l'équipement de réadaptation offerts dans le commerce (voir Ressources et sites web sur le Compagnon Web de l'ouvrage).

Aider la personne à accepter ses limites

Si les personnes sont atteintes d'une ou de plusieurs incapacités graves, il peut être irréaliste de viser l'autonomie en matière de soins personnels. Ces personnes devront sans doute obtenir l'aide de leur Centre de santé et de services sociaux (CSSS) ou d'un organisme privé. En raison de leurs obligations et de leurs contraintes, les membres de la famille ne seront pas nécessairement en mesure de les assister dans ces soins. En outre, il n'est pas toujours indiqué que les membres de la famille aident la personne à prendre son bain et à effectuer ses soins d'hygiène, à s'habiller et à soigner son apparence, à s'alimenter et à utiliser les toilettes. Par exemple, un conjoint peut éprouver des difficultés à continuer d'exercer son rôle de partenaire sexuel auprès de la personne à laquelle il prodigue des soins d'élimination vésicale et intestinale. Dans ce cas, l'infirmière en réadaptation enseigne à la personne et aux membres de sa famille comment diriger l'employé qui lui prodiguera ses soins personnels. En effet, si les services d'un préposé s'imposent, la personne devra avoir appris comment les diriger efficacement. L'infirmière aide alors la personne à accepter sa dépendance en mettant davantage l'accent sur son autonomie dans d'autres domaines, par exemple les habiletés relationnelles et professionnelles, afin d'augmenter son estime de soi, de faciliter l'exercice de ses rôles familiaux et sociaux, et de renforcer son identité personnelle.

❖ ÉVALUATION

Résultats escomptés

1. La personne prend son bain et effectue ses soins d'hygiène seule ou avec de l'aide, en utilisant les aides techniques nécessaires.
   a) Elle prend son bain de façon aussi autonome que possible.

b) Elle utilise efficacement les aides techniques.

c) Elle se dit satisfaite de son degré d'autonomie dans l'accomplissement de ces activités.

2. La personne s'habille et soigne son apparence seule ou avec de l'aide, en utilisant les aides techniques nécessaires.

a) Elle s'habille et soigne son apparence de façon aussi autonome que possible.

b) Elle utilise efficacement les aides techniques.

c) Elle se dit satisfaite de son degré d'autonomie dans l'accomplissement de ces activités.

d) Elle manifeste davantage d'intérêt pour son apparence.

3. La personne s'alimente seule ou avec de l'aide, en utilisant les aides techniques nécessaires.

a) Elle s'alimente de façon aussi autonome que possible.

b) Elle utilise efficacement les aides techniques.

c) Elle s'assure d'un apport nutritionnel adéquat.

4. La personne utilise les toilettes seule ou avec de l'aide, en utilisant les aides techniques nécessaires.

a) Elle utilise les toilettes de façon aussi autonome que possible.

b) Elle utilise efficacement les aides techniques.

c) Elle se dit satisfaite de son degré d'autonomie dans l'accomplissement de cette activité

d) Elle a des mictions et des selles à une fréquence adéquate.

e) Elle ne présente pas d'incontinence, de constipation, d'infections urinaires ni d'autres complications.

DÉMARCHE SYSTÉMATIQUE
dans la pratique infirmière

Personne présentant une altération de la mobilité

Souvent, les personnes malades ou blessées sont alitées ou limitées dans leurs activités. Or, l'affaiblissement des muscles, les contractures et les déformations sont des problèmes fréquemment associés à l'immobilité. Chaque articulation a une amplitude de mouvement normale. Si cette amplitude est réduite, le fonctionnement de l'articulation et des muscles qui exécutent le mouvement est altéré, ce qui peut provoquer des déformations douloureuses. L'infirmière doit dépister les personnes exposées au risque de telles complications.

L'altération de la mobilité est un problème fréquemment rencontré en réadaptation. L'incapacité de se déplacer sans aide peut être temporaire ou permanente. L'infirmière doit donc évaluer la capacité de la personne à se mobiliser au lit, à effectuer des transferts et à se déplacer en marchant ou en fauteuil roulant. Elle doit ensuite établir un plan thérapeutique visant à favoriser l'autonomie de la personne dans les limites thérapeutiques prescrites.

Des contractures peuvent apparaître si la personne est incapable de mouvoir ses articulations dans toute leur amplitude. Une contracture résulte d'un raccourcissement du muscle et du tendon entraînant

une déformation et limitant la mobilité articulaire. Le mouvement d'une articulation contractée et déformée est douloureux et entraîne une plus grande dépense d'énergie.

COLLECTE DES DONNÉES

Il arrive que la mobilité de la personne soit réduite à cause d'une douleur, d'une paralysie, d'une perte de force musculaire, d'une maladie systémique, d'un dispositif d'immobilisation (par exemple un plâtre ou une attelle) ou d'une restriction prescrite en vue de favoriser la guérison. L'évaluation de la mobilité porte sur la posture, la capacité de bouger, la force et le tonus musculaires, le fonctionnement des articulations et les restrictions à la mobilité prescrites. L'évaluation de la mobilité est réalisée en collaboration avec le physiothérapeute et les autres membres de l'équipe interdisciplinaire.

C'est en observant la personne exécuter ses changements de position, ses transferts et ses déplacements que l'infirmière évalue la gravité de l'incapacité ainsi que les capacités résiduelles. L'observation lui permet également de déceler les signes d'hypotension orthostatique : pâleur, diaphorèse, nausées, tachycardie, fatigue et étourdissements.

Lorsque la personne est incapable de marcher sans assistance, l'infirmière doit évaluer son aptitude à garder son équilibre, à effectuer les transferts et à utiliser les aides à la locomotion (par exemple des béquilles ou un déambulateur). Marcher à l'aide de béquilles exige beaucoup d'énergie et un effort cardiovasculaire considérable. Aussi, les personnes âgées, ayant une moindre tolérance à l'effort, qui ont des problèmes d'équilibre dus au vieillissement ou à de multiples maladies et dont les bras sont faibles, seront sans doute incapables de se servir de béquilles. Dans ce cas, le déambulateur, plus stable, constitue souvent un meilleur choix. Si la personne porte une orthèse, soit un appareil externe destiné à soutenir une partie du corps, à prévenir ou à corriger une déformation et à améliorer la capacité fonctionnelle, l'infirmière l'observe pour s'assurer qu'elle l'utilise efficacement et pour déceler les problèmes associés à son usage.

ANALYSE ET INTERPRÉTATION

En se fondant sur les données recueillies, l'infirmière peut poser les diagnostics infirmiers suivants :

■ Mobilité physique réduite

■ Intolérance à l'activité

■ Risque de chute

■ Risque de syndrome d'inactivité

■ Difficulté à la marche

■ Difficulté lors d'un transfert

■ Mobilité réduite en fauteuil roulant

■ Mobilité réduite au lit

PLANIFICATION

Les principaux objectifs sont les suivants : être capable de prévenir les contractures et les déformations ; maintenir sa force musculaire et la mobilité de ses articulations ; se mobiliser de façon autonome et accroître sa tolérance à l'activité.

✖ INTERVENTIONS INFIRMIÈRES

Prévenir les complications musculo-squelettiques grâce à une bonne position

Une bonne position permet souvent de prévenir les déformations et les contractures. Un bon alignement corporel est essentiel quelle que soit la position adoptée. L'infirmière évalue donc la position et l'alignement corporel de la personne chaque fois qu'elle la voit et l'aide au besoin à adopter une position adéquate ainsi qu'à garder un bon alignement. Les positions les plus courantes pour la personne alitée sont le décubitus dorsal (sur le dos), le décubitus latéral (sur le côté) et le décubitus ventral (sur le ventre). L'infirmière doit aider la personne à adopter l'une ou l'autre de ces positions et lui assurer un bon alignement corporel au moyen d'oreillers (encadré 11-4 ■). Il arrive qu'une orthèse soit utilisée (exemple pour le poignet ou la main) pour soutenir une articulation et prévenir les déformations. Dans ce cas, l'infirmière s'assure que la personne l'utilise correctement et lui prodigue les soins cutanés nécessaires.

Prévention de la rotation externe de la hanche

Les personnes alitées pendant un certain temps peuvent présenter une déformation appelée rotation externe de la hanche. En effet, chez une personne couchée sur le dos, la hanche, qui est une énarthrose, a tendance à tourner vers l'extérieur. Pour prévenir cette déformation, on place un rouleau trochantérien de la crête iliaque jusqu'au milieu de la cuisse: installé correctement, le rouleau trochantérien soutient la saillie formée par le grand trochanter.

Prévention du pied tombant

Le pied tombant est une déformation qui se manifeste par une immobilisation du pied en flexion plantaire (cheville fléchie en direction de la plante du pied). Si cette déformation n'est pas corrigée, le pied ne peut plus reprendre sa position normale et la personne doit marcher sur la pointe des pieds. Le pied tombant est dû à une contracture des muscles jumeaux et soléaire et peut être la conséquence d'une lésion du nerf péronier ou d'une perte de flexibilité du tendon d'Achille.

> **▼• ALERTE CLINIQUE** *Les facteurs qui contribuent au pied tombant sont notamment les suivants: alitement prolongé, manque d'exercice, mauvaise position au lit et poids de la literie qui immobilise le pied en flexion plantaire.*

Pour prévenir cette déformation incapacitante, la personne en fauteuil roulant doit être assise bien droite, les pieds reposant sur les appui-pieds ou à plat sur le sol. Si elle est couchée sur le dos, on utilise des gouttières rembourrées ou des protège-pieds pour maintenir les pieds à angle droit par rapport aux jambes. On inspecte souvent les pieds afin de vérifier si les appareils utilisés pour maintenir leur position ne compriment pas des points vulnérables, ce qui pourrait entraîner des plaies de pression.

On incitera la personne à faire des exercices d'assouplissement de la cheville plusieurs fois par heure: flexions dorsales et plantaires du pied, flexion et extension des orteils (replier et étirer), et éversion et inversion du pied au niveau de la cheville. Si la personne est incapable de faire ces exercices, l'infirmière lui fait faire de fréquents exercices d'amplitude passifs.

Maintenir la force musculaire et la mobilité des articulations

Le recouvrement ou le maintien de la fonction optimale d'une articulation dépend de la force de la musculature et de l'état des structures (os, cartilages, tendons, ligaments) qui assurent la mobilité des articulations. L'exercice, comme prendre une part active aux AVQ, permet de maintenir la force musculaire et la mobilité des articulations. Des exercices de mobilisation active et passive des articulations et certains exercices thérapeutiques particuliers doivent être inclus dans le plan thérapeutique pour la réadaptation des personnes atteintes d'une incapacité.

Exercices de mobilisation

Une articulation bouge sur un ou plusieurs plans selon une amplitude dite normale (encadré 11-5 ■). Les exercices visant à maintenir ou à augmenter la mobilité des articulations débutent dès que l'état de santé de la personne le permet. Il est important que les exercices d'amplitude articulaire soient adaptés au degré de mobilité de ses articulations, à sa masse corporelle et à son âge (encadré 11-6 ■).

Les exercices de mobilisation articulaire peuvent être actifs (effectués sous la supervision de l'infirmière), passifs (effectués par l'infirmière) ou actifs assistés (effectués par la personne avec l'assistance de l'infirmière). Sauf indication contraire, les articulations doivent être mobilisées trois fois sur toute leur amplitude, au moins deux fois par jour. On ne doit pas dépasser l'amplitude de mouvement d'une articulation. Par conséquent, la mobilisation de l'articulation doit être arrêtée au point de résistance ou dès que la personne ressent de la douleur. En présence de spasmes musculaires, on mobilise doucement l'articulation jusqu'au point de résistance, on exerce ensuite une pression légère et régulière sur le muscle jusqu'à ce qu'il se relâche, puis on reprend le mouvement.

Pour les exercices de mobilisation actifs assistés ou passifs, la personne doit être couchée sur le dos et installée confortablement, les bras le long du corps et les genoux en extension. Elle doit garder une bonne posture tout au long des exercices. Pour sa part, l'infirmière doit régler la hauteur du lit afin de respecter les principes de la mécanique corporelle. Pour faire les exercices, on soutient l'articulation: on stabilise les os situés au-dessus de celle-ci et on déplace la partie du corps qui se trouve en aval sur toute l'amplitude du mouvement articulaire. Par exemple, pour mobiliser le coude, on stabilise l'humérus et on fait bouger le radius et le cubitus au niveau du coude.

Exercices thérapeutiques

Les exercices thérapeutiques sont prescrits par le médecin et pratiqués avec l'aide du physiothérapeute ou de l'infirmière. Des études actuellement en cours visent la conception de robots informatisés, au fonctionnement doux, flexible, facile, qui permettraient à des personnes d'effectuer leurs exercices des membres supérieurs à domicile (Krebs, 2000).

La personne doit comprendre le but des exercices prescrits. Pour l'aider à bien se conformer au programme, l'infirmière peut lui remettre des instructions écrites indiquant la fréquence, la durée et le nombre de répétitions de chacun des exercices, ainsi que des illustrations simples de ceux-ci.

S'ils sont exécutés correctement, les exercices aident à maintenir et à améliorer la force musculaire, à préserver le fonctionnement des articulations, à prévenir les déformations, à stimuler la

Mise en position de la personne alitée

DÉCUBITUS DORSAL (SUR LE DOS)

1. La tête est alignée (en ligne droite) avec la colonne vertébrale, sur le plan latéral comme sur le plan antéropostérieur.
2. Le bassin est placé de façon à réduire au maximum la flexion des hanches,
3. Les coudes sont fléchis et les mains reposent sur les côtés de l'abdomen.
4. Les jambes sont en extension, et un support petit mais ferme est placé sous la région poplitée.
5. Les talons sont surélevés par un petit oreiller ou par une serviette pliée placée sous les chevilles.
6. Les orteils sont pointés vers le haut à l'aide d'un protège-pieds afin de prévenir le pied tombant.
7. Un rouleau trochantérien est placé sous le grand trochanter afin de prévenir la rotation externe de la hanche.

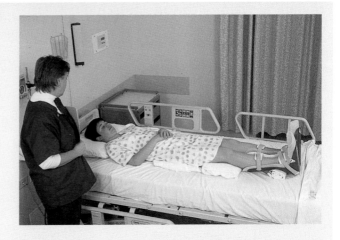

DÉCUBITUS LATÉRAL (SUR LE CÔTÉ)

1. La tête est alignée (en ligne droite) avec la colonne vertébrale et soutenue par un oreiller.
2. Le corps est dans un bon alignement, qui évite la torsion des épaules, de la taille ou des hanches.
3. Les épaules et les coudes sont fléchis, et l'avant-bras du dessus est soutenu par un oreiller.
4. La partie supérieure de la hanche est légèrement avancée et la jambe est soutenue en légère abduction par un oreiller.
5. Les pieds sont placés en flexion dorsale neutre et retenus dans cette position par un oreiller.
6. Le dos est soutenu par un oreiller.

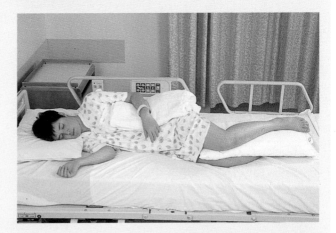

DÉCUBITUS VENTRAL (SUR LE VENTRE)

1. La tête est tournée sur le côté et alignée avec le reste du corps.
2. Les bras sont en abduction et en rotation externe au niveau de l'articulation de l'épaule; les coudes sont fléchis.
3. Un petit support plat est placé sous le bassin, du nombril jusqu'au tiers supérieur de la cuisse.
4. Les membres inférieurs sont en position neutre.
5. Les orteils dépassent le bord du matelas.

Note: Pour la clarté des photos, on a dû abaisser les ridelles du lit. Celles-ci doivent évidemment être remontées pour assurer la sécurité des personnes.

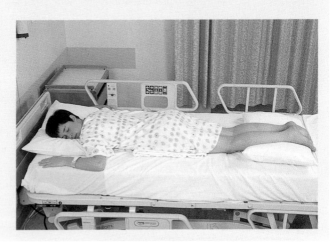

circulation ainsi qu'à améliorer l'endurance tout en favorisant la détente. Ils contribuent également à accroître la motivation et le bien-être de la personne. En outre, les exercices de mise en charge peuvent ralentir la perte de densité osseuse causée par l'incapacité. Il existe cinq types d'exercices: passifs, actifs assistés, actifs, contre résistance et isométriques. Le tableau 11-1 ■ donne la description, le but et le processus d'intervention pour chacun des types d'exercice.

Favoriser la mobilité indépendante

Dès que l'état de santé de la personne est stabilisé et que son état physique le permet, on l'aide à s'asseoir sur le bord du lit, puis à se lever, et on évalue sa tolérance à cette activité. Une hypotension orthostatique (posturale) peut se manifester en position verticale, car l'insuffisance des réflexes vasomoteurs entraîne une accumulation de sang dans la région splanchnique (viscérale) et dans les jambes,

ENCADRÉ 11-5

Terminologie de l'amplitude de mouvement

- **Abduction:** mouvement d'éloignement d'un membre par rapport à l'axe médian du corps.
- **Adduction:** mouvement de rapprochement d'un membre par rapport à l'axe médian du corps.
- **Flexion:** mouvement de repli qui diminue l'angle de l'articulation.
- **Extension:** mouvement opposé à la flexion; l'angle de l'articulation augmente.
- **Rotation:** mouvement de déplacement autour de son axe.
  - Interne: mouvement vers l'intérieur; rapprochement par rapport au centre.
  - Externe: mouvement vers l'extérieur; éloignement par rapport au centre.
- **Flexion dorsale:** mouvement par lequel la main est repliée vers l'arrière, en direction de l'avant-bras, ou le pied vers l'avant, en direction de la jambe.
- **Flexion palmaire:** mouvement par lequel la main est repliée en direction de la paume.
- **Flexion plantaire:** mouvement par lequel le pied est replié en direction de la plante.
- **Pronation:** rotation de l'avant-bras qui dirige la paume de la main vers le bas.
- **Supination:** rotation de l'avant-bras qui dirige la paume de la main vers le haut.
- **Opposition:** mouvement par lequel le pouce touche le bout de chaque doigt de la même main.
- **Inversion:** mouvement par lequel la plante du pied est tournée vers l'intérieur.
- **Éversion:** mouvement par lequel la plante du pied est tournée vers l'extérieur.

ce qui provoque une diminution de la circulation cérébrale. En cas de signes d'hypotension orthostatique (par exemple baisse de la tension artérielle, pâleur, diaphorèse, nausée, tachycardie, étourdissement), on interrompt l'activité et on aide la personne à se recoucher sur le dos.

Les personnes atteintes d'une lésion médullaire, d'un traumatisme crânien cérébral grave ou d'une maladie qui exige un alitement prolongé doivent être amenées progressivement à la position verticale. Dans ce cas, une table basculante, appareil constitué d'une planche pouvant être inclinée de 5 à 10 degrés à la fois du plan horizontal au plan vertical, est utile pour favoriser l'adaptation vasomotrice aux changements de position. Cette table permet aussi l'accomplissement des exercices qui exigent une certaine mise en charge des articulations des membres inférieurs et un meilleur équilibre en position verticale. Ces exercices aident à prévenir la décalcification et la perte de la masse osseuse associées au syndrome de l'immobilité. On installe la personne sur la table basculante et on l'y attache afin qu'elle ne glisse pas et ne chute pas lorsqu'on incline la table à la verticale. Ses pieds sont protégés par des chaussures bien ajustées (par exemple chaussures de marche). L'angle de la table et la durée de la station debout sont ajustés en fonction de la tolérance de la personne et du poids que ses jambes peuvent supporter. Pendant l'exercice, le physiothérapeute et l'infirmière observent la personne, et l'infirmière surveille son pouls et sa pression artérielle pour évaluer sa tolérance et dépister les signes

d'hypotension orthostatique. Une baisse de la pression artérielle, la présence de tachycardie ou de signes d'hypotension orthostatique indiquent une intolérance à la station debout. On ramène alors la personne à l'horizontale et on surélève ses jambes. En plus du changement de position progressif, la prévention de l'hypotension orthostatique exige parfois le port d'un collant compressif, d'une bande abdominale bien ajustée ou d'un bandage compressif pour les membres inférieurs ou de bas anti-embolie. Un fauteuil roulant dont le dossier est inclinable et dont les appui-pieds se relèvent permet également une progression lente et contrôlée de la position couchée à la position assise à 90 degrés.

Aider la personne à effectuer les transferts

Un transfert est le mouvement utilisé pour faire passer la personne d'un endroit à un autre (par exemple du lit au fauteuil, du lit ou du fauteuil à la chaise d'aisances, du fauteuil roulant à la baignoire ou au siège de toilettes). On débute les transferts dès que la personne est autorisée à quitter son lit. L'infirmière évalue sa capacité à y participer activement et, conjointement avec l'ergothérapeute ou le physiothérapeute, détermine le matériel d'adaptation nécessaire pour promouvoir son autonomie et sa sécurité. L'utilisation d'un fauteuil roulant léger, muni d'appui-bras et d'appui-pieds amovibles et de rallonges de freins, réduira les obstacles pendant l'exécution du transfert. De plus, des aides techniques, tels des sièges ou des bancs de baignoire, faciliteront et augmenteront la sécurité lors des transferts à la baignoire. L'utilisation d'un siège de toilettes surélevé et rembourré s'impose aussi lorsque la personne ne peut fléchir les hanches à plus de 90 degrés au moment d'un transfert vers les toilettes.

Il est important que la personne conserve sa force musculaire et qu'à cette fin elle fasse si possible des exercices de soulèvement pour renforcer les muscles extenseurs de ses bras et de ses épaules. Pour effectuer cet exercice, la personne doit être installée en position assise dans son lit, le dos bien droit; un livre est placé sous chacune de ses mains afin qu'elle puisse prendre appui sur une surface dure, puis elle soulève son corps en poussant vers le bas, sur les livres, avec les mains. L'infirmière doit encourager la personne à utiliser cette méthode pour soulever son corps et le bouger dans différentes directions.

L'infirmière, l'ergothérapeute ou le physiothérapeute enseigne à la personne les techniques de transfert. Pour la personne qui est incapable de supporter la station debout, il existe différentes façons d'effectuer un transfert du lit au fauteuil roulant. La technique sera choisie en fonction des capacités de chaque personne. Une démonstration de la technique enseignée sera utile. Si le physiothérapeute et l'ergothérapeute interviennent dans l'apprentissage d'une technique, les consignes enseignées doivent être cohérentes et uniformes avec celles transmises par l'infirmière qui doit guider et aider la personne lors du transfert. La figure 11-3 ■ illustre plusieurs techniques de transfert du lit au fauteuil roulant, avec et sans mise en charge.

Si la personne n'a pas la force musculaire suffisante pour soulever son corps, l'infirmière peut combler la distance entre le lit et le fauteuil roulant en utilisant une planche de transfert (planche lisse et légère appelée aussi planche de glissement) sur laquelle la personne glisse avec ou sans assistance. Cette planche peut aussi servir aux transferts du fauteuil roulant au siège de toilettes et au banc de la baignoire. L'infirmière s'assure que la personne n'agrippe pas le bord de la planche pendant le transfert, car elle risquerait de s'écraser les doigts en glissant sur la planche. Le respect des mesures de sécurité suivantes est essentiel lors d'un transfert:

Exercices de mobilisation passive

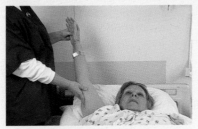

Abduction et adduction de l'épaule. Placer le bras sur le côté du corps, le lever latéralement jusqu'au-dessus de la tête (abduction), puis revenir à la position initiale (adduction).

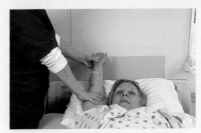

Flexion avant de l'épaule. Amener le bras vers l'avant puis vers le haut jusqu'à ce qu'il se trouve à côté de la tête.

Flexion et extension du coude. Plier le coude pour amener l'avant-bras et la main vers l'épaule (flexion), puis replacer l'avant-bras et la main dans leur position initiale (extension).

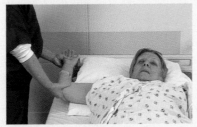

Rotation externe de l'épaule. Placer le bras au niveau de l'épaule, le coude fléchi à 90 degrés et la paume de la main dirigée vers le pied. Abaisser la main vers la table ou le matelas *en arrière* en faisant rouler le bras (normale : 90 degrés).

Pronation de l'avant-bras. Placer le coude au niveau de la taille et le plier à 90 degrés, puis tourner la main de façon à ce que la paume soit dirigée vers le bas.

Extension du poignet.

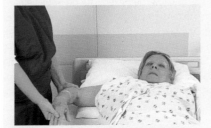

Rotation interne de l'épaule. Placer le bras au niveau de l'épaule, le coude fléchi à 90 degrés et la paume de la main dirigée vers le pied. Abaisser la main vers la table ou le matelas *en avant* en faisant rouler le bras (normale : 70 degrés).

Supination de l'avant-bras. Placer le coude au niveau de la taille à un angle de 90 degrés, puis tourner la main de façon à ce que la paume soit dirigée vers le haut.

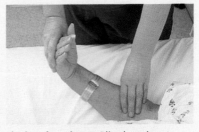

Flexion du poignet. Plier le poignet pour amener la paume de la main vers l'avant-bras, puis revenir à la position neutre initiale.

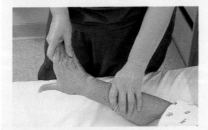

Déviation cubitale. Déplacer la main latéralement de façon à ce que le côté de l'auriculaire soit dirigé vers l'avant-bras.

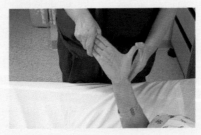

Extension des doigts.

Rotation interne et externe de la hanche. Tourner la jambe et le pied de façon à ce que les orteils pointent vers l'autre jambe (interne). Tourner la jambe et le pied vers l'extérieur de façon à ce que les orteils pointent dans la direction opposée à l'autre jambe.

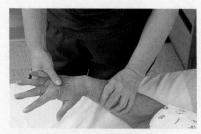

Déviation radiale. Déplacer la main latéralement de façon à ce que le côté du pouce soit dirigé vers l'avant-bras.

Abduction et adduction de la hanche. Écarter latéralement la jambe le plus loin possible du corps, comme sur la photo (abduction). Ramener ensuite la jambe dans le plan médian (position neutre), puis par-dessus l'autre jambe aussi loin que possible (adduction).

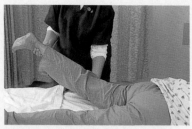

Hyperextension de la hanche. Placer la personne en décubitus ventral, puis amener la jambe le plus haut possible vers l'arrière.

Opposition du pouce. Amener le pouce vers l'auriculaire.

Flexion de la hanche et du genou. Amener la jambe le plus loin possible vers la poitrine en pliant le genou puis revenir à la position initiale, la jambe en extension.

Flexion dorsale et plantaire du pied. Placer le pied de façon à ce que les orteils pointent vers le haut, puis l'amener vers la jambe (flexion dorsale). Éloigner ensuite le pied de la jambe en l'amenant vers le bas (flexion plantaire).

Éversion et inversion du pied. Déplacer le pied de façon à amener la plante vers l'extérieur (éversion). Puis déplacer le pied de façon à amener la plante vers l'intérieur (inversion).

Flexion des orteils. Plier les orteils vers le dessous du pied.

Extension des orteils. Redresser les orteils et les pousser le plus loin possible vers la jambe.

- Bloquer les freins du fauteuil roulant et du lit avant de procéder au transfert.
- Retirer les appui-bras et les appui-pieds amovibles pour permettre à la personne de s'asseoir et de se lever plus facilement.
- Placer une des extrémités de la planche de transfert sous le siège de la personne et l'autre, sur la surface vers laquelle le déplacement doit se faire (par exemple le fauteuil).
- Demander à la personne de se pencher vers l'avant, de se soulever avec les mains pour placer les fesses dans la bonne direction, puis de glisser sur la planche vers l'autre surface.

Les personnes faibles et atteintes d'incapacité ont souvent besoin d'aide pour se déplacer hors du lit. Au cours des changements de position, l'infirmière doit les soutenir et les assister sans les brusquer, tout en veillant à ce qu'elles ne se blessent pas. Elle ne doit pas tirer sur un bras faible ou paralysé, ce qui pourrait provoquer une luxation de l'épaule. Elle aide la personne à se tourner vers son côté le plus fort. Les techniques de déplacement hors du lit sont décrites dans l'encadré 11-7 ■.

À domicile, les personnes dont la force musculaire ou la mobilité des hanches, des genoux ou des chevilles est réduite ont de la difficulté à entrer et sortir de leur lit ainsi qu'à effectuer les transferts au fauteuil, au siège de toilettes ou à la baignoire. Une corde attachée à la tête du lit peut les aider à se déplacer au centre du lit. De même, une corde attachée au pied du lit peut leur permettre d'y entrer et d'en sortir plus facilement. On peut surélever un fauteuil en plaçant des blocs creux sous les pieds ou des coussins sur le siège. De plus, des barres d'appui, fixées au mur près des toilettes et de la baignoire aideront la personne à se lever et lui procureront une plus grande stabilité.

TABLEAU
11-1

Exercices thérapeutiques

Exercices	Description	But	Processus
Passifs	Exercices exécutés par le physiothérapeute ou l'infirmière sans l'aide de la personne.	Conserver aux articulations la meilleure amplitude de mouvement possible et maintenir une bonne circulation.	Stabiliser l'articulation et soutenir la partie du corps qui se trouve en aval; bouger l'articulation lentement et doucement sur toute son amplitude; éviter de provoquer de la douleur.
Actifs assistés	Exercices exécutés par la personne avec l'aide du physiothérapeute ou de l'infirmière.	Favoriser le fonctionnement normal des muscles.	Soutenir la partie du corps en aval de l'articulation et inciter la personne à bouger son articulation sur toute son amplitude; la laisser exécuter le mouvement sans l'aider plus qu'il ne le faut; les périodes d'activité doivent être courtes et suivies d'une période de repos suffisante.
Actifs	Exercices exécutés par la personne sans aide; par exemple dans le lit, se tourner d'un côté à l'autre, passer de la position dorsale à la position ventrale, se remonter dans le lit.	Améliorer la force musculaire.	Si possible, la personne doit exécuter les exercices actifs contre la force de gravité; elle doit bouger l'articulation sur toute son amplitude, sans aide; l'infirmière doit s'assurer que la personne exécute le mouvement correctement.
Contre résistance	Exercices actifs exécutés par la personne contre une résistance manuelle ou mécanique.	Augmenter la force musculaire en utilisant une résistance.	La personne bouge l'articulation sur toute son amplitude contre la résistance opposée par le thérapeute. La résistance est d'abord légère, puis augmentée progressivement. Des sacs de sable ou des poids placés sur la partie du corps qui se trouve en aval de l'articulation peuvent aussi servir à créer de la résistance; les mouvements doivent être exécutés sans secousse.
Isométriques ou statiques	Exercices de contraction et de relâchement en alternance d'un muscle dans lesquels la personne garde la partie du corps qui travaille en position fixe.	Conserver la force lorsqu'une articulation est immobilisée.	La personne contracte le muscle au maximum de sa capacité sans bouger l'articulation, maintient la contraction pendant quelques secondes, puis relâche le muscle; elle doit respirer profondément.

Comment aider la personne à sortir du lit

TECHNIQUE POUR DÉPLACER LA PERSONNE VERS LE BORD DU LIT

1. Amener la tête et les épaules de la personne vers le bord du lit.
2. Amener ses pieds et ses jambes vers le bord du lit. (Son corps est alors courbé, ce qui donne une bonne amplitude de mouvement aux muscles latéraux du tronc.)
3. Placer les deux bras assez loin sous les hanches de la personne, puis contracter les muscles du dos et de l'abdomen.
4. Redresser le dos en tirant la personne vers soi.

TECHNIQUE POUR ASSEOIR LA PERSONNE SUR LE BORD DU LIT

1. Placer un bras et une main sous les épaules de la personne.
2. Lui demander de pousser avec le coude contre le lit. En même temps, lui soulever les épaules avec un bras et de l'autre, descendre ses jambes hors du lit. (Les jambes étant entraînées vers le bas par la pesanteur, il est plus facile de soulever le tronc de la personne.)

TECHNIQUE POUR AIDER LA PERSONNE À SE METTRE DEBOUT

1. Placer les pieds de la personne bien à plat sur le sol.
2. Se placer face à elle et saisir fermement les deux côtés de sa cage thoracique.
3. Pousser un genou contre le sien.
4. La faire basculer vers l'avant pour qu'elle se place en station debout. (Garder un genou contre le sien tout au long de cette étape.)
5. S'assurer que les genoux de la personne restent bloqués (en extension complète) pendant qu'elle est debout. (Il s'agit d'une mesure de sécurité pour les personnes faibles ou alitées depuis un certain temps.)
6. Lui accorder suffisamment de temps pour qu'elle retrouve son équilibre.
7. La faire pivoter de façon à la placer dos au siège du fauteuil, puis l'aider à s'asseoir.

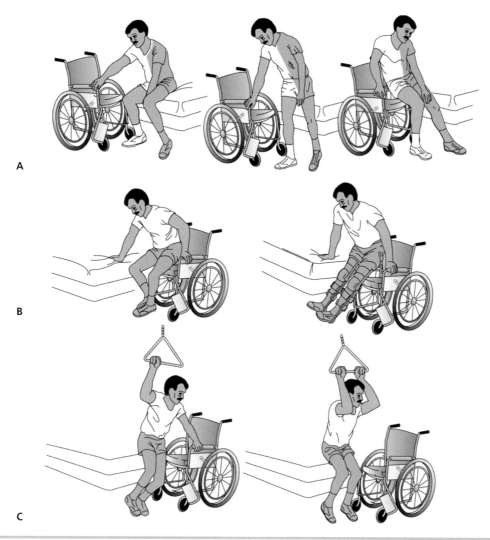

FIGURE 11-3 ■ Techniques de transfert du lit au fauteuil roulant. Dans tous les cas, les freins du fauteuil roulant doivent être serrés. Les zones en vert indiquent les parties du corps sur lesquelles il n'y a pas de mise en charge. **(A)** Transfert du lit au fauteuil roulant avec mise en charge. La personne se lève, pivote sur une jambe jusqu'à ce qu'elle soit dos au siège, puis s'assoit.

(B) (À gauche) Transfert du lit au fauteuil roulant sans mise en charge. (À droite) Avec jambes immobilisées.
(C) (À gauche) Transfert sans mise en charge, technique combinée. (À droite) Transfert sans mise en charge, soulèvement à l'aide d'un trapèze.

Préparer la personne à la marche

Le fait de pouvoir marcher à nouveau est excellent pour le moral de toute personne immobilisée depuis un certain temps. Toutefois, pour se préparer à la marche, que ce soit avec un appareil ortho-pédique, un déambulateur, une canne ou des béquilles, la personne doit renforcer ses muscles. La préparation à la marche repose donc sur des exercices. L'infirmière et le physiothérapeute enseignent à la personne les exercices à effectuer et surveillent leur exécution.

Les muscles qui doivent être renforcés sont les quadriceps, qui stabilisent l'articulation du genou, et les fessiers. Pour travailler les quadriceps en isométrie, la personne contracte ces muscles en essayant de pousser la région poplitée contre le matelas tout en soulevant le talon. Elle maintient la contraction pendant 5 secondes, puis relâche les muscles pendant 5 secondes. Elle répète cet exercice 10 à 15 fois toutes les heures. Le renforcement des quadriceps prévient les contractures en flexion du genou. Pour travailler les

fessiers en isométrie, la personne contracte, ou serre, les fesses pendant 5 secondes, puis les relâche pendant 5 secondes. Elle répète cet exercice 10 à 15 fois toutes les heures.

Une personne qui doit utiliser une aide à la locomotion (déambulateur, canne ou béquilles) doit renforcer les muscles de ses membres supérieurs. Pour ce faire, les exercices de soulèvement sont utiles. Ils peuvent être exécutés en position assise alors que la personne soulève son corps en poussant avec les mains contre le siège du fauteuil ou le matelas. Ils peuvent aussi être exécutés en décubitus ventral. Les soulèvements faits à l'aide d'un trapèze sont également efficaces. On enseigne aussi à la personne des exercices de renforcement de bras: elle lève les bras au-dessus de la tête en tenant des poids dans les mains, puis les redescend en maintenant un rythme lent et constant. Les poids utilisés seront graduellement plus lourds. Enfin, la personne peut renforcer les muscles de ses mains en serrant une balle de caoutchouc.

Le physiothérapeute conçoit des exercices pour aider la personne à améliorer son équilibre en position assise et debout ainsi qu'à acquérir la stabilité et la coordination dont elle a besoin pour marcher. Une fois qu'elle a acquis la stabilité nécessaire, elle peut utiliser les barres parallèles. Sous la surveillance du physiothérapeute, elle s'exerce à déplacer le poids de son corps d'un côté à l'autre en soulevant une jambe pour faire porter son poids sur l'autre jambe, puis à marcher entre les barres.

Une fois que la personne est prête à marcher, on doit lui fournir l'aide à la locomotion qui lui convient, l'informer des limites de mise en charge prescrites (par exemple marche sans mise en charge, marche avec mise en charge partielle) et lui enseigner comment utiliser cette aide en toute sécurité. L'infirmière doit constamment évaluer la stabilité de la personne, s'assurer qu'elle respecte les limites de mise en charge et la protéger des chutes. Elle peut assurer cette protection en tenant les poignées d'une ceinture de marche passée autour de la taille de la personne. L'infirmière s'assure que la personne porte des chaussures solides et bien ajustées. Elle la prévient des risques que présentent les planchers mouillés ou très lisses et les carpettes. Elle lui enseigne également à marcher sur les surfaces inclinées et irrégulières ainsi que dans les escaliers.

Marcher avec des béquilles

Les béquilles peuvent être utilisées par des personnes qui ne peuvent pas supporter ou ne peuvent supporter que partiellement le poids de leur corps. L'utilisation des béquilles exige un bon équilibre, une réserve cardiovasculaire suffisante, de la force dans les bras et une posture droite. Comme les bras supportent le poids du corps, il faut une grande force dans les bras pour parcourir une distance utile (au moins la longueur d'une pièce ou d'une maison) ou emprunter des escaliers avec des béquilles. En fonction de ces facteurs, il revient au physiothérapeute de déterminer si les béquilles conviennent à la personne. Voici les principaux groupes musculaires sollicités lorsqu'on marche avec des béquilles:

- Muscles abaisseurs des épaules: ils stabilisent les membres supérieurs et préviennent le haussement brusque des épaules.
- Muscles adducteurs des épaules: ils retiennent la partie supérieure de la béquille contre la paroi thoracique.
- Muscles fléchisseurs, extenseurs et abducteurs (au niveau des épaules): ils permettent de déplacer les béquilles vers l'avant, vers l'arrière et sur le côté.
- Muscles extenseurs de l'avant-bras: ils préviennent la flexion du coude et contribuent de façon importante au soulèvement du corps dans la propulsion en balancier.
- Muscles extenseurs du poignet: ils permettent aux bras de faire porter le poids du corps sur les poignées des béquilles.
- Muscles fléchisseurs des doigts et du pouce: ils servent à saisir les poignées des béquilles.

Préparer la personne à marcher avec des béquilles

Des exercices préparatoires, visant à renforcer les muscles de la ceinture thoracique et des membres supérieurs, peuvent être indiqués. La longueur des béquilles doit être ajustée à la taille de la personne. Pour déterminer la longueur approximative des béquilles, on peut mesurer la personne en position debout ou couchée. Pour déterminer la longueur des béquilles en position debout, on place la personne contre le mur, les pieds légèrement écartés et éloignés du mur. On trace une marque à 5 cm vers le côté à partir du bout du petit orteil, puis une seconde marque à 15 cm en avant de la première. On détermine ensuite la longueur approximative des béquilles en partant d'un point situé 5 cm sous l'aisselle jusqu'à la seconde marque.

Pour déterminer la longueur des béquilles lorsque la personne est en position couchée, on mesure la distance qui sépare le creux axillaire antérieur et la plante du pied, puis on ajoute 5 cm à cette mesure. On peut aussi déterminer la longueur approximative des béquilles simplement en soustrayant 40 cm à la taille de la personne.

La poignée doit être réglée de façon à permettre une flexion de 20 à 30 degrés au niveau du coude. Le poignet doit être en extension, et la main, en flexion dorsale. Un coussinet de caoutchouc mousse placé sur les traverses axillaires réduit la pression exercée par les béquilles sur le bras et la cage thoracique. Par mesure de sécurité, les extrémités des béquilles sont munies de gros bouts en caoutchouc, et la personne doit porter des chaussures bien ajustées et dotées de semelles fermes.

Enseigner la marche avec des béquilles

Avant que la personne tente de se déplacer avec les béquilles, l'infirmière ou le physiothérapeute doit lui enseigner la technique et lui faire une démonstration. Pour apprendre à garder son équilibre, la personne doit s'appuyer sur le dossier d'un fauteuil, puis se tenir sur la jambe non atteinte. Pour l'aider, l'infirmière peut la soutenir par la taille ou utiliser une courroie ou une ceinture de transfert.

La personne apprend ensuite à s'appuyer sur les poignées des béquilles. (Les personnes dont les poignets et les bras ne peuvent porter le poids de leur corps parce qu'elles souffrent d'arthrite ou d'une fracture peuvent utiliser des béquilles à plate-forme: en soutenant les avant-bras, ces béquilles permettent d'utiliser le coude pour transférer le poids du corps.) La personne ne doit pas faire porter son poids sur les aisselles, car la pression des béquilles peut provoquer des lésions aux nerfs du plexus brachial et entraîner la «paralysie du béquillard».

La position du tripode assure un maximum de stabilité. On place les béquilles entre 20 et 25 cm en avant des orteils et à la même distance de chaque côté par rapport au petit orteil (figure 11-4 ■). (La base de support est adaptée à la taille de la personne; plus elle est grande, plus sa base de support sera large.) C'est dans cette position que la personne apprend à déplacer son poids et à garder son équilibre.

Le choix de la démarche enseignée par l'infirmière ou le physiothérapeute dépend de la nature et de la gravité de l'incapacité de la personne, de sa condition physique, de la force de ses bras et de son tronc ainsi que de son équilibre. La personne doit apprendre deux démarches faisant intervenir une combinaison différente de groupes musculaires (la contraction trop longue d'un muscle sans relâchement diminue l'apport sanguin) afin de pouvoir passer de l'une à l'autre pour réduire sa fatigue. Elle peut utiliser une démarche rapide sur un chemin sans obstacle et une démarche plus lente s'il y a affluence. La position du tripode est le point de départ de toutes les démarches, dont la démarche à quatre temps, à trois temps, à deux temps ainsi que la propulsion en balancier jusqu'aux béquilles et au-delà des béquilles. La séquence des mouvements s'appliquant à chacune de ces démarches est présentée dans l'encadré 11-8 ■.

Pendant que la personne apprend à marcher avec des béquilles, l'infirmière évalue continuellement sa stabilité et la protège des chutes. Elle marche avec elle et au besoin la retient par la taille pour assurer son équilibre. Comme un alitement et une inactivité prolongés réduisent la force et l'endurance, l'infirmière évalue

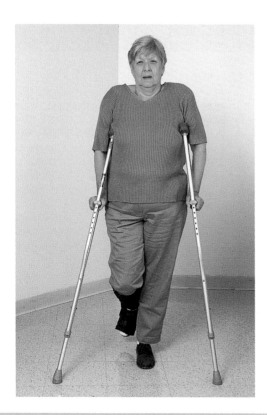

FIGURE **11-4** ■ La marche avec des béquilles : la position du tripode.

également la tolérance de la personne. Si la personne est essoufflée ou transpire, l'infirmière interrompt l'exercice afin de lui permettre de se reposer.

Enseigner d'autres techniques d'utilisation des béquilles

Pour être entièrement autonome, la personne qui se déplace à l'aide de béquilles doit apprendre à s'asseoir dans un fauteuil et à s'en relever, ainsi qu'à monter et descendre un escalier.

Pour s'asseoir :

1. Saisir les béquilles par les poignées pour assurer sa stabilité.

2. Se pencher légèrement vers l'avant en s'assoyant.

3. Placer la jambe atteinte vers l'avant pour éviter qu'elle ne porte le poids du corps et ne fléchisse.

Pour se relever :

1. S'avancer au bord du fauteuil, la jambe intacte légèrement sous le siège.

2. Saisir les deux béquilles par les poignées avec la main qui se trouve du côté de la jambe atteinte.

3. Pousser vers le bas sur les poignées en soulevant le corps pour se mettre debout.

Pour descendre un escalier :

1. Avancer le plus loin possible sur la marche.

2. Placer les béquilles sur la marche suivante. Avancer d'abord la jambe la plus faible, puis la jambe la plus forte. De cette façon, c'est la jambe la plus forte qui travaille de concert avec les bras pour soulever et descendre le poids du corps.

Pour monter un escalier :

1. Placer la jambe la plus forte sur la marche.

2. Y placer ensuite les béquilles et la jambe la plus faible. Noter que c'est la jambe la plus forte qui monte la première et qui descend la dernière. Pour aider la personne à se souvenir de cet enchaînement, on pourra lui dire : « La bonne en haut, la mauvaise en bas ».

Marcher avec un déambulateur

Le déambulateur (appelé aussi « marchette ») offre un meilleur support et une plus grande stabilité que la canne ou les béquilles. Il existe deux types de déambulateur : le déambulateur sans roulettes (appelé aussi « cadre de marche ») et le déambulateur à roulettes. Le déambulateur sans roulettes (qu'on doit lever et avancer à chaque pas) ne permet pas de reproduire la démarche naturelle ; il est utile pour les personnes qui manquent d'équilibre ou dont la réserve cardiovasculaire est limitée ou qui ne peuvent utiliser les béquilles. Le déambulateur à roulettes permet une démarche spontanée ; il sert aux personnes incapables de soulever ou de manier convenablement un déambulateur sans roulettes. La hauteur du déambulateur est déterminée selon la taille de la personne de façon à ce que les bras présentent une flexion de 20 à 30 degrés au niveau du coude quand les mains reposent sur les poignées. La personne doit porter des chaussures solides et bien ajustées. L'infirmière marche avec elle, la retient par la taille au besoin pour assurer son équilibre et la protéger des chutes tout en évaluant sa stabilité.

Pour se déplacer à l'aide d'un déambulateur sans roulettes, la personne doit procéder ainsi :

1. Se soulever de son fauteuil ou de son lit et se mettre debout. Ne jamais utiliser le déambulateur à cette fin.

2. Saisir les poignées du déambulateur pour assurer sa stabilité.

3. Lever le déambulateur et le placer devant soi, tout en penchant le corps légèrement vers l'avant.

4. Avancer à l'intérieur du déambulateur, en faisant porter le poids du corps sur les mains et avancer la jambe la plus faible en respectant la limite de mise en charge prescrite.

5. Se tenir en équilibre sur les pieds.

6. Lever le déambulateur et le placer à nouveau devant soi pour poursuivre la marche de la façon décrite ci-dessus.

7. Ne pas oublier de regarder droit devant soi en marchant.

Utiliser une canne

La canne offre support et équilibre. De plus, elle allège la pression exercée sur les articulations portantes en répartissant le poids. Les cannes quadripodes offrent plus de stabilité que les cannes ordinaires. Pour déterminer la bonne longueur de la canne, on demande à la personne de fléchir le coude à un angle de 30 degrés, de saisir la poignée de la canne et de placer l'extrémité de la canne à 15 cm sur le côté, alignée sur le petit orteil. La poignée doit se trouver au niveau du grand trochanter. Il existe des cannes à hauteur réglable qui peuvent être ajustées à la taille de la personne. La canne doit être munie d'un embout légèrement évasé et formé d'anneaux concentriques flexibles. En plus d'assurer une stabilité optimale, cet embout permet d'absorber les chocs et de marcher plus rapidement tout en se fatiguant moins.

Démarches à l'aide de béquilles

Les points d'appui sont ombragés. La flèche indique le pied ou la béquille qu'on avance.
(Lire le tableau de bas en haut, en commençant par la position de départ.)

DÉMARCHE À QUATRE TEMPS	DÉMARCHE À DEUX TEMPS	DÉMARCHE À TROIS TEMPS	PROPULSION EN BALANCIER JUSQU'AUX BÉQUILLES	PROPULSION EN BALANCIER AU-DELÀ DES BÉQUILLES
■ Mise en charge partielle sur les deux pieds. ■ Excellente stabilité. ■ Exige un déplacement du poids constant.	■ Mise en charge partielle sur les deux pieds. ■ Moins bonne stabilité que la démarche à quatre temps. ■ Plus rapide que la démarche à quatre temps.	■ Sans mise en charge. ■ Exige un bon équilibre. ■ Exige de la force dans les bras. ■ Rapide. ■ Peut être utilisée avec un déambulateur.	■ Mise en charge sur les deux pieds. ■ Bonne stabilité. ■ Exige de la force dans les bras. ■ Peut être utilisée avec un déambulateur.	■ Mise en charge sur les deux pieds. ■ Exige de la force dans les bras. ■ Exige de la coordination et de l'équilibre. ■ Plus difficile à maîtriser.

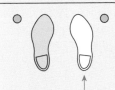

4. Avancer le pied droit.

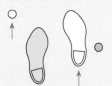

4. Avancer le pied droit et la béquille gauche.

4. Avancer le pied droit.

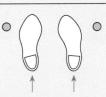

4. Lever les deux pieds, balancer le corps vers l'avant jusqu'aux béquilles et poser les pieds.

4. Lever les deux pieds, balancer le corps jusqu'au-delà des béquilles et poser les pieds.

3. Avancer la béquille gauche.

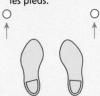

3. Avancer le pied gauche et la béquille droite.

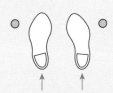

3. Avancer le pied gauche et les deux béquilles.

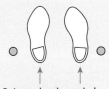

3. Avancer les deux béquilles.

3. Avancer les deux béquilles.

2. Avancer le pied gauche.

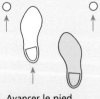

2. Avancer le pied droit et la béquille gauche.

2. Avancer le pied droit.

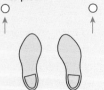

2. Lever les deux pieds, balancer le corps vers l'avant jusqu'aux béquilles et poser les pieds.

2. Lever les deux pieds, balancer le corps jusqu'au-delà des béquilles et poser les pieds.

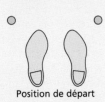

1. Avancer la béquille droite.

1. Avancer le pied gauche et la béquille droite.

1. Avancer le pied gauche et les deux béquilles.

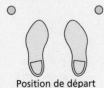

1. Avancer les deux béquilles.

1. Avancer les deux béquilles.

Position de départ

Position de départ

Position de départ

Position de départ

Position de départ

La personne doit tenir la canne du côté opposé à la jambe atteinte et reproduire le mouvement de la marche normale, la jambe avançant en même temps que le bras opposé. L'infirmière doit évaluer la stabilité de la personne qui apprend à se déplacer avec la canne et la protéger des chutes en marchant avec elle et en la soutenant par la taille au besoin. Elle évalue aussi sa tolérance et lui accorde les périodes de repos nécessaires.

Pour se déplacer à l'aide d'une canne, la personne doit procéder ainsi.

Pour marcher :

1. Tenir la canne dans la main opposée à la jambe atteinte afin d'élargir la base de support et réduire l'effort imposé à cette jambe. Si, pour une raison quelconque, elle est incapable de tenir la canne du côté opposé à la jambe atteinte, la personne peut la tenir du même côté.

2. Avancer la canne en même temps que la jambe atteinte.

3. Tenir la canne assez près du corps pour éviter de pencher vers l'avant.

4. S'appuyer sur la canne pendant que la jambe non atteinte avance.

Pour monter et descendre un escalier :

1. Pour monter, placer la jambe non atteinte sur la marche.

2. Placer ensuite la canne et la jambe atteinte sur la marche.

3. Faire l'inverse pour descendre (« La bonne en haut, la mauvaise en bas »).

Aider la personne qui utilise une orthèse ou une prothèse

Les orthèses et les prothèses ont pour fonction de faciliter la mobilité et d'améliorer dans toute la mesure du possible la qualité de vie de la personne. Une orthèse est un appareil externe qui offre un support, prévient ou corrige les déformations et améliore la capacité fonctionnelle. Les attelles, les gouttières, les colliers, les corsets et les autres appareils conçus et ajustés par un orthésiste ou un prothésiste sont des orthèses. On utilise les orthèses statiques (sans parties mobiles) pour stabiliser les articulations et prévenir les contractures et les orthèses dynamiques (flexibles) pour améliorer la capacité fonctionnelle en supportant les muscles faibles. Une prothèse est une « pièce ou un appareil destinés à remplacer partiellement ou totalement un organe ou un membre, ou à rétablir une fonction » (*Le petit Larousse*, 2005, p. 873). La prothèse peut être interne (remplacement de l'articulation du genou ou de la hanche) et externe (jambe ou bras artificiel).

La personne doit apprendre non seulement à installer et à retirer son orthèse, mais également à manipuler la partie du corps atteinte et à prendre soin de la peau en contact avec l'appareil. S'il est mal ajusté, l'appareil peut provoquer des **plaies de pression**. L'infirmière enseigne donc à la personne à inspecter et à prendre soin de sa peau quotidiennement, ainsi qu'à vérifier l'ajustement et le rembourrage de l'appareil. En effet, l'orthèse doit épouser étroitement la partie du corps atteinte sans trop la serrer, et son rembourrage doit répartir uniformément la pression. Elle lui recommande aussi de recouvrir d'un vêtement de coton sans coutures la peau en contact avec l'orthèse.

Après une amputation, l'infirmière doit prendre les mesures nécessaires pour accélérer la cicatrisation des tissus, réduire au minimum les risques de contracture et appliquer des pansements compressifs pour diminuer l'œdème et favoriser la formation du moignon. En effet, la prothèse permanente ne peut pas être installée si la plaie n'est pas cicatrisée et si le moignon n'est pas bien formé et exempt d'œdème. L'infirmière, le prothésiste et tous les membres de l'équipe interdisciplinaire conjuguent donc leurs efforts pour fournir à la personne les enseignements concernant les soins de la peau et d'entretien de la prothèse et s'assurer qu'elle les suive à la lettre. L'infirmière aide aussi la personne à exprimer ses sentiments face à la perte d'un membre et à la modification de son image corporelle et l'encourage à accepter la prothèse.

❖ ÉVALUATION

Résultats escomptés

1. La personne améliore sa mobilité physique.
   a) Elle conserve sa force musculaire et la mobilité de ses articulations.
   b) Elle ne présente pas de contractures.
   c) Elle suit son programme d'exercices.

2. La personne effectue les transferts en toute sécurité.
   a) Elle connaît les techniques de transfert avec assistance.
   b) Elle peut effectuer certains transferts de façon autonome.

3. La personne se déplace avec toute l'autonomie dont elle est capable.
   a) Elle utilise son aide à la locomotion en toute sécurité.
   b) Elle respecte la limite de mise en charge prescrite.
   c) Elle demande de l'aide au besoin.

4. La personne a une meilleure tolérance à l'activité.
   a) Elle ne présente pas d'hypotension orthostatique.
   b) Elle supporte sans fatigue les efforts qu'exige la marche.
   c) Elle augmente graduellement sa vitesse de marche et la distance parcourue.

DÉMARCHE SYSTÉMATIQUE
dans la pratique infirmière

Personne présentant une altération de l'intégrité de la peau

Chaque année aux États-Unis, 1,5 à 3 millions de personnes présenteraient une plaie de pression (Mayo Clinic, Rochester, 2001). D'un point de vue économique, la prévention et le traitement des plaies de pression ont des répercussions importantes sur les coûts en matière de santé. D'un point de vue humain, les plaies de pression nuisent considérablement à la qualité de la vie des personnes à risque. Comme le coût de la souffrance ne peut être chiffré, toutes les mesures doivent être prises pour prévenir l'apparition des plaies de pression.

Les personnes alitées pendant une longue période, celles dont la sensibilité et la motricité sont diminuées, celles qui sont atteintes d'une atrophie musculaire ou qui présentent une réduction de la couche adipeuse entre la peau et les os, risquent particulièrement d'avoir des plaies de pression. Ces lésions se manifestent par une nécrose tissulaire localisée, causée par une pression supérieure à la pression capillaire normale (qui est de 32 mm Hg environ), exercée sur la peau. Les personnes gravement malades, présentant une pression capillaire plus faible, seront donc davantage exposées aux plaies de pression. L'érythème (rougeur de la peau) en est le premier signe ; il est causé par une hyperémie réactionnelle qui disparaît généralement en moins d'une heure. Il faut alors supprimer la pression ou la réduire suffisamment pour permettre un apport sanguin adéquat dans la zone à risque. Sinon, le tissu cutané deviendra ischémique et anoxique, puis se dégradera progressivement, entraînant la destruction et la nécrose des tissus mous sous-jacents. La plaie de pression résultant de ce processus est douloureuse et lente à guérir.

✺ Collecte des données

Les principaux facteurs contribuant à la formation des plaies de pression sont les suivants : immobilité, altération de la perception sensorielle ou cognitive, diminution de l'irrigation tissulaire, détérioration de l'état nutritionnel, forces de friction et de cisaillement, augmentation de l'humidité et changements cutanés liés au vieillissement.

Immobilité

Lorsqu'une personne est immobile et inactive, les objets sur lesquels elle repose (par exemple le matelas, le siège ou le plâtre) exercent une pression sur sa peau et ses tissus sous-cutanés. La formation des plaies de pression est directement reliée à la force de la pression et à la durée de l'immobilité. En effet, la lésion apparaît lorsque la pression s'exerce assez longtemps pour entraîner la formation de thrombus dans les petits vaisseaux (capillaires) puis la nécrose tissulaire. Les saillies osseuses qui supportent le poids du corps sont les régions les plus exposées, car les tissus sous-cutanés y sont très minces. Parmi celles-ci citons les suivantes : régions sacrée et coccygienne, tubérosités ischiatiques (surtout chez les personnes assises pendant de longues périodes), grand trochanter, talon, genou, malléoles, tubérosité interne du tibia, tête du péroné, omoplate et coude (figure 11-5 ■).

Altération de la perception sensorielle ou cognitive

Souvent, les personnes qui présentent une perte de sensibilité, une altération du niveau de conscience ou une paralysie ne ressentent pas la douleur associée à une pression prolongée sur la peau. Par conséquent, elles omettent de changer de position pour soulager la pression qui entrave la circulation sanguine et réduit l'irrigation des tissus sous-cutanés. Une plaie de pression peut alors se former rapidement.

Diminution de l'irrigation tissulaire

Toute affection qui réduit la circulation sanguine ainsi que l'irrigation de la peau et du tissu sous-cutané (altération de l'irrigation tissulaire périphérique) augmente les risques de plaies de pression. Les personnes atteintes de diabète, par exemple, présentent une altération de la microcirculation. De même, la circulation et l'irrigation des tissus sous-cutanés sont souvent diminuées ou compromises chez les personnes qui souffrent d'œdème et chez les personnes obèses qui ont beaucoup de tissus adipeux, mais mal vascularisés.

Détérioration de l'état nutritionnel

Les carences nutritionnelles, l'anémie et les désordres métaboliques contribuent aussi à la formation des plaies de pression. L'anémie, quelle qu'en soit la cause, prédispose aux plaies de pression en réduisant l'apport d'oxygène dans les tissus. Les personnes qui ont un faible taux de protéines ou un bilan azoté négatif subissent des pertes tissulaires et présentent une mauvaise régénération des tissus. Le niveau d'albumine sanguin est un indicateur sensible de carence protéinique. Ainsi, un niveau d'albumine sanguin de moins de 3 g/mL est associé à l'œdème tissulaire hypoalbuminémique et au risque de plaies de pression. Certaines matières nutritives, comme la vitamine C et les oligoéléments, sont essentielles à la vitalité et à la régénération des tissus.

Forces de friction et de cisaillement

Certaines forces mécaniques – la friction et le cisaillement – contribuent aussi à la formation des plaies de pression. La friction est la résistance au mouvement qui se produit lorsque deux surfaces sont en contact. Le cisaillement est créé par l'interaction de la force de gravité (qui attire le corps vers le bas) et de la force de friction. Le

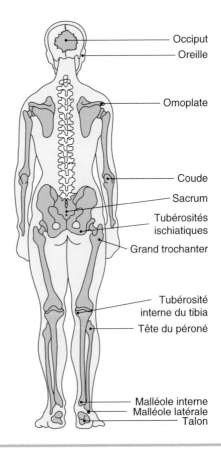

Occiput
Oreille

Omoplate

Coude

Sacrum

Tubérosités
ischiatiques

Grand trochanter

Tubérosité
interne du tibia

Tête du péroné

Malléole interne
Malléole latérale
Talon

FIGURE **11-5** ■ Régions sensibles aux plaies de pression.

cisaillement provoque le glissement des couches de tissus les unes sur les autres. Alors, les vaisseaux sanguins s'étirent et se tordent, altérant la microcirculation dans la peau et les tissus sous-cutanés. Les lésions des tissus profonds, parfois longues à se manifester, peuvent être révélées par l'apparition d'une voie d'écoulement. Les régions du sacrum et des talons sont les plus sensibles aux effets du cisaillement. Les plaies de pression causées par la friction et le cisaillement se forment quand la personne glisse dans son lit (figure 11-6 ■) ou quand elle est déplacée ou mise en position de façon incorrecte (par exemple quand on tire la personne vers le haut du lit au lieu de la soulever). La spasticité musculaire et la paralysie augmentent les risques de plaies de pression dues à la friction et au cisaillement.

Humidité

Un contact prolongé avec l'humidité provenant de la transpiration, de l'urine, des selles ou d'un écoulement provoque une macération (ramollissement) de la peau. Les substances caustiques contenues dans les produits d'élimination et les écoulements irritent la peau, et une peau humide et irritée est plus vulnérable. L'irritation ou l'érosion de l'épiderme offrent un terrain propice à l'invasion des microorganismes (par exemple streptocoques, staphylocoques, *Pseudomonas æruginosa*, *Escherichia coli*) et par conséquent à l'infection des tissus. Un écoulement nauséabond indique la présence d'une infection. La lésion peut s'étendre et donner lieu à une perte continuelle de sérum, qui peut priver l'organisme de protéines essentielles à l'intégrité et à la régénération des tissus. La lésion peut aussi s'étendre en largeur et en profondeur pour atteindre l'aponévrose, le muscle et l'os en formant des sinus irradiants. Les plaies de pression de grande taille peuvent causer une infection systémique, souvent due à des germes à Gram négatif.

Particularités reliées à la personne âgée

Phénomène relié au vieillissement, l'épiderme des personnes âgées est plus mince que chez les autres adultes. Chez elles, le derme contient également moins de collagène et la peau perd de son élasticité. Celle-ci est aussi plus sèche à cause d'une diminution de l'activité des glandes sébacées et sudoripares. De plus, des changements cardiovasculaires provoquent une diminution de l'irrigation tissulaire. On observe également chez ces personnes une atrophie musculaire et une proéminence des structures osseuses. Leur perception sensorielle souvent diminuée ainsi que leur difficulté à changer de position contribuent à créer une pression prolongée sur la peau. En raison de tous ces facteurs, elles sont particulièrement prédisposées aux plaies de pression, qui sont source de souffrance et réduisent la qualité de la vie (Agency for Health Care Policy and Research [AHCPR], 1994).

Autres facteurs de risque

Pour déterminer si une personne risque d'avoir des plaies de pression, l'infirmière doit évaluer sa mobilité, sa perception sensorielle, ses habiletés cognitives, son irrigation tissulaire, son état nutritionnel, les forces de friction et de cisaillement auxquelles elle est soumise, les sources d'humidité sur sa peau et son âge. L'infirmière doit:

- Procéder au moins deux fois par jour à une évaluation complète de l'état de la peau.
- Examiner tous les points d'appui à la recherche d'érythème.
- Vérifier si la rougeur disparaît (la peau blanchit) à la pression du doigt.
- Palper la peau pour déceler une élévation de la température cutanée.
- Examiner la peau afin de déceler des signes de sécheresse, d'humidité ou de lésion.
- Noter la présence d'écoulements ou d'odeurs.
- Évaluer le degré de mobilité.
- Noter la présence d'appareils ou de matériel contraignants (ceinture de contention, attelle).
- Évaluer l'état de la circulation (pouls périphérique, œdème).
- Évaluer l'état neurologique.
- Déterminer s'il y a incontinence.
- Évaluer l'état nutritionnel et l'apport hydrique.
- Vérifier les résultats des analyses de laboratoire dans le dossier médical de la personne (hématocrite, hémoglobine, électrolytes, albumine, transferrine et créatinine).
- Noter les problèmes de santé actuels.
- Vérifier la médication actuelle.

Des échelles d'évaluation des risques, comme l'échelle de Braden ou l'échelle de Norton, sont souvent utilisées par les infirmières. Même si ces échelles facilitent l'évaluation systématique et la quantification du risque, leur fiabilité n'est toutefois pas encore établie. En effet, elles tendraient à surestimer les risques et, de ce fait, pourraient inciter l'infirmière à recourir à des équipements préventifs coûteux et injustifiés. Une liste des facteurs de risque de plaies de pression est présentée dans l'encadré 11-9 ■.

Dès qu'une plaie de pression apparaît, l'infirmière note ses dimensions et le site, puis utilise une échelle de mesure pour en évaluer la gravité (encadré 11-10 ■). Ainsi, une plaie de pression de stade I se caractérise par un érythème qui ne disparaît pas à la pression du doigt, une tuméfaction et de la congestion. La personne ressent également un certain malaise. Comme la vasodilatation augmente,

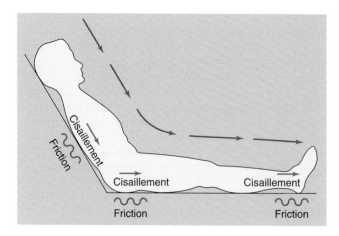

FIGURE 11-6 ■ Forces mécaniques contribuant à la formation des plaies de pression. La *friction* est une résistance au mouvement produite lorsque la personne glisse dans son lit ou lorsqu'elle est tirée au lieu d'être soulevée. Le *cisaillement* survient quand une couche de tissu glisse sur une autre, ce qui perturbe la microcirculation dans la peau et les tissus sous-cutanés.

ENCADRÉ 11-9

FACTEURS DE RISQUE

Plaies de pression

- Pression prolongée sur les tissus.
- Immobilité ou altération de la mobilité.
- Perte des réflexes de protection, perte ou diminution de la sensibilité.
- Mauvaise irrigation tissulaire, œdème.
- Malnutrition, hypoprotéinémie, anémie, carence vitaminique.
- Forces de friction et de cisaillement, traumatisme.
- Incontinence urinaire et fécale.
- Modification de l'état de la peau: sécheresse ou humidité excessive.
- Âge avancé, affaiblissement.
- Matériel et appareils: fauteuil, literie, plâtre, traction, contention, orthèse, prothèse.

la température cutanée s'accroît au niveau du site. La rougeur fait peu à peu place à une coloration bleu-gris d'aspect cyanosé due à l'occlusion des capillaires et à l'affaiblissement du tissu sous-cutané. À ce stade, il n'y a pas rupture de la peau.

Les plaies de pression de stade II se caractérisent par une rupture de l'épiderme ou du derme. On peut observer une abrasion, une phlyctène ou un cratère superficiel, ainsi que la présence de nécrose tissulaire, d'une agglutination intraveineuse, d'une thrombose et d'un œdème avec épanchement et infiltration cellulaire.

Au stade III, la plaie atteint le tissu sous-cutané. On observe un cratère profond avec tissus adjacents sous-minés ou non.

Au stade IV, la plaie s'étend aux structures sous-jacentes pour atteindre le muscle et possiblement l'os. Au niveau de la peau, la lésion cutanée peut parfois paraître bénigne, alors que cette petite surface peut en réalité cacher une vaste zone de tissu nécrosé.

Le pus et les odeurs nauséabondes sont des signes d'infection. Lorsque les plaies de pression sont étendues, on observe souvent des poches d'infection profondes. Parfois, l'exsudat se dessèche et forme une croûte. L'infection peut évoluer vers une ostéomyélite, une arthrite purulente (formation de pus dans une cavité articulaire), une septicémie et un choc septique.

❊ ANALYSE ET INTERPRÉTATION

En se fondant sur les données recueillies, l'infirmière peut poser les diagnostics infirmiers suivants:

- Risque d'atteinte à l'intégrité de la peau.
- Atteinte à l'intégrité de la peau, reliée à l'immobilité, à la diminution de la sensibilité, à la diminution de l'irrigation tissulaire, aux déficits nutritionnel et hydrique, aux forces de friction et de cisaillement, à l'augmentation de l'humidité ou au vieillissement.

❊ PLANIFICATION

Les principaux objectifs sont les suivants: réduire la pression; améliorer la mobilité; améliorer la perception sensorielle; améliorer

l'irrigation tissulaire; améliorer l'état nutritionnel et l'hydratation; réduire les forces de friction et de cisaillement; sécher les surfaces en contact avec la peau; et guérir la plaie de pression, s'il y a lieu.

❊ INTERVENTIONS INFIRMIÈRES

Réduire la pression

Des changements de position fréquents permettent de répartir la pression cutanée sur une plus grande surface et préviennent une diminution prolongée de l'irrigation de la peau et des tissus sous-jacents. L'infirmière peut enseigner à la personne comment changer de position ou la tourner et la replacer elle-même si la personne ne peut le faire. L'infirmière enseigne également les changements de position (tourner et replacer) aux membres de la famille lorsque la personne est à la maison. Le déplacement de poids produit par cette intervention permet d'irriguer les régions ischémiques et aide les tissus à se rétablir des effets de la pression. À cette fin:

- la personne est changée de côté et de position toutes les heures ou toutes les deux heures.
- la personne est encouragée à enlever la pression en effectuant des déplacements de poids toutes les 15 minutes.

Installer la personne dans une position adéquate

Sauf indications contraires, la personne est installée en alternance dans les positions suivantes: décubitus latéral droit et gauche, décubitus ventral et décubitus dorsal. La position couchée est préférable à la position semi-Fowler, car elle offre une plus grande surface de soutien. En plus des changements réguliers de position, on doit procéder à de petits déplacements de certaines parties du corps telles que la cheville, le coude ou l'épaule. Lors de chaque changement de position, on procède à un examen de la peau afin de déceler toute augmentation de température. Si on observe la présence de rougeur ou de chaleur ou si la personne se plaint de malaise, on doit réduire la pression sur la région touchée.

On peut également soulager la pression exercée sur les saillies osseuses par la formation de ponts au moyen d'oreillers. Tout comme les piliers qui surélèvent les ponts pour éviter d'interrompre la circulation, les oreillers surélèvent le corps de la personne et créent ainsi un espace entre les saillies osseuses et le matelas. Si la personne est couchée sur le dos, on peut utiliser un oreiller ou une talonnière pour soulever les talons du matelas. Pour réduire la pression exercée sur le sacrum, on peut placer des oreillers en aval et en amont de cette région. Pour éviter la pression sur le grand trochanter, on utilise un support pour maintenir la personne en décubitus latéral à 30 degrés. Chez la personne âgée, les petits déplacements de poids sont souvent efficaces. En plaçant une serviette pliée sous une épaule ou une hanche, on rétablit l'irrigation de la peau dans les zones qui servent de points d'appui. On déplace la serviette d'un point d'appui à un autre en suivant le sens des aiguilles d'une montre.

Utiliser un équipement préventif

On utilise un équipement préventif pour réduire la pression exercée sur la peau. Il existe des lits, des matelas, des coussins conçus expressément pour réduire la pression sur des parties données du corps ou pour la répartir plus uniformément.

❊ ❊ ❊

EXAMEN CLINIQUE

Stades d'une plaie de pression

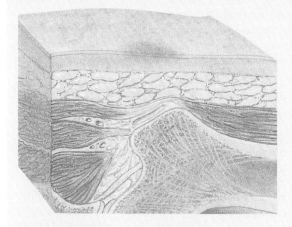

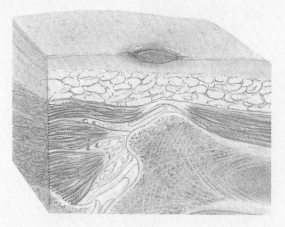

STADE I
- Zone d'érythème
- Érythème qui ne blanchit pas sous la pression du doigt
- Élévation de la température de la peau
- Tuméfaction et congestion des tissus
- Malaise
- Rougeur qui fait place peu à peu à une coloration bleu-gris cendré

STADE II
- Rupture de la peau
- Abrasion, phlyctène ou cratère superficiel
- Œdème persistant
- Écoulements
- Infection possible

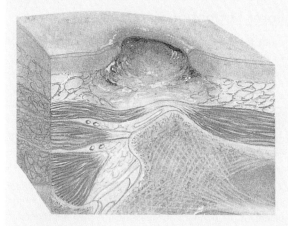

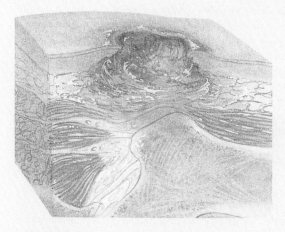

STADE III
- Atteinte du tissu sous-cutané
- Nécrose et écoulements
- Infection

STADE IV
- Atteinte du muscle et de l'os sous-jacents
- Présence de poches d'infection profondes
- Nécrose et écoulements

SOURCE : J.W. Weber et J. Kelley (2003), *Health assessment in nursing* (2ᵉ éd.), Philadelphie, Lippincott Williams & Wilkins.

Les personnes assises dans un fauteuil roulant pendant de longues périodes doivent utiliser un coussin adapté à leur morphologie. Bien que des prises de mesures aux points d'appui aient été effectuées pour ajuster le coussin, celui-ci ne permet pas toutefois d'éliminer complètement la pression. Par conséquent, il est important de rappeler aux personnes la règle du 15/15 : déplacer son poids en se soulevant toutes les 15 minutes pendant au moins 15 secondes (figure 11-7 ■).

FIGURE 11-7 ■ Soulèvement dans un fauteuil roulant pour prévenir les plaies de pression au niveau des ischions. Ce mouvement par lequel la personne atteinte de paraplégie se soulève de son siège, exécuté toutes les 15 minutes pendant au moins 15 secondes, doit devenir un automatisme. Il faut serrer les freins pour immobiliser les roues du fauteuil pendant l'exercice.

Des supports statiques (matelas en mousse de haute densité, matelas d'air ou d'eau) permettent de répartir plus uniformément la pression en offrant une plus grande surface de contact avec le corps. Les coussins de gel, les lits à air fluidisé et les supports dynamiques comme le matelas à gonflement alternatif, et le matelas à faible perte d'air, sont également utilisés pour réduire la pression et mieux la répartir. En effet, le poids d'un corps flottant est réparti uniformément sur toute la surface qui se trouve en contact avec le liquide (selon le principe de Pascal). Par conséquent, lorsque le corps de la personne s'enfonce dans le liquide, la surface qui le soutient est plus grande, ce qui diminue le poids par unité de surface ainsi que la pression exercée sur les différentes parties du corps. Autre équipement préventif, le lit oscillant, ou cinétique, modifie la répartition du poids et stimule la circulation en produisant des mouvements de va-et-vient. Ce type de lit est surtout utilisé pour les personnes présentant des lésions dues à des traumatismes multiples ou pour celles qui sont fortement exposées aux plaies de pression. Il est très important d'étudier les caractéristiques de l'équipement préventif et de bien connaître les spécifications reliées à l'utilisation des divers appareils ou accessoires afin d'obtenir un rendement optimal pour la personne exposée aux plaies de pression ou qui est en processus de guérison. Ainsi, certains supports à surface douce, moelleuse et élastique (par exemple la peau de mouton, le matelas-coquille, le coussin de mousse) sont plus utiles pour apporter du confort ou encore pour aider à absorber l'humidité ou à réduire la friction. Même en utilisant un équipement préventif dont la performance est reconnue, il est toujours important d'effectuer les changements de position, d'examiner les points d'appui et de mouvoir les articulations de la personne afin d'éviter les contractures.

Améliorer la mobilité

On doit inciter la personne à rester active et à marcher dès que possible. Si la personne est assise pendant une certaine période, on lui rappelle qu'elle doit changer fréquemment de position afin de modifier la répartition de son poids. Les exercices actifs et passifs tonifient les muscles, la peau et les vaisseaux. L'activité stimule la circulation et réduit l'ischémie tissulaire, facteur précurseur des plaies de pression. Il est très important que les personnes à risque se tournent et exécutent les exercices en respectant un horaire établi. Les changements de position doivent être effectués le jour comme la nuit.

Améliorer la perception sensorielle

L'infirmière aide la personne à prendre conscience de l'altération de sa perception sensorielle et à compenser cette perte. Les interventions sont choisies en fonction de la cause de l'altération (diminution du niveau de conscience, lésion de la moelle épinière, etc.). Les stratégies destinées à améliorer la perception cognitive et sensorielle consistent notamment à inciter la personne à prendre davantage conscience de la place qu'elle occupe dans son environnement, à l'encourager à participer à ses soins personnels ou encore à soutenir les efforts qu'elle déploie pour compenser sa perte de sensibilité (par exemple la personne paraplégique qui se soulève dans son fauteuil toutes les 15 minutes). De plus, l'infirmière et les membres de l'équipe interdisciplinaire doivent enseigner à la personne et au proche aidant principal comment dépister et déceler les signes de formation des plaies de pression, et ce, en effectuant un examen visuel des points d'appui chaque matin et chaque soir et en utilisant un miroir au besoin.

Améliorer l'irrigation tissulaire

L'exercice et les changements de position améliorent l'irrigation tissulaire. Toutefois, il ne faut pas masser les régions présentant un érythème, car cela risque de léser les capillaires et les tissus profonds.

> **! ALERTE CLINIQUE** *On ne doit pas masser les régions rougies, car cela peut aggraver l'état de la peau et des tissus lésés.*

Si la personne présente des signes d'altération de la circulation périphérique (par exemple de l'œdème), on peut améliorer l'irrigation tissulaire en positionnant adéquatement le membre œdématié et en le surélevant pour stimuler le retour veineux et diminuer la congestion. De plus, l'infirmière et les membres de la famille doivent rechercher et éliminer les facteurs environnementaux (par exemple plis dans les draps, tubes) susceptibles de créer une pression sur la peau et de nuire à la circulation.

Améliorer l'état nutritionnel

La personne doit avoir un apport nutritionnel adéquat et maintenir un bilan azoté positif. En effet, les plaies de pression se forment plus rapidement et sont plus difficiles à guérir chez les personnes ayant des carences nutritionnelles. Un régime à forte teneur en protéines (avec suppléments protéiniques) est prescrit au besoin. En présence d'anémie, il peut être nécessaire d'administrer des préparations à base de fer afin d'augmenter le taux d'hémoglobine et de maintenir l'oxygénation des tissus dans des limites acceptables. Autres éléments nutritifs importants, l'acide ascorbique (vitamine C) est essentiel à la cicatrisation des tissus, alors que les vitamines des groupes A et B, le soufre et le zinc contribuent à la santé de la peau. Un régime alimentaire équilibré et une hydratation adéquate permettent donc de conserver une peau saine et d'assurer la cicatrisation des tissus lésés (tableau 11-2 ■).

Afin d'évaluer l'efficacité des stratégies thérapeutiques destinées à améliorer l'état nutritionnel de la personne, l'infirmière surveille les résultats des tests d'hémoglobine et d'albumine sérique, ainsi que les variations du poids corporel (peser la personne), chaque semaine. Pour plus de détails sur l'évaluation de l'état nutritionnel, voir le chapitre 5 ⬚.

Réduire les forces de friction et de cisaillement

Les forces de cisaillement s'exercent quand on traîne la personne au lieu de la soulever ou quand, en position assise ou semi-assise, elle glisse dans le lit ou s'y déplace en enfonçant les talons ou les coudes dans le matelas. En effet, en surélevant la tête du lit, même de quelques centimètres, on augmente les forces de cisaillement sur la région sacrée. La position semi-assise devrait donc être évitée chez les personnes prédisposées aux plaies de pression. Quand la personne est assise dans un fauteuil, on doit s'assurer que sa position est adéquate et qu'elle est bien soutenue par des appuis. De plus, on doit utiliser de l'équipement préventif (coussins, matelas, etc.) pour réduire la friction et le cisaillement chez les personnes à risque.

⚠ ALERTE CLINIQUE *Pour éviter que les forces de friction et de cisaillement s'exercent lors des changements de position, l'infirmière doit soulever la personne et non la traîner sur le drap, l'alèse ou le matelas.*

Réduire l'humidité irritante

L'application de mesures d'hygiène rigoureuses permet de prévenir la présence continuelle d'humidité sur la peau. Toutes les traces d'humidité – la sueur liée à la transpiration, l'urine, les selles et les écoulements – doivent être nettoyés promptement ; on doit laver sans délai la peau souillée avec un savon doux et de l'eau (des lotions ou crèmes nettoyantes anti-microbiennes, non irritantes et non abrasives peuvent être utilisées pour les soins d'incontinence), puis l'éponger adéquatement avec une serviette moelleuse. De plus, chez les personnes incontinentes, on peut appliquer un onguent protecteur cutané ou une crème pour créer un obstacle à l'humidité et réduire l'exposition de la peau à l'urine et aux selles. Une lotion adoucissante permettra également d'hydrater la peau afin de lui conserver sa douceur et sa souplesse. Toutefois, les poudres et les astringents sont à éviter. De même, l'utilisation d'alèses et de piqués en plastique est à proscrire. On doit vérifier régulièrement la literie et les vêtements des personnes incontinentes et les changer sans délai s'ils sont mouillés.

Pour protéger la peau des écoulements, on utilisera des compresses absorbantes, dont l'action capillaire permet de garder la peau au sec.

Apports nutritionnels favorisant la guérison des plaies de pression		TABLEAU 11-2
Élément nutritif	**Justification scientifique**	**Quantité recommandée**
Protéines	■ Réparer les tissus.	1,25 à 1,50 g/kg/jour
Énergie ■ Les glucides constituent la principale source d'énergie de l'organisme.	■ Économiser les protéines. ■ Rétablir le poids normal.	125 à 150 kJ*/kg/jour
Eau	■ Maintenir l'homéostasie.	1 mL/4,2 kJ ingérés ou 30 mL/kg/jour
Multivitamines	■ Promouvoir la formation du collagène.	1 dose/jour
Vitamine C	■ Promouvoir la synthèse du collagène. ■ Aider à maintenir l'intégrité des parois capillaires.	500 à 1 000 mg/jour
Sulfate de zinc	■ Cofacteur pour la formation du collagène et la synthèse des protéines. ■ Assurer la réponse normale des lymphocytes et des phagocytes.	220 mg/jour
Vitamine A	■ *Attention :* prise en trop grande quantité, elle peut provoquer une réaction inflammatoire susceptible de compromettre la guérison.	

*30 à 35 calories

Favoriser la guérison des plaies de pression

Quel que soit le stade de la lésion, la pression doit être éliminée sur la région atteinte. C'est une condition essentielle à la guérison. La personne ne doit donc pas s'appuyer sur la lésion, ne serait-ce que pendant quelques minutes. On retourne la personne et on lui fait changer de position en respectant rigoureusement l'horaire inscrit dans le plan thérapeutique.

Pour favoriser la guérison, on doit corriger les carences nutritionnelles (dont les carences en protéines) et hydriques et les déséquilibres électrolytiques. S'il s'écoule de la plaie des liquides biologiques et des protéines, cela prédispose la personne à une hypoprotéinémie et à des infections secondaires graves. Les hydrates de carbone jouent également un rôle important dans le processus de guérison, car ils « ménagent » les protéines tout en constituant une source d'énergie. De plus, la vitamine C et les oligoéléments, particulièrement le zinc, sont nécessaires à la formation du collagène et à la cicatrisation des plaies.

Plaies de pression de stade I

Pour permettre la guérison des plaies de stade I, on doit éliminer la pression afin de favoriser l'irrigation tissulaire, maintenir un apport nutritionnel et hydroélectrolytique, réduire les forces de friction et de cisaillement, et éviter le contact de la peau avec l'humidité.

Plaies de pression de stade II

Les plaies de stade II se caractérisent par une rupture de la peau. En plus d'appliquer les mesures décrites pour le traitement des plaies de stade I, on traite les plaies de stade II en maintenant un milieu humide optimal. En effet, un milieu humide accélère la migration des cellules épidermiques vers la surface lésée. La surface de la plaie ne doit donc pas être séchée au moyen d'une lampe infrarouge. La plaie est nettoyée doucement avec une solution physiologique stérile et non avec des solutions antiseptiques qui endommagent les tissus sains et retardent la guérison de la lésion. Pour conserver un milieu humide tout en réduisant au minimum la perte de liquides biologiques et de protéines, il est conseillé d'utiliser un pansement occlusif semi-perméable, un pansement hydrocolloïde ou un pansement humide, imprégné d'une solution physiologique.

Plaies de pression de stade III et de stade IV

Une atteinte tissulaire profonde est observée en cas de plaies de stades III et IV. Pour traiter ces lésions nécrotiques et suintantes, on applique les mesures utilisées pour les plaies de stade I et II et on les débride afin de favoriser la cicatrisation. Le débridement consiste à exciser les tissus nécrosés et dévitalisés qui activent la croissance bactérienne, retardent la formation du tissu de granulation et empêchent la guérison. Le débridement et le pansement de la plaie étant douloureux, l'infirmière doit préparer la personne pour l'intervention en lui expliquant clairement la procédure et en lui administrant l'analgésique prescrit.

Plusieurs techniques ou processus permettent d'effectuer le débridement : processus mécanique (changements de pansement humide à sec), processus enzymatique (application de préparations enzymatiques qui stimulent la décomposition des tissus dévitalisés),

processus autolytique (favorisé en milieu humide contrôlé) et processus chirurgical (dissection des tissus nécrotiques et dévitalisés, notamment pour enlever l'escarre ou la croûte noire qui peut recouvrir une plaie). Divers produits de soins de plaie, permettant d'hydrater la plaie, de dégager les débris et d'absorber les exsudats, sont offerts sur le marché. On doit choisir le pansement en tenant compte des caractéristiques de la plaie (cause, chronicité, facteurs de risque, pronostic, objectifs du traitement, exsudat, infection, douleur, dimensions de la plaie, confort, maintien de la qualité de vie, etc.), de l'état physique de la personne, du coût, etc. Il est nécessaire d'effectuer une culture de la plaie infectée pour orienter le traitement antibiotique (CLSC Côte-des-Neiges, 2004).

Si la plaie est propre, le traitement vise à promouvoir la formation du tissu de granulation. Le nouveau tissu de granulation doit être protégé ; il faut absolument éviter qu'il sèche, se brise, s'infecte et se détériore. Il faut également éviter toute pression ou traumatisme sur la région atteinte. L'infirmière doit procéder à une évaluation objective de la plaie tous les quatre à six jours : mesure des dimensions de la plaie (largeur, longueur et profondeur), quantité d'exsudat, odeur, douleur, rougeur, sinus, état des tissus, présence de tissu de granulation, résultats du traitement, etc. Cette évaluation objective peut être complétée par la prise hebdomadaire de photos de la plaie, ce qui permet de contrôler efficacement le processus de guérison qui peut durer plusieurs semaines et même plusieurs mois.

Une intervention chirurgicale s'impose si l'atteinte est profonde, s'il y a risque de complication (comme une fistule) ou si la plaie ne répond pas au traitement. Les interventions possibles sont notamment le débridement, l'incision et le drainage, la résection osseuse et la greffe cutanée.

Prévenir la récidive

Afin de prévenir une récidive, il est important d'évaluer l'état de la peau matin et soir et d'augmenter graduellement la tolérance à la pression exercée sur la plaie cicatrisée en position assise ou couchée. Ainsi, la personne allonge de 5 à 10 minutes à la fois le temps pendant lequel s'exerce la pression, puis elle vérifie la présence de rougeur sur sa peau. De plus, la personne apprend à améliorer sa mobilité, à se retourner, à déplacer son poids et à changer de position à intervalles réguliers. Le plan d'enseignement comprend des stratégies destinées à réduire les risques de plaies et des méthodes permettant de détecter, d'inspecter et de réduire au minimum les zones où s'exerce une pression. Il est nécessaire d'effectuer un dépistage et une intervention précoces pour prendre en charge à long terme les atteintes potentielles à l'intégrité de la peau.

ÉVALUATION

Résultats escomptés

1. La personne conserve une peau intacte.

   a) Elle ne présente aucun érythème ne disparaissant pas à la pression du doigt dans les régions des saillies osseuses.

   b) Elle ne masse pas les saillies osseuses.

   c) Elle ne présente pas de rupture de la peau.

2. La personne évite la pression prolongée sur les saillies osseuses.

   a) Elle change de position toutes les heures ou toutes les deux heures.

   b) Elle forme des ponts avec des oreillers pour soulager la pression.

   c) Elle utilise le matériel spécialisé de façon appropriée.

   d) Elle se soulève de son fauteuil roulant toutes les 15 minutes.

3. La personne améliore sa mobilité.

   a) Elle effectue des exercices d'amplitude des mouvements articulaires.

   b) Elle se conforme à son horaire de changements de position.

   c) Elle augmente sa tolérance à la position assise.

4. La personne améliore ses capacités sensorielles et cognitives.

   a) Son niveau de conscience s'améliore.

   b) Elle n'oublie pas d'examiner matin et soir les régions exposées aux plaies de pression.

5. La personne présente une amélioration de l'irrigation tissulaire.

   a) Elle fait de l'exercice pour activer sa circulation.

   b) Elle surélève les parties du corps sujettes à l'œdème.

6. La personne atteint et maintient un état nutritionnel adéquat.

   a) Elle explique l'importance des protéines et de la vitamine C dans son régime alimentaire.

   b) Son régime alimentaire est riche en protéines et en vitamine C.

   c) Ses taux d'hémoglobine, d'électrolytes, d'albumine, de transferrine et de créatinine restent dans des limites acceptables.

   d) Elle s'hydrate adéquatement.

7. La personne évite de créer des forces de friction et de cisaillement.

   a) Elle évite la position semi-assise.

   b) Elle utilise au besoin du matériel (coussin ou autre accessoire) visant à réduire la friction.

   c) Elle se soulève au lieu de se laisser glisser sur la surface du lit ou du fauteuil.

8. La personne garde sa peau propre et sèche.

   a) Elle évite les contacts prolongés avec les surfaces humides et souillées.

   b) Elle nettoie et sèche sa peau.

   c) Elle applique de la lotion pour hydrater sa peau.

9. La personne a une plaie en voie de cicatrisation.

   a) Elle évite toute pression sur la région affectée.

   b) Elle améliore son état nutritionnel.

   c) Elle participe au programme thérapeutique.

   d) Elle se comporte de façon à prévenir de nouvelles lésions.

   e) Elle connaît les signes précurseurs de la formation des plaies de pression.

DÉMARCHE SYSTÉMATIQUE
dans la pratique infirmière

Personne présentant une altération de l'élimination urinaire ou intestinale

Il est assez fréquent que des personnes atteintes d'une incapacité physique présentent des problèmes d'incontinence ou de rétention urinaire et fécale. L'incontinence compromet l'autonomie de la personne, provoque de la gêne et, souvent, entraîne l'isolement. Environ 15 % des personnes âgées vivant à domicile et près de 50 % de celles vivant dans des centres d'hébergement présentent une incontinence urinaire ou fécale, ou les deux. Par ailleurs, les personnes atteintes d'incapacité peuvent aussi souffrir de constipation. Dans ce cas, l'objectif est de rétablir une évacuation complète et régulière de l'intestin pour éviter le ballonnement abdominal, la perte fréquente de petites quantités de selles ou un fécalome.

⊞ COLLECTE DES DONNÉES

L'incontinence urinaire se présente sous diverses formes : incontinence par besoin impérieux, incontinence réflexe, incontinence à l'effort, incontinence fonctionnelle et incontinence vraie (AHCPR, 1996). L'élimination involontaire d'urine, associée à un besoin d'évacuation irrépressible est appelée incontinence par besoin impérieux. L'incontinence réflexe (neurogène) est associée à une lésion de la moelle épinière entraînant une interruption du contrôle cérébral et une perte de la perception sensorielle du besoin d'uriner. L'incontinence à l'effort est associée à un affaiblissement des muscles du périnée ; un écoulement d'urine se produit lorsque la pression intra-abdominale augmente (par exemple sous l'effet de la toux ou d'un éternuement). L'incontinence fonctionnelle touche les personnes dont l'appareil urinaire est physiologiquement intact, mais qui sont incapables de se rendre aux toilettes à temps à cause d'une mobilité réduite, de barrières environnementales ou de problèmes cognitifs. Enfin, on parle d'incontinence vraie, ou complète, lorsqu'une déficience physiologique ou psychologique empêche la personne de contrôler son élimination. L'incontinence urinaire peut être causée par de nombreux facteurs, notamment : l'infection des voies urinaires, l'instabilité du muscle vésical, l'incapacité d'expulser l'urine ou l'incompétence des sphincters, la déficience neurologique, les spasmes ou la contraction de la vessie et l'incapacité à se rendre aux toilettes à temps.

L'anamnèse permet à l'infirmière d'explorer le fonctionnement de la vessie et des intestins, de déterminer les facteurs de risque et les symptômes associés aux problèmes d'élimination de la personne, d'évaluer sa sensibilité à percevoir le besoin d'uriner et de déféquer, ainsi que sa capacité fonctionnelle à utiliser les toilettes. Afin de connaître la cause de l'incontinence, l'infirmière analyse les résultats des épreuves diagnostiques (par exemple analyse et culture d'urine, épreuve urodynamique, résidu vésical). De plus, elle recueille les données relatives aux habitudes passées et présentes d'élimination et d'ingestion des liquides de la personne. Ainsi, elle note pendant au moins 48 heures l'heure et le volume des mictions, les épisodes d'incontinence et les causes associées (par exemple toux, éternuement, effort), l'heure et les quantités des liquides ingérés, ainsi que les médicaments administrés. L'infirmière analyse l'ensemble des données afin de déterminer les habitudes d'élimination de la personne et d'établir les liens entre le problème et la cause de l'incontinence.

La capacité de se rendre aux toilettes, d'enlever ses vêtements et d'utiliser les toilettes sont d'autres facteurs souvent associés à l'incontinence. Les facultés cognitives connexes (sensation et expression verbale du besoin d'uriner, capacité d'apprendre à contrôler l'émission d'urine) doivent aussi être évaluées. L'encadré 11.11 ■ présente une liste des facteurs d'incontinence qui peuvent concerner les personnes âgées.

L'incontinence fécale et la constipation peuvent aussi avoir de multiples causes, notamment: perte ou diminution du contrôle sphinctérien, déficit cognitif ou sensoriel, facteurs neurologiques, alimentation inadéquate et immobilité. L'origine du problème doit être établie.

L'infirmière doit recueillir des données sur les points suivants: habitudes d'élimination, habitudes alimentaires, usage de laxatifs, problèmes gastro-intestinaux (par exemple colite), bruits intestinaux, réflexe anal et tonus du sphincter, et capacités fonctionnelles. En outre, elle doit noter et analyser la fréquence et les caractéristiques des selles.

⬚ Analyse et interprétation

En se fondant sur les données recueillies, l'infirmière peut poser les diagnostics infirmiers suivants:

- Élimination urinaire altérée
- Constipation
- Incontinence fécale

⬚ Planification

Les principaux objectifs sont les suivants: être capable de contrôler l'incontinence ou la rétention urinaire; être capable de contrôler l'incontinence ou la rétention fécale et de régulariser ses habitudes d'élimination.

ENCADRÉ 11-11

GÉRONTOLOGIE

Facteurs qui modifient les habitudes d'élimination chez la personne âgée

- Diminution de la capacité vésicale
- Diminution du tonus musculaire
- Augmentation du résidu vésical
- Retard dans la perception du besoin d'uriner
- Utilisation de médicaments qui modifient les habitudes d'élimination urinaire, tels les diurétiques (qui augmentent le volume d'urine produite), les sédatifs (qui atténuent la sensation du besoin d'uriner) et les adrénergiques ou les anticholinergiques (qui causent de la rétention urinaire)
- Diminution de la mobilité
- Mode de vie sédentaire

⬚ Interventions infirmières

Favoriser la continence urinaire

L'approche envisagée pour promouvoir la continence urinaire dépend de la forme et de la cause de l'incontinence. Une fois ces informations recueillies et analysées, un plan thérapeutique est élaboré. Les méthodes utilisées visent pour la plupart à rééduquer l'organisme dans le but de rétablir le contrôle de l'élimination urinaire ou de réduire au minimum les pertes involontaires d'urine. Le succès de la rééducation repose sur la participation de la personne et sur sa volonté d'éviter les épisodes d'incontinence. L'attitude optimiste de l'infirmière et une réaction positive aux progrès même les plus modestes de la personne sont également des facteurs essentiels de succès. Pour évaluer les résultats de l'intervention, l'infirmière note avec précision les ingesta et les excreta, ainsi que la façon dont la personne réagit à la méthode choisie.

On ne doit jamais restreindre l'apport liquidien dans le but de réduire la fréquence des mictions. La personne doit donc ingérer une quantité suffisante de liquide (2 000 à 3 000 mL/jour, selon ses besoins). Pour favoriser l'élimination urinaire à heures fixes, elle peut boire une quantité déterminée de liquide 30 minutes avant le moment prévu de la miction. Les liquides doivent être ingérés surtout durant la journée afin de réduire les besoins fréquents d'uriner au cours de la nuit.

La rééducation vésicale vise à rétablir le fonctionnement normal de la vessie. Elle peut être entreprise dans les cas d'incontinence impérieuse lorsque les facultés cognitives de la personne sont intactes. On établit un horaire d'élimination en se fondant sur l'analyse des données recueillies et on précise dans le plan thérapeutique les heures prévues de miction, que la personne utilise un bassin de lit, une chaise d'aisances ou qu'elle se rende aux toilettes. L'intimité de la personne doit être assurée au cours de ces tentatives. Au début de la période de rééducation, les intervalles entre les mictions sont courts (entre 90 et 120 minutes). La personne est encouragée à retenir la miction jusqu'au moment prévu. Les mictions volontaires comme les épisodes d'incontinence doivent être consignés dans le dossier médical. Ensuite, les intervalles entre les mictions sont allongés en fonction de l'amélioration du fonctionnement et du contrôle de la vessie. Il existe généralement un lien entre les moments où la personne boit, mange et fait de l'exercice et ceux où elle urine. Si elle en est capable, la personne doit consigner elle-même sa consommation de liquides et d'aliments, son activité physique et ses mictions, de façon à pouvoir établir un horaire qui lui permettra d'atteindre une continence optimale. Une meilleure accessibilité des toilettes et le port de vêtements adaptés à sa situation permettront à la personne atteinte d'incontinence fonctionnelle de se rendre aux toilettes, de les utiliser et de corriger son incontinence.

Afin d'acquérir des habitudes d'élimination qui l'aideront à corriger l'incontinence, il est important que la personne se conforme strictement à l'horaire d'élimination établi. Cette méthode peut être efficace pour les personnes atteintes d'incontinence à l'effort, d'incontinence impérieuse ou d'incontinence fonctionnelle. Si la personne est confuse, le soignant doit la conduire aux toilettes conformément à l'horaire établi afin d'éviter les mictions involontaires. Le succès de cette méthode repose sur la constance.

La rétroaction biologique permet à la personne d'apprendre à contracter consciemment ses sphincters et à percevoir les sensations du besoin d'uriner. Cette méthode peut être utilisée chez les personnes atteintes d'incontinence à l'effort ou d'incontinence impérieuse, mais dont les facultés cognitives sont intactes.

Les exercices de renforcement des muscles périnéaux (contraction des muscles du plancher pelvien) doivent être pratiqués pendant 4 secondes à 10 reprises, 4 à 6 fois par jour, et ce, quotidiennement. De plus, afin de mieux contrôler le flux urinaire, la personne s'exerce à déclencher la miction puis à l'interrompre volontairement.

Chez les personnes atteintes d'incontinence réflexe, on peut provoquer la miction en stimulant l'arc réflexe mictionnel, par exemple en tapotant la région sus-pubienne ou en frottant l'intérieur de la cuisse. Toutefois, cette méthode n'est pas toujours efficace, notamment en présence de dyssynergie vésicosphinctérienne. Dans une de ses formes les plus fréquentes, la dyssynergie se caractérise par la contraction simultanée du muscle vésical (détrusor) et du sphincter externe, qui s'opposent l'un à l'autre, ce qui empêche l'expulsion de l'urine et provoque donc une augmentation du volume du résidu vésical et de la fréquence des infections urinaires (Quevillon et St-Jacques, 1995).

L'autocathétérisme intermittent est indiqué pour traiter l'incontinence réflexe, la rétention urinaire et l'incontinence par regorgement (trop-plein). L'enseignement met l'accent sur le fait qu'il est important de vider régulièrement la vessie en utilisant une technique propre. À domicile, la personne peut réutiliser le cathéter à condition de le nettoyer après usage avec de l'eau et du savon, de le rincer, le sécher, puis de le ranger dans un contenant ou un sac en plastique propre et fermé hermétiquement ; elle peut aussi le stériliser à l'aide d'un four à microondes. Dans les établissements de santé, une technique aseptique est généralement appliquée en raison des risques d'infection urinaire par des organismes résistants. Les personnes dont la mobilité, la dextérité manuelle ou la vision est réduite peuvent avoir de la difficulté à effectuer elles-mêmes le cathétérisme ; la technique de cathétérisme intermittent peut alors être enseignée aux membres de sa famille.

Dans la mesure du possible, les sondes à demeure doivent être évitées, car elles constituent une importante source d'infection des voies urinaires. Toutefois, leur utilisation pourrait être nécessaire pendant de courtes périodes, par exemple lors du traitement de plaies de pression graves causées par une incontinence continue. Dans une perspective de traitement à long terme, il est préférable d'installer une sonde sus-pubienne, plus facile d'entretien que la sonde urétrale, chez les personnes incapables d'effectuer l'autocathétérisme intermittent. Un apport liquidien de 3 000 mL/jour est recommandé aux personnes porteuses d'une sonde vésicale.

Le cathéter externe (condoms Texas) sert à recueillir l'urine des mictions spontanées. Il peut être utilisé chez les hommes atteints d'incontinence réflexe ou d'incontinence vraie. Pour être entièrement efficace, le condom doit être d'un modèle et d'une taille qui conviennent à la personne. L'enseignement à la personne et au proche aidant portera sur l'installation du cathéter ainsi que sur les mesures d'hygiène à appliquer (par exemple examen quotidien et soins de la peau, installation, vidange et entretien de l'appareil collecteur, des tubulures et du sac). Des dispositifs externes peuvent aussi être utilisés pour les femmes, mais leur usage est peu répandu en raison des difficultés liées à leur installation.

Les culottes et serviettes d'incontinence ne doivent être utilisées qu'en dernier ressort, car elles ne servent qu'à pallier le problème d'incontinence et non à le corriger. Comme elles ont un effet psychologique défavorable sur certaines personnes qui les associent à une régression, il est préférable de recourir aux méthodes, décrites ci-dessus, qui visent à réduire la fréquence des épisodes d'incontinence. Si elles servent parfois à protéger les vêtements des personnes atteintes d'incontinence à l'effort ou d'incontinence vraie, les serviettes ne seront utilisées qu'en cas de nécessité absolue. Celles-ci doivent absorber l'humidité et empêcher autant que possible que la peau soit en contact avec l'urine. Les serviettes mouillées doivent être changées promptement, et la peau nettoyée et protégée de l'humidité par l'application d'une crème, qui constitue une barrière à l'humidité.

Favoriser la continence fécale

Les programmes de rééducation intestinale ont pour but de régulariser l'élimination intestinale et de prévenir les émissions involontaires de selles. La continence fécale repose sur l'évacuation régulière et complète du contenu de la partie basse des intestins. Dans un programme de rééducation intestinale, on met à profit les réflexes naturels de la personne. On favorise la défécation à heures fixes en misant sur la régularité, le choix du bon moment, l'apport nutritionnel et liquidien, l'exercice et une bonne posture.

Pendant 5 à 7 jours, l'infirmière doit noter l'heure des défécations, les caractéristiques des selles, les aliments ingérés, les aptitudes cognitives de la personne, ainsi que sa capacité d'utiliser les toilettes sans aide. L'analyse de ces données permet ensuite d'élaborer un programme individualisé de rééducation intestinale.

La constance dans l'application du programme est essentielle. Les tentatives de défécation doivent avoir lieu tous les jours à la même heure, à 15 minutes près. Puisque les réflexes gastrocolique et duodénocolique se déclenchent environ 30 minutes après les repas, la période qui suit le petit-déjeuner est donc l'une des meilleures pour prévoir la défécation. Toutefois, si la personne avait auparavant l'habitude d'aller à la selle à un autre moment de la journée, on doit respecter cette habitude.

Le réflexe anorectal peut être stimulé au moyen de suppositoires (par exemple un suppositoire à la glycérine) ou mécaniquement (par exemple un toucher rectal avec un doigt ganté et lubrifié ou avec un dilatateur anal). La stimulation mécanique sera effectuée seulement chez les personnes qui ont perdu leur fonction motrice volontaire et leur sensibilité à la suite d'une lésion de la moelle épinière située au-delà du segment sacré, telles les personnes atteintes de tétraplégie ou de paraplégie haute ou les personnes atteintes d'un traumatisme cérébral grave. La technique est inefficace chez les personnes dont l'arc réflexe sacré n'est pas intact, comme chez celles qui présentent une paralysie flasque. La stimulation (insertion du suppositoire ou toucher rectal) débute environ 30 minutes avant l'heure prévue pour la défécation. On note ensuite l'intervalle écoulé entre le début de la stimulation et l'évacuation des selles pour être en mesure d'ajuster le programme de rééducation intestinale au besoin. Une fois que les habitudes d'élimination de la personne seront bien établies, stimuler la défécation avec le suppositoire ne sera peut-être plus nécessaire.

Pour faciliter l'élimination des selles, la personne, si elle en est capable, adopte la position accroupie (les genoux plus élevés que les hanches) et utilise si possible des toilettes fermées afin d'assurer le respect de son intimité. S'il lui est impossible de s'asseoir sur le siège des toilettes, elle peut utiliser une chaise d'aisances avec siège rembourré. Les personnes sujettes aux plaies de pression doivent éviter d'utiliser un bassin de lit et la position assise pendant une période trop longue. Pour faciliter l'évacuation des selles en position couchée, on installe la personne sur le côté gauche, les jambes fléchies, et on relève la tête du lit de 30 à 45 degrés; dans cette position, la pression exercée sur l'abdomen est augmentée. Si elle en est capable, on demande à la personne de se pencher vers l'avant et de contracter les muscles abdominaux, puis de se masser le ventre de droite à gauche pour faciliter la progression des selles dans la partie basse de l'intestin.

Prévenir la constipation

Pour élaborer le plan thérapeutique, l'infirmière doit analyser les données concernant la défécation, les caractéristiques des selles, l'apport nutritionnel et liquidien, le niveau d'activité, les bruits intestinaux, les médicaments administrés ainsi que les autres données pertinentes. Il existe de nombreuses façons de prévenir la constipation. Ainsi, le régime alimentaire doit être bien équilibré et inclure suffisamment d'aliments riches en fibres (légumes, fruits, son), afin de prévenir les selles dures et de stimuler le péristaltisme. Sauf contre-indication, l'apport liquidien doit être compris entre 2 000 et 3 000 mL/jour. Boire un jus de pruneau ou de figue (120 mL) une fois par jour, 30 minutes avant le repas, est efficace pour certaines personnes présentant un problème de constipation. La personne est encouragée à rester active et à faire de l'exercice, ainsi qu'à utiliser les toilettes sans aide et à aller à la selle à heures fixes. On doit aussi lui conseiller d'obéir à son besoin naturel de déféquer et veiller à ce qu'elle ait l'intimité voulue lorsqu'elle utilise les toilettes. Pour stimuler la défécation et prévenir la constipation, le médecin peut prescrire des laxatifs émollients, des agents augmentant la masse fécale, des stimulants doux et des suppositoires.

❖ ÉVALUATION

Résultats escomptés

1. La personne contrôle ses fonctions d'élimination.
   a) Elle n'a aucun épisode d'incontinence.
   b) Elle évite la constipation.
   c) Elle utilise les toilettes de façon autonome.
   d) Elle se dit satisfaite de sa maîtrise des fonctions d'élimination.
2. La personne ne présente plus d'incontinence urinaire.
   a) Elle applique l'approche appropriée à la forme d'incontinence qu'elle présente.
   b) Elle s'hydrate adéquatement.
   c) Elle lave et sèche sa peau après chaque épisode d'incontinence.
3. La personne ne présente plus d'incontinence fécale.
   a) Elle participe au programme de rééducation intestinale.
   b) Elle sait qu'il est essentiel d'aller à la selle à heures fixes.
   c) Elle modifie son régime alimentaire de façon à favoriser la continence.
   d) Elle utilise des moyens de stimulation selon l'ordonnance du médecin et au besoin.
4. La personne ne présente plus de constipation.
   a) Elle favorise la défécation par un régime alimentaire riche en fibres, un apport liquidien suffisant et de l'exercice.
   b) Elle obéit à son besoin naturel de déféquer.

Incapacité et sexualité

Le terme «sexualité» ne désigne pas qu'une simple activité biologique. Il englobe non seulement les notions de féminité et de masculinité, mais aussi la façon dont la personne interagit avec les autres et la perception que les autres ont d'elle. La sexualité représente un élément capital de l'image de soi. Elle s'exprime à travers l'intimité physique, mais également à travers l'amour et l'intimité affective. Les besoins sexuels des personnes atteintes d'incapacité sont de plus en plus reconnus. Toutefois, la société comme certains professionnels de la santé ont encore tendance à considérer les personnes atteintes d'incapacité comme des êtres asexués. C'est souvent en raison de leur propre malaise lié à la sexualité et de leur manque de connaissances dans ce domaine que les professionnels négligent d'offrir à la personne atteinte et à son partenaire des interventions favorisant de saines relations intimes.

Les personnes atteintes d'incapacité peuvent manquer d'informations sur la sexualité et avoir moins d'occasions de se faire de nouveaux amis ou d'établir des relations amoureuses. De plus, des problèmes physiques et émotionnels, liés à l'altération de leur image corporelle et à la diminution de leur estime de soi, peuvent compromettre leurs activités sexuelles. Par exemple, les hommes atteints de diabète ou d'une lésion médullaire peuvent être incapables d'avoir une érection. Les personnes qui ont été victimes d'une crise cardiaque ou d'un AVC peuvent craindre qu'une nouvelle attaque se produise pendant les rapports sexuels et que l'activité sexuelle ne mette leur vie en danger. D'autres peuvent avoir peur de perdre le contrôle de leur intestin ou de leur vessie pendant ces moments d'intimité avec leur partenaire. Par ailleurs, le désir et la qualité des activités sexuelles peuvent changer chez la personne atteinte tout comme chez son partenaire. En effet, le désir et l'énergie nécessaires pour les activités sexuelles peuvent diminuer si le partenaire est très investi dans son rôle de soignant.

En collaboration avec les membres de l'équipe interdisciplinaire, l'infirmière doit reconnaître les problèmes sexuels de la personne atteinte d'incapacité afin de l'aider à retrouver son estime de soi et à rebâtir son identité personnelle, sentiment sans lequel sa réadaptation ne peut être globale. Elle lui permet d'exprimer ses sentiments au regard de la sexualité, l'écoute et l'accompagne dans la recherche de solutions. Lors des soins, elle est souvent dans une position privilégiée d'intimité qui lui permet de cerner les besoins et les inquiétudes de la personne en matière de sexualité, de partager avec elle ses connaissances sur la façon dont l'incapacité peut perturber la fonction sexuelle et de lui proposer certains moyens pour y remédier. Les activités de formation sur la sexualité, les rencontres avec un sexologue ou un psychologue, les films et les groupes de soutien sont des outils efficaces pour aider les personnes à en apprendre davantage sur la sexualité et l'incapacité. Par ailleurs, la personne peut avoir besoin de développer sa sociabilité et sa capacité de communiquer pour être en mesure de tisser et de maintenir les liens souhaités.

Fatigue

Les personnes atteintes d'incapacité se disent souvent fatiguées. Cette lassitude physique et émotionnelle peut avoir diverses sources : inconfort et douleur associés à un problème de santé chronique ; déconditionnement associé aux périodes d'alitement et d'immobilité prolongées ; altération de la fonction motrice occasionnant une dépense d'énergie excessive pour se déplacer ; et frustrations ressenties dans l'accomplissement des AVQ. Une adaptation inefficace à l'incapacité, le chagrin et la dépression peuvent aussi contribuer à la fatigue. La personne peut utiliser des stratégies d'adaptation pour remédier aux conséquences psychologiques de l'incapacité ainsi que des techniques de soulagement de la douleur pour lutter contre les malaises qui y sont associés (voir, chapitre 13 ⇔, le soulagement de la douleur). L'infirmière peut aussi enseigner à la personne comment faire échec à la fatigue en établissant des priorités et en appliquant des techniques qui lui permettront de ménager son énergie. Les stratégies d'enseignement spécialement destinées aux personnes atteintes d'incapacité sont présentées dans l'encadré 11-12 ∎.

Soins à domicile et soins communautaires

La réadaptation vise à aider la personne à réintégrer son milieu de vie une fois qu'elle a appris à vivre avec son incapacité. En prévision du congé, une demande de service est adressée au centre de santé et de services sociaux (CSSS) pour qu'il assure la continuité des soins à domicile. Le plan de congé, formulé au moment de l'admission à l'établissement de réadaptation, est adapté aux capacités fonctionnelles de la personne.

Le réseau de soutien de la personne (famille, amis) doit être évalué, car le succès de sa réintégration dans son milieu repose en grande partie sur l'attitude de son entourage envers elle et à l'égard de son incapacité. Certaines familles ne sont pas capables de mener à bien les exigeants programmes d'exercices, de conditionnement physique et de soins personnels dont la personne a parfois besoin. Certaines n'ont pas les ressources ou la stabilité nécessaires pour prendre soin d'une personne atteinte d'incapacité grave. Il arrive qu'une famille, même si elle est stable, se sente dépassée par les contraintes physiques, émotionnelles et financières, entraînées par la présence d'une personne atteinte d'une déficience physique grave ou n'ait pas l'énergie de lui prodiguer les soins que son état nécessite. Dans un tel cas, plutôt que de juger la famille, les membres de l'équipe interdisciplinaire en réadaptation doivent l'aider à tirer le meilleur parti possible de ses ressources.

Pour ne pas appréhender le retour de la personne à la maison, la famille doit recevoir les informations nécessaires sur son état de santé et sur les soins dont elle a besoin. En collaboration avec les membres de l'équipe interdisciplinaire, l'infirmière enseigne à la personne et aux membres de sa famille des moyens qui leur permettront de surmonter les difficultés susceptibles de se présenter. L'infirmière peut élaborer une

grille de suivi des soins à administrer à domicile afin de s'assurer que la famille peut aider la personne dans l'accomplissement de certaines activités. L'encadré 11-13 ∎ présente un exemple d'une telle grille.

ENCADRÉ 11-12

ENSEIGNEMENT

Stratégies d'adaptation aux incapacités

Lorsqu'elle enseigne aux personnes à réduire leur dépense d'énergie et à conserver leurs forces pour améliorer leur qualité de vie, l'infirmière peut tenir compte des points suivants.

PRENDRE LE CONTRÔLE DE SA VIE
- Faire face à la réalité de son incapacité.
- Mettre l'accent sur ses forces.
- Demeurer ouvert.
- Chercher des moyens ingénieux, créatifs d'aborder les problèmes.
- Partager ses préoccupations et ses frustrations.
- Maintenir et améliorer son état général de santé.
- Planifier des activités de loisir.

BIEN DÉFINIR SES OBJECTIFS ET SES PRIORITÉS
- Établir un ordre de priorités ; éliminer les activités non essentielles.
- Planifier ses activités et ménager ses forces.

ORGANISER SA VIE
- Planifier chacune de ses journées.
- Organiser son travail.
- Accomplir les tâches par étapes.
- Répartir les tâches difficiles tout au long de la journée ou de la semaine.

PRÉSERVER ET CONSERVER SON ÉNERGIE
- Se reposer avant d'entreprendre les tâches difficiles.
- Interrompre ses activités avant que la fatigue se fasse sentir.
- Poursuivre son programme de conditionnement physique pour renforcer ses muscles.

CONTRÔLER SON ENVIRONNEMENT
- Essayer d'être bien organisé.
- Placer ses objets personnels à un endroit précis de façon à les retrouver facilement.
- Placer les accessoires dont on a besoin (objets de toilette, matériel nécessaire aux travaux manuels ou autres) dans une boîte ou un panier.
- Utiliser des techniques pour réduire la dépense d'énergie et simplifier le travail.
- Placer son travail en face de soi et garder les accessoires nécessaires à portée de la main.
- Utiliser des appareils d'adaptation, des aides techniques et des dispositifs facilitant le travail.
- Demander de l'aide ; déléguer au besoin.
- Prendre les mesures de sécurité nécessaires.

GRILLE DE SUIVI DES SOINS À DOMICILE

Prise en charge du programme thérapeutique

Après avoir reçu l'enseignement sur les soins à domicile, la personne ou le proche aidant peut:	Personne	Proche aidant
■ Énoncer les conséquences de l'incapacité sur les fonctions physiologiques.	✔	✔
■ Énoncer les changements à apporter aux habitudes de vie pour préserver la santé.	✔	✔
■ Indiquer le nom, la posologie, les effets secondaires, la fréquence et l'horaire d'administration de tous les médicaments prescrits.	✔	✔
■ Expliquer comment obtenir des fournitures médicales après le congé.	✔	✔
■ Indiquer les appareils médicaux nécessaires à long terme, décrire la façon de s'en servir de manière adéquate, ainsi que les mesures d'entretien indispensables pour garantir une utilisation en toute sécurité: [ ] Fauteuil roulant - mécanique/électrique [ ] Coussin [ ] Barres d'appui [ ] Planche de transfert [ ] Levier mécanique ou électrique de transfert [ ] Siège de toilettes surélevé et rembourré [ ] Chaise d'aisances à roulettes avec siège rembourré [ ] Béquilles [ ] Déambulateur [ ] Prothèse [ ] Orthèse [ ] Lit spécialisé	✔	✔
■ Démontrer comment utiliser les aides techniques nécessaires pour les AVQ: [ ] Éponge à long manche [ ] Pince à long manche [ ] Courroie universelle [ ] Napperon anti-dérapant et garde-assiette [ ] Couteau à fil convexe, cuillère-fourchette, ustensiles adaptés [ ] Fermetures spéciales pour vêtements (par exemple velcro) [ ] Autres	✔	✔
■ Démontrer des habiletés de mobilité: [ ] Effectuer les transferts du lit au fauteuil; s'asseoir sur les toilettes et s'en relever, entrer dans la baignoire et en sortir; entrer dans une automobile et en sortir. [ ] Franchir les obstacles: rampes, bordures de trottoir, escaliers. [ ] Passer de la position couchée sur le dos à la position assise. [ ] Se retourner dans le lit. [ ] Circuler en fauteuil roulant; régler la position des appui-bras et des appui-pieds; serrer les freins. [ ] Utiliser les aides à la locomotion en toute sécurité. [ ] Faire des exercices d'amplitude articulaire. [ ] Faire des exercices de renforcement musculaire.	✔	✔
■ Appliquer les soins relatifs aux plaies de pression: [ ] Examiner les saillies osseuses matin et soir. [ ] Reconnaître une plaie de pression de stade I et les mesures à prendre pour la traiter. [ ] Changer les pansements des plaies de pression des stades II, III et IV. [ ] Indiquer les apports nutritionnels et hydriques favorisant la guérison des plaies de pression. [ ] Éliminer la pression à intervalles réguliers conformément à l'horaire établi. [ ] Respecter l'horaire établi et la durée des stations assises. [ ] Observer les consignes relatives à la personne alitée: fréquence des changements de position, techniques d'installation au lit et utilisation d'oreillers pour faire des ponts. [ ] Installer et porter des protège-pieds ou des talonnières si nécessaire. [ ] S'asseoir dans un fauteuil roulant et y maintenir une position adéquate. [ ] Connaître les techniques permettant d'éviter la friction et le cisaillement dans le lit. [ ] Connaître les soins d'hygiène nécessaires pour préserver l'intégrité de la peau.	✔	✔

	Personne	Proche aidant
■ Appliquer les soins relatifs à l'élimination urinaire:	✔	✔
[ ] Indiquer l'horaire des mictions, de l'utilisation des toilettes et des cathétérismes.		
[ ] Établir le lien entre la consommation de liquide et la fréquence des mictions et des cathétérismes.		
[ ] Indiquer comment effectuer les exercices de renforcement du plancher pelvien.		
[ ] Savoir effectuer l'autocathétérisme intermittent et entretenir le matériel nécessaire selon une technique propre.		
[ ] Savoir effectuer les soins relatifs à la sonde à demeure.		
[ ] Savoir installer un cathéter externe.		
[ ] Savoir installer, vider et nettoyer le sac de drainage urinaire.		
[ ] Savoir installer les serviettes et culottes d'incontinence et nettoyer la région du périnée.		
[ ] Connaître les signes et symptômes d'infection des voies urinaires.		
■ Appliquer les soins relatifs à l'élimination intestinale:	✔	✔
[ ] Indiquer l'apport nutritionnel et liquidien qui favorise le plus l'élimination intestinale.		
[ ] Indiquer les moments les plus propices à l'élimination intestinale.		
[ ] Connaître les techniques visant à augmenter la pression intra-abdominale: manœuvre de Valsalva, massage abdominal, se pencher vers l'avant.		
[ ] Connaître les techniques visant à stimuler la défécation: ingestion de liquides chauds, stimulation digitale, insertion de suppositoires.		
[ ] Connaître la position idéale pour la défécation: assis sur les toilettes, les genoux plus hauts que les hanches; couché sur le côté gauche dans le lit, les genoux fléchis et la tête légèrement surélevée.		
[ ] Indiquer les complications de la rétention des selles (constipation, fécalome, diarrhée, hémorroïdes, saignement rectal, déchirures anales) et les stratégies utilisées pour la corriger.		
■ Trouver les ressources communautaires susceptibles de lui apporter du soutien:	✔	✔
[ ] Indiquer les numéros de téléphone de groupes de soutien pour personnes ayant une ou des incapacités.		
[ ] Indiquer le lieu et l'heure des rencontres.		
■ Utiliser les moyens de transport:	✔	✔
[ ] Indiquer les endroits où les transports en commun (autobus et train) sont accessibles en fauteuil roulant.		
[ ] Indiquer les numéros de téléphone de services privés de transport adapté pour personne en fauteuil roulant.		
[ ] Joindre l'organisme responsable de l'assurance automobile (Société d'assurance automobile du Québec) afin d'obtenir un permis de stationnement pour personne handicapée.		
[ ] Joindre l'organisme responsable de l'assurance automobile (Société d'assurance automobile du Québec) afin de subir un examen de conduite, le cas échéant.		
[ ] Choisir une entreprise qui procède à l'adaptation des véhicules privés, en y installant par exemple des commandes manuelles ou des leviers pour fauteuil roulant.		
■ Trouver les ressources en réadaptation professionnelle:	✔	✔
[ ] Indiquer le nom et le numéro de téléphone d'un conseiller en réadaptation professionnelle.		
[ ] Choisir les programmes éducatifs et les cours spécifiques susceptibles de mener à un emploi.		
■ Indiquer les ressources communautaires en matière de loisirs:	✔	✔
[ ] Nommer et situer les centres de loisirs locaux offrant des programmes pour les personnes présentant une ou des incapacités.		
[ ] Explorer les activités de loisirs offertes dans la communauté.		
■ Déterminer ses besoins concernant des activités de promotion de la santé et de dépistage des problèmes potentiels.		

Thérapies complémentaires

Les personnes atteintes d'incapacité peuvent recourir à diverses thérapies. Chez certaines personnes, l'équitation thérapeutique peut agir sur l'ensemble de l'organisme et avoir de profondes répercussions sur tous ses systèmes et appareils. Les moniteurs d'équitation thérapeutique sont accrédités par la North American Riding for the Handicapped Association. La zoothérapie et les programmes d'adoption de chiens de compagnie permettent à un grand nombre de personnes atteintes d'incapacité de réduire leur stress et de mieux s'adapter à leur situation. Certains animaux, dont les singes, peuvent soulever le combiné du téléphone, récupérer de petits accessoires fonctionnels et aider une personne à boire ou à effectuer des appels d'urgence. En plus du bien-être associé à leur compagnie, de tels animaux peuvent offrir une aide concrète aux personnes âgées ou atteintes d'incapacité vivant seules.

Les infirmières peuvent aussi encourager les personnes atteintes d'incapacité à adhérer à des programmes communautaires. Par exemple, tout en contribuant au bien-être, le taichi améliore la force musculaire ainsi que l'équilibre et la coordination, ce qui peut aider à prévenir les chutes chez les personnes âgées.

Tenir un journal quotidien peut aider les personnes déprimées et leur famille à surmonter des situations difficiles et à gérer efficacement les réactions émotives qui en découlent. Les infirmières sont dans une position privilégiée pour enseigner à la personne et à sa famille cette technique du journal. Elles peuvent aussi leur enseigner des exercices de relaxation et les encourager à les pratiquer dans tous les milieux de soins : hôpital, centre de réadaptation, service de consultation externe et domicile.

Continuité des soins

L'infirmière en soins à domicile peut rencontrer la personne au cours de son hospitalisation en réadaptation, s'entretenir avec elle et sa famille et vérifier la feuille des AVQ pour apprécier les tâches accomplies de façon autonome. Elle contribue ainsi à assurer la continuité des soins et à éviter que la personne ne régresse en l'aidant à maintenir et à améliorer l'autonomie qu'elle a acquise pendant son séjour à l'hôpital ou au centre de réadaptation. La famille doit parfois acheter, emprunter ou fabriquer elle-même le matériel et l'équipement nécessaire à l'autonomie : barres d'appui, siège de toilettes surélevé ou chaise d'aisances, banc pour baignoire. Il faut parfois construire des rampes d'accès ou élargir l'embrasure des portes pour que la personne puisse accéder en fauteuil roulant à toutes les pièces de son domicile.

L'infirmière ou l'ergothérapeute enseigne à la personne et aux membres de sa famille comment utiliser le matériel et leur remet un exemplaire du mode d'emploi fourni par le fabricant, une liste des fournisseurs spécialisés et des personnes-ressources, ainsi qu'une liste de fournitures médicales, indiquant les endroits où ils peuvent se les procurer. Elle leur fournit aussi un résumé écrit du plan thérapeutique.

Pour vivre de façon autonome, la personne a parfois besoin d'un réseau de services de soutien et de systèmes de communication. Il incombe à la travailleuse sociale et à l'infirmière de constituer ce réseau et d'en coordonner les activités dans un esprit de collaboration. L'infirmière doit également prodiguer à la personne des soins professionnels, lui suggérer des consultations supplémentaires au besoin, défendre ses intérêts et la conseiller en cas de difficultés. Elle continue à renforcer les apprentissages et l'aide à se fixer et à atteindre des objectifs réalistes. La réussite de la réintégration dans le milieu familial et communautaire repose sur l'assurance et l'estime de soi acquises au cours de la réadaptation, ainsi que sur l'acceptation et le soutien de la famille, de l'employeur et des membres de la communauté.

De plus en plus, on a tendance à encourager les personnes atteintes d'une incapacité grave à mener une vie autonome, à vivre seule ou dans un groupe qui partage certaines ressources. Pour y parvenir, elles doivent apprendre à tenir une maison, à travailler avec des auxiliaires familiales et à améliorer leur mobilité. Le but visé est la réintégration dans la communauté, ce qui signifie : vivre et travailler dans un milieu où elles ont accès au logement, à l'emploi, aux édifices publics, aux moyens de transport et aux loisirs.

Des organismes publics de réadaptation offrent des services destinés à faciliter la réintégration de la personne sur le marché du travail ou à l'école. Ce sont notamment des services médicaux et psychiatriques, des services psychologiques, des services de formation professionnelle, de placement et de suivi.

En cas de transfert dans un établissement de soins de longue durée, on doit planifier la transition de façon à ce que la personne puisse continuer à progresser et à améliorer son autonomie. Une bonne communication facilite l'adaptation à la vie dans un tel établissement. On doit aussi inciter la famille à visiter la personne régulièrement, à participer aux soins et, si possible, à l'emmener à la maison au cours des fins de semaine et des congés.

EXERCICES D'INTÉGRATION

1. Une femme âgée de 58 ans ayant subi un AVC vient d'être admise dans un hôpital de réadaptation. Vous êtes l'infirmière responsable de ses soins. La personne présente une hémiplégie mais son élocution est intacte. En discutant de ses capacités fonctionnelles avec les membres de l'équipe interdisciplinaire, vous décrivez les activités de soins personnels que vous allez évaluer pour établir son plan de réadaptation. Quelles sont ces activités ?

2. Un homme âgé, diabétique, qui a subi une amputation, doit bientôt rentrer à la maison. Les membres de sa famille qui l'assisteront dans l'exécution de ses soins s'interrogent sur la façon de prévenir les plaies de pression, étant donné que cet homme est diabétique et qu'il se déplacera surtout en fauteuil roulant. Quelles consignes leur donnerez-vous ? En quoi vos stratégies d'enseignement différeraient-elles si les membres de la famille communiquaient dans une langue qui n'est pas la vôtre ?

3. Vous prodiguez des soins à un jeune homme qui a subi une lésion cérébrale traumatique et des fractures multiples dans un accident de la route. Il peut maintenant retourner à la maison et poursuivre sa réadaptation grâce à un programme ambulatoire. En préparation de son congé, vous vous rendez à son domicile en compagnie du physiothérapeute et de l'ergothérapeute afin d'évaluer son milieu de vie. Comparez les différents facteurs de sécurité dont il faudrait tenir compte s'il vivait dans l'un ou l'autre des endroits suivants : une maison de plain-pied, une maison à plusieurs étages, un appartement de deux pièces situé dans une tour d'habitation ou une ferme.

RÉFÉRENCES BIBLIOGRAPHIQUES

en anglais • en français

AHCPR – Agency for Health Care Policy and Research, Public Health Service, U.S. Department of Health and Human Services. (1994). *Treatment of pressure ulcers.* Clinical Practice Guideline, Number 15. AHCPR Publication No. 95-0652. Rockville, MD: Author.

AHCPR – Agency for Health Care Policy and Research. Public Health Service, U.S. Department of Health and Human Services. Urinary Incontinence Guideline Panel. (1996). *Urinary incontinence in adults: Clinical practice guideline.* AHCPR Pub. No. 96-0682. Rockville, MD: Author.

Carpenito, L.J. (2003). *Manuel de diagnostics infirmiers.* (8e éd.). Adaptation française par Lina Rahal. Saint-Laurent : ERPI.

CCASS – Conseil canadien d'agrément des services de santé (2002). *Promouvoir l'excellence dans la prestation de soins de qualité* (page consultée le 7 mai 2005), [en ligne], http://www.cchsa.ca.

Charte canadienne des droits et libertés (1982). *ch. 11 (R.U.)* (page consultée le 7 mai 2005), [en ligne], http://lois.justic.gc.ca/fr/charte/.

CLSC Côte-des-Neiges. (2004). *Guide pratique en soins des plaies.* Montréal.

CQA – Conseil québécois d'agrément. *Qu'est-ce que le CQA ?* (page consultée le 7 mai 2005), [en ligne], http://agrement-quebesois.ca.

Fougeyrollas, P., Cloutier, R., Bergeron, H., Côté, J., & Côté, M. (1996). Proposition québécoise de classification ; Processus de production du handicap. Québec : Comité Québécois sur la CIDIH.

Gagnon, L. (2004). *Élaboration et validation de critères de la qualité des soins et services interdisciplinaires en réadaptation fonctionnelle et axée sur l'intégration sociale.* Mémoire de Maîtrise inédit, Université de Montréal.

Krebs, H. (2000). Increasing productivity and quality of care: Robot-aided neurorehabilitation. *Journal of Rehabilitation Research and Development, 37*(6), 639–652.

Larousse. (2004). *Le petit Larousse illustré* (100e éd.). Paris.

Mayo Clinic Rochester (2001). *Geriatric Medicine.* Pressure ulcers: Prevention and management. Available at: http://www.mayo.edu/ geriatrics-rst/ PU-ToC.html. Accessed August 15, 2001.

Quevillon, M.J. et St-Jacques, M. (1995). *L'élimination et la sexualité de la personne atteinte d'une lésion médullaire ; Guide pratique de soins.* Montréal : Institut de réadaptation de Montréal.

Santé Canada (2004). Meilleures pratiques – Traitements et réadaptation des contrevenants dans le cas de conduite avec facultés affaiblies (page consultée le 14 mai 2005), [en ligne], http://www.hc-sc.gc.ca/hecs-sesc/ cds/pdf/treatment_rehab_dirving_impaired_ practices.pdf.

Statistique Canada (2001). *Profil de l'incapacité au Canada en 2001* (page consultée le 7 mai 2005), [en ligne], http://www.statcan.ca/Français/freepub./ 89-577-XIF/adults.

U.S. Department of Health and Human Services. (2000, December 14). *HHS Fact Sheet. Substance Abuse–A National Challenge: Prevention, Treatment and Research at HHS.* Washington, DC: U.S. Government Printing Office.

En complément de ce chapitre, vous trouverez sur le Compagnon Web :
- une bibliographie exhaustive ;
- des ressources Internet.

Adaptation française
Nicole Ouellet, inf., Ph.D.
Professeure, Département des sciences infirmières – Université du Québec à Rimouski

Soins aux personnes âgées

Objectifs d'apprentissage

Après avoir étudié ce chapitre, vous pourrez:

1. Décrire la population vieillissante au Québec et au Canada, en vous appuyant sur les tendances démographiques et les données statistiques.

2. Indiquer les conséquences économiques potentielles du vieillissement d'une partie importante de la population sur les soins de santé au Québec et au Canada.

3. Présenter les aspects juridiques importants touchant les soins de santé aux personnes âgées.

4. Comparer les aspects physiologiques du vieillissement à ceux de l'âge moyen et mettre en relief leurs différences.

5. Expliquer l'importance qu'on doit accorder à la prévention et à la promotion de la santé chez les personnes âgées.

6. Décrire les troubles de santé physique et mentale les plus importants touchant les personnes vieillissantes et les effets de ces troubles sur leur fonctionnement et celui de leur famille.

7. Reconnaître les problèmes de santé les plus importants et leurs effets sur les personnes âgées.

8. Préciser le rôle de l'infirmière dans la gestion de la pharmacothérapie chez les personnes âgées.

9. Étudier les préoccupations des personnes âgées et de leur famille, dans leur milieu de vie, dans les établissements de soins de courte durée et de longue durée.

10. Connaître les ressources qui offrent aux personnes âgées des soins médicaux et des soins et traitements infirmiers à domicile.

Le vieillissement est un processus physiologique normal, lié au passage du temps. Tout organisme vivant le subit. Ce processus commence à la naissance et se poursuit tout au long de la vie, la vieillesse étant la dernière étape. Au Canada, la population – et la proportion – de personnes âgées s'accroît plus rapidement que tout autre segment de la population. En 2001, Statistique Canada (2002) estimait que près de 3,9 millions de Canadiens étaient âgés de plus de 65 ans, soit une augmentation de deux tiers par rapport à 1981. De plus, selon les estimations, la proportion de personnes âgées atteindra 6,7 millions en 2021 et 9,2 millions en 2041, soit près de 1 Canadien sur 4 (Statistique Canada, 2002). En raison de l'accroissement de la population vieillissante, on note également une augmentation du nombre de personnes qui vivent jusqu'à un âge très avancé. Les professionnels de la santé devront relever un défi de taille : mettre en œuvre des stratégies pour faire face à une augmentation de l'incidence des maladies dans cette population. Il est en effet possible de traiter, de limiter et même de prévenir bon nombre de maladies chroniques courantes. En outre, les personnes âgées ont plus de chances de se maintenir en bonne santé et de rester autonomes si elles disposent de services communautaires appropriés.

Le vieillissement : quelques faits

ASPECTS DÉMOGRAPHIQUES

Selon Statistique Canada, l'**espérance de vie** a considérablement augmenté depuis un siècle ; de 60 ans en 1920, elle est passée à 77 ans pour les hommes et à 82,1 ans pour les femmes en 2001 (Statistique Canada, 2004b). Selon ces mêmes sources, un homme âgé de 65 ans peut espérer vivre jusqu'à 82 ans, alors qu'une femme du même âge peut espérer vivre jusqu'à 85,6 ans. D'ici à 2031, les Canadiens âgés de plus de 65 ans formeront 22 % de la population totale au Canada, contre 13 % environ en 2001 (figure 12-1 ■).

VOCABULAIRE

Âgisme : discrimination visant les personnes vieillissantes, du seul fait de leur âge, quel que soit leur état fonctionnel.

Délirium : trouble s'installant en un court laps de temps et se manifestant par une perturbation de la conscience (attention réduite, conscience de l'environnement altérée) et un changement dans le fonctionnement cognitif (troubles de la mémoire, désorientation, incohérence dans le discours) : s'il n'est pas détecté rapidement, ce trouble risque d'évoluer vers des lésions irréversibles au cerveau et parfois vers la mort.

Démence : syndrome se caractérisant par un déclin généralisé des fonctions complexes du cerveau, par exemple une altération de la mémoire, des perturbations cognitives (perturbation du langage, perturbation des activités motrices malgré des fonctions motrices intactes, impossibilité de reconnaître des objets malgré des fonctions sensorielles intactes, perturbation des fonctions exécutives) ou une altération du fonctionnement social ou professionnel.

Dépression : ensemble de symptômes se manifestant par des troubles psychiques, notamment : troubles de l'humeur, tristesse, pessimisme, perte d'intérêt, idées suicidaires, inhibition psychique, anxiété et troubles physiques tels que le manque d'appétit, l'insomnie, la perte ou le gain de poids, la fatigue ou le manque d'énergie.

Déshydratation : état résultant d'un faible volume liquidien dans l'organisme ; cet état survient lorsque les excreta sont supérieurs aux ingesta liquidiens.

Désorientation : altération de la capacité de la personne de savoir qui elle est et où elle se situe dans le temps et dans l'espace ; notion utilisée pour évaluer l'état cognitif de base d'une personne.

Espérance de vie : nombre moyen d'années que devrait vivre une personne.

Gériatrie : branche de la médecine portant sur la physiologie et les maladies du vieillissement, ainsi que sur le traitement des troubles et des affections touchant les personnes âgées.

Gérontologie : étude combinée des aspects physiologiques, psychologiques, pathologiques, psychologiques et sociologiques du vieillissement, dans le milieu de vie de la personne.

Incontinence urinaire : perte involontaire d'urine ; elle touche jusqu'à 50 % des personnes âgées vivant chez elles et environ 75 à 85 % des personnes résidant en centre d'hébergement pour personnes âgées.

Mauvais traitements infligés aux personnes âgées : toute forme de négligence ou de violence, physique, sexuelle, psychologique/émotionnelle, économique/financière ; elle peut être exercée envers une personne âgée par une ou plusieurs personnes de son entourage (par exemple enfants, soignants).

Polypharmacie : administration de multiples médicaments quotidiennement ; fréquente chez les personnes âgées qui souffrent de plusieurs maladies chroniques.

Presbyacousie : capacité diminuée d'entendre les sons aigus, liée au vieillissement de l'oreille interne et des centres d'intégration auditive.

Presbytie : accommodation visuelle diminuée survenant habituellement après l'âge de 40 ans.

Soins infirmiers gérontologiques et gériatriques : domaine des soins infirmiers spécialisé dans l'application de la démarche systématique (collecte des données, analyse, planification, intervention et évaluation) aux personnes âgées dans tous les milieux de pratique ; ces soins peuvent être donnés en phase aiguë de la maladie comme en phase intermédiaire.

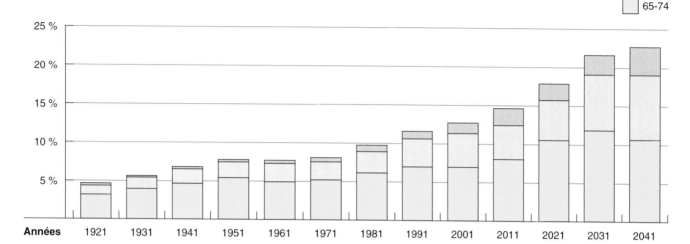

FIGURE 12-1 ■ Population canadienne de 65 ans et plus.
Les aînés représentent une part croissante de la population.
Source: Santé Canada, 2002, d'après Lindsay, Colin, *Un portrait des aînés*

au Canada (3ᵉ éd.), numéro de catalogue 89-519-XPF, Ottawa, Statistique Canada, 1999. Reproduit avec l'autorisation du Ministre des Travaux publics et Services gouvernementaux Canada, 2005.

La majorité des Québécois et des Canadiens âgés sont en bonne santé, mais il y en a beaucoup qui souffrent d'une affection quelconque. Selon une enquête menée dans les collectivités canadiennes en 2003, 30 % des adultes âgés de 65 ans et plus souffrent de problèmes de santé fonctionnelle modérés ou graves (Statistique Canada, 2004c). De plus, dans l'*Enquête sociale générale de 2002*, on estime que 20 % des Québécois et 27 % des Canadiens âgés de plus de 65 ans reçoivent de l'aide à cause d'un problème de santé chronique (Statistique Canada, 2004a). Parmi les Québécois âgés qui reçoivent de l'aide, la moitié est soutenue uniquement par la famille et les amis, et près d'un quart bénéficie d'une aide à la fois formelle et informelle.

« Les maladies de l'appareil circulatoire, le cancer et les maladies de l'appareil respiratoire sont les principales causes de décès au Canada » (Statistique Canada, 1999, p. 13). Viennent ensuite les maladies du système digestif et les maladies endocriniennes (tableau 12-1 ■). Le taux d'hospitalisation augmente à mesure que les personnes avancent en âge. Les personnes âgées sont hospitalisées principalement pour des problèmes circulatoires (27,4 %), des problèmes digestifs (10,6 %), des problèmes respiratoires (10,5 %) et des cancers (8,8 %) (Santé Canada, 2000b). En outre, elles sont hospitalisées plus fréquemment que les autres adultes, et leur séjour à l'hôpital dure plus longtemps.

Coûts des services de santé

Le vieillissement de la population est une préoccupation surtout dans les pays riches. Même si la plupart des pays seront touchés tôt ou tard par le vieillissement, c'est dans les pays les plus industrialisés, dont le Canada, qu'on note une augmentation de la proportion de personnes âgées que plusieurs considèrent comme inquiétante, voire alarmante. Un

TABLEAU 12-1

Les 10 principales causes de décès, le nombre de décès et le taux de décès par maladie par année chez les personnes âgées de 65 ans et plus au Canada*

Rang	Cause du décès	Nombre de décès	Taux de décès†
	Ensemble des causes	166 409	4 548,6
1	Maladies du système circulatoire	69 104	1 888,9
2	Cancer	41 424	1 132,3
3	Maladies du système respiratoire	18 387	502,6
4	Maladies du système digestif	5 909	161,5
5	Maladies endocriniennes	5 906	161,4
6	Maladies du système nerveux	5 442	148,8
7	Troubles mentaux	5 320	145,4
8	Blessures non intentionnelles	3 519	96,2
9	Maladies des organes génito-urinaires	3 272	89,4
10	Maladies infectieuses et parasitaires	1 385	37,9

* Toutes les ethnies, hommes et femmes, Canada, 1997.
† Taux par 100 000 habitants.
Source: Adapté et reproduit avec l'autorisation du Ministre des Travaux publics et Services gouvernementaux Canada, 2005.

accroissement de la population âgée entraîne nécessairement une augmentation des coûts sociaux, ce qui peut inquiéter les pouvoirs publics qui auront à dépenser davantage pour les soins de santé. Pour l'instant, les Canadiens bénéficient d'une assurance-maladie universelle enchâssée dans la Loi canadienne sur la santé («régime d'assurance-maladie»). Outre l'assurance-maladie, les Québecois bénéficient d'une assurance-médicament obligatoire, dont les coûts sont assumés en partie par la population, en partie par le gouvernement. Le système actuel ne constitue toutefois pas une garantie pour les générations à venir car l'augmentation des coûts associés à la santé incite les gouvernements à opter de plus en plus pour la privatisation de certains services médicaux.

QUESTIONS D'ORDRE ÉTHIQUE ET JURIDIQUE

La personne qui aura négligé de planifier ses affaires et d'assurer son bien-être risque la perte de ses droits, la victimisation et d'autres problèmes sérieux en cas d'invalidité ou de mort. Un notaire ou un avocat peut prodiguer des conseils et offrir des services qui aideront la personne âgée à conserver son autonomie et son pouvoir de décision concernant ses propres affaires. En tant que défenseur de l'intérêt de la personne âgée, l'infirmière peut l'encourager à rédiger des directives destinées à son entourage dans l'éventualité où elle deviendrait inapte à prendre des décisions la concernant (Plotkin et Roche, 2000).

La procuration, aussi nommée mandat, est un contrat par lequel une personne en désigne une autre pour la représenter et agir en son nom dans des circonstances précises (encadré 12-1 ■). La procuration doit être faite en toute lucidité par une personne apte. Le contrat doit contenir le nom du mandant, le nom du ou des mandataires, la description de la responsabilité confiée au mandataire et la signature du mandant. La procuration prend fin quand les deux parties ont rempli leurs obligations, quand la procuration vient à terme, quand le mandant la révoque ou quand le mandataire y renonce, ou encore s'il y a décès du mandant ou du mandataire.

Le mandat en cas d'inaptitude a une portée plus large que la procuration. Il s'agit d'un document légal par lequel la personne désigne un représentant, appelé mandataire, qui sera autorisé à prendre en son nom des décisions relatives à sa personne et à ses biens, dans le cas où elle deviendrait inapte à le faire elle-même. Ce mandat ne peut être fait que si la personne a toute sa lucidité et est considérée comme apte. La personne (mandant) nomme un mandataire qui doit veiller à sa protection ou à la gestion de ses biens dans l'éventualité où la maladie ou un accident la priverait de ses facultés de façon temporaire ou permanente. Le mandat en cas d'inaptitude ne devient exécutoire qu'une fois homologué par le tribunal et il prend effet au moment où la personne devient inapte (Le Curateur public du Québec, 2002a).

Le curateur public prévoit d'autres dispositions en cas d'inaptitude d'une personne qui n'a pas passé de mandat. Il existe trois types de régimes de protection: la curatelle à la personne et aux biens, la tutelle au majeur et le conseiller au majeur (Le Curateur public du Québec, 2002b). La *curatelle* est le régime de protection le plus complet. Elle est limitée

ENCADRÉ 12-1

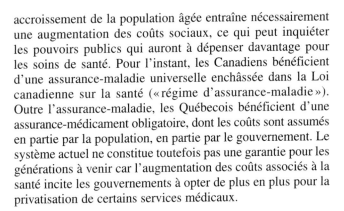

ÉTHIQUE ET CONSIDÉRATIONS PARTICULIÈRES

Transfusion ou non?

Une personne qui a reçu une procuration pour prendre au nom de sa tante toute décision qui s'impose en ce qui concerne ses soins de santé peut-elle autoriser qu'on fasse à celle-ci une transfusion sanguine si, après une intervention chirurgicale à la hanche, son taux d'hémoglobine chute soudainement? La tante a exprimé clairement au chirurgien orthopédiste qu'elle refusait de recevoir tout type de produits sanguins, pour quelque raison que ce soit, même si elle se trouve dans un état qui met sa vie en danger.

SITUATION

Mme A., enseignante à la retraite, est âgée de 83 ans. Elle est veuve et vit dans un foyer. Elle est atteinte de la maladie d'Alzheimer et de la maladie de Parkinson, et elle souffre d'ostéoporose, de dépression, d'hypertension, de diabète et d'une carence en vitamine B$_{12}$. Elle s'est fracturé la hanche à la suite d'une chute, qui a eu lieu sans témoin, alors qu'elle se déplaçait dans un couloir à l'aide d'un déambulateur. On l'a conduite à l'hôpital. Avant cet accident, Mme A. avait régulièrement besoin d'aide dans les activités quotidiennes, souffrait parfois d'incontinence urinaire et se déplaçait à l'aide d'un déambulateur. Après la confirmation du diagnostic de fracture, les risques et les bénéfices d'un traitement chirurgical ont été évalués et présentés en détail à Mme A. et à sa famille, notamment à l'une des nièces qui détenait une procuration de sa tante. Pendant cette conversation, Mme A. a donné son consentement à l'opération, mais a déclaré que, parce qu'elle était Témoin de Jéhovah, elle refusait de recevoir tout type de produits sanguins, même si sa vie était en danger.

DILEMME

La résolution du problème de Mme A. soulevait plusieurs questions d'ordre éthique. Il fallait respecter son refus de recevoir des produits sanguins mais, ce faisant, on mettait sans aucun doute sa vie en danger. Avant qu'elle soit opérée, Mme A. avait délégué à sa nièce la prise des décisions concernant sa santé. Cependant, les deux femmes ne partageaient pas le même point de vue sur le plan moral. Selon la nièce, il fallait absolument recourir à la transfusion pour assurer la survie de sa tante. On présenta l'affaire au comité d'éthique de l'hôpital, lequel prit la décision de faire la transfusion. Après la transfusion, Mme A. se rétablit rapidement et put retourner à sa résidence. Avant de quitter l'hôpital, elle remercia le personnel médical et sa famille d'avoir respecté ses vœux et de ne pas lui avoir donné de transfusion sanguine.

DISCUSSION

- Quels arguments opposeriez-vous à la décision de faire la transfusion?
- Quels arguments avanceriez-vous en faveur de la transfusion?
- Quels arguments présenteriez-vous contre la décision de révéler à Mme A. qu'elle a reçu une transfusion? Quels arguments présenteriez-vous en faveur de cette décision?

SOURCE: M.T. Hofmann et D. Nahass (2001). Case report: The use of an ethics committee regarding the case of an elderly female with blood loss after hip surgery. *Annals of Long-Term Care, 9*, 55-59.

aux situations les plus graves et s'applique aux personnes dont l'inaptitude est jugée totale et permanente. Le curateur privé ou public est le mandataire légal de la personne à protéger, tant en ce qui concerne le bien-être de la personne que la gestion de ses biens. Le mandataire légal doit approuver tout traitement médical ou toute intervention chirurgicale lorsque la personne est jugée inapte à le faire. Le curateur privé a la pleine administration des biens de la personne, alors que le curateur public a la simple administration de ceux-ci. La *tutelle* vise à protéger les personnes dont l'inaptitude est partielle ou temporaire. Elle concerne soit la personne, soit ses biens, soit la personne et ses biens. La tutelle relative aux biens est limitée à la simple administration des biens, et la tutelle relative à la personne est limitée aux décisions qui concernent les traitements médicaux ou les interventions chirurgicales ainsi que le bien-être de la personne en général. Lorsqu'elle est relative aux biens et à la personne, la tutelle combine la simple administration des biens et les décisions qui concernent les traitements médicaux ou les interventions chirurgicales. Le *conseiller au majeur* est un régime destiné aux personnes qui ne sont que partiellement ou temporairement inaptes à pendre des décisions. Il porte seulement sur la gestion des biens. La personne reste autonome et peut prendre les décisions la concernant, mais elle doit avoir recours au conseiller pour la guider lorsqu'elle prend certaines décisions financières. Si l'inaptitude s'aggrave, on recourt à la tutelle au majeur: le tribunal nomme un tuteur qui sera chargé de gérer les biens de la personne ou de prendre certaines décisions à sa place. La personne conserve une certaine autonomie, déterminée par le tribunal. Quel que soit le régime de protection choisi, il doit être révisé au moins tous les 3 ans.

Une personne âgée souffrant d'une maladie grave qui lui laisse peu d'espoir de rétablissement peut souhaiter que sa vie ne soit plus prolongée coûte que coûte. Les personnes qui refusent les interventions de pointe et l'acharnement thérapeutique peuvent donner des directives concernant leur traitement médical dans un *testament biologique*. Ce document écrit doit être signé par la personne jugée apte et par deux témoins, puis remis à la famille et au médecin qui le versera aux dossiers. Le testament biologique n'a aucune reconnaissance légale au Québec. Cependant, le Code civil du Québec permet à la personne de manifester ses volontés de fin de vie. L'article 12 du Code civil stipule que l'on doit consentir ou refuser des soins en tenant compte, dans la mesure du possible, des volontés exprimées par la personne malade. Le testament biologique peut être considéré comme un complément au mandat d'inaptitude, lequel est un document légal. En centre hospitalier, l'infirmière peut aider la personne âgée à préciser ses volontés et l'inciter à en parler à son médecin. Le médecin doit rédiger et signer l'ordre de réanimer ou de ne pas réanimer selon la volonté de la personne. En l'absence de note au dossier, toutes les mesures de réanimation seront prises selon les normes en vigueur dans l'établissement pour les cas d'urgence.

L'article 10 du Code civil du Québec stipule que nul ne peut être soumis sans son consentement à des soins, quelle que soit leur nature. Le consentement à un soin doit être donné en toute connaissance de cause, de façon éclairée. Le *consentement éclairé* est une expression légale désignant l'enseignement effectué auprès de la personne à propos des bénéfices et des risques inhérents au traitement thérapeutique et aux solutions de remplacement. Toute personne, âgée ou non, a le droit d'accepter ou de refuser des traitements et d'être informée de tous les risques de chacune des options qui s'offrent à elle. Selon la loi, le médecin ou tout autre professionnel de la santé a l'obligation de renseigner la personne malade sur les risques pesant sur sa santé afin qu'elle puisse prendre une décision éclairée. L'infirmière peut jouer un rôle crucial dans la défense de la personne âgée lorsque celle-ci ou les membres de la famille en sont incapables.

SOINS ET TRAITEMENTS INFIRMIERS AUX PERSONNES ÂGÉES

La **gériatrie** est la branche de la médecine qui s'intéresse au vieillissement, et plus précisément à la physiologie et aux maladies du vieillissement, ainsi qu'aux diagnostics et aux traitements des troubles et des affections touchant les personnes âgées. La **gérontologie** est un domaine plus vaste qui recouvre plusieurs disciplines: biologie, physiologie, pathologie, sociologie et psychologie. Le vieillissement est un phénomène complexe. Les infirmières doivent bien connaître les principes gériatriques et posséder les compétences nécessaires pour répondre aux besoins des personnes âgées. Cette exigence est valable, qu'elles travaillent dans le milieu hospitalier, à domicile, dans un centre d'hébergement et de soins de longue durée (CHSLD), en réadaptation ou en clinique externe.

Les **soins infirmiers gérontologiques et gériatriques** constituent la branche des soins infirmiers spécialisée dans les soins aux personnes âgées. Les *Standards and Scope of Gerontological Nursing Practice* (normes et responsabilités des soins et traitements infirmiers gérontologiques) ont été mis en place, pour la première fois en 1969, par l'American Nurses Association. Ces normes ont été mises à jour en 1976, puis en 1987. L'Association des infirmières et infirmiers du Canada a également mis en place des normes et offre une certification aux infirmières et infirmiers en gérontologie. L'infirmière qui travaille en gérontologie peut se spécialiser ou rester généraliste. Comme généraliste, elle offrira toute la gamme des soins et traitements infirmiers nécessaires aux personnes âgées. Elle combinera ainsi la démarche systématique dans toute pratique infirmière (collecte des données, analyse, planification, mise en œuvre du plan thérapeutique infirmier et évaluation) avec des connaissances spécialisées sur le processus du vieillissement. À l'heure actuelle, toute infirmière peut prodiguer des soins aux personnes âgées, et ce, quelle que soit sa formation: formation en milieu hospitalier, formation collégiale, formation universitaire ou formation supérieure (infirmière clinicienne spécialisée, infirmière praticienne).

Les soins infirmiers gérontologiques peuvent être donnés aussi bien dans les établissements de soins de courte durée ou de soins spécialisés, les centres d'hébergement ou les centres de soins de longue durée, qu'en résidence privée et à domicile. Les objectifs sont de favoriser et de maintenir l'état fonctionnel de la personne âgée et de l'aider à déterminer et à utiliser ses capacités pour satisfaire tous ses besoins. L'infirmière aide également la personne âgée à préserver sa dignité et son autonomie, malgré les pertes qu'elle subit sur les plans physique, social et psychologique. L'infirmière spécialisée en gérontologie possède des connaissances sur les changements de nature aiguë et chronique qui sont propres aux personnes âgées. Le travail des infirmières en pratique avancée en soins de longue durée a fait ses preuves : lorsqu'elles collaborent avec des infirmières qui pratiquent en CHSLD et partagent avec elles les récentes percées médicales réalisées dans la résolution de certains problèmes cliniques, on observe, chez les personnes âgées concernées, moins de détérioration sur le plan émotionnel et de la santé générale (Ryden *et al.*, 2000).

Le vieillissement est l'aboutissement normal de la vie et influe sur tous ses aspects. Ainsi, les soins de la personne âgée et les problèmes liés au troisième âge ne relèvent pas d'une seule discipline, mais d'un ensemble de disciplines. Un travail d'équipe multidisciplinaire permettra d'effectuer un examen gériatrique plus global, de combiner diverses connaissances et ressources afin de mieux comprendre tous les aspects du processus de vieillissement. Les infirmières travaillent en collaboration avec l'équipe multidisciplinaire, ce qui permet d'offrir à la personne des services complémentaires, et de garantir ainsi une approche globale des soins.

Modifications de l'organisme reliées au vieillissement et activités favorisant le maintien de l'état de santé

Il est dans la nature même de tout organisme vivant de vieillir. Le vieillissement intrinsèque englobe les changements entraînés par le processus normal du vieillissement qui sont essentiellement universels et génétiquement prédéterminés dans une espèce donnée. L'universalité est le principal critère qui permet de distinguer le vieillissement normal du vieillissement anormal. À l'inverse, le vieillissement extrinsèque est provoqué par des agents extérieurs à la personne. Par exemple, les maladies, la pollution de l'air et les rayons du soleil sont des facteurs extrinsèques qui peuvent accélérer le processus. Les interventions de l'infirmière peuvent contribuer à retarder ou à éliminer l'effet néfaste des facteurs extrinsèques sur l'organisme.

En raison des modifications cellulaires et extracellulaires qui surviennent avec l'âge, l'aspect physique des personnes se modifie et le fonctionnement physiologique se détériore. Certaines modifications, notamment celles qui touchent l'apparence corporelle et la morphologie, sont plus visibles. En raison du vieillissement cellulaire, le maintien de l'homéostasie devient de plus en plus difficile. De plus, les fonctions organiques ou physiologiques ne sont plus pleinement efficaces à cause de déficits cellulaires et tissulaires. Les cellules se régénèrent plus difficilement, et un pigment appelé lipofuscine s'y accumule. La dégradation de l'élastine et du collagène provoque une perte de l'élasticité et de la souplesse des tissus conjonctifs.

Le bien-être de la personne âgée dépend de facteurs physiques, psychologiques, sociaux et environnementaux. La collecte globale de données sur la personne âgée doit comprendre une évaluation portant sur les principaux systèmes physiologiques, l'état mental et les rôles sociaux, ainsi que la capacité de satisfaire ses besoins de façon autonome malgré la présence d'une maladie chronique. Les signes et symptômes de modifications de l'organisme reliés au vieillissement, ainsi que les interventions infirmières suggérées, sont résumés dans le tableau 12-2 ■.

ASPECTS PHYSIQUES DU VIEILLISSEMENT

Système cardiovasculaire

Les cardiopathies constituent la principale cause de mortalité chez les personnes âgées. Les valvules du cœur s'épaississent et deviennent plus rigides, alors que le muscle cardiaque et les artères perdent de leur élasticité. Des dépôts de calcium et de cholestérol s'accumulent à l'intérieur des parois artérielles, et les veines deviennent de plus en plus sinueuses. Bien que le système cardiovasculaire puisse assurer ses fonctions dans des conditions normales, ses réserves et ses capacités de réaction au stress diminuent.

Entre l'âge de 20 ans et l'âge de 80 ans, le débit cardiaque maximal d'une personne diminue de 25 % environ. Avec le vieillissement, on observe une diminution progressive du débit cardiaque maximal, ainsi qu'une diminution de la fréquence cardiaque maximale en présence d'un stress. Le rapport entre la fréquence cardiaque maximale et l'âge est le suivant :

$$\text{Fréquence maximale cardiaque normale selon l'âge} = 220 - \text{l'âge (en années)}$$

À tous les âges, l'hypertension artérielle est un grave facteur de risque de maladies cardiovasculaires et d'AVC. On pose le diagnostic d'hypertension sur la foi d'au moins deux mesures anormales. Les personnes âgées peuvent souffrir d'un des types d'hypertension suivants :

- *Hypertension systolique isolée* Pression systolique supérieure à 140 mm Hg et pression diastolique normale ou près de la normale (moins de 90 mm Hg).
- *Hypertension primaire* Pression diastolique supérieure ou égale à 90 mm Hg, quelle que soit la valeur de la pression systolique.
- *Hypertension secondaire* Hypertension ayant une cause sous-jacente.

Le dysfonctionnement cardiovasculaire peut se manifester par l'apparition de troubles tels que les insuffisances cardiaques congestives, les coronaropathies, les artérioscléroses, l'hypertension artérielle, la claudication intermittente (douleur à la jambe causée par la marche), les maladies des vaisseaux périphériques, l'hypotension orthostatique, les arythmies cardiaques, les AVC ou l'infarctus du myocarde (crise cardiaque).

Au Canada, l'insuffisance cardiaque congestive est un important problème de santé publique associé à un taux non négligeable de morbidité et de mortalité, ainsi qu'à des coûts considérables pour le système de soins de santé. Elle est aussi la cause principale de morbidité et de mortalité chez les personnes âgées. Les symptômes observés chez les personnes âgées diffèrent souvent de ceux qu'on observe chez les autres adultes. Quand ces derniers sollicitent des soins, c'est le plus

Promotion de la santé: modifications de l'organisme liées à l'âge et stratégies favorisant la santé		TABLEAU 12-2
Modifications	**Données subjectives et données objectives**	**Stratégies de promotion de la santé**
SYSTÈME CARDIOVASCULAIRE		
■ Débit cardiaque diminué; diminution de la capacité de réagir au stress; fréquence cardiaque et débit systolique n'augmentant pas en fonction de l'effort demandé; rétablissement de la fréquence cardiaque normale; pression artérielle plus élevée	■ Fatigue à l'effort ■ Retard dans le rétablissement de la fréquence cardiaque normale ■ Pression artérielle normale ≤ 140/90 mm Hg	■ Pratiquer régulièrement une ou plusieurs activités physiques d'intensité modérée; ne pas fumer; consommer des aliments à faible teneur en sel et en matières grasses; participer à des activités relaxantes afin de combattre le stress; vérifier la pression artérielle régulièrement, respecter sa prescription de médicaments, maintenir son poids santé.
SYSTÈME RESPIRATOIRE		
■ Augmentation du volume résiduel des poumons; diminution de la capacité vitale, diminution des échanges gazeux et de la capacité de diffusion; toux moins efficace	■ Fatigue et essoufflement lors d'un effort soutenu; retard de la cicatrisation des tissus dû à une oxygénation moins grande; toux inefficace	■ Pratiquer régulièrement une ou plusieurs activités physiques d'intensité modérée, boire suffisamment de liquides pour liquéfier les sécrétions, se faire vacciner annuellement contre la grippe et se protéger contre les infections des voies respiratoires supérieures.
SYSTÈME TÉGUMENTAIRE		
■ Sensibilité accrue aux traumatismes et au soleil; sensibilité accrue aux températures extrêmes; diminution de la sécrétion des huiles naturelles et de la transpiration	■ Peau fine, sèche et ridée; augmentation de la sensibilité aux lésions, aux ecchymoses et aux coups de soleil; intolérance à la chaleur; proéminence des structures osseuses	■ Éviter l'exposition au soleil (porter des vêtements longs et un chapeau, utiliser un écran solaire), se vêtir en fonction de la température, maintenir une température ambiante confortable, prendre une douche plutôt qu'un bain et hydrater sa peau régulièrement.
SYSTÈME REPRODUCTEUR		
■ *Femmes*: rétrécissement et diminution de l'élasticité du vagin; diminution des sécrétions vaginales ■ *Hommes*: réduction de la taille du pénis et des testicules ■ *Hommes et femmes*: stimulation sexuelle plus lente	■ *Femmes*: rapports sexuels douloureux; saignement vaginal à la suite de la pénétration, démangeaisons et irritations vaginales; réponse orgasmique plus lente ■ *Hommes*: érection et réponse orgasmique plus lentes	■ Vérifier s'il y a lieu d'utiliser une crème œstrogénique à application locale; consulter un gynécologue ou un urologue, au besoin; utiliser un lubrifiant avant d'avoir des rapports sexuels.
SYSTÈME MUSCULOSQUELETTIQUE		
■ Diminution de la densité osseuse, du volume et de la force musculaire; usure des cartilages articulaires	■ Diminution de la taille; prédisposition aux fractures; cyphose; douleurs dorsales; diminution de la force, de la souplesse et de l'endurance; douleurs articulaires	■ Pratiquer régulièrement une ou plusieurs activités physiques d'intensité modérée; consommer des aliments riches en calcium; limiter la consommation de phosphore; prendre des suppléments de calcium et de vitamine D conformément à l'ordonnance du médecin.
SYSTÈME GÉNITO-URINAIRE		
■ *Hommes*: apparition d'une hyperplasie prostatique bénigne	■ Rétention urinaire; miction douloureuse et autres symptômes tels que la pollakiurie (fréquence exagérée des mictions), impression de mal vider la vessie et augmentation de la fréquence des mictions nocturnes	■ Consulter un urologue; aller aux toilettes régulièrement, porter des vêtements faciles à ouvrir, consommer suffisamment de liquides et éviter les boissons qui irritent la vessie (par exemple les boissons contenant caféine, alcool ou édulcorants artificiels); pratiquer des exercices de raffermissement des muscles du plancher pelvien en recourant de préférence à la thérapie par rétroaction biologique et, enfin, envisager un bilan urologique.

Promotion de la santé: modifications de l'organisme liées à l'âge et stratégies favorisant la santé (*suite*)		TABLEAU 12-2
Modifications	**Données subjectives et données objectives**	**Stratégies de promotion de la santé**
Femmes: relâchement des muscles périnéaux; instabilité du détrusor (incontinence urinaire par besoin impérieux); dysfonctionnement urétral (incontinence urinaire à l'effort)	Miction par besoin impérieux; augmentation du volume des urines (polyurie); réduction du «délai d'avertissement»; pertes de repères pour accéder aux toilettes; incontinence urinaire à l'effort (par exemple toux, rire, changement de position)	Porter des vêtements faciles à ouvrir, consommer suffisamment de liquides, éviter les boissons qui irritent la vessie (par exemple les boissons contenant caféine, alcool ou édulcorants artificiels); pratiquer des exercices de raffermissement des muscles du plancher pelvien en recourant de préférence à la thérapie par rétroaction biologique et, enfin, envisager un bilan urologique.
SYSTÈME DIGESTIF		
Diminution de la salivation; troubles de la déglutition; retard de la vidange de l'œsophage et de l'estomac; ralentissement du péristaltisme	Xérostomie (sécheresse de la cavité buccale); sensation d'avoir trop mangé, brûlure à l'estomac et indigestion; constipation, flatulence et gêne abdominale	Sucer des glaçons, utiliser un rince-bouche, se masser les gencives et se brosser les dents régulièrement après les repas, utiliser la soie dentaire, consulter régulièrement le dentiste; prendre des repas légers mais fréquents, ne pas se coucher après avoir mangé et éviter les efforts après les repas, limiter l'absorption d'antiacides, manger des aliments riches en fibres et faibles en matières grasses; limiter la consommation de laxatifs, favoriser la régularité intestinale, boire suffisamment de liquides.
SYSTÈME NERVEUX		
Ralentissement de la conduction nerveuse; risques accrus de désorientation en cas d'apparition de maladies organiques; ralentissement de la circulation cérébrale (étourdissements, perte d'équilibre)	Ralentissement des réactions; capacités d'apprentissage plus lentes; confusion lors d'une hospitalisation; étourdissements et augmentation des chutes	Respecter le rythme auquel la personne âgée peut assimiler l'enseignement; en cas d'hospitalisation, encourager les visites; intensifier la simulation sensorielle; chercher la cause d'une désorientation soudaine; recommander à la personne âgée de passer lentement de la position couchée à la position assise, puis à la position debout.
ORGANES SENSORIELS		
Vue: diminution de la capacité de distinguer les objets proches; intolérance à la lumière éblouissante et difficulté d'accommodation aux changements d'intensité de lumière; diminution de la capacité de distinguer certaines couleurs	Presbytie; éblouissements; diminution de la vision nocturne; difficulté à bien distinguer certaines couleurs	Porter des verres correcteurs et des verres fumés à l'extérieur; éviter de passer brusquement de l'obscurité à la lumière et tamiser l'éclairage (lampes et veilleuses), choisir des livres imprimés en gros caractères et utiliser une loupe pour la lecture; éviter de conduire quand la visibilité est réduite (le soir); utiliser des codes de couleur en favorisant les couleurs contrastantes; éviter l'éblouissement et la lumière directe du soleil.
Ouïe: perte de la capacité d'entendre les sons de haute fréquence	Réponses non appropriées; demandes réitérées de répéter et mouvement vers l'avant pour mieux entendre	Recommander un examen de l'ouïe; réduire les bruits de fond; se tenir face à la personne lorsqu'on lui parle; articuler; parler d'une voix grave; utiliser des indices non verbaux.
Goût et odorat: capacité réduite de goûter et de sentir	Usage excessif du sel et du sucre	Utiliser du jus de citron, des épices et des fines herbes.

souvent à cause de symptômes comme la dyspnée à l'effort, la dyspnée de décubitus (orthopnée) et l'œdème périphérique. Les personnes âgées, pour leur part, se plaignent plutôt de fatigue, de nausées et de gêne abdominale.

Chez les jeunes, l'insuffisance cardiaque touche plus les hommes que les femmes, alors que c'est l'inverse chez les personnes âgées. Selon son origine, cette affection peut rendre nécessaire différents types de traitements. À l'heure actuelle, les traitements courants comprennent les diurétiques, les inhibiteurs de l'enzyme de conversion de l'angiotensine (IECA) et la digoxine. Selon plusieurs grandes études, la spironolactone à faible dose et les bêtabloquants administrés avec précaution permettraient de réduire le taux de mortalité (Rittenhouse, 2001).

L'infirmière peut aider la personne âgée à maintenir son état de santé cardiovasculaire en l'incitant à faire régulièrement de l'exercice, à adopter une alimentation saine, à garder son poids santé, à mesurer régulièrement sa pression artérielle, à combattre le stress et à ne pas fumer. Afin de prévenir les étourdissements, les pertes de conscience et les risques de chutes dus à l'hypotension orthostatique, l'infirmière peut conseiller à la personne âgée de se lever lentement (passer de la position couchée à la position assise, puis de la position assise à la position debout) et d'éviter de forcer lorsqu'elle va à la selle. Afin de réduire les effets de l'hypotension provoquée par les repas copieux, on peut recommander aux personnes âgées de prendre 5 ou 6 repas légers dans la journée au lieu de 3 repas. Les personnes âgées devraient éviter les températures extrêmes, y compris les douches chaudes et les bains hydro-masseurs. Pendant les journées chaudes de l'été, elles ne devraient pas faire de travaux à l'extérieur pendant plus de 20 minutes. Elles devraient également éviter de s'exposer au vent et au froid en raison du risque d'étourdissement et de chutes associés aux difficultés de régulation de la pression artérielle. Si un œdème déclive se manifeste à mesure que la journée avance, on peut utiliser des bas de compression élastiques pour réduire la stase veineuse.

Système respiratoire

Le vieillissement entraîne des modifications du système respiratoire et la réduction de la capacité et de la fonction pulmonaires. Les principales modifications sont les suivantes: augmentation du diamètre antéropostérieur du thorax; raccourcissement de la colonne vertébrale, causé par un amincissement des vertèbres dorsolombaires dû à l'ostéoporose, qui provoque une cyphose dorsale (déviation de la colonne vertébrale à convexité postérieure); calcification des cartilages intercostaux et réduction de la mobilité des côtes; diminution de l'efficacité des muscles respiratoires; augmentation de la rigidité des poumons et diminution de la surface alvéolaire. La rigidité accrue ou la perte d'élasticité des poumons entraîne une augmentation du volume résiduel et une diminution de la capacité d'expiration des poumons. Les échanges gazeux et la capacité de diffusion sont également réduits. Les personnes âgées sont plus sensibles aux infections des voies respiratoires à cause de la moindre efficacité du mécanisme de la toux et de la diminution de l'activité ciliaire.

Pour aider les personnes âgées à conserver une fonction respiratoire normale malgré leur âge, l'infirmière peut leur recommander d'avoir de saines habitudes de vie. Elle peut les inciter à faire de l'exercice plusieurs fois par semaine, à bien s'hydrater, à se faire vacciner annuellement contre la grippe et les infections à pneumocoques, à cesser de fumer et à éviter les contacts rapprochés avec des personnes malades. Comme tout un chacun, les personnes âgées doivent adopter des mesures d'hygiène, par exemple se laver souvent les mains. L'infirmière devrait rappeler souvent aux personnes âgées hospitalisées, particulièrement si elles ont subi une intervention chirurgicale, de tousser régulièrement et de respirer profondément. En effet, la diminution de la capacité d'expiration et de l'efficacité de la toux chez les personnes âgées les rend plus vulnérables aux infections respiratoires et à l'atélectasie (affaissement des alvéoles pulmonaires causé par une absence de ventilation).

Système tégumentaire

La peau est non seulement un organe sensoriel, mais aussi un organe de protection, d'excrétion et de régulation de la température. Le processus de vieillissement entraîne des modifications de l'aspect de la peau. L'épiderme et le derme s'amincissent. Le nombre de fibres élastiques diminue, et le collagène perd de sa souplesse. On observe une perte de tissu adipeux sous-cutané, particulièrement dans les membres. À cause de la contraction du réseau capillaire cutané, l'apport sanguin est également réduit. En raison de ces modifications, la peau se ride, s'affaisse et perd de son élasticité. La pigmentation du système pileux diminue, et les cheveux et les poils grisonnent graduellement. La peau s'assèche et devient plus irritable en raison de la baisse de l'activité des glandes sudoripares et sébacées. Ces modifications des téguments et des phanères rendent les personnes âgées moins tolérantes aux températures extrêmes et au soleil.

Pour favoriser le maintien de l'état de santé de la peau, l'infirmière peut recommander aux personnes âgées d'éviter de s'exposer au soleil, d'utiliser des crèmes hydratantes, de ne pas rester dans le bain trop longtemps et de boire suffisamment d'eau pendant la journée (8 à 10 verres ou 1 litre et demi d'eau par jour).

Système reproducteur

À la ménopause, les ovaires cessent de produire des œstrogènes et de la progestérone. Le système reproducteur de la femme subit par conséquent de nombreuses modifications, dont l'amincissement de la paroi vaginale avec rétrécissement du vagin et perte d'élasticité des tissus. En raison de la diminution des sécrétions, la muqueuse vaginale se dessèche, ce qui entraîne des démangeaisons et une réduction de l'acidité. L'utérus et les ovaires s'atrophient. La baisse du tonus du muscle pubo-coccygien entraîne le relâchement des muscles du vagin et du périnée. Ces modifications favorisent les hémorragies vaginales et peuvent rendre les rapports sexuels douloureux.

Chez les hommes âgés, la taille du pénis et des testicules diminue, tout comme le taux d'hormones androgènes. Un dysfonctionnement érectile peut survenir parallèlement à une maladie cardiovasculaire, à des troubles neurologiques, au diabète ou à une maladie respiratoire qui affaiblit la tolérance à l'exercice. Le désir et la capacité sexuelle déclinent mais ne disparaissent pas. Pour prévenir les rapports sexuels douloureux, l'infirmière peut recommander aux personnes âgées d'utiliser des crèmes lubrifiantes à base d'eau. Les crèmes œstrogéniques à application locale peuvent renforcer le tissu vaginal sans entraîner les risques et les effets indésirables associés aux œstrogènes administrés par voie orale ou transdermique. On peut traiter de différentes façons le dysfonctionnement érectile lié à un trouble cardiovasculaire, neurologique, endocrinien ou, parfois, psychologique. Chez certaines personnes âgées, il est efficace de recourir aux pompes à vide pour le pénis, aux injections intracaverneuses, à l'administration intra-urétrale d'un médicament vasostimulant ou aux médicaments oraux pour la dysfonction érectile comme le sildénafil (Viagra), le tadalafil (Cialis) et le vardénafil (Levitra). Ces trois derniers médicaments sont toutefois contre-indiqués lorsque les personnes prennent des nitrates.

En cas de dysfonctionnement sexuel important, l'infirmière doit recommander à la personne âgée de consulter un gynécologue ou un urologue. La pratique quotidienne d'exercices peut améliorer le bien-être sexuel chez les hommes comme chez les femmes.

Système génito-urinaire

Chez les personnes âgées, le système génito-urinaire continue de fonctionner de façon adéquate, malgré la diminution du volume des reins entraînée surtout par la perte de néphrons. Les modifications de la fonction rénale comprennent la baisse du taux de filtration et l'altération du fonctionnement des tubules, qui réabsorbent l'eau et concentrent l'urine de façon moins efficace. De plus, après un stress, l'équilibre acidobasique met plus de temps à se rétablir. Les femmes âgées souffrent souvent d'incontinence urinaire à l'effort, d'incontinence par besoin impérieux ou parfois des deux. L'hyperplasie prostatique bénigne (hypertrophie de la prostate) est fréquente chez l'homme âgé. Cette affection entraîne une augmentation graduelle de la rétention urinaire et une incontinence urinaire par regorgement. L'incidence du cancer de la prostate, un cancer à évolution lente, augmente chez les hommes âgés de plus de 70 ans. Celle des cancers du rein et de la vessie s'accroît chez les hommes qui ont dépassé 50 ans. Le tabac est le principal agent pathogène favorisant l'apparition de ces carcinomes.

Afin de réduire les risques d'infections de la vessie et d'incontinence urinaire, les personnes âgées devraient consommer une quantité suffisante de liquides. L'infirmière peut aussi leur recommander d'adopter d'autres habitudes, par exemple s'assurer qu'elles peuvent accéder rapidement aux toilettes et uriner toutes les 2 ou 3 heures lorsqu'elles sont éveillées. Pour éviter les risques de pollakiurie et d'incontinence par besoin impérieux, les personnes âgées devraient éviter de consommer les boissons qui irritent la vessie, notamment les boissons contenant de la caféine, les boissons gazeuses ou acides, les boissons alcoolisées ou contenant des édulcorants artificiels. Elles devraient également consommer suffisamment d'eau afin d'éviter la concentration des urines : cette dernière favorise en effet l'apparition de l'incontinence urinaire par besoin impérieux.

Kegel (1948) a mis au point des exercices qui permettent de renforcer les muscles pelviens et qui peuvent grandement soulager les symptômes de l'incontinence urinaire à l'effort et de l'incontinence urinaire par besoin impérieux. L'infirmière peut enseigner ces exercices aux personnes âgées. Elle leur apprend d'abord à reconnaître le muscle pubococcygien et leur explique qu'il permet de retenir les gaz ou d'arrêter volontairement le jet d'urine sans contracter les muscles de l'abdomen, les muscles fessiers ou les muscles des cuisses. L'exercice consiste à contracter, en alternance, les muscles pubococcygiens pendant 5 secondes, puis à les relâcher pendant 10 secondes. Il faudrait répéter les mouvements de 30 à 80 fois par jour, sans toutefois dépasser ces limites, ce qui risquerait de provoquer une fatigue musculaire. Il faut au moins plusieurs mois pour que les muscles retrouvent un meilleur tonus. Les personnes âgées doivent donc être persévérantes. Le recours à la thérapie par rétroaction biologique permet de confirmer que ces exercices sont bien exécutés, ce qui augmente considérablement leur efficacité.

À mesure que la ménopause approche, le taux d'œstrogènes circulants diminue. En conséquence, on note une altération de l'irrigation tissulaire du plancher pelvien et une carence en nutriments, ce qui favorise l'apparition de l'incontinence urinaire à l'effort et de l'incontinence urinaire par besoin impérieux. Les exercices de renforcement des muscles pelviens et la thérapie par rétroaction biologique permettent de rétablir la fonction vésicale chez bien des femmes âgées. Ces exercices sont également recommandés aux hommes qui souffrent de fuites urinaires après une opération à la prostate. L'infirmière doit enseigner aux hommes âgés à bien contracter le sphincter rectal jusqu'à ce que le pénis et les testicules se soulèvent légèrement. L'exécution fréquente de ces mouvements permet d'acquérir le tonus musculaire souhaité. La constipation peut provoquer l'incontinence urinaire. Afin d'améliorer la fonction intestinale chez les personnes âgées, l'infirmière doit les inciter à consommer des aliments riches en fibres, à boire des liquides en quantité suffisante et à augmenter leur mobilité.

Les infections des voies urinaires sont courantes chez les femmes âgées. Elles sont notamment dues aux effets de la baisse du taux d'œstrogènes, qui entraîne un raccourcissement de l'urètre. Le raccourcissement de l'urètre a les effets suivants : l'accès des bactéries à la vessie est plus facile ; l'apport liquidien diminue, ce qui se traduit par une urine concentrée dans laquelle les bactéries peuvent proliférer ; enfin, une infection occasionnée par les microorganismes provenant du rectum est plus susceptible de survenir en raison d'une mauvaise hygiène corporelle due à une mobilité réduite et à un dysfonctionnement articulaire. En raison de la diminution de la dextérité manuelle et de l'amplitude du mouvement du bras, les femmes âgées ont souvent tendance à nettoyer la région périnéale de l'arrière vers l'avant. En conséquence, des bactéries telles que *Escherichia coli* risquent de s'introduire dans le méat urinaire, puis dans la vessie (Degler, 2000b).

Système gastro-intestinal

Les personnes âgées sont exposées à un risque accru de malnutrition. Les maladies parodontales telles que les caries dentaires et l'édentement sont courantes. À cause de la diminution de la sécrétion salivaire, les personnes âgées peuvent éprouver une sécheresse de la bouche (xérostomie). Par ailleurs, en raison de la baisse de la sensibilité gustative, elles ont souvent tendance à faire un usage excessif de sel et de sucre. Sur le plan digestif, elles se plaignent surtout de la sensation d'avoir trop mangé, de brûlures d'estomac et d'indigestion. La motilité gastrique diminue avec le vieillissement, ce qui entraîne le ralentissement de la vidange de l'estomac. La sécrétion acide et la sécrétion de pepsine sont moins abondantes, ce qui réduit l'absorption du fer, du calcium et de la vitamine B_{12}. La capacité de l'intestin grêle à absorber les éléments nutritifs semble également diminuer avec l'âge. Cependant, en règle générale les fonctions du foie, de la vésicule biliaire et du pancréas se maintiennent, bien que la capacité d'absorption des lipides décroisse et que la personne âgée tolère moins bien les aliments gras. De plus, l'incidence des calculs biliaires et de la cholédocholithiase augmente graduellement avec l'âge.

Aux États-Unis, les troubles de la déglutition (dysphagie) touchent 1 personne sur 17, soit 6,2 millions de personnes âgées de plus de 60 ans. On peut présumer que cette proportion est la même au Canada. La dysphagie est un trouble grave qui peut entraîner la mort. Elle est due à une interruption ou à un dysfonctionnement des voies nerveuses, comme il peut s'en produire à la suite d'un AVC. Elle peut se manifester chez plus de la moitié des personnes atteintes de la maladie de Parkinson et chez les personnes atteintes de maladies dégénératives telles que la sclérose en plaques, la poliomyélite et la sclérose latérale amyotrophique (maladie de Lou Gehrig), en raison d'une atteinte des muscles lisses et striés du tube digestif.

La complication la plus grave de la dysphagie est l'obstruction bronchique par les aliments (aspiration) et les liquides. L'aspiration peut survenir s'il n'y a pas de réflexe de la toux ou lors d'un étouffement (Galvan, 2001).

Les personnes âgées souffrent très souvent de constipation. Lorsqu'elle est bénigne, la constipation se manifeste par un malaise abdominal et des flatulences. Toutefois, elle peut être plus grave et entraîner la formation d'un fécalome qui obstrue le passage des selles et qui, après plusieurs semaines, se manifeste par de la douleur, de la diarrhée et de l'incontinence fécale. Les facteurs prédisposant à la constipation sont notamment les suivants : usage prolongé de laxatifs, utilisation de certains médicaments, manque d'activité, apport insuffisant en liquides et en fibres alimentaires et régime trop riche en matières grasses. Enfin, retarder la défécation lorsque le besoin se fait sentir peut aussi provoquer la constipation.

Afin de soutenir des pratiques favorisant un bon état de santé gastro-intestinal, l'infirmière peut recommander aux personnes âgées d'avoir une bonne hygiène buccale et de consulter leur dentiste régulièrement, de prendre durant la journée plusieurs petits repas plutôt que trois gros, d'éviter les efforts après avoir mangé, de privilégier les aliments riches en fibres et faibles en matières grasses, de boire suffisamment de liquides, d'éviter les laxatifs et les antiacides, et de prendre l'habitude d'aller régulièrement à la selle. Il est important de reconnaître qu'il existe un lien entre l'apport alimentaire et l'altération de la capacité de goûter et de sentir.

Nutrition

Les habitudes alimentaires ont des dimensions à la fois sociale, psychologique et physiologique qui influent sur l'apport nutritif. Parce qu'elles sont moins actives et que leur métabolisme est plus lent, les personnes âgées doivent réduire leur apport alimentaire afin de maintenir un poids santé. Les facteurs entraînant une alimentation de moins bonne qualité sont notamment les suivants : apathie, immobilité, dépression, solitude, pauvreté, manque de connaissances, mauvaise hygiène buccodentaire et perte du goût. De plus, les restrictions budgétaires et les contraintes physiques peuvent avoir des répercussions sur l'achat de la nourriture et la préparation des repas. Un enseignement sur la nutrition aidera les personnes âgées à privilégier des aliments santé plutôt que des aliments sans valeur nutritive.

L'infirmière doit inciter les personnes âgées à réduire leur consommation d'aliments à haute teneur en sel et en graisses saturées, tout en augmentant leur consommation de légumes, de fruits et de poisson. Afin de maintenir un apport nutritionnel équilibré, l'alimentation doit être très variée. Les matières grasses ne devraient pas représenter plus de 20 à 25 % de l'apport énergétique quotidien. Les personnes âgées devraient également réduire leur consommation de sel, car le sodium peut augmenter la pression artérielle chez certaines personnes. En revanche, la consommation de protéines ne devrait pas changer. Les glucides, qui constituent une source importante d'énergie, devraient représenter de 55 à 60 % de l'apport énergétique quotidien. Les personnes âgées devraient éviter les sucres simples et consommer davantage de sucres complexes, ainsi que des pommes de terre, des produits céréaliers complets, du riz brun et des fruits, qui fournissent minéraux, vitamines et fibres. Sauf contre-indication médicale, elles devraient consommer de 8 à 10 verres d'eau par jour. Prendre une multivitamine par jour peut également compenser un apport nutritionnel insuffisant en quantité ou en qualité.

Sommeil

Selon des études récentes, environ le tiers de la population âgée souffre d'insomnie et une proportion importante de personnes âgées consomme des somnifères (Ohayon et Lemoine, 2004). Le vieillissement entraîne plusieurs changements en matière de sommeil. Les personnes âgées constatent que leur sommeil n'est plus aussi bon qu'auparavant, elles se lèvent plus fréquemment la nuit et ont parfois de la difficulté à se rendormir, leur sommeil est superficiel (augmentation du sommeil léger et diminution des stades profonds). En fait, le sommeil est moins efficace et plus morcelé. Divers problèmes peuvent occasionner des troubles du sommeil, par exemple une douleur non soulagée, une difficulté respiratoire ou des palpitations cardiaques. Si le trouble du sommeil est relié à une maladie ou à un symptôme physique, il faut en premier lieu soigner l'affection sous-jacente. L'apnée du sommeil est fréquente chez les personnes âgées. Il est important de la détecter, car les somnifères peuvent aggraver les problèmes respiratoires. Les bonnes habitudes de vie sont la meilleure façon d'améliorer le sommeil : bien s'alimenter, faire de l'exercice et pratiquer une activité de relaxation ; il est également important d'éliminer les mauvaises habitudes, notamment la consommation de caféine, les siestes trop longues en après-midi et les gros repas avant l'heure du coucher (Ouellet, Beaulieu et Banville, 2000).

Système musculosquelettique

La masse osseuse commence à diminuer graduellement avant l'âge de 40 ans. La diminution de la densité osseuse provoque l'ostéoporose, qui touche à la fois les hommes et les femmes. Cependant, elle est plus courante chez les femmes ménopausées, chez les hommes âgés sous traitement hormonal pour le cancer de la prostate et chez les personnes de race blanche, surtout chez celles originaires d'Europe du Nord, et chez les personnes originaires d'Asie. Par ailleurs, la forme la plus courante de l'ostéoporose est associée à l'inactivité, à un apport en calcium insuffisant, à la diminution de la production d'œstrogènes et à des antécédents de tabagisme. Il existe des risques particulièrement élevés de fracture des vertèbres dorsales, de l'humérus, du radius, du fémur et du tibia. En vieillissant, les personnes âgées rapetissent en raison du raccourcissement du tronc résultant de l'affaissement de la colonne vertébrale, de la cyphose (déviation de la colonne vertébrale à convexité postérieure), et de la flexion des hanches et des genoux. Ces modifications ont des répercussions sur la mobilité, l'équilibre et le fonctionnement des organes internes (figure 12-2 ■).

En raison de la sédentarité et du vieillissement, les muscles s'atrophient et perdent de leur force, de leur souplesse et de leur endurance. Le mal de dos est courant chez les personnes âgées. Dès le début de l'âge mûr, le cartilage des articulations se détériore graduellement. Toutes les personnes âgées de 70 ans et plus souffrent d'arthrose.

Il est recommandé aux personnes qui présentent un risque élevé d'ostéoporose ou qui en sont déjà atteintes de prendre des suppléments de calcium et de vitamine D, des œstrogènes (femmes ménauposées), et de faire des exercices modérés avec mise en charge des membres inférieurs. L'ostéoporose ne se guérit pas, mais on peut ralentir son évolution. Le test de densitométrie osseuse est l'examen de choix pour le dépistage de l'ostéoporose. Une fois ce trouble diagnostiqué et son traitement amorcé, on recommande aux personnes âgées de faire évaluer annuellement leur densité osseuse. Pour favoriser le maintien de l'état de santé du squelette, l'infirmière peut recommander les mesures suivantes (Sheiber et Torregrosa, 2000) :

- Un apport en calcium élevé, soit 1 500 mg par jour. Les produits laitiers et les légumes vert foncé sont d'excellentes sources de calcium, de même que les soupes et les bouillons d'os auxquels il faut ajouter un peu de vinaigre afin d'extraire le calcium de l'os. Pour s'assurer que l'apport quotidien en calcium est adéquat, on peut recommander aux personnes âgées de prendre un supplément de calcium.

- Un régime à faible teneur en phosphore. Un rapport calcium-phosphore de 1:1 est idéal ; il faut éviter les viandes rouges, les boissons à base de cola et les aliments préparés commercialement pauvres en calcium et riches en phosphore.

- La pratique d'exercices modérés avec mise en charge des membres inférieurs. Les exercices comme la marche favorisent l'absorption du calcium.

- La diminution de la consommation de boissons alcoolisées ou contenant de la caféine. On évite ainsi d'aggraver la déminéralisation osseuse et on réduit l'excrétion rénale du calcium.

- L'abandon du tabac ou du moins la réduction de sa consommation.

- La prise de modulateurs sélectifs des récepteurs aux œstrogènes tels que le raloxifène (Evista). Le raloxifène préserve la densité minérale osseuse sans provoquer d'effets œstrogéniques sur l'utérus. Ce médicament est indiqué pour le traitement comme pour la prévention de l'ostéoporose. Jusqu'ici le principal traitement chez les femmes en préménopause a été le traitement hormonal substitutif (THS), mais des études récentes révèlent qu'il comporte des risques plus importants qu'on ne le croyait (Chen, Weiss, Newcomb, Barlow et White, 2002).

- La prise de bisphosphonates tels que l'alendronate (Fosamax), l'étidronate (Didronel, Didrocal) et le risédronate (Actonel). Ces médicaments ont la particularité d'inhiber l'activité ostéoclastique et de ralentir la résorption des tissus osseux.

La pratique régulière de l'exercice physique augmente la force et la flexibilité musculaires. L'expression «les muscles qui ne servent pas s'atrophient» est particulièrement vraie en ce qui concerne les personnes âgées puisqu'elles ont tendance à être moins actives. L'infirmière joue un rôle très important en les encourageant à participer à un programme d'exercices réguliers. En effet, celui-ci augmente la force et l'efficacité des contractions du cœur, entraîne une meilleure utilisation de l'oxygène par les muscles cardiaque et squelettiques, réduit la fatigue, augmente l'énergie et limite les risques de maladies cardiovasculaires. L'endurance, la force et la souplesse musculaires qui en découlent favorisent le bien-être psychologique et l'autonomie. Les exercices d'aérobie constituent la base des programmes de conditionnement physique visant à améliorer la tolérance à l'activité. Cependant, avant qu'une personne âgée s'engage dans un tel programme, il est préférable qu'elle se soumette à un examen médical. De plus, elle doit s'y adonner avec modération et se reposer brièvement plusieurs fois pendant les séances, lorsque cela est nécessaire. La natation et la marche rapide sont les exercices le plus souvent conseillés aux personnes âgées : ils leur conviennent bien, et elles les apprécient.

Grâce aux marqueurs précoces, on peut obtenir des renseignements sur la nature et la progression de la perte osseuse associée à la ménopause. On peut utiliser ces informations pour favoriser le maintien de la masse osseuse et pour atténuer les séquelles naturelles de l'ostéoporose. En effet, lors d'une étude, une équipe d'infirmières a utilisé de façon répétée des marqueurs sériques séquentiels pour confirmer les modifications de la densité osseuse. Grâce à cette étude, les chercheurs

FIGURE 12-2 ■ Personne âgée présentant une cyphose.

ont pu relever une corrélation entre le taux élevé de la phosphatase alcaline (PA) et les concentrations de l'hormone folliculostimulante comme marqueur du taux de la vitamine K. Les femmes en préménopause dont le taux de PA est élevé peuvent par conséquent être ciblées ; l'infirmière leur donne alors des conseils afin de favoriser le maintien efficace de leur densité osseuse (Lukacs, 2000). Pour plus de détails sur l'ostéoporose, voir le chapitre 71 ⬤.

Système nerveux

La structure et la fonction du système nerveux sont fortement affectées par l'âge. Parallèlement, on observe une diminution du débit sanguin cérébral. La destruction des cellules nerveuses provoque la perte graduelle de la masse de l'encéphale ; la synthèse et le métabolisme des principaux neurotransmetteurs sont également réduits. Étant donné que l'influx nerveux se fait plus lentement, le délai de réaction est prolongé. En outre, le système nerveux autonome perd de son efficacité, ce qui peut occasionner de l'hypotension orthostatique lorsque la personne se lève trop vite. L'ischémie cérébrale et l'altération de l'équilibre peuvent entraver la mobilité et augmenter les risques d'accident. L'infirmière doit donc informer la personne âgée qu'il est normal que sa réaction aux stimuli soit plus lente et qu'elle doit respecter son rythme. L'homéostasie se maintient plus difficilement mais, en l'absence d'affections pathologiques, la personne fonctionne de façon appropriée et conserve ses facultés cognitives et intellectuelles.

La fonction mentale est menacée par le stress physique ou émotionnel. La désorientation peut constituer le premier symptôme d'une infection (pneumonie, infection des voies urinaires) ou d'une autre atteinte (réaction à des interactions médicamenteuses ou **déshydratation**).

Comme elles réagissent plus lentement, les personnes âgées sont davantage exposées aux risques de chutes et d'accidents, y compris aux erreurs de conduite automobile. Le taux d'accidents mortels par kilomètre chez les conducteurs âgés de 70 ans et au-delà est 9 fois plus élevé que chez les conducteurs âgés entre 25 et 69 ans. Par conséquent, si on s'aperçoit qu'une personne âgée conduit de façon dangereuse, on doit lui recommander de se soumettre à une évaluation des capacités de conduite. Le médecin, l'optométriste, l'ergothérapeute, le psychologue ou l'infirmière peuvent faire un rapport à la Société de l'assurance automobile du Québec lorsque l'état de santé d'une personne la rend inapte à conduire de façon sûre une automobile.

Organes sensoriels

Les pertes sensorielles peuvent être dévastatrices pour la personne âgée, que son acuité visuelle ait diminué au point qu'elle ne puisse plus lire ou regarder la télévision, que son acuité auditive ne lui permette plus de suivre une conversation ou qu'elle ne distingue plus suffisamment les saveurs pour apprécier les aliments.

Perte sensorielle et privation sensorielle

Il est souvent possible de pallier les pertes sensorielles à l'aide de prothèses comme les lunettes et les appareils auditifs. La privation sensorielle, qui diffère de la perte sensorielle, est l'absence de stimuli provenant du milieu ou l'incapacité d'interpréter ceux qui y sont présents (éventuellement à cause d'une perte sensorielle). La privation sensorielle peut faire naître l'ennui, la confusion, l'irritabilité, la désorientation et l'anxiété. Une stimulation sensorielle adéquate permet très souvent de la corriger. L'un des sens peut se substituer à un autre, ce qui permet à la personne âgée de continuer à observer ou à interpréter les stimuli. L'infirmière peut augmenter la stimulation sensorielle en disposant autour des personnes âgées des tableaux ou des objets ayant des textures, des couleurs et des odeurs différentes, ou encore en leur faisant entendre divers sons. Elle peut aussi leur servir des aliments de saveurs variées. Les personnes âgées sont plus réceptives aux stimuli lorsqu'on les change plus souvent ou lorsqu'on les interprète à leur intention. Les personnes atteintes d'une déficience cognitive réagissent mieux à la musique lorsqu'elles la connaissent déjà.

Vue

Au fur et à mesure que de nouvelles cellules se forment sur la surface externe du cristallin, les cellules centrales, plus vieilles, s'accumulent et deviennent jaunes, rigides, denses et opaques. Par conséquent, seule la portion extérieure du cristallin est suffisamment élastique pour changer de forme (accommodation) et focaliser à courte et à longue distance. À mesure que le cristallin devient moins élastique, l'œil distingue de moins en moins bien les objets proches. Cette anomalie, la **presbytie**, s'installe habituellement dans la quarantaine. Le port de lunettes de lecture qui grossissent les objets permet de la corriger. Par ailleurs, comme le cristallin, devenu jaunâtre et opaque, disperse la lumière, les personnes âgées sont plus sensibles aux reflets éblouissants. De plus, la capacité de distinguer le bleu du vert diminue. La dilatation de la pupille est plus lente et moins complète à cause de la rigidité accrue des muscles de l'iris. L'accommodation est plus lente chez les personnes âgées quand elles passent d'un endroit sombre à un endroit éclairé, et vice versa. La vision de près est meilleure quand la lumière est plus vive. Bien qu'elles ne fassent pas partie du processus normal du vieillissement, les maladies oculaires sont néanmoins plus courantes chez les personnes âgées que chez les adultes plus jeunes. Les affections oculaires les plus courantes sont les cataractes, le glaucome, la dégénérescence maculaire reliée au vieillissement et la rétinopathie diabétique.

Au Canada, la dégénérescence maculaire reliée au vieillissement dans ses formes les plus graves est la principale cause de cécité chez les adultes âgés de plus de 55 ans (Société canadienne d'ophtalmologie, 2004). On estime que la dégénérescence maculaire touche plus de 30 millions de personnes dans le monde. Les facteurs de risque sont l'exposition à la lumière directe du soleil, le tabagisme et l'hérédité. En outre, les personnes ayant la peau claire et les yeux bleus sont plus prédisposées à la dégénérescence maculaire reliée au vieillissement que les personnes au teint plus foncé. L'infirmière peut recommander aux personnes âgées de porter un chapeau à visière et des lunettes de soleil pour se protéger les yeux. Un examen ophtalmologique annuel permettra le dépistage précoce de cette affection, ce qui peut améliorer les chances de succès des corrections chirurgicales. Lorsqu'elles lisent, les personnes atteintes de dégénérescence maculaire peuvent utiliser des aides optiques qui grossissent les caractères imprimés (Friberg, 2000).

Ouïe

La **presbyacousie** est la perte de la capacité d'entendre les sons à haute fréquence. On l'attribue aux modifications irréversibles de l'oreille interne qui surviennent à l'âge moyen. Les personnes âgées ont souvent de la difficulté à suivre une conversation, car elles ne peuvent plus distinguer certaines consonnes à haute fréquence (f, s, ch, b, t, p, etc.). Les personnes âgées risquent de réagir parfois de façon inappropriée en raison d'une perte auditive. Elles peuvent mal interpréter une conversation ou éviter les interactions sociales. Ces comportements peuvent être associés, à tort, à de la désorientation. Certains troubles auditifs importants peuvent résulter d'une simple formation de cérumen ou de problèmes bénins et réversibles. Afin de corriger des troubles auditifs irréversibles, l'infirmière peut recommander à la personne âgée de porter une prothèse auditive bien adaptée.

Goût et odorat

Les quatre goûts de base sont le sucré, l'acide, le salé et l'amer. Chez les personnes âgées, la perception du sucré est particulièrement émoussée, ce qui explique leur tendance à consommer trop d'aliments sucrés. Elles perdent la capacité de discerner les goûts en général. Par conséquent, elles peuvent également avoir une préférence pour les aliments salés et très assaisonnés. L'infirmière doit les inciter à remplacer le sel par des fines herbes, de l'oignon, de l'ail et du citron.

ASPECTS PSYCHOSOCIAUX DU VIEILLISSEMENT

La personne âgée jouira d'une vie épanouie sur le plan psychologique si elle peut s'adapter aux pertes physiques, sociales et affectives qu'elle a subies, et si elle peut mener une vie sereine et satisfaisante. Il faut faire preuve de souplesse et de force psychologique pour combattre le stress entraîné par les changements qui affectent inévitablement le mode de vie au fil des ans. Si elle a une image de soi positive, la personne âgée sera incitée à prendre des risques et à assumer de nouveaux rôles.

Les attitudes envers les personnes âgées diffèrent selon les cultures et les ethnies. Dans notre société occidentale, l'**âgisme** (préjugés ou discrimination à l'égard des personnes âgées) prévaut, qu'il se manifeste de façon subtile ou flagrante. Cette attitude résulte souvent de stéréotypes et de fausses croyances renforçant l'image négative que se fait la société des personnes âgées. Les caractéristiques négatives sont attribuées à toutes les personnes âgées, alors qu'elles forment un groupe extrêmement hétérogène.

La peur de vieillir et l'incapacité de certains d'accepter leur propre vieillissement peuvent également favoriser l'âgisme. Les retraités sont souvent perçus comme non productifs, ce qui peut également être à l'origine de sentiments nettement négatifs à propos de toute personne âgée. Il arrive que des individus actifs et jeunes considèrent les aînés comme inutiles à la société et leur reprochent de drainer les ressources économiques. Cette dévalorisation est si courante dans la société nord-américaine que les personnes âgées l'ont souvent elles-mêmes intégrée. La seule façon d'y faire échec est de mieux comprendre le processus du vieillissement et de respecter toute personne pour elle-même et en tant qu'être humain. La qualité de vie des personnes âgées s'améliorera si on les traite avec dignité et si on les encourage à demeurer autonomes.

Stress et mécanismes d'adaptation

Tout au long de sa vie, l'être humain met au point diverses stratégies qui l'aident à s'adapter au stress. Un jeune adulte qui a connu le succès sera davantage apte à développer une image positive de soi qu'il conservera plus tard dans la vie, malgré les difficultés propres à l'âge avancé. La capacité d'une personne à s'adapter aux changements, à prendre des décisions et à réagir à différentes situations avec constance dépend également de ses expériences passées. La personne qui a appris à être souple dans sa jeunesse et qui a toujours su s'adapter aux diverses situations de l'existence conservera probablement ces qualités. Toutefois, la personne âgée dispose de moins de ressources en vieillissant. De plus, les pertes de tous ordres peuvent s'accumuler en un court laps de temps, provoquant des bouleversements et des tensions difficiles à surmonter. Les changements normaux associés au vieillissement constituent des facteurs de stress. Ces changements peuvent être une altération des fonctions organiques et de l'aspect physique, une incapacité fonctionnelle provoquée par une maladie chronique, des pertes sur le plan social et en matière de milieu de vie en général résultant de la baisse des revenus et d'une habilité réduite à jouer certains rôles et à pratiquer certaines activités et, enfin, de la perte de proches. Bon nombre de personnes âgées puisent dans leurs croyances spirituelles afin de trouver le réconfort dont elles ont besoin pour surmonter les périodes difficiles.

L'absence ou le peu de contacts sociaux et d'interaction avec des personnes de l'entourage constituent un facteur de risque de mortalité chez les personnes en CHSLD. Or, il est possible de réduire ce facteur de risque. En effet, selon une étude menée pendant 5 ans auprès de plus de 900 personnes âgées résidant en CHSLD dont la moyenne d'âge était de 87 ans, celles qui n'entretenaient pas de contacts sociaux étaient 2,3 fois plus susceptibles que les autres de mourir pendant la période de suivi (Kiely *et al.*, 2000).

Théories développementales du vieillissement

Selon Erikson (1963), l'être humain passe par 8 étapes au cours de son développement, depuis la naissance jusqu'à la mort. Chacune de ces étapes représente un point tournant, et à chaque étape il faut résoudre des difficultés particulières liées au stade de développement. La dernière étape du cycle est la phase de l'intégrité personnelle ou du désespoir. La vieillesse devient alors un temps de réflexion qui permet un retour sur les événements d'une vie. Dans la mesure où la personne âgée a réussi à surmonter efficacement les problèmes qui se sont posés à chacune des étapes de son existence, elle a acquis un sens de réalisation de soi et de plénitude. Autrement dit, elle a le sentiment d'avoir eu une vie bien remplie. À l'inverse, si la personne âgée perçoit son passé comme une suite d'occasions ratées et d'échecs, ses dernières années seront remplies de désespoir.

Pour Havighurst (1972), l'existence comporte plusieurs périodes correspondant à des tâches développementales qui leur sont propres. Les tâches que doivent accomplir les personnes âgées sont les suivantes: accepter la retraite à la fin d'une vie productive, s'adapter à la baisse de revenus résultant de l'arrêt d'un travail rémunéré, s'adapter au déclin des forces physiques et de la santé, surmonter le chagrin provoqué par le décès du conjoint le cas échéant, établir des liens avec des personnes du même âge, faire preuve de souplesse et pouvoir s'adapter à de nouveaux rôles sociaux et, enfin, prendre des dispositions pour se loger adéquatement.

En se fondant sur les théories d'Erikson et de Havighurst, on peut résumer ainsi les tâches développementales de la personne âgée: (1) préserver son estime de soi; (2) réussir à résoudre les conflits; (3) accepter de ne plus tenir un rôle de premier plan dans la société; (4) s'adapter au décès des proches; (5) s'adapter aux changements survenant dans son milieu; et (6) maintenir un bien-être optimal.

Théories sociologiques du vieillissement

Les théories sociologiques du vieillissement ont mis l'accent sur les interactions et les rôles qui favorisent l'adaptation réussie de la personne à son vieillissement. Selon la théorie de l'activité, pour bien vieillir, la personne qui avance en âge doit conserver un mode de vie actif semblable à celui de l'adulte d'âge moyen (Havighurst, 1972). Selon la théorie de la continuité, pour que la personne âgée puisse s'adapter aux conséquences du vieillissement, elle doit conserver le même mode de vie tout au long de l'existence (Atchley, 1989; Neugarten, 1961). La continuité permet de rester lié à son passé en conservant ses habitudes, ses valeurs et ses intérêts, qui sont considérés comme partie intégrante de la personne.

ASPECTS COGNITIFS DU VIEILLISSEMENT

Plusieurs variables peuvent perturber la fonction cognitive, notamment les troubles sensoriels, l'état de santé physique, l'environnement et les influences psychologiques. Il arrive que des troubles cognitifs se manifestent de façon temporaire chez certaines personnes âgées lors d'une hospitalisation, d'un séjour dans un établissement de soins spécialisés, dans un centre de réadaptation ou dans un CHSLD. Ces troubles sont alors associés aux changements de milieu, à l'obligation de subir de nouveaux traitements ou encore aux changements de rôle social qu'entraînent les modifications de l'état de santé.

Intelligence

Selon les tests d'intelligence menés chez des personnes de tous âges (analyse transversale), les personnes âgées ont de moins bons résultats que les adultes plus jeunes. La performance à ces tests commence à baisser à l'âge moyen et la baisse se poursuit graduellement. Cependant, certaines recherches tendent à montrer que le milieu et la santé influent considérablement sur le résultat des tests. Certaines habiletés semblent décliner (par exemple la perception de l'espace et la rétention de connaissances de nature non intellectuelle),

tandis que d'autres restent intactes (par exemple la résolution de problèmes fondée sur l'expérience, la compréhension verbale et l'habileté à résoudre des problèmes mathématiques). Un bon état de santé cardiovasculaire, un milieu stimulant, un niveau d'éducation élevé, un travail valorisé par la société et un bon revenu semblent avoir un effet positif sur les résultats aux tests d'intelligence à un âge avancé.

Apprentissage et mémoire

La capacité d'apprendre, d'acquérir de nouvelles compétences et de retenir des informations diminue au fur et à mesure qu'on vieillit, surtout à partir de la quatre-vingtième année. Malgé tout, nombre de personnes âgées continuent d'apprendre et de participer à diverses activités didactiques. Bien entendu, la motivation, la rapidité de la performance et l'état physique jouent un rôle important dans le maintien de la capacité d'apprentissage.

Les composantes de la mémoire, partie intégrante de l'apprentissage, sont la mémoire à court terme (de 5 à 30 secondes), la mémoire récente (de 1 heure à plusieurs jours) et la mémoire à long terme (toute la vie). L'acquisition, l'enregistrement, la rétention (stockage) et le rappel (utilisation) de connaissances sont essentiels au processus de la mémoire. Les déficiences reliées au vieillissement, notamment les pertes sensorielles, la distraction et le manque d'intérêt, empêchent l'acquisition et l'enregistrement de nouvelles connaissances. Le plus souvent, ces déficiences touchent la mémoire à court terme et la mémoire récente; en l'absence de maladies, on qualifie ce phénomène de «troubles de la mémoire associés à l'âge». L'infirmière qui tient compte des processus d'apprentissage propres aux personnes âgées se servira des stratégies suivantes:

- Utiliser des moyens mnémotechniques pour améliorer le rappel d'informations similaires.
- Encourager la personne âgée à continuer d'acquérir de nouvelles connaissances.
- Établir des liens entre de nouvelles connaissances et des connaissances déjà acquises.
- Utiliser des stimuli visuels, auditifs, tactiles, etc.
- Recommander le port de lunettes d'ordonnance et d'appareils auditifs, au besoin.
- Enseigner dans un local où l'éclairage est tamisé.
- Choisir un endroit calme, loin des sources de distraction.
- Établir des objectifs à court terme en tenant compte des rétroactions du groupe.
- Fixer des périodes d'enseignement de courte durée.
- Tenir compte, dans son enseignement, du rythme d'apprentissage du groupe.
- Favoriser la communication verbale.
- Favoriser l'apprentissage par un renforcement positif.

SITUATION DES PERSONNES ÂGÉES DANS LA SOCIÉTÉ

Au Canada, 93 % des personnes âgées de plus de 65 ans vivent chez elles dans un ménage privé (Lindsay, 1999): 57 % d'entre elles vivent avec leur conjoint, 7 % vivent avec des membres de leur famille étendue et 29 % vivent seules. Dans la tranche d'âge de 65-74 ans, la proportion de personnes mariées vivant avec leur conjoint est plus de deux fois plus élevée chez les hommes que chez les femmes (77 % contre 32 %) (Lindsay, 1999). Environ 80 % des femmes âgées de 85 ans ou plus sont veuves, contre seulement 55 % des hommes du même âge. Cette différence est attribuable à plusieurs facteurs : l'espérance de vie des femmes est supérieure à celle des hommes, les femmes ont tendance à épouser des hommes plus âgés qu'elles et beaucoup moins de femmes que d'hommes se remarient (Lindsay, 1999).

Hébergement

Lorsque les conditions le permettent, les personnes âgées sont plus heureuses dans leur milieu et leur maison. Cependant, il faut parfois réorganiser leur milieu de vie pour leur permettre de rester chez elles. Certaines personnes âgées, qu'il s'agisse de couples ou de personnes seules, demandent à un parent de vivre avec elles ou choisissent de prendre un pensionnaire qui s'occupera des tâches domestiques.

Parfois, les personnes âgées acceptent de déménager chez leurs enfants adultes. Cette expérience peut être très enrichissante pour les différentes générations vivant sous le même toit ; parents âgés, enfants adultes et petits-enfants interagissent et partagent les responsabilités domestiques. Toutefois, en fonction de la dynamique des relations familiales, cette situation peut également être une source de stress. Une autre option consiste à mettre en commun les ressources financières des membres de la famille qui emménagent dans une maison comportant un « appartement annexe » pour les parents âgés. Cette option est un gage de sécurité pour personnes âgées et préserve l'intimité des membres de la famille.

« Plusieurs études démontrent que les personnes âgées souhaitent demeurer à domicile le plus longtemps possible et le fait de les aider en ce sens a un effet positif sur leur santé, leur longévité, leur autonomie et leur dignité » (Lanthier, 2004). Dans le contexte québécois actuel, le maintien à domicile est la première option envisagée pour les personnes âgées en perte d'autonomie, comme l'atteste la Politique de soutien à domicile (Ministère de la Santé et des Services sociaux, 2003a). L'accessibilité à des services gratuits et de qualité est un droit qui doit être respecté également pour tous les individus au Québec. Les personnes âgées ont donc accès à des services d'assistance à domicile et peuvent recevoir les services que leur état rend nécessaires.

Certaines personnes âgées en perte d'autonomie choisissent de vivre en résidence privée plutôt que chez elles. Ces résidences constituent le principal outil d'hébergement des personnes âgées au Québec (Charpentier, 2004). En effet, on estime qu'il y a 80 000 places disponibles en résidence privée, soit deux fois plus que dans les CHSLD publics et privés réunis (Charpentier, 2004). L'hébergement en résidence privée est une solution intermédiaire entre le domicile et le CHSLD, mais elle n'est possible que si la perte d'autonomie de la personne n'est pas trop grande. Lorsque l'état de santé ou la perte d'autonomie s'aggrave, la personne âgée doit être hébergée dans un centre spécialisé, soit un CHSLD. « La mission d'un centre d'hébergement et de soins de longue durée est d'offrir de façon temporaire ou permanente un milieu de vie substitut, des services d'hébergement, d'assistance, de soutien et de surveillance, ainsi que des services de réadaptation, psychosociaux, infirmiers, pharmaceutiques et médicaux aux adultes qui, en raison de leur perte d'autonomie fonctionnelle ou psychosociale, ne peuvent plus demeurer dans leur milieu de vie naturel, malgré le support de leur entourage » (Ministère de la Santé et des Services sociaux, 2004, article 83 de la Loi sur les services de santé et les services sociaux). Au Québec, on compte plusieurs types de CHSLD. Les CHSLD publics sont entièrement financés par le gouvernement du Québec. Les CHSLD privés conventionnés appartiennent à des particuliers, mais reçoivent des subventions gouvernementales destinées à les aider à servir leurs résidents selon une convention qui leur est propre. Enfin, les CHSLD privés non conventionnés (CAPA) possèdent un permis ministériel, mais ne reçoivent aucune compensation monétaire du gouvernement : l'hébergement et les services sont entièrement payés par leur clientèle. Par ailleurs, la plupart des centres hospitaliers de soins généraux et spécialisés (CHSGS) ont une mission de CHSLD ; ils comptent des lits d'hébergement et de soins de longue durée (HSLD) regroupés pour la plupart en unités de soins de longue durée (USLD).

Vie familiale

En matière de planification des soins et d'évaluation de la vie psychosociale, il faut tenir compte du contexte familial. Lorsqu'elles deviennent dépendantes, les personnes âgées sont souvent prises en charge par le conjoint. Si le conjoint s'absente, c'est généralement un enfant adulte qui assume la responsabilité des soins ; pour mener à bien cette tâche, il peut avoir besoin d'aide et de soutien. Deux mythes circulent en Amérique du Nord : on croit, à tort, (1) que les enfants adultes s'éloignent de leurs parents âgés et (2) qu'ils les abandonnent lorsqu'ils commencent à perdre leur autonomie ou que leur santé décline. Or, de nombreuses recherches ont permis de réfuter ces deux préjugés. La famille constitue en fait une source importante de soutien pour les personnes âgées (figure 12-3 ■). Aux États-Unis, environ 81 % de celles-ci ont des enfants vivants. Parmi elles, les deux tiers de celles qui vivent seules ont au moins un enfant vivant à 30 minutes ou moins de chez elles et 62 % voient au moins un de leurs enfants adultes chaque semaine (Bureau of the Census, États-Unis, 2000). On peut présumer que les données canadiennes sont similaires.

Le « comportement filial » est défini en fonction de certaines normes sociales et valeurs culturelles. En effet, la société veut que l'enfant devenu adulte assume la responsabilité du bien-être matériel et physique de ses parents âgés lorsque ceux-ci en deviennent incapables. Or, la maladie crée des difficultés supplémentaires pour la personne âgée vivant seule. Si les services communautaires ou leurs enfants adultes ne sont pas en mesure de leur prodiguer les soins nécessaires, les personnes âgées sont exposées à un risque élevé d'être placées en établissement.

Malgré l'ampleur des responsabilités que les enfants adultes sont prêts à assumer et l'amour qu'ils manifestent envers leurs parents âgés devenus dépendants, de nombreuses tensions apparaissent immanquablement si les soins doivent se poursuivre pendant une période prolongée. Selon des études portant sur la relation des parents âgés avec leurs enfants, la

FIGURE 12-3 ■ La famille constitue une source importante de soutien physique et psychologique, pour les jeunes générations comme pour les plus vieilles. Il est généralement admis que les manifestations de sollicitude et d'affection au sein de la famille contribuent à maintenir tous ses membres en bonne santé.

qualité de la relation se détériore à mesure que la santé des parents décline. Dans certaines circonstances à risque élevé, de fortes tensions intergénérationnelles peuvent même dégénérer en mauvais traitements (Hoban et Kearney, 2000 ; Phillips, 2000 ; Tumolo, 2000).

Les **mauvais traitements** sont des comportements actifs ou passifs qui portent atteinte à la personne âgée. Il peut s'agir de violence physique ou psychique, de négligence, d'exploitation financière, de violation des droits, de refus de prodiguer des soins ou de violence auto-infligée. Lorsqu'elle note des signes de tension, l'infirmière doit prendre des mesures pour prévenir les mauvais traitements. Tous les membres de l'équipe multidisciplinaire doivent aider l'adulte qui prend soin d'une personne âgée à mieux se connaître, à prendre conscience des moments où elle a besoin de soutien et à mieux comprendre le processus du vieillissement. En même temps, les ressources communautaires peuvent apporter du répit à la personne âgée et au soignant (Geldmacher, Heck et O'Toole, 2001).

Services communautaires

Il existe de nombreux réseaux de soutien qui aident les personnes âgées à conserver le plus d'autonomie possible. Leur entourage (membres de la famille, amis, facteur, membres de la paroisse et voisins) peut leur venir en aide et s'occuper d'elles de façon informelle. Selon les régions, les organismes communautaires peuvent offrir des services de surveillance téléphonique, de visites à domicile, de réparations à domicile, d'entretien ménager ou de livraison de repas à domicile (« popote roulante »). Plusieurs organismes communautaires offrent leurs services gratuitement, alors que d'autres demandent des frais minimes. Le CLSC offre aussi du soutien à domicile aux personnes à faible revenu ou ne disposant pas des ressources nécessaires dans leur milieu.

La communauté peut offrir d'autres services que les services à domicile. Par exemple, dans les centres de jour pour personnes âgées, celles-ci peuvent participer à des activités sociales et à des programmes leur permettant de rester en bonne santé. Parfois, on y sert également des repas nutritifs le midi, et on y offre des soins et traitements infirmiers. Tous ces services libèrent les autres membres de la famille, qui peuvent alors poursuivre leurs activités sans s'inquiéter de la sécurité et du bien-être de leurs parents âgés.

Soins à domicile

Les soins à domicile permettent souvent de prévenir l'hospitalisation des personnes âgées frêles soignées en clinique externe ou de raccourcir la durée d'une hospitalisation. On peut également offrir à domicile des soins traditionnellement prodigués dans une unité de soins actifs, des soins hautement spécialisés et nécessitant l'utilisation de technologie de pointe. Par exemple, les personnes âgées peuvent recevoir de l'antibiothérapie à domicile.

Au Québec, les services à domicile s'adressent à une très large clientèle. (Le cheminement d'une demande de soutien à domicile est présenté dans la figure 12-4 ■.) En 2002, 260 000 personnes en ont bénéficié, et ce nombre est en augmentation constante (Ministère de la Santé et des Services sociaux, Direction des communications, 2003a). Les personnes âgées comptent parmi les plus grands utilisateurs des services à domicile. Ceux-ci sont des services essentiels, sans lesquels une personne ayant une incapacité ne pourrait vivre dans son milieu et exercer ses rôles sociaux. Ces services sont gratuits pour les personnes qui y sont admissibles, c'est-à-dire qui satisfont à des conditions précises : « Toute personne, peu importe son âge, ayant une incapacité, temporaire ou persistante, dont la cause peut être physique, psychique ou psychosociale, et qui doit recevoir à son domicile une partie ou la totalité des services requis » (Ministère de la Santé et des Services sociaux, Direction des communications, 2003a, p. 16).

Au Québec, les services sont standardisés et comprennent :

1. *Les soins et les services professionnels* Soins et traitements infirmiers, soins médicaux, services psychosociaux et autres.

2. *Les services d'aide à domicile* Services d'assistance personnelle (par exemple soins d'hygiène, aide à l'alimentation), services d'aide domestique (par exemple préparation de repas, entretien ménager), activités de soutien civique (aide pour remplir des formulaires, faire le budget), services de popote, d'accompagnement et visite d'amitié, assistance à l'apprentissage (par exemple activités de stimulation ou de réadaptation), soutien aux tâches familiales (soutien à la famille, aux enfants).

3. *Les services aux proches aidants* Gardiennage, répit, dépannage, soutien aux tâches domestiques, services psychosociaux, services d'organisation communautaire.

4. *Le support technique* Équipement spécialisé et aide technique pour le maintien de la personne dans son domicile (Ministère de la Santé et des Services sociaux, Direction des communications, 2003b).

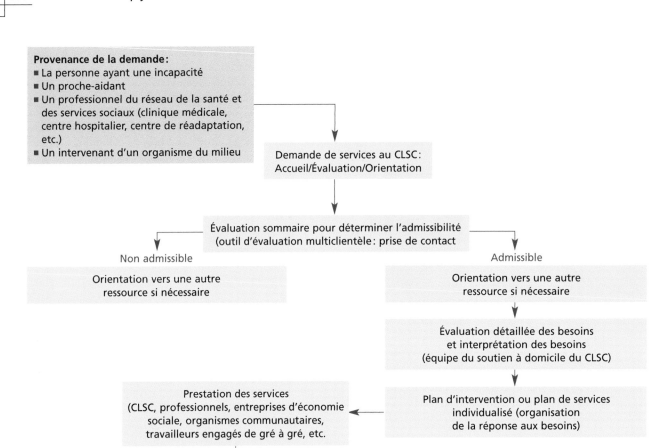

FIGURE 12-4 ■ Cheminement d'une demande de soutien à domicile. Source : Ministère de la Santé
et des Services sociaux, Direction des communications, 2003a. Reproduction autorisée par les Publications du Québec.

Sécurité et bien-être à la maison

Les accidents représentent la septième cause de décès chez les personnes âgées. Selon les besoins, l'infirmière doit inciter la personne, ainsi que sa famille, à modifier son mode et son milieu de vie. Par exemple, il faut assurer un éclairage adéquat, peu éblouissant, indirect et sans ombres, au moyen de lampes d'appoint, de veilleuses, de voilages, et de surfaces mates plutôt que brillantes. D'autres mesures de sécurité efficaces peuvent consister à peindre la bordure des marches d'escalier dans une couleur vive qui offre un contraste net et à installer des rampes à côté des toilettes et de la baignoire. Les vêtements trop amples, les chaussures mal ajustées, les carpettes, les petits objets qui traînent et les animaux domestiques accroissent les risques de chute. Par ailleurs, les personnes âgées sont plus autonomes lorsqu'elles connaissent bien leur environnement et qu'on ne déplace pas inutilement les meubles de la maison.

Aspects pharmacologiques du vieillissement

Les personnes âgées prennent plus de médicaments que tout autre groupe d'âge. Les médicaments améliorent la santé et le bien-être des personnes âgées, tout en permettant d'atténuer les symptômes gênants, de traiter les maladies chroniques et de guérir les infections. Cependant, les interactions médicamenteuses, les effets des différents médicaments, l'emploi de plusieurs médicaments (**polypharmacie**) et la non-observance du traitement posent souvent des problèmes, que complique encore l'association de médicaments sur ordonnance et de certains médicaments en vente libre.

Tous les médicaments risquent de modifier l'état nutritionnel qui, dans le cas d'une personne âgée, peut déjà être compromis par une alimentation insuffisante ou déséquilibrée, ou par une maladie chronique et son traitement. Les médicaments peuvent diminuer l'appétit, provoquer des nausées et des vomissements, irriter l'estomac, causer la constipation ou la diarrhée, et réduire l'absorption des nutriments. Ils peuvent également modifier l'équilibre électrolytique et le métabolisme des glucides et des lipides. Voici quelques exemples de médicaments susceptibles de modifier l'état nutritionnel : les antiacides peuvent provoquer une carence en thiamine ; les cathartiques diminuent l'absorption ; la colchicine diminue l'absorption de la vitamine B_{12} ; les diurétiques augmentent l'élimination du potassium, du sodium et du magnésium ; les œstrogènes et les corticostéroïdes augmentent l'apport alimentaire et entraînent un gain pondéral.

Modifications des réactions aux médicaments chez les personnes âgées

TABLEAU
12-3

Modifications reliées à l'âge	Effets de ces modifications	Exemples de médicaments
ABSORPTION		
Augmentation du pH gastrique (réduction de l'acide gastrique, le milieu est moins acide)	▪ Modification de l'ionisation et de la solubilité des médicaments	▪ Fer et itraconazole: ces médicaments ont besoin d'un pH acide pour être bien absorbés.
Réduction de la motilité gastro-intestinale (ralentissement de la vidange gastrique et allongement du temps de transit intestinal)	▪ Peu d'effet sur l'absorption des formes liquides des médicaments, mais modification du temps nécessaire pour obtenir une concentration plasmatique maximale de la forme solide	
Diminution de la concentration des protéines responsables du transport actif	▪ Diminution de l'absorption des médicaments principalement absorbés par transport actif	▪ Calcium, fer, thiamine
DISTRIBUTION		
Augmentation de la masse adipeuse	▪ Accroissement de la capacité de l'organisme de stocker les médicaments liposolubles; accumulation d'agents médicamenteux dans l'organisme, prolongation du stockage et retard de l'excrétion	▪ Antidépresseurs tricycliques, antipsychotiques, benzodiazépines, phénytoïne, propranolol
Diminution de la masse maigre de l'organisme (diminution de l'eau corporelle)	▪ Diminution du volume de distribution des médicaments hydrosolubles et augmentation de la concentration du médicament	▪ Acétaminophène, aminoglycosides, digoxine, théophylline, vérapamil
Diminution de l'albumine sérique	▪ Les médicaments qui se lient aux protéines disposent de moins de sites de liaison; par conséquent il y a une augmentation de la fraction libre du médicament (acides faibles) L'effet du médicament est donc accru et son métabolisme et son excrétion sont accélérés	▪ Médicaments acides: par exemple AINS, diurétiques de l'anse, salicylates, warfarine
Augmentation de l'alpha-1-glycoprotéine acide	▪ Augmentation de la fraction libre du médicament (bases faibles)	▪ Médicaments basiques: par exemple antidépresseurs tricycliques, antipsychotiques traditionnels, benzodiazépines
MÉTABOLISME		
Diminution du flux sanguin hépatique	▪ Diminution de la clairance hépatique des médicaments qui ont un coefficient d'extraction élevé	▪ Antidépresseurs tricycliques, nitrates, bêtabloquants, bloquants des canaux calciques
Diminution de la masse hépatique	▪ Diminution du nombre d'hépatocytes fonctionnels	▪ Médicaments métabolisés par le foie
Diminution de l'activité enzymatique	▪ Ralentissement des réactions d'oxydation ▪ Diminution de la clairance hépatique des médicaments qui ont un coefficient d'extraction faible	▪ Acide valproïque, benzodiazépines, carbamazépine, naproxène, phénytoïne, théophylline, warfarine
EXCRÉTION		
Réduction de l'efficacité des reins (diminution de la filtration glomérulaire, diminution de la sécrétion tubulaire et diminution de la masse rénale)	▪ Diminution de l'élimination des médicaments ou des métabolites pharmacologiquement actifs	▪ Antibiotiques aminoglycosides et fluoroquinolones, glyburide, digoxine, lithium, procaïnamide, vancomycine

TABLEAU
12-3

Modifications des réactions aux médicaments chez les personnes âgées (*suite*)

Modifications reliées à l'âge	Effets de ces modifications	Exemples de médicaments
	■ Augmentation des concentrations plasmatiques et augmentation des effets indésirables dus à l'accumulation du médicament dans l'organisme et à la toxicité du médicament	

SOURCE: L. Grenier, 2003c.

Modification de la pharmacocinétique

La pharmacocinétique est l'étude de la transformation des médicaments dans l'organisme : absorption, distribution, métabolisme et élimination. Ces processus présentent des particularités chez les personnes âgées (tableau 12-3 ■), en partie à cause de la réduction de la capacité du foie et des reins à métaboliser et à excréter les médicaments, et de la capacité du système circulatoire et du système nerveux à parer aux effets de certains médicaments. De nombreux médicaments et leurs métabolites sont excrétés par les reins. Le poids, les liquides corporels, la masse maigre et l'albumine plasmatique (protéines) diminuent avec l'âge, tandis que la masse adipeuse augmente. En conséquence, les sites de liaison à la disposition des agents qui se lient fortement aux protéines sont moins nombreux, et l'activité pharmacologique de ces agents est donc plus importante, tandis que les agents liposolubles disposent de sites de liaison plus nombreux, ce qui favorise leur stockage et retarde leur élimination.

Soins et traitements infirmiers

L'infirmière qui administre des médicaments à des personnes âgées doit tenir compte des points suivants :

- Les médicaments excrétés principalement par les reins demeurent plus longtemps dans l'organisme des personnes dont la fonction rénale est diminuée. Le dosage doit souvent être revu à la baisse, parce que la posologie usuelle provoque une surdose ou une toxicité médicamenteuse.

- Les médicaments qui présentent une marge d'innocuité étroite (par exemple la digoxine) doivent être administrés avec prudence.

- Une diminution du débit cardiaque peut ralentir la diffusion du médicament jusqu'à l'organe cible ou au tissu où il sera stocké.

- Le système circulatoire et le système nerveux central des personnes âgées s'adaptent moins facilement aux effets de certains médicaments, même à des concentrations sanguines normales.

- Des réponses idiosyncrasiques ou inhabituelles aux médicaments peuvent se manifester sous la forme de réactions et de complications toxiques.

- Compte tenu du ralentissement métabolique, les concentrations de médicaments dans les tissus et le plasma peuvent augmenter et entraîner une action médicamenteuse prolongée.

- De nombreuses personnes âgées souffrent de problèmes de santé multiples dont le traitement nécessite la prise d'un ou de plusieurs médicaments. Le risque d'interaction médicamenteuse s'accroît si la personne âgée prend également un ou plusieurs médicaments en vente libre.

- Un régime riche en fibres et la prise de psyllium (Metamucil) ou d'autres laxatifs peuvent accélérer le transit gastro-intestinal et réduire l'absorption des médicaments pris simultanément.

- Si, pour une raison quelconque, il existe un risque que la personne âgée ne prenne pas son médicament, l'infirmière doit s'assurer que le comprimé ou la gélule a été avalé et n'a pas été retenu entre la joue et les gencives ou les dents.

Pour montrer à la personne à prendre elle-même ses médicaments, l'infirmière doit lui poser des questions et lui demander de faire une démonstration afin de s'assurer qu'elle a bien compris. Les pertes de mémoire et de perception sensorielle de même que la diminution de la dextérité manuelle peuvent nuire à sa capacité de suivre les directives. Il faut adapter le programme d'enseignement en fonction des besoins de chaque personne. L'infirmière peut appliquer les mesures suivantes pour aider la personne âgée à prendre en charge sa médication et à améliorer l'observance thérapeutique :

- Expliquer l'action, les effets indésirables et la posologie de chaque médicament.

- Écrire la posologie.

- Préconiser l'emploi d'un pilulier (multidose à plusieurs jours) pour aider la personne à respecter la posologie (figure 12-5 ■).

- Détruire les médicaments périmés et inutilisés.

- Revoir l'horaire posologique à intervalles réguliers.

- Décourager la prise de médicaments en vente libre et de produits naturels sans l'avis d'un professionnel de la santé.

- Inciter la personne à apporter avec elle tous ses médicaments, y compris les médicaments en vente libre, lorsqu'elle consulte le médecin, l'infirmière ou le pharmacien.

FIGURE 12-5 ■ Un pilulier multidose à plusieurs jours, vendu dans les pharmacies, peut aider les personnes âgées qui doivent prendre leurs médicaments à domicile à respecter une posologie complexe en toute sécurité.

Problèmes de santé physique chez les personnes âgées

SYNDROMES GÉRIATRIQUES : PROBLÈMES MULTIPLES CAUSÉS PAR DES FACTEURS MULTIPLES

Les personnes âgées frêles font face à de multiples problèmes de santé et syndromes. Généralement, plusieurs facteurs, et non un seul, contribuent à la survenue de la maladie, qu'elle soit aiguë ou chronique. Maladies et blessures sont d'autant plus à craindre si ces facteurs vont de pair avec une diminution de la résistance de l'organisme. Même si certains troubles évoluent lentement, les symptômes apparaissent souvent de façon aiguë. De plus, ils peuvent se présenter dans d'autres systèmes de l'organisme avant d'être ressentis dans les systèmes touchés. Le terme « frêle » désigne les personnes âgées qui ont un risque plus élevé de souffrir de problèmes de santé d'ordre général ou de syndromes gériatriques. Il n'existe aucun critère clinique qui permette de définir ce terme. Cependant, selon la plupart des intervenants, les personnes frêles sont celles qui sont le plus vulnérables aux problèmes de santé importants. Elles le sont en raison de la présence d'un ou de plusieurs des facteurs suivants :

- La personne est âgée de 85 ans ou plus.
- Elle a besoin d'aide pour les activités quotidiennes.
- Elle est atteinte de maladies chroniques multiples.

Les syndromes gériatriques ne sont jamais la conséquence normale du vieillissement, pas plus que ne l'est chaque maladie particulière. En intervenant rapidement, les professionnels de la santé peuvent prévenir les complications et aider bon nombre de personnes âgées à conserver la meilleure qualité de vie possible (Hazzard *et al.*, 1999).

Mobilité réduite

La mobilité réduite peut avoir des causes nombreuses et variées, notamment : la maladie de Parkinson, les complications du diabète, l'altération du système cardiovasculaire, l'arthrose, l'ostéoporose et les atteintes de la fonction sensorielle. Les facteurs environnementaux et iatrogéniques peuvent également jouer un rôle important. L'infirmière doit

encourager les personnes âgées à demeurer actives afin de prévenir les troubles liés à l'immobilité. Pendant la durée d'une maladie, les personnes âgées devraient rester alitées le moins longtemps possible. En effet, même de courtes périodes d'alitement entraînent un déclin de l'état physique et, par conséquent, de nombreuses complications de tous ordres. Lorsqu'il est impossible d'éviter l'alitement, il est recommandé de faire des exercices actifs pour faire bouger les membres et des exercices passifs de contraction et décontraction des muscles avec les membres intacts. La physiothérapeute peut informer l'infirmière des exercices qu'elle peut appliquer aux membres atteints. Effectuer des changements de position fréquents aide à prévenir les problèmes de santé liés à l'immobilité. Le personnel et la famille de la personne âgée peuvent l'aider à maintenir sa mobilité actuelle (Tappen, Roach, Applegate et Stowell, 2000).

Étourdissements

Les personnes âgées recherchent souvent de l'aide lorsqu'elles souffrent d'étourdissements. Pour l'infirmière, il s'agit d'un défi particulier, car ceux-ci peuvent avoir de nombreuses causes tant internes qu'externes. De plus, il est parfois difficile de différencier les véritables étourdissements (sensation de trouble d'origine vasculaire ou nerveuse pouvant mener à la perte de connaissance) des vertiges (sensation que sa propre personne ou les objets sont animés d'un mouvement oscillatoire). La syncope (perte de connaissance brutale) et le déséquilibre sont d'autres sensations similaires. Leurs causes peuvent être multipes ; elles peuvent aller d'un problème mineur, tel qu'une accumulation de cérumen, à un problème très grave, tel qu'un dysfonctionnement du cortex cérébral, du cervelet, du tronc cérébral, des récepteurs proprioceptifs ou du système vestibulaire. Toutefois, même une cause mineure et réversible, telle qu'une accumulation de cérumen, peut entraîner une perte d'équilibre pouvant mener à une chute et à des blessures. Comme il existe un grand nombre de facteurs prédisposant aux étourdissements, l'infirmière doit chercher à déterminer ceux qui peuvent être traités. Prévenir les facteurs qui sont à l'origine d'un étourdissement peut contribuer à rendre les personnes âgées moins vulnérables aux blessures (Tinetti, Williams et Gill, 2000).

Chutes

Au Canada, on estime que 30 % environ des personnes âgées vivant dans la communauté font au moins une chute chaque année (O'Loughlin, Robitaille, Boivin et Suissa, 1993). Les chutes sont les causes de mortalité et de morbidité qui sont courantes chez les personnes âgées, mais qui peuvent être évitées. Elles constituent la principale cause de traumatismes dans cette population. Elles mettent en péril la santé et la qualité de vie des personnes âgées. Le vieillissement a des conséquences normales et pathologiques qui contribuent à l'augmentation du nombre de chutes, notamment : les modifications de la vision (par exemple perte de la perception de la profondeur), une sensibilité aux éblouissements, une perte d'acuité visuelle et la difficulté à trouver un éclairage adéquat. Le vieillissement entraîne également des modifications neurologiques qui favorisent les chutes, notamment : perte d'équilibre, étourdissements, perte de la sensibilité posturale et délai de réaction prolongé (Ruckenstein, 2001). Des troubles cardiovasculaires peuvent entraîner une hypoxie cérébrale et une hypotension posturale. Parmi les troubles cognitifs, on observe la confusion, un jugement altéré et un comportement impulsif. Des dysfonctionnements musculosquelettiques peuvent également survenir, telles une mauvaise posture et une diminution de la force musculaire. La prise d'un grand nombre de médicaments, les interactions médicamenteuses et la consommation d'alcool peuvent provoquer de la somnolence, un manque de coordination et de l'hypotension posturale qui, à leur tour, peuvent également causer des chutes. Enfin, des fractures liées à l'ostéoporose peuvent empêcher la personne âgée de continuer à habiter seule (Peterson, 2001).

Lors d'une chute, les femmes âgées se blessent généralement plus grièvement que les hommes âgés. La fracture la plus courante à la suite d'une chute est la fracture de la hanche ; elle résulte de la comorbidité causée par l'ostéoporose et par la situation ou la condition ayant provoqué la chute. Selon certaines études, la capacité d'effectuer les activités quotidiennes diminue plus chez les personnes âgées qui font une chute que chez celles qui n'en font pas. Ces études ont également révélé que les personnes âgées qui font une chute participent moins aux activités sociales, courent un risque accru de séjour en établissement et recourent davantage aux services de soins de santé (Capezuti, 2000 ; Tinetti, Williams et Gill, 2000).

Nombre de blessures et de décès sont liés aux dispositifs de contention (ceinture sous-abdominale, chaise gériatrique, camisoles de contention) et aux substances chimiques (médicaments) imposés aux personnes âgées en établissement. Parmi les blessures et les morts causées par ces dispositifs destinés à les prévenir, on compte des cas de strangulation, d'atteinte aux systèmes vasculaire et neurologique, d'escarres de décubitus, de déchirures de la peau, de fractures, d'augmentation de la confusion et de traumatisme émotionnel important. Si la personne âgée a un comportement inacceptable, il est donc plus avisé de répondre aux demandes qui l'ont provoqué que de réagir en lui imposant des dispositifs de contention. Au Québec, l'article 118.1 de la *Loi sur les services de santé et les services sociaux du Québec* (Ministère de la Santé et des Services sociaux, 2004) aborde la question de l'utilisation des mesures de contrôle que sont notamment la contention et l'isolement. Cette loi stipule que l'utilisation de la contention doit être minimale et exceptionnelle et que tout établissement doit adopter un protocole d'application des contentions.

Incontinence urinaire

L'**incontinence urinaire** peut se manifester de manière aiguë, apparaître pendant une maladie ou devenir chronique au cours d'une période de plusieurs années. Les personnes âgées ne mentionnent pas toujours l'existence de ce trouble, pourtant très courant, à leur médecin, à moins que ce dernier ne leur pose la question explicitement. L'incontinence urinaire peut avoir des causes réversibles, notamment le délirium, la déshydratation, la mobilité réduite, les dispositifs de contention, l'inflammation, l'infection, les fécalomes, la pharmacothérapie et la polyurie. Lorsque la cause est déterminée, il est parfois possible de l'éliminer. L'incontinence

permanente peut être le résultat d'une maladie neurologique ou d'une altération structurale (Degler, 2000b).

Le plancher pelvien sert de support à la vessie, à l'utérus et au rectum. Il peut s'affaiblir à la suite d'une grossesse, du travail et de l'accouchement, mais aussi à cause d'interventions chirurgicales au bassin ou d'un travail nécessitant de rester longtemps debout ou de soulever des objets lourds. Les exercices de Kegel peuvent contribuer à corriger le dysfonctionnement du plancher pelvien. Les personnes âgées peuvent aussi prévenir les fuites urinaires en veillant à avoir un accès rapide aux toilettes et à porter des vêtements faciles à enlever.

L'infirmière doit exhorter les personnes atteintes de ce trouble à consulter un professionnel de la santé. En effet, non seulement l'incontinence est débilitante sur le plan physique, mais elle peut aussi être très perturbante sur le plan émotionnel. L'approche behaviorale, qui permet d'obtenir de bons résultats, est efficace pour réduire ou éliminer l'incontinence chez les personnes âgées. Des médicaments tels que les anticholinergiques atténuent certains symptômes de l'incontinence urinaire par besoin impérieux (instabilité du muscle détrusor), mais ils ne conviennent pas toujours aux personnes âgées à cause de leurs effets secondaires (bouche sèche, ralentissement de la motilité gastro-intestinale, confusion). On peut également recourir à certaines interventions chirurgicales pour traiter l'incontinence, en particulier l'incontinence urinaire liée au stress.

L'hyperactivité vésicale associée à une contractilité déficiente est un type d'incontinence urinaire qui touche surtout les personnes âgées. Dans ces cas, aucune sensation n'avertit de la perte imminente d'urine. De plus, la personne peut avoir de la difficulté à uriner lorsqu'elle est sur les toilettes et être incontinente quelques minutes après. Il est important que le personnel infirmier connaisse bien ce type d'incontinence afin de ne pas donner de signes de désapprobation à la personne qui se trouve dans cette situation. Cette forme d'hyperactivité vésicale accompagne souvent la démence, car ces deux troubles sont le résultat d'un dysfonctionnement des mêmes zones du cerveau. Planifier la miction peut aider ces personnes, mais il est fréquent de recourir à un cathétérisme intermittent.

SYNDROME D'IMMUNODÉFICIENCE ACQUISE CHEZ LES PERSONNES ÂGÉES

La population âgée est de plus en plus touchée par le syndrome d'immunodéficience acquise (sida), qui ne concerne plus seulement les jeunes. Selon Santé Canada, 10 % environ des rapports de tests positifs pour le VIH transmis au Canada chaque année depuis le début de l'épidémie concernent des personnes âgées de 50 ans ou plus (Santé Canada, avril 2003). Les rapports sexuels constituent le principal facteur de risque d'infection par le VIH chez les Canadiens âgés. La pneumonie à *Pneumocystis carinii* est l'infection opportuniste la plus fréquente dans cette population. Les aînés souffrant du sida sont aussi plus atteints par le syndrome de dépérissement et par l'encéphalopathie liée au VIH. Le temps de survie est en outre beaucoup plus court chez eux que chez les autres adultes souffrant du sida (Ory et Mack, 1998).

Troubles psychologiques et psychiatriques courants chez les personnes âgées

Les personnes âgées sont moins enclines que les adultes plus jeunes à se faire traiter pour des troubles mentaux. Les professionnels de la santé doivent donc reconnaître les difficultés associées aux troubles mentaux, les évaluer, diriger la personne vers des spécialistes, collaborer avec ces derniers, participer aux traitements et soutenir la personne dont la fonction cognitive ou l'état émotionnel sont perturbés de façon notable. Si la personne n'est pas hospitalisée, il se peut que l'infirmière soit la seule professionnelle de la santé qu'elle consulte. Il ne faut pas négliger les symptômes des troubles mentaux et conclure qu'ils sont la conséquence du vieillissement ; un examen complet peut révéler un trouble physique ou mental, traitable et réversible.

DÉPRESSION

La **dépression** est le trouble psychique le plus répandu chez les personnes âgées. On la traite généralement bien. Les types de dépressions et de diagnostics varient selon le nombre de symptômes présents, leur gravité et leur durée. La dépression diminue la qualité de vie de la personne qui en est atteinte, augmente le risque de suicide et s'auto-entretient. Elle peut être le signe précurseur d'une maladie chronique ou la conséquence d'une maladie physique. Elle se manifeste par un sentiment de tristesse, de la fatigue, un manque d'intérêt, des pertes de mémoire, une diminution de la capacité de concentration, un sentiment de culpabilité ou d'inutilité, des troubles du sommeil ou de l'appétit accompagnés d'une perte ou d'un gain pondéral, de l'agitation, la réduction de la capacité d'attention et des idées suicidaires.

Il peut être plus difficile de diagnostiquer la dépression chez la personne âgée que chez l'adulte d'âge moyen, car il arrive qu'elle se présente différemment. La dépression peut être perçue comme faisant partie du processus de vieillissement, peut être attribuée à une maladie physique ou à une interaction médicamenteuse, et peut s'accompagner de signes de démence (Ayala et Leblanc, 1996). Chez les personnes âgées, la dépression est associée à des troubles cognitifs dans 70 % des cas (Johnson *et al.*, 1994, cité par Ayala *et al.*, 1996). Un examen clinique minutieux s'impose donc dans tous les cas. On doit ainsi évaluer l'état mental de la personne âgée, par exemple à l'aide du mini-examen de l'état mental (*Mini-Mental State Examination*) ou encore de l'échelle du statut mental modifié (3MS). Le mini-examen de l'état mental (MMSE) évalue la mémoire, l'orientation, l'attention et le calcul, le langage et les praxies constructives. Un total de moins de 24 points sur 30 indique la présence de problèmes cognitifs (Folstein, Folstein et McHugh, 1975). Ce test n'est pas suffisant pour dépister une démence, car plusieurs paramètres tels que le niveau de scolarité peuvent fausser les résultats. L'échelle du statut mental modifié est un peu plus complète et évalue la mémoire à court et à long terme, l'orientation, la fluidité verbale, les associations sémantiques, l'attention et le calcul, le langage, les praxies constructives et un deuxième rappel des trois mots. Un résultat

de moins de 80 sur un total maximum de 100 indique la présence de troubles cognitifs (Hébert, Bravo et Girouard, 1992). De plus, il faut s'assurer que la personne âgée ne souffre pas de dépression (encadré 12-2 ■) et, le cas échéant, traiter celle-ci adéquatement.

Combiner antidépresseurs et psychothérapie constitue le traitement de choix des troubles dépressifs. La psychothérapie doit inclure la thérapie de soutien et l'intervention psychosociale ; elle est essentielle pour que le traitement médicamenteux soit un succès. Les personnes âgées sont très sensibles aux effets indésirables de tous les antidépresseurs : il est donc important de débuter par de faibles doses et de les augmenter graduellement jusqu'à la dose thérapeutique. On doit utiliser les antidépresseurs tricycliques avec prudence, car ils ont des effets indésirables anticholinergiques, cardio-vasculaires et orthostatiques. Après le début du traitement médicamenteux, il peut s'écouler de 4 à 6 semaines avant que les symptômes dépressifs disparaissent. Pendant cette période, l'infirmière doit donner des explications et offrir du soutien à la personne.

Chez les personnes âgées, la dépression peut être liée à la consommation excessive d'alcool. Cette habitude est particulièrement dangereuse pour elles, car l'interaction entre l'alcool et les médicaments délivrés sur ordonnance risque fort d'entraîner des troubles hépatiques et rénaux, ainsi que des effets secondaires (Adams, Atkinson, Ganz et O'Conner, 2000). L'infirmière doit être vigilante puisque les personnes alcooliques, qu'elles soient âgées ou non, nient habituellement leur dépendance.

DÉLIRIUM

Le **délirium**, souvent appelé état confusionnel aigu, se manifeste par une perturbation de la conscience et une modification du fonctionnement cognitif qui s'installent en un court laps de temps, habituellement quelques heures ou quelques jours, et qui tendent à fluctuer tout au long de la journée. La personne peut présenter un état de conscience altéré, pouvant aller de la stupeur à l'agitation excessive. La pensée est désorganisée et les périodes d'attention sont généralement courtes. Des hallucinations, des idées délirantes, la peur, l'anxiété et la paranoïa peuvent aussi se manifester. Le délirium est une urgence médicale qu'on peut guérir en quelques heures si les causes sont bien identifiées et traitables rapidement. Les symptômes peuvent aussi persister plusieurs semaines, en particulier s'il existe une démence associée. Si le facteur étiologique sous-jacent est rapidement corrigé ou se résout de lui-même, il y a des chances pour que la guérison soit complète (American Psychiatric Association, 2003). Le délirium peut avoir de nombreuses causes, notamment : une maladie organique, une intoxication alcoolique ou médicamenteuse, la déshydratation, un fécalome, la malnutrition, une infection, un traumatisme crânien, l'absence de repères familiers et la surcharge ou la privation sensorielle. Les personnes âgées sont particulièrement susceptibles de souffrir de délirium, car leur capacités physiologues sont réduites et beaucoup d'entre elles consomment plusieurs médicaments. L'infirmière doit surveiller l'apparition de symptômes aigus et, le cas échéant, en informer immédiatement un médecin. Si le délirium n'est pas diagnostiqué et si les causes sous-jacentes ne sont pas

ENCADRÉ 12-2

Échelle de dépression gériatrique

Encerclez la réponse qui rend le mieux compte des sentiments et des émotions que vous avez ressentis au cours de la dernière semaine.

*1. Êtes-vous fondamentalement satisfait de votre vie ? **OUI NON**

2. Avez-vous abandonné un grand nombre d'activités et de centres d'intérêt ? **OUI NON**

3. Sentez-vous un vide dans votre vie ? **OUI NON**

4. Vous ennuyez-vous souvent ? **OUI NON**

*5. Envisagez-vous l'avenir avec optimisme ? **OUI NON**

6. Êtes-vous préoccupé par des pensées que vous ne pouvez chasser de votre esprit ? **OUI NON**

*7. Êtes-vous de bonne humeur la plupart du temps ? **OUI NON**

8. Craignez-vous qu'il vous arrive quelque chose de grave ? **OUI NON**

*9. Êtes-vous heureux la plupart du temps ? **OUI NON**

10. Éprouvez-vous souvent un sentiment d'impuissance ? **OUI NON**

11. Êtes-vous souvent agité et nerveux ? **OUI NON**

12. Préférez-vous rester à la maison plutôt que de sortir et de découvrir de nouvelles activités ? **OUI NON**

13. Vous inquiétez-vous souvent au sujet de l'avenir ? **OUI NON**

14. Croyez-vous que vous avez davantage de problèmes de mémoire que la plupart des gens ? **OUI NON**

*15. Pensez-vous qu'il est merveilleux de vivre ? **OUI NON**

16. Êtes-vous souvent déprimé et triste ? **OUI NON**

17. Avez-vous le sentiment d'être inutile présentement ? **OUI NON**

18. Ressassez-vous beaucoup le passé ? **OUI NON**

*19. Trouvez-vous la vie excitante ? **OUI NON**

20. Vous est-il difficile d'entreprendre de nouveaux projets ? **OUI NON**

*21. Vous sentez-vous plein d'énergie ? **OUI NON**

22. Pensez-vous que votre situation actuelle est sans espoir ? **OUI NON**

23. Croyez-vous que la situation de la plupart des gens est meilleure que la vôtre ? **OUI NON**

24. Êtes-vous souvent irrité par des détails ? **OUI NON**

25. Éprouvez-vous souvent le besoin de pleurer ? **OUI NON**

26. Avez-vous du mal à vous concentrer ? **OUI NON**

*27. Êtes-vous content de vous lever le matin ? **OUI NON**

28. Évitez-vous les rencontres sociales ? **OUI NON**

*29. Prenez-vous facilement des décisions ? **OUI NON**

*30. Avez-vous les idées aussi claires qu'autrefois ? **OUI NON**

Total : _____ (nombre de réponses correspondant à un état dépressif)

Échelle
Normal : 5 ± 4
Dépression légère : 15 ± 6
Dépression grave : 23 ± 5

*La réponse « oui » correspond à un état normal. Pour toutes les autres questions, la réponse « non » indique un état normal. Source : J. Yesavage, *et al.* (1983). Development and validation of a geriatric screening scale : A preliminary report. *Journal of Psychiatric Research, 17*(1), 37-49. Avec l'aimable autorisation de Pergamon Press Ltd., Headington Hill Hall, Oxford OX3 OBW, Royaume-Uni.

---

traitées à temps, il peut s'ensuivre des lésions cérébrales irréversibles ou la mort. Les similarités entre le délirium et la démence (tableau 12-4 ■) peuvent amener à diagnostiquer à tort une démence chez les personnes atteintes de délirium.

Le traitement varie selon la cause des symptômes. Comme le délirium résulte souvent d'interactions médicamenteuses ou d'une intoxication, on devrait suspendre l'administration de tout médicament non essentiel. On doit réguler et surveiller l'apport nutritionnel et liquidien. La personne doit être placée dans un endroit calme et silencieux. L'infirmière doit encourager les membres de la famille à toucher la personne et à lui parler de façon à lui donner des repères familiers et à atténuer la **désorientation**. Elle doit également interroger la famille sur son état cognitif antérieur. En se fondant sur les données de base ainsi recueillies, l'infirmière devra évaluer fréquemment l'évolution de l'état mental de la personne, notamment ses réactions au traitement et à son séjour à l'hôpital ou dans l'établissement de soins prolongés.

DÉMENCES : DÉMENCE VASCULAIRE ET DÉMENCE DE TYPE ALZHEIMER

On estime qu'entre 1,5 et 4 % des personnes âgées de plus de 65 ans sont atteintes de **démence**. La prévalence de la démence, en particulier de la démence de type Alzheimer (DTA) et de la démence vasculaire, augmente avec l'âge, surtout après 75 ans, et atteint 20 % ou plus des personnes âgées de plus de 85 ans (American Psychiatric Association, 2003). Selon des analyses réalisées dans des pays développés, la prévalence de la démence est d'environ 1,5 % à l'âge de 65 ans, puis double tous les 4 ans pour atteindre environ 30 % à l'âge de 80 ans (Ritchie et Lovestone, 2002). Dans les CHSLD, près de 60 % des personnes âgées de 100 ans et plus manifestent des signes de démence. Malgré ces chiffres élevés, les médecins ne détectent pas la présence de la maladie dans 21 à 72 % des cas. On ne peut poser le diagnostic de démence que si deux fonctions distinctes sont atteintes, la mémoire et au moins une des fonctions suivantes : le langage, la perception, les fonctions visuelle et spatiale, le calcul, le jugement, la capacité d'abstraction et la capacité de résoudre des problèmes (Mayo Foundation for Medical Education and Research [Mayo], 2001).

Habituellement, les symptômes de la démence sont insidieux et évoluent lentement et graduellement, avant de devenir manifestes et dévastateurs. Les changements observés chez la personne atteinte de démence sont de trois ordres généraux : cognitif, fonctionnel et comportemental. La DTA représente plus de 60 % de tous les cas de démence, et la démence vasculaire de 5 à 20 % des cas. Voici la classification des démences selon le *DSM-IV-TR* (American Psychiatric Association, 2003) :

- Démence de type Alzheimer (DTA).

- Démence vasculaire.

- Démence due à d'autres affections médicales générales (VIH, traumatisme crânien, chorée de Huntington, maladies de Parkinson, de Pick, de Creutzfeldt-Jakob, kuru, hydrocéphalie à pression normale, hypothyroïdie, tumeur cérébrale, carence en vitamine B_{12}).

TABLEAU

12-4

Aperçu des différences entre la démence et le délirium

	Démence		Délirium
	Démence de type Alzheimer (DTA)	**Démence vasculaire**	**Délirium**
Étiologie	■ Forme familiale génétique (chromosomes 14, 19, 21) ■ Forme sporadique • Vieillissement • Polymorphisme génétique • Conditions environnementales	■ Maladie cardiovasculaire ■ AVC ■ Hypertension	■ Intoxication par les médicaments et interactions médicamenteuses; traumatismes; aggravation d'une maladie chronique ■ Affection médicale générale ou perturbation de l'équilibre hydroélectrolytique, infections, malnutrition, anémie ■ Intoxication par une substance ou par le sevrage
Facteurs de risque	■ Cas de démence chez un parent proche. ■ Facteur génétique: allèle E4 du gène APOE ■ Âge avancé	■ Maladie cardiovasculaire préexistante ■ Antécédents d'infarctus et d'hypertension ■ Âge, sexe masculin, diabète, artériosclérose généralisée, tabagisme et concentration élevée de cholestérol sanguin	■ Déficits cognitifs préexistants ■ Consommation de drogues, de médicaments, exposition à des substances toxiques
Fréquence	■ De 50 à 60 % des cas de démence (plus de 50 %)	■ 20 % des démences (entre 10 et 50 %)	■ 20 % des personnes âgées hospitalisées
Début	■ Subtil et insidieux	■ Souvent soudain ■ À la suite d'un AVC ou d'un accident ischémique transitoire	■ Rapide et fulgurant, souvent pendant la nuit ■ Signe précurseur d'une maladie aiguë
Âge d'apparition de la maladie	■ À début précoce, si elle apparaît à 65 ans ou moins ■ À début tardif, si elle apparaît après 65 ans (American Psychiatric Association, 2003)	■ Le plus souvent entre 50 et 70 ans	■ À tout âge, mais surtout chez les personnes âgées
Sexe	■ Les femmes sont légèrement plus à risque.	■ Les homme sont plus à risque.	■ Frappe également les hommes et les femmes.
Évolution	■ Diminution progressive et graduelle des habiletés intellectuelles	■ Chronique; irréversible ■ Fluctuante; évolution par paliers; déclins cognitifs «en secteurs»	■ Aiguë
Durée	■ Il s'écoule de 8 à 10 ans entre l'apparition des premiers symptômes et la mort.	■ Variable; plusieurs années	■ De 1 journée à 1 mois ■ De quelques heures à quelques semaines
Évolution des symptômes	■ Les troubles cognitifs commencent par des troubles de mémoire, associés ensuite à des troubles de l'orientation, des troubles phasiques, praxiques, gnosiques et une altération des fonctions exécutives et du jugement.	■ Selon le site de la démence et les résultats du traitement; cause de la mort: maladie cardiovasculaire sous-jacente ■ Déclin mental intermittent, entrecoupé de périodes où surviennent peu de changements	■ Symptômes entièrement réversibles si le traitement est adéquat ■ Évolution possible vers la chronicité ou la mort si la maladie sous-jacente n'est pas traitée
Humeur	■ Symptômes dépressifs (dans 30 % des cas), perte d'initiative, anxiété, irritabilité, agitation ■ Aux derniers stades: réponse émotive difficilement perceptible, rires et gémissements irréguliers, forts et anormaux	■ Labilité; humeur changeante	■ Humeur variable ■ Peur et hostilité ■ Changements rapides et imprévisibles ■ Troubles du jugement, anxiété, irritabilité, colère, euphorie, apathie

TABLEAU
12-4

Aperçu des différences entre la démence et le délirium (*suite*)

	Démence		Délirium
	Démence de type Alzheimer (DTA)	**Démence vasculaire**	
Élocution et langage	■ Difficulté à trouver les mots, restriction graduelle de l'expression et de la compréhension ■ Substitution phonétique, simplification du langage, appauvrissement du vocabulaire et simplification des temps de verbe et des phrases ■ Propos de plus en plus stéréotypés, répétitifs et vagues ■ Mutisme	■ Déficits de la parole possibles – aphasie, selon le site de la lésion ■ Dysarthrie : difficulté de la parole due à des troubles moteurs des organes de la phonation	■ Fluctuations ; périodes de concentration souvent trop courtes pour permettre à la personne de parler ■ Discours désorganisé et incohérent
Signes physiques	■ Au début : aucun déficit moteur ■ Aux stades plus avancés : apraxie (difficulté à maîtriser les mouvements) dans 70 % des cas ■ Aux derniers stades : disarthrie (difficulté de la parole) ■ Au stade terminal : perte de toute capacité d'effectuer des mouvements volontaires ; signes neurologiques positifs	■ Selon le site de la lésion : signes neurologiques en foyer ; convulsions ■ Troubles de la marche (démarche à petits pas), exagération des réflexes ostéotendineux ■ Déficits moteurs fréquents	■ Signes et symptômes de la maladie sous-jacente
Orientation	■ Désorientation topographique : la personne se perd dans les endroits familiers. ■ Désorientation visuelle et spatiale : difficulté à reproduire les objets en trois dimensions ■ Désorientation dans le temps et dans l'espace, puis désorientation par rapport aux personnes ; s'aggravant au fil de l'évolution de la maladie		■ Fluctuations possibles entre lucidité et désorientation totale dans le temps et par rapport au lieu et aux personnes
Mémoire	■ Les troubles de la mémoire (surtout mémoire récente) sont les premiers signes apparents de la maladie. ■ Anxiété et attitude de déni face aux problèmes ■ La personne oublie qu'elle a des problèmes de mémoire, les relativise et utilise des stratégies compensatoires pour y faire face. ■ Les pertes de mémoire augmentent et la mémoire à long terme est aussi altérée.		■ Troubles de la mémoire récente et de la mémoire à long terme ; la personne peut fluctuer entre lucidité et confusion
Personnalité	■ Apathie, indifférence, irritabilité ■ Au début : comportement social normal ; la personne réussit à cacher ses déficits cognitifs ■ Aux stades avancés : perte d'intérêt pour les activités et les rapports sociaux ; la personne devient soupçonneuse ; délire paranoïaque causé par les pertes de mémoire ; agressivité ; réactions catastrophiques, accentuation des traits prémorbides.		■ Fluctuations ; capacité d'attention insuffisante pour soutenir une conversation ; les symptômes causent de l'inquiétude (en périodes de lucidité) ; hallucinations ; paranoïa.
État fonctionnel, capacité d'effectuer les activités quotidiennes	■ Jugement appauvri relativement aux activités quotidiennes ; déclin de la capacité de gérer son argent, d'utiliser le téléphone, de fonctionner à la maison et au travail		■ État fonctionnel perturbé
Durée de l'attention	■ La personne est facilement distraite ; périodes de concentration courtes.		■ Capacité de concentration très perturbée ; impossibilité de soutenir son attention ou de la porter ailleurs
Activités psychomotrices	■ Problèmes de posture et de marche, anormalités sensorielles et autres signes neurologiques ■ Aux derniers stades : perte totale des habiletés psychomotrices, incontinence urinaire et fécale ■ Déambulation, hyperactivité, déplacements en faisant les cent pas, difficulté à tenir en place, agitation		■ Activités psychomotrices variables ; alternance de phases de grande agitation, d'hyperactivité et de difficulté à tenir en place avec des phases de léthargie
Cycle veille-sommeil	■ Souvent perturbé ; déambulation et agitation nocturnes		■ Cycle généralement modifié ; habituellement somnolence le jour et insomnie la nuit ■ Courts sommes durant le jour et la nuit

- Démence persistante déclenchée par une substance (drogues, médicaments et substances toxiques). On pose le diagnostic de démence persistante lorsque les symptômes persistent au-delà de la durée habituelle d'une intoxication ou d'un sevrage et s'ils ne surviennent pas exclusivement au cours d'un délirium.

- Démence due à des étiologies multiples.

- Démence non spécifiée (étiologie indéterminée).

La démence vasculaire se caractérise par une détérioration par paliers des fonctions cognitives. On confond parfois démence vasculaire et DTA, paranoïa ou délirium, en raison du caractère imprévisible de leur évolution clinique. Le diagnostic est d'autant plus difficile si la personne est atteinte à la fois de DTA et de démence vasculaire. Dans ce cas, le *DSM-IV-TR* indique qu'il faut porter à la fois les diagnostics de DTA et de démence vasculaire (American Psychiatric Association, 2003). Ce type de démence se produit lorsque la DTA est à début tardif et que les déficits cognitifs s'aggravent de façon marquée lors d'accidents vasculaires cérébraux (antécédents d'AVC, AVC révélé par un examen clinique ou par l'IRM).

La DTA est une affection neurologique dégénérative, évolutive et irréversible qui apparaît de façon insidieuse. Elle se caractérise par une perte graduelle de la fonction cognitive et par des troubles du comportement et de l'affect. La DTA ne touche pas uniquement les personnes âgées : entre 1 et 10 % des cas apparaissent à l'âge moyen. L'étiologie de la DTA est inconnue, mais il existe plusieurs hypothèses. Les facteurs de risque connus sont l'hérédité et l'âge. Les facteurs de risque confirmés sont les suivants : avoir un cas de démence chez un parent proche et posséder l'allèle E4 du gène APOE (Ritchie et Lovestone, 2002). Selon certaines études, le risque de DTA augmente chez les personnes qui ont subi un traumatisme crânien avec perte de conscience. D'autres facteurs pourraient aussi jouer un rôle, notamment : sexe féminin, infection herpétique, environnement de l'enfance, facteurs reliés à l'alimentation, hypertension, diabète et cholestérol, ainsi que faible niveau d'éducation. La prise d'œstrogènes a longtemps été associée à une diminution du risque de démence. L'étude WHI est toutefois venue démontrer que les œstrogènes ne protègent pas contre la démence et pourraient même en augmenter le risque (Shumaker, 2003). Du côté prévention, l'utilisation d'AINS à long terme permet de réduire le risque de DTA (Etminan, 2003). La pratique régulière d'une activité physique et mentale ainsi que le maintien de rapports sociaux permettraient aussi de diminuer le risque de DTA.

Physiopathologie

La DTA s'accompagne de modifications neuropathologiques et biochimiques qui sont propres à cette maladie, notamment une dégénérescence neurofribillaire (formation d'enchevêtrements à l'intérieur des neurones) et l'apparition de plaques séniles ou neuritiques (dépôts de substance amyloïde, contenue dans la protéine *APP*). Ces lésions neuronales touchent surtout le cortex cérébral et entraînent une atrophie du cerveau. Le tissu cérébral normal de tout adulte âgé présente des modifications similaires, mais de moindre gravité. La DTA atteint surtout les cellules stimulées par l'acétylcholine. Sur le plan biochimique, on note une diminution de la production de l'enzyme participant à la production de l'acétylcholine, un neurotransmetteur qui joue un rôle spécifique dans les processus mnémoniques.

Des chercheurs étudient certaines hypothèses visant à circonscrire les facteurs prédisposant à l'apparition des plaques séniles et des dégénérescences neurofibrillaires, visibles lorsqu'on pratique, lors d'une autopsie, une biopsie du cerveau des personnes atteintes de DTA (Mayo, 2001). Les scientifiques ne cessent d'accroître leurs connaissances sur les processus complexes du veillissement et sur les facteurs, notamment génétiques, qui au fil du temps portent atteinte aux cellules cérébrales et provoquent tôt ou tard la DTA. Par exemple, on a récemment découvert pourquoi et comment se forment les plaques de substance amyloïde qui entraînent la mort neuronale. De plus, on sait maintenant que le rôle principal de la protéine tau est de réguler le rattachement des neurones entre eux et leur stabilité. Des chercheurs ont commencé à élucider le rôle que jouent l'inflammation, le stress oxydant et les AVC dans la survenue de la DTA (Alzheimer's Disease Education and Referral Center, 1999).

Manifestations cliniques

Le début de la DTA se caractérise par des oublis et des pertes subtiles de mémoire. La personne peut aussi éprouver des difficultés au travail ou dans ses activités sociales, tout en conservant une fonction cognitive adéquate, ce qui lui permet de cacher son trouble. Elle reste entièrement autonome. À ce stade, la dépression peut apparaître. À mesure que la maladie évolue, la personne ne peut plus cacher à son entourage ses déficits cognitifs. Toutes les activités quotidiennes sont alors susceptibles d'être entravées par des moments d'oubli. Petit à petit, la personne peut perdre la capacité de reconnaître les personnes, les lieux et les objets familiers. Elle peut aussi se perdre dans un environnement qu'elle connaît pourtant bien. Elle peut répéter les mêmes histoires, oubliant qu'elle les a déjà racontées. Si ses proches tentent de la raisonner et de l'orienter, son anxiété ne fera qu'augmenter, sans que ses fonctions s'améliorent pour autant. Les conversations deviennent laborieuses, et la personne cherche ses mots. Elle n'arrive plus à formuler des concepts et devient incapable de pensée abstraite ; par exemple, elle prend les proverbes à la lettre. La personne perd souvent la capacité d'évaluer les conséquences de ses actes, ce qui peut se traduire par un comportement impulsif. Par exemple, pendant une journée chaude, elle peut aller se baigner, complètement vêtue, dans une fontaine de la ville. Elle éprouvera aussi des difficultés à accomplir les tâches quotidiennes (par exemple faire fonctionner des appareils électroménagers ou compter de l'argent).

Les changements de personnalité sont généralement manifestes. La DTA peut provoquer de la dépression, de la méfiance, de la paranoïa, de l'hostilité et même de la violence. Plus la maladie évolue, plus les symptômes s'aggravent. La personne éprouve de plus en plus de difficulté à s'exprimer et finit par ne plus prononcer que des syllabes incohérentes. L'agitation et l'activité physique augmentent. Elle peut errer sans but pendant la nuit. Tôt ou tard, elle aura besoin d'aide dans la plupart des activités quotidiennes, y compris pour ses soins d'hygiène et son alimentation, en raison de l'apparition de la dysphagie et de l'incontinence. Le stade terminal de la DTA peut durer plusieurs mois ou plusieurs années : la personne est dorénavant immobile et a besoin de soins et d'aide dans toutes ses activités. Il est possible qu'elle reconnaisse à l'occasion des membres de sa famille et les soignants. La mort survient par suite de complications comme la pneumonie, la malnutrition ou la déshydratation.

Examen clinique et examens paracliniques

Pour poser un diagnostic de DTA probable, le médecin doit s'appuyer sur un grand nombre de facteurs, dont les antécédents de maladies, les antécédents médicaux, pharmacothérapeutiques, familiaux, sociaux et culturels. Les examens paracliniques constituent un autre élément clé du diagnostic. Ils comprennent la numération globulaire et la formule leucocytaire, les tests de dépistage de la syphilis et du VIH, des analyses biochimiques, la détermination des taux de vitamine B_{12} et d'hormone thyroïdienne. On utilise aussi l'électroencéphalographie (EEG), la tomodensitométrie, l'IRM et les analyses du liquide céphalorachidien. Tous ces examens peuvent appuyer ou infirmer un diagnostic probable de DTA.

Les symptômes de la dépression peuvent ressembler à s'y méprendre à ceux des premiers stades de la DTA. D'ailleurs, les deux maladies peuvent coexister chez un grand nombre de personnes. Une échelle de dépression (encadré 12-2) ainsi que des examens de la fonction cognitive, tels que le mini-examen de l'état mental ou l'échelle du statut mental modifié, peuvent aider à dépister ce trouble sous-jacent. On utilise la tomodensitométrie et l'IRM du cerveau pour écarter du diagnostic hématomes, tumeurs cérébrales, AVC, hydrocéphalie à pression normale et atrophie, mais on ne peut s'y fier pour poser un diagnostic définitif de DTA. En effet, les atteintes cognitives peuvent également résulter d'une infection, de troubles physiologiques tels que l'hypothyroïdie, de la maladie de Parkinson ou d'une carence en vitamine B_{12}, d'où le risque de diagnostiquer à tort une DTA. Les analyses du sang et du liquide céphalorachidien permettent d'écarter les anomalies biochimiques, mais leurs résultats ne sont pas assez spécifiques pour révéler la DTA. On pose un diagnostic probable de DTA dans les cas où les antécédents médicaux, l'examen physique et les analyses de laboratoire ont permis d'écarter toutes les causes reconnues des autres démences. Cependant, seule une biopsie cérébrale permet de confirmer le diagnostic (Mayo, 2001).

Traitement médical

Les traitements actuels ne font que modifier l'évolution de la DTA en permettant un ralentissement de la perte mnésique pendant un certain temps. Les inhibiteurs de l'acétylcholinestérase (donépézil [Aricept], rivastigmine [Exelon] et galantamine [Reminyl]) sont utilisés pour ralentir l'évolution de la DTA légère à modérée. En diminuant l'hydrolyse de l'acétylcholine, ils permettent d'augmenter la transmission nerveuse cholinergique qui est déficiente. Ils seraient aussi efficaces pour d'autres types de démences. Les principaux effets secondaires de ces médicaments sont reliés à leur effet cholinergique : nausées, vomissements et diarrhées. La mémantine (Ebixa) est un antagoniste des récepteurs NMDA qui est utilisé pour ralentir l'évolution de la démence vasculaire et la DTA. En bloquant les récepteurs NMDA, elle diminue l'hyperexcitabilité toxique causée par le glutamate (un neurotransmetteur),

ce qui réduirait les dommages cellulaires et permettrait aux neurones sains de mieux fonctionner. Les étourdissements sont l'effet indésirable le plus fréquent avec la mémantine, qui peut aussi causer de la confusion et des hallucinations, quoique moins fréquemment. L'efficacité de ces médicaments varie d'une personne à l'autre, en partie parce qu'elle est généralement limitée aux premiers stades de la démence (Fillit, 2000). Le traitement des symptômes non mnésiques de la DTA et des autres démences est aussi important. Par exemple, on utilise des antidépresseurs pour traiter la dépression qui accompagne souvent la démence, et des antipsychotiques pour contrôler l'agressivité.

Soins et traitements infirmiers

Les interventions décrites dans cette section s'appliquent non seulement à la DTA, mais aussi à toutes les formes de démence, quelle que soit leur cause. Le but des interventions infirmières est d'assurer la sécurité physique de la personne, de réduire son anxiété et son agitation, d'améliorer la communication, de favoriser son autonomie dans les activités d'autosoins, de satisfaire ses besoins en matière de rapports sociaux, d'estime de soi et d'intimité, de maintenir une alimentation adéquate, de traiter les troubles du sommeil et de fournir un soutien et un enseignement aux membres de la famille. Des études ont montré que les personnes âgées se perçoivent en meilleure santé et se maintiennent réellement en meilleure santé lorsque l'infirmière est en mesure d'offrir un tel soutien (Forbes, 2001).

Soutenir le fonctionnement cognitif

À mesure que les capacités cognitives de la personne diminuent, l'infirmière doit veiller à ce que son cadre de vie soit calme et prévisible afin qu'elle soit capable de reconnaître et de comprendre son entourage, ainsi que les soins qui lui sont prodigués. L'infirmière doit réduire le plus possible les stimuli et suivre l'horaire prévu des activités. Elle doit s'exprimer calmement en employant un ton agréable, et ses explications doivent être claires et simples. Il est recommandé d'utiliser un aide-mémoire et des indices avec la personne de façon à l'aider à s'orienter et à éprouver un sentiment de sécurité. Par exemple, placer des horloges et des calendriers bien en évidence peut aider la personne à se situer dans le temps ; peindre le cadre d'une porte dans une couleur particulière peut l'aider à retrouver sa chambre. Si on incite la personne à participer aux activités quotidiennes, elle réussira peut-être à préserver plus longtemps ses capacités cognitives et fonctionnelles et à interagir avec d'autres personnes. Effectuer des activités physiques et pouvoir communiquer avec son entourage permet de ralentir quelque peu la dégradation du fonctionnement cognitif propre à la DTA (Recherche en sciences infirmières 12-1 ■).

Favoriser la sécurité physique

On doit aménager le milieu de vie des personnes de façon à leur permettre de se déplacer aussi librement que possible, sans que leur famille et le personnel soignant aient à s'inquiéter constamment de leur sécurité. Aménager le milieu de vie réduit le risque de chutes et d'accidents. Par exemple, dans le but de prévenir ces derniers, on peut retirer les objets

RECHERCHE EN SCIENCES INFIRMIÈRES 12-1

Effets de la conversation sur la mobilité fonctionnelle

R. Tappen, K. Roach, E.B. Applegate, et P. Stowell (2000). Effect of a combined walking and conversation intervention on functional mobility of nursing home residents with Alzheimer's disease. *Alzheimer Disease and Associated Disorders, 14,* 196-201.

OBJECTIF

La perte des fonctions motrices est manifeste aux stades avancés de la DTA: la personne a des difficultés à marcher et est par conséquent exposée à un risque accru de chutes et de blessures. Le but de cette étude était de vérifier l'effet d'un traitement combinant exercices physiques et conversation, comparativement à des traitements comportant uniquement des exercices de marche ou la conversation, sur la mobilité fonctionnelle de personnes âgées frêles atteintes de DTA et résidant dans un foyer.

DISPOSITIF ET ÉCHANTILLON

Cette étude à mesures répétées comprenait trois groupes. Dans le premier groupe, le traitement comportait uniquement des exercices de marche; dans le second, uniquement de la conversation; et dans le troisième, une combinaison de la marche et de la conversation avec les infirmières participant à l'étude. Soixante-cinq résidents d'un foyer pour personnes âgées atteintes de DTA ont été répartis aléatoirement entre les trois groupes. Les traitements ont eu lieu 3 fois par semaine, à raison de 30 minutes par période de traitement, pendant 16 semaines. On a évalué la mobilité fonctionnelle des résidents avant les traitements et à la fin de ceux-ci. On a ensuite comparé les résultats des trois groupes au moyen de statistiques descriptives, du test *t* de Student, de l'analyse de variance et du test du khi carré.

RÉSULTATS

Comme les chercheurs l'avait prévu, la capacité de marcher des membres des groupes «conversation seule» et «marche seule» avait considérablement diminué. En revanche, dans le même laps de temps, la capacité de marcher avait moins diminué chez les membres du groupe où les infirmières soutenaient la conversation tout en aidant la personne âgée à marcher. Ces données donnent à penser que l'infirmière qui souhaite maintenir les fonctions physiques des personnes atteintes de DTA obtiendra de meilleurs résultats en associant des rapports sociaux aux exercices physiques.

IMPLICATIONS POUR LA PRATIQUE INFIRMIÈRE

Cette étude montre qu'associer la conversation et la marche assistée peut contribuer à maintenir la mobilité fonctionnelle des personnes atteintes de DTA vivant en établissement. En se servant de stratégies communicationnelles efficaces, le personnel soignant peut aussi aider la personne atteinte à accepter de se faire aider dans ses déplacements.

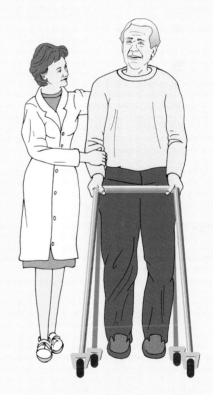

Inspiré d'un dessin réalisé par Rachel A. Degler

qui présentent un danger, laisser une veilleuse allumée la nuit, assurer une surveillance lors de la prise des médicaments et des repas, et prendre des précautions particulières si la personne fume. En écartant ainsi les dangers auxquels la personne pourrait être exposée, on crée un milieu de vie sûr qui favorise son autonomie. Comme les personnes atteintes de DTA souffrent souvent de troubles de la mémoire et ont une capacité d'attention réduite, il peut leur arriver d'errer sans but. L'infirmière peut prévenir ce comportement en leur parlant gentiment et en leur proposant d'autres activités. Il est déconseillé de recourir à la contention, car elle risque d'accroître l'agitation. Il est important d'assurer la sécurité de la personne souffrant de démence, par exemple en verrouillant toutes les portes de sortie de la maison ou en la surveillant en tout temps lorsqu'elle est à l'extérieur de la maison. Au cas où la personne serait séparée de son accompagnateur, il est recommandé de lui faire porter un bracelet ou un médaillon permettant de l'identifier.

Réduire l'anxiété et l'agitation

Bien que leurs fonctions cognitives soient considérablement diminuées, les personnes ont parfois conscience qu'elles perdent leur autonomie et leurs capacités. Elles ont donc besoin d'un soutien émotionnel constant pour améliorer leur image de soi. Il faut les amener à adapter leurs objectifs en fonction de leur autonomie et de leurs nouvelles limites.

L'infirmière doit s'assurer que le milieu de vie de la personne reste ordonné et paisible; les objets qui le composent doivent lui être familiers. Ces mesures sont importantes, car l'excitation et la confusion sont susceptibles de perturber la personne et de déclencher un état d'agitation et de violence, connu sous le nom de «réaction catastrophique» (réaction exagérée à une stimulation excessive). Lorsqu'elle est en proie à une réaction catastrophique, la personne peut crier, pleurer ou même devenir violente, d'où un risque d'agression physique ou verbale; ce sont parfois les seuls moyens qui lui permettent d'exprimer son désarroi. Dans une telle situation, l'infirmière doit rester calme et posée. Pour tenter d'apaiser la personne, on peut lui faire écouter de la musique, la caresser, la bercer ou la distraire. Il arrive souvent qu'elle oublie les événements qui ont déclenché sa réaction. Il est conseillé de structurer les activités de la journée des personnes facilement en proie aux réactions catastrophiques. L'infirmière sera également mieux en mesure de prévenir l'apparition de telles crises si elle connaît les réactions prévisibles à certains agents stresseurs des personnes dont elle a la charge.

Arrivées aux stades avancés de la démence, les personnes âgées vivent généralement dans des CHSLD et sont pour l'essentiel soignées par des infirmières auxiliaires et des préposés aux bénéficiaires. Il est essentiel de donner un enseignement approprié aux soignants afin qu'ils puissent réduire l'agitation de ces personnes. Cet enseignement est très efficacement dispensé par des infirmières spécialisées (Recherche en sciences infirmières 12-2 ■).

Améliorer la communication

Pour améliorer la communication, l'infirmière doit d'abord établir un contact avec la personne. Elle doit le faire en douceur en évitant de la surprendre. Elle doit établir un contact visuel et vérifier si la personne est disposée à lui parler ou à l'écouter. Puis, elle doit utiliser des phrases simples, claires et faciles à comprendre. Il est recommandé de donner à la personne un seul message à la fois, car ses capacités mnésiques affaiblies compromettent la rétention simultanée de plusieurs éléments. Dans un premier temps, l'infirmière peut répéter le message en employant les mêmes mots, puis le reformuler si la personne n'a pas compris. On peut compléter les messages en utilisant des objets ou en faisant certains gestes (par exemple saluer la personne, lui serrer la main ou lui sourire). Si la personne réagit bien au toucher, on peut y recourir pour établir la communication. L'infirmière doit aussi décoder le message que transmet la personne démente. Même s'il semble incohérent, son discours peut avoir une certaine signification qu'il est parfois possible de décoder en observant les comportements à la fois verbaux et non verbaux qui l'accompagnent (par exemple mimiques, gestes, ton de la voix).

RECHERCHE EN SCIENCES INFIRMIÈRES 12-2

Dépistage de l'agitation chez les personnes atteintes de DTA

A.L. Whall, M.E.A. Black, D.J. Yankou, *et al.* (1999). Nurses aides' identification of onset and level of agitation in late stage dementia patients. *American Journal of Alzheimer's disease, 14,* 202-206.

OBJECTIF

Dans les résidences de soins pour personnes âgées, ce sont les aides-infirmières qui prodiguent la plupart des soins. Elles se trouvent donc en première ligne pour dépister et traiter l'agitation chez les personnes atteintes de DTA. Cependant, elles sont souvent incapables ou refusent tout simplement d'intervenir lorsqu'une personne est agitée. Dans cette étude, on a tenté de cerner le processus qui aiderait les soignants à mieux dépister l'agitation.

DISPOSITIF

Les chercheurs ont demandé à des aides-infirmières travaillant dans cinq maisons de soins différentes, mais appartenant à une seule entreprise, de participer à cette étude. Les aides-infirmières devaient avoir travaillé dans leur maison respective pendant au moins un an. (Des études ont montré que les aides-infirmières qui travaillent au même endroit pendant plus d'une année sont davantage dévouées aux personnes qu'elles soignent). Les aides-infirmières n'étaient pas rémunérées; elles recevaient cependant une lettre attestant leur participation à l'étude. Chaque participante a reçu une heure de formation donnée au moyen de cassettes vidéo et de conversations avec des infirmières spécialisées. Chaque aide-infirmière a ensuite été jumelée à l'une des infirmières spécialisées, laquelle a évalué sa compétence à déterminer la gravité de l'agitation chez des personnes aux derniers stades de DTA.

RÉSULTATS

L'étude démontre que les aides-infirmières ayant travaillé pour la résidence de soins pendant au moins une année ont très bien réussi à acquérir de nouvelles connaissances avec seulement une heure de formation et une lettre d'attestation constituant un renforcement positif. Dans plus de 90 % des cas, l'analyse des signes d'agitation par l'aide-infirmière correspondait à celle réalisée par l'infirmière spécialisée. Toutes les aides-infirmières ont affirmé avoir amélioré leur compréhension des éléments en jeu dans le traitement de l'agitation, grâce à leur participation à l'étude.

IMPLICATIONS POUR LA PRATIQUE INFIRMIÈRE

Les résultats de cette étude montrent que, après une brève formation, les aides-infirmières ont la capacité de détecter efficacement un comportement agité et d'en rendre compte avec justesse. Pendant cette formation, les enseignants utilisaient des principes d'apprentissage destinés aux adultes, l'accent étant mis sur l'importance de la participation aux activités de formation pour atteindre les objectifs d'apprentissage. Il ressort de l'expérience qu'il importe de détecter l'agitation dès son apparition et d'en rendre aussitôt compte afin d'empêcher que celle-ci n'évolue jusqu'à la violence physique.

Favoriser l'autonomie dans les activités d'autosoins

En raison des modifications physiopathologiques qui touchent le cerveau, les personnes atteintes de DTA parviennent difficilement à rester autonomes sur le plan physique. L'infirmière doit donc les aider à conserver le plus d'autonomie fonctionnelle possible, et ce, aussi longtemps que possible. Par exemple, elle peut simplifier les activités quotidiennes en les subdivisant en étapes faciles à exécuter, ce qui permettra à la personne d'éprouver un sentiment d'accomplissement. Un ergothérapeute peut suggérer des moyens de simplifier davantage les tâches ou recommander l'utilisation d'un équipement adapté. Même si les personnes atteintes de DTA doivent être surveillées de façon continue, il faut préserver leur dignité et leur autonomie. L'infirmière doit les encourager à prendre des décisions, lorsqu'elles sont en mesure de le faire, et à participer aux activités d'autosoins aussi longtemps que possible.

Répondre aux besoins de contacts sociaux et d'intimité

Les personnes démentes se sentent rassurées auprès de leurs amis et de leurs parents. L'infirmière doit donc encourager ces derniers à rendre visite à la personne, à lui écrire et à l'appeler au téléphone. Cependant, les visites devraient rester brèves, et l'infirmière doit s'assurer qu'elles ne seront pas une source de stress. Afin de réduire toute stimulation excessive, il ne devrait y avoir qu'un ou deux visiteurs à la fois. L'infirmière doit veiller à proposer des activités de divertissement réalistes. Certains passe-temps, tels la marche, l'exercice et les rapports sociaux, peuvent améliorer la qualité de vie des personnes démentes. L'affection inconditionnelle d'un animal domestique peut également leur être bénéfique : elle brise leur solitude, les stimule et leur apporte réconfort et satisfaction. Les soins qu'exigent l'animal peuvent aussi constituer des activités satisfaisantes ainsi qu'une bonne dépense d'énergie pour la personne.

Par ailleurs, la personne souffrant de DTA a besoin d'intimité. Les personnes atteintes et leur conjoint peuvent continuer à exprimer leur sexualité s'ils le désirent. L'infirmière doit encourager le conjoint à parler de ses préoccupations d'ordre sexuel et peut lui conseiller une thérapie, au besoin. Les expressions simples d'affection, comme le contact physique et les caresses, revêtent souvent une grande importance pour le couple.

Favoriser une alimentation adéquate

Les repas peuvent être l'occasion d'échanges agréables, mais ils peuvent aussi devenir une source de bouleversement et de détresse. Il vaut mieux que les personnes démentes prennent leurs repas dans une atmosphère paisible et conviviale exempte de confrontations. Elles préfèrent habituellement les aliments qui leur sont familiers, et qui sont appétissants et savoureux. Pour éviter qu'elles ne jouent avec leur nourriture, il est recommandé de leur offrir un plat à la fois. On doit couper les aliments en petits morceaux afin d'éviter qu'elles ne s'étouffent. Dans certaines situations, les liquides seront plus faciles à avaler s'ils sont sous forme de gélatine. Afin de prévenir les brûlures, l'infirmière doit vérifier la température des boissons et des aliments et s'assurer qu'ils ne sont pas trop chauds.

Lorsque les personnes ne peuvent plus se nourrir seules, l'infirmière peut envisager l'utilisation de moyens adaptés aux difficultés. Par exemple, il sera plus facile de manger avec les doigts pour certaines personnes. Dans ces cas, il est approprié de leur faire porter un tablier plutôt qu'une bavette. À mesure que la maladie évolue, le soignant devra faire manger la personne démente. Les oublis, le manque d'intérêt, les problèmes dentaires, le manque de coordination, la stimulation excessive et le risque d'étouffement peuvent l'empêcher de se nourrir adéquatement.

Favoriser un équilibre entre l'activité et le repos

De nombreuses personnes atteintes de DTA présentent des troubles du sommeil, déambulent sans but et adoptent des comportements socialement inappropriés. Tous ces comportements sont davantage susceptibles de se manifester lorsque certains besoins physiques ou psychologiques de la personne ne sont pas satisfaits. Il est essentiel que le soignant cerne ces besoins, car les frustrations négligées peuvent accélérer la dégradation de l'état de santé de la personne démente. Il est essentiel que la personne ait un sommeil adéquat et fasse de l'exercice physique. Si le sommeil est perturbé ou si la personne ne parvient pas à s'endormir, l'infirmière peut lui proposer d'écouter de la musique, lui servir du lait chaud ou encore lui frotter le dos pour l'aider à se détendre. Pendant la journée, on doit donner à la personne l'occasion de faire des activités qui lui permettent de faire de l'exercice. Suivre un horaire faisant alterner de façon régulière les périodes de repos et les périodes d'activité améliore le sommeil nocturne. Enfin, il est déconseillé à la personne de faire des siestes durant la journée si elle ne dort pas bien la nuit.

Favoriser les soins à domicile et dans la communauté

Le fardeau émotionnel qui pèse sur les familles des personnes atteintes de DTA est très lourd. Les aidants naturels peuvent avoir des problèmes de santé, particulièrement des problème de santé mentale. Comme le diagnostic de DTA est difficile à poser, les membres de la famille ont tendance à s'accrocher à l'espoir que l'état de la personne démente s'améliorera si elle reçoit des soins appropriés. Le soignant ou les membres de la famille peuvent mal interpréter l'agressivité et l'hostilité manifestées par la personne : ils ont alors le sentiment de ne pas être appréciés, ce qui les frustre et les fâche. Les sentiments de culpabilité, la nervosité et les soucis qui en découlent finissent par provoquer de la fatigue, de la dépression et le dysfonctionnement de la famille. Il peut même arriver que l'épuisement causé par le stress amène les membres de la famille à négliger leur parent dément ou à devenir violents à son égard. La violence et la négligence peuvent survenir à domicile comme en établissement. Si elle soupçonne que la personne démente est victime d'exploitation financière, de négligence ou de violence, physique, psychologique ou sexuelle, l'infirmière doit le signaler aux services sociaux du CLSC.

Des associations telles que la Société Alzheimer du Canada et la Société Alzheimer de Montréal ont vocation à répondre aux nombreux besoins des familles. Leur but est de les aider à trouver du soutien et des services de tous ordres, de partager avec elles les connaissances sur la maladie, de sensibiliser la population à la maladie et de promouvoir la recherche dans ce domaine. Elles donnent notamment des renseignements sur les groupes d'entraide existants. La famille peut ainsi avoir l'occasion de rencontrer d'autres familles aux prises avec les mêmes difficultés et de partager avec elles ses préoccupations. Les associations peuvent également diriger la famille vers les services de garde et les centres de jour destinés aux personnes atteintes de DTA. Grâce aux services de garde, la famille peut bénéficier de quelques heures de liberté.

L'infirmière doit être sensibilisée aux difficultés émotionnelles que vit la famille des personnes démentes. Le soutien et l'enseignement constituent une part essentielle des soins.

La personne âgée dans un établissement de soins de courte durée : réactions non adaptées à la maladie

Les personnes âgées admises dans un établissement de soins de courte durée sont exposées à un risque accru de complications, d'infections et d'incapacités fonctionnelles. L'équipe multidisciplinaire et le personnel infirmier peuvent réduire les répercussions négatives de l'hospitalisation sur la personne âgée, tout d'abord en prenant connaissance de ses réactions physiologiques et psychologiques aux maladies aiguës, ensuite en concevant et en appliquant des mesures de prévention. Outre les interventions présentées dans les paragraphes suivants, voici quelques mesures générales qui aident à prévenir les complications chez les personnes âgées : prendre régulièrement les signes vitaux, évaluer l'état de santé mentale, l'équilibre hydroélectrolytique et l'intégrité de la peau. L'infirmière doit également détecter et traiter rapidement les signes de complication. Elle doit être à l'affût de réactions médicamenteuses possibles. Si les personnes sont alitées ou ont une mobilité réduite, l'infirmière doit les aider à changer souvent de position et à faire des exercices de respiration profonde. De plus, elle doit favoriser leur autonomie en matière d'autosoins et les aider à accomplir leurs activités quotidiennes et leurs soins d'hygiène.

SUSCEPTIBILITÉ ACCRUE AUX INFECTIONS

Les maladies infectieuses représentent une menace importante de morbidité et de mortalité chez les personnes âgées, en raison notamment de la réduction de l'immunité à médiation cellulaire et de l'immunité humorale (chapitres 52 et 53 ⌾). L'altération des réserves physiologiques et l'apparition de maladies chroniques reliées au vieillissement contribuent à accroître cette susceptibilité. Les infections courantes chez les personnes âgées sont notamment les infections des voies urinaires, la pneumonie, la tuberculose, les infections gastro-intestinales et les infections cutanées.

La grippe et les infections à pneumocoques ont également des répercussions importantes chez les personnes âgées. Selon une estimation prudente, la grippe serait la cause de 1 500 morts au Canada chaque année (Coalition canadienne pour la sensibilisation et la promotion de la vaccination, 2004). En 1996, le taux d'infection à pneumocoques était de 33 pour 100 000 chez les personnes de 65 ans et plus, de 81 pour 100 000 chez les personnes de 85 ans et plus, et le taux de mortalité était compris entre 10 et 20 % chez les personnes de plus de 65 ans (Santé Canada, Comité de rédaction, Les maladies respiratoires au Canada, 2001). Le nombre de morts est plus grand chez les personnes âgées en raison de leur susceptibilité accrue aux infections (Smith-Sims, 2001).

On prépare chaque année un nouveau vaccin contre la grippe, en l'adaptant aux particularités du virus à ce moment-là. Les personnes âgées devraient recevoir cette préparation inactivée tous les automnes, au cours du mois de novembre. Elles peuvent recevoir le vaccin antipneumococcique, qui est constitué de polysaccharides capsulaires de 23 types de pneumocoques ; ce vaccin procure une protection qui dure 4 ans ou plus. La revaccination est rarement recommandée, car les administrations suivantes augmentent la fréquence des réactions au point d'injection. Cependant, les personnes âgées peuvent recevoir ces deux vaccins en même temps si les points d'injection sont différents, et l'infirmière devrait les encourager à les recevoir tous les deux. Tous les professionnels de la santé qui travaillent auprès de personnes âgées ou de personnes atteintes de maladies chroniques et à risque élevé d'infections devraient également recevoir ces vaccins.

Le nombre de cas de tuberculose est relativement élevé chez les personnes âgées de 65 ans et plus. Quoiqu'elle soit assez rare au Canada, la tuberculose demeure une maladie importante chez certains groupes à risque comme les Autochtones, les résidents provenant d'autres pays aux prises avec une forte prévalence de la maladie, les populations désavantagées des centres-villes et les personnes atteintes du VIH (Agence de santé publique du Canada, 2003). En 1995, on comptait environ 2 000 cas actifs de tuberculose signalés chaque année (Agence de santé publique du Canada, 2003). Beaucoup de ces cas d'infections sont attribuables à la réactivation d'une ancienne infection. Les symptômes de la tuberculose pulmonaire et de la tuberculose extrapulmonaire sont souvent subtils et non spécifiques de ces maladies. Cela constitue un enjeu important pour les résidences de personnes âgées, car une personne atteinte de tuberculose-maladie risque d'infecter les autres personnes âgées et le personnel de l'établissement.

Lorsqu'une personne est admise en CHSLD, il est recommandé de lui faire passer un test de Mantoux (test PPD) si on soupçonne qu'elle est à risque d'avoir été contaminée dans son milieu, à moins qu'elle ait déjà eu une réaction positive. Toutes les personnes ne présentant pas une réaction positive (confirmée par l'apparition d'une induration de plus de 10 mm, au cours des 48 à 72 heures suivant l'injection) devraient passer le test une seconde fois, une semaine après le premier test. Le premier test PPD sert en effet à stimuler la réaction du système immunitaire, qui peut être inhibée chez les personnes âgées. Il est recommandé d'effectuer une radiographie des poumons et une analyse des expectorations dans le cadre du suivi des personnes présentant des réactions positives au test PPD et des sujets ayant subi un virage tuberculinique. Un traitement préventif de 6 à 12 mois par isoniazide (INH) réduit de façon significative le risque de tuberculose-maladie. L'infirmière peut faciliter le processus de dépistage au sein même de son établissement (CDC, 2000).

RÉACTIONS ALTÉRÉES À LA DOULEUR ET À LA FIÈVRE

Chez les personnes âgées, le processus de vieillissement peut modifier bon nombre de réactions à la maladie, tant sur le plan physique que psychologique. On ne peut pas se fier aux indicateurs physiques de maladies, qui ont fait leur preuve chez les jeunes et les gens d'âge moyen, pour diagnostiquer des problèmes pouvant mettre la vie des personnes âgées en danger. Par exemple, la réaction à la douleur est modifiée chez celles-ci à cause d'une diminution de l'acuité tactile, d'atteintes des voies nerveuses et d'une capacité réduite d'intégrer les informations sensorielles. Les recherches ont permis de démontrer qu'un pourcentage élevé de personnes âgées ayant subi un infarctus du myocarde ne ressentent pas de douleurs thoraciques. Chez cette population, les douleurs thoraciques sont souvent provoquées par une hernie hiatale ou par un trouble des voies gastro-intestinales supérieures. Les affections abdominales aiguës, comme l'infarctus du mésentère et l'appendicite, peuvent passer inaperçues en raison de signes atypiques et d'absence de douleur.

Chez les personnes âgées, la température corporelle de base est d'environ 0,5 °C inférieure à celle des autres adultes. En cas de maladie, elle ne s'élève pas autant que celle de l'adulte d'âge moyen. Il faut donc en tenir compte dans l'interprétation de la fièvre et ne pas s'en tenir aux critères habituels. Ainsi, chez une personne âgée, une température de 37,8 °C associée à des symptômes systémiques peut indiquer la présence d'une infection, et une température de 38,3 °C témoigne presque certainement d'une infection grave nécessitant un traitement rapide. Si l'infection ne s'accompagne pas de fièvre, le pronostic est souvent mauvais. La température des personnes âgées s'élève rarement au-dessus de 39,5 °C. L'infirmière doit donc être à l'affût d'autres signes subtils d'infections, tels que la confusion, l'augmentation de la fréquence respiratoire, la tachycardie, la modification du teint et des traits du visage.

RÉPERCUSSIONS ÉMOTIONNELLES DE LA MALADIE

Sur le plan émotionnel, les personnes âgées sont susceptibles de ne pas réagir à la maladie comme les autres adultes. Aux yeux d'un grand nombre d'entre elles, la bonne santé est l'apanage de la jeunesse. Une maladie exigeant une hospitalisation ou la modification des habitudes de vie menace directement leur bien-être, si bien qu'elles craignent l'hospitalisation et mettront tout en œuvre pour l'éviter. Leur anxiété s'accroît à l'idée qu'elles puissent devenir un fardeau pour leur famille. L'infirmière doit reconnaître les répercussions que la peur, l'anxiété et la perte d'autonomie peuvent avoir chez les personnes âgées. Elle doit les inciter à demeurer autonomes et à continuer à prendre des décisions. L'infirmière et la famille doivent conserver une attitude confiante et positive à leur égard. De plus, les personnes âgées admises dans un centre hospitalier non seulement éprouvent de la peur et de l'anxiété, mais risquent également de présenter de la désorientation, des pertes de mémoire, des modifications de l'état de conscience, une désorganisation de la pensée et d'autres symptômes de délirium.

RÉACTIONS ALTÉRÉES DES SYSTÈMES DE L'ORGANISME

La maladie a des répercussions considérables sur l'organisme des personnes âgées. L'organisme vieillissant voit inévitablement tous ses systèmes se détériorer, certains systèmes moins affectés devant dès lors compenser le mauvais fonctionnement des autres. La maladie impose une surcharge aux systèmes, qui ne disposent plus de réserves suffisantes. L'homéostasie, ou capacité de l'organisme de maintenir l'équilibre de son milieu intérieur, est alors menacée. Les personnes âgées sont donc souvent incapables de réagir adéquatement à une maladie aiguë. En outre, une maladie chronique compromettra aussi les défenses de l'organisme à plus ou moins brève échéance.

Souvent, la première conséquence de la maladie chez les personnes âgées est d'entraîner des incapacités fonctionnelles qui les limitent considérablement dans leurs activités quotidiennes. Combinées au processus de vieillissement et à un pouvoir d'adaptation diminué, ces incapacités deviennent souvent permanentes. Il est important que l'infirmière surveille de près toutes les fonctions de l'organisme et qu'elle demeure à l'affût de signes de complications, d'autant plus que les réactions aux maladies sont altérées chez les personnes âgées.

EXERCICES D'INTÉGRATION

1. Mme C., âgée de 64 ans, arrive au service préopératoire pour y subir l'amputation d'un orteil. Elle est atteinte d'une insuffisance artérielle chronique, consécutive au diabète; elle a également des antécédents de fribillation artérielle chronique. Vous prenez note des médicaments qu'elle a apportés, et vous remarquez qu'elle prend du Coumadin, dosé à 3 mg par jour, ainsi que de la warfarine, dosée à 1 mg par jour. Mme C. précise que, la semaine dernière, lors de son bilan préopératoire, son médecin a modifié son traitement anticoagulant. Elle ignorait que le Coumadin et la warfarine sont le même agent médicamenteux et elle continuait de prendre le Coumadin en association avec le «nouveau» médicament. Que feriez-vous en premier lieu?

2. Vous travaillez pour un organisme qui prodigue des soins à domicile. Vous rendez régulièrement visite à une veuve âgée de 85 ans qui, en raison de sa santé défaillante, a récemment emménagé chez sa fille. Lors de votre première visite à son nouveau domicile, vous remarquez une ecchymose sur sa hanche. Elle déclare avoir heurté une chaise en se rendant aux toilettes. Lors de la visite suivante, vous constatez qu'elle porte des vêtements sales. Elle explique que la machine à laver ne fonctionne pas et que sa fille attend le réparateur. Aujourd'hui, vous remarquez une coupure sur son bras et d'autres ecchymoses. Elle vous avoue alors que sa fille est surchargée de travail et qu'elle «s'impatiente» parfois un peu lorsqu'elle lui prodigue des soins. Quel sera votre plan d'action?

3. Vous êtes infirmière dans un établissement de soins et traitements infirmiers spécialisés. M. Gagnon, âgé de 75 ans, est à un stade très avancé de DTA. Son examen quotidien révèle que son état est stable et que son affect est positif, bien qu'il soit confus. Lors de votre examen, vous constatez que les signes vitaux de M. Gagnon restent stables; toutefois, il vous attaque verbalement, il est visiblement agité et hurle de douleur lors de la miction. D'après ce que vous savez de l'altération des réactions des personnes âgées aux infections aiguës, de quelles données supplémentaires avez-vous besoin pour évaluer la situation? Quel sera votre plan d'action?

RÉFÉRENCES BIBLIOGRAPHIQUES
en anglais • en français

L'astérisque indique un compte rendu de recherche en soins infirmiers.

Adams, W., Atkinson, R., Ganz, S.B., & O'Connor, P.G. (2000). Alcohol problems in the elderly. *Patient Care for the Nurse Practitioner, 3,* 68–89.

Agence de santé publique du Canada (2003). *Maladies à déclaration obligatoire en direct* (page consultée en novembre 2004), [en ligne], http://dsol-smed.hc-sc.gc.ca/dsol-smed/ndis/diseases/tubr_f.html

Alzheimer's Disease Education and Referral (ADEAR) Center. (1999). *Progress report on Alzheimer's Disease.* Silver Springs, MD: U.S. Department of Health and Human Services, Public Health Service, National Institutes of Health, National Institutes of Aging. NIH Pub. No. 99-4664.

American Psychiatric Association (2003). *DSM-IV-TR. Manuel diagnostique et statistique des Troubles mentaux.* Paris: Masson.

Anderson, M. et Parent, K. (2002). *Favoriser la santé mentale des personnes âgées: Guide à l'intention du personnel des soins et services à domicile.* Toronto: Association canadienne pour la santé mentale.

Association canadienne de gérontologie (2000). *Énoncé de politique: Une approche individualisée à la promotion de la santé des personnes âgées,* (page consultée en 2004), [en ligne], http://www.cagacg.ca/francais/554_f.html

Atchley, R.C. (1989). Continuity theory of normal aging. *Gerontologist, 29,* 183–190.

Audet, T. et Turgeon, M.-J. (2001). La douleur chez les personnes ayant des déficits cognitifs: un double isolement. *Frontières, 13*(2), 50-53.

Ayala, M. A. et Leblanc, J. (1996). Où sont les frontières entre la dépression et la démence? *Le Clinicien, 11*(5), 85-96.

Badeau, D. (1993). De l'intimité... jusqu'au bout de la vie. *Frontières, 6*(2), 44-45.

Bonin, C. et Bourque, M. (1993). Gérer les comportements perturbateurs en soins de longue durée. *Nursing Québec, 13*(2), 19-26.

Brière, S. et Lupien, S. (2000). Les trous vs les troubles de la mémoire au cours du vieillissement. *Le Gérontophile, 22*(2), 5-14.

Brissette, L. (2001). Entre la liberté et la sécurité, le consentement aux soins. *Intervention, 114,* 53-57.

Campion, D. et Hannequin, D. (2002). *La maladie d'Alzheimer.* Évreux: Flammarion.

*Capezuti, E. (2000). Preventing falls and injuries while reducing side rail use. *Annals of Long Term Care, 8*(6), [en ligne], http://www.mmhc.com/nhm/v8n6.shtm.

CDC – Centers for Disease Control and Prevention (Updated October 28, 2000). A strategic plan for the elimination of tuberculosis in the U.S, [en ligne], http://www.cdc.gov/nchstp/tb/pubs/corecurr/default.htm.

Chapuy, P. H. (2002). Acharnement ou abandon thérapeutique. *Gérontologie et Société, 101,* 85-91.

Charpentier, M. (2004). De l'institution au marché: Transformation de l'hébergement des personnes âgées et enjeux actuels. *Vie et vieillissement, 3*(2), 2-8.

Coalition canadienne pour la sensibilisation et la promotion de la vaccination (2004). *Épidémies et pandémies d'influenza,* (page consultée en novembre 2004), [en ligne], http://www.influenza.cpha.ca/francais/startf.htm

Comité consultatif fédéral-provincial-territorial des hauts fonctionnaires pour les ministres responsables des aînés (2001). *Guide des meilleures pratiques pour la prévention des chutes chez les aînés vivant dans la communauté.* Ottawa: Santé Canada, Division du vieillissement et des aînés.

Conseil Canadien de développement social pour la division du vieillissement et des aînés (1998). *Les personnes âgées au Canada aujourd'hui: Vieillissement et aînés.* Ottawa: Santé Canada.

Crum, R. M., Anthony, J. C., Bassett, S. S., & Folstein, M. F. (1993). Population-based norms for the Mini-Mental State Examination by age and educational level. *Jama, 269*(18), 2386-2391.

Degler, M. (2000). Reversible causes of urinary incontinence. Protocol Driven Healthcare Incorporated, [en ligne], http://www.MyBladder.com.

Desgagné, S. et Guimond, J. (2003). La consommation des médicaments. In L. Mallet, L. Grenier, J. Guimond et G. Barbeau (dir.), *Manuel de soins pharmaceutiques en gériatrie* (p. 37-53). Québec: Les Presses de l'Université Laval.

Direction de la santé publique de Montréal-Centre (2001). P.I.E.D. revu et amélioré. *Empreinte de P.I.E.D., 1*(2), 1-4.

Dorval, J.-F., Couillard, F., Roussel, L. et Roy, J. (2004). Déglutir, est-ce si dangereux? *Le Médecin du Québec, 39*(3), 91-98.

Ducharme, F., Blanchard, D. et Francoeur, L. (1994). La validation: communiquer avec la personne âgées souffrant de déficits cognitifs. *L'infirmière du Québec, 1*(3), 38-45.

Erikson, E.H. (1963). *Childhood and society* (2nd ed.). New York: W.W. Norton.

Etminan, M, Gill, S, Samii, A. (2003). Effect of non-steroidal anti-inflammatory drugs on risk of Alzheimer's disease: systematic review and meta-analysis of observational studies. *BMJ, 327*(128).

Fillet, H. (2000). Improving the quality of managed care for patients with mild to moderate Alzheimer's disease. *CBS Health-Watch by Medscape.* Cliggott Publishing Co., Division of SCP/Cliggott Communications, [en ligne], http://www.healthwatch.medscape.com.

*Forbes, D.A. (2001). Enhancing mastery and sense of coherence: Important determinants

of health in older adults. *Geriatric Nursing, 22*, 29–32.

Friberg, T. (2000). Age-related macular degeneration. *The Clinical Advisor for Nurse Practitioners, 3*, 58–66.

*Galvan, T.J. (2001). Dysphagia: Going down and staying down. *American Journal of Nursing, 101*, 37–42.

Geldmacher, D.S., Heck, E., & O'Toole, E. (2001). Providing for the caregiver. *Patient Care for the Nurse Practitioner, 4*, 36–48.

Grenier, L. (2003a). Les effets indésirables des médicaments. In L. Mallet, L. Grenier, J. Guimond et G. Barbeau (dir.), *Manuel de soins pharmaceutiques en gériatrie* (p. 624). Québec: Les Presses de l'Université Laval.

Grenier, L. (2003b). Les interactions médicamenteuses. In L. Mallet, L. Grenier, J. Guimond et G. Barbeau (dir.), *Manuel de soins pharmaceutiques en gériatrie* (p. 129-152). Québec: Les Presses de l'Université Laval.

Grenier, L. (2003c). Pharmacocinétique et pharmacodynamie. In L. Mallet, L. Grenier, J. Guimond et G. Barbeau (dir.), *Manuel de soins pharmaceutiques en gériatrie* (p. 77-100). Saint-Nicolas: Les Presses de l'Université Laval.

Guimond, J. (2003). L'observance du régime médicamenteux. In L. Mallet, L. Grenier, J. Guimond et G. Barbeau (dir.), Manuel de soins pharmaceutiques en gériatrie (p. 55-73). Québec: Les Presses de l'Université Laval.

Havighurst, R.J. (1972). *Developmental tasks and education* (3rd ed.). New York: McKay.

Hazzard, W.R., Blass, J.P., Ettinger, W.H. Jr., Halter, J.B., & Ouslander, J.G. (1999). *Principles of geriatric medicine and gerontology* (4th ed.). New York: McGraw-Hill.

Hébert, R., Bravo, G. et Girouard, D. (1992). Validation de l'adaptation française du Modified Mini-Mental State (3MS). *Revue de Gériatrie, 17*(8), 443-450.

Hébuterne, X. (2003). Dénutrition de la personne âgée: de la sarcopénie à la cachexie. *Nutrition clinique et métabolisme, 17*, 24-35.

Hoban, S., & Kearney, K. (2000). Elder abuse and neglect: It takes many forms—If you're not looking, you may miss it. *American Journal of Nursing, 100*, 49–50.

Hofmann, M.T., & Nahass, D. (2001). Case report: The use of an ethics committee regarding the case of an elderly female with blood loss after hip surgery. *Annals of Long-Term Care, 9*, 55–59. http://www.alzheimers.org/pubs/prog99.htm.

Kegel, A.H. (1948). Progressive resistance exercise in the functional restoration of the perineal muscles. *American Journal of Obstetrics and Gynecology, 56*, 238–248.

Kergoat, M.-J. et Bergeron, J. (2003). Les personnes âgées et les médicaments: ce que vous devez savoir. *Le Clinicien, 18*(4), 81-87.

Kiely, D.K., Simon, S.E., Jones, R.N., et al. (2000). The protective effect of social engagement on mortality in long-term care. *Journal of the American Geriatrics Society, 48*, 1367–1372.

Lalande, M. L. et Leclerc, G. (2004). Deux modèles québécois d'hébergement et d'accompagnement de personnes atteintes de la maladie d'Alzheimer: l'approche Carpe Diem et l'approche prothétique élargie. *Vie et vieillissement, 3*(2), 19-26.

Lanthier, M. L. (2004). Excellence... une priorité au quotidien. *Vie et vieillissement, 3*(2), 17-18.

Lauzon, S. et Adam, E. (1996). *La personne âgée et ses besoins: interventions infirmières.*

Saint-Laurent: Éditions du Renouveau Pédagogique.

Le Curateur public du Québec (2002a). Mandat en cas d'inaptitude, (page consultée en novembre 2004), [en ligne], http://www.55ans.info.gouv.qc.ca/fr/fiche.asp?sujet=4&miette=cat

Le Curateur public du Québec (2002b). Régimes de protection, (page consultée en novembre 2004), [en ligne], http://www.55ans.info.gouv.qc.ca/fr/fiche.asp?sujet=52&miette=cat

Leboeuf, L. (2001). L'incontinence urinaire chez la femme. *Le Médecin du Québec, 36*(7), 51-58.

Lefebvre, C. et Vézina, F. (2002). Adapter l'environnement; un moyen pour aider à compenser les déficits cognitifs. *Le Médecin du Québec, 37*(4), 83-87.

Legault, A. et Lauzier, D. (1993). Le personnel soignant face à la mort des personnes âgées dans un centre d'accueil. *Frontières, 6*(2), 49-51.

Lesourd, B., Raynaud-Simon, A. et Mathey, M.-F. (2001). Comment favoriser la prise alimentaire des sujets âgés. *Nutr Clin Métabol, 15*, 177-188.

Lévesque, L., Roux, C. et Lauzon, S. (1990). *Alzheimer, comprendre pour mieux aider.* Ottawa: Éditions du Renouveau Pédagogique.

Lindsay, C. (1999). *Un portrait des aînés au Canada (3e éd.).* Ottawa: Statistique Canada.

*Lukacs, J.L., & Reame, N.E. (2000). Concentrations of follicle-stimulating hormone correlate with alkaline phosphatase and a marker for vitamin K status in the perimenopause. *Journal of Women's Health and Gender-Based Medicine, 9*, 731–739.

Mayo Foundation for Medical Education and Research. (2001). *Dementia: Epidemiology.* Geriatric Medicine. Community Internal Medicine Division, [en ligne], http://www.mayo.edu/geriatrics-rst/Dementia.I.html.

Ménard, G. et Grenier, R. (2004). *Contention et isolement; normes et critères de la qualité des soins et services.* Montréal: Décarie Éditeur.

Ministère de la Santé et des Services sociaux (2004). *Loi sur les Services de santé et les services sociaux*, L.R.Q. S-4.2, (page consultée 1er septembre 2004), [en ligne], http://www.iijcan.org/qc/legis/loi/s-4.2/20040901/tout.html

Ministère de la Santé et des Services sociaux, Direction des communications (2003a). *Chez soi: Le premier choix. La Politique de soutien à domicile.* Québec: Gouvernement du Québec.

Ministère de la Santé et des Services sociaux, Direction des communications (2003b). *Chez soi: Le premier choix. Précisions pour favoriser l'implantation de la politique de soutien à domicile.* Québec: Gouvernement du Québec.

Monette, M., Roy, O. et Fréchette, A. (2002). Considérations cliniques et éthiques; l'accompagnement de la personne en perte d'autonomie et de sa famille. *L'infirmière du Québec, 9*(4), 19-26.

Muir, M. (2003). Maladie d'Alzheimer: une communication à établir. *Objectif prévention, 26*(1), 4-9.

Neugarten, B.L. (1961). *Personality in middle and late life.* New York: Atherton Press.

Nour, K. et Laforest, S. (2003). Promouvoir des changements de comportements chez les personnes âgées: une réalité... possible. *Bien vieillir, 9*(1), 3-4.

O'Loughlin, J. L., Robitaille, Y., Boivin, J. F., & Suissa, S. (1993). Incidence of and risk factors for falls and injurious falls among the community-dwelling elderly. *Am J Epidemiol, 137*(3), 342-354.

Ohayon, M. M. et Lemoine, P. (2004). Sommeil et principaux indicateurs d'insomnie dans la population générale française. *Encéphale, 30*(2), 135-140.

Ory, M.G., & Mack, K.A. (1998). Middle-aged and older people with AIDS: Trends in national surveillance rates, transmission routes and risk factors. *Research on Aging, Special Supplement.*

Ouellet, N., Beaulieu, M. et Banville, J. (2000). *Bien dormir sans somnifères: Guide pour les personnes âgées.* Rimouski: Université du Québec à Rimouski.

Ouellet, N., Papillon, M.-J., Castel, J., Lévesque, G. et Fortin, J. (2000). *Programme structuré de sevrage des somnifères chez les personnes âgées.* Rimouski: Université du Québec à Rimouski.

*Peterson, J.A. (2001). Osteoporosis overview. *Geriatric Nursing, 22*, 17–23.

*Phillips, L.R. (2000). Domestic violence and aging women. *Geriatric Nursing, 21*, 188–193.

*Plotkin, K., & Roche, J. (2000). The future of home and hospice care: Linking interventions to outcomes home health care. *Home Healthcare Nurse, 18*, 442–450.

Régie de l'assurance-maladie du Québec (2001). *Portrait quotidien de la consommation médicamenteuse des personnes âgées non hébergées.* Québec: Régie de l'assurance-maladie du Québec.

Ritchie, K., & Lovestone, S. (2002). The dementias. *Lancet, 360*(9347), 1759-1766.

*Rittenhouse, S.K. (2001). Spironolactone for heart failure: A worthy addition to therapy. *Advance for Nurse Practitioners, 9*, 34–40.

Roy, P.-M. (2004). *Les plaies de pression*, (page consultée le 14 mai 2004), [en ligne], http://www3.sympatico.ca/pm.roy/

Ruckenstein, M.J. (2001). The dizzy patient: How you can help. *Consultant, 41*, 29–34.

*Ryden, M.B., Snyder, M., Gross, C.R., et al. (2000). Value-added outcomes: The lure of advanced practice nurses in long-term care facilities. *Gerontologist, 40*, 654–662.

Santé Canada (2000). *Principales causes de décès et d'hospitalisation au Canada en 1997*, (page consultée le 27 mai 2005), [en ligne], http://www.phac-aspc.gc.ca/publicat/lcd-pcd97/mrt_mf_f.html#no

Santé Canada (2000a, 2002). *Guide d'activités physique canadien pour une vie saine et active pour les aînés*, (page consultée le 25 juin 2003), http://www.hc-sc.gc.ca/hppb/guideap/aines/index.htm

Santé Canada (2000b). *Principales causes de décès et d'hospitalisation au Canada en 1997*, (page consultée le 27 mai 2005), [en ligne], http://www.phac-aspc.gc.ca/publicat/lcd-pcd97/mrt_mf_f.html#no

Santé Canada (2002). *Vieillir au Canada.* Ottawa: Travaux publics et Services gouvernementaux.

Santé Canada (avril 2003). *Actualités en épidémiologie sur le VIH/Sida: Le VIH/Sida chez les personnes âgées au Canada*, (page consultée le 23 novembre 2004), [en ligne], http://www.phac-aspc.gc.ca/publicat/epiu-aepi/hiv-vih/older_f.html

Santé Canada, Comité de rédaction (2001). *Les maladies respiratoires au Canada.* Ottawa: Santé Canada.

Scheiber, L.B., & Torregrosa, L. (2000). Osteoporosis: What to tell postmenopausal women about prevention and therapy. *Consultant, 40,* 1021–1028.

Shumaker, SA, Legault, C, Thal, L, et al. (2003). Estrogen Plus Progestin and the Incidence of Dementia and Mild Cognitive Impairment in Postmenopausal Women: The Women's Health Initiative Memory Study: A Randomized Controlled Trial. *JAMA, 289*(2651).

*Smith-Sims, K. (2001). Hospital-acquired pneumonia. *American Journal of Nursing, 101,* 24AA–24EE.

Société canadienne d'ophtalmologie (2004). *Centre de documentation sur la cécité,* (page consultée le 19 novembre 2004), http://www.cnib.ca/frn/cecite/eye/macula.htm

Statistique Canada (1999). L'espérance de vie. *Rapport sur la santé, 11*(3), 9-29.

Statistique Canada (2002). *Le Canada en statistiques. Gouvernement du Canada.*

Données mises à jour en 2002, (page consultée le 6 juillet 2002), [en ligne], http://www.statcan.ca/

Statistique Canada (2004a). *Enquête sociale générale 2002, cycle 16: vieillissement et soutien social – Tableaux,* (page consultée le 8 octobre 2004), [en ligne], http://www.statcan.ca/

Statistique Canada (2004b). *Espérance de vie - table de mortalité abrégée, à la naissance et à 65 ans, selon le sexe, Canada, provinces et territoires, données annuelles 2001.Tableau 102-0511,* (page consultée en septembre 2004), [en ligne], http://www.statcan.ca/

Statistique Canada (2004c). *Indicateurs de la santé – vol. 2004, no 1, No de cat. 82-221,* (page consultée le 30 septembre 2004), http://www.statcan.ca/

*Tappen, R., Roach, K., Applegate, E.B., & Stowell, P. (2000). Effect of a combined walking and conversation intervention on functional mobility of nursing home residents with Alzheimer disease. *Alzheimer Disease and Associated Disorders, 14,* 196–201.

Tinetti, M.E., Williams, C.S., & Gill, T.M. (2000). Dizziness among older adults: A possible geriatric syndrome. *Annals Internal Medicine, 132,* 337–344.

Tumolo, J. (2000). Caregivers who hurt: The tragedy of elder abuse. *Advance for Nurse Practitioners, 8,* 63–65.

 En complément de ce chapitre, vous trouverez sur le Compagnon Web:
- une bibliographie exhaustive;
- des ressources Internet.

PARTIE 3

Prise en charge de la personne : principes et difficultés

Adaptation française
Sophie Longpré, inf., M.Sc.
Professeure, Département
des sciences infirmières – Université
du Québec à Trois-Rivières

CHAPITRE

13

Douleur

Objectifs d'apprentissage

Après avoir étudié ce chapitre, vous pourrez :

1. Faire la distinction entre la douleur aiguë et la douleur chronique.

2. Décrire les effets néfastes de la douleur.

3. Décrire la physiopathologie de la douleur.

4. Décrire les facteurs qui influent sur la perception de la douleur.

5. Utiliser de façon appropriée les instruments de mesure de la douleur.

6. Expliquer le fondement physiologique des interventions visant à soulager la douleur.

7. Décrire les particularités de la perception de la douleur chez les personnes âgées.

8. Déterminer quand la tolérance aux opioïdes peut devenir un problème.

9. Déterminer les interventions appropriées pour soulager la douleur chez certains groupes de personnes.

10. Comparer les différentes interventions neurochirurgicales visant à traiter la douleur réfractaire.

11. Élaborer un plan thérapeutique infirmier pour prévenir et traiter les effets indésirables des agents analgésiques opioïdes.

12. Appliquer la démarche systématique aux personnes souffrantes.

La **douleur** est une expérience sensorielle et émotionnelle désagréable, associée à une lésion tissulaire réelle ou potentielle (Merskey et Bogduk, 1994). C'est le motif le plus fréquent de consultation auprès des professionnels de la santé. Elle est présente dans plusieurs affections, examens paracliniques ou traitements. Le concept de souffrance a été défini comme un état de détresse important. Une personne peut souffrir de la perte d'un être cher sans pour autant éprouver de la douleur. Par ailleurs, dans le cadre de ce chapitre, lorsqu'il est question d'une personne souffrante, il s'agit d'une personne qui éprouve de la douleur dans son corps. De tous les membres de l'équipe de soins, c'est l'infirmière qui passe le plus de temps en compagnie de la personne souffrante. Il est donc essentiel qu'elle comprenne la physiopathologie de la douleur, ainsi que les effets physiologiques et psychologiques de celle-ci, qu'elle soit aiguë ou chronique, et les méthodes visant à la traiter. L'infirmière rencontre les personnes souffrantes à différents endroits, notamment à l'unité de soins intensifs, en clinique externe, dans les unités de soins de longue durée et à domicile. Quel que soit le cadre dans lequel elle travaille, elle doit par conséquent posséder les connaissances et les aptitudes nécessaires pour évaluer la douleur, élaborer des stratégies pour la soulager et mesurer l'efficacité de ces stratégies.

Cinquième signe vital

Le traitement de la douleur est un point si fondamental des soins que l'American Pain Society considère la douleur comme « le cinquième signe vital » (Campbell, 1995) afin

VOCABULAIRE

Agoniste: substance qui se fixe sur un récepteur et produit le même effet que le ligand naturel (c'est-à-dire l'effet désiré). Les endorphines et la morphine sont des agonistes qui se fixent sur les récepteurs opioïdes.

Algogène: qui cause de la douleur.

Analgésie contrôlée par la personne (ACP): autoadministration d'agents analgésiques par la personne à qui on explique comment procéder.

Analgésie mixte (*balanced analgesia*): utilisation combinée de plus d'une forme d'analgésie pour obtenir un soulagement plus grand avec moins d'effets indésirables.

Antagoniste: substance qui entrave ou inverse l'action de l'agoniste en se fixant sur le même récepteur et en l'empêchant d'exercer son effet. La naloxone (Narcan) est un antagoniste opioïde.

Dépendance: survient lorsqu'une personne habituée à prendre des opioïdes ressent une sensation de manque lors du sevrage; va souvent de pair avec la tolérance aux opioïdes. Anglais: *dependance*.

Douleur: expérience sensorielle et émotionnelle désagréable, associée à une lésion tissulaire réelle ou potentielle.

Douleur de pointe: augmentation subite et temporaire de la douleur chez une personne traitée au moyen d'un analgésique opioïde.

Douleur irradiée: douleur perçue comme provenant d'un siège différent de celui de l'affection: par exemple perception d'une douleur au bras gauche ou à la mâchoire chez une personne souffrant d'un infarctus du myocarde.

Effet placebo: analgésie qui provient de l'effet escompté d'une substance et non de la substance elle-même.

Endorphine et **enképhaline:** substances semblables à la morphine produites par le corps; elles se trouvent principalement dans le système nerveux central et ont la propriété de réduire la douleur.

Épidurale (voie): voie d'injection d'une substance médicamenteuse dans l'espace péridural.

Nocicepteurs: récepteurs sensibles aux stimuli nociceptifs.

Nociception: activation de transduction sensorielle dans les nerfs par des facteurs thermiques, mécaniques ou chimiques sur des terminaisons nerveuses précises; les influx indiquent des lésions tissulaires au système nerveux central.

Non nociceptrice: fibre nerveuse qui ne transmet habituellement pas la douleur.

Opioïde: composé semblable à la morphine qui produit des effets sur le corps, notamment soulagement de la douleur, sédation, constipation et dépression respiratoire. On préfère ce terme à celui de narcotique.

Péridural: à l'extérieur de la dure-mère; on parle d'*espace péridural.*

Prostaglandines: substances chimiques qui accroissent l'effet de la bradykinine (qui provoque la douleur), d'où une plus grande sensibilité des récepteurs de la douleur.

Rachidienne (voie): voie d'injection d'une substance médicamenteuse dans le canal vertébral (espace intrathécal ou sous-arachnoïdien)

Sensibilisation: réponse observée après une exposition au stimulus nocicepteur; la réponse au même stimulus est l'augmentation de la douleur.

Seuil de la douleur: degré minimal de douleur que la personne est capable de percevoir.

Tolérance: survient lorsqu'une personne qui prend des opioïdes devient insensible à leurs propriétés analgésiques (et généralement à leurs effets indésirables). La tolérance se caractérise par le besoin d'augmenter les doses pour maintenir le même degré de soulagement de la douleur. Synonyme: accoutumance.

Tolérance à la douleur: degré maximal de douleur que la personne est capable d'endurer.

Toxicomanie: abus d'une substance (médicament ou drogue) caractérisé par une compulsion à prendre celle-ci pour en ressentir d'abord les effets psychiques. La psychodépendance ou la physicodépendance à un opioïde peut survenir par suite de son usage continu et prolongé. Anglais: *addiction*.

d'attirer l'attention des professionnels de la santé sur l'importance de son évaluation et de son traitement. La documentation sur l'évaluation de la douleur est maintenant aussi abondante que celle consacrée aux signes vitaux «traditionnels».

Qualifier la douleur de «cinquième signe vital» signifie qu'on devrait l'évaluer de façon automatique, comme on prend la pression artérielle et le pouls. La JCAHO (2003) a intégré la douleur et son traitement dans ses normes: «on doit évaluer la douleur chez toutes les personnes» et «les personnes ont le droit à une évaluation et à un traitement appropriés de la douleur». Ces normes reflètent l'importance qu'on accorde au traitement de la douleur.

Le premier rôle du professionnel de la santé est d'évaluer la douleur et de la soulager en administrant des médicaments ou en donnant d'autres traitements. L'infirmière collabore avec les autres professionnels de la santé en effectuant la plupart des interventions à cet effet, en évaluant leur efficacité et en servant d'intermédiaire entre le médecin et la personne lorsque l'intervention est inefficace. En outre, l'infirmière enseigne à la personne et à sa famille comment soulager eux-mêmes la douleur, le cas échéant.

L'International Association for Study of Pain a donné à la douleur une définition qui tient compte de sa nature multidimensionnelle (Merskey et Bogduk, 1994). Selon une définition plus large, la douleur se définit comme la description que la personne en fait, et on considère qu'elle existe dès lors que la personne dit avoir mal. Cette définition rend compte de la nature très subjective de la douleur et de son traitement. La personne souffrante est la mieux placée pour en parler. Par conséquent, la validation de la douleur est fondée sur le fait que la personne affirme que celle-ci existe.

S'il est important de croire la personne qui dit souffrir, il importe également d'être attentif aux personnes qui nient la douleur dans des situations où on s'attendrait à ce qu'elles soient souffrantes. Si elle soupçonne la présence de douleur chez une personne qui nie souffrir, l'infirmière doit aborder le sujet avec elle et lui exposer les raisons qui ont fait naître ses soupçons: par exemple le fait que l'affection ou le traitement est généralement douloureux, que la personne grimace lorsqu'elle bouge ou qu'elle évite tout mouvement. L'infirmière doit aussi discuter avec la personne des raisons qui pourraient l'inciter à nier la douleur. Certaines personnes nient la douleur par crainte d'avoir à subir de nouveaux traitements, et d'autres par crainte d'acquérir une accoutumance aux **opioïdes** si on leur prescrit ces médicaments.

Types de douleur

La douleur est classée selon sa durée, son siège et son étiologie. On définit généralement trois grands types de douleur: la douleur aiguë, la douleur chronique (non maligne) et la douleur reliée au cancer.

DOULEUR AIGUË

La douleur aiguë est généralement d'apparition récente et elle est souvent reliée à un traumatisme précis. Elle est assez vive pour que la personne en soit consciente et évite les situations douloureuses similaires. En l'absence de complications ou d'affection, la douleur aiguë s'atténue à mesure que la personne se rétablit. Selon sa définition, elle dure de quelques secondes à 6 mois. Cependant, cette période de référence de 6 mois est jugée imprécise (Brookoff, 2000) car, pour beaucoup de blessures aiguës, la guérison a lieu en quelques semaines et dépasse rarement un mois et demi. Lorsqu'on s'attend à ce que la blessure guérisse en 3 semaines et que la personne continue à souffrir, on doit considérer que la douleur est chronique et on doit la traiter comme telle. Dans ce cas, attendre 6 mois pourrait entraîner des souffrances inutiles.

DOULEUR CHRONIQUE (NON MALIGNE)

On définit la douleur chronique comme une douleur qui subsiste au-delà de la période de guérison normale et à laquelle on peut rarement attribuer une cause précise. Il arrive qu'on ne sache pas exactement quand et pourquoi elle est apparue, ce qui la rend difficile à traiter. Alors que la douleur aiguë peut être «utile», en ce sens qu'elle révèle un problème, la douleur chronique devient habituellement un problème en soi.

On définit parfois la douleur chronique comme une douleur qui dure 6 mois ou plus, ce qui permet de la différencier de la douleur aiguë, même s'il s'agit d'une durée arbitraire. Un épisode de douleur peut avoir les caractéristiques de la douleur chronique bien avant l'échéance de 6 mois; inversement, certaines douleurs conservent les caractéristiques de la douleur aiguë pendant plus de 6 mois. Cependant, après 6 mois, la plupart des douleurs s'accompagnent de problèmes qu'on associe à la douleur chronique. Cette dernière n'a en soi aucune «utilité» et elle devient souvent le problème principal.

L'infirmière entre en contact avec la personne qui souffre de douleur chronique lorsque celle-ci est admise à l'établissement de soins pour y être traitée ou elle la voit en dehors de l'hôpital dans le cadre des soins à domicile. Les syndromes de la douleur les plus fréquents sont présentés dans l'encadré 13-1 ■.

DOULEUR RELIÉE AU CANCER

La douleur reliée au cancer peut être aiguë ou chronique. Elle est si souvent partie intégrante de l'affection qu'elle constitue, après la peur de mourir, la peur la plus fréquemment diagnostiquée. Ainsi, plus de la moitié des 1 308 personnes atteintes de cancer qui ont participé à une étude menée par Foley (1999) indiquaient avoir ressenti une douleur modérée à intense 50 % du temps. Cette forme de douleur peut être directement liée à la tumeur (infiltration osseuse par les cellules cancéreuses ou compression des nerfs), être la conséquence des traitements (chirurgie ou radiothérapie) ou ne pas être associée au cancer (trauma). Pour une grande part, elle est le résultat direct du néoplasme. Une approche de traitement en trois étapes est présentée dans la figure 13-1 ■; y sont indiqués les types d'analgésiques utilisés pour soulager des douleurs de différente intensité. Un algorithme de la douleur reliée au cancer élaboré selon un ensemble de principes directeurs d'analgésie est illustré à la figure 13-2 ■.

Syndromes de douleur et problèmes de douleur intense

SYNDROME DE DOULEUR RÉGIONALE COMPLEXE

Le *syndrome de douleur régionale complexe* est le nom donné à un groupe d'affections auparavant appelées, entre autres noms, causalgie et dystrophie sympathique réflexe. Le syndrome de douleur régionale complexe rend compte d'un éventail d'états douloureux souvent causés par une lésion. L'ampleur et la durée de la douleur dépassent de loin la durée normale et se traduisent souvent par une importante défaillance des fonctions motrices. La dystrophie sympathique réflexe, qui fait partie du syndrome de douleur régionale complexe de type I, se produit souvent à la suite d'un trauma mineur. Le syndrome de douleur régionale complexe de type I se caractérise par une sensation de brûlure, habituellement située au pourtour d'une extrémité; il s'accompagne de faiblesse, d'un changement de la couleur et de la température de la peau par rapport à l'autre extrémité, d'une restriction de l'amplitude des mouvements, d'hyperesthésie, d'hypoesthésie, d'œdème, d'une altération de la croissance des cheveux et de sudation (Janig, 2001).

Le mouvement, la stimulation cutanée et le stress intensifient la douleur. Cette dernière apparaît souvent après une chirurgie ou un trauma touchant l'extrémité, mais ne se limite pas à la région immédiate de la lésion. Le syndrome de douleur régionale complexe de type I est plus fréquent que celui de type II. On le traite habituellement dans une clinique de la douleur. Actuellement, le bloc sympathique régional et l'administration intraveineuse régionale de brétylium constituent des moyens prometteurs de soulager la douleur. On peut également essayer les antidépresseurs tricycliques. Le syndrome de douleur régionale complexe de type II correspond à la causalgie. Il est plus susceptible d'apparaître après un trauma accompagné de lésions détectables des nerfs périphériques (Janig, 2001).

SYNDROME DE DOULEUR DE LA POSTMASTECTOMIE

Le *syndrome de douleur de la postmastectomie* survient après une mastectomie avec dissection des ganglions, mais il n'est pas nécessairement relié à la continuation de la maladie. Il se caractérise par une sensation de constriction accompagnée de brûlure, de picotement ou d'engourdissement dans la partie postérieure du bras, dans l'aisselle ou dans la paroi thoracique. Le syndrome de douleur de la postmastectomie s'aggrave souvent lorsque la personne bouge l'épaule, se traduisant alors par une capsulite rétractile causée par l'immobilisation (Miaskowski et Dibble, 1995).

CÉPHALÉE POST-TRAUMATIQUE

La *céphalée post-traumatique* apparaît après un trauma à la tête; elle se caractérise par une céphalée quotidienne et persistante. Elle est plus susceptible de résulter d'une blessure légère à la tête que d'une blessure modérée à grave (Uomoto et Esselman, 1993).

FIBROMYALGIE (FIBROSITE)

La *fibromyalgie* est un syndrome de douleur chronique caractérisé par une douleur musculosquelettique généralisée, des points sensibles, de la rigidité, de la fatigabilité et des problèmes de sommeil. Elle est aggravée par le stress et le surmenage. Le traitement comprend les mesures suivantes: administration d'AINS, injections d'anesthésiques locaux aux points sensibles, administration d'antidépresseurs, réduction du stress et exercices réguliers.

DOULEUR À L'ÉPAULE ASSOCIÉE À L'HÉMIPLÉGIE

La *douleur à l'épaule associée à l'hémiplégie* est un syndrome de douleur qui affecte 80 % des personnes qui ont eu un AVC. Elle peut résulter de l'étirement de l'articulation scapulohumérale causé par l'action de la gravité non compensée sur le bras défaillant. On peut la prévenir grâce à des stimulations électriques sur les muscles de l'épaule touchée.

DOULEUR ASSOCIÉE À LA DRÉPANOCYTOSE

La douleur ressentie par les personnes atteintes de drépanocytose provient de l'occlusion veineuse causée par la forme en faucille des globules rouges, la circulation défaillante vers un muscle ou un organe, l'ischémie et l'infarctus. On peut traiter la douleur aiguë au moyen d'AINS et d'analgésiques opioïdes administrés selon un horaire déterminé ou par une pompe d'**analgésie contrôlée par la personne (ACP)**.

Administrer des bains d'eau chaude et élever la température des régions corporelles en cause peut procurer un soulagement. Le traitement à la mépéridine (Demerol) et le traitement par le froid ne sont pas recommandés chez les personnes atteintes d'insuffisance rénale. Les personnes ayant une drépanocytose souffrent souvent de douleur chronique depuis longtemps. Elles peuvent être aux prises avec un problème de tolérance, de **dépendance** à long terme, de traitement inadéquat de la douleur et être victimes de préjugés raciaux (puisque cette affection touche particulièrement les hommes noirs d'origine africaine ou américaine).

DOULEUR RELIÉE AU SIDA

À mesure que le sida progresse, de nouveaux problèmes apparaissent qui provoquent une douleur croissante, notamment la neuropathie, l'œsophagite, les céphalées, la douleur postherpétique et abdominale, la douleur au dos, aux os et aux articulations. On doit déterminer les interventions visant à soulager la douleur en fonction de chaque cas individuel. Ces interventions peuvent notamment être les suivantes: administration d'AINS et d'opioïdes à action de longue durée, tels que les timbres transdermiques au fentanyl (Duragesic) ou la lidocaïne par voie topique. En cas de douleur neuropathique et postherpétique, les antidépresseurs tricycliques ou les anticonvulsivants peuvent apporter un soulagement.

DOULEUR PROVOQUÉE PAR UNE BRÛLURE

Bien qu'il s'agisse probablement du type de douleur le plus intense, les professionnels de la santé qui travaillent avec les personnes brûlées tendent à sous-évaluer leur souffrance. Les traitements actuels destinés à soulager la douleur chez les brûlés sont l'administration d'agents analgésiques opioïdes IV, le débridement sous anesthésie générale, l'intervention au moyen d'ACP, tel que le système à main de libération de protoxyde d'azote, et les techniques cognitives, en particulier l'hypnose.

DOULEUR DANS LE SYNDROME DE GUILLAIN-BARRÉ

Le syndrome de Guillain-Barré est une détérioration progressive inflammatoire du système nerveux périphérique qui se caractérise par une paralysie flasque accompagnée de paresthésie et de douleur (douleur musculaire et sensation de brûlure intense et implacable). La personne peut se plaindre d'une douleur vive tout en présentant une réponse caractéristique de flaccidité faciale; l'infirmière doit donc être attentive et apprendre à ne pas tenir compte des indices non verbaux qui contredisent les signes verbaux de douleur. Les interventions consistent notamment à administrer des

AINS pour soulager la douleur musculaire et des opioïdes si les AINS sont inefficaces. Pour soulager la causalgie et la douleur neurogénique, on peut recourir à des opioïdes, systémiques ou en épidurale, ou même à des agents anti-convulsivants ou à des agents antidépresseurs. Afin d'apaiser leur sensation de brûlure, certaines personnes supplient l'in-firmière d'ouvrir les fenêtres et de leur enlever leurs vêtements, même par temps froid. Cela donne à penser que de doux massages avec de la glace pourraient aider à soulager ces personnes, mais il est encore nécessaire d'effectuer des recherches pour vérifier si tel est le cas.

TOLÉRANCE AUX OPIOÏDES

La tolérance aux opioïdes est fréquente chez les personnes traitées pour une douleur chronique, en particulier chez celles qui sont vues par de multiples professionnels de la santé. On doit soupçonner une tolérance aux opioïdes lorsque (1) la personne se plaint d'une douleur plus importante que celle associée à son état, (2) la personne n'éprouve un soulagement qu'avec des doses anormalement élevées d'opioïdes ou (3) les effets indésirables causés par les opioïdes sont peu nombreux et de faible intensité. Les personnes atteintes de cancer présen-tent souvent une tolérance aux opioïdes, et il est nécessaire de leur donner des doses de plus en plus élevées de médica-ments pour soulager la douleur. Dans de tels cas, l'infirmière doit détecter la tolérance, observer la personne et lui poser des questions ou se renseigner auprès de sa famille, puis demander au médecin d'autres ordonnances d'analgésiques ou effectuer une autre intervention. Chez les personnes ayant subi une chirurgie, des agents anesthésiques locaux administrés en épidurale constituent un excellent analgésique postopératoire, mais le problème de la tolérance aux opioïdes doit être dépisté chez la personne avant l'opération.

Il arrive que des héroïnomanes en voie de rétablissement soient traités pour une douleur aiguë (chirurgie ou trauma). Ces personnes reçoivent souvent de la méthadone, dans le cadre d'un programme de désintoxication, pour éviter le sevrage relié à l'arrêt de la consommation d'héroïne. La méthadone n'empêche pas l'activité des autres opioïdes dans le traitement de la douleur aiguë.

DOULEUR CLASSÉE SELON LE SIÈGE

La distinction entre la douleur aiguë et la douleur chronique est un exemple de catégorisation selon la durée. On classe parfois aussi la douleur selon son siège (par exemple douleur pelvienne, céphalée et douleur thoracique). Cette forme de catégorisation est utile pour communiquer des informations sur la douleur et sur son traitement. Ainsi, la douleur tho-racique peut être le signe d'une angine ou d'un infarctus du myocarde et indiquer la nécessité d'un traitement selon les normes qui s'appliquent aux soins cardiaques.

DOULEUR CLASSÉE SELON L'ÉTIOLOGIE

On peut aussi concevoir la douleur et son traitement selon l'étiologie, par exemple la douleur causée par une brûlure et l'algie post zona. Cette catégorisation permet souvent aux cliniciens de prédire l'évolution de la douleur et de déterminer le traitement efficace.

Effets néfastes de la douleur

Quelles que soient sa nature, sa cause ou son évolution, la douleur a des effets néfastes qui vont au-delà de la souffrance qu'elle provoque si elle n'est pas traitée de façon adéquate. Une douleur non soulagée peut par exemple nuire au sommeil de la personne opérée (Raymond *et al.*, 2001). Zalon (1997) a établi que la plupart des personnes âgées de stature frêle ayant subi une opération réagissaient à la douleur intense en s'allon-geant à plat et en restant complètement immobiles, une réaction susceptible d'entraîner des complications postopératoires.

EFFETS DE LA DOULEUR AIGUË

Une douleur aiguë non soulagée peut nuire aux fonctions pulmonaire, cardiovasculaire, gastro-intestinale, endocri-nienne et immunitaire. La réponse au stress («réponse neuroendocrinienne au stress») n'est pas provoquée seu-lement par les traumas, mais peut également être associée à toute douleur intense quelle qu'en soit l'origine. Les chan-gements endocriniens, immunologiques et inflammatoires qui accompagnent le stress peuvent avoir des effets négatifs importants. Ils nuisent particulièrement aux personnes âgées, malades ou blessées.

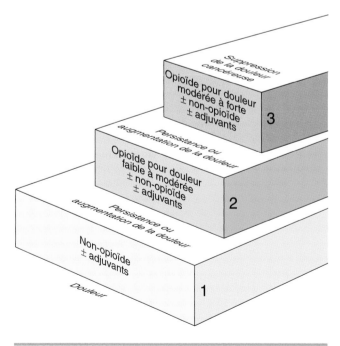

FIGURE **13-1** ■ Méthode en trois paliers de l'Organisation mondiale de la santé pour soulager la douleur cancéreuse. Les traitements analgésiques sont fondés sur l'intensité de la douleur, qui va de légère à forte. On peut combiner différents médicaments opioïdes et non opioïdes à d'autres médicaments, s'il y a lieu. Source: OMS (1997). *Traitement de la douleur cancéreuse* (2ᵉ éd.), p. 17.

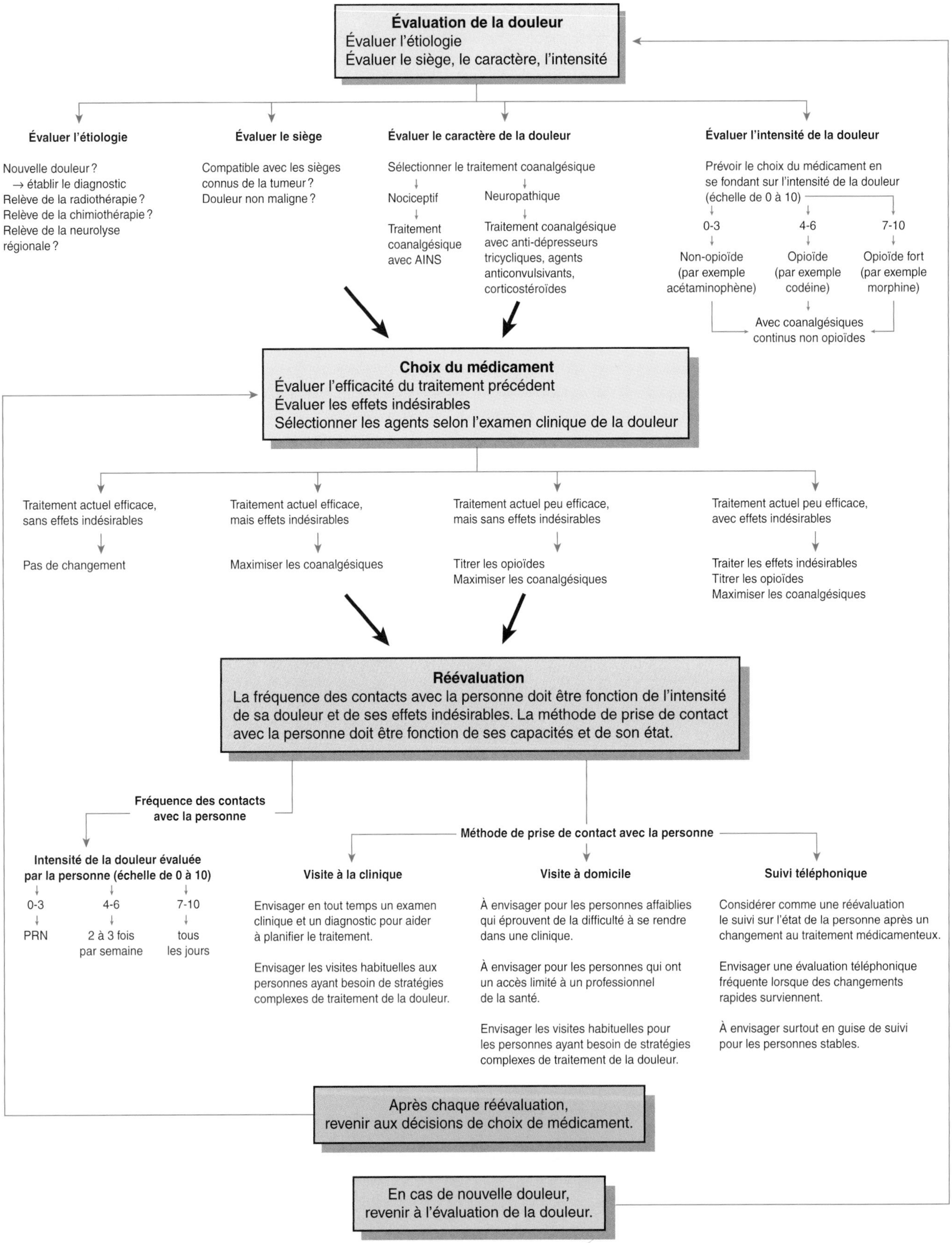

Évaluation de la douleur
Évaluer l'étiologie
Évaluer le siège, le caractère, l'intensité

Évaluer l'étiologie

Nouvelle douleur?
→ établir le diagnostic
Relève de la radiothérapie?
Relève de la chimiothérapie?
Relève de la neurolyse
régionale?

Évaluer le siège

Compatible avec les sièges
connus de la tumeur?
Douleur non maligne?

Évaluer le caractère de la douleur

Sélectionner le traitement coanalgésique

Nociceptif | Neuropathique

Traitement | Traitement coanalgésique
coanalgésique | avec anti-dépresseurs
avec AINS | tricycliques, agents
 | anticonvulsivants,
 | corticostéroïdes

Évaluer l'intensité de la douleur

Prévoir le choix du médicament en
se fondant sur l'intensité de la douleur
(échelle de 0 à 10)

0-3 | 4-6 | 7-10

Non-opioïde | Opioïde | Opioïde fort
(par exemple | (par exemple | (par exemple
acétaminophène) | codéine) | morphine)

Avec coanalgésiques
continus non opioïdes

Choix du médicament
Évaluer l'efficacité du traitement précédent
Évaluer les effets indésirables
Sélectionner les agents selon l'examen clinique de la douleur

Traitement actuel efficace, | Traitement actuel efficace, | Traitement actuel peu efficace, | Traitement actuel peu efficace,
sans effets indésirables | mais effets indésirables | mais sans effets indésirables | avec effets indésirables

Pas de changement | Maximiser les coanalgésiques | Titrer les opioïdes | Traiter les effets indésirables
 | | Maximiser les coanalgésiques | Titrer les opioïdes
 | | | Maximiser les coanalgésiques

Réévaluation
La fréquence des contacts avec la personne doit être fonction de l'intensité
de sa douleur et de ses effets indésirables. La méthode de prise de contact
avec la personne doit être fonction de ses capacités et de son état.

**Fréquence des contacts
avec la personne**

Méthode de prise de contact avec la personne

Intensité de la douleur évaluée
par la personne (échelle de 0 à 10)

0-3 | 4-6 | 7-10

PRN | 2 à 3 fois | tous
 | par semaine | les jours

Visite à la clinique

Envisager en tout temps un examen
clinique et un diagnostic pour aider
à planifier le traitement.

Envisager les visites habituelles aux
personnes ayant besoin de stratégies
complexes de traitement de la douleur.

Visite à domicile

À envisager pour les personnes affaiblies
qui éprouvent de la difficulté à se rendre
dans une clinique.

À envisager pour les personnes qui ont
un accès limité à un professionnel
de la santé.

Envisager les visites habituelles pour
les personnes ayant besoin de stratégies
complexes de traitement de la douleur.

Suivi téléphonique

Considérer comme une réévaluation
le suivi sur l'état de la personne après un
changement au traitement médicamenteux.

Envisager une évaluation téléphonique
fréquente lorsque des changements
rapides surviennent.

À envisager surtout en guise de suivi
pour les personnes stables.

Après chaque réévaluation,
revenir aux décisions de choix de médicament.

En cas de nouvelle douleur,
revenir à l'évaluation de la douleur.

FIGURE 13-2 ■ L'algorithme de la douleur reliée au cancer
(vue la plus élevée) est un modèle d'arbre décisionnel à trois
nœuds pour le traitement de la douleur élaboré d'après le

AHCPR Guideline for Cancer Pain, 1994. Source: A.R. DuPen *et al.*
(2000). An educational implementation of a cancer pain algorithm for
ambulatory care. *Pain Management Nursing*, *1*(4), 118.

La réponse au stress se traduit généralement par une augmentation du métabolisme et du débit cardiaque, une diminution de la réponse à l'insuline, ainsi qu'une augmentation de la production de cortisol et de la rétention liquidienne (chapitre 6 🔗). La réponse au stress peut accroître le risque de problèmes physiologiques tels que l'infarctus du myocarde, l'infection pulmonaire, la thrombose veineuse et l'iléus paralytique prolongé. La personne souffrant d'une douleur intense reliée au stress peut avoir des difficultés à respirer profondément, ressentir une fatigue accrue et voir sa mobilité réduite. Bien qu'ils puissent être tolérés par une personne jeune et en bonne santé, ces effets risquent d'entraver la guérison de personnes âgées, affaiblies ou gravement malades. Un soulagement efficace de la douleur peut se traduire par une guérison plus rapide et un meilleur état de santé à la fin.

EFFETS DE LA DOULEUR CHRONIQUE

Comme la douleur aiguë, la douleur chronique a aussi des effets indésirables. La suppression de la fonction immunitaire associée à la douleur chronique peut favoriser la croissance d'une tumeur. En outre, la douleur chronique entraîne souvent dépression et incapacité. Bien que les professionnels de la santé soient préoccupés par les grandes quantités de médicaments opioïdes nécessaires pour soulager la douleur chronique chez certaines personnes, la forte consommation de ces médicaments ne présente pas de danger. De plus, il peut se révéler dangereux de ne pas administrer la dose adéquate pour soulager la douleur à cause des conséquences qu'entraîne la douleur non soulagée (McCracken et Iverson, 2001).

Quelle que soit la façon dont la personne s'adapte à une douleur chronique, une souffrance qui perdure se traduit souvent par des comportements caractéristiques de l'invalidité. Les personnes atteintes de certains syndromes de la douleur disent se sentir dépressives, en colère et fatiguées (Meuser *et al.*, 2001; Raymond *et al.*, 2001). La personne peut être incapable de poursuivre ses activités comme auparavant et de conserver ses relations personnelles. Elle peut être incapable non seulement de participer à des activités physiques, mais aussi d'effectuer ses soins personnels, par exemple s'habiller ou se nourrir. L'infirmière doit comprendre les effets de la douleur chronique sur la personne et sa famille. Elle doit leur enseigner des stratégies visant à la soulager et leur indiquer les ressources appropriées auxquelles elles peuvent recourir.

Physiopathologie de la douleur

L'expérience sensorielle de la douleur dépend de l'interaction entre le système nerveux et l'environnement. Les systèmes nerveux central et périphérique doivent tous deux intervenir pour traiter les stimuli nocifs et donner naissance à la perception douloureuse.

TRANSMISSION DE LA DOULEUR

Les nocicepteurs, ou récepteurs de la douleur, et certains médiateurs chimiques font partie des mécanismes nerveux et des structures qui participent à la transmission des influx en provenance et à destination de la zone du cerveau qui interprète la douleur. Les **nocicepteurs** sont des récepteurs surtout sensibles à un stimulus nocif. On appelle aussi les nocicepteurs «récepteurs de la douleur», mais le terme «nocicepteur» est préférable.

Nocicepteurs

Les nocicepteurs sont des terminaisons nerveuses libres situées dans la peau qui répondent uniquement aux stimuli intenses potentiellement dommageables. Ces stimuli peuvent être de nature mécanique, thermique ou chimique. Les articulations, le muscle squelettique, le fascia, les tendons et la cornée sont également munis de nocicepteurs chargés de transmettre les stimuli douloureux. Les viscères n'ont pas de terminaisons nerveuses qui répondent uniquement à ce type de stimuli. La douleur provenant de ces organes résulte de la stimulation intense de récepteurs qui ont d'autres fonctions. Par exemple, l'inflammation, l'étirement, l'ischémie, la dilatation et le spasme des organes internes provoquent tous une réponse intense dans ces fibres polyvalentes et peuvent provoquer une douleur forte.

Les nocicepteurs font partie de voies multidirectionnelles complexes. Il s'agit de fibres nerveuses qui se ramifient très près de leur origine dans la peau et dont les branches sont reliées aux vaisseaux sanguins locaux, aux mastocytes, aux follicules pileux et aux glandes sudoripares. Lorsque ces fibres sont stimulées, les mastocytes libèrent de l'histamine, ce qui provoque une vasodilatation. Les nocicepteurs répondent à des stimuli mécaniques, thermiques et chimiques d'intensité élevée. Certains récepteurs ne répondent qu'à un seul type de stimulus; d'autres, appelés nocicepteurs polymodaux, répondent aux trois types de stimuli. Ces neurones très spécialisés transforment les stimuli mécaniques, thermiques ou chimiques en activité électrique ou potentiels d'action.

Les fibres cutanées situées plus près du centre communiquent avec le tronc sympathique paravertébral du système nerveux et avec les gros organes internes. En raison des connexions entre ces fibres nerveuses, la douleur s'accompagne d'effets vasomoteurs, autonomes et viscéraux. Par exemple, chez une personne atteinte de douleur aiguë intense, le péristaltisme gastro-intestinal peut diminuer ou s'arrêter.

Système nerveux périphérique

Un certain nombre de substances **algogènes** (causant de la douleur) qui affectent la sensibilité des nocicepteurs sont libérées dans le milieu extracellulaire en réponse à la lésion tissulaire. L'histamine, la bradykinine, l'acétylcholine, la sérotonine et la substance P sont des molécules qui accroissent la transmission de la douleur. On appelle aussi la transmission de la douleur «**nociception**». Les **prostaglandines** sont des substances chimiques qui augmentent la sensibilité des récepteurs de la douleur en accroissant l'effet douloureux de la bradykinine. Ces médiateurs chimiques provoquent également la vasodilatation et une augmentation de la perméabilité vasculaire, qui se traduit par une rougeur, de la chaleur et un œdème de la zone blessée.

Lorsque la nociception s'enclenche, le système nerveux périphérique transmet les potentiels d'action nociceptifs (Porth, 2002). Les neurones sensoriels de premier ordre vont de la périphérie (peau, cornée, viscères) à la moelle épinière en empruntant la corne dorsale. Il existe deux types de fibres responsables de la transmission de la nociception. Les plus petites, les fibres Aδ, parce qu'elles sont myélinisées, transmettent rapidement les influx, ce qui provoque une sensation de douleur vive et localisée. Ce type de douleur, qu'on appelle douleur rapide, apparaît habituellement 0,1 seconde après l'application du stimulus. Les fibres C, qui sont plus grosses et amyélinisées, transmettent plus lentement les influx. Ce second type de fibres provoque une douleur persistante sourde, et parfois cuisante, qui dure plus longtemps que la sensation provoquée par les fibres A. Cette douleur lente apparaît 1 seconde ou plus après l'application du stimulus, puis augmente graduellement au cours des secondes ou des minutes qui suivent. Le type et la concentration de fibres nerveuses qui transmettent la douleur varient selon le type de tissu.

En cas d'influx répétés dans les fibres C, on note une réponse plus importante dans les neurones de la corne dorsale, ce qui entraîne plus de douleur. Autrement dit, le même stimulus nocif produit de l'hyperalgésie, et la personne a plus mal qu'au premier stimulus. C'est pourquoi il importe de traiter les personnes au moyen d'agents analgésiques lorsque la douleur débute. Les personnes ont besoin de moins de médicaments et indiquent que le soulagement de la douleur est plus efficace si on leur administre l'analgésique avant qu'elles sentent la douleur.

Les **endorphines** et les **enképhalines** font partie des substances chimiques qui réduisent ou inhibent la transmission ou la perception de la douleur. Ce sont des neurotransmetteurs dont l'action est analogue à celle de la morphine, mais qui sont endogènes (produits par le corps). Lorsqu'elles sont appliquées à certaines fibres nerveuses, ces substances réduisent la transmission nociceptive. Le terme *endorphine* provient de la fusion des mots *endogène* et *morphine*. Les endorphines et les enképhalines sont présentes en grandes concentrations dans le système nerveux central, en particulier dans la corne dorsale de la moelle épinière et du bulbe rachidien, dans la substance grise périventriculaire, dans l'hypothalamus et dans le corps amygdaloïde. La morphine et les autres médicaments opioïdes agissent sur des sites récepteurs spécifiques et suppriment l'excitation provoquée par le stimulus nocif. Les effets observés après l'administration des opioïdes résultent de leur fixation sur ces sites. Chaque récepteur (μ, κ, δ) répond différemment lorsqu'il est activé. La classification et l'action des récepteurs opioïdes sont résumées dans le tableau 13-1 ■.

Système nerveux central

Après que la lésion tissulaire s'est produite, la nociception (transmission neuronale des influx douloureux) continue d'être acheminée vers la moelle épinière par les fibres Aδ et C. Les fibres entrent dans la corne dorsale, qui se divise en lames selon le type de cellule. Pour désigner le type de cellule de la lame II, on parle souvent de «substance gélatineuse». Dans cette substance gélatineuse se trouvent les fibres de projection qui relaient la nociception aux autres parties de la moelle épinière (figure 13-3 ■).

Les influx sont ensuite acheminés à la formation réticulaire, puis au thalamus et aux régions limbique et sous-corticale. À cette étape, la nociception est localisée, et la personne perçoit ses caractéristiques, notamment l'intensité. La formation

réticulaire, le système limbique et le système d'activation réticulaire sont responsables des variations individuelles de la perception des stimuli nociceptifs. Des personnes exposées au même stimulus peuvent éprouver des sensations de douleur très différentes en fonction de leur anxiété, de leur expérience antérieure de la douleur et de leurs attentes. Leur réaction dépend de leur perception consciente de la douleur.

Pour que la personne perçoive consciemment la douleur, il faut que les neurones du système ascendant soient activés. Cette activation résulte d'influx provenant des nocicepteurs situés dans la peau et dans les organes internes. Sous certaines conditions, la transmission de l'information stimulante nocive dans la voie ascendante est inhibée. C'est le cas lorsque les fibres interneuronales inhibitrices situées dans la corne dorsale sont activées.

Système de contrôle descendant

Le système de contrôle descendant est un système composé de fibres provenant de la substance grise périventriculaire qui aboutissent aux fibres interneuronales inhibitrices dans la corne dorsale de la moelle épinière. Ce système est probablement toujours actif; il empêche la transmission continue de stimuli douloureux, en partie grâce à l'action des endorphines. Lorsque la nociception survient, le système de contrôle descendant est activé, ce qui inhibe la douleur.

Les processus cognitifs peuvent stimuler la production d'endorphines dans le système de contrôle descendant. Les effets de la distraction illustrent l'efficacité de ce système. La distraction provoquée par l'arrivée de visiteurs peut ainsi augmenter l'activité dans le système de contrôle descendant: la personne qui reçoit des visiteurs peut avoir moins mal car moins d'informations nocives sont transmises à la conscience en raison de l'activation du système descendant. Cependant, lorsque la source de distraction prend fin, l'activité diminue dans le système de contrôle descendant, ce qui provoque une transmission accrue des stimuli douloureux.

Les interconnexions entre le système neuronal descendant et le tractus sensoriel ascendant sont appelées fibres interneuronales inhibitrices. Ces fibres contiennent des enképhalines et sont principalement activées par les fibres périphériques **non nociceptrices** (fibres qui ne transmettent normalement pas de stimuli nocifs ou douloureux) dans le même récepteur que le récepteur douloureux, ainsi que par les fibres descendantes qui font partie du système de contrôle descendant. Les enképhalines et les endorphines inhibent alors les influx douloureux en stimulant les fibres interneuronales inhibitrices, qui à leur tour réduisent la transmission des influx nocifs par le système ascendant (Puig et Montes, 1998).

C'est dans la théorie classique du portillon, élaborée par Melzack et Wall en 1965, qu'a été pour la première fois clairement formulée l'existence d'un système modulant la douleur (Melzack, 1996). D'après cette théorie, la stimulation de la peau envoie des influx nerveux qui sont ensuite transmis par trois systèmes situés dans la moelle épinière. Grâce à un système de portillon, la substance gélatineuse située dans la corne dorsale, les fibres du cordon dorsal et les cellules de transmission centrale agissent sur les influx nocicepteurs. Selon Melzack et Wall, la stimulation des fibres de gros diamètre inhibe la transmission de la douleur et par conséquent «ferme

Classification et action des récepteurs opioïdes

TABLEAU 13-1

Effet organique	μ	κ	δ
Œil: pupille	Myosis	Myosis	Mydriase
Poumons: fréquence respiratoire	Dépression (bradypnée)	Pas de changement	Stimulation (tachypnée)
Cœur: fréquence	Bradycardie	Pas de changement	Tachycardie
Corps: température	Hypothermie	Pas de changement	Effet inconnu
Affect	Indifférence	Sédation	Dysphorie
Système gastro-intestinal	Constipation	Pas d'effets	Nausée

μ = mu; κ = kappa ; δ = delta
SOURCE: J. S. Willens (1994). Pain management in the trauma patient, dans V.D. Cardona *et al.* (dir.). *Trauma nursing from resuscitation through rehabilitation* (2ᵉ éd., p. 325-362). Philadelphie: W.B. Saunders.

le portillon». Inversement, lorsque de plus petites fibres sont stimulées, le portillon s'ouvre. Le système de portillon est influencé par les impulsions qui descendent du cerveau. Selon cette théorie, il existe donc un système spécialisé composé de grosses fibres qui activent des processus cognitifs précis grâce aux propriétés modulatrices du portillon rachidien. Ce système de portillons et de voies nociceptives est représenté schématiquement dans la figure 13-4 ∎.

La théorie du portillon a eu son importance car, pour la première fois, on avançait l'idée que des facteurs psychologiques jouent un rôle dans la perception de la douleur. Cette théorie a inspiré la recherche qui a mené aux approches cognitives comportementales dans le traitement de la douleur. Elle contribue à expliquer comment des interventions telles que les distractions ou la musicothérapie peuvent soulager la douleur.

Après avoir analysé le phénomène de la douleur du membre fantôme, Melzack (1996) a élargi la théorie du portillon. Selon lui, il existe, entre le thalamus et le cortex et entre le cortex et le système limbique, un réseau étendu de neurones composé de boucles. Melzack a baptisé ce réseau de neurones «neuromatrice». Lorsque l'information est traitée par la neuromatrice, un schéma caractéristique émerge. Ce schéma, appelé neurosignature, est créé en continu par la neuromatrice qui le modifie au fil des influx qu'elle reçoit et produit en définitive toutes les sensations ressenties dans le corps, sensations dont le caractère change constamment.

Melzack (1996) a émis l'hypothèse que, en l'absence des influx modulants provenant du membre fantôme, la neuromatrice produit une neurosignature qui est perçue comme de la douleur. La théorie de la neuromatrice met l'accent sur le rôle joué par le cerveau, qui fait durer l'expérience de la douleur. Selon certains chercheurs qui l'ont critiquée, cette théorie ne permet pas de mieux comprendre comment les facteurs psychologiques influencent la douleur (Keefe, Lefebvre et Starr, 1996). Si la théorie de la matrice permet d'expliquer certains phénomènes inhabituels, son apport à la compréhension du traitement de la douleur n'est pas encore établi.

FACTEURS INFLUANT SUR LA RÉPONSE À LA DOULEUR

La douleur qu'éprouve une personne dépend d'un certain nombre de facteurs tels que l'expérience antérieure de la douleur, l'anxiété et la dépression, la culture, l'âge, le sexe et les attentes en matière de soulagement de la douleur (par exemple effet placebo). Ces facteurs peuvent augmenter ou diminuer la perception de la douleur, la **tolérance à la douleur** et affecter les réponses à la douleur.

PHYSIOLOGIE/ PHYSIOPATHOLOGIE

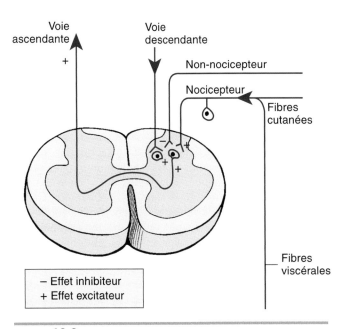

FIGURE 13-3 ∎ Système de nociception montrant les voies sensorielles ascendante et descendante de la corne dorsale.

PHYSIOLOGIE/PHYSIOPATHOLOGIE

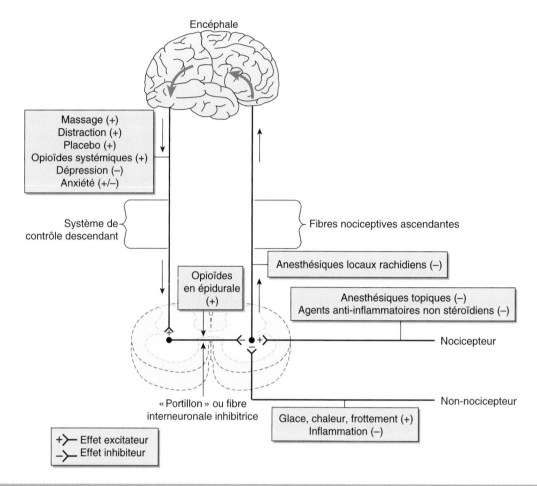

FIGURE 13-4 ■ Représentation schématique du système du portillon et de certains aspects du système nociceptif. Le système nerveux se compose de fibres de stimulation et de fibres inhibitrices. Par exemple, la stimulation d'un nocicepteur entraîne la transmission d'un influx à la jonction avec une fibre en aval. Cet influx (représenté par +>–) se traduira en douleur. La fibre interneuronale est un neurone inhibiteur (–>–). Lorsqu'elle est stimulée, elle inhibe ou éteint la transmission à la jonction où elle aboutit. Dans ce système, le placebo stimule (+) le système de contrôle descendant, lequel stimule la fibre interneuronale, qui a un effet inhibiteur (–) sur le système de contrôle ascendant. Un anesthésique topique a un effet inhibiteur (–) sur la transmission nerveuse au niveau du nocicepteur, et un anesthésique rachidien a le même effet (–) sur les fibres nociceptrices ascendantes.

Expérience antérieure de la douleur

On serait tenté de croire que les personnes qui ont souffert fréquemment ou longtemps ressentent moins d'anxiété et tolèrent mieux la douleur que celles qui n'en n'ont pas l'habitude. Cependant, l'inverse est vrai pour la plupart des gens. Souvent, plus une personne a souffert, plus elle a peur de souffrir à nouveau. Elle peut manifester une moindre tolérance à la douleur, autrement dit vouloir être soulagée plus rapidement et avant que la douleur devienne intense. Cette réaction est d'autant plus susceptible de survenir que la personne a été privée dans le passé de mesures de soulagement adéquates. Celle qui a connu des épisodes fréquents en vient donc à craindre l'escalade de la douleur et la possibilité de ne pas être soulagée. De plus, si elle a éprouvé une douleur atroce, elle connaît le degré d'intensité que peut atteindre la souffrance, tandis que celle qui n'a jamais ressenti une telle douleur n'a pas cette crainte.

La façon dont une personne réagit à la douleur est le fruit de multiples épisodes distincts survenus tout au long de son existence. Certaines personnes ne connaissent pas de répit: leur souffrance est prolongée ou chronique et persistante. L'expérience d'une douleur qui dure pendant des mois et des années peut avoir des répercussions telles que l'irritabilité, le repli sur soi et la dépression.

Il est important que l'infirmière connaisse les expériences antérieures de douleur d'une personne, en raison des effets indésirables qui peuvent en découler. Si elle est soulagée de façon prompte et efficace, la personne craindra moins de souffrir à nouveau et sera mieux à même de tolérer la douleur.

Anxiété et dépression

Contrairement à ce qu'on a souvent tendance à croire, l'anxiété n'augmente pas nécessairement la douleur. Les recherches n'ont pas permis d'établir de corrélation précise entre l'anxiété et la douleur, ni de démontrer que la diminution d'un stress postopératoire réduit la douleur postopératoire (Keogh *et al.*, 2001 ; Rhudy et Meagher, 2000). L'anxiété postopératoire est davantage reliée à l'anxiété préopératoire et aux complications postopératoires. Cependant, l'anxiété correspondant à la douleur ou reliée à cette dernière peut augmenter la perception qu'a la personne de la douleur. Par exemple, une personne qu'on a traitée pour un cancer du sein il y a 2 ans et qui souffre maintenant d'une douleur à la hanche peut craindre qu'il s'agisse d'une métastase. Dans ce cas, l'anxiété peut se traduire par une augmentation de la douleur. En revanche, si elle n'est pas reliée à la douleur, elle peut créer une diversion et faire oublier celle-ci. Par exemple, chez une mère hospitalisée pour des complications survenues à la suite d'une chirurgie abdominale et qui se fait du souci pour ses enfants, la perception de la douleur est susceptible de diminuer à mesure que cette mère s'inquiète davantage de ses enfants.

Utiliser de façon systématique des anxiolytiques pour traiter l'anxiété chez une personne souffrante peut l'empêcher d'exprimer sa douleur et ainsi diminuer sa capacité de prendre de profondes respirations, de sortir de son lit et de se conformer au plan de traitement. La façon la plus efficace de soulager la douleur est d'axer le traitement sur la douleur, et non sur l'anxiété.

De la même façon qu'on associe l'anxiété à la douleur à cause des inquiétudes et des peurs de l'affection sous-jacente, on associe la dépression à la douleur chronique et aux douleurs reliées au cancer non soulagées. Dans le cas de la douleur chronique, la dépression est associée aux changements importants causés par les effets restrictifs de la douleur, comme la baisse de revenu. Plus les périodes de douleur sont longues, plus l'incidence de la dépression augmente (Wall, 1999). Une douleur reliée au cancer non soulagée peut avoir une incidence considérable sur la qualité de vie de la personne, si bien qu'on doit non seulement soulager la douleur, mais aussi traiter la dépression qui en découle.

Influences culturelles

Les croyances sur la douleur et la façon d'y réagir diffèrent selon les cultures. Dès la petite enfance, l'être humain apprend l'attitude qu'il doit adopter face à la douleur. Par exemple, il peut apprendre qu'une blessure subie au cours d'une activité sportive n'est pas censée faire aussi mal qu'une blessure comparable résultant d'un accident de moto et qu'il a le droit d'exprimer plus vivement sa douleur dans le second cas. Il apprend les stimuli qui sont censés être douloureux et les façons d'y réagir. En raison de ces différences de croyances, les personnes éprouvant une douleur de même intensité n'y réagiront pas et ne la décriront pas de la même façon.

Pour soulager la douleur efficacement, on doit tenir compte des facteurs culturels. De nombreuses études ont été consacrées aux aspects culturels de la douleur. Leurs résultats sont toutefois difficiles à interpréter pour les raisons suivantes : résultats incompatibles, lacunes ou défauts méthodologiques (Lasch, 2000) et, dans de nombreux cas, incapacité à distinguer l'ethnicité, la culture et la race. Les facteurs qui contribuent à expliquer les différences existant au sein même d'un groupe culturel donné sont notamment l'âge, le sexe, le niveau de scolarité et le revenu, ainsi que le degré auquel la personne s'identifie à sa culture, le degré auquel elle est prête à adopter de nouveaux comportements ou, au contraire, à s'accrocher à des croyances et des pratiques traditionnelles en matière de santé. D'autres facteurs influent sur la façon de réagir de la personne, notamment son interaction avec le système de soins de santé et le soignant (Lasch *et al.*, 2000).

Les valeurs de l'infirmière peuvent être en contradiction avec celles d'une personne issue d'un autre milieu culturel. Les croyances et les valeurs de l'infirmière peuvent l'inciter à ne pas exprimer la douleur par des pleurs et des gémissements, à chercher un soulagement immédiat, à donner une description complète de la douleur et à faire confiance aux professionnels de la santé. En revanche, la personne peut avoir appris à gémir et à se plaindre lorsqu'elle a mal, à refuser les mesures de soulagement qui ne guérissent pas la cause de la douleur, à parler de sa douleur en employant des qualificatifs comme « insupportable » et à ne pas trop faire confiance au personnel soignant. Si elle est issue d'une autre culture, la personne peut se montrer calme et stoïque, et ne pas exprimer bruyamment sa souffrance. L'infirmière doit donc réagir à la perception de la douleur de la personne et non à son comportement face à la douleur, car ce dernier diffère selon la culture.

Si elle apprend à reconnaître les valeurs du groupe culturel auquel elle appartient et ce qui les distingue de celles des autres groupes, l'infirmière sera moins portée à évaluer le comportement d'une personne en fonction de ses propres manières de penser. L'infirmière qui est sensible aux différences culturelles comprendra mieux la souffrance de la personne, évaluera plus précisément la douleur et les comportements qu'elle suscite et procurera un soulagement plus efficace.

Les principaux points à prendre en considération lorsqu'on soigne des personnes issues d'une culture différente de la sienne sont les suivants :

- Que signifie la maladie pour la personne ?
- Y a-t-il des stigmates culturels reliés à cette maladie ou à cette douleur ?
- Quel rôle la famille joue-t-elle dans les décisions de soins de santé ?
- Dans cette culture, utilise-t-on des remèdes traditionnels pour soigner la douleur ?
- Le stoïcisme joue-t-il un rôle dans cette culture ?
- Y a-t-il des façons culturelles déterminées d'exprimer et de parler de la douleur ?
- La personne éprouve-t-elle certaines peurs au sujet de la douleur ?
- La personne a-t-elle vu ou veut-elle voir un guérisseur traditionnel ?

Quelle que soit la culture dont est issue la personne, l'infirmière doit apprendre à connaître cette culture et être consciente des questions de pouvoir et de communication qui entraveront les résultats escomptés des soins. Elle doit aussi se méfier des stéréotypes culturels et donner des soins sur mesure plutôt que de présumer qu'une personne issue d'une culture précise exprimera plus ou moins de souffrance. Les professionnels des soins de santé doivent adapter la quantité de médicaments ou le traitement en fonction des données fournies par la personne. L'infirmière doit tenir compte de l'existence des stéréotypes et de l'influence négative qu'ils peuvent avoir sur les soins. On doit orienter ces personnes pour qu'elles sachent ce qu'elles doivent signaler au sujet de leur souffrance et comment elles doivent s'y prendre.

Âge

La façon dont la douleur est perçue et tolérée selon l'âge a longtemps fait l'objet de recherches, et là encore les résultats manquent de cohérence. Ainsi, certains chercheurs rapportent que les adultes âgés ont besoin de stimuli nocifs plus intenses que les adultes jeunes pour dire qu'ils souffrent (Washington *et al.,* 2000), alors que d'autres n'ont noté aucune différence (Edwards et Fillingim, 2000). D'autres encore ont découvert que les personnes âgées (plus de 65 ans) disaient souffrir bien moins que les autres adultes (Li *et al.,* 2001). Des experts en traitement de la douleur ont conclu que la diminution de la perception de la douleur chez les personnes âgées est plus attribuable à la maladie (par exemple le diabète) qu'au vieillissement. Quoi qu'il en soit, davantage de recherches sur le vieillissement et ses effets sur la perception de la douleur sont nécessaires pour comprendre le phénomène.

Si de nombreuses personnes âgées consultent les professionnels de la santé en raison de la douleur qu'elles éprouvent, certaines ne le font pas, même si elles souffrent beaucoup, parce qu'elles croient que la douleur accompagne inévitablement le vieillissement. Il est parfois difficile d'évaluer la douleur chez les personnes âgées à cause des caractéristiques physiologiques, psychologiques et cognitives de cette clientèle. On estime que plus de 93 % des personnes qui résident dans un centre de soins de longue durée ont souffert quotidiennement au cours des 6 derniers mois (Weiner *et al.,* 1999). Selon le Conseil consultatif national sur le troisième âge, au moins le tiers des personnes âgées déclarent souffrir de douleur ou de malaises, et les chiffres sont plus élevés chez les personnes âgées de plus de 75 ans et chez celles qui vivent dans des institutions (CCNTA, 2002). La douleur non soulagée contribue aux problèmes de dépression, de troubles de sommeil, de réadaptation prolongée, de dénutrition et de dysfonction cognitive (Miaskowski, 2000).

La réaction d'une personne âgée à la douleur peut différer de celle d'un autre adulte. Étant donné que le métabolisme est plus lent et que le ratio réserves lipidiques-masse musculaire est plus élevé que chez les autres adultes, de légères doses d'agents analgésiques sont souvent suffisantes pour soulager la douleur, et ces doses sont efficaces plus longtemps (Buffum et Buffum, 2000).

L'attitude de la personne âgée face à la douleur dépend de son mode de vie, de sa personnalité et de ses origines culturelles. De nombreuses personnes âgées ne disent pas qu'elles souffrent et ne demandent pas de médicaments pour soulager la douleur parce qu'elles craignent de contracter une accoutumance aux analgésiques opioïdes. D'autres ne consultent pas parce qu'elles craignent que la douleur soit le signe d'une affection grave ou redoutent de perdre leur autonomie.

Après une chirurgie ou un trauma, on doit soulager adéquatement la douleur des personnes âgées. La confusion qui les affecte après une chirurgie ou un trauma est souvent attribuée aux médicaments, qu'on cesse alors de leur administrer. Cependant, cette confusion peut aussi découler d'une douleur non traitée et non soulagée. Dans certains cas, la confusion postopératoire disparaît lorsqu'on supprime le mal. On doit évaluer la douleur et le bien-fondé du traitement à la lumière des informations que la personne donne à ce sujet ; l'âge n'est pas un critère.

Sexe

Les chercheurs ont étudié les différences entre les sexes en matière de seuils de douleur et de réactions à celle-ci. Une fois encore, les résultats sont contradictoires. Selon Morin, les femmes tendent à indiquer des douleurs plus fortes que les hommes, et la douleur atteint son intensité la plus élevée durant la journée chez les femmes et la nuit chez les hommes (Morin *et al.,* 2000). À l'opposé, Kelly (1998) n'observe aucune différence entre les sexes en matière de douleur.

Riley et ses collaborateurs (2001) ont comparé le degré d'intensité de la douleur, le déplaisir et les émotions qui s'y rattachent (dépression, anxiété, frustration, peur et colère) chez les hommes et les femmes, auxquels ils ont demandé d'évaluer leur expérience de la douleur chronique. L'intensité de la douleur, le déplaisir, la frustration et la peur étaient plus élevés chez les femmes que chez les hommes. Robinson et ses collaborateurs (2001) notent que le rôle social des hommes et des femmes les amène à réagir différemment et à avoir des attentes différentes en matière de perception de la douleur. Dans une étude portant sur les réactions des hommes et des femmes face à la douleur chronique et à l'anxiété, Edwards, Augustson et Fillingim (2000) n'ont remarqué aucune différence entre les sexes en ce qui concerne la douleur et la dépression. Il existe, cependant, une différence en matière d'anxiété, les hommes étant plus anxieux au sujet de leur douleur que les femmes.

Les pharmacocinétiques et les pharmacodynamiques des opioïdes diffèrent chez les hommes et les femmes, ce qu'on attribue au métabolisme hépatique, dont l'activité enzymatique microsomiale diffère selon les sexes (Vallerand et Polomano, 2000). Les facteurs génétiques jouent un rôle dans les différentes réactions aux anti-inflammatoires non stéroïdiens (AINS) observées chez les hommes et les femmes (Buffum et Buffum, 2000).

Effet placebo

On parle d'**effet placebo** lorsqu'une personne répond à un médicament ou à un autre traitement parce qu'elle s'attend à ce qu'il fonctionne et non parce qu'il fonctionne réellement. Il peut ainsi suffire de recevoir le médicament ou le traitement pour en ressentir les effets positifs. L'effet placebo résulte de la production naturelle (endogène) d'endorphines dans le système de contrôle descendant.

Il s'agit d'une réaction physiologique réelle qu'on peut inverser en administrant de la naloxone, un **antagoniste** des opioïdes (Wall, 1999).

Si la personne a une attente positive à l'égard de l'effet du traitement, cela peut augmenter l'efficacité d'un médicament ou d'une autre intervention. Souvent, plus la personne reçoit d'indices que l'intervention est efficace, plus celle-ci donne de bons résultats. Une personne à laquelle on annonce que le médicament soulagera sa douleur est plus susceptible de voir sa douleur soulagée qu'une personne à laquelle on annonce que le médicament n'aura probablement aucun effet.

Des chercheurs ont montré que les différentes instructions verbales données à propos des traitements influent sur le comportement de la personne et réduisent de façon marquée l'emploi d'opioïdes. Pollo et ses collaborateurs (2001) ont étudié l'effet qu'ont les indications et les attentes sur des personnes qui avaient subi une thoracotomie. Ces personnes appartenaient à trois groupes : chacune d'elles a reçu une perfusion intraveineuse de solution saline et pouvait recevoir une dose de buprénorphine sur demande. On n'a donné aucune indication sur l'effet de l'analgésique aux personnes du premier groupe ; on a dit que la perfusion contenait soit un analgésique, soit un placebo aux personnes du deuxième groupe ; quant aux personnes du troisième groupe, on leur a dit que la perfusion diffusait un puissant analgésique. Bien qu'il n'y ait eu aucune différence dans l'intensité de la douleur exprimée dans les trois groupes, c'est dans le troisième groupe (auquel on avait dit que la perfusion contenait un puissant analgésique) qu'on a utilisé le moins d'opioïdes.

Des résultats similaires ont été obtenus dans le cadre d'une méta-analyse de 114 études de recherche publiées, qui visaient à comparer des situations où on donnait un placebo et des situations où on ne donnait aucun traitement (Hrobjartsson et Gotzsche, 2001). Les études analysées portaient sur des affections et des états variés ; 27 des 114 essais avaient pour objet le traitement de la douleur, et les autres portaient notamment sur l'obésité, l'asthme, l'hypertension, l'insomnie et l'anxiété. On a démontré l'effet placebo seulement dans le cas de la douleur.

Selon l'American Society of Pain Management Nurses (1996), on ne doit pas utiliser les placebos (comprimés ou injection ne contenant aucun ingrédient actif) dans le but d'évaluer ou de traiter la douleur d'une personne, quels que soient son âge et le diagnostic posé. Par ailleurs, l'organisme recommande que tous les établissements de santé mettent en place, avec la collaboration des comités d'éthique, des politiques interdisant l'utilisation de placebos pour évaluer ou traiter la douleur (encadré 13-2 ■). En outre, on devrait élaborer à l'intention des professionnels de la santé des programmes d'enseignement portant sur le traitement efficace de la douleur.

Examen clinique

La nature très subjective de la douleur rend son évaluation et son traitement difficiles pour les cliniciens. L'expression de la douleur relève d'une communication ; il est par conséquent nécessaire d'avoir un bon rapport avec la personne qui souffre.

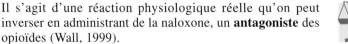

ENCADRÉ 13-2

ÉTHIQUE ET CONSIDÉRATIONS PARTICULIÈRES

Comment administrer des placebos ?

À cause des perceptions erronées sur les placebos et l'effet placebo, on doit se rappeler les principes suivants :

- L'effet placebo n'indique pas une absence de douleur ; il est plutôt l'effet d'une réaction physiologique réelle.
- On ne doit jamais recourir à des placebos (comprimés ou injection sans ingrédients actifs) pour tester la sincérité d'une personne qui dit souffrir ou comme traitement de première ligne.
- On ne doit jamais interpréter une réponse positive à un placebo (par exemple diminution de la douleur) comme une indication que la douleur de la personne n'est pas réelle.
- Un placebo ne doit jamais servir de substitut à un médicament analgésique. Bien qu'un placebo puisse produire un effet analgésique, les personnes peuvent affirmer qu'elles se sentent mieux uniquement pour ne pas décevoir l'infirmière.

En procédant à l'examen, l'infirmière tient compte des renseignements que la personne a fournis sur la douleur, des facteurs susceptibles d'influer sur celle-ci (par exemple expérience antérieure, anxiété, âge) et des réactions aux mesures de soulagement utilisées. Les renseignements recueillis sur l'intensité de la douleur, telle qu'elle est évaluée sur une échelle de la douleur, sont notés dans le dossier ; y figure également un formulaire contenant les renseignements sur les interventions utilisées pour soulager la douleur.

L'évaluation de la douleur vise notamment à établir le degré de soulagement dont la personne a besoin pour se rétablir rapidement ou pour améliorer son fonctionnement, si elle souffre de douleur aiguë, ou pour conserver un certain bien-être, si elle souffre de douleur chronique ou si elle est en phase terminale (encadré 13-3 ■). L'évaluation approfondie de la douleur porte, entre autres, sur les attentes de la personne et sur les moyens permettant de corriger les perceptions erronées qu'elle entretient au sujet de la douleur (encadré 13-4 ■). Une personne est plus susceptible de réclamer ou de s'administrer le traitement approprié si elle comprend que le soulagement de la douleur contribue au bien-être et accélère la guérison.

CARACTÉRISTIQUES DE LA DOULEUR

Lorsqu'on effectue une évaluation complète de la douleur, on doit tenir compte des facteurs suivants : l'intensité, le moment, le siège, le caractère, la signification personnelle, les facteurs qui l'aggravent ou la réduisent, ainsi que les comportements de la personne. On commence par observer attentivement la personne, en notant sa posture générale, la présence ou l'absence de signes observables de douleur, et on lui demande de décrire, dans ses propres mots, les caractéristiques de son mal. Les mots employés pour décrire celui-ci sont souvent de bons indicateurs de l'étiologie. Par exemple, une personne qui décrit une douleur thoracique provoquée par

Douleur à la fin de la vie

La douleur est l'un des symptômes les plus redoutés à la fin de la vie. La plupart des personnes en font l'expérience à mesure que la maladie progresse vers la phase terminale. L'inefficacité du traitement de la douleur reliée au cancer a été très étudiée (Agency for Health Care Policy and Research, 1994). Dans *Study to Understand Prognoses and Preferences for Outcomes and Risks of Treatment* (SUPPORT, 1995), des experts ont noté que près de 40 % des personnes gravement malades de façon chronique et des personnes plus âgées qui sont décédées à l'hôpital ont souffert de façon modérée à intense dans les trois derniers jours de leur vie. La souffrance causée par la douleur non soulagée touche tous les aspects de la vie (activité, appétit, sommeil) et peut affaiblir encore plus la personne. Du point de vue psychologique, la douleur non soulagée peut créer de l'anxiété et de la dépression, affecter les relations de façon négative et favoriser des idées suicidaires.

En janvier 2001, la Joint Commission on Accreditation of Health Care Organisations (JCAHO) a établi des normes sur la douleur. Ces normes constituent une occasion sans précédent d'améliorer les soins prodigués aux personnes hospitalisées et servent de guide aux normes établies dans le cas des soins palliatifs à domicile ou dans les foyers de soins palliatifs. Elles mettent l'accent sur le traitement des symptômes et l'évaluation des interventions.

Les barrières existant actuellement dans le traitement de la douleur sont notamment le manque d'enseignement et la peur de l'accoutumance.

BESOIN D'ENSEIGNEMENT

Sur les 45 683 pages consacrées aux soins infirmiers consultées par Ferrell *et al.* (2000), seulement 902 portaient sur la douleur à la fin de la vie. Les textes consacrés à la fin de la vie représentent 2 % du total, et ceux consacrés à la douleur à peine 0,5 %. Les chercheurs en ont conclu qu'il est nécessaire d'accroître la part de l'enseignement portant sur la douleur, y compris la douleur en fin de vie, au cours de la formation des étudiants.

PEUR DE L'ACCOUTUMANCE

La peur de l'accoutumance aux médicaments joue un rôle dans le traitement inefficace de la douleur, même pour les personnes en fin de vie. Les membres de la famille peuvent hésiter à faciliter ainsi le traitement de la douleur de peur de créer un stigmate social lié à l'accoutumance.

AUTRES SUJETS DE PRÉOCCUPATIONS

Le traitement de la douleur à la fin de la vie diffère peu du traitement général de la douleur. Chez les personnes mourantes, il est également nécessaire d'évaluer de façon exhaustive la douleur et son traitement, même si la confusion, le délire ou l'inconscience sont susceptibles d'entraver l'évaluation. On apprend aux professionnels de la santé à observer les signes d'agitation, à interpréter les expressions faciales et à les considérer comme un indicateur «tacite» de douleur.

On doit titrer les agents analgésiques de façon à trouver la dose la plus efficace et la voie la mieux tolérée. L'infirmière et les membres de la famille doivent évaluer l'efficacité du traitement utilisé. Si la douleur n'est pas soulagée, on peut utiliser une dose plus élevée de médicaments. Si la douleur persiste, on peut ajouter un autre médicament à la thérapie ou administrer un analgésique différent. Le processus de titrage exige de fréquentes évaluations pour que la douleur puisse être traitée efficacement. L'agent analgésique ou le traitement doit être approprié au type de douleur. Par exemple, une douleur neuropathique (brûlure, picotement, engourdissement, douleur lancinante, en coup de poignard ou de décharge électrique) exige une approche de traitement différente d'une douleur aiguë.

Afin de diminuer la douleur et d'aider la personne à s'y adapter, on peut recourir à des approches non pharmacologiques telles que l'imagerie mentale et la relaxation. On peut également favoriser le bien-être de la personne en lui faisant adopter une position appropriée et en lui offrant un environnement apaisant.

Il faut évaluer la dépression respiratoire: avec le temps, en effet, la personne devient tolérante à cet effet indésirable. On doit surveiller la fréquence et la profondeur de la respiration, et le niveau de conscience, afin de déterminer si la personne présente des signes de dépression respiratoire et a besoin d'un traitement. Une fréquence respiratoire de 8 par minute ou plus est généralement appropriée. Si on soupçonne une détresse respiratoire, on réduit la dose d'opioïdes. Il peut être nécessaire de stimuler fréquemment la personne de façon à ce qu'elle respire profondément jusqu'à ce qu'elle ait métabolisé l'opioïde. Dans les derniers jours de la vie, la personne peut devenir agitée, ce qui peut être un signe de douleur. On doit alors envisager, si le cas l'exige, d'augmenter les opioïdes en tenant compte des limites imposées par leurs effets respiratoires. En règle générale, la priorité est le bien-être de la personne lorsque cette dernière est visiblement à la fin de sa vie et que sa guérison n'est plus l'objectif visé.

Il faut traiter les effets indésirables des analgésiques comme dans le cas de toute autre affection douloureuse. La tolérance à la constipation est rare. Par conséquent, on doit élaborer un plan de traitement pour la soulager, notamment au moyen d'un régime alimentaire et d'une combinaison de laxatifs, de stimulants, d'émollients fécaux ou d'agents osmotiques. On doit faire preuve de vigilance dans l'évaluation et le traitement des autres effets indésirables des analgésiques.

Il est important d'apporter un grand soin à l'évaluation et au traitement de la douleur à la fin de la vie afin d'aider la personne à mourir avec dignité. L'enseignement donné aux professionnels de la santé et à la famille contribue à soulager efficacement la douleur des mourants.

---

un infarctus du myocarde évoque habituellement une pression ou une compression sur la poitrine. Dans la foulée de la description initiale, on doit effectuer une anamnèse détaillée.

Intensité

L'intensité de la douleur est très variable. Il n'y a aucune corrélation entre le degré d'intensité indiqué par la personne et le stimulus qui a produit la douleur. L'intensité est influencée par le **seuil de la douleur** et la tolérance de la personne. Le seuil de la douleur est le degré minimal de douleur que la personne est en mesure de percevoir, tandis que la tolérance à la douleur est le degré maximal de douleur que la personne est capable d'endurer. Pour comprendre les variations, l'infirmière demande à la personne quelle est l'intensité de la douleur ressentie actuellement, et ce qu'il en est lorsque la douleur est

ENCADRÉ 13-4

Inquiétudes courantes et perceptions erronées sur la douleur et l'analgésie

- Se plaindre de la douleur empêche le médecin de se concentrer sur sa principale responsabilité : guérir la maladie.
- Il est normal d'avoir mal quand on est vieux.
- Je ne veux pas déranger l'infirmière, elle est occupée à soigner d'autres personnes.
- Les analgésiques ne peuvent pas vraiment soulager la douleur.
- Les analgésiques créent facilement une accoutumance.
- Il est plus facile de supporter la douleur que les effets indésirables du traitement pharmacologique.
- Les analgésiques devraient être réservés aux moments où la douleur empire.
- Souffrir forge le caractère. C'est bon pour moi.
- Les personnes hospitalisées doivent s'attendre à souffrir.

SOURCE : D.B. Gordon, et S.E. Ward (1995). Correcting patient misconceptions about pain. *American Journal of Nursing, 95*(7).

la plus faible ou la plus élevée. Différents instruments et formulaires peuvent aider la personne à décrire l'intensité de la douleur qu'elle éprouve. La figure 13-5 ■ donne des exemples d'échelles d'évaluation de l'intensité de la douleur.

Moment

Parfois, on peut déterminer l'étiologie de la douleur en se fondant sur les moments auxquels elle se manifeste. L'infirmière doit donc poser à la personne les questions suivantes : À quel moment la douleur se manifeste-t-elle ? Quelle est sa durée ? Quelle est la relation entre le moment où la douleur se manifeste et son intensité ? Y a-t-il des changements dans la rythmicité de la douleur ? Elle lui demande également si la douleur apparaît subitement ou si elle augmente graduellement. Une douleur subite qui atteint rapidement son paroxysme est le signe d'une rupture tissulaire, ce qui exige une intervention immédiate. La douleur ischémique augmente graduellement et s'intensifie au bout d'une plus longue période. Il est important d'établir des corrélations entre le moment et l'intensité de la douleur, par exemple dans le cas de la douleur chronique provoquée par l'arthrite : les personnes souffrant d'arthrite disent en effet souvent souffrir davantage le matin.

Siège

Il est plus facile de déterminer le siège de la douleur lorsque la personne indique l'endroit du corps qui la fait souffrir. Dans certaines formes d'évaluation générale, on présente à la personne un schéma corporel illustrant une personne de face et de dos, et on lui demande de faire une marque aux endroits correspondant au siège de la douleur. Cette forme d'évaluation est particulièrement utile en cas de douleur qui irradie (**douleur irradiée**). De telles illustrations aident à déterminer si le traitement est efficace et à noter si le siège de la douleur change avec le temps.

Qualité

L'infirmière demande à la personne de lui décrire la douleur dans ses propres mots sans lui donner d'indices. Par exemple, elle lui demande de décrire à quoi ressemble la douleur. Il faut donner suffisamment de temps à la personne pour qu'elle puisse décrire ce qu'elle ressent, et l'infirmière doit prendre le temps nécessaire pour noter soigneusement tous les mots utilisés. Si la personne n'est pas en mesure de décrire sa douleur, l'infirmière peut lui proposer des mots tels que « brûlante », « sourde », « pulsatile » ou « en coup de poignard ». Toutefois, il est important de distinguer les mots utilisés par la personne de ceux proposés par l'infirmière qui effectue l'évaluation.

Signification personnelle

Chacun vit la douleur à sa façon et lui attribue une signification particulière. Il est important de demander à la personne quels effets la douleur a eus sur sa vie. Peut-elle continuer à travailler ou à étudier, ou en est-elle incapable ? L'infirmière lui demande si la douleur a influé sur ses finances familiales. Pour certaines personnes, une douleur récurrente peut signifier une aggravation de la maladie, comme un cancer qui se répand. La signification rattachée à la douleur aide l'infirmière à comprendre de quelle manière la douleur touche la personne, tout en l'aidant à planifier un traitement approprié.

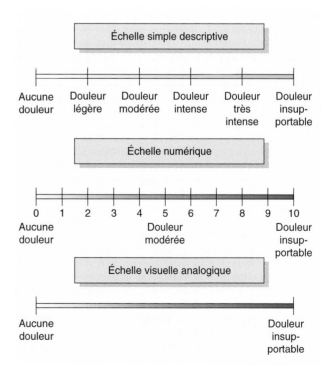

Pour chacune de ces échelles, il est recommandé d'utiliser une ligne de base de 10 cm de longueur.

FIGURE **13-5** ■ Exemples d'échelles d'intensité de la douleur.

Facteurs d'aggravation et d'atténuation de la douleur

De nombreux facteurs influent sur la douleur et peuvent en accroître ou en atténuer l'intensité. L'infirmière demande à la personne quelles répercussions les activités ont sur la douleur. Par exemple, chez une personne atteinte d'un cancer métastatique avancé, la douleur que provoque la toux peut indiquer une compression de la moelle épinière. L'infirmière évalue les facteurs environnementaux influant sur la douleur, car on peut facilement les modifier et soulager ainsi la personne. Par exemple, réchauffer la pièce peut aider la personne à se détendre et atténuer le mal. Enfin, l'infirmière lui demande si ce dernier influe sur la qualité de son sommeil ou entraîne de l'anxiété. Ces deux facteurs peuvent modifier l'intensité de la douleur et la qualité de la vie de façon marquée.

Déterminer les facteurs qui atténuent la douleur aide l'infirmière à établir un plan thérapeutique. Par conséquent, il importe de demander à la personne quels médicaments (médicaments prescrits et médicaments en vente libre) elle prend, en quelle quantité et à quelle fréquence. En outre, l'infirmière lui demande s'il y a des remèdes à base de plantes médicinales, des interventions non pharmacologiques ou d'autres traitements qui la soulagent. Ces renseignements l'aident à définir les besoins de la personne en matière d'enseignement.

Comportements face à la douleur

Les personnes expriment leur douleur en adoptant différents comportements. Ces comportements verbaux et non verbaux ne constituent pas des indicateurs uniformes et fiables de la qualité et de l'intensité de la douleur, ni même de sa présence; on ne doit donc pas les utiliser comme critères. Certaines personnes peuvent grimacer, pleurer, frotter la zone en cause, protéger la région affectée ou l'immobiliser. D'autres peuvent gémir, grogner, râler ou soupirer. Toutes les personnes ne réagissent pas de la même façon, et un même comportement peut avoir différentes significations.

Parfois, chez la personne qui ne s'exprime pas, les comportements trahissant la présence de la douleur servent d'indicateurs pour l'évaluer. Il est malaisé de se prononcer sur celle-ci et d'établir un traitement en se fondant sur des comportements qui peuvent être trompeurs. Dans le cas d'une personne inconsciente, on doit toujours supposer que la douleur est présente et la traiter. Toutes les personnes ont droit à un traitement adéquat de la douleur.

Les réponses physiologiques à la douleur, comme la tachycardie, l'hypertension, la tachypnée, la pâleur, la diaphorèse, la mydriase, l'hypervigilance et l'augmentation de la tonicité musculaire, sont reliées à la stimulation du système nerveux autonome. Ces réponses sont transitoires et changent à mesure que le corps s'adapte au stress, mais elles peuvent aussi résulter d'un changement de l'état de la personne, comme l'apparition d'une hypovolémie. On ne doit pas que se fier aux signes physiologiques pour détecter la présence de la douleur. Bien qu'il importe d'observer tous les comportements pertinents, l'absence de ceux-ci ne signifie pas pour autant l'absence de douleur.

INSTRUMENTS D'ÉVALUATION DE LA PERCEPTION DE LA DOULEUR

Seule la personne peut décrire et évaluer la douleur avec précision. Il n'est pas rare qu'une infirmière ou un médecin sous-estime ce que ressent la personne (McCaffery et Ferrell, 1997; McCaffery *et al.*, 2000; Puntillo, Miaskowski et Kehrle, 1997; Thomas *et al.*, 1998). C'est pourquoi on a conçu un certain nombre d'instruments destinés à évaluer la perception de la douleur (figure 13-5). On peut utiliser ces instruments pour établir la nécessité d'effectuer une intervention, en évaluer l'efficacité et déterminer le besoin de recourir à une autre mesure si celle qui a été appliquée dans un premier temps est inefficace. Pour que l'instrument d'évaluation de la douleur donne des résultats concluants, il faut obtenir la collaboration de la personne. L'instrument doit être facile à comprendre et à utiliser, ses résultats doivent s'interpréter sans ambiguïté et il doit être sensible aux plus petits changements des caractéristiques mesurées. La figure 13-6 ■ présente un algorithme d'évaluation qu'on peut utiliser pour prendre des décisions cliniques relativement au traitement de la douleur.

Échelles visuelles analogiques

Les échelles visuelles analogiques (figure 13-5) sont utiles pour évaluer l'intensité de la douleur. Une version de l'échelle comporte une ligne horizontale de 10 cm munie d'ancres (extrémités) indiquant les extrêmes de la douleur. On demande à la personne d'indiquer l'intensité de sa douleur en traçant une croix sur l'échelle. L'ancre de gauche correspond habituellement à «aucune» ou «pas de douleur», et l'ancre de droite à «intense» ou à «insupportable». Pour calculer les résultats, on place une règle le long de la ligne et on mesure la distance en millimètres ou en centimètres qui sépare l'ancre de gauche de la marque.

Certaines personnes (enfants, personnes âgées et personnes souffrant d'un handicap visuel ou cognitif) peuvent avoir des difficultés à utiliser une échelle visuelle analogique. Dans ce cas, on peut recourir à des échelles ordinales (échelle simple descriptive ou échelle numérique).

Échelle de visages douloureux révisée

Cet instrument comporte sept visages montrant différentes expressions (de l'allégresse à la détresse profonde). On demande à la personne d'indiquer le visage qui se rapproche le plus de l'intensité de la douleur ressentie. La fiabilité et la validité de cette échelle ont été établies (Hicks *et al.*, 2001; Hunter *et al.*, 2000). L'échelle de visages douloureux révisée est présentée dans la figure 13-7 ■.

Directives d'utilisation des échelles de douleur

Il peut être impossible d'utiliser une échelle écrite si la personne est gravement malade, éprouve une douleur vive ou vient d'être opérée. Dans ce cas, l'infirmière peut demander à la personne: «À quelle intensité correspond votre douleur en ce moment sur une échelle de 0 à 10, 0 correspondant à "aucune douleur" et 10 à "douleur insupportable"?» Avec les personnes qui ont des difficultés à évaluer leur douleur sur

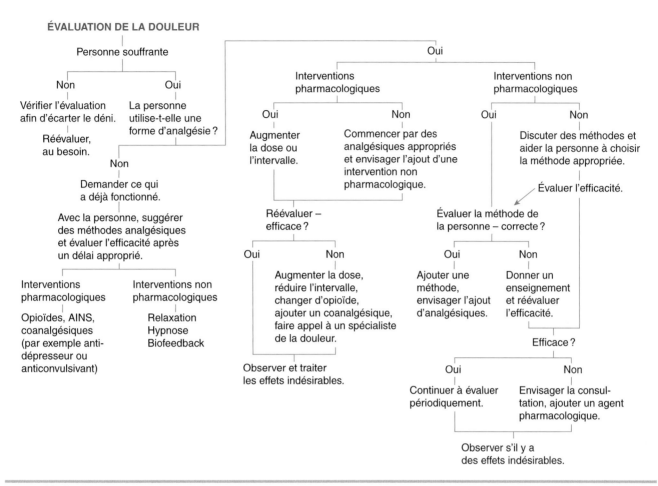

FIGURE **13-6** ■ Algorithme d'évaluation de la douleur. Source: E. Salerno et J.S. Willens (1996). *Pain management handbook: An interdisciplinary approach.* St-Louis: C.V. Mosby.

une échelle de 0 à 10, on peut recourir à une échelle de 0 à 5. Quelle que soit l'échelle choisie, l'infirmière doit toujours employer la même échelle avec la même personne. La plupart des gens répondent habituellement sans difficultés. Idéalement, l'infirmière apprend à la personne à se servir de l'échelle avant que la douleur ne se manifeste (par exemple avant une chirurgie). L'évaluation numérique est notée et sert de point de référence pour évaluer l'efficacité des mesures de soulagement qui viendront par la suite.

Si la personne ne parle pas français ou n'est pas en mesure de communiquer clairement les informations nécessaires pour traiter la douleur, on doit faire appel à un membre de la famille qui comprend son mode de communication et trouver une méthode appropriée d'évaluation de la douleur. Souvent, on peut créer une liste comportant d'un côté les mots français et de l'autre les mots étrangers. La personne peut alors montrer le mot qui correspond à l'intensité de la douleur ressentie.

Lorsqu'une personne est soignée à domicile par des proches aidants ou par une infirmière, une échelle de douleur peut aider à évaluer l'efficacité des mesures, à condition d'utiliser l'échelle avant et après ces mesures. Grâce à des échelles portant sur le siège et les caractéristiques de la douleur, l'infirmière peut, d'une part, déterminer de nouvelles sources ou de nouveaux sièges de douleur chez la personne qui souffre de façon chronique ou qui est en phase terminale

et, d'autre part, suivre les fluctuations d'intensité de la douleur. On peut apprendre à la personne et aux proches aidants à utiliser une échelle d'évaluation pour faciliter le traitement de la douleur. Les résultats ainsi notés par la personne et/ou les membres de la famille sont précieux pour l'infirmière à domicile qui voit la personne seulement lors de ses visites; elle peut utiliser ces résultats pour évaluer le degré d'efficacité des mesures de soulagement au fil du temps.

Il arrive qu'une personne nie la douleur dans des circonstances où la plupart des gens indiqueraient qu'elles souffrent terriblement. Par exemple, il n'est pas rare qu'une personne qui se remet d'un remplacement total d'une articulation maintienne qu'elle n'a pas de «douleur»; lorsqu'on la questionne davantage, elle admet qu'elle souffre «terriblement», tout en indiquant qu'elle «n'appellerait pas ça de la douleur». Dès lors, lorsqu'elle fait son évaluation, l'infirmière doit utiliser les mots que la personne emploie plutôt que le mot «douleur».

RÔLE DE L'INFIRMIÈRE DANS LE TRAITEMENT DE LA DOULEUR

L'infirmière aide à soulager la douleur en recourant à des mesures de sédation (pharmacologiques et non pharmacologiques), en évaluant leur efficacité, en surveillant les effets

| Plier | 0 | 2 | 4 | 6 | 8 | 10 | Plier |

«Ces visages montrent *combien* on peut avoir mal. Ce visage (montrer celui de gauche) montre quelqu'un qui n'a *pas mal du tout.* Ces visages (les montrer un à un de gauche à droite) montrent quelqu'un qui a de plus en plus mal, jusqu'à celui-ci (montrer celui de droite), qui montre quelqu'un qui a *très très mal.* Montre-moi le visage qui montre combien tu as mal en *ce moment.* » Les scores sont de gauche à droite: 0, 2, 4, 6, 8, 10, 0 correspondant à «pas mal du tout» et 10, à «très très mal».

Remarques:
- *Exprimez clairement les limites extrêmes: «pas mal du tout» et «très très mal».*
- *N'utilisez pas les mots «triste» ou «heureux».*
- *Précisez bien qu'il s'agit de la sensation intérieure, pas de l'aspect affiché de leur visage: «Montre-moi comment tu te sens à l'intérieur de toi ».*

FIGURE **13-7** ■ Échelle de visages douloureux.
SOURCE: *C.L. Hicks, C.L. von Baeyer, P. Spafford, I., van Korlaar et B. Goodenough. The Faces Pain Scale – Revised: Toward a common metric in pediatric pain measurement. Pain 2001; 93: 173-183. Échelle adaptée de D. Bien, R. Reeve, G. Champion, L. Addicoat et J. Ziegler. The Faces Pain Scale for the self-assessment* of the severity of pain experienced by children: Development, initial validation and preliminary investigation for ratio scale properties. Pain 1990; 41:139-150. Traduction extraite du site www.painsourcebook.ca. Reproduit avec l'autorisation de International Association for the Study of Pain® (IASP®).

RECHERCHE EN SCIENCES INFIRMIÈRES
13-1

Évaluation de la douleur et titrage des agents analgésiques

M. McCaffery, B.R. Ferrell et C. Pasero. (2000). Nurses' personal opinions about patients' pain and their effect on recorded assessments and titration of opioids doses. *Pain Management Nursing, 1*(3), 79-87.

OBJECTIF

Les infirmières jouent un rôle clé dans l'évaluation et le traitement de la douleur dans tous les champs de la pratique clinique. Bien que des études aient démontré que le manque de connaissances soit un facteur qui contribue au traitement insuffisant de la douleur, on en sait peu sur l'opinion personnelle des infirmières à cet égard. On a mené cette étude afin d'établir dans quelle mesure leur opinion personnelle au sujet de la douleur influe sur les décisions qu'elles prennent quant à son traitement et au titrage des opioïdes qui sont prescrits dans les cas de douleur intense.

DISPOSITIF ET ÉCHANTILLON

Dans cette étude descriptive, on a distribué des questionnaires en guise de prétest à un groupe d'infirmières assistant à des conférences sur la douleur, avant de leur transmettre des informations sur la douleur. Des données ont été recueillies dans 20 régions aux États-Unis. Les questionnaires présentaient deux vignettes mettant en scène deux personnes ressentant une douleur postopératoire. Les personnes étaient passées par les mêmes épreuves. Seul leur comportement différait; l'une souriait et plaisantait, tandis que l'autre restait calme dans son lit et grimaçait. On a demandé aux infirmières de donner leur opinion personnelle et d'indiquer l'intensité de la douleur évaluée qu'elles noteraient dans le dossier de ces deux personnes et quelle dose d'opioïdes elles leur administreraient. Sur une échelle de 0 à 10, les deux personnes représentées dans les vignettes évaluaient l'intensité de la douleur ressentie à 8, se plaignaient du traitement inadéquat de la douleur et de l'inefficacité des doses d'opioïdes dans le soulagement de la douleur intense. Dans les deux vignettes, on indiquait clairement qu'augmenter la dose d'opioïdes était une mesure sûre et souhaitable. Quelque 1276 infirmières ont rempli des questionnaires, parmi lesquels on a prélevé des échantillons aléatoires de 100 questionnaires provenant de quatre régions du pays. Au total, 400 questionnaires ont été analysés.

RÉSULTATS

Bien que les infirmières qui ont rempli le questionnaire aient indiqué qu'elles évalueraient l'intensité de la douleur à 8, celles qui croyaient la personne qui souriait étaient moins nombreuses que celles qui croyaient la personne qui grimaçait. Plus d'infirmières (78,3 %) ont cru à l'intensité de la douleur de la personne qui grimaçait, et 90 % auraient noté au dossier les bonnes informations. Un total de 39 % des infirmières ont indiqué croire la personne qui souriait, et 85,5 % ont affirmé qu'elles auraient noté correctement dans le dossier l'intensité de la douleur. Les infirmières étaient également plus enclines à augmenter correctement la dose d'opioïdes de la personne qui grimaçait; 62,5 % d'entre elles ont indiqué qu'elles auraient augmenté la dose de la personne qui grimaçait, mais seulement 47,3 % ont indiqué qu'elles agiraient de même avec la personne qui souriait. Parmi les infirmières qui auraient augmenté la dose d'opioïdes de la personne qui grimaçait, 16,3 % n'auraient pas fait de même pour la personne qui souriait.

IMPLICATIONS POUR LA PRATIQUE INFIRMIÈRE

En comparant ces résultats avec ceux des études précédentes menées entre 1990 et 1995, les auteurs ont noté une nette amélioration dans l'évaluation et le titrage des opioïdes. Cependant, les résultats montrent qu'il y a un besoin continu d'enseignement sur les différentes réactions des personnes à la douleur et sur le fait qu'il importe de tenir compte de l'évaluation que la personne fait de l'intensité de sa douleur. L'enseignement devrait davantage mettre l'accent sur les responsabilités de l'infirmière en matière de titrage des opioïdes.

indésirables et en servant d'intermédiaire auprès du médecin lorsque la mesure prescrite ne donne pas les résultats escomptés. De plus, l'infirmière donne à la personne et aux membres de sa famille l'enseignement qui leur permettra d'effectuer les interventions prescrites, le cas échéant.

Fixer les objectifs de traitement de la douleur

Les informations recueillies par l'infirmière grâce à l'évaluation de la douleur servent à déterminer les objectifs des soins. Ceux-ci doivent être communiqués à la personne ou approuvés par elle. Pour un petit nombre de personnes, on peut viser la disparition complète de la sensation douloureuse. Dans de nombreux cas, cependant, cela n'est pas réalisable. On peut alors fixer d'autres objectifs, par exemple réduire l'intensité, la durée ou la fréquence de la douleur et en atténuer les effets nocifs. La douleur peut altérer l'appétit ou le sommeil, entravant ainsi le rétablissement après une affection aiguë; dans ce cas, on tentera d'assurer à la personne une bonne nuit de sommeil et une alimentation adéquate. Une douleur prolongée qui perturbe le travail ou les relations personnelles peut nuire à la qualité de la vie; le but sera alors de réduire les absences au travail ou d'améliorer la qualité des relations interpersonnelles.

Pour déterminer l'objectif des soins, on doit tenir compte d'un certain nombre de facteurs. Le premier facteur est l'intensité de la douleur telle que l'évalue la personne. Le deuxième facteur concerne les effets nocifs anticipés de la douleur; une personne à risque élevé aura plus tendance à souffrir d'effets nocifs qu'une personne jeune en bonne santé. Le troisième facteur est la durée anticipée de la douleur. Si elle est consécutive à une affection comme le cancer, elle peut perdurer tout le reste de la vie de la personne; des interventions s'imposeront donc pendant un certain temps, mais elles ne devront pas nuire à la qualité de vie. On doit effectuer différents types d'interventions selon que la personne est susceptible de souffrir pendant quelques jours ou pendant quelques semaines.

Dans la cadre d'une étude menée sur l'expérience de la mort, on a interrogé les membres de la famille de 2451 personnes décédées (Lynn *et al.*, 1997). Quelque 55 % de ces personnes étaient conscientes au cours des 3 derniers jours de leur vie; 40 % d'entre elles ont été considérées par les membres de leur famille comme souffrant beaucoup la plupart du temps. Ces résultats donnent à penser que le soulagement de la douleur chez les personnes mourantes doit être le principal objectif du traitement.

On peut atteindre les objectifs fixés en recourant à des mesures pharmacologiques ou non pharmacologiques, mais la combinaison de ces deux types de mesures se révèle plus efficace. Si elle est souvent incapable de collaborer activement à ses soins au cours de la phase aiguë de la maladie, la personne peut apprendre des techniques d'autosoulagement, comme la relaxation par l'imagerie mentale, lorsqu'elle a recouvré l'énergie mentale et physique nécessaire. Ainsi, à mesure que la personne se rétablit, l'objectif peut consister à favoriser le recours à ces techniques.

Établir la relation infirmière-personne soignée et donner de l'enseignement

En matière de traitement de la douleur, toutes les interventions infirmières reposent sur deux volets importants de la profession: la relation infirmière-personne soignée et l'enseignement. La confiance est une dimension essentielle de la relation. L'infirmière parvient souvent à atténuer l'anxiété de la personne en lui montrant qu'elle croit à la réalité de sa douleur. Elle arrive souvent à la rassurer en lui disant par exemple: «Je sais que vous souffrez et j'aimerais mieux comprendre ce que vous ressentez.» Une personne qui craint de ne pas être crue est reconnaissante et soulagée de constater qu'elle peut faire confiance à l'infirmière et que celle-ci la prend au sérieux.

L'enseignement est tout aussi important, car la personne ou sa famille peuvent être appelées à traiter la douleur à la maison et en prévenir ou en traiter les effets indésirables. Donner à la personne souffrante de l'enseignement sur la douleur et sur les stratégies de soulagement permet souvent de réduire le mal, en l'absence d'autres mesures de soulagement, et d'accroître l'efficacité de celles-ci lorsqu'on y recourt.

L'infirmière peut également enseigner à la personne comment vaincre la douleur. Lorsque la personne attend trop longtemps pour signaler qu'elle souffre, la **sensibilisation** peut s'installer et la douleur peut être si intense qu'il devient difficile de la soulager. Il est important de tenir compte du phénomène de la sensibilisation. En effet, celle-ci signifie qu'on observe, chez la personne qui a été exposée à un stimulus nocif, une réponse plus élevée lorsqu'elle est de nouveau exposée à ce stimulus, ce qui accroît le mal. Évaluer et traiter la douleur avant qu'elle devienne forte a pour effet de diminuer ou d'éviter la sensibilisation et permet ainsi de réduire la médication.

Prodiguer des soins physiques

La personne souffrante est souvent incapable d'effectuer sans aide ses activités quotidiennes habituelles ou ses autosoins. Elle se sent généralement plus à l'aise lorsqu'on a comblé ses besoins physiques et ses besoins en matière d'autosoins, et lorsqu'on s'assure qu'elle est installée dans une position aussi confortable que possible. On peut favoriser son bien-être et améliorer l'efficacité des mesures de soulagement en lui donnant une chemise d'hôpital propre, en changeant les draps de son lit et en faisant tout son possible pour qu'elle se sente fraîche (lui brosser les dents, lui peigner les cheveux).

Les soins physiques constituent également une occasion privilégiée pour effectuer une évaluation complète et pour cibler les facteurs susceptibles de contribuer à la douleur. Des touchers doux et appropriés durant les soins peuvent être rassurants et contribuer au bien-être de la personne. Si on utilise des traitements topiques comme les timbres transdermiques de fentanyl (Duragesic) (un analgésique opioïde) ou des cathéters intraveineux ou rachidiens, on doit régulièrement évaluer l'état de la peau autour du timbre ou l'intégrité au site du cathéter.

Traiter l'anxiété reliée à la douleur

L'anxiété peut influer profondément sur la réaction à la douleur. Il est souvent possible de réduire l'anxiété en renseignant la personne sur la nature de l'expérience douloureuse qui l'attend et sur les mesures à prendre pour soulager la douleur; si elle souffre, la personne utilisera les stratégies d'adaptation qu'on lui a enseignées. En se familiarisant avec les méthodes de soulagement, elle a le sentiment de maîtriser les sensations douloureuses, et la douleur lui paraît moins menaçante.

Le niveau d'anxiété de la personne peut également varier en fonction des renseignements que l'infirmière lui transmet à propos des mesures de soulagement dont elle dispose et de leur efficacité. L'infirmière peut réduire son anxiété en lui indiquant précisément quel degré de soulagement elle peut attendre de chaque mesure. Par exemple, lorsqu'on la prévient qu'une intervention peut ne pas supprimer totalement la douleur, la personne est moins susceptible d'être anxieuse si la douleur persiste. Il est souvent possible de diminuer l'anxiété d'une personne – que celle-ci résulte de la perspective de la douleur à venir ou de la douleur elle-même – en donnant un enseignement approprié et en établissant une relation thérapeutique.

Une personne anxieuse à propos de la douleur tolérera celle-ci moins bien, ce qui en retour augmente son niveau d'anxiété. Il se crée donc un cercle vicieux qu'il faut briser le plus rapidement possible afin d'éviter l'escalade de la douleur. Il est plus facile de combattre ou de circonscrire l'anxiété et la douleur quand elles sont faibles. (Voir, ci-dessus, le concept de sensibilisation.) Il faut donc recourir le plus tôt possible aux méthodes de soulagement. De nombreuses personnes croient qu'il faut attendre que la douleur atteigne ou dépasse leur seuil de tolérance pour demander un soulagement. Or, à ce stade, les médicaments peuvent difficilement agir de façon adéquate. C'est pourquoi on doit expliquer à toutes les personnes qu'il est plus facile de calmer la douleur si on recourt aux méthodes de soulagement *avant* que la douleur devienne insupportable.

Mesures de soulagement de la douleur

Auparavant, le traitement de la douleur visait à réduire la douleur pour la ramener à un point «tolérable». Cependant, même lorsqu'elles s'estiment efficacement soulagées, les personnes disent souvent qu'elles souffrent de troubles du sommeil et d'un stress marqué causés par la douleur. En raison des effets nocifs de la douleur et de son traitement inadéquat, l'objectif est désormais de soulager le mal, et non plus de le rendre tolérable. Parmi les méthodes de traitement, on trouve des approches pharmacologiques et des approches non pharmacologiques. On doit choisir celles qui conviennent en fonction des besoins et des objectifs de la personne souffrante. On recourt aux analgésiques appropriés selon l'ordonnance du médecin; on ne les considère pas comme des médicaments à utiliser en dernier recours lorsque les autres mesures de soulagement ne fonctionnent pas. Les chances de succès d'une mesure sont plus grandes si on la prend avant que la sensibilisation s'installe, et le recours à plusieurs mesures permet généralement d'obtenir de meilleurs résultats.

MESURES PHARMACOLOGIQUES

Le traitement pharmacologique de la douleur s'effectue en collaboration avec le médecin ou un autre professionnel de la santé, la personne et souvent sa famille. Le médecin ou l'infirmière praticienne (dans certains cas) prescrit des médicaments précis contre la douleur et peut installer une perfusion intraveineuse afin d'administrer les analgésiques. Si c'est nécessaire, un anesthésiste peut mettre en place un cathéter épidural. Cependant, c'est à l'infirmière qu'il incombe de maintenir l'analgésie, d'évaluer son efficacité et d'indiquer si elle ne fonctionne pas ou entraîne des effets indésirables.

Le traitement pharmacologique de la douleur exige une collaboration étroite et une communication efficace de la part des professionnels de la santé. À domicile, c'est souvent la famille qui traite la douleur de la personne et évalue l'efficacité des mesures pharmacologiques, tandis que l'infirmière à domicile s'assure que l'ensemble des mesures de soulagement répond aux besoins et vérifie la capacité de la famille à traiter la douleur. L'infirmière à domicile renforce les enseignements et assure la communication entre la personne souffrante, les membres de la famille qui s'occupent d'elle, le médecin, le pharmacien et les autres professionnels de la santé qui participent au traitement de la douleur.

Examen clinique préalable

Avant d'instituer toute médication, l'infirmière demande à la personne si elle a eu des réactions allergiques à certains médicaments et quelle est la nature de celles-ci. Les vraies réactions allergiques ou anaphylactiques aux opioïdes sont rares, mais il arrive qu'une personne se dise allergique à une telle substance. Cependant, en poussant l'examen plus loin, l'infirmière s'aperçoit souvent que l'allergie se limite à des «démangeaisons», à de la «nausée» ou à des «vomissements». Ces réactions ne sont pas des signes d'allergie; ce sont plutôt des effets secondaires ou des réactions indésirables qui peuvent être traités, au besoin, en même temps qu'on soulage la douleur. L'infirmière doit noter la description des réactions de la personne, et les signaler au médecin avant d'administrer le médicament.

Lors de l'anamnèse, l'infirmière demande à la personne quels médicaments elle prend (par exemple l'utilisation actuelle, habituelle ou récente de médicaments sur ordonnance, de médicaments en vente libre ou de remèdes à base de plantes). Certains médicaments ou certaines affections peuvent altérer l'efficacité de l'analgésique ou en modifier le métabolisme ou l'excrétion. Avant de commencer la médication, l'infirmière doit évaluer la nature de la douleur de la personne, notamment son intensité, les changements d'intensité après la première dose de médicaments et les effets indésirables de ces derniers.

Approches d'utilisation des agents analgésiques

En général, les médicaments atteignent un maximum d'efficacité lorsque la posologie et l'intervalle entre les doses sont calculés en fonction des besoins de la personne. La seule façon d'administrer les opioïdes efficacement et en toute sécurité consiste à demander à la personne d'évaluer la douleur et d'observer ses réactions au traitement.

Anesthésie mixte

Les mesures pharmacologiques sont plus efficaces lorsqu'on utilise une approche analgésique multimodale ou équilibrée. On parle d'**analgésie mixte** lorsqu'on recourt à plusieurs formes d'analgésie conjointement, de manière à obtenir un plus grand soulagement avec le moins d'effets indésirables possible. Les trois principales catégories d'agents analgésiques sont les opioïdes, les AINS et les anesthésiques locaux. D'autres classes de médicaments peuvent être utilisées pour leurs effets analgésiques sur certains types de douleur, dont les antidépresseurs tricycliques, les anticonvulsivants, les corticostéroïdes et les relaxants musculaires. Ces agents fonctionnent selon des mécanismes différents. Lorsqu'on recourt à deux ou à trois types d'agents simultanément, on maximise le soulagement de la douleur tout en diminuant les risques d'effets indésirables reliés à chaque agent. Lorsqu'on recourt à un seul agent, on doit généralement le donner en doses plus élevées pour qu'il soit efficace. Autrement dit, s'il faut 15 mg de morphine pour soulager une douleur donnée, on obtient parfois le même soulagement avec seulement 8 mg de morphine plus 30 mg de kétorolac (Toradol) (un AINS).

Pro re nata (PRN)

Auparavant, la méthode standard utilisée par la plupart des infirmières et médecins dans l'administration des analgésiques consistait à donner l'analgésique *pro re nata* (PRN) ou «au besoin». L'infirmière attendait que la personne se plaigne d'avoir mal pour intervenir. Beaucoup de personnes continuaient donc à souffrir parce qu'elles ignoraient qu'il fallait qu'elle demandent un médicament ou parce qu'elles attendaient que la douleur devienne insupportable.

En raison de la nature même de l'approche PRN, l'utiliser revient à laisser la personne en proie à la douleur la majeure partie du temps. Pour que l'analgésique opioïde procure un soulagement, on doit maintenir son taux sérique à un niveau thérapeutique minimum (figure 13-8 ■). Lorsque la personne en arrive à ressentir la douleur, le niveau sérique de l'opioïde est à un niveau thérapeutique bas et il continue de chuter entre le moment où elle demande l'analgésique et le moment où il agit. Plus le taux sérique d'opioïde est bas, plus il sera difficile d'obtenir un taux thérapeutique avec la dose suivante. Le soulagement de la douleur par cette méthode est donc souvent inadéquat.

Approche préventive

On considère actuellement que la stratégie la plus efficace pour soulager la douleur à l'aide d'analgésiques consiste à adopter une approche préventive : en effet, on maintient ainsi un taux sérique thérapeutique de médicaments. On administre des agents analgésiques à des intervalles définis de telle sorte que l'action du médicament se fasse sentir avant que la douleur devienne forte et avant que le taux sérique d'opioïde descende sous le niveau thérapeutique.

Le fait d'administrer le médicament analgésique à des intervalles précis, au lieu d'attendre que la personne ressente la douleur, permet d'éviter une chute du taux sérique en deçà des niveaux thérapeutiques. On peut ainsi donner à la personne de la morphine ou l'AINS (ibuprofène) prescrit toutes les 4 heures. Si la douleur est susceptible de se faire sentir de façon ininterrompue ou pendant une bonne partie d'une période de 24 heures, il peut être indiqué d'administrer une analgésie continue. Même si l'analgésique est prescrit en PRN, l'infirmière peut y avoir recours à titre préventif avant que la douleur de la personne devienne forte, à condition de respecter l'intervalle prescrit entre les doses. L'approche préventive permet de réduire les pointes et les creux du taux sérique et elle procure un plus grand soulagement de la douleur, tout en entraînant peu d'effets indésirables.

Il faut généralement une dose moins élevée pour soulager une douleur légère que pour soulager une douleur devenue intense. L'administration préventive de médicaments peut donc permettre de diminuer la posologie sur une période de 24 heures. Enfin, l'approche préventive permet d'éviter les paroxysmes de douleur et de réduire la durée de la douleur.

Lorsqu'elle recourt à l'approche préventive, l'infirmière doit évaluer les effets de la sédation sur la personne avant de lui administrer la dose suivante. L'objectif est d'administrer l'analgésique avant que la douleur devienne forte. Il ne serait pas sûr d'administrer un médicament (un opioïde) à une personne de façon répétée si elle est somnolente et si elle ne souffre pas. Il peut même être nécessaire de diminuer la posologie de sorte que la personne soit soulagée avec moins de sédation.

Doses individualisées

On doit calculer les doses et l'intervalle entre les doses en fonction des besoins de la personne, et non en fonction de normes rigides. S'il est nécessaire d'individualiser les doses et les intervalles, c'est parce que chaque personne métabolise et absorbe les médicaments à un rythme qui lui est propre. Il n'y a donc rien de surprenant si une dose d'opioïde administrée à un certain intervalle est efficace pour une personne et totalement inefficace pour une autre.

De crainte de créer une accoutumance ou de provoquer une dépression respiratoire, on a tendance à administrer des doses insuffisantes d'agents opioïdes en cas de douleur aiguë ou lorsque la personne est en phase terminale (encadré 13-5 ■). La souffrance qui en résulte n'est aucunement nécessaire. Même l'administration prolongée d'opioïdes ne crée d'accoutumance que dans moins de 1 % des cas. Qui plus est, le fait de réduire les doses ne réduit pas nécessairement les risques. On a signalé des cas de dépression respiratoire mettant en jeu la vie de la personne après l'administration d'une seule dose de 25 mg à 50 mg de mépéridine (Demerol) par voie intramusculaire, alors que d'autres personnes ne subissent ni sédation ni dépression respiratoire après avoir reçu 200 mg de mépéridine.

Pour soulager la douleur et assurer la sécurité des personnes, on est donc tenu d'observer l'effet des médicaments analgésiques, surtout lors de l'administration d'une première dose ou lors d'une modification de la posologie ou de la fréquence d'administration. Pour effectuer ces observations,

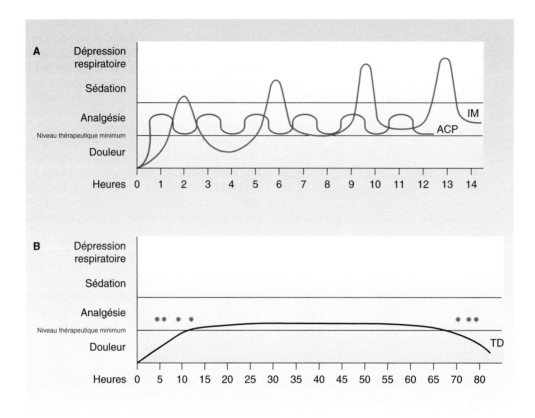

FIGURE 13-8 ■ Relation entre le mode de libération de l'analgésie et le taux sérique analgésique. **(A)** Libération intramusculaire (IM) et analgésie contrôlée par la personne (ACP). **(B)** Libérations transdermique (TD) et transmuqueuse (•).

il suffit de remplir une feuille de surveillance : on y inscrit l'heure et la date d'administration, l'évaluation de la douleur (sur une échelle de 0 à 10), l'agent analgésique administré, les autres mesures de soulagement appliquées, les effets secondaires du médicament et l'activité de la personne. Lorsqu'elle donne la première dose, l'infirmière doit noter l'évaluation de la douleur, la pression artérielle et les fréquences du pouls et de la respiration. Si le degré de douleur n'a pas changé après 30 minutes (plus tôt si on a recours à la voie intraveineuse), si la personne est encore assez éveillée, et si son état respiratoire, sa pression artérielle et la fréquence de son pouls sont acceptables, un changement d'analgésique est nécessaire. La dose reçue ne constitue pas un danger pour cette personne, mais ne soulage pas sa douleur. Il se peut qu'une deuxième dose soit indiquée ; par conséquent, l'infirmière consulte le médecin pour déterminer les nouvelles mesures appropriées.

Analgésie contrôlée par la personne

On utilise l'analgésie contrôlée par la personne (ACP) dans les cas de douleur chronique ou postopératoire. L'ACP permet à la personne capable et désireuse de le faire de s'administrer son médicament sans dépasser les doses permises. On peut utiliser la pompe d'ACP pour la perfusion IV continue ou l'injection sous-cutanée ou péridurale d'agents analgésiques opioïdes, aussi bien dans un établissement de soins qu'à la maison.

L'ACP permet à la personne de s'administrer une perfusion continue en toute sécurité, de même qu'un bolus lorsque la douleur augmente ou lorsqu'elle entreprend une activité qui la déclenche. La pompe d'ACP est contrôlée électroniquement par une minuterie. Lorsqu'elle ressent de la douleur, la personne appuie sur un bouton ; la pompe libère alors une dose préétablie de médicament dans le cathéter intraveineux, sous-cutané ou péridural.

On peut également programmer la pompe d'ACP pour qu'elle libère une perfusion primaire de médicament ou un taux basal, ce qui n'empêche pas la personne de s'administrer des bolus au besoin. On peut régler la minuterie de manière à empêcher que d'autres doses soient disponibles avant que soit écoulée une période donnée (système de sécurité) et avant que la première dose ait eu le temps de produire son effet maximal. Dans ce cas, aucune quantité supplémentaire ne sera libérée même si la personne appuie sur le bouton à plusieurs reprises. Si une autre dose est requise à la fin de la période, la personne devra appuyer de nouveau sur le bouton pour la libérer. Les personnes qui s'administrent leur opioïde deviennent généralement somnolentes et cessent d'actionner le bouton avant que s'installe une importante détresse respiratoire. Néanmoins, il reste essentiel que l'infirmière évalue l'état respiratoire de la personne.

Une perfusion continue combinée à des bolus peut être efficace chez les personnes atteintes de cancer qui ont besoin

ÉTHIQUE ET CONSIDÉRATIONS PARTICULIÈRES

Qu'est-ce qu'un traitement inadéquat de la douleur?

SITUATION

À un changement de quart de travail, vous devez vous occuper de néo-Québécois; vous constatez généralement que ces personnes issues de minorités ethniques ressentent une douleur importante. Vos observations non systématiques vous amènent à conclure que ces personnes ne reçoivent qu'une petite partie de l'analgésie qui leur a été prescrite. Vous avez entendu la collègue infirmière que vous remplacez affirmer que, selon elle, les personnes issues de certains groupes ethniques «n'ont aucune tolérance à la douleur» et qu'elles «ne cherchent qu'à se droguer».

DILEMME

Les préjugés raciaux sont difficiles à changer et à gérer. Si vous abordez cette infirmière de front, il se peut qu'elle ne change pas d'attitude, mais cela créera assurément des tensions au sein de l'unité. Il serait plus facile de faire semblant de n'avoir rien entendu. Par ailleurs, vous pensez que cette infirmière donne des soins inadéquats, fait preuve d'un manque d'éthique envers certaines personnes souffrantes et les expose à un risque plus élevé de complications postopératoires.

DISCUSSION

- Quelles données devriez-vous recueillir avant d'agir?
- À qui demanderiez-vous conseil?
- Les deux aspects du dilemme sont-ils aussi importants?

de doses élevées d'analgésie ou chez les personnes en post-chirurgie. Bien qu'elle procure à la personne des périodes de sommeil ininterrompu plus longues, cette combinaison augmente le risque de sédation, surtout lorsque la personne ressent une douleur minimale ou lorsque la douleur diminue.

Les personnes qui utilisent l'ACP sont mieux soulagées (Walker *et al.*, 2002) et ont souvent moins besoin de médicaments que celles qui bénéficient d'un traitement PRN classique. Elles maintiennent un niveau constant de médicaments et évitent ainsi les périodes de douleur forte et de sédation qui se produisent avec la méthode PRN traditionnelle.

Lorsqu'on amorce un traitement ACP ou une autre forme d'analgésie utilisée à domicile ou dans un établissement de soins, il faut éviter de faire du «rattrapage». On doit contrôler la douleur avant de commencer l'ACP, souvent au moyen d'un bolus à dose élevée ou d'une dose de charge initiale. Après avoir contrôlé la douleur, on programme la pompe afin qu'elle libère seulement de petites doses de médicament. Si le taux sérique d'opioïde de la personne souffrant d'une douleur forte est bas à cause d'un taux de base inadéquat, il sera difficile de reprendre le contrôle au moyen des petites doses libérées par la pompe. Avant d'utiliser l'appareil d'ACP, on peut administrer des doses répétées d'opioïde en bolus intraveineux selon l'ordonnance pendant une courte période jusqu'à ce que la douleur soit soulagée. Ensuite, on peut commencer l'ACP. Si on n'arrive pas à contrôler la douleur au moyen de la dose maximale de médicaments

prescrite, on doit consulter le médecin pour obtenir une nouvelle prescription. L'objectif visé est d'atteindre un niveau thérapeutique minimal d'analgésie et de permettre à la personne de maintenir ce niveau au moyen de l'ACP. On recommande à celle-ci de ne pas attendre que la douleur devienne forte pour se donner une dose bolus. On lui rappelle également qu'elle ne doit pas se laisser distraire par une activité ou un visiteur au point d'oublier de s'administrer la dose prescrite de médicament. Lorsque la distraction cesse subitement (le film se termine ou le visiteur s'en va), la personne peut se retrouver avec un niveau sérique d'opioïde insuffisant. Lorsqu'elle recourt à une distraction intermittente pour soulager la douleur, on peut lui prescrire une perfusion continue de bas niveau d'opioïde au moyen de la pompe d'ACP: de la sorte, il ne sera pas nécessaire de faire de rattrapage lorsque la distraction cessera.

Si la personne doit utiliser le dispositif d'ACP à domicile, il faut lui expliquer l'action et les effets secondaires du médicament et s'assurer qu'elle et sa famille comprennent très bien le fonctionnement de l'appareil et les interventions nécessaires en cas d'effets indésirables.

> **ALERTE CLINIQUE** *Les membres de la famille ne doivent pas appuyer sur le bouton à la place de la personne, surtout si elle dort, car cela annule l'effet de certaines fonctions de sécurité du système.*

Agents anesthésiques locaux

Les anesthésiques locaux fonctionnent en bloquant la conduction dans les fibres nerveuses avec lesquelles ils sont en contact. On peut les appliquer directement sur le siège de la lésion (par exemple un anesthésique en aérosol topique pour les coups de soleil) ou sur les fibres nerveuses par injection ou au moment de la chirurgie. On peut également les administrer dans un cathéter péridural.

Application topique

Les agents anesthésiques locaux réduisent efficacement la douleur reliée à la chirurgie thoracique ou abdominale supérieure lorsqu'on les injecte entre les côtes. Ils sont par contre rapidement absorbés dans la circulation sanguine, diminuant ainsi le temps de contact avec la région ou la lésion chirurgicale. Cela crée une augmentation du niveau anesthésique dans le sang, mais entraîne également une augmentation du risque d'intoxication. Par conséquent, on ajoute un agent vasoconstricteur (tel que l'épinéphrine ou la phényléphrine) à l'agent anesthésique afin de réduire son absorption systémique et de maintenir sa concentration dans la région ou dans la lésion chirurgicale.

Un agent topique connu sous le nom de crème EMLA (*eutectic mix of local anesthetics* ou mélange eutectique d'anesthésiques locaux, soit la lidocaïne et la prilocaïne) prévient efficacement la douleur reliée aux interventions effractives telles que la ponction lombaire ou l'installation de perfusions intraveineuses. Pour que l'EMLA soit efficace, on doit l'appliquer 60 à 90 minutes avant l'intervention.

Administration rachidienne

Cela fait des années qu'on recourt à l'administration continue ou intermittente d'agents anesthésiques locaux par un cathéter péridural dans le but de pratiquer une anesthésie durant une chirurgie. Cette forme d'analgésie est presque exclusivement réservée à la douleur aiguë (par exemple douleur postopératoire et douleur reliée au travail et à l'accouchement), mais on administre de plus en plus les agents anesthésiques locaux en épidurale pour traiter la douleur en général.

On injecte l'agent anesthésique local par le cathéter péridural directement à la racine du nerf. On peut l'administrer de façon continue à faibles doses, par intervalles, ou au besoin si la personne le demande. On combine souvent l'agent anesthésique à des opioïdes en péridurale. Les personnes opérées qui sont traitées au moyen de cette combinaison présentent moins de complications après la chirurgie, peuvent marcher plus tôt et font des séjours à l'hôpital plus courts que les personnes recevant un traitement standard (Correll *et al.*, 2001).

Agents analgésiques opioïdes

L'administration d'opioïdes peut se faire par toutes les voies, notamment les voies orale, intraveineuse, sous-cutanée, intramusculaire, rachidienne, intranasale, rectale et transdermique. Elle vise à soulager la douleur et à améliorer la qualité de la vie. On détermine par conséquent la voie et la fréquence d'administration, ainsi que la dose sur une base individuelle. Les facteurs à prendre en considération sont les suivants: caractéristiques de la douleur (par exemple durée attendue et intensité), état général de la personne, sa réponse aux analgésiques et son évaluation de la douleur. Bien qu'on préfère généralement la voie orale, les opioïdes ainsi administrés ne sont efficaces que s'ils sont donnés assez fréquemment et en doses suffisamment élevées. Quoi qu'il en soit, ils peuvent maintenir un niveau sérique plus stable que ceux donnés par voie intramusculaire.

Si la personne est susceptible d'avoir besoin d'analgésiques opioïdes à domicile, on doit veiller à ce qu'elle et sa famille reçoivent l'enseignement nécessaire à leur sujet pour être en mesure de les administrer selon l'ordonnance. On prend des dispositions pour s'assurer que la personne peut se procurer le médicament. Dans certaines pharmacies, surtout celles qui sont situées dans des zones rurales ou dans certains quartiers urbains, on garde peu d'opioïdes en stock. On doit donc prendre à l'avance les dispositions nécessaires pour obtenir ces médicaments.

Quelle que soit la voie d'administration utilisée, on doit surveiller les effets indésirables et les prévenir. On augmente ainsi la probabilité que la douleur de la personne sera soulagée de façon adéquate sans qu'il faille interrompre le traitement pour neutraliser ces effets.

Dépression respiratoire et sédation

La dépression respiratoire est l'effet secondaire le plus grave des agents analgésiques opioïdes. Cependant, elle est relativement rare, et la tolérance à la dépression respiratoire augmente si on accroît lentement la dose. Le risque augmente avec l'âge et l'usage concomitant d'autres opioïdes ou de dépresseurs du système nerveux central. Il s'accroît également

lorsque le cathéter épidural est placé dans la région thoracique et lorsque les pressions intra-abdominale et intrathoracique augmentent. Les risques reliés à l'administration péridurale ne sont pas plus grands que ceux reliés à la voie intraveineuse et aux autres voies systémiques.

Il faut évaluer fréquemment toute personne qui reçoit des opioïdes afin de détecter les changements de l'état respiratoire, tels qu'une diminution de la fréquence respiratoire ou des respirations faibles, autant de changements précis notables. La sédation peut s'installer quelle que soit la voie d'administration; elle est susceptible de se produire lorsqu'on augmente les doses. Cependant, la personne devient rapidement tolérante, et ce qui la rendait somnolente au départ cesse de la rendre somnolente en peu de temps. Il suffit généralement d'augmenter temporairement l'intervalle qui sépare les doses ou de réduire provisoirement la quantité administrée, selon l'ordonnance, pour supprimer l'effet de sédation profonde. On doit surveiller de près la personne exposée à un tel risque afin de détecter les changements de son état respiratoire, et les autres problèmes reliés à la sédation et à l'immobilité. L'infirmière doit élaborer des stratégies visant à prévenir les problèmes tels que les plaies de pression.

Nausées et vomissements

Les opioïdes provoquent souvent nausées et vomissements. Généralement, ces effets surviennent dans l'heure qui suit la prise d'une dose. Les personnes, surtout celles qui sont en phase postopératoire, ne pensent pas à dire à l'infirmière qu'elles se sentent nauséeuses, surtout si la nausée est légère. On doit évaluer la personne qui reçoit des opioïdes afin de détecter les signes de nausées ou de vomissements qui peuvent résulter d'un changement de position ou qu'on peut prévenir en changeant lentement la personne de position. On parvient souvent à réduire l'incidence de ces effets secondaires grâce à une hydratation adéquate et à l'administration d'agents antiémétiques. Les nausées et les vomissements provoqués par les opioïdes disparaissent souvent en quelques jours.

Constipation

La constipation est un effet indésirable très fréquent des opioïdes. Il est crucial de la prévenir. Dans tous les cas où une personne reçoit des opioïdes, on doit amorcer en même temps un traitement de l'intestin. La personne ne devient pas tolérante à cet effet indésirable, qui a plutôt tendance à persister, même lorsque les médicaments sont utilisés à long terme.

Plusieurs stratégies aident à éviter et à traiter la constipation reliée aux opioïdes. Si elle est légère, on peut la soulager efficacement grâce à des laxatifs doux et à un apport élevé en liquide et en fibres. Sauf contre-indication, on doit administrer un laxatif léger et un émollient fécal (comme le docusate sodique [Colace]) selon un horaire régulier. Cependant, en cas de constipation forte et tenace, il est souvent nécessaire d'utiliser un laxatif stimulant, tels les dérivés du senné (Senokot) ou le bisacodyl (Dulcolax). Les laxatifs oraux et les émollients fécaux peuvent aider à prévenir la constipation; si les agents oraux n'agissent pas, on recourt souvent aux suppositoires ou aux lavements rectaux, ou aux deux (Plaisance et Ellis, 2002).

Soulagement inadéquat de la douleur

L'administration d'une dose inadéquate d'opioïdes est un facteur souvent associé au soulagement inefficace de la douleur. Elle tend à se produire lorsque le professionnel de la santé sous-estime la douleur de la personne ou lorsqu'on change de voie d'administration sans tenir compte des différences existant en matière d'absorption et d'action. Par conséquent, les doses d'opioïdes sont trop faibles pour être efficaces et, parfois, elles ne sont pas données assez souvent pour que la douleur puisse être soulagée.

Si on passe de la voie parentérale à la voie orale, la dose orale doit être environ deux à trois fois plus élevée. Ce ratio s'applique surtout lorsque l'administration du médicament est répétée, mais peut aussi être utilisé en cas de douleur aiguë. Le ratio parentéral: PO peut aller jusqu'à 1:6 selon les études, avec une dose unique de morphine en cas de douleur aiguë. Ce facteur de conversion élevé est toutefois rarement utilisé en pratique clinique. L'absorption des opioïdes administrés par voie orale varie selon les personnes; on doit donc évaluer chaque personne soigneusement afin de s'assurer que la douleur est bien soulagée.

Les doses d'opioïdes équivalentes à la morphine sont présentées dans le tableau 13-2 ■. Ces doses sont données à titre indicatif et doivent être adaptées, car l'effet peut varier d'une personne à l'autre. De plus, elles sont équivalentes lorsque l'administration du médicament est répétée. En général, il n'est pas nécessaire d'effectuer de nouveaux calculs lorsqu'on change de marque d'un même médicament, sauf dans le cas de la morphine et de l'hydromorphone orale à libération prolongée. Actuellement, trois marques de morphine à libération prolongée (MS Contin, M-Eslon, Kadian) sont fréquemment utilisées par les personnes atteintes de cancer. Les comprimés de MS Contin et les capsules de M-Eslon sont interchangeables. Les deux libèrent de la morphine pendant 12 heures. Les capsules de Kadian libèrent de la morphine pendant 24 heures. Quant à l'hydromorphone, les capsules d'Hydromorph Contin libèrent le médicament pendant 12 heures et les capsules de Palladone XL pendant 24 heures.

Doses équivalentes de quelques analgésiques

TABLEAU 13-2

Analgésiques	Voie d'administration		Demi-vie (en heures)	Durée (en heures)
	IV/IM/SC	PO		
Morphine ■ Courte action Statex, MS-IR, Morphitec, M.O.S. ■ Longue action MS Contin, M-Eslon Kadian	10 mg	20 à 30 mg	2 à 3	2 à 6 12 24
Codéine ■ Courte action ■ Longue action Codeine Contin	120 mg	200 mg	2 à 4	2 à 6 12
Hydromorphone ■ Courte action Dilaudid ■ Longue action Hydromorph Contin Palladone XL	2 mg	4 à 6 mg	2 à 3	2 à 4 12 24
Mépéridine ■ Courte action Demerol	100 mg	200 mg	2 à 4	3 à 4
Méthadone	s. o.	Pas clairement établies	12 à 190	4 à 8
Oxycodone: ■ Courte action Oxy-IR, Supeudol ■ Longue action OxyContin	s. o.	10 à 15 mg	2 à 4	2 à 6 12

s. o. = sans objet

Autres effets indésirables des opioïdes

Durant l'anamnèse, lorsqu'on aborde la question des allergies aux médicaments, les personnes qui ont déjà été hospitalisées (surtout pour une chirurgie) indiquent souvent qu'elles sont « allergiques » à la morphine. Cette affirmation doit être validée de façon approfondie. Souvent, cette « allergie » se résume à de simples « démangeaisons ». Le prurit (démangeaisons) est un problème fréquemment associé aux opioïdes, quelle que soit la voie d'administration, mais ce n'est pas une réaction allergique. On peut le soulager au moyen des antihistaminiques prescrits. Les opioïdes, surtout lorsqu'ils sont donnés par voie péridurale, peuvent également entraîner de la rétention urinaire. La personne doit être surveillée, et il peut être nécessaire d'installer une sonde vésicale. On peut prescrire de faibles doses de naloxone pour traiter ces problèmes chez les personnes recevant des opioïdes en péridurale pour soulager la douleur aiguë postopératoire.

Un certain nombre de facteurs peuvent influer sur la sécurité et l'efficacité de l'administration des agents analgésiques opioïdes. Leur métabolisme et leur excrétion, qui relèvent du foie et des reins, respectivement, sont diminués chez les personnes qui souffrent de maladies hépatiques et rénales, ce qui augmente le risque d'accumulation et d'effets toxiques. De plus, la normépéridine, un métabolite de la mépéridine, peut rapidement et de façon inattendue atteindre des niveaux toxiques. Ce phénomène est plus susceptible de se produire chez les personnes qui souffrent de dysfonction rénale et peut entraîner des convulsions chez les personnes à risque.

Les personnes atteintes d'hypothyroïdie non traitée risquent plus de réagir aux effets des analgésiques et aux effets secondaires des opioïdes. À l'opposé, pour soulager la douleur, il est souvent nécessaire de donner des doses d'analgésiques plus élevées aux personnes atteintes d'hyperthyroïdie. Les personnes dont la réserve respiratoire a diminué à cause d'une affection ou du vieillissement sont plus sensibles aux effets des opioïdes sur la fonction pulmonaire. On doit donc les surveiller de près pour détecter tout signe de dépression respiratoire.

Le risque de souffrir d'effets hypotensifs est plus élevé chez les personnes déshydratées. Après avoir reçu un opioïde, les personnes hypotensives doivent s'allonger et être réhydratées, à moins que les liquides ne soient contre-indiqués. Les personnes déshydratées sont également plus susceptibles de souffrir de nausées et de vomissements. La réhydratation permet habituellement de soulager ces symptômes.

Les personnes recevant d'autres médicaments, comme les inhibiteurs de la monoamine oxydase (IMAO), les phénothiazines ou des antidépresseurs tricycliques, peuvent avoir une réponse exagérée aux effets dépresseurs des opioïdes. Elles doivent donc être surveillées de plus près. On doit être attentif aux signes de somnolence chez la personne même si on n'a pas obtenu d'effet analgésique.

Tolérance et toxicomanie

Il n'existe ni dose maximale sûre d'opioïdes, ni niveau sérique thérapeutique reconnaissable. La dose maximale sûre et le niveau sérique thérapeutique sont relatifs et individuels. Presque toutes les personnes qui prennent des opioïdes pendant une période prolongée présentent une **tolérance** au médicament (nécessité d'augmenter les doses pour obtenir le même effet thérapeutique). Lorsque des personnes ont besoin d'opioïdes à long terme, surtout les personnes atteintes de cancer, il est nécessaire de leur donner des doses plus élevées pour soulager la douleur, mais après les premières semaines, la quantité nécessaire à ces personnes atteint généralement un plafond. Les symptômes de dépendance peuvent apparaître lorsqu'on interrompt trop rapidement l'administration après un traitement à long terme. Les symptômes de sevrage sont reliés à cette dépendance physique, laquelle résulte souvent de la tolérance à l'opioïde et n'indique pas une **toxicomanie** (dépendance psychologique).

> ### ⚠ ALERTE CLINIQUE
> *Bien qu'elles puissent avoir besoin de doses de plus en plus élevées d'opioïdes, les personnes ne sont pas psychologiquement dépendantes. La tolérance physique se produit souvent en l'absence de dépendance psychologique. La tolérance aux opioïdes est fréquente et constitue surtout un problème de libération ou d'administration du médicament (par exemple comment administrer des doses très élevées de morphine par jour à une personne). En revanche, la dépendance psychologique est rare et ne doit jamais devenir la première préoccupation de l'infirmière qui donne des soins à une personne qui ressent de la douleur.*

La toxicomanie se caractérise par le besoin compulsif de prendre le médicament pour en ressentir les effets psychiques. La crainte que les personnes ne deviennent psychologiquement dépendantes des opioïdes compte pour beaucoup dans le traitement inadéquat de la douleur. Cette crainte, fréquemment exprimée par les professionnels de la santé comme par les personnes souffrantes, repose sur une perception erronée du risque de dépendance psychologique, lequel est faible.

Dans une étude classique souvent citée (Porter et Jick, 1980) portant sur 11 000 personnes recevant des opioïdes à des fins médicales, seules 4 personnes sans antécédents de consommation de drogue présentaient des signes de dépendance psychologique. Le risque d'accoutumance psychologique qui suit l'administration thérapeutique d'opioïdes est si négligeable qu'il ne doit pas être pris en considération dans les soins donnés à la personne souffrante. On doit donc recommander aux personnes et aux professionnels de la santé de ne pas refuser un analgésique par peur de la dépendance psychologique.

Médicaments anti-inflammatoires non stéroïdiens (AINS)

On pense que les AINS réduisent la douleur en inhibant la cyclooxygénase (COX), enzyme qui assure la production des prostaglandines responsables de la douleur et de l'inflammation. Il existe deux types de cyclooxygénase : la cyclooxygénase de type 1 (COX-1) et la cyclooxygénase de type 2 (COX-2). La COX-1 assure la formation des prostaglandines responsables du maintien des fonctions physiologiques, qui sont notamment l'agrégation plaquettaire par le biais des précurseurs du thromboxane et l'augmentation de la circulation sanguine dans la muqueuse gastrique. Elle prévient l'ischémie et favorise l'intégrité de la muqueuse. L'inhibition de la COX-1 peut causer des ulcérations et des saignements gastriques et des dommages rénaux. La COX-2 assure la formation des prostaglandines qui produisent les symptômes de douleur, d'inflammation et de fièvre. Par conséquent, il est souhaitable de l'inhiber. Toutefois, cette enzyme a aussi un rôle important dans la physiologie rénale. Les inhibiteurs de la COX-2 (célécoxib [Celebrex]) ont donc les mêmes effets indésirables rénaux que les autres AINS. L'ibuprofène (Advil, Motrin) est un AINS qui bloque à la fois la COX-1 et la COX-2, tout en soulageant efficacement la douleur légère à modérée avec une faible incidence d'effets indésirables. L'aspirine, le plus vieux des AINS, entrave également l'action de la COX-1 et de la COX-2; cependant, comme elle entraîne fréquemment des effets indésirables aux doses anti-inflammatoires, on l'utilise peu pour traiter la douleur aiguë et la douleur chronique.

Les AINS sont très utiles pour soigner les maladies arthritiques et peuvent être particulièrement efficaces pour soulager la douleur reliée au cancer des os. Combinés aux opioïdes, ils permettent de traiter avec succès les douleurs postopératoires et autres douleurs intenses. L'utilisation d'un AINS combiné à un opioïde donne de meilleurs résultats que l'opioïde seul. Dans de tels cas, la personne obtient un soulagement avec moins d'opioïdes et moins d'effets indésirables. Il a été démontré que l'administration peropératoire d'AINS permet de mieux contrôler la douleur consécutive à une laparochirurgie et qu'elle se traduit, dans certains cas, par un séjour plus court à l'hôpital.

On peut souvent soulager la douleur modérée à forte du cancer grâce à un traitement à dose fixe et régulière d'AINS (par exemple du naproxène [Naprosyn] toutes les 12 heures) et à une dose fluctuante d'opioïde administrée séparément. En cas de douleur plus forte, on recourt à une dose fixe et régulière d'opioïde assortie d'une dose fluctuante au besoin pour la **douleur de pointe** (augmentation soudaine de la douleur en dépit de l'administration d'analgésiques). Ces traitements permettent d'obtenir un meilleur soulagement avec moins d'effets indésirables.

La plupart des personnes tolèrent bien les AINS. Cependant, chez celles dont la fonction rénale est altérée, il faut parfois diminuer la dose, et on doit surveiller ces personnes de près pour détecter l'apparition d'effets indésirables. Celles qui prennent des AINS se font facilement des ecchymoses, car ces substances ont un effet antiplaquettaire. En outre, certains AINS peuvent déplacer d'autres médicaments, comme la warfarine (Coumadin), de leurs liaisons aux protéines sériques, et en augmenter ainsi les effets. Les AINS peuvent irriter l'estomac et, dans certains cas, causer des saignements gastro-intestinaux. Par conséquent, il faut surveiller la personne pour détecter de telles complications.

Particularités reliées à la personne âgée: les agents analgésiques

À cause des changements physiologiques que subissent les personnes âgées, la prudence s'impose quand on leur administre des analgésiques. Le risque d'interaction médicamenteuse est plus grand chez ces personnes, car elles consomment plus de médicaments sur ordonnance et de médicaments en vente libre. Bien que la population âgée soit un groupe extrêmement hétérogène, les différences de réponse à la douleur ou aux médicaments, après 60 ans, tiennent probablement plus à l'affection chronique ou à d'autres facteurs individuels qu'à l'âge. Avant d'administrer un analgésique (par exemple un opioïde) à une personne âgée, il est important de noter soigneusement tous les médicaments qu'elle prend afin de déterminer les risques d'interactions nocives.

L'absorption et le métabolisme des médicaments sont altérés chez la personne âgée à cause de la diminution des fonctions hépatique, rénale et gastro-intestinale. De plus, les changements touchant le poids, les réserves de protéines et la répartition des liquides organiques modifient la distribution du médicament dans l'organisme, d'où une concentration du produit dans le sang plus élevée et se maintenant plus longtemps. Les personnes âgées sont plus sensibles aux médicaments et davantage exposées à leurs effets toxiques.

Les opioïdes et les non-opioïdes peuvent soulager efficacement la douleur, mais on doit les utiliser avec prudence chez les personnes âgées, car celles-ci sont davantage exposées à l'effet dépresseur de ces médicaments sur le système nerveux central et sur la fonction respiratoire. Rien n'autorise à refuser des opioïdes à une personne simplement parce qu'elle est âgée; cependant, on devrait éviter de donner de la mépéridine à cause de son métabolite actif et neurotoxique, la normépéridine, qui est plus susceptible de s'accumuler dans l'organisme de la personne âgée. De plus, ce médicament se lie plus difficilement aux protéines plasmatiques de celle-ci, ce qui entraîne des concentrations sanguines deux fois plus élevées que chez les autres adultes.

Dans bien des cas, la dose initiale d'analgésiques est identique à celle prescrite à un autre adulte, ou légèrement plus faible que la dose normale. Mais, à cause du ralentissement des fonctions métaboliques et excrétrices, on doit prolonger l'intervalle entre les doses suivantes. Comme toujours, on doit avant tout se fier à ce que dit la personne, quel que soit son âge, pour agir au mieux en matière de traitement de la douleur et d'administration d'agents analgésiques. La personne âgée est souvent mieux soulagée, et plus longtemps, que la personne jeune. Il peut ainsi suffire d'administrer des doses plus faibles à intervalles moins rapprochés pour obtenir les résultats escomptés.

Agents antidépresseurs tricycliques et médicaments anticonvulsivants

La douleur d'origine neurologique (par exemple causalgie, coincement tumoral d'un nerf, algie postzona) est difficile à traiter et répond généralement peu au traitement opioïde. Lorsqu'ils sont accompagnés de dysesthésie (douleur cuisante ou tranchante), ces syndromes de douleur répondent souvent à un antidépresseur tricyclique ou à un agent anticonvulsivant. Au besoin, on prescrit des agents antidépresseurs tricycliques comme l'amitriptyline (Elavil) ou la désipramine (Norpramin), en doses nettement moins élevées que celles généralement utilisées pour soigner la dépression. Les personnes doivent savoir que l'antidépresseur peut mettre de quelques jours à trois semaines pour agir. On recourt également à des médicaments anticonvulsivants comme la gabapentine

(Neurontin) ou la carbamazépine (Tegretol). Comme elle peut être amenée à essayer différents médicaments, l'infirmière doit connaître leurs effets indésirables possibles et elle doit enseigner à la personne et à sa famille comment les reconnaître.

VOIES D'ADMINISTRATION

Le choix de la voie d'administration (tableau 13-3 ■) d'un analgésique dépend de l'état de la personne et de l'effet désiré. On peut employer les voies parentérale, orale, rectale, transdermique, transmuqueuse, épidurale ou rachidienne. Chaque méthode a ses avantages et ses inconvénients. On doit choisir la voie d'administration selon les besoins de la personne.

Voie parentérale

L'administration par voie parentérale (intramusculaire, intra-veineuse ou sous-cutanée) provoque plus rapidement l'anal-gésie que celle par voie orale. Elle est indiquée si la personne ne peut rien prendre par la bouche ou si elle est en proie à des vomissements. Les médicaments injectés par voie intramus-culaire entrent dans le sang plus lentement que par la voie intraveineuse, et ils mettent plus de temps à se métaboliser. Le taux d'absorption peut être imprévisible; il varie en fonction du siège sélectionné et des réserves lipidiques de l'organisme.

La voie intraveineuse est la voie parentérale privilégiée pour la plupart des douleurs aiguës, car elle est beaucoup moins douloureuse que la voie intramusculaire. De plus, les pics de concentrations sériques se produisent plus rapidement et sont plus fiables. Comme elle atteint rapidement son maximum d'efficacité (habituellement en quelques minutes) et se méta-bolise rapidement, la dose intraveineuse est moins élevée et on la prescrit à des intervalles plus courts que la dose intramusculaire.

On peut administrer les opioïdes par IV sous forme de bolus (ou de bolus lent au cours d'une période de 5 à 10 minutes) ou au goutte-à-goutte au moyen d'une pompe à perfusion.

Voies d'administration des analgésiques	TABLEAU 13-3
Voie	**Siège**
Parentérale	■ Muscle (IM) ■ Veine (IV) ■ Tissu sous-cutané (SC)
Orale	■ Bouche (PO)
Rectale	■ Rectum (PR)
Transdermique	■ Peau
Transmuqueuse	■ Muqueuse orale ■ Muqueuse intranasale ■ Muqueuse bronchique
Épidurale	■ Espace péridural
Rachidienne	■ Canal vertébral

Cette dernière méthode, qui assure un niveau d'analgésie plus stable, est indiquée pour soulager la douleur pendant une période de 24 heures, par exemple pendant la première journée suivant une intervention chirurgicale ou chez une personne cancéreuse qui ne peut pas prendre de médicaments par voie orale. On doit calculer avec soin la quantité d'agent analgésique à administrer par voie intraveineuse de façon à soulager la douleur sans provoquer une dépression respiratoire ni d'autres effets secondaires.

On choisit la voie sous-cutanée pour l'administration d'agents analgésiques opioïdes chez les personnes souffrant de douleur intense, comme la douleur reliée au cancer. Les douleurs aiguës peuvent aussi être bien soulagées par cette voie. Elle est particulièrement utile pour les personnes dont l'accès intraveineux est limité et qui ne peuvent pas prendre de médicaments par la bouche, ainsi que pour celles qui traitent leur douleur à domicile. On ne peut administrer qu'un petit volume en une seule fois dans le tissu sous-cutané. Il faut donc augmenter la concentration des médicaments utilisés lorsqu'on doit administrer des doses élevées. Cependant, cette voie constitue souvent une façon pratique et efficace de calmer la douleur.

Voie orale

Si la personne est capable de prendre un médicament par voie orale, on choisira de préférence cette méthode parce qu'elle est simple, non effractive et indolore. On peut soulager une douleur intense en administrant des opioïdes par voie orale, à condition que les doses soient suffisamment élevées (tableau 13-2).

Chez les personnes parvenues au stade terminal d'une affec-tion provoquant une douleur chronique, on peut augmenter les doses graduellement à mesure que la douleur s'aggrave ou que la tolérance à l'analgésique s'accroît. Chez la majorité de ces personnes, l'augmentation de la dose procure un plus grand soulagement sans provoquer de dépression respiratoire ni de sédation. Si on passe de la voie parentérale à la voie orale sans donner à la personne une dose de force équivalente (équianalgésique), on risque d'entraîner une réaction de sevrage et de ranimer la douleur et l'anxiété.

Voie rectale

L'administration par voie rectale est indiquée chez les personnes qui ne peuvent pas prendre de médicament par une autre voie. La voie rectale peut également être indiquée pour les personnes ayant des problèmes de coagulation, notam-ment les hémophiles. On ne sait pas encore très bien au bout de combien de temps les opioïdes administrés par voie rectale font effet, mais on sait qu'ils agissent plus lentement que par les autres voies. En revanche, leur durée d'action est prolongée.

Voie transdermique

On utilise la voie transdermique dans le but de maintenir un niveau sérique d'opioïde stable, ce que l'on obtient grâce à l'absorption du médicament par la peau. On recourt souvent à cette voie chez les personnes atteintes de cancer qui sont soignées à domicile ou dans un service de soins palliatifs et qui reçoivent un opioïde à action prolongée. Le fentanyl

(Durasegic) est le seul médicament transdermique commercialisé ; il se présente sous la forme d'un timbre composé d'une membrane et d'un réservoir contenant le médicament.

Lorsqu'on applique le timbre transdermique pour la première fois sur l'épiderme, le fentanyl, qui est liposoluble, se fixe sur la peau et dans les couches lipidiques. Ensuite, il est absorbé lentement par l'organisme. L'action du médicament est donc retardée, le temps que la couche dermique soit saturée. Un réservoir de médicament se forme dans la couche supérieure de la peau, ce qui entraîne une lente montée du niveau sérique et une diminution progressive de celui-ci quand on enlève le timbre (figure 13-8). Comme il faut de 12 à 24 heures, à partir du premier timbre, pour que la concentration de fentanyl atteigne son maximum, on doit donner la dernière dose d'opioïde à libération prolongée en même temps qu'on applique le premier timbre (Donner *et al.*, 1996). Le fentanyl transdermique cause les mêmes effets indésirables que les autres opioïdes, mais légèrement moins de nausée et de constipation. On observe une augmentation de l'absorption chez la personne fébrile. On ne doit jamais appliquer de bouillotte à l'endroit où on a appliqué le timbre. Le fentanyl transdermique coûte beaucoup plus cher que la morphine à libération prolongée, mais il est moins coûteux que les opioïdes qu'il faut donner par voie parentérale.

Lorsqu'on estime qu'il est approprié d'abandonner les autres voies d'administration des opioïdes et de passer au timbre, on doit calculer la dose qui convient. Si la personne utilise un opioïde autre que la morphine, on doit d'abord convertir la quantité reçue en milligrammes de morphine administrée par voie orale. Après avoir déterminé combien de milligrammes de morphine (ou d'équivalents de la morphine) la personne utilise au cours d'une période de 24 heures, on calcule la dose initiale de fentanyl transdermique.

Pour calculer la première dose de fentanyl, Pasaro (1997) propose une méthode consistant à diviser par deux la dose de morphine orale que la personne prend par jour. Par exemple, 400 mg de morphine orale par jour équivalent à 200 μg de fentanyl transdermique par heure. On peut aussi utiliser le tableau offert avec le timbre transdermique. Ce tableau est toutefois plus complexe à utiliser. Les deux méthodes sont approximatives et des réajustements sont souvent nécessaires, car les doses équivalentes de fentanyl transdermique varient beaucoup d'une personne à l'autre. On doit évaluer les personnes qui passent de la morphine au fentanyl afin de détecter la douleur et les effets indésirables, mais aussi la dépendance physique, qui se manifeste par un syndrome de sevrage pouvant notamment entraîner frissons, sensation de froid, sudation, céphalée et paresthésie (Puntillo, Casella *et al.*, 1997). Le temps que le taux de fentanyl atteigne un niveau thérapeutique, les personnes peuvent avoir besoin d'opioïdes à action brève pour traiter la douleur de pointe.

On ne doit utiliser le tableau offert avec le timbre transdermique de fentanyl que lorsqu'on calcule la dose initiale au moment où la personne passe de la morphine par voie orale au fentanyl (et non l'inverse). Ce tableau n'a pas été conçu pour servir à déterminer les doses de morphine orale pour une personne recevant du fentanyl par voie transdermique.

Chez de nombreuses personnes, la dose initiale de fentanyl transdermique ne permet pas d'obtenir une analgésie satisfaisante ; on doit leur donner une dose plus élevée afin de traiter la douleur de pointe. Il y a risque de surdosage si on calcule une dose d'opioïde en utilisant le tableau ou l'équation de façon incorrecte. S'il est nécessaire d'arrêter le fentanyl transdermique et de revenir à un autre opioïde administré par voie orale ou intraveineuse (comme dans le cas d'une chirurgie), on doit enlever le timbre et fournir l'autre opioïde selon l'évaluation des besoins de la personne.

Avant d'appliquer un nouveau timbre, on doit vérifier soigneusement la personne afin de s'assurer qu'elle ne porte pas des timbres vieux ou oubliés ; si c'est le cas, il faut lui ôter. On doit remplacer les timbres toutes les 72 heures.

Voie transmuqueuse

La personne qui souffre de douleur reliée au cancer et qui est soignée à domicile peut recevoir des opioïdes de façon continue sous forme de morphine à libération prolongée, d'hydromorphone, d'oxycodone, de fentanyl transdermique ou d'autres médicaments. Ces personnes vivent souvent de courts épisodes de douleur intense, par exemple après avoir toussé ou bougé, ou peuvent voir leur douleur s'exacerber subitement à la suite d'un changement dans l'état de santé. On pourrait traiter assez bien cette douleur de pointe au moyen d'une dose orale d'opioïde à action brève administrée par voie transmuqueuse. Seulement, le seul opioïde transmuqueux existant est le fentanyl et il n'est pas vendu au Canada.

À l'heure actuelle, les seuls agents analgésiques opioïdes en vaporisateur nasal existants sont le butorphanol (Stadol) et le fentanyl, mais ils ne sont approuvés et commercialisés qu'aux États-Unis. Le butorphanol est un médicament complexe qui agit simultanément en induisant (ou en favorisant et en inhibant) ou en inversant les effets opioïdes. Il fait à la fois office d'**agoniste** et d'antagoniste des opioïdes. Ce médicament n'est pas encore offert au Canada.

Voies épidurale et rachidienne

La perfusion dans l'espace péridural ou dans l'espace sous-arachnoïdien (espace intrathécal ou canal vertébral) d'opioïdes ou d'agents anesthésiques locaux est un moyen efficace de soulager la douleur des personnes opérées et des personnes souffrant d'une douleur chronique réfractaire aux traitements habituels. Le médecin insère un cathéter dans l'espace péridural (anesthésie épidurale) ou sous-arachnoïdien (anesthésie rachidienne) de la région thoracique ou lombaire. Les opioïdes ou anesthésiques locaux sont administrés par ce cathéter (figure 13-9 ■). En cas d'administration par voie intrathécale, le médicament se répand directement dans l'espace sous-arachnoïdien et dans le liquide céphalorachidien qui entoure la moelle épinière. En cas d'administration par voie péridurale, le médicament se dépose dans la dure-mère du canal vertébral et diffuse par la suite dans l'espace sous-arachnoïdien. On pense que le soulagement obtenu par l'administration d'opioïdes par voie rachidienne est dû à l'existence de récepteurs opioïdes dans la moelle épinière.

La perfusion intermittente ou continue d'opioïdes et d'agents anesthésiques par le cathéter intrathécal ou péridural permet de soulager la douleur, tout en entraînant moins d'effets indésirables, telle la sédation, que l'analgésie systémique. La céphalée rachidienne provoquée par la perte de liquide céphalorachidien lorsque la dure-mère est perforée fait partie

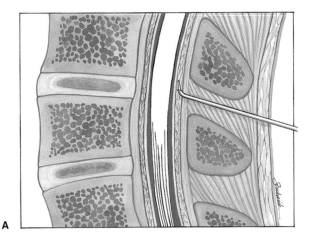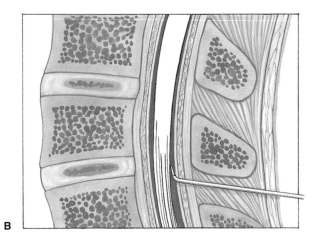

FIGURE 13-9 ■ Installation de cathéters rachidiens pour l'administration de médicaments analgésiques: **(A)** voie épidurale, **(B)** voie intrathécale.

des effets indésirables associés à la ponction intrathécale. Elle est plus susceptible de se manifester chez les personnes âgées de moins de 40 ans. Lorsqu'on utilise cette voie, on doit perforer la dure-mère, ce qui ne devrait pas se produire lorsque l'on recourt à la voie péridurale. Si, en insérant le cathéter dans cette dernière, on perfore la dure-mère par inadvertance, du liquide céphalorachidien s'échappera de la moelle épinière. La céphalée qui en résulte alors est susceptible d'être plus forte car l'aiguille péridurale est plus grosse que l'aiguille rachidienne et cause une plus grande perte de liquide.

La dépression respiratoire se produit généralement dans les 6 à 12 heures qui suivent l'administration d'opioïdes par la méthode épidurale, mais elle peut se manifester plus tôt ou jusqu'à 24 heures après la première injection. Selon la lipophilie (affinité pour les substances lipidiques) de l'opioïde injecté, le délai dans lequel survient la dépression respiratoire peut être court ou long. La morphine, qui est un hydrophile, met plus de temps à atteindre son effet maximal que le fentanyl, qui est un opioïde lipophile. Il faut donc garder la personne en observation constante au moins 24 heures, et plus longtemps si on note un changement dans l'état respiratoire ou le niveau de conscience. On doit avoir à portée de la main un antagoniste des opioïdes, comme la naloxone, pour contrer la dépression respiratoire si elle survient.

On doit également surveiller la personne à la recherche de signes de rétention urinaire, de prurit, de nausées, de vomissements et d'étourdissements. Enfin, il faut prendre des précautions pour réduire au minimum les risques d'infection autour du cathéter et les risques de déplacement de celui-ci. À cause de leurs effets potentiellement neurotoxiques, il ne doit pas y avoir d'agents de conservation dans les médicaments destinés à l'espace sous-arachnoïdien ou à l'espace épidural.

Au cours d'une chirurgie, après qu'on a administré un agent analgésique rachidien, on utilise presque exclusivement des opioïdes intrathécaux. Dans le cas des personnes qui ont subi d'importantes interventions chirurgicales à l'abdomen, en particulier celles qui sont exposées à des complications postopératoires, on obtient un excellent contrôle de la douleur et moins de complications en combinant un agent anesthésique général inhalé pour la chirurgie, puis des opioïdes et un anesthésique local administrés par voie épidurale après la chirurgie.

Les personnes qui ressentent une douleur persistante et intense, réfractaire aux autres traitements, ou celles qui ne peuvent obtenir de soulagement sans risques d'effets indésirables, peuvent recevoir des médicaments par cathéter intrathécal ou péridural à long terme. Après avoir fait passer le cathéter à travers un tunnel sous-cutané et placé une voie d'accès sous la peau, on injecte l'analgésique dans la voie d'accès et le cathéter en perçant l'épiderme; le médicament entre ensuite directement dans l'espace épidural. Il se peut qu'on doive faire plusieurs injections par jour pour assurer un degré adéquat de soulagement.

On peut recourir à l'implantation d'une pompe de perfusion chez les personnes qui ont besoin de doses plus fréquentes ou d'une perfusion continue d'agents analgésiques opioïdes pour échapper à la douleur. Cet appareil libère, à un rythme constant et préétabli, de petites doses d'opioïdes dans l'espace épidural ou sous-arachnoïdien. Il est doté d'un réservoir qu'il faut remplir une fois par mois ou tous les deux mois, selon les besoins de la personne. Il permet d'éviter les injections répétées à travers la peau.

ALERTE CLINIQUE *Il incombe à l'infirmière de s'occuper du cathéter péridural. Pour contrôler la douleur efficacement et de façon sûre, il faut surveiller le point d'insertion du cathéter et être au fait des médicaments (par exemple agent anesthésique ou opioïdes) qui ont été ou qui seront administrés. Lorsque les agents anesthésiques sont combinés aux opioïdes, on doit faire preuve de prudence en augmentant le taux de perfusion. Des déficits sensoriels peuvent se manifester, et on doit évaluer la personne fréquemment. Une perfusion avec une concentration moins élevée d'agents anesthésiques permet d'administrer une concentration plus élevée d'opioïde avec moins de risques de déficit sensoriel.*

Traiter les effets secondaires

La céphalée résultant de la perte de liquide céphalorachidien ne se manifeste pas toujours immédiatement. Par conséquent, après avoir inséré l'un ou l'autre des cathéters, l'infirmière doit évaluer régulièrement la personne. Si une céphalée apparaît, la personne doit demeurer couchée à plat dans son lit, et l'infirmière doit lui donner des doses élevées de liquide (sauf contre-indication médicale) et en faire part au médecin. On peut procéder à un colmatage sanguin épidural pour réduire la perte de liquide rachidien.

Le relâchement du système vasculaire dans les membres inférieurs peut entraîner des effets cardiovasculaires (hypotension et augmentation de la fréquence cardiaque). Par conséquent, l'infirmière évalue fréquemment la personne à la recherche de signes de diminution de la pression artérielle, de la fréquence du pouls et du débit urinaire.

Le médecin peut prescrire de petites doses de naloxone aux personnes qui font de la rétention urinaire et du prurit. L'infirmière administre alors en perfusion continue des doses assez faibles pour contrer les effets indésirables des opioïdes sans annuler l'analgésie. On peut également recourir au diphenhydramine (Benadryl) pour soulager le prurit relié à l'opioïde.

Favoriser les soins à domicile et dans la communauté

L'infirmière doit enseigner à la famille de la personne qui est soignée à domicile comment administrer les médicaments en utilisant une technique stérile et comment évaluer les signes d'infection. Elle enseigne également à la personne et à sa famille comment reconnaître les effets indésirables et comment les traiter. Bien que la dépression respiratoire soit peu fréquente, la rétention urinaire peut constituer un problème, et l'infirmière doit préparer les personnes et les familles à la traiter si elle se manifeste. Les systèmes de libération d'analgésique implantés ne peuvent être utilisés en toute sécurité à domicile que si un professionnel de la santé peut recevoir les personnes en consultation et intervenir rapidement.

MESURES DE SOULAGEMENT NON PHARMACOLOGIQUES

Même si les analgésiques constituent le moyen le plus puissant de soulager la douleur, les méthodes de soulagement non pharmacologiques sont également efficaces et comportent généralement peu de risques. Ces mesures ne remplacent pas les médicaments, mais elles peuvent suffire à soulager les épisodes de douleur durant quelques secondes ou quelques minutes ou à apaiser une douleur légère à modérée. En cas de douleur intense persistant plusieurs heures ou plusieurs jours, l'emploi de certaines techniques non pharmacologiques conjuguées aux médicaments peut offrir le soulagement le plus efficace.

Stimulation cutanée et massage

D'après la théorie du portillon, la stimulation des fibres qui transmettent les sensations non douloureuses peut bloquer la douleur ou réduire son intensité. Le recours à certaines mesures de soulagement non pharmacologiques, notamment la stimulation cutanée, la chaleur et le froid, repose sur cette théorie.

Le massage est une stimulation cutanée généralisée du corps, souvent appliquée sur le dos et les épaules. Son action ne vise pas particulièrement les récepteurs non douloureux qui sont situés dans le même champ que les nocicepteurs, mais il peut avoir un effet sur le système de contrôle descendant (voir la section « Système de contrôle descendant », p. 286). Le massage favorise également le bien-être, car il procure une détente musculaire.

Traitements par le chaud et le froid

Dans certaines circonstances, les traitements par le chaud et le froid constituent des mesures de soulagement efficaces. Cependant, des études plus poussées sur leur efficacité et leur mécanisme d'action sont encore nécessaires. Selon les spécialistes de ces thérapies, la chaleur et le froid stimuleraient les récepteurs non douloureux dans le même champ récepteur que la lésion.

Pour obtenir plus d'effet, on doit appliquer la glace sur la région douloureuse tout de suite après l'apparition de la blessure ou après la chirurgie. L'application de glace après une chirurgie articulaire permet souvent de réduire de façon marquée la quantité d'analgésiques utilisée par la suite. Le traitement par le froid peut également soulager même si on l'applique plus tard. On doit évaluer la peau auparavant et ne pas mettre la glace directement sur l'épiderme afin de le protéger. Il ne faut pas appliquer de glace pendant plus de 20 minutes à la fois. Cette mesure prévient l'effet rebond qui annule les bienfaits du traitement et qui est provoqué par le réchauffement du corps réagissant au froid. De longues applications de glace peuvent entraîner une froidure ou une lésion du nerf. On doit faire preuve de prudence lorsqu'on emploie un traitement par le froid ou par le chaud, et on doit surveiller de près la personne afin d'éviter de blesser la peau. On ne doit pas utiliser ces moyens sur des régions où la circulation est altérée ni lorsque les sensations de la personne sont diminuées.

L'application de chaleur accroît la circulation sanguine dans la zone touchée et contribue à réduire la douleur en accélérant le processus de guérison. La chaleur sèche comme la chaleur humide peuvent produire une certaine forme d'analgésie, mais leurs mécanismes d'action restent encore mal connus. Par exemple, l'application de chaleur sur des articulations enflammées peut apporter un bien-être temporaire, mais l'augmentation de la température intra-articulaire peut nuire à la guérison (Oosterveld et Rasker, 1994a, 1994b).

Électrostimulation percutanée

L'électrostimulation percutanée s'effectue au moyen d'un appareil à piles comportant des électrodes qu'on applique sur la peau pour produire une sensation de fourmillement, de vibration ou de bourdonnement dans la région douloureuse. On l'utilise pour soulager la douleur aiguë et chronique. On pense que son action est due à la stimulation des récepteurs non douloureux dans la même région que les fibres qui transmettent la douleur. Ce mécanisme concorde avec la théorie du portillon et explique l'efficacité de la méthode lorsqu'on l'applique dans la même région que la lésion. Lorsqu'on utilise l'électrostimulation chez une personne opérée, on place les électrodes autour de la lésion chirurgicale.

L'effet placebo est une autre explication possible de l'efficacité de cette technique (la personne s'attend à ce que le traitement soit efficace). Dans une revue de la littérature, Carroll et ses collaborateurs (1996) ont découvert que dans 15 des 17 études faisant appel à un groupe témoin aléatoire, l'électrostimulation n'avait pas soulagé efficacement la douleur postopératoire. Dans 17 des 19 études sans randomisation, les auteurs en arrivaient à la conclusion que l'électrostimulation percutanée avait un effet analgésique positif. La revue de ces études laisse penser que l'effet placebo peut expliquer l'efficacité de l'électrostimulation percutanée.

Distraction

La distraction contribue à soulager la douleur aiguë et chronique (Johnson et Petrie, 1997). Elle consiste à focaliser l'attention de la personne sur autre chose que la douleur. La distraction peut être le mécanisme responsable d'autres techniques cognitives efficaces. On pense qu'elle réduit la perception de la douleur en stimulant le système de contrôle descendant, d'où un plus petit nombre de stimuli douloureux transmis au cerveau. La distraction fonctionne dans la mesure où la personne est capable de recevoir et de créer des stimuli sensoriels autres que la douleur. Les techniques de distraction peuvent aller d'activités aussi simples que regarder la télévision ou écouter de la musique jusqu'à des activités physiques et mentales très complexes. En règle générale, le soulagement est directement proportionnel au degré de participation de la personne, au nombre de sens mis à contribution et à l'intérêt que la personne porte aux stimuli. Ainsi, on a plus de chances de soulager la douleur en stimulant la vue, l'ouïe et le toucher qu'en stimulant un seul sens.

Les visites effectuées par la famille et les amis apaisent efficacement la douleur. Regarder un film d'action sur grand écran avec son ambiophonique et écouteurs peut également procurer un soulagement (en supposant que la personne trouve le son acceptable). D'autres personnes peuvent tirer profit de jeux et d'activités comme les échecs qui exigent de la concentration. La distraction ne permet pas nécessairement de calmer la douleur dans tous les cas. C'est ainsi qu'une douleur très intense peut empêcher la personne de se concentrer sur des activités mentales ou physiques compliquées.

Relaxation

On croit que les muscles tenseurs contribuent à la douleur et que leur relaxation peut diminuer l'intensité de celle-ci. De nombreuses études confirment que la relaxation est un moyen efficace de soulager la lombalgie (NIH Technology Assessment Panel, 1995). Cependant, peu de résultats indiquent qu'elle permet de réduire la douleur postopératoire. Cela tient peut-être au rôle relativement peu important que jouent les muscles squelettiques dans la douleur postopératoire ou au fait que, pour être efficace, la technique de relaxation doit avoir été apprise. Or, il est souvent impossible d'utiliser une technique de relaxation qu'on ne nous a

enseignée qu'une seule fois, juste avant la chirurgie. Si la personne connaît déjà une méthode de relaxation, il suffit parfois que l'infirmière lui conseille de s'en servir pour réduire ou prévenir l'augmentation de la douleur.

Une respiration abdominale lente et rythmée est une méthode de relaxation simple. La personne ferme les yeux et commence à respirer lentement et normalement. Elle maintient un rythme constant et compte silencieusement jusqu'à trois en inspirant (un, deux, trois) et jusqu'à trois en expirant. Lorsqu'elle enseigne cette technique à la personne, l'infirmière peut l'aider en comptant tout haut. La respiration lente et rythmée constitue également une technique de distraction. Il s'agit toutefois d'une méthode qui, à l'instar des autres mesures de soulagement non pharmacologiques, exige un peu d'entraînement.

Presque toutes les personnes qui souffrent de douleur chronique peuvent bénéficier d'une méthode de relaxation. S'accorder des périodes régulières de relaxation contribue souvent à combattre la fatigue et la tension musculaire qui s'installent lorsque la douleur chronique se fait sentir et qu'elle augmente.

Imagerie mentale

Utilisée à des fins thérapeutiques, l'imagerie mentale consiste à recourir à son imagination dans le but d'obtenir un effet positif bien précis. L'une des formes les plus simples de l'imagerie mentale utilisée pour la détente et le soulagement consiste à combiner la respiration lente et rythmée à une image mentale de détente et de bien-être. Les yeux fermés, la personne imagine, chaque fois qu'elle expire lentement, que la tension musculaire et la douleur se dissipent, ce qui lui procure une agréable sensation de détente. À chaque inspiration, elle imagine que l'air apporte une énergie réparatrice dans la région douloureuse; à chaque expiration, elle imagine qu'elle expulse la douleur et la tension.

Enseigner l'imagerie mentale prend du temps, et la personne doit s'entraîner en y consacrant beaucoup de temps et d'énergie. En général, on demande à la personne de s'exercer environ 5 minutes 3 fois par jour. Il faut parfois plusieurs jours d'entraînement avant d'être capable d'atténuer la douleur grâce à cette méthode. Le soulagement de la douleur peut durer des heures, et de nombreuses personnes connaissent les effets relaxants de la technique dès leur premier essai. La personne doit être prévenue que l'imagerie mentale peut ne pas fonctionner pour elle. On doit combiner celle-ci avec d'autres formes de traitement dont l'efficacité est prouvée.

Hypnose

L'hypnose s'est révélée efficace pour soulager la douleur et diminuer la quantité d'agents analgésiques nécessaires aux personnes qui souffrent de douleur aiguë et chronique. Elle permet parfois de soulager la douleur dans des cas difficiles (par exemple les brûlures). Le mécanisme d'action de l'hypnose est mal connu. Son efficacité varie selon la réceptivité hypnotique de la personne (Farthing *et al.*, 1997). Dans certains cas, l'hypnose agit dès la première séance, mais perd progressivement son pouvoir par la suite. Dans d'autres cas, elle ne donne aucun résultat. En général, elle doit être pratiquée par un spécialiste (un psychologue ou une infirmière qui ont reçu une formation appropriée). Parfois, les personnes apprennent l'autohypnose.

Approches neurologiques et neurochirurgicales

Les méthodes pharmacologiques et non pharmacologiques sont inefficaces dans certaines situations, surtout en cas de douleur intense réfractaire à long terme. On doit alors envisager les approches neurologiques et neurochirurgicales. Une douleur réfractaire est une douleur qu'on ne peut soulager efficacement en recourant aux mesures de soulagement habituelles, notamment les médicaments. Elle résulte souvent d'une tumeur maligne (en particulier d'une tumeur du col de l'utérus, de la vessie, de la prostate ou du bas de l'intestin), mais peut également provenir d'affections comme une algie postzona, une névralgie faciale, une arachnoïdite de la moelle épinière, une ischémie incontrôlable ou d'autres formes de destruction tissulaire.

Les méthodes neurologiques et neurochirurgicales offertes pour soulager la douleur sont : (1) les techniques de stimulation (stimulation électrique intermittente d'un faisceau ou d'un centre qui bloque la transmission des influx douloureux); (2) l'administration d'opioïdes par voie rachidienne (voir plus haut); et (3) l'interruption des faisceaux qui transportent l'influx douloureux de la périphérie aux centres d'intégration cérébrale. Cette dernière méthode est destructrice et ses effets sont permanents. On n'y recourt que lorsque les autres méthodes de soulagement de la douleur ont échoué.

TECHNIQUES DE STIMULATION

La stimulation électrique, ou neuromodulation, consiste à supprimer la douleur en appliquant des pulsions électriques contrôlées à bas voltage sur différentes parties du système nerveux. On pense qu'elle soulage la douleur en bloquant les stimuli douloureux (théorie du portillon). Il existe de nombreux modes d'administration de cette technique. L'électrostimulation percutanée et la stimulation de la moelle épinière sont les plus fréquentes (voir, plus haut, « Électrostimulation percutanée »). On recourt également à des techniques de stimulation cérébrale consistant à implanter des électrodes dans la région périventriculaire postérieure du troisième ventricule, ce qui permet à la personne de stimuler cette région pour déclencher l'analgésie.

On utilise la stimulation de la moelle épinière pour soulager la douleur chronique réfractaire, la douleur ischémique et la douleur angineuse. Le chirurgien implante un appareil qui permet à la personne d'appliquer une stimulation électrique impulsionnelle sur la face dorsale de la moelle épinière de manière à bloquer les influx douloureux (Linderoth et Meyerson, 2002). (La plus grande accumulation de fibres afférentes se trouve dans le cordon dorsal de la moelle épinière.) L'unité de stimulation du cordon dorsal se compose d'un émetteur à radiofréquence, d'une antenne de transmission, d'un récepteur de radiofréquence et d'une électrode de stimulation. On porte l'émetteur (à piles) et l'antenne à l'extérieur; quant au récepteur et à l'électrode, ils sont implantés à l'intérieur du corps. On pratique une laminectomie au-dessus du plus haut point d'arrivée des influx douloureux et on place l'électrode dans l'espace épidural au niveau du cordon dorsal de la moelle épinière. (L'endroit où on installe les systèmes de stimulation varie.) Pour installer le récepteur, on crée une poche sous-cutanée dans la région claviculaire ou dans une autre région. On utilise un tunnel sous-cutané pour brancher le récepteur et l'électrode. Les personnes devant subir ce type d'intervention doivent être choisies avec beaucoup de soin. La douleur n'est pas totalement soulagée chez toutes les personnes.

La stimulation cérébrale profonde est réservée à des problèmes de douleur particuliers, notamment lorsque la personne ne répond pas aux techniques de soulagement habituelles. On met la personne sous anesthésie locale, puis on introduit des électrodes dans le crâne à travers un trou pratiqué avec une fraise et on les insère dans une région précise de l'encéphale, selon le siège ou la nature de la douleur. Après avoir testé l'efficacité de la stimulation, on branche l'électrode implantée à un dispositif de radiofréquence ou à un générateur de pulsion qui fonctionne par télémétrie externe. Cette intervention sert à soulager la douleur neuropathique qui apparaît souvent à la suite d'un dommage ou d'une lésion résultant d'une ischémie, de lésions à l'encéphale ou à la moelle épinière ou encore de douleur du membre fantôme. On recourt de moins en moins à la stimulation cérébrale profonde, sans doute parce que les techniques de contrôle de la douleur et les traitements rachidiens se sont améliorés (Rezai et Lozano, 2002).

Interruption des voies de transmission de la douleur

On ne recourt à la stimulation d'un nerf périphérique ou de la moelle épinière, ou à la stimulation cérébrale profonde que si toutes les autres mesures de soulagement pharmacologiques et non pharmacologiques ont échoué. Ces traitements sont réversibles et, si on doit les interrompre, le système nerveux continue de fonctionner. À l'opposé, les traitements qui interrompent les voies de transmission de la douleur sont permanents.

Les fibres qui conduisent la douleur peuvent être interrompues à partir de n'importe quel point, de leur origine jusqu'au cortex cérébral. Certaines parties du système nerveux sont ainsi détruites, ce qui entraîne des déficits et des incapacités neurologiques. Avec le temps, la douleur revient généralement à cause de la régénération des fibres axonales ou de l'apparition d'autres voies de la douleur.

Les interventions destructives utilisées pour interrompre la transmission de la douleur sont la cordotomie et la radicotomie. On ne les propose que si la personne est à la fin de sa vie et que son bien-être en serait amélioré (Linderoth et Meyerson, 2002). Ces interventions permettent alors souvent de soulager la douleur pour le reste de la vie de la personne. Le recours aux méthodes d'interruption de la transmission de la douleur est moins fréquent depuis que les traitements rachidiens et les nouveaux traitements de la douleur ont fait leur apparition.

Cordotomie

La cordotomie consiste à sectionner certains faisceaux de la moelle épinière (figure 13-10 ■). On peut l'effectuer de façon percutanée, au moyen de la méthode d'ouverture après une laminectomie, ou en utilisant d'autres techniques. La cordotomie sert à interrompre la transmission de la douleur (Hodge et Christensen, 2002). Il faut prendre des précautions afin de ne détruire que la sensation douloureuse. Les fonctions motrices doivent demeurer intactes.

Radicotomie

La radicotomie consiste à détruire les racines nerveuses sensorielles à l'endroit où elles entrent dans la moelle épinière. On pratique une lésion dans la racine dorsale de façon à neutraliser la dysfonction neuronale et à réduire l'influx nocicepteur. Depuis l'apparition des techniques microchirurgicales, il y a peu de complications et les déficits sensoriels sont légers (figure 13-11 ■).

Interventions infirmières

Pour chacune des techniques de stimulation, les personnes reçoivent des instructions verbales et écrites faisant état des effets escomptés sur la douleur et des conséquences indésirables. On surveille la personne afin de détecter les effets précis de chaque méthode. Les soins particuliers à prodiguer aux personnes qui ont subi des interventions neurologiques ou neurochirurgicales pour soulager la douleur chronique varient selon la méthode appliquée, son efficacité et les changements de la fonction neurologique qui accompagnent l'intervention. Après celle-ci, on évalue le degré de douleur et les fonctions neurologiques de la personne. D'autres interventions infirmières peuvent être indiquées, notamment : l'alignement corporel, les changements de position, les soins de la peau, la rééducation de l'intestin et de la vessie, et des mesures pour favoriser la sécurité de la personne. Le traitement de la douleur reste un aspect important des soins infirmiers pour chacune de ces interventions.

THÉRAPIES COMPLÉMENTAIRES ET PARALLÈLES

Les personnes souffrant de douleur chronique et débilitante se sentent souvent désespérées. En général, elles sont prêtes à essayer tout ce qu'on peut leur recommander, quel qu'en soit le prix et elles trouvent facilement toutes sortes de suggestions dans Internet et dans les librairies. Les traitements les plus particulièrement recommandés sont notamment les suivants : chélation, toucher thérapeutique, musicothérapie, phytothérapie, réflexologie, thérapie magnétique, électrothérapie, traitement par polarité, acupuncture, huile d'émeu, thérapie par la pectine, aromathérapie, homéopathie et régime macrobiotique. Nombre de ces « thérapies » (à l'exception du régime

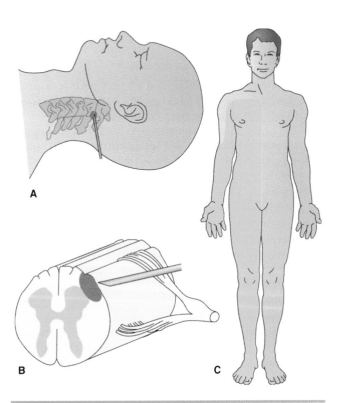

FIGURE 13-10 ■ (A) Point de la cordotomie percutanée C1-C2. (B) Lésion produite par la cordotomie percutanée C1-C2. (C) Étendue de l'analgésie produite par la cordotomie percutanée C1-C2 du côté gauche.

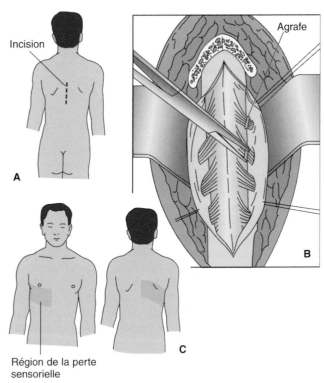

FIGURE 13-11 ■ Une radicotomie peut être pratiquée de façon chirurgicale, percutanée ou chimique, selon l'état et les besoins de la personne. On recourt habituellement à cette intervention pour soulager la douleur thoracique forte causée, par exemple, par le cancer du poumon. Durant une (A) radicotomie chirurgicale, on divise (B) les racines des nerfs rachidiens et on les ligature de manière à produire une lésion et une (C) perte subséquente de sensation. SOURCE : J.D. Loeser (dir.) (2000). *Bonica's management of pain* (3e éd.). Philadelphie : Lippincott Williams & Wilkins.

macrobiotique) ne sont pas nocives. Cependant, on n'a pas encore démontré qu'elles sont efficaces selon les normes utilisées pour évaluer les interventions médicales et infirmières.

Au Canada, la Corporation des intervenants en médecine alternative (CIMA) regroupe plusieurs disciplines reconnues : acupuncture, chiropractie, fasciathérapie, homéopathie, kinésithérapie, massothérapie, naturopathie, naturothérapie, orthothérapie, ostéopathie et psychothérapie. La CIMA assure la protection du public qui consulte ses membres tout en offrant un service exemplaire à ceux-ci. De plus, la plupart de ces disciplines sont regroupées en associations, telle l'association des chiropraticiens du Québec. Le Collège des médecines douces du Québec (CMDQ) est un organisme d'enseignement à distance en médecine parallèle et en médecine holistique, telles la naturopathie ou l'homéopathie.

Même s'il n'y a pas de preuves scientifiques de l'efficacité de ces traitements, la personne peut les trouver salutaires à cause de l'effet placebo. Lorsqu'elle s'occupe d'une personne qui utilise ou songe à utiliser les traitements non testés proposés par une médecine parallèle, l'infirmière doit veiller à ne pas diminuer l'espoir que ceux-ci suscitent. Il lui incombe de faire preuve de professionnalisme et, si elle estime que ces traitements sont onéreux et dangereux, de mettre en garde la personne qui n'est pas en mesure de juger de leur valeur scientifique.

Des problèmes peuvent survenir lorsque la personne ne trouve pas de soulagement et abandonne le traitement classique pour se tourner vers la médecine parallèle, dite « médecine douce ». De plus, très peu de médecines douces sont gratuites. Les personnes désespérées risquent de se ruiner à tenter de soulager leur douleur par des moyens inefficaces.

Le rôle de l'infirmière est d'aider la personne et sa famille à comprendre la recherche scientifique et à leur expliquer en quoi les preuves scientifiques diffèrent des preuves anecdotiques. Sans diminuer l'effet placebo que la personne ressent souvent, l'infirmière doit encourager celle-ci à vérifier l'efficacité du traitement continuellement à l'aide des techniques standard d'évaluation de la douleur. De plus, elle invite la personne à combiner les médecines douces aux traitements classiques et à en parler à son médecin.

Favoriser les soins à domicile et dans la communauté

En préparant la personne et la famille à traiter la douleur à domicile, l'infirmière doit expliquer à quel type de douleur ou de malaise s'attendre, combien de temps la douleur va durer et comment reconnaître les problèmes à signaler. La personne qui ressent une douleur aiguë à la suite d'une blessure, d'une affection, d'une intervention ou d'une chirurgie se verra sans doute prescrire un ou plusieurs analgésiques.

ENSEIGNER LES AUTOSOINS

La personne et sa famille doivent connaître la fonction de chaque médicament, le moment approprié pour le prendre, les effets secondaires et les réactions indésirables qui y sont associés et les stratégies à utiliser pour prévenir ceux-ci. La personne et sa famille ont besoin d'être rassurées et de savoir que la douleur peut être traitée avec succès à domicile.

Le traitement inadéquat de la douleur à domicile amène fréquemment la personne à faire appel à un professionnel de la santé ou à être de nouveau hospitalisée. En cas de douleur chronique, la peur et l'anxiété s'intensifient souvent chez la personne qui est sur le point de retourner chez elle. L'infirmière enseigne à la personne et à sa famille comment évaluer la douleur et administrer des analgésiques. Elle fournit ces instructions verbalement et par écrit (encadré 13-6 ■).

L'infirmière donne à la personne et à la famille des occasions de s'exercer à administrer les médicaments, et ce, jusqu'à ce qu'elles se sentent à l'aise et y parviennent en toute sécurité. Elle leur enseigne les complications de l'utilisation d'opioïdes (dépression du système respiratoire et du système nerveux central) et les façons d'en reconnaître les signes. Si le médicament cause d'autres effets indésirables comme la constipation, l'infirmière intègre à son enseignement des mesures visant à prévenir et à traiter le problème (voir p. 302). Elle s'assure que les médicaments prescrits sont offerts en pharmacie, afin que la personne souffrante puisse s'approvisionner facilement.

L'infirmière exhorte la personne à garder les agents analgésiques hors de la portée des enfants, qui pourraient les prendre pour des bonbons. Les personnes âgées peuvent relâcher leur vigilance à ce sujet, lorsqu'elles reçoivent la visite d'enfants. En outre, les agents analgésiques doivent être gardés hors de la portée des membres de la famille afin d'éviter qu'ils ne les prennent par erreur ; il faut également les conserver en lieu sûr pour empêcher quiconque de les prendre pour son propre usage ou dans le but de les donner.

ASSURER LE SUIVI

Si la personne reçoit l'analgésie par voie parentérale ou rachidienne à domicile, il faut l'adresser à une infirmière à domicile. Celle-ci viendra la voir chez elle pour l'évaluer, déterminer si elle suit le plan de traitement et si elle emploie une technique d'injection ou de perfusion sûre et efficace. Si la personne a mis en place une pompe de perfusion, l'infirmière examine l'état de la pompe ou le point d'injection et peut remplir le réservoir de médicament selon l'ordonnance ou superviser les membres de la famille pendant qu'ils le font. Elle évalue si les besoins de la personne en matière d'analgésiques changent. En collaboration avec le médecin, elle aide ensuite la personne et sa famille à modifier la dose de médicament. Ces efforts visent à obtenir un soulagement de la douleur, tout en permettant à la personne de rester chez elle avec sa famille.

À mesure que la personne devient tolérante, il faut des quantités d'opioïdes de plus en plus élevées. Il est important de rassurer la personne et sa famille sur le fait que l'augmentation progressive des doses n'accroîtra pas le risque de dépression respiratoire et de dépression du système nerveux central, car la personne devient également tolérante à ces effets secondaires. Cependant, elle ne deviendra pas tolérante aux effets des opioïdes sur les intestins, et on devra redoubler d'efforts pour prévenir la constipation.

ENSEIGNEMENT

Plan thérapeutique à la maison

Plan de traitement de la douleur de

_____

À la maison, pour soulager ma douleur, je prendrai les analgésiques suivants :

Médicament	Voie	Posologie	Fréquence	Commentaires
_____	_____	_____	_____	_____
_____	_____	_____	_____	_____
_____	_____	_____	_____	_____

Pour traiter les effets indésirables, je peux prendre les médicaments suivants :

Effet indésirable	Médicament	Voie	Posologie	Fréquence	Commentaires
_____	_____	_____	_____	_____	_____
_____	_____	_____	_____	_____	_____
_____	_____	_____	_____	_____	_____

La constipation est un problème très fréquent lorsqu'on prend des opioïdes. Quand cela se produit, je dois :
- Augmenter mon apport liquidien (8 à 10 verres de liquide).
- Faire de l'exercice régulièrement.
- Augmenter l'apport en fibres dans mon régime alimentaire (son, fruits et légumes frais).
- Utiliser un suppositoire de glycérine ou un laxatif, comme du lait de magnésie, s'il n'y a eu aucune défécation depuis 3 jours.
- Prendre les laxatifs prescrits régulièrement, c'est-à-dire : (nom du médicament) _____
  chaque jour à _____ (heure) avec un grand verre d'eau.

Mesures de soulagement non pharmacologiques :

_____

_____

Instructions supplémentaires :

_____

_____

_____

Numéros de téléphone importants :

Nom du médecin _____   Nom de l'infirmière _____

Nom de la pharmacie _____   Urgences _____

Appelez votre médecin ou votre infirmière si vous notez une augmentation de la douleur ou l'apparition
d'une nouvelle douleur. Appelez également votre médecin à l'avance pour qu'il renouvelle vos prescriptions de médicaments.
Ne laissez pas vos médicaments baisser sous la barre des 3 à 4 jours de réserve.

Agency for Health Care Policy and Research (1994). _Management of cancer pain. Clinical practice Guidelines._ Rockville, MD :
Agency for Health Care Policy and Research, Public Health Services, U.S. Department of Health and Human Services.

Évaluer l'efficacité des mesures de soulagement de la douleur

Afin de juger objectivement de l'efficacité des interventions, l'infirmière doit les évaluer avec la personne et sa famille. Pour ce faire, elle se fonde sur l'évaluation de la douleur effectuée par la personne, à l'aide des échelles et autres instruments décrits plus haut. Si les mesures de soulagement se sont révélées inefficaces, l'infirmière doit envisager le recours à d'autres moyens. Si ceux-ci ne donnent pas les résultats escomptés, l'infirmière doit réévaluer les objectifs de soulagement de la douleur en collaboration avec le médecin. L'infirmière soutient la personne dans le but de mieux soulager la douleur.

RÉÉVALUATIONS

Lorsque les interventions ont été effectuées, l'infirmière demande à la personne d'évaluer le degré d'intensité de la douleur. On répète cet exercice à intervalles réguliers. En comparant les résultats des évaluations, l'infirmière peut juger de l'efficacité des mesures de soulagement. Elle dispose ainsi d'un point de référence à partir duquel elle peut décider s'il faut poursuivre une intervention donnée ou la modifier (Plan thérapeutique infirmier ■).

Évaluation

Résultats escomptés

Les principaux résultats escomptés sont les suivants:

1. La douleur est soulagée.
   a) Après l'intervention, la personne constate un degré d'intensité moindre sur l'échelle numérique.
   b) Elle note un degré d'intensité de la douleur moindre pendant de plus longues périodes.
2. La personne (ou sa famille) administre correctement les médicaments prescrits.
   a) Elle connaît la dose appropriée à donner.
   b) Elle administre la dose appropriée en utilisant la bonne technique.
   c) Elle connaît les effets indésirables.
   d) Elle sait quelles mesures prendre pour prévenir ou corriger les effets indésirables.
3. Elle utilise des mesures de soulagement non pharmacologiques comme on le lui a recommandé.
   a) Elle met en pratique des mesures non pharmacologiques.
   b) Elle décrit les résultats escomptés de ces mesures.
4. Elle indique que la douleur a des effets minimaux et qu'elle éprouve peu d'effets indésirables à la suite des interventions.
   a) Elle se sent suffisamment bien pour agir de façon à favoriser son rétablissement (par exemple boire, tousser, marcher).
   b) Elle consacre davantage de temps aux activités quotidiennes: activités familiales, échanges sociaux, relations avec ses enfants, loisirs, travail.
   c) Elle dort bien, ne ressent pas de fatigue et ne souffre pas de constipation.

PLAN THÉRAPEUTIQUE INFIRMIER

Personne présentant de la douleur

INTERVENTIONS INFIRMIÈRES	JUSTIFICATIONS SCIENTIFIQUES	RÉSULTATS ESCOMPTÉS
Diagnostic infirmier: douleur aiguë **Objectif:** soulager la douleur ou réduire son intensité		
1. Faire comprendre à la personne qu'on ne doute pas de sa douleur et qu'on l'aidera à la soulager.	1. La crainte qu'on doute de la réalité de sa douleur accroît la tension et l'anxiété chez la personne et réduit sa tolérance au mal.	■ La personne se dit soulagée de savoir qu'on reconnaît la réalité de sa douleur et qu'on l'aidera à la soulager.
2. Déterminer l'intensité de la douleur selon une échelle d'évaluation.	2. On établit ainsi les valeurs initiales qui permettront d'évaluer les changements dans l'intensité de la douleur et l'efficacité des interventions.	▲ À la suite des interventions, elle signale une diminution de l'intensité de la douleur.
3. Recueillir et consigner dans le dossier des données sur la douleur et ses caractéristiques: siège, caractère, fréquence et durée.	3. On évalue ainsi la douleur et le soulagement obtenu, et on peut établir la source et la nature de la douleur.	▲ À la suite des interventions, elle se dit moins perturbée par la douleur.
4. Administrer les analgésiques de façon à favoriser un soulagement optimal dans les limites fixées par l'ordonnance du médecin.	4. Les analgésiques sont plus efficaces si on les administre lorsque la douleur débute. L'utilisation simultanée d'analgésiques qui agissent sur différentes parties du système nociceptif soulagera plus efficacement la douleur avec moins d'effets secondaires.	■ Elle utilise efficacement les médicaments prescrits. ■ Elle trouve des mesures efficaces pour soulager la douleur. ■ Elle utilise de nouvelles mesures et les dit efficaces.
5. Réadministrer les analgésiques selon l'échelle d'évaluation de la douleur.	5. Permet d'évaluer l'efficacité de l'analgésie et de déterminer si d'autres mesures doivent être prises en cas d'analgésie inefficace.	■ Elle ressent les effets secondaires minimaux de l'analgésie et ne l'interrompt pas pour traiter les effets secondaires.

Personne présentant de la douleur (*suite*)

INTERVENTIONS INFIRMIÈRES	JUSTIFICATIONS SCIENTIFIQUES	RÉSULTATS ESCOMPTÉS
6. Noter l'intensité de la douleur de la personne dans son dossier.	6. Aide à déterminer s'il faut recourir à un autre analgésique ou à une autre approche pour soulager la douleur.	▪ Elle passe plus de temps avec sa famille et ses amis.
7. Si on n'obtient pas le soulagement désiré, demander au médecin de modifier l'ordonnance.	7. Le soulagement inadéquat de la douleur se traduit par une réponse au stress amplifiée, de la souffrance et des hospitalisations prolongées.	
8. Déterminer les mesures de soulagement employées avec succès par la personne lors d'expériences antérieures et l'inciter à y recourir de nouveau.	8. Il est conseillé de recourir à des mesures que la personne connaît et accepte.	
9. Enseigner à la personne de nouvelles mesures visant à soulager la douleur et à favoriser son bien-être : distraction, relaxation, stimulation cutanée et autres mesures non pharmacologiques.	9. Accroît le nombre de possibilités et de mesures dont dispose la personne.	
10. Indiquer à la personne et à sa famille les effets indésirables des analgésiques et les moyens de les prévenir et de les traiter.	10. Prévenir les effets indésirables épargne à la personne les interruptions de l'analgésie que ces effets peuvent rendre nécessaires.	

EXERCICES D'INTÉGRATION

1. Une femme âgée de 82 ans atteinte du cancer, qui vivait chez elle, a été admise dans un centre de soins spécialisés. Son fils dit qu'elle a de plus en plus souvent des pertes de mémoire et n'est plus capable de gérer son traitement médicamenteux. Il dit qu'elle oublie quand elle a pris ses antidépresseurs et l'OxyContin. Il l'a trouvée si « droguée » qu'il ne peut pas supporter de la voir dans cet état. Elle est traitée pour une douleur reliée au cancer. Deux semaines après son admission, une évaluation de la douleur révèle une douleur d'une intensité de 8 sur une échelle de 0 à 10 ; elle refuse de sortir de son lit. Son fils est avec elle et s'oppose à ce que l'infirmière lui donne un médicament pour traiter la douleur réfractaire ou qu'elle appelle le médecin pour titrer l'OxyContin et obtenir le soulagement maximal de la douleur. Décrivez les stratégies que vous adopterez pour fournir un soulagement approprié de la douleur à cette personne et les facteurs physiologiques dont vous devrez tenir compte. Établissez les stratégies que vous utiliserez pour expliquer au fils qu'il est important que la douleur de sa mère soit traitée. Déterminez les considérations éthiques dont vous devez tenir compte dans cette situation.

2. Une personne âgée de 45 ans vient tout juste de sortir de l'unité de postanesthésie après avoir subi une cholécystectomie par laparoscopie. Elle souffre de polyarthrite rhumatoïde pour laquelle elle prend 500 mg de Naprosyn 2 fois par jour. Elle évalue l'intensité de sa douleur à 6 (sur une échelle de 0 à 10) et se plaint de douleur vive dans de nombreuses articulations. Quels facteurs contribuent à la douleur que ressent cette personne ? Quelle serait la meilleure approche pour traiter sa douleur ? Analysez l'effet de la polyarthrite rhumatoïde et de la douleur articulaire sur la douleur postopératoire et son traitement.

3. Un homme âgé de 62 ans reçoit des perfusions en épidurale d'un opioïde destiné à traiter la douleur réfractaire. On le renverra bientôt chez lui où sa fille l'aidera à soulager sa douleur. Décrivez l'enseignement que vous devez donner à l'homme et à sa fille. Quels sont les effets indésirables qu'ils doivent surveiller et quelles mesures doivent-ils prendre le cas échéant ? Comment modifieriez-vous votre plan thérapeutique de sortie si l'homme vivait seul ?

4. Un homme âgé de 35 ans, qui a des antécédents de consommation d'héroïne, est admis à l'hôpital : il porte de multiples blessures au poignard survenues lors d'une altercation. Deux jours après avoir subi une longue chirurgie destinée à réparer ses lésions, il se plaint d'une douleur intense et tenace et dit que le médicament qu'il reçoit (un opioïde) ne diminue pas efficacement sa douleur. Plusieurs membres de l'équipe doutent de l'intensité réelle de sa douleur et pensent qu'il veut seulement plus de médicaments à cause de ses antécédents de consommation de drogue. Comment traiterez-vous la douleur chez cet homme ? Quelles sont les justifications scientifiques de vos mesures ? Comment réagirez-vous à l'opinion des membres de l'équipe selon laquelle l'homme ne doit pas recevoir d'autres médicaments ?

RÉFÉRENCES BIBLIOGRAPHIQUES
en anglais • en français

L'astérisque indique un compte rendu de recherches en soins infirmiers.

Agency for Health Care Policy and Research, Public Health Service, Department of Health and Human Services. (1994). *Management of cancer pain: Adults.* Clinical Practice Guidelines (AHCPR 94-0592). Washington, DC: U.S. Government Printing Office.

American Society of Pain Management Nurses. (1996). ASPMN position statement: Use of placebos for pain management. http://www.aspmn. org/html/Psplacebo.htm (page consultée le 1/8/02).

Beauchamp, Y. (2004). Gérialgie et pharmacothérapie : un survol. *Le clinicien, 19*(3), 83-90.

Beauchamp, Y. (2003). Quand neuropathie rime avec «catastrophe». *Le médecin du Québec, 38*(6), 75-82.

Borde, V. (2004). Vaincre la douleur. *Actualité, 29*(14), 38-44.

Boulanger, A. (2003). Les opiacés et la douleur chronique : comment amorcer le traitement. *Le médecin du Québec, 38*(6), 63-70.

Brookoff, D. (2000). Chronic pain: 1. A new disease? *Hospital Practice, 35*(7), 42–59.

Brouillette, N. (2003). La douleur abdominale, pas de quoi en faire un plat. *Le médecin du Québec, 38*(9), 39-45.

Brûlé, M., Cloutier, L. et Doyon, O. (dir.) (2002). *L'examen clinique dans la pratique infirmière.* Saint-Laurent : Éditions du Renouveau Pédagogique.

Brunet, J. (2003). Sédation et analgésie aux soins intensifs ou comment calmer la douleur. *Le médecin du Québec, 38*(11), 59-69.

Buffum, M., & Buffum, J.C. (2000). Nonsteroidal anti-inflammatory drugs in the elderly. *Pain Management Nursing, 1*(2), 40–50.

Campbell, J. (1995). Pain: The fifth vital sign. Presidential Address. American Pain Society, Nov. 11, 1995, Los Angeles.

Carroll, D., Tramer, M., McQuay, H., et al. (1996). Randomization is important in studies with pain outcomes: Systematic review of transcutaneous electrical nerve stimulation in acute postoperative pain. *British Journal of Anaesthesia, 77*(6), 798–803.

CCNTA – Conseil consultatif national sur le troisième âge (2002). *La douleur dérange* (page consultée le 12 mai 2005), [en ligne], http://www.naca-ccnta.ca/expression/15-3/exp15-3_2_f.htm.

Choinière, M. (2004). La douleur abdominale chronique : un fléau insidieux. *Le médecin du Québec, 38*(6), 53-60.

Correll, D.J., Viscusi, E.R., Grunwald, Z., & Moore, J.H. (2001). Epidural analgesia compared with intravenous morphine patient-controlled analgesia: Postoperative outcome measures after mastectomy with immediate TRAM flap breast reconstruction. *Regional Anesthesia Pain Medicine, 26*(5), 444–449.

Dion, H. (2004). La douleur abdominale chronique : comment élucider ses secrets. *Le clinicien, 19*(3), 17-19.

Dolbec, P. (2003). Les centres antidouleur. *Le médecin du Québec, 38*(6), 99-102.

Donner, B., Zenz, M., Tryba, M., & Strumpf, M. (1996). Direct conversion from oral morphine to transdermal fentanyl: A multicenter study in patients with cancer pain. *Pain, 64*(3), 527–534.

Edwards, R., Augustson, E.M., & Fillingim, R. (2000). Sex-specific effects of pain related anxiety on adjustment to chronic pain. *Clinical Journal of Pain, 16*(1), 46–53.

Edwards, R.R., & Fillingim, R.B. (2000). Age-associated differences in responses to noxious stimuli. *Journal of Gerontology Series A: Biological Science & Medical Science, 56*(3), M180–185.

Farthing, G.W., Venturino, M., Brown, S.W., & Lazar, J.D. (1997). Internal and external distraction in the control of cold-pressor pain as a function of hypnotizability. *International Journal of Clinical & Experimental Hypnosis, 45*(4), 433–446.

Fergane, B. et Jeanmougin, C. (2003). *Douleur: soins préventifs et prise en charge.* Paris : Flammarion Médecine-sciences.

*Ferrell, B., Virani, R., Grant, M., & McCaffery, M. (2000). Analysis of pain content in nursing textbooks. *Journal of Pain and Symptom Management, 19*(3), 216–228.

Foley, K.M. (1999). Advances in cancer pain. *Archives of Neurology, 56*(4), 413–417.

Forget, D. (2002). La douleur des grands brûlés. *Découvrir, 23*(3), 27.

Giasson, M., Leroux, G., Tardif, H. et Bouchard, L. (1999). Le toucher thérapeutique. *L'infirmière du Québec, 6*(6), 38-47.

Hicks, C.L., von Baeyer, C.L., Spafford, P.A., et al. (2001). The Faces Pain Scale-Revised: Toward a common metric in pediatric pain measurement. *Pain, 93*(2), 173–183.

Hodge, C.J., & Christensen, M. (2002). Anterolateral cordotomy. In K.J. Burchiel (Ed.). *Surgical management of pain.* New York: Thieme.

Hrobjartsson, A., & Gotzsche, P.C. (2001). Is placebo powerless? An analysis of clinical trials comparing placebo with no treatment. *New England Journal of Medicine, 344*(21), 1594–1602.

Hunter, M., McDowell, L., Hennessy, R., & Cassey, J. (2000). An evaluation of the Faces Pain Scale with young children. *Journal of Pain and Symptom Management, 20*(2), 122–129.

Janig, W. (2001). CRPS-I and CRPS-II: A strategic view. In Harden, R. N., Baron, R., & Janig, W. (Eds.). *Complex regional pain syndrome. Progress in pain research and management,* Vol. 22. Seattle: IASP Press.

JCAHO – Joint Commission on Accreditation of Healthcare Organizations. (2003). *Hospital accreditation standards.* Oakbrook Terrace, IL: JCAHO.

Johnson, M.H., & Petrie, S.M. (1997). The effects of distraction on exercise and cold presser tolerance for chronic low back pain sufferers. *Pain, 69*(1–2), 43–48.

Keefe, F.J., Lefebvre, J.C., & Starr, K.R. (1996). From the gate control theory to the neuromatrix: Revolution or evolution? *Pain Forum, 5*(2), 143–146.

Kelly, A.M. (1998). Does the clinically significant difference in visual analog scale pain scores vary with gender, age, or cause of pain? *Academy of Emergency Medicine, 5*(11), 1086–1090.

Keogh, E., Ellery, D., Hunt, C., & Hannent, I. (2001). Selective attentional bias for pain-related stimuli amongst fearful individuals. *Pain, 91*(1–2), 91–100.

Lasch, K.E. (2000). Culture, pain and culturally sensitive pain care. *Pain Management Nursing, 1*(3), S1, 16–22.

Lasch, K.E., Wilkes, G., Montuori, L.M., et al. (2000). Using focus group methods to develop multicultural cancer patient education materials. *Pain Management Nursing, 1*(4), 129–138.

Li, S.F., Greenwald, P.W., Gennis, P., et al. (2001). Effect of age on acute pain perception of a standardized stimulus in the emergency department. *Annals of Emergency Medicine, 38*(6), 644–647.

Linderoth, B. & Meyerson, B. A. (2002). Spinal cord stimulation:Mechanisms of action. In K. Burchiel (Ed.). *Surgical management of pain.* New York: Thieme.

Lynn, J., Teno, J.M., Phillips, R.S., et al. (1997). Perceptions by family members of the dying experience of older and seriously ill patients. *Annals of Internal Medicine, 126*(2), 97–106.

McCaffery, M., & Ferrell, B.R. (1997). Nurses' knowledge of pain assessment and management: How much progress have we made? *Journal of Pain Symptom Management, 14*(3), 175–188.

*McCaffery, M., Ferrell, B.R., & Pasaro, C. (2000). Nurses' personal opinions about patients' pain and their effect on recorded assessments and titration of opioid doses. *Pain Management Nursing, 1*(3), 79–87.

McCracken, L.M., & Iverson, G.L. (2001). Predicting complaints of impaired cognitive functioning in patients with chronic pain. *Journal of Pain and Symptom Management, 21*(5), 392–396.

Melzack, R. (1996). Gate control theory: On the evolution of pain concepts. *Pain Forum, 5*(1), 128–138.

Merskey, H., & Bogduk, N. (Eds.). (1994). *Classification of chronic pain* (2nd ed.). International Association for the Study of Pain Taskforce on Taxonomy. Seattle: IASP Press, pp. 209–214.

Meuser, T., Pietruck, C., Radruch, L., Stute, P., Lehmann, K.A., & Grond, S. (2001). Symptoms during cancer pain treatment following WHO guidelines: A longitudinal follow-up study of symptom prevalence, severity and etiology. *Pain, 93*(3), 247–257.

Miaskowski, C. (2000). The impact of age on a patient's perception of pain and ways it can be managed. *Pain Management Nursing, 1*(3), S1, 2–7.

*Miaskowski, C., & Dibble, S.L. (1995). The problem of pain in outpatients with breast cancer. *Oncology Nursing Forum, 22*(5), 791–797.

Morin, C., Lund, J.P., Villarroel, T., et al. (2000). Differences between the sexes in post-surgical pain. *Pain, 85*(1–2), 79–85.

NIH Technology Assessment Panel on Integration of Behavioral and Relaxation Approaches into the Treatment of Chronic Pain and Insomnia. (1995). Integration of behavioral and relaxation approaches into the treatment of chronic pain and insomnia. *Journal of the American Medical Association, 276*(4), 313–318.

Oosterveld, F. G. & Rasker, J. J. (1994a). Effects of local heat and cold treatment on surface and articular temperature of arthritic knees. *Arthritis & Rheumatism, 37*(11), 1578–582.

Oosterveld, F. G. & Rasker, J. J. (1994b). Treating arthritis with locally applied heat or cold. *Seminars in Arthritis & Rheumatism, 24*(2), 82–90.

Ordre des infirmières et infirmiers du Québec (OIIQ) (avril 2003). *Guide d'application de la nouvelle Loi sur les infirmières et infirmiers et de la Loi modifiant le code des professions et d'autres dispositions législatives dans le domaine de la santé.* Montréal: OIIQ.

Ordre des infirmières et infirmiers du Québec (OIIQ) (avril 2003). *Notre profession prend une nouvelle dimension: des pistes pour mieux comprendre la Loi sur les infirmières et infirmiers et en tirer avantage dans notre pratique.* Montréal: OIIQ.

Page, C.P., Curtis, M.J., Walker, M.J., Sutter, M.C. et Hoffman, B.B. (1999). *Pharmacologie intégrée.* Bruxelles: De Boeck Université.

Pasaro, C.L. (1997). Using the Faces scale to assess pain. *American Journal of Nursing, 97*(7), 19–20.

Plaisance, L., & Ellis, J.A. (2002). Opioid-induced constipation. *American Journal of Nursing, 102*(3), 72–73.

Pollo, A., Amanzio, M., Arslanina, A., et al. (2001). Response expectancies in placebo analgesia and their clinical relevance. *Pain, 93*(1), 77–84.

Porter, J., & Jick, H. (1980). Addiction rare in patients treated with narcotics. *New England Journal of Medicine, 302*(2), 123.

Porth, C.M. (2002). *Pathophysiology: Concepts of altered health states* (6th ed.). Philadelphia: Lippincott Williams & Wilkins.

Puig, M.M., & Montes, A. (1998). Opioids: From receptors to clinical application. *Current Review of Pain, 2*(4), 243–241.

*Puntillo, K., Casella, W., & Reid, M. (1997). Opioid and benzodiazepine tolerance and dependence: Application of theory to critical care practice. *Heart & Lung, 26*(4), 317–324.

*Puntillo, K.A., Miaskowski, C., Kehrle, K., et al. (1997). Relationship between behavioral and physiological indicators of pain, critical care patients' self-reports of pain, and opioid administration. *Critical Care Medicine, 25*(7), 1159–1166.

Ramsey, A. (2003). Ici, on guérit la douleur. *Sélection du Reader's digest, 668*(fév.), 118-127.

Raymond, I., Nielsen, T.A., Lauigne, G., et al. (2001). Quality of sleep and its daily relationship to pain intensity in hospitalized adult burn patients. *Pain, 92*(3), 381–388.

Rezai, A.R., & Lozano, A.M. (2002). Deep brain stimulation for chronic pain. In K.J. Burchiel (Ed.). *Surgical management of pain.* New York: Thieme.

Rhudy, J.L., & Meagher, M.W. (2000). Fear and anxiety: Divergent effects on human pain thresholds. *Pain, 84*(1), 65–75.

Riley, J.L., Robinson, M.E., Wade, J.B., et al. (2001). Sex differences in negative emotional response to chronic pain. *Journal of Pain, 2*(6), 354–359.

Robinson, M.E., Riley, J.L., Meyers, C.D., et al. (2001). Gender role expectations of pain. Relationship to sex differences in pain. *Journal of Pain, 2*(5), 251–257.

SUPPORT Principal Investigators. (1995). A controlled trial to improve care for seriously ill hospitalized patients: The study to understand prognoses and preferences for outcomes and risks of treatments (SUPPORT). *Journal of the American Medical Association, 274*(20), 1591–1598.

Thomas, T., Robinson, C., Champion, D., et al. (1998). Prediction and assessment of the severity of post-operative pain and of satisfaction with management. *Pain, 75*(2–3), 177–185.

Tortora, G.J. et Grabowski, S.R. (2001). *Principes d'anatomie et de physiologie.* Saint-Laurent: Éditions du Renouveau Pédagogique.

Uomoto, J.M., & Esselman, P.C. (1993). Traumatic brain injury and chronic pain: Differential types and rates by head injury severity. *Archives of Physical Medicine and Rehabilitation, 74*(1), 61–64.

Vallerand, A.H., & Polomano, R.C. (2000). The relationship of gender to pain. *Pain Management Nursing, 1*(3, suppl), 8–15.

Walker, B., Shafer, M., Henzi, I. & Tramer, M. R. (2002). Efficacy and safety of patient-controlled opioid analgesia for postoperative pain. A quantitative systematic review. *Acta Anaesthesiology Scandinavia, 45*(7), 795–804.

Wall, P.D. (1999). Introduction. In P.D. Wall & R. Melzack (Eds.). *Textbook of pain.* New York: Churchill-Livingstone, pp. 1–8.

Washington, L.L., Gibson, S.J., & Helme, R.D. (2000). Age-related differences in endogenous analgesic response to repeated cold water immersion in human volunteers. *Pain, 89*(1), 89–96.

Weiner, D., Peterson, B., Ladd, K., McConnell, E., & Keefe, F. (1999). Pain in nursing home residents: An exploration of prevalence, staff perspectives, and practical aspects of measurement. *Clinical Journal of Pain, 15*(2), 92–101.

*Zalon, M.L. (1997). Pain in frail, elderly women after surgery. *Image: Journal of Nursing Scholarship, 29*(1), 21–26.

 En complément de ce chapitre, vous trouverez sur le Compagnon Web:
• une bibliographie exhaustive;
• des ressources Internet.

Adaptation française
Lyne Cloutier, inf., M.Sc.
Professeure, Département des sciences infirmières –
Université du Québec à Trois-Rivières
Avec la collaboration de
Bruno Pilote, inf., M.Sc.,
Enseignant de soins infirmiers – Cégep de Sainte-Foy

CHAPITRE

14

Bilan hydroélectrolytique

Objectifs d'apprentissage

Après avoir étudié ce chapitre, vous pourrez :

1. Faire la différence entre l'osmose, la diffusion, la filtration et le transport actif transmembranaire.

2. Décrire le rôle des reins, des poumons et des glandes endocrines dans la régulation du volume et de la composition des liquides organiques.

3. Expliquer les effets de l'âge sur la régulation des liquides et des électrolytes.

4. Appliquer la démarche systématique aux personnes présentant une augmentation ou une baisse du volume liquidien, ou des taux de sodium et de potassium.

5. Énoncer les causes, les manifestations cliniques, le traitement et les interventions infirmières associés à une augmentation ou à une baisse des taux de calcium, de magnésium, de phosphore et de chlorure.

6. Expliquer le rôle des poumons, des reins et des systèmes tampons dans le maintien de l'équilibre acidobasique.

7. Comparer les causes, les manifestations cliniques, le diagnostic et le traitement de l'acidose et de l'alcalose métaboliques, ainsi que de l'acidose et de l'alcalose respiratoires.

8. Interpréter les résultats de l'analyse des gaz artériels.

9. Décrire une méthode de ponction veineuse sûre et efficace.

10. Décrire les mesures utilisées pour prévenir les complications de la thérapie intraveineuse.

L'équilibre hydroélectrolytique est un processus dynamique essentiel à la vie. Des déséquilibres hydroélectrolytiques surviennent dans la vie de tous les jours, chez les personnes en bonne santé (accroissement de la perte de liquides et de sodium résultant d'une séance d'exercice intense et d'une température ambiante élevée, par exemple) comme chez les personnes malades (diarrhée ou vomissements, par exemple).

Notions fondamentales

L'infirmière doit comprendre la physiologie de l'équilibre hydroélectrolytique et de l'équilibre acidobasique afin d'être en mesure de prévenir et de reconnaître les déséquilibres potentiels, et d'y réagir lorsqu'ils surviennent.

VOLUME ET COMPOSITION DES LIQUIDES BIOLOGIQUES

Chez l'adulte moyen, le volume liquidien (eau et électrolytes) représente approximativement 60 % du poids corporel. Le volume des liquides est fonction de l'âge, du sexe et de la quantité de tissu adipeux. En général, la proportion de liquides est plus importante chez les personnes jeunes que chez les personnes âgées, et plus importante chez les hommes que

chez les femmes. La proportion de liquides est également plus importante chez les personnes minces que chez les personnes obèses, les cellules adipeuses ne renfermant qu'une faible quantité d'eau.

Le liquide organique se trouve dans deux compartiments : le compartiment intracellulaire (le liquide dans les cellules) et le compartiment extracellulaire (le liquide à l'extérieur des cellules). Environ les deux tiers des liquides se trouvent dans le compartiment intracellulaire, principalement dans les muscles.

Le compartiment extracellulaire se compose des liquides intravasculaire, interstitiel et transcellulaire. Le liquide intravasculaire (à l'intérieur des vaisseaux sanguins), qu'on appelle couramment plasma, représente environ 23 % du liquide extracellulaire. Le liquide interstitiel, dont la lymphe, entoure les cellules. Il occupe un volume de 11 à 12 L chez l'adulte. Le liquide transcellulaire, à environ 1 L en tout temps, forme la division la plus petite du compartiment extracellulaire. Il comprend le liquide céphalorachidien, le liquide péricardique, le liquide synovial, le liquide intraoculaire, le liquide pleural, la sueur et les sécrétions digestives, notamment.

La circulation du liquide entre les compartiments intracellulaire et extracellulaire maintient l'équilibre entre ces deux compartiments. Une perte de liquide peut perturber cet équilibre. Parfois, une partie du volume se déplace dans un espace qui est inaccessible aux liquides intracellulaire et extracellulaire, sans qu'il y ait perte nette de liquide (ascite, par exemple). Lorsqu'il y a perte de liquide extracellulaire dans un espace qui ne contribue pas au maintien de l'équilibre

VOCABULAIRE

Acidose : déséquilibre acidobasique caractérisé par une augmentation de la concentration des ions hydrogène H^+ (baisse du pH). La perte d'ions bicarbonate entraîne une diminution du pH sanguin appelée acidose métabolique ; l'augmentation de la pression partielle en dioxyde de carbone (PCO_2) entraîne une diminution du pH sanguin appelée acidose respiratoire.

Alcalose : déséquilibre acidobasique caractérisé par une diminution de la concentration des ions hydrogène H^+ (hausse du pH). L'augmentation de la concentration de bicarbonate entraîne une augmentation du pH sanguin appelée alcalose métabolique ; la diminution de la pression partielle en dioxyde de carbone (PCO_2) entraîne une augmentation du pH sanguin appelée alcalose respiratoire.

Diffusion : passage de particules d'une solution de forte concentration à une solution de plus faible concentration ; ce passage n'entraîne pas une grande dépense d'énergie.

Osmolalité : nombre de particules par kilogramme d'une solution. L'osmolalité s'exprime en millimoles par kilogramme (mmol/kg). Dans la pratique clinique, on utilise le terme *osmolalité* de préférence au terme *osmolarité* lorsqu'on évalue le sang et l'urine. Le sodium, dont le nombre de particules en solution est élevé, contribue le plus à l'osmolalité. Il est suivi de l'urée et du glucose.

Osmolarité : nombre de particules par litre d'une solution. L'osmolarité s'exprime en millimoles par litre (mmol/L). Elle sert à décrire la concentration des particules dissoutes.

Osmose : processus dans lequel un liquide passe, à travers une membrane semi-perméable, d'une solution de faible concentration à une solution de forte concentration ; le processus se poursuit jusqu'à ce que les concentrations soient égales des deux côtés de la membrane.

Pression hydrostatique : force exercée par un liquide sur les parois d'un contenant. Dans l'organisme, la pression du liquide sur les parois des vaisseaux sanguins est due au poids du liquide et à la force exercée par les contractions du cœur.

Solution hypertonique : solution dont la pression osmotique est plus élevée que celle du sang.

Solution hypotonique : solution dont la pression osmotique est plus faible que celle du sang.

Solution isotonique : solution dont la pression osmotique est équivalente à celle du sang et d'autres liquides organiques. L'osmolalité est semblable à celle du sang (soit entre 275 et 300 mmol/kg).

Transport actif transmembranaire : pompe physiologique qui déplace le liquide d'une zone à faible concentration à une zone à forte concentration ; le transport actif ne peut s'effectuer qu'avec une source d'énergie appelée adénosine triphosphate (ATP).

entre le liquide extracellulaire (LEC) et le liquide intracellulaire (LIC), on parle de déplacement des liquides vers le troisième compartiment.

Une diminution du débit urinaire en dépit d'une absorption des liquides appropriée est un premier signe de déplacement des liquides vers le troisième compartiment. Le débit urinaire diminue parce que les liquides quittent l'espace intravasculaire, ce qui entraîne un déficit du volume liquidien intravasculaire. Les reins reçoivent donc moins de sang, d'où un phénomène de compensation se traduisant par une diminution du débit urinaire. Les autres signes ou symptômes de déplacement des liquides vers le troisième compartiment sont notamment les suivants: augmentation de la fréquence cardiaque, baisse de la pression artérielle, diminution de la pression veineuse centrale, œdème, gain de poids et déséquilibre des ingesta et des excreta. Il y a souvent un déplacement des liquides vers le troisième compartiment lorsqu'une personne est atteinte de péritonite, d'épanchement pleural ou péricardique, d'occlusion intestinale, de brûlures ou de saignements importants au niveau d'une articulation ou d'une cavité corporelle.

Électrolytes

Les électrolytes contenus dans les liquides biologiques sont des éléments chimiques actifs: cations, qui portent des charges positives, et anions, qui portent des charges négatives. Les principaux cations sont les ions sodium, potassium, calcium, magnésium et hydrogène. Les principaux anions sont le chlorure, le bicarbonate, le phosphate, le sulfate et les protéines.

Ces éléments chimiques s'unissent pour former divers composés. C'est pourquoi on exprime leur concentration en millimoles par litre (mmol/L), une mesure de l'activité chimique, plutôt qu'en milligrammes, une unité de masse. La mole est la quantité de matière d'un système contenant autant d'entités élémentaires qu'il y a d'atomes dans 0,012 kg de carbone 12. Dans une solution, les cations et les anions sont égaux en mmol/L.

La teneur en électrolytes du LIC diffère de celle du LEC, comme le montre la figure 14-1 ■. Comme on ne peut mesurer les électrolytes dans le LIC qu'en recourant à des techniques spéciales, il est d'usage de mesurer les électrolytes dans la portion la plus accessible du LEC, soit dans le sang.

Les ions sodium, qui ont une charge positive, sont de loin les cations les plus abondants dans le LEC. Puisque la concentration de sodium influe sur la concentration globale du LEC, le sodium joue un rôle important dans la régulation du volume liquidien. Une rétention de sodium s'accompagne d'une rétention de liquide et, à l'inverse, une perte excessive de sodium s'accompagne généralement d'une diminution du volume liquidien.

Comme on peut le voir à la figure 14-1, le potassium et le phosphate sont les électrolytes et les anions protéiques les plus abondants dans le LIC. Le LEC a une faible concentration de potassium et ne peut tolérer que de faibles variations dans la concentration de cet élément. En conséquence, une

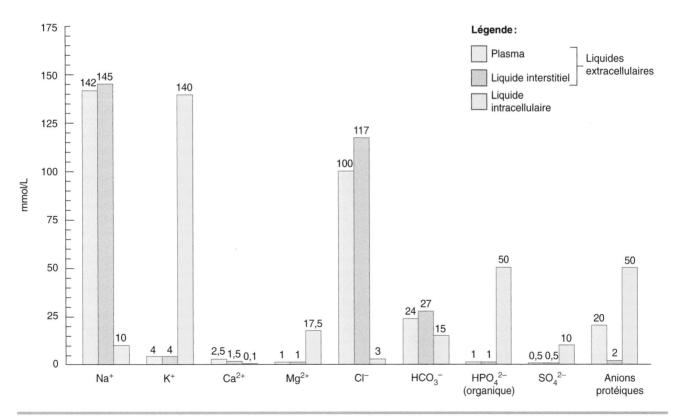

FIGURE **14-1** ■ Concentration des électrolytes (anions et cations) dans le plasma, le liquide interstitiel et le liquide intracellulaire. La hauteur de chaque colonne représente la concentration en millimoles par litre (mmol/L). Source: G.J. Tortora et S.R. Grabowski (2000). *Principles of anatomy and physiology* (9ᵉ éd.). New York: John Wiley & Sons, Inc. Traduction française: © ERPI, 2001, p. 1022.

importante fuite de potassium intracellulaire, généralement due à un traumatisme des cellules ou des tissus, constitue un très grave danger.

L'organisme doit dépenser beaucoup d'énergie pour maintenir une concentration élevée de sodium dans le LEC et une concentration élevée de potassium dans le LIC. Cette énergie sert à actionner les pompes cellulaires qui échangent les ions sodium et les ions potassium. Le passage des liquides à travers la paroi des capillaires est fonction de la **pression hydrostatique** (la force exercée par le liquide sur les parois des vaisseaux sanguins) aux extrémités artérielle et veineuse des vaisseaux, ainsi que de la pression osmotique exercée par les protéines plasmatiques. La pression hydrostatique et la pression osmotique s'opposent, et les différences entre ces forces déterminent la direction du mouvement du liquide.

Outre des électrolytes, le LEC transporte des substances telles que des enzymes et des hormones, ainsi que des composants du sang, comme les globules rouges et les globules blancs.

osmolalité = mmol/kg
osmolarité = mmol/L

MAINTIEN DE L'ÉQUILIBRE ENTRE LES COMPARTIMENTS INTRACELLULAIRE ET EXTRACELLULAIRE

Osmose et osmolalité

Quand deux solutions de concentrations différentes sont séparées par une membrane non perméable aux substances en solution, de l'eau passe à travers la membrane, de la solution de faible concentration à la solution de forte concentration, jusqu'à ce que les concentrations soient égales; on appelle **osmose** la diffusion de l'eau provoquée par un gradient de concentration des liquides (figure 14-2A ■). L'importance de la force ainsi exercée est fonction du nombre de particules en solution et non de leur poids. L'osmolalité est déterminée par le nombre de particules en solution dans une unité de mesure de l'eau, laquelle influe sur le mouvement des liquides entre les compartiments. La *tonicité* est la capacité qu'ont tous les solutés de provoquer une force motrice osmotique qui stimule le passage de l'eau d'un compartiment à l'autre (Porth, 2002). Le contrôle de la tonicité détermine l'état normal de l'hydratation cellulaire et de la taille des cellules. Le sodium, le mannitol, le glucose et le sorbitol sont des particules capables d'exercer une influence sur le mouvement de l'eau. Trois autres notions sont liées à l'osmose:

- La pression osmotique correspond à la pression hydrostatique nécessaire pour interrompre le déplacement d'eau provoqué par l'osmose. La pression osmotique est principalement déterminée par la concentration des particules dissoutes.

- La pression oncotique est la pression osmotique exercée par les protéines (comme l'albumine).

- La diurèse osmotique survient lorsque le débit urinaire augmente par suite de l'excrétion dans l'urine de substances telles que le glucose, le mannitol ou les produits de contraste (ces substances attirent l'eau).

Diffusion

La **diffusion** est le passage d'une substance d'une zone de forte concentration à une zone de plus faible concentration (figure 14-2B ■). Ce passage se fait naturellement, au gré du mouvement des ions et des molécules. L'échange d'oxygène et de gaz carbonique entre les capillaires pulmonaires et les alvéoles, ainsi que la tendance du sodium à passer du compartiment extracellulaire, où la concentration de sodium est élevée, au compartiment intracellulaire, où elle est faible, sont des exemples de diffusion.

Filtration

La pression hydrostatique exercée dans les capillaires permet la filtration du liquide qui passe du compartiment vasculaire au compartiment interstitiel. L'eau et les solutés passent d'une zone à pression hydrostatique élevée à une zone à pression hydrostatique faible. Les reins traitent par filtration 180 L de plasma par jour. Le passage de l'eau et des électrolytes du lit capillaire au liquide interstitiel est un autre exemple de filtration.

Pompe à sodium-potassium

Comme la concentration de sodium est plus forte dans le LEC que dans le LIC, le sodium a tendance à pénétrer dans la cellule par diffusion. Cette tendance est compensée par la pompe à sodium-potassium, située dans la membrane cellulaire, qui fait passer le sodium des cellules au LEC. À l'inverse, cette pompe extrait le potassium du LEC et le fait passer dans les cellules où il s'accumule. Elle maintient ainsi la forte concentration intracellulaire des ions potassium. Par définition, le **transport actif transmembranaire** implique une dépense d'énergie, car le mouvement s'exerce contre le gradient de concentration.

APPORTS ET PERTES DE LIQUIDES

L'apport d'eau et d'électrolytes se fait de différentes façons. Une personne en bonne santé se procure le liquide dont elle a besoin dans les boissons et la nourriture. Chez les personnes atteintes de certaines maladies, les liquides doivent être administrés par voie parentérale (intraveineuse ou souscutanée) ou au moyen d'une sonde introduite dans l'estomac ou les intestins.

> **! ALERTE CLINIQUE** *Quand l'équilibre hydrique est précaire, on doit noter toutes les ingestions (ingesta) et toutes les pertes de liquides (excreta), et en comparer les volumes. Les reins, la peau, les poumons et les voies gastro-intestinales contribuent tous à l'élimination des liquides.*

Reins

Chez l'adulte normal, le volume urinaire se situe entre 1 et 2 L par jour. En règle générale, le débit est d'environ 1 millilitre par kilogramme de poids corporel par heure (1 mL/kg/h) pour tous les groupes d'âge.

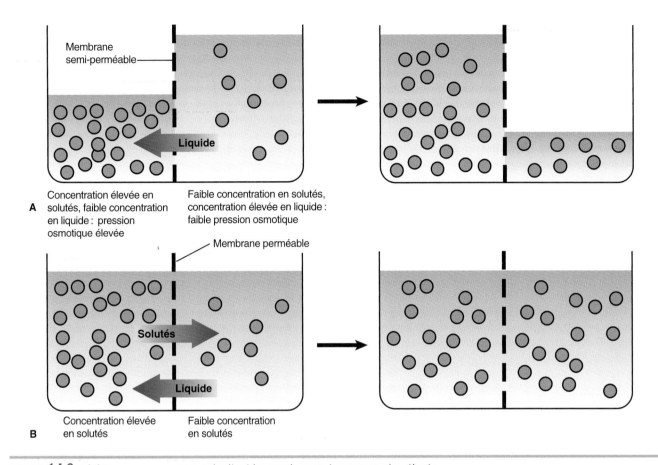

FIGURE 14-2 ■ **(A)** Osmose : mouvement des liquides vers la zone à concentration élevée de solutés, suivi de l'équilibre de la concentration de solutés. **(B)** Diffusion : passage des liquides et des solutés, suivi de l'équilibre de la concentration de solutés.

Peau

La perspiration sensible est la perte visible d'eau et d'électrolytes à la surface de la peau, résultant de la sudation. Les principaux électrolytes contenus dans la sueur sont le sodium, le chlorure et le potassium. Les pertes réelles dues à la sudation varient de 0 à plus de 1 000 mL par heure, selon la température ambiante. Il se produit également une perte continue mais non visible d'eau (environ 600 mL par jour) par évaporation à la surface de la peau (perspiration insensible). La fièvre augmente considérablement les pertes insensibles par les poumons et la peau, tout comme les destructions de la barrière cutanée (dans les cas de brûlures graves, par exemple).

Poumons

Les poumons éliminent normalement de la vapeur d'eau (perte insensible) à un rythme approximatif de 300 mL par jour. Cette perte est bien plus importante si la fréquence ou l'amplitude de la respiration ont augmenté ou si on se trouve dans un climat sec.

Voies gastro-intestinales

Les pertes par les voies gastro-intestinales ne sont généralement que de 100 à 200 mL par jour, même si environ 8 L de liquide circulent dans les voies gastro-intestinales chaque jour (circulation gastro-intestinale). La plus grande partie de ce liquide étant réabsorbée dans l'intestin grêle, on comprend facilement que la diarrhée ou une fistule provoquent d'importantes pertes de liquide. Chez les personnes en bonne santé, l'apport liquidien est à peu près égal aux pertes au cours d'une période de 24 heures (tableau 14-1 ■).

Ingesta et excreta moyens chez l'adulte, par jour			TABLEAU 14-1
Ingesta		**Excreta**	
Liquides ingérés par voie orale	1 300 mL	Urine	1 500 mL
Eau provenant des aliments	1 000 mL	Selles	200 mL
Eau provenant du métabolisme	300 mL	Perte insensible ■ Poumons ■ Peau	300 mL 600 mL
Total des ingesta*	2 600 mL	Total des excréta*	2 600 mL

* Volume approximatif

EXAMENS PARACLINIQUES SERVANT À ÉVALUER L'ÉQUILIBRE LIQUIDIEN

L'**osmolalité** correspond à la concentration de liquide qui influe sur le passage de l'eau entre les compartiments par un processus d'osmose. L'osmolalité mesure la concentration de solutés par kilogramme dans le sang et dans l'urine. Elle mesure aussi la capacité d'une solution à créer une pression osmotique et à exercer une influence sur le mouvement de l'eau. L'osmolalité sérique correspond principalement à la concentration en sodium. L'osmolalité urinaire est déterminée par l'urée, la créatinine et l'acide urique. Lorsqu'elle est mesurée de pair avec l'osmolalité sérique, l'osmolalité urinaire constitue l'indicateur le plus fiable de la concentration urinaire. L'osmolalité est mesurée en millimoles par kilogramme d'eau d'une solution (mmol/kg). L'**osmolarité** est une autre façon d'exprimer la concentration des solutions. Elle est peu utilisée en pratique. L'osmolarité se mesure en millimoles par litre (mmol/L).

L'osmolalité sérique normale est comprise entre 275 et 300 mmol/kg, et l'osmolalité urinaire entre 250 et 900 mmol/kg. L'osmolalité du compartiment extracellulaire provient principalement du sodium, lequel retient l'eau dans ce compartiment. Les facteurs qui font augmenter ou diminuer l'osmolalité sérique et urinaire sont présentés dans le tableau 14-2 ■.

La *densité urinaire* (ou poids spécifique de l'urine) permet de mesurer la capacité des reins à excréter ou à retenir l'eau. La densité urinaire est comparée au poids de l'eau distillée, laquelle a un poids spécifique de 1,000. La densité urinaire se situe normalement entre 1,010 et 1,025. Pour la mesurer, on peut placer un densimètre dans un cylindre contenant approximativement 20 mL d'urine. On peut également l'évaluer à l'aide d'un réfractomètre ou d'une bandelette imprégnée d'un réactif. Les variations de la densité urinaire et du volume d'urine sont inversement proportionnelles : normalement, plus le volume d'urine est élevé, plus la densité urinaire est faible. La densité urinaire est un indicateur moins fiable de la concentration que l'osmolalité urinaire. Ainsi, une augmentation du niveau de glucose ou de protéine dans l'urine accroît la densité urinaire. Les mêmes facteurs font augmenter ou diminuer l'osmolalité urinaire et la densité urinaire.

L'*urée* est un produit final du métabolisme des protéines (provenant des muscles et de l'absorption alimentaire). Les protéines se décomposent en acides aminés qui en se dégradant produisent à leur tour de grandes quantités de molécules d'ammoniaque, lesquelles sont absorbées par le sang. Ces molécules sont converties en urée et excrétées dans l'urine. L'urée se situe normalement entre 3,5 et 7 mmol/L. Le niveau d'urée varie en fonction du débit urinaire. Les facteurs qui font augmenter l'urée sont notamment les suivants : diminution de la fonction rénale, hémorragie gastro-intestinale, déshydratation, accroissement de la ration protéique, fièvre et septicémie. Les facteurs qui font diminuer l'urée sont notamment les suivants : affections hépatiques en phase terminale, régime faible en protéines, inanition et tout état entraînant un accroissement du volume liquidien (comme la grossesse).

La *créatinine* est le produit du catabolisme de la créatine utilisée dans la contraction des muscles squelettiques. Elle constitue un meilleur indicateur de la fonction rénale que l'urée puisqu'elle ne varie pas avec l'absorption de protéines ou la fonction hépatique. La créatinine sérique normale se situe approximativement entre 60 et 130 mmol/L. Cependant, sa concentration dépend de la masse du corps excluant la graisse et varie d'une personne à l'autre. Les niveaux de créatinine sérique augmentent quand la fonction rénale diminue.

L'*hématocrite* mesure le pourcentage en volume des globules rouges dans le sang. Il se situe normalement entre 44 et 52 % chez les hommes, et entre 39 et 47 % chez les femmes. La déshydratation et la polyglobulie font augmenter la valeur de l'hématocrite, tandis que la surhydratation et l'anémie la font diminuer.

Les valeurs du *sodium urinaire* varient selon l'absorption de sodium et l'état du volume liquidien (lorsque l'absorption de sodium s'accroît, l'excrétion augmente ; quand le volume liquidien en circulation diminue, le sodium est réabsorbé). Les niveaux de sodium urinaire normaux se situent entre 50 et 220 mmol/24 h. Dans un spécimen prélevé de façon aléatoire, ils dépassent habituellement 40 mmol/L. On utilise les niveaux de sodium urinaire pour évaluer l'état du volume liquidien ; ils aident également à diagnostiquer une hyponatrémie ou une glomérulopathie.

HOMÉOSTASIE

L'organisme humain est doté de remarquables mécanismes homéostatiques qui maintiennent le volume et la composition des liquides dans les limites étroites de la normale. Les reins, les poumons, le cœur, les glandes surrénales, les glandes parathyroïdes et l'hypophyse sont les principaux organes qui concourent à l'homéostasie.

Comparaison de l'osmolalité sérique et de l'osmolalité urinaire	TABLEAU 14-2	
Liquide	**Facteurs accroissant l'osmolalité**	**Facteurs réduisant l'osmolalité**
Plasma (275 à 300 mmol/kg)	■ Perte d'eau libre ■ Diabète insipide ■ Surcharge en sodium ■ Hyperglycémie ■ Urémie	■ Syndrome de sécrétion inappropriée d'ADH ■ Insuffisance rénale ■ Emploi de diurétique ■ Insuffisance surrénalienne
Urine (250 à 900 mmol/kg)	■ Déficit du volume liquidien ■ Syndrome de sécrétion inappropriée d'ADH* ■ Insuffisance cardiaque ■ Acidose	■ Excès du volume liquidien ■ Diabète insipide

* Hormone antidiurétique

Fonctions du rein

Les reins sont essentiels à la régulation de l'équilibre hydroélectrolytique. Chez l'adulte, ils filtrent normalement chaque jour 170 L de plasma, tout en excrétant seulement 1,5 L d'urine. Ils agissent à la fois de façon autonome et en réponse à des messagers contenus dans le sang, comme l'aldostérone et l'hormone antidiurétique (ADH). Les principales fonctions rénales dans le maintien de l'homéostasie sont notamment :

- La régulation du volume du LEC et de l'osmolalité, par la rétention et l'excrétion sélectives des liquides organiques.
- La régulation de la concentration des différents électrolytes dans le LEC, par la rétention des substances dont l'organisme a besoin et l'excrétion de celles dont il n'a pas besoin.
- La régulation du pH du LEC, par la rétention des ions hydrogène.
- L'excrétion des déchets métaboliques et des substances toxiques.

Étant donné l'importance de ces fonctions, on comprendra que toute insuffisance rénale entraîne une rupture de l'équilibre hydroélectrolytique. Chez les personnes âgées, on observe une détérioration de la fonction rénale, une diminution de la masse musculaire et une baisse de la production de créatinine. Par conséquent, une créatinine dans les limites supérieures de la normale ou légèrement élevée peut indiquer chez ces personnes une altération notable de la fonction rénale.

Fonctions du cœur et des vaisseaux sanguins

Grâce à l'action de pompage du cœur, le sang circule à travers les reins sous une pression assez forte pour permettre la formation de l'urine. Une insuffisance de l'action de pompage perturbe l'irrigation rénale et, par conséquent, l'équilibre hydroélectrolytique.

Fonctions du poumon

Les poumons jouent également un rôle essentiel dans le maintien de l'homéostasie. Grâce à l'expiration, ils éliminent quotidiennement environ 300 mL d'eau chez l'adulte normal. Ces pertes sont accentuées par des symptômes tels que l'hyperpnée (respiration anormalement profonde) ou une toux continuelle, alors qu'elles sont réduites par la ventilation assistée à laquelle on ajoute de l'humidité. Les poumons influent également sur le maintien de l'équilibre acidobasique. Le vieillissement entraîne généralement une détérioration de la fonction respiratoire, ce qui rend plus difficile la régulation du pH chez les personnes âgées.

Fonctions de l'hypophyse

L'hypothalamus fabrique l'ADH, qui est mise en réserve dans la neurohypophyse et libérée selon les besoins. On appelle parfois l'ADH hormone de rétention hydrique, car elle stimule la rétention de l'eau. Ses fonctions consistent notamment à assurer le maintien de la pression osmotique cellulaire, ce qu'elle fait en commandant la rétention et l'excrétion de l'eau par les reins, ainsi qu'en régulant le volume sanguin (figure 14-3 ■).

Fonctions des surrénales

La zone glomérulée (zone externe) de la corticosurrénale sécrète un minéralocorticoïde, l'aldostérone, qui influence considérablement l'équilibre électrolytique. Une augmentation de la sécrétion de cette hormone provoque une rétention de sodium (et par conséquent une rétention d'eau) et de chlorure, ainsi qu'une perte de potassium. À l'inverse, une diminution de sa sécrétion entraîne une perte de sodium et d'eau, ainsi qu'une rétention de potassium.

L'hydrocortisone (cortisol), une autre hormone corticosurrénalienne, a beaucoup moins d'influence sur le métabolisme minéral que l'aldostérone. Toutefois, lorsqu'elle est sécrétée en grande quantité, elle peut provoquer une rétention de sodium et d'eau, et une perte de potassium.

Fonctions des parathyroïdes

Les glandes parathyroïdes, situées sur la glande thyroïde, sécrètent l'hormone parathyroïdienne (PTH) qui joue un rôle essentiel dans l'équilibre du phosphore et du calcium de l'organisme. Cette hormone a également une influence sur la résorption osseuse, l'absorption intestinale du calcium et la réabsorption du calcium au niveau des tubules rénaux.

Autres mécanismes

Des variations dans le volume de liquide interstitiel ou transcellulaire peuvent se produire sans affecter l'homéostasie. Toutefois, le volume vasculaire ne tolère pas bien la variation et doit être soigneusement maintenu afin d'assurer une absorption suffisante des éléments nutritifs par les tissus.

Barorécepteurs

Les barorécepteurs sont des cellules nerveuses qui réagissent aux changements de la pression sanguine et qui en informent le système nerveux central. Ils surveillent l'équilibre du volume vasculaire et contribuent à réguler l'activité du système nerveux autonome, ainsi que les activités hormonales. Il y a des barorécepteurs à faible pression et des barorécepteurs à haute pression. Les barorécepteurs à faible pression sont situés dans l'oreillette gauche du cœur, et les barorécepteurs à haute pression dans l'arc aortique et dans les sinus carotidiens. Un autre barorécepteur à haute pression se trouve à l'intérieur de l'artériole afférente de l'appareil juxtaglomérulaire du rein.

Lorsque la pression artérielle diminue, les barorécepteurs des sinus carotidiens et de l'arc aortique transmettent un nombre d'impulsions moins important au centre cardiovasculaire du bulbe rachidien. La diminution des impulsions stimule le système nerveux sympathique et inhibe le système nerveux parasympathique. Par conséquent, la fréquence, la conduction et la contractilité cardiaques, et le volume sanguin en circulation s'accroissent. La stimulation du système nerveux sympathique engendre également une vasoconstriction des artérioles rénales entraînant une diminution du débit urinaire et un accroissement du volume sanguin.

PHYSIOLOGIE/PHYSIOPATHOLOGIE

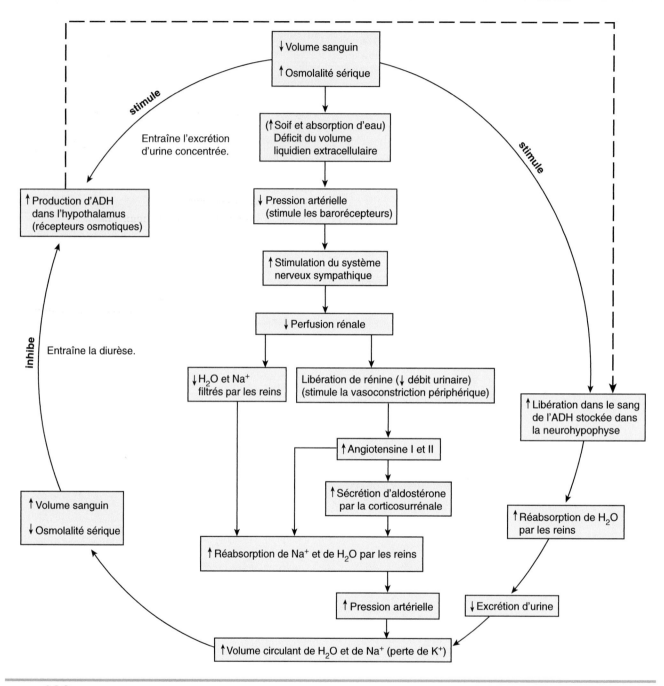

FIGURE **14-3** ■ Cycle de régulation des liquides.

Système rénine-angiotensine-aldostérone

Les cellules juxtaglomérulaires des reins libèrent la rénine en réaction à une diminution de la perfusion rénale. La rénine convertit alors l'angiotensinogène, une substance inactive créée par le foie, en angiotensine I. L'enzyme de conversion de l'angiotensine (ECA), libérée par les poumons, assure ensuite la conversion de l'angiotensine I en angiotensine II. Lorsque la pression artérielle diminue, l'angiotensine II influe sur l'homéostasie de plusieurs façons : elle entraîne une vaso-constriction des artérioles glomérulaires afférentes, ce qui diminue la production d'urine ; elle augmente la réabsorption du sodium et du chlorure, ce qui entraîne une diminution de l'excrétion de l'eau ; elle stimule la libération de l'aldostérone, qui fait augmenter la réabsorption du sodium et du chlorure ; enfin, elle stimule la production de l'ADH.

Soif

Le mécanisme de la soif joue un rôle important dans la préservation de la concentration de sodium et dans l'absorption de liquide par voie orale. Il est régulé par le centre de la soif qui se situe dans l'hypothalamus. Lorsque la concentration de sodium ou l'osmolalité augmente ou que le volume sanguin diminue, les neurones situés dans l'hypothalamus sont stimulés par la déshydratation intracellulaire. C'est alors qu'une personne ressent la soif et qu'elle accroît son absorption de liquide par voie orale.

Récepteurs osmotiques

Situés à la surface de l'hypothalamus, les récepteurs osmotiques détectent les changements dans la concentration de sodium. Lorsque la pression osmotique s'accroît, les neurones se déshydratent, ce qui stimule la neurohypophyse et lui fait libérer davantage d'ADH. Celle-ci se dirige vers les reins où elle accroît la perméabilité des cellules à l'eau, entraînant ainsi une augmentation de la réabsorption d'eau et une diminution du débit urinaire. L'eau retenue dilue le liquide extracellulaire, ce qui ramène sa concentration à la normale. Lorsque la pression osmotique retrouve son niveau normal, une rétroaction indique aux récepteurs osmotiques d'inhiber la libération d'ADH (figure 14-3).

Libération du peptide natriurétique auriculaire

Le peptide natriurétique auriculaire (PNA) est produit par des cellules cardiaques situées dans les oreillettes et il est libéré en réponse à une augmentation de la pression auriculaire. Les déséquilibres qui entraînent une augmentation de la volémie ou de la précharge (forte absorption de sodium, insuffisance cardiaque, hyperthyroïdie, insuffisance rénale, tachycardie auriculaire ou administration d'un vasoconstricteur, par exemple) accroîtront la libération du PNA. Ce dernier a une action diamétralement opposée à celle du système rénine-angiotensine-aldostérone: il réduit la pression artérielle et le volume sanguin en circulation.

Particularités reliées à la personne âgée

Le vieillissement entraîne normalement une détérioration des fonctions rénale et respiratoire, de même qu'une modification du rapport entre les liquides organiques (réduction du volume total d'eau) et la masse musculaire (diminution). Par conséquent, on peut observer chez les personnes âgées une altération de la réaction aux variations de l'équilibre hydroélectrolytique ou acidobasique. De plus, l'usage de médicaments qui affectent les fonctions rénale et cardiaque, de même que l'équilibre liquidien, accroît chez elles les risques de perturbation de l'équilibre hydroélectrolytique. Des examens courants, telles que les radiographies du côlon, qui exigent l'administration de fortes doses de laxatifs, peuvent provoquer un grave déficit de volume liquidien, des risques d'hypotension et d'autres complications. Un apport de liquides intraveineux peut être nécessaire pour prévenir ces complications.

Des déséquilibres hydroélectrolytiques entraînant des effets minimes chez les adultes peuvent provoquer chez les personnes âgées de sérieuses perturbations et parfois l'apparition rapide de signes et symptômes typiques. Dans d'autres cas, toutefois, les manifestations sont subtiles ou atypiques. Par exemple, la confusion peut être un signe de déficit liquidien ou d'hyponatrémie chez les personnes âgées, alors que ces déséquilibres se manifestent habituellement par une soif accrue chez les adultes. Chez les personnes âgées, la perfusion rapide d'un volume excessif de liquide peut provoquer une surcharge liquidienne et une surcharge pulmonaire ou un œdème aigu du poumon. En raison de la diminution des réserves cardiaques et de la baisse de la fonction rénale qui accompagnent le vieillissement, ces réactions risquent de se produire plus rapidement que chez un adulte jeune ou d'âge mûr, et ce à la suite de l'administration de volumes liquidiens pourtant plus faibles.

Étant donné leur sensibilité accrue aux perturbations hydro-électrolytiques, les personnes âgées doivent faire l'objet d'une évaluation minutieuse. On doit tenir compte de toutes les sources d'ingestion et d'excrétion de liquides, des variations quotidiennes de poids, ainsi que des effets secondaires et des interactions des médicaments. Les déséquilibres observés doivent être signalés et traités sans délai. D'autres particularités reliées aux personnes âgées, portant sur des troubles hydroélectrolytiques précis, sont abordées plus loin dans ce chapitre.

Perturbations du volume liquidien

DÉFICIT DE VOLUME LIQUIDIEN (HYPOVOLÉMIE)

Un déficit de volume liquidien (DVL) se produit lorsque la perte de LEC dépasse l'absorption de liquide. Le DVL se caractérise par une perte d'eau et d'électrolytes dans des proportions identiques à celles qui existent normalement dans les liquides organiques, de sorte que le rapport eau-électrolytes dans le plasma reste le même. Il ne faut pas confondre le DVL avec la *déshydratation,* qui désigne une perte d'eau sans perte d'électrolytes avec, par conséquent, une augmentation du taux sérique de sodium. Le DVL peut être isolé ou associé à d'autres déséquilibres. S'il est isolé, les taux sériques d'électrolytes restent essentiellement normaux.

Physiopathologie

Le DVL résulte d'une perte de liquides organiques et il survient plus rapidement lorsque l'apport liquidien est également restreint. S'il se produit sur une période prolongée, un apport liquidien insuffisant peut à lui seul entraîner un DVL. Selon Beck (2000), les principales causes du DVL sont notamment une perte anormale de liquide et d'électrolytes (provoquée entre autres par des vomissements, la diarrhée, le drainage gastro-intestinal ou la transpiration intense) et un apport liquidien inadéquat (dû par exemple à des nausées ou à l'impossibilité de se procurer des liquides.

Les autres facteurs de risque sont notamment le diabète insipide, l'insuffisance surrénalienne, la diurèse osmotique, l'hémorragie et le coma. Le DVL peut aussi être causé par un déplacement des liquides du système vasculaire vers le troisième compartiment ou vers d'autres compartiments (comme dans l'œdème attribuable à des brûlures ou dans l'ascite due à un trouble hépatique).

Manifestations cliniques

Le DVL peut apparaître rapidement et être léger, modéré ou grave, selon l'importance de la perte de liquide. Les principales manifestions cliniques du DVL sont notamment les suivantes: diminution de la pression veineuse centrale, hypotension orthostatique, augmentation de la fréquence et diminution de l'amplitude du pouls, affaissement des veines jugulaires, hausse de la température corporelle, oligurie, augmentation de la densité urinaire, soif, anorexie, nausées, lassitude, perte rapide de poids, peau moite et froide par suite d'une vasoconstriction périphérique, diminution de l'élasticité de la peau, faiblesse musculaire et crampes.

Examen clinique et examens paracliniques

Les analyses de laboratoire utiles dans l'évaluation de l'état du volume liquidien portent notamment sur l'urée et sur sa relation avec la créatinine sérique. Chez la personne atteinte d'un DVL, on observe une élévation du taux d'urée qui est hors de proportion avec celle du taux de créatinine sérique (un ratio supérieur à 20:1). On peut déterminer les causes de l'hypovolémie grâce à l'anamnèse et à l'examen physique de la personne. L'urée peut être élevée à cause de la déshydratation ou d'une diminution de la perfusion et de la fonction rénale. De plus, l'hématocrite est plus élevé que la normale parce que les globules rouges sont en suspension dans un volume plasmatique réduit. Il peut aussi se produire des changements dans les électrolytes sériques. Les niveaux de potassium et de sodium peuvent diminuer (hypokaliémie, hyponatrémie) ou augmenter (hyperkaliémie, hypernatrémie).

Les valeurs normales de ces analyses figurent dans le tableau 14-3 ■.

⩗ Particularités reliées à la personne âgée

Les personnes âgées ont besoin de soins et traitements infirmiers individualisés, car elles sont vulnérables aux troubles de l'équilibre hydroélectrolytique (Beck, 2000; Kugler et Hustead, 2000). À cause de certaines des modifications physiologiques dues au vieillissement, l'équilibre hydrique des personnes âgées est souvent à la limite de la normale, quand il n'est pas franchement altéré. Ces modifications sont notamment une réduction du volume total d'eau (associée à une augmentation de la quantité de tissu adipeux et à une diminution de la masse musculaire), une détérioration de la fonction rénale entraînant une moindre capacité de concentration urinaire, une détérioration de la fonction cardiovasculaire et de la fonction respiratoire et des perturbations de la régulation hormonale. On considère que ces changements font partie intégrante du processus de vieillissement, mais il faut en tenir compte lorsqu'une personne âgée devient malade car ils exposent cette dernière

Examens paracliniques destinés à évaluer l'équilibre hydroélectrolytique chez l'adulte	TABLEAU 14-3
Analyse	**Unités internationales (UI)**
Sodium sérique	▪ 135-145 mmol/L
Potassium sérique	▪ 3,5-5,3 mmol/L
Calcium sérique total	▪ 2,15-2,5 mmol/L
Magnésium sérique	▪ 0,65-1,25 mmol/L
Phosphates sériques	▪ 0,87-1,45 mmol/L
Chlorure sérique	▪ 97-107 mmol/L
Dioxyde de carbone	▪ 22-30 mmol/L
Osmolalité sérique	▪ 280-300 mmol/kg
Urée	▪ 1,8-7,1 mmol/L
Créatinine sérique	▪ 44-97 mmol/L (homme) ▪ 53-105 mmol/L (femme)
Rapport urée: créatinine	▪ 10:1-15:1
Hématocrite	▪ Fraction du volume: 0,42-0,52 ▪ Fraction du volume: 0,35-0,47
Glucose sérique	▪ 3,9-5,8 mmol/L
Albumine sérique	▪ 3,5-5,0 g/L
Sodium urinaire	▪ 75-220 mmol/jour
Potassium urinaire (selon l'absorption)	▪ 25-123 mmol/jour
Chlorure urinaire	▪ 110-250 mmol/jour
Densité urinaire	▪ 1,016-1,022
Osmolalité urinaire	▪ 250-900 mmol/kg
pH urinaire	▪ Aléatoire: 4,5-8,0 ▪ Urine typique < 5-6

à des déséquilibres hydroélectrolytiques. Il faut donc les prendre en considération durant l'évaluation d'une personne âgée et avant d'amorcer le traitement des déséquilibres hydroélectrolytiques.

L'évaluation des personnes âgées diffère quelque peu de celle des adultes plus jeunes. Par exemple, on ne peut se fier de la même façon à l'évaluation de l'élasticité de la peau pour dépister un DVL chez les personnes âgées, car leur peau a perdu de son élasticité. On doit par conséquent utiliser d'autres mesures d'évaluation telles que le retard de remplissage capillaire. S'il est nécessaire d'évaluer l'élasticité de la peau, on doit le faire de préférence sur la peau du front ou de la région du sternum, où les effets du vieillissement à cet égard soit moins marqués. On doit procéder à des observations fréquentes de l'élasticité de la peau chez les personnes âgées afin de dépister les moindres variations.

L'infirmière doit procéder à une évaluation fonctionnelle de la personne âgée afin d'établir si elle est apte à estimer ses besoins en liquides et en nourriture, et à les combler. L'infirmière doit par exemple se demander si la personne âgée présente de la confusion, si elle est capable de se déplacer et d'utiliser ses bras et ses mains pour préparer ses repas, et si elle est capable d'avaler. Tous ces facteurs déterminent en effet dans quelle mesure la personne âgée peut combler ses besoins énergétiques. L'infirmière supplée aux manques de la personne âgée et veille à ce qu'elle reçoive toute l'aide dont elle a besoin.

Par ailleurs, certaines personnes âgées réduisent délibérément leur consommation de liquides dans le but d'éviter des épisodes d'incontinence urinaire qui les mettent mal à l'aise. L'infirmière doit prendre des mesures permettant à la personne âgée de maîtriser son incontinence : elle peut par exemple l'encourager à porter des culottes ou des serviettes d'incontinence lors de ses déplacements ou à calculer l'absorption de liquides selon l'accès à des toilettes au cours de la journée. Il faut rappeler aux personnes âgées qui ne sont pas atteintes d'affections cardiovasculaires ou rénales de boire des quantités suffisantes de liquide (1,5 à 2 L/j).

Traitement médical

Pour corriger une perte liquidienne chez la personne atteinte d'un DVL, on doit tenir compte des besoins liquidiens habituels et des autres facteurs (comme la fièvre) qui peuvent avoir une influence sur ces besoins. Si le déficit n'est pas prononcé et si la personne est capable de boire, le traitement par voie orale est préférable. Si les pertes de liquides sont brusques ou importantes, un traitement par voie intraveineuse s'impose. Chez la personne qui présente de l'hypotension, on utilise souvent des solutions isotoniques (comme le lactate Ringer ou le chlorure de sodium à 0,9 %), car elles augmentent le volume plasmatique. Dès que la pression artérielle est revenue à la normale, on peut utiliser une solution hypotonique (comme le chlorure de sodium à 0,45 %) qui fournit les électrolytes et l'eau libre nécessaires à l'excrétion rénale des déchets métaboliques. Une liste de ces solutions et des autres liquides de remplacement est présentée dans le tableau 14-8.

Afin de déterminer à quel moment il faut ralentir le traitement pour éviter une surcharge du volume liquidien, on doit effectuer des évaluations précises et fréquentes des ingesta et des excreta, du poids, des signes vitaux, de la pression veineuse centrale, du niveau de conscience, des bruits respiratoires et de la couleur de la peau. Le taux d'administration de liquide est fonction de la gravité de la perte liquidienne, ainsi que de la réaction hémodynamique de la personne au remplacement liquidien.

Si une personne atteinte de DVL grave souffre d'oligurie, on doit déterminer si la baisse de la production urinaire est due à une réduction du débit sanguin rénal consécutive au DVL (azotémie prérénale) ou, ce qui est plus grave, à une nécrose tubulaire aiguë due à un DVL prolongé. Dans ce cas, on évalue le pouvoir de concentration urinaire du rein en procédant à une épreuve. Durant ce test, on administre des

volumes de liquides à des taux et à des intervalles spécifiques, tandis qu'on surveille la réaction hémodynamique de la personne à ce traitement (signes vitaux, bruits respiratoires, état de conscience, pression veineuse centrale et débit urinaire).

Le traitement habituel d'une personne souffrant de DVL consiste à lui administrer de 100 à 200 mL de chlorure de sodium à 0,9 % pendant 15 minutes. L'objectif visé est de fournir des liquides assez rapidement pour obtenir une irrigation appropriée des tissus sans compromettre la fonction cardiovasculaire. Chez la personne souffrant de DVL mais dont la fonction rénale est normale, on constatera alors une augmentation du débit urinaire, de la pression artérielle et de la pression veineuse centrale.

Lorsque le volume des pertes liquidiennes dépasse 25 % du volume intravasculaire ou lorsque la perte liquidienne est rapide, la personne peut entrer en état de choc. Les états de choc, leurs causes et leurs traitements sont abordés au chapitre 15 ⬡.

Soins et traitements infirmiers

Pour établir la présence d'un DVL, l'infirmière mesure et évalue les ingesta et les excreta au moins toutes les 8 heures, et parfois toutes les heures. Au stade évolutif du DVL, les excreta sont plus abondants que les ingesta. Les pertes peuvent être dues à une polyurie, à une diarrhée, à des vomissements, etc. Puis, quand le déficit est avancé, les reins tentent de conserver les liquides dont l'organisme a besoin en réduisant le débit urinaire à moins de 30 mL/h chez l'adulte. La concentration des urines est alors le signe d'une saine réaction des reins. On doit peser la personne tous les jours et se rappeler qu'une soudaine perte de poids de 0,5 kg représente une perte de liquide d'environ 500 mL (1 L de liquide pèse environ 1 kg).

On doit surveiller attentivement les signes vitaux afin de déceler un pouls faible et rapide et une hypotension orthostatique (chute de la pression systolique supérieure à 15 mm Hg lors du passage de la position couchée à la position assise). Le DVL s'accompagne souvent d'une hypothermie.

On observe régulièrement l'élasticité de la peau et le degré d'humidité de la langue. La peau d'une personne normale reprend immédiatement sa forme après avoir été pincée. Cette propriété, appelée élasticité, est en partie fonction du volume liquidien interstitiel. Chez une personne qui présente un DVL, la peau reprend sa forme plus lentement, après plusieurs secondes dans les cas graves. Il est préférable d'évaluer l'élasticité dans la région du sternum, sur l'intérieur des cuisses ou sur le front.

L'humidité de la langue est également un indicateur intéressant. Chez un sujet normal, la langue présente un seul sillon longitudinal ; chez une personne atteinte de DVL, elle présente non seulement plusieurs sillons longitudinaux, mais son volume est également réduit en raison des pertes liquidiennes. On évalue également le degré d'humidité de la muqueuse buccale : une muqueuse buccale sèche peut indiquer soit que la personne souffre d'un DVL, soit qu'elle respire par la bouche.

Chez une personne atteinte de DVL, la densité urinaire devrait être supérieure à 1,020, ce qui indique une saine rétention de liquide.

Dans les cas graves de DVL, une déplétion grave peut affecter le niveau de conscience, en raison de la diminution de l'irrigation cérébrale. Une diminution de l'irrigation périphérique peut se traduire par un refroidissement des pieds et des mains. Chez les personnes dont la fonction cardio-respiratoire est relativement normale, une faible pression veineuse centrale indique une hypovolémie.

Prévention du DVL

Afin de prévenir le DVL, l'infirmière doit être capable de reconnaître les personnes à risque et doit prendre les mesures nécessaires pour réduire les pertes de liquide. Par exemple, si une personne souffre de diarrhées, l'infirmière doit prendre des mesures pour corriger le déficit liquidien en remplaçant les liquides perdus. Pour ce faire, elle peut administrer des médicaments antidiarrhéiques. Elle peut également offrir à intervalles rapprochés de petites quantités de liquides par voie orale.

Traitement du DVL

On corrige le DVL en administrant des liquides par voie orale ou parentérale. On doit tenir compte de la nature du liquide perdu et choisir des boissons susceptibles de remplacer les pertes électrolytiques de façon à favoriser la rétention de liquide. Si des lésions buccales rendent l'absorption douloureuse, on doit procéder à des soins fréquents de la bouche et éviter les préparations qui irritent les muqueuses. Il est souvent préférable d'offrir de petits volumes de liquide à intervalles fréquents plutôt que de grands volumes en une seule fois. Parfois, les personnes qui souffrent de nausées ne peuvent tolérer le remplacement oral de liquides qu'après avoir reçu un traitement antiémétique.

Si la personne est incapable de boire et de manger, le médecin doit envisager un remplacement de liquides par voie entérale ou parentérale afin de prévenir les lésions rénales associées à un DVL prolongé.

EXCÈS DE VOLUME LIQUIDIEN (HYPERVOLÉMIE)

L'excès de volume liquidien (EVL) désigne une expansion du LEC sans variation de la pression osmotique. L'expansion est causée par une rétention ou une absorption anormale d'eau et d'électrolytes dans des proportions à peu près égales à celles qui existent normalement dans le LEC. L'EVL est toujours consécutif à une augmentation de la concentration totale du sodium dans l'organisme provoquant une augmentation du volume total d'eau. Comme la pression osmotique ne varie pas, la concentration sérique de sodium reste quasi normale.

Physiopathologie

L'EVL peut avoir pour cause une simple surcharge liquidienne ou une altération des mécanismes qui assurent l'équilibre hydrique. Parmi les facteurs favorisants, on note l'insuffisance cardiaque, l'insuffisance rénale et la cirrhose. La consommation excessive de sel de table (chlorure de sodium) ou d'autres sels de sodium peut aussi prédisposer à une surcharge liquidienne. L'administration excessive de liquides contenant du sodium chez une personne présentant une insuffisance des mécanismes de régulation peut la prédisposer à un grave EVL (Beck, 2000).

Manifestations cliniques

Les principales manifestations cliniques de l'EVL (œdème, turgescence des veines jugulaires et crépitants [bruits respiratoires surajoutés]) découlent d'une surcharge liquidienne à l'intérieur du compartiment intravasculaire ou interstitiel. Les autres manifestations de l'EVL sont notamment les suivantes: tachycardie, augmentation de la pression artérielle, de la pression différentielle et de la pression veineuse centrale, gain de poids, accroissement du débit urinaire, essoufflement et respiration sifflante.

Examen clinique et examens paracliniques

Les analyses de laboratoire utiles pour diagnostiquer l'EVL portent notamment sur les niveaux d'urée et sur l'hématocrite. En cas d'EVL, les valeurs de l'urée et de l'hématocrite peuvent être abaissées à cause de la dilution du plasma. Une faible absorption de protéines et l'anémie peuvent également être à l'origine de ces valeurs anormales. Dans les cas d'insuffisance rénale chronique, l'osmolalité sérique et le niveau de sodium sont abaissés par suite d'une excessive rétention d'eau. Le niveau de sodium urinaire augmente si les reins tentent d'excréter le volume excédentaire. Les radiographies thoraciques peuvent révéler une surcharge pulmonaire. L'hypervolémie survient lorsque la sécrétion d'aldostérone est soumise à une stimulation chronique (par exemple lorsqu'une personne est atteinte de cirrhose, d'insuffisance cardiaque et du syndrome néphrotique). En conséquence, les niveaux de sodium urinaire ne s'élèvent pas.

Traitement médical

Le traitement de l'EVL vise à corriger les facteurs étiologiques. Si l'excès de liquide est relié à une trop forte administration intraveineuse de liquides contenant du sodium, il suffit parfois d'arrêter la perfusion. Pour remédier aux symptômes de l'EVL, on administre des diurétiques et on réduit l'apport liquidien.

Pharmacothérapie

Des diurétiques sont prescrits quand, à elle seule, la restriction de sodium dans l'alimentation ne suffit pas à réduire l'œdème en inhibant la réabsorption de sodium et d'eau par les reins. Le choix du diurétique est fonction de la gravité de l'état hypervolémique, du degré d'altération de la fonction rénale, ainsi que de l'activité thérapeutique du diurétique. Les diurétiques thiazidiques bloquent la réabsorption du sodium par le tube contourné distal, qui réabsorbe seulement 5 à 10 % du sodium filtré. Les diurétiques de l'anse comme le furosémide (Lasix), le bumétanide (Burinex) et l'acide éthacrynique (Edecrin) peuvent provoquer une plus grande perte sodique et hydrique puisqu'ils bloquent la réabsorption du sodium dans l'anse de Henle, où 20 à 30 % du sodium filtré est normalement réabsorbé. On prescrit généralement des diurétiques thiazidiques, tels que l'hydrochlorothiazide (Hydrodiuril), l'indapamide (Lozide) et le chlorthalidone (Hygroton), dans les cas d'hypervolémie faible ou modérée, et des diurétiques de l'anse dans les cas d'hypervolémie grave.

Plusieurs déséquilibres électrolytiques peuvent être provoqués par l'effet des diurétiques. L'hypokaliémie peut être causée par tous les diurétiques, hormis ceux qui fonctionnent dans le tube contourné distal des néphrons. On peut prescrire des suppléments de potassium pour prévenir cet effet secondaire. Les diurétiques dont l'action s'exerce dans le tube contourné distal, comme la spironolactone (Aldactone) et l'amiloride (Midamor), ne causent pas d'hypokaliémie. Ce sont des diurétiques épargneurs de potassium. Ils peuvent causer de l'hyperkaliémie, surtout chez les personnes présentant une diminution de la fonction rénale. L'administration de diurétiques thiazidiques et de diurétiques de l'anse entraîne une diminution des niveaux de magnésium due à une baisse de la réabsorption et à une hausse de l'excrétion de magnésium par les reins.

L'azotémie (augmentation des niveaux d'azote dans le sang) peut survenir quand l'urée et la créatinine ne sont pas excrétées en raison d'une diminution de la perfusion des reins et de l'excrétion des déchets. L'hyperuricémie (augmentation des niveaux d'acide urique) peut également survenir à la suite d'une augmentation de la réabsorption et d'une baisse de l'excrétion de l'acide urique par les reins.

Hémodialyse

Lorsque la fonction rénale est si gravement altérée que les médicaments ne peuvent agir avec efficacité, il faut envisager d'autres modalités de traitement afin d'éliminer le sodium et les liquides du corps. On peut utiliser l'hémodialyse ou la dialyse péritonéale pour éliminer les déchets azotés et assurer l'équilibre électrolytique (potassium et sodium) et acidobasique ; on peut aussi envisager une transplantation rénale (chapitre 46).

Traitement nutritionnel

Le traitement de l'EVL comporte presque toujours une restriction de l'apport alimentaire en sodium. Les Nord-Américains consomment en moyenne entre 6 et 15 g de sel par jour (soit de 3 à 6 cuillères à thé). Selon les besoins de la personne, un régime à faible teneur en sodium peut ne comporter qu'une légère restriction, mais peut, à l'autre l'extrême, ne contenir que 250 mg par jour. Dans le cas d'une légère restriction, la personne peut ajouter aux aliments une petite quantité de sel (environ la moitié de la quantité habituelle) dans la cuisson et à table, mais ne doit pas ajouter de sel aux aliments préparés commercialement et déjà assaisonnés. Elle doit bien sûr s'abstenir de consommer des aliments à forte teneur en sodium. C'est le sel de sodium, le sel blanc, et non le sodium en soi, qui contribue à la formation de l'œdème. Par conséquent, on doit lire attentivement les étiquettes des aliments pour déterminer leur teneur en sel.

Environ la moitié du sodium des aliments provient de l'assaisonnement. Remplacer le sel par d'autres condiments joue donc un grand rôle dans la réduction de l'apport sodique. À cet effet, on peut utiliser avantageusement le jus de citron, les oignons et l'ail. Certaines personnes préfèrent employer des succédanés du sel, mais ceux-ci contiennent souvent du potassium et doivent être utilisés avec prudence par les personnes qui prennent des diurétiques épargneurs de potassium. C'est ainsi qu'ils sont absolument contre-indiqués chez les personnes qui souffrent d'une maladie associée à une rétention de potassium, comme l'insuffisance rénale à un stade avancé. Les succédanés du sel qui contiennent du chlorure d'ammonium peuvent avoir des effets nocifs chez les personnes atteintes de lésions hépatiques.

Dans certaines municipalités, l'eau du robinet doit être exclue des régimes à faible teneur en sodium, car elle contient une trop forte concentration de cet élément. Selon sa source, l'eau peut contenir de 1 mg à plus de 1500 mg de sodium par litre d'eau. Si l'eau du robinet a une trop forte teneur en sodium, la personne doit consommer de l'eau distillée ; elle doit de plus éviter d'utiliser des adoucisseurs d'eau, car ils ajoutent du sodium à l'eau en échange d'autres ions comme ceux du calcium.

Soins et traitements infirmiers

Pour déterminer la présence d'un EVL, l'infirmière mesure les ingesta et les excreta à intervalles réguliers afin de déceler des signes de rétention excessive de liquides. Elle pèse quotidiennement la personne et note les gains de poids soudains. Elle doit également évaluer les bruits respiratoires à intervalles réguliers chez les personnes à risque, particulièrement au cours d'une administration de liquides par voie parentérale. La présence de crépitants peut indiquer qu'il y a du liquide dans le compartiment interstitiel ou dans les alvéoles. L'infirmière doit aussi évaluer la gravité de l'œdème aux pieds et aux chevilles chez les personnes mobiles et surveiller la région sacrée chez les personnes alitées. Elle doit de plus déterminer dans quelle mesure l'œdème cutané prend l'empreinte du doigt (godet) et quantifier l'importance de l'œdème périphérique au moyen d'un ruban à mesurer.

Prévention de l'EVL

Les interventions varient en fonction de la maladie sous-jacente et de la gravité de l'EVL. Dans la majorité des cas toutefois, un régime à faible teneur en sodium s'impose. On doit inciter la personne à se conformer au régime prescrit et lui conseiller de consulter son médecin avant d'utiliser un médicament en vente libre, car certains de ces médicaments contiennent du sodium. Dans les cas où la rétention de liquide persiste bien que le régime prescrit soit strictement suivi, on doit se demander si l'apport en sodium ne provient pas d'une source cachée (eau du robinet ou adoucisseur d'eau, par exemple).

Dépistage et traitement de l'EVL

Le dépistage précoce est primordial pour éviter que l'EVL ne s'aggrave. Les principales interventions consistent à recommander à la personne de se reposer, à restreindre l'apport en sodium, à observer le traitement parentéral et à administrer les médicaments appropriés.

Dans certains cas, respecter des périodes régulières de repos a des effets bénéfiques. L'excrétion urinaire des liquides qui forment l'œdème en est favorisée, car le repos réduit la stase veineuse, ce qui favorise l'augmentation du volume sanguin circulant et la perfusion rénale. On doit établir les restrictions en sodium et en liquides conformément aux indications. Comme la majorité des personnes qui présentent un EVL doivent prendre des diurétiques, il faut observer leurs réactions à ces médicaments. Il importe aussi de surveiller étroitement la vitesse de perfusion des liquides et les réactions à ces liquides. En cas de dyspnée ou d'orthopnée, il faut placer la personne en position demi-Fowler (assise vers l'avant, les bras appuyés sur une table) afin de favoriser l'expansion de la cage thoracique. En outre, comme le tissu œdématié dégénère plus facilement que le tissu sain, on doit régulièrement changer la position de la personne afin d'éviter l'apparition de lésions tégumentaires.

Comme les affections qui exposent à un EVL sont le plus souvent chroniques, on doit enseigner à la personne à observer elle-même ses réactions au traitement, autrement dit à noter et à évaluer son apport et ses pertes de liquides, de même que ses variations de poids. Il faut insister sur le fait qu'il est important de se conformer au traitement.

Apprendre à la personne à reconnaître et à évaluer l'œdème

Comme l'œdème est une manifestation commune de l'EVL, la personne doit pouvoir en reconnaître les symptômes et en évaluer l'importance. L'œdème peut survenir à la suite d'une augmentation de la pression hydrostatique capillaire, d'une diminution de la pression oncotique capillaire ou d'un accroissement de la pression oncotique interstitielle, ce qui fait augmenter le volume du liquide interstitiel. L'œdème peut être localisé (aux chevilles dans les cas de polyarthrite rhumatoïde, par exemple) ou généralisé (dans les cas d'insuffisance cardiaque ou rénale, par exemple). L'œdème généralisé se nomme anasarque.

L'œdème se manifeste quand il y a un changement dans la membrane capillaire, qui accroît la formation ou réduit l'excrétion du liquide interstitiel. L'étiologie de l'œdème est multiple (encadré 14-1 ■).

L'ascite est une forme d'œdème caractérisée par l'accumulation de liquides dans la cavité péritonéale; elle est causée par un syndrome néphrotique ou par une cirrhose. Les personnes qui en sont atteintes se plaignent généralement d'un essoufflement et d'une impression de lourdeur causée par la pression exercée sur le diaphragme.

L'œdème atteint généralement les zones dépendantes. On peut l'observer dans les chevilles, le sacrum, le scrotum ou la région périorbitaire du visage. On parle d'œdème qui prend le godet lorsque la région œdématiée conserve l'empreinte du doigt après une pression de celui-ci. Dans le cas d'un œdème pulmonaire, la quantité de liquide qui se trouve dans le parenchyme pulmonaire et dans les alvéoles augmente. Les manifestations de l'œdème pulmonaire comprennent l'essoufflement, une augmentation de la fréquence respiratoire, la diaphorèse et la présence de crépitants à l'auscultation des poumons.

L'œdème peut s'accompagner d'une diminution de l'hématocrite découlant de l'hémodilution, d'une **alcalose** respiratoire et d'hypoxémie (révélées par l'analyse des gazs artériels), ainsi que d'une baisse du taux du sodium et de l'osmolalité sériques par suite d'une rétention de liquides. Les niveaux d'urée et les niveaux de créatinine augmentent, la densité de l'urine diminue, alors que les reins tentent d'excréter les excès d'eau. Le niveau de sodium urinaire s'abaisse en raison d'une augmentation de la production d'aldostérone.

Le traitement vise à préserver ou à restaurer le volume de liquide intravasculaire circulant. Dans les cas d'insuffisance rénale ou de surcharge liquidienne constituant une menace pour la vie, on peut non seulement traiter les causes de l'œdème, mais également recourir à d'autres traitements tels que l'administration de diurétiques, les restrictions en liquides et en sodium, l'élévation des extrémités, l'application de bas ou de bandages de contention, la paracentèse, la dialyse ou l'hémofiltration artérioveineuse continue.

Déséquilibres électrolytiques

Dans la pratique clinique, on rencontre fréquemment des déséquilibres électrolytiques. Il faut les traiter pour assurer la santé et la sécurité de la personne. Les principaux déséquilibres hydroélectrolytiques sont résumés dans le tableau 14-4 ■. Le déséquilibre du sodium est un exemple de déséquilibre électrolytique.

FONCTIONS DU SODIUM

Le sodium (NA⁺) est le plus abondant des électrolytes présents dans le LEC, sa concentration se situant entre 135 à 145 mmol/L. Il détermine donc dans une large mesure l'osmolalité du LEC. La diminution du sodium est associée à des changements parallèles dans l'osmolalité. À cause de sa concentration relativement élevée et parce qu'il franchit difficilement la membrane cellulaire, le sodium joue un rôle primordial dans la répartition de l'eau dans l'organisme. Il est aussi le principal régulateur du volume du LEC: les pertes et les excès de sodium sont, en général, respectivement associés à des pertes et des excès d'eau. Il joue également un rôle dans l'établissement des conditions électrochimiques nécessaires aux contractions musculaires et à la transmission des influx nerveux.

Les troubles de l'équilibre du sodium sont fréquents dans la pratique clinique. Leurs causes peuvent être simples ou complexes. Le déficit en sodium et l'excès de sodium sont les deux déséquilibres les plus communs.

ENCADRÉ 14-1

Étiologie de l'œdème

- Rétention de sodium
- Brûlures et infections
- Obstruction du réseau lymphatique
- Niveau d'albumine plasmatique inférieur à 1,5 g/L
- Diminution de la pression oncotique plasmatique (diminution de l'albumine)
- Insuffisance cardiaque
- Médicaments (anti-inflammatoires non stéroïdiens [AINS], œstrogènes, corticostéroïdes ou antihypertenseurs)

Principaux déséquilibres hydroélectrolytiques

TABLEAU
14-4

Déséquilibre	Causes	Signes et symptômes et examens paracliniques
Déficit de volume liquidien (hypovolémie)	Perte d'eau et d'électrolytes, comme dans les vomissements, la diarrhée, les fistules, la fièvre, la sudation excessive, les brûlures, les pertes sanguines, l'aspiration gastro-intestinale et les déplacements de liquides vers le troisième compartiment; apport insuffisant, comme dans l'anorexie, les nausées et l'incapacité de boire. Le diabète insipide et le diabète non maîtrisé contribuent à la diminution du volume liquidien extracellulaire.	■ Perte soudaine de poids, perte d'élasticité de la peau et sécheresse de la langue, oligurie, densité urinaire élevée, pouls faible et rapide, temps de remplissage capillaire prolongé, pression veineuse centrale diminuée (PVC), baisse de la pression artérielle, veines jugulaires affaissées, étourdissements, faiblesse, soif et confusion, augmentation de la fréquence cardiaque, crampes musculaires. ■ *Résultats des analyses de laboratoire*: augmentation des taux d'hémoglobine et de l'hématocrite, augmentation de l'osmolalité urinaire et sérique et de la densité urinaire, baisse du sodium dans l'urine, hausse de l'urée et de la créatinine.
Excès de volume liquidien (hypervolémie)	Altération des mécanismes de régulation, telles l'insuffisance rénale, l'insuffisance cardiaque et la cirrhose; administration de quantités exagérées de liquides à forte teneur en sodium. Une corticothérapie prolongée, un stress sévère et un excès de la production de l'aldostérone contribuent à l'excès de volume liquidien.	■ Gain de poids soudain, œdème, turgescence des veines jugulaires, pression veineuse centrale élevée, augmentation de la pression artérielle, pouls rapide et bondissant, présence de crépitants, dyspnée et toux. ■ *Résultats des analyses de laboratoire*: baisse des taux d'hémoglobine et de l'hématocrite, baisse de l'osmolalité urinaire et sérique, baisse du sodium et de la densité urinaire.
Déficit en sodium (hyponatrémie), taux sérique de sodium < 135 mmol/L	Perte de sodium, comme dans la prise de diurétiques, la perte de liquides gastro-intestinaux, la néphropathie et l'insuffisance surrénalienne; apport hydrique excessif, comme dans l'administration d'une trop grande quantité de dextrose 5 % en solution aqueuse et de suppléments d'eau pendant l'alimentation entérale; états pathologiques associés au SIADH, comme les traumas crâniens, le carcinome à cellules squameuses (cellules en grains d'avoine); prise de médicaments associés à une rétention d'eau comme l'ocytocine et plusieurs psychotropes. L'hyperglycémie et l'insuffisance cardiaque entraînent une perte de sodium.	■ Anorexie, nausée et vomissements, maux de tête, léthargie, confusion, crampes musculaires et tremblements, faiblesse, clonus, œdème de la papille optique, peau sèche, augmentation de la fréquence cardiaque, baisse de la pression artérielle. ■ *Résultats des analyses de laboratoire*: baisse du taux sérique de sodium, baisse de l'osmolalité et de la densité urinaires.
Excès de sodium (hypernatrémie), taux sérique de sodium > 145 mmol/L	Déplétion en eau chez les personnes incapables de boire à volonté; alimentation entérale hypertonique en l'absence d'un apport liquidien suffisant; diabète insipide; coup de chaleur; hyperventilation et diarrhée profuse. Administration excessive de corticostéroïdes, de bicarbonate de sodium et de chlorure de sodium. Les victimes d'une quasi-noyade en eau salée présentent également ce déséquilibre.	■ Soif, nausée, vomissements, anorexie, hyperthermie, sécheresse de la langue, sécheresse des muqueuses, hallucinations, léthargie, inquiétudes, irritabilité, convulsions tonicocloniques ou focales, réflexes ostéotendineux hypertoniques, surcharge pulmonaire, augmentation de la fréquence cardiaque et hausse de la pression artérielle. ■ *Résultats des analyses de laboratoire*: hausse du sodium sérique, baisse du sodium urinaire, hausse de la densité et de l'osmolalité urinaires.
Déficit en potassium (hypokaliémie), taux sérique de potassium < 3,5 mmol/L	Diarrhée, vomissements, aspiration gastrique, corticothérapie, hyperaldostéronisme, amphotéricine B, cisplatine, boulimie, diurèse osmotique, alcalose, inanition, diurétiques et toxicité chronique de la digoxine.	■ Fatigue, anorexie, diminution de la mobilité intestinale, nausée et vomissements, occlusion intestinale, distension abdominale, faiblesse musculaire, paresthésie, hypoesthésie, crampes dans les jambes, réflexes ostéotendineux hypoactifs, asystolie et fibrillation ventriculaire, baisse de la pression artérielle. ■ *ECG*: onde T plate et ondes U proéminentes, segment ST déprimé, intervalle PR prolongé.
Excès de potassium (hyperkaliémie), taux sérique de potassium > 5,3 mmol/L	Pseudohyperkaliémie (échantillon sanguin hémolysé, par exemple), insuffisance rénale terminale, prise de diurétiques épargneurs de potassium chez les personnes atteintes d'insuffisance rénale, acidose métabolique, maladie d'Addison, lésions par écrasement, brûlures, administration rapide de potassium par voie intraveineuse et intoxication aiguë à la digoxine.	■ Faiblesse musculaire vague, tachycardie alternant avec bradycardie, arythmies, paralysie flasque, paresthésies, coliques intestinales, crampes, irritabilité, anxiété. ■ *ECG*: onde T pointue; intervalle PR et durée QRS prolongés, absence d'ondes P, segment ST déprimé.

Principaux déséquilibres hydroélectrolytiques (*suite*)

TABLEAU
14-4

Déséquilibre	Causes	Signes et symptômes et examens paracliniques
Déficit en calcium (hypocalcémie), taux sérique de calcium < 2,15 mmol/L	Hypoparathyroïdie (consécutive à une thyroïdectomie, mais également à un curage ganglionnaire cervical élargi), malabsorption, pancréatite, alcalose, carence en vitamine D, infection sous-cutanée massive, péritonite généralisée, transfusion massive de sang citraté, diarrhée chronique, baisse de l'hormone parathyroïde, phase diurétique de l'insuffisance rénale.	■ Engourdissements, fourmillements au bout des doigts, aux orteils et dans les régions périlabiales, signes de Trousseau et de Chvostek positifs, convulsions, réflexes ostéotendineux hypoactifs, irritabilité, bronchospasme, anxiété, altération du temps de coagulation, baisse de la prothrombine. ■ *ECG*: intervalle QT prolongé et segment ST allongé.
Excès de calcium (hypercalcémie), taux sérique de calcium > 2,5 mmol/L	Hyperparathyroïdie, immobilité prolongée, usage excessif des suppléments de calcium, excès de vitamine D, phase oligurique de l'insuffisance rénale, acidose, corticothérapie, utilisation de diurétiques thiazidiques, toxicité de la digoxine.	■ Faiblesse musculaire, constipation, anorexie, nausée et vomissements, polyurie et polydipsie, diminution des réflexes ostéotendineux, léthargie, douleur profonde aux os, fractures pathologiques, douleurs lombaires, formation de lithiases de calcium. ■ *ECG*: intervalle QT raccourci, bradycardie, bloc de branches.
Déficit en magnésium (hypomagnésémie), taux sérique de magnésium < 0,65 mmol/L	Alcoolisme chronique, hyperparathyroïdie, hyperaldostéronisme, phase diurétique de l'insuffisance rénale, troubles de malabsorption, acidocétose diabétique, réalimentation à la suite d'une période d'inanition, alimentation parentérale, utilisation chronique de laxatifs, diarrhée, infarctus aigu du myocarde, insuffisance cardiaque, baisse du taux plasmatique du K^+ et Ca^{++} et prise de certains médicaments (aminosides, cisplatine, amphotéricine B et cyclosporine, par exemple).	■ Irritabilité neuromusculaire, signes de Trousseau et de Chvostek positifs, insomnie, sautes d'humeur, anorexie, vomissements, réflexes ostéotendineux hypertoniques et augmentation de la pression artérielle. ■ *ECG*: extrasystoles ventriculaires (ESV), ondes T plates ou inversées, segment ST déprimé.
Excès de magnésium (hypermagnésémie), taux sérique de magnésium > 1,25 mmol/L	Phase oligurique de l'insuffisance rénale (surtout s'il y a prise de médicaments contenant du magnésium), insuffisance surrénalienne, administration de quantités excessives de magnésium par voie intraveineuse.	■ Bouffées de chaleur, hypotension, somnolence, réflexes ostéotendineux hypoactifs, perturbation de la fonction respiratoire, arrêt cardiaque et coma, diaphorèse. ■ *ECG*: tachycardie alternant avec bradycardie, intervalle PR et QRS prolongés.
Déficit en phosphore (hypophosphatémie), taux sérique de phosphore < 0,87 mmol/L	Réalimentation après une période d'inanition, sevrage alcoolique, acidocétose diabétique, alcalose respiratoire, baisse du magnésium, baisse du potassium, hyperparathyroïdie, vomissements, diarrhée, hyperventilation, carence en vitamine D associée à des troubles de malabsorption, brûlures, déséquilibres acidobasiques, alimentation parentérale et utilisation de diurétiques.	■ Paresthésies, faiblesse musculaire, douleur osseuse, angine, confusion, myocardiopathie, insuffisance respiratoire, convulsions, hypoxie tissulaire et augmentation du risque d'infection.
Excès de phosphore (hyperphosphatémie), taux sérique de phosphore > 1,45 mmol/L	Insuffisance rénale chronique et aiguë, apport excessif de phosphore, excédent de vitamine D, acidose respiratoire, hypoparathyroïdie, déplétion du volume liquidien, leucémie/lymphome traités par des agents cytotoxiques, augmentation de la dégradation des tissus, rhabdomyolyse.	■ Tétanie, tachycardie, anorexie, nausée et vomissements, faiblesse musculaire, signes et symptômes de l'hypocalcémie.
Déficit en chlorure (hypochlorémie), taux sérique de chlorure < 97 mmol/L	Maladie d'Addison, baisse de l'apport en chlorure, acidocétose diabétique non traitée, acidose respiratoire chronique, sudation excessive, vomissements, aspiration gastrique, diarrhée, hyponatrémie et hypokaliémie, alcalose métabolique, utilisation de diurétiques de l'anse, osmotiques ou thiazidiques, surdose de bicarbonate, retrait rapide du liquide d'ascite ayant une forte teneur en sodium, administration de solutions intraveineuses sans chlorure (dextrose et eau), drainage des fistules et des iléostomies, insuffisance cardiaque, fibrose kystique.	■ Agitation, irritabilité, tremblements, crampes musculaires, réflexes ostéotendineux profonds hypertoniques, tétanie, respirations lentes et superficielles, convulsions, arythmies, coma. ■ *Résultats des analyses de laboratoire*: baisse du chlorure sérique, baisse du sodium sérique, hausse du pH, hausse du bicarbonate sérique, hausse du dioxyde de carbone, baisse du taux urinaire de chlorure.
Excès de chlorure (hyperchlorémie), taux sérique de chlorure > 107 mmol/L	Infusions excessives de chlorure de sodium accompagnées de pertes d'eau, traumatisme crânien (rétention de sodium), hypernatrémie, insuffisance rénale, corticothérapie, déshydratation, diarrhée grave (perte de bicarbonate), alcalose respiratoire, prise de diurétiques, surdose de salicylates, sulfonate de polystyrène sodique (Kayexalate), acétalozamide (Diamox), phénylbutazone et utilisation de chlorure d'ammonium, hyperparathyroïdie, acidose métabolique.	■ Tachypnée, léthargie, faiblesse, respirations profondes et rapides, déclin de l'état cognitif, baisse du débit cardiaque, dyspnée, tachycardie, œdème qui prend le godet, arythmies, coma. ■ *Résultats des analyses de laboratoire*: hausse du chlorure sérique, hausse du sodium sérique, baisse du pH sérique, baisse du bicarbonate sérique, trou anionique normal, baisse du taux urinaire de chlorure.

DÉFICIT EN SODIUM (HYPONATRÉMIE)

On parle d'hyponatrémie lorsque le taux sérique de sodium descend au-dessous des valeurs normales (moins de 135 mmol/L). La concentration de sodium plasmatique représente le ratio entre la quantité totale de sodium et la quantité totale d'eau dans le corps. La diminution de ce ratio peut avoir pour cause l'un des facteurs suivants :

- Une concentration inférieure à la normale du volume total de sodium avec un volume total d'eau diminué dans le corps dans une moins forte proportion
- Une concentration normale du volume total de sodium avec un excédent du volume total d'eau dans le corps
- Une concentration supérieure à la normale du volume total de sodium avec un excédent encore plus grand de volume d'eau dans le corps

Toutefois, l'hyponatrémie se surajoute parfois à un déficit de volume liquidien (DVL) ou à un excès de volume liquidien (EVL).

Les pertes sodiques peuvent être dues à des vomissements, à des diarrhées, à des fistules ou à la sudation, ou être associées à la prise de diurétiques, surtout si le régime alimentaire est faible en sodium. Les personnes qui présentent une baisse de l'activité de l'aldostérone, comme celles qui souffrent d'insuffisance surrénalienne, sont également exposées à l'hyponatrémie.

Hyponatrémie de dilution

Lorsqu'une personne présente une intoxication hydrique (hyponatrémie de dilution), son niveau de sodium sérique est dilué par une augmentation du ratio eau et sodium. L'eau pénètre donc dans les cellules, ce qui donne naissance à un EVL. Les facteurs qui prédisposent à l'hyponatrémie sont notamment le syndrome d'antidiurèse inappropriée (SIADH), l'hyperglycémie, un accroissement de l'absorption d'eau par l'administration de liquides parentéraux faibles en électrolytes, les lavements avec l'eau du robinet ou l'irrigation des sondes nasogastriques avec de l'eau plutôt qu'avec une solution saline normale.

Les excès d'eau peuvent provenir de l'administration parentérale d'un volume trop important d'une solution aqueuse de dextrose, surtout durant les périodes de stress. Ils peuvent aussi découler d'une absorption compulsive d'eau (polydipsie psychogène ou potomanie).

Syndrome d'excrétion inappropriée d'ADH

Le syndrome d'excrétion inappropriée d'ADH (SIADH) se manifeste essentiellement par une trop forte activité de l'ADH, accompagnée d'une rétention d'eau et d'une hyponatrémie de dilution, ainsi que d'une excrétion urinaire de sodium non appropriée en présence d'une hyponatrémie. Il peut avoir pour cause une sécrétion prolongée d'ADH par l'hypothalamus ou la production par une tumeur d'une substance semblable à l'ADH (production aberrante d'ADH).

Ce syndrome est associé notamment au carcinome à cellules squameuses (cellules en grains d'avoine), aux traumatismes crâniens, à certains troubles endocriniens et pulmonaires, au stress physiologique ou psychologique, ainsi qu'à l'usage de médicaments comme l'ocytocine, le cyclophosphamide, la vincristine et plusieurs psychotropes. Le SIADH est abordé plus en détail au chapitre 44 ꩜.

Manifestations cliniques

Les manifestations cliniques de l'hyponatrémie dépendent de la cause de ce déséquilibre, de sa gravité et de la rapidité avec laquelle il est apparu. L'hyponatrémie se manifeste parfois par une faible élasticité cutanée, l'assèchement des muqueuses, une diminution de la production de salive, une hypotension orthostatique, des nausées et des douleurs abdominales. Certains changements neurologiques, dont la confusion, sont sans doute liés à un gonflement cellulaire et à un œdème cérébral associé à l'hyponatrémie. La diminution de la concentration extracellulaire de sodium rend le liquide cellulaire relativement plus concentré, ce qui «attire» l'eau dans les cellules (figure 14-4A ■). En général, les personnes subissant une baisse rapide du taux sérique de sodium ont des symptômes plus marqués et un taux de mortalité plus élevé que celles chez qui l'hyponatrémie évolue plus lentement.

L'hyponatrémie due à une perte de sodium et à un excès d'eau se caractérise notamment par de l'anorexie, des crampes musculaires et une sensation de fatigue. Quand le taux sérique de sodium descend sous les 115 mmol/L, on observe parfois des signes d'augmentation de la pression intracrânienne, tels que la léthargie, la confusion, les secousses musculaires, une faiblesse localisée, l'hémiparésie, l'œdème papillaire et les convulsions.

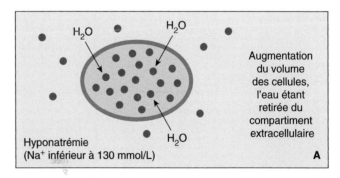

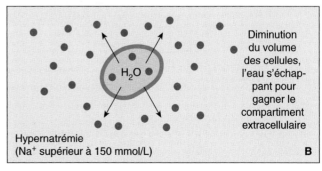

FIGURE 14-4 ■ Effet du niveau de sodium extracellulaire sur la taille des cellules.

Examen clinique et examens paracliniques

Quelle qu'en soit la cause, l'hyponatrémie se caractérise par un taux sérique de sodium inférieur à 135 mmol/L. Dans le SIADH, il peut être très bas: 100 mmol/L ou moins. Si l'hyponatrémie est due principalement à des pertes sodiques, le taux de sodium urinaire est inférieur à 20 mmol/L et la densité est faible, comprise entre 1,002 et 1,004, ce qui laisse croire à un accroissement de la réabsorption proximale de sodium consécutif à une déplétion du LEC. D'autre part, si l'hyponatrémie est attribuable à un SIADH, le taux urinaire de sodium dépasse 20 mmol/L et la densité est habituellement supérieure à 1,012. Bien qu'elles fassent de la rétention d'eau et par conséquent prennent du poids, les personnes atteintes d'un SIADH ne présentent pas d'œdème périphérique, mais plutôt un œdème cellulaire.

Traitement médical

L'évaluation systémique de la personne est essentielle dans le traitement de l'hyponatrémie. Elle doit notamment consister à évaluer la rapidité avec laquelle l'hyponatrémie est apparue, autrement dit il ne faut pas se fier exclusivement au taux de sodium sérique de la personne (Fall, 2000).

Remplacement de sodium

Le traitement le plus simple de l'hyponatrémie consiste à administrer prudemment du sodium, soit par voie orale, soit par sonde nasogastrique, soit par voie parentérale. Il est facile de remplacer le sodium chez les personnes qui sont capables de consommer des liquides et de la nourriture puisqu'on retrouve le sodium en grande quantité dans un régime alimentaire normal. Si le sodium ne peut être pris par voie orale, le médecin peut prescrire l'administration intraveineuse d'une solution contenant du sodium telle que le lactate Ringer ou une solution saline isotonique (chlorure de sodium à 0,9 %). On ne doit pas accroître la concentration de sodium sérique de plus de 12 mmol/L en l'espace de 24 heures, afin de prévenir les dommages neurologiques dus à une démyélinisation osmotique. Cet état peut survenir lorsque la concentration de sodium sérique augmente de façon excessive (plus de 140 mmol/L) et trop rapide, ou encore lorsque la personne présente une hypoxémie ou une anoxie (Pirzada et Imran, 2001). Les composantes de certaines solutions hydroélectrolytiques appropriées à ce type de traitement sont décrites dans le tableau 14-8. Chez l'adulte, les besoins quotidiens en sodium sont de 100 mmol/L environ, à condition que les pertes ne soient pas anormales.

Restriction hydrique

Chez les personnes normovolémiques ou hypervolémiques, on traite l'hyponatrémie en réduisant l'apport hydrique à un volume total de 800 mL en 24 heures. La restriction hydrique présente beaucoup moins de risques que l'administration de sodium et est habituellement assez efficace. Toutefois, en présence de symptômes neurologiques, il est parfois nécessaire d'administrer de petits volumes d'une solution hypertonique de sodium, comme le chlorure de sodium à 3 ou à 5 %. Il est extrêmement dangereux d'utiliser ces liquides de façon incorrecte: en effet, 1 L de chlorure de sodium à 3 % contient 513 mmol de sodium, et 1 L de chlorure de sodium à 5 % en contient 855. Si la personne présente uniquement un œdème, il faut restreindre le sodium; si elle est atteinte d'œdème et d'hyponatrémie, il faut restreindre le sodium et l'eau.

! ALERTE CLINIQUE *Les solutions fortement hypertoniques (chlorure de sodium à 3 ou à 5 %) ne doivent être administrées que dans un service de soins intensifs, sous surveillance étroite. En effet, il suffit de faibles volumes pour ramener à la normale des concentrations de sodium dangereusement faibles. On doit par conséquent administrer ces solutions lentement, en petits volumes, en surveillant en permanence les signes de surcharge liquidienne. Il s'agit de soulager les manifestations graves d'œdème cérébral et de prévenir les complications neurologiques, et non de corriger uniquement la concentration de sodium. De pair avec la solution de sodium, on peut administrer un diurétique de l'anse dans le but de prévenir une surcharge du volume du LEC et d'accroître l'excrétion d'eau.*

Soins et traitements infirmiers

Il importe de reconnaître les personnes exposées à l'hyponatrémie afin de les observer de près, car il faut dépister et traiter rapidement ce déséquilibre pour en prévenir les graves conséquences. L'observation des personnes à risque consiste notamment à mesurer les ingesta et les excreta et à effectuer une pesée quotidienne. L'infirmière doit aussi noter les pertes anormales de sodium et les gains excessifs d'eau. Elle doit également être à l'affût des signes et symptômes mentionnés dans le tableau 14-4. En général, les signes neurologiques les plus graves sont associés à une chute rapide du taux de sodium à un niveau très bas, due à une surcharge hydrique. Il est essentiel de mesurer régulièrement le taux sérique de sodium chez les personnes sujettes à l'hyponatrémie. Si l'état de la personne l'exige, on doit aussi mesurer le sodium et la densité urinaires.

On oublie trop souvent que l'hyponatrémie peut être une cause de confusion chez les personnes âgées. Ces dernières présentent des risques accrus d'hyponatrémie à cause d'une détérioration de la fonction rénale et de la diminution de la capacité d'excrétion de l'excès d'eau qui en résulte. L'administration de médicaments qui entraînent une perte de sodium ou une rétention d'eau expose ces personnes à l'hyponatrémie.

Dépistage et traitement de l'hyponatrémie

Chez les personnes qui peuvent s'alimenter de façon normale, la consommation d'aliments et de liquides à forte teneur en sodium peut corriger les pertes excessives de cette substance. Par exemple, un bouillon préparé à partir d'un cube de bœuf contient environ 900 mg de sodium, et 250 mL de jus de tomate en contiennent environ 700. Il est essentiel de connaître la teneur en sodium des solutions parentérales (tableau 14-8).

Le lithium peut avoir des effets toxiques lorsque la personne présente des pertes de sodium. Les personnes traitées au lithium doivent donc recevoir des suppléments de sel et de liquides. Elles doivent de plus éviter la prise de diurétiques, à moins d'être suivies de près par un médecin, parce que ces médicaments favorisent les pertes de sodium. On doit en tout temps s'assurer que l'apport en sel est adéquat chez les personnes traitées au lithium.

On doit éviter toute administration excessive de liquides chez les personnes qui reçoivent une solution isotonique ou hypotonique par voie entérale, surtout si elles présentent des pertes anormales de sodium ou une rétention anormale d'eau (comme dans le SIADH). Pour établir les besoins réels en liquides, on doit tenir compte des ingesta et des excreta, de la densité urinaire et du taux sérique de sodium.

Correction du taux de sodium

Si l'hyponatrémie est due principalement à une rétention d'eau, il est préférable de privilégier la restriction de liquides, qui présente moins de dangers que l'administration de sodium. Chez les personnes normovolémiques ou hypervolémiques, l'administration de sodium peut provoquer une surcharge liquidienne. Comme il a été mentionné précédemment, on doit observer de très près les personnes atteintes d'une maladie cardiovasculaire.

Dans les cas d'hyponatrémie grave, le traitement vise à faire augmenter le taux sérique de sodium juste assez pour corriger les symptômes neurologiques. Par exemple, on recommande de ne pas dépasser une concentration sanguine de 125 mmol/L quand on administre une solution hypertonique de sodium.

EXCÈS DE SODIUM (HYPERNATRÉMIE)

On parle d'hypernatrémie lorsque le taux sérique de sodium est supérieur à la normale, soit à 145 mmol/L (Adrogue et Madias, 2000a). L'hypernatrémie est la conséquence de pertes hydriques supérieures aux pertes sodiques ou de gains sodiques supérieurs aux gains hydriques. Elle peut se manifester aussi bien chez les personnes dont le volume liquidien est normal que chez celles qui sont atteintes d'un DVL ou d'un EVL. Dans les cas de perte d'eau, la personne perd plus d'eau que de sodium, d'où une concentration de sodium sérique plus élevée et une déplétion des liquides des cellules. Il s'agit d'un DVL à la fois extracellulaire et intracellulaire. Dans les cas d'excès de sodium, la personne ingère ou retient une quantité de sodium disproportionnée par rapport à celle de l'eau.

Physiopathologie

La carence en eau chez les personnes inconscientes, dont les mécanismes de régulation de la soif sont perturbés, est une cause fréquente d'hypernatrémie (Adrogue et Madias, 2000a). À cet égard, les personnes les plus touchées sont les personnes très âgées ou très jeunes, ou dont les facultés cognitives sont altérées. L'hypernatrémie peut aussi être due à l'administration entérale d'une solution hypertonique sans un apport en eau approprié, à une diarrhée profuse ou à une forte augmentation des pertes insensibles d'eau (comme dans les cas d'hyperventilation prolongée ou de brûlures graves).

Le diabète insipide, une insuffisance de la production d'ADH, peut aussi causer l'hypernatrémie si la personne est incapable de boire ou de réagir à la soif, ou si sa consommation de liquides est extrêmement restreinte. Parmi les autres causes moins fréquentes d'hypernatrémie, on note l'insolation, la quasi-noyade dans l'eau de mer (qui contient environ 500 mmol/L de sodium) et un mauvais fonctionnement des dispositifs de dosage dans les appareils d'hémodialyse ou de dialyse péritonéale. L'hypernatrémie peut aussi être provoquée par l'administration de solution saline hypertonique par voie intraveineuse ou par une administration excessive de bicarbonate de sodium.

Manifestations cliniques

Les manifestations cliniques de l'hypernatrémie sont surtout de nature neurologique et résultent probablement de la diminution de la teneur en eau des cellules (Adrogue et Madias, 2000a). L'hypernatrémie entraîne une augmentation relative de l'osmolalité du LEC, ce qui attire l'eau contenue dans les cellules (figure 14-4). L'hypernatrémie se manifeste notamment par de l'agitation et de la faiblesse si elle est modérée, et par une désorientation, un délire et des hallucinations si elle est grave. On oublie trop souvent que, chez les personnes âgées, la déshydratation (entraînant l'hypernatrémie) peut être une cause primaire de modifications du comportement. Les cas graves d'hypernatrémie peuvent provoquer des lésions cérébrales permanentes (surtout chez les enfants). Ces lésions sont dues, semble-t-il, à des hémorragies sous-arachnoïdiennes causées par la contraction du tissu cérébral.

La soif est une des principales manifestations de l'hypernatrémie. Lorsque ses mécanismes ne sont pas perturbés, elle protège des variations du sodium sérique et constitue une protection absolue contre l'hypernatrémie, à moins que la personne soit inconsciente ou ne puisse boire de l'eau. Malheureusement, on observe souvent une perturbation des mécanismes de la soif chez les personnes malades. Les autres signes et symptômes de l'hypernatrémie sont notamment la sécheresse de la peau, l'augmentation du volume de la langue, la sécheresse des muqueuses, une peau rougeâtre, l'œdème périphérique, l'œdème pulmonaire, l'hypotension orthostatique, ainsi que l'augmentation de la tonicité et les réflexes ostéotendineux. On observe parfois une légère hyperthermie, qui se corrige avec le retour à la normale du taux de sodium.

Examen clinique et examens paracliniques

Dans l'hypernatrémie, le taux sérique de sodium est supérieur à 145 mmol/L et l'osmolalité sérique dépasse 295 mOsm/kg.

Le poids spécifique de l'urine et l'osmolalité urinaire s'accroissent, car les reins tentent de conserver l'eau, dans les cas où la perte hydrique n'est pas d'origine rénale (Fall, 2000).

Traitement médical

Le traitement de l'hypernatrémie consiste à faire baisser graduellement le taux de sodium sérique grâce à une perfusion d'une solution hypotonique d'électrolytes (comme le chlorure de sodium à 0,3 %) ou d'une solution isotonique non saline (comme le dextrose à 5 % en solution aqueuse). Le dextrose à 5 % en solution aqueuse est recommandé quand il faut remplacer l'eau sans sodium. Selon de nombreux médecins, la solution saline hypotonique est préférable au dextrose à 5 % en solution aqueuse, car elle permet d'obtenir une baisse graduelle du taux de sodium sérique, ce qui réduit les risques d'œdème cérébral. Il s'agit de la solution de choix dans les cas d'hyperglycémie grave accompagnée d'hypernatrémie. Une chute trop rapide du taux de sodium abaisse temporairement l'osmolalité plasmatique sérique au-dessous du niveau de l'osmolalité du liquide cérébral, ce qui entraîne un œdème cérébral. Le médecin peut aussi prescrire des diurétiques pour traiter le surplus en sodium.

On ne s'accorde pas sur la vitesse exacte à laquelle le taux sérique de sodium doit baisser. Toutefois, en règle générale, la vitesse de réduction ne dépasse pas 0,5 à 1 mmol/L, ce qui laisse suffisamment de temps pour qu'ait lieu le réajustement par diffusion entre les compartiments intracellulaire et extracellulaire. On peut aussi prescrire de l'acétate de desmopressine (DDAVP) pour traiter le diabète insipide s'il est la cause de l'hypernatrémie.

Soins et traitements infirmiers

Comme dans les cas d'hyponatrémie, on doit surveiller étroitement les pertes et les apports de liquides chez les personnes sujettes à l'hypernatrémie. Il convient d'observer les signes de pertes hydriques anormales ou de faible apport hydrique, et de noter les apports importants en sodium provoqués, par exemple, par la prise de médicaments en vente libre à forte teneur en sodium (comme Alka-Seltzer). Il importe également d'obtenir les antécédents pharmacologiques de la personne, car certains médicaments vendus sur ordonnance ont aussi une forte teneur en sodium. On doit également noter les signes de soif ou d'hyperthermie, et les évaluer en regard des autres signes cliniques. Il faut de plus observer la personne afin de déceler les modifications du comportement, telles que l'agitation, la désorientation et la léthargie.

Prévention de l'hypernatrémie

Afin de prévenir l'hypernatrémie, l'infirmière doit offrir des liquides à intervalles réguliers, surtout dans le cas des personnes affaiblies incapables de percevoir la soif ou de la combler de façon autonome. Si l'apport liquidien reste insuffisant, l'infirmière doit consulter le médecin afin de décider de l'administration de liquides par voie entérale ou parentérale. Si on choisit la voie entérale, on doit administrer de l'eau en quantité suffisante pour maintenir les taux de sodium et d'urée dans les limites de la normale. En règle générale,

plus l'osmolalité du liquide administré est grande, plus il est important de fournir un supplément en eau.

Dans les cas de diabète insipide, il est essentiel d'assurer un apport hydrique suffisant. Si la personne est consciente et si ses mécanismes de régulation de la soif sont intacts, il suffit souvent de lui donner de l'eau. Toutefois, si son niveau de conscience est altéré ou si elle est incapable, pour une raison quelconque, de consommer du liquide en quantité suffisante, on peut assurer l'apport liquidien par voie parentérale. On peut utiliser ce traitement à titre préventif chez les personnes atteintes de troubles neurologiques, particulièrement au début de la période postopératoire.

Traitement de l'hypernatrémie

Dans les cas d'hypernatrémie rendant nécessaire l'administration de liquides par voie parentérale, l'infirmière doit observer la réponse au traitement en suivant de près la baisse du taux sérique de sodium et en notant les modifications des signes neurologiques. La baisse graduelle du sodium sérique devrait concorder avec une amélioration de ces derniers. Comme il a été mentionné dans la section «Traitement médical», une baisse trop rapide du taux de sodium sérique provoque une baisse temporaire de l'osmolalité plasmatique au-dessous du niveau de l'osmolalité du liquide tissulaire du cerveau, ce qui entraîne un dangereux œdème cérébral (Adrogue et Madias, 2000a).

FONCTIONS DU POTASSIUM

Le potassium (K^+) est le principal électrolyte intracellulaire. En fait, 98 % du potassium de l'organisme se trouve à l'intérieur des cellules. Les 2 % restants se trouvent dans le LEC, et cette petite portion est de toute première importance dans le fonctionnement neuromusculaire. Le potassium joue un rôle clé dans la création du potentiel de repos de la membrane cellulaire et dans la repolarisation du potentiel d'action de plusieurs cellules nerveuses et musculaires. Les perturbations de sa concentration provoquent de l'irritabilité du myocarde et des modifications du rythme cardiaque. Le potassium va et vient constamment de l'intérieur à l'extérieur des cellules, selon les besoins de l'organisme et sous l'action de la pompe à sodium-potassium. Lorsqu'il se déplace à travers la membrane cellulaire, il est souvent échangé contre des ions H^+, et ce déplacement contribue à la régulation du pH. Le taux sérique normal de potassium se situe entre 3,5 et 5,3 mmol/L. Même les plus petites variations de ce taux ont leur importance. Les déséquilibres potassiques sont souvent associés à des affections, comme l'insuffisance rénale, à des traumatismes, à des traitements, comme l'alimentation parentérale et la chimiothérapie, ainsi qu'à certains médicaments, comme les diurétiques, les laxatifs et les antibiotiques (Cohn *et al.*, 2000).

Pour assurer le maintien de l'équilibre potassique, il faut que le fonctionnement des reins soit normal: en effet, 80 % de l'excrétion quotidienne de potassium se fait par les voies urinaires. Les 20 % restants sont excrétés dans les selles et dans la sueur. Les reins sont les principaux régulateurs de l'équilibre potassique, qu'ils préservent en ajustant ce qu'ils excrètent dans l'urine. Quand la concentration sérique de potassium est élevée, l'aldostérone est libérée et les cellules des tubules collecteurs des reins sécrètent davantage de potassium. Puisque les reins ne conservent pas cet ion aussi bien que celui du sodium, il peut être excrété dans l'urine même si l'organisme est en déficit.

DÉFICIT EN POTASSIUM (HYPOKALIÉMIE)

On parle d'hypokaliémie lorsque le taux sérique de potassium descend sous la normale (3,5 mmol/L), ce qui indique généralement une déplétion réelle des réserves potassiques totales. Dans les cas d'alcalose toutefois, on observe parfois une hypokaliémie avec des réserves potassiques normales : l'alcalose provoque en effet un afflux temporaire de potassium sérique dans le compartiment intracellulaire. (Voir, ci-dessous, la section consacrée à l'alcalose.)

Comme il a été mentionné plus haut, l'hypokaliémie est un déséquilibre fréquent. Les pertes gastro-intestinales de potassium en constituent probablement la principale cause. Les vomissements ou l'aspiration gastrique entraînent souvent une hypokaliémie, en partie à cause d'une perte potassique réelle dans le liquide gastrique, mais surtout à cause d'une augmentation des pertes rénales associée à une alcalose métabolique. Les liquides intestinaux renferment des quantités relativement grandes de potassium, le liquide diarrhéique pouvant en contenir jusqu'à 30 mmol/L : il est donc fréquent d'observer un déficit en potassium en cas de diarrhée. Un déficit peut aussi résulter d'une aspiration gastrique prolongée, d'une iléostomie récente et d'un adénome villeux (une tumeur des voies intestinales caractérisée par l'excrétion de mucosités riches en potassium).

Les déséquilibres acidobasiques ont une influence importante sur la répartition du potassium, notamment à cause des échanges d'ions hydrogène et d'ions potassium entre les cellules et le LEC. L'hypokaliémie peut provoquer une alcalose, et l'alcalose une hypokaliémie. Par exemple, une augmentation du pH provoque d'une part un déplacement des ions hydrogène vers le LEC, ce qui abaisse le pH, et d'autre part un déplacement des ions potassium vers le LIC, ce qui assure l'électroneutralité de ce dernier. (Voir, ci-dessous, la section consacrée à l'équilibre acidobasique.)

L'hyperaldostéronisme augmente l'excrétion urinaire de potassium et peut provoquer une grave déplétion potassique. On observe l'hyperaldostéronisme primaire chez les personnes atteintes d'un adénome surrénalien et l'hyperaldostéronisme secondaire chez les personnes souffrant de cirrhose, de syndrome néphrotique, d'insuffisance cardiaque et d'hypertension artérielle maligne (Wilcox, 1999).

Les diurétiques tels que les thiazidiques peuvent provoquer une hypokaliémie, surtout s'ils sont administrés à de fortes doses à des personnes dont l'apport en potassium est faible. D'autres médicaments peuvent entraîner une hypokaliémie, dont les corticostéroïdes, le cisplatine et l'amphotéricine B (Cohn *et al.*, 2000 ; Gennari, 1998).

L'insuline favorise le passage du potassium dans les muscles squelettiques et les cellules hépatiques. Une hypersécrétion d'insuline pendant une période prolongée peut donc entraîner une hypokaliémie, ce qu'on observe souvent chez les personnes qui reçoivent par voie parentérale des liquides à forte teneur en glucides (notamment en cas de nutrition parentérale).

Les personnes qui sont incapables ou qui refusent de s'alimenter normalement pendant une période prolongée sont exposées au risque d'hypokaliémie. Ce peut être le cas, par exemple, de personnes âgées affaiblies, de personnes souffrant d'alcoolisme, de boulimie ou d'anorexie. Les personnes atteintes de boulimie et d'anorexie sont encore plus exposées à des pertes potassiques, à cause des vomissements provoqués et de l'abus qu'elles peuvent faire des diurétiques et des laxatifs. La déplétion en magnésium cause une perte potassique rénale. Il faut la traiter en premier ; sinon, la perte potassique par l'urine se poursuivra.

Manifestations cliniques

Un déficit en potassium peut provoquer d'importantes perturbations des fonctions physiologiques et même, dans les cas graves, la mort par arrêt cardiaque ou respiratoire. L'hypokaliémie reste généralement asymptomatique jusqu'à ce que le taux de potassium sérique tombe en deçà de 3 mmol/L, à moins que la chute de ce taux ne soit rapide. Les symptômes de l'hypokaliémie sont notamment les suivants : fatigue, anorexie, nausée, vomissements, faiblesse musculaire, crampes dans les jambes, diminution de la motilité intestinale (iléus paralytique), paresthésies (engourdissement et fourmillement), arythmies et sensibilité accrue à la digoxine (Gennari, 1998). Si l'hypokaliémie se prolonge, elle peut provoquer une baisse du pouvoir de concentration urinaire causant une dilution de l'urine (entraînant polyurie et nycturie) et une polydipsie. La déplétion en potassium inhibe la libération d'insuline et entraîne une intolérance au glucose.

Examen clinique et examens paracliniques

Dans l'hypokaliémie, le taux sérique de potassium est sous la limite inférieure de la normale. Les modifications de l'électrocardiogramme associées à ce déséquilibre peuvent notamment être une diminution de l'amplitude de l'onde T, une onde T inversée et un segment ST déprimé (figure 14-5 ■). La présence d'une onde U élevée est caractéristique du déficit en potassium. L'hypokaliémie accroît la sensibilité à la digoxine, ce qui expose la personne à la toxicité de la digoxine à des seuils plus faibles. De plus, elle est fréquemment associée à l'alcalose métabolique (voir la section consacrée aux troubles de l'équilibre acidobasique).

En général, l'anamnèse de la personne permet de déterminer facilement la source de la perte de potassium. Lorsque ce n'est pas le cas et que l'étiologie de la perte n'est pas connue, on peut effectuer un test d'excrétion du potassium urinaire sur 24 heures pour distinguer les pertes rénales et les pertes extrarénales. Une excrétion de potassium urinaire dépassant 20 mmol/24 h et accompagnée d'hypokaliémie permet de penser que la perte est d'origine rénale.

Traitement médical

S'il n'est pas possible de prévenir l'hypokaliémie par des mesures courantes, notamment en augmentant l'apport en

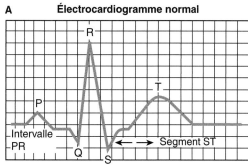

A   Électrocardiogramme normal

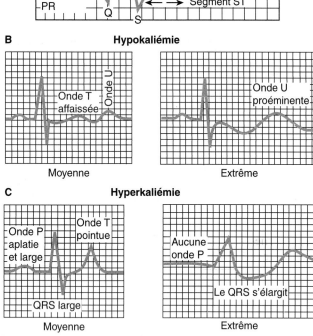

B   Hypokaliémie

Onde T affaissée — Onde U

Onde U proéminente

Moyenne — Extrême

C   Hyperkaliémie

Onde P aplatie et large — Onde T pointue

Aucune onde P

QRS large

Le QRS s'élargit

Moyenne — Extrême

FIGURE **14-5** ■ Effets des variations du potassium sur l'électrocardiogramme. **(A)** Tracé normal. **(B)** Hypokaliémie: niveau de potassium sérique au-dessous de la normale. La figure de gauche montre l'aplanissement de l'onde T et l'apparition d'une onde U. La figure de droite montre un aplanissement encore plus prononcé et une onde U proéminente. **(C)** Hyperkaliémie: niveau de potassium sérique au-dessus de la normale. La figure de gauche montre qu'une élévation moyenne entraîne une onde P plane et large, un complexe QRS large et une onde T pointue. La figure de droite montre les modifications de l'électrocardiogramme engendrés par une élévation extrême du potassium: élargissement du complexe QRS et absence d'onde P.

potassium dans le régime alimentaire quotidien, on la traite par voie orale ou par un traitement substitutif par voie intraveineuse (Gennari, 1998). Les pertes potassiques normales chez un adulte doivent être corrigées quotidiennement par l'absorption de 50 à 100 mmol/jour de potassium. Les aliments à forte teneur en potassium sont notamment les fruits (en particulier les raisins secs, les bananes, les abricots et les oranges), les légumineuses, les aliments à grains entiers, le lait et les viandes.

En cas d'apport alimentaire en potassium insuffisant, le médecin peut prescrire un supplément par voie orale ou intraveineuse (Gennari, 1998). De nombreux succédanés de sel (souvent appelés «sel sans sodium») contiennent entre 50 et 60 mmol de potassium par 5 mL; les utiliser peut suffire à prévenir l'hypokaliémie.

> **! ALERTE CLINIQUE** *Les suppléments de potassium administrés par voie orale peuvent causer des lésions de l'intestin grêle. Il faut donc examiner l'abdomen de la personne traitée et surveiller l'apparition d'un ballonnement, les douleurs ou les saignements gastro-intestinaux.*

S'il est impossible d'administrer le potassium par voie orale, la voie intraveineuse est indiquée. Elle est même obligatoire chez les personnes atteintes d'hypokaliémie grave (taux sériques de 2 mmol/L). La solution intraveineuse la plus utilisée est le chlorure de potassium, mais on peut aussi employer l'acétate ou le phosphate de potassium.

Soins et traitements infirmiers

L'hypokaliémie peut être mortelle et doit donc être dépistée rapidement chez toute personne à risque. On doit vérifier le taux de potassium sérique si la personne à risque présente les signes suivants: fatigue, anorexie, faiblesse musculaire, diminution de la motilité intestinale, paresthésies ou arythmies. Un électrocardiogramme peut aussi fournir des renseignements utiles. On doit être à l'affût des signes de toxicité chez les personnes à risque d'hypokaliémie qui reçoivent de la digoxine, car la déplétion potassique potentialise l'action de ce médicament. En règle générale, les médecins préfèrent maintenir le taux de potassium à plus de 3,5 mmol/L chez les personnes qui prennent de la digoxine.

Prévention de l'hypokaliémie

Autant que possible, on doit prendre les mesures nécessaires pour prévenir l'hypokaliémie (Gennari, 1998). La prévention peut consister à accroître l'apport en potassium dans le régime alimentaire (si l'état de la personne le permet). Les fruits et les jus de fruits (bananes, melons et agrumes), les légumes frais et congelés, ainsi que les viandes, sont de bonnes sources de potassium. Si l'hypokaliémie résulte de l'abus de laxatifs ou de diurétiques, l'enseignement donné à la personne peut aider à corriger le problème. En effectuant l'évaluation et l'anamnèse de la personne, on doit notamment chercher à découvrir les causes de l'hypokaliémie qui relèvent de la prévention par l'éducation et l'information. Il est essentiel de surveiller attentivement les pertes et les apports liquidiens: 40 mmol de potassium sont en effet excrétés par litre d'urine. On doit surveiller les modifications de l'électrocardiogramme, ainsi que les valeurs de l'analyse des gaz artériels, afin de relever des taux de bicarbonate et un pH élevés.

Traitement de l'hypokaliémie

On doit administrer le potassium avec prudence, en particulier chez les personnes âgées, dont les besoins en potassium sont moindres en raison de leur masse corporelle et de leur concentration totale de potassium relativement faibles. De plus, comme la fonction rénale se détériore avec le vieillissement, il est possible que les personnes âgées retiennent davantage le potassium administré que les adultes plus jeunes.

Administration de potassium par voie intraveineuse

On ne doit administrer le potassium par voie intraveineuse que si le débit urinaire de la personne est adéquat. Si le volume urinaire descend à moins de 20 mL/h pendant 2 heures consécutives, on doit arrêter la perfusion jusqu'à ce que la situation ait été évaluée. Le potassium étant principalement excrété par les reins, l'oligurie, si elle survient, peut entraîner une dangereuse élévation du taux sérique de cet électrolyte.

> **ALERTE CLINIQUE** *Le potassium n'est jamais administré par voie intramusculaire ni en bolus intraveineux. Lorsqu'il a été dilué, le potassium doit être administré par voie intraveineuse à l'aide d'une pompe à perfusion, de façon à ne pas le remplacer trop rapidement.*

À moins que l'hypokaliémie ne soit grave, on ne doit pas administrer le potassium par voie intraveineuse à plus de 20 mmol/h ou dans des concentrations supérieures à 30 ou 40 mmol/L, car cela risquerait d'entraîner une arythmie potentiellement mortelle. Lorsqu'on prépare le liquide à administrer par voie intraveineuse, il faut le secouer afin d'éviter que le potassium se concentre dans le bas du contenant, ce qui pourrait entraîner un bolus intraveineux.

> **ALERTE CLINIQUE** *Il est plus sûr de stocker de petits sacs de 100 mL de potassium à 20 mmol que d'ajouter une fiole de potassium à un sac de solution intraveineuse. On doit bien diluer le potassium dans le sac afin qu'il ne s'accumule pas au point d'insertion au bas du sac, ce qui risquerait de provoquer une élévation mortelle du niveau de potassium sérique.*

Lorsqu'on administre le potassium dans une veine périphérique, il faut réduire la vitesse d'administration afin de ne pas irriter les veines et de ne pas causer de sensation de brûlure. En général, on évite de perfuser dans les veines périphériques les solutions dont la concentration dépasse 60 mmol/L, à cause des risques de douleur et de nécrose. S'il s'agit d'un traitement de maintien, on peut diluer le potassium et le perfuser à une vitesse maximale de 10 mmol/h. Dans les situations graves, il est possible d'administrer des solutions plus concentrées (à 40 mmol/L, par exemple) dans une voie veineuse centrale. Même dans les cas d'hypokaliémie extrême, il est recommandé de ne pas dépasser une vitesse de perfusion de 20 à 40 mmol/h, le potassium étant bien dilué, et de procéder à la perfusion sous monitorage cardiaque constant. On doit aussi observer la personne pour déceler certains signes d'hyperkaliémie.

EXCÈS DE POTASSIUM (HYPERKALIÉMIE)

On parle d'hyperkaliémie lorsque le taux sérique de potassium est supérieur à la normale (5,3 mmol/L). L'excès de potassium se manifeste rarement chez les personnes dont la fonction rénale est normale et, comme le déficit en potassium, il est souvent iatrogène (provoqué par les traitements). Il est moins fréquent que l'hypokaliémie, mais présente généralement plus de risques, car il est souvent associé à des arrêts cardiaques.

La pseudohyperkaliémie est une variante de l'hyperkaliémie dont les causes les plus fréquentes sont les suivantes: prélèvement du sang dans un membre qui vient d'être soumis à un effort, utilisation prolongée d'un garrot trop serré au cours du prélèvement et hémolyse de l'échantillon. Elle peut également avoir d'autres causes: par exemple une leucocytose (numération de globules blancs excédant 200 000) ou une thrombocytose (numération de plaquettes dépassant 1 million), le prélèvement de l'échantillon sanguin au-dessus d'un point de perfusion de potassium et la pseudohyperkaliémie familiale (le potassium s'écoule des globules rouges alors que le sang n'a pas encore été analysé). Il importe d'avoir à l'esprit les causes de la pseudohyperkaliémie afin de ne pas la confondre avec l'hyperkaliémie. Une telle confusion pourrait aboutir à traiter de façon trop énergique une hyperkaliémie inexistante et, ainsi, à faire baisser dangereusement le taux sérique de potassium. Les résultats indiquant un taux sérique de potassium très élevé doivent donc faire l'objet d'une vérification.

La principale cause de l'hyperkaliémie est la diminution de l'excrétion rénale de potassium. Par conséquent, on observe souvent une importante hyperkaliémie chez les personnes atteintes d'insuffisance rénale non traitée, particulièrement si du potassium est libéré des cellules à cause d'une infection ou si l'apport en potassium provenant du régime alimentaire ou des médicaments est excessif. De plus, l'hypoaldostéronisme et la maladie d'Addison prédisposent à l'hyperkaliémie, parce que les déficiences en hormones surrénaliennes, caractéristiques de ces états, provoquent une perte de sodium et une rétention de potassium.

Il a été démontré que les médicaments contribuent à l'hyperkaliémie dans plus de 60 % des cas. Les médicaments le plus souvent en cause sont les suppléments de chlorure de potassium, les inhibiteurs de l'enzyme de conversion de l'angiotensine, les antagonistes des récepteurs de l'angiotensine, les anti-inflammatoires non stéroïdiens et les diurétiques épargneurs de potassium. Dans la plupart de ces cas, l'insuffisance rénale perturbe aussi la régulation du potassium (Perazella, 2000).

Avant de traiter les causes réelles de l'hyperkaliémie, on doit se rappeler que le taux sérique de potassium peut être faussement élevé pour différentes raisons. Un apport élevé en potassium cause rarement une élévation du taux sérique de potassium chez les sujets normaux, mais peut entraîner une grave hyperkaliémie chez les personnes dont la fonction rénale est perturbée. Dans tous les cas toutefois, il faut user prudemment des suppléments de potassium, surtout chez les personnes qui consomment des succédanés du sel. Il convient de rappeler que la prise de diurétiques à effet kaliurétique ne s'accompagne pas toujours de la prise de suppléments de potassium et, bien sûr, que ces suppléments n'accompagnent jamais un traitement aux diurétiques épargneurs de potassium.

> **! ALERTE CLINIQUE** *Les suppléments de potassium sont extrêmement dangereux chez les personnes dont la fonction rénale est altérée et qui présentent, par conséquent, une baisse de l'excrétion urinaire de potassium. L'administration par voie intraveineuse est plus dangereuse encore et peut provoquer une hausse très rapide du taux sérique. Les personnes dont la fonction rénale est altérée doivent recevoir du sang frais, car la concentration du potassium augmente avec le temps dans le sang entreposé, en raison de l'hémolyse des globules rouges. Même si la fonction rénale est normale, le potassium administré peut excéder les capacités d'excrétion rénale s'il est ingéré en quantité importante ou administré rapidement par voie intraveineuse.*

Dans les cas d'**acidose**, du potassium intracellulaire passe dans le LEC, en échange d'ions hydrogène qui pénètrent dans la cellule, un mécanisme qui maintient le pH à un niveau normal (l'acidose est abordée ci-dessous). Les atteintes tissulaires profondes, résultant par exemple de brûlures, de blessures par écrasement ou d'infections graves, de même que la lyse des cellules malignes après la chimiothérapie, peuvent provoquer une augmentation du taux de potassium extracellulaire.

Manifestations cliniques

La toxicité cardiaque est de loin l'effet le plus important de l'hyperkaliémie. Les effets sur le cœur d'une hausse du taux sérique de potassium sont généralement peu importants lorsque ce taux ne dépasse pas 7 mmol/L, mais presque toujours présents lorsqu'il atteint 8 mmol/L ou plus. Avec l'augmentation du taux de potassium, on assiste à des troubles de la conduction cardiaque. Les modifications les plus précoces de l'électrocardiogramme apparaissent généralement lorsque le taux de potassium dépasse 6 mmol/L: de grandes ondes T pointues, une dépression du segment ST et un raccourcissement de l'intervalle QT. Si le taux de potassium continue à augmenter, on observe un allongement de l'intervalle PR, suivi de la disparition de l'onde P et, enfin, d'une dégénérescence du complexe QRS (figure 14-5). Une arythmie ventriculaire et un arrêt cardiaque peuvent se produire à n'importe quel moment de cette progression.

L'hyperkaliémie grave provoque une faiblesse musculaire et même une paralysie reliées à un blocage de la dépolarisation musculaire. De la même façon, elle provoque un ralentissement de la conduction ventriculaire. Elle a aussi des effets marqués sur le système nerveux périphérique, mais peu sur le système nerveux central. Chez des personnes dont le taux sérique de potassium était très élevé, on a observé une détérioration rapide de la force musculaire menant à une quadriplégie flasque. Un grave excès de potassium peut aussi provoquer une paralysie des muscles respiratoires et phonatoires. Certains personnes hyperkaliémiques présentent des nausées, des coliques intestinales intermittentes et de la diarrhée.

Examen clinique et examens paracliniques

Comme il a été mentionné plus haut, le diagnostic de l'hyperkaliémie se fait essentiellement sur la base du taux sérique de potassium et des modifications de l'électrocardiogramme. L'analyse des gaz artériels peut révéler une acidose métabolique. Dans de nombreux cas, l'hyperkaliémie survient avec l'acidose.

Traitement médical

On doit immédiatement obtenir un électrocardiogramme de façon à détecter les modifications du tracé. Au départ, on observe un raccourcissement du temps de repolarisation (raccourcissement des intervalles QT), ainsi que des ondes T pointues. Afin de vérifier les résultats, il est prudent de mesurer le niveau de potassium sérique à plusieurs reprises à partir d'une veine sans qu'il y ait de perfusion de potassium par voie intraveineuse.

Si l'hyperkaliémie n'est pas aiguë, il suffit parfois de réduire l'apport en potassium provenant des aliments et des médicaments: par exemple, éliminer la consommation de succédanés du sel à forte teneur en potassium chez une personne qui prend des diurétiques épargneurs de potassium et qui présente une légère hyperkaliémie.

Chez les personnes atteintes d'insuffisance rénale, il est parfois nécessaire d'administrer des résines échangeuses d'ions (Kayexalate, par exemple) afin de prévenir une hyperkaliémie grave. On ne peut pas utiliser de telles résines si la personne est atteinte d'un iléus paralytique, car il y aurait un risque de perforation intestinale. Le Kayexalate peut se combiner à d'autres cations dans la voie gastro-intestinale, ce qui peut entraîner une hypomagnésémie ou une rétention de sodium, ainsi qu'une surcharge liquidienne (Karch, 2002).

Mesures d'urgence

Lorsque le niveau de potassium sérique est dangereusement élevé, il peut être nécessaire d'administrer du gluconate de calcium par voie intraveineuse. Après la perfusion, le calcium neutralise l'action de l'hyperkaliémie sur le cœur en l'espace de quelques minutes. L'infusion de calcium ne réduit pas la concentration de potassium sérique, cependant elle met immédiatement fin aux anomalies de la conduction cardiaque. Les solutions de chlorure de calcium et de gluconate de calcium ne sont pas interchangeables: le gluconate de calcium contient 2,3 mmol/g de calcium, tandis que le chlorure de calcium en contient 6,8 mmol/g. Il faut donc être prudent.

Il est nécessaire de surveiller la pression artérielle afin de détecter l'hypotension qui pourrait résulter de l'administration intraveineuse rapide de gluconate de calcium. On doit administrer ce dernier sous monitorage cardiaque continu et interrompre l'infusion si on observe l'apparition de bradycardie. Les effets protecteurs du calcium sur le myocarde sont transitoires: ils ne durent que 30 minutes environ. Une prudence plus grande encore s'impose si les personnes reçoivent de la digoxine: l'administration parentérale de calcium accroît la sensibilité du cœur à la digoxine, augmentant ainsi les risques d'effets toxiques de ce médicament.

L'administration intraveineuse de bicarbonate de sodium est nécessaire pour augmenter le pH sanguin et provoquer une absorption temporaire de potassium par les cellules. De plus, le sodium s'oppose aux effets toxiques du potassium sur le cœur. Ce traitement agit au bout de 30 à 60 minutes, et son action peut durer plusieurs heures ; ses effets sont cependant temporaires.

L'administration intraveineuse d'insuline régulière et de dextrose hypertonique provoque un déplacement temporaire du potassium vers le compartiment intracellulaire. Ce traitement agit dans les 30 minutes qui suivent son administration, et ses effets durent quelques heures.

Les stimulants des récepteurs bêta$_2$-adrénergiques (tel que le salbutamol [Ventolin]) entraînent aussi un déplacement temporaire de potassium vers le compartiment intracellulaire. On peut les employer quand la personne ne présente pas de maladie cardiaque ischémique. Ces mesures ne protègent la personne de l'hyperkaliémie que temporairement. Si l'état hyperkaliémique n'est pas temporaire, il faut procéder à une réduction du potassium dans le corps en recourant à des résines échangeuses d'ions, à une dialyse péritonéale, à une hémodialyse ou à une autre forme de traitement rénal substitutif.

Soins et traitements infirmiers

Il importe de savoir reconnaître les personnes exposées aux excès de potassium, par exemple celles qui sont atteintes d'insuffisance rénale, afin de pouvoir les observer de près à la recherche des signes d'hyperkaliémie. L'infirmière doit être à l'affût des signes de faiblesse musculaire ou d'arythmie. Elle doit de plus noter la présence de paresthésies et de symptômes gastro-intestinaux tels que les nausées et les coliques intestinales. Elle doit également faire procéder à des dosages périodiques du taux de potassium.

Le taux sérique de potassium pouvant être faussement élevé, on doit systématiquement vérifier les résultats indiquant un taux qui dépasse la normale. Pour prévenir une augmentation artificielle du taux de potassium, on doit éviter l'utilisation prolongée du garrot au cours du prélèvement sanguin et demander à la personne de reposer son bras avant le prélèvement. On doit faire parvenir l'échantillon au laboratoire dans les plus brefs délais, car l'hémolyse de l'échantillon se traduit par un taux sérique de potassium faussement élevé.

Prévention de l'hyperkaliémie

On doit avant tout prévenir l'hyperkaliémie chez la personne à risque, si possible en l'incitant à se conformer aux restrictions potassiques prescrites. Les aliments riches en potassium à éviter sont notamment le café, le cacao, le thé, les fruits séchés, les haricots secs et les pains de grains entiers. Le lait et les œufs contiennent aussi des quantités substantielles de potassium.

Traitement de l'hyperkaliémie

Nous avons mentionné précédemment que la tolérance au potassium peut être dépassée lorsqu'on en effectue une administration intraveineuse rapide, même chez les personnes

dont la fonction rénale est normale. On doit donc porter une attention particulière à la concentration et à la vitesse d'administration des solutions intraveineuses de potassium. Si on ajoute l'électrolyte à une solution parentérale, on doit le mélanger au liquide en retournant plusieurs fois le contenant.

Il importe de mettre en garde contre l'usage de succédanés du sel les personnes qui prennent des suppléments de potassium ou des diurétiques épargneurs de potassium. De plus, les personnes souffrant d'un dysfonctionnement rénal ne doivent recevoir ni diurétiques épargneurs de potassium, ni suppléments de potassium, ni succédanés du sel. La plupart des succédanés du sel contiennent de 50 à 60 mmol de potassium par 5 mL.

FONCTIONS DU CALCIUM

Le calcium (CA^{++}) est un composant essentiel des os et des dents. Le squelette renferme plus de 99 % des réserves de cet élément dans l'organisme. Environ 1 % du calcium des os est librement échangeable contre celui du LEC, le reste étant plus stable et ne s'échangeant que lentement. Le calcium est donc présent en petite quantité dans le LEC, en partie lié aux protéines, en partie sous forme ionisée. Il joue un rôle essentiel dans la transmission des influx nerveux. Il aide à la régulation de la contraction des muscles, y compris du muscle cardiaque, contribue à l'activation de nombreuses enzymes qui stimulent des réactions biochimiques essentielles, et joue un rôle dans la coagulation du sang. Parce que de nombreux facteurs affectent la régulation du calcium, l'hypocalcémie et l'hypercalcémie sont des troubles relativement communs.

Le taux sérique normal de calcium se situe entre 2,15 et 2,5 mmol/L. Dans le sang, on retrouve le calcium sous trois formes : ionisé, lié et combiné à l'albumine. Environ 50 % du calcium sérique est présent sous une forme ionisée qui joue un rôle physiologique important dans l'activité neuromusculaire et la coagulation du sang. Le taux sérique normal de calcium ionisé se situe entre 1,1 et 1,3 mmol/L. Le calcium ionisé est la seule forme de calcium qui soit physiologiquement et cliniquement importante. Moins de la moitié du calcium se trouvant dans le sang est lié aux protéines, surtout à l'albumine ; le reste de ce calcium est combiné avec des anions non protéiques tels que le phosphate, le citrate et le carbonate.

Le calcium est absorbé à partir des aliments, en présence d'une acidité gastrique normale et de vitamine D. Il est principalement excrété dans les selles, une petite partie étant excrétée dans l'urine. Le taux sérique de calcium est régulé par la parathormone (PTH) et la calcitonine. Lorsque la concentration de la forme ionisée baisse dans le sang, la glande parathyroïde sécrète la PTH, ce qui stimule l'absorption de calcium par la voie gastro-intestinale, sa réabsorption par le tubule rénal distal, et sa libération des os. L'augmentation du taux sérique de calcium qui s'ensuit inhibe la production de PTH. Lorsque le taux sérique augmente de façon excessive, la glande thyroïde sécrète de la calcitonine, ce qui inhibe brièvement la résorption osseuse et entraîne une baisse de la concentration sérique de calcium.

Déficit en calcium (hypocalcémie)

On parle d'hypocalcémie lorsque le taux sérique de calcium est inférieur à la normale (2,15 mmol/L). Ce déséquilibre se manifeste dans différentes situations cliniques. Parfois, on observe une déplétion du calcium total de l'organisme sans baisse du taux sérique (comme dans l'ostéoporose). Les personnes âgées souffrant d'ostéoporose sont souvent alitées et sont davantage prédisposées à l'hypocalcémie, car l'immobilité accroît la résorption osseuse.

L'hypocalcémie peut avoir différentes causes, dont l'hypoparathyroïdie idiopathique et l'hypoparathyroïdie postopératoire, cette dernière étant beaucoup plus fréquente. L'hypocalcémie peut être la conséquence d'interventions chirurgicales touchant les glandes parathyroïde et thyroïde, mais aussi d'un curage ganglionnaire cervical étendu. Elle apparaît généralement dans les 24 à 48 heures suivant la chirurgie.

La pancréatite provoque la libération de protéines et de lipides. On pense que les ions calcium se combinent avec les acides gras libérés par la lipolyse pour former des savons. La pancréatite se complique donc souvent d'une hypocalcémie. Selon certaines études, la baisse du taux sérique de calcium observée dans la pancréatite serait aussi reliée à une hypersécrétion de glucagon par le pancréas causant une hypersécrétion de calcitonine, une hormone hypocalcémiante.

L'hyperphosphatémie provoque généralement une baisse parallèle du taux sérique de calcium. C'est souvent le cas chez les personnes atteintes d'insuffisance rénale. Les autres causes de l'hypocalcémie sont notamment la carence en vitamine D, le déficit en magnésium, le cancer de la thyroïde, l'hypoalbuminémie, l'alcalose et l'abus d'alcool. Les médicaments qui exposent à l'hypocalcémie sont notamment les antiacides à base d'aluminium, les aminosides, la caféine, le cisplatine, les corticostéroïdes, la calcitonine, la mithramycine, les phosphates et les diurétiques de l'anse.

L'ostéoporose est associée à une carence prolongée en calcium et se caractérise par une déplétion du calcium total de l'organisme, même si les taux sériques de l'électrolyte sont généralement normaux. Elle affecte des millions de Nord-Américains, surtout les femmes ménopausées. Elle se manifeste par une diminution de la masse du tissu osseux, rendant les os poreux et fragiles et, par conséquent, sujets aux fractures (chapitre 71 ⊙).

Manifestations cliniques

La tétanie est le signe le plus typique de l'hypocalcémie et de l'hypomagnésémie. Il s'agit d'un syndrome provoqué par une augmentation de l'excitabilité nerveuse. Ses symptômes sont la conséquence de décharges spontanées des fibres sensitives et motrices des nerfs périphériques. La tétanie se caractérise par une sensation de fourmillement dans le bout des doigts, autour de la bouche et, plus rarement, dans les pieds. Des spasmes musculaires peuvent toucher les membres et le visage. Ces spasmes causent parfois de la douleur.

On provoque le signe de Trousseau (figure 14-6 ■) en gonflant un brassard de sphygmomanomètre placé sur le bras à 30 mm Hg au-dessus de la pression systolique. Après 2 à 5 minutes, un spasme carpopédal (le pouce plié, le poignet et les articulations métacarpophalangiennes fléchis, l'extension

FIGURE 14-6 ■ Signe de Trousseau. Un spasme carpopédal survient en réponse à une ischémie du nerf ulnaire, dans les cas d'hypocalcémie et d'hypomagnésémie.

des articulations interphalangiennes et les doigts regroupés) survient en réponse à une ischémie du nerf ulnaire. Le signe de Chvostek est une contraction des muscles provoquée par une percussion du nerf facial à 2 cm environ en avant du lobe de l'oreille, juste sous l'arcade zygomatique.

L'hypocalcémie peut entraîner des convulsions, parce qu'elle accroît l'irritabilité du système nerveux central et des nerfs périphériques. Elle peut également provoquer des changements psychologiques comme la dépression, des troubles de la mémoire, de la confusion, du délire et même des hallucinations. Sur l'électrocardiogramme, on observe un allongement de l'intervalle QT et du segment ST. Une forme de tachycardie ventriculaire appelée torsades de pointes peut aussi survenir. Sur le plan hémodynamique, on remarque une baisse de la contractilité myocardique, accompagnée d'une augmentation de la tension veineuse centrale (TVC).

Examen clinique et examens paracliniques

Le taux sérique de calcium doit être évalué en regard d'autres variables, telles que le taux d'albumine sérique et le pH sanguin. Les cliniciens considèrent souvent comme sans gravité la présence d'un faible taux de calcium sérique lorsque la personne présente également un faible taux d'albumine dans le sang. Le taux de calcium ionisé est habituellement normal chez les personnes qui présentent un taux de calcium sérique total réduit et une hypoalbuminémie concomitante. L'alcalose provoque une baisse du taux de calcium ionisé, à cause d'une augmentation de la liaison aux protéines, et peut par conséquent s'accompagner de symptômes d'hypocalcémie. À l'inverse, l'acidose provoque une diminution de la liaison du calcium aux protéines et une augmentation consécutive du taux de calcium ionisé. Toutefois, dans ces anomalies acidobasiques, les changements survenant dans les taux de calcium sérique sont relativement faibles.

Dans de nombreux laboratoires, on ne dose que le taux de calcium total, alors que, idéalement, on devrait aussi mesurer le taux de calcium ionisé, d'où la nécessité d'estimer celui-ci en mesurant simultanément le taux sérique d'albumine. Le taux de PTH baisse lorsqu'une personne est atteinte d'hypoparathyroïdie. On doit également analyser les taux de magnésium et de phosphore afin de déterminer les causes possibles de la baisse de calcium.

Traitement médical

L'hypocalcémie aiguë symptomatique peut entraîner la mort. C'est une urgence médicale rendant nécessaire une prompte administration intraveineuse de calcium (Marx, 2000). Les principales solutions parentérales se composent de gluconate ou de chlorure de calcium. Même si le chlorure de calcium provoque une plus forte hausse du calcium ionisé qu'une quantité équivalente de gluconate de calcium, il est moins utilisé parce qu'il est très irritant et peut endommager les tissus en cas d'infiltration. Une administration intraveineuse trop rapide de calcium peut provoquer un arrêt cardiaque précédé de bradycardie. Chez les personnes qui reçoivent de la digoxine, la perfusion intraveineuse de calcium présente des risques importants, car les ions calcium exercent un effet similaire à celui de la digoxine, ce qui exagère les effets toxiques de ce médicament sur le cœur. Le calcium administré par voie intraveineuse doit être dilué dans du dextrose à 5 % en solution aqueuse. On doit l'injecter lentement en bolus ou en infusion en utilisant une pompe à infusion volumétrique. À cause du risque d'endommagement des tissus à la suite de l'infusion de calcium, il faut observer régulièrement le point de perfusion afin de détecter les infiltrations. On ne doit pas utiliser de solution de chlorure de sodium à 0,9 % en combinaison avec le calcium, car elle accroîtrait l'excrétion de celui-ci par les reins. De même, les solutions contenant des phosphates ou du bicarbonate ne doivent pas être utilisées parce qu'elles causeraient des précipitations, c'est-à-dire la formation de cristaux lors de l'ajout de calcium. L'infirmière doit s'assurer auprès du médecin du type de sel de calcium à administrer: en effet, sous forme de gluconate, on obtient 0,23 mmol/mL de calcium, alors que sous forme de chlorure le rendement est de 0,68 mmol/mL. Le calcium peut provoquer une hypotension orthostatique. En conséquence, la personne doit être alitée lorsqu'on effectue la perfusion, et sa pression artérielle doit être surveillée et monitorisée en continu avec un ECG.

On peut prescrire un traitement à base de vitamine D afin d'augmenter l'absorption de calcium par les voies gastro-intestinales. L'hydroxyde d'aluminium, l'acétate de calcium ou le carbonate de calcium peuvent aussi être prescrits dans le but d'abaisser le taux élevé de phosphore avant de traiter l'hypocalcémie chez les personnes souffrant d'une insuffisance rénale chronique. Chez l'adulte, il est recommandé d'augmenter l'apport en calcium pour qu'il atteigne au moins 1 000 à 1 500 mg par jour (par les produits laitiers, les légumes verts feuillus, le saumon en conserve, les sardines et les huîtres fraîches).

Soins et traitements infirmiers

L'infirmière doit être en mesure de reconnaître les personnes à risque et de surveiller l'apparition des signes d'hypocalcémie. On doit planifier les interventions qui s'imposent en cas d'hypocalcémie grave, cette dernière pouvant provoquer des convulsions. On doit de plus surveiller de près l'état des voies respiratoires à cause des risques de laryngospasme. En cas d'altération grave de l'état de conscience, il faut prendre les mesures de sécurité indiquées.

On doit recommander aux personnes qui présentent des risques élevés d'ostéoporose un apport alimentaire en calcium suffisant ou un supplément de calcium, si les besoins ne peuvent être comblés par l'alimentation. De plus, on doit les inciter à faire de l'exercice afin de réduire la perte de masse osseuse, et les prévenir des effets de certains médicaments sur l'équilibre calcique. Par exemple, certaines substances ont un effet défavorable, notamment l'alcool et la caféine qui, à fortes doses, inhibent l'absorption du calcium. Une consommation modérée de cigarettes accroît l'excrétion urinaire du calcium. On peut aussi signaler à la personne les effets de médicaments tels que l'alendronate (Fosamax), le risédronate (Actonel), l'étidronate (Didronel), le raloxifène (Evista) et la calcitonine, qui réduisent la vitesse de la perte osseuse. On doit enfin aborder les stratégies visant à réduire les risques de chute.

EXCÈS DE CALCIUM (HYPERCALCÉMIE)

L'hypercalcémie est l'augmentation du taux sérique de calcium. Un grave excès de calcium (> 2,5 mmol/L) peut avoir des effets dangereux, le taux de mortalité pouvant atteindre 50 % dans les cas où les convulsions ne sont pas traitées promptement.

Les causes les plus fréquentes d'hypercalcémie sont certaines tumeurs osseuses malignes et l'hyperparathyroïdie. Dans le cas des tumeurs malignes, divers mécanismes concourent à l'augmentation du taux de calcium. Dans le cas de l'hyperparathyroïdie, l'augmentation de la sécrétion de PTH entraîne un accroissement de la libération du calcium des os et une augmentation de son absorption intestinale et rénale.

L'immobilité entraîne une baisse de la minéralisation de la substance osseuse, ce qui cause parfois une hausse de la concentration de calcium dans la circulation sanguine (en particulier sous la forme ionisée). Toutefois, l'hypercalcémie symptomatique due à l'immobilité est rare. Elle se manifeste presque toujours chez des personnes ayant une vitesse élevée de renouvellement du calcium (comme les adolescents en poussée de croissance). Dans la plupart des cas, l'hypercalcémie due à l'immobilité apparaît à la suite de multiples fractures graves ou d'une paralysie traumatique étendue.

Les diurétiques thiazidiques peuvent causer une légère élévation du taux sérique de calcium. En effet, ils réduisent l'excrétion urinaire de celui-ci en potentialisant l'action de la PTH sur les reins. Un excès de calcium peut aussi être la conséquence d'une intoxication à la vitamine A ou à la vitamine D, ou de l'utilisation du lithium.

Manifestations cliniques

En général, les symptômes de l'hypercalcémie sont proportionnels à la gravité de la hausse du taux sérique de calcium. L'hypercalcémie entraîne une réduction de l'excitabilité neuromusculaire due à l'effet inhibiteur du calcium sur les neurotransmetteurs. Une perte de tonus dans les muscles lisses et striés peut causer des symptômes tels que la faiblesse musculaire, le manque de coordination, l'anorexie et la constipation. Une asystolie peut survenir lorsque le taux sérique de calcium se situe à environ 4,5 mmol/L. L'action inotrope de la digoxine est accrue par le calcium; par conséquent, la toxicité de la digoxine est aggravée par l'hypercalcémie.

L'anorexie, les nausées, les vomissements et la constipation sont des symptômes fréquents de l'hypercalcémie. Une déshydratation accompagne les nausées, les vomissements, l'anorexie et la réabsorption de calcium au niveau du tubule rénal proximal. On peut aussi noter des douleurs abdominales et de l'ostéalgie. Une distension abdominale et un iléus paralytique peuvent entraîner des complications lors d'une grave crise d'hypercalcémie. Une polyurie due à l'altération de la fonction du tubule rénal peut se manifester et entraîner une grande soif. Les personnes atteintes d'hypercalcémie chronique peuvent présenter des symptômes semblables à ceux de l'ulcère gastroduodénal, parce que la hausse du taux de calcium augmente la sécrétion gastrique d'acide et de pepsine.

La hausse du taux sérique de calcium peut aussi provoquer de la confusion, des troubles de mémoire, des troubles de l'élocution, de la léthargie, un comportement psychotique soudain ou un coma. Les symptômes les plus graves apparaissent généralement quand le taux de calcium atteint environ 4,0 mmol/L ou plus. Dans certains cas toutefois, on observe d'importantes perturbations à un taux de 3,0 mmol/L. Les symptômes se résorbent quand la calcémie revient à la normale après le traitement.

La crise d'hypercalcémie se caractérise par une hausse soudaine du taux sérique de calcium à 4,3 mmol/L ou plus, ainsi que par des symptômes tels qu'une forte soif ou une polyurie. Elle peut aussi provoquer une faiblesse musculaire, des nausées incoercibles, des crampes abdominales, une constipation ou de la diarrhée, des symptômes apparentés à ceux de l'ulcère gastroduodénal, des douleurs osseuses, la léthargie et un coma. Cet état est très dangereux et peut entraîner un arrêt cardiaque.

Examen clinique et examens paracliniques

L'hypercalcémie se caractérise par un taux sérique de calcium supérieur à 2,6 mmol/L. Les principales modifications électrocardiographiques sont des arythmies ainsi qu'un raccourcissement de l'intervalle QT et du segment ST. L'intervalle PR est parfois prolongé. On peut utiliser la mesure de la PTH afin de différencier l'hyperparathyroïdie primaire d'une tumeur maligne comme cause de l'hypercalcémie: le taux de PTH augmente en cas d'hyperparathyroïdie primaire ou secondaire, mais diminue en cas de tumeur maligne. On observe parfois à la radiographie la présence d'ostéoporose, une cavitation des os ou des lithiases urinaires. Le taux de calcium urinaire peut également être déterminé; dans l'hypercalcémie, on observe une précipitation des cristaux due à l'hypercalciurie.

Traitement médical

Le traitement de l'hypercalcémie vise notamment à réduire le taux sérique de calcium et à inverser le processus causant le déséquilibre. Il est essentiel de traiter les causes sous-jacentes de l'hypercalcémie, par exemple en recourant à la chimiothérapie dans les cas de tumeur maligne ou à une parathyroïdectomie partielle dans les cas d'hyperparathyroïdie.

Pharmacothérapie

On traite le plus souvent l'hypercalcémie par l'administration de liquides, qui permettent de diluer le calcium sérique et d'en favoriser l'excrétion urinaire, ainsi que par la mobilisation de la personne et par une restriction de l'apport alimentaire en calcium. L'administration intraveineuse de solutions de chlorure de sodium à 0,9 % dilue temporairement le calcium sérique et favorise ainsi son excrétion urinaire en inhibant sa réabsorption tubulaire. L'administration intraveineuse de phosphate peut causer une chute réciproque du taux sérique de calcium. On utilise souvent le furosémide (Lasix) en association avec l'administration d'une solution isotonique. Ce médicament provoque une diurèse et accroît l'excrétion de calcium.

On peut recourir à la calcitonine pour réduire le taux sérique de calcium, en particulier chez les personnes atteintes d'une maladie cardiaque ou d'insuffisance rénale qui ne peuvent tolérer une surcharge en sodium. La calcitonine réduit la résorption osseuse, augmente les dépôts de calcium et de phosphore dans les os, et accroît l'excrétion urinaire du calcium et du phosphore. Elle est disponible sous plusieurs formes, mais on utilise la plupart du temps celle qui provient du saumon. Avant de procéder à son administration, on doit effectuer un test cutané pour s'assurer que la personne n'est pas allergique. Les réactions allergiques systémiques sont possibles puisqu'il s'agit d'une protéine; la personne peut présenter une résistance différée au médicament en raison de la formation d'anticorps. On administre la calcitonine par voie intramusculaire plutôt que par voie sous-cutanée à cause de la faible perfusion des tissus sous-cutanés des personnes souffrant d'hypercalcémie.

Dans le cas des personnes atteintes de cancer, le traitement vise avant tout à arrêter la progression de la maladie; pour ce faire, on recourt à la chirurgie, à la chimiothérapie ou à la radiothérapie. Lorsque les personnes souffrent d'une sarcoïdose, d'un myélome, d'un lymphome ou d'une leucémie, on peut recourir aux corticostéroïdes dans le but de réduire le taux de renouvellement du calcium dans les os et sa réabsorption par les tubules rénaux. On peut administrer des phosphates inorganiques par voie orale, nasogastrique (sous forme de Phospho-Soda), rectale (lavement à rétention) ou intraveineuse. On doit faire preuve d'une extrême prudence lorsqu'on administre des phosphates par voie intraveineuse à cause des risques de calcification accélérée des tissus, d'hypotension, de tétanie et d'insuffisance rénale aiguë.

Soins et traitements infirmiers

Il est important de surveiller l'apparition des signes d'hypercalcémie chez les personnes à risque. Afin de prévenir l'excès de calcium ou d'en réduire la gravité, on peut notamment prendre des mesures visant à accroître la mobilité de la personne ou l'incitant à consommer davantage de liquides. On doit encourager les personnes hospitalisées à recouvrer leur mobilité dès que leur état le permet; on doit insister auprès des personnes soignées à domicile sur l'importance des activités physiques régulières.

Les liquides sont prescrits en fonction des goûts de la personne. Sauf contre-indications, les liquides administrés doivent contenir du sodium, car celui-ci favorise l'excrétion du calcium. On doit recommander aux personnes qui sont à la maison de boire entre 3 et 4 L de liquide par jour, à moins d'une restriction liquidienne imposée par un autre problème de santé (insuffisance cardiaque ou rénale). Le régime alimentaire devrait être riche en fibres afin de réduire la constipation. On doit par ailleurs prendre les précautions qui s'imposent si des symptômes neurologiques d'hypercalcémie sont présents. On doit rassurer la personne et sa famille en les informant que ces manifestations neurologiques sont réversibles. Comme l'augmentation de l'apport en calcium potentialise les effets de la digoxine, on doit donc surveiller les signes et symptômes d'intoxication digitalique. Des modifications de l'électrocardiogramme peuvent survenir (contractions ventriculaires prématurées, tachycardie auriculaire paroxystique et bloc de branche). Il faut donc surveiller la fréquence et le rythme cardiaques afin de déceler toute anomalie.

FONCTIONS DU MAGNÉSIUM

Le magnésium (Mg^{++}) est, après le potassium, le cation le plus abondant du LIC. Il sert d'activateur pour de nombreuses enzymes intracellulaires et joue également un rôle dans le métabolisme des glucides et des protéines. L'équilibre du taux de magnésium est nécessaire au bon fonctionnement neuromusculaire. Les variations dans la concentration sérique de magnésium influent sur le seuil d'excitabilité et la contractilité des muscles en raison de l'action directe du magnésium sur la jonction neuromusculaire. Un excès de magnésium réduit l'excitabilité des cellules musculaires, tandis qu'un déficit augmente leur excitabilité et leur contractilité. Le magnésium exerce un effet sédatif à la jonction neuromusculaire, probablement en inhibant la libération de l'acétylcholine, un neurotransmetteur. Il élève également le seuil de stimulation des fibres nerveuses.

Le magnésium a des effets sur la fonction cardiovasculaire. Il agit en périphérie, où on pense qu'il a un effet direct sur les artères et les artérioles ; il entraîne une diminution de la résistance périphérique totale et, par conséquent, une vasodilatation. Les troubles du magnésium sont notamment l'hypomagnésémie et l'hypermagnésémie.

DÉFICIT EN MAGNÉSIUM (HYPOMAGNÉSÉMIE)

On parle d'hypomagnésémie lorsque la concentration sérique de magnésium est inférieure à la normale (0,15 mmol/L). Le taux sérique de magnésium normal se situe entre 0,65 et 1,25 mmol/L. Environ le tiers du magnésium sérique est lié aux protéines ; les deux tiers restants sont sous forme ionisée (Mg^{++}). Comme dans le cas du calcium, c'est surtout la forme ionisée qui joue un rôle dans l'activité neuromusculaire et les autres processus physiologiques. Comme pour le taux de calcium, il faut évaluer le taux de magnésium de pair avec le taux d'albumine. Un faible taux sérique de cette dernière entraîne une diminution de la quantité totale de magnésium.

On oublie trop souvent que l'hypomagnésémie est fréquente chez les personnes gravement malades, notamment dans les cas de sevrage alcoolique ou d'alimentation entérale ou parentérale.

Les pertes de magnésium ont lieu en grande partie par les voies gastro-intestinales. Ces pertes peuvent notamment être dues à une aspiration nasogastrique, à la diarrhée ou à des fistules intestinales. Comme les liquides des voies gastro-intestinales inférieures sont plus riches en magnésium (5 à 7 mmol/L) que ceux des voies supérieures (0,5 à 1 mmol/L), les pertes provenant d'une diarrhée ou de fistules intestinales sont plus susceptibles de causer une déplétion magnésique que celles qui proviennent de l'aspiration gastrique. Même si elles sont relativement faibles, les pertes par aspiration peuvent entraîner une hypomagnésémie si elles sont prolongées et si le magnésium n'est pas remplacé au moyen d'une infusion intraveineuse. La partie distale de l'intestin grêle est un important site d'absorption du magnésium. Par conséquent, toute perturbation de son fonctionnement, notamment dans les cas de résection intestinale ou d'affections intestinales inflammatoires, peut provoquer une hypomagnésémie.

Au Canada, la cause la plus fréquente d'hypomagnésémie symptomatique est l'alcoolisme. L'hypomagnésémie est particulièrement préoccupante durant les traitements de désintoxication. On recommande donc de doser le taux sérique de magnésium au moins tous les 2 ou 3 jours chez les personnes hospitalisées pour une désintoxication alcoolique. En effet, même s'il est normal lorsque la personne est admise à l'hôpital, ce taux peut baisser à la suite de changements métaboliques tels qu'un afflux de magnésium dans les cellules dû à l'administration intraveineuse de glucose.

Au cours du gavage, les principaux électrolytes cellulaires passent du plasma aux cellules nouvellement formées. Par conséquent, une grave hypomagnésémie peut survenir si la teneur en magnésium des solutions entérales ou parentérales est insuffisante. C'est pourquoi on doit mesurer à intervalles réguliers les taux sériques des principaux ions au cours d'une alimentation entérale ou parentérale, surtout chez les personnes qui ont souffert d'inanition. Les autres causes d'hypomagnésémie sont notamment les suivantes : administration d'aminosides, de cyclosporine, de cisplatine, de diurétiques, de digoxine et d'amphotéricine B ; administration rapide de sang citraté, surtout chez les personnes atteintes d'une maladie rénale ou hépatique. Chez les personnes souffrant d'acidocétose diabétique, le magnésium est souvent en quantité insuffisante puisque son excrétion rénale a augmenté au cours de la diurèse osmotique et que le liquide extracellulaire s'est déplacé vers la cellule en raison de l'insulinothérapie. La septicémie, les brûlures et l'hypothermie peuvent également provoquer une hypomagnésémie.

Manifestations cliniques

Les manifestations cliniques de l'hypomagnésémie sont surtout d'ordre neuromusculaire. Certaines de ces manifestations sont directement liées à la baisse du taux sérique de magnésium, d'autres sont la conséquence de perturbations secondaires du métabolisme du potassium et du calcium. L'hypomagnésémie est généralement asymptomatique tant que le taux de magnésium est au-dessus de 0,5 mmol/L.

Les manifestations neuromusculaires sont notamment les suivantes: hyperexcitabilité accompagnée de faiblesse musculaire et de tremblements, tétanie, convulsions tonicocloniques ou focales, laryngospasme et signes de Chvostek et Trousseau (figure 14-6), qui surviennent en partie à cause d'une hypocalcémie concomitante.

L'hypomagnésémie peut également s'accompagner de troubles de l'humeur: apathie, dépression, appréhension ou extrême agitation, ataxie, vertiges, insomnie et confusion, par exemple. On observe parfois un délire ou un état psychotique, ainsi que des hallucinations auditives et visuelles.

La carence en magnésium peut entraîner des modifications dans l'électrocardiogramme: prolongement du complexe QRS et abaissement du segment ST. Elle prédispose en outre à des arythmies cardiaques, telles que des contractions ventriculaires prématurées, une tachycardie supraventriculaire, des torsades de pointes ou une fibrillation ventriculaire. Elle exagère également les effets toxiques de la digoxine, ce qui ne doit pas être négligé, car il est fréquent que les personnes sous digoxine reçoivent également des diurétiques qui les exposent à des pertes rénales de magnésium.

Examen clinique et examens paracliniques

Les analyses de laboratoire révèlent un taux sérique de magnésium inférieur à 0,65 mmol/L. L'hypomagnésémie est fréquemment associée à une hypokaliémie et à une hypocalcémie. Environ 25 % du magnésium est lié à des protéines, surtout à l'albumine. Une baisse du taux sérique d'albumine peut donc réduire la mesure de la concentration totale de magnésium. Toutefois, elle ne fait pas diminuer la concentration de magnésium plasmatique ionisé. À l'ECG, on observe un prolongement du complexe QRS et un abaissement du segment ST. Mesurer le taux de magnésium urinaire peut aider à déterminer les causes de la déplétion; on mesure ce taux après avoir administré une dose de mise en charge de magnésium.

Traitement médical

On peut corriger un faible déficit en magnésium en recourant uniquement à un régime alimentaire adapté. Les principales sources de magnésium sont les légumes verts, les noix, les légumineuses et les fruits de mer. Le beurre d'arachide et le chocolat sont également très riches en magnésium. Au besoin, on peut administrer des sels de magnésium par voie orale pour remplacer des pertes excessives et continues. La diarrhée est une complication courante de l'ingestion excessive de magnésium. Afin de prévenir l'hypomagnésémie, on doit administrer une solution contenant du magnésium aux personnes sous alimentation parentérale totale. On administre le magnésium par voie parentérale, le plus souvent sous forme de sulfate, au moyen d'une pompe à perfusion et à un taux qui ne dépasse pas les 150 mg/min. L'administration trop rapide d'un bolus de sulfate de magnésium peut entraîner un arrêt cardiaque. Au cours de l'administration de magnésium, il faut évaluer les signes vitaux régulièrement (toutes les 15 minutes ou plus fréquemment si c'est nécessaire) afin de détecter les modifications de la fréquence et du rythme cardiaques, l'hypotension et la détresse respiratoire. Il est également essentiel de surveiller le débit urinaire avant, pendant et après l'administration de

magnésium. Il faut aviser le médecin si le volume urinaire descend à moins de 30 mL/h ou de 100 mL au cours d'une période de 4 heures. Il faut avoir à portée de main du gluconate de calcium afin d'être en mesure de traiter rapidement une tétanie hypocalcémique ou une hypermagnésémie.

On traite les symptômes apparents d'hypomagnésémie en administrant du magnésium par voie parentérale. Le sulfate de magnésium est le sel le plus couramment utilisé dans ce cas. On peut avoir recours à des concentrations de magnésium sériées pour équilibrer la posologie.

Soins et traitements infirmiers

Il est important de savoir reconnaître les personnes à risque afin d'être à l'affût des signes et symptômes d'hypomagnésémie. On doit surveiller plus étroitement encore les personnes traitées à la digoxine parce qu'un déficit en magnésium les expose à l'intoxication digitalique. On doit prendre les précautions qui s'imposent en cas d'hypomagnésémie grave ou si la personne souffre de confusion.

Les personnes atteintes d'hypomagnésémie peuvent présenter une dysphagie (difficulté d'avaler); avant de leur administrer des médicaments ou des aliments par voie orale, on doit évaluer leur capacité à avaler en leur donnant à boire une gorgée d'eau. La dysphagie est probablement reliée aux mouvement involontaires rapides et saccadés associés à la carence en magnésium. Afin de déterminer si la personne souffre d'irritabilité neuromusculaire, il faut évaluer et mesurer les réflexes ostéotendineux profonds (chapitre 63 ￰).

L'enseignement donné à la personne joue un rôle essentiel dans le traitement de l'hypomagnésémie, en particulier lorsqu'elle est due à un abus de diurétiques et de laxatifs. Dans de tels cas, on recommande de consommer des aliments riches en magnésium. Si l'hypomagnésémie est due à l'abus d'alcool, l'infirmière peut offrir à la personne un enseignement, des conseils et un soutien appropriés, et l'orienter vers des programmes d'aide.

EXCÈS DE MAGNÉSIUM (HYPERMAGNÉSÉMIE)

On parle d'hypermagnésémie lorsque la concentration sérique de magnésium est supérieure à la normale (1,25 mmol/L). Le taux de magnésium observé peut paraître faussement élevé quand les échantillons sanguins sont hémolysés ou quand on utilise un garrot trop serré lors du prélèvement sanguin.

La cause la plus fréquente d'hypermagnésémie est de loin l'insuffisance rénale. Lorsque cette dernière est à un stade avancé, elle provoque presque toujours une augmentation plus ou moins marquée du taux sérique de magnésium. Cette augmentation est aggravée si la personne est traitée au magnésium dans le but de prévenir les convulsions, ou si elle prend par inadvertance un des nombreux antiacides en vente libre qui contiennent des sels de magnésium.

L'acidocétose diabétique non traitée peut entraîner une hypermagnésémie. Le catabolisme provoque une libération de magnésium intracellulaire ne pouvant être excrété à cause d'une oligurie elle-même liée au grave déficit liquidien causé par l'acidocétose diabétique. L'hypermagnésémie peut aussi survenir lorsque des quantités excessives de magnésium sont administrées pour traiter l'hypertension durant la grossesse et un taux sérique de magnésium trop faible. L'hypocorticisme, la maladie d'Addison et l'hypothermie peuvent également entraîner une hausse du taux sérique de magnésium, tout comme l'administration excessive d'antiacides (tels que le Maalox) et de laxatifs (Lait de magnésie), surtout chez les personnes souffrant d'insuffisance rénale.

Manifestations cliniques

Une élévation soudaine du taux sérique de magnésium provoque une dépression du système nerveux central, ainsi qu'une inhibition de la jonction neuromusculaire. Un taux sérique de magnésium modérément élevé peut entraîner une hypotension à cause de la vasodilatation périphérique. L'hypotension peut s'accompagner de nausées, de vomissements, d'une calcification des tissus mous, de rougeurs au visage et d'une sensation de chaleur. Des hausses plus importantes du taux sérique de magnésium peuvent provoquer une léthargie, une dysarthrie et de la somnolence; on note une perte des réflexes ostéotendineux profonds, et parfois une faiblesse musculaire et une paralysie. Lorsque le taux dépasse 5 mmol/L, on observe une dépression des centres respiratoires. Un taux sérique de magnésium très élevé et non traité peut entraîner un coma, un bloc auriculoventriculaire et un arrêt cardiaque.

Examen clinique et examens paracliniques

Les analyses de laboratoire révèlent un taux sérique de magnésium supérieur à 1,25 mmol/L. À l'électrocardiogramme, on observe certaines modifications: intervalle PR prolongé, ondes T très élevées et complexe QRS élargi. Les résultats de l'ECG indiquent un intervalle QT prolongé ainsi qu'un bloc auriculoventriculaire.

Traitement médical

On peut prévenir l'hypermagnésémie en évitant d'administrer du magnésium aux personnes souffrant d'insuffisance rénale et en faisant preuve de vigilance lorsqu'on donne des sels de magnésium à des personnes gravement malades. Si on observe une hypermagnésémie grave, on doit cesser toute administration parentérale et orale de sels de magnésium. Des mesures d'urgence, telles que la ventilation assistée ou l'administration intraveineuse de gluconate de calcium, sont indiquées dans les cas de dépression des centres respiratoires ou de troubles de la conduction cardiaque. De plus, effectuer une hémodialyse au moyen d'une solution exempte de magnésium peut aider à ramener le taux sérique de magnésium à un niveau normal en quelques heures. Chez les personnes dont la fonction rénale est normale, on peut stimuler l'excrétion de magnésium par des diurétiques de l'anse ou une solution de chlorure de sodium à 0,45 %. L'administration intraveineuse de gluconate de calcium (10 mL d'une solution à 10 %) neutralise les effets neuromusculaires du magnésium.

Soins et traitements infirmiers

L'infirmière doit savoir reconnaître et évaluer les personnes exposées à l'hypermagnésémie. Si elle soupçonne une élévation du taux de magnésium, elle doit prendre régulièrement les signes vitaux, déceler la présence d'hypotension et de respiration superficielle, et vérifier s'il y a une perte du réflexe rotulien et des modifications du niveau de conscience. Les personnes atteintes d'insuffisance rénale ou d'altération de la fonction rénale ne doivent pas recevoir de médicaments contenant du magnésium, ni prendre des médicaments en vente libre sans l'approbation de leur médecin.

FONCTIONS DU PHOSPHORE

Le phosphore (P) est un composant essentiel de tous les tissus du corps. Il joue un rôle fondamental dans le fonctionnement des muscles et des globules rouges, dans la formation d'adénosine triphosphate (ATP) et de 2,3-diphosphoglycérate, dans le maintien de l'équilibre acidobasique, dans le fonctionnement du système nerveux et dans le métabolisme intermédiaire des glucides, des protéines et des lipides. Le taux sérique normal de phosphore se situe entre 0,87 et 1,45 mmol/L chez l'adulte, et peut atteindre jusqu'à 1,94 mmol/L chez les bébés et les enfants. On pense qu'il est plus élevé chez les enfants en raison de la croissance musculosquelettique rapide. Le phosphore est l'élément central d'un des principaux anions du LIC. Environ 85 % du phosphore se trouve dans les os et les dents, 14 % dans les tissus mous et moins de 1 % dans le LEC. Le phosphore joue un rôle primordial dans le fonctionnement des muscles et du système nerveux. Il procure de plus un soutien structural aux os et aux dents. Les niveaux de phosphore diminuent avec le vieillissement.

DÉFICIT EN PHOSPHORE (HYPOPHOSPHATÉMIE)

On parle d'hypophosphatémie lorsque le taux sérique de phosphore inorganique est inférieur à la normale (0,87 mmol/L). Bien qu'elle indique souvent un déficit en phosphore, l'hypophosphatémie peut également survenir dans diverses situations où les réserves totales de phosphore sont normales. À l'inverse, on peut observer un déficit dans les tissus en l'absence d'hypophosphatémie.

Une hypophosphatémie peut survenir durant l'administration de suppléments alimentaires à des personnes souffrant d'une grave malnutrition protéinoénergétique. Elle est le plus susceptible d'apparaître lors d'une absorption ou d'une administration excessive de glucides simples. Elle peut se manifester chez toute personne dont l'apport protéinoénergétique est nettement insuffisant (anorexiques, alcooliques, personnes âgées faibles et incapables de s'alimenter). Pas moins de 50 % des alcooliques chroniques hospitalisés présentent une hypophosphatémie.

Une hypophosphatémie marquée peut survenir chez les personnes souffrant de malnutrition et recevant une alimentation parentérale totale qui ne compense pas adéquatement les pertes de phosphore. Les autres causes d'hypophosphatémie sont notamment les suivantes: hyperventilation profonde et prolongée, sevrage alcoolique, apport alimentaire insuffisant, acidocétose diabétique et brûlures thermiques importantes. L'hypophosphatémie peut aussi résulter de faibles niveaux de magnésium et de potassium, ainsi que d'une hyperpara-thyroïdie reliée à un accroissement des pertes urinaires de phosphore. Enfin, elle peut être le fait d'une alcalose respiratoire, laquelle provoque un afflux de phosphore dans les cellules.

Une liaison excessive du phosphore, par des antiacides contenant du magnésium, du calcium ou de l'albumine, peut réduire la quantité absorbée dans l'alimentation à un niveau inférieur à la concentration requise pour préserver l'équilibre du phosphore sérique. La gravité de l'hypophosphatémie dépend de la quantité de phosphore qui se trouve dans le régime alimentaire en regard de la dose d'antiacide. La vitamine D régule l'absorption des ions intestinaux. Une carence en vitamine D peut donc provoquer une diminution des niveaux de calcium et de phosphore, ce qui peut entraîner une ostéomalacie (fragilité osseuse).

Manifestations cliniques

La plupart des signes et symptômes de déficit en phosphore semblent dus à un déficit en adénosine triphosphate (ATP) ou en 2,3-diphosphoglycérate (DPG), ou à un déficit des deux, le premier affectant les ressources énergétiques des cellules, et le second l'oxygénation des tissus.

Les symptômes neurologiques de l'hypophosphatémie sont variés: irritabilité, fatigue, appréhension, faiblesse, engour-dissements, paresthésies, confusion, convulsions et coma. De faibles taux de 2,3-DPG peuvent entraîner une réduction de l'oxygénation des tissus périphériques, ce qui provoque une hypoxie. Celle-ci entraîne ensuite une augmentation de la fréquence respiratoire et l'alcalose respiratoire, ce qui provoque le déplacement du phosphore dans les cellules et aggrave l'hypophosphatémie.

Une baisse du taux d'ATP dans les muscles peut entraîner des lésions musculaires. Les manifestations cliniques sont de la faiblesse, des douleurs musculaires, et parfois une rhabdo-myolyse (rupture des cellules musculaires striées). De plus, la faiblesse des muscles respiratoires peut perturber considé-rablement la ventilation. L'hypophosphatémie prédispose également à l'insulinorésistance et, conséquemment, à l'hyperglycémie. Les pertes chroniques de phosphore peuvent provoquer des hémorragies et des saignements par suite d'une dysfonction plaquettaire.

Examen clinique et examens paracliniques

Les analyses de laboratoire révèlent un taux sérique de phosphore inférieur à 0,87 mmol/L chez l'adulte. En examinant les résultats, il ne faut pas oublier que l'administration de glucose ou d'insuline provoque une légère baisse du taux sérique de phosphore. Le taux de PTH (parathormone) aug-mente en cas d'hyperparathyroïdie. Le magnésium sérique peut diminuer à cause d'une augmentation de son excrétion dans l'urine. La phosphatase alcaline s'accroît de pair avec l'activité ostéoblastique. Les radiographies peuvent révéler des changements squelettiques entraînés par l'ostéo-malacie ou par le rachitisme.

Traitement médical

La prévention est le meilleur traitement. Chez les personnes exposées à l'hypophosphatémie, on doit surveiller de près le taux sérique de phosphore et mettre en œuvre les mesures de correction qui s'imposent dès qu'un déficit se manifeste afin d'éviter qu'il ne s'aggrave. Des quantités adéquates de phosphore doivent être ajoutées aux solutions d'alimentation entérale et parentérale.

L'hypophosphatémie grave présente des dangers impor-tants et doit être traitée immédiatement. L'administration intraveineuse de phosphore est habituellement réservée aux personnes dont le taux sérique est inférieur à 0,3 mmol/L et qui ne peuvent pas s'alimenter par voie entérale. L'admi-nistration intraveineuse peut notamment entraîner une tétanie consécutive à l'hypocalcémie, ainsi qu'une calcifi-cation métastatique découlant d'une hyperphosphatémie. Le taux d'administration ne doit pas excéder 7,5 mmol/h et le point de ponction doit être attentivement surveillé en raison des risques d'irritation et de nécrose. Dans les cas moins graves, une administration orale de phosphore suffit généralement.

Soins et traitements infirmiers

L'infirmière doit être en mesure de reconnaître les personnes à risque et de déceler chez elles les signes d'hypophos-phatémie. La réalimentation doit être progressive chez les personnes souffrant de malnutrition, car une augmentation trop rapide de l'apport énergétique peut causer un déplacement rapide du phosphore vers les cellules.

L'hypophosphatémie pouvant nuire aux granulocytes, il convient de prendre des mesures de prévention des infections chez les personnes qui souffrent de ce déséquilibre. Dans les cas qui exigent une correction des pertes de phosphore, on doit mesurer fréquemment les taux sériques afin d'établir et de signaler les premiers signes d'hypophosphatémie (appréhension, confusion, baisse du niveau de conscience). Si la personne présente une faible hypophosphatémie (Metheny, 2000), il faut l'encourager à consommer des aliments comme le lait et les produits laitiers, les abats comes-tibles, les noix, les poissons, la volaille et les grains entiers. Dans les cas d'hypophosphatémie modérée, on peut prescrire des suppléments tels que des comprimés de phosphates effervescents (500 mg de phosphore par comprimé) ou Fleet Phospho-Soda (643 mg de phosphore/5 mL.)

EXCÈS DE PHOSPHORE (HYPERPHOSPHATÉMIE)

On parle d'hyperphosphatémie lorsque le taux sérique de phosphore est supérieur à la normale (1,45 mmol/L). L'hyper-phosphatémie peut avoir différentes causes, dont la plus fréquente est l'insuffisance rénale. Les autres causes possibles sont notamment les suivantes: traitement par chimiothérapie des néoplasies, hypoparathyroïdie, alcalose respiratoire ou acidocétose diabétique, apport excessif de phosphore, nécrose musculaire profonde et augmentation de l'absorption du phosphore. La principale complication de l'augmentation du taux de phosphore est la calcification métastatique (tissus mous, articulations et artères).

Manifestations cliniques

Les symptômes de l'hyperphosphatémie résultent généralement d'une diminution du taux de calcium et de la calcification des tissus mous. La tétanie est la plus importante conséquence à court terme de l'hyperphosphatémie. En raison de la relation réciproque qui existe entre le calcium et le phosphore, un taux sérique de phosphore élevé tend à entraîner une baisse de la concentration sérique de calcium. Il peut en résulter une tétanie, qui se manifeste par une sensation de fourmillement au bout des doigts et autour de la bouche. L'hyperphosphatémie peut également s'accompagner d'anorexie, de nausées, de vomissements, d'une faiblesse musculaire, d'hyperréflexie et de tachycardie.

La calcification des tissus mous est la plus importante conséquence à long terme de l'hyperphosphatémie. Cette calcification survient principalement chez les personnes dont le taux de filtration glomérulaire est faible. Elle est due à la précipitation du phosphate de calcium dans les tissus non osseux et peut entraîner une diminution du débit urinaire, une baisse de la vision ou une vision trouble et produire des palpitations.

Examen clinique et examens paracliniques

Les analyses de laboratoire révèlent un taux sérique de phosphore supérieur à 1,5 mmol/L chez l'adulte. Le taux est normalement plus élevé chez les enfants, probablement à cause de leur croissance musculosquelettique rapide. Déterminer le taux sérique de calcium est utile aussi pour établir l'origine de l'hyperphosphatémie et évaluer les effets des divers traitements. Les radiographies peuvent révéler des changements squelettiques dans les cas de développement anormal des os. Les taux de PTH diminuent chez les personnes présentant une hypoparathyroïdie. Quant aux niveaux de créatinine et d'urée, on en tient compte pour évaluer la fonction rénale.

Traitement médical

Dans la mesure du possible, le traitement doit viser la cause sous-jacente. Par exemple, l'hyperphosphatémie peut être reliée à une déplétion du volume liquidien ou à une acidose respiratoire ou métabolique. Chez les personnes atteintes d'insuffisance rénale, une production élevée de PTH peut faire augmenter le niveau de phosphore et entraîner une maladie des os. On peut réduire le taux sérique de phosphate chez ces personnes en leur administrant de la vitamine D, ce qui ne fait pas augmenter le taux sérique de calcium et permet de traiter l'hyperphosphatémie de façon plus énergique, à l'aide de gels ou d'antiacides chélateurs de phosphate, d'un régime à faible teneur en phosphate ou d'une dialyse.

Soins et traitements infirmiers

L'infirmière doit être en mesure de reconnaître les personnes à risque et de déceler chez elles les signes d'hyperphosphatémie. Lorsque la personne doit suivre un régime à faible teneur en phosphore, l'infirmière lui enseigne à éviter les aliments suivants: fromages à pâte affinée, crème, noix, céréales à grains entiers, fruits secs, légumes secs, rognons, sardines, ris de veau et laitages. Elle doit aussi lui recommander, s'il y a lieu, d'éviter les médicaments à base de phosphore, comme certains laxatifs ou solutions de lavement. Elle lui apprend également à reconnaître les symptômes d'hypocalcémie imminente et à surveiller les changements dans son débit urinaire.

FONCTIONS DU CHLORURE

Le chlorure (Cl^-) est le principal anion du LEC. On en trouve plus dans le liquide interstitiel et dans les vaisseaux lymphatiques que dans le sang. Les sucs gastriques et pancréatiques et la sueur contiennent également du chlorure. Le sodium et le chlorure présents dans l'eau contribuent à la pression osmotique.

Le taux sérique de chlorure qui se situe entre 97 et 107 mmol/L reflète un changement dans la dilution ou la concentration du LEC, et ce de façon directement proportionnelle aux fluctuations du sodium. La sécrétion d'aldostérone fait augmenter la réabsorption de sodium, ce qui accélère la réabsorption de chlorure. C'est grâce au sodium et au chlorure que les plexus choroïdes attirent l'eau et forment la portion liquidienne du liquide céphalorachidien. Le bicarbonate et le chlorure entretiennent une relation inverse: lorsque le chlorure se déplace du plasma vers les globules rouges, le bicarbonate retourne dans le plasma. Des ions hydrogène sont formés, ce qui aide à libérer l'oxygène de l'hémoglobine. Lorsque le niveau d'un de ces électrolytes (sodium, bicarbonate ou chlorure) est perturbé, celui des ions hydrogène et de l'oxygène l'est également.

DÉFICIT EN CHLORURE (HYPOCHLORÉMIE)

La régulation du chlorure est fonction de son absorption par le tube digestif, ainsi que de son excrétion et de sa réabsorption par les reins. Le chlorure est libéré dans l'estomac sous forme d'acide chlorhydrique. Une faible quantité de chlorure (< 97 mmol/L) se perd dans les selles. Les facteurs de risque de l'hypochlorémie sont notamment les régimes pauvres en sodium, l'aspiration gastrique, ainsi que les vomissements et les diarrhées graves. Lorsque le taux de chlorure diminue (habituellement à cause d'une déplétion plasmatique), les ions sodium et bicarbonate sont réabsorbés par les reins, ce qui équilibre la perte de chlorure. Le bicarbonate s'accumule dans le LEC, ce qui fait augmenter le pH et entraîne une alcalose métabolique hypochlorémique.

Manifestations cliniques

Les signes et symptômes de l'hypochlorémie sont identiques à ceux de l'hyponatrémie, de l'hypokaliémie et de l'alcalose métabolique. L'alcalose métabolique entraîne une augmentation du pH ainsi qu'une augmentation du taux sérique de bicarbonate (HCO_3^-) par suite d'une absorption excessive d'alcalis ou d'une perte d'ions hydrogène. Dans un état compensé, la $PaCO_2$ augmente pour atteindre 50 mm Hg. Il peut en résulter une hyperexcitabilité des muscles, une tétanie, des réflexes ostéotendineux profonds hyperactifs, de la faiblesse, des tremblements et des crampes musculaires. L'hypokaliémie peut entraîner une hypochlorémie, ce qui peut provoquer des arythmies cardiaques. De plus, puisqu'une baisse du taux de chlorure accompagne une baisse du taux de sodium, il peut y avoir un excédent d'eau. L'hyponatrémie peut provoquer des convulsions et le coma.

Examen clinique et examens paracliniques

Le taux sérique de chlorure normal se situe entre 97 et 107 mmol/L. À l'intérieur des cellules, le taux de chlorure est de 4 mmol/L. On doit évaluer non seulement le niveau de chlorure, mais aussi les taux de sodium et de potassium, puisque ces électrolytes sont excrétés de pair avec le chlorure. Les analyses des gaz artériels permettent de déterminer le déséquilibre acidobasique, habituellement une alcalose métabolique. Il faut aussi mesurer le niveau de chlorure urinaire; ce taux diminue en cas d'hypochlorémie.

Traitement médical

Le traitement de l'hypochlorémie consiste à en corriger la cause, ainsi que les déséquilibres hydroélectrolytiques qui l'accompagnent. Pour remplacer le chlorure, on administre une solution de chlorure de sodium à 0,9 % ou à 0,45 % par voie intraveineuse. Le médecin détermine si les personnes qui reçoivent des diurétiques (de l'anse, osmotiques ou thiazidiques) doivent cesser de les prendre ou changer de médicament.

On recommande de consommer des aliments à haute teneur en chlorure, tels que le jus de tomate, les bouillons salés, les légumes en conserve, les viandes transformées et les fruits. Comme elle excrétera de grandes quantités de chlorure, la personne doit en revanche éviter de consommer de l'eau ordinaire (eau sans électrolytes) ou de l'eau en bouteille. Le médecin peut prescrire du chlorure d'ammonium, un acidifiant, pour traiter l'alcalose métabolique; la posologie est fonction du poids de la personne et de son taux sérique de chlorure. Cet acidifiant est métabolisé par le foie et ses effets durent environ 3 jours.

Soins et traitements infirmiers

L'infirmière doit observer l'absorption et l'excrétion de chlorure, les valeurs de l'analyse des gaz artériels, les niveaux sériques d'électrolytes, le niveau de conscience, les réflexes ostéotendineux profonds, ainsi que la force et le mouvement musculaire de la personne. Elle doit fréquemment surveiller les signes vitaux de celle-ci et évaluer sa respiration. Elle doit également indiquer aux personnes traitées quels sont les aliments à haute teneur en chlorure (voir le paragraphe précédent).

EXCÈS DE CHLORURE (HYPERCHLORÉMIE)

On parle d'hyperchlorémie lorsque le taux sérique de chlorure dépasse 107 mmol/L. Les taux de chlorure élevés peuvent entraîner une hypernatrémie, une perte de bicarbonate et une acidose métabolique. L'acidose métabolique hyperchlorémique est également appelée acidose avec trou anionique normal (voir plus loin la section sur les déséquilibres acidobasiques). Elle résulte habituellement d'une perte d'ions bicarbonate, par les reins ou par la voie gastro-intestinale, accompagnée d'une augmentation correspondante du nombre d'ions chlorure. Ces derniers s'accumulent sous forme de sels acidifiants, et la diminution des ions bicarbonate cause une acidose.

Manifestations cliniques

Les signes et symptômes de l'hyperchlorémie sont identiques à ceux de l'acidose métabolique, de l'hypervolémie et de l'hypernatrémie. Ce sont une tachypnée, des faiblesses, une léthargie, des respirations profondes et rapides, une diminution de la capacité cognitive et l'hypertensio artérielle. Si elle n'est pas traitée, l'hyperchlorémie peut provoquer une diminution du débit cardiaque, des arythmies et le coma. Un niveau élevé de chlorure s'accompagne d'un niveau élevé de sodium et d'une rétention de liquide.

Examen clinique et examens paracliniques

Le taux sérique de chlorure est égal ou supérieur à 107 mmol/L, le taux sérique de sodium est supérieur à 145 mmol/L, le pH sérique est inférieur à 7,35, le niveau de bicarbonate sérique est inférieur à 22 mmol/L, et il y a un trou anionique normal variant entre 8 et 12 mmol/L.

Traitement médical

Il est essentiel de corriger l'hyperchlorémie et de rétablir l'équilibre électrolytique et acidobasique. On peut prescrire une solution au lactate Ringer. Le foie convertit le lactate en bicarbonate, ce qui fait augmenter le niveau de ce dernier et corrige l'acidose. On peut administrer le bicarbonate de sodium par voie intraveineuse; on provoque ainsi une excrétion par les reins des ions chlorure, puisque que le bicarbonate et le chlorure se font concurrence pour se combiner au sodium. On peut aussi administrer des diurétiques pour éliminer le chlorure. On restreint l'apport de sodium, de liquides et de chlorure.

Soins et traitements infirmiers

Afin d'évaluer l'état de la personne et l'efficacité du traitement, il est important de surveiller les signes vitaux, les valeurs des gaz artériels, ainsi que les ingesta et les excreta. On doit noter les résultats de l'examen des fonctions respiratoire, neurologique et cardiaque, et discuter des changements avec le médecin. L'infirmière doit expliquer à la personne quel type de régime alimentaire il faut suivre pour maîtriser l'hyperchlorémie.

Déséquilibres acidobasiques

Dans la pratique clinique, il est fréquent de rencontrer des déséquilibres acidobasiques. Il est essentiel d'en déterminer la nature exacte afin de pouvoir cerner la cause sous-jacente et de définir le traitement approprié (Kraut et Madias, 2001).

Le pH plasmatique est une mesure qui exprime la concentration en ions hydrogène (H^+). Il est maintenu dans les limites étroites de la normale (entre 7,35 et 7,45) grâce à des mécanismes homéostasiques qui font intervenir les systèmes tampons, les reins et les poumons. La concentration en ions hydrogène (H^+) est extrêmement importante: plus elle est forte, plus la solution est acide et plus le pH de celle-ci est bas; plus elle est faible, plus la solution est alcaline et plus le pH est élevé. Les limites du pH plasmatique compatibles avec la vie se situent entre 6,8 et 7,8. Cette variation de pH de 1

correspond à une concentration 10 fc dans le plasma. Les principaux dés(sont présentés dans le tableau 14-5 ▪

TABLEAU
14-5

Principaux déséquilibres acidobasiques

Acidose métabolique aiguë ou chronique (déficit en bicarbonate)	Alcalose métabolique aiguë ou chronique (excès de bicarbonate)	Acidose respiratoire aiguë ou chronique (excès d'acide carbonique)	Alcalose respiratoire aiguë ou chronique (déficit en acide carbonique)
DÉFINITION			
▪ L'acidose métabolique se caractérise par une baisse du pH artériel et une baisse de la concentration plasmatique de bicarbonate. Elle peut être causée par un gain en ions hydrogène ou par une perte de bicarbonate (Swenson, 2001). Selon les valeurs du trou anionique, on distingue deux formes d'acidose métabolique: avec trou anionique élevé et avec trou anionique normal. ▪ L'acidose métabolique avec trou anionique normal résulte d'une perte directe de bicarbonate. Une telle perte est par exemple provoquée par la diarrhée et les fistules intestinales, l'urétérostomie et l'administration de diurétiques, une insuffisance rénale, une administration excessive de chlorure et l'administration d'une alimentation paren-térale sans bicarbonate ou sans solutés produisant du bicarbonate (comme le lactate Ringer). L'acidose avec trou anionique normal est aussi connue sous le nom d'*hyperchlorémie*. ▪ L'acidose métabolique avec trou anionique élevé résulte d'une accumulation excessive d'acide fixe (comme l'acide lactique et les corps cétoniques). On observe un trou anionique élevé dans l'acidocétose diabétique, l'acidose lactique, l'intoxication aux salicylés à un stade avancé, l'urémie, l'intoxication au méthanol ou à l'éthylène et dans l'acidocétose associée à l'inanition.	▪ L'alcalose métabolique se caractérise par un pH élevé et une concentration plasmatique de bicarbonate élevée. Elle peut être due à un apport excessif de bicarbonate ou à une perte d'ions hydrogène (Khanna et Kurtzman, 2001). ▪ La cause la plus fréquente d'alcalose métabolique tient probablement aux pertes gastro-intestinales d'ions hydrogène et d'ions chlorure (comme dans les vomissements et dans l'aspiration gastrique). L'alcalose métabolique peut aussi survenir dans la sténose du pylore, qui donne lieu à des pertes de liquide gastrique uniquement. Comme le liquide gastrique est très acide (son pH se situant généralement entre 1 et 3), ces pertes provoquent une alcalinisation des autres liquides organiques. Sont également exposées à l'alcalose métabolique les personnes qui présentent des pertes de potassium (en raison, par exemple, de la prise de diurétiques ou d'une hypersécrétion de corticostéroïdes). ▪ L'hypokaliémie peut causer une alcalose de deux façons: (1) en provoquant une excrétion rénale d'ions hydrogène en réponse à une rétention de potassium; et (2) en forçant les ions hydrogène du LEC à passer dans les cellules pour assurer le maintien de l'électro-neutralité. Dans l'hypoka-liémie, l'électroneutralité peut effectivement être compromise par le passage du potassium cellulaire dans le LEC, qui permet de maintenir le taux sérique près de la normale. L'alcalose peut aussi résulter d'une ingestion excessive d'alcalis (antiacides à base de bicarbonate).	▪ L'acidose respiratoire se caractérise par un pH infé-rieur à 7,35 et une $PaCO_2$ supérieure à 42 mm Hg. Elle peut être aiguë ou chronique. ▪ L'acidose respiratoire est toujours la conséquence d'une rétention de gaz carbonique due à une hypoventilation, ce qui entraîne une hausse du taux plasmatique de gaz carbo-nique et, par conséquent, une hausse du taux d'acide carbonique (Epstein et Singh, 2001). Généralement, l'hypo-ventilation entraîne aussi une baisse de la PaO_2. L'acidose respiratoire aiguë se manifeste dans des circonstances qui exigent des soins d'urgence, telles que l'œdème aigu du poumon, l'aspiration d'un corps étranger, l'atélectasie, le pneumothorax, une dose excessive de sédatifs, l'apnée du sommeil, l'administration d'oxygène à une personne atteinte d'hypercapnie chronique, une pneumonie grave et le syndrome de détresse respiratoire aiguë. L'acidose respiratoire peut aussi accompagner les maladies qui altèrent les muscles respiratoires, telles que la dystrophie musculaire, la myasthénie grave et le syndrome de Guillain-Barré. ▪ L'hypercapnie peut résulter de la ventilation mécanique si le débit ventilatoire alvéo-laire réel est insuffisant. La ventilation est fixe chez ces personnes, et le CO_2 peut s'accumuler si la production de CO_2 augmente.	▪ L'alcalose respiratoire se caractérise par un pH artériel supérieur à 7,45 et une $PaCO_2$ inférieure à 38 mm Hg. Comme l'acidose respiratoire, l'alcalose respiratoire peut être aiguë ou chronique. ▪ L'origine de l'alcalose respi-ratoire est toujours une hyperventilation entraînant une perte excessive de gaz carbonique dans l'air expiré et, par conséquent, une baisse de la teneur du plasma en acide carbonique. Les causes de l'alcalose respi-ratoire peuvent notamment être les suivantes: extrême anxiété, hypoxémie, début d'intoxication salicylée, septicémie à bactéries Gram négatif ou usage excessif de la ventilation mécanique. ▪ L'alcalose respiratoire chronique est causée par l'hypocapnie et elle entraîne une baisse du taux sérique de bicarbonate. Les facteurs prédisposants sont notam-ment l'insuffisance hépatique chronique et les tumeurs cérébrales.

TABLEAU
14-5

Principaux déséquilibres acidobasiques (suite)

Acidose métabolique aiguë ou chronique (déficit en bicarbonate)	Alcalose métabolique aiguë ou chronique (excès de bicarbonate)	Acidose respiratoire aiguë ou chronique (excès d'acide carbonique)	Alcalose respiratoire aiguë ou chronique (déficit en acide carbonique)

MANIFESTATIONS CLINIQUES

- Les signes et symptômes de l'acidose métabolique varient en fonction de la gravité du déséquilibre. Ils peuvent comprendre des céphalées, de la confusion, de la somnolence, une respiration accélérée et profonde, des nausées et des vomissements. On observe une vasodilatation périphérique et une diminution du débit cardiaque lorsque le pH descend au-dessous de 7. On peut aussi observer, entre autres, une diminution de la pression artérielle, une peau moite et froide, des arythmies et le choc (Swenson, 2001).
- L'acidose métabolique chronique est normalement accompagnée d'une insuffisance rénale chronique. La concentration de bicarbonate et le pH diminuent lentement. L'acidose demeure ainsi asymptomatique jusqu'à ce que la concentration de bicarbonate atteigne environ 15 mmol/L ou moins.

- L'alcalose métabolique se manifeste principalement par des symptômes liés à la diminution de l'ionisation du calcium, tels que des fourmillements au bout des doigts et des orteils, des étourdissements et une hypertonie musculaire. L'alcalose provoque une baisse du taux de la fraction ionisée du calcium, à cause d'une augmentation de la liaison du calcium aux protéines. Comme c'est cette fraction ionisée qui influe sur l'activité neuromusculaire, ceux de l'hypocalcémie sont souvent les symptômes prédominants. L'alcalose est compensée par une diminution de la fréquence et de l'amplitude respiratoires, et elle peut entraîner une tachycardie. Des arythmies ventriculaires, ainsi qu'une baisse de la mobilité et un iléus paralytique, peuvent survenir lorsque le pH augmente et dépasse 7,6 et qu'une hypokaliémie se développe.

- Les signes cliniques de l'acidose respiratoire aiguë ou chronique sont variables. Une hypercapnie soudaine (élévation de la $PaCO_2$) peut causer une accélération du pouls et de la fréquence respiratoire, une hypertension, de la confusion et une sensation de lourdeur dans la tête. Elle provoque également une vasodilatation cérébrale, surtout si la $PaCO_2$ est supérieure à 60 mm Hg. Si l'acidose respiratoire est aiguë, la pression intracrânienne peut augmenter, entraînant un œdème papillaire et une dilatation des vaisseaux des conjonctives. Lorsqu'elle est trop élevée, la concentration d'hydrogène excède la capacité d'action des mécanismes de compensation. Aux prises avec un afflux d'ions H^+, les cellules expulsent le potassium, ce qui entraîne une hyperkaliémie.
- L'acidose respiratoire chronique peut être la conséquence d'une BPCO, d'une apnée obstructive du sommeil et de l'obésité. Tant que la $PaCO_2$ n'excède pas la capacité de compensation du corps, la personne est asymptomatique. Il arrive que les personnes atteintes d'une BPCO ne présentent pas de symptômes d'hypercapnie si elles accumulent graduellement le gaz carbonique au cours d'une période prolongée (des mois, voire des années), ce qui laisse aux mécanismes rénaux de compensation le temps d'agir.

- Les signes de l'alcalose respiratoire sont les suivants: sensation de vertige due à une vasoconstriction et à une diminution du débit sanguin cérébral, troubles de la concentration, engourdissements et fourmillements dus à une baisse du taux de calcium ionisé, acouphènes et, parfois, perte de conscience. Les effets cardiaques de l'alcalose respiratoire comprennent la tachycardie, ainsi que l'arythmie ventriculaire et auriculaire (Foster et al., 2001).

EXAMENS CLINIQUES ET PARACLINIQUES

- Le diagnostic de l'acidose métabolique se fait sur la base de l'analyse des gaz artériels (Swenson, 2001). L'acidose métabolique se caractérise par une faible concentration de bicarbonate (moins de 22 mmol/L) et un pH faible (moins de 7,35). La diminution du taux sérique de bicarbonate est le symptôme cardinal de l'acidose métabolique. Cette dernière peut s'accompagner d'une hyperkaliémie causée par le passage du

- L'analyse des gaz artériels révèle un pH supérieur à 7,45 et un taux sérique de bicarbonate supérieur à 26 mmol/L. On observe également une augmentation de la $PaCO_2$; due à une rétention de gaz carbonique par les poumons, celle-ci vient compenser l'excès de bicarbonate. L'hypoventilation qui résulte de ce mécanisme est plus marquée chez les personnes semi-conscientes, inconscientes ou affaiblies que chez les

- L'analyse des gaz artériels révèle un pH inférieur à 7,35, une $PaCO_2$ supérieure à 42 mm Hg, ainsi qu'une variation du taux de bicarbonate, selon la durée de l'acidose, lorsqu'il s'agit de la forme aiguë. Si la compensation (rétention rénale de bicarbonate) est maximale, le pH artériel peut se situer à la limite inférieure de la normale. Selon la cause de l'acidose respiratoire, on peut avoir recours à d'autres mesures diagnostiques, dont

- Le diagnostic de l'alcalose respiratoire repose sur l'analyse des gaz artériels. Dans la phase aiguë, le pH est plus élevé que la normale en raison d'une baisse de la $PaCO_2$ et d'un taux de bicarbonate normal. (Les reins ne sont pas en mesure de modifier rapidement le taux de bicarbonate.) Dans l'alcalose compensée, les reins ont eu le temps d'excréter du bicarbonate. Il est indiqué d'évaluer le taux sérique d'électrolytes afin de

Acidose métabolique aiguë ou chronique (déficit en bicarbonate)	Alcalose métabolique aiguë ou chronique (excès de bicarbonate)	Acidose respiratoire aiguë ou chronique (excès d'acide carbonique)	Alcalose respiratoire aiguë ou chronique (déficit en acide carbonique)
potassium intracellulaire dans le LEC. Ensuite, lorsque l'acidose est corrigée, le potassium réintègre les cellules et une hypokaliémie peut survenir. L'hypokaliémie est compensée par une hyperventilation qui entraîne une diminution de la teneur en gaz carbonique. Comme nous l'avons mentionné plus haut, le calcul du trou anionique peut aider à déterminer la cause de l'acidose métabolique. Effectuer un électro-cardiogramme permet de détecter les arythmies causées par une augmentation du taux de potassium.	personnes conscientes. L'hypoventilation peut provoquer une hypoxémie marquée. L'alcalose méta-bolique peut s'accompagner d'une hypokaliémie.	la surveillance du taux sérique d'électrolytes, des radiographies pulmonaires visant à déterminer si la personne est atteinte d'une affection respiratoire ou un dépistage systématique des drogues si on soupçonne une surdose. Il peut également être indiqué d'effectuer un ECG en vue de cerner les problèmes cardiaques découlant d'une BPCO.	déterminer si le taux de potassium diminue lorsque l'hydrogène est retiré des cellules en échange du potassium, si le taux de calcium diminue en raison de l'inhibition de l'ionisation du calcium ou si le taux de phosphate diminue en raison de l'alcalose, provoquant une augmentation de l'absorption de phosphate par les cellules. Il faut effectuer une analyse toxicologique afin de déterminer si la cause est une intoxication aux salicylés. ■ Les personnes atteintes d'une alcalose respiratoire chroni-que sont habituellement asymptomatiques. L'examen diagnostique et le plan thé-rapeutique sont les mêmes que pour l'alcalose respiratoire aiguë.

TRAITEMENT MÉDICAL

Acidose métabolique	Alcalose métabolique	Acidose respiratoire	Alcalose respiratoire
■ Le traitement vise à corriger le déséquilibre métabolique (Swenson, 2001). Si l'acidose métabolique résulte d'un apport excessif en chlorure, le traitement consistera bien sûr à réduire cet apport. Il est parfois nécessaire d'adm-inistrer du bicarbonate si le pH est inférieur à 7,1 et si la concentration en bicar-bonate est inférieure à 10 mmol/L. L'acidose, qui produit au départ une hyperkaliémie, peut donner naissance à une hypo-kaliémie lorsqu'elle est corrigée et que le potassium réintègre les cellules. C'est pourquoi il faut surveiller attentivement le taux sérique de potassium et, s'il y a lieu, corriger l'hypokaliémie. ■ En cas d'acidose métabolique chronique, on doit d'abord corriger le faible taux sérique de calcium afin de prévenir la tétanie qui résulterait d'une hausse du pH et d'une baisse du taux de calcium ionisé. On peut administrer un alcalifiant si le taux sérique de bicar-bonate est inférieur à 12 mmol/L. Le traitement peut aussi comprendre une hémodialyse ou une dialyse péritonéale.	■ Le traitement vise à renverser le cours de l'affection sous-jacente (Khanna et Kurtzman, 2001). ■ On doit assurer un apport en chlorure suffisant pour permettre l'absorption rénale du sodium sous forme de chlorure de sodium et, par conséquent, l'excrétion de l'excès de bicarbonate. Il faut de plus rétablir le volume liquidien normal en adminis-trant des liquides contenant du chlorure de sodium, car un déficit de volume liquidien entretient l'alcalose. Chez les personnes présentant une hypokaliémie, il faut rem-placer les pertes de potassium et de chlorure. Les inhibiteurs des récepteurs H₂ de l'hista-mine, comme la ranitidine (Zantac), réduisent la produc-tion de HCl, ce qui corrige l'alcalose métabolique asso-ciée à l'aspiration gastrique. Les inhibiteurs de l'anhydrase carbonique sont utiles pour traiter l'alcalose métabolique chez les personnes qui ne peuvent pas tolérer une expansion rapide du volume liquidien (en cas d'insuffisance cardiaque, par exemple). En raison de la déplétion du volume liquidien résultant de la perte gastro-intestinale, on doit surveiller attentivement l'absorption et l'excrétion des liquides. Le traitement médi-cal de l'alcalose métabolique chronique vise à corriger le déséquilibre acidobasique sous-jacent.	■ Le traitement vise à amé-liorer la ventilation (Epstein et Singh, 2001). Il varie selon la cause de l'insuffisance respiratoire. Les médicaments sont utilisés selon les indica-tions. On emploie par exemple les bronchodila-tateurs pour réduire les bronchospasmes, les anti-biotiques pour juguler les infections respiratoires et les agents thrombolytiques ou les anticoagulants pour corriger une embolie pulmonaire. On peut recourir à l'oxygénothérapie. ■ Au besoin, on applique des mesures d'hygiène pulmo-naire pour débarrasser les voies respiratoires du mucus et des exsudats inflamma-toires. On recommande un apport liquidien de 2 à 3 L par jour afin d'humidifier les muqueuses et de faciliter l'évacuation des sécrétions. ■ Si elle est bien utilisée, la ventilation mécanique permet d'améliorer la ventilation pulmonaire. La baisse de la PaCO₂ doit se faire lentement. On peut placer la personne en position mi-assise pour faciliter l'expansion de la paroi de la cage thoracique. Le traitement de l'acidose respiratoire chronique est identique à celui de l'acidose respiratoire aiguë.	■ Le traitement dépend de la cause sous-jacente de l'alcalose respiratoire (Foster et al., 2001). Si celle-ci est due à l'anxiété, on conseille à la personne de respirer plus lentement pour permettre une accumulation de CO₂. Il est habituellement néces-saire d'administrer un sédatif aux personnes très anxieuses pour soulager l'hyperven-tilation. Lorsque l'alcalose respiratoire a d'autres causes, le traitement vise à corriger le trouble sous-jacent.

SYSTÈMES TAMPONS

Les tampons assurent la stabilité du pH des liquides organiques, en libérant ou en retenant les ions H^+, selon les besoins. Leur action est rapide, ce qui prévient les variations excessives de la concentration en ions H^+. Les ions hydrogène sont protégés par des tampons intracellulaires et extracellulaires. Le principal système tampon extracellulaire de l'organisme est le système bicarbonate (HCO_3^-)-acide carbonique (H_2CO_3). C'est le système qu'on évalue lorsqu'on mesure les gaz artériels. Le rapport bicarbonate-acide carbonique normal est de 20:1, et une modification de ce rapport entraîne une modification du pH. C'est ce rapport qui importe pour le maintien du pH, et non les valeurs respectives du bicarbonate et de l'acide carbonique. Le gaz carbonique (CO_2) se transforme en acide carbonique quand il est dissous dans l'eau ($CO_2 + H_2O = H_2CO_3$). Par conséquent, une augmentation de sa concentration entraîne une hausse de la concentration en acide carbonique, et réciproquement. Si une augmentation ou une diminution du bicarbonate ou de l'acide carbonique modifie le rapport 20:1, il en résulte un déséquilibre acidobasique.

Il existe d'autres systèmes tampons moins importants dans le LEC, qui font notamment intervenir les phosphates inorganiques et les protéines plasmatiques. Dans le LIC, les protéines, les phosphates organiques et inorganiques et, dans les globules rouges, l'hémoglobine, jouent également le rôle de tampons.

Reins

Les reins régulent le taux de bicarbonate (HCO_3^-) dans le LEC. Ils ont la propriété de régénérer les ions bicarbonate et de les réabsorber au niveau des cellules tubulaires. Dans l'acidose respiratoire et dans la plupart des acidoses métaboliques, les reins excrètent des ions hydrogène (H^+) et retiennent les ions bicarbonate, ce qui contribue à rétablir l'équilibre. À l'inverse, dans l'alcalose respiratoire et métabolique, ils retiennent les ions hydrogène (H^+) et excrètent les ions bicarbonate (HCO_3^-). La fonction rénale est par ailleurs altérée dans les cas d'acidose métabolique. Ces mécanismes de compensation agissent de façon relativement lente (en quelques heures ou quelques jours).

Poumons

Les poumons, sous l'action du bulbe rachidien, régulent la teneur en gaz carbonique (CO_2) du LEC, et par conséquent sa teneur en acide carbonique (H_2CO_3). Ils le font en ajustant la ventilation en fonction de la quantité de gaz carbonique dans le sang. La respiration est fortement stimulée par une hausse de la pression partielle de gaz carbonique ($PaCO_2$) dans le sang artériel. Bien sûr, la respiration est aussi influencée par la pression partielle en oxygène (PaO_2), mais à un degré moindre.

Dans l'acidose métabolique, la fréquence respiratoire s'accélère, ce qui permet d'expulser l'excès de gaz carbonique et de réduire ainsi la surcharge en acides. Dans l'alcalose métabolique, la fréquence respiratoire ralentit, ce qui permet de retenir le gaz carbonique et d'augmenter la charge en acides.

$$CO_2 + H_2O \rightleftharpoons H_2CO_3 \rightleftharpoons H^+ + HCO_3^-$$

TROU ANIONIQUE

Le trou anionique représente les anions sériques non mesurés (phosphates, sulfates et protéines). Il est essentiel de déterminer ce trou anionique pour pouvoir analyser correctement les déséquilibres acidobasiques. On peut le calculer en utilisant une des équations suivantes:

$$\text{Trou anionique} = Na^+ + K^+ - (Cl^- + HCO_3^-)$$
$$\text{Trou anionique} = Na^+ - (Cl^- + HCO_3^-)$$

On retire souvent le potassium de l'équation en raison de sa faible concentration sérique; la seconde équation est donc plus courante que la première.

La valeur normale du trou anionique se situe entre 8 et 12 mmol/L lorsque le potassium est omis de l'équation. Si le potassium est inclus, la valeur normale varie entre 12 et 16 mmol/L. Les anions non mesurés représentent normalement moins de 16 mmol/L de la production d'anions. Un trou anionique supérieur à 16 mmol/L indique par conséquent une accumulation excessive d'anions non mesurés. Un trou anionique se produit lorsqu'on ne mesure pas tous les électrolytes. Un plus grand nombre d'anions que de cations demeure non mesuré.

> **! ALERTE CLINIQUE** *Dans l'acidose respiratoire chronique, lorsque la $PaCO_2$ dépasse 50 mm Hg de façon habituelle, les centres respiratoires s'adaptent à l'hypercapnie, de sorte que l'hypoxémie devient le principal stimulus de la respiration. L'administration d'oxygène peut inhiber la stimulation par l'hypoxémie et provoquer ainsi une « narcose hypercapnique », à moins que la situation ne soit immédiatement corrigée. On doit par conséquent faire preuve de prudence en administrant l'oxygène.*

EXCÈS ET DÉFICIT EN BASE

L'excès ou le déficit en base indiquent la trop grande ou la trop faible quantité d'ions bicarbonate dans le système. Ils sont le signe que le système ne produit pas suffisamment d'acide ou qu'il en produit en excès. Les concentrations artérielles en base varient entre -2 et 2 mmol/L.

Il est quelquefois difficile de déterminer si les valeurs anomales des gaz artériels résultent d'une acidose ou d'une alcalose, et si celle-ci est d'origine respiratoire ou métabolique. Cette ambiguïté est attribuable au degré de compensation du corps à la variation du pH sanguin. C'est dans ces situations que la compréhension de l'excès ou du déficit en base est utile.

- Un excès en base indique que le système présente une trop grande quantité de base ou une trop faible production d'acide pour être capable de ramener le pH à l'intérieur des valeurs normales, soit entre 7,35 et 7,45 mmol/L. Un gaz artériel qui présente un excès en base supérieur à 2 mmol/L est un signe d'alcalose métabolique.

- Un déficit en base indique que le système présente une trop faible quantité de base ou une trop grande production d'acide pour être capable de ramener le pH à l'intérieur des valeurs de base, soit entre 7,35 et 7,45 mmol/L. Un gaz artériel qui présente un déficit en base inférieur à -2 mmol/L est un signe d'acidose métabolique (Gluck, 1998).

DÉSÉQUILIBRES ACIDOBASIQUES COMBINÉS

Une personne peut parfois présenter simultanément plusieurs déséquilibres acidobasiques indépendants. Si le pH est normal alors que la $PaCO_2$ et la concentration plasmatique de HCO_3^- varient, tout porte à croire qu'il s'agit d'un déséquilibre combiné. Le seul déséquilibre combiné qui ne peut jamais survenir est la présence simultanée d'une acidose et d'une alcalose respiratoires, puisqu'il est impossible de présenter en même temps une hypoventilation et une hyperventilation. L'apparition simultanée d'une acidose métabolique et d'une acidose respiratoire au cours d'un arrêt respiratoire et d'un arrêt cardiaque est un exemple de déséquilibre combiné.

COMPENSATION

Généralement, les systèmes respiratoire et urinaire compensent leurs déficits respectifs pour ramener le pH à la normale. Dans un déséquilibre acidobasique unique, le système qui n'est pas à l'origine du problème tente de compenser en ramenant le ratio bicarbonate-acide carbonique à la normale, soit à 20:1. Les poumons pallient les déséquilibres métaboliques en modifiant l'excrétion de CO_2, et les reins pallient les troubles respiratoires en modifiant la rétention de bicarbonate et la sécrétion de H^+.

Dans l'acidose respiratoire, les ions hydrogène (H^2) sont excrétés en plus grande quantité dans l'urine, et plus d'ions bicarbonate (HCO_3^-) sont réabsorbés. Dans l'alcalose respiratoire, l'excrétion rénale de bicarbonate augmente et les ions hydrogène sont retenus.

Dans l'acidose métabolique, les mécanismes de compensation stimulent la ventilation pulmonaire (donc l'excrétion

de CO_2) et augmentent la rétention de bicarbonate par les reins. Dans l'alcalose métabolique, le mécanisme de compensation passe par le système respiratoire, qui réduit la ventilation pour conserver le CO_2 et élever la $PaCO_2$. Puisque les poumons réagissent aux perturbations acidobasiques en l'espace de quelques minutes, les déséquilibres métaboliques sont compensés plus rapidement que les déséquilibres respiratoires. Les effets de la compensation – dont le but est d'obtenir un pH dans les normes de 7,35 à 7,45 – sont résumés dans le tableau 14-6 ■.

GAZ ARTÉRIELS

On recourt souvent à l'analyse des gaz artériels pour cerner le déséquilibre acidobasique, ainsi que le degré de compensation. On utilise un prélèvement de sang artériel mais, lorsqu'il n'est pas possible d'en obtenir un, on peut utiliser un échantillon de sang veineux. Les résultats de l'analyse des gaz artériels fournissent des informations sur la ventilation alvéolaire, l'oxygénation et l'équilibre acidobasique. Il faut évaluer non seulement les données de l'analyse des gaz artériels, mais aussi le taux sérique des électrolytes (sodium, potassium et chlorure) et le gaz carbonique, puisque ces derniers constituent souvent le premier signe d'un déséquilibre acidobasique. L'anamnèse de la personne, l'examen physique, les résultats précédents des gaz artériels et les électrolytes sériques doivent toujours faire partie de l'évaluation utilisée pour déterminer la cause de la perturbation (Kraut et Madias, 2001). Le traitement du trouble sous-jacent permet habituellement de corriger la plupart des déséquilibres acidobasiques. Une comparaison des valeurs normales du sang veineux et du sang artériel est présentée dans le tableau 14-7 ■ (voir aussi l'encadré 14-2 ■).

Administration parentérale de liquides

L'administration de liquides par voie intraveineuse permet de remplacer les liquides, de donner des médicaments et de fournir des éléments nutritifs quand aucun autre moyen n'est possible. Elle peut se faire en établissement de santé ou à domicile.

Déséquilibres acidobasiques et compensation		TABLEAU 14-6
Déséquilibre	**Événement initial**	**Compensation**
Acidose respiratoire	↑ $PaCO_2$, HCO_3^- en hausse ou normal, ↓ pH	Les reins éliminent l'H^+ et retiennent le HCO_3^-.
Alcalose respiratoire	↓ $PaCO_2$, HCO_3^- en baisse ou normal, ↑ pH	Les reins conservent l'H^+ et excrètent le HCO_3^-.
Acidose métabolique	$PaCO_2$ en baisse ou normale, ↓ HCO_3^-, ↓ pH	Les poumons éliminent le CO_2 et conservent le HCO_3^-.
Alcalose métabolique	$PaCO_2$ en hausse ou normale, ↑ HCO_3^-, ↑ pH	La diminution de la ventilation pulmonaire fait augmenter la $PaCO_2$; les reins conservent l'H^+ pour excréter du HCO_3^-.

Valeurs normales: sang artériel et sang veineux		TABLEAU 14-7
Paramètre	**Sang artériel**	**Sang veineux**
pH	7,35 à 7,45	7,33 à 7,41
$PaCO_2$	35 à 45 mm Hg	35 à 40 mm Hg
Sphygmo-oxymétrie	93 à 98 %	65 à 75 %
Excès ou déficit de base	+/- 2 mmol/L	+/- 4 mmol/L
HCO_3^-	22 à 26 mmol/L	24 à 28 mmol/L

Analyse des gaz artériels

Il est recommandé d'interpréter les résultats de l'analyse des gaz artériels en suivant les étapes ci-dessous. Les valeurs moyennes retenues sont:

pH = 7,4
$PaCO_2$ = 40 mm Hg
HCO_3 = 24 mmol/L

1. Vérifier si le pH est élevé, bas ou normal:

   pH > 7,4 (alcalose)
   pH < 7,4 (acidose)
   pH = 7,4 (normal)

   Un pH normal peut indiquer soit des gaz artériels parfaitement normaux, soit un déséquilibre *compensé*. Dans un déséquilibre compensé, le corps est en mesure de corriger le pH en effectuant des changements respiratoires ou métaboliques (selon le problème principal). Par exemple, une personne présentant une acidose métabolique a tout d'abord un faible taux de bicarbonate, mais un taux normal de CO_2. Peu de temps après, les poumons essaient de compenser ce déséquilibre en expirant de grandes quantités de CO_2 (hyperventilation). Une personne atteinte d'une acidose respiratoire primaire a au départ un taux élevé de CO_2. Peu de temps après, les reins tentent de compenser le déséquilibre en retenant le bicarbonate. Si le mécanisme de compensation est en mesure de ramener le ratio bicarbonate-acide carbonique à 20:1, la compensation sera maximale (et le pH sera normal).

2. Déterminer la cause principale du déséquilibre, en évaluant les résultats de la $PaCO_2$ et du HCO_3^- en relation avec le pH.

   Exemple: pH > 7,4 (alcalose)

   a) Si la $PaCO_2$ est inférieure à 40 mm Hg, l'alcalose respiratoire est la cause principale du déséquilibre. (Cette situation survient lorsque la personne présente une hyperventilation et évacue trop de CO_2. Il ne faut pas oublier que le CO_2 dissous dans l'eau se transforme en acide carbonique; c'est le côté acide du «système tampon acide carbonique-bicarbonate».)

   b) Si le HCO_3^- est supérieur à 24 mmol/L, l'alcalose métabolique est la cause principale du déséquilibre.

(Cette situation survient lorsque le corps absorbe trop de bicarbonate et de substances alcalines. Le bicarbonate est le côté basique ou alcalin du «système tampon acide carbonique-bicarbonate».)

Exemple: pH < 7,4 (acidose)

a) Si la $PaCO_2$ est supérieure à 40 mm Hg, l'acidose respiratoire est la cause principale du déséquilibre. (Cette situation survient quand une personne présente une hypoventilation et retient donc trop de CO_2, une substance acide.)

b) Si le HCO_3^- est inférieur à 24 mmol/L, l'acidose métabolique est la cause principale du déséquilibre. (Cette situation survient lorsque le taux de bicarbonate du corps baisse, à cause soit d'une perte directe de bicarbonate, soit d'un gain d'acide, comme l'acide lactique ou des corps cétoniques.)

3. Déterminer si une compensation s'est amorcée. On doit vérifier d'autres valeurs que celles du déséquilibre principal. Si ces valeurs suivent la même tendance que les valeurs du déséquilibre principal, la compensation est entamée. Voici deux exemples:

	pH	$PaCO_2$	HCO_3^-
1)	7,20	60 mm Hg	24 mmol/L
2)	7,40	60 mm Hg	37 mmol/L

   Dans l'exemple (1), il s'agit d'une acidose respiratoire aiguë non compensée ($PaCO_2$ élevée et HCO_3^- normal). Dans l'exemple (2), il s'agit d'une acidose respiratoire chronique; une compensation s'est amorcée: le HCO_3^- s'est élevé à un niveau approprié pour compenser la $PaCO_2$ élevée et ramener le pH à la normale.

4. Vérifier si deux déséquilibres acidobasiques surviennent simultanément. C'est le cas lorsque la valeur du pH n'est pas suffisante pour expliquer un des changements.

   Exemple: acidose métabolique et acidose respiratoire

a) pH	7,21	baisse de l'acide
b) $PaCO_2$	52	hausse de l'acide
c) HCO_3^-	13	baisse de l'acide

INDICATIONS

Les indications de l'administration parentérale de liquides déterminent le choix de la solution à utiliser. De façon générale, on administre du liquide par voie intraveineuse pour l'une ou l'autre des raisons suivantes:

- Combler les besoins quotidiens en eau, en électrolytes et en éléments nutritifs.

- Remplacer l'eau et corriger les déficits en électrolytes.

- Administrer des médicaments ou des produits sanguins.

Les solutions intraveineuses se composent de différentes quantités de dextrose ou d'électrolytes diluées dans l'eau. On ne doit jamais administrer de l'eau pure ou eau «libre» par voie intraveineuse, parce qu'elle pénètre dans les globules rouges et provoque une hémolyse.

TYPES DE SOLUTIONS INTRAVEINEUSES

On qualifie les solutions intraveineuses d'**isotoniques**, d'**hypotoniques** ou d'**hypertoniques**, selon que leur osmolalité est respectivement identique, inférieure ou supérieure à celle du plasma sanguin.

Une solution isotonique a une teneur totale en électrolytes (anions et cations) de 310 mmol/L environ. Une solution hypotonique a une teneur totale en électrolytes inférieure à 250 mmol/L, et une solution hypertonique une teneur supérieure à 375 mmol/L. On doit de plus tenir compte de l'osmolalité, en se rappelant que celle du plasma est de 300 mmol/kg environ. Par exemple, une solution de dextrose à 10 % a une osmolalité de 505 mmol/kg hypertonique.

Lorsqu'elle effectue une perfusion de liquides, l'infirmière doit observer les réactions de la personne, en tenant compte de son état clinique, ainsi que du volume et du contenu des liquides.

Solutions isotoniques

L'osmolalité totale des solutions isotoniques se rapproche de celle du LEC, et ces solutions ne provoquent pas de modifications du volume des globules rouges. Toutefois, leur composition n'est pas toujours semblable à celle du LEC. Les solutions isotoniques font augmenter le volume du LEC. Administrer 1 L de solution isotonique fait augmenter le LEC de 1 L, mais accroît le plasma de 0,25 L seulement, puisque cette solution est une solution cristalline qui se diffuse rapidement dans le compartiment du LEC. Pour la même raison, il faut 3 L de solution isotonique pour remplacer 1 L de sang. Puisque ces solutions font croître l'espace intravasculaire, il faut surveiller attentivement les signes de surcharge liquidienne chez les personnes présentant une hypertension artérielle et une insuffisance cardiaque. Les principales solutions isotoniques sont présentées dans le tableau 14-8 ■.

Solutions hypotoniques

Les solutions hypotoniques sont notamment utilisées dans le but de remplacer du liquide intracellulaire : ces solutions sont en effet hypotoniques comparativement au plasma. On les emploie aussi pour fournir l'eau libre nécessaire à l'excrétion des déchets organiques. Elles servent parfois à traiter l'hypernatrémie ou d'autres troubles provoquant une augmentation de la pression osmotique. Le chlorure de sodium à 0,45 %, avec une osmolalité de 154 mmol/kg, est une des solutions hypotoniques les plus utilisées. Il existe également des solutions hypotoniques contenant de multiples électrolytes. Des infusions excessives de solutions hypotoniques peuvent provoquer une déplétion du liquide intravasculaire, une baisse de la pression artérielle, de l'œdème cellulaire et des lésions cellulaires. Ces solutions exercent moins de pression osmotique que le LEC. Les principales solutions hypotoniques sont présentées dans le tableau 14-8.

Solutions hypertoniques

Pour obtenir une osmolalité totale supérieure à celle du LEC, on peut ajouter du dextrose à 5 % à une solution saline normale ou au lactate Ringer. Toutefois, le dextrose est rapidement métabolisé dans l'organisme, et la solution devient vite isotonique. Par conséquent, l'effet sur le compartiment intracellulaire est temporaire. De la même façon, on peut ajouter du dextrose à 5 % à une solution hypotonique contenant de multiples électrolytes. Une fois le glucose métabolisé, la solution redevient hypotonique.

On administre des solutions aqueuses contenant une plus forte concentration de dextrose (50 % par exemple) pour augmenter l'apport énergétique. Étant très hypertoniques, ces solutions doivent être perfusées dans une veine centrale : le débit sanguin y est rapide et permet leur dilution.

Il existe des solutions salines dont l'osmolalité est supérieure à celle du LEC. Ces solutions attirent l'eau du LIC vers le LEC, et provoquent une diminution du volume des cellules. Si elles sont administrées trop rapidement ou en trop grande quantité, elles peuvent causer un excès de volume extracellulaire et déclencher une surcharge circulatoire ainsi qu'une déshydratation cellulaire. Par conséquent, on doit les administrer avec prudence et, de façon générale, uniquement quand l'osmolalité est dangereusement inférieure à la normale. Les solutions hypertoniques exercent une pression osmotique supérieure à celle du LEC.

Autres substances administrées par voie intraveineuse

Quand les voies gastro-intestinales ne tolèrent pas la nourriture, on peut combler les besoins nutritionnels par voie parentérale, en administrant par exemple de fortes concentrations de glucose, de protéines ou de lipides. Par voie parentérale, on peut aussi administrer des colloïdes, des succédanés du plasma, ainsi que des produits sanguins (culots globulaires, albumine et cryoprécipité, par exemple). Les produits sanguins sont abordés plus en détail dans le chapitre 35 ☞.

Soins et traitements infirmiers prodigués à la personne sous perfusion intraveineuse

Préparation à l'administration d'un traitement par voie intraveineuse

Avant d'effectuer une ponction veineuse, l'infirmière doit avoir appliqué les règles d'hygiène des mains. Elle doit porter des gants et informer la personne de l'intervention qu'elle est sur le point d'exécuter. Elle doit en outre choisir le site le plus approprié et le type de canule qui convient. En faisant ces choix, elle doit tenir compte du type de solution administrée, de la durée prévue du traitement par voie intraveineuse, de l'état de la personne et de l'accessibilité des veines.

Choix du site de ponction

De nombreux sites peuvent servir à l'administration d'un traitement, mais certains ne sont pas faciles d'accès ou présentent des risques. On choisit généralement les veines des membres supérieurs parce qu'elles sont faciles à ponctionner avec des risques minimes pour la personne (figure 14-7 ■). En raison de leur taille et de leur facilité d'accès, les veines métacarpiennes, céphaliques et médianes, ainsi que leurs branches, sont des sites de ponction recommandés. On doit éviter autant que possible les veines de la jambe, à cause des risques de TVP (thrombose veineuse profonde), mais aussi pour faciliter les déplacements de la personne. On évitera également les veines situées à proximité d'un site de perfusion antérieur, les zones de thrombophlébite superficielle, les veines sclérosées ou thrombosées, les sites de shunt artérioveineux. On évitera également de choisir un bras sur lequel se trouve un œdème, une infection, un hématome ou une lésion, ou qui se trouve du côté d'une mastectomie antérieure. Dans ce cas-ci, le débit lymphatique est altéré s'il y a eu résection ganglionnaire.

La veine sous-clavière et la veine jugulaire interne sont les veines centrales généralement utilisées. Il est possible d'accéder à ces veines de plus gros calibre et d'y introduire une canule même si les veines périphériques se sont affaissées à la suite d'un collapsus vasculaire ; ces veines se prêtent à l'administration de solutions hypertoniques ou de grandes quantités de solutions isotoniques en de courts laps de temps. Les risques de complications, comme le pneumothorax, sont cependant beaucoup plus élevés.

Solutions d'eau et d'électrolytes

TABLEAU
14-8

Solutions	Explications
SOLUTIONS ISOTONIQUES	
NaCl à 0,9 % (solution saline isotonique) Na⁺ 154 mmol/L Cl⁻ 154 mmol/L (308 mmol/kg) Certaines préparations contiennent du dextrose à différentes concentrations (le plus souvent à 5 %)	■ Solution isotonique qui augmente le volume du liquide extracellulaire, utilisée dans les états hypovolémiques, dans les efforts de réanimation cardiorespiratoire, dans les états de choc, pour traiter l'acidocétose diabétique, l'alcalose métabolique, l'hypercalcémie, un léger déficit en Na⁺. ■ Fournit un excès de Na⁺ et de Cl⁻; peut causer un excès de volume liquidien et une acidose hyperchlorémique quand on l'administre en trop grande quantité, surtout chez les personnes qui présentent une altération de la fonction rénale, une insuffisance cardiaque ou une surcharge pulmonaire. ■ Ne doit pas être employée comme solution d'entretien, car elle ne fournit que du Na⁺ et du Cl⁻ (en quantités excessives). ■ Quand la préparation contient du dextrose à 5 %, elle est hypertonique par rapport au plasma; apport énergétique: 710 kJ/L. ■ Seule solution pouvant être administrée avec des produits sanguins.
lactate Ringer (solution de Hartmann) Na⁺ 130 mmol/L K⁺ 4 mmol/L Ca⁺⁺ 3 mmol/L Cl⁻ 109 mmol/L Lactate (métabolisé en bicarbonate) 28 mmol/L (274 mmol/kg) Certaines préparations contiennent du dextrose à différentes concentrations	■ Solution isotonique qui contient de multiples électrolytes dans des concentrations semblables à celles qu'on retrouve dans le plasma (ne contient pas de Mg⁺⁺); apport énergétique: 37 kJ/L. ■ Utilisée pour traiter l'hypovolémie, les brûlures et les pertes liquidiennes d'origine biliaire ou diarrhéique ou pour remplacer des pertes sanguines graves. ■ Le lactate est rapidement métabolisé en HCO₃⁻ dans l'organisme. Cette solution ne doit pas être utilisée dans les cas d'acidose métabolique, car le corps pourrait être incapable d'effectuer la conversion. ■ Ne pas administrer lorsque le pH dépasse 7,5, car le bicarbonate se forme lorsque le lactate se décompose, ce qui accentue l'alcalose. ■ Ne pas utiliser dans les cas d'insuffisance rénale, car il contient du potassium et peut provoquer une hyperkaliémie. ■ Similaire au plasma.
Dextrose à 5 % en solution aqueuse Ne contient pas d'électrolytes 50 g de dextrose	■ Solution isotonique qui fournit 710 kJ/L et de l'eau libre, utilisée pour favoriser l'excrétion des solutés par les reins. ■ Utilisée dans le traitement de l'hypernatrémie, des pertes liquidiennes et de la déshydratation. ■ Ne doit pas être utilisée en quantité excessive au début de la période postopératoire (alors que la sécrétion d'ADH augmente en réaction au stress). ■ Ne doit pas être utilisée seule dans le traitement du déficit de volume liquidien, car elle dilue les électrolytes plasmatiques. ■ Contre-indiquée dans les cas de traumatismes crâniens, car elle risque d'accroître la pression intracrânienne. ■ Ne doit pas être utilisée dans la réanimation liquidienne, car elle peut provoquer une hyperglycémie. ■ Doit être utilisée avec précaution chez les personnes présentant une néphropathie ou une insuffisance cardiaque, en raison du risque de surcharge liquidienne. ■ Les solutions sans électrolytes peuvent provoquer un collapsus cardiovasculaire périphérique, de l'anurie chez les personnes présentant une carence en sodium et une augmentation de la perte de liquides organiques. ■ Se convertit en solution hypotonique lorsque le dextrose est métabolisé par le corps. Avec le temps, une solution aqueuse de dextrose à 5 % sans NaCl peut entraîner une intoxication cellulaire par l'eau, car la solution est hypotonique.
SOLUTIONS HYPOTONIQUES	
NaCl à 0,45 % (parfois avec dextrose à 5 %)	■ Fournit du Na⁺, du Cl⁻ et de l'eau libre. ■ L'eau libre favorise l'élimination des solutés par les reins. ■ Ne contient pas d'autres électrolytes que Na⁺ et Cl⁻. ■ Quand la préparation contient du dextrose à 5 %, elle est légèrement hypertonique par rapport au plasma et son apport énergétique est de 710 kJ/L. ■ Utilisée pour corriger une déshydratation hypertonique, une déplétion en Na⁺ et Cl⁻, ainsi qu'une perte en liquides gastriques. ■ Non indiquée dans les cas de déplacements de liquides vers le troisième compartiment ou d'augmentation de la pression intracrânienne. ■ Doit être administrée avec précaution, car elle peut provoquer des déplacements de liquides du réseau vasculaire vers le compartiment intracellulaire, ce qui entraîne un collapsus cardiovasculaire et un accroissement de la pression intracrânienne.
Na⁺ 77 mmol/L Cl⁻ 77 mmol/L (154 mmol/kg)	■ Certaines préparations contiennent du dextrose à différentes concentrations (le plus souvent à 5 %).

Solutions	Explications
SOLUTIONS HYPERTONIQUES	
NaCl à 3 % Na⁺ 513 mmol/L Cl⁻ 513 mmol/L (1 026 mmol/kg)	■ Solution fortement hypertonique, utilisée uniquement pour traiter l'hyponatrémie dans les situations critiques. ■ Doit être administrée lentement et avec prudence, car elle peut provoquer une surcharge du volume intravasculaire et une surcharge pulmonaire. ■ Ne fournit aucune énergie. ■ Aide à retirer l'excédent de liquide intracellulaire.
NaCl à 5 % Na⁺ 855 mmol/L Cl⁻ 855 mmol/L (1 710 mmol/kg)	■ Solution fortement hypertonique utilisée uniquement pour traiter l'hyponatrémie dans les situations critiques. ■ Doit être administrée lentement et avec prudence, car elle peut provoquer une surcharge du volume intravasculaire et une surcharge pulmonaire. ■ Ne fournit aucune énergie.
SOLUTIONS COLLOÏDALES	
Dextran 40 dans une solution saline isotonique ou solution aqueuse de dextrose à 5 %	■ Solution colloïdale utilisée pour le remplissage vasculaire et plasmatique dans la partie intravasculaire du LEC. ■ Réduit la capacité de coagulation en enrobant les plaquettes sanguines. ■ Reste en circulation pendant 6 heures. ■ Utilisée dans le traitement de l'hypovolémie en première phase d'état de choc dans le but d'accroître la pression différentielle, le débit cardiaque et la pression artérielle. ■ Améliore la microcirculation en diminuant l'agrégation des globules rouges. ■ Contre-indiquée dans les cas d'hémorragie, de thrombocytopénie, de néphropathie et de déshydratation grave.

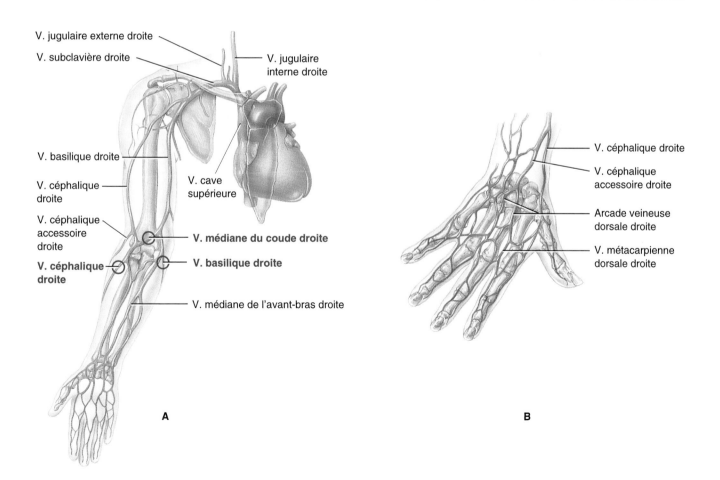

FIGURE **14-7** ■ Sites courants de ponction veineuse. **(A)** Vue antérieure des veines superficielles du bras. **(B)** Vue postérieure des veines superficielles de la main. Source: Adapté de G.J. Tortora et S.R. Grabowski (2000). *Principles of anatomy and physiology*, (9e éd.). John Wiley & Sons, Inc. Traduction française: © ERPI, 2001, p. 758.

Idéalement, on doit examiner attentivement les deux mains et les bras avant de choisir un point de ponction. Autant que possible, la perfusion ne doit pas nuire à la mobilité du membre et ne doit pas, par conséquent, être mise en place au niveau du pli du coude. L'infirmière choisira le site le plus distal en premier, ce qui permettra d'insérer éventuellement d'autres canules dans des sites de plus en plus proximaux. Voici les facteurs à prendre en compte lorsqu'on choisit le point de ponction :

- L'état de la veine
- Le type de liquide ou de médicament administré
- La durée prévue du traitement
- L'âge et la taille de la personne
- Le fait que la personne soit droitière ou gauchère
- Les antécédents médicaux de la personne et son état général
- L'habileté de l'infirmière qui pratique la ponction

Après avoir installé le garrot, on doit palper et inspecter la veine. Celle-ci doit être ferme, élastique, gonflée et ronde. Elle ne doit pas être dure, affaissée ou bosselée. Parce que les artères se situent à proximité des veines dans le pli du coude, il faut palper le vaisseau à la recherche du pouls artériel (même lorsque le garrot est en place) et éviter d'insérer une canule dans les vaisseaux qui présentent des pulsations. Les directives relatives au choix d'une canule sont les suivantes :

- Longueur : de 0,75 à 1,25 pouce
- Diamètre : la canule doit avoir un diamètre étroit pour occuper un minimum d'espace dans la veine
- Calibre : de 20 à 22 pour la plupart des solutions intraveineuses ; calibre plus élevé pour les solutions caustiques ou visqueuses ; de 14 à 18 pour l'administration de sang, pour les victimes d'accident et pour les personnes qui subissent une intervention chirurgicale

C'est dans les veines des mains qu'il est le plus facile d'introduire une canule. La pointe de la canule ne doit pas se trouver dans une région de flexion (comme le pli du coude), ce qui pourrait entraver la libre circulation de la solution intraveineuse.

Choix des dispositifs de ponction veineuse

Les dispositifs utilisés pour accéder aux veines comprennent les cathéters, les systèmes d'administration intraveineuse sans aiguille, les cathéters périphériques « mi-longs » (*midline*) et les cathéters veineux centraux introduits par voie périphérique.

Cathéters La plupart des dispositifs d'accès aux veines périphériques sont des cathéters. Les termes « cathéter » et « canule » sont employés de manière interchangeable. Il existe trois types principaux de cathéters : les aiguilles papillons, les cathéters insérés sur une aiguille creuse et les cathéters insérés à l'intérieur d'une aiguille creuse.

Les *aiguilles papillons* sont des aiguilles métalliques courtes surmontées d'une pièce en plastique en forme de papillon qui permet de les saisir. Elles sont faciles à mettre en place, mais comme elles sont courtes et rigides, elles exposent à des risques d'infiltration. On doit utiliser ces aiguilles papillons seulement pour prélever des échantillons de sang ou administrer des bolus ou des infusions de quelques heures seulement, puisque les risques d'endommager la veine ou d'infiltration sont plus grands. La mise en place d'un cathéter inséré sur une aiguille nécessite une étape supplémentaire consistant à pousser le cathéter dans la veine après la ponction. On préfère souvent ce type de cathéter parce qu'il entraîne des risques d'infiltration moins importants que l'aiguille papillon.

Le cathéter le plus couramment utilisé est le *cathéter inséré sur une aiguille*. On l'introduit dans la veine et on l'oriente grâce à l'aiguille creuse qui dépasse de son extrémité. Lorsque la ponction est effectuée, une petite quantité de sang reflue jusque dans l'enceinte du cathéter. On pousse alors la canule à l'intérieur de la veine par-dessus l'aiguille ; puis, on retire celle-ci. Il existe de nombreux modèles dotés d'aiguilles rétractables, destinés à réduire le risque d'accidents pour le personnel.

Les *cathéters insérés à l'intérieur d'une aiguille* sont souvent appelés intracathéters. Certains sont longs et conviennent bien aux veines centrales. Ils sont toutefois plus difficiles à insérer que les autres cathéters et entraînent plus de risques, car ils doivent être engagés dans la veine sur une longue distance. Seuls les médecins et les infirmières spécialement formées sont autorisés à les introduire.

On utilise pour le traitement par voie intraveineuse de nombreux types de cathéters, qui varient sur différents points : l'épaisseur de la paroi (qui influe sur le débit d'écoulement), la longueur des aiguilles (qui définit la technique d'insertion), la rigidité (qui détermine le temps pendant lequel le cathéter peut rester en place), les dispositifs de sécurité (qui réduisent les risques de blessures provoquées par les aiguilles et l'exposition aux agents infectieux véhiculés dans le sang) et le nombre de voies d'accès (qui détermine le nombre de solutions qu'on peut administrer simultanément). La plupart des cathéters d'accès aux veines périphériques sont en plastique. Ceux qui sont revêtus de téflon (polytétrafluoréthylène) présentent moins de risques d'infection ou de thrombose que ceux qui sont en polyuréthane ou en PVC. La longueur des cathéters avec aiguilles métalliques va de 3/8 de pouce à 1,5 pouce, et leur calibre varie entre 27 à 13. La longueur des cathéters en plastique peut atteindre 5/8 de pouce à 2 pouces, certains pouvant même mesurer jusqu'à 12 pouces, et leur calibre varie entre 27 et 12.

Pour choisir le cathéter qui convient le mieux au traitement, on doit tenir compte des besoins de la personne, ainsi que de la qualité et du prix du cathéter. Tous les appareils doivent être radio-opaques pour qu'on puisse au besoin déterminer leur emplacement précis par radiographie. Tous les cathéters sont thrombogènes, mais certains le sont moins. Leur biocompatibilité, une autre de leurs caractéristiques, diminue les risques d'inflammation et d'irritation. Ceux qui sont en silicone sont les plus bio-inertes.

Systèmes sans aiguille En vue de réduire les risques de piqûres accidentelles et d'exposition au VIH, à l'hépatite et à d'autres affections transmises par le sang, des fabricants ont créé des systèmes d'administration intraveineuse sans aiguille. Ces systèmes sont dotés d'un tube, d'une zone permettant l'insertion du tube à l'intérieur du contenant de liquide intraveineux et d'un adaptateur reliant le tube à l'aiguille. En raison de leur conception, ils peuvent en outre être mis au rebut en toute sécurité. Plusieurs entreprises fabriquent des composants de ce type. Les raccords du cathéter permettent d'effectuer une perfusion simultanée de différents médicaments par voie intraveineuse (perfusion jumelée) sans utiliser d'aiguille (figure 14-8 ■). La technologie évolue et les cathéters traditionnels sont moins populaires. Cependant, le coût élevé des nouveaux dispositifs est un frein à leur adoption dans certains établissements de soins.

Cathéter veineux central introduit par voie périphérique et cathéter périphérique «mi-long» Pour administrer un traitement parentéral à moyen ou à long terme, on utilise généralement un cathéter veineux central introduit par voie périphérique ou un cathéter périphérique «mi-long» (figure 14-9 ■). On emploie aussi ces types de cathéters lorsque l'accès aux veines périphériques est restreint (chez les personnes obèses ou émaciées et chez les utilisateurs de drogues prises par voie intraveineuse) et lorsqu'il faut administrer des antibiotiques ou du sang par voie intraveineuse, ou fournir une alimentation parentérale. Pour qu'on puisse utiliser ces appareils, la veine médiane céphalique, la veine basilique et la veine céphalique doivent être souples (ni sclérosées, ni dures) et ne doivent pas être soumises à plusieurs ponctions.

Si ces veines sont endommagées, il faut songer à accéder à la veine centrale en passant par la veine sous-clavière ou jugulaire interne, ou en implantant chirurgicalement un orifice ou un dispositif d'accès vasculaire. On compare le cathéter veineux central introduit par voie périphérique et le cathéter périphérique «mi-long» dans le tableau 14-9 ■.

Les principes à suivre lorsqu'on insère ces cathéters sont les mêmes que pour les cathéters courts introduits dans les réseaux veineux périphériques. Cependant, ces cathéters ne devraient être mis en place que par des personnes expérimentées et spécialement formées. Au Québec, depuis l'entrée en vigueur, en janvier 2003, de la nouvelle loi sur les infirmières et les infirmiers, les infirmières peuvent procéder à l'insertion du cathéter veineux central par voie périphérique. Pour effectuer l'ensemble des activités cliniques associées à cette mesure effractive, complexe et risquée, elles doivent avoir reçu une formation à cet effet. En plus des lignes directrices concernant l'insertion des cathéters veineux centraux fournies par l'OIIQ (2004), l'Association québécoise d'établissements de santé et de services sociaux a récemment publié, dans sa collection «Programme de soins», un guide précisant les soins et l'entretien des cathéters veineux centraux à l'intention des professionnels de la santé (Hogue, 2006).

Le médecin prescrit l'intraveineuse et la solution administrée. Lorsqu'on insère le cathéter, on doit employer une technique stérile. On détermine la taille de la lumière du

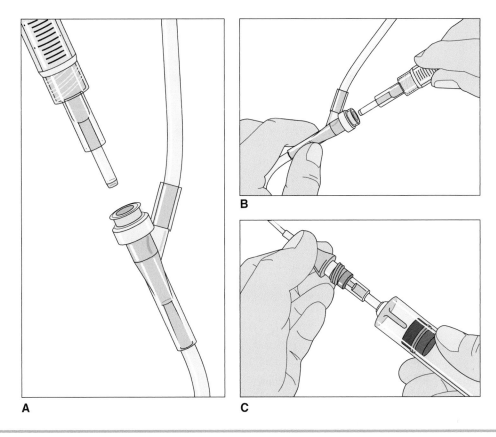

A

B

C

FIGURE 14-8 ■ Exemple de système d'administration intraveineuse sans aiguille (InterLink Syringe Cannula, Baxter Healthcare Corp., Becton Dickinson Division). **(A, B)** La seringue peut être vissée directement au raccord en Y. **(C)** On peut également aboucher la seringue au système pour faire un prélèvement sanguin.

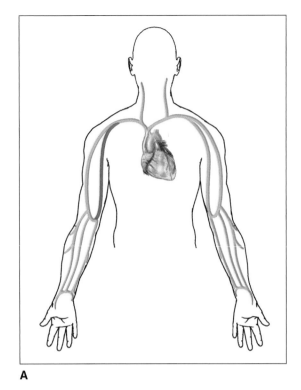 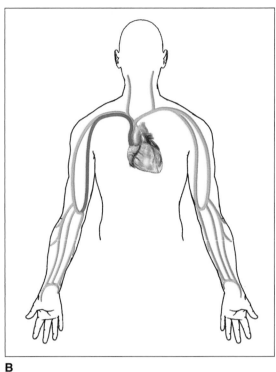

FIGURE 14-9 ■ **(A)** Cathéter veineux central introduit par voie périphérique.
(B) Cathéter périphérique «mi-long».

cathéter à utiliser en fonction du type de solution administrée, de la taille de la personne et des veines choisies. On recommande d'effectuer l'insertion dans la veine du bras dominant de la personne, car le fait de bouger le bras active la circulation sanguine et réduit les risques d'œdème orthostatique.

Enseignement

Sauf dans les situations d'urgence, la personne doit être consultée et renseignée sur l'intervention, à laquelle elle devra donner son consentement. On doit notamment lui décrire brièvement la méthode de ponction veineuse, l'informer de la durée de la perfusion et lui indiquer les activités qui ne sont pas recommandées durant cette période. On doit également lui permettre d'exprimer ses craintes ou de poser des questions. Par exemple, certaines personnes ont peur que leur vie soit menacée si de l'air pénètre dans leurs veines. Comme la tubulure du dispositif de perfusion peut contenir de petites bulles d'air, il appartient à l'infirmière d'expliquer à la personne que seules des quantités relativement grandes d'air injectées rapidement présentent un danger.

Préparation du site de ponction

Avant de préparer la peau, l'infirmière doit vérifier si la personne est allergique au latex ou à l'iode, ces produits étant couramment utilisés dans la préparation d'une ponction veineuse. Pour améliorer la visibilité des veines, favoriser l'adhérence des pansements et faciliter l'insertion du cathéter, il faut parfois raser le site de ponction. Le rasage ne doit toutefois être effectué qu'en cas d'absolue nécessité puisqu'il peut entraîner des microlésions qui risquent de devenir des

portes d'entrée pour les agents pathogènes. L'infection étant une des plus graves complications du traitement intraveineux, le dispositif de ponction, la solution, le contenant et la tubulure doivent être stériles. Il faut nettoyer le site au moyen d'un tampon de providone-iode (Betadine) à 10 % ou d'une solution de gluconate de chlorhexidine pendant 2 à 3 minutes, en allant du centre vers la périphérie, et ensuite laisser la peau sécher avant de procéder à l'intervention. L'usage de l'alcool à 70 % est déconseillé, car il inhibe l'effet de la solution désinfectante. (Si, et seulement si, la personne est allergique à l'iode, on applique des tampons imbibés d'alcool pendant 30 secondes.) Afin de limiter les risques de contact avec le sang de la personne, l'infirmière doit se laver les mains et porter des gants non stériles et jetables lorsqu'elle effectue la ponction.

Insertion du cathéter

La marche à suivre pour effectuer une ponction veineuse est présentée dans l'encadré 14-3 ■. Il se peut qu'on doive modifier cette technique lorsque les veines sont très petites ou particulièrement fragiles. On peut consulter les périodiques ou les ouvrages spécialisés pour s'informer d'autres méthodes de ponction veineuse.

Surveillance clinique

Il appartient à l'infirmière d'assurer le bon déroulement de la perfusion intraveineuse. Pour ce faire, elle doit connaître la solution administrée et les principes de l'écoulement des liquides. Elle doit de plus observer attentivement la personne afin de déceler les signes de complications localisées ou généralisées.

TABLEAU
14-9

Comparaison entre un cathéter veineux central introduit par voie périphérique et un cathéter périphérique « mi-long »

	Cathéter veineux central introduit par voie périphérique	Cathéter périphérique « mi-long »
Indications	■ Alimentation parentérale (PPT) : remplacement de liquide intraveineux ; administration d'agents chimiothérapiques, d'analgésiques et d'antibiotiques ; prélèvements de sang.	■ Alimentation parentérale ; remplacement de liquide intraveineux ; administration d'analgésiques et d'antibiotiques (aucune solution et aucun médicament ayant un pH <5 ou >9 ou une osmolarité >500 mmol/kg) ; prélèvements de sang.
Caractéristiques	■ Cathéters à lumière simple et double mesurant entre 40 et 60 cm ; calibre variable (calibre 16 à 24).	■ Cathéters à lumière simple et double (calibre 16 à 24) mesurant de 7,5 à 20 cm de long. Leur taille peut toutefois augmenter (jusqu'à deux tailles de plus) lorsqu'ils ramollissent au contact du sang.
Matériel	■ Radio-opaque, polymère (polyuréthane). Silastique. Flexible.	■ Silicone, polyuréthane et leurs dérivés.
Points d'insertion	■ Ponction veineuse exécutée dans le pli du coude, au-dessus ou au-dessous de la veine basilique ou dans la veine céphalique du bras dominant. La veine médiane basilique est le site de ponction idéal.	■ Ponction veineuse exécutée à 2 ou 3 largeurs de doigt au-dessus du pli du coude ou à 1 largeur de doigt au-dessous du pli du coude dans la veine céphalique, basilique, ou dans la veine ulnaire médiane.
Emplacement du cathéter	■ L'extrémité du cathéter se trouve dans la veine cave supérieure ou dans la veine brachiocéphalique (figure 14-9A).	■ Entre le pli du coude et la pointe extérieure de la clavicule. Une fois le cathéter inséré, son extrémité se trouve dans la veine sous-clavière, à mi-chemin entre le point d'insertion et la veine cave supérieure (figure 14-9B).
Méthode d'insertion	■ Plusieurs techniques d'insertion peuvent être utilisées selon le fabriquant. La plupart nécessitent toutefois un fil-guide ou un introducteur. ■ On peut effectuer l'insertion au chevet de la personne en utilisant une technique stérile. Il faut obtenir le consentement de la personne. Le bras doit être placé en abduction à un angle de 90 degrés. ■ Le cathéter peut rester en place pendant 12 mois ou plus, sans qu'il y ait de complications.	■ Aucun fil-guide ou introducteur n'est nécessaire. On introduit le cathéter rigide en utilisant l'onglet d'introduction. ■ On peut effectuer l'insertion au chevet de la personne en utilisant une technique stérile. Il faut placer le bras en abduction à un angle de 45 degrés. Il faut obtenir le consentement de la personne. ■ Le cathéter peut rester en place de 2 à 4 semaines.
Complications possibles	■ Mauvaise position ou déplacement du cathéter, pneumothorax, hémothorax, arythmies, dommages aux nerfs ou aux tendons, détresse respiratoire, thrombophlébites ou occlusion du cathéter. Les risques de complications sont réduits lorsque la ponction veineuse est effectuée dans le pli du coude plutôt qu'avec un cathéter central.	■ Thrombose, phlébite, embolie gazeuse, infection, perforation vasculaire, saignement, sectionnement du cathéter, occlusion.
Contre-indications	■ Dermatose, cellulite, brûlure, volume de perfusion élevé, injection en bolus rapide, hémodialyse et thrombose veineuse profonde. On ne peut pas bloquer ce type de cathéter ni mettre le bras en posture antalgique. On ne doit pas mesurer la pression artérielle ni utiliser de garrot là où le cathéter central est inséré.	■ Dermatose, cellulite, brûlure, volume de perfusion élevé, injection en bolus rapide, hémodialyse et thrombose veineuse. On ne doit pas mesurer la pression artérielle ni utiliser de garrot là où le cathéter « mi-long » est inséré.
Entretien du cathéter	■ Changements de pansements stériles conformément aux politiques et procédures de l'établissement. ■ Inspecter le site de ponction. Généralement, on change les pansements 2 ou 3 fois par semaine ou lorsqu'ils sont souillés. Il faut rincer la tubulure toutes les 12 heures avec 3 mL de solution saline, puis avec 3 mL d'héparine (100 U/mL) par voie d'accès.	■ Changements de pansements stériles conformément aux politiques et procédures de l'établissement. ■ Inspecter le site de ponction. Généralement, on change les pansements 2 ou 3 fois par semaine ou lorsqu'ils sont souillés. Il faut rincer la tubulure toutes les 12 heures avec 3 mL de solution saline, puis avec 3 mL d'héparine (100 U/mL). On doit bien fixer le cathéter afin qu'il ne se déloge pas.
Après la mise en place	■ Examiner les radiographies thoraciques pour confirmer la mise en place. ■ Obtenir des radiographies thoraciques si le cathéter ne semble pas perméable, s'il n'y a pas de reflux sanguin, s'il est difficile d'introduire le cathéter, s'il est difficile de retirer le fil-guide ou si celui-ci se tord lors du retrait.	■ Examiner les radiographies thoraciques pour confirmer la mise en place. ■ Obtenir des radiographies thoraciques si le cathéter ne semble pas perméable, s'il n'y a pas de reflux sanguin, s'il est difficile d'introduire le cathéter, s'il est difficile de retirer le fil-guide ou si celui-ci se tord lors du retrait.

	Cathéter veineux central introduit par voie périphérique	Cathéter périphérique «mi-long»
Évaluation	■ Mesurer quotidiennement la circonférence du bras (10 cm au-dessus du point d'insertion) et inspecter le cathéter exposé.	■ Mesurer quotidiennement la circonférence du bras (10 cm au-dessus du point d'insertion) et inspecter le cathéter exposé.
Retrait du cathéter	■ Retirer le cathéter lorsque le traitement est terminé, s'il est contaminé ou si des complications se produisent. ■ Placer le bras en abduction durant l'intervention. ■ Lors du retrait, appliquer une pression au moyen d'un pansement stérile et couvrir le site de ponction d'un onguent antiseptique. Changer le pansement toutes les 24 heures jusqu'à ce qu'une épithélialisation se produise.	■ Retirer le cathéter lorsque le traitement est terminé, s'il est contaminé ou si des complications se produisent. ■ Placer le bras en abduction durant l'intervention. ■ Lors du retrait, appliquer une pression au moyen d'un pansement stérile et couvrir le site de ponction d'un onguent antiseptique. Changer le pansement toutes les 24 heures jusqu'à ce qu'une épithélialisation se produise.
Avantages	■ Coûts et nombre de ponctions veineuses à effectuer moins élevés qu'avec un cathéter introduit dans une veine centrale. Diminution des risques d'infections liés au cathéter.	■ Coûts et nombre de ponctions veineuses à effectuer moins élevés qu'avec un cathéter introduit dans une veine centrale. Diminution des risques d'infections liés au cathéter.

TABLEAU 14-9

Comparaison entre un cathéter veineux central introduit par voie périphérique et un cathéter périphérique «mi-long» (suite)

Facteurs influant sur le débit des liquides intraveineux

Le débit d'un liquide intraveineux est soumis aux principes généraux qui régissent le mouvement des liquides.

■ Le débit est directement proportionnel à la hauteur à laquelle est placé le liquide. On peut donc accélérer l'écoulement en élevant le sac de solution.

■ Le débit est directement proportionnel au diamètre de la tubulure. La pince qui se trouve sur la tubulure en modifie le diamètre, ce qui permet de régler le débit. Le calibre de l'aiguille a aussi une influence sur le débit, une aiguille de gros calibre l'accélérant, une aiguille de petit calibre le ralentissant.

■ Le débit est inversement proportionnel à la longueur de la tubulure. On peut donc le ralentir en ajoutant une tubulure de rallonge.

■ Le débit est inversement proportionnel à la viscosité du liquide. Les solutions visqueuses, comme le sang, exigent une canule de plus gros calibre que les solutions aqueuses.

Régulation du débit

Comme de nombreux facteurs influent sur le débit des solutions qui s'écoulent par gravité, on doit fréquemment vérifier les perfusions afin de s'assurer que le liquide administré est toujours à la vitesse désirée. On devrait marquer le sac de solution au moyen d'un ruban adhésif afin de vérifier d'un coup d'œil si la bonne quantité de solution a été perfusée. On règle le débit au début de la perfusion, puis on le vérifie au moins toutes les heures. Pour calculer le débit, on doit déterminer le nombre de gouttes par millilitre. Ce nombre varie selon le matériel utilisé; il est généralement indiqué sur l'emballage du dispositif de perfusion. On se sert de la formule présentée dans l'encadré 14-3 pour déterminer le nombre de gouttes par minute.

On doit rincer le dispositif vasculaire pour assurer sa perméabilité et empêcher que ne se mélangent des médicaments ou des solutions incompatibles. Ce rinçage doit être effectué à des intervalles prédéterminés, conformément aux politiques et procédures de l'hôpital, en particulier pour les cathéters utilisés de façon intermittente. La plupart des fabricants et des chercheurs (LeDuc, 1997) suggèrent d'employer une solution saline isotonique pour le rinçage. Le volume de la solution de rinçage doit être égal à au moins deux fois la capacité volumique du cathéter. Il faut bloquer ce dernier avant que la seringue soit complètement vide, puis le retirer afin de prévenir un reflux sanguin dans la lumière qui pourrait provoquer une coagulation dans le conduit.

De nombreux dispositifs de perfusion électronique ont été conçus pour simplifier l'infusion intraveineuse. Ces dispositifs permettent d'obtenir un débit plus précis que les systèmes habituels d'écoulement par gravité. On peut ainsi utiliser une pompe, un appareil à pression positive qui permet d'infuser les solutions grâce à la pression. La pression exercée par la pompe annule la résistance vasculaire.

Dans les pompes volumétriques, le volume infusé est calculé au moyen d'un réservoir gradué en millilitres par heure (mL/h). Un contrôleur de perfusion est un dispositif d'aide à la perfusion qui dépend de la gravité. Il se règle en gouttes par minute. Il est doté d'un détecteur de gouttes permettant de réguler le débit. Pour être utilisées en toute sécurité, les pompes doivent être dotées d'un détecteur indiquant la présence d'air dans le système et dans les occlusions. On considère que la perfusion d'une solution ou d'un médicament au moyen d'une pompe à perfusion électronique est précise si elle présente un écart d'au plus 5 %. Le mode d'emploi des pompes volumétriques ou des contrôleurs de perfusion diffère selon les modèles. On doit donc lire soigneusement les instructions du fabricant. L'utilisation de tels dispositifs ne dispense pas de l'obligation de surveiller régulièrement l'état de la personne et de s'assurer du bon déroulement de la perfusion.

RECOMMANDATIONS

Mise en place d'une perfusion intraveineuse

INTERVENTIONS INFIRMIÈRES	JUSTIFICATIONS SCIENTIFIQUES

Préparation

1. Vérifier l'ordonnance du médecin, l'étiquette de la solution et l'identité de la personne.

2. Expliquer l'intervention à la personne.

3. Se laver les mains et enfiler des gants jetables qui ne sont pas en latex.

4. Placer un garrot entre 10 et 15 cm au-dessus du point de ponction et trouver une veine appropriée.

5. Choisir le point de ponction. Utiliser les veines de la main ou du bras en premier lieu.

6. Choisir le dispositif.

7. Fixer le sac de solution à la tubulure et laisser la solution s'écouler pour expulser l'air, puis couvrir l'extrémité de la tubulure.

8. Placer le lit de façon à pouvoir travailler à l'aise et à assurer le confort de la personne; ajuster l'éclairage. Placer le bras de la personne au-dessous du niveau du cœur afin de favoriser le remplissage capillaire. Placer sur le lit un piqué à usage unique, sous le bras de la personne.

1. Une vérification minutieuse permet d'éviter des erreurs graves.

2. Les explications rassurent la personne et favorisent une meilleure coopération de sa part.

3. L'asepsie est essentielle pour prévenir les infections. Le port des gants évite d'exposer l'infirmière au sang de la personne, ainsi que d'exposer la personne et l'infirmière au latex.

4. Le garrot fait gonfler la veine, ce qui la rend plus facile à repérer.

5. Bien choisir le site de ponction augmente les chances de réussite et réduit les risques de perforation de la veine. Utiliser les sites distaux en premier lieu de façon à conserver les sites proximaux pour le cas où d'autres ponctions seraient nécessaires. Éviter les veines des pieds et des jambes à cause du risque de thrombophlébite et pour faciliter les déplacements.

6. On doit choisir la longueur et le calibre du cathéter en fonction du point de ponction et des indications de la perfusion. On doit utiliser le plus petit calibre et la plus petite longueur d'aiguille possibles pour administrer la solution prescrite.

7. Prévient les délais. Le matériel doit être prêt à être raccordé après une ponction veineuse réussie afin de prévenir la coagulation.

8. L'adoption d'une bonne position corporelle tant par l'infirmière que par la personne contribue au bien-être de celle-ci et accroît les chances de réussite de la ponction.

Méthode

1. Selon les politiques et procédures de l'établissement, on injecte de 0,1 à 0,2 mL de lidocaïne à 1 % (sans adrénaline) dans le site de perfusion ou on applique une crème analgésique transdermale (EMLA) sur le site de ponction 60 minutes avant l'introduction de l'intraveineuse ou le prélèvement de sang. Une injection intradermique de bactériostatique à 0,9 % de chlorure de sodium peut avoir un effet anesthésique local.

2. Interroger la personne sur sa sensibilité au latex; s'il y a lieu, utiliser un brassard à pression artérielle plutôt qu'un garrot en latex.

3. Appliquer un garrot ou un brassard à pression artérielle entre 15 et 20 cm au-dessus du point de ponction. Vérifier s'il y a un pouls radial sous le garrot. Demander à la personne d'ouvrir et de refermer la main à quelques reprises ou placer son bras en position déclive pour bien dilater la veine.

1. Réduit la douleur causée par l'intervention et atténue l'anxiété qu'elle suscite.

2. Diminue les risques de réactions allergiques.

3. Le garrot fait gonfler la veine, ce qui la rend plus facile à ponctionner; on doit éviter de trop le serrer, ce qui pourrait bloquer la circulation artérielle. S'il est trop serré, on ne pourra pas palper de pouls radial près du garrot. Chez les personnes âgées, on peut utiliser un brassard à pression artérielle afin de prévenir la rupture des veines. Le fait de serrer le poing rend la veine ronde et saillante. Le fait de placer le bras au-dessous du niveau du cœur favorise le remplissage capillaire. L'application d'une compresse chaude peut aussi favoriser la vasodilatation.

Mise en place d'une perfusion intraveineuse (*suite*)

INTERVENTIONS INFIRMIÈRES	JUSTIFICATIONS SCIENTIFIQUES
4. S'assurer que la personne n'est pas allergique à l'iode. Préparer le site de ponction en le nettoyant pendant 2 à 3 minutes au moyen d'un tampon de gluconate de chlorhexidine ou de providone-iode et en faisant un mouvement circulaire, du centre vers la périphérie. Laisser sécher. a) S'il y a beaucoup de poils sur le point de ponction, les raser. (Vérifier les politiques et procédures de l'établissement avant d'effectuer le rasage.)	4. Une asepsie rigoureuse et une préparation soignée du point de ponction sont essentielles pour prévenir les infections.
5. Saisir le cathéter d'une main, immobiliser le membre de l'autre main et tendre la peau qui recouvre la veine avec le pouce ou un autre doigt.	5. Tendre la veine aide à la stabiliser et réduit les risques de perforation.
6. Tenir le cathéter de façon à former un angle de 5 à 25 degrés, en fonction de la profondeur de la veine, le biseau vers le haut; traverser la peau et faire avancer l'aiguille jusqu'à la veine sans la faire pénétrer.	6. L'aiguille endommage moins la peau et la veine si le biseau est placé vers le haut. Pour une veine superficielle, l'angle du cathéter par rapport au bras doit être plus aigu; pour une veine plus profonde située dans les tissus sous-cutanés, l'angle doit être plus grand.
7. Réduire l'angle de l'aiguille jusqu'à ce qu'elle soit presque parallèle à la peau et la faire pénétrer dans la veine, soit par le dessus, soit par le côté, d'un mouvement rapide.	7. On suit deux étapes pour réduire les risques de perforation de la paroi postérieure de la veine. On ne doit pas tenter de réinsérer le stylet à cause des risques de perforation ou de sectionnement du cathéter.
8. En cas de reflux sanguin, réduire l'angle et pousser l'aiguille. Si on utilise un cathéter inséré sur une aiguille, effectuer les étapes supplémentaires suivantes: a) Avancer l'aiguille de 0,6 cm après une ponction veineuse réussie. b) Saisir la garde de l'aiguille et glisser le cathéter sur l'aiguille pour le faire pénétrer dans la veine. Ne jamais réinsérer l'aiguille dans un cathéter de plastique ou retirer le cathéter si l'aiguille est encore en place. c) Retirer l'aiguille en exerçant une légère pression sur la peau, au niveau de l'extrémité du cathéter; maintenir la garde du cathéter en place.	8. Si la veine est petite, il est possible qu'on n'observe pas de reflux sanguin. On réduit l'angle afin de diminuer les risques de perforation de la paroi postérieure de la veine. a) En poussant juste un peu l'aiguille, on s'assure que le cathéter en plastique a bien pénétré dans la veine. b) Si on réinsère l'aiguille ou si on retire le cathéter avec l'aiguille encore en place, on risque de sectionner le cathéter et de provoquer une embolie. c) Exercer une légère pression avant que la tubulure ne soit fixée prévient le saignement.
9. Détacher le garrot et fixer la tubulure au cathéter. Ouvrir la pince pour permettre l'infusion.	9. On doit fixer la tubulure rapidement afin d'éviter la formation d'un caillot dans le cathéter. Après deux tentatives d'insertion ratées, on recommande de faire appel à une personne plus expérimentée de façon à prévenir les traumatismes inutiles et à ne pas réduire le nombre de points de ponction possibles pour les futurs accès vasculaires.
10. Placer sous la garde du cathéter un tampon de gaze stérile de 5 cm sur 5 cm.	10. La gaze joue le rôle de champ stérile.
11. Fixer solidement le cathéter avec du ruban adhésif.	11. On stabilise le cathéter pour éviter qu'il ne se déloge ou n'irrite la veine.
12. Couvrir le site de ponction d'un pansement transparent, d'un diachylon ou d'un tampon de gaze stérile; utiliser un ruban adhésif anti-allergène en évitant d'entourer le bras.	12. Un ruban adhésif qui entoure le bras peut avoir les effets d'un garrot.
13. Former une petite boucle à la partie inférieure de la tubulure et la fixer au pansement.	13. La boucle réduit les risques de déplacer le cathéter en accrochant la tubulure par inadvertance.
14. Couvrir le site de ponction avec un pansement respectant les politiques et procédures de l'établissement. On peut utiliser un tampon de gaze stérile ou un pansement transparent.	14. Les pansements transparents sont utiles parce qu'il n'est pas nécessaire de les retirer pour évaluer le point de ponction en cas de phlébites, d'infiltration et d'infections.
15. Inscrire sur le pansement le type de cathéter et sa longueur, ainsi que la date, l'heure et les initiales de la personne qui l'a mis en place.	15. Ces renseignements facilitent les observations et l'arrêt de la perfusion en toute sécurité.
16. Installer, au besoin, une plaque coussinée de taille appropriée afin de soutenir le bras de la personne dans les zones de flexion.	16. Si le cathéter est bien fixé, le débit d'écoulement sera approprié (les tests neurovasculaires permettent d'évaluer si les fonctions nerveuse, musculaire et vasculaire sont affectées par l'immobilisation).

17. Calculer et régler le débit de la perfusion. Utiliser la formule suivante pour en calculer le débit par heure :

$$\left[\frac{\text{gouttes/ml (selon le dispositif de perfusion)}}{\text{60 min (dans une heure)}}\right] \times \frac{\text{volume horaire total}}{} = \text{gouttes/min}$$

18. Inscrire au dossier le site de ponction, le type et la taille du cathéter, le nombre d'essais d'insertion, l'heure, la solution perfusée et la réaction de la personne à l'intervention.

17. Il faut bien régler le débit afin de prévenir les infusions excessives ou insuffisantes, et pour s'assurer que la solution est administrée en toute sécurité. Pour calculer le débit, il faut connaître le volume de la solution administrée, la durée de la perfusion, ainsi que le calibre du dispositif de perfusion (qui se trouve sur l'emballage des tubules; 10, 12, 15 ou 60 gouttes sont nécessaires pour administrer 1 mL de solution).

18. Les renseignements inscrits au dossier facilitent les soins.

Arrêt de la perfusion

Le retrait d'un cathéter intraveineux présente deux dangers : l'hémorragie et l'embolie. Afin de prévenir les saignements abondants, on doit tenir une compresse sèche et stérile sur le site de ponction pendant qu'on retire le cathéter, puis exercer une pression ferme jusqu'à ce que le saignement cesse.

Lorsqu'un cathéter en plastique est sectionné, un morceau peut s'en détacher, se rendre jusqu'au ventricule droit, entraver la circulation sanguine et provoquer une embolie. Afin de déceler cette complication, l'infirmière doit retirer doucement le cathéter en plastique et en mesurer la longueur pour s'assurer qu'il est intact.

On doit faire preuve d'une extrême prudence quand on utilise des ciseaux autour du pansement. Si on constate qu'un cathéter a été sectionné, on peut tenter d'empêcher que la partie sectionnée n'atteigne la circulation générale en bloquant immédiatement la veine au-dessus du site de ponction. Pour ce faire, on applique un garrot jusqu'au moment de l'extraction chirurgicale. Toutefois, il est toujours préférable de prévenir les complications qui peuvent avoir des conséquences fatales. Dans ce cas-ci, les mesures de prévention sont heureusement très simples :

- Éviter d'employer des ciseaux près du cathéter.

- Éviter de retirer le cathéter quand l'aiguille d'insertion est encore en place.

- Suivre attentivement les directives du fabricant (couvrir la pointe de l'aiguille avec le dispositif de protection pour prévenir le sectionnement du cathéter).

Complications locales

Malheureusement, plusieurs complications locales et généralisées peuvent survenir lors des traitements intraveineux. Les principales complications localisées sont l'infiltration et l'extravasation, la phlébite, la thrombophlébite, l'hématome et la formation d'un caillot à l'intérieur du cathéter.

Infiltration et extravasation L'*infiltration* est l'administration accidentelle d'une solution ou de médicaments dans les tissus sous-cutanés. Elle peut survenir lorsque le cathéter se déplace ou perfore la paroi de la veine. L'infiltration se caractérise par un œdème autour du site d'insertion, une perte de liquides intraveineux au site de ponction, un malaise, un refroidissement de la peau dans la zone d'infiltration et un ralentissement considérable du débit de perfusion. Si la solution est particulièrement irritante, on observe parfois une inflammation des tissus. Il est donc essentiel de vérifier attentivement le point d'insertion et la peau autour de celui-ci de façon à dépister l'infiltration avant que ses effets ne s'aggravent.

On reconnaît facilement l'infiltration lorsque la région est œdématiée, mais tel n'est pas toujours le cas. On croit souvent à tort qu'un reflux sanguin dans la tubulure indique que le cathéter est bien placé à l'intérieur de la veine. Toutefois, lorsque seule la pointe du cathéter a traversé la paroi de la veine, la solution peut continuer de circuler dans la veine tout en s'infiltrant dans les tissus. Il y a donc à la fois reflux sanguin et infiltration. Pour confirmer la présence d'une infiltration, mieux vaut placer un garrot au-dessus ou en amont du point de ponction et le serrer suffisamment pour réduire le débit veineux : si le liquide continue de s'écouler, il y a infiltration.

Aussitôt une infiltration détectée, on doit mettre fin à la perfusion et retirer le cathéter. On doit ensuite inspecter soigneusement le point de ponction afin de déterminer l'ampleur de l'infiltration, puis appliquer un pansement stérile. L'infiltration de produits sanguins, en quelque quantité que ce soit, est la forme la plus grave d'infiltration. Certaines substances nécessitent une intervention d'urgence.

Il faut entreprendre l'infusion sur un nouveau site de ponction ou en amont de l'infiltration si on utilise le même membre. Si de petites quantités de solution non caustiques se sont infiltrées sur une longue période, on peut appliquer une compresse chaude sur le bras à l'endroit du site de ponction. On doit élever le membre atteint afin de stimuler l'absorption de la solution. Si l'infiltration est récente, on peut appliquer une compresse froide sur la région. Afin de déceler et traiter rapidement une infiltration, on inspecte le point de ponction toutes les heures à la recherche des symptômes suivants : rougeur, douleur, œdème, reflux sanguin, refroidissement du point d'insertion et drainage de la solution intraveineuse du site de ponction. On peut prévenir cette complication en utilisant le type et la taille de cathéter qui conviennent à la veine. L'infirmière doit informer la personne des complications possibles et l'inviter à signaler l'apparition de tout signe ou symptôme particulier au site d'insertion du cathéter.

Pour décrire l'infiltration, on peut utiliser l'échelle d'infiltration normalisée suivante (Alexander, 2000) :

0 = Aucun symptôme

1 = Peau pâle, œdème de moins de 3 cm dans n'importe quelle direction, froide au toucher, avec ou sans douleur

2 = Peau pâle, œdème de 3 à 15 cm dans n'importe quelle direction, froide au toucher, avec ou sans douleur

3 = Peau pâle, translucide, œdème de plus de 15 cm dans n'importe quelle direction, froide au toucher, douleur faible à modérée, possibilité d'engourdissement

4 = Peau pâle, décolorée, translucide, tendue, transpiration, hématome, œdème de plus de 15 cm dans n'importe quelle direction, œdème qui prend le godet, circulation altérée dans la région touchée, douleur modérée à forte, infiltration d'un produit sanguin (en quelque quantité que ce soit)

L'*extravasation* est similaire à l'infiltration. Elle se produit lorsqu'une solution ou un médicament irritant est administré par inadvertance dans les tissus sous-cutanés. Des médicaments comme la dopamine, les préparations de calcium et les agents de chimiothérapie peuvent causer de la douleur, des brûlures et des rougeurs au site de ponction. Des boursouflures, une inflammation et une nécrose des tissus peuvent survenir. L'ampleur des dommages tissulaires dépend de la concentration du médicament administré, de la quantité extravasée, de l'emplacement du site d'infusion, de la réaction des tissus et de la durée du processus d'extravasation.

Dès qu'on observe une extravasation, on doit interrompre la perfusion et mettre en œuvre le protocole prévu par l'établissement dans ce cas. Ce protocole définit les traitements à entreprendre, notamment les antidotes spécifiques au médicament extravasé. Il détermine s'il faut ou non retirer le dispositif de perfusion avant le traitement. En général, il prévoit d'infiltrer le site d'infusion au moyen de l'antidote prescrit, après l'évaluation du médecin, et d'appliquer des compresses chaudes ou froides, selon le médicament infusé. Il ne faut pas introduire d'autre cathéter dans ce membre. On doit évaluer régulièrement et de façon exhaustive les signes neurovasculaires des membres affectés.

Afin de déterminer les incompatibilités et le potentiel irritant de la solution, on peut consulter les politiques et procédures en matière d'administration intraveineuse, ainsi que le tableau de compatibilité des médicaments en vigueur dans l'établissement. Pour réduire les risques et la gravité de l'extravasation, il faut inspecter le site d'infusion attentivement et fréquemment, éviter d'introduire des dispositifs de perfusion dans les régions de flexion, bien fixer le tube intraveineux et utiliser le plus petit cathéter possible, selon la veine. De plus, lorsqu'on administre des médicaments irritants par voie intraveineuse, il faut passer par la tubulure en Y du système de perfusion, ce qui dilue la substance injectée et réduit ainsi la gravité des dommages des tissus en cas d'extravasation. On doit toujours attribuer à celle-ci une cote de 4 sur l'échelle normalisée d'infiltration.

Phlébite La phlébite est l'inflammation d'une veine résultant d'une irritation chimique ou mécanique, ou des deux. Elle se caractérise par de la chaleur, de la douleur, une rougeur et une tuméfaction au point de ponction ou le long de la veine. Les risques de phlébite augmentent en fonction des facteurs suivants: durée de la perfusion, composition de la solution ou du médicament infusé (en particulier son pH et son osmolalité), taille du cathéter et site où il est inséré, inefficacité du filtre, insertion inadéquate du cathéter et

introduction de microorganismes au moment de l'insertion. Des critères d'évaluation de la phlébite sont présentés dans l'encadré 14-4 ■ (Alexander, 2000).

Le traitement de la phlébite consiste à mettre fin à la perfusion et à la reprendre à un autre point. On doit appliquer une compresse chaude et humide sur le site affecté par la phlébite.

Thrombophlébite La thrombophlébite est l'inflammation d'une veine associée à la présence d'un caillot. Les signes de la thrombophlébite sont les suivants: douleur, rougeur, chaleur et tuméfaction au point de ponction ou le long de la veine, immobilité du membre due à une position inconfortable et à un faible taux d'écoulement, fièvre, malaises et hyperleucocytose.

Le traitement de la thrombophlébite consiste à mettre fin à la perfusion, à appliquer dans un premier temps une compresse froide afin de réduire le débit sanguin et d'accroître l'agrégation des plaquettes sanguines, à mettre ensuite une compresse chaude sur la veine, à élever le membre et à reprendre la perfusion sur l'autre membre.

On peut prévenir la thrombophlébite en évitant d'endommager la veine lors de la ponction veineuse, en examinant le point de ponction toutes les heures et en vérifiant la compatibilité des médicaments ajoutés.

Hématome L'hématome est la conséquence d'une infiltration de sang dans les tissus situés autour du point de ponction. L'infiltration peut résulter d'une perforation de la paroi opposée de la veine pendant la ponction veineuse, d'un déplacement de l'aiguille qui la fait sortir de la veine, ou d'une pression insuffisante sur le point de ponction après le retrait de l'aiguille ou du cathéter. Les signes de l'hématome sont notamment les ecchymoses, une tuméfaction immédiate du point de ponction et un écoulement sanguin au site de ponction.

ENCADRÉ 14-4

EXAMEN CLINIQUE

Phlébite	

ÉVALUATION	CRITÈRES CLINIQUES
0	Aucun signe ou symptôme
1	Érythème au point d'insertion avec ou sans douleur
2	Douleur au point d'insertion Érythème, œdème, ou les deux
3	Douleur au point d'insertion Érythème, œdème, ou les deux Formation de stries Cordon veineux palpable (3 cm ou moins)
4	Douleur au point d'insertion avec érythème Formation de stries Cordon veineux palpable (plus de 3 cm) Exsudat purulent

Source: Infusion Nursing Standards of Practice (2000). *Journal of Intravenous Nursing*, 23(6S), S56-S69.

Pour traiter l'hématome, on doit : retirer l'aiguille ou le cathéter et exercer une pression sur le site au moyen d'un pansement stérile ; faire des applications de glace de 20 minutes maximum, pendant 24 heures, pour éviter que l'hématome ne grossisse, puis appliquer une compresse chaude pour accroître l'absorption du sang ; examiner le point de ponction et entamer une nouvelle ponction sur l'autre membre, au besoin. Afin de prévenir l'hématome, on doit insérer l'aiguille avec prudence ; on doit faire preuve d'une plus grande prudence encore lorsque la personne présente des troubles de saignement, prend des anticoagulants ou souffre d'une affection hépatique chronique.

Coagulation et obstruction Des caillots sanguins peuvent se former dans le cathéter si la tubulure est coudée, si le débit de perfusion est très faible, si le sac est vide ou si le dispositif de perfusion n'a pas été rincé après des administrations intermittentes de solutions ou de médicaments. Les signes sont une diminution du débit de perfusion et un reflux sanguin dans la tubulure.

S'il y a des caillots de sang dans la canule, on doit mettre fin à la perfusion et pratiquer une nouvelle ponction ailleurs au moyen d'un nouveau cathéter et d'un nouveau dispositif. On ne doit pas irriguer la tubulure. On ne doit ni élever le contenant de la solution ni accroître le débit de perfusion. On ne doit pas aspirer le caillot de la tubulure. On peut prévenir la formation de caillot dans la canule ou dans l'aiguille en s'assurant que le sac n'est jamais vide, en fixant la tubulure au moyen de ruban adhésif, ce qui empêche qu'il se déforme et perde sa perméabilité, en conservant un débit de perfusion approprié et en rinçant la tubulure après des administrations intermittentes de solutions ou de médicaments différents. Dans certains cas, une infirmière spécialement formée ou un médecin peuvent injecter un agent thrombolytique dans le cathéter afin d'éliminer l'occlusion résultant de la présence de fibrine ou de sang coagulé.

Complications systémiques

Les complications généralisées sont moins fréquentes que les complications locales, mais elles sont souvent plus graves. Les complications généralisées sont notamment la surcharge liquidienne, l'embolie gazeuse, les réactions fébriles et l'infection.

Surcharge liquidienne Une surcharge liquidienne du système circulatoire peut provoquer une augmentation de la pression artérielle et de la pression veineuse centrale. Les signes et symptômes d'une surcharge liquidienne sont notamment : crépitants à l'auscultation pulmonaire, dyspnée, tachypnée superficielle, pouls rapide et bondissant, turgescence de la veine jugulaire droite, œdème déclive et gain de poids. La surcharge liquidienne peut être causée par l'infusion rapide d'une grande quantité de solution intraveineuse. Les personnes souffrant d'insuffisance cardiaque, d'une BPCO ou d'une insuffisance rénale de stade terminal y sont particulièrement exposées. Le risque de surcharge liquidienne et d'œdème aigu du poumon est particulièrement élevé chez les personnes âgées qui souffrent d'une insuffisance cardiaque.

Le traitement d'une surcharge liquidienne consiste à réduire le débit de perfusion, à surveiller fréquemment les signes vitaux, à évaluer les bruits respiratoires, à placer la personne atteinte dans la position assise et les jambes pendantes. Cette position a pour effet de diminuer le retour veineux au cœur. Si une surcharge liquidienne survient, on doit immédiatement en informer le médecin. On peut prévenir cette complication en utilisant une pompe à perfusion et en surveillant attentivement toutes les infusions. Les complications de la surcharge liquidienne sont notamment l'insuffisance cardiaque et l'œdème aigu du poumon.

Embolie gazeuse Il existe toujours des risques d'embolie gazeuse, même si cette complication est relativement rare. Elle est le plus souvent associée à l'insertion d'un cathéter dans une veine centrale. L'embolie gazeuse se manifeste, entre autres, par une dyspnée et une cyanose, une hypotension, un pouls faible et rapide, une perte de conscience, et des douleurs à la poitrine, à l'épaule et au bas du dos. Pour la corriger, on doit immédiatement bloquer le cathéter, placer la personne du côté gauche dans la position de Trendelenburg, évaluer ses signes vitaux et ses bruits respiratoires et lui administrer de l'oxygène. On peut la prévenir en posant un embout Luer-Lok sur tous les tubes, en remplissant complètement la tubulure de solution et en utilisant un détecteur d'air sur la pompe intraveineuse. Les complications de l'embolie gazeuse sont notamment le choc et la mort. On ne sait pas exactement quelle quantité d'air peut causer la mort chez les humains, mais il semble que la vitesse à laquelle l'air pénètre dans la circulation ait autant d'importance que le volume d'air.

Septicémie et autres infections La présence de substances pyrogènes dans la solution de perfusion ou dans le dispositif d'administration peut provoquer une réaction fébrile et une septicémie. Les signes et symptômes de septicémie sont notamment les suivants : hyperthermie soudaine apparaissant peu après le début de la perfusion, douleur au dos, céphalée, accélération des fréquences cardiaque et respiratoire, nausées et vomissements, diarrhées, anxiété et tremblements, et malaise généralisé. Dans les cas graves, un collapsus vasculaire et un choc infectieux peuvent survenir. La septicémie a pour cause la contamination des solutions intraveineuses ou l'inobservance des règles de l'asepsie, en particulier chez les personnes immunodéprimées. Le traitement est symptomatique et comprend une culture de la canule, de la tubulure ou de la solution, ainsi que l'établissement d'un nouveau site de ponction veineuse pour l'administration de médicaments ou de solutions (voir le chapitre 15 🔗 pour en savoir plus sur le choc septique).

Il est essentiel de prendre des mesures de prévention des infections au moment de la mise en place de la perfusion, ainsi que pendant toute la durée du traitement. Les principales mesures de prévention des infections sont les suivantes :

- Se laver soigneusement les mains avant tout contact avec la personne ou avec n'importe quelle partie du système de perfusion.

- Examiner le sac de solution afin de déceler les fissures ou les fuites ; vérifier si la solution est trouble, ce qui est un signe de contamination.

- Respecter strictement les règles de l'asepsie.

- Fixer solidement le cathéter afin d'éviter qu'il ne se déplace.

- Examiner quotidiennement le point d'insertion du cathéter et remplacer le pansement trempé et sale par un pansement stérile et sec.

- Retirer le cathéter au premier signe d'inflammation, de contamination ou de complication.

- Remplacer le cathéter toutes les 48 à 72 heures ou conformément aux indications.

- Remplacer aussitôt que possible un cathéter mis en place dans une situation d'urgence, alors que le respect rigoureux des règles de l'asepsie n'était pas assuré.

- Utiliser un filtre expulseur d'air à 0,2 micron et un filtre de rétention de bactéries et de particules pour administrer des solutions qui ne contiennent pas de lipides. On peut installer le filtre à l'extrémité proximale ou distale du dispositif de perfusion. Ajouté à l'extrémité proximale entre le contenant de la solution et la pointe de la tubulure, le filtre assure la stérilité du dispositif et le retrait des particules du contenant, tout en empêchant que de l'air soit infusé par inadvertance. Ajouté à l'extrémité distale du dispositif de perfusion, il retient les particules d'air et les contaminants introduits par l'ajout d'autres dispositifs ou par les interruptions du système principal.

- Remplacer le sac de solution et le dispositif de perfusion conformément aux politiques et procédures de l'établissement.

- Perfuser les solutions ou les médicaments dans les 24 heures suivant leur introduction dans le dispositif de perfusion; sinon, les jeter.

- Remplacer les dispositifs de perfusion principaux ou secondaires toutes les 72 heures; les remplacer immédiatement en cas de contamination.

- Remplacer les dispositifs de perfusion principaux intermittents toutes les 24 heures; les remplacer immédiatement en cas de contamination.

Favoriser les soins à domicile et dans la communauté

Enseigner les autosoins On doit parfois administrer le traitement par voie intraveineuse à domicile. Dans ces circonstances, c'est à la personne et à sa famille que revient la gestion quotidienne des soins. L'enseignement est essentiel pour que la personne et sa famille soient en mesure de gérer correctement l'administration par voie intraveineuse et la perfusion en prévenant toute forme de complications. Dans les instructions écrites ainsi que dans les démonstrations, on doit mettre l'accent sur les principaux éléments que doivent retenir la personne et sa famille.

Assurer le suivi Une vaste gamme de traitements peuvent donner lieu à des infusions à domicile: traitements à base d'antibiotiques, d'analgésiques et de médicaments antinéoplasiques, administration de sang ou de composants sanguins et alimentation parentérale. Lorsque la personne ne peut pas effectuer ses traitements elle-même, on doit prendre les dispositions nécessaires pour qu'une infirmière se rende à son domicile. Non seulement l'infirmière administre le traitement et surveille la perfusion, mais elle effectue aussi une évaluation complète de l'état de la personne et continue à lui enseigner, à elle ainsi qu'à sa famille, les habiletés nécessaires à la supervision du traitement. Il faut expliquer les changements de régime alimentaire qui s'imposent par suite des déséquilibres hydroélectrolytiques.

EXERCICES D'INTÉGRATION

1. Un homme âgé de 40 ans, atteint d'un ulcère gastroduodénal, explique qu'il souffre de vomissements et de nausées, que sa bouche est sèche et qu'il ressent des douleurs abdominales depuis 2 jours. Sa PA est de 92/64 et son pouls de 120. Les résultats de laboratoire indiquent un taux sérique de sodium de 125 mmol/L, un taux urinaire de sodium de 5 mmol/L et une osmolalité sérique de 270 mmol/kg. Selon vous, quelle solution intraveineuse doit-on prescrire à cette personne? Pour quelles raisons? Quelles sont les interventions infirmières pertinentes dans le cadre de l'administration de cette solution?

2. Une femme âgée de 30 ans se présente à l'urgence. Sa température est de 39,4 °C. Elle a une toux productive depuis 4 jours et est atteinte d'une dyspnée qui ne cesse de s'aggraver. Les résultats de laboratoire sont les suivants: globules blancs = 20 000, pH = 7,59, $PaCO_2$ = 26, PaO_2 = 40, SaO_2 = 80, HCO_3^- = 20, Na^+ = 140, K^+ = 4,2, Cl^- = 106, CO_2 = 20. De quel déséquilibre acidobasique cette femme souffre-t-elle? Quels sont les électrolytes touchés par ce déséquilibre? Quelles interventions liées au trouble sous-jacent et à son traitement l'infirmière doit-elle prévoir?

3. Une femme âgée de 48 ans dit souffrir d'essoufflements qui vont en empirant depuis 3 mois, à tel point qu'elle ne peut plus utiliser son tapis roulant. Elle ne fume pas. Les radiographies pulmonaires ne révèlent rien de particulier. Elle ne prend pas de médicaments. Les analyses des gaz artériels donnent les résultats suivants: pH = 7,41,

$PaCO_2$ = 37 mm Hg, PaO_2 = 94 mm Hg, HCO_3^- = 23 mm Hg, sphygmooxymétrie = 98 %. Comment interprétez-vous ces résultats? En fonction de ces résultats, quels soins et traitements infirmiers donnerez-vous?

4. Un homme âgé de 84 ans et souffrant de confusion est transféré d'un CHSLD au centre hospitalier. Il est fiévreux. Voici les données cliniques qu'on obtient au moment de son admission: température = 39,4 °C, PA = 154/96, fréquence du pouls = 110, muqueuses sèches. Les examens de laboratoire donnent notamment les résultats suivants: Na^+ sérique = 184 mmol/L, osmolalité urinaire = 640 mmol/kg; la culture et l'analyse de l'urine présentent une pyurie et plusieurs types de bactéries. La perfusion intraveineuse au point de ponction situé sur la veine métacarpienne dorsale droite est infiltrée. Quelle méthode d'administration intraveineuse doit-on prévoir? Quels sont les facteurs qui contribuent probablement à l'hypernatrémie de cet homme? Quelles interventions infirmières doit-on entreprendre dans le cadre du traitement du déséquilibre hydroélectrolytique de cet homme?

5. Un homme âgé de 65 ans, souffrant de longue date d'une BPCO grave, est admis à l'hôpital pour une insuffisance rénale imminente. Quels sont les effets d'une BPCO sur les déséquilibres acidobasiques qui accompagnent généralement une insuffisance rénale? Quelles sont les observations et les évaluations infirmières recommandées en raison de l'occurrence de ces deux troubles?

RÉFÉRENCES BIBLIOGRAPHIQUES

en anglais • en français

Adrogue, H.J., & Madias, N.E. (2000a). Hyponatremia. *New England Journal of Medicine, 342*(21), 1581–1589.

Alexander, M. (2000). Infusion Nursing Standards of Practice. *Journal of Intravenous Nursing, 23*(6), Suppl. S5–S88.

Beck, L.H. (2000). The aging kidney. Defending a delicate balance of fluid and electrolytes. *Geriatrics, 55*(4), 26–28, 31–32.

Cohn, J.N., Kowey, P.R., Whelton, P.K., & Prisant, L.M. (2000). New guidelines for potassium replacement in clinical practice: A contemporary review by the National Council on Potassium in Clinical Practice. *Archives of Internal Medicine, 160*(16), 2429–2436.

Epstein, S.K., & Singh, N. (2001). Respiratory acidosis. *Respiratory Care, 46*(4), 366–383.

Fall, P.J. (2000). Hyponatremia and hypernatremia. A systematic approach to causes and their correction. *Postgraduate Medicine, 107*(5), 75–82.

Foster, G.T., Vaziri, N.D., & Sassoon, C.S. (2001). Respiratory alkalosis. *Respiratory Care, 46*(4), 384–391.

Gennari, F.J. (1998). Hypokalemia. *New England Journal of Medicine, 339*(7), 451–458.

Handanos, D. (2001). L'administration intraveineuse des médicaments à domicile. *Le Médecin du Québec, 36*(6), 83-90.

Hogue, L. (2006). *Cathéters veineux centraux: soins et entretien à l'intention des professionnels de la santé.* Montréal: Association québécoise d'établissements de santé et de services sociaux.

Karch, A.M. (2002). *Lippincott's nursing drug guide.* Philadelphia: Lippincott Williams & Wilkins.

Khanna, A., & Kurtzman, N.A. (2001). Metabolic alkalosis. *Respiratory Care, 46*(4), 354–365.

Kraut, J.A., & Madias, N.E. (2001). Approach to patients with acid-base disorders. *Respiratory Care, 46*(4), 392–403.

Kugler, J.P., & Hustead, T. (2000). Hyponatremia and hypernatremia in the elderly. *American Family Physician, 61*(12), 3623–3630.

LeDuc, K. (1997). Efficacy of normal saline solution versus heparin solution for maintaining patency of peripheral intravenous catheters in children. *Journal of Emergency Nursing, 23*(4), 306–309.

Macklin, D. (2000). Removing a PICC. *American Journal of Nursing, 100*(1), 52–54.

Marx, S.J. (2000). Hyperparathyroid and hypoparathyroid disorders. *New England Journal of Medicine, 343*(25), 1863–1875.

Metheny, N.M. (2000). *Fluid and electrolyte balance: Nursing considerations* (4th ed.). Philadelphia: Lippincott Williams & Wilkins.

Millam, D. (2000). On the road to successful venipuncture. *Nursing, 30*(4), 34–48.

Moureau, N., & Zonderman, A. (2000) Does it always have to hurt? Premedications for adults and children for use with intravenous therapy. *Journal of Intravenous Nursing, 23*(4), 213–219.

Ordre des infirmières et infirmiers du Québec. (2004). Lignes directrices: application de techniques invasives par les infirmières et les infirmiers, insertion du cathéter veineux central introduit par voie périphérique. Montréal: OIIQ.

Perazella, M.A. (2000). Drug-induced hyperkalemia: Old culprits and new offenders. *American Journal of Medicine, 109*(4), 307–314.

Porth, C.M. (2002). *Pathophysiology: Concepts of altered health states* (6th ed.). Philadelphia: Lippincott Williams & Wilkins.

Swenson, E.R. (2001). Metabolic acidosis. *Respiratory Care, 46*(4), 342–353.

Wilcox, C.S. (1999). Metabolic and adverse effects of diuretics. *Seminars in Nephrology, 19*(6), 557–568.

En complément de ce chapitre, vous trouverez sur le Compagnon Web:
- une bibliographie exhaustive;
- des ressources Internet.

Adaptation française
Lyne Cloutier, inf., M.Sc.
Professeure, Département des
sciences infirmières – Université
du Québec à Trois-Rivières

CHAPITRE

15

État de choc et défaillance multisystémique

Objectifs d'apprentissage

Après avoir étudié ce chapitre, vous pourrez:

1. Décrire l'état de choc et sa physiopathologie.

2. Comparer les observations cliniques des phases compensatrice et évolutive de l'état de choc.

3. Décrire les lésions organiques qui peuvent accompagner l'état de choc.

4. Comparer les chocs hypovolémique, cardiogénique et vasoplégique sur le plan des causes, des effets physiopathologiques, du traitement médical et de l'intervention infirmière.

5. Donner les indications pour les différentes solutions de remplacement.

6. Nommer les médicaments vasoactifs utilisés pour le traitement de l'état de choc et décrire les soins et traitements infirmiers associés à leur utilisation.

7. Expliquer l'importance du soutien nutritionnel dans toutes les formes de l'état de choc.

8. Expliquer le rôle de l'infirmière dans le soutien psychologique à donner à la personne en état de choc et à sa famille.

9. Décrire les défaillances multisystémiques.

L'état de choc met en danger la vie de la personne et peut avoir des causes très variées. Il se caractérise par une irrigation tissulaire inadéquate qui, à défaut d'être traitée, peut entraîner la mort des cellules. L'infirmière qui s'occupe d'une personne en état de choc ou menacée d'un état de choc doit comprendre les mécanismes qui sous-tendent un tel état et savoir en reconnaître les symptômes les plus subtils comme les plus évidents. La rapidité et la précision de l'évaluation et de la réaction de l'infirmière influent considérablement sur le rétablissement.

Il y a **état de choc**, ou choc, lorsque la pression artérielle générale ne fournit pas suffisamment d'oxygène et de nutriments pour soutenir les organes vitaux et la fonction cellulaire (Mikhail, 1999). Le débit sanguin dans les tissus est satisfaisant si les trois éléments suivants sont présents :

- Une bonne pompe cardiaque
- Un système vasculaire efficace
- Un volume sanguin suffisant

Si l'un de ces éléments est déficient, le débit sanguin dans les tissus sera compromis. Faute d'être traitée, une irrigation tissulaire inadéquate entraîne un approvisionnement cellulaire insuffisant en oxygène et en nutriments, le dépérissement des cellules puis leur mort. La détérioration des cellules ou leur destruction entraîne la défaillance des organes et finalement la mort de la personne.

Qu'est-ce que l'état de choc ?

L'état de choc touche tous les systèmes de l'organisme. Il peut progresser rapidement ou lentement, selon la cause sous-jacente. Tant qu'il est dans cet état, le corps lutte pour survivre, faisant appel à tous ses mécanismes homéostasiques pour restaurer le débit cardiaque et l'irrigation tissulaire. Toute agression contre l'organisme peut créer une série d'événements qui entraînent une diminution de l'irrigation tissulaire. Par conséquent, l'état de choc constitue un risque pour presque toutes les personnes atteintes de quelque affection que ce soit.

L'infirmière doit procéder à un examen systématique et continu de la personne en état de choc. Bon nombre de ses interventions exigent une collaboration étroite entre tous les membres de l'équipe de soins et reposent sur les ordonnances médicales. Il revient à l'infirmière d'anticiper ces ordonnances, car celles-ci doivent être exécutées avec célérité et exactitude.

CLASSIFICATION DES ÉTATS DE CHOC

On peut classer les différents types d'états de choc suivant l'étiologie. On distingue ainsi : (1) le **choc hypovolémique**, (2) le **choc cardiogénique** (ou **cardiogène**) et (3) le **choc vasoplégique**. Certains auteurs définissent une quatrième catégorie, le choc obstructif, qui résulte de troubles entraînant un obstacle à la circulation sanguine dans le système circulatoire central, malgré une fonction myocardique et un volume intravasculaire normaux ; ce type de choc peut être dû à une embolie pulmonaire, à une tamponnade cardiaque, à une dissection aortique ou à un pneumothorax sous tension. Ces auteurs considèrent ces troubles obstructifs comme des exemples de chocs cardiogéniques non coronariens.

Le choc hypovolémique survient lorsqu'il y a diminution du volume intravasculaire. Le choc cardiogénique survient quand la capacité de pompage du cœur est affectée, l'origine pouvant être coronarienne ou non. Le choc vasoplégique survient lorsque les mécanismes de régulation vasculaire de la répartition du débit sanguin sont perturbés.

VOCABULAIRE

Choc anaphylactique : choc vasoplégique résultant d'une réaction allergique grave qui produit une vasodilatation généralisée et une hypovolémie relative.

Choc cardiogénique (ou cardiogène) : état de choc résultant d'une insuffisance ou d'une défaillance du myocarde.

Choc hypovolémique : état de choc résultant d'une diminution du volume intravasculaire due à une perte de liquide.

Choc neurogénique (ou neurogène) : état de choc résultant de la perte du tonus sympathique et entraînant une hypovolémie relative.

Choc septique : état de choc vasoplégique résultant d'une infection généralisée et entraînant une hypovolémie relative.

Choc vasoplégique : état de choc résultant d'un déplacement du volume sanguin qui entraîne une hypovolémie relative et un apport en oxygène insuffisant dans les cellules ; aussi appelé choc vasogénique ou choc distributif.

Colloïde : solution intraveineuse contenant des molécules trop grosses pour traverser la membrane capillaire.

Cristalloïde : solution électrolytique se déplaçant librement entre les compartiments intracellulaire et interstitiel.

État de choc (ou choc) : état physiologique correspondant à une insuffisance du débit sanguin dans les tissus et les cellules.

Médiateurs chimiques : substances libérées par une cellule pour créer une action dans une zone immédiate ou transportées par le sang dans une zone éloignée avant d'être activées (par exemple les cytokines).

Syndrome de réponse inflammatoire systémique (SRIS) : réponse inflammatoire généralisée en l'absence d'infection, qui entraîne une hypovolémie relative et une diminution de l'irrigation cellulaire.

FONCTION CELLULAIRE NORMALE

Le métabolisme énergétique a lieu à l'intérieur des cellules de l'organisme, où les nutriments sont décomposés chimiquement et entreposés sous forme d'adénosine triphosphate (ATP). Les cellules utilisent l'énergie ainsi entreposée pour accomplir les fonctions nécessaires, telles que le transport actif (pompe à sodium-potassium), la contraction musculaire et la synthèse biochimique, de même que des fonctions spécialisées comme la conduction de l'influx nerveux. La synthèse de l'ATP peut se faire dans des conditions aérobies (en présence d'oxygène) ou dans des conditions anaérobies (en l'absence d'oxygène). En présence d'oxygène (aérobie), le glucose libère une quantité d'ATP bien plus élevée qu'en son absence et constitue, par conséquent, un moyen plus efficace de produire de l'énergie. De plus, le métabolisme anaérobie entraîne l'accumulation d'un produit terminal toxique, l'acide lactique, qui doit être retiré de la cellule et transporté dans le foie, où il est converti en glucose et en glycogène.

PHYSIOPATHOLOGIE

Lorsqu'une personne est en état de choc, les cellules souffrent d'un apport sanguin insuffisant et sont privées d'oxygène et de nutriments. Elles doivent donc produire de l'énergie dans des conditions anaérobies, d'où une faible quantité d'énergie produite par les nutriments et un environnement intracellulaire qui s'acidifie rapidement. Ces changements entraînent un arrêt des fonctions cellulaires normales (figure 15-1 ■). La cellule se gonfle et sa membrane devient plus perméable, laissant s'écouler ou s'infiltrer les électrolytes et les liquides.

La pompe à sodium-potassium se détériore et les structures cellulaires, notamment les mitochondries, sont altérées, ce qui provoque la mort cellulaire.

Réponses vasculaires

L'oxygène se fixe à la molécule d'hémoglobine dans les globules rouges, et le sang l'achemine vers les cellules de l'organisme. La quantité d'oxygène transportée vers les cellules dépend à la fois du débit sanguin dans la zone considérée et de la concentration d'oxygène dans le sang. Le sang est recyclé en permanence dans les poumons; il est réoxygéné et débarrassé des produits terminaux du métabolisme cellulaire, comme le gaz carbonique. Le muscle cardiaque est la pompe qui propulse jusqu'aux tissus le sang fraîchement oxygéné. Cette circulation sanguine est facilitée par un système vasculaire sophistiqué et dynamique, composé d'artères, d'artérioles, de vaisseaux capillaires, de veines et de veinules. La vasodilatation ou la vasoconstriction peut survenir grâce aux mécanismes locaux ou centraux de régulation. Les mécanismes de régulation centraux stimulent la dilatation ou la constriction du système vasculaire, ce qui maintient une pression artérielle adéquate. Les mécanismes locaux, qu'on désigne sous le terme d'«autorégulation», stimulent la vasodilatation ou la vasoconstriction en réponse aux **médiateurs chimiques** (par exemple les cytokines) que la cellule libère pour communiquer ses besoins en oxygène et en nutriments (Jindal, Hollenberg et Dellinger, 2000). Un médiateur chimique est une substance libérée soit par la cellule lésée, soit par une cellule immunitaire comme un granulocyte ou un macrophage. La substance déclenche une réaction locale ou se déplace vers la zone affectée avant d'être activée.

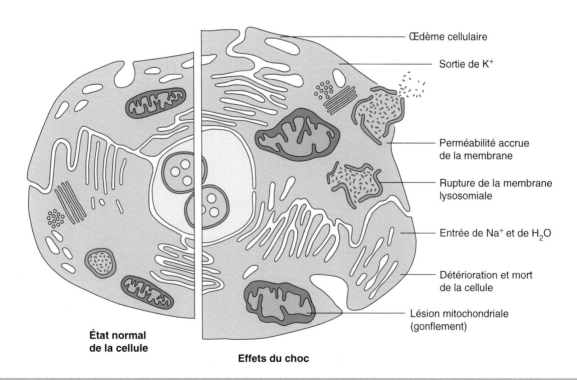

État normal de la cellule

Effets du choc

Œdème cellulaire
Sortie de K$^+$
Perméabilité accrue de la membrane
Rupture de la membrane lysosomiale
Entrée de Na$^+$ et de H$_2$O
Détérioration et mort de la cellule
Lésion mitochondriale (gonflement)

FIGURE 15-1 ■ Effets de l'état de choc sur les cellules. Les cellules se gonflent et leur membrane devient plus perméable, laissant s'écouler ou s'infiltrer les électrolytes et les liquides. Les mitochondries et les lysosomes sont lésés, et les cellules meurent.

Régulation de la pression artérielle

Trois grandes composantes du système circulatoire – le volume sanguin, la pompe cardiaque et le système vasculaire – doivent interagir pour maintenir une bonne pression artérielle et pour, finalement, assurer l'irrigation sanguine des tissus.

Une interaction complexe entre les systèmes de rétroaction neurologique, chimique et hormonal régule la pression artérielle en agissant sur le débit cardiaque et la résistance vasculaire. Cette relation s'exprime par l'équation suivante :

$$\text{pression artérielle moyenne} = \text{débit cardiaque} \times \text{résistance vasculaire}$$

Le débit cardiaque est déterminé par le volume d'éjection systolique (la quantité de sang éjectée à la systole) multiplié par la fréquence cardiaque. La résistance vasculaire est déterminée par le diamètre des artérioles, la viscosité du sang et la longueur totale des vaisseaux.

Le débit de la circulation sanguine dans les tissus et les organes dépend de la pression artérielle moyenne (PAM). Bien que celle-ci ne puisse être calculée précisément qu'à l'aide de méthodes complexes, l'encadré 15-1 ■ donne une formule pratique, à usage clinique, qui permet d'en faire une estimation. La PAM doit dépasser 70 à 80 mm Hg pour que les cellules reçoivent l'oxygène et les nutriments dont l'organisme a besoin afin de produire l'énergie nécessaire au maintien des fonctions vitales (Balk, 2000*a*).

La pression artérielle est régulée par les barorécepteurs (cellules nerveuses spécialisées), qui sont situés dans le sinus carotidien et l'arc aortique. Ces récepteurs transmettent les impulsions au centre cardiovasculaire du bulbe rachidien qui stimule alors le système nerveux sympathique. Lorsque la pression artérielle chute, les glandes surrénales libèrent les catécholamines (adrénaline et noradrénaline) sous l'action du système nerveux sympathique. En réponse à cette stimulation, la fréquence cardiaque s'accélère et une vasoconstriction se produit dans les vaisseaux périphériques, ce qui rétablit la pression artérielle. Les chimiorécepteurs, également situés dans l'arc aortique et les sinus carotidiens, régulent la pression artérielle et la fréquence respiratoire grâce au même mécanisme, en réponse aux changements des concentrations d'oxygène et de gaz carbonique dans le sang. Ces mécanismes de régulation primaires réagissent aux changements de pression artérielle à tout instant.

ENCADRÉ 15-1

Formule pour estimer la pression artérielle moyenne (PAM)

$$\text{PAM} = \frac{\text{PA systolique} + 2 \, (\text{PA diastolique})}{3}$$

Exemple : PA de la personne = 125/75 mm Hg

$$\text{PAM} = \frac{125 + (2 \times 75)}{3} = 92^*$$

*Résultat arrondi au chiffre supérieur

Les reins jouent également un rôle important dans la régulation de la pression artérielle : ils libèrent de la rénine, enzyme nécessaire à la conversion de l'angiotensinogène en angiotensine I. L'enzyme de conversion de l'angiotensine (ECA) libérée par les poumons assure ensuite la conversion de l'angiotensine I en angiotensine II, qui est un vasoconstricteur très actif. L'angiotensine II stimule la libération de l'aldostérone à partir du cortex surrénal, favorisant de ce fait la rétention du sodium et de l'eau. L'augmentation subséquente de la concentration de sodium dans le sang stimule ensuite la libération de l'hormone antidiurétique (ADH) par l'hypophyse. L'ADH favorise également la rétention hydrique, ce qui permet d'augmenter le volume sanguin et la pression artérielle. Il peut s'écouler des heures, voire des jours, avant que ces mécanismes de régulation secondaires réagissent aux changements de pression artérielle.

Pour résumer, un volume sanguin suffisant, une pompe cardiaque et un système vasculaire efficaces sont nécessaires au maintien de la pression artérielle et de l'irrigation tissulaire. L'organisme est capable de compenser une défaillance d'un de ces éléments en faisant davantage travailler les deux autres (figure 15-2 ■). Lorsque les mécanismes de compensation ne fonctionnent plus, les tissus sont insuffisamment irrigués et l'état de choc survient. Faute d'une intervention rapide, le choc progresse vers la dysfonction puis la défaillance des organes, pour finalement entraîner la mort.

Phases de l'état de choc

Le syndrome de l'état de choc peut être vu comme un continuum au cours duquel la personne lutte pour survivre. Pour comprendre les réactions physiologiques ainsi que les signes et symptômes cliniques qui s'ensuivent, on peut diviser ce continuum en phases distinctes : phase compensatrice, phase évolutive et phase irréversible. (Même si plusieurs auteurs faisant autorité en la matière définissent une phase initiale, les changements qui surviennent à ce stade ont lieu au niveau cellulaire et ne sont généralement pas détectables cliniquement.) Plus l'intervention médicale et infirmière est précoce, plus les chances de survie de la personne sont élevées.

PHASE COMPENSATRICE

Au cours de la phase compensatrice, la pression artérielle demeure dans les limites de la normale. La vasoconstriction, l'augmentation de la fréquence cardiaque et une contractilité accrue du cœur contribuent à maintenir un débit cardiaque acceptable. Ce phénomène résulte de la stimulation du système nerveux sympathique qui permet la libération des catécholamines (adrénaline et noradrénaline). La réponse de la personne est souvent décrite comme une « réaction de lutte ou de fuite ». L'organisme dirige le sang des organes comme la peau, les reins et le tractus gastro-intestinal vers le cerveau et le cœur afin d'assurer un apport sanguin suffisant à ces organes vitaux. En conséquence, la peau est froide et moite, les bruits intestinaux sont hypoactifs et le débit urinaire diminue en réaction à la libération de l'aldostérone et de l'ADH.

PHYSIOLOGIE/PHYSIOPATHOLOGIE

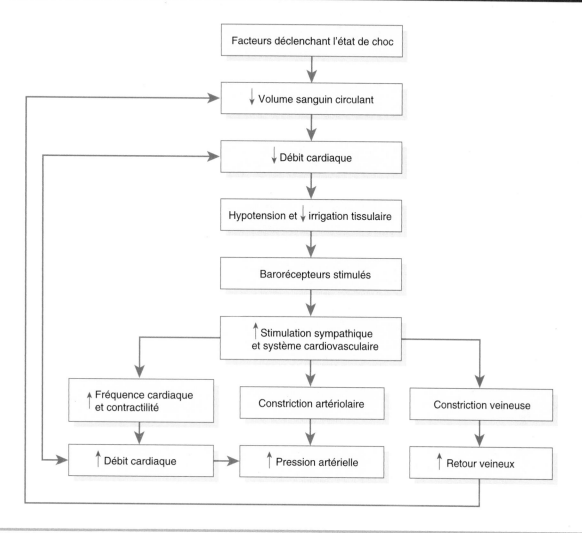

FIGURE **15-2** ■ Mécanismes de compensation rétablissant le volume de sang circulant pendant un état de choc. Source: K. Jones (1996). Shock, dans J.M. Clochesy, C. Breu *et al.* (dir.). *Critical care nursing* (2e éd.). Philadelphie: W.B. Saunders Company.

Manifestations cliniques

Malgré une pression artérielle normale, la personne présente de nombreux signes cliniques révélant une perfusion insuffisante des organes (tableau 15-1 ■). Une mauvaise irrigation entraîne un métabolisme anaérobie et une accumulation d'acide lactique, ce qui produit une acidose métabolique. En réaction à cette acidose métabolique, la fréquence et l'amplitude respiratoires augmentent. L'élimination de l'excès de gaz carbonique est alors facilitée, mais accroît simultanément le pH sanguin et provoque souvent une alcalose respiratoire compensatrice. L'alcalose entraîne un changement de l'état mental, pouvant notamment se traduire par de l'irritabilité ou de l'agressivité. L'alcalose respiratoire entraîne également la dilatation des artérioles. Si le traitement commence à cette phase de l'état de choc, le pronostic est bon.

Traitement médical

Le traitement médical vise à déterminer l'étiologie de l'état de choc, à corriger le trouble sous-jacent pour arrêter l'évolution de cet état de choc et à soutenir les processus physiologiques qui ont, jusque-là, bien réagi à la menace. Les mécanismes de compensation ne pouvant pas être maintenus indéfiniment de manière efficace, il faut prendre des mesures thérapeutiques, telles que la réanimation hydrique et l'administration de médicaments, pour maintenir une pression artérielle satisfaisante de même que pour restaurer et conserver une bonne irrigation tissulaire.

Soins et traitements infirmiers

Afin d'améliorer le pronostic, on doit intervenir le plus tôt possible lorsque l'état de choc se produit. Pendant la phase

TABLEAU
15-1

Observations cliniques selon les phases de l'état de choc

Observation	Phase compensatrice	Phase évolutive	Phase irréversible*
État de conscience	■ Agitation, irritabilité	■ Léthargie, confusio	■ Coma
Pupilles	■ Pupilles égales, légère mydriase, réaction normale à la lumière	■ Pupilles égales, mydriase, réaction ralentie à la lumière	■ Pupilles parfois inégales, mydriase fixe ou réaction très lente à la lumière
Pression artérielle	■ Normale	■ Systolique: < 80-90 mm Hg	■ Nécessite un soutien mécanique ou pharmacologique
Fréquence cardiaque	■ >100 bpm, pouls bondissant, rythme régulier	■ >150 bpm, faible amplitude, arythmies	■ Arythmies ou asystole
Respiration	■ Fréquence: 20 resp./min ■ Amplitude: augmentée ■ Rythme régulier ■ Auscultation: murmures vésiculaires (MV) normaux	■ Fréquence: >30 resp./min ■ Amplitude: superficielle ■ Rythme régulier ou irrégulier ■ Auscultation: diminution des MV et présence de crépitants	■ Intubation endotrachéale nécessaire ■ Ventilation mécanique assistée nécessaire
Peau	■ Froide et moite (peut être chaude et rouge dans les cas de choc septique)	■ Marbrée, cyanosée, présence de pétéchies	■ Marbrée, cyanosée, présence de pétéchies, ictère
Bruits intestinaux	■ Diminués	■ Absents	■ Absents
Débit urinaire	■ En diminution, mais dans les limites de la normale	■ < 0,5 mL/kg/h	■ Anurie; nécessite la dialyse
Équilibre acidobasique	■ Alcalose respiratoire	■ Acidose métabolique grave	■ Acidose métabolique

* Dans cette phase, on trouve aussi tous les signes et symptômes de la phase évolutive.

compensatrice, les interventions de l'infirmière sont les suivantes: surveiller l'état hémodynamique de la personne et signaler rapidement au médecin tout écart par rapport à la normale; aider à repérer et à traiter les troubles sous-jacents grâce à un examen clinique approfondi et continu; administrer les liquides et les médicaments prescrits; et, enfin, contribuer à assurer la sécurité de la personne en état de choc. Les signes vitaux sont des indicateurs clés de l'état hémodynamique de la personne, même si le contrôle de la pression artérielle permet de surveiller seulement de façon indirecte l'hypoxie tissulaire. Par conséquent, l'infirmière doit procéder à un examen clinique systématique fréquent des personnes qui sont menacées d'état de choc afin de pouvoir déceler les signes et symptômes subtils de la phase compensatrice avant que la pression artérielle ne chute.

Surveiller l'irrigation tissulaire

Pour évaluer l'irrigation tissulaire, l'infirmière observe les changements du niveau de conscience, les signes vitaux (y compris la pression différentielle), le débit urinaire, les bruits intestinaux, les murmures vésiculaires, la peau et les constantes biologiques. Dans la phase compensatrice, le taux de sodium et la glycémie sont élevés, car ils répondent à la libération de l'aldostérone et des catécholamines.

La pression différentielle correspond bien au débit systolique, soit à la quantité de sang expulsée à chaque contraction des ventricules. On la calcule en soustrayant la pression diastolique de la pression systolique. Normalement, la pression différentielle se situe entre 30 et 40 mm Hg (Mikhail, 1999). Une pression différentielle diminuée ou en baisse (appelée aussi PA pincée) est un signe plus précoce d'état de choc que la chute de la pression systolique. Elle permet de déceler tôt un débit systolique en baisse, comme l'illustre l'exemple qui suit:

Pression différentielle normale:

pression systolique		pression diastolique		pression différentielle
120 mm Hg	–	80 mm Hg	=	40 mm Hg

Pression différentielle en baisse:

pression systolique		pression diastolique		pression différentielle
90 mm Hg	–	70 mm Hg	=	20 mm Hg

Lorsque le volume d'éjection, la pression artérielle et le débit cardiaque diminuent, des mécanismes compensatoires se mettent en place rapidement. Ces mécanismes comprennent entre autres la libération de catécholamines et la vasoconstriction périphérique. Ils ont pour objectif l'augmentation du retour veineux et comme conséquence l'augmentation de la pression artérielle diastolique, d'où la PA pincée.

> **⚠ ALERTE CLINIQUE** *Lorsque la pression artérielle chute, il existe déjà des lésions cellulaires et tissulaires. Par conséquent, il faut examiner attentivement la personne menacée d'état de choc et établir une surveillance clinique étroite même si sa pression artérielle est encore dans les limites de la normale.*

Réduire l'anxiété

La personne en état de choc est souvent anxieuse, en raison de la grave menace qui pèse sur sa santé et son bien-être et des nombreux intervenants qui s'affairent autour d'elle. Les changements physiologiques (comme l'alcalose respiratoire) peuvent également contribuer à cet état. L'infirmière l'aide à améliorer son bien-être physique et mental, en lui expliquant brièvement le diagnostic et le traitement, en la soutenant au cours des interventions et en l'informant des résultats escomptés.

Favoriser la sécurité

L'infirmière doit notamment veiller à ce que la sécurité de la personne en état de choc ne soit pas mise en péril, car son anxiété et l'altération de ses facultés mentales nuisent à son discernement. Au cours de cette phase, les personnes qui jusque-là coopéraient et suivaient les instructions données peuvent retirer leurs intraveineuses ou leurs cathéters et ainsi compliquer leur situation. Par conséquent, une surveillance étroite est essentielle.

PHASE ÉVOLUTIVE

Dans la phase évolutive de l'état de choc, les mécanismes qui régulent la pression artérielle ne parviennent plus à compenser la défaillance. La pression différentielle et la PAM chutent au-dessous de la normale, et la pression systolique moyenne est inférieure à 90 mm Hg (Abraham *et al.*, 2000).

Physiopathologie

À ce stade, bien que tous les organes souffrent d'hypoperfusion, deux phénomènes font progresser l'état de choc. En premier lieu, le cœur est surmené et devient dysfonctionnel. L'organisme est incapable de répondre à la demande accrue en oxygène, ce qui provoque une ischémie, et les neurotransmetteurs entraînent une dépression myocardique (Kumar, Haery et Parrillo, 2000; Price *et al.*, 1999). Il en résulte une défaillance de la pompe cardiaque, même si les causes sous-jacentes de l'état de choc ne sont pas d'origine cardiaque. En second lieu, la fonction d'autorégulation de la microcirculation s'effondre en réaction aux nombreux médiateurs chimiques libérés par les cellules. On observe alors une perméabilité capillaire accrue ainsi que des zones de constriction artériolaires et veineuses qui détériorent encore plus l'irrigation tissulaire. À ce stade, le pronostic s'aggrave. Le relâchement des sphincters précapillaires entraîne des fuites de liquide des capillaires, créant un œdème interstitiel et entraînant un retour veineux plus faible vers le cœur. Même si les causes sous-jacentes du choc sont renversées, la défaillance du système circulatoire lui-même perpétue l'état de choc, et un cercle vicieux s'installe.

Examen clinique et examens paracliniques

Les chances de survie de la personne dépendent de son état de santé général avant le choc, ainsi que du temps qui s'écoule avant que l'irrigation cellulaire soit restaurée. À mesure que l'état de choc progresse, les systèmes de l'organisme décompensent (tableau 15-2 ■).

Traitement médical

Les soins et les traitements de l'état de choc dans sa phase évolutive dépendent du type de choc et de ses causes sous-jacentes. Le plan thérapeutique est aussi fonction du degré de compensation des systèmes de l'organisme. Les traitements appropriés pour chaque type de choc sont examinés dans les sections qui suivent. Même si ces traitements diffèrent sur certains points, des interventions sont toutefois communes à tous les types de choc. Il s'agit notamment de l'administration de médicaments et de liquides qui permettent de restaurer l'irrigation tissulaire : (1) en optimisant le volume intravasculaire ; (2) en aidant l'action de pompage du cœur ; et (3) en améliorant la capacité du système vasculaire. Dans le suivi médical, on peut également inclure l'alimentation entérale précoce et l'utilisation d'antihistaminiques H_2, d'inhibiteurs de la pompe à protons ou de produits antipeptiques afin de réduire le risque d'ulcération et d'hémorragie gastro-intestinales.

Soins et traitements infirmiers

Lorsqu'elle intervient au cours de la phase évolutive de l'état de choc, l'infirmière doit exceller dans l'examen clinique, comprendre parfaitement le processus de l'état de choc et savoir interpréter les changements relatifs aux données de l'examen. La personne en phase évolutive est admise dans l'unité de soins intensifs, ce qui permet de surveiller de près son état (surveillance hémodynamique, contrôle de l'électrocardiogramme, gazométrie sanguine, taux d'électrolytes sériques, changements de l'état physique et mental), de lui administrer rapidement et fréquemment les médicaments et les liquides prescrits et, le cas échéant, d'effectuer une intervention en recourant à des technologies telles que la ventilation assistée, la dialyse et le ballonnet intra-aortique de contrepulsion.

Travaillant étroitement avec les autres membres de l'équipe de soins, l'infirmière note tous les traitements, médicaments et liquides administrés en précisant bien les heures, les doses ou les volumes, ainsi que la réaction de la personne. En outre, elle coordonne les différents examens paracliniques qui peuvent se faire au chevet, ainsi que les allées et venues du personnel soignant.

Prévenir les complications

Si des appareils sont utilisés pour les soins, l'infirmière contribue à réduire les risques de complications liés à leur

TABLEAU
15-2

Effets systémiques lors de la phase évolutive

Fonction respiratoire	Les poumons, dont la fonction est compromise dès le début de l'état de choc, sont altérés au cours de cette phase. La décompensation pulmonaire qui en découle accroît la probabilité de devoir recourir à la ventilation assistée si le choc progresse. La respiration est rapide et superficielle. La diminution de l'irrigation dans les poumons provoque une baisse de l'oxygène et une augmentation du gaz carbonique. La libération de médiateurs chimiques secondaire à l'hypoxie entraîne une réponse inflammatoire aiguë et une vasoconstriction pulmonaire, qui perpétue l'hypoperfusion capillaire pulmonaire et l'hypoxémie. Les alvéoles hypoperfusées cessent de produire le surfactant, d'où une atélectasie (ou affaissement des alvéoles pulmonaires). On entend des crépitants dans les lobes pulmonaires. Les capillaires pulmonaires commencent à répandre leur contenu, causant un œdème pulmonaire, des anomalies au niveau la diffusion alvéolocapillaire (*shunt*). L'inflammation interstitielle et la fibrose sont courantes pendant la progression des lésions aux poumons (Fein et Calalang-Colucci, 2000). On appelle parfois cet état «syndrome de détresse respiratoire aiguë» ou «poumon de choc». Pour de plus amples explications sur ce syndrome, voir le chapitre 27 🔗.
Fonction cardiaque	Un apport sanguin insuffisant entraîne des arythmies et une ischémie myocardique. La fréquence cardiaque est rapide, parfois supérieure à 150 bpm, alors que l'amplitude est de plus en plus faible et que le pouls est irrégulier. La personne peut souffrir d'angine et même subir un infarctus du myocarde. Les niveaux d'enzymes cardiaques augmentent. En outre, la dépression myocardique et la dilatation ventriculaire peuvent compromettre plus encore la capacité du cœur à fournir aux tissus suffisamment de sang pour répondre à leurs besoins en oxygène.
Fonction neurologique	Le cerveau étant insuffisamment irrigué, l'état mental de la personne se détériore. Au début, le sujet peut éprouver une certaine confusion ou adopter un changement comportemental subtil (irritabilité, agressivité). Puis, la léthargie progresse et le sujet commence à perdre conscience. Ses pupilles se dilatent et réagissent plus lentement à la lumière.
Fonction rénale	Quand la PAM tombe au-dessous de 80 mm Hg (Guyton et Hall, 2000), le taux de filtration glomérulaire des reins ne peut pas être maintenu et des changements radicaux de la fonction rénale surviennent. Une insuffisance rénale aiguë (IRA) peut alors apparaître. L'IRA se caractérise par une augmentation des concentrations sanguines d'urée et de créatinine, des mouvements hydroélectrolytiques désordonnés, des déséquilibres acidobasiques et l'arrêt de la régulation rénale et hormonale de la pression artérielle. Le débit urinaire chute généralement au-dessous de 0,5 mL/kg/h (ou à moins de 30 mL par heure), mais peut varier selon la phase de l'IRA. Pour en savoir davantage sur l'IRA, voir le chapitre 47 🔗.
Fonction hépatique	La diminution de la pression artérielle dans le foie affecte la capacité des cellules hépatiques à assumer les fonctions métaboliques et phagocytaires. Par conséquent, la personne est moins apte à métaboliser les médicaments et les déchets métaboliques, tels que l'ammoniaque et l'acide lactique. Le foie ne réussit pas à filtrer les bactéries du sang, ce qui rend la personne plus vulnérable à l'infection. Les taux d'enzymes du foie (ASAT, ALAT, LDH) et de bilirubine sont élevés. Un ictère peut alors apparaître (conjonctive et téguments teintés de bilirubine).
Fonction gastro-intestinale	L'ischémie gastro-intestinale peut entraîner des ulcères de stress à l'estomac, d'où un risque d'hémorragie digestive. Les muqueuses de l'intestin grêle peuvent se nécroser et se décomposer, provoquant ainsi une diarrhée sanglante. Outre les effets locaux résultant d'une irrigation insuffisante, l'ischémie gastro-intestinale entraîne la pénétration de toxines bactériennes dans la circulation sanguine par le système lymphatique. Non seulement les toxines bactériennes causent une infection, mais elles peuvent aussi provoquer une dépression cardiaque, une vasodilatation généralisée, un accroissement de la perméabilité capillaire et une réaction inflammatoire aiguë avec activation de médiateurs supplémentaires. L'ensemble de ces réactions entrave le fonctionnement cellulaire normal des cellules saines, ce qui altère la capacité de ces dernières à métaboliser les nutriments (Balk, 2000b; Jindal *et al.*, 2000).
Fonction hématologique	La combinaison d'une hypotension artérielle, d'un ralentissement du débit sanguin, d'une acidose métabolique et d'une hypoxémie généralisée peut nuire aux mécanismes hémostasiques normaux. La coagulation intravasculaire disséminée (CIVD) peut survenir et être la cause du choc ou venir le compliquer. Il se produit alors simultanément une coagulation et des microhémorragies dispersées. Des hématomes et des pétéchies peuvent apparaître sur la peau. Le temps de coagulation (temps de prothrombine, temps de céphaline) en est allongé. Les facteurs de coagulation et les plaquettes sont détruits, et un traitement substitutif est nécessaire pour obtenir l'hémostase. Pour plus de détail sur la CIVD, voir le chapitre 35 🔗.

emploi et assure une surveillance étroite de la personne afin de déceler les signes avant-coureurs de ces complications. Elle doit notamment analyser les taux de médicaments dans le sang, observer les cathéters vasculaires effractifs pour déceler des signes d'infection et vérifier l'état neurovasculaire si une canule artérielle a été mise en place. Parallèlement, l'infirmière contribue à la sécurité et au bien-être de la personne en s'assurant que toutes les interventions sont effectuées selon les techniques aseptiques pertinentes. Les fonctions suivantes font partie intégrante des soins à prodiguer dans les cas de choc: changer régulièrement la position de la personne pour améliorer son bien-être, prévenir les complications pulmonaires et préserver l'intégrité de la peau.

Favoriser le repos et le bien-être

On s'efforce de réduire au minimum la charge cardiaque de la personne en état de choc en diminuant son activité physique et en atténuant ses craintes ou son anxiété. La priorité de l'infirmière est de favoriser le repos et le bien-être de la personne. Afin de lui assurer un repos aussi continu que possible, elle s'en tient strictement à ses tâches essentielles. Afin de préserver l'énergie de la personne, l'infirmière la protège des températures extrêmes, qui peuvent stimuler son métabolisme et, par conséquent, accroître la charge cardiaque. Il ne faut pas réchauffer trop rapidement une personne en état de choc ni se servir de couvertures chauffantes parce qu'on risque de provoquer une vasodilatation et, incidemment, une baisse de la pression artérielle.

Soutenir les membres de la famille

L'équipe de soins accordant une grande attention à la personne en état de choc, les membres de sa famille peuvent se sentir négligés. Ils peuvent avoir des réticences à poser des questions ou à se renseigner de peur de nuire à l'attention portée à leur proche. L'infirmière doit s'assurer que la famille est bien installée et tenue informée de l'évolution de la situation. Souvent, l'équipe de soins doit conseiller aux membres de la famille d'aller se reposer; ils suivront d'autant plus volontiers ce conseil s'ils ont l'impression que leur proche est bien pris en main et qu'on les avertira de tout changement important de son état. Une visite de l'aumônier de l'hôpital peut apporter à la famille du réconfort et de l'attention pendant que l'infirmière se concentre sur les soins à donner à la personne.

PHASE IRRÉVERSIBLE

Sur le continuum de l'état de choc, la phase irréversible (ou réfractaire) correspond au point où la défaillance multisystémique est tellement grave que la personne ne réagit pas au traitement et ne peut survivre. Malgré le traitement, la pression artérielle demeure basse. La défaillance totale des reins et du foie, compliquée par la libération de toxines tissulaires, crée une acidose métabolique grave. Le métabolisme anaérobie contribue à aggraver l'acidose lactique. Les réserves d'ATP sont presque complètement épuisées et les mécanismes permettant de renouveler l'approvisionnement en énergie ont été détruits. Les déficiences multisystémiques évoluent jusqu'à la défaillance totale et la mort est imminente. Les déficiences multisystémiques peuvent progresser tout au long du continuum de l'état de choc ou évoluer sous la forme d'un syndrome en tant que tel; elles sont décrites plus avant dans ce chapitre.

Traitement médical

Pendant la phase irréversible de l'état de choc, le suivi est habituellement le même que durant la phase évolutive. Même si l'état de choc est passé de la phase évolutive à la phase irréversible, on ne peut le diagnostiquer que rétrospectivement, à partir du moment où la personne ne réagit plus au traitement. On peut recourir à des stratégies de nature expérimentale (médicaments en expérimentation, comme les antibiotiques et les immunomodulateurs) pour essayer de réduire la gravité du choc ou d'en freiner l'évolution.

Soins et traitements infirmiers

Comme au cours de la phase évolutive de l'état de choc, l'infirmière se concentre sur les tâches suivantes : administrer les médicaments prescrits, surveiller la personne, prévenir les complications, protéger la personne contre les blessures et veiller à son bien-être. Il est crucial de lui expliquer brièvement ce qui se passe, même si on n'est pas sûr qu'elle entende ou comprenne ce qu'on dit.

Lorsqu'il s'avère que la personne a peu de chances de survivre, la famille doit être informée du pronostic et de l'issue probable. Tout au long des soins prodigués à la personne, il faut laisser à la famille des occasions de la voir, de la toucher et de lui parler. Un ami proche de la famille ou un conseiller spirituel peut apporter un grand réconfort à ces personnes appelées à faire face à la mort inévitable de leur proche. Dans la mesure du possible et si le contexte s'y prête, il faut aborder avec la famille la question du testament biologique, des dispositions préalables prises par la personne ou de toute volonté verbale ou écrite de sa part concernant l'hypothèse où elle ne pourrait pas prendre de décisions sur sa fin de vie. Dans certains cas, un comité éthique peut aider la famille et l'équipe de soins à prendre les décisions difficiles.

Au cours de cette phase irréversible, il se peut que la famille interprète mal les actes de l'équipe de soins. Alors qu'on a dit à la famille que toutes les tentatives pour renverser l'état de choc avaient échoué et que les chances de survie de la personne étaient très faibles, l'équipe de soins continue à s'affairer auprès du malade. La famille confuse et éplorée peut interpréter ces gestes comme signifiant que leur proche a encore une chance de se rétablir, même s'il n'en a aucune, d'où la colère de certains membres de la famille quand il décède. Il est important de réunir tous les membres de l'équipe de soins et la famille pour aider cette dernière à mieux comprendre le pronostic et l'objectif des mesures prises. Au cours de ces rencontres, il est essentiel d'expliquer que l'équipement utilisé et les traitements prodigués le sont en vue d'assurer le bien-être de la personne malade, mais que cela ne signifie pas qu'elle survivra. On devrait encourager les membres de la famille à exprimer leurs volontés concernant les mesures de maintien artificiel des fonctions vitales.

Interventions infirmières pour tous les états de choc

Tel que nous l'avons décrit précédemment et tel qu'il apparaît dans l'analyse des types d'état de choc ci-après, le suivi assuré à toutes les phases de tous les types de choc comprend les éléments suivants :

- La réanimation hydrique, pour restaurer le volume intravasculaire
- L'administration de médicaments vasoactifs, pour rétablir le tonus vasomoteur et améliorer la fonction cardiaque
- Le soutien nutritionnel, pour répondre aux besoins métaboliques qui augmentent souvent radicalement pendant l'état de choc

La collaboration entre tous les membres de l'équipe de soins est essentielle dans les thérapies décrites dans cette section; on sera ainsi mieux en mesure de déceler l'état de choc dès ses premières manifestations et d'appliquer rapidement le traitement approprié.

RÉANIMATION HYDRIQUE

On administre des liquides dans tous les cas de choc. Si le type de liquide choisi et la vitesse d'administration varient, tous les liquides permettent d'améliorer l'oxygénation cardiaque et tissulaire, qui dépend en partie du débit. Les diverses solutions administrées comprennent les **cristalloïdes** (solutions électrolytiques qui se déplacent librement entre les compartiments intravasculaire et interstitiel), les **colloïdes** (solutions intraveineuses contenant de grosses particules en suspension) et les produits sanguins.

Solutions cristalloïdes et colloïdes

Savoir quelle est la meilleure solution hydrique pour traiter l'état de choc reste une question controversée. En urgence, la « meilleure » solution est souvent celle qui est le plus rapidement prête. Les cristalloïdes comme les colloïdes, qui sont décrits ci-dessous, peuvent être administrés pour rétablir le volume intravasculaire. Quant à la thérapie par les produits sanguins, elle est plus souvent utilisée en cas de choc hypovolémique.

Les cristalloïdes sont des solutions électrolytiques qui se déplacent librement entre les compartiments intravasculaire et interstitiel. On opte souvent pour les solutions cristalloïdes isotoniques parce qu'elles ont la même concentration d'électrolytes que le liquide extracellulaire et que par conséquent, en les administrant, on ne modifie pas les concentrations d'électrolytes du plasma.

Les solutions couramment utilisées pour la réanimation en cas de choc hypovolémique sont la solution saline normale (0,9 % de chlorure de sodium) et le lactate Ringer (Choi *et al.*, 1999). La solution de lactate Ringer est une solution électrolytique dont un des composants, le lactate, est converti en bicarbonate, ce qui aide à neutraliser l'acidose globale qui survient dans l'état de choc. Cette conversion nécessite toutefois la présence d'oxygène, dont l'approvisionnement est justement compromis dans l'état de choc, d'où la controverse.

Les solutions cristalloïdes isotoniques présentent l'inconvénient suivant : les trois quarts du volume administré se retrouvent dans le compartiment interstitiel et un seul quart reste dans le compartiment intravasculaire. Ce phénomène est dû aux mécanismes qui servent à emmagasiner le liquide extracellulaire de l'organisme. À cause de la dissémination des cristalloïdes dans le compartiment interstitiel, il faut administrer davantage de liquide (Choi *et al.*, 1999).

Lorsqu'on administre rapidement des cristalloïdes isotoniques, il faut être très prudent afin de ne pas entraîner l'apparition d'un œdème (lié justement à la dissémination des cristalloïdes dans le liquide interstitiel) trop important, en particulier d'un œdème pulmonaire. C'est pourquoi, selon la cause de l'hypovolémie, on administre parfois une solution cristalloïde hypertonique, par exemple une solution de 3 % de chlorure de sodium en cas de choc hypovolémique. Les solutions hypertoniques s'accompagnent d'un effet osmotique important qui permet au liquide de passer du milieu intracellulaire au milieu extracellulaire, rétablissant ainsi l'équilibre hydrique (Choi *et al.*, 1999 ; Fein et Calalang-Colucci, 2000). Grâce à cet effet osmotique, on peut restaurer le volume intravasculaire en administrant moins de liquide. L'utilisation d'une solution saline hypertonique peut entraîner des complications telles que l'osmolalité sérique excessive, l'hypernatrémie, l'hypokaliémie et la modification de la thermorégulation.

Les solutions colloïdes peuvent également être utilisées dans les cas de choc. Les colloïdes ont pour effet d'augmenter le volume intravasculaire en exerçant une pression oncotique, ce qui attire le liquide dans l'espace intravasculaire. Comme les solutions hypertoniques, les solutions colloïdes augmentent le volume intravasculaire, mais elles nécessitent moins de volume de liquide que les solutions cristalloïdes. En outre, les colloïdes agissent plus longtemps que les cristalloïdes parce que leurs molécules restent plus longtemps dans le compartiment intravasculaire.

On recourt de moins en moins aux solutions d'albumine pour traiter le choc hypovolémique. L'albumine est une protéine plasmatique ; lorsqu'on prépare une solution d'albumine pour le plasma humain, on la chauffe pour réduire le risque de transmission de maladies. L'albumine a pour inconvénient d'être coûteuse et relativement rare, puisqu'elle dépend des dons de sang. Les préparations synthétiques colloïdes, comme les solutions de pentastarch (Pentaspan) et de dextran, sont maintenant très répandues. Le dextran peut cependant nuire à l'agrégation plaquettaire et n'est donc pas recommandé si le choc hypovolémique a pour cause une hémorragie ou si la personne souffre d'un trouble de la coagulation sanguine (coagulopathie). Le tableau 15-3 ■ présente un résumé des principales solutions utilisées dans l'état de choc. Ces solutions sont également décrites en détail dans le tableau 14-8 (p. 360).

Complications de l'administration de liquides

Au cours de la réanimation hydrique, il est nécessaire de surveiller de près la personne en état de choc afin de déceler les effets secondaires et les complications. Les plus courants et les plus graves sont la surcharge cardiovasculaire et l'œdème pulmonaire.

On doit fréquemment prendre en note le débit urinaire des personnes qui reçoivent une réanimation hydrique, ainsi que la modification de leur état mental, l'irrigation cutanée et les changements dans les signes vitaux. On doit les ausculter souvent pour détecter les signes d'accumulation de liquide dans le compartiment interstitiel ou dans les alvéoles. Des bruits surajoutés, comme des crépitants, peuvent révéler la présence d'un œdème pulmonaire.

Il n'est pas rare qu'on installe un dispositif permettant de mesurer la pression veineuse centrale (chapitre 28 ⊕). En effet, on peut surveiller la réponse de la personne à la réanimation hydrique non seulement en procédant à l'examen physique, mais aussi en consultant l'indicateur que constitue la valeur de la pression veineuse centrale. La valeur normale de la pression veineuse centrale est comprise entre 4 et 12 mm Hg (ou cm H_2O). On doit procéder à plusieurs lectures, et on poursuit la réanimation hydrique pour obtenir une pression comprise dans les limites de la normale. On peut effectuer un contrôle hémodynamique encore plus étroit en insérant un cathéter intracardiaque qui permet de mesurer la pression artérielle pulmonaire et de surveiller de près la fonction cardiaque, l'irrigation sanguine et la réponse aux traitements.

Réanimation hydrique en cas d'état de choc			TABLEAU 15-3

Liquides	Avantages	Inconvénients
CRISTALLOÏDES		
0,9 % de chlorure de sodium (solution saline normale)	Largement disponible, faible coût	▪ Nécessite de grandes quantités d'infusion; peut causer un œdème pulmonaire
Solution de lactate Ringer	Ion lactate agissant comme solution tampon contre l'acidose métabolique	▪ Nécessite de grandes quantités d'infusion; peut causer un œdème pulmonaire ▪ Nécessite de l'oxygène pour transformer le lactate en bicarbonate
Solution saline hypertonique (3 %, 5 %, 7,5 %)	Il suffit d'une petite quantité pour restaurer le volume intravasculaire	▪ Danger d'hypernatrémie
COLLOÏDES		
Albumine (5 %; 25 %)	Augmente rapidement le volume plasmatique	▪ Cher; nécessite des donneurs humains; approvisionnement limité; peut entraîner une défaillance cardiaque
Dextran (40, 70)	Succédané du plasma	▪ Peut nuire à l'agrégation plaquettaire; n'est pas recommandé en cas de choc hémorragique
Pentastarch	Synthétique; moins cher que l'albumine; l'effet peut se manifester durant 24 heures	▪ Peut prolonger le temps de coagulation et augmenter le risque de saignements (rare)

ADMINISTRATION DE MÉDICAMENTS VASOACTIFS

Dans tous les cas de choc, on administre des médicaments vasoactifs pour améliorer la stabilité hémodynamique de la personne lorsque la réanimation hydrique seule ne suffit pas à maintenir une PAM acceptable. On doit sélectionner des médicaments vasoactifs appropriés pour corriger l'altération hémodynamique particulière qui nuit au débit cardiaque du sujet. Ces médicaments vasoactifs améliorent la force de contractilité du myocarde, régulent la fréquence cardiaque, réduisent la résistance myocardique et amorcent la vasoconstriction.

Si on choisit les médicaments vasoactifs, c'est parce qu'ils agissent sur les récepteurs du système nerveux sympathique. Ces récepteurs sont connus sous le nom de récepteurs alpha-adrénergiques et bêta-adrénergiques, ces derniers se subdivisant en récepteurs bêta$_1$-adrénergiques et bêta$_2$-adrénergiques. La stimulation des divers récepteurs produit les effets suivants:

- *Récepteurs alpha-adrénergiques* Les vaisseaux sanguins se resserrent dans les systèmes cardiovasculaire, respiratoire et gastro-intestinal, ainsi que dans la peau et les reins.
- *Récepteurs bêta$_1$-adrénergiques* La fréquence cardiaque et la contraction myocardique augmentent.
- *Récepteurs bêta$_2$-adrénergiques* Les vaisseaux sanguins des muscles cardiaque et squelettiques ainsi que les bronches se dilatent.

Dans le traitement du choc, on administre diverses combinaisons de médicaments vasoactifs qui optimisent l'irrigation tissulaire en stimulant ou en bloquant les récepteurs alpha-adrénergiques et bêta-adrénergiques.

L'infirmière doit surveiller fréquemment les signes vitaux d'une personne qui prend des médicaments vasoactifs (au moins toutes les 15 minutes jusqu'à ce qu'ils se stabilisent ou plus fréquemment encore). Les médicaments vasoactifs doivent être injectés dans une veine centrale: l'infiltration et l'extravasation de certains produits vasoactifs peuvent en effet entraîner la nécrose des tissus et la formation de lésions. Il faut recourir à une pompe volumétrique pour s'assurer que les médicaments sont administrés de façon sûre et exacte.

Les doses individuelles sont généralement titrées par l'infirmière, qui règle le débit de l'écoulement intraveineux selon l'ordonnance du médecin et la réponse de la personne soignée. On ajuste les doses pour maintenir la PAM (habituellement au-dessus de 80 mm Hg) à un niveau physiologique qui assure une irrigation tissulaire satisfaisante.

> **! ALERTE CLINIQUE** *Il ne faut jamais cesser brutalement de donner un traitement reposant sur des médicaments vasoactifs: cela peut entraîner une instabilité hémodynamique grave, qui perpétue l'état de choc.*

On doit réduire progressivement les doses de médicaments vasoactifs pour réaliser le sevrage. Durant cette période, la pression artérielle doit être surveillée fréquemment (toutes les 15 minutes). Quelques médicaments vasoactifs couramment prescrits pour le traitement de l'état de choc sont présentés dans le tableau 15-4 ▪

TABLEAU
15-4

Agents vasoactifs utilisés dans le traitement de l'état de choc

Médicaments	Action prévue	Inconvénients
Agents sympathomimétiques ■ Dobutamine (Dobutrex) ■ Dopamine (Intropin) ■ Adrénaline ■ Milrinone (Primacor)	Améliorent la contractilité, augmentent le volume d'éjection systolique et le débit cardiaque	Augmentent les besoins du cœur en oxygène (sauf milrinone)
Vasodilatateurs ■ Nitroglycérine (Tridil) ■ Nitroprusside (Nipride)	Réduisent la précharge et la postcharge, ainsi que les besoins du cœur en oxygène	Causent de l'hypotension
Vasoconstricteurs ■ Noradrénaline (Levophed) ■ Phényléphrine (Neo-Synephrine) ■ Vasopressine (Pitressin, Pressyn)	Augmentent la pression artérielle par vasoconstriction	Augmentent la postcharge, ce qui entraîne une augmentation de la charge cardiaque ; diminuent la perfusion cutanée, rénale, pulmonaire et gastro-intestinale

SOUTIEN NUTRITIONNEL

Le soutien nutritionnel est un aspect important des soins prodigués en cas d'état de choc. Le choc stimule le métabolisme, ce qui en retour augmente les besoins énergétiques. C'est ainsi que la personne a besoin de plus de 12 500 kilojoules par jour.

La libération des catécholamines au début du continuum aboutit à l'élimination des réserves de glycogène en 8 à 10 heures environ. Les besoins en énergie nutritionnelle sont alors comblés par le catabolisme des muscles de l'organisme. Dans ce processus catabolique, la masse musculaire squelettique fond même si la personne possède de grandes réserves de graisse et de tissus adipeux. La perte des muscles squelettiques peut grandement allonger le temps nécessaire au rétablissement. Il faut instaurer un soutien alimentaire parentéral ou entéral aussi rapidement que possible et administrer en permanence une forme ou une autre d'alimentation entérale. L'intégrité du système gastro-intestinal dépend de son exposition directe aux nutriments. De plus, la glutamine (acide aminé essentiel au cours d'un stress) joue un rôle important dans la fonction immunologique du tractus gastro-intestinal, car elle constitue une source d'énergie pour les lymphocytes et les macrophages. On peut administrer la glutamine par alimentation entérale (Rauen et Munro, 1998).

Les ulcères de stress se produisent fréquemment chez la personne gravement malade, en raison de l'apport sanguin insuffisant dans le tractus gastro-intestinal. Pour éviter la formation d'ulcères, on prescrit des antihistaminiques H$_2$ (comme la famotidine [Pepcid] et la ranitidine [Zantac]), des antipeptiques (sucralfate [Sulcrate]) et des inhibiteurs de la pompe à protons (ésoméprazole [Nexium], lansoprazole [Prevacid], oméprazole [Losec, Losec Mups], pantoprazole [Pantoloc, Panto IV], rabéprazole [Pariet]), substances qui inhibent la sécrétion d'acide gastrique ou augmentent le pH gastrique. Une alimentation entérale instaurée rapidement est également un facteur protecteur.

Choc hypovolémique

Prodiguant des soins pendant les différentes phases de l'état de choc, l'infirmière doit adapter ses interventions selon que le choc est hypovolémique, cardiogénique ou vasoplégique.

Le choc hypovolémique, la plus commune des formes de choc, se caractérise par une baisse du volume intravasculaire. Les liquides corporels se trouvent dans les compartiments intracellulaire et extracellulaire. Le liquide intracellulaire représente environ les deux tiers de la quantité totale d'eau dans l'organisme. Le liquide extracellulaire se trouve dans les compartiments intravasculaire (dans les vaisseaux sanguins) et interstitiel (autour des tissus). Le volume du liquide interstitiel est approximativement trois ou quatre fois plus important que celui du liquide intravasculaire. Le choc hypovolémique se produit quand le volume intravasculaire diminue de 15 à 25 %, ce qui représente une perte de 750 à 1 300 mL de sang chez une personne pesant 70 kg.

Physiopathologie

Le choc hypovolémique peut résulter d'une perte de liquide externe (perte de sang traumatique, par exemple) ou d'échanges hydriques internes, comme dans les cas de déshydratation grave, d'œdème grave ou d'ascite (encadré 15-2 ■). La diminution du volume intravasculaire peut être due à une déperdition de liquide et à des échanges hydriques entre les compartiments extracellulaire et intracellulaire.

La diminution du volume intravasculaire marque le début de la séquence d'événements du choc hypovolémique. Le phénomène entraîne une diminution du retour veineux au cœur et, par conséquent, un moins bon remplissage ventriculaire. La diminution du remplissage ventriculaire entraîne une baisse du volume d'éjection systolique et une chute du débit cardiaque. Quand le débit cardiaque chute, la pression artérielle diminue et les tissus ne peuvent pas être irrigués normalement (figure 15-3 ■).

ENCADRÉ 15-2

FACTEURS DE RISQUE

Choc hypovolémique

FACTEURS EXTERNES : DÉPERDITION HYDRIQUE	FACTEURS INTERNES : ÉCHANGES HYDRIQUES
■ Traumatisme avec hémorragie	■ Hémorragie
■ Chirurgie	■ Brûlures
■ Vomissements	■ Ascite
■ Diarrhée	■ Péritonite
■ Diurèse osmotique	■ Déshydratation
■ Diabète insipide	

Traitement médical

Le traitement du choc hypovolémique a deux objectifs : (1) éliminer la cause sous-jacente de la déperdition hydrique aussi rapidement que possible ; (2) rétablir le volume intravasculaire afin de renverser la séquence d'événements aboutissant à une irrigation tissulaire insuffisante. Selon la gravité du choc et selon l'état de la personne, tout sera tenté pour atteindre simultanément ces deux objectifs.

Traitement de la cause sous-jacente

Dans le cas d'une hémorragie, on met tout en œuvre pour arrêter la perte de sang, par exemple en appliquant une pression sur la région du saignement ou en effectuant une intervention chirurgicale pour arrêter l'hémorragie interne. Si l'hypovolémie est due à la diarrhée ou aux vomissements, on administre les médicaments appropriés, tout en s'efforçant simultanément de trouver et de traiter la cause. Chez les personnes âgées ou les jeunes enfants, le choc hypovolémique peut résulter de la déshydratation.

Réanimation hydrique

Il est essentiel de renverser la cause principale de la diminution du volume intravasculaire, mais il est tout aussi important de procéder à la réanimation hydrique (également appelée réanimation liquidienne). Deux cathéters périphériques de gros calibres (14 ou 16) doivent être insérés. L'utilisation de deux cathéters permet l'administration simultanée de liquides, de médicaments et, au besoin, de produits sanguins. Comme l'objectif de la réanimation hydrique est de restaurer le volume intravasculaire, il est nécessaire d'administrer des liquides qui resteront dans les vaisseaux sanguins, ce qui évite de créer des échanges hydriques entre le compartiment intravasculaire et le compartiment intracellulaire.

La solution de lactate Ringer et la solution saline normale sont des liquides cristalloïdes isotoniques couramment utilisés dans le traitement du choc hypovolémique (Jindal *et al.*, 2000). On doit administrer de grandes quantités de liquide pour restaurer le volume intravasculaire, car les solutions cristalloïdes isotoniques se déplacent librement entre les compartiments de l'organisme et ne restent pas dans le système vasculaire.

Il est possible aussi d'employer des colloïdes (albumine, pentastarch, dextran). Le dextran n'est pas indiqué si le choc hypovolémique est causé par une hémorragie, car il nuit à la coagulation (agrégation plaquettaire).

Il peut être nécessaire d'administrer des produits sanguins, en particulier quand la cause du choc est hémorragique. Toutefois, en raison du risque de transmission de virus par le sang et de la rareté des produits sanguins, on y recourt seulement lorsqu'il n'existe aucune autre solution ou lorsque la perte de sang est importante et rapide. Afin de reconstituer la capacité de transport d'oxygène, on administre à la personne des concentrés de globules rouges, en leur associant des liquides qui permettent d'augmenter le volume. Pour déterminer si une transfusion est nécessaire, on se base sur les besoins en oxygénation de la personne, qui sont déterminés par la formule sanguine complète, les signes vitaux, les gaz artériels et l'examen clinique. Les formes synthétiques du sang (composés capables de transporter l'oxygène de la même façon que le sang) constituent des choix possibles.

Pharmacothérapie

Si on ne réussit pas à renverser le choc hypovolémique en administrant des liquides à la personne, on doit alors lui donner les mêmes médicaments qu'en cas de choc cardiogénique : un choc hypovolémique non renversé évolue en effet vers le choc cardiogénique (cercle vicieux).

Si l'hypovolémie a pour origine la déshydratation, on administre des médicaments qui s'attaquent à la cause de celle-ci. Par exemple, on donne de l'insuline si la déshydratation est consécutive à une hyperglycémie, de la desmopressine (DDAVP) en cas de diabète insipide, des antidiarrhéiques

PHYSIOLOGIE/ PHYSIOPATHOLOGIE

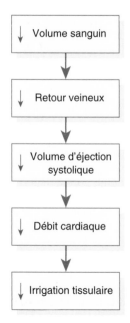

FIGURE **15-3** ■ Séquence d'événements physiopathologiques en cas de choc hypovolémique.

pour lutter contre la diarrhée et des antiémétiques en cas de vomissements.

Soins et traitements infirmiers

La prévention primaire de l'état de choc est la priorité de l'intervention infirmière. Dans certains cas, on peut éviter le choc hypovolémique en surveillant étroitement la personne à risque et en procédant à une réanimation hydrique avant que le volume intravasculaire ne diminue. Dans d'autres circonstances, il est impossible d'éviter le choc, et les soins et traitements infirmiers sont alors axés sur la cause et sur la restauration du volume intravasculaire.

Parmi les interventions infirmières, citons notamment l'administration en toute sécurité des liquides et des médicaments prescrits et l'inscription au dossier des diverses prises et de leurs effets. Autre responsabilité, l'infirmière doit surveiller les signes avant-coureurs de complications et d'effets secondaires et signaler ces symptômes dès le début du traitement.

Favoriser la redistribution liquidienne

L'infirmière doit non seulement administrer des liquides pour rétablir le volume intravasculaire, mais aussi installer la personne de façon à favoriser une bonne redistribution de ces liquides. On recommande la position de Trendelenburg modifiée (figure 15-4 ■) en cas de choc hypovolémique. Les jambes sont surélevées, ce qui facilite le retour veineux. La position complète de Trendelenburg n'est pas recommandée, car elle rend la respiration difficile et entraîne une pression supplémentaire sur le cœur et les poumons.

Administrer des liquides et des produits sanguins

Administrer les transfusions sanguines en toute sécurité est l'une des tâches importantes de l'infirmière. En situation d'urgence, il est important d'effectuer rapidement des prélèvements sanguins pour obtenir une formule sanguine complète, déterminer le groupe sanguin et procéder à une épreuve de compatibilité croisée, en prévision de la transfusion sanguine. On doit surveiller de près la personne qui reçoit une transfusion de produits sanguins afin de déceler d'éventuels effets secondaires (chapitre 35 ⊂⊃).

Des complications peuvent survenir pendant la réanimation hydrique, notamment quand on administre rapidement de grandes quantités de liquides. Par conséquent, l'infirmière surveille la personne de près afin de déceler une éventuelle surcharge cardiovasculaire ou un œdème pulmonaire. Le risque est plus élevé chez les personnes âgées et chez les personnes qui ont des antécédents d'affections cardiaques. Parmi les paramètres à surveiller figurent les pressions hémodynamiques, les signes vitaux, les gaz artériels, la formule sanguine complète, ainsi que les ingesta et excreta. On doit également accorder une grande attention à la température corporelle afin de s'assurer qu'une réanimation hydrique rapide ne précipite pas l'hypothermie. Il se peut qu'on doive chauffer les liquides pendant qu'on les administre en grande quantité par voie intraveineuse. L'examen clinique comprend également l'observation de l'oscillation de la veine jugulaire droite et la surveillance de la pression veineuse centrale (chapitre 28 ⊂⊃). La pression veineuse centrale diminue en cas de choc hypovolémique; on peut l'augmenter grâce à une réanimation hydrique efficace, et elle servira d'indicateur pour prévenir une surcharge liquidienne. L'infirmière doit surveiller de près l'état cardiaque et respiratoire de la personne, et signaler rapidement au médecin tout changement de la pression artérielle, de la pression différentielle, du pouls et de la respiration, ainsi que l'apparition de bruits pulmonaires surajoutés.

Instaurer d'autres mesures

On administre de l'oxygène pour en augmenter la quantité transportée par l'hémoglobine. Un sujet en proie à la confusion risque d'appréhender l'application d'un masque à oxygène ou d'une canule, mais on peut atténuer ses craintes ou son anxiété en lui expliquant fréquemment pourquoi il faut utiliser un masque. Parallèlement, l'infirmière doit concentrer ses efforts sur la sécurité et le bien-être de la personne.

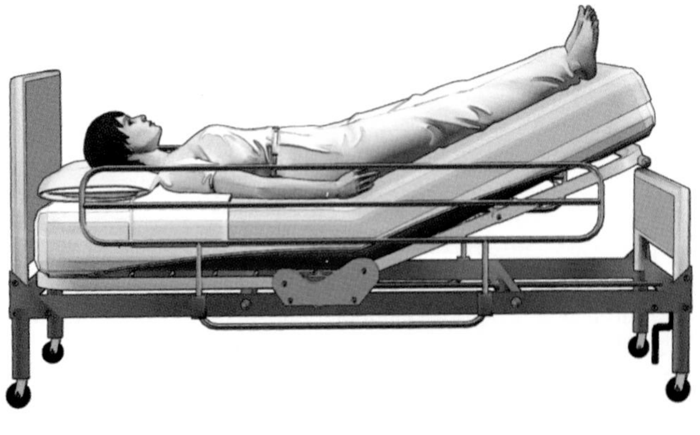

FIGURE **15-4** ■ Position de Trendelenburg modifiée pour la personne présentant des symptômes de l'état de choc. Les extrémités inférieures sont surélevées pour former un angle de 20 degrés environ; les genoux sont droits, le tronc horizontal et la tête légèrement relevée.

Choc cardiogénique

Le choc cardiogénique se produit lorsque le cœur n'arrive plus à se contracter et à pomper le sang, et que l'oxygénation des tissus cardiaques et autres est insuffisante. Ce type de choc peut être d'origine coronarienne ou non coronarienne (encadré 15-3 ■). Le choc cardiogénique d'origine coronarienne est le plus commun et touche le plus fréquemment les personnes qui subissent un infarctus du myocarde. Il survient quand une partie importante du ventricule gauche présente de l'ischémie (Price *et al.*, 1999). Les personnes souffrant d'un infarctus du myocarde de la paroi antérieure courent plus de risques de subir un choc cardiogénique en raison des lésions importantes au ventricule gauche consécutives à l'occlusion de l'artère interventriculaire antérieure. Les causes d'origine non coronarienne peuvent être associées à des problèmes métaboliques (hypoxémie grave, acidose, hypoglycémie et hypocalcémie) ou à un pneumothorax sous tension.

FACTEURS DE RISQUE

Choc cardiogénique

FACTEUR CORONARIEN	FACTEURS NON CORONARIENS
■ Infarctus du myocarde	■ Myocardiopathie
	■ Lésion valvulaire
	■ Tamponnade cardiaque
	■ Arythmie

Physiopathologie

En cas de choc cardiogénique, le débit cardiaque est altéré. Quand le volume d'éjection systolique et la fréquence cardiaque diminuent ou varient constamment, la pression artérielle chute et l'irrigation tissulaire est inefficace. Tout comme les autres tissus et organes, le muscle cardiaque n'est pas suffisamment approvisionné en oxygène. Cette situation affaiblit le cœur et affecte sa capacité à pomper le sang. Le ventricule n'éjecte plus complètement son volume sanguin lors de la systole. Par conséquent, une congestion sanguine survient dans les veines pulmonaires et elle aboutit finalement à la diffusion de liquide dans le compartiment interstitiel pulmonaire et dans les alvéoles. Il s'agit de l'œdème pulmonaire. Ces événements peuvent s'enchaîner rapidement ou en quelques jours (figure 15-5 ■).

Manifestations cliniques

Outre les autres manifestations citées en début de chapitre, les personnes en état de choc cardiogénique peuvent souffrir de douleur rétrosternale et présenter des arythmies et une instabilité hémodynamique. S'il y a congestion ou surcharge pulmonaire, la personne pourra présenter une dyspnée, de la cyanose, une augmentation des fréquences et amplitudes respiratoires et cardiaques, ainsi que des crépitants à l'auscultation.

Traitement médical

Les objectifs du traitement médical sont les suivants : (1) prévenir l'apparition d'autres lésions myocardiques et préserver le myocarde ; (2) améliorer la fonction du cœur en augmentant la contractilité cardiaque, en diminuant la postcharge, ou les deux (Price *et al.*, 1999). En général, on atteint ces objectifs en augmentant l'approvisionnement et en réduisant les besoins du muscle cardiaque en oxygène.

Traitement des causes sous-jacentes

Comme pour toutes les formes de choc, il faut traiter la cause sous-jacente d'un choc cardiogénique. Il est nécessaire d'assurer en premier lieu les besoins en oxygène du muscle cardiaque pour qu'il continue de pomper le sang et de le propulser vers les autres organes. Dans le cas d'un choc cardiogénique d'origine coronarienne, la personne aura peut-être besoin d'une thrombolyse, d'une angioplastie ou d'un pontage. Dans le cas d'un choc cardiogénique d'origine non coronarienne, il peut être nécessaire de remplacer une valvule cardiaque ou de corriger une arythmie (chapitres 29 et 30 ⊂⊃).

Traitement de début

Le traitement de début du choc cardiogénique comprend les mesures suivantes :

- Approvisionnement en oxygène
- Soulagement de la douleur thoracique
- Apport de liquide dûment sélectionné
- Administration de médicaments vasoactifs
- Régulation de la fréquence cardiaque à l'aide de médicaments ou d'un stimulateur cardiaque
- Installation d'une assistance cardiaque mécanique (ballonnet intra-aortique de contrepulsion, dispositif d'assistance ventriculaire ou circulation extracorporelle)

Oxygénation Au tout premier stade du choc, on administre un supplément d'oxygène par canule nasale à une fréquence

PHYSIOLOGIE/PHYSIOPATHOLOGIE

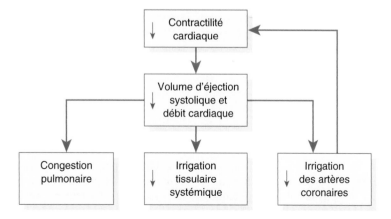

FIGURE **15-5** ■ Séquence d'événements physiopathologiques en cas de choc cardiogénique.

de 2 à 6 L/min pour atteindre une saturation artérielle en oxygène supérieure à 90 %. Il faut surveiller les gaz artériels et la saturation obtenus au saturomètre, car ils peuvent aider à déterminer s'il est nécessaire ou non d'employer une méthode d'oxygénation plus énergique.

Soulagement de la douleur Si la personne présente une douleur thoracique, on peut lui administrer de la morphine par voie intraveineuse. En plus de soulager la douleur, la morphine dilate les vaisseaux sanguins. La surcharge cardiaque en est ainsi réduite: la pression de remplissage du ventricule (précharge) diminue et la pression que le ventricule doit surmonter pour expulser son contenu (postcharge) est également réduite. La morphine permet également d'atténuer l'anxiété de la personne.

Examens paracliniques On mesure les concentrations d'enzymes cardiaques et on fait passer un ECG afin d'évaluer les lésions myocardiques potentielles. Une FSC ainsi qu'une analyse des gaz sanguins artériels et de la concentration des électrolytes sont également effectuées.

Surveillance hémodynamique On procède à la surveillance hémodynamique afin d'évaluer la réponse au traitement. La personne est admise dans une unité de soins intensifs où un cathéter artériel (permettant de mesurer la PA en continu et de faire des prélèvements sanguins) et un cathéter artériel pulmonaire pourront être installés pour surveiller son état hémodynamique (chapitre 28).

Pharmacothérapie

La thérapie par les médicaments vasoactifs repose sur plusieurs stratégies pharmacologiques visant à restaurer et à maintenir un bon débit cardiaque. En cas de choc cardiogénique d'origine coronarienne, les objectifs visés lorsqu'on administre des médicaments vasoactifs sont les suivants: améliorer la contractilité cardiaque, diminuer la précharge et la postcharge, et stabiliser la fréquence cardiaque.

Comme l'amélioration de la contractilité et la diminution de la charge cardiaque sont deux actes pharmacologiques opposés, deux classes de médicaments – sympathomimétiques et vasodilatateurs – peuvent être administrées en combinaison. Les médicaments sympathomimétiques augmentent le débit cardiaque en simulant l'action du système nerveux sympathique, ce qui qui déclenche une vasoconstriction et provoque une augmentation de la précharge. Ils peuvent également entraîner soit une augmentation de la contractilité myocardique (action inotrope positive) ou de la fréquence cardiaque (action chronotrope positive). On utilise les vasodilatateurs pour diminuer la précharge et la postcharge, ce qui réduit la charge cardiaque et les besoins en oxygène. Pour traiter le choc cardiogénique, on combine couramment des médicaments tels que la dobutamine, la nitroglycérine et la dopamine (tableau 15-4, p. 386).

Dobutamine La dobutamine (Dobutrex) produit des effets inotropes positifs en stimulant les récepteurs bêta-adrénergiques cardiaques, en augmentant l'activité du myocarde et en améliorant le débit cardiaque. Elle diminue la résistance vasculaire systémique et pulmonaire (diminution de la postcharge). La

dobutamine renforce la contraction cardiaque, améliore le débit systolique et le rendement cardiaque global (Jindal *et al.*, 2000; Price *et al.*, 1999).

Nitroglycérine Administrée à faible dose, la nitroglycérine intraveineuse (Tridil) agit comme un vasodilatateur veineux et réduit par conséquent la précharge. À haute dose, la nitroglycérine provoque une vasodilatation artérielle et conséquemment diminue la postcharge. Ces actions, combinées à une dose moyenne de dopamine, augmentent le débit cardiaque tout en réduisant au minimum la charge cardiaque. De plus, la vasodilatation renforce le débit sanguin myocardique en améliorant l'oxygénation du muscle cardiaque affaibli (Price *et al.*, 1999).

Dopamine La dopamine (Intropin) est un sympathomimétique dont les effets vasoactifs varient selon la dose administrée. On peut l'utiliser avec de la dobutamine et de la nitroglycérine pour améliorer l'irrigation tissulaire.

- Une faible dose de dopamine (de 0,5 à 3 µg/kg/min) augmente le débit sanguin des artères mésentériques et rénales; cela permet de prévenir l'ischémie de plusieurs organes de l'abdomen, qui sont privés de sang sous l'effet du choc. Toutefois, une telle dose n'améliore pas le débit cardiaque.

- Une dose moyenne de dopamine (de 3 à 10 µg/kg/min) permet surtout de stimuler les récepteurs bêta-adrénergiques, ce qui améliore la contractilité (action inotrope positive) et augmente légèrement la fréquence cardiaque (action chronotrope positive). À cette dose, la dopamine augmente le débit cardiaque; il est donc souhaitable de l'administrer.

- Une dose élevée de dopamine (de 10 à 20 µg/kg/min) entraîne essentiellement une vasoconstriction causée par la stimulation des récepteurs alpha-adrénergiques, ce qui accroît la postcharge et donc la charge cardiaque. Comme cet effet n'est pas désirable chez les personnes en état de choc cardiogénique, l'infirmière doit augmenter avec précaution les doses de dopamine.

Une fois la pression artérielle stabilisée, il est toujours possible d'administrer une faible dose de dopamine, notamment pour ses effets bénéfiques sur la perfusion rénale. Dans le cas d'une acidose métabolique grave, qui survient dans les derniers stades du choc, l'effet bénéfique de la dopamine et des autres amines sympathomimétiques diminue. Pour optimiser l'efficacité des produits vasoactifs, il faut tout d'abord corriger l'acidose métabolique. Le médecin peut prescrire du bicarbonate de sodium en intraveineuse pour traiter celle-ci (Jindal *et al.*, 2000).

Autres médicaments vasoactifs Parmi les autres médicaments vasoactifs qu'on peut utiliser pour traiter le choc cardiogénique, citons la noradrénaline (Levophed), l'adrénaline, la milrinone (Primacor), la vasopressine (Pitressin, Pressyn) et la phényléphrine (Neo-Synephrine). On peut prescrire une combinaison de plusieurs de ces produits selon la réponse de la personne au traitement. Tous les médicaments vasoactifs ont des effets secondaires, ce qui rend certains médicaments plus utiles que d'autres aux différentes phases du choc. On peut administrer des diurétiques comme la furosémide (Lasix) pour réduire la charge cardiaque en diminuant l'accumulation de liquide.

Antiarythmiques Les antiarythmiques font également partie des mesures thérapeutiques employées en cas de choc cardiogénique. Toutes les personnes souffrant d'un état de choc sont exposées à de graves arythmies cardiaques en raison de facteurs tels que l'hypoxémie, le déséquilibre électrolytique et le déséquilibre acidobasique. De plus, la fréquence cardiaque de ces personnes augmente au-delà de la normale pour compenser la diminution du débit cardiaque et de la pression artérielle. Il en résulte un raccourcissement de la diastole et, de ce fait, une diminution du temps de remplissage ventriculaire, ce qui nuit encore davantage au rendement cardiaque. Il est par conséquent nécessaire d'utiliser les antiarythmiques pour stabiliser la fréquence et le rythme cardiaques (pour en savoir plus sur le sujet et sur les médicaments prescrits, voir le chapitre 29 ⊙). Les principes généraux relatifs à l'administration des médicaments vasoactifs sont abordés dans les pages qui suivent.

Thérapie hydrique Le traitement du choc cardiogénique exige non seulement l'administration de médicaments, mais aussi une bonne hydratation. Quel que soit le liquide donné, il faut être très vigilant afin de déceler les signes de surcharge liquidienne. Si on procède par bolus intraveineux, on doit administrer le liquide progressivement et avec précaution afin de déterminer les pressions de remplissage optimales pour améliorer le débit cardiaque. Il ne faut jamais administrer le bolus trop rapidement, car cela pourrait provoquer un œdème pulmonaire aigu chez les personnes souffrant d'une défaillance cardiaque.

Assistance mécanique

Si le débit cardiaque ne s'améliore pas malgré l'apport d'oxygène supplémentaire, les médicaments vasoactifs et le bolus de liquide, on utilise temporairement une assistance mécanique afin d'améliorer la capacité de pompage du cœur, par exemple un ballonnet intra-aortique de contrepulsion (chapitre 32 ⊙). Le ballonnet est mis en place par voie percutanée ; il remonte l'artère fémorale commune jusque dans l'aorte thoracique, puis il est branché à une console qui contient une pompe à gaz. Le gonflement et le dégonflement du ballonnet sont synchronisés par électrocardiographie : gonflement au commencement de la diastole et dégonflement juste avant la systole. Lorsqu'on utilise un ballonnet intra-aortique de contrepulsion, on vise notamment les objectifs suivants :

- Augmenter le débit systolique
- Améliorer l'irrigation artérielle coronarienne
- Diminuer la précharge
- Diminuer la charge cardiaque
- Diminuer les besoins en oxygène myocardiques (Kumar *et al.*, 2000)

Il existe d'autres types d'assistance mécanique, tels que les systèmes d'assistance aux ventricules ou le cœur artificiel total. Ces appareils sont des pompes électriques ou à air. Ils remplacent l'action de pompage ventriculaire ou y contribuent. La transplantation d'un cœur humain est parfois la seule solution pour une personne en état de choc cardiogénique qui ne peut se passer d'un système d'assistance (les dispositifs d'assistance mécanique et la transplantation cardiaque sont abordés au chapitre 32 ⊙).

On peut également offrir un soutien cardiaque ou pulmonaire à court terme en utilisant des appareils extracorporels similaires à ceux qui servent à la circulation extracorporelle (CEC) utilisée dans les interventions à cœur ouvert. La CEC exige le recours à une héparinisation générale, à la canulation veineuse ou artérielle de la veine et de l'artère fémorales et à un branchement à une pompe qui assurera l'oxygénation sanguine. La pointe du cathéter est enfoncée dans l'oreillette droite. Ce système fait baisser la pression dans les ventricules droit et gauche, réduisant la charge cardiaque et les besoins du cœur en oxygène. Les complications associées à la CEC comprennent les coagulopathies, l'ischémie myocardique, l'infection et l'embolie. La CEC est utilisée uniquement en situation d'urgence, jusqu'à ce qu'un traitement définitif, comme la transplantation cardiaque, puisse être appliqué.

Soins et traitements infirmiers

Prévenir le choc cardiogénique

Dans certaines circonstances, on peut prévenir un choc cardiogénique en repérant rapidement les personnes à risque, en assurant une bonne oxygénation du muscle cardiaque et en réduisant la charge cardiaque. On peut y arriver en préservant l'énergie de la personne, en soulageant rapidement l'angine de poitrine et en administrant un supplément d'oxygène. Souvent, cependant, le choc cardiogénique ne peut être évité. Dans un tel cas, l'intervention infirmière consiste notamment à collaborer avec les autres membres de l'équipe de soins pour prévenir l'évolution du choc et restaurer une fonction cardiaque satisfaisante ainsi qu'une bonne irrigation tissulaire.

Surveiller l'état hémodynamique

Surveiller l'état hémodynamique et cardiaque du sujet est un aspect essentiel du rôle de l'infirmière. Celle-ci doit anticiper quels médicaments et solutés intraveineux doivent être administrés et quels appareils pourraient être utilisés ; elle se tient prête à apporter son aide dans l'application de ces mesures. Elle consigne et signale rapidement les changements de l'état hémodynamique, cardiaque ou pulmonaire. De plus, elle note les bruits surajoutés, les changements de la fréquence ou du rythme cardiaque et les autres anomalies décelées au cours de l'examen clinique.

L'infirmière joue aussi un rôle crucial dans les soins prodigués à la personne à qui on pose un ballonnet intra-aortique de contrepulsion (chapitre 32 ⊙). Il lui incombe d'assurer en tout temps un réglage qui optimise l'efficacité de la pompe, en synchronisant celle-ci avec la révolution cardiaque. Elle doit vérifier souvent l'état neurovasculaire des extrémités inférieures de la personne : cette dernière court en effet un risque élevé de problèmes circulatoires à la jambe qui se trouve du côté où le cathéter a été mis en place.

Administrer des médicaments et des liquides intraveineux

L'infirmière joue un rôle crucial dans l'administration des solutés intraveineux et des médicaments. Il y a des risques de surcharge liquidienne et d'œdème pulmonaire en raison de l'inefficacité de la pompe cardiaque et de l'accumulation de liquide dans les poumons. L'infirmière note les médicaments et traitements administrés, ainsi que la réponse de la personne.

L'infirmière doit à la fois connaître les effets désirés et les effets secondaires des médicaments. Par exemple, il est important de vérifier si la pression artérielle diminue après l'administration de la morphine ou de la nitroglycérine. En cas de thrombolyse, il faut être attentif à la présence d'hématomes ou de saignements. Il y a aussi lieu de surveiller les saignements dans les sites où des ponctions artérielles et veineuses ont été effectuées et, le cas échéant, d'exercer une pression sur ces sites. Après une thrombolyse, on doit procéder à un examen neurologique pour évaluer le risque d'hémorragie cérébrale associée à la thérapie. Il faut prêter une attention particulière aux infusions intraveineuses: la nécrose des tissus et la formation de lésions peuvent survenir si les médicaments vasopresseurs s'infiltrent dans les tissus. L'infirmière surveille aussi le débit urinaire, l'urée et la créatinine pour vérifier si la fonction rénale est affectée par les effets du choc cardiogénique ou par le traitement.

Favoriser la sécurité et le bien-être

Pendant toute la période des soins, l'infirmière doit jouer un rôle actif pour protéger la personne alitée, améliorer son bien-être et réduire son anxiété. Il s'agit notamment d'administrer les médicaments permettant de soulager la douleur thoracique, de prévenir les infections au point d'insertion des nombreux cathéters veineux et artériels, de protéger la peau et de surveiller les fonctions cardiaque et respiratoire. En veillant à ce que la personne soit dans une bonne position, on facilite sa respiration sans diminuer sa pression artérielle et on peut aussi améliorer son bien-être tout en réduisant son anxiété.

Afin de rassurer la personne et sa famille, il convient de leur expliquer brièvement comment se déroulent les soins et de les soutenir par des gestes réconfortants. Comme la famille est généralement anxieuse, on peut la soulager en lui donnant l'occasion de voir la personne, de lui parler et de la toucher. Expliquer en quoi consiste le traitement et comment leur proche y répond donne souvent des forces aux membres de la famille.

Choc vasoplégique

Le choc vasoplégique se produit quand le volume sanguin se déplace anormalement dans le système vasculaire, par exemple lorsque le sang s'accumule de façon anormale dans les vaisseaux sanguins périphériques. Ce déplacement du volume sanguin entraîne une hypovolémie relative: une trop faible quantité de sang retourne vers le cœur, ce qui se traduit par une irrigation tissulaire insuffisante. Le tonus vasculaire assure, dans des conditions normales, un retour veineux adéquat au cœur. Il est déterminé à la fois par des mécanismes de régulation centraux, tels que la régulation de la pression artérielle, et par des mécanismes de régulation locaux, tels que les besoins des tissus en oxygène et en nutriments. Le choc vasoplégique peut donc résulter soit d'une perte du tonus vasculaire, soit de la libération de médiateurs chimiques par les cellules.

Les mécanismes variés qui entraînent la vasodilatation initiale du choc vasoplégique permettent de distinguer trois types de choc: (1) le **choc septique**; (2) le **choc neurogénique** (ou **neurogène**); et (3) le **choc anaphylactique**. Chacun de ces types de choc peut être causé ou favorisé par divers facteurs (encadré 15-4 ■).

Selon les différents types de choc vasoplégique, la séquence des événements physiopathologiques présente des variantes, qui sont expliquées séparément ci-dessous. Dans tous les types de choc vasoplégique, la dilatation veineuse et artérielle importante permet au sang de s'accumuler en périphérie. La vasodilatation artérielle réduit la résistance du système vasculaire général. Au départ, le débit cardiaque peut être élevé, tant en raison de la diminution de la postcharge (résistance vasculaire systémique) que des efforts accrus du muscle cardiaque pour maintenir l'irrigation malgré l'inefficacité du système vasculaire résultant de la vasodilatation artérielle. L'accumulation du sang en périphérie cause une diminution du retour veineux, qui entraîne une diminution du volume d'éjection systolique et une chute du débit cardiaque. La diminution du débit cardiaque entraîne ensuite une baisse de la pression artérielle et, finalement, une diminution de l'irrigation tissulaire. La figure 15-6 ■ montre la séquence des événements physiopathologiques en cas de choc vasoplégique.

CHOC SEPTIQUE

Le choc septique est le plus courant des chocs vasoplégiques. Il est causé par une infection qui s'est généralisée. Bien que les traitements antibiotiques soient de plus en plus perfectionnés, l'incidence du choc septique n'a cessé de progresser depuis 60 ans. C'est une des causes les plus courantes de décès dans les unités de soins intensifs. Les personnes âgées sont les plus à risque en raison de la diminution de leurs réserves physiologiques et de leur système immunitaire vieillissant (Balk, 2000a; Vincent et Ferreira, 2000). Le syndrome de choc toxique staphylococcique, une forme particulière du choc septique, est décrit au chapitre 49 ⌗.

ENCADRÉ 15-4

FACTEURS DE RISQUE

Choc circulatoire

CHOC SEPTIQUE
- Immunosuppression
- Âges extrêmes (<1 an ou >65 ans)
- Dénutrition
- Affection chronique
- Interventions effractives
- Infections nosocomiales

CHOC NEUROGÉNIQUE
- Blessure médullaire
- Anesthésie rachidienne
- Effet dépresseur des médicaments
- Carence en glucose

CHOC ANAPHYLACTIQUE
- Allergies (arachides, pénicilline, latex, etc.)
- Réaction transfusionnelle
- Allergie aux piqûres d'insectes

Les infections nosocomiales qui touchent les personnes gravement malades débutent généralement dans le sang, les poumons ou le tractus urinaire, par ordre décroissant de fréquence (Richards, Edwards, Culver *et al.*, 1999). Le foyer de l'infection est un facteur déterminant dans les critères cliniques. Ce sont les personnes atteintes de bactériémie (présence de bactéries dans le sang avec hémoculture positive) ou de pneumonie (Simon et Trenholme, 2000) qui sont exposées au plus grand risque d'infection. D'autres infections peuvent également progresser vers un choc septique, notamment les infections abdominales, les plaies, la bactériémie associée à un cathéter intravasculaire (Eggimann et Pittet, 2001) et à une sonde vésicale. L'incidence croissante du choc septique tient à d'autres facteurs, notamment : la sensibilisation accrue aux signes du choc septique ainsi qu'une meilleure détection de cette affection ; le nombre croissant de personnes atteintes d'un déficit immunitaire (à cause de l'alcoolisme, du cancer et du diabète) ; le recours de plus en plus fréquent aux interventions effractives et aux appareils médicaux à demeure (par exemple, les électro-cardiostimulateurs) ; le nombre de plus en plus élevé de microorganismes résistants aux antibiotiques ; et une population âgée toujours croissante (Balk, 2000a).

Les microorganismes les plus courants qui entraînent le choc septique sont les bactéries à Gram négatif. Toutefois, on note une incidence accrue d'infections à bactéries à Gram positif : actuellement, ces bactéries engendrent 50 % des infections (Simons et Trenhome, 2000). D'autres agents infectieux, comme les virus et les champignons, peuvent aussi provoquer un choc septique.

Quand un microorganisme envahit un tissu, il se produit une saine réponse immunitaire. Celle-ci déclenche une réaction inflammatoire par l'activation de médiateurs chimiques. Dans certains cas, la libération massive de plusieurs médiateurs chimiques (facteur tumoral nécrosant [TNF], interleukine 1 [IL-1], facteur d'activation plaquettaire, prostaglandines, leucotriènes, kinines) produit divers effets qui mènent au choc : ainsi, la perméabilité capillaire accrue – qui provoque l'écoulement de liquide hors des capillaires – et la vasodilatation interrompent la capacité de l'organisme à assurer aux tissus et aux cellules une irrigation et une oxygénation suffisantes, ainsi qu'un apport adéquat en nutriments.

Le choc septique se déroule généralement en deux phases.

- Dans la première phase, appelée phase hyperdynamique et progressive, le débit cardiaque est élevé en raison de la vasodilatation systémique. La pression artérielle peut rester dans les limites de la normale. La fréquence cardiaque augmente jusqu'à la tachycardie, et l'amplitude est bondissante. La personne en état de choc commence à souffrir d'hyperthermie et devient fébrile ; sa peau est chaude et rouge. La fréquence et l'amplitude respiratoires augmentent. Le débit urinaire peut rester normal ou diminuer. La fonction gastro-intestinale peut être altérée, ce qui se manifeste par des nausées, des vomissements, de la diarrhée et une diminution des bruits intestinaux. L'état de conscience peut présenter quelques changements subtils, tels que l'agitation ou l'irritabilité.

- Dans la seconde phase, nommée phase hypodynamique et irréversible, le débit cardiaque de la personne chute et une vasoconstriction survient, car l'organisme tente de compenser l'hypovolémie causée par la perte du liquide intravasculaire qui s'est échappé des capillaires. À cette phase, la pression artérielle chute, et la peau est froide et pâle. La température corporelle peut être normale ou au-dessous de la normale. Les fréquences respiratoire et cardiaque demeurent élevées, mais leur amplitude diminue à cause de la fatigue musculaire et de l'acidose qui s'installe progressivement. Les reins ne produisent plus d'urine et plusieurs organes évoluent simultanément vers une défaillance généralisée.

Du point de vue clinique, le **syndrome de la réponse inflammatoire systémique (SRIS)** se présente comme une septicémie (décharge massive et répétée dans le sang de bactéries pathogènes à partir d'un foyer infectieux). La seule différence entre le SRIS et la septicémie est l'absence de foyer d'infection. Le SRIS stimule une réponse inflammatoire hormonale et immunologique généralisée, semblable à celle qu'on observe chez les personnes atteintes de septicémie. Bien qu'il n'y ait apparemment pas d'infection, on peut quand même administrer des antibiotiques, car il se peut qu'il s'agisse d'une infection non décelée. Il existe d'autres thérapies destinées à soutenir la personne atteinte du SRIS ; ce sont les mêmes que celles qu'on applique dans le cas de la septicémie. Si le processus inflammatoire évolue, le choc septique peut alors apparaître.

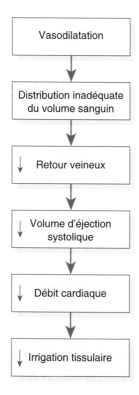

PHYSIOLOGIE/ PHYSIOPATHOLOGIE

Vasodilatation

↓

Distribution inadéquate du volume sanguin

↓

↓ Retour veineux

↓

↓ Volume d'éjection systolique

↓

↓ Débit cardiaque

↓

↓ Irrigation tissulaire

FIGURE 15-6 ■ Séquence d'événements physiopathologiques en cas de choc vasoplégique.

Traitement médical

Actuellement, le traitement du choc septique consiste à trouver et à éliminer la cause de l'infection. On recueille des échantillons de sang, d'expectorations, d'urine, de drainage des plaies et des cathéters effractifs pour effectuer des cultures.

Toute voie d'infection possible doit être éliminée. Les cathéters intraveineux ou intra-artériels sont retirés et posés dans d'autres régions de l'organisme lorsque c'est possible. On enlève les sondes urinaires si la personne peut s'en passer. Tous les abcès sont drainés et les zones nécrosées sont débridées.

Il faut procéder à la réanimation hydrique pour corriger l'hypovolémie qui résulte de l'inefficacité du système vasculaire et qui a été provoquée par la réponse inflammatoire. On peut administrer des cristalloïdes, des colloïdes et des produits sanguins pour augmenter le volume intravasculaire.

Pharmacothérapie

Si le microorganisme infectieux n'est pas connu, on prescrit des antibiotiques à large spectre jusqu'à ce qu'on obtienne le résultat des cultures et des tests de sensibilité (Simon et Trenholme, 2000). Quand le bilan des cultures et des tests de sensibilité est prêt, on peut remplacer l'antibiotique initialement administré par un antibiotique plus ciblé pour lutter contre le microorganisme infectieux et moins toxique pour la personne.

Les recherches menées sur les chocs septiques et leur issue sont prometteuses. Alors que les traitements consistaient jusqu'à présent à détruire le microorganisme infectieux, on met maintenant également l'accent sur la modification de la réponse immunitaire de la personne. La paroi des bactéries à Gram négatif contient un lipopolysaccharide, une endotoxine libérée au cours de la phagocytose (Abraham *et al.*, 2001). Cette endotoxine ou les produits de dégradation de la paroi des bactéries à Gram positif libèrent de nombreux médiateurs chimiques, ce qui entraîne une forte réponse inflammatoire et des effets systémiques qui conduisent au choc. Les recherches actuelles sont axées sur la mise au point de médicaments qui inhiberont ou moduleront les effets des médiateurs chimiques tels que l'endotoxine et la procalcitonine (Bernard, Vincent, Laterre *et al.*, 2001). L'attention accordée à l'immunothérapie dans le traitement du choc septique permettra peut-être de faire la lumière sur la façon dont la réponse cellulaire à l'infection conduit au choc.

On a récemment démontré que la protéine C recombinante humaine activée, ou drotrécogine alfa (Xigris), réduisait la mortalité des personnes atteintes d'une sepsie grave (Bernard, Artigas, Dellinger *et al.*, 2001). Le médicament a été approuvé par Santé Canada pour le traitement des adultes souffrant d'une sepsie ayant entraîné une dysfonction grave des organes et qui sont en danger de mort. Il agit comme un antithrombotique, un anti-inflammatoire et un agent profibrinolytique. L'effet secondaire le plus courant est le saignement. En conséquence, il est contre-indiqué chez les personnes qui ont des saignements internes actifs ou une hémorragie active ainsi que chez celles qui ont subi une intervention chirurgicale intracrânienne ou souffert d'un traumatisme crânien.

Thérapie nutritionnelle

En cas de choc septique, il est crucial d'administrer une thérapie nutritionnelle énergique à l'aide de suppléments alimentaires, car la dénutrition nuit à la résistance contre l'infection. Il faut donner les suppléments dans les 24 heures qui suivent l'apparition du choc (Mizock, 2000). On doit privilégier l'alimentation entérale, et non la voie parentérale, à cause du risque accru d'infection iatrogénique associée aux cathéters intraveineux. Toutefois, l'alimentation entérale n'est pas toujours possible lorsque l'affaiblissement de l'irrigation dans le tractus gastro-intestinal réduit le péristaltisme et altère l'absorption.

Soins et traitements infirmiers

L'infirmière doit toujours être à l'affût des risques d'infection et être consciente que le taux de mortalité associé au choc septique est élevé. Lorsqu'elle utilise les méthodes effractives, elle doit systématiquement appliquer les techniques d'asepsie et respecter soigneusement les règles d'hygiène des mains même en situation d'urgence. En outre, dans tous les cas, elle doit surveiller les cathéters intraveineux, les sites des ponctions artérielles et veineuses, les incisions chirurgicales, les blessures traumatiques, les sondes urinaires et les plaies de pression afin de déceler tout signe avant-coureur d'infection. L'infirmière repère les personnes qui sont plus particulièrement exposées au risque de septicémie et de choc septique (les personnes âgées, les personnes immuno-déprimées, les brûlés, les diabétiques ou les personnes souffrant d'un traumatisme grave); elle ne doit pas oublier que ces personnes ne présenteront peut-être pas les symptômes typiques d'une infection ou d'une septicémie. La confusion, par exemple, peut être le premier signe de l'infection et de la septicémie chez les personnes âgées.

Dans les cas de septicémie, il est courant que la température corporelle de la personne soit élevée (hyperthermie), ce qui accroît le taux métabolique et la consommation d'oxygène. La fièvre est l'un des mécanismes naturels auquel l'organisme recourt pour combattre l'infection. Pour cette raison, une fièvre, même forte, ne doit pas nécessairement être traitée, à moins qu'elle n'atteigne un niveau dangereux (plus de 40 °C) ou que la personne ne se sente vraiment incommodée. Il faut tenter de faire baisser la température en administrant un anti-pyrétique ou en utilisant des couvertures refroidissantes. Au cours de ces thérapies, l'infirmière surveille la personne de près pour vérifier si elle a des frissons, ce qui augmente la consommation d'oxygène. Il est important d'améliorer le bien-être de la personne si elle fait de la fièvre, ou encore si elle a des frissons ou des tremblements.

Afin de restaurer le volume vasculaire, l'infirmière administre par intraveineuse les liquides et les médicaments prescrits, notamment des antibiotiques et des substances vasoactives. À cause d'une baisse de l'irrigation sanguine dans les reins et le foie, les concentrations sériques des antibiotiques qui sont normalement éliminés par ces organes peuvent augmenter et produire des effets toxiques. Par conséquent, l'infirmière doit surveiller les concentrations sanguines d'agents antibiotiques, d'urée, de créatinine ou de globules blancs et signaler au médecin les taux qui augmentent.

Comme dans les autres types de choc, l'infirmière surveille l'état hémodynamique, les ingesta et excreta de liquide et la situation nutritionnelle de la personne. Vérifier chaque jour le poids de celle-ci et surveiller de près son taux d'albumine sérique permet de déterminer ses besoins en protéines.

CHOC NEUROGÉNIQUE

La vasodilatation massive sans compensation qui survient au cours d'un choc neurogénique (ou neurogène) est le résultat d'une perturbation du système nerveux autonome et d'une perte du tonus vasculaire sympathique. Ce phénomène peut être provoqué par une blessure médullaire, une anesthésie rachidienne ou une lésion du système nerveux. Il peut aussi être causé par l'effet dépresseur de certains médicaments ou une carence en glucose (coma hypoglycémique).

Le choc neurogénique peut évoluer sur une longue période (blessure médullaire) ou sur une période très brève (syncope ou évanouissement). La personne a la peau sèche et chaude. Le choc neurogénique se caractérise aussi par le fait que la personne souffre de bradycardie, et non de la tachycardie typique dans les autres formes de choc. La bradycardie est liée à la perturbation du système nerveux autonome.

Traitement médical

Pour traiter le choc neurogénique, il faut restaurer le tonus sympathique en stabilisant la blessure médullaire ou, dans le cas de l'anesthésie rachidienne, en mettant la personne dans une bonne position (élévation de la tête de 30 degrés en position couchée). Le traitement approprié dans chaque cas dépend de la cause du choc neurogénique. Une analyse plus approfondie du suivi pour la personne souffrant d'une blessure médullaire est présentée au chapitre 66 ⬔. Si la cause du choc est l'hypoglycémie (coma hypoglycémique), il faut rapidement administrer du glucose. L'hypoglycémie et le coma hypoglycémique sont décrits en détail au chapitre 43 ⬔.

Soins et traitements infirmiers

Pour prévenir le choc neurogénique chez une personne qui subit une anesthésie rachidienne, il est important de surélever la tête du lit d'au moins 30 degrés. Grâce à cette position, le produit anesthésique ne se répandra pas le long de la moelle épinière. Quand on soupçonne une blessure médullaire, on peut prévenir le choc en immobilisant la personne avec précaution afin d'empêcher la progression de la lésion.

L'intervention infirmière est axée sur le soutien des fonctions cardiovasculaires, respiratoires et neurologiques jusqu'à ce que l'épisode habituellement passager du choc neurogénique arrive à son terme. On peut réduire au minimum l'accumulation de sang dans les jambes en mettant des bas compressifs à la personne et en relevant le pied du lit. Le sang accumulé augmentant le risque de formation d'un thrombus (TVP), l'infirmière doit vérifier chaque jour s'il y a apparition de douleur, modification de la circonférence unilatérale ou rougeur à l'une des deux jambes.

On peut éviter la formation d'un thrombus en administrant de l'héparine ou une héparine de faible poids moléculaire selon l'ordonnance, en utilisant des bas compressifs ou en appliquant une compression pneumatique sur les jambes. Effectuer des mouvements passifs sur les extrémités immobiles favorise la circulation.

CHOC ANAPHYLACTIQUE

Le choc anaphylactique est causé par une réaction allergique grave survenant lorsqu'une personne qui a déjà produit des anticorps contre une substance étrangère (antigène) présente une réaction antigène-anticorps systémique. Cela ne survient que si la personne a déjà été exposée à la substance. La réaction antigène-anticorps entraîne une libération, par les mastocytes, de substances vasoactives très puissantes, comme l'histamine ou la bradykinine, qui provoquent une vasodilatation étendue et une perméabilité capillaire. Le choc anaphylactique survient rapidement et met la vie de la personne en danger. Comme ce choc se produit chez des personnes qui ont déjà été exposées à un antigène, il est souvent possible de l'éviter. C'est pourquoi les personnes souffrant d'allergies connues doivent comprendre les conséquences que peut avoir une nouvelle exposition à l'antigène et doivent porter un bracelet médical énumérant toutes leurs allergies. On peut ainsi empêcher que soit administré par inadvertance un médicament qui pourrait entraîner un choc anaphylactique. De plus, il faut donner à la personne et à sa famille des instructions sur la façon dont les médicaments prescrits contre l'anaphylaxie doivent être utilisés en cas d'urgence.

Traitement médical

Pour traiter le choc anaphylactique, il faut supprimer l'antigène en cause (par exemple, un antibiotique), administrer des médicaments pour restaurer le tonus vasculaire et soutenir les fonctions vitales par des mesures d'urgence : par voie intraveineuse, on donne de l'adrénaline pour son effet vasoconstricteur ou du diphydramine (Benadryl) pour renverser les effets de l'histamine, et donc réduire la perméabilité capillaire. On peut aussi recourir aux nébuliseurs comme le salbutamol (Ventolin) pour diminuer le bronchospasme provoqué par l'histamine.

Si un arrêt cardiaque ou respiratoire est imminent ou a déjà eu lieu, on procède à une réanimation cardiorespiratoire. Une intubation trachéale ou une trachéotomie peuvent se révéler nécessaires pour établir une voie d'accès permettant de faire passer l'air. On met en place des cathéters intraveineux pour administrer des liquides et des médicaments. Le chapitre 55 ⬔ porte sur les médiateurs anaphylactiques et spécifiques.

Soins et traitements infirmiers

L'infirmière joue un rôle important dans la prévention du choc anaphylactique : au cours de l'examen clinique, elle demande à la personne si elle a des allergies ou si elle a déjà eu des réactions à des antigènes (médicaments, produits sanguins, nourriture, produits de contraste, latex) et en informe les membres de l'équipe de soins. En outre, elle évalue si la personne comprend les réactions qu'elle a eues et les mesures à prendre par elle-même et sa famille pour ne plus être exposée à l'antigène. Quand elle constate des allergies, l'infirmière conseille à la personne de porter un bracelet sur lequel est indiqué le nom des allergènes et des antigènes en question.

Lorsqu'un nouveau médicament est administré, l'infirmière observe la personne pour surveiller ses réactions allergiques. Cette mesure est particulièrement importante dans le cas des médicaments injectés par voie intraveineuse. L'allergie à la pénicilline est une des causes les plus courantes du choc anaphylactique. Les personnes qui souffrent de cette allergie risquent aussi d'être sensibilisées à des médicaments similaires. Par exemple, elles peuvent réagir à la céfazoline (Ancef, Kefzol) dont la structure chimique est proche de celle de la pénicilline. Si une personne signale qu'elle a une allergie à un médicament, l'infirmière doit être consciente des risques courus si on administre des médicaments semblables.

À l'hôpital ou en consultation externe, l'infirmière doit repérer les personnes susceptibles de faire une réaction anaphylactique aux produits de contraste utilisés dans les examens paracliniques. Il s'agit aussi des sujets qui ont une allergie connue à l'iode ou au poisson, ou de ceux qui ont déjà eu des réactions allergiques aux produits de contraste. Cette information doit être transmise au personnel chargé des examens paracliniques, y compris au personnel responsable de la radiologie.

L'infirmière doit connaître les signes et symptômes de l'anaphylaxie, prendre des mesures immédiates s'ils apparaissent et être préparée à lancer une réanimation cardiorespiratoire au besoin.

Puisque leur rôle consiste notamment à administrer des médicaments, y compris des antibiotiques, les infirmières en soins à domicile doivent être prêtes à donner de l'adrénaline en injection sous-cutanée ou intramusculaire en cas de réaction anaphylactique.

Une fois que la personne s'est remise de l'anaphylaxie, on doit lui expliquer, à elle et à sa famille, ce qui s'est passé. De plus, l'infirmière doit donner des directives sur le moyen d'éviter d'autres expositions aux antigènes et sur l'administration des médicaments d'urgence pour traiter l'anaphylaxie (chapitre 55 ⟳).

Syndrome de défaillance multisystémique

Le terme de syndrome de défaillance multisystémique (SDMS) désigne l'atteinte de plusieurs organes chez une personne gravement malade; on doit absolument procéder à une intervention médicale pour maintenir la fonction des organes. Il existe deux catégories de SDMS: le SDMS primaire et le SDMS secondaire.

Physiopathologie

Le SDMS primaire résulte d'une agression tissulaire directe, qui entraîne ensuite une mauvaise irrigation ou une ischémie. Le SDMS secondaire est le plus souvent une complication du choc septique ou du SRIS. Néanmoins, le SDMS peut être une complication de n'importe quelle forme de choc découlant d'une irrigation tissulaire insuffisante. Comme nous l'avons décrit plus haut, en cas d'état de choc, tous les systèmes de l'organisme subissent des lésions dues à une irrigation sanguine insuffisante et peuvent dès lors cesser de fonctionner. Un syndrome de défaillances successives d'organes a aussi été observé. Le mécanisme exact qui déclenche ce syndrome n'est pas connu.

Même si on a défini diverses causes du SDMS (tissus lésés ou nécrosés, infection ou irrigation sanguine insuffisante, par exemple), il est difficile de savoir si une personne sera victime d'un SDMS, notamment parce que les lésions organiques se produisent en grande partie au niveau cellulaire et qu'il est donc impossible de les observer directement et de les mesurer. La défaillance organique commence habituellement par les poumons, puis suivent les défaillances du foie, du système gastro-intestinal et des reins (Balk, 2000b). Le risque de SDMS semble augmenter chez les personnes gravement malades lorsqu'elles ont un âge avancé ou souffrent de dénutrition et de maladies concomitantes.

Manifestations cliniques

L'évolution clinique du SDMS peut suivre deux scénarios. Dans les deux cas, un événement initial provoque une baisse de la pression artérielle. On traite la cause de cette chute et la personne semble répondre au traitement. Dans le premier scénario (SDMS primaire), qui survient la plupart du temps quand le problème est d'origine pulmonaire, comme en cas de lésions aux poumons, le sujet souffre de troubles respiratoires qui se manifestent généralement dans les 72 heures suivant l'événement initial et qui rendent nécessaire une intubation. Une défaillance respiratoire entraîne rapidement un SDMS, avec un taux de mortalité de 30 à 75 % (Fein et Calalang-Collucci, 2000).

Le scénario du SDMS secondaire est plus insidieux. Il survient le plus souvent lorsque la personne est en état de choc septique et que l'état évolue progressivement pendant un mois environ. Elle subit alors une défaillance respiratoire et doit être intubée. Elle reste stable sur le plan hémodynamique pendant 7 à 14 jours. Malgré cette stabilité apparente, elle présente un état hypermétabolique caractérisé par une hyperglycémie (concentration élevée de glucose dans le sang), une hyperlactacidémie (excès d'acide lactique dans le sang) et une polyurie (excès du débit urinaire). Le taux métabolique est de 1,5 à 2 fois le taux métabolique basal. On observe généralement une infection et une dégradation de la peau. Au cours de ce stade, la masse musculaire squelettique subit souvent une perte importante (catabolisme). Si on parvient à renverser le processus hypermétabolique, la personne peut survivre, mais les organes touchés en conserveront des séquelles (Mizock, 2000). Si on ne peut pas arrêter ce processus et que les cellules ne reçoivent pas assez d'oxygène et de nutriments, une défaillance irréversible des organes se produit et entraîne la mort.

Si la phase hypermétabolique ne peut pas être renversée, le SDMS progresse et se caractérise alors par un ictère, une hyperbilirubinémie (défaillance du foie) et une oligurie qui évolue vers l'anurie (défaillance rénale); celle-ci rend souvent la dialyse indispensable. La personne devient moins stable sur le plan hémodynamique et commence à avoir besoin de médicaments vasoactifs et d'un soutien hydrique. Comme il n'existe aucune définition claire de la défaillance d'organes, l'incidence exacte du SDMS est difficile à déterminer (Balk, 2000b; Vincent et Ferreira, 2000). Cependant, on peut raisonnablement affirmer que l'apparition de la dysfonction organique assombrit le pronostic. Plus il y a d'organes défaillants, plus la situation est grave.

Traitement médical

La prévention demeure la grande priorité dans le suivi du SDMS. Les personnes âgées présentent un risque accru à cause de l'absence de réserves physiologiques liée à l'âge et au processus de dégénérescence naturel, notamment au système immunitaire altéré (Balk, 2000b). Dans le suivi des personnes âgées souffrant du SDMS, il est essentiel de procéder à une détection précoce et de prendre en note les tout premiers signes d'infection. Les changements subtils de l'état mental et une montée graduelle de la température sont des signes avant-coureurs du SDMS. Sont également à risque les personnes atteintes d'une maladie chronique ou souffrant de dénutrition, d'immunosuppression, de plaies chirurgicales ou de blessures.

Si les mesures préventives échouent, les traitements administrés pour renverser la situation visent à: (1) éliminer la cause première; (2) favoriser une bonne irrigation tissulaire; et (3) assurer le soutien alimentaire.

Soins et traitements infirmiers

Le plan thérapeutique infirmier pour les personnes souffrant du SDMS est le même que pour les personnes atteintes d'un choc septique. Les principales interventions visent à soutenir la personne et à surveiller son état hémodynamique jusqu'à ce que les premières atteintes aux organes aient été stoppées. Il est également crucial que l'infirmière informe et soutienne les membres de la famille. Aborder les décisions de fin de vie est un aspect important du travail de l'équipe de soins, car il faut s'assurer que les thérapies de soutien sont conformes aux volontés de la personne.

EXERCICES D'INTÉGRATION

1. Une nouvelle infirmière de votre unité de soins vous signale qu'une personne souffrant d'un infarctus du myocarde risque l'état de choc. Elle ne sait pas s'il s'agit d'un état de choc anaphylactique lié à sa médication ou d'un état de choc cardiogénique dû à ses troubles cardiaques. Comment arriverez-vous à distinguer le choc anaphylactique du choc cardiogénique? Quel traitement médical envisagerez-vous?

2. Un homme âgé, qui vit dans un établissement de soins de longue durée, est admis à l'hôpital, car il a depuis peu des troubles de la conscience et un comportement agressif. Vous savez que, chez les personnes âgées, les changements brusques de l'état mental peuvent être les signes avant-coureurs d'une septicémie. Comment examineriez-vous cette personne pour évaluer la possibilité d'un choc septique? En quoi le suivi d'une personne âgée différerait-il du suivi d'un autre adulte?

3. Alors que vous circulez dans une zone rurale, vous êtes témoin d'un accident de la route et vous vous arrêtez pour proposer de l'aide. Deux passagers, extraits des voitures par des passants, sont gravement blessés. L'un d'eux saigne abondamment; l'autre se tient le ventre et la poitrine sous l'effet d'une douleur intense. Décrivez le type de choc auquel chacune de ces deux personnes est le plus exposée. Quelles mesures prendrez-vous sur le lieu de l'accident pour prévenir le choc ou empêcher qu'il s'aggrave?

4. Une femme, en fauteuil roulant depuis une dizaine d'années à cause d'une blessure médullaire, a subi des brûlures après que ses vêtements eurent pris feu pendant qu'elle préparait le dîner. Les brûlures sont profondes, mais limitées à la partie supérieure du corps. Quels types de choc guettent cette personne? Quelle thérapie prévoirez-vous pour prévenir ou traiter le choc? Donnez les raisons motivant votre choix. Dans quelle mesure le handicap de cette femme nuira-t-il à l'intervention?

RÉFÉRENCES BIBLIOGRAPHIQUES
en anglais • en français

Abraham, E., Matthay, M.A., Dinarello, C.A., et al. (2000). Consensus conference definitions for sepsis, septic shock, acute lung injury, and acute respiratory distress syndrome: Time for a reevaluation. *Critical Care Medicine, 28*(1), 232–235.

Balk, R.A. (2000*a*). Severe sepsis and septic shock: Definitions, epidemiology, and clinical manifestations. *Critical Care Clinics, 16*(2), 179–192.

Balk, R.A. (2000*b*). Pathogenesis and management of multiple organ dysfunction or failure in severe sepsis and septic shock. *Critical Care Clinics, 16*(2), 337–351.

Bernard, G.R., Vincent, J.L., Laterre, R.F., et al. (2001). Efficacy and safety of recombinant human activated protein C for severe sepsis. *New England Journal of Medicine, 344*(10), 699–707.

Bernard, G., Artigas, A., Dellinger, P., et al. (2001). Clinical expert roundtable discussion (session 3) at the Margaux Conference on Critical Illness: The role of activated protein C in severe sepsis. *Critical Care Medicine, 29*(7), Suppl 1:S75–S77.

Choi, P.T., Yip, G., Quinonez, L.G., & Cook, D.J. (1999). Crystalloids vs colloids in fluid resuscitation: A systematic review. *Critical Care Medicine, 27*(1), 200–209.

Collège national des enseignants de réanimation. (2002). Réanimation et urgences. Paris: Masson.

Desjardins, M. (2004). L'oligurie aux soins intensifs. *Médecin du Québec, 39*(3).

Dhainault, J.-F. (1998). Traité de réanimation médicale. Paris: Flammarion.

Eggimann, P., & Pittet, D. (2001). Catheter-related infections in intensive care units: An overview with special emphasis on prevention. *Advances in Sepsis, 1*(1), 2–13.

Fein, A.M., & Calalang-Colucci, M.G. (2000). Acute lung injury and acute respiratory distress syndrome in sepsis and septic shock. *Critical Care Clinics, 16*(2), 289–313.

Guyton, A.C., & Hall, J.E. (Eds.). (2000). *Textbook of medical physiology* (10th ed.). Philadelphia: W.B. Saunders.

Jindal, N., Hollenberg, S.M., & Dellinger, R.P. (2000). Pharmacologic issues in the management of septic shock. *Critical Care Clinics, 16*(2), 233–248.

Kumar, A., Haery, C., & Parrillo, J.E. (2000). Myocardial dysfunction in septic shock. *Critical Care Clinics, 16*(2), 251–281.

Levasseur, J. (2003). Le concept de «golden hour» dans le traitement du sepsis. *Médecin du Québec, 38*(3), 41-51.

Mikhail, J. (1999). Resuscitation endpoints in trauma. *AACN Clinical Issues, 10*(1), 10–21.

Mizock, B.A. (2000). Metabolic derangements in sepsis and septic shock. *Critical Care Clinics, 16*(2), 319–333.

Parent, D. (1999). Le choc. *Médecin du Québec, 34*(2), 49-63.

Price, S., Anning, P.B., Mitchell, J.A., & Evans, T.W. (1999). Myocardial dysfunction in sepsis: Mechanisms and therapeutic implications. *European Heart Journal, 20*(10), 715–724.

Rauen, C.A., & Munro, N. (1998). Shock. In M.R. Kinney, S.B. Dunbar, J.A. Brooks-Brunn, N. Moleter, & J.M. Vitello-Cicciu (Eds.), *AACN's clinical reference for critical care nursing* (4th ed.). St. Louis: Mosby.

Richards, M.J., Edwards, J.R., Culver, D.H., & Gaynes, R.P. (1999). Nosocomial infections in medical intensive care units in the United States. *Critical Care Medicine, 27*(5), 887–892.

Simon, D., & Trenholme, G. (2000). Antibiotic selection for patients with septic shock. *Critical Care Clinics, 16*(2), 215–229.

Vincent, J.L., & Ferreira, F.L. (2000). Evaluation of organ failure: We are making progress. *Intensive Care Medicine, 26*(6), 1023–1024.

 En complément de ce chapitre, vous trouverez sur le Compagnon Web:
• une bibliographie exhaustive;
• des ressources Internet.

Adaptation française
Nicole Allard, inf., Ph.D.
Professeure, Département des
sciences infirmières – Université
du Québec à Rimouski

CHAPITRE

16

Oncologie

Objectifs d'apprentissage

Après avoir étudié ce chapitre, vous pourrez:

1. Comparer la structure et le fonctionnement d'une cellule normale et d'une cellule cancéreuse.

2. Faire la distinction entre une tumeur bénigne et une tumeur maligne.

3. Nommer les agents et les facteurs cancérogènes reconnus.

4. Expliquer comment l'enseignement et la prévention en matière de santé contribuent à réduire l'incidence du cancer.

5. Comprendre ce qui différencie les divers types d'interventions chirurgicales effectuées dans les cas de cancer: curatives, diagnostiques, prophylactiques, palliatives et reconstructives.

6. Décrire les rôles respectifs de la chirurgie, de la radiothérapie, de la chimiothérapie, de la greffe de moelle osseuse et d'autres formes de traitement du cancer.

7. Décrire les caractéristiques des soins et traitements infirmiers destinés aux personnes sous chimiothérapie.

8. Décrire les diagnostics infirmiers et les problèmes connexes les plus fréquemment rencontrés chez les personnes atteintes de cancer.

9. Appliquer la démarche systématique aux personnes atteintes de cancer.

10. Comprendre l'approche utilisée dans les centres de soins palliatifs pour personnes atteintes de cancer à un stade avancé.

11. Expliquer le rôle de l'infirmière dans l'évaluation et le traitement des urgences oncologiques les plus fréquentes.

Le **cancer** touche des personnes appartenant à tous les groupes d'âge. Où qu'elles travaillent (dans les centres hospitaliers, à domicile, dans les centres de réadaptation ou dans les centres locaux de services communautaires) et quelle que soit leur spécialité, les infirmières peuvent être appelées à traiter des personnes atteintes de cancer. Les soins et traitements infirmiers en **oncologie** constituent un champ de pratique qui évolue; leur portée, leurs objectifs et les responsabilités qu'ils impliquent sont tout aussi diversifiés et complexes que dans les autres domaines de soins spécialisés. Toutefois, puisque le cancer évoque pour nombre de gens la souffrance et la mort, les infirmières doivent être conscientes de leurs propres sentiments face à la maladie et se fixer des objectifs réalistes pour relever les défis que présentent les soins aux personnes atteintes de cancer.

Le cancer bouleverse l'équilibre physique et affectif des personnes, ainsi que leur vie sociale, culturelle et spirituelle. Les infirmières doivent donc être en mesure d'apporter aux personnes et à leur famille tout le soutien dont elles ont besoin dans ces circonstances. Les principales responsabilités de l'infirmière dans le traitement des personnes atteintes du cancer sont résumées dans l'encadré 16-1 ■.

VOCABULAIRE

Alopécie: chute générale ou partielle des cheveux et des poils*.

Anaplasie: cellules qui ont perdu les caractéristiques normales du type auquel elles appartiennent, notamment la morphologie et l'organisation; les cellules anaplasiques sont habituellement malignes*.

Antigène spécifique de tumeur (AST) ou **antigène tumoral:** protéine membranaire de la cellule cancéreuse qui la distingue des cellules non cancéreuses du même type de tissu*.

Aplasie médullaire ou **immunodépression:** effet secondaire possible de la chimiothérapie qui se caractérise par un ralentissement de la production des globules blancs, des globules rouges et des plaquettes par la moelle osseuse.

Biopsie: technique diagnostique consistant à prélever un petit échantillon de tissu et à l'examiner au microscope afin de détecter la présence de cellules cancéreuses*.

Cancer: terme général désignant plus de 200 maladies caractérisées par la croissance anormale et anarchique de cellules qui peuvent envahir et détruire les tissus sains; la plupart des cancers peuvent également se propager à d'autres parties du corps à partir de leur point d'origine*.

Carcinogenèse: processus de transformation des cellules normales en cellules malignes*.

Chimiothérapie: administration de médicaments qui favorisent l'élimination des cellules cancéreuses, en entravant leur fonctionnement et leur reproduction*.

Classification: détermination de l'origine du tissu tumoral et de l'importance des changements fonctionnels et structurels des cellules par rapport au tissu sain*.

Curiethérapie: synonyme de radiothérapie interne ou interstitielle; traitement consistant à placer des implants radioactifs directement dans la tumeur*.

Cytokine: protéine, sécrétée par des cellules, intervenant dans le processus immunitaire.

Dysplasie: développement anormal des cellules, que ce soit au niveau de la taille, de la forme ou de l'organisation.

Espérance de vie: nombre d'années à vivre au moment de la naissance (pour l'espérance de vie à la naissance) ou à un âge donné (selon les taux de mortalité observés au moment de l'estimation); c'est un indicateur de la santé d'une population plus quantitatif que qualitatif.

Extravasation: épanchement dans les tissus sous-cutanés d'un médicament administré par voie intraveineuse.

Guérison: disparition de toute trace de la maladie chez la personne, laquelle retrouve une espérance de vie normale pour son groupe d'âge.

Hyperplasie: augmentation du nombre de cellules dans un tissu, normalement associée aux périodes de croissance rapide.

Invasion: infiltration d'une tumeur primitive dans les tissus environnants.

Malin ou **cancéreux:** qualifie les cellules et les processus caractéristiques du cancer.

Métaplasie: transformation d'un type de cellules mûres en un autre type de cellules.

Métastase: migration de cellules cancéreuses vers d'autres parties du corps à partir d'une tumeur primitive, par voie lymphatique ou sanguine; les tumeurs secondaires issues de cette migration sont appelées des métastases.

Modificateurs de la réponse biologique (MRB): médicaments immunothérapeutiques administrés pour renforcer le système immunitaire (par exemple interféron, interleukine et facteurs de croissance).

Néoplasie: croissance cellulaire anarchique et indépendante de tout besoin physiologique.

Oncologie: étude du cancer et de son traitement.

Radiothérapie: emploi de rayons gamma et de rayons X à haute énergie en vue de détruire ou d'affaiblir les cellules cancéreuses. La radiothérapie peut être interne ou externe.

Rémission: période pendant laquelle une maladie est maîtrisée et n'occasionne ni symptômes ni signes.

Soins palliatifs: ensemble de soins donnés au cours de la phase terminale de la maladie.

Vésicant: substance pouvant causer des dommages ou une nécrose tissulaires, en particulier lors d'une extravasation.

Xérostomie: sécheresse de la cavité buccale causée par une diminution de la sécrétion salivaire.

---

* Source: Société canadienne du cancer. (2005).

ENCADRÉ 16-1

Responsabilités de l'infirmière en oncologie

- Promouvoir la notion que le cancer est une maladie chronique avec des poussées d'exacerbation et de rémission évolutives, plutôt qu'une maladie n'évoquant que la mort et la souffrance.
- Évaluer son propre niveau de connaissance de la physio-pathologie du cancer. Appliquer les résultats probants de recherches récentes en oncologie, ainsi que les normes, les rôles et les compétences actuelles relativement aux soins des personnes atteintes de cancer et de leur famille.
- Dépister les personnes prédisposées au cancer.
- Participer aux efforts de prévention primaire et secondaire du cancer.
- Évaluer les besoins de soins et traitements infirmiers de la personne atteinte de cancer.
- Évaluer le besoin d'information de la personne atteinte de cancer, ainsi que son désir et sa capacité d'apprendre.
- Reconnaître les situations dans lesquelles la personne atteinte de cancer et sa famille ont besoin d'une intervention infirmière.
- Évaluer le réseau de soutien social sur lequel la personne peut s'appuyer.
- Établir un plan thérapeutique infirmier en collaboration avec la personne et sa famille.
- Aider la personne à reconnaître ses forces et ses limites.
- Aider la personne à se fixer des objectifs de soins à court terme et à long terme.
- Mettre en œuvre un plan thérapeutique infirmier (PTI) conforme au traitement médical prescrit et compatible avec les objectifs définis.
- Collaborer avec les membres de l'équipe multidisciplinaire afin d'assurer le suivi du plan d'intervention interdisciplinaire (PII) des soins.
- Évaluer, avec la personne, sa famille et les membres de l'équipe multidisciplinaire, les résultats des soins par rapport aux objectifs fixés.
- Ajuster le PTI en tenant compte des conclusions de l'évaluation globale.

Épidémiologie

Si le cancer touche tous les groupes d'âge, la plupart des tumeurs malignes surviennent chez les personnes âgées de 65 ans et plus. Globalement, l'incidence du cancer est plus élevée chez les hommes que chez les femmes, ainsi que dans les régions et les pays industrialisés.

Selon les estimations récentes de la Société canadienne du cancer, chaque année, on diagnostique une forme ou une autre de cancer chez près de 150 000 Canadiens. Les données réelles de nouveaux cas et de décès pour 2001 sont présentées dans la figure 16-1 ■. On estime que le cancer fera près de 70 000 victimes en 2005 au Canada; c'est la deuxième cause de mortalité en importance, après les maladies cardiovasculaires. Par ordre de fréquence, les cancers les plus meurtriers sont, chez les hommes, les cancers du poumon, de la prostate, du côlon et du rectum et, chez les femmes, les cancers du poumon, du sein, du côlon et du rectum. L'incidence du cancer et des autres maladies terminales est beaucoup plus élevée au sein de la population inuite que parmi le reste de la population

Pour plus d'informations, voir http://www.cancer.ca/vgn/images/portal/cit_86755361/18/13/399036039cw_stats_2005_fr.pdf

FIGURE 16-1 ■ Principaux sièges des nouveaux cas de cancer et décès par cancer au Canada en 2001, données réelles selon le siège ou le type de cancer et le sexe. Source: Société canadienne du cancer et Institut national du cancer du Canada (2005). *Statistiques canadiennes sur le cancer 2005.* Toronto: Santé Canada Annexe 1, tableaux A1 et A2.

(Commission sur l'avenir des soins de santé au Canada, 2002). Le Conseil de recherches en sciences humaines du Canada a lancé un programme pilote visant à accroître l'intérêt pour les réalités autochtones ; ce programme figure parmi les sujets particuliers examinés au cours des dernières années (Institut national du cancer du Canada, 2004).

Physiopathologie de la transformation maligne

Le cancer est un processus pathologique déclenché par l'apparition d'une cellule anormale issue d'une mutation génétique de son ADN. Une réplique de cette cellule anormale est créée lorsque cette dernière se divise, puis les cellules anormales prolifèrent de façon anarchique, insensibles aux signaux de régulation de la croissance qui sont émis dans leur environnement. Ces cellules deviennent envahissantes, et des transformations se produisent dans les tissus voisins. Les cellules y pénètrent, puis atteignent la circulation lymphatique et sanguine qui les transporte dans d'autres parties du corps. On utilise les termes *dissémination métastatique,* ou **métastase**, pour désigner ce phénomène de propagation du cancer dans d'autres parties de l'organisme. Les cellules des tumeurs malignes se reproduisent continuellement, et souvent très rapidement.

Le cancer n'est pas une maladie unique, résultant d'une cause unique. Il s'agit plutôt d'une classe d'affections bien distinctes tant par leur étiologie que leurs manifestations. Le traitement et le pronostic diffèrent aussi d'un type de cancer à l'autre.

TYPES DE PROLIFÉRATION

Dans la vie d'un organisme, les cellules de divers tissus connaissent normalement des périodes de prolifération rapide qu'il ne faut pas confondre avec la prolifération maligne. Il existe plusieurs types de croissance cellulaire : l'**hyperplasie**, la **métaplasie**, la **dysplasie**, l'**anaplasie** et la **néoplasie**.

Les cellules cancéreuses sont des néoplasmes **malins**, qui se caractérisent par une croissance cellulaire désordonnée et rapide, indépendante des besoins physiologiques de l'organisme. Les tumeurs bénignes et malignes sont nommées et classées selon leur tissu d'origine (tableau 16-1 ■).

Les caractéristiques de croissance des cellules bénignes et des cellules malignes diffèrent sur de nombreux points, qu'il s'agisse de leurs caractéristiques, de leur mode et de leur rythme de croissance, de leurs effets généraux ou de leur capacité de former des métastases, d'altérer les tissus ou d'entraîner la mort (tableau 16-2 ■). C'est le degré d'anaplasie (perte de différenciation des cellules) qui détermine le risque de transformation maligne.

CARACTÉRISTIQUES DES CELLULES CANCÉREUSES

Même si elles diffèrent d'une forme de cancer à l'autre, toutes les cellules cancéreuses ont des caractéristiques communes en ce qui a trait à leur membrane et à leur noyau, à la fréquence des mitoses, à leur rythme de croissance et à la présence de protéines spéciales et d'anomalies des chromosomes. La membrane de ces cellules est altérée, ce qui modifie les échanges hydriques entre les espaces intracellulaire et extracellulaire. La membrane est aussi le siège d'**antigènes spécifiques de tumeur** (AST) tels que l'antigène carcinoembryonnaire, l'antigène prostatique spécifique, le BRCA-1 et le BRCA-2. Ces antigènes sont des protéines qui apparaissent à la surface des cellules au fur et à mesure que celles-ci se dédifférencient. Ils permettent de distinguer les cellules cancéreuses des cellules non cancéreuses provenant du même type de tissu. Ils peuvent servir à déterminer la gravité de l'atteinte tumorale et à surveiller la progression de la maladie pendant le traitement ou lors d'une récidive. Enfin, la membrane des cellules malignes contient moins de fibronectine. Celle-ci intervient dans l'adhésion des cellules entre elles et dans le processus de coagulation, d'où une moindre cohésion de ces cellules et une perte d'adhérence avec les cellules voisines.

Les cellules cancéreuses ont habituellement un gros noyau de forme irrégulière (pléomorphisme). Les nucléoles – corpuscules qui jouent un rôle essentiel dans la synthèse de l'acide ribonucléique (ARN) à l'intérieur du noyau – sont plus gros et plus nombreux, peut-être en raison d'une accélération de la synthèse de l'ARN. L'examen des cellules cancéreuses révèle souvent des chromosomes fragiles et porteurs d'anomalies (translocations, délétions ou additions).

Les mitoses (divisions cellulaires) surviennent plus fréquemment dans les cellules cancéreuses que dans les cellules normales. Pour croître et se diviser, la cellule a normalement besoin de plus de glucose et d'oxygène. Toutefois, lorsque ces apports sont insuffisants, les cellules cancéreuses produisent leur énergie en passant par le métabolisme anaérobie, si bien qu'elles dépendent moins d'une oxygénation constante.

INVASION ET MÉTASTASE

Les cellules des tumeurs malignes ont la propriété d'infiltrer les tissus voisins (**invasion**) ou de se propager à distance (métastase). Les points d'établissement des métastases dépendent en partie du circuit sanguin qu'elles empruntent et de l'affinité particulière de certaines cellules cancéreuses pour des molécules présentes dans certains tissus.

L'invasion résulte de différents mécanismes. La pression exercée par la tumeur maligne en croissance rapide peut entraîner la projection de cellules tumorales dans les tissus voisins et dans l'espace intercellulaire. Parce qu'elles sont moins adhérentes, les cellules malignes peuvent aussi se détacher de la tumeur et envahir les structures adjacentes. Il semble que ces cellules renferment ou produisent des enzymes protéolytiques spécifiques (protéinases ou protéases) : collagénases (spécifiques du collagène), activateurs du plasminogène (spécifiques du plasma sanguin) et hydrolases lysosomiales. Ces enzymes détruiraient les tissus voisins, notamment les éléments de soutien de la membrane basale vasculaire, ce qui favoriserait l'invasion. La pression mécanique exercée par la tumeur en pleine expansion pourrait accentuer ce processus.

La métastase peut se produire soit par voie sanguine ou lymphatique, soit par la colonisation directe d'une cavité du

Classification des tumeurs par type de tissu		TABLEAU 16-1
Types de tissu	**Tumeurs bénignes**	**Tumeurs malignes**
ÉPITHÉLIUM		
■ De surface ■ Glandulaire	■ Papillomes ■ Adénomes	■ Carcinomes épidermoïdes ■ Adénocarcinomes
TISSU CONJONCTIF		
■ Fibreux ■ Adipeux ■ Cartilagineux ■ Osseux ■ Vaisseaux sanguins ■ Vaisseaux lymphatiques ■ Tissu lymphatique	■ Fibromes ■ Lipomes ■ Chondromes ■ Ostéomes ■ Hémangiomes ■ Lymphangiomes	■ Fibrosarcomes ■ Liposarcomes ■ Chondrosarcomes ■ Ostéosarcomes ■ Hémangiosarcomes ■ Lymphangiosarcomes ■ Lymphosarcomes
MUSCLES		
■ Lisses ■ Striés	■ Léiomyomes ■ Rhabdomyomes	■ Léiomyosarcomes ■ Rhabdomyosarcomes
TISSU NERVEUX		
■ Cellules nerveuses ■ Tissu glial ■ Gaines nerveuses ■ Méninges	■ Neuromes ■ Gliomes (bénins) oligodendrogliomes ■ Neurinomes ■ Méningiomes	■ Neuroblastomes ■ Glioblastomes, astrocytomes, médulloblastomes, ■ Neurofibrosarcomes ■ Sarcomatose méningée
SANG		
■ Granulocytes ■ Érythrocytes ■ Plasmocytes ■ Lymphocytes ■ Monocytes		■ Leucémies myéloïdes ■ Érythroleucémie ■ Myélome multiple ■ Leucémies lymphoïdes ou lymphomes ■ Leucémie monocytaire
ENDOTHÉLIUM		
■ Vaisseaux sanguins ■ Vaisseaux lymphatiques ■ Revêtement endothélial	■ Hémangiomes ■ Lymphangiomes	■ Hémangiosarcomes ■ Lymphangiosarcomes ■ Sarcome d'Ewing

SOURCE: C.M. Porth (2002). *Pathophysiology: Concepts of altered health states* (6e éd.). Philadelphie: Lippincott Williams & Wilkins.

corps. Les tumeurs qui croissent dans une cavité ou y pénètrent laissent parfois échapper des cellules ou des amas de cellules qui migrent à l'intérieur de cette cavité et se fixent sur la surface d'autres organes. Ce phénomène peut survenir dans les cas de cancer de l'ovaire, lorsque des cellules malignes libérées dans la cavité péritonéale atteignent les surfaces péritonéales d'organes tels que le foie ou le pancréas.

Mécanismes de métastatisation

Les cellules cancéreuses se propagent essentiellement à travers le sang et la lymphe. L'angiogenèse, mécanisme qui assure la croissance de nouveaux vaisseaux sanguins et l'irrigation sanguine des cellules tumorales, joue aussi un rôle important dans la dissémination de ces cellules.

Dissémination par voie lymphatique

Les cellules cancéreuses se déplacent le plus souvent par voie lymphatique. Elles s'infiltrent dans les vaisseaux lymphatiques par le liquide interstitiel, qui communique avec le liquide lymphatique, ou par invasion. Une fois qu'elles sont entrées dans la circulation lymphatique, les cellules malignes peuvent se loger dans les ganglions (nœuds) lymphatiques ou passer dans la circulation veineuse. Les tumeurs qui se forment dans une région où convergent plusieurs vaisseaux lymphatiques

TABLEAU
16-2

Caractéristiques de la tumeur bénigne et de la tumeur maligne

Caractéristiques	Tumeur bénigne	Tumeur maligne
Caractéristiques cytologiques	Les cellules sont bien différenciées et ressemblent aux cellules normales du tissu où s'est formée la tumeur.	Les cellules sont indifférenciées et ressemblent habituellement peu aux cellules normales du tissu où s'est formée la tumeur.
Mode de croissance	La tumeur croît par expansion sans envahir les tissus voisins. Elle est généralement encapsulée.	La tumeur s'étend en périphérie, puis envahit et détruit les tissus voisins.
Rythme de croissance	Le rythme de croissance est généralement lent.	Le rythme de croissance varie selon le degré de différenciation. Plus la tumeur est anaplasique, plus sa croissance est rapide.
Métastases	La tumeur ne se répand pas par métastase.	La tumeur atteint la circulation sanguine et les vaisseaux lymphatiques et dissémine des métastases dans d'autres parties du corps.
Effets globaux	Les effets sont généralement localisés, sauf si la tumeur perturbe une fonction vitale en raison de son emplacement.	La tumeur provoque souvent une atteinte de l'état général : anémie, faiblesse, fatigue ou perte de poids.
Destruction tissulaire	La tumeur ne provoque généralement pas de lésion tissulaire, à moins qu'elle ne gêne la circulation sanguine.	La tumeur provoque souvent de graves lésions lorsqu'elle compromet, en raison de sa taille, l'apport sanguin aux tissus voisins. Elle peut aussi libérer des substances nocives pour l'environnement cellulaire.
Létalité	La tumeur n'entraîne généralement pas la mort, sauf si elle perturbe une fonction vitale en raison de son emplacement.	La tumeur entraîne généralement la mort si sa croissance n'est pas contrôlée.

SOURCE : C.M. Porth (2002). *Pathophysiology : Concepts of altered health states* (6e éd.). Philadelphie : Lippincott Williams & Wilkins.

présentent des risques élevés de métastatisation. Ainsi, le cancer du sein se propage souvent à distance à travers les vaisseaux lymphatiques axillaires, claviculaires et thoraciques.

Dissémination par voie sanguine

Les cellules malignes peuvent aussi se propager en empruntant la circulation sanguine. Le risque de dissémination par le sang dépend du degré de vascularisation de la tumeur. En effet, bien peu de cellules transformées survivront à la turbulence de la circulation artérielle, à un manque d'oxygène et aux attaques du système immunitaire. De plus, en raison de leur structure, la plupart des artères et artérioles sont efficacement protégées contre une invasion cancéreuse. Toutefois, les cellules malignes qui survivent dans ce milieu hostile peuvent se fixer sur l'endothélium et attirer à leur surface de la fibrine, des plaquettes et des facteurs de coagulation pour se soustraire aux défenses immunitaires. L'endothélium se rétracte alors, ce qui permet aux cellules d'infiltrer la membrane basale et de sécréter des enzymes lysosomiales. Ces dernières détruisent ensuite les tissus voisins, favorisant ainsi l'implantation des cellules néoplasiques.

Angiogenèse

Les cellules cancéreuses peuvent aussi déclencher la formation de vaisseaux capillaires dans le tissu hôte afin que leurs besoins en nutriments et en oxygène soient satisfaits. Ce processus s'appelle angiogenèse. En empruntant le réseau vasculaire qu'elles créent, les cellules tumorales peuvent accéder à la circulation générale et migrer vers des sites éloignés. Les nodules tumoraux de taille importante qui restent coincés dans la microcirculation de sites éloignés peuvent ainsi donner naissance à d'autres métastases. Des recherches sont en cours afin de mettre au point des agents empêchant l'angiogenèse.

Carcinogenèse

Il semble que la transformation d'une cellule normale en cellule maligne – la **carcinogenèse** – comporte au moins trois phases distinctes : l'initiation, la promotion et la progression.

Au cours de la phase d'*initiation*, la structure génétique de l'ADN de la cellule est modifiée sous l'effet d'agents cancérogènes chimiques, physiques ou biologiques qui échappent aux processus enzymatiques normaux. Normalement, les mécanismes intrinsèques de réparation de l'ADN annulent ces changements ou ceux-ci déclenchent l'apoptose (ou suicide) cellulaire. Il arrive cependant que des cellules porteuses de mutations échappent à ces mécanismes de protection et que la mutation devienne irréversible. (Ces changements ont généralement peu de conséquences sur les cellules avant l'étape suivante de la carcinogenèse.)

Pendant la phase de *promotion*, qui correspond à la prolifération clonale des cellules initiées, l'exposition répétée de la cellule à des agents promoteurs (ou cocarcinogènes) tels que les hormones, l'inflammation chronique et des facteurs de croissance, entraîne l'expression de gènes anormaux ou mutants, même après une longue période de latence. La durée de cette période de latence varie selon la nature de l'agent promoteur et l'intensité ou la fréquence de l'exposition. Elle dépend aussi des caractéristiques de la cellule cible.

Les protooncogènes cellulaires sont présents chez tous les mammifères. Ils jouent un rôle clé dans la croissance et la différenciation des cellules et déclenchent les processus de croissance cellulaire. De la même manière, des gènes suppresseurs de tumeurs (ou antioncogènes) servent de régulateurs et commandent l'arrêt de la prolifération cellulaire lorsqu'elle est inutile. Quand ces antioncogènes subissent une mutation, un réarrangement ou une amplification ou lorsqu'ils perdent leur pouvoir régulateur, les cellules malignes peuvent se multiplier à volonté. Ainsi, dans de nombreuses formes de cancer, on assiste à la mutation du gène suppresseur p53. La fonction de ce gène est de déclencher un processus de réparation de la cellule dont l'ADN est endommagé ou de déclencher la mort de cette dernière. La mutation du gène p53 est donc un critère de mauvais pronostic et elle peut se révéler déterminante dans la réponse au traitement. En effet, l'expression de ce gène dans les cellules conditionne la production de lignées de cellules mutantes, c'est-à-dire différentes des lignées dont elles sont issues.

Au cours de la *progression*, la troisième étape de la carcinogenèse, les changements survenus lors des phases d'initiation et de promotion prennent un caractère malin de plus en plus prononcé. Les cellules mutantes ont alors une propension à envahir les tissus adjacents et à produire des métastases. On qualifie de cancérogènes les agents qui provoquent ou favorisent la transformation maligne.

ÉTIOLOGIE

Les agents, ou facteurs, jouant un rôle dans la carcinogenèse sont notamment les virus et les bactéries, les agents physiques ou chimiques, les facteurs génétiques ou familiaux, les facteurs alimentaires ou hormonaux.

Virus et bactéries

Les virus étant difficiles à isoler, on connaît encore mal leur rôle dans la carcinogenèse. Toutefois, on soupçonne une origine infectieuse dans un certain nombre de cas de cancers ayant des formes spécifiques. On pense que les virus peuvent coloniser le matériel génétique des cellules, lesquelles donneraient alors naissance à des lignées de cellules transformées, susceptibles de dégénérer en cancer. On soupçonne ainsi le virus d'Epstein-Barr d'être à l'origine du lymphome de Burkitt, du cancer du nasopharynx, de certains lymphomes non hodgkiniens et de certaines formes de la maladie de Hodgkin.

Le virus de l'herpès humain (*Simplexvirus*) de type 2, le cytomégalovirus et les virus du papillome humain (*Papillomavirus*) de type 16, 18, 31 et 33 sont pour leur part associés à la dysplasie et au cancer du col utérin. Le virus de l'hépatite B est impliqué dans le carcinome hépatocellulaire, et le virus du lymphome humain à cellules T semble lié au développement de certaines leucémies lymphoïdes et de certains lymphomes. Le virus de l'immunodéficience humaine (VIH) est lié au sarcome de Kaposi. Enfin, la bactérie *Helicobacter pylori* est

associée à un risque accru de cancer de l'estomac, peut-être en raison de l'inflammation et de l'altération des cellules gastriques qu'elle provoque.

Agents physiques

Les principaux agents cancérogènes physiques sont l'exposition aux rayons ultraviolets ou à des rayons ionisants, l'inflammation ou l'irritation chronique et l'usage du tabac.

Le fait de trop s'exposer au soleil, importante source de rayonnement ultraviolet, augmente le risque de cancer de la peau, surtout chez les personnes qui ont le teint clair et les yeux bleus ou verts. Le choix des vêtements (par exemple chemise avec ou sans manches), l'utilisation ou non d'un écran solaire, l'emploi occupé, les activités récréatives pratiquées, ainsi que certaines caractéristiques du milieu de vie, telles que l'humidité ambiante, l'altitude et la latitude, sont autant de facteurs déterminant le degré d'exposition au rayonnement ultraviolet.

Les personnes qui doivent subir de nombreux examens radiographiques ou des traitements de **radiothérapie** sont exposées à des rayons ionisants. Heureusement, lorsqu'on utilise les nouveaux appareils de radiographie et lorsqu'on prend les précautions nécessaires, les risques de surexposition sont réduits au minimum. Les séances de radiothérapie, ainsi que l'exposition aux substances radioactives utilisées dans les usines de fabrication d'armes nucléaires et dans les centrales nucléaires, sont associées à un taux plus élevé de leucémies, de myélomes multiples et de nombreux cancers (poumon, os, sein, thyroïde, etc.). Le rayonnement naturel émis lors de la désintégration du radium en radon serait également une cause possible de cancer du poumon. Il est conseillé de bien ventiler les maisons où le radon tend à s'accumuler afin que le gaz se disperse dans l'atmosphère.

Contaminants de l'environnement

Selon les recherches menées à ce jour, jusqu'à 5 % des cancers sont étroitement liés à l'environnement. Les agents nocifs à éviter sont les agents que le Centre international de recherche sur le cancer (CIRC) a déclarés cancérogènes ou probablement cancérogènes pour l'homme. Au Canada, la *Loi sur la protection de l'environnement* protège la population en soumettant l'utilisation des substances toxiques à des contrôles stricts. Ces substances comprennent celles qui ont un effet nocif sur l'environnement, qui menacent l'environnement dont dépend la vie humaine ou qui constituent un danger pour la santé ou la vie humaine, telles que les agents chimiques, les pesticides, les champs électromagnétiques, l'amiante, la pollution atmosphérique et les rayonnements.

Agents chimiques

Selon la Société canadienne du cancer, les produits dérivés du tabac sont les agents chimiques qui posent le plus de risques en ce qui concerne le cancer du poumon. La fumée de cigarette contient 50 substances potentiellement cancérogènes. En moyenne au Canada, chaque semaine, 417 personnes apprendront qu'elles sont atteintes du cancer du poumon et 363 mourront de cette maladie. La plupart des sujets atteints d'un cancer du poumon sont de grands fumeurs invétérés :

plus la consommation de cigarettes est importante et plus la période de tabagisme est longue, plus le risque est élevé (Société canadienne du cancer, 2004g).

Le tabagisme est également étroitement associé aux cancers cervicofaciaux, de même qu'aux cancers de l'œsophage, du pancréas, du col utérin et de la vessie. De plus, son action cancérogène semble renforcée par l'exposition à d'autres substances telles que l'alcool, l'amiante, l'uranium et certains virus. Un lien a pu être établi entre le tabac à chiquer et le cancer de la bouche, qui touche principalement les hommes de moins de 40 ans. Par ailleurs, on trouve sur les lieux de travail des produits chimiques dont il est prouvé qu'ils sont cancérogènes ou cocancérogènes. La liste déjà bien étoffée des produits susceptibles d'avoir de tels effets ne cesse de s'allonger et comprend notamment les amines aromatiques, les teintures à l'anyline, les pesticides, le formaldéhyde, l'arsenic, les suies et les goudrons, l'amiante, le benzène, la noix et la chaux d'arec, le cadmium, les composés du chrome, les minerais de nickel et de zinc, la poussière de bois, les composés du béryllium et le chlorure de polyvinyle.

L'effet toxique de la plupart des produits chimiques dangereux se traduit le plus souvent par une altération de la structure de l'ADN dans des parties du corps qui ne sont pas directement exposées à ces produits. Les organes le plus souvent touchés par cette altération sont le foie, les poumons et les reins, vraisemblablement en raison du rôle qu'ils jouent dans la détoxication des substances chimiques.

Facteurs génétiques et familiaux

Presque toutes les formes de cancer ont une incidence familiale, laquelle peut être attribuée à l'hérédité, au milieu de vie, à l'environnement, à des facteurs culturels, au style de vie ou au seul hasard. L'apparition de cellules cancéreuses résulte de facteurs génétiques. Le nombre excessif ou insuffisant de chromosomes, ou les translocations de matériel génétique, comptent parmi les anomalies chromosomiques qui caractérisent certains cancers tels que le lymphome de Burkitt, la leucémie myéloïde chronique, le méningiome, les leucémies aiguës, le rétinoblastome, le néphroblastome et les cancers de la peau comme le mélanome.

On relève une prédisposition familiale dans 5 à 10 % des cas de cancer, chez les enfants comme chez les adultes. Les syndromes de cancer héréditaire, comme le cancer du sein à la préménopause, touchent surtout des personnes jeunes et se manifestent plus souvent par l'atteinte multifocale d'un organe ou par une atteinte bilatérale. Dans ces formes de cancer liées à une prédisposition familiale, il n'est pas rare qu'une personne soit atteinte de plusieurs cancers et que, parmi ses parents au premier degré, quelques-uns souffrent du même cancer. Les cancers liés à des facteurs familiaux sont notamment le rétinoblastome, le néphroblastome, le phéochromocytome, la neurofibromatose maligne, la leucémie, les cancers du sein, de l'ovaire, de l'endomètre, de l'estomac, de la prostate ou du poumon et les cancers rectocoliques. Il est reconnu que le gène BRCA-1, identifié en 1994, joue un rôle dans les syndromes familiaux de cancer du sein et de l'ovaire. Un autre gène, le BRCA-2, est associé aux cas précoces de cancer du sein (Nogueira et Appling, 2000). Des recherches en cours visent à déterminer s'il existe des liens entre certains gènes et l'incidence du cancer (Greco, 2000).

Facteurs alimentaires

On estime que 30 % des cancers d'origine environnementale seraient liés à l'alimentation (Société canadienne du cancer, 2003). Certains produits alimentaires sont cancérogènes ou cocancérogènes, tandis que d'autres offrent une protection contre les néoplasies. Le risque augmente lorsqu'une personne consomme des aliments cancérogènes ou cocancérogènes pendant une longue période ou lorsqu'elle ne consomme pas d'aliments protecteurs de façon habituelle.

Les produits alimentaires associés à un risque accru sont notamment les aliments riches en gras, l'alcool, les charcuteries et les aliments contenant des nitrates et des nitrites. Un régime à trop forte teneur énergétique est aussi un facteur de risque. Selon la Société canadienne du cancer, consommer de 5 à 10 portions de fruits et légumes par jour pourrait réduire le risque de cancer. Certains aliments, notamment ceux qui sont riches en fibres, comme les produits de grain entier et les légumineuses, les légumes crucifères (par exemple chou, brocoli, chou-fleur, choux de Bruxelles, chou-rave) et les fruits et légumes riches en caroténoïdes (par exemple carotte, tomate, épinard, abricot, pêche, légumes vert foncé ou jaune orangé), semblent diminuer les risques de cancer. Les vitamines E et C, le zinc et le sélénium pourraient également jouer un rôle protecteur. On peut se procurer auprès de la Société canadienne du cancer le guide pratique *Bien s'alimenter lorsqu'on a le cancer.*

L'obésité est un facteur de risque de cancer de l'endomètre et pourrait également être un facteur de risque de cancer du sein après la ménopause. Un surplus de poids pourrait aussi augmenter les risques de cancers du côlon, du rein et de la vésicule biliaire.

Facteurs hormonaux

Un équilibre hormonal perturbé peut favoriser la croissance d'une tumeur maligne ; c'est le cas d'un dérèglement de la production endogène d'hormones ou de l'administration d'hormones exogènes. Il semble ainsi que la croissance des cancers du sein, de la prostate et de l'utérus dépende des niveaux de certaines hormones endogènes. On sait depuis longtemps que le diéthylstilbestrol (DES) est une cause du cancer du vagin. De même, la prise de contraceptifs oraux et l'œstrogénothérapie de substitution à long terme sont associées à une incidence plus élevée d'hépatocarcinome et de cancer de l'endomètre et du sein, mais elles semblent aussi diminuer le risque de cancer de l'ovaire et de l'endomètre (à moyen terme, les résultats de recherches sont contradictoires à ce sujet). La prise simultanée d'œstrogènes et de progestérone offrirait une protection encore meilleure contre le cancer de l'endomètre. Certains changements hormonaux liés à la reproduction influent aussi sur l'incidence du cancer. Par exemple, les femmes qui ont eu de nombreuses grossesses risquent moins d'être atteintes d'un cancer du sein, de l'endomètre ou de l'ovaire, comparativement aux femmes nullipares.

RÔLE DU SYSTÈME IMMUNITAIRE

Les cellules du corps humain sont à tout moment susceptibles de subir une transformation maligne. On a observé que, dans certains cas, le système immunitaire est en mesure de détecter et de détruire les cellules malignes avant qu'elles ne proli-fèrent de façon anarchique. Lorsque le système immunitaire n'arrive pas à reconnaître les cellules malignes et à arrêter leur prolifération, un cancer peut apparaître.

Il est attesté que les personnes présentant, pour une raison ou une autre, un déficit immunitaire sont plus susceptibles d'être atteintes d'un cancer. Chez les greffés qui reçoivent des agents immunosuppresseurs destinés à prévenir le rejet du greffon, on note une incidence plus élevée de lymphomes, de sarcomes de Kaposi, de carcinomes épidermoïdes et de cancers du col utérin et de la région anogénitale. De même, l'incidence de sarcomes de Kaposi, de lymphomes, de can-cers du rectum et de cancers cervicofaciaux est plus élevée chez les personnes atteintes de maladies immunodéficitaires telles que le sida. L'incidence des tumeurs malignes secon-daires est plus élevée chez certaines personnes souffrant de la maladie de Hodgkin qui ont reçu des agents alkylants dans le cadre d'une chimiothérapie. Les maladies autoimmunes telles que l'arthrite rhumatoïde et le syndrome de Sjögren sont également associées à une incidence plus élevée de cancer. Enfin, l'incidence plus élevée de néoplasies chez les personnes âgées peut s'expliquer par le ralentissement fonctionnel, l'augmentation des maladies chroniques et la diminution de l'efficacité du système immunitaire qui accompagnent souvent le vieillissement.

Réponse immunitaire normale

Normalement, un système immunitaire sain est bien armé pour combattre les cellules cancéreuses sur plusieurs fronts. Il est en mesure de détecter les corps étrangers que constituent les antigènes situés sur les membranes des cellules de bon nombre de cancers. Ces AST (ou antigènes tumoraux) activent à la fois l'immunité cellulaire et humorale.

Les lymphocytes T, véritables soldats de la réponse immu-nitaire cellulaire, ainsi que les macrophages, ont pour fonction de reconnaître les AST. Lorsque les lymphocytes T détectent de tels antigènes, la production d'autres lymphocytes T est stimulée. Un grand nombre de ces lymphocytes, toxiques pour les cellules tumorales, sont alors mis en circulation. Non seulement ils possèdent des propriétés cytotoxiques, mais ils peuvent aussi activer d'autres éléments de la réponse immunitaire en vue d'éliminer les cellules malignes.

Les lymphocytes produisent des substances appelées lymphokines, dont certaines peuvent tuer ou endommager divers types de cellules malignes. Certaines lymphokines servent à mobiliser d'autres cellules tueuses comme les macrophages. L'interféron (INF) est une substance produite par l'organisme pour lutter contre les infections virales qui possède, elle aussi, des propriétés antitumorales. Certains anti-corps produits par les lymphocytes B, associés à la réponse immunitaire humorale, contribuent également à défendre l'organisme contre les cellules malignes. Ces anticorps agissent seuls ou en association avec le système du complément ou le système immunitaire cellulaire.

Les cellules NK (de l'anglais *natural killer*) sont un élément clé du système de défense de l'organisme contre le cancer. Elles constituent un sous-groupe de lymphocytes qui s'atta-quent directement aux cellules malignes ou qui émettent des lymphokines et des enzymes favorisant leur élimination.

Échec du système immunitaire

Comment les cellules tumorales arrivent-elles à déjouer un système immunitaire aussi sophistiqué? Plusieurs théories permettent d'expliquer comment ces cellules peuvent proli-férer malgré un système immunitaire apparemment efficace. Si l'organisme ne parvient pas à détecter que les cellules malignes lui sont étrangères, la réponse immunitaire risque de ne pas être stimulée. Or, certaines cellules tumorales ne possèdent pas d'AST, qui permettraient à l'organisme de les reconnaître comme étrangères: dans ce cas, la réponse immu-nitaire n'est pas déclenchée. Si le système immunitaire ne réagit pas rapidement à la présence de cellules cancéreuses, la tumeur peut grossir au point de faire échec aux mécanismes immunitaires normaux.

Certains AST sont libérés par les tumeurs et peuvent gagner la circulation sanguine, où ils se combinent aux anticorps spécifiques produits par le système immunitaire. Il en résulte une diversion de la réponse immunitaire qui dissimule en quelque sorte la tumeur et lui permet d'échapper aux défenses de l'organisme. Les complexes antigènes-anticorps peuvent aussi inhiber la production d'autres anticorps. Les tumeurs elles-mêmes ont la capacité de modifier leur apparence ou d'émettre des substances qui perturbent la réponse immu-nitaire normale. Ces substances favorisent la croissance de la tumeur, tout en réduisant la résistance de la personne aux infections causées par différents agents pathogènes. À la longue, la présence d'AST dans l'organisme peut entraîner une importante diminution des lymphocytes spécifiques et donc l'affaiblissement des défenses immunitaires.

Une concentration anormale de lymphocytes T suppres-seurs pourrait aussi être à l'origine de certains cas de cancer. En temps normal, les lymphocytes T suppresseurs contribuent à réguler la production des anticorps et à moduler la réponse immunitaire selon les besoins. On a ainsi observé de faibles taux d'anticorps sériques et des taux élevés de cellules T suppressives chez les personnes atteintes de myélome multiple, une forme de cancer caractérisée par une hypogammaglo-bulinémie (baisse des anticorps sériques). L'exposition à des agents cancérogènes tels que les virus et certains produits chimiques, dont les agents antinéoplasiques, peut affaiblir le système immunitaire et, finalement, favoriser la croissance de tumeurs.

Détection et prévention du cancer

Tout comme les médecins, les infirmières font depuis toujours de la prévention tertiaire, c'est-à-dire qu'elles s'occupent des soins, de l'adaptation et de la réadaptation des personnes après que le cancer a été détecté, diagnostiqué et traité (Comité consultatif sur le cancer, 1997). Depuis quelques années toutefois, la Société canadienne du cancer, l'Institut national du cancer du Canada, les cliniciens et les chercheurs mettent davantage l'accent sur la prévention primaire et secondaire. La prévention primaire a pour but de réduire les risques de cancer chez les personnes en bonne santé. Un site internet et un centre téléphonique de la Société canadienne du cancer offrent des services de soutien, d'information, de prévention, d'aide financière, de financement de la recherche et de défense de l'intérêt public en matière de santé. La prévention secondaire consiste à dépister le cancer afin qu'il soit diagnostiqué à un stade précoce et puisse être traité rapidement ; le programme de dépistage du cancer du sein a notamment été implanté dans ce but.

PRÉVENTION PRIMAIRE

Les infirmières de tous les milieux jouent un rôle important dans la prévention du cancer : leurs connaissances et leurs compétences leur permettent de donner un enseignement sur le risque de cancer. Elles peuvent par exemple recommander aux personnes d'éviter certains agents cancérogènes connus ou de modifier certaines de leurs habitudes alimentaires ou autres qui, selon les études épidémiologiques et les recherches en laboratoire, accroissent le risque de cancer. Les chercheurs ont effectué divers essais cliniques dans le but de trouver des médicaments susceptibles de réduire l'incidence de certaines formes de cancer. Une étude sur la prévention du cancer du sein, parrainée par l'Institut national de cancer du Canada, a ainsi été menée simultanément dans de nombreux centres médicaux un peu partout au Canada. Selon les résultats obtenus, la prise de tamoxifène pourrait réduire de 49 % l'incidence de cancer du sein chez les femmes postménopausées jugées à risque élevé (Fisher *et al.*, 1998). Par ailleurs, les infirmières peuvent mettre à profit leurs compétences en matière d'enseignement et de conseil, notamment en encourageant les gens à participer aux programmes de prévention du cancer et à adopter des habitudes de vie saines.

PRÉVENTION SECONDAIRE

On connaît de mieux en mieux le rôle joué par les facteurs génétiques dans les processus de cancérisation, ce qui favorise les efforts de prévention et de dépistage du cancer. On sait que les personnes qui héritent de mutations de gènes spécifiques sont plus susceptibles de développer une néoplasie. Le risque de cancer du côlon est ainsi plus élevé chez les personnes qui présentent une polypose adénomateuse familiale. De même, l'incidence du cancer du sein et de l'ovaire est plus élevée chez les femmes porteuses du gène BRCA-1 ou BRCA-2. Les infirmières doivent se tenir informées des travaux de recherche récents en génétique et en cancérologie afin de pouvoir offrir les conseils personnalisés indispensables et assurer la surveillance continue et le suivi des personnes appartenant à des populations à risque élevé (Greco, 2000). De nombreux centres ont mis sur pied des programmes novateurs d'évaluation du risque de cancer, qui offrent des tests de dépistage avancés et un suivi étroit aux personnes fortement à risque.

Le niveau de connaissance, les attitudes et les croyances des gens à l'égard du cancer dépendent de divers facteurs tels que le groupe ethnique d'origine, les influences culturelles, l'accessibilité des soins, la relation thérapeutique, le niveau de scolarité, le revenu et l'âge. Ces facteurs déterminent également le type de comportements adoptés pour promouvoir la santé. Steven, Fitch, Dhaliwal, Kirk-Gardner, Sevean *et al.* (2004) ont ainsi analysé les connaissances, les croyances, les attitudes et les pratiques liées au cancer du sein et au cancer utérin et à leur dépistage chez les femmes de groupes ethnoculturels

sélectionnés (Recherche en sciences infirmières 16-1 ■). Selon leur étude, plusieurs facteurs culturels, spirituels et socioéconomiques dissuadent les femmes des groupes étudiés d'adopter des comportements préventifs pour dépister le cancer du sein. Il est indispensable de définir des programmes de prévention qui respectent les différences ethniques.

Divers moyens permettent de mieux sensibiliser les gens aux comportements favorables à la santé. Des organismes communautaires – associations paroissiales, regroupements d'aînés ou associations de parents-maîtres – parrainent des programmes d'éducation sanitaire et de surveillance de la santé. Même si les programmes de prévention primaire en place mettent l'accent sur les risques du tabagisme ou l'importance d'une bonne alimentation, rien n'empêche de promouvoir l'autoexamen des seins ou des testicules et le test de Papanicolaou dans le cadre de la prévention secondaire. Bon nombre d'organisations consacrent des journées de dépistage aux formes de cancer les plus répandues ou pour lesquelles les taux de survie dépendent de la précocité du diagnostic, comme les cancers du sein et de la prostate. Ces programmes sont habituellement ciblés sur les personnes qui n'ont pas accès aux soins de santé ou qui n'ont pas les moyens de payer des tests de dépistage.

De la même façon, les infirmières peuvent élaborer dans leur cadre respectif d'intervention des programmes destinés à informer les personnes et leurs parents des facteurs de risque de cancer, programmes comportant des volets d'enseignement et de conseil s'insérant dans une stratégie globale d'éducation, en particulier à l'intention des groupes ou familles chez lesquels l'incidence du cancer est élevée. La Société canadienne du cancer met entre autres à la disposition du public et des professionnels de la santé un service d'information sur la prévention du cancer, notamment en ce qui a trait à l'alimentation et à l'exercice physique (encadré 16-2 ■). Par ailleurs, les infirmières et les médecins peuvent encourager les gens à suivre les recommandations de la Société canadienne du cancer ou d'autres organismes reconnus relativement au dépistage du cancer (tableau 16-3 ■).

Diagnostic du cancer et rôle de l'infirmière

Le diagnostic du cancer comprend l'évaluation des changements physiologiques et fonctionnels et un bilan paraclinique. Les personnes qu'on soupçonne d'être atteintes d'un cancer subissent des examens très complets destinés (1) à vérifier la présence d'une tumeur et à en évaluer la taille, (2) à déterminer si la tumeur déborde sur d'autres tissus et s'il y a présence de métastases, (3) à évaluer le fonctionnement des organes, qu'ils soient touchés ou non, et (4) à prélever des fragments de tissu et des cellules pour étude cytologique, notamment aux fins de stadification et de **classification** de la tumeur. Les données recueillies lors de l'anamnèse et de l'examen physique complet guident la démarche d'évaluation. Le choix des examens paracliniques les plus appropriés est ainsi orienté en fonction des symptômes ou des manifestations cliniques caractéristiques de formes particulières de cancer que présente la personne (tableau 16-4 ■).

RECHERCHE EN SCIENCES INFIRMIÈRES 16-1

Dépistage du cancer du sein et du col de l'utérus: particularités culturelles

D. Steven, M. Fitch, H. Dhaliwal, R. Kirk-Gardner, P. Sevean, J. Jamieson, et H. Woodbeck (2004). Dépistage du cancer du sein et du col de l'utérus: connaissances, croyances, attitudes et pratiques chez les femmes de groupes ethnoculturels du Nord-Ouest de l'Ontario. *Oncology Nursing Forum, 31*(2), 305-311.

OBJECTIF

Le but de cette étude était d'analyser les connaissances, les attitudes, les croyances et les pratiques liées au cancer du sein et au cancer de l'utérus et à leur dépistage chez les femmes de groupes ethnoculturels sélectionnés (italien, ukrainien, finnois et populations indigènes telles que ojibwa et oji-cri) du Nord-Ouest de l'Ontario.

DISPOSITIF ET ÉCHANTILLON

Cette étude descriptive préliminaire portait sur 105 femmes âgées de 40 ans et plus, vivant dans des zones rurales et urbaines du Nord-Ouest de l'Ontario et faisant partie de groupes ethnoculturels sélectionnés. Pour cette étude, on a spécialement conçu un guide d'entretien visant à rassembler des données sur les connaissances, les attitudes, les croyances et les pratiques en matière d'autoexamen des seins (AES), d'examen clinique des seins, de mammographie et de dépistage du cancer de l'utérus. On a recueilli les données au cours d'entretiens individuels de 2 à 3 heures, menés en anglais ou dans la langue parlée par la personne. Les entretiens menés dans une langue autre que l'anglais ont été traduits en anglais.

RÉSULTATS

Les femmes appartenant aux groupes ojibwa et oji-cri étaient plus susceptibles que les femmes appartenant à tous les autres groupes de ne pas avoir effectué d'AES, d'avoir refusé l'examen clinique des seins ou la mammographie, de ne pas savoir comment effectuer l'examen des seins, de ne pas avoir reçu d'informations écrites sur cet examen et d'éprouver face aux méthodes de dépistage du cancer utérin un sentiment de malaise et de crainte (33 % de ces femmes ont refusé un examen interne, contre seulement 0 à 8 % pour les femmes des autres groupes). Les résultats ont permis de dégager quatre objectifs: 1) recourir aux outils multimédias pour promouvoir les programmes de dépistage; 2) donner aux femmes un enseignement sur le dépistage du cancer du sein et du cancer utérin; 3) rappeler aux femmes à quel moment elles doivent se faire examiner; et 4) reconnaître que les tests de Papanicolaou peuvent susciter inconfort et crainte.

IMPLICATIONS POUR LA PRATIQUE INFIRMIÈRE

Lorsqu'on met au point des stratégies visant à surmonter les obstacles au dépistage efficace du cancer du sein et du cancer utérin, il est important de prendre en considération les croyances culturelles, les attitudes et les pratiques des femmes autochtones. Il est crucial de concevoir des programmes d'enseignement qui respectent les particularités culturelles des participantes.

La personne à qui on fait passer une telle batterie d'examens craint généralement de se soumettre à ces techniques et s'inquiète des résultats possibles. L'infirmière peut soulager les craintes et les inquiétudes de la personne en lui expliquant en quoi consistent les examens, quelles sensations elle peut éprouver et ce qu'on lui demandera de faire au cours des examens. Le rôle de l'infirmière consiste à encourager la personne et les membres de sa famille à exprimer leurs craintes quant aux résultats des tests, à les soutenir tout au long de la période d'évaluation, ainsi qu'à clarifier et à étoffer les explications données par le médecin. L'infirmière encourage également la personne et les membres de sa famille à communiquer entre eux et à discuter de leurs préoccupations.

STADIFICATION ET CLASSIFICATION DE LA TUMEUR

Pour être complète, l'évaluation diagnostique doit également permettre de stadifier et de classifier la tumeur. Cette étape survient avant le début du traitement: les données de référence ainsi obtenues permettent d'évaluer les résultats attendus du traitement et d'inscrire le processus diagnostique et thérapeutique dans une démarche systématique et cohérente. La stadification et la classification de la tumeur servent en outre à préciser le pronostic et le choix des traitements.

La stadification permet de déterminer la taille de la tumeur et la présence ou l'absence de métastases. On utilise différents systèmes pour décrire l'étendue de l'atteinte cancéreuse. On recourt couramment au système TNM, dans lequel *T* (*tumor*) désigne l'étendue de la tumeur primitive, *N* (*nodes)* le degré d'atteinte des ganglions (nœuds) lymphatiques et *M* (*metastasis)* la présence ou l'absence de métastases (encadré 16-3 ■). D'autres systèmes de stadification sont plus utiles que le système TNM pour décrire l'étendue de cancers tels que les cancers du système nerveux central, les cancers hématologiques et les mélanomes malins. Les systèmes de stadification présentent l'avantage de fournir des codes résumant en quelques caractères des descriptions souvent longues à transcrire, surtout lorsqu'il s'agit de comparer différents traitements et pronostics.

La classification renvoie aux systèmes de classement des cellules tumorales. On utilise ces systèmes pour déterminer le type de tissu où la tumeur est apparue et l'importance des changements fonctionnels et structurels des cellules atteintes par rapport au tissu sain. Les cellules examinées pour classifier la tumeur sont prélevées par frottis ou par lavage, ou recueillies dans les sécrétions, les liquides organiques ou dans un spécimen prélevé par **biopsie** ou par excision.

Cette classification histologique permet à l'équipe soignante de mieux prévoir l'évolution de différentes tumeurs et d'établir

⚠ FACTEURS DE RISQUE

Sept règles de santé

On pourrait éviter au moins 50 % des cas de cancer grâce à l'adoption de saines habitudes de vie et la mise en œuvre de mesures de santé publique. En observant dès maintenant les recommandations suivantes, vous réduirez vos risques d'avoir un cancer.

- **Règle 1** Ne fumez pas et évitez la fumée des autres.
- **Règle 2** Suivez un régime alimentaire sain.
- **Règle 3** Faites régulièrement de l'activité physique.
- **Règle 4** Protégez-vous du soleil.
- **Règle 5** Suivez les recommandations en matière de dépistage du cancer.
- **Règle 6** Signalez tout changement dans votre état de santé habituel à votre médecin ou à votre dentiste.
- **Règle 7** Suivez les consignes de santé et de sécurité portant sur les produits dangereux.

Source: Société canadienne du cancer (2004a).

Stadification TNM

T   Étendue de la tumeur primitive

N   Absence ou présence de métastases et degré d'atteinte des ganglions (nœuds) lymphatiques

M   Absence ou présence de métastases à distance

On ajoute un chiffre à la composante T, N ou M afin d'indiquer la progression du processus malin.

TUMEUR PRIMITIVE (T)

TX   Tumeur impossible à évaluer

T0   Pas de signe d'une tumeur primitive

Tis   Cancer *in situ*

TI, T2, T3, T4   Augmentation progressive de la taille de la tumeur et/ou de l'envahissement local

GANGLIONS (NŒUDS) LYMPHATIQUES RÉGIONAUX (N)

NX   Ganglions lymphatiques impossibles à évaluer

N0   Absence de métastases dans les ganglions lymphatiques régionaux

NI, N2, N3   Envahissement progressif de ganglions lymphatiques régionaux

MÉTASTASES À DISTANCE (M)

MX   Présence de métastases à distance impossible à déterminer

MO   Absence de métastases à distance

M1   Métastases à distance

F. Green *et al.* (dir.) (2002). *AJCC cancer staging manual* (6e éd.). New York: Springer-Verlag.

un pronostic. On attribue à la tumeur une valeur numérique allant de I à IV. Les tumeurs de grade I, ou tumeurs bien différenciées, ont une structure et des propriétés qui ressemblent de près au tissu d'origine. Les tumeurs de grade IV, ou tumeurs peu différenciées ou indifférenciées, ont des caractéristiques qui s'éloignent de celles du tissu d'origine; elles sont généralement plus agressives et difficiles à traiter que les tumeurs bien différenciées.

Traitement

Les options thérapeutiques offertes aux personnes atteintes d'un cancer doivent reposer sur des objectifs réalistes, adaptés à la nature de leur maladie. Selon le cas, le but des soins sera de guérir complètement le cancer (**guérison** ou **rémission**), de contrôler la prolifération des cellules malignes et de prolonger la vie de la personne (surveillance) ou de soulager les symptômes (**soins palliatifs**).

Les options thérapeutiques et leurs objectifs doivent être clairs pour les membres de l'équipe de soins comme pour la personne et sa famille. Lorsque des complications liées au traitement surviennent ou que la maladie progresse, il est essentiel de soutenir et d'informer la personne et sa famille, qui doivent réévaluer les options thérapeutiques et leurs objectifs.

Pour traiter le cancer, on fait souvent appel à divers modes de thérapies. La chirurgie, la radiothérapie, la chimiothérapie et les modificateurs de la réponse biologique (MRB) peuvent être employés tour à tour à différentes phases du traitement. Bien connaître les principes de base de chacune de ces thérapies ainsi que leurs effets réciproques permet de mieux comprendre la justification scientifique et les objectifs du plan de traitement.

CHIRURGIE

L'ablation chirurgicale de tous les tissus atteints reste la méthode de traitement du cancer la plus efficace et la plus courante. Cependant, l'approche chirurgicale peut être utilisée à diverses fins. La chirurgie diagnostique est la méthode qu'on privilégie pour déterminer les caractéristiques des tissus dont dépendront toutes les décisions thérapeutiques. La chirurgie peut aussi être choisie comme méthode principale de traitement ou encore à des fins prophylactiques, palliatives ou reconstructives.

Chirurgie diagnostique

On recourt habituellement aux techniques de chirurgie diagnostique telles que la biopsie pour prélever un fragment du tissu suspect en vue d'études cytologiques. La biopsie est le plus souvent pratiquée directement sur la tumeur. Les trois méthodes de biopsie les plus courantes sont la biopsie-exérèse, la biopsie simple (ou d'incision) et la biopsie à l'aiguille.

La biopsie-exérèse est surtout employée dans les cas de tumeurs facilement accessibles de la peau, du sein, du tractus gastro-intestinal inférieur et des voies respiratoires supérieures. Le chirurgien parvient souvent à exciser la tumeur au complet, ainsi qu'une marge du tissu qui l'entoure et qui doit être saine et exempte de cellules cancéreuses. En procédant à une résection de tissu normal autour de la tumeur, on réduit le risque que des cellules malignes résiduelles donnent naissance

Recommandations canadiennes en matière de dépistage du cancer auprès de la population générale				TABLEAU 16-3
Siège du cancer	**GECSSP***	**SCC***	**BCCA***	**ACU***
Sein	■ Pas d'autoexamen des seins ■ Mammographie de dépistage tous les 2 ans, de 50 à 69 ans	■ Autoexamen des seins ■ Mammographie de dépistage tous les 2 ans, de 50 à 69 ans ■ Examen clinique des seins au minimum tous les 2 ans, effectué par un professionnel de la santé formé à cet effet	■ Examen clinique des seins annuel après l'âge de 20 ans ■ Critères pour la mammographie de dépistage: • Avoir 40 ans ou plus. • Être domiciliée en C.-B. • N'avoir aucun problème de santé aux seins. • N'avoir subi aucune mammographie dans les 12 mois précédents. • Avoir un médecin de famille. • Ne pas avoir eu le cancer du sein. • Ne pas avoir d'implants mammaires. • Ne pas être enceinte et ne pas allaiter.	■ Sans objet
Prostate	■ Aucune recommandation définitive	■ Encourage les discussions avec le médecin.	■ Examen annuel par toucher rectal chez les hommes en forme ayant entre 50 et 70 ans	■ EDR et test de PSA annuels chez les hommes en forme ayant entre 50 et 70 ans
Côlon-rectum	■ Dépistage hémoccculte annuel ou bisannuel après l'âge de 50 ans	■ Examen digital du rectum annuel après l'âge de 50 ans	■ Examen digital du rectum annuel entre 50 et 75 ans	■ Sans objet
Poumon	■ Aucune	■ Aucune	■ Aucune	■ Sans objet
Col de l'utérus	■ Test de Papanicolaou régulier	■ Test de Papanicolaou régulier	■ Commencer les tests de Papanicolaou dès le début de l'activité sexuelle et les répéter annuellement jusqu'à l'obtention de trois tests normaux consécutifs; les répéter ensuite sur une base bisannuelle.	■ Sans objet
Testicules	■ Aucune	■ Auto-examen des testicules mensuel	■ Aucune	■ Sans objet
Peau	■ Aucune	■ Aucune	■ Aucune	■ Sans objet

* GECSSP: Groupe d'étude canadien sur les soins de santé préventifs; SCC: Société canadienne du cancer; BCCA: British Columbia Cancer Agency; ACU: Association canadienne d'urologie.
SOURCE: M. McCullum, et C. Willin (2003). Comment trouver et interpréter des directives de dépistage du cancer: un défi pour les soins infirmiers en oncologie. *Revue canadienne de soins infirmiers en oncologie 13*(1), 25.

à une autre tumeur. Non seulement la biopsie-exérèse facilite la stadification et la classification histologique de la tumeur, puisque l'échantillon comprend la tumeur au complet, mais elle réduit aussi le risque de migration (dissémination des cellules cancéreuses vers les tissus avoisinants).

Lorsque la tumeur est trop grosse pour être retirée en entier, on effectue une biopsie simple. On procède alors à une résection cunéiforme de tissu tumoral à des fins d'analyse. Pour que le pathologiste puisse poser le bon diagnostic, le tissu prélevé doit être représentatif de la tumeur. Si l'échantillon ne contient pas de cellules et de tissu représentatifs, il sera impossible d'exclure la présence de cellules cancéreuses.

La biopsie-exérèse et la biopsie simple sont souvent effectuées sous visualisation endoscopique, mais il faut parfois recourir à une incision chirurgicale pour déterminer l'étendue et le stade clinique de la tumeur. Il peut ainsi être nécessaire d'effectuer une laparotomie diagnostique (ou ouverture chirurgicale de la paroi abdominale) afin de déterminer la présence de cancers tels que celui de l'estomac.

On effectue les biopsies à l'aiguille pour prélever des échantillons de masses suspectes facilement accessibles, comme certaines tumeurs du sein, de la thyroïde, des poumons, du foie ou du rein. Ce sont des techniques rapides, faciles à réaliser et relativement peu coûteuses. On les effectue

TABLEAU
16-4

Examens d'imagerie médicale utilisés dans le dépistage du cancer

Technique	Description	Hypothèse diagnostique
Recherche de marqueurs tumoraux	Recherche, dans le sang ou d'autres liquides organiques, de substances produites par la tumeur ou par l'organisme au contact de la tumeur	Cancers du côlon, du poumon, de l'ovaire, des testicules et de la prostate
Imagerie par résonance magnétique (IRM)	Images en coupe de diverses parties du corps réalisées grâce à l'utilisation de champs magnétiques et de signaux radioélectriques	Cancers du système nerveux et des régions pelvienne, abdominale et thoracique
Tomodensitométrie (TACO)	Balayage circulaire de parties du corps par un faisceau étroit de rayons X permettant de visualiser les organes et les structures en coupe transversale	Cancers du système nerveux, des os et des régions pelvienne, abdominale et thoracique
Radioscopie	Technique radiographique permettant de recréer l'image des tissus observés en fonction de leur opacité relative; nécessite parfois l'emploi de produits de contraste	Cancers des os, du poumon et de l'appareil digestif
Échographie (ultrasons)	Échos d'ultrasons projetés sur les structures anatomiques étudiées, convertis en images; permet d'observer les tissus situés plus en profondeur	Cancers des régions abdominale et pelvienne
Endoscopie	Visualisation directe d'une cavité du corps ou d'un conduit naturel obtenue grâce à l'introduction d'un endoscope; technique utile lorsqu'on doit effectuer une biopsie, aspirer des liquides ou exciser de petites tumeurs; peut servir à des fins diagnostiques ou thérapeutiques	Cancers des bronches et de l'appareil digestif
Techniques d'imagerie en médecine nucléaire	Injection intraveineuse ou ingestion d'un produit radioactif permettant de prendre des images des tissus où s'est fixé le traceur radioactif	Cancers des os, du foie, du rein, de la rate, du cerveau et de la thyroïde
Tomographie par émission de positrons (TEP)	Images en coupe réalisées par ordinateur, montrant la distribution d'un traceur radioactif ayant une affinité pour les cellules cancéreuses; renseigne sur l'activité biologique de ces cellules, permet de distinguer plus facilement les tumeurs bénignes et malignes, et d'observer les effets du traitement	Cancers du poumon, du côlon, du foie, du pancréas, du sein et de l'œsophage; maladie de Hodgkin, lymphomes non hodgkiniens et mélanomes
Complexes immunoconjugués radioactifs	Anticorps monoclonaux injectés par voie intraveineuse, après radiomarquage, et formant des agrégats au site de la tumeur, permettant d'observer cette dernière au moyen d'un scintigraphe	Cancers du côlon, du rectum, du sein, de l'ovaire, cancers cervicofaciaux; lymphomes et mélanomes

en général sous anesthésie locale, et la personne ne ressent qu'un léger malaise temporaire. Les biopsies à l'aiguille laissent les tissus voisins pratiquement intacts, ce qui réduit le risque de migration des cellules cancéreuses. La technique dite de ponction-biopsie consiste à prélever par aspiration des fragments de tissu au moyen d'une aiguille fine insérée là où on soupçonne une atteinte. On utilise parfois l'imagerie radiologique ou la résonance magnétique pour déterminer l'endroit où l'aiguille doit être introduite. Il arrive que les ponctions-biopsies ne permettent pas de prélever assez de tissu pour poser un diagnostic valable. En revanche, en procédant à une biopsie par forage (prélèvement d'une toute petite carotte de tissu au moyen d'une aiguille conçue à cet effet), on obtient le plus souvent un échantillon suffisant pour faire un diagnostic précis.

Bon nombre de cancers se propageant à distance par voie lymphatique, il est parfois nécessaire d'effectuer une biopsie des ganglions situés à proximité de la tumeur suspecte. Le fait de savoir que ces ganglions sont atteints peut aider le médecin à envisager un traitement systémique à la place d'une intervention chirurgicale, ou en plus de celle-ci, dans le but de combattre la progression des cellules tumorales disséminées à partir de la tumeur primitive. Le chirurgien peut décider d'injecter des colorants ou de recourir à une technique d'imagerie nucléaire (biopsie) de façon à déterminer plus facilement les ganglions (ganglions sentinelles) qui effectuent le drainage lymphatique de la région atteinte. Bien qu'elle soit encore considérée comme expérimentale, la technique du ganglion sentinelle est utilisée dans les cas de mélanome et, de plus en plus souvent, dans les cas de cancer du sein, du côlon et de la vulve.

Le choix de la méthode de biopsie dépend de nombreux facteurs, mais le facteur le plus important est le type de traitement envisagé si le diagnostic de cancer est confirmé. Si une intervention chirurgicale est nécessaire, le site de biopsie sera inclus dans l'aire de résection, ce qui permettra de prélever les cellules qui auraient pu se disséminer lors du prélèvement. Dans le choix de la méthode de biopsie, on doit aussi tenir compte de l'état nutritionnel de la personne et de ses fonctions hématologiques, respiratoires, rénales et hépatiques. Si l'intervention nécessite une anesthésie générale et si une opération chirurgicale ultérieure est probable, on doit prendre en considération les effets possibles d'une anesthésie prolongée sur la personne.

La personne et ses proches doivent être invités à discuter des différentes options possibles avant qu'une décision formelle soit prise. En tant que garante des intérêts de la personne, l'infirmière sert de lien entre celle-ci et le médecin afin de faciliter les choix. Elle doit consacrer le temps nécessaire pour répondre calmement à ses questions, et lui accorder une période de réflexion.

Chirurgie en traitement de première intention

Utilisée en première intention dans le traitement du cancer, la chirurgie vise l'ablation complète de la tumeur ou, à défaut, la réduction maximale de son volume et la résection de tous les tissus voisins touchés, y compris les ganglions lymphatiques régionaux.

L'exérèse locale et l'exérèse élargie sont couramment utilisées dans le traitement des tumeurs primitives. L'exérèse locale est indiquée lorsque la tumeur est de petite taille. Elle consiste à enlever la tumeur ainsi qu'une petite marge du tissu sain aisément accessible à son pourtour. L'exérèse élargie ou radicale (dissection en bloc) consiste à enlever la tumeur primitive, les ganglions lymphatiques, les structures adjacentes touchées, ainsi que les tissus voisins exposés au risque d'envahissement. L'exérèse élargie peut avoir des conséquences esthétiques et perturber certaines fonctions, mais l'opération mérite d'être envisagée si elle permet d'enlever la tumeur au complet et si la probabilité d'une guérison ou d'une rémission semble bonne.

Dans certains cas, la chirurgie endoscopique vidéoassistée peut remplacer une intervention nécessitant une longue incision et une convalescence prolongée. Un endoscope équipé d'une puissante source lumineuse et d'une minicaméra vidéo est introduit dans le champ opératoire par une petite incision. Les instruments chirurgicaux sont introduits par une ou deux autres incisions longues de 3 cm environ. Les images du champ opératoire sont transmises sur un écran cathodique et facilitent les manipulations du chirurgien tout au long de l'opération. Cette technique est couramment employée dans de nombreux types de chirurgie abdominale et thoracique.

On appelle chirurgie de récupération le traitement chirurgical radical des récidives locales de cancer après une intervention initiale moins étendue. Le recours à la mastectomie dans les cas de cancer du sein récidivant, après traitement initial par exérèse locale et radiothérapie, est un exemple de chirurgie de récupération.

Outre les excisions à la lame et au scalpel, on utilise diverses techniques chirurgicales pour enlever les tumeurs et les zones avoisinantes. L'électrochirurgie consiste à utiliser un courant électrique pour détruire les cellules tumorales. En cryochirurgie, on emploie de l'azote liquide pour congeler les tissus et tuer les cellules malignes. La chimiochirurgie combine la chimiothérapie topique et l'exérèse couche par couche des tissus affectés. Dans la chirurgie au laser (*Light Amplification by Stimulated Emission of Radiation*), on dirige un faisceau lumineux de haute intensité très précisément sur le tissu à la profondeur voulue pour désintégrer les cellules cancéreuses. La radiochirurgie stéréotaxique consiste à administrer une dose unique mais importante de rayonnement sur une cible précise ; on l'utilise pour certaines tumeurs malignes de la tête ou du cou. Les effets de cette forme de radiothérapie sur les tissus ciblés sont tels qu'on l'estime comparable aux résultats de techniques chirurgicales plus traditionnelles (International Radiosurgery Support Association, 2000). Voir, plus loin, la section « Radiothérapie ».

Il est essentiel d'aborder les soins selon une perspective multidisciplinaire. On doit prendre en considération les effets de tout type de chirurgie sur l'image corporelle, l'estime de soi et les capacités fonctionnelles de la personne. Au besoin, un plan de traitement de réadaptation postopératoire est établi au préalable.

Avant même le début du traitement, la prolifération cancéreuse peut avoir produit des micrométastases distantes. Il est par conséquent inutile d'exciser de grandes quantités de tissus dans l'espoir d'éliminer toutes les cellules malignes. L'approche multidisciplinaire du traitement du cancer prend ici tout son sens. Une fois que l'intervention a été effectuée, on peut recourir à une ou plusieurs formes de traitement complémentaire (ou adjuvant) afin d'augmenter la probabilité d'éradiquer le cancer. Toutefois, certains cancers sont guérissables lorsqu'ils font l'objet d'une intervention chirurgicale à un stade très précoce (par exemple les cancers de la peau, du sein et des testicules).

Chirurgie prophylactique

La chirurgie prophylactique (ou préventive) consiste à pratiquer l'ablation de tissus ou d'organes non vitaux qui risquent d'être touchés par le cancer. Avant de décider de recourir à la chirurgie prophylactique, on doit prendre en compte les facteurs suivants :

- Antécédents familiaux et prédispositions génétiques
- Présence ou absence de symptômes
- Risques et avantages possibles
- Possibilité ou non de détecter le cancer à un stade précoce
- Acceptation par la personne des conséquences de l'opération

La colectomie, la mastectomie et l'ovariectomie sont des exemples d'interventions prophylactiques. Depuis peu, il est possible de repérer des marqueurs génétiques indiquant une prédisposition à certains cancers, ce qui pourrait influencer la décision de recourir à la chirurgie prophylactique. La question de savoir si les raisons ainsi invoquées justifient vraiment l'option prophylactique reste cependant controversée. Les facteurs pris en considération pour décider d'une intervention prophylactique peuvent être des antécédents familiaux importants de cancer du sein, la présence prouvée du gène BRCA-1 ou BRCA-2, une anomalie à l'examen physique (par exemple apparition progressive de nodules ou d'une mastose scléro-kystique), un antécédent prouvé de cancer de l'autre sein, une mammographie ou une biopsie donnant des résultats anormaux (Lachance, 2000).

On ne connaît pas les répercussions physiologiques et psychologiques que la chirurgie prophylactique peut avoir à long terme. Ce type d'intervention doit donc être proposé dans des cas bien particuliers et doit faire l'objet d'une discussion approfondie avec la personne et ses proches. La personne qui subit une intervention prophylactique a non seulement besoin d'informations et de conseils avant l'opération, mais elle doit aussi bénéficier d'un suivi à long terme.

Chirurgie palliative

Quand le cancer ne peut être guéri, l'objectif du traitement est de soulager les symptômes et de permettre à la personne de mener une vie satisfaisante et productive le plus longtemps possible. Que la personne ait très peu ou beaucoup de temps devant elle, l'objectif principal est de lui assurer la meilleure qualité de vie possible, celle-ci étant définie selon ses propres critères et ceux de sa famille. Afin d'éviter les faux espoirs et les déceptions, il est important d'informer honnêtement la personne et son entourage.

La chirurgie palliative permet de remédier à certaines complications du cancer : ulcération, obstruction ou occlusion, hémorragie, douleur ou épanchement d'origine cancéreuse (tableau 16-5 ■).

Chirurgie reconstructive

Après une première intervention chirurgicale, on peut recourir à la chirurgie reconstructive à des fins esthétiques ou pour améliorer une fonction. La chirurgie reconstructive peut nécessiter une ou plusieurs interventions. Avant même l'opération initiale, le chirurgien plasticien renseigne la personne sur les options qui s'offrent à elle en matière de chirurgie reconstructive. Ce type d'intervention peut notamment être indiqué dans les cas de cancers du sein, de cancers de la peau et de cancers cervicofaciaux.

L'infirmière doit être sensible aux besoins de la personne et aux conséquences qu'une perte de fonction ou une image corporelle altérée peut avoir à ses yeux. Il est essentiel d'offrir à la personne et à sa famille l'occasion de discuter de ces questions. Les besoins de la personne doivent être évalués de façon très précise et pris en compte au cas par cas, quel que soit le type de chirurgie reconstructive.

Soins et traitements infirmiers et traitement chirurgical du cancer

La personne qui subit une intervention chirurgicale doit bénéficier de soins et traitements infirmiers périopératoires généraux (partie 4 🔗), ainsi que de soins particuliers reliés à son âge et aux facteurs de risque de complications postopératoires tels que la défaillance d'un organe, des carences nutritionnelles, des troubles de la coagulation ou une faiblesse immunitaire. Les traitements adjuvants de chimiothérapie ou

Indications cliniques d'une intervention chirurgicale palliative	TABLEAU 16-5

Intervention chirurgicale	Indication
Pose d'un drain pleural	Épanchement pleural
Pose d'un drain péritonéal (cathéter de Tenckhoff)	Ascite
Dérivation péritonéoveineuse (par valve de Le Veen)	Ascite
Pose d'un drain péricardique	Épanchement péricardique
Colostomie ou iléostomie	Occlusion intestinale
Gastrostomie ou jéjunostomie gastro-intestinale haute	Obstruction ou occlusion
Pose d'une endoprothèse biliaire	Obstruction ou occlusion biliaire
Pose d'une sonde urétérale double J	Obstruction ou occlusion urétérale
Anesthésie tronculaire	Douleur
Chordotomie	Douleur
Pose d'un dispositif d'accès veineux (pour l'administration parentérale d'analgésiques)	Douleur
Pose d'un cathéter épidural (pour l'analgésie épidurale)	Douleur
Manipulation hormonale (ablation des ovaires, des testicules, des surrénales ou de l'hypophyse)	Tumeurs hormonodépendantes

de radiothérapie peuvent aussi entraîner des complications postopératoires : par exemple infection, mauvaise cicatrisation, insuffisance respiratoire ou rénale ou thrombose veineuse profonde. Dans de tels cas, l'infirmière doit déterminer avant l'opération tous les facteurs susceptibles d'influer sur l'état de la personne.

La personne en oncologie est souvent anxieuse à l'idée d'être opérée, que l'intervention ait une visée diagnostique ou curative, mais elle craint aussi les conclusions et le pronostic qui en découleront, ainsi que les limitations physiques et fonctionnelles postopératoires. La personne et son entourage ont donc besoin d'attention et de soutien pour mieux intégrer ces changements et les conséquences possibles de l'intervention.

Pour donner un enseignement et offrir un soutien affectif appropriés à la personne et à ses proches, l'infirmière doit sonder et évaluer avec eux leurs peurs et leurs mécanismes d'adaptation. Elle les encourage de plus à jouer un rôle actif dans la prise des décisions chaque fois que cela est possible. Quand la personne ou un membre de sa famille lui demande le résultat d'une épreuve diagnostique ou d'une intervention chirurgicale, l'infirmière doit lui répondre conformément aux renseignements déjà fournis par le médecin. Lorsque les explications initiales du médecin ont été mal comprises en raison d'une anxiété bien compréhensible, l'infirmière peut être appelée à les reprendre ou à les clarifier. L'infirmière doit donc communiquer fréquemment avec le médecin et les autres membres de l'équipe soignante afin de s'assurer que l'information transmise est cohérente.

Après la chirurgie, l'infirmière observe les réactions de la personne à l'intervention et reste à l'affût des complications possibles : infection, hémorragie, thrombophlébite, rupture des sutures, déséquilibre hydroélectrolytique ou dysfonction d'un organe. L'enseignement postopératoire donné par l'infirmière porte notamment sur les soins de la plaie, les précautions à prendre, la reprise de l'activité, l'alimentation et le traitement médicamenteux.

Les dispositions en vue du congé, du suivi et des soins à domicile doivent être prises le plus tôt possible de façon à assurer la continuité des soins entre l'hôpital et la résidence ou entre le centre hospitalier spécialisé et le centre hospitalier local. La personne opérée et ses proches seront aussi invités à se tourner vers des organismes tels que la Société canadienne du cancer pour obtenir un soutien et de l'information.

RADIOTHÉRAPIE

La radiothérapie consiste à utiliser des rayons ionisants pour enrayer la croissance cellulaire. Plus de la moitié des personnes atteintes de cancer reçoivent une forme de radiothérapie à un moment ou l'autre de leur traitement. La radiothérapie peut être utilisée à des fins curatives (maladie de Hodgkin, séminomes du testicule, cancers cervicofaciaux localisés ou thyroïdiens, cancer du col de l'utérus) ou pour limiter la progression de la maladie, quand la tumeur ne peut être excisée ou lorsqu'il y a envahissement ganglionnaire local. En prophylaxie, on peut recourir à la radiothérapie pour prévenir une infiltration leucémique du cerveau ou de la moelle épinière.

On peut aussi utiliser la radiothérapie à des fins palliatives pour soulager les symptômes accompagnant une invasion métastatique, en particulier en cas d'atteinte du cerveau, des os ou des tissus mous, ou pour traiter des urgences oncologiques telles qu'un syndrome de compression de la veine cave supérieure ou une compression médullaire.

Deux types de rayonnement ionisant peuvent provoquer la désintégration de tissus : les rayons électromagnétiques (rayons X et rayons gamma) et les particules (électrons [particules bêta], protons, neutrons et particules alpha). Le dommage le plus grave que peuvent subir les tissus est l'altération de la molécule d'ADN cellulaire. Les rayons ionisants peuvent rompre les brins de l'hélice d'ADN et ainsi entraîner la mort de la cellule. Ils peuvent aussi causer la formation de radicaux libres par ionisation de certains constituants des liquides organiques, surtout de l'eau, et entraîner des dommages irréversibles de l'ADN. Si l'ADN ne peut pas être réparé, la destruction cellulaire peut être instantanée, mais la cellule peut aussi déclencher l'apoptose, c'est-à-dire un suicide programmé génétiquement.

Les cellules sont plus vulnérables aux effets de l'irradiation au moment de la synthèse de l'ADN et de la mitose (début de la phase S, phase M et phase G_2 du cycle cellulaire). Ce sont par conséquent les tissus le plus fréquemment renouvelés par divisions cellulaires qui sont le plus sensibles à la radiothérapie (par exemple moelle osseuse, tissus lymphatiques, épithélium du tube digestif, follicules pileux, gonades). Inversement, les tissus dont la croissance est plus lente ou arrêtée sont relativement radiorésistants (peu sensibles à l'irradiation) ; il s'agit notamment des muscles, des cartilages et du tissu conjonctif.

Une tumeur est dite radiosensible quand elle peut être détruite par une dose d'irradiation qui ne nuit pas au renouvellement cellulaire des tissus normaux. Il semble que les tumeurs bien oxygénées soient plus sensibles. Par conséquent, du moins en théorie, la radiothérapie sera plus efficace si on accroît l'apport en oxygène de la tumeur. De plus, une quantité maximale de cellules cancéreuses sera détruite si l'irradiation a lieu lorsque la plupart des cellules tumorales ont entamé leur division.

Certains agents chimiques ou antinéoplasiques ont un effet radiosensibilisant, c'est-à-dire qu'ils rendent les tumeurs peu oxygénées plus sensibles aux radiations. La radiothérapie peut être effectuée par voie externe ou interne.

Radiothérapie externe

Il existe différentes méthodes de radiothérapie externe. Le choix de la méthode dépend de la profondeur à laquelle se situe la tumeur. Le niveau énergétique des rayons X utilisés pour détruire les cellules cancéreuses varie selon que ces cellules sont situées sur la peau ou plus profondément dans l'organisme. Plus l'énergie des électrons est élevée, plus le rayonnement sera pénétrant. La dose maximale de radiation produite par les appareils d'orthovoltage permet de traiter des lésions superficielles telles que des lésions de la peau ou du sein. Les accélérateurs linéaires et les bêtatrons génèrent, quant à eux, des rayons X dont l'énergie est plus élevée, qui agissent sur des tissus situés plus profondément dans l'organisme, tout en endommageant moins la peau et les tissus sains. On peut également utiliser des rayons gamma, qui résultent de la désintégration naturelle d'éléments radioactifs tels que le cobalt-60 : dans ce cas également, les doses de radiation atteignent leur cible après avoir traversé la peau sans l'endommager.

Dans quelques centres spécialisés, on utilise des faisceaux de particules pour traiter les tumeurs mal oxygénées et radiorésistantes. Ce type de radiothérapie consiste à bombarder les tissus tumoraux de particules subatomiques (neutrons, pions, ions lourds). Ces irradiations, dites à transfert linéaire d'énergie élevé, détruisent non seulement les cellules visées, mais aussi les cellules situées sur leur trajet.

La radiothérapie peropératoire, offerte dans certains centres, consiste à administrer une dose fractionnée de radiation dans le lit tumoral rendu directement accessible au cours d'une intervention chirurgicale. On utilise la radiothérapie peropératoire notamment dans les cas de cancers et de sarcomes de l'estomac, du pancréas, du côlon, du rectum, de la vessie et du col de l'utérus. Les effets toxiques de la radiothérapie peropératoire sont réduits au minimum car on irradie de façon précise les tissus atteints, tout en évitant d'exposer aux irradiations la peau et les structures superficielles.

Radiothérapie interne

La radiothérapie, interne ou **curiethérapie**, consiste à émettre localement de fortes doses de radiation à l'aide d'implants radioactifs placés directement dans la tumeur. Le radio-isotope utilisé est choisi en fonction de sa demi-vie, c'est-à-dire du temps nécessaire pour que sa radioactivité diminue de moitié. On utilise habituellement le radium, le césium et l'iridium. L'irradiation interne s'effectue à l'aide d'aiguilles, de billes, de grains ou de cathéters radioactifs qu'on introduit dans une cavité du corps (par exemple vagin, abdomen ou plèvre) ou dans un compartiment interstitiel (par exemple le sein). La curiethérapie peut aussi être administrée par voie orale, comme on le fait pour l'iode-131 dans le traitement des cancers thyroïdiens.

La radiothérapie intracavitaire est souvent utilisée dans le traitement des cancers gynécologiques. Le radio-isotope est introduit dans un applicateur, qui est placé à l'endroit approprié sous guidage radiologique. L'implant est laissé en place pendant la période prescrite, puis il est retiré. Pendant la durée du traitement, la personne doit garder le lit et bouger le moins possible afin d'éviter que l'implant intracavitaire ne se déplace. On installe une sonde à demeure pour assurer la vidange de la vessie. On prescrit de plus un régime à faible teneur en fibres et un antidiarrhéique, tel que le diphénoxylate (Lomotil) ou le lopéramide (Imodium), de façon à empêcher la défécation, car l'effort risquerait de déloger l'implant radioactif.

On utilise également des implants interstitiels, qui peuvent être temporaires ou permanents selon le radio-isotope prescrit, pour traiter des cancers tels que le cancer de la prostate, du pancréas et du sein. Les implants utilisés sont généralement des grains, des aiguilles, des fils métalliques ou de petits cathéters, qu'on introduit à l'endroit voulu pour irradier les tissus en périphérie. De tels implants sont rarement délogés. En radiothérapie interne, la dose de radiation diminue à mesure que la distance s'accroît, ce qui permet d'épargner les tissus sains avoisinants.

Les personnes qui portent un implant radioactif émettent des radiations. Pour cette raison, leurs contacts avec l'équipe soignante sont soumis à des règles de durée, de distance et de protection matérielle visant à réduire au minimum l'exposition du personnel aux radiations. Les soins apportés aux personnes sous curiethérapie s'accompagnent notamment des mesures de sécurité suivantes: la personne est hébergée dans une chambre individuelle; des mises en garde rappelant les précautions à prendre sont affichées; tous les membres de l'équipe soignante doivent porter un dosimètre personnel; il est interdit aux employées enceintes de donner des soins à ces personnes, et aux enfants et aux femmes enceintes de les visiter; la durée des visites est restreinte à 30 minutes par jour, et les visiteurs doivent rester à au moins 2 mètres de la source de rayonnement. Les personnes sous curiethérapie doivent être bien informées des mesures de précaution à prendre (McGrath et Fitch, 2003).

Dose de rayonnement

La dose de rayonnement prescrite dépend de la sensibilité des tissus ciblés et de la taille de la tumeur. La dose létale pour une tumeur est définie comme la dose nécessaire pour détruire 95 % des tissus atteints tout en épargnant les tissus sains. Les traitements de radiothérapie sont échelonnés sur plusieurs semaines, ce qui permet aux tissus sains de se régénérer et favorise la destruction des cellules malignes: un plus grand nombre de cellules en processus de division sont ainsi exposées aux radiations. Fractionner la dose d'irradiation pendant une période donnée permet aussi au pourtour de la tumeur de se réoxygéner à mesure que celle-ci rétrécit, ce qui la rend plus radiosensible et favorise ainsi sa destruction.

Effets toxiques

Les effets toxiques de la radiothérapie se limitent à la région irradiée. Ils sont parfois accentués lors de l'administration concomitante d'antinéoplasiques systémiques. La destruction de cellules normales dans la région traitée provoque une réaction locale car les cellules ne sont pas remplacées au même rythme qu'elles sont détruites. Les tissus les plus affectés sont ceux qui, habituellement, se renouvellent fréquemment: la peau, le revêtement épithélial du tube digestif, y compris la bouche, et la moelle osseuse. Les atteintes à l'intégrité de la peau sont courantes, qu'il s'agisse d'**alopécie** (chute des cheveux), d'érythème ou de desquamation (exfoliation de la couche superficielle de la peau). Une fois le traitement terminé, les régions touchées sont réépithélisées.

L'irradiation peut aussi avoir des effets sur la muqueuse orale: par exemple stomatite, **xérostomie** (sécheresse de la bouche), altération ou perte du goût et diminution de la sécrétion salivaire. L'ensemble de la muqueuse gastro-intestinale peut aussi être touchée, et il peut en résulter une irritation de l'œsophage se manifestant par des douleurs thoraciques et de la dysphagie. Si l'estomac et le côlon se trouvent dans la région irradiée, la personne peut souffrir d'anorexie, de nausées, de vomissements et de diarrhées. Une fois le traitement terminé, on observe une disparition des symptômes et une réépithélisation.

Les cellules de la moelle osseuse se multiplient à un rythme très élevé. Lorsque le champ d'irradiation inclut des sites de production de moelle osseuse, il peut en résulter une anémie, une leucopénie (baisse du nombre de globules blancs ou leucocytes) et une thrombocytopénie (baisse du nombre de plaquettes). Le temps que ces paramètres reviennent à la normale, la personne est exposée à un risque plus élevé d'infection ou de saignement. La personne peut également souffrir d'une anémie chronique. Des recherches en cours visent à mettre au point des agents radioprotecteurs préservant l'intégrité des tissus sains pendant la radiothérapie.

Des effets secondaires généralisés, tels que la fatigue, les malaises et l'anorexie, surviennent fréquemment chez les personnes soumises à la radiothérapie. Ces effets secondaires peuvent être provoqués par certaines substances libérées au moment de la destruction des cellules tumorales. Ces effets sont temporaires et disparaissent après la fin des traitements.

La radiothérapie peut aussi entraîner des séquelles dans divers tissus, habituellement sous la forme d'une fibrose résultant d'une diminution de la vascularisation. De tels effets sont irréversibles et peuvent avoir de graves conséquences s'ils touchent des organes vitaux tels que les poumons, le cœur, le système nerveux central ou la vessie. Les effets toxiques peuvent être accentués lorsque la radiothérapie est combinée à d'autres modalités thérapeutiques.

Soins et traitements infirmiers en radiothérapie

La personne et les membres de sa famille ont souvent des questions et des inquiétudes concernant l'innocuité de la radiothérapie. Pour répondre à leurs questions et apaiser leurs craintes relatives aux effets des traitements (notamment sur l'entourage, sur la tumeur, sur les tissus et organes sains), l'infirmière leur explique comment se déroule la séance d'irradiation, leur décrit l'équipement utilisé et leur précise la durée de la séance (souvent quelques minutes). Elle informe la personne qu'elle devra être immobilisée, le cas échéant, et qu'elle n'éprouvera aucune sensation nouvelle ni aucune douleur pendant le traitement. En cas de radiothérapie interne, l'infirmière informe la personne et ses proches des restrictions et des mesures de précaution imposées aux visiteurs et au personnel soignant. La personne doit aussi savoir ce qu'elle doit faire avant, pendant et après son traitement. Pour en savoir plus sur l'utilisation de la radiothérapie dans le traitement des cancers gynécologiques, voir le chapitre 49 ⬚.

Protéger la peau et la muqueuse buccale

L'infirmière évalue régulièrement l'état de la peau de la personne, son état nutritionnel et son bien-être général. Elle reste à l'affût de toute modification de la peau et de la muqueuse buccale, surtout si ces régions sont ciblées par la radiothérapie. L'infirmière protège la peau contre l'irritation et dissuade la personne d'utiliser onguents, crèmes et poudres.

Il est essentiel d'avoir une hygiène buccale douce pour éliminer les débris, prévenir l'irritation et favoriser la guérison. Si la personne souffre d'effets secondaires tels que la faiblesse ou la fatigue, l'infirmière l'aide à planifier et à accomplir ses activités courantes et à assurer son hygiène personnelle. Elle la rassure en lui expliquant que ces symptômes sont des effets du traitement et non un signe de détérioration de son état ou de progression de la maladie.

Protéger le personnel soignant

Lorsque la personne porte un implant radioactif, l'infirmière et les autres membres de l'équipe soignante doivent prendre les précautions qui s'imposent pour se protéger et protéger la personne des effets de l'irradiation. En général, le responsable de la radioprotection dans le service de radiologie donne des consignes précises dans ce sens: durée maximale des contacts, équipement de protection à utiliser, précautions particulières et mesures à prendre si l'implant se déloge. L'infirmière doit expliquer à la personne les raisons de toutes ces précautions pour qu'elle ne se sente pas indûment mise à l'écart.

CHIMIOTHÉRAPIE

La **chimiothérapie** consiste à détruire les cellules cancéreuses en employant des médicaments antinéoplasiques qui enrayent les fonctions et la capacité de reproduction de ces cellules. La chimiothérapie est surtout utilisée dans les cas de cancer systémique qui ne peuvent être traités uniquement par chirurgie ou radiothérapie comme les cancers plus localisés. On peut associer la chimiothérapie à la chirurgie ou à la radiothérapie ou aux deux, pour réduire la taille de la tumeur avant l'opération,

éliminer les cellules tumorales résiduelles après l'opération ou traiter certaines formes de leucémie. Les objectifs attendus de la chimiothérapie (guérison, rémission, contrôle ou soulagement) doivent être établis judicieusement: c'est d'eux que dépendent le choix des médicaments qui seront utilisés et le caractère plus ou moins agressif de l'approche thérapeutique.

Destruction des cellules et cycle cellulaire

Chaque fois que la tumeur est exposée à un agent antinéoplasique, les cellules tumorales sont détruites dans une proportion de 20 à 99 % selon la posologie. Il est nécessaire d'administrer des doses répétées pendant une longue période pour obtenir la régression de la tumeur. La chimiothérapie ne vise pas à supprimer entièrement la tumeur, mais à détruire suffisamment de cellules tumorales pour que le système immunitaire puisse éliminer celles qui restent.

Les cellules qui s'apprêtent ou commencent à se diviser à l'intérieur de la tumeur (fraction proliférative) sont les plus sensibles aux antinéoplasiques. Celles qui sont aptes à la reproduction mais qui n'ont pas encore entamé le processus de division sont les moins sensibles et représentent donc un danger. Ces dernières doivent néanmoins être détruites si on veut éradiquer le cancer. On procède à plusieurs cycles de chimiothérapie dans le but de détruire un plus grand nombre de cellules tumorales, en s'attaquant à elles au moment où commence le cycle de division cellulaire.

Le cycle cellulaire est le même que les cellules soient saines ou malignes (figure 16-2 ■). Il dure le temps nécessaire à une cellule pour se diviser en deux cellules filles identiques. Le cycle cellulaire comporte quatre phases distinctes qui remplissent chacune une fonction essentielle:

1. *Phase G_1* Synthèse de l'ARN et des protéines.
2. *Phase S* Synthèse de l'ADN.
3. *Phase G_2* Phase prémitotique; formation des fuseaux achromatiques.
4. *Phase M* Mitose.

La phase G_0 est une période où les fonctions de réplication et de division cellulaire sont en veilleuse. Elle survient après la mitose ou au cours de la phase G_1. Comme les cellules sont moins sensibles au traitement durant cette période, leur potentiel reproducteur constitue une menace. L'administration de certains agents antinéoplasiques (ainsi que d'autres formes de traitement) doit être coordonnée avec le cycle cellulaire.

Classification des agents antinéoplasiques

On emploie différents antinéoplasiques à des phases spécifiques du cycle cellulaire pour détruire les cellules en voie ou en processus de division. La plupart des antinéoplasiques détruisent les cellules au cours de la phase S en inhibant la synthèse de l'ADN et de l'ARN. D'autres, comme les alcaloïdes de la pervenche ou d'autres plantes, agissent lors de la phase M en empêchant la formation des fuseaux achromatiques (ou mitotiques).

D'autre part, il existe des antinéoplasiques dont l'action est indépendante des phases du cycle cellulaire. Ces agents sans spécificité de phase ont habituellement un effet prolongé qui finit par abîmer ou tuer les cellules. L'approche thérapeutique

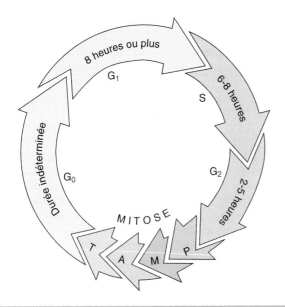

FIGURE 16-2 ■ Les phases du cycle cellulaire couvrent la période qui s'écoule entre le moment où une cellule fille naît de la division d'une cellule mère et celui où la cellule fille achève sa propre division. Lors de la phase G_1, juste après la mitose, la production d'acide ribonucléique (ARN) et de protéines s'accélère, et la cellule croît. À la phase G_0 correspond une période d'inactivité sur le plan de la réplication et de la division cellulaire. La phase S recouvre la synthèse des acides nucléiques et la duplication des chromosomes qui précèdent la mitose cellulaire. Dans la phase G_2, l'ARN et les protéines sont synthétisés comme lors de la phase G_1. (P = prophase, M = métaphase, A = anaphase, T = télophase). Source: C.M. Porth (2002). *Pathophysiology: Concepts of altered health states.* 6e éd. Philadelphie: Lippincott Williams & Wilkins.

consiste souvent à combiner des agents avec spécificité de phase et des agents sans spécificité de phase, afin de détruire le plus grand nombre possible de cellules malignes vulnérables.

Les antinéoplasiques peuvent aussi être classés par groupes pharmacologiques, chacun de ces groupes se caractérisant par un mécanisme d'action précis: agents alkylants, nitrosourées, antimétabolites, antibiotiques cytotoxiques, alcaloïdes végétaux, agents hormonaux et autres. Les différentes classes d'antinéoplasiques, les médicaments les plus courants, leur mécanisme d'action, leur spécificité de phase et leurs principaux effets secondaires sont résumés dans le tableau 16-6 ■.

Diverses classes d'antinéoplasiques peuvent être employées en cours de traitement pour favoriser la destruction cellulaire en multipliant les angles d'attaque. Les substances utilisées en association doivent avoir des effets toxiques différents et synergiques. La stratégie de combinaison permet souvent d'éviter l'apparition d'une résistance aux médicaments.

L'utilisation conjointe de médicaments traditionnels et d'autres agents, tels que le lévamisole, l'acide folinique, des hormones ou des interférons (INF), semble aussi contribuer dans une certaine mesure à combattre la pharmacorésistance au traitement antinéoplasique. L'efficacité de nouveaux médicaments expérimentaux pour vaincre certaines familles de tumeurs résistantes fait actuellement l'objet de recherches (encadré 16-4 ■).

Administration des antinéoplasiques

Les antinéoplasiques peuvent être administrés dans un centre hospitalier, en clinique externe ou à domicile par voie cutanée, orale, intraveineuse, intramusculaire, sous-cutanée, artérielle, endocavitaire ou intrathécale. Le choix de la voie d'administration dépend généralement du médicament, de la dose requise ainsi que du type, du siège et de la taille de la tumeur. L'Oncology Nursing Society et l'Association canadienne des infirmières en oncologie ont élaboré des lignes directrices pour l'administration des antinéoplasiques. Dans le cas d'un traitement à domicile, il est essentiel d'enseigner à la personne et à ses proches les mesures de précaution qui s'imposent (encadré 16-5 ■).

Posologie

La posologie des antinéoplasiques dépend principalement de la surface corporelle de la personne, de sa réponse à un traitement antérieur de chimiothérapie ou de radiothérapie et de l'état de ses organes vitaux.

Problème particulier: extravasation

On doit faire preuve d'une prudence particulière lorsqu'on administre des agents **vésicants** par voie intraveineuse. On qualifie de vésicants les agents qui peuvent provoquer une nécrose et endommager les tendons, les nerfs et les vaisseaux sanguins sous-jacents, lorsqu'ils s'infiltrent dans les tissus sous-cutanés (extravasation). Le mécanisme de cette nécrose n'a pas été complètement élucidé, mais on sait que le pH de beaucoup d'agents antinéoplasiques confère à ceux-ci leur affinité pour l'ADN et déclenche la réaction inflammatoire grave que l'on observe. Dans des cas extrêmes de desquamation et d'ulcération des tissus, il est nécessaire d'effectuer une greffe cutanée. Il faut parfois attendre plusieurs semaines avant que les lésions tissulaires se manifestent dans toute leur ampleur. Les agents vésicants utilisés en chimiothérapie sont notamment la majorité des antibiotiques cytotoxiques, la méchloréthamine, le paclitaxel, la streptozocine et les alcaloïdes de la pervenche.

Les agents vésicants ne devraient être administrés que par des médecins ou des infirmières spécialement formés. Il est en effet essentiel de choisir avec soin la veine, de pratiquer la ponction avec dextérité et d'administrer le médicament avec prudence. Lorsqu'une **extravasation** survient lors de l'administration d'un agent vésicant, on peut entre autres noter:

■ Une absence de retour veineux dans le cathéter

■ Un ralentissement de la circulation du liquide intraveineux

■ Un gonflement, une douleur ou une rougeur au point d'injection

Si on soupçonne une extravasation, on doit arrêter immédiatement l'administration du médicament et appliquer des compresses froides sur le point d'injection (sauf s'il s'agit d'alcaloïdes de la pervenche; des compresses tièdes doivent être appliquées dans ce cas). Le médecin peut décider de procéder à l'aspiration du produit infiltré et d'injecter une solution neutralisante afin de limiter l'étendue des lésions. Selon l'agent spécifique extravasé, on peut notamment employer des solutions de thiosulfate de sodium, d'hyaluronidase et de

Agents antinéoplasiques

TABLEAU
16-6

Catégories et noms de produits	Mécanisme d'action	Spécifité de phase	Principaux effets secondaires
AGENTS ALKYLANTS			
■ *Analogues des moutardes azotées* Chlorambucil (Leukeran), cyclophosphamide (Cytoxan, Procytox), estramustine (Emcyt), ifosfamide (Ifex), méchloréthamine (Mustargen), melphalan (Alkeran) ■ *Dérivés du platine* Carboplatine (Paraplatin), cisplatine (Platinol) ■ *Autres alkylants* Busulfan (Busulfex, Myleran), dacarbazine (DTIC), thiotépa	Modifient la structure de l'ADN en brouillant la lecture du code, en entraînant des cassures dans la molécule d'ADN et en causant des liaisons croisées entre les brins d'ADN empêchant leur déroulement.	Non	Aplasie médullaire, nausées, vomissements, cystite hémorragique (cyclophosphamide, ifosfamide), stomatites, alopécie, inhibition de la fonction gonadique, néphrotoxicité (dérivés du platine)
NITROSO-URÉES			
■ Carmustine (BCNU), lomustine (CCNU), streptozocine (Zanosar)	Semblable à celui des agents alkylants; ces agents traversent la barrière hématoencéphalique.	Non	Aplasie médullaire retardée et cumulative se manifestant surtout par une thrombocytopénie; nausées et vomissements
INHIBITEURS DE LA TOPOISOMÉRASE I			
■ Irinotécan (Camptosar), topotécan (Hycamtin)	Causent des ruptures dans les brins d'ADN en se fixant à l'enzyme topoisomérase I, empêchant ainsi la cellule de se diviser.	Oui (phase M)	Aplasie médullaire, diarrhée sévère, nausées, vomissements, hépatotoxicité
ANTIMÉTABOLITES			
■ Capécitabine (Xeloda), cytarabine (Cytosar), fludarabine (Fludara), 5-fluoro-uracil (5-FU, Adrucil), gemcitabine (Gemzar), hydroxyurée (Hydrea), cladribine (Leustatin), 6-mercaptopurine (Purinethol), méthotrexate, pentostatine (Nipent), raltitrexed (Tomudex), 6-thioguanine (Lanvis)	Inhibent la biosynthèse de métabolites ou d'acides nucléiques essentiels pour la synthèse de l'ARN et de l'ADN.	Oui (phase S)	Nausées, vomissements, diarrhée, aplasie médullaire, rectite, stomatite, néphrotoxicité (méthotrexate), hépatotoxicité
ANTIBIOTIQUES CYTOTOXIQUES			
■ Bléomycine (Blenoxane), dactinomycine (Cosmegen), daunorubicine (Cerubidine), doxorubicine (Adriamycin, Caelyx), épirubicine (Pharmorubicin), idarubicine (Idamycin), mitomycine (Mutamycin), mitoxantrone (Novanthrone), valrubicine (Valtaxin)	Inhibent la synthèse de l'ADN en se liant avec cette molécule; inhibent la synthèse de l'ARN.	Non	Aplasie médullaire, nausées, vomissements, alopécie, anorexie, cardiotoxicité
POISONS DES FUSEAUX MITOTIQUES			
■ *Alcaloïdes végétaux* Étoposide (Vepesid, VP-16), téniposide (Vumon), vinblastine (Velbe), vincristine (Oncovin), vinorelbine (Navelbine)	Bloquent la métaphase en inhibant la formation des fuseaux mitotiques; inhibent la synthèse de l'ADN et des protéines.	Oui (phase M)	Aplasie médullaire, neuropathies, stomatite
■ *Taxanes* Paclitaxel (Taxol), docétaxel (Taxotere)	Bloquent la métaphase en inhibant la dépolymérisation de la tubuline.	Oui (phase M)	Bradycardie, réactions d'hypersensibilité, aplasie médullaire, alopécie, neuropathies

TABLEAU 16-6

Agents antinéoplasiques (suite)

Catégories et noms de produits	Mécanisme d'action	Spécifité de phase	Principaux effets secondaires
AGENTS HORMONAUX			
■ Androgènes et antiandrogènes, œstrogènes et antiœstrogènes, progestatifs et antiprogestatifs, inhibiteurs de l'aromatase, analogues de l'hormone de libération de la gonadotrophine B, stéroïdes	Se lient aux récepteurs hormonaux qui influent sur la croissance cellulaire; bloquent la liaison entre les œstrogènes et leur récepteur (antiœstrogènes); inhibent la synthèse de l'ARN; suppriment l'aromatase du cytochrome P450 avec diminution subséquente du niveau d'œstrogènes.	Non	Hypercalcémie, ictère, augmentation de l'appétit, virilisation, féminisation, rétention hydro-sodée, nausées, vomissements, bouffées de chaleur, sécheresse vaginale
AUTRES AGENTS			
■ Asparaginase (Kidrolase), imatinib (Gleevec), procarbazine (Matulane)	Inconnu ou trop complexe pour entrer dans une catégorie précise.	Variable	Variables selon l'agent: anorexie, nausées, vomissements, aplasie médullaire, hépatotoxicité, anaphylaxie, hypotension artérielle, dérèglement du métabolisme du glucose

bicarbonate de soude. Les fabricants de ces agents antinéoplasiques et les associations pharmaceutiques ont publié des recommandations et des directives portant sur le traitement de l'extravasation des divers agents vésicants.

Lorsqu'on prévoit d'administrer de façon répétitive et prolongée des antinéoplasiques vésicants, on peut installer un cathéter veineux central ou d'autres dispositifs afin de limiter les risques d'extravasation et de faciliter l'accès à la circulation sanguine (figures 16-3 ■ et 16-4 ■). Les complications associées aux cathéters centraux sont notamment l'infection et la thrombose.

Effets toxiques

Les effets toxiques des antinéoplasiques peuvent être aigus ou chroniques. Les cellules dont la croissance est rapide (épithélium, moelle osseuse, follicules pileux, spermatozoïdes) sont particulièrement sensibles à ces effets, mais d'autres appareils et systèmes de l'organisme peuvent également être touchés.

Appareil gastro-intestinal Les effets secondaires les plus courants de la chimiothérapie sont les nausées et les vomissements. Ces effets peuvent durer jusqu'à 24 heures après

ENCADRÉ 16-4

PHARMACOLOGIE

Traitements antinéoplasiques expérimentaux et essais cliniques

Les essais cliniques permettent d'évaluer l'efficacité et le potentiel toxique des nouvelles approches préventives, diagnostiques et thérapeutiques du cancer qui semblent prometteuses. Avant d'être approuvés pour l'utilisation clinique, les nouveaux antinéoplasiques sont soumis à un long processus, au cours duquel leurs effets bénéfiques, leurs effets indésirables et leur innocuité sont rigoureusement évalués.

■ L'essai clinique de *phase I* vise à déterminer les doses et l'horaire d'administration optimums, ainsi que les effets toxiques de l'agent.

■ L'essai de *phase II* permet d'établir l'efficacité de l'agent dans le traitement de divers types de tumeur et d'évaluer plus précisément ses effets toxiques. Des personnes qui n'ont pas répondu aux méthodes de traitement usuelles participent souvent à ces premiers essais. Les essais de phase I et de phase II doivent donc être considérés comme des mesures de dernier recours par la personne et ses proches, qui seront dûment avisés de la nature expérimentale du médicament administré. On peut espérer

que le nouveau médicament se révélera efficace contre le cancer, mais ces essais ont pour but de rassembler des données sur la dose maximale tolérée et sur les effets indésirables de l'antinéoplasique, ainsi que sur son effet sur la croissance de la tumeur.

■ L'essai de *phase III* permet de comparer l'efficacité du nouveau médicament ou procédé à celle des méthodes de traitement usuelles. L'infirmière peut être appelée à recruter des participants, à obtenir leur consentement et à les former. Dans bien des cas, on lui demande de surveiller et de conseiller les gens, afin que les paramètres de l'essai soient bien respectés, et de consigner des données décrivant les réponses au médicament. Lors des essais cliniques, l'infirmière traite les besoins physiques et émotionnels des participants de la même façon que ceux des personnes soignées selon le protocole usuel pour leur cancer.

■ Dans l'essai de *phase IV,* l'évaluation du médicament est poussée encore plus loin en matière d'indications thérapeutiques, de posologie et d'effets toxiques.

GRILLE DE SUIVI DES SOINS À DOMICILE

Administration des antinéoplasiques

Après avoir reçu l'enseignement sur les soins à domicile, la personne ou le proche aidant peut:	Personne	Proche aidant
■ Montrer comment administrer l'agent antinéoplasique au domicile.	✔	✔
■ Montrer comment éliminer en toute sécurité les aiguilles, seringues et fournitures pour intraveineuses, ainsi que les médicaments antinéoplasiques non utilisés.	✔	✔
■ Donner les effets secondaires possibles des agents antinéoplasiques.	✔	✔
■ Connaître les complications médicamenteuses pour lesquelles il est nécessaire d'appeler l'infirmière ou le médecin.	✔	✔
■ Connaître les complications médicamenteuses pour lesquelles il est nécessaire de se rendre au service des urgences.	✔	✔
■ Donner le nom et le numéro de téléphone des personnes-ressources pour les soins (par exemple infirmière à domicile, services de perfusion, fournisseurs de dispositifs intraveineux et d'équipements divers).	✔	✔
■ Expliquer le plan thérapeutique infirmier et comprendre l'importance des consultations prévues avec le médecin.	✔	✔

l'administration des antinéoplasiques. Le centre du vomissement, situé dans le bulbe rachidien, peut être activé par: (1) la stimulation de la zone chimioréceptrice de ce centre, (2) la stimulation de voies autonomes périphériques (tractus gastro-intestinal et pharynx), (3) la stimulation des voies vestibulaires (trouble de l'oreille interne, informations provenant du labyrinthe), (4) la stimulation de mécanismes cognitifs (maladie du système nerveux central, nausées et vomissements d'anticipation) ou (5) une combinaison de ces facteurs.

On peut atténuer les symptômes de nausées et de vomissements en administrant à la personne des antagonistes de la sérotonine (par exemple ondansétron [Zofran], granisétron [Kytril], dolasétron [Anzemet]), qui bloquent les récepteurs 5-HT$_3$ de la sérotonine dans le tractus gastro-intestinal et le centre du vomissement bulbaire, ou des antagonistes dopaminergiques (par exemple prochlorpérazine [Stemetil], métoclopramide [Maxeran, Reglan]), qui bloquent les récepteurs de la dopamine dans la zone chimioréceptrice. Lorsque la chimiothérapie prescrite est particulièrement émétique, les antagonistes de la sérotonine sont combinés avec certains dérivés de la phénothiazine, des sédatifs, des corticostéroïdes ou des antihistaminiques (Bremerkamp, 2000).

Certaines personnes sont incommodées par des nausées et des vomissement retardés qui surviennent plus de 24 à 72 heures après l'administration de l'antinéoplasique. On prolonge la prise d'antiémétiques pendant la semaine qui suit le traitement afin de réduire la fréquence des malaises. La personne peut aussi contrôler jusqu'à un certain point l'intensité des symptômes en recourant à des techniques de relaxation et de visualisation ou en modifiant ses habitudes alimentaires, par exemple en mangeant souvent de petites quantités d'aliments appétissants, réconfortants mais non irritants.

L'épithélium qui tapisse la cavité orale se renouvelle rapidement, ce qui le rend sensible aux effets de la chimiothérapie. Par conséquent, les personnes qui reçoivent des antinéoplasiques souffrent souvent de stomatite et d'anorexie. L'inflammation peut s'étendre d'un bout à l'autre de la muqueuse gastro-intestinale (inflammation de l'épithélium des muqueuses), et il en résulte couramment des diarrhées. Les antinéoplasiques les plus susceptibles d'entraîner des complications gastro-intestinales sont les antimétabolites et les antibiotiques cytotoxiques. La prise d'irinotécan cause aussi des diarrhées, qui peuvent être graves chez certaines personnes.

Système hématopoïétique La plupart des agents antinéoplasiques diminuent la fonction de la moelle osseuse (**aplasie médullaire**) et, par conséquent, la production de cellules sanguines. L'aplasie médullaire se traduit par une réduction du nombre de leucocytes (leucopénie), d'érythrocytes (anémie) et de plaquettes (thrombocytopénie) dans le sang, ce qui accroît les risques d'infection et d'hémorragie. C'est une raison fréquente pour laquelle on doit diminuer les doses antinéoplasiques administrées. Il est donc essentiel d'effectuer fréquemment des hémogrammes et de protéger la personne contre le saignement et l'infection, surtout lorsque les paramètres sanguins sont à la baisse.

Après la chimiothérapie, on peut administrer des facteurs de croissance hématopoïétique (le G-CSF [facteur stimulant le développement de colonies de granulocytes]) et des érythropoïétines recombinantes pour rétablir la fonction médullaire. Le facteur G-CSF favorise la production accélérée des leucocytes, en particulier des neutrophiles, ce qui réduit la durée de la neutropénie. Parce qu'ils réduisent

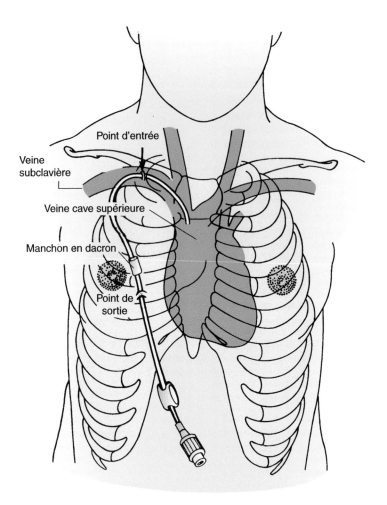

Point d'entrée

Veine
subclavière

Veine cave supérieure

Manchon en dacron

Point de
sortie

FIGURE **16-3** ■ Cathéter veineux central. On introduit le cathéter dans la veine subclavière, puis on l'avance jusqu'à faire pénétrer son extrémité dans la veine cave supérieure, juste au-dessus de l'oreillette droite. L'extrémité proximale est ensuite tunnellisée à travers les tissus sous-cutanés de la paroi thoracique jusqu'à un point de sortie sur le thorax. Le manchon en dacron permet d'ancrer le cathéter et constitue une barrière contre l'infection.

l'incidence d'infections nécessitant un traitement antibiotique, les facteurs de croissance hématopoïétique permettent une meilleure conformité au schéma thérapeutique (calendrier et posologie). Quant aux érythropoïétines recombinantes, elles stimulent la production des globules rouges, ce qui a pour effet d'atténuer les symptômes d'anémie chronique.

Appareil urinaire La prise d'antinéoplasiques peut endommager les reins, soit à cause de leur effets directs lors de leur excrétion, soit à cause de l'accumulation des déchets provenant de la lyse cellulaire. La cisplatine, le méthotrexate et la mitomycine sont particulièrement toxiques pour les reins. La lyse rapide des cellules tumorales résultant de la chimiothérapie se traduit par l'excrétion d'une grande quantité d'acide urique, ce qui peut entraîner des lésions rénales. De plus, le matériel intracellulaire se répandant dans le sang, on observe une surélévation des niveaux de potassium et de phosphates (hyperkaliémie et hyperphosphatémie) et une baisse du calcium (hypocalcémie). Nous reviendrons plus loin sur le syndrome de lyse tumorale (tableau 16-15).

Il faut donc surveiller de près les taux sanguins de l'urée, de la créatinine et des électrolytes, ainsi que la clairance de la créatinine. Afin de prévenir les effets secondaires, il est souvent indiqué de procurer un apport liquidien suffisant, d'assurer l'alcalinisation de l'urine (afin de prévenir la formation de cristaux), et d'administrer de l'allopurinol pour diminuer la production d'acide urique.

Système cardiopulmonaire Les antibiotiques cytotoxiques ont des effets toxiques cumulatifs irréversibles sur le cœur, surtout si la dose totale dépasse un certain niveau propre à chaque agent. Lorsqu'on les administre, on doit donc surveiller de près la fraction d'éjection cardiaque (volume de sang éjecté à chaque battement du cœur) et les signes d'insuffisance cardiaque. La bléomycine, la carmustine et le busulfan ont des effets toxiques cumulatifs sur la fonction pulmonaire. La prise prolongée de ces antinéoplasiques entraîne un risque de fibrose pulmonaire à long terme. Il faut donc observer de près les fonctions pulmonaires de la personne, notamment les résultats des explorations fonctionnelles respiratoires. La dose totale de bléomycine ne devrait pas dépasser 400 unités.

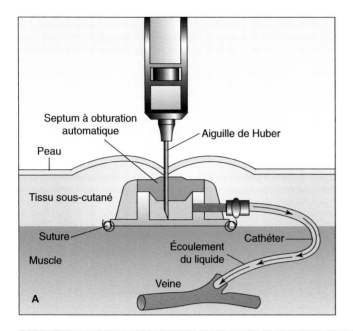

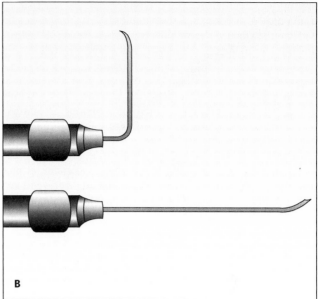

FIGURE **16-4** ■ Cathéter à chambre implantable. **(A)** Schéma de la chambre implantable utilisée pour l'administration de médicaments, de liquides, de sang ou de produits sanguins et de solutions d'alimentation parentérale. Le septum à obturation automatique peut être ponctionné de façon répétée sans risque de lésion ou de fuite. **(B)** Deux types d'aiguilles de Huber utilisées pour la ponction de chambres implantables. L'aiguille coudée à 90° est utilisée avec les dispositifs de ponction sur le sommet et permet des perfusions en continu.

Appareil reproducteur Les antinéoplasiques peuvent perturber le fonctionnement des testicules et des ovaires et entraîner la stérilité. On a observé chez la femme des cas d'ovulation anormale, de ménopause précoce et de stérilité permanente. Certains hommes présentent une azoospermie (absence de spermatozoïdes) temporaire ou permanente. Si des cellules reproductrices sont altérées en cours de traitement, il peut en résulter des anomalies chromosomiques chez les descendants. En raison de ces risques de stérilité et de mutations des spermatozoïdes, on recommande aux hommes de faire congeler leur sperme avant le début du traitement.

Les personnes et leur conjoint doivent être informés des effets possibles de la chimiothérapie sur les fonctions reproductrices. On leur conseillera d'utiliser une méthode fiable de contraception tout au long du traitement et de ne pas tenir pour acquis que le traitement les a rendus stériles.

Système nerveux L'administration répétée de taxanes ou d'alcaloïdes de la pervenche, en particulier de vincristine, peut provoquer des lésions neurologiques se manifestant notamment par des neuropathies périphériques, l'abolition des réflexes ostéotendineux et un iléus paralytique. Ces effets secondaires sont habituellement réversibles et disparaissent après la fin du traitement. La prise de cisplatine est aussi associée à des neuropathies périphériques et, chez certaines personnes, à des lésions du nerf vestibulocochléaire avec perte auditive.

État général La majorité des personnes qui reçoivent des traitements adjuvants tels que la chimiothérapie ressentent un état de fatigue pénible qui nuit beaucoup à leur qualité de vie.

Cette fatigue débilitante peut persister plusieurs mois après la fin du traitement.

Soins et traitements infirmiers en chimiothérapie

L'infirmière joue un rôle important dans l'évaluation et le traitement des divers troubles qu'éprouve la personne sous chimiothérapie. En effet, les antinéoplasiques agissent sur les cellules normales comme sur les cellules malignes, si bien qu'ils ont souvent des effets indésirables sur bon nombre d'organes et de fonctions du corps.

Surveiller l'équilibre hydroélectrolytique

L'anorexie, les nausées, les vomissements, l'altération du goût et la diarrhée exposent la personne à des déséquilibres hydroélectrolytiques et nutritionnels. Lorsque la muqueuse gastro-intestinale est atteinte, la cavité buccale et le tube digestif peuvent être irrités au point de compromettre l'alimentation et d'aggraver l'état de la personne. Il est donc important de suivre de près son état nutritionnel et son équilibre hydroélectrolytique. L'infirmière doit s'efforcer de trouver de nouvelles façons de l'encourager à manger et à boire en quantité suffisante.

Prévenir les risques d'infection et de saignement

L'aplasie médullaire et l'**immunodépression** sont des effets prévisibles de la chimiothérapie et elles servent souvent de balises pour déterminer les doses d'antinéoplasiques appropriées. Toutefois, ces effets augmentent les risques d'anémie, d'infection et de troubles de coagulation. La collecte des données permet de trouver les facteurs susceptibles d'accroître ces risques et les soins et traitements infirmiers contribuent à éliminer ces facteurs. Pour prévenir les infections et les lésions, on doit respecter les règles de l'asepsie et éviter les manipulations brusques. Les résultats des examens paracliniques, l'hémogramme en particulier, doivent être suivis de près. L'infirmière informe le médecin sans délai en cas de modification indésirable des résultats sanguins ou d'apparition de signes d'infection ou de saignement. D'autre part, elle enseigne à la personne et aux membres de sa famille les mesures permettant de prévenir ces complications à la maison (Plan thérapeutique infirmier ■, p. 426).

Administrer la chimiothérapie

Les effets locaux des agents antinéoplasiques ne doivent pas être négligés. Durant l'administration de ces agents, on doit observer de près la personne en raison du risque d'extravasation et de ses conséquences (surtout dans le cas des agents vésicants, qui peuvent provoquer une nécrose des tissus sous-cutanés). En cas de complication locale ou de difficulté lors de l'administration des antinéoplasiques, il faut prévenir sans tarder le médecin pour qu'il puisse prendre immédiatement des mesures qui limiteront l'étendue des lésions. La perfusion d'agents antinéoplasiques doit être interrompue immédiatement.

Prendre les mesures de sécurité appropriées

Les infirmières qui manipulent les antinéoplasiques peuvent être exposées à de faibles doses de ces médicaments par contact direct, inhalation ou ingestion. L'analyse des urines de personnes soignantes souvent exposées à des agents cytotoxiques révèle une activité mutagène. Les agents mutagènes ne sont pas forcément carcinogènes, mais ils peuvent modifier de façon permanente le matériel génétique et donc affecter l'hérédité.

Même s'il n'existe pas d'études sur les effets à long terme des antinéoplasiques sur les personnes qui les administrent, on sait que ces agents sont associés à l'apparition de cancers et d'anomalies chromosomiques. On observe aussi des nausées, des vomissements, des étourdissements, l'alopécie et des ulcérations de la muqueuse nasale chez certaines personnes soignantes qui manipulent ces substances.

En raison des risques associés à l'administration des antinéoplasiques, l'Association canadienne des infirmières en oncologie, les sociétés canadiennes en oncologie, les centres hospitaliers et les autres établissements où on donne ce genre de soins recommandent aux personnes qui préparent et administrent ces médicaments de prendre des précautions particulières (encadré 16-6 ■).

GREFFE DE MOELLE OSSEUSE

Même si la chirurgie, la radiothérapie et la chimiothérapie permettent d'améliorer le taux de survie des personnes atteintes de cancer, il arrive souvent, après une bonne réponse au traitement initial, que la maladie récidive. C'est notamment

le cas pour certains cancers hématologiques qui affectent la moelle osseuse et certaines tumeurs solides pour lesquelles on doit limiter les doses d'antinéoplasiques et de radiothérapie afin d'épargner la fonction hématopoïétique.

La greffe de moelle osseuse occupe une place de plus en plus importante dans le traitement d'affections cancéreuses et non cancéreuses. Selon la source du greffon, on distingue trois types de greffe de moelle osseuse:

1. *Allogreffe* Les cellules proviennent d'un donneur, qui peut être un proche parent (famille immédiate) ou une personne compatible (trouvée, par exemple, par l'intermédiaire du registre de la Société canadienne du sang, Québec Transplant ou d'entreprises comme Cord Blood Registry).

2. *Autogreffe* Les cellules proviennent de la personne elle-même.

3. *Greffe syngénique* Les cellules proviennent d'un vrai jumeau.

Les méthodes de prélèvement des cellules des donneurs ont évolué avec le temps. La méthode traditionnelle consiste à récolter en milieu chirurgical de grandes quantités de moelle osseuse chez le donneur placé sous anesthésie générale. La greffe de cellules souches du sang périphérique est une nouvelle méthode, de plus en plus utilisée, consistant à extraire par aphérèse des cellules souches du sang du donneur; on estime que ce procédé est plus sûr et plus économique que la méthode traditionnelle de prélèvement de moelle osseuse.

L'allogreffe, principalement utilisée dans les cas d'atteinte de la moelle osseuse, n'est possible que si on trouve un donneur ayant des antigènes leucocytaires identiques à ceux de l'hôte, ce qui limite grandement le nombre de greffes. Un des avantages de l'allogreffe est que les cellules greffées ne sont normalement pas immunotolérantes pour les cellules cancéreuses ; l'effet « greffon contre cancer » est donc létal pour ces dernières. Avant de procéder à la greffe, on doit administrer à l'hôte des doses ablatives d'antinéoplasiques et parfois une irradiation totale, afin de détruire sa moelle osseuse et d'éliminer toutes les cellules malignes. La moelle osseuse du donneur est ensuite injectée par voie intraveineuse, puis elle migre vers différentes régions du corps où elle s'établit et commence à proliférer. Lorsque cette colonisation de l'hôte par la nouvelle moelle a lieu, on parle de prise de greffe. Une fois la prise de greffe terminée (au bout de 2 à 4 semaines, parfois plus), la nouvelle moelle osseuse entre en action et commence à produire globules rouges, globules blancs et plaquettes.

Dans l'intervalle, la personne est exposée à un risque élevé d'infection, de septicémie et d'hémorragie. Les doses ablatives d'antinéoplasiques et l'irradiation totale peuvent avoir des effets indésirables aigus et entraîner des séquelles durables. Les effets aigus les plus courants sont l'alopécie, la cystite hémorragique, les nausées, les vomissements, la diarrhée et la stomatite grave. Les effets à long terme peuvent notamment être la stérilité, un dysfonctionnement pulmonaire ou cardiaque et des troubles hépatiques. Afin de prévenir une réaction du greffon contre l'hôte, on administre des immunosuppresseurs tels que la cyclosporine, le tacrolimus (FK-506) ou l'azathioprine (Imuran) à la personne qui reçoit la greffe. Chez les hôtes d'une allogreffe, la réaction du greffon contre l'hôte signifie que les lymphocytes T produits par la moelle osseuse greffée sont activés et amorcent une attaque immunitaire contre certains tissus ou organes (par exemple peau, tube digestif, foie). Cela est dû au fait que les lymphocytes T reconnaissent le caractère étranger (« non-soi ») de ces tissus, qui diffèrent du point de vue immunologique des tissus de l'hôte reconnus comme « soi ». La réaction du greffon contre l'hôte peut être aiguë ou chronique. Pour la personne, tout se joue dans les 100 jours environ suivant l'allogreffe, le temps de permettre aux fonctions immunitaires et hématopoïétiques (production de cellules sanguines) de se rétablir suffisamment pour être en mesure de combattre les infections et les hémorragies. La plupart des réactions indésirables aiguës, telles que les nausées, les vomissements et l'inflammation des muqueuses, disparaissent aussi au bout d'une centaine de jours. Durant cette période, les hôtes sont cependant exposés au risque d'apparition d'une maladie vénoocclusive du foie et d'atteinte vasculaire résultant de la chimiothérapie à hautes doses. La maladie vénoocclusive du foie peut causer une insuffisance hépatique parfois mortelle.

L'autogreffe de moelle osseuse est indiquée lorsque la moelle osseuse est atteinte et qu'on ne trouve pas de donneur compatible, ainsi que chez les personnes dont la moelle osseuse est saine mais à qui on doit faire subir une chimiothérapie myéloablative visant à traiter une tumeur agressive. Les cellules souches de la personne sont prélevées et conservées en vue de leur transfusion. Au besoin, on les soumet à un traitement antinéoplasique pour éliminer les cellules malignes qui pourraient s'y trouver. On administre ensuite la chimiothérapie myéloablative, et dans certains cas une irradiation

totale, afin d'éradiquer toute tumeur résiduelle. Enfin, les cellules sont transfusées. Tant que la prise de greffe n'a pas lieu dans divers sites de formation de moelle osseuse, la personne court un risque important d'infection, de septicémie et d'hémorragie. Les effets toxiques aigus et chroniques de la chimiothérapie et de la radiothérapie sont parfois graves. Il existe aussi un risque de maladie vénoocclusive du foie à la suite d'une autogreffe. Le traitement aux immunosuppresseurs n'est pas nécessaire puisque l'organisme ne reçoit pas de tissu étranger. Le désavantage de l'autogreffe est qu'il peut subsister des cellules malignes viables dans la moelle osseuse, même après le régime de myéloablation (chimiothérapie à hautes doses).

La greffe syngénique de moelle osseuse est beaucoup moins répandue puisqu'elle se pratique seulement entre vrais jumeaux. Le greffon étant constitué d'un tissu identique au tissu hôte, les greffes syngéniques causent peu de complications et n'entraînent pas de rejet. Les techniques utilisées pour le prélèvement et l'administration du greffon sont les mêmes que pour l'allogreffe de moelle osseuse.

Soins et traitements infirmiers aux personnes soignées par greffe de moelle osseuse

Une grande compétence est nécessaire pour donner aux personnes qui reçoivent une greffe de moelle osseuse les soins complexes dont ils ont besoin. Ce domaine de pratique peut être à la fois très satisfaisant et très stressant et comporte de nombreux dilemmes éthiques en contexte de pénurie (Commission de l'éthique de la science et de la technologie, 2004). Le travail effectué à chaque étape du processus par les infirmières compte pour beaucoup dans le succès de la greffe.

Exécuter les soins en phase de prétransplantation

Les candidats à une greffe osseuse doivent se soumettre à un bilan de prétransplantation complet qui permet d'évaluer le stade clinique de leur cancer. Les personnes font l'objet d'un examen physique poussé. Leur état nutritionnel et psychologique est soigneusement évalué, et diverses épreuves fonctionnelles sont réalisées. Les examens hématologiques comprennent des épreuves de détection d'antigènes spécifiques de plusieurs organismes pathogènes, tels que les virus des hépatites, le cytomégalovirus, le virus de l'herpès humain, le VIH ou le tréponème pâle (agent de la syphilis). Il faut aussi évaluer le réseau de soutien de la personne, ses ressources financières et le risque couvert par ses assurances. Il est essentiel de bien la renseigner sur le déroulement de la greffe et sur les soins qu'elle recevra avant et après l'intervention, et ce, en vue d'obtenir son consentement éclairé.

Exécuter les soins durant le traitement

Durant la phase de chimiothérapie à hautes doses (régime de myéloablation) et d'irradiation totale, la personne a besoin de soins et traitements infirmiers professionnels. Les effets toxiques aigus de la diarrhée, de l'inflammation des muqueuses et de la cystite hémorragique, qui peuvent survenir durant le traitement, doivent être surveillés de près par l'infirmière et faire l'objet d'une attention constante.

PLAN THÉRAPEUTIQUE INFIRMIER

Personne atteinte de cancer

INTERVENTIONS INFIRMIÈRES	JUSTIFICATIONS SCIENTIFIQUES	RÉSULTATS ESCOMPTÉS
Diagnostic infirmier: risque d'infection, relié à une altération de la réponse immunitaire **Objectif:** prévenir l'infection		
1. Observer la personne pour déceler des signes d'infection: a) Prendre les signes vitaux toutes les 4 heures. b) Vérifier quotidiennement la numération des leucocytes et la formule leucocytaire. c) Examiner toutes les portes d'entrée possibles d'agents pathogènes (point de ponction veineuse, plaies, plis cutanés, protubérances osseuses, périnée et cavité buccale).	1. Le dépistage et le traitement rapide des infections, dont les signes et symptômes sont parfois plus discrets chez les personnes immunodéprimées, permet de réduire la morbidité et la mortalité dues aux infections.	■ La personne n'a pas de fièvre, et ses signes vitaux sont normaux. ■ Elle ne présente pas de signes d'inflammation (œdème localisé, érythème, douleur ou chaleur cutanée). ■ Le murmure vésiculaire est normal à l'auscultation. ■ La personne respire profondément et tousse toutes les 2 heures, ce qui prévient les troubles respiratoires et les infections. ■ Ses cultures sont négatives. ■ Elle évite le contact avec des personnes atteintes d'une infection. ■ Elle évite les foules. ■ Les membres de l'équipe soignante et les visiteurs se lavent les mains après chaque miction et défécation. ■ La peau de la personne ne présente ni excoriations ni lésions. ■ Les manipulations risquant d'endommager les muqueuses sont évitées (prise de la température rectale ou autre manipulation dans la région périanale, utilisation de suppositoires ou de tampons vaginaux). ■ Si elle participe à l'entretien de son cathéter ou de sa sonde, la personne utilise la technique que l'infirmière lui a enseignée. ■ Elle utilise un rasoir électrique. ■ Elle ne présente ni plaie ou ulcère de pression ni stase de sécrétions pulmonaires. ■ Elle respecte les restrictions alimentaires et environnementales. ■ Elle ne présente pas de signes de septicémie ou de choc septique. ■ Sa tension artérielle, son débit cardiaque et ses autres signes vitaux sont normaux. ■ La personne (ou un membre de sa famille) sait comment prendre (ou administrer) les facteurs de croissance hématopoïétique après que l'infirmière lui a donné un enseignement individualisé.
2. Prévenir le médecin si la température s'élève à 38,3 °C ou plus et si la personne présente des frissons, une diaphorèse, une tuméfaction et une chaleur de la peau, une douleur, de l'érythème ou un suintement. L'informer aussi de tout changement observé: état respiratoire, niveau de conscience, fréquence des mictions, sensation de brûlure à la miction, malaises, myalgies, arthralgies, éruptions cutanées ou diarrhée.	2. La détection précoce de l'infection permet d'intervenir rapidement.	
3. Prélever des échantillons (écoulement de plaie, expectorations, urines, selles, sang) pour mise en culture et antibiogramme avant d'entreprendre une antibiothérapie.	3. Les cultures permettent d'identifier les microorganismes et de déterminer les antibiotiques les plus appropriés. L'administration d'un antibiotique non approprié favorise la prolifération de nouvelles bactéries et de bactéries résistantes à cet antibiotique.	
4. Enseigner à la personne et à ses proches les techniques d'asepsie appropriées.	4. Les techniques d'asepsie réduisent le risque de transmission.	
5. Mettre en œuvre des mesures de prévention des infections: a) Avoir un entretien avec la personne et les membres de sa famille sur: ■ la possibilité de placer la personne dans une chambre individuelle si la numération des leucocytes est inférieure à 1,0 x 10^9/L. ■ les précautions à prendre pour éviter tout contact avec des personnes atteintes d'une infection ou qui ont eu récemment une infection ou un vaccin.	5. L'exposition aux germes pathogènes est réduite. a) Une moindre exposition aux germes pathogènes aide à prévenir l'infection.	
b) Recommander aux membres du personnel et aux visiteurs de se laver soigneusement les mains avant d'entrer dans la chambre et après l'avoir quittée.	b) Les mains sont une importante voie de contamination.	
c) Éviter ce qui pourrait provoquer des lésions rectales ou vaginales (prise de la température rectale, toucher rectal, utilisation de suppositoires ou de tampons vaginaux).	c) L'incidence des abcès rectaux et périanaux qui évoluent vers une septicémie est élevée. La muqueuse rectale ou périanale peut être endommagée par certaines manipulations, ce qui risque d'ouvrir une porte à l'infection.	
d) Administrer un laxatif émollient pour prévenir la constipation et les efforts de défécation.	d) Le risque de lésion des tissus est réduit.	
e) Aider la personne à pratiquer une hygiène personnelle rigoureuse.	e) L'irritation de la peau est prévenue.	
f) Recommander à la personne d'utiliser un rasoir électrique.	f) Le risque de coupure est réduit.	
g) Encourager la personne à marcher dans sa chambre, sauf contre-indication.	g) La stase des sécrétions pulmonaires et les plaies de pression sont évitées.	
h) Déconseiller la consommation de fruits, légumes, viande ou poisson crus si la	h) Même bien lavés, les fruits et les légumes crus abritent des bactéries. Les fleurs et	

INTERVENTIONS INFIRMIÈRES	JUSTIFICATIONS SCIENTIFIQUES	RÉSULTATS ESCOMPTÉS
numération des leucocytes est inférieure à 1,0 x 10^9/L. Retirer de la pièce les fleurs coupées et les plantes.	les plantes sont aussi les hôtes de micro-organismes.	
i) Changer tous les jours l'eau potable, la solution ayant servi au nettoyage du dentier et l'eau contenue dans les appareils d'inhalothérapie.	i) L'eau stagnante est une source de contamination.	
6. Observer tous les jours les points de perfusion veineuse pour déceler des signes d'infection:	6. La septicémie staphylococcique nosocomiale est étroitement associée à l'utilisation de cathéters intraveineux.	
a) Changer de point de perfusion tous les 2 jours.	a) Les risques d'infection augmentent lorsqu'un cathéter reste en place plus de 72 heures.	
b) Nettoyer la peau avec de la povidone-iode avant d'effectuer une ponction artérielle ou veineuse.	b) La povidone-iode détruit efficacement un grand nombre de germes pathogènes à Gram positif et à Gram négatif.	
c) Changer le pansement du cathéter veineux central toutes les 48 heures.	c) Cela permet d'examiner le site de ponction et d'éliminer une source possible de contamination.	
d) Changer les solutés et les dispositifs de perfusion toutes les 48 heures.	d) Les microorganismes qui pénètrent dans la tubulure y prolifèrent rapidement même si on remplace le sac de solution et que le débit d'administration est rapide.	
7. Éviter les injections intramusculaires.	7. Les risques d'abcès cutané sont diminués.	
8. Éviter si possible l'emploi d'une sonde vésicale; si l'insertion d'une sonde est nécessaire, respecter une technique aseptique rigoureuse.	8. L'installation d'une sonde vésicale augmente *considérablement* le risque d'infection.	
9. Enseigner à la personne ou à un membre de sa famille le mode d'administration des facteurs de croissance hématopoïétique (G-CSF) prescrits, le cas échéant.	9. Les facteurs de croissance hématopoïétique permettent de limiter la durée de la neutropénie, et ainsi de réduire le risque d'infection.	

Diagnostic infirmier: atteinte à l'intégrité de la peau, reliée aux effets de la radiothérapie: érythème et desquamation avec suintement
Objectif: maintenir l'intégrité de la peau

INTERVENTIONS INFIRMIÈRES	JUSTIFICATIONS SCIENTIFIQUES	RÉSULTATS ESCOMPTÉS
Donner un enseignement sur les points suivants: 1. Pour les zones érythémateuses: a) Éviter d'utiliser savons, produits cosmétiques, parfums, poudres, lotions, onguents et désodorisants. b) Laver la région à l'eau tiède seulement. c) Éviter de frotter ou de gratter la région. d) Éviter de raser la région avec un rasoir à lames. e) Éviter d'appliquer bouillotte, coussin chauffant, glace ou pansements adhésifs. f) Éviter d'exposer la région irradiée au soleil ou au froid. g) Éviter de porter des vêtements serrés. Privilégier les vêtements en coton. h) Appliquer un onguent contenant des vitamines A et D sur la région. 2. Pour les zones de desquamation avec suintement: a) Ne pas crever les phlyctènes. b) Aviser le médecin s'il y a apparition de phlyctènes. c) Éviter de laver fréquemment la région. d) N'utiliser que les crèmes ou les onguents *prescrits*. e) En cas de suintement, appliquer une mince couche de gaze.	1. Le but des soins est de limiter l'irritation, le dessèchement et l'aggravation de l'état de la peau. g) Le coton laisse circuler l'air. h) Ces onguents favorisent la cicatrisation. 2. Parce que les lésions suintantes sont une porte d'entrée pour les infections bactériennes, des mesures de précaution s'imposent. d) Ces produits contribuent à diminuer l'irritation et l'inflammation locales. e) Ce pansement favorise l'assèchement.	■ La personne n'applique ni savon, ni poudre, ni autres produits cosmétiques sur la peau de la région exposée à la radiothérapie. ■ Elle peut nommer les raisons d'être des précautions et des soins particuliers qui lui sont recommandés pour sa peau. ■ L'altération de la peau est peu marquée. ■ La personne n'irrite pas la région cutanée affectée (elle n'emploie pas un rasoir à lames, ne porte pas de vêtements trop serrés ou irritant la peau, n'expose pas la région à des températures extrêmes et n'y applique pas de pansements adhésifs). ■ Elle signale sans délai tout changement de l'état de sa peau. ■ Elle soigne adéquatement les phlyctènes ou les plaies ouvertes. ■ Les phlyctènes ou plaies ouvertes sont maintenues stériles.

Diagnostic infirmier: atteinte à l'intégrité de la muqueuse buccale, reliée aux effets secondaires du traitement: stomatite
Objectif: maintenir l'intégrité de la muqueuse buccale

INTERVENTIONS INFIRMIÈRES	JUSTIFICATIONS SCIENTIFIQUES	RÉSULTATS ESCOMPTÉS
1. Examiner quotidiennement la cavité buccale.	1. Cet examen permet de suivre l'évolution de la muqueuse buccale.	■ La personne sait pourquoi il faut procéder à de fréquents examens de

Personne atteinte de cancer (*suite*)

INTERVENTIONS INFIRMIÈRES	JUSTIFICATIONS SCIENTIFIQUES	RÉSULTATS ESCOMPTÉS
2. Recommander à la personne d'aviser l'infirmière ou le médecin en cas de sensations de brûlure ou de douleur, d'apparition de rougeurs dans la bouche ou de lésions ouvertes sur les lèvres, de déglutition douloureuse ou de mauvaise tolérance des aliments chauds ou froids. 3. Encourager l'hygiène buccale et aider la personne à la pratiquer. **Prévention** a) Éviter d'utiliser les rince-bouche vendus dans le commerce. b) Recommander l'emploi d'une brosse à dents à soies souples et d'un dentifrice sans abrasifs pour brosser les dents après les repas et au coucher; la soie dentaire peut être utilisée une fois par jour sauf s'il y a douleur ou si la numération plaquettaire descend à moins de 40×10^9/L. **Stomatite légère** (érythème généralisé, ulcérations localisées, petites plaques blanches de *Candida*) c) Recommander le rinçage de la bouche à l'aide d'une solution physiologique toutes les 2 heures durant la journée et toutes les 6 heures durant la nuit. d) Recommander l'utilisation d'une brosse à dents à soie souple ou d'une éponge dentaire. e) Retirer le dentier en dehors des repas; s'assurer qu'il est bien ajusté. f) Appliquer un lubrifiant sur les lèvres de la personne. g) Déconseiller les aliments épicés, difficiles à mâcher ou qui sont très chauds ou très froids. **Stomatite grave** (ulcérations confluentes avec saignement et plaques blanches recouvrant plus de 25 % de la muqueuse buccale) h) Prélever des échantillons de tissu des régions atteintes pour culture et antibiogramme. i) Vérifier les fonctions de mastication et de déglutition de la personne et son réflexe nauséeux. j) Procéder aux rinçages de la bouche selon l'ordonnance du médecin ou placer la personne sur le côté pour irriguer sa bouche; garder un appareil d'aspiration à portée de la main. Le rince-bouche peut se composer d'une solution physiologique contenant un antifongique (par exemple Mycostatin) et un anesthésique local (voir ci-dessous). k) Retirer le dentier. l) Nettoyer la bouche avec une éponge Toothette© ou une gaze imbibée de solution physiologique. m) Lubrifier les lèvres de la personne. n) Offrir à la personne un régime de consistance molle. o) Déceler les signes de déshydratation.	2. Le dépistage précoce de la stomatite permet d'intervenir rapidement, par exemple en modifiant le traitement prescrit s'il y a lieu. a) Ces rince-bouche à forte teneur en alcool dessèchent la muqueuse buccale, ce qui augmente le risque de lésions. b) Permet d'éviter les traumas et d'éliminer les débris. c) Rincer la bouche contribue à éliminer les débris, les sécrétions épaisses et les bactéries. d) Réduit au minimum les traumas. e) Évite le frottement et la douleur. f) Favorise le bien-être de la personne. g) Évite les traumas. h) Permet de déterminer si une antibiothérapie est nécessaire. i) Prévient l'aspiration d'un corps étranger. j) Favorise le bien-être de la personne. k) Évite les traumas que pourrait causer un dentier mal ajusté. l) Évite les traumas et favorise le bien-être de la personne. m) Favorise le bien-être de la personne. n) Assure un apport suffisant d'aliments faciles à digérer. o) La consommation réduite d'aliments et de liquides et la présence d'ulcérations risquent d'entraîner un déficit hydrique.	la bouche et maintenir une bonne hygiène buccale. ■ Elle sait reconnaître les signes et symptômes de stomatite qu'elle doit signaler à l'infirmière ou au médecin. ■ La personne adopte les pratiques d'hygiène buccale recommandées. ■ Elle n'utilise pas de rince-bouche à base d'alcool. ■ Elle utilise une brosse à dents à soies souples. ■ Elle applique un lubrifiant pour que ses lèvres restent souples et pour éviter l'irritation. ■ Elle évite les aliments trop chauds, épicés ou difficiles à mâcher. ■ La muqueuse buccale est propre et intacte. ■ La muqueuse buccale ne présente ni ulcération ni signes d'infection. ■ Il n'y a pas de saignement visible. ■ La personne dit que les douleurs ont diminué ou disparu. ■ Elle ne se plaint pas d'une difficulté à avaler. ■ La guérison (réépithélialisation) de la muqueuse buccale survient au bout de 5 à 7 jours (stomatite légère) ou de 10 à 14 jours (stomatite grave). ■ La muqueuse buccale ne présente ni saignement ni ulcération. ■ La personne consomme suffisamment de liquides et d'aliments. ■ Elle ne présente pas de signes de déshydratation et maintient son poids.

INTERVENTIONS INFIRMIÈRES	JUSTIFICATIONS SCIENTIFIQUES	RÉSULTATS ESCOMPTÉS
4. Rechercher le bien-être de la personne. a) Demander au médecin s'il autorise l'emploi d'anesthésiques topiques comme la diphenhydramine ou la lidocaïne en solution visqueuse. b) Administrer les analgésiques selon l'ordonnance du médecin. c) Prodiguer les soins buccaux décrits plus haut.	a) Soulager la douleur favorise le bien-être de la personne, tout en lui permettant de participer à son hygiène buccale et à une alimentation orale adéquate. c) Favorise le bien-être de la personne, l'élimination des débris et la cicatrisation.	

Diagnostic infirmier: atteinte à l'intégrité des tissus, reliée aux effets secondaires du traitement: alopécie
Objectif: maintenir l'intégrité des tissus; accepter et prévenir la chute des cheveux

INTERVENTIONS INFIRMIÈRES	JUSTIFICATIONS SCIENTIFIQUES	RÉSULTATS ESCOMPTÉS
1. Expliquer à la personne et aux membres de sa famille que les cheveux risquent de tomber mais qu'ils repousseront ensuite. 2. Expliquer à la personne les conséquences possibles de la chute des cheveux sur l'image de soi, sur les relations interpersonnelles et sur la sexualité. 3. Prévenir ou réduire au minimum l'alopécie en prenant ou en recommandant les mesures suivantes: a) Recourir à l'hypothermie du cuir chevelu ou installer un garrot autour de la tête, s'il y a lieu. b) Couper les cheveux longs avant le traitement. c) Utiliser des shampoings et des revitalisants doux, sécher les cheveux par tapotements légers et éviter les lavages fréquents. d) Éviter d'utiliser fer à friser, bigoudis chauffants, séchoir, barrettes, fixatifs, colorants et solutions à permanente. e) Ne pas trop peigner et brosser les cheveux; utiliser un peigne à dents espacées. 4. Prévenir les lésions du cuir chevelu. a) Lubrifier le cuir chevelu avec un onguent aux vitamines A et D pour soulager les démangeaisons. b) Recommander l'utilisation d'un écran solaire ou le port d'un chapeau à large bord en cas d'exposition au soleil. 5. Proposer des moyens qui aideront la personne à s'accommoder de la chute des cheveux: a) Acheter une perruque ou un postiche avant la chute des cheveux. b) Si elle a perdu ses cheveux, la personne peut apporter au perruquier une photo prise auparavant pour faciliter le choix d'une perruque qui lui convient. c) Commencer à porter la perruque avant la chute des cheveux. d) Communiquer avec la Société canadienne du cancer pour obtenir le prêt d'une perruque ou les coordonnées de magasins spécialisés. e) Porter un chapeau, une écharpe ou un turban. 6. Inciter la personne à porter ses vêtements habituels et à entretenir des contacts sociaux. 7. Expliquer que les cheveux repoussent en général après la fin du traitement.	1. Permet à la personne et aux membres de sa famille de se préparer à la chute des cheveux. 2. Aide la personne à faire face à l'alopécie. 3. Ces mesures permettent de retarder la chute des cheveux. a) Diminue l'absorption de l'agent antinéoplasique par les follicules pileux (mesure exclue pour les personnes atteintes de leucémie ou de lymphome en raison de la présence possible de cellules tumorales dans les vaisseaux sanguins ou les tissus du cuir chevelu). b) à e) Réduit la chute des cheveux. 4. Préserve l'intégrité des tissus. a) Favorise l'intégrité de la peau. b) Réduit l'exposition aux rayons ultraviolets. 5. Permet d'atténuer le changement d'apparence. a) Facilite le choix d'une perruque dont la couleur et la texture se rapprochent des cheveux naturels. b) Facilite le choix d'une perruque appropriée. e) Dissimule l'alopécie. 6. Préserve l'identité personnelle. 7. Le caractère habituellement temporaire de l'alopécie rassure la personne.	■ La personne sait que l'alopécie est un effet secondaire possible du traitement. ■ Elle connaît les émotions positives et négatives que peut susciter la chute des cheveux, ainsi que l'effet de la chute de cheveux sur l'image de soi. ■ Elle s'exprime sur ce que signifierait pour elle la perte des cheveux. ■ Elle connaît les raisons motivant l'adoption de nouvelles habitudes de soins capillaires. ■ Elle utilise des shampoings et des revitalisants doux, au besoin seulement. ■ Elle n'utilise ni séchoir, ni fer à friser, ni fixatifs, ni traitements, ni produits qui peuvent porter atteinte aux cheveux et au cuir chevelu. ■ Elle porte un chapeau ou une écharpe en cas d'exposition au soleil. ■ Elle s'accommode de la chute des cheveux avant qu'ils ne tombent; elle achète une perruque ou un postiche. ■ Elle se soucie de son hygiène et de son apparence. ■ Elle entretient des contacts sociaux. ■ Elle sait que la perte des cheveux et le port d'une perruque sont temporaires.

Personne atteinte de cancer (*suite*)

INTERVENTIONS INFIRMIÈRES	JUSTIFICATIONS SCIENTIFIQUES	RÉSULTATS ESCOMPTÉS
Diagnostic infirmier: alimentation déficiente, reliée aux effets secondaires du traitement: nausées et vomissements **Objectif:** réduire la fréquence des nausées et vomissements avant, pendant et après l'administration des antinéoplasiques		
1. S'informer des antécédents de nausées et de vomissements de la personne, de leurs causes et de leurs remèdes, ainsi que des symptômes qu'elle s'attend à éprouver cette fois. 2. Modifier l'alimentation avant et après l'administration des antinéoplasiques, en fonction des préférences et de la tolérance de la personne. 3. Éviter les images, les odeurs et les bruits désagréables pendant les repas. 4. Utiliser des techniques de diversion, de relaxation, de musicothérapie, de rétroaction biologique et d'autohypnose avant, pendant et après la chimiothérapie. 5. Administrer des antiémétiques, des sédatifs et des corticostéroïdes selon l'ordonnance du médecin, avant la chimiothérapie et après au besoin. 6. S'assurer que l'apport liquidien est suffisant avant, pendant et après le traitement; effectuer le bilan des ingesta et des excreta. 7. Insister sur l'importance de l'hygiène buccale. 8. Soulager au besoin les douleurs de la personne. 9. Relever les causes possibles de nausées et de vomissements: constipation, irritation du tube digestif, déséquilibre électrolytique, radiothérapie, autres médicaments administrés ou métastases au système nerveux central.	1. Permet de cerner les préoccupations et les conceptions erronées de la personne et de prévoir des stratégies d'intervention. Donne à la personne un sentiment d'autonomisation (*empowerment)* et de contrôle. 2. Les réactions aux aliments après la chimiothérapie varient selon les personnes. Un régime à base d'aliments causant moins de nausées ou de vomissements sera beaucoup mieux accepté. 3. Les sensations désagréables peuvent stimuler le centre de la nausée et du vomissement. 4. Réduit l'anxiété, les nausées et les vomissements, ainsi que l'effet de conditionnement. 5. Administrer des antiémétiques avant l'apparition des nausées permet de limiter et de mieux contrôler les événements indésirables. Les traitements par association médicamenteuse agissent sur divers mécanismes de déclenchement des nausées et vomissements. 6. Une meilleure dilution des médicaments se traduit par une stimulation moindre des récepteurs du centre du vomissement. 7. Réduit la sensation de mauvais goût dans la bouche. 8. La personne tolère plus facilement nausées et vomissements lorsqu'elle se sent mieux. 9. De nombreux facteurs peuvent causer les nausées et les vomissements.	■ La personne détermine les facteurs qui risquent de déclencher ses réactions de nausées et de vomissement. ■ Elle est moins tendue et moins anxieuse. ■ Elle se rappelle les interventions qui lui ont dans le passé permis de contrôler nausées et vomissements. ■ Elle dit avoir moins de nausées. ■ Elle dit vomir moins souvent. ■ Elle consomme suffisamment de liquides et d'aliments lorsqu'elle n'a pas de nausées. ■ Elle utilise des techniques de diversion, de relaxation et de visualisation au moment opportun. ■ Sa peau et ses muqueuses sont bien hydratées. ■ Elle dit ne pas avoir perdu de poids.
Diagnostic infirmier: alimentation déficiente, reliée à l'anorexie consécutive au cancer et aux effets secondaires des traitements: cachexie, malabsorption **Objectif:** maintenir l'apport nutritionnel et maintenir le poids (perte de poids inférieure à 10 %)		
1. Enseigner à la personne à éviter les images, les odeurs et les bruits désagréables pendant les repas. 2. Recommander des aliments à haute valeur énergétique et protéinique que la personne aime et tolère bien. Respecter ses préférences alimentaires culturelles. 3. Encourager la personne à boire au moins 8 verres de liquide par jour, mais déconseiller les liquides pendant les repas. 4. Suggérer la prise de petits repas à intervalles plus rapprochés. 5. Favoriser une ambiance calme durant les repas, ainsi que la compagnie d'autres personnes, selon le désir de la personne. 6. Si le médecin le permet, servir du vin avec les repas. 7. Proposer des repas froids, selon le désir de la personne. 8. Encourager la prise de suppléments nutritionnels et d'aliments riches en protéines entre les repas. 9. Encourager la personne à effectuer des soins d'hygiène buccale fréquents.	1. Les stimuli désagréables peuvent favoriser l'anorexie due aux nausées. 2. Ces aliments assurent un apport nutritionnel approprié durant cette période d'accroissement de la demande métabolique. 3. La prise de liquides est essentielle pour éliminer les déchets et prévenir la déshydratation, mais trop boire pendant les repas peut entraîner une satiété précoce. 4. La personne tolère mieux les petits repas rapprochés parce qu'ils n'entraînent pas une satiété précoce. 5. Une ambiance calme favorise la relaxation. La compagnie d'autres personnes stimule l'appétit. 6. Le vin est une bonne source d'énergie et il stimule l'appétit. 7. Les aliments froids riches en protéines sont souvent mieux tolérés car ils dégagent moins d'odeurs que les aliments chauds. 8. Les suppléments et les collations fournissent un supplément de protéines et d'énergie permettant de satisfaire les besoins nutritionnels. 9. Une bonne hygiène buccale stimule l'appétit et augmente la production de salive.	■ La personne a perdu moins de 10 % de son poids corporel. ■ Elle dit avoir plus d'appétit et éprouver plus de plaisir à manger. ■ Sa peau est bien hydratée. ■ Elle sait pourquoi son régime alimentaire est modifié. ■ Elle compte les kilojoules qu'elle absorbe et participe à l'établissement de son bilan nutritionnel. ■ Elle pratique des techniques de relaxation et de visualisation avant les repas. ■ Les examens cliniques et paracliniques indiquent un apport nutritionnel suffisant: les taux sériques de transferrine, de protéines et de fer sont normaux, comme l'hémoglobine, l'hématocrite et le taux urinaire de créatinine. ■ La personne a un régime alimentaire riche en nutriments. ■ Elle effectue des soins d'hygiène buccale avant les repas. ■ Elle dit que la douleur ne nuit pas à son appétit. ■ Elle dit avoir moins de nausées et de vomissements.

INTERVENTIONS INFIRMIÈRES	JUSTIFICATIONS SCIENTIFIQUES	RÉSULTATS ESCOMPTÉS
10. Soulager les douleurs de la personne. 11. Contrôler les nausées et les vomissements de la personne. 12. Augmenter l'activité physique de la personne selon ses capacités. 13. Diminuer l'anxiété de la personne en l'incitant à exprimer ses craintes; recommander des techniques de relaxation et de visualisation aux heures de repas. 14. Placer la personne dans une position assise pendant et après les repas. 15. Lorsqu'un problème connexe ou une complication justifie une alimentation entérale, administrer les préparations ou solutions nutritives ou les aliments en purée prescrits. Diriger la personne vers une diététiste. 16. Administrer les produits d'alimentation parentérale avec suppléments lipidiques, selon l'ordonnance du médecin. 17. Administrer les stimulants de l'appétit selon l'ordonnance du médecin.	10. La douleur nuit à l'appétit. 11. Les nausées et les vomissements favorisent l'anorexie. 12. Une activité physique plus soutenue stimule l'appétit. 13. La personne aura probablement meilleur appétit si elle est moins anxieuse. 14. Une bonne position corporelle est essentielle pour bien mastiquer et avaler les aliments et facilite la digestion. 15. L'alimentation entérale peut être indiquée chez les personnes très affaiblies mais conservant leurs fonctions digestives. 16. Ces produits procurent l'énergie et les protéines nécessaires pour répondre aux besoins nutritionnels, en particulier lorsque les fonctions digestives sont perturbées. 17. Le mécanisme d'action de ces stimulants n'est pas bien connu, mais on a observé que certains médicaments tels que l'acétate de mégestrol (Megace) redonnent l'appétit aux personnes atteintes de cancer ou du sida.	■ Elle augmente l'intensité de son activité physique. ■ Elle connaît les raisons justifiant l'alimentation entérale ou parentérale. ■ Elle est prête à collaborer à l'alimentation entérale ou parentérale.

Diagnostic infirmier: intolérance à l'activité, reliée au cancer et aux effets secondaires du traitement: fatigue
Objectif: augmenter la tolérance à l'activité et réduire la fatigue

INTERVENTIONS INFIRMIÈRES	JUSTIFICATIONS SCIENTIFIQUES	RÉSULTATS ESCOMPTÉS
1. Prévoir plusieurs périodes de repos pendant la journée, surtout avant et après l'effort physique. 2. Accroître les heures de sommeil nocturne. Régler les problèmes pouvant être une source de stress avant d'essayer de dormir. 3. Réorganiser l'horaire de la journée de façon à réduire la dépense d'énergie. 4. Encourager la personne à demander de l'aide pour les tâches quotidiennes (ménage, garde d'enfants, courses ou cuisine). 5. Inciter la personne à diminuer ses heures de travail, dans la mesure du possible. 6. Assurer un bon apport énergétique et protéinique. 7. Inciter la personne à utiliser des techniques de relaxation et de visualisation. 8. Encourager la personne à entreprendre un programme d'exercice physique individualisé. 9. En cas de problème connexe ou de complication, administrer les produits sanguins selon l'ordonnance du médecin. 10. Déceler les signes d'un déséquilibre hydroélectrolytique. 11. Déterminer les causes des symptômes. 12. Proposer des stratégies visant à faciliter les déplacements.	1. Le repos permet de conserver l'énergie ou de faire le plein d'énergie. Plusieurs courtes périodes de repos sont parfois plus bénéfiques qu'un repos prolongé. 2. Aide à refaire le plein d'énergie. 3. Contribue à réduire les pertes d'énergie, l'incertitude et le stress. 4. La personne conserve son énergie. 5. Réduit stress physique et psychologique; donne à la personne des périodes de repos plus longues. 6. Un apport énergétique et protéinique insuffisant réduit la tolérance à l'activité. 7. La relaxation et le repos mental diminuent la fatigue physique. 8. Contribue à augmenter la force et l'endurance. 9. Un abaissement du taux d'hémoglobine et de l'hématocrite prédispose à la fatigue en raison d'une diminution de l'apport en oxygène. 10. Ces déséquilibres peuvent perturber l'influx nerveux et les fonctions motrices. 11. Les symptômes exigent des efforts d'adaptation qui demandent beaucoup d'énergie. 12. Une perte de mobilité entraîne des déplacements plus laborieux.	■ La personne se dit moins fatiguée. ■ Elle reprend graduellement ses activités. ■ Elle se repose quand elle est fatiguée. ■ Elle dit profiter d'un sommeil réparateur. ■ Elle demande de l'aide pour accomplir ses tâches quotidiennes. ■ Elle dit avoir suffisamment d'énergie pour participer aux activités qui lui tiennent à cœur (par exemple visites à la famille, loisirs). ■ L'apport énergétique et protéinique est suffisant. ■ La personne fait des exercices de relaxation et de visualisation pour maîtriser son anxiété et favoriser le repos. ■ Elle entreprend graduellement un programme d'exercice physique structuré. ■ Elle dit ne pas manquer de souffle à l'effort. ■ Les taux d'hémoglobine et l'hématocrite sont à des niveaux acceptables. ■ La personne ne présente pas de déséquilibre hydroélectrolytique. ■ Elle dit éprouver moins de malaises. ■ Elle se déplace avec plus d'aisance.

Diagnostic infirmier: bien-être altéré, relié aux facteurs liés à la maladie: douleur chronique
Objectif: soulager la douleur et les malaises

INTERVENTIONS INFIRMIÈRES	JUSTIFICATIONS SCIENTIFIQUES	RÉSULTATS ESCOMPTÉS
1. Caractériser les symptômes douloureux au moyen de l'échelle de douleur (par exemple site, caractère, fréquence et durée de la douleur).	1. Ces données serviront de référence lorsqu'on observera les variations d'intensité de la douleur et qu'on mesurera l'efficacité des interventions.	■ La personne éprouve moins de douleur et de malaises sur l'échelle de douleur.

Personne atteinte de cancer (suite)

INTERVENTIONS INFIRMIÈRES	JUSTIFICATIONS SCIENTIFIQUES	RÉSULTATS ESCOMPTÉS
2. Dire à la personne qu'on sait que sa douleur est bien réelle et qu'on s'emploie à la soulager. 3. Vérifier si d'autres facteurs déclenchent ou intensifient la douleur (par exemple peur, fatigue, colère). 4. Administrer les analgésiques régulièrement et utiliser des coanalgésiques au besoin, selon la prescription, afin de soulager la douleur le plus efficacement possible. 5. Enseigner à la personne et à ses proches les effets secondaires des analgésiques. 6. Administrer un laxatif. 7. Encourager la personne à s'hydrater. 8. Observer les réactions comportementales de la personne à la douleur et à l'expérience de la douleur. 9. Collaborer avec la personne, le médecin et les autres membres de l'équipe soignante lorsque le traitement de la douleur doit être modifié. 10. Privilégier les stratégies qui ont efficacement soulagé la personne dans le passé. 11. Enseigner à la personne de nouvelles stratégies de contrôle de la douleur: diversion, visualisation, relaxation, stimulation cutanée, etc.	2. La personne est plus anxieuse lorsqu'elle a l'impression qu'on ne reconnaît pas sa douleur, ce qui diminue encore sa tolérance à celle-ci. 3. On peut alors tenter d'intervenir sur certains de ces facteurs. 4. Les analgésiques et les coanalgésiques sont souvent plus efficaces si on les administre régulièrement, selon la prescription, dès l'apparition de la douleur. 5. Il est important de connaître les effets secondaires des analgésiques, tels que la constipation et les nausées, et de les contrôler. 8. On connaît mieux les réactions de la personne à la douleur. Le comportement de la personne ayant une douleur chronique n'est pas le même que celui d'une personne ayant une douleur aiguë. 9. La personne, le médecin et l'équipe soignante doivent s'entendre sur le nouveau mode d'administration des analgésiques; en prenant part aux décisions, la personne se sent moins impuissante. 10. Permet de tirer parti de l'efficacité de stratégies déjà connues et acceptées par la personne et ses proches. 11. La personne gagne à connaître diverses techniques et stratégies visant à atténuer sa douleur.	■ Elle dit que la douleur ne la dérange plus autant dans ses activités. ■ Elle fait observer que des émotions et des états tels que la peur, la fatigue ou la colère intensifient sa douleur et ses malaises. ■ Elle accepte de prendre les analgésiques prescrits. ■ Son langage corporel et son comportement ne dénotent plus autant de douleur aiguë (disparition des grimaces, cris ou gémissements, regain d'intérêt pour ce qui l'entoure). ■ La personne participe aux décisions touchant l'administration des analgésiques. ■ Elle connaît de nouvelles stratégies visant à contrer la douleur. ■ Elle recourt à différentes techniques visant à soulager ses douleurs. ■ Elle dit que les nouvelles techniques utilisées réduisent effectivement l'intensité de la douleur. ■ Elle est soulagée au point de pouvoir effectuer diverses activités.

Diagnostic infirmier: deuil anticipé, relié à une perte potentielle et à l'altération des rapports sociaux
Objectif: progresser de façon appropriée dans le travail de deuil et améliorer les rapports sociaux

1. Inciter la personne et sa famille à exprimer leurs peurs et leurs inquiétudes, et à poser des questions concernant la maladie, son traitement et ses conséquences pour l'avenir. 2. Inviter la personne ou ses proches à participer activement aux soins et aux décisions concernant le traitement. 3. Encourager les visites fréquentes de la famille de façon à établir ou à maintenir les liens et le contact physique. 4. Encourager la verbalisation d'émotions négatives, y compris la colère et l'hostilité, dans des limites acceptables. 5. Permettre à la personne de pleurer et d'exprimer sa tristesse par moments. 6. Demander l'assistance d'un prêtre ou d'un autre membre du clergé si la personne et les membres de sa famille le désirent. 7. Recommander à la personne ou aux membres de sa famille les services d'un psychothérapeute si le chagrin devient trop intense. 8. Permettre à la personne et à sa famille de progresser à leur rythme dans le processus de deuil. 9. Aider la famille à retrouver l'espoir.	1. Mieux connaître la maladie contribue à apaiser l'anxiété et à dissiper les idées fausses. 2. Contribue à maintenir l'autonomie de la personne et le sentiment de contrôler sa vie. 3. Les contacts fréquents favorisent un sentiment de confiance et de sécurité. La personne a moins peur et se sent moins isolée. 4. La personne peut exprimer ses émotions sans perte d'estime de soi. 5. Ces sentiments accompagnent le processus normal de séparation et de détachement. 6. L'aide spirituelle facilite le processus de deuil. 7. Facilite le processus de deuil. 8. Le travail de deuil diffère selon les individus. Certains ne vivent pas toutes les étapes du processus, et la durée des différentes étapes peut varier. On doit respecter ces différences individuelles. 9. On doit donner des informations exactes et précises à la famille et aborder sans réticences ses inquiétudes.	■ La personne et sa famille progressent dans le processus de deuil; le fait qu'ils expriment et verbalisent davantage leur chagrin le confirme. ■ Ils savent où trouver des ressources et des appuis qui les aideront à faire face au deuil. ■ Ils utilisent adéquatement les ressources et les appuis auxquels ils peuvent recourir. ■ Ils discutent ouvertement de l'avenir. ■ Ils se font mutuellement part de leurs inquiétudes et de leurs sentiments. ■ Ils expriment leur empathie mutuelle de façon non verbale.

INTERVENTIONS INFIRMIÈRES	JUSTIFICATIONS SCIENTIFIQUES	RÉSULTATS ESCOMPTÉS
Diagnostic infirmier: image corporelle perturbée **Objectif:** améliorer l'image corporelle et l'estime de soi		
1. Évaluer comment la personne perçoit son apparence et son niveau d'estime de soi. 2. Déterminer les facteurs pouvant nuire à l'estime de soi de la personne (modification de l'apparence physique, diminution de la libido, chute des cheveux, perte d'énergie, changements de rôle). Dire à la personne que ses inquiétudes sont légitimes. 3. Encourager la personne à participer aux soins et à la prise de décisions. 4. Inviter la personne à verbaliser ses inquiétudes. 5. Personnaliser les soins apportés à la personne. 6. Aider la personne à effectuer les autosoins quand la fatigue, la léthargie, les nausées et vomissements ou d'autres symptômes réduisent son autonomie. 7. Aider la personne à choisir et à utiliser des produits cosmétiques, des écharpes, des postiches et des vêtements qui l'aideront à se sentir plus séduisante. 8. Inviter la personne et son partenaire à exprimer leur inquiétude au sujet des changements qui affectent leur sexualité et les encourager à explorer de nouvelles formes d'expression sexuelle.	1. Ces données serviront de référence lorsqu'on évaluera les changements et l'efficacité des interventions. 2. Connaître ces facteurs permet à la personne d'anticiper les changements et de juger de l'importance qu'ils auront dans sa vie. 3. La personne doit sentir qu'elle peut conserver un certain pouvoir. 4. Il est important que la personne reconnaisse ses inquiétudes pour être en mesure d'y faire face. 5. La personne se sent valorisée, et non dépersonnalisée. 6. Le bien-être physique de la personne contribue à son estime de soi. 7. La personne a une meilleure image de soi. 8. La personne et son partenaire peuvent exprimer inquiétude, affection et acceptation.	▪ La personne se confie sur des points qui la préoccupent beaucoup. ▪ Elle participe pleinement à certaines activités. ▪ Elle participe à la prise de décisions comme elle le faisait auparavant, le cas échéant. ▪ Elle verbalise ses sentiments et ses réactions face aux pertes réelles ou anticipées. ▪ Elle effectue ses autosoins. ▪ Elle permet, au besoin, aux autres de l'aider pour les autosoins. ▪ Elle s'intéresse à son apparence physique et se sert à bon escient de produits cosmétiques, d'accessoires, etc. ▪ Elle participe aux discussions et prend part à des activités sociales. ▪ Elle verbalise ses inquiétudes concernant les relations sexuelles. ▪ Elle cherche de nouveaux moyens d'exprimer ses inquiétudes et son affection.
Problème traité en collaboration: complication possible: thrombopénie reliée à la diminution de la production de plaquettes **Objectif:** traiter et réduire les complications de l'insuffisance plaquettaire		
1. Évaluer les risques d'hémorragie; surveiller les résultats de l'hémogramme, des épreuves de coagulation et la numération plaquettaire. 2. Déceler les signes d'hémorragie: a) Pétéchies ou ecchymoses. b) Baisse du taux d'hémoglobine ou de l'hématocrite. c) Saignement prolongé lors d'interventions effractives, de ponctions veineuses, de coupures ou d'égratignures légères. d) Présence macroscopique ou microscopique de sang dans les urines, les excréments, les vomissements ou les expectorations. e) Écoulement de sang par un orifice corporel. f) Altération de l'état de conscience. 3. Enseigner à la personne et aux membres de sa famille les mesures de prévention du saignement: a) Utiliser une brosse à dents à soies souples ou une éponge Toothette© pour l'hygiène buccale. b) Ne pas utiliser les rince-bouche vendus dans le commerce. c) Utiliser un rasoir électrique. d) Utiliser une lime émeri pour les ongles. e) Éviter les aliments difficiles à mâcher.	1. Risque léger: de 50 à 100 x 10^9/L. ▪ Risque modéré: de 20 à 50 x 10^9/L. ▪ Risque élevé: moins de 20 x 10^9/L. 2. Une détection précoce permet d'intervenir rapidement. a) Signes de trauma aux capillaires ou à de plus gros vaisseaux. b) Signes d'hémorragie. f) Signe d'une baisse de la concentration d'oxygène dans le système nerveux. 3. La personne a un rôle à jouer dans la prévention du saignement. a) Évite les traumas à la muqueuse buccale. b) La forte teneur en alcool de ces solutions entraîne un dessèchement de la muqueuse buccale. c) Évite les coupures. d) Réduit le risque de trauma du lit unguéal. e) Évite les traumas à la muqueuse buccale.	▪ La personne connaît les signes et symptômes de saignement. ▪ Il n'y a pas de sang dans ses selles, ses urines ou ses vomissements. ▪ La personne ne présente pas de saignement des gencives ni des points d'injection ou de ponction veineuse. ▪ Elle ne présente pas d'ecchymoses (bleus). ▪ Elle et les membres de sa famille connaissent les mesures de prévention du saignement. ▪ La personne adopte les mesures recommandées pour prévenir les saignements (brosse à dents à soies souples, rasoir électrique). ▪ Ses signes vitaux sont normaux. ▪ La personne dit avoir réduit ou éliminé les risques environnementaux. ▪ Elle boit suffisamment de liquides. ▪ Elle dit ne pas souffrir de constipation. ▪ Elle ne consomme pas de substances qui agissent sur les facteurs de coagulation. ▪ Ses tissus sont intacts. ▪ Son état de conscience est normal, et elle ne présente pas de signes d'hémorragie cérébrale. ▪ Elle ne prend pas de médicaments qui agissent sur les facteurs de coagulation, tels que l'aspirine. ▪ Elle ne présente ni épistaxis ni hémorragie cérébrale.

Personne atteinte de cancer (*suite*)

INTERVENTIONS INFIRMIÈRES	JUSTIFICATIONS SCIENTIFIQUES	RÉSULTATS ESCOMPTÉS
4. Adopter des mesures visant à réduire le saignement au minimum: a) Prélever tout le sang nécessaire aux analyses quotidiennes en une seule ponction veineuse. b) Éviter de prendre la température rectale ou d'administrer des suppositoires et des lavements. c) Éviter les injections intramusculaires ou utiliser une aiguille de très petit calibre. d) Appliquer une pression directe au point d'injection ou de ponction veineuse pendant au moins 5 min. e) Enduire de vaseline les lèvres de la personne. f) Éviter le cathétérisme vésical ou utiliser la plus petite sonde possible. g) Assurer un apport liquidien d'au moins 3 L par 24 heures, sauf contre-indication. h) Administrer des laxatifs émollients ou augmenter l'apport en fibres alimentaires. i) Déconseiller la prise de médicaments agissant sur les facteurs de coagulation, comme l'aspirine. j) Recommander à la personne d'utiliser un lubrifiant à base d'eau lors des rapports sexuels. 5. Si la numération plaquettaire devient inférieure à 20 x 10^9/L: a) Conseiller le repos au lit; rembourrer les côtés de lit. b) Recommander à la personne d'éviter les efforts importants. c) Transfuser des plaquettes conformément à l'ordonnance du médecin; administrer les médicaments prescrits (par exemple chlorhydrate de diphenhydramine [Benadryl] ou succinate sodique d'hydrocortisone [Solu-Cortef]) afin de prévenir les réactions aux plaquettes. d) Surveiller les activités de la personne non alitée. e) Recommander à la personne d'éviter de se moucher vigoureusement.	4. Ces mesures visent à préserver le volume sanguin circulant. a) Réduit au minimum les traumas et les pertes sanguines. b) Évite les traumas à la muqueuse rectale. c) Prévient les risques de saignement intramusculaire. d) Réduit au minimum les pertes sanguines. e) Prévient la déshydratation de la peau. f) Prévient les traumas à l'urètre. g) Prévient la sécheresse de la peau. h) Prévient la constipation et les efforts de défécation qui peuvent endommager la muqueuse rectale. i) Réduit les risques de saignement. j) Prévient la friction pouvant entraîner des lésions tissulaires. 5. Les risques de saignement spontané augmentent quand la numération plaquettaire est inférieure à 20 x 10^9/L. a) Réduit les risques d'accident. b) Les efforts importants augmentent la pression intracrânienne et les risques d'hémorragie cérébrale. c) Une réaction allergique aux produits sanguins peut se produire (réaction antigène-anticorps) et causer une destruction des plaquettes. e) Évite les traumas à la muqueuse nasale et une élévation de la pression intracrânienne.	

Tout au long de la transfusion de moelle osseuse ou de cellules souches, l'infirmière observe les signes vitaux de la personne et la saturation du sang en oxygène. Elle surveille l'apparition d'effets indésirables (par exemple fièvre, frissons, essoufflement, douleur thoracique, réactions cutanées, nausées, vomissements, hypotension/hypertension, tachycardie, anxiété, altération du goût), tout en soutenant et en informant la personne.

Jusqu'à ce que la prise de greffe soit effective, l'aplasie médullaire expose la personne à un risque élevé de septicémie ou d'hémorragie mortelle. Durant cette période, on administre à la personne des produits sanguins et des facteurs de croissance hématopoïétique. La personne n'est pas à l'abri d'une infection d'origine bactérienne, virale, fongique ou causée par des protozoaires. La néphrotoxicité des médicaments utilisés en chimiothérapie ou pour combattre l'infection (par exemple amphotéricine B, aminosides) cause parfois des complications rénales. Les personnes sont aussi exposées à un risque de syndrome de lyse tumorale ou de néphrite interstitielle.

L'infirmière doit surveiller diligemment les signes précoces d'une réaction du greffon contre l'hôte (effets sur la peau, le foie et le tube digestif). La maladie vénoocclusive consécutive au régime de myéloablation préalable à la greffe peut notamment se manifester par une rétention hydrique, un ictère, des douleurs abdominales, de l'ascite, une augmentation du volume du foie et de sa sensibilité à la palpation, et une encéphalopathie. Durant leur convalescence, les personnes ayant reçu une greffe de moelle osseuse sont souvent sujettes à des complications pulmonaires telles que l'œdème pulmonaire, la pneumonie interstitielle ou d'autres formes de pneumonie.

Soins et traitements infirmiers en phase de post-transplantation

Durant la période d'observation qui suit la greffe de moelle osseuse, l'infirmière joue un rôle essentiel dans la détection des séquelles éventuelles du traitement. Ces effets tardifs sont observés après la période de 100 jours suivant la transplantation; ils peuvent prendre la forme d'infections, par exemple au virus de varicelle-zona, d'une bronchopneumopathie restrictive ou d'une pneumonie récurrente. La stérilité est une séquelle fréquente. Une réaction chronique du greffon contre l'hôte peut toucher la peau, le foie, l'intestin, l'œsophage, les yeux, les poumons, les articulations et la muqueuse vaginale. L'irradiation totale contribue parfois à la formation d'une cataracte.

Le personnel infirmier doit poursuivre l'évaluation psychosociale durant toute cette période. Si la personne est soumise à divers facteurs de stress à chaque phase du processus, le donneur de moelle osseuse et les membres de la famille ont aussi des besoins psychosociaux auxquels il faut répondre.

Administrer les soins aux donneurs de moelle osseuse

Chez les donneurs de moelle osseuse, il est courant de constater des sautes d'humeur, une baisse de l'estime de soi et un sentiment de culpabilité lié à l'échec possible de la greffe. Les membres de la famille ont besoin d'être informés et soutenus pour pouvoir composer plus sereinement avec les difficultés du moment et entretenir des attentes réalistes à l'égard de la personne et d'eux-mêmes.

La greffe de moelle osseuse est de plus en plus courante, ce qui pose de nombreuses questions d'ordre moral et éthique, notamment en matière de consentement éclairé, du choix de la personne, d'allocation des ressources en contexte de pénurie et de qualité de vie des personnes.

HYPERTHERMIE

On utilise depuis longtemps l'hyperthermie (traitement par la chaleur), ou exposition à des températures dépassant 41,5 °C, pour détruire les cellules tumorales chez l'être humain. En théorie, les cellules malignes sont plus sensibles aux températures élevées que les cellules normales, et ce, pour plusieurs raisons. Les cellules malignes sont dépourvues des mécanismes qui permettent de réparer les dommages causés par la chaleur excessive. La plupart des cellules tumorales n'ont pas les réserves sanguines suffisantes pour répondre à la demande accrue d'oxygène qu'entraîne la hausse de température. Elles ne peuvent pas non plus dissiper adéquatement la chaleur, faute de vaisseaux sanguins de calibre suffisant. De plus, il semble que l'hyperthermie stimule indirectement le système immunitaire.

L'hyperthermie est plus efficace lorsqu'on l'utilise en association avec la radiothérapie, la chimiothérapie ou la biothérapie. L'efficacité de l'association de l'hyperthermie et de la radiothérapie semble liée au fait que les cellules tumorales hypoxiques et les cellules en phase S de leur cycle sont plus sensibles à la chaleur qu'à l'irradiation; le traitement par la chaleur cause des lésions aux cellules, ce qui les empêche de se régénérer après la radiothérapie. Utilisée en association avec la chimiothérapie, l'hyperthermie augmente la perméabilité de la membrane cellulaire, ce qui favoriserait une meilleure absorption des antinéoplasiques. L'hyperthermie semble aussi renforcer la réponse immunitaire de cellules telles que les macrophages et les lymphocytes T, qui peuvent également être stimulés par bon nombre d'agents biologiques.

Diverses sources de chaleur peuvent être employées: ondes radioélectriques, ultrasons, microondes, ondes magnétiques, bains d'eau chaude ou immersions dans la paraffine chaude. On peut réchauffer une région précise du corps ou le corps entier. L'hyperthermie locale peut être administrée par perfusion dans un membre affecté (par exemple pour un mélanome malin). Dans ce cas, on coupe la circulation dans le membre à l'aide d'un garrot et on réchauffe le sang qui l'irrigue au moyen d'un appareil de circulation extracorporelle. On peut également entourer la tumeur de sondes thermiques reliées à une source de chaleur. On réchauffe parfois certains antinéoplasiques comme le melphalan (Alkeran) avant de les instiller dans la circulation locale. L'hyperthermie locorégionale peut aussi consister à perfuser des solutions chaudes dans l'organe atteint. Dans les cas de cancer disséminé, on peut administrer une hyperthermie généralisée au moyen d'un appareil de circulation extracorporelle, en immergeant la personne dans de l'eau ou de la paraffine chaudes ou en employant une combinaison chauffante.

Les effets indésirables des traitements d'hyperthermie sont notamment les suivants: brûlures, lésions tissulaires, fatigue, hypotension, neuropathies périphériques, thrombophlébite, nausées, vomissements, diarrhée et déséquilibres électrolytiques. Au cours du traitement, les cellules finissant par s'adapter aux agressions thermiques répétées, il peut arriver qu'une résistance à l'hyperthermie s'installe. L'efficacité, les effets secondaires et les méthodes d'administration de cette stratégie thérapeutique font toujours l'objet d'études cliniques.

Soins et traitements infirmiers aux personnes soignées par hyperthermie

Bien que l'hyperthermie soit utilisée depuis des années, de nombreux personnes et leur famille connaissent mal cette méthode de traitement du cancer. Par conséquent, l'infirmière doit en expliquer les modalités, les buts et les effets. Elle doit surveiller l'apparition d'effets secondaires chez la personne et prendre des mesures pour les prévenir et réduire leur gravité. Elle doit également administrer les soins cutanés au point d'introduction des sondes thermiques.

MODIFICATEURS DE LA RÉPONSE BIOLOGIQUE

Les **modificateurs de la réponse biologique (MRB)** sont des agents recombinés (produits par génie génétique) ou d'origine naturelle et des méthodes de traitement qui permettent de modifier les relations immunitaires hôte-tumeur. On y recourt dans un but thérapeutique. Les mécanismes d'action varient selon le MRB utilisé, mais le traitement vise toujours à détruire les cellules malignes ou à arrêter leur prolifération. Le traitement par MRB sert à rétablir, modifier, activer ou renforcer les défenses immunitaires naturelles de l'organisme contre le cancer.

Modificateurs de la réponse biologique non spécifiques

Les premières études consacrées à la stimulation du système immunitaire ont notamment porté sur les effets d'agents non spécifiques tels que le BCG (bacille de Calmette-Guérin) et le *Corynebacterium parvum*. Lorsque ces agents sont administrés à la personne, ils jouent le rôle d'antigènes déclencheurs d'une réponse immunitaire. L'hypothèse est que le système immunitaire ainsi stimulé peut éradiquer les cellules malignes. Les résultats de vastes études réalisées sur les animaux et chez l'être humain sont prometteurs, surtout pour ce qui est du traitement de mélanomes localisés. L'injection de BCG est actuellement la méthode privilégiée dans le traitement de tumeurs non invasives de la vessie. Toutefois, l'utilisation de MRB non spécifiques dans le traitement de cancers avancés reste marginale. On continue à mener des recherches afin de trouver d'autres indications pour ces traitements, ainsi que de nouveaux agents.

Anticorps monoclonaux

Les anticorps monoclonaux (AcM), une autre classe de MRB, sont le fruit de progrès techniques qui ont permis aux chercheurs de créer et de cultiver des anticorps qui s'attaquent spécifiquement à des cellules malignes données. En théorie, ce caractère de spécificité permet à un AcM de détruire la cellule cancéreuse ciblée en épargnant les cellules saines. Pour obtenir un AcM, on injecte à des souris des cellules tumorales en guise d'antigène. Les cellules de la rate des souris, qui contiennent l'anticorps produit en réaction à cet antigène, sont ensuite récoltées et fusionnées avec des cellules cancéreuses qui se multiplient indéfiniment en milieu de culture, ce qui permet de continuer à synthétiser l'anticorps. Le produit de cette fusion entre les cellules de rate et les cellules malignes s'appelle un hybridome. On extrait de l'hybridome l'anticorps dont on a besoin, puis on le purifie et on l'intègre à une préparation à visée diagnostique ou thérapeutique (figure 16-5 ■). D'autres méthodes de production d'AcM, à partir de tissus humains ou par génie génétique, sont actuellement à un stade expérimental.

Les AcM ont actuellement plusieurs applications diagnostiques. Lorsqu'ils sont marqués avec des produits radioactifs, ils permettent aux médecins de détecter radiologiquement les tumeurs primitives et métastatiques, une technique appelée immunoscintigraphie. Santé Canada a approuvé l'utilisation de l'AcM de marque OncoScint (entreprise Cytogen, Princeton, New Jersey) comme méthode de diagnostic des cancers colorectaux et du cancer de l'ovaire. On étudie par ailleurs la possibilité d'employer des AcM pour dépister des cancers du sein, de l'estomac et de la prostate, ainsi que des lymphomes. On administre certains AcM pour détruire les cellules tumorales résiduelles dans la moelle osseuse ou le sang périphérique des personnes, avant le prélèvement de cellules souches périphériques.

L'utilisation de plusieurs AcM a été approuvée dans le traitement du cancer. On utilise le rituximab (Rituxan) pour traiter certains lymphomes non hodgkiniens récidivants ou réfractaires (Kosits et Callaghan, 2000). L'administration de trastuzumab (Herceptin), seul ou en association avec la chimiothérapie, est autorisée pour certains cancers du sein métastatiques (Yarbro, 2000). L'ibritumomab tiuxetan (Zevalin) est un immunoconjugué composé d'un AcM et d'un radio-isotope qui s'attaque aux cellules de certains lymphomes non hodgkiniens. Le produit radioactif porté par l'AcM atteint les cellules cancéreuses qui sont alors détruites par l'action combinée du rayonnement et de l'immunité (Estes, 2002). Les chercheurs poursuivent la mise au point et la mise à l'essai de nouveaux AcM, utilisés seuls ou en association avec des substances radioactives, des agents antinéoplasiques, des toxines, des hormones ou d'autres MRB.

Cytokines

Les **cytokines** sont des substances, libérées par les cellules immunitaires, qui stimulent la production et l'action de divers facteurs immunitaires. Des études sont menées sur l'utilisation des cytokines dans le traitement du cancer. Il existe diverses familles de cytokines, notamment les interférons, les interleukines, les facteurs de croissance hématopoïétique et les facteurs de nécrose tumorale (TNF).

Interférons

Les interférons (INF) sont des cytokines qui ont des propriétés à la fois antivirales et antitumorales. Toutes les cellules nucléées peuvent produire ce type de glycoprotéines, lesquelles sont classées selon leurs caractéristiques biologiques et chimiques: l'INF-α est produit par les leucocytes, l'INF-β par les fibroblastes, et l'INF-γ par les lymphocytes.

On ne connaît pas précisément tous les effets des INF sur les tumeurs, mais on pense qu'ils stimulent le système immunitaire ou qu'ils freinent la croissance de la tumeur. L'action antitumorale varie selon le type d'INF utilisé et selon la forme de cancer traitée. Les INF stimulent à la fois la production de lymphocytes et la production d'anticorps. Ils facilitent également l'activité cytolytique des macrophages et des cellules NK (ou cellules tueuses naturelles). De plus, ils prolongent les diverses phases du cycle cellulaire, ce qui inhibe la prolifération maligne.

Les INF se sont révélés efficaces dans le traitement de nombreux cancers. Santé Canada a approuvé l'utilisation de l'INF-α dans les cas de leucémie à tricholeucocytes, de sarcome de Kaposi, de leucémie myéloïde chronique, de lymphome non hodgkinien de grade élevé et de mélanome. Des résultats encourageants ont aussi été obtenus dans le cas de certains cancers hématologiques et carcinomes rénaux.

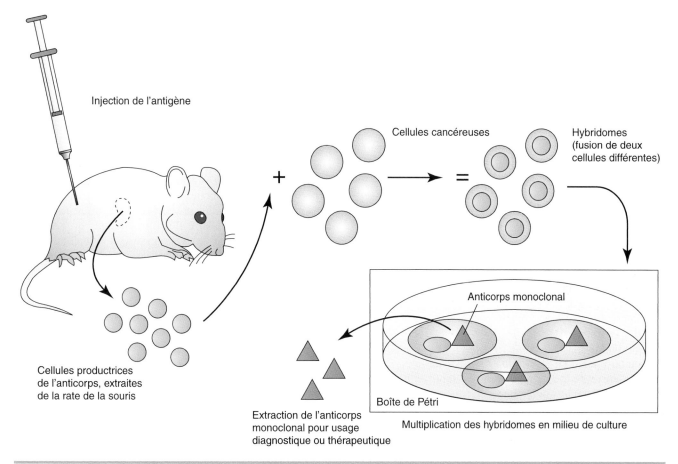

Injection de l'antigène

Cellules cancéreuses

Hybridomes
(fusion de deux
cellules différentes)

Anticorps monoclonal

Cellules productrices
de l'anticorps, extraites
de la rate de la souris

Extraction de l'anticorps
monoclonal pour usage
diagnostique ou thérapeutique

Boîte de Pétri

Multiplication des hybridomes en milieu de culture

FIGURE 16-5 ■ Des cellules de rate productrices d'anticorps sont fusionnées avec des cellules cancéreuses. Les cellules résultant de cette fusion s'appellent des hybridomes. En milieu de culture, les hybridomes peuvent se multiplier indéfiniment. Ils sécrètent l'anticorps monoclonal souhaité, qui est ensuite extrait, purifié et intégré à une préparation à visée diagnostique ou thérapeutique.

Les INF-α, les INF-β et les INF-γ sont tous trois autorisés par la FDA dans le traitement de diverses affections non cancéreuses. On peut les administrer par voie sous-cutanée, intramusculaire, intraveineuse et intracavitaire. Des études sont actuellement menées afin de déterminer l'efficacité combinée des INF et d'autres traitements contre plusieurs formes de cancers.

Interleukines

Les interleukines constituent un sous-groupe de cytokines comprenant les lymphokines et les monokines, respectivement sécrétées par les lymphocytes et les monocytes. On distingue à l'heure actuelle plus de 15 types d'interleukines. Celles-ci assurent un rôle de communication et de coordination entre les cellules immunitaires. Des essais cliniques en cours visent à évaluer le potentiel thérapeutique de l'IL-2 et d'autres interleukines, notamment l'IL-1, l'IL-4 et l'IL-6, dans le traitement de diverses formes de cancer. Des essais cliniques portant sur les effets d'interleukines associées à des antinéoplasiques sont également effectués. Des études portent aussi sur la possibilité d'utiliser des interleukines comme facteurs de croissance pour corriger l'aplasie médullaire résultant de certains traitements chimiothérapeutiques.

Facteurs de croissance hématopoïétique

Les facteurs de croissance hématopoïétique (ou facteurs de stimulation des colonies), substances apparentées aux hormones, sont synthétisés par les cellules immunitaires. Des facteurs de croissance hématopoïétique de plusieurs types régulent la production de toutes les cellules sanguines, dont les neutrophiles, les macrophages, les monocytes, les érythrocytes et les plaquettes. L'utilisation du G-CSF et de l'érythropoïétine recombinante a grandement contribué à améliorer les soins de soutien aux personnes atteintes de cancer.

Ces agents ne traitent pas l'affection cancéreuse sous-jacente, mais visent les effets de traitements anticancéreux myélotoxiques, c'est-à-dire nocifs pour la moelle osseuse, tels que la radiothérapie et la chimiothérapie. Dans le passé, les effets myélotoxiques de la chimiothérapie limitaient la possibilité d'administrer certains agents néoplasiques et exposaient les personnes à de graves infections.

On utilise le facteur G-CSF pour traiter la neutropénie (diminution de la quantité de neutrophiles dans le sang) de personnes ayant subi une greffe de moelle osseuse, ainsi que pour corriger la neutropénie consécutive au traitement chimiothérapeutique des tumeurs solides. On utilise l'érythropoïétine recombinante pour contrôler l'anémie dans les cas de cancer et d'affections rénales chroniques. D'autres facteurs de croissance, tels que l'IL-3 et le facteur stimulant le développement de colonies de macrophages, font l'objet d'études.

Facteur de nécrose tumorale

Le facteur de nécrose tumorale (TNF) est une cytokine produite par les macrophages, les lymphocytes, les astrocytes et les microglies du SNC. Son rôle exact n'a pas encore été précisé. Selon les observations in vitro, le TNF a une action immunostimulante. Les études expérimentales menées sur des animaux démontrent qu'il s'attaque directement aux tumeurs. Dans le cadre d'études cliniques menées chez l'être humain, on a dû cesser l'administration de TNF par voie générale en raison de l'apparition de graves effets toxiques (Pazadur, Coia, Hoskins et Wagman, 2001). On mène actuellement des recherches visant à étudier les effets d'une administration locale de TNF à des personnes atteintes de sarcomes ou de mélanomes aux extrémités.

Rétinoïdes

Les rétinoïdes sont des composés dérivés de la vitamine A (rétinol, acide tout-trans rétinoïque et acide rétinoïque 13-cis) qui influent sur la croissance, la reproduction, la différenciation des cellules épithéliales et la fonction immunitaire. L'acide tout-trans rétinoïque (trétinoïne, Versanoid) est utilisé dans le traitement de la leucémie promyélocytaire aiguë, une forme rare de cette maladie. La possibilité d'utiliser des rétinoïdes pour traiter des cancers hématologiques et des tumeurs solides, ainsi que pour prévenir diverses formes de cancers, fait l'objet d'essais cliniques (Evans et Kaye, 1999; Kelloff, 2000; Kurie, 1999).

Soins et traitements infirmiers aux personnes sous modificateurs de la réponse biologique

Les personnes qui reçoivent des modificateurs de la réponse biologique (MRB) ont besoin de soins en bonne partie similaires à ceux qui accompagnent les autres types de traitement anticancéreux. Toutefois, l'administration de certains MRB est encore un traitement expérimental, souvent utilisé en dernier recours, après l'échec des thérapeutiques courantes. Il est donc essentiel que l'infirmière évalue les besoins de la personne et de sa famille en matière d'information, de soutien et de conseil. Elle doit de plus participer à la planification et à l'évaluation des soins et à la recherche.

Surveiller les effets thérapeutiques et les effets indésirables

L'infirmière doit connaître chacun des agents employés, ainsi que ses effets possibles (tableau 16-7 ■). Les effets indésirables, tels que la fièvre, les myalgies, les nausées et les vomissements, qu'on observe chez une personne qui prend des INF, ne mettent pas la vie de cette dernière en danger. L'infirmière doit établir dans quelle mesure ils nuisent à la qualité de vie de la personne. Elle doit collaborer étroitement avec les médecins pour détecter et traiter des effets toxiques possibles des MRB. Plusieurs de ces agents ne sont encore

utilisés qu'au stade expérimental, et ce, dans le cadre de projets de recherche. Il est donc indispensable que l'infirmière note toutes ses observations de façon claire et précise afin d'assurer un devis de recherche rigoureux.

Favoriser les soins à domicile et dans la communauté

Enseigner les autosoins Certains MRB, tels que les INF, l'érythropoïétine recombinante et le facteur G-CSF, peuvent être administrés au domicile de la personne sans intervention du personnel soignant. Au besoin, l'infirmière enseignera à la personne et à ses proches comment effectuer les injections sous-cutanées du produit prescrit. Elle les informera également des effets secondaires les plus courants du traitement en cours (par exemple fatigue, anorexie et symptômes pseudogrippaux) et les aidera à trouver des moyens efficaces pour les soulager.

Assurer le suivi En général, une infirmière ne peut observer la réponse de la personne au traitement et poursuivre son enseignement auprès d'elle que si une demande de soins à domicile a été effectuée. Les visites à domicile permettent à l'infirmière de vérifier si la personne, ou la personne qui s'en occupe, administre bien le médicament. L'infirmière assure une liaison entre les médecins, les entreprises pharmaceutiques ou les tiers payants et s'assure que la personne a une assurance-médicaments afin de l'aider à se faire rembourser les MRB qu'elle prend chez elle. Au Québec, il existe maintenant une assurance-médicaments publique qui rembourse les frais des médicaments inscrits au formulaire. Il est aussi possible d'obtenir des médicaments d'exception, dans certains cas. L'infirmière rappelle aussi à la personne qu'il est important d'aller à ses rendez-vous de suivi avec le médecin et s'assure qu'elle reçoit bien les soins dont elle a besoin.

THÉRAPIE PHOTODYNAMIQUE

La thérapie photodynamique (ou photothérapie) est une autre méthode expérimentale de traitement du cancer, qui fait appel à des agents photosensibilisants tels que le porfimer (Photofrin). Après avoir été injectés par voie intraveineuse, ces agents s'accumulent plus dans les tissus cancéreux que dans les tissus sains. On peut alors les activer au moyen d'une source lumineuse qui pénètre les tissus, comme un rayon laser. L'agent photoactivé produit des molécules d'oxygène singulet cytotoxiques, c'est-à-dire dommageables pour les cellules. La plupart des agents photoactivés étant retenus par les tissus atteints, la cytotoxicité s'opère de façon sélective, et les tissus sains sont pour l'essentiel épargnés.

On emploie notamment la photothérapie pour traiter les cancers de l'œsophage, de la peau et du sein, les tumeurs endobronchiques et intrapéritonéales et les atteintes du système nerveux central. Le principal effet indésirable de cette méthode est la photosensibilisation, qui dure de 4 à 6 semaines après le traitement. La personne est vulnérable aux coups de soleil et doit éviter de s'exposer directement ou indirectement aux rayons solaires. On observe aussi des réactions cutanées autour des régions traitées. Un dérèglement temporaire des

Effets indésirables des modificateurs de la réponse biologique

TABLEAU

16-7

Agents	Effets indésirables
ANTICORPS MONOCLONAUX	
■ Rituximab	■ Allergie/réactions anaphylactiques; fièvre; frissons; nausées; céphalée; douleur abdominale; baisse du nombre de lymphocytes, de leucocytes, de plaquettes et d'érythrocytes dans le sang; dorsalgie; sueurs nocturnes; démangeaison; toux; infections.
■ Trastuzumab	■ Allergie/réactions anaphylactiques, hypotension, fièvre, frissons, insuffisance cardiaque, AVC, diarrhée, infections, éruption cutanée, nausées, vomissements, anorexie, insomnie, étourdissements, céphalée, dorsalgie, faiblesse, rhinite, pharyngite, toux.
■ Ibritumomab	■ Toxicité hématologique; infection; neutropénie fébrile.
CYTOKINES	
■ Interféron alpha	■ Symptômes pseudogrippaux (fièvre, frissons, faiblesse, douleurs musculaires et articulaires, céphalée); fatigue; anorexie; altération de l'état de conscience; éruption cutanée; prurit; chute des cheveux; douleur abdominale; nausées; constipation; diarrhée; irritation au point d'injection; dépression; irritabilité; insomnie; toux; baisse du nombre de leucocytes, d'érythrocytes et de plaquettes dans le sang; tests hépatiques anormaux.
■ Facteur stimulant la production de granulocytes (G-CSF): filgrastim (Neupogen)	■ Douleurs osseuses, malaise, fièvre, fatigue, céphalée, éruption cutanée, faiblesse.
■ Facteurs stimulant la production d'érythrocytes: époétine alpha (Eprex), darbepoétine alpha (Aranesp)	■ Fièvre, fatigue, faiblesse, douleurs osseuses, diarrhée, étourdissements, nausées, œdème, essoufflement.
RÉTINOÏDES	
■ Acide rétinoïque	■ Céphalée, fièvre, sécheresse de la peau et des muqueuses, douleurs osseuses, nausées et vomissements, dyspnée, épanchement pleural et péricardique, malaise, frissons, saignement, insuffisance cardiaque, altération de l'état de conscience, dépression, tests hépatiques anormaux.

fonctions hépatiques et rénales est à surveiller. Comme avec les autres méthodes de traitement expérimentales, il est essentiel de soutenir la personne et les membres de sa famille sur le plan affectif et de leur donner tous les enseignements nécessaires.

THÉRAPIE GÉNIQUE

La théorie selon laquelle des mutations génétiques acquises ou innées peuvent être à l'origine du cancer a été formulée dès 1914: les anomalies chromosomiques résultant de ces mutations altèrent le cours normal de la croissance et de la reproduction cellulaires. Grâce aux progrès techniques et aux connaissances obtenues au fil des années en matière de génétique, les chercheurs et les cliniciens possèdent de meilleurs outils pour dépister, diagnostiquer et traiter le cancer. La thérapie génique offre notamment des techniques permettant de corriger les défauts génétiques ou de provoquer, par manipulation génétique, la destruction des cellules tumorales, en prévention ou en traitement du cancer. Cette thérapie consiste à implanter un gène sélectionné dans les cellules ciblées. Par ailleurs, la manipulation des cellules germinales humaines fait l'objet de controverses et soulève des préoccupations d'ordre bioéthique (Frankel et Chapman, 2000).

La thérapie génique n'est encore utilisée qu'à titre expérimental, mais les scientifiques croient qu'elle aura des conséquences considérables sur les soins médicaux et les soins de santé au XXIe siècle. On a entrepris plus d'une centaine d'essais cliniques afin d'évaluer les applications possibles de la thérapie génique dans le traitement du cancer. On étudie notamment une méthode consistant à introduire dans les cellules tumorales l'antioncogène p53, le gène qui commande la réparation des cellules endommagées ou leur mort en cas de dommages irréversibles. Dans de nombreuses formes de cancer, on constate qu'une mutation du gène p53 est à l'origine de la prolifération cellulaire anarchique. L'introduction d'antioncogènes p53 normaux favoriserait la destruction des cellules malignes ou le ralentissement de la prolifération tumorale. Cette méthode fait l'objet d'essais dans le traitement des cancers cervicofaciaux, du cancer du poumon et du cancer du côlon (Wasil et Buchbinder, 2000). Un autre essai clinique consiste à insérer un «gène suicide» dans les cellules malignes afin de faciliter la destruction cellulaire. Par exemple, on insère le gène codant pour la thymidine kinase du virus de l'herpès humain dans les cellules malignes: l'infection virale se manifeste dans ces cellules, et on peut alors les cibler avec un traitement antiviral tel que le ganciclovir. Cette stratégie thérapeutique a été étudiée pour les cancers du cerveau, de l'ovaire et du sein (Fibison, 2000). Les étapes de ces traitements expérimentaux sont décrits plus en détail dans l'encadré 16-4.

MÉDECINE DOUCE

L'expression « médecine douce » renvoie à toute forme de traitement qui ne relève pas de la médecine occidentale officielle. Le diagnostic de cancer éveille en général toute une gamme d'émotions chez la personne et ses proches, dont la peur, la frustration et le sentiment d'impuissance. Le taux de survie à 5 ans augmente toujours lorsqu'on emploie des méthodes thérapeutiques éprouvées. Toutefois une proportion importante de personnes a recours à d'autres formes de traitement ou envisage sérieusement de le faire. Malgré le peu de recherches effectuées sur la question, on estime que 30 à 50 % des personnes atteintes de cancer utiliseraient une forme de thérapie parallèle ou complémentaire. En matière de soins de santé, l'aspect curatif de la haute technologie ne doit pas faire négliger le facteur humain dans sa globalité. Les personnes atteintes de cancer sont de plus en plus nombreuses à recourir aux médecines douces, parfois moins coûteuses et plus respectueuses des aspects spirituels et émotionnels associés au cancer. Ces thérapies peuvent inclure une gamme de techniques telles que les massages, le toucher thérapeutique, l'acupuncture, la chiropraxie, la visualisation et la relaxation (Ugoalah, 2002).

Le choix des personnes de recourir à la médecine douce peut placer l'équipe de soins dans une position délicate sur les plans professionnel, juridique et éthique. L'infirmière doit avoir à l'esprit les principes de déontologie qui guident sa pratique professionnelle, notamment l'autonomie, la bienfaisance, la non-malfaisance et la justice. Comme les personnes posent de plus en plus de questions au sujet des médecines douces, il est utile que l'infirmière se tienne informée et accroisse ses connaissances en la matière (Ugoalah, 2002).

Croyances et pratiques spirituelles

La médecine traditionnelle chinoise consiste à chercher à rééquilibrer le chi ou flux énergétique du corps. Certains traitements empiriques reposent sur des connaissances ou des pratiques spirituelles qui existent depuis des millénaires (par exemple acupuncture, plantes médicinales, toucher thérapeutique, relaxation, méditation et prière en groupe).

Soins et traitements infirmiers aux personnes recourant à la médecine douce

Pour l'infirmière, la meilleure façon d'aider les personnes et leurs proches à prendre des décisions éclairées en matière de médecine douce est d'établir avec eux une relation de confiance, de les soutenir dans l'épreuve et de leur redonner espoir. En répondant honnêtement, sans émettre de jugement, à leurs questions sur les méthodes empiriques de traitement du cancer, l'infirmière fera preuve d'authenticité. Elle doit inciter toute personne qui reçoit des soins en médecine douce à en informer son médecin.

DÉMARCHE SYSTÉMATIQUE
dans la pratique infirmière

Personne atteinte de cancer

Grâce aux progrès techniques et scientifiques, les chances de survie de la personne atteinte de cancer se sont grandement améliorées. Cependant la maladie elle-même et les stratégies thérapeutiques mises en œuvre peuvent entraîner divers problèmes secondaires : infection, leucopénie, saignement, problèmes cutanés, problèmes nutritionnels, douleur, fatigue ou asthénie et stress psychologique.

▣ COLLECTE DES DONNÉES

Quels que soient les traitements qu'elles reçoivent ou leur pronostic, les personnes atteintes de cancer sont susceptibles de présenter l'un ou l'autre des problèmes décrits ci-dessous. Il appartient donc à l'infirmière de l'équipe d'oncologie d'observer la personne pour déceler les signes de complications ou de détérioration de l'état de santé.

Infection

À tous les stades de la maladie, l'infirmière doit déterminer dans quelle mesure la personne est exposée aux infections, principale cause de mortalité chez les personnes atteintes de cancer. Les facteurs prédisposant aux infections sont résumés dans le tableau 16-8 ▪. L'infirmière surveille de près les résultats de la formule sanguine pour savoir en tout temps où se situe la numération leucocytaire. Elle examine régulièrement les sites d'infection courants, tels que le pharynx, la peau, la région périanale, les voies urinaires et respiratoires. Toutefois, en raison de leur faible réaction inflammatoire, les personnes immunodéprimées ne présentent pas toujours un tableau caractéristique d'infection (tuméfaction, rougeur, écoulement et douleur), et il arrive que la fièvre soit le seul signe d'infection décelable. L'infirmière doit aussi surveiller l'apparition de signes de septicémie, surtout si des lignes de perfusion ou d'autres cathéters transcutanés sont en place.

La fonction leucocytaire est souvent perturbée chez les personnes atteintes de cancer. En cas de diminution du nombre des leucocytes (globules blancs) circulants, on parle de leucopénie ou de granulopénie. Il existe trois types de leucocytes : les granulocytes (neutrophiles, basophiles et éosinophiles), les lymphocytes et les monocytes. Les neutrophiles représentent normalement de 60 à 70 % de la population des leucocytes et, grâce à la phagocytose, ils jouent un rôle essentiel dans la lutte contre l'infection.

Le nombre absolu de neutrophiles (NAN) se situe normalement entre 3 000 et 7 000. La neutropénie (niveau anormalement bas du NAN) est associée à un risque accru d'infection, risque d'autant plus important que le NAN diminue et que le problème persiste. La personne devient extrêmement vulnérable aux infections lorsque son NAN descend sous les 1 000 cellules/mm^3. On appelle *nadir* le NAN minimum observé au cours de la période suivant une chimiothérapie ou une radiothérapie myélosuppressive, c'est-à-dire qui freine la fonction médullaire. Habituellement, le nadir apparaît entre 7 et 14 jours après le début des traitements et dure entre 7 et 21 jours. La période de nadir affecte la qualité de vie des personnes et les expose à un risque accru d'infection.

▨ ▨ ▨

	TABLEAU 16-8

Facteurs prédisposant aux infections chez les personnes atteintes de cancer

Facteurs	Causes sous-jacentes
Atteinte à l'intégrité de la peau et des muqueuses	Ces lésions ouvrent une brèche dans la première ligne de défense contre les microorganismes pathogènes.
Chimiothérapie	Beaucoup d'agents antinéoplasiques causent une aplasie médullaire et, par suite, une diminution de la production et du fonctionnement des leucocytes. Certains antinéoplasiques portent aussi atteinte à l'intégrité de la peau et des muqueuses. D'autres peuvent causer des lésions organiques, telles qu'une fibrose pulmonaire ou une cardiomyopathie, qui prédisposent à leur tour la personne à l'infection.
Radiothérapie	L'irradiation de sites de production de moelle osseuse peut entraîner une aplasie médullaire. La radiothérapie peut aussi porter atteinte à l'intégrité des tissus en général.
Modificateurs de la réponse biologique	Certains MRB peuvent causer une aplasie médullaire ou la dysfonction d'organes.
Transformation maligne	Des cellules malignes peuvent envahir la moelle osseuse et entraver la production des leucocytes. Les cancers hématologiques (leucémies et lymphomes) sont associés à des anomalies de fonctionnement et de production des cellules sanguines.
Malnutrition	La malnutrition nuit à la production et à l'activité des cellules du système immunitaire. Elle peut aussi entraîner une atteinte à l'intégrité de la peau.
Médicaments	Les antibiotiques perturbent la flore microbienne normale, ce qui favorise la prolifération de bactéries pathogènes, surtout dans les voies gastro-intestinales. Les corticostéroïdes et les anti-inflammatoires non stéroïdiens masquent les réactions inflammatoires.
Sonde vésicale	Les sondes peuvent constituer une porte d'entrée pour les microorganismes dans les voies urinaires.
Cathéter intraveineux	La pose d'un cathéter intraveineux porte atteinte à l'intégrité de la peau et crée une porte d'entrée pour les microorganismes.
Autres techniques effractives (interventions chirurgicales, paracentèse, thoracentèse, pose de drains, endoscopies, ventilation artificielle)	Toutes ces interventions augmentent le risque de contamination par des microorganismes pathogènes.
Matériel contaminé	Le matériel contaminé (par exemple appareil d'inhalothérapie contenant de l'eau stagnante) favorise la prolifération des microorganismes.
Âge	Le vieillissement s'accompagne d'un déclin des fonctions organiques, ainsi que d'un ralentissement de la production et de l'activité des cellules du système immunitaire.
Maladies chroniques	Les maladies chroniques peuvent perturber les fonctions des organes et la réponse immunitaire.
Hospitalisation prolongée	Les longs séjours en milieu hospitalier exposent davantage les personnes aux infections nosocomiales.

Lorsque la température d'un personne neutropénique s'élève, il faut procéder à un bilan infectieux comprenant hémocultures, culture d'expectorations, d'urines, de selles, de cathéters ou d'échantillons de plaie, au besoin. En outre, une radiographie des poumons est souvent prescrite dans le but d'écarter la possibilité d'une infection pulmonaire.

Saignement

L'infirmière doit évaluer les facteurs qui prédisposent la personne au saignement, tels que l'aplasie médullaire consécutive à la chimio-thérapie, à la radiothérapie ou à l'administration de médicaments qui diminuent la coagulation et l'agrégation plaquettaire, comme l'aspirine, le clopidogrel (Plavix), le dipyridamole (Persantine), les héparines et la warfarine (Coumadin). Les foyers de saignement les plus courants sont la peau et les muqueuses, les voies intestinales, urinaires et respiratoires et le cerveau. Il faut également surveiller et signaler au médecin tout signe d'hémorragie, de sang dans les selles (méléna), les urines (hématurie), les expectorations (hémoptysie) ou les vomissements (hématémèse), de suintement hémorragique aux points d'injection, d'ecchymoses, de pétéchies ou d'altération de l'état de conscience.

Problèmes cutanés

Chez les personnes atteintes de cancer, l'intégrité de la peau et des tissus est compromise par les effets de la chimiothérapie, de la radiothérapie, de la chirurgie et des interventions effractives. Lors de la collecte des données, l'infirmière doit mentionner l'existence de ces facteurs, le cas échéant, et vérifier si la personne présente d'autres facteurs de risque (par exemple carences nutritionnelles, incontinence urinaire ou fécale, immobilité, immunodépression, plis cutanés multiples, changements dus au vieillissement). Elle doit également vérifier la présence de lésions ou d'ulcérations cutanées associées à la tumeur. Les effets d'une atteinte étendue de la muqueuse gastrointestinale peuvent être particulièrement pénibles pour la personne. Il faut noter l'apparition de lésions buccales et leur évolution, et préciser dans quelle mesure elles affectent l'état nutritionnel et le bien-être de la personne.

Chute des cheveux

La chute des cheveux (ou alopécie) est une forme d'altération des tissus courante chez les personnes soumises à une radiothérapie ou une chimiothérapie. L'infirmière doit noter la chute des cheveux et évaluer les répercussions psychologiques de cet effet indésirable sur la personne et sa famille.

Problèmes nutritionnels

Évaluer l'état nutritionnel de la personne est un aspect important du travail de l'infirmière. Un état nutritionnel affaibli peut favoriser la progression de la maladie, le déficit immunitaire et le risque d'infection. La guérison tissulaire devient plus lente, et on note une diminution de la capacité fonctionnelle et de la capacité à tolérer le traitement antinéoplasique. Des carences nutritionnelles et un amaigrissement pouvant aller jusqu'à la cachexie (émaciation avec fonte musculaire) peuvent résulter d'un apport insuffisant en protéines et en glucides, d'effets métaboliques ou mécaniques du cancer ou de sa généralisation, d'effets indésirables du traitement, ou de l'état affectif de la personne.

L'infirmière doit régulièrement peser la personne et évaluer son apport énergétique. Elle note aussi ses habitudes alimentaires, l'existence d'épisodes d'anorexie, les variations de l'appétit, les situations et les aliments qui favorisent ou préviennent l'anorexie, et les antécédents pharmaceutiques. Elle vérifie si la personne a de la difficulté à mastiquer ou à avaler et note l'apparition et la fréquence des nausées, des vomissements ou de la diarrhée.

L'évaluation de l'état nutritionnel inclut la prise de mesures anthropométriques (pli cutané tricipital et circonférence du bras), les taux sériques de protéines (albumine et transferrine), les électrolytes sériques, la numération lymphocytaire, l'intradermoréaction à divers antigènes, l'hémoglobine, l'hématocrite, le créatinine urinaire et le fer sérique.

Douleur

La douleur et les symptômes éprouvés par la personne atteinte de cancer ont pour origine la maladie elle-même, la pression exercée par la tumeur, les examens paracliniques ou les traitements. Comme toujours, l'expérience de la douleur est influencée par des facteurs tant psychologiques que physiques.

L'infirmière doit non seulement déterminer la cause et le siège de la douleur, mais elle doit aussi vérifier si certains facteurs la rendent plus difficile à supporter pour la personne : peur ou appréhension, asthénie, colère, isolement social. On peut utiliser une échelle d'évaluation (voir chapitre 13 ∞) pour mesurer l'intensité de la douleur avant et après l'administration d'analgésiques, lorsque ceux-ci ont atteint leur efficacité maximale, et pour évaluer l'efficacité de ces médicaments. On doit utiliser des outils d'évaluation de la douleur tels que l'échelle visuelle analogique ou l'échelle de Wong-Baker (évaluation de l'intensité de la douleur) et le questionnaire CAGE DETA (évaluation du risque de problème d'alcool ou de drogues).

Fatigue

La fatigue ressentie après une dépense importante d'énergie joue un rôle protecteur, mais ce n'est pas le cas de la fatigue chronique (ou asthénie). Celle-ci est souvent écrasante et persistante malgré le repos, si bien qu'elle affecte la qualité de vie de la personne. La fatigue est l'effet indésirable dont se plaignent le plus souvent les personnes soumises à une chimiothérapie ou à une radiothérapie. L'infirmière doit noter dans quelle mesure la personne se sent épuisée, faible, sans énergie, incapable d'exercer les activités importantes de sa vie quotidienne, démotivée et incapable de se concentrer. Ces personnes sont parfois moins enclines à la conversation, leur teint est pâle et leurs muscles faciaux sont relâchés. L'infirmière doit vérifier l'existence de facteurs de stress physiologique et psychologique susceptibles d'aggraver l'asthénie : douleur, nausées, dyspnée, constipation, peur et anxiété (Recherche en sciences infirmières 16-2 ■). On peut évaluer l'intensité de la fatigue à l'aide d'une échelle visuelle analogique (figure 16-6 ■).

État psychologique

Dans son évaluation, l'infirmière doit aussi tenir compte de l'état mental et psychologique dans lequel sera la personne pendant qu'elle traversera une maladie qui met sa vie en danger, se soumettra à des épreuves diagnostiques et à des traitements désagréables et verra peut-être son état s'aggraver. Il faut noter l'humeur de la personne, ses réactions aux résultats des examens et au pronostic, ainsi que les indices de sa progression dans le processus de deuil et de son ouverture à parler de sa maladie et de son pronostic avec les membres de sa famille.

Image corporelle

Les personnes atteintes de cancer voient leur image corporelle malmenée durant l'évolution de leur maladie et au cours des traitements. La prise en charge par le système de santé est une expérience souvent dépersonnalisante. Le concept de soi des personnes est mis à rude épreuve par la maladie, les risques d'invalidité et la crainte de la mort. Beaucoup de personnes doivent changer de style de vie à cause de leurs symptômes ou des exigences du traitement. Leurs priorités et systèmes de valeur subissent aussi les contrecoups d'une image corporelle altérée. Les séquelles inesthétiques d'interventions chirurgicales, la chute des cheveux, la cachexie, les lésions cutanées, l'altération de la communication verbale et les dysfonctions sexuelles font partie des effets dévastateurs du cancer et de son traitement qui peuvent ébranler l'image corporelle et l'estime de soi. Dans sa collecte des données, l'infirmière doit donc déterminer les menaces qui pèsent sur la personne et évaluer la capacité de cette dernière à s'adapter à ces changements.

RECHERCHE EN SCIENCES INFIRMIÈRES

Facteurs liés à la fatigue persistante consécutive au traitement du cancer du sein

C. Gelinas et L. Fillion (2004). Factors related to persistent fatigue following completion of breast cancer treatment. *Oncology Nursing Forum, 31*(2), 269-278.

OBJECTIF

Cette étude avait pour objectif de vérifier, d'une part, si la théorie du stress permet de prédire et d'expliquer la fatigue persistante consécutive au traitement du cancer du sein, et d'autre part, s'il existe une relation entre l'interleukine 1α et cette fatigue.

DISPOSITIF ET ÉCHANTILLON

Cette étude a été menée dans un centre de soins médicaux tertiaires de la ville de Québec, auprès d'un échantillon systématique de 103 femmes en phase de rémission d'un cancer du sein, dont l'âge moyen était de 54 ans. On a exclu de l'étude les femmes souffrant d'humeur dépressive, d'insomnie ou d'un cancer de stade IV.

On a rencontré les participantes à l'occasion de leur rendez-vous de suivi après la fin de leur radiothérapie. On a rempli des questionnaires portant sur la fatigue, les facteurs de stress et d'autres facteurs de confusion au cours d'entretiens téléphoniques. On a également effectué des prélèvements sanguins afin de mesurer le taux sérique d'interleukine 1α. Les principales variables utilisées étaient la fatigue, différentes variables tirées de la théorie du stress,

la douleur, les symptômes de la ménopause et des variables démographiques et médicales.

RÉSULTATS

On a pu établir une relation théorique cohérente entre la fatigue et de nombreux facteurs de stress. En contrôlant la douleur, on a introduit dans le modèle de régression final, à titre de variables explicatives, les agents stressants liés au cancer et les réponses actives et passives face au stress; ces variables expliquent 41 % de la variance de la fatigue. En revanche, aucune relation n'a pu être établie entre la fatigue et l'interleukine 1α. Les résultats de cette étude indiquent qu'on peut expliquer la fatigue associée au cancer en se fondant sur la théorie du stress.

IMPLICATIONS POUR LA PRATIQUE INFIRMIÈRE

Il est possible de concevoir des interventions infirmières s'appuyant sur ce cadre théorique. De plus, on devrait mener d'autres études cliniques pour tester l'efficacité de ces interventions psychoéducatives dans la prévention de la fatigue persistante et dans l'amélioration de la qualité de vie des femmes souffrant d'un cancer du sein.

▨ ANALYSE

Diagnostics infirmiers

En se fondant sur les données recueillies, l'infirmière peut poser les diagnostics infirmiers suivants:

- Atteinte à l'intégrité de la muqueuse buccale
- Atteinte à l'intégrité des tissus: alopécie
- Atteinte à l'intégrité des tissus: lésions cutanées cancéreuses
- Alimentation déficiente: anorexie, malabsorption et cachexie
- Bien-être altéré
- Douleur chronique
- Fatigue
- Image de soi perturbée
- Deuil anticipé

Problèmes traités en collaboration et complications possibles

En se fondant sur les données recueillies, l'infirmière peut déterminer les complications susceptibles de survenir, notamment:

- Infection et septicémie
- Hémorragie
- Syndrome de compression de la veine cave supérieure
- Compression médullaire

- Hypercalcémie
- Épanchement péricardique
- Coagulation intravasculaire disséminée
- Syndrome d'antidiurèse inappropriée
- Syndrome de lyse tumorale

Ces complications sont abordées plus en détail, dans la section « Urgences oncologiques », p. 454.

▨ PLANIFICATION

Les principaux objectifs sont les suivants: traiter la stomatite; maintenir l'intégrité des tissus; maintenir l'état nutritionnel; soulager la douleur; lutter contre la fatigue ou l'asthénie; améliorer l'image corporelle et l'image de soi; progresser dans le travail de deuil; et prévenir les complications.

▨ INTERVENTIONS INFIRMIÈRES

La personne atteinte de cancer est exposée aux divers effets indésirables des traitements, ainsi qu'à certaines complications. Dans tous les milieux de soins, y compris le domicile, le rôle de l'infirmière est d'aider la personne et ses proches à composer avec ces problèmes.

Traiter la stomatite

La stomatite (ou réaction inflammatoire des tissus de la bouche) apparaît souvent dans les 5 à 14 jours suivant l'administration de certains antinéoplasiques, tels que la doxorubicine et le 5-fluoro-uracile,

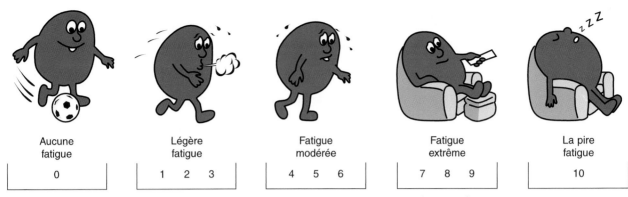

Aucune fatigue	Légère fatigue	Fatigue modérée	Fatigue extrême	La pire fatigue
0	1 2 3	4 5 6	7 8 9	10

Abordez le sujet de la fatigue avec votre professionnelle de la santé.

FIGURE 16-6 ■ Échelle de la fatigue. SOURCE: Oncology Nursing Society. © Ortho Biotech 2002.
Une division de Janssen-Ortho Inc. EPLB02 1016BA

ou de certains MRB, tels que l'IL-2 et les INF. Pas moins de 40 % des personnes placées sous chimiothérapie présentent un degré quelconque de stomatite pendant leur traitement. Celles qui reçoivent une chimiothérapie à hautes doses (beaucoup plus fortes que les doses classiques), par exemple dans le cadre d'une greffe de moelle osseuse, sont plus susceptibles d'en être affectées. Une stomatite peut aussi se déclarer après une irradiation de la tête et du cou. Cette affection se caractérise par une muqueuse orale œdématiée et érythémateuse (rougeâtre). Dans les cas plus graves, elle s'accompagne d'ulcérations douloureuses, de saignement et d'infection. La stomatite grave impose parfois d'interrompre temporairement les traitements antinéoplasiques, le temps que l'inflammation se résorbe.

En temps normal, le tissu épithélial qui tapisse la cavité buccale s'use et se renouvelle rapidement. Comme la chimiothérapie et la radiothérapie freinent le remplacement des tissus, une réaction inflammatoire apparaît dans les régions dénudées de la cavité buccale. Le manque d'hygiène buccale, le port de prothèses dentaires mal ajustées, une maladie buccodentaire préexistante, la prise de médicaments qui assèchent les muqueuses et un état nutritionnel affaibli aggravent la morbidité associée à la stomatite. La xérostomie (bouche sèche) causée par l'irradiation, qui se manifeste par une fonction salivaire réduite, peut aussi contribuer à la stomatite chez les personnes dont la tête et le cou ont été irradiés.

L'aplasie médullaire (ou épuisement de la moelle osseuse) parfois associée au cancer ou à son traitement prédispose la personne aux saignements et aux infections. Lorsque des ulcérations buccales apparaissent, la douleur nuit parfois à l'élocution et peut empêcher la personne de se nourrir convenablement et de continuer à pratiquer l'hygiène buccale.

Les nombreuses études réalisées sur le sujet n'ont pas permis de dégager les approches optimales en matière de prévention et de traitement de la stomatite. Toutefois, les cliniciens s'entendent généralement sur l'utilité d'une bonne hygiène buccale (brossage, utilisation de la soie dentaire et rinçage) pour réduire le risque d'affections buccales consécutives aux traitements anticancéreux. L'emploi d'une brosse à dents à soies souples et d'un dentifrice non abrasif aide à prévenir ou à limiter les traumas à la muqueuse. Lorsque la bouche devient trop sensible, on peut aussi remplacer la brosse à dents par une tige coiffée d'une matière spongieuse. La soie dentaire peut être employée, à condition qu'elle ne cause pas de douleur et tant que les plaquettes ne descendent pas sous la barre des 40×10^9/L. Le rinçage de la bouche à la solution physiologique ou à l'eau du robinet est parfois la seule mesure d'hygiène que peut tolérer la personne. L'utilisation de certains produits comme les rince-bouche à base d'alcool est déconseillée parce qu'ils irritent les tissus et retardent leur guérison. Il faut aussi éviter d'aggraver les lésions par l'ingestion de mets trop chauds, trop épicés ou difficiles à mâcher. On doit lubrifier les lèvres de la personne pour prévenir les fissures. On prescrit parfois un anti-inflammatoire topique et un anesthésique dans le but de favoriser la cicatrisation et de soulager la douleur. Certains produits formant une couche protectrice sur la muqueuse buccale sont employés par mesure de confort et pour limiter les traumas. Les personnes affligées d'une stomatite très douloureuse ont besoin d'analgésiques appropriés pour obtenir un soulagement.

Il faut encourager un apport suffisant en liquides et en aliments. Le recours à l'alimentation parentérale est indiqué dans certains cas. Les infections locales ou étendues sont traitées au moyen d'antifongiques ou d'antibiotiques topiques ou à large spectre. Pour classifier la stomatite causée par la chimiothérapie, on peut s'appuyer sur la classification du Western Consortium for Cancer Nursing Research (WCCNR), illustrée dans le tableau 16-9 ■.

Maintenir l'intégrité des tissus

Hormis la stomatite, les atteintes les plus fréquentes à l'intégrité des tissus et de la peau sont l'alopécie, les lésions tissulaires causées par la radiothérapie et les métastases cutanées, notamment au niveau des ganglions lymphatiques.

Aider la personne à composer avec l'alopécie

L'alopécie (chute des cheveux totale ou partielle, temporaire ou permanente) est un autre effet indésirable possible de la radiothérapie et de la chimiothérapie. La gravité varie selon la durée du traitement et les doses administrées. L'alopécie résulte de l'atteinte des cellules souches et des follicules pileux. Les cheveux deviennent fragiles et peuvent tomber ou se casser près du cuir chevelu. On constate moins fréquemment la chute des poils ailleurs sur le corps. Les cheveux commencent habituellement à tomber 2 ou 3 semaines après le début du traitement et à repousser au plus tard 8 semaines

Classification de la stomatite selon le WCCNR

TABLEAU
16-9

Grade	Lésions	Couleur de la cavité buccale	Saignement
0	Aucune	Rose à plus de 50 %	Aucun
1	1-4	Légèrement rouge à plus de 50 %	Aucun
2	Plus de 4	Modérément rouge à plus de 50 %	En mangeant ou lors des soins buccaux
3	Lésions coalescentes sur 50 % ou plus de la surface de la bouche	Très rouge à plus de 50 %	Spontané – sang frais apparent ou sang séché sur l'oreiller

Directives: Avec une paire de gants, une petite lampe et un abaisse-langue, vérifier toutes les surfaces buccales, incluant les gencives, la langue, les lèvres ainsi que la voûte palatine, le plancher buccal et les surfaces jugales. Les fissures dans les lèvres ne sont pas calculées comme étant des lésions.

Faire le total des points pour les trois colonnes: lésions, couleur et saignement.

Grade: Normal = 0; Léger = 1-4; Modéré = 5-7.

Source: K. Olson, J. Hanson, J. Hamilton, D. Stacey, M. Eades, D. Gue, H. Plummer, K. Janes, M. Fitch, D. Baker, C. Oliver (traduction libre: M. Vlasblom, N. Allard).

après le dernier traitement. Il arrive que des personnes qui subissent une irradiation de la tête et du cou restent définitivement chauves. Pour les professionnels de la santé, l'alopécie est un problème mineur au regard des conséquences potentiellement létales du cancer. Toutefois, de nombreuses personnes considèrent que la chute des cheveux porte gravement atteinte à leur image corporelle; c'est une source d'anxiété, d'état dépressif, de tristesse, de colère et de crainte du rejet et de l'isolement. L'alopécie devient en quelque sorte le symbole des nombreux défis que pose le cancer dans la vie de la personne, que ce soit en matière d'adaptation, de relations interpersonnelles et de sexualité.

Le rôle de l'infirmière est de renseigner la personne et ses proches et de les aider à s'adapter aux effets perturbateurs des traitements que constituent l'alopécie ou les autres atteintes à l'image corporelle. Elle peut proposer l'achat d'une perruque ou d'un postiche avant que les cheveux ne tombent: il est alors plus facile de comparer les articles avec la chevelure naturelle. Les beaux foulards et les chapeaux élégants aident aussi les personnes à se sentir plus à l'aise. L'infirmière peut orienter la personne vers un programme de soutien tel que le programme « Belle et bien dans sa peau » parrainé par la Société canadienne du cancer. On peut rassurer certaines personnes en les informant que les cheveux repoussent habituellement après le traitement, même si leur couleur et leur texture peuvent changer.

Traiter les lésions cutanées cancéreuses

En présence de lésions cutanées et tissulaires dues à la radiothérapie, l'infirmière doit prodiguer des soins attentifs destinés à limiter l'irritation, le dessèchement et l'aggravation de l'état de la peau. Elle

doit traiter délicatement la peau des régions affectées et éviter les frottements et l'emploi d'eau trop chaude ou trop froide, de savons, de poudres, de lotions et de produits cosmétiques. La personne doit préférer les vêtements amples à ceux qui compriment ou frottent la région affectée. Il faut éviter de crever les phlyctènes de crainte d'ouvrir une porte à l'infection. Les pansements semiperméables (par exemple à base d'hydrocolloïdes et d'hydrogels) favorisent la cicatrisation tout en protégeant la région. Il est important de bien suivre les mesures d'asepsie pour prévenir l'infection des plaies et la septicémie. L'emploi d'un antibiotique topique, tel qu'une pommade contenant de la sulfadiazine d'argent à 1 % (Silvadene), est parfois indiqué en présence de desquamation humide (rougeur et suintement de la peau avec douleur).

L'apparition de lésions cutanées cancéreuses est parfois la conséquence d'une extension locale de la tumeur ou de la formation d'un embole tumoral aux dépens de l'épithélium et des vaisseaux lymphatiques et sanguins environnants. Les lésions se manifestent notamment par des rougeurs (plaques érythémateuses), qui parfois se transforment en plaies avec nécrose et infection. Les lésions plus importantes sont souvent friables, purulentes et malodorantes et elles sont très douloureuses. Ce type de lésions est le plus souvent associé au cancer du sein et aux cancers cervicofaciaux, mais on les retrouve également dans les cas de lymphomes, de leucémies, de mélanomes, de cancers du poumon, de l'utérus, du rein, du côlon et de la vessie. La présence de lésions cutanées importantes laisse habituellement présager un mauvais pronostic pour la survie de la personne.

Les ulcérations cutanées sont souvent révélatrices d'une maladie arrivée à un stade très avancé probablement incurable. Le soin des lésions devient alors une des priorités de l'infirmière. Elle doit examiner et nettoyer soigneusement les régions affectées, maintenir l'asepsie locale, arrêter les saignements, réduire l'odeur et protéger les plaies contre les traumas. Une demande de soins à domicile est justifiée dans ces cas puisque la personne et ses proches ont besoin d'aide et de conseils pour soigner ces lésions à la maison.

Maintenir l'apport nutritionnel

La plupart des personnes atteintes de cancer perdent du poids. De fait, elles présentent souvent des troubles nutritionnels tels que l'anorexie, la malabsorption et la cachexie. Il faut donc veiller attentivement à prévenir la perte de poids en favorisant une bonne alimentation. La Société canadienne du cancer a publié et mis à la disposition du public dans Internet un guide pratique destiné à aider les personnes atteintes de cancer à bien s'alimenter.

Anorexie

Divers facteurs peuvent être à l'origine de l'anorexie chez les personnes atteintes de cancer. Celles-ci ont parfois dans la bouche un goût salé, acide ou métallique ou n'apprécient plus les aliments sucrés ou amers, d'où un moindre appétit: si l'apport nutritionnel est réduit, il en résulte alors une malnutrition protéino-énergétique. Ces sensations gustatives altérées peuvent résulter de carences en minéraux (par exemple en zinc), d'une augmentation des acides aminés et des métabolites cellulaires circulants ou de la prise d'antinéoplasiques. Les personnes qui subissent une radiothérapie cervicofaciale souffrent parfois d'une altération très marquée du goût, appelée agueusie ou dysgueusie, ou de changements dans la perception olfactive (anosmie) qui accentuent les troubles gustatifs.

L'anorexie se manifeste parfois par une sensation de satiété après seulement une ingestion de quelques bouchées. Une quantité insuffisante d'enzymes digestives, une perturbation du métabolisme du glucose et des triglycérides et la stimulation prolongée des récepteurs de la paroi gastrique (responsables de la sensation de satiété) sont alors en cause. La détresse psychologique qu'éprouve la personne au cours de l'évolution de sa maladie (par exemple peur, douleur, état dépressif, isolement) risque aussi d'altérer son appétit. D'autre part, à cause des nausées et vomissements, certaines personnes éprouvent du dégoût pour la nourriture à la suite de leur traitement.

Malabsorption

Chez beaucoup de personnes atteintes de cancer, l'absorption gastro-intestinale des éléments nutritifs est perturbée à cause de l'activité tumorale et des traitements. Les tumeurs ont plusieurs effets nocifs sur les fonctions gastro-intestinales. Elles peuvent freiner la production d'enzymes ou favoriser la formation de fistules. Elles sécrètent parfois des hormones ou des enzymes, comme la gastrine, qui peuvent aggraver l'irritation de la muqueuse, déclencher la formation d'un ulcère gastroduodénal ou nuire à la digestion des lipides ou des protéines.

Les traitements antinéoplasiques peuvent causer une irritation et des lésions de la muqueuse intestinale et ainsi limiter l'absorption des nutriments. La radiothérapie est aussi associée à une sclérose des vaisseaux sanguins irriguant l'intestin et à une fibrose des tissus gastro-intestinaux. Les interventions chirurgicales peuvent dérégler le péristaltisme, modifier les sécrétions gastro-intestinales ou réduire la surface d'absorption de la muqueuse du tube digestif, autant de causes possibles de malabsorption.

Cachexie

La cachexie est une condition de malabsorption avancée. Elle apparaît fréquemment chez les personnes souffrant du cancer, surtout aux stades avancés de la maladie. Elle a pour causes: un apport nutritionnel insuffisant coïncidant avec des besoins métaboliques accrus et avec une plus grande dépense énergétique attribuable au métabolisme anaérobie de la tumeur; une altération du métabolisme du glucose et des lipides; la concurrence exercée par les cellules tumorales pour l'obtention des nutriments; le manque d'appétit. La cachexie se caractérise par une perte de poids, une fonte adipeuse et musculaire, ainsi que par un déficit en protéines viscérales. Les personnes cachectiques se plaignent de manque d'appétit, de satiété précoce et d'asthénie. La perte de protéines entraîne souvent de l'anémie et un œdème périphérique.

Considérations générales relatives à l'alimentation

Tout doit être fait pour assurer une alimentation adéquate de la personne par voie orale. Il faut lui proposer des mets appétissants et éviter ceux dont l'aspect ou l'odeur lui déplaisent. On doit solliciter la participation des membres de la famille dans le but de stimuler la personne à manger et de favoriser un apport nutritionnel adéquat. Dans le choix des aliments, il faut tenir compte non seulement des besoins physiologiques et métaboliques de la personne, mais aussi de ses préférences. Il est recommandé de servir des repas légers à intervalles rapprochés et d'offrir des suppléments nutritionnels entre les repas. La personne tolère souvent de plus grosses portions lorsqu'on les sert plus tôt dans la journée, ce qu'il est utile de savoir lorsqu'on planifie les repas. On doit lui déconseiller de boire en mangeant, ce qui risque de provoquer trop vite la sensation de satiété. La personne a souvent de meilleures sensations gustatives lorsqu'elle pratique des soins d'hygiène buccale. L'infirmière doit

évaluer si des douleurs, des nausées ou d'autres symptômes nuisent à l'alimentation et intervenir, le cas échéant. Certains corticostéroïdes ou progestatifs, comme l'acétate de mégestrol (Megace), sont parfois prescrits pour stimuler l'appétit.

Lorsque l'alimentation par voie orale ne suffit plus à remplir les besoins nutritionnels, on doit envisager l'alimentation entérale. S'il s'agit d'une mesure temporaire, on utilise un tube nasogastrique; si on prévoit de prolonger le soutien nutritionnel plus de quelques semaines, une gastrostomie ou une jéjunostomie peut être indiquée. Dans le cadre des soins à domicile, l'infirmière doit enseigner à la personne et à ses proches les techniques liées à l'alimentation entérale.

Afin de corriger la malabsorption, on peut notamment administrer des suppléments alimentaires (Ensure ou autres) composés d'enzymes et de vitamines, modifier l'heure des repas, simplifier le menu et prendre des mesures visant à contrôler la diarrhée. Dans les cas de malabsorption grave, il peut être nécessaire de recourir à l'alimentation parentérale. On installe alors un dispositif d'accès veineux de type cathéter veineux central, chambre implantable ou cathéter central par voie périphérique (figure 16-7 ■). L'infirmière enseigne à la personne et à ses proches comment entretenir le dispositif d'accès veineux et administrer l'alimentation parentérale. Des infirmières en santé communautaire peuvent aussi se rendre au domicile de la personne pour s'assurer que tout se passe bien.

Il est rare que les interventions visant à réduire la cachexie prolongent la vie des personnes, mais elles peuvent améliorer leur qualité de vie. Avant toute décision de recourir à une méthode effractive de soutien nutritionnel, l'infirmière doit bien évaluer l'état de la personne et discuter avec elle et ses proches des options permettant de maintenir son état nutritionnel. À cette fin, il peut être nécessaire de modifier le régime alimentaire de la personne ou de l'alimenter par voie entérale (tube nasogastrique) ou parentérale. Les soins et traitements infirmiers doivent également avoir pour but de prévenir les accidents, les infections et d'autres complications qui accroissent les besoins métaboliques.

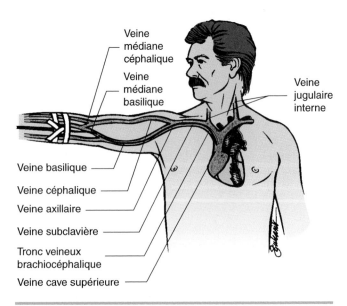

Veine médiane céphalique

Veine médiane basilique

Veine jugulaire interne

Veine basilique

Veine céphalique

Veine axillaire

Veine subclavière

Tronc veineux brachiocéphalique

Veine cave supérieure

FIGURE 16-7 ■ Un cathéter central est inséré par voie périphérique et poussé à travers la veine basilique ou la veine céphalique jusqu'à la veine axillaire, la veine subclavière, le tronc veineux brachiocéphalique ou la veine cave supérieure.

Soulager la douleur

Plus de 70 % des personnes atteintes de cancer évolutif éprouvent de la douleur (Librach, 2000). La douleur est aiguë dans certains cas, mais elle est le plus souvent chronique (pour plus de détails sur la douleur associée au cancer, voir le chapitre 13 ⊚). Comme pour tous les syndromes douloureux, l'intensité de la douleur liée au cancer dépend de facteurs physiques, affectifs et psychosociaux.

Le cancer cause divers types de douleur (tableau 16-10 ■), et les différents traitements anticancéreux peuvent aussi occasionner de la douleur. Les douleurs aiguës surviennent généralement après l'opération. On observe aussi parfois l'apparition d'un syndrome de douleur chronique, tel que les neuropathies postchirurgicales (si un nerf a été blessé durant l'intervention). Certains agents antinéoplasiques provoquent une nécrose tissulaire, des neuropathies périphériques et des stomatites, qui sont autant de sources potentielles de douleur. Quant à la radiothérapie, elle peut entraîner des douleurs résultant d'une inflammation de la peau ou des organes irradiés. La douleur peut être causée directement par un syndrome engendré par le cancer ou les interventions diagnostiques et thérapeutiques. Par ailleurs, les personnes peuvent éprouver des douleurs liées, par exemple, à l'arthrite ou aux migraines, sans lien avec le cancer ou son traitement. Bien qu'elle puisse être contrôlée, la douleur cancéreuse est souvent longue à apaiser et impossible à éliminer. Les mythes et les préjugés sont encore très présents tant chez les personnes traitées que chez les professionnels de la santé. Pour certaines personnes, il s'agit d'un signe d'aggravation de la maladie et de mort prochaine. Ces personnes qui appréhendent la douleur sont plus anxieuses, ce qui augmente leur sensibilité au mal ressenti, entraînant ainsi une peur accrue et une souffrance plus intense. On peut décrire la douleur cancéreuse chronique comme un cycle ou une spirale successivement alimentée par la douleur, l'anxiété et la peur.

Le seuil de tolérance à la douleur, soit le niveau maximal de douleur supportable, varie selon les personnes. Ce seuil diminue avec la fatigue, l'anxiété, la peur de mourir, la colère, le sentiment d'impuissance, l'isolement social, les perturbations de la représentation du rôle individuel, la perte de l'autonomie et les expériences de douleur passées. À l'inverse, le seuil de tolérance à la douleur augmente lorsque la personne dort ou se repose de façon adéquate, se distrait, fait preuve d'optimisme, bénéficie du soutien de son entourage ou prend des antidépresseurs, des anxiolytiques ou des analgésiques.

L'échec des stratégies employées pour lutter contre la douleur résulte souvent d'une méconnaissance des méthodes d'évaluation de la douleur et des moyens pharmacologiques et non pharmacologiques existants – méconnaissance de la part des personnes, de leur famille et des professionnels de la santé. Pour soulager efficacement la douleur cancéreuse, il faut savoir l'évaluer de façon complète et objective en tenant compte des facteurs physiques, affectifs, psychosociaux, environnementaux et spirituels qui l'influencent. Il est essentiel de suivre une approche multidisciplinaire pour établir le traitement le plus efficace. Les analgésiques à action systémique jouent un rôle central à cet égard, ce qui n'est pas le cas lorsqu'il s'agit de douleurs chroniques causées par d'autres facteurs.

L'Organisation mondiale de la santé (Dalton et Youngblood, 2000) recommande une approche en trois étapes pour traiter la douleur cancéreuse (chapitre 13 ⊚). Le choix de l'analgésique est dicté par l'intensité de la douleur ressentie par la personne. Les analgésiques non opioïdes (par exemple acétaminophène) servent à calmer les douleurs légères, les opioïdes faibles (par exemple codéine) les douleurs modérées, et les opioïdes forts (par exemple morphine) les douleurs intenses. Lorsque la douleur augmente, on la soulage en recourant à un analgésique plus puissant. On ajoute parfois à l'analgésique prescrit des médicaments adjuvants (coanalgésie) dans le but d'augmenter son efficacité ou de traiter d'autres symptômes susceptibles d'aggraver la douleur. Ces médicaments sont par exemple des antiémétiques, des antidépresseurs, des anxiolytiques, des anticonvulsivants, des stimulants, des anesthésiques locaux, des produits radiopharmaceutiques (radioisotopes parfois utilisés dans le traitement de tumeurs osseuses) et des corticostéroïdes.

En prévenant et en soulageant la douleur, on peut réduire l'anxiété de la personne et briser le cycle de la douleur. La meilleure façon d'y parvenir est d'administrer des analgésiques aux intervalles réguliers prescrits (approche préventive), ainsi que des doses supplémentaires, si c'est nécessaire et selon l'ordonnance, lors d'accès douloureux paroxystiques.

Il existe de nombreuses méthodes pharmacologiques et non pharmacologiques destinées à soulager la douleur cancéreuse. Aucune approche raisonnable, même si elle implique un certain degré d'effraction, ne doit être écartée sous prétexte que le pronostic est sombre. L'infirmière doit aider la personne et ses proches à jouer un rôle actif dans le traitement de la douleur. Elle les informe et les rassure afin de corriger les idées fausses qu'ils pourraient avoir au sujet de l'utilisation des opioïdes. Si la douleur est mal contrôlée, elle entraîne souffrance, anxiété, peur, impotence, isolement et dépression. Il importe autant d'assurer à la personne une bonne qualité de vie qu'une mort paisible.

Lutter contre la fatigue

Depuis quelques années, la fatigue est reconnue comme un des symptômes les plus incommodants et courants des personnes traitées

TABLEAU 16-10 Causes des douleurs cancéreuses

Cause	Description	Type et siège
Métastase osseuse	Douleur pulsatile ou continue	Sein, prostate, myélome
Compression d'un nerf, envahissement nerveux	Brûlure, picotements ou douleur vive	Sein, prostate, lymphome
Obstruction lymphatique ou veineuse	Douleur sourde continue, sensation de serrement	Lymphome, sein, sarcome de Kaposi
Ischémie	Douleur vive pulsatile	Sarcome de Kaposi
Obstruction d'un organe	Douleur sourde ou rongeante, crampes	Côlon, estomac
Envahissement d'un organe	Sensation de gonflement, crampes	Foie, pancréas
Inflammation, ulcération, infection ou nécrose cutanée	Brûlure, douleur vive	Sein, tête et cou, sarcome de Kaposi

pour un cancer. Les principales différences entre la fatigue normale et la fatigue chronique sont présentées dans le tableau 16-11 ■. L'infirmière doit aider la personne et les membres de sa famille à comprendre que la fatigue est habituellement un effet secondaire temporaire de la maladie et de l'un ou l'autre des traitements reçus. Elle est aussi causée par le stress que vit la personne atteinte de cancer. La fatigue n'est pas forcément le signe que la maladie progresse ou que le traitement est un échec. Le tableau 16-12 ■ donne un aperçu des principales causes de fatigue.

L'infirmière déploie des stratégies destinées à limiter l'intensité et les conséquences de la fatigue et à aider la personne atteinte de cancer à s'y adapter. En cherchant avec elle les causes possibles, elle peut lui proposer les interventions les plus utiles dans son cas. Elle l'aide à planifier ses activités quotidiennes de façon à mieux gérer son énergie, par exemple en alternant les périodes de repos et d'activité. La pratique régulière d'exercices légers structurés et individualisés peut réduire la sensation de fatigue et augmenter la résistance. À l'inverse, le manque d'activité physique et « l'excès de repos » favorisent dans une certaine mesure le déconditionnement et la fatigue qui l'accompagne.

Il faut encourager la personne à vivre une vie aussi normale que possible et à poursuivre les activités qui lui tiennent à cœur. La personne devrait planifier sa journée en donnant la priorité aux tâches importantes et aux occupations qui l'intéressent. On l'incitera à déléguer certaines responsabilités à d'autres membres de la famille (par exemple garde d'enfants, ménage, préparation des repas). Il est possible que les personnes qui travaillent à plein temps doivent réduire leurs heures de travail. L'infirmière aide la personne et ses proches à s'adapter à ces changements et à ces nouvelles responsabilités.

L'infirmière doit déterminer les facteurs qui contribuent à l'état de fatigue et soulager la douleur de la personne en recourant à des moyens pharmacologiques ou autres. Si l'apport protéino-énergétique de la personne est insuffisant, l'infirmière lui donne des conseils en matière de nutrition. Elle lui suggère de prendre de petits repas à intervalles rapprochés de façon à faciliter la digestion. Elle surveille le taux d'hémoglobine et l'hématocrite de la personne afin de déceler l'anémie et lui administre des produits sanguins ou une érythropoïétine recombinante si le médecin en prescrit. L'infirmière doit aussi guetter les signes d'hypoxie ou de déséquilibre électrolytique. Les personnes dont la mobilité est réduite peuvent être soulagées grâce à la physiothérapie et à des appareils et accessoires fonctionnels.

Améliorer l'image corporelle et l'estime de soi

Il est essentiel d'avoir une attitude constructive avec toute personne dont l'image corporelle est altérée. En l'incitant à être autonome et à participer aux soins et à la prise de décisions, on donne à la personne le sentiment qu'elle contrôle sa vie, tout en préservant son estime de soi. Il faut l'aider à s'acquitter de ses tâches et à poursuivre ses activités favorites. On doit déterminer tout sentiment négatif qu'elle pourrait entretenir, ainsi que tout ce qui pourrait menacer son image

	Fatigue normale (ou aiguë) et fatigue chronique TABLEAU 16-11	
Caractéristiques	**Fatigue normale (aiguë)**	**Fatigue chronique**
Causes	■ Fonction de protection	■ Inconnue ■ Étiologies multiples et liées les unes aux autres
Population visée	■ Personnes saines	■ Diverses populations cliniques ■ Personnes atteintes de cancer
Apparition	■ Soudaine, après un effort ou un stress intense	■ Graduelle ■ Cumulative
Durée	■ Courte, moins de 1 mois	■ 1 mois ou plus
Qualité	■ Intense ■ Intermittente ■ Temporaire	■ Inhabituelle ■ Excessive ■ Constante
Incidence sur la qualité de la vie	■ Minime	■ Considérable ■ Elle peut nuire à l'accomplissement des activités de la vie quotidienne (AVQ) et des activités de la vie domestique (AVD)
Soulagement	■ Soulagée par le sommeil et le repos	■ Non soulagée par le sommeil et le repos

Source: N. Allard (2000). Cancer et fatigue. *Infirmière du Québec, 7*(4), 45.

Causes de fatigue chez la personne atteinte de cancer TABLEAU 16-12	
Manifestations	**Effets**
■ Anorexie, nausées, vomissements, diarrhée	■ Déficience nutritionnelle, déséquilibre électrolytique, déshydratation, perte pondérale
■ Anémie, neutropénie ■ Réactions secondaires médicamenteuses, traitements médicaux, chirurgicaux ou interventions diagnostiques	■ Infection, fièvre, réaction inflammatoire ■ Modifications biochimiques liées à la maladie et aux traitements telles que l'accumulation de déchets toxiques, d'acide lactique ou de métabolites, les facteurs de nécrose tumorale, le déséquilibre hormonal
■ Difficulté à dormir et à se reposer	■ Manque d'exercice
■ Détresse émotionnelle, stress, deuils, facteurs situationnels	■ Dépression, angoisse
■ Soulagement inadéquat de la douleur	

Source: N. Allard (2000). Cancer et fatigue. *Infirmière du Québec, 7*(4), 46.

corporelle, puis en discuter avec elle. L'infirmière est bien placée pour écouter et conseiller la personne et les membres de sa famille. Afin d'offrir un soutien supplémentaire à la personne aux prises avec les changements résultant du cancer ou de son traitement, elle peut aussi l'orienter vers un groupe de soutien approprié. Lorsque la personne s'inquiète de son image corporelle, les esthéticiennes sont souvent de bonnes conseillères en matière de coiffure et d'utilisation de perruques, de maquillage et de foulards ou turbans.

Il faut encourager les personnes qui souffrent de difficultés sexuelles à s'ouvrir de leurs inquiétudes à leur partenaire. Il faut aussi inviter ces couples à explorer de nouvelles formes d'expression de la sexualité qui leur redonneront confiance en eux et les aideront à accepter la situation. Si l'infirmière décèle des troubles physiologiques ou psychologiques ou des problèmes de communication liés à la sexualité ou aux fonctions sexuelles, elle est bien placée, le cas échéant, pour recommander au couple une thérapie appropriée.

Favoriser le travail de deuil

Le diagnostic de cancer n'est pas nécessairement un verdict fatal. De nombreuses formes de cancer peuvent aujourd'hui être guéries ou contrôlées, et d'autres peuvent l'être si elles sont dépistées à temps. Néanmoins, pour de nombreuses personnes et leur famille, le cancer est encore considéré comme une maladie mortelle et évoque toujours l'image d'une personne souffrante extrêmement faible et maigre. Face aux conséquences anticipées ou réelles du cancer, il est normal que la personne éprouve du chagrin. Le cancer peut notamment affecter sa santé, ses sensations, son image corporelle, sa vie sociale, sa sexualité et son intimité. La personne, sa famille et ses proches peuvent aussi regretter de ne pas pouvoir se consacrer les uns aux autres autant qu'avant ou de devoir abandonner certains projets. Il peut être pénible pour la personne de ne plus maîtriser aussi bien son propre corps ou ses réactions émotives.

La personne à qui on vient d'annoncer un diagnostic de cancer ainsi que les membres de sa famille sont souvent sous l'effet du choc et de l'incrédulité. Ils ne sont pas dans l'état d'esprit idéal pour prendre les décisions déterminantes qu'on exige d'eux pour la suite du traitement, et ils doivent pouvoir compter sur le soutien du médecin, de l'infirmière et des autres membres de l'équipe soignante. Il incombe à l'infirmière de répondre à toutes les questions que la personne et ses proches pourraient poser et de clarifier les renseignements que leur a donnés le médecin.

L'infirmière doit écouter la personne et son entourage et évaluer leur réaction face au diagnostic et au traitement préconisé. Elle doit également les aider à formuler leurs questions et leurs inquiétudes, à trouver des personnes capables de les soutenir (conseiller spirituel ou autre) et à se confier mutuellement leurs craintes. Elle peut aussi les orienter vers un groupe de soutien rattaché à un hôpital ou à un organisme communautaire, qui leur offrira l'aide, les conseils et le soutien émotionnel dont ils ont besoin.

Au cours du processus de deuil, la personne et sa famille peuvent éprouver de la colère et de la frustration, et souffrir de dépression. Durant cette période, l'infirmière doit créer un climat de confiance qui les incite à verbaliser leurs sentiments. Tout au long de la maladie, elle devra rester attentive à leurs réactions et leur offrir l'aide et le soutien dont ils ont besoin pour faire face aux nouveaux problèmes qui surviennent.

Pendant la phase terminale de la maladie, l'infirmière constatera parfois que la personne et les membres de sa famille ne sont pas tous à la même étape du deuil. Si tel est le cas, elle doit aider chaque

personne à prendre conscience de ses sentiments et à les accepter. Elle doit par ailleurs explorer avec eux les options possibles en matière de soins aux personnes en fin de vie : cessation du traitement actif, recours aux mesures de maintien des fonctions vitales ou soulagement des symptômes. Pour rassurer et calmer la personne, il suffit parfois d'un simple geste, par exemple de lui tenir la main, ou de rester à son chevet ou à la maison avec elle. En maintenant le contact avec les membres de la famille après le décès de la personne, l'infirmière peut les aider à accepter la perte de l'être cher. Le chapitre 17 ⟶ aborde plus en détail la question des soins à la personne en fin de vie.

Prévenir ou traiter les complications

Infection

Malgré les progrès réalisés dans le traitement du cancer, l'infection demeure la principale cause de mortalité chez les personnes qui en sont atteintes. Plusieurs facteurs contribuent à l'affaiblissement des défenses immunitaires de ces personnes. Les médicaments de type antibiotique perturbent la flore microbienne normale, ce qui favorise la prolifération des germes pathogènes. D'autres médicaments affectent également la réponse immunitaire (chapitre 52 ⟶), et le cancer lui-même a parfois une action immunodépressive. Les leucémies et les lymphomes sont souvent associés à des altérations de l'immunité à médiation cellulaire et humorale. Aux stades avancés du cancer, il arrive que les tumeurs obstruent des viscères creux (comme l'intestin), des vaisseaux sanguins ou des vaisseaux lymphatiques, créant ainsi des niches pour la prolifération microbienne. Chez certaines personnes, les tumeurs envahissent aussi la moelle osseuse, ce qui empêche la production normale de leucocytes. Cependant, la diminution de la production de leucocytes est plus souvent provoquée par l'aplasie médullaire résultant de la chimiothérapie ou de la radiothérapie. L'intégrité de la peau et des muqueuses, qui constituent la première ligne de défense de l'organisme, est menacée par de nombreux actes diagnostiques et thérapeutiques effractifs, par les effets néfastes de la radiothérapie et de la chimiothérapie, ainsi que par les ulcères de pression que peut provoquer l'immobilité.

Le déficit nutritionnel causé par l'anorexie, les nausées, les vomissements, la diarrhée et le processus cancéreux empêche l'organisme de lutter efficacement contre les germes pathogènes. Les facteurs de croissance hématopoïétique ou facteurs stimulant le développement de colonies (voir la section « Modificateurs de la réponse biologique » p. 436), permettent d'atténuer et d'écourter la neutropénie associée aux traitements de chimiothérapie et de radiothérapie. L'administration de ces facteurs contribue à réduire le risque d'infection ; elle aide également parfois à conserver le même régime de traitement et la même posologie, à maintenir l'efficacité du traitement et à préserver une bonne qualité de vie.

Les microorganismes à Gram positif, notamment les différents streptocoques et staphylocoques, sont responsables de la plupart des infections diagnostiquées. Les microorganismes à Gram négatif (par exemple colibacille *[E. coli]* et *Pseudomonas aeruginosa*) et les champignons (par exemple *Candida albicans*) peuvent aussi être à l'origine d'infections graves.

La fièvre est souvent le signe d'infection le plus important chez la personne immunodéprimée. Même si elle peut être causée par divers facteurs non infectieux, y compris le cancer lui-même, il faut immédiatement signaler une élévation de la température à 38,3 °C ou plus et en chercher la cause.

On peut prescrire des antibiotiques pour traiter les infections si les cultures d'écoulement de plaie, d'exsudat, d'expectorations, d'urines, de selles ou de sang se révèlent positives. Lorsque la personne souffre de neutropénie, on doit lui administrer une anti-biothérapie à large spectre d'efficacité avant même d'avoir déterminé l'organisme infectant, en raison du taux de mortalité élevé associé aux infections non traitées. Ce traitement à large spectre ou empi-rique consiste habituellement en une combinaison de substances qui attaquent les principaux germes pathogènes. L'infirmière a l'importante responsabilité d'administrer sans délai ces médicaments en se conformant à l'ordonnance afin de maintenir leur concentration sanguine au niveau souhaité.

Il est essentiel d'observer une asepsie rigoureuse lorsqu'on mani-pule des lignes intraveineuses, des cathéters ou d'autres dispositifs effractifs. La personne doit éviter les foules et tout contact avec des individus contagieux. Si elle souffre d'immunodépression grave, par exemple à la suite de traitements entourant une greffe de moelle osseuse, il faut parfois l'isoler dans une chambre stérilisée où l'air est filtré. On peut lui interdire de consommer fruits et légumes crus parce qu'ils sont porteurs de bactéries. Il est essentiel de se laver les mains et d'observer une bonne hygiène générale pour limiter l'exposition aux bactéries nuisibles et éviter toute contamination par le milieu. On doit également éviter d'employer des techniques effractives, telles que les injections, les examens vaginaux ou rectaux, la prise de température rectale ou les interventions chirurgicales. On encourage la personne à tousser et à prendre régulièrement de profondes inspirations dans le but de prévenir une atélectasie ou d'autres troubles respiratoires. Dans les cas prévisibles d'immuno-dépression profonde faisant courir un risque d'infection, on a parfois recours à une antibiothérapie prophylactique. L'infirmière doit apprendre à la personne et aux membres de sa famille à reconnaître les signes et symptômes d'infection qui doivent être signalés. Elle leur enseigne comment avoir une hygiène des mains efficace, utiliser les antipyrétiques, préserver l'intégrité de la peau et administrer les facteurs de croissance hématopoïétique au besoin.

Choc septique

Tout au long de l'évolution de la maladie, l'infirmière guette chez la personne les signes d'infection et d'inflammation. La septicémie et le choc septique sont des complications parfois mortelles: il faut donc les prévenir ou les détecter et les traiter sur-le-champ. On doit immédiatement hospitaliser toute personne présentant des signes et symptômes de septicémie et de choc septique et lui administrer un traitement énergique.

Le choc septique (chapitre 15 ⊂⊃) se manifeste notamment par une altération de l'état de conscience, une température infé-rieure ou supérieure à la normale, une peau froide et moite, une diminution de la diurèse, une hypotension artérielle, des arythmies, un déséquilibre électrolytique et des anomalies des gaz artériels. On doit apprendre à la personne et aux membres de sa famille quels sont les signes et symptômes de la septicémie, les moyens de prévenir l'infection et les mesures à prendre en cas d'infection ou de septicémie.

Le plus souvent, le choc septique est associé à une infection fulminante causée par des bactéries à Gram négatif. Toutes les 15 à 30 minutes, l'infirmière doit prendre la pression artérielle, le pouls, le rythme respiratoire et la température de la personne en état de choc. On effectue des examens neurologiques afin de déceler les signes éventuels de confusion et de léthargie. On surveille l'équilibre hydro-électrolytique en faisant le bilan des ingesta et des excreta, et en mesurant le taux des électrolytes sériques. On doit également suivre de près les résultats de l'analyse des gaz artériels, des hémocultures et de l'oxymétrie afin de dépister l'hypoxie. Selon l'ordonnance du médecin, l'infirmière administre par voie intraveineuse des liquides, du sang et des produits sanguins afin de maintenir une pression artérielle normale et d'assurer l'irrigation des tissus. Selon l'ordon-nance du médecin, l'infirmière peut aussi administrer une antibio-thérapie à large spectre afin de combattre l'infection sous-jacente (chapitre 15 ⊂⊃).

Thrombopénie: saignement et hémorragie

La thrombopénie (ou diminution du nombre de plaquettes san-guines en circulation) est la cause la plus courante des saignements observés chez les personnes atteintes de cancer. On définit habituel-lement la thrombopénie comme un abaissement de la numération plaquettaire à moins de 100×10^9/L. Le risque de saignement augmente quand la numération se situe entre 20 et 50×10^9/L. Lorsque sa valeur est inférieure à 20×10^9/L, la personne court un risque accru de saignement spontané et doit être transfusée. Les plaquettes jouent un rôle crucial dans la fonction de coagulation du sang et l'hémostase.

La thrombopénie résulte souvent de l'aplasie médullaire que peuvent causer certaines formes de chimiothérapie ou de radiothé-rapie. L'invasion de la moelle osseuse par les cellules cancéreuses peut aussi nuire à la production des plaquettes. Dans certains cas, on observe une destruction de celles-ci associée à la distension de la rate (hypersplénisme) et aux anomalies de la fonction immunitaire qui accompagnent les leucémies et les lymphomes.

L'infirmière doit contrôler les résultats de laboratoire et surveiller en permanence l'apparition d'un saignement chez la personne. Elle lui conseille d'utiliser une brosse à dents à soies souples et un rasoir électrique (et non un rasoir à lames) de façon à prévenir les traumas et à réduire au minimum les risques de saignement. Elle évite de recourir à toute technique effractive (prise de température rectale, injection intramusculaire ou cathétérisme) qui ne serait pas néces-saire. Elle aide la personne et son entourage à repérer et à éliminer les risques environnementaux qui pourraient entraîner des chutes ou d'autres traumas. Un régime d'aliments mous, une augmentation de l'apport hydrique et la prise d'un laxatif (si elle est prescrite) sont parfois indiqués pour protéger la muqueuse gastro-intestinale. On doit manipuler avec précaution les articulations et les extré-mités de la personne afin de réduire au minimum les risques de saignement spontané.

L'hémorragie peut avoir plusieurs causes, telles que la throm-bopénie ou les troubles de la coagulation, souvent associées à l'évolution du cancer ou aux effets indésirables du traitement. Elle peut se déclarer dans les voies gastro-intestinales, respiratoires ou génito-urinaires ou encore dans le cerveau. Lorsqu'elle survient à l'hôpital, il faut prendre la pression artérielle, le pouls et la fréquence respiratoire de la personne toutes les 15 à 30 minutes.

Il faut surveiller de près l'hématocrite et le taux d'hémoglobine afin de déceler les signes de saignement. L'infirmière prélève des échantillons d'urines, de selles et de vomissements dans le but de déceler toute hémorragie occulte. On effectue des examens neuro-logiques afin de détecter d'éventuels troubles d'orientation ou de comportement. L'infirmière doit administrer les liquides, le sang et les produits sanguins prescrits par le médecin pour remplacer les pertes subies, ainsi que des vasopresseurs pour stabiliser la pression artérielle et assurer l'oxygénation des tissus. Au besoin, on recourt à l'oxygénothérapie.

Favoriser les soins à domicile et dans la communauté

Enseigner les autosoins

Les personnes atteintes de cancer quittent habituellement l'établissement de soins de courte durée et sont ensuite soignées à la maison ou en clinique. La personne et sa famille sont dès lors responsables des soins. Les membres de l'entourage de la personne doivent s'impliquer davantage dans les soins, ce qui suppose qu'on leur enseigne comment les prodiguer. Dans un premier temps, l'enseignement porte sur ce qu'on doit savoir pour donner à la personne les soins dont elle est le plus susceptible d'avoir besoin à la maison.

L'infirmière expose à la personne et à son entourage les effets indésirables possibles des traitements, ainsi que les signes et symptômes qu'il faut signaler s'ils se manifestent; elle leur fournit également une documentation écrite sur ces points. Elle leur explique quelles stratégies adopter pour atténuer ou compenser ces effets indésirables. L'enseignement doit aussi tenir compte des priorités soulevées par la personne et sa famille, ainsi que de la complexité des soins donnés à domicile.

Grâce aux progrès techniques, il est aujourd'hui possible d'administrer à domicile les antinéoplasiques, l'alimentation parentérale, les produits sanguins et des antibiotiques ou des analgésiques par voie parentérale. Il est également possible de soulager sur place les symptômes et d'entretenir les dispositifs d'accès veineux. L'infirmière de santé communautaire assure ces soins avancés et soutient la personne. Il est toutefois nécessaire de donner à celle-ci et à son entourage les renseignements généraux et le soutien d'appoint dont ils ont besoin pour effectuer ou recevoir en toute confiance les traitements à la maison. Les visites et les appels téléphoniques de l'infirmière contribuent souvent à rassurer la personne et ses proches, et les conseils qu'elle leur donne les aident à aborder sans crainte des aspects inconnus ou plus complexes des soins. Maintenir ce contact permet en outre de mieux suivre l'évolution de la maladie et de mieux répondre aux besoins de la personne.

Assurer le suivi

Les soins à domicile sont souvent justifiés pour les personnes atteintes de cancer. Il incombe notamment à l'infirmière de santé communautaire d'évaluer le milieu de vie de la personne, de proposer des modifications environnementales ou des mesures de soins qui contribueront à son confort et à sa sécurité, de prodiguer des soins physiques et d'évaluer les répercussions psychologiques et affectives de la maladie sur elle et sur ses proches.

L'infirmière évalue les changements qui surviennent dans l'état physique de la personne. Elle avise le médecin des changements notables, ce qui permet à ce dernier de modifier le traitement en conséquence sans délai. L'infirmière en santé communautaire s'assure également que la douleur est bien contrôlée et que les stratégies de prévention ou d'atténuation des effets indésirables des traitements sont efficaces, notamment en ce qui à trait à la constipation et aux nausées.

L'infirmière s'assure que la personne et son entourage comprennent l'approche et les stratégies thérapeutiques suivies; les enseignements déjà donnés doivent être consolidés. L'infirmière facilite souvent la coordination des soins en assurant une communication étroite entre les différents intervenants qui s'occupent de la personne. Ainsi, elle peut diriger celle-ci vers des services

appropriés et coordonner les ressources existant dans la communauté (par exemple bureau local de la Société canadienne du cancer, auxiliaires familiaux, organismes confessionnels, infirmières de paroisse, groupes de soutien).

ÉVALUATION

Résultats escomptés

Pour connaître ces résultats dans le détail, voir « Plan thérapeutique infirmier », p. 426. Les résultats escomptés chez la personne sont notamment les suivants :

1. Aucune complication (telle que l'infection ou la septicémie).
2. Aucune atteinte à l'intégrité de la muqueuse buccale (stomatite).
3. Aucune atteinte à l'intégrité des tissus et de la peau (alopécie et plaies cutanées).
4. État nutritionnel adéquat.
5. Tolérance à l'effort accrue et fatigue réduite.
6. Soulagement des douleurs et des symptômes.
7. Progression positive dans le travail de deuil.
8. Meilleure image corporelle et meilleure estime de soi.
9. Aucune complication (par exemple aucun épisode de saignement ou d'hémorragie).

Réadaptation de la personne atteinte de cancer

De nombreuses personnes atteintes de cancer, y compris celles qui ont subi une intervention chirurgicale comme traitement primaire suivie de chimiothérapie ou de radiothérapie, finissent par reprendre leur travail et leurs activités quotidiennes habituelles. Ces personnes peuvent alors faire face à toutes sortes de problèmes : par exemple la diminution de leurs capacités fonctionnelles ou l'attitude parfois négative d'employeurs, de collègues et de membres de leur famille qui considèrent encore le cancer comme une maladie débilitante et mortelle. L'infirmière joue un rôle important dans la réadaptation de la personne atteinte de cancer. Cette réadaptation implique à la fois la personne et ses proches, car tous sont concernés d'une manière ou d'une autre par la maladie. De plus, en raison du virage ambulatoire, beaucoup de familles doivent prodiguer elles-mêmes des soins à la maison. Pour en tirer le maximum de bénéfices, on doit évaluer les besoins de la personne en matière de réadaptation dès le début des traitements (tableau 16-13 ■).

Afin d'aider la personne à accepter les changements touchant son apparence physique ou ses capacités fonctionnelles, il est essentiel d'évaluer dans quelle mesure un traitement mutilant a pu altérer son image corporelle. L'infirmière peut conseiller à la personne et aux membres de sa famille d'adhérer à un groupe de soutien parrainé par la Société canadienne du cancer, comme ceux qui viennent en aide aux personnes ayant subi une laryngectomie ou une mastectomie.

Évaluation des besoins de réadaptation de la personne sous traitement anticancéreux	TABLEAU 16-13

Types de besoins	Éléments à évaluer
FONCTIONNELS	
Activités quotidiennes	■ Mobilité ■ Altération des fonctions cognitives ■ Altération des fonctions sensorielles ■ Obstacles à la communication
PHYSIOLOGIQUES	
Nutrition	■ Indication de l'alimentation entérale ou parentérale
Élimination	■ Altération de l'élimination intestinale et/ou vésicale
Traitement des symptômes liés à la maladie ou au traitement	■ Douleur ■ Nausées, vomissements, diarrhée ■ Dyspnée, asthénie ■ Lésions cutanées, alopécie
PSYCHOSOCIAUX	
Famille	■ Accès aux soignants, aménagement du lieu de vie ■ Accès à une voiture, coût des déplacements
Services publics	■ Accès aux transports en commun, coût des déplacements ■ Accès aux services d'assistance d'organismes communautaires
Personne	■ Préoccupations d'ordre spirituel ■ Relations familiales ■ Image de soi ■ Image corporelle ■ Capacité d'adaptation ■ Sexualité
Situation financière	■ Sécurité d'emploi de la personne et des membres de sa famille ■ Besoin de réadaptation professionnelle

Elle doit aussi collaborer avec des ergothérapeutes, des physiothérapeutes et des stomothérapeutes afin d'aider la personne à mieux utiliser une prothèse ou des accessoires fonctionnels, et à effectuer les réaménagements qui peuvent être nécessaires au domicile.

La personne atteinte de cancer souffre souvent de douleurs ou de nausées liées à la maladie ou à son traitement. Son travail comme sa qualité de vie risquent d'en souffrir.

L'infirmière doit s'efforcer de cerner les problèmes et d'aider la personne à trouver les moyens d'y remédier. Si la prise d'antinéoplasiques cause des troubles gastro-intestinaux, il peut être utile de modifier l'horaire de travail de la personne ou d'administrer les traitements en soirée. On peut aussi faire appel à des médecins et à des pharmaciens afin de déterminer les mesures susceptibles d'aider la personne.

L'infirmière collabore aussi avec des diététistes pour aider les personnes à planifier des repas satisfaisants et répondant à leurs besoins nutritionnels. Enfin, elle s'implique dans le suivi de la personne et surveille l'apparition possible de séquelles du traitement.

La Charte canadienne des droits et libertés de la personne protège quiconque souffre d'une affection incapacitante contre toute forme de discrimination. Cependant, on rapporte des cas de personnes en convalescence de cancer qui sont victimes de pratiques déloyales et de discrimination au travail. Certains employeurs ne comprennent pas toujours que les différentes formes de cancer évoluent différemment et affectent les capacités à des degrés divers. D'où l'hésitation de certains d'entre eux à embaucher ou à continuer à employer une personne atteinte de cancer, surtout lorsque le traitement implique une modification des heures de travail. Il arrive aussi que des employeurs, des collègues de travail ou des membres de la famille continuent de considérer que la personne est malade même si le traitement est terminé et si elle se rétablit progressivement. Les cancers cervicofaciaux rendent parfois la communication plus difficile, ce qui peut compliquer les relations avec les collègues de travail. La personne peut parfois bénéficier de services de réadaptation professionnelle offerts dans les hôpitaux et par l'entremise de la Société canadienne du cancer ou d'autres organismes.

L'infirmière a pour rôle d'éduquer les employeurs et le grand public afin de promouvoir le respect des droits des personnes atteintes de cancer. Chaque fois qu'elle le peut, elle aide les personnes et leurs proches à réintégrer leurs rôles antérieurs. Elle les oriente vers des psychologues, des travailleurs sociaux ou des membres du clergé s'ils ont besoin de soutien psychosocial ou spirituel. Pendant la période de réadaptation, la personne doit se concentrer sur ce que ses forces et ses aptitudes lui permettent de faire plutôt que sur les pertes qu'elle a subies. Dans le même esprit, l'infirmière encourage la personne à recouvrer au maximum ses capacités et son autonomie.

Particularités reliées à la personne âgée

L'**espérance de vie** s'améliorant et le risque de cancer augmentant avec l'âge, les infirmières doivent prodiguer des soins à un nombre croissant de personnes âgées atteintes de néoplasies. Le cancer frappe surtout les Canadiens âgés. On compte ainsi 20 fois plus de nouveaux cas chez les personnes âgées de 80 ans et plus que dans le reste de la population (Institut national du cancer du Canada, 2004). Lorsqu'on donne des soins et traitements infirmiers à ces personnes, on doit tenir compte de leurs besoins particuliers, qui sont notamment liés à leur état physique et à leur situation psychosociale et financière.

Les infirmières qui s'occupent de personnes âgées doivent connaître les effets physiologiques normaux du vieillissement, tels que la perte d'élasticité cutanée, la diminution de la masse et de la résistance des os, le dysfonctionnement d'organes ou l'altération des mécanismes immunitaires et des fonctions sensitives et motrices. On observe aussi chez les personnes âgées une perturbation de l'absorption, de la diffusion, du métabolisme et de l'élimination des médicaments. Ces effets du vieillissement, de même que certaines maladies chroniques du grand âge et leurs traitements, peuvent diminuer la tolérance au traitement anticancéreux (tableau 16-14 ■).

Le fonctionnement perturbé d'un organe et la diminution des réserves physiologiques peuvent accroître le risque d'effet toxique associé à certains antinéoplasiques (par exemple insuffisance rénale, aplasie médullaire, cardiomyopathie). Chez les personnes âgées traitées par radiothérapie, la régénération des tissus est parfois retardée et les effets indésirables du traitement peuvent être plus graves (par exemple inflammation des muqueuses, nausées et vomissements ou aplasie médullaire). Après une opération, ces personnes mettent plus de temps à se rétablir, en raison d'une capacité de guérison des tissus amoindrie et d'une fonction cardiorespiratoire affaiblie. Elles présentent également plus de risques de complications postopératoires telles qu'une atélectasie, une pneumonie ou l'infection d'une plaie.

Les personnes âgées atteintes de cancer ne reçoivent pas toujours tous les traitements nécessaires en raison du préjugé de l'âgisme de certains professionnels de la santé ou soignants, et parfois des personnes elles-mêmes. L'accès aux soins et à l'aide dont la personne a besoin pour ses activités quotidiennes peut être limité en raison de facteurs tels que la perte progressive des ressources de soutien, les problèmes de santé ou le décès du conjoint et l'indisponibilité des autres membres de la famille et des amis. De plus, les personnes qui ont un revenu fixe peuvent avoir du mal à assumer le coût des soins de santé.

L'infirmière doit être sensible aux besoins particuliers des personnes âgées. Les efforts de prévention et de dépistage du cancer visent aussi bien cette tranche de la population que les personnes plus jeunes. L'infirmière doit guetter tout signe ou symptôme d'effet indésirable chez les personnes âgées sous traitement anticancéreux. Elle informe la personne qu'elle doit signaler à son médecin tout nouveau symptôme. Il arrive parfois que ces personnes associent de tels symptômes au vieillissement et les passent sous silence, ou refusent de les signaler de peur de perdre leur autonomie ou leur sécurité financière. Si la personne présente des pertes sensorielles (par exemple vision, audition) ou des déficiences de la mémoire, cela peut affecter sa faculté de comprendre et de se rappeler les conseils qu'on lui donne: l'infirmière doit en tenir compte dans son enseignement. Elle agira toujours dans l'intérêt de ces personnes en favorisant leur autonomie et en trouvant au besoin des ressources pouvant les aider.

Soins à la personne atteinte de cancer avancé

Lorsque le cancer atteint un stade avancé, la symptomatologie associée à la maladie est généralement plus grave. Les troubles digestifs, les carences nutritionnelles, la perte de poids et

Changements liés au vieillissement et effets chez les personnes atteintes de cancer	TABLEAU 16-14
Changements liés au vieillissement	**Conduites appropriées**
Altération du système immunitaire	■ Lutter contre l'infection; surveiller l'apparition de signes et symptômes typiques et atypiques d'infection.
Perturbation de l'absorption, de la diffusion, du métabolisme et de l'élimination des médicaments	■ Calculer précisément les doses d'antinéoplasiques et réévaluer fréquemment la réponse au traitement et ses effets secondaires.
Prévalence accrue d'autres maladies chroniques	■ Observer les effets du cancer et de son traitement sur les affections chroniques de la personne; surveiller la tolérance de la personne au traitement anticancéreux.
Fonction rénale et cardiorespiratoire diminuée	■ Prendre des mesures proactives de prévention de l'insuffisance rénale, de l'atélectasie, de la pneumonie et des dysfonctions cardiovasculaires.
Atteinte à l'intégrité de la peau et des tissus; diminution de la masse corporelle; retard de guérison	■ Prévenir les plaies de pression causées par l'immobilité. ■ Vérifier l'intégrité de la peau et des muqueuses de la personne sous radiothérapie ou chimiothérapie. ■ Protéger les plaies contre l'infection.
Perte de force musculaire et de résistance osseuse	■ Prévenir les chutes; encourager le port de protecteurs de hanches s'il y a lieu.
Fonctions neurosensorielles diminuées: vision, audition et sensations tactiles des extrémités	■ Adapter l'enseignement et l'information transmise aux personnes dont la vision ou l'audition est altérée. ■ Donner des consignes de sécurité et enseigner comment soigner la peau des extrémités.
Diminution possible des facultés cognitives et affectives	■ Adapter l'enseignement et les conseils de façon à ce qu'ils soient compris des personnes.

la cachexie exposent davantage la personne aux atteintes à l'intégrité de la peau, aux déséquilibres hydroélectrolytiques et aux infections.

En dépit de nombreuses découvertes tant médicales que pharmaceutiques, la prévalence de la douleur est d'au moins 70 % dans les cas de cancer avancé. Selon l'Organisation mondiale de la santé, sur 5 millions de personnes atteintes de cancer, 4 millions sont aux prises avec des douleurs non maîtrisées (Librach, 2000).

Bien que toutes les personnes atteintes de cancer ne souffrent pas, celles qui éprouvent des douleurs intenses craignent souvent que les médicaments ne les soulagent pas. À ce stade, même si les visées du traitement sont plus palliatives que curatives, on peut considérablement améliorer la qualité de vie de la personne en suivant une approche préventive et en prenant en charge la douleur grâce à des moyens appropriés. Par exemple, mieux vaut administrer des analgésiques à intervalles réguliers que lorsque la personne doit le demander et attendre : c'est plus efficace, car cela évite l'escalade de la douleur qui rend cette dernière plus difficile à soulager et à contrôler. En collaboration avec la personne, ses proches et d'autres membres de l'équipe soignante, on peut aussi établir un programme personnalisé de contrôle de la douleur avec des doses d'appoint qui, dans bien des cas, soulagera la personne et réduira son sentiment d'impuissance. Une fois la douleur mieux maîtrisée, on pourra ajuster les doses d'opioïdes et les combiner avec des coanalgésiques (par exemple sédatifs, tranquillisants, relaxants musculaires).

Lorsqu'on envisage d'effectuer une radiothérapie ou une technique anesthésique (par exemple bloc nerveux percutané, chordotomie) dans le but de soulager des douleurs intenses, on doit expliquer à la personne et à ses proches les effets de ces interventions et prendre des mesures de prévention contre les complications possibles d'une immobilité, d'une perte de sensibilité ou d'une perturbation des fonctions intestinales et/ou vésicales.

L'apparition de tout nouveau symptôme risque d'alarmer la personne qui peut le voir comme un signe d'aggravation de sa maladie, alors que ce n'est pas nécessairement le cas. Il faut évaluer rapidement ces nouveaux symptômes et prendre sans délai des mesures énergiques qui amélioreront le bien-être et la qualité de vie de la personne.

La personne en phase terminale souffre souvent de faiblesse, d'immobilité, d'asthénie et d'inactivité, conséquence de l'invasion tumorale, des traitements, de l'apport nutritionnel insuffisant et des difficultés respiratoires. L'infirmière doit établir avec elle des objectifs réalistes et prévoir une alternance de périodes de repos et d'activité. En outre, elle peut l'aider à trouver des façons moins fatigantes d'accomplir certaines tâches et à valoriser les activités qui lui tiennent le plus à cœur.

Tout au long de l'évolution de la maladie, on doit s'efforcer de donner à la personne la latitude d'action et l'autonomie qu'elle souhaite conserver, et lui assurer en même temps qu'elle recevra tout le soutien nécessaire en cas de besoin. Enfin, l'équipe soignante doit déterminer avec la personne et ses proches les soins et les mesures thérapeutiques que la personne souhaite voir appliquer durant la phase terminale de la maladie ; il convient aussi de s'assurer que ces désirs sont bien respectés.

SOINS PALLIATIFS

Pendant de nombreuses années, il n'existait pas de services de soins spécialisés pour les personnes en phase terminale de cancer. Celles-ci finissaient leurs jours dans des établissements de soins actifs plutôt qu'à la maison ou dans un centre spécialement conçu pour répondre à leurs besoins. Le concept de soins palliatifs, né en Grande-Bretagne à la fin des années 1970, consiste à assurer une prise en charge multidisciplinaire de la personne en phase terminale, ce qui permet de mieux répondre à ses besoins. Ainsi, lorsque la guérison ou la rémission du cancer n'est plus envisageable, le plan thérapeutique doit en priorité porter sur le maintien de la qualité de la vie, le soulagement des symptômes et le soutien affectif et spirituel de la personne et de ses proches. Plus important encore, cette approche des soins implique la famille dans son ensemble et non plus seulement la personne. Les soins palliatifs peuvent être offerts dans une maison de soins palliatifs, un centre hospitalier de soins de longue durée, un groupe de médecine familiale ou encore être donnés par une équipe spécialisée de soins à domicile.

En raison des coûts d'exploitation élevés des maisons de soins palliatifs, ces derniers sont souvent prodigués conjointement par les hôpitaux et le secteur communautaire. L'équipe de soins palliatifs se compose de médecins, d'infirmières, de travailleurs sociaux, de membres du clergé, de diététistes, de pharmaciens, de physiothérapeutes et de bénévoles. Il incombe généralement aux infirmières de coordonner leurs activités. Dans le cadre des soins palliatifs à domicile ou en établissement, l'infirmière doit avoir toutes les compétences nécessaires pour évaluer et traiter la douleur, la malnutrition, la dyspnée, les troubles intestinaux et urinaires et les atteintes à l'intégrité de la peau.

Les programmes de soins palliatifs privilégient la communication entre les membres de la famille et l'équipe soignante. La personne et ses proches connaissent généralement le pronostic et sont invités à participer aux décisions concernant la poursuite ou l'arrêt du traitement. En collaboration avec d'autres membres de l'équipe multidisciplinaire, l'infirmière peut aider ces personnes à s'adapter à leurs nouveaux rôles et à la nouvelle structure familiale, ainsi qu'à mieux vivre leur chagrin et leur deuil. Les infirmières en soins palliatifs sont appelées à soutenir activement le travail de deuil des survivants durant l'année suivant le décès de la personne. Les soins à la personne en fin de vie sont abordés dans le chapitre 17 ⊂⊃ .

Urgences oncologiques

L'essentiel des connaissances à retenir sur les cas d'urgence est résumé dans le tableau 16-15 ■.

Manifestations cliniques et traitement des urgences oncologiques

TABLEAU
16-15

Cas urgents	Manifestations cliniques et examens paracliniques utiles	Prise en charge

SYNDROME DE COMPRESSION DE LA VEINE CAVE SUPÉRIEURE

■ Compression ou invasion de la veine cave supérieure par la tumeur, un ganglion lymphatique tuméfié ou un thrombus avec obstruction de la circulation veineuse créant une congestion dans la région de la tête, du cou, des bras et du thorax. Ce syndrome est associé au cancer du poumon (surtout à petites cellules) dans 75 % des cas, mais il peut aussi compliquer un lymphome ou un cancer métastatique. Non traité, il peut provoquer une anoxie cérébrale (apport insuffisant d'oxygène au cerveau), un œdème laryngé, une obstruction bronchique et la mort. ■ Le pronostic est en général très défavorable.	*Tableau clinique* Congestion veineuse graduelle ou subite se manifestant par: ■ la turgescence des veines jugulaires, des veines temporales et des veines des bras; ■ l'apparition d'un réseau proéminent de veines dilatées sur la paroi thoracique; ■ de la dyspnée, de la toux, une cyanose variable, des troubles de déglutition; ■ un œdème de la tête, de la face, des conjonctives, du cou, et de la partie supérieure du thorax; ■ une augmentation de la pression intracrânienne s'accompagnant de troubles de la vision, de céphalée et d'une altération de l'état de conscience; ■ des signes d'œdème cérébral. *Diagnostic* ■ Observations cliniques. ■ Radiographie pulmonaire. ■ Tomodensitométrie thoracique. ■ Imagerie par résonance magnétique (IRM). ■ Phlébographie (si on soupçonne une thrombose).	*Traitement* ■ Radiothérapie pour réduire la taille de la tumeur et soulager les symptômes. ■ Chimiothérapie pour traiter les tumeurs radiorésistantes (par exemple lymphome, cancer pulmonaire à petites cellules) ou lorsque le médiastin a reçu la dose maximale tolérable de radiothérapie. ■ Administration d'anticoagulants ou de thrombolytiques en cas de thrombose. ■ Chirurgie (moins courant): par exemple pontage par greffe de la veine cave supérieure (greffon synthétique ou autologue) permettant de contourner l'obstruction. ■ Mesures de soutien telles que l'administration d'oxygène, de corticostéroïdes et de diurétiques. *Soins et traitements infirmiers* ■ Évaluer les personnes qui risquent de présenter un syndrome de compression de la veine cave supérieure. ■ Surveiller et signaler l'apparition de manifestations cliniques de compression de la veine cave supérieure. ■ Surveiller de près les fonctions cardiorespiratoire et neurologique. ■ Administrer l'oxygène ou la ventilation mécanique selon les indications. ■ Installer la personne penchée vers l'avant car cette position facilite la respiration; la personne sera ainsi plus à l'aise et moins anxieuse, malgré la gêne respiratoire causée par l'œdème progressif. ■ Recommander à la personne d'éviter tout effort afin de limiter la dyspnée. ■ Surveiller le volume liquidien et administrer seulement la quantité nécessaire de liquides afin de ne pas aggraver l'œdème. ■ Vérifier l'intégrité des tissus et de la peau. ■ Vérifier que la radiothérapie ne cause pas de problèmes thoraciques tels qu'une dysphagie (gêne à la déglutition) ou une œsophagite. ■ Vérifier l'état de conscience régulièrement. ■ Vérifier que la chimiothérapie ne cause pas de problèmes tels qu'une aplasie médullaire. ■ Prodiguer les soins postopératoires appropriés.

COMPRESSION MÉDULLAIRE

■ Compression de la moelle épinière et de racines nerveuses par une tumeur (par exemple lymphome) ou un écrasement intervertébral, qui peut entraîner des séquelles neurologiques irréversibles, elles-mêmes causes de morbidité et de mortalité. ■ Le pronostic dépend de la rapidité d'apparition des symptômes et de leur sévérité. La compression se situe au niveau thoracique dans environ 70 % des cas, au niveau lombosacré dans 20 % des cas et dans la région cervicale dans 10 %	*Tableau clinique* ■ Douleur locale ou radiculaire le long des dermatomes innervés par les racines nerveuses touchées (par exemple douleur radiculaire thoracique se propageant à la poitrine ou à l'abdomen). ■ Douleur exacerbée par le mouvement, la toux, les éternuements et la manœuvre de Valsalva. ■ Douleur intense parfois insupportable et incontrôlable. ■ Inflammation locale, œdème, stase veineuse et diminution de l'apport sanguin aux tissus nerveux.	*Traitement* ■ Radiothérapie pour réduire la taille de la tumeur et freiner sa progression; administration de corticostéroïdes pour lutter contre l'inflammation et l'œdème au niveau de la compression. ■ Chirurgie seulement si les symptômes progressent en dépit de la radiothérapie ou si une fracture vertébrale aggrave l'atteinte neurologique. ■ Chimiothérapie adjuvante dans les cas de lymphome ou de cancer pulmonaire à petites cellules. ■ Remarque: la récupération sensitive et motrice complète n'est pas assurée si la personne avait des troubles neurologiques avant

TABLEAU
16-15

Manifestations cliniques et traitement des urgences oncologiques (*suite*)

Cas urgents	Manifestations cliniques et examens paracliniques utiles	Prise en charge
des cas. La compression médullaire peut résulter d'un phénomène d'érosion osseuse associé à un cancer métastatique du sein, du poumon, du rein ou de la prostate, d'un myélome ou d'un lymphome.	■ Troubles neurologiques s'accompagnant de déficits moteurs et sensitifs (engourdissement, fourmillement, sensation de froid dans la région affectée, insensibilité au toucher et à la vibration, perte de la sensibilité posturale). ■ Déficit moteur pouvant aller d'une légère faiblesse à une paralysie flasque. ■ Dysfonction vésicale ou intestinale, selon le niveau où se produit la compression (au-dessus de S2: incontinence urinaire par regorgement; de S3 à S5: incontinence fécale avec perte du tonus sphinctérien). *Diagnostic* ■ Sensibilité à la percussion de la colonne au niveau de la compression. ■ Réflexes anormaux. ■ Troubles sensitifs et moteurs. ■ IRM, myélographie, radiographie de la moelle épinière, scintigraphie osseuse et tomodensitométrie.	le début du traitement; les personnes qui présentent une paralysie totale ne récupèrent habituellement pas complètement leur fonction neurologique. *Soins et traitements infirmiers* ■ Observer de près la fonction neurologique afin de déterminer l'existence d'une dysfonction et son évolution. ■ Soulager la douleur de façon optimale grâce à des mesures pharmacologiques et non pharmacologiques. ■ Prévenir les complications de l'état d'immobilité causé par la douleur et la diminution des capacités physiques (par exemple lésions cutanées, stase urinaire, thrombophlébite, perte de tonus et de masse musculaires et accumulation des sécrétions pulmonaires). ■ Maintenir le tonus musculaire par des exercices d'amplitude des mouvements et d'amplitude respiratoire, en collaboration avec les physiothérapeutes, les inhalothérapeutes et les ergothérapeutes. ■ Commencer un programme de cathétérisme intermittent et de rééducation sphinctérienne chez les personnes présentant une altération de la fonction intestinale et/ou vésicale. ■ Encourager et aider la personne et ses proches à composer avec la douleur, la perte de capacité et d'autonomie, ainsi qu'avec les nouvelles habitudes de vie et les nouveaux rôles.

HYPERCALCÉMIE

■ Augmentation anormale de la concentration plasmatique de l'ion calcium au-dessus de 2,7 mmol/L. L'hypercalcémie grave (au-dessus de 3,5 mmol/L est une urgence médicale. Les personnes atteintes d'un cancer du sein ou d'un cancer du poumon sont plus à risque d'être atteintes de cette complication qui peut être fatale. Ce trouble du métabolisme résulte d'une résorption du calcium des os qui dépasse la capacité d'excrétion des reins et de réabsorption des os. Elle peut être causée par divers facteurs: • Destruction des os par le processus tumoral causant la libération du calcium dans le sang. • Synthèse de prostaglandines et du facteur d'activation des ostéoclastes, substances qui stimulent la résorption osseuse et la libération du calcium. • Hyperparathyroïdie qui stimule aussi la libération de calcium. • Prise de vitamines (A et D) et de minéraux en quantité excessive. • Facteurs sans lien direct avec le cancer: déshydratation, insuffisance rénale, hyperparathyroïdie primitive, thyrotoxicose, prise de diurétiques thiazidiques, hormonothérapie.	*Tableau clinique* ■ Léthargie, faiblesse, changement de l'état de conscience, réactivité diminuée, hyporéflexie, nausées, vomissements, constipation, polyurie (augmentation notable du volume des urines), polydipsie (soif excessive), déshydratation et troubles du rythme. ■ Lithiases rénales et défaillance rénale. *Diagnostic* ■ Taux sérique de calcium supérieur à 2,7 mmol/L.	*Traitement* Voir chapitre 14 🔗. *Soins et traitements infirmiers* ■ Déterminer les personnes exposées à un risque d'hypercalcémie et surveiller chez elles l'apparition des signes et symptômes de cette complication. ■ Informer la personne et ses proches; la prévention ou la détection précoce peuvent sauver des vies. ■ Si la personne est à risque d'hypercalcémie, lui apprendre à reconnaître les signes et symptômes qu'elle doit signaler au médecin. ■ Conseiller à la personne de boire de 2 à 3 L de liquide par jour, sauf si une affection rénale ou cardiaque l'interdit. ■ Expliquer l'utilité des changements alimentaires et des produits pharmacologiques recommandés (par exemple laxatif pour la constipation). ■ Conseiller à la personne de conserver un apport nutritionnel normal sans éliminer les aliments fournissant du calcium. ■ Proposer la prise d'antiémétiques en cas de nausées et de vomissements. ■ Souligner l'importance de la mobilité pour prévenir la déminéralisation et la résorption osseuses.

Cas urgents	Manifestations cliniques et examens paracliniques utiles	Prise en charge

ÉPANCHEMENT PÉRICARDIQUE ET TAMPONNADE CARDIAQUE

- Inflammation du péricarde avec formation d'un exsudat fibrineux ou sérofibrineux, parfois hémorragique. Le feuillet pariétal (externe) du péricarde s'étire sous l'effet de l'élévation de pression. Une importante quantité de liquide peut ainsi s'accumuler avant que les symptômes apparaissent. L'épanchement peut aussi s'installer rapidement et la pression s'élever trop vite pour permettre l'étirement compensateur du péricarde.

- La tamponnade cardiaque est une accumulation de liquide dans la cavité péricardique qui provoque une compression du cœur et entrave la dilatation et le remplissage des ventricules pendant la diastole. Cette perte de volume ventriculaire et la diminution consécutive du débit cardiaque entraînent une insuffisance cardiaque et un collapsus circulatoire.

- Les tumeurs cancéreuses, en particulier aux dépens des structures thoraciques (cancers du poumon, de l'œsophage et du sein), et les traitements anticancéreux sont les causes les plus courantes de tamponnade. Les doses de 4 000 cGy ou plus de rayons ionisants dans la région du médiastin ont notamment été mises en cause dans l'apparition de fibrose péricardique à l'origine de péricardites compliquées de tamponnade cardiaque. Non traités, l'épanchement péricardique et la tamponnade provoquent un collapsus circulatoire et l'arrêt cardiaque. La tamponnade cardiaque est donc une urgence médicale grave.

Tableau clinique
Épanchement péricardique:
- Distension des veines du cou à l'inspiration (signe de Kussmaul).
- Pouls paradoxal: baisse de plus de 10 mm Hg de la pression systolique à l'inspiration et pulsations plus fortes à l'expiration.
- Auscultation: bruits du cœur distants, frottement péricardique et bruit de galop. Matité à la percussion.
- Tachycardie et palpitations: le cœur bat plus vite pour compenser la perte de débit.
- Augmentation de la pression veineuse et artérielle.

Tamponnade cardiaque:
- Diminution de la pression différentielle.
- Essoufflement et tachypnée. La dyspnée aiguë est présente dans les cas de tamponnade du cœur.
- Faiblesse, douleur thoracique, orthopnée, anxiété, diaphorèse, léthargie et altération de l'état de conscience en raison d'une réduction de l'irrigation cérébrale.

Diagnostic
- ECG: utile pour diagnostiquer l'épanchement péricardique.
- Radiographie pulmonaire: si l'épanchement est léger, la radiographie pulmonaire révélera la présence de liquide en petite quantité dans la cavité péricardique; s'il est important, elle montrera une silhouette cardiaque en carafe (oblitération du contour des vaisseaux et des cavités cardiaques).
- ECG et tomodensitométrie pour évaluer l'épanchement pleural et les effets du traitement.
- Échocardiographie.
- Cathétérisme pour égaliser les pressions diastoliques dans les quatre cavités du cœur.

Traitement
- Ponction péricardique (aspiration du liquide à l'aide d'une aiguille de gros calibre introduite dans la cavité péricardique). Les épanchements dus au cancer tendant à récidiver, la ponction n'apporte qu'un soulagement temporaire. Il est possible de créer chirurgicalement une fenêtre pleuropéricardique, mesure palliative qui permet l'écoulement du liquide dans la cavité pleurale. On peut aussi placer une sonde dans la cavité péricardique et injecter des agents sclérosants (par exemple tétracycline, talc, bléomycine, 5-FU, thiotépa) pour prévenir une nouvelle accumulation de liquide.
- Administration de radiothérapie ou d'agents antinéoplasiques, si la tumeur primitive répond bien à l'une de ces formes de traitement. Pour un épanchement léger, la prise de prednisone et de diurétiques peut être prescrite, ce qui nécessitera une surveillance étroite de l'évolution de l'état de la personne.

Soins et traitements infirmiers
- Régulièrement prendre les signes vitaux de la personne et vérifier la saturation en oxygène.
- Surveiller l'apparition d'un pouls paradoxal.
- Suivre de près l'ECG.
- Ausculter le cœur et les poumons, vérifier s'il y a distension des veines du cou, évaluer l'état de conscience et la fonction respiratoire et noter la couleur et la température de la peau.
- Tenir le bilan des ingesta et des excreta.
- Vérifier les résultats des examens paracliniques (en particulier gaz artériels et électrolytes sériques).
- Relever la tête du lit pour permettre à la personne de mieux respirer. Inciter la personne à adopter une position assise ou penchée vers l'avant pour la soulager.
- Limiter l'activité physique de la personne afin de réduire ses besoins en oxygène; administrer l'oxygénothérapie selon l'ordonnance du médecin.
- Donner régulièrement les soins d'hygiène buccale.
- Encourager la personne à prendre de profondes respirations et à tousser toutes les 2 heures.
- Assurer la perméabilité de l'accès veineux. Si nécessaire, réorienter la personne et lui donner les soins de soutien et les renseignements dont elle a besoin.

COAGULATION INTRAVASCULAIRE DISSÉMINÉE (CIVD) OU COAGULOPATHIE DE CONSOMMATION

- Trouble complexe de la coagulation ou de la fibrinolyse (processus de destruction des caillots) se manifestant par des thromboses ou des saignements. La CIVD est plus fréquente dans les cas de cancers hématologiques (leucémies aiguës), de la prostate, du sein, du tube digestif et du poumon et se produit chez moins de 10 à 15 % des personnes atteintes de cancer. Elle peut aussi se déclarer après un traitement antinéoplasique (méthotrexate, prednisone, lasparaginase, vincristine, 6-mercaptopurine) ou un processus morbide tel qu'une

Tableau clinique
- Forme chronique (symptômes légers ou silencieux): apparition d'ecchymoses au moindre traumatisme, thromboses veineuses, saignement prolongé des points de ponction veineuse ou d'injection, saignement des gencives, hémorragie digestive lente.
- Forme aiguë: hémorragie ou nécrose tissulaire potentiellement mortelle; manifestations cliniques variant selon les organes touchés par l'ischémie et la nécrose ou par le saignement; état de choc.

Traitement
- La transfusion de plasma frais congelé, de cryoprécipités (sources de fibrinogènes et d'autres facteurs de coagulation), de culots globulaires et de plaquettes est un traitement de substitution possible pour prévenir ou arrêter le saignement.
- Administration d'anticoagulants (par exemple héparine) pour ralentir les mécanismes de coagulation.
- Administration d'antinéoplasiques, de MRB ou de radiothérapie, ou recours à la chirurgie, pour traiter le processus cancéreux sous-jacent.
- Antibiothérapie en cas de septicémie.
- Dans certains cas, administration d'un antifibrinolytique comme l'acide aminocaproïque (Amicar):

Manifestations cliniques et traitement des urgences oncologiques (*suite*)

TABLEAU
16-15

Cas urgents	Manifestations cliniques et examens paracliniques utiles	Prise en charge
septicémie, une insuffisance hépatique ou une réaction anaphylactique. ■ La coagulation ainsi stimulée mobilise une grande partie des facteurs de coagulation et des plaquettes en circulation. Des caillots sanguins se forment dans les vaisseaux de petit calibre qui menacent d'entraver la circulation et de causer une hypoxie et une nécrose tissulaire. Il s'ensuit une accélération de la fibrinolyse qui a pour effet de dissoudre les caillots, mais aussi d'augmenter la quantité de substances anticoagulantes dans le sang, ce qui élève le risque d'hémorragie.	*Diagnostic* ■ Prolongation du temps de prothrombine (temps de Quick). ■ Prolongation du temps de céphaline. ■ Prolongation du temps de thrombine. ■ Diminution du taux de fibrinogène. ■ Diminution du nombre de plaquettes. ■ Abaissement des facteurs de coagulation. ■ Baisse du taux d'hémoglobine. ■ Baisse de l'hématocrite. ■ Augmentation des produits de dégradation de la fibrine. ■ Réaction de précipitation du sulfate de protamine positive (épreuve d'activation de la thrombine).	ce traitement est controversé car il stimule dans une certaine mesure la formation de caillots. *Soins et traitements infirmiers* ■ Prendre régulièrement les signes vitaux. ■ Tenir le bilan des ingesta et excreta. ■ Observer la couleur et la température de la peau ; ausculter les poumons, le cœur et les intestins ; surveiller l'état de conscience, l'apparition de céphalées, de troubles visuels, de douleurs thoraciques, d'une sensibilité abdominale ou d'une diminution de la diurèse. ■ Examiner chaque orifice corporel, point d'insertion de cathéter et incision, ainsi que les excreta, afin d'exclure la présence de saignements. ■ Noter les résultats des examens paracliniques. ■ Limiter au minimum l'activité physique de la personne afin de diminuer ses besoins en oxygène et le risque d'accident. ■ Prévenir le saignement en appliquant une pression directe sur les poins de ponction veineuse et en évitant les actes effractifs non essentiels ; remplacer le rasoir à lames par un rasoir électrique ; éviter les bandages adhésifs ; conseiller le maintien d'une hygiène buccale douce. ■ Aider la personne à changer de position, à tousser et à prendre des respirations profondes toutes les 2 heures. ■ Réorienter la personne si nécessaire ; éliminer les risques environnementaux ; donner les soins de soutien et l'information pertinente à la personne.

SYNDROME DE SÉCRÉTION INAPPROPRIÉE D'HORMONE ANTIDIURÉTIQUE (ADH)

■ Syndrome dû à l'hypersécrétion persistante de l'hormone antidiurétique par des cellules tumorales ou par une stimulation inappropriée de l'axe hypothalamo-hypophysaire. Ce syndrome se caractérise par une rétention d'eau sans œdème avec hyponatrémie qui entraîne une augmentation du volume liquidien extracellulaire, une intoxication hydrique et une augmentation de l'excrétion urinaire de sodium. Des barorécepteurs situés dans l'oreillette droite réagissent à l'hyperhydratation extracellulaire en libérant une autre hormone, le peptide natriurétique auriculaire (PNA). Le PNA stimule à son tour l'excrétion du sodium dans les urines et aggrave l'hyponatrémie. ■ La cause la plus courante de ce syndrome est le cancer, notamment le cancer pulmonaire à petites cellules. Certains antinéoplasiques (par exemple vincristine, vinblastine, cisplatine, cyclophosphamide), de même que la morphine, stimulent la sécrétion d'ADH, dont la fonction est de provoquer la réabsorption de l'eau au niveau des reins. La rétention hydrique entraîne une augmentation du volume du sang circulant et une libération du PNA, et les reins	*Tableau clinique* ■ Natrémie inférieure à 120 mmol/L : changements de personnalité, irritabilité, nausées, anorexie, vomissements, gain pondéral, asthénie, douleurs musculaires (myalgies), céphalée, léthargie et confusion. ■ Natrémie inférieure à 110 mmol/L : convulsions, réflexes anormaux, œdème papillaire, coma et mort ; œdème dans de rares cas. *Diagnostic* ■ Hyponatrémie. ■ Hyperosmolalité urinaire. ■ Hypernatriurie. ■ Baisse du taux d'urée, de créatinine et d'albumine en raison du phénomène de dilution. ■ Résultats anormaux à l'épreuve de surcharge hydrique.	*Traitement* ■ Consommation de liquide limitée, entre 500 et 1 000 mL par jour, afin d'augmenter la natrémie et de réduire la surcharge hydrique. Lorsque cette mesure ne suffit pas pour rétablir un taux de sodium acceptable, on peut prescrire de la déméclocycline ou du lithium pour inhiber l'effet antidiurétique de l'ADH. Les cas de symptômes neurologiques graves justifient l'administration parentérale de sodium et de diurétiques. Il faut suivre de près le bilan électrolytique pour déceler toute anomalie des taux de magnésium, de potassium ou de calcium. Lorsque les symptômes du syndrome de sécrétion inappropriée d'ADH sont maîtrisés, il faut traiter le cancer qui en est la cause. Si la surcharge hydrique persiste malgré le traitement, on envisagera l'administration de diurétiques (furosémide ou urée). *Soins et traitements infirmiers* ■ Tenir le bilan des ingesta et excreta. ■ Évaluer l'état de conscience, ausculter le cœur et les poumons, prendre les signes vitaux, peser la personne quotidiennement et mesurer la densité des urines ; surveiller l'apparition de symptômes de nausées et vomissements, d'anorexie, d'œdème, d'asthénie ou de léthargie. ■ Noter les résultats des examens paracliniques : électrolytes sériques, osmolalité, taux sanguin d'urée, créatinine sérique, taux urinaire de sodium. ■ Limiter au minimum l'activité physique de la personne ; maintenir l'hygiène buccale ; éliminer

Cas urgents	Manifestations cliniques et examens paracliniques utiles	Prise en charge
excrètent activement le sodium pour rétablir l'équilibre.		▪ les risques environnementaux; restreindre la prise de liquide si nécessaire. ▪ Réorienter la personne, lui donner l'information pertinente et l'encourager au besoin.

SYNDROME DE LYSE TUMORALE

▪ Complication potentiellement létale de la destruction cellulaire provoquée par la radiothérapie ou la chimiothérapie dans les cas de tumeurs volumineuses ou de cancers évoluant rapidement (par exemple leucémies, lymphomes, cancer pulmonaire à petites cellules). La brusque libération du contenu des cellules tumorales entraîne des déséquilibres électrolytiques (hyperkaliémie, hypocalcémie, hyperphosphatémie et hyperuricémie), car la capacité d'excrétion des reins est dépassée par la quantité excessive de métabolites mis en circulation.	*Tableau clinique* Les manifestations cliniques dépendent de l'importance des anomalies métaboliques. ▪ Symptômes neurologiques: faiblesse, perte de mémoire, altération de l'état de conscience, crampes musculaires, tétanie, paresthésies (engourdissement, fourmillement), convulsions. ▪ Symptômes cardiovasculaires: élévation de la pression artérielle, diminution de l'intervalle Q-T, allongement des ondes QRS, troubles du rythme, arrêt cardiaque. ▪ Symptômes digestifs: anorexie, nausées, vomissements, crampes abdominales, diarrhée. ▪ Symptômes rénaux: douleur au flanc ou douleur lombaire, oligurie, anurie, insuffisance rénale, pH urinaire acide. *Diagnostic* ▪ Les résultats d'examens paracliniques révèlent des déséquilibres électrolytiques et gazométriques tels que l'acidose métabolique.	*Traitement* ▪ Surveiller la diurèse. ▪ Surveiller les signes et symptômes de syndrome de lyse tumorale. ▪ Pour prévenir l'insuffisance rénale et rétablir l'équilibre électrolytique, on commence une hydratation énergique 48 heures avant le début du traitement cytotoxique; on la poursuit après le traitement afin d'augmenter le volume urinaire et de favoriser l'élimination de l'acide urique et des électrolytes. On vise ainsi à maintenir le pH de l'urine à 7 ou plus. Le but est de prévenir une insuffisance rénale causée par des dépôts d'acide urique au niveau des reins. ▪ Préparer la personne et ses proches pour une éventuelle hémodialyse si les interventions sont inefficaces. ▪ Administrer un diurétique inhibiteur de l'anhydrase carbonique (acétazolamide) pour alcaliniser l'urine. ▪ Administrer de l'allopurinol pour inhiber la conversion d'acides nucléiques en acide urique. ▪ Administrer une résine échangeuse de cations, comme le sulfonate de polystyrène de sodium (Kayexalate), qui traite l'hyperkaliémie en se liant au potassium et en l'éliminant dans les selles. ▪ Administrer du glucose hypertonique et de l'insuline pour provoquer une absorption temporaire de potassium par les cellules afin d'en abaisser le taux sérique. ▪ Administrer des chélateurs des phosphates, tels que des gels d'hydroxide d'aluminium, qui luttent contre l'hyperphosphatémie en favorisant l'élimination des phosphates dans les selles. ▪ Effectuer une hémodialyse lorsque la personne ne répond pas aux méthodes usuelles de rétablissement des taux d'acide urique et d'électrolytes. *Soins et traitements infirmiers* ▪ Déterminer les personnes à risque, en considérant que le syndrome de lyse tumorale peut apparaître jusqu'à 1 semaine après la fin du traitement. ▪ Instaurer les mesures préventives essentielles (par exemple hydratation et administration d'allopurinol). ▪ Surveiller l'apparition de signes et symptômes de déséquilibres électrolytiques. ▪ Vérifier le pH urinaire pour confirmer l'alcalinisation. ▪ Observer l'évolution du bilan électrolytique et du taux sérique d'acide urique pour détecter toute surcharge hydrique consécutive à l'hydratation énergique. ▪ Décrire à la personne les symptômes de déséquilibre électrolytique qu'elle doit signaler le cas échéant.

EXERCICES D'INTÉGRATION

1. Vous recevez en clinique un couple de septuagénaires venus faire vérifier leur pression artérielle. Quelles questions devez-vous leur poser pour leur proposer un dépistage du cancer? Que leur répondrez-vous s'ils réagissent en disant qu'ils sont trop vieux pour se préoccuper du cancer? Quels autres points devez-vous envisager si la femme présente un handicap l'obligeant à se déplacer en fauteuil roulant?

2. Une femme âgée de 54 ans traitée pour un cancer du sein et des métastases osseuses est admise à l'hôpital avec un diagnostic d'hypercalcémie. Quelle est la cause probable de cette hypercalcémie? Quelles sont les stratégies de soins et traitements infirmiers susceptibles d'être appliquées? Que faut-il absolument surveiller chez cette personne avant et après le traitement de l'hypercalcémie?

3. Vous êtes affectée aux soins à domicile d'une femme âgée de 42 ans, cadre supérieur dans une grande entreprise, qui reçoit de la radiothérapie pour une tumeur maligne du cerveau non résécable. Après avoir quitté l'hôpital, elle poursuivra ses traitements en consultation externe. Elle et son conjoint s'inquiètent pour son avenir et ses chances de survie. Ils craignent aussi les répercussions du diagnostic sur leurs jumeaux âgés de 10 ans. La femme se demande également si elle pourra continuer d'assumer ses responsabilités de gestionnaire. Que chercherez-vous à évaluer dans le contexte actuel? Que devriez-vous faire pour aider cette personne et son conjoint à faire face à leurs difficultés?

RÉFÉRENCES BIBLIOGRAPHIQUES
en anglais • en français

Allard, N. (2000). Cancer et fatigue. *Infirmière du Québec, 7*(4), 12-13, 45-19.

Association canadienne des infirmières en oncologie (2001). *Conseils pratiques sur la façon dont les personnes atteintes de cancer peuvent gérer la fatigue.* Toronto: Ortho Biothec.

Association canadienne des infirmières en oncologie (2001). *Normes de soins, rôles infirmiers en oncologie et compétences relatives aux rôles infirmiers.* Toronto: Astra Zeneca.

Bremerkamp, M. (2000). Mechanisms of action of 5-HT3 receptor antagonists: Clinical overview and nursing implications. *Clinical Journal of Oncology Nursing, 4*(5), 201–207.

Comité consultatif fédéral-provincial-territorial sur la santé de la population (1999). *Pour un avenir en santé: Deuxième rapport sur la santé de la population canadienne.* Ottawa.

Comité consultatif sur le cancer (1997). *Programme québécois de lutte contre le cancer.* Québec: ministère de la Santé et des Services sociaux.

Commission de l'éthique de la science et de la technologie (2004). *Le don et la transplantation d'organes: dilemmes éthiques en contexte de pénurie.* Québec: Gouvernement du Québec.

Commission sur l'avenir des soins de santé au Canada et Organisation nationale de la santé autochtone (2002). *Discussion sur la santé des Autochtones: Partageons nos difficultés et nos réussites.* Aylmer: Raincoast Ventures.

Dalton, J. A. & Youngblood, R. (2000). Clinical application of the WHO analgesic ladder. *Journal of Intravenous Nursing, 23*(2), 118–124.

Estes, J. (Ed.) (2002). New approaches to the management of non-Hodgkin's lymphoma. A continuing education activity. *Seminars in Oncology Nursing, 18*(1), supplement, 1–33.

Evans, T.R., & Kaye, S.B. (1999). Retinoids: Present role and future potential. *British Journal of Cancer, 800*(1–2), 1–8.

Fattorusso, V., et Ritter, O. (1998). *Vademecum clinique: du diagnostic au traitement* (15 éd.). Paris: Masson.

Fibison, W.J. (2000). Gene therapy. *Nursing Clinics of North America, 35*(3), 757–773.

Fisher, B., et al. (1998). Tamoxifen for prevention of breast cancer: Report of the National Surgical Adjuvant Breast and Bowel Project P-1 study. *Journal of National Cancer Institute, 90*(18), 1371–1388.

Frankel, M.S., & Chapman, A.R. (2000). Human inheritable genetic modifications: Assessing scientific, ethical, religious and policy issues. *American Association for the Advancement of Science,* 1–82.

Garnier et Delamare (2002). *Dictionnaire des termes de médecine* (27e éd.). Paris: Maloine.

Gouvernement du Canada (2002). *Stratégie canadienne de lutte contre le cancer.* Ottawa.

Greco, K.E. (2000). Cancer genetics nursing: Impact of the double helix. *Oncology Nursing Forum, 27*(9), supplement, 29–36.

Green, E. (2002). Canadian strategy for cancer control: governance and implementation workshop. *Revue canadienne de soins infirmiers en oncologie, 12*(2), 130.

Institut national de santé publique (2004). *Statistiques canadiennes sur le cancer 2004.* Toronto: Santé Canada.

Institut national du cancer du Canada (2004). *Statistiques canadiennes sur le cancer.* Toronto.

International Radiosurgery Support Association (2000). Stereotactic radiosurgery overview. Retrieved from the World Wide Web: http://www.irsa.org/srs.html Jan. 25, 2002.

Jovey, R. (2002). *La gestion de la douleur: la référence des professionnels canadiens de la santé.* Toronto: Société canadienne pour le traitement de la douleur.

Kelloff, G.J. (2000). Perspectives on cancer chemoprevention research and drug development. *Advances in Cancer Research, 78*(2000), 199–334.

Kosits, C., & Callaghan, S. (2000). Rituximab: A new monoclonal antibody therapy for non-Hodgkin's lymphoma. *Oncology Nursing Forum, 27*(1), 51–59.

Kurie, J.M. (1999). The biologic basis for the use of retinoids in cancer prevention and treatment. *Current Opinion in Oncology, 11*(6), 497–502.

Lachance, M. (2000). In profile. Accepting the challenge as a genetic nurse consultant. *Revue canadienne de soins infirmiers en oncologie, 10*(4), 165-167.

Lévy, J., Maisonneuve, D., Bilodeau, H., et Garnier, C. (2003). *Enjeux psychosociaux de la santé.* Sainte-Foy (Québec): Presses de l'Université du Québec.

Librach, S.L., et Squires, B.P. (2000). *Le manuel de la douleur* (2e éd.). Toronto: Pegasus Healthcare.

Marolla, M., et Guérin, R. (2001). *Oncologie et soins infirmiers.* Paris: Lamarre.

McCullum, M., et Willin, C. (2003). Comment trouver et interpréter des directives de dépistage du cancer: un défi pour les soins infirmiers en oncologie. *Revue canadienne de soins infirmiers en oncologie, 13*(1), 24-27.

McGrath, P. N., et Fitch, M. I. (2003). L'impact de l'administration d'iode radioactif depuis la perspective des personnes: les répercussions pour la pratique. *Revue canadienne de soins infirmiers en oncologie, 13*(3), 152-156.

Nogueira, S.M., & Appling, S.E. (2000). Breast cancer: Genetics, risks and strategies. *Nursing Clinics of North America, 35*(3), 663–669.

Olson, K., Hanson, J., Hamilton, J., Stacey, D., Eades, M., Gue, D., Plummer, H., Janes, K., Fitch, M., Baker, D., Oliver C. (2004). Évaluation de la fidélité et de la validité du système révisé de classification de la stomatite du WCCNR lorsqu'elle résulte d'un traitement anticancéreux. *Revue canadienne de soins infirmiers en oncologie, 14*(3), 176-183.

Pageau, M., et Institut national de santé publique du Québec (2001). *Le portrait de santé: le Québec et ses régions.* Québec: Les Publications du Québec.

Pazadur, R., Coia, L.R., Hoskins, W.J., & Wagman, L.D. (Eds.). (2001). *Cancer management: A multidisciplinary approach.* Melville, NY: PRR, Inc.

Santé Canada (2004). *Rapport d'étape sur la lutte contre le cancer au Canada.* Ottawa: Gouvernement du Canada.

Société canadienne du cancer (1987). *La radiothérapie — Vous et votre traitement.* Toronto: Canadian Cancer Society.

Société canadienne du cancer (2003). *Bien s'alimenter lorsqu'on a le cancer.* Ottawa: Santé Canada. [en ligne], www.cancer.ca/ccs/internet/publicationlist/

0,3795,3172_247969433_277087740_
langId-fr,00.html.
Société canadienne du cancer (2004a).
Sept règles de santé. (Page consultée
le 10 décembre 2004), [en ligne],
www.cancer.ca/ccs/internet/standard/
0,3182,3172_12959_langId-fr,00.html.
Société canadienne du cancer (2004b).
Alimentation et cancer. (Page consultée
le 10 décembre 2004), [en ligne],
www.cancer.ca/ccs/internet/mediareleaselist/
0,,3172_210504871_300730061_
langId-fr.html.
Société canadienne du cancer (2004b).
Tabagisme et cancer du poumon. (Page
consultée le 10 novembre 2004), [en ligne],
www.cancer.ca/ccs/internet/standard/
0,3182,3172_12971_437377_
langId-fr,00.html.
Société canadienne du cancer (2004c).
*Bien s'alimenter lorsqu'on a le cancer:
Guide pratique.* Toronto: Santé Canada

Société canadienne du cancer (2004d).
La chimiothérapie: Guide pratique.
Toronto: Société canadienne du cancer.
Société canadienne du cancer (2005).
Lexique de la société canadienne du cancer.
(Page consultée le 22 juin 2005). [en ligne],
http://info.cancer.ca/f/glossary/glossary.html
Société canadienne du cancer (2004f).
Statistiques générales sur le cancer. (Page
consultée le 10 décembre 2004), [en ligne],
www.cancer.ca/ccs/internet/standard/
0,3182,3172_12851_langId-fr,00.html.
Steven, D., Fitch, M., Dhaliwal, H., Kirk-Gardner,
R., Sevean, P., Jamieson, J., & Woodbeck, H.
(2004). Knowledge, attitudes, beliefs, and
practices regarding breast and cervical cancer
screening in selected ethnocultural groups in
Northwestern Ontario. *Oncology Nursing
Forum, 31*(2), 305-311.
Ugoalah, P.C. (2002). L'utilisation de thérapies
non conventionnelles par les personnes
atteintes de cancer: répercussions pour la

pratique infirmière. *Revue canadienne de
soins infirmiers en oncologie, 12*(2), 121-124.
Wasil, T., & Buchbinder, A. (2000). Gene
therapy in human cancer: Report of Human
Clinical Trials. *Cancer Investigation, 18*(8),
740–746.
Yarbro, C. (Ed.). (2000). A new biologic
approach for the treatment of metastatic
breast cancer. *Seminars in Oncology Nursing,
16*(4) supplement 1, 1–38.

 En complément de ce chapitre, vous trouverez sur le Compagnon Web:
• une bibliographie exhaustive;
• des ressources Internet;
• une rubrique «La génétique dans la pratique infirmière»: *Concepts et défis dans la gestion des soins.*

Adaptation française
Nicole Allard, inf., Ph.D.
Professeure, Département des
sciences infirmières – Université
du Québec à Rimouski

CHAPITRE

17

Soins palliatifs

Objectifs d'apprentissage

Après avoir étudié ce chapitre, vous pourrez:

1. Analyser les aspects historiques, juridiques et socio-culturels des soins palliatifs au Canada.

2. Définir la notion de soins palliatifs.

3. Comparer les divers cadres où sont prodigués les soins palliatifs et expliquer en quoi ils se distinguent les uns des autres.

4. Exposer les principes régissant l'administration des soins palliatifs et décrire les composantes de ceux-ci.

5. Analyser les facteurs qui font obstacle à l'amélioration des soins palliatifs.

6. Réfléchir à votre expérience personnelle de la mort et des mourants ainsi qu'à vos attitudes à cet égard.

7. Exercer vos aptitudes à communiquer avec les personnes qui sont en phase terminale et avec leur famille.

8. Fournir des soins adaptés aux valeurs spirituelles et culturelles des mourants et de leur famille.

9. Mettre en pratique les interventions infirmières appropriées pour traiter les réactions physiologiques aux maladies terminales.

10. Soutenir activement les personnes mourantes et leur famille.

11. Distinguer les manifestations simples du deuil, normal ou compliqué, des rituels de deuil et planifier les interventions infirmières destinées à aider le mourant et sa famille.

Les infirmières doivent parfois composer avec des réalités difficiles, notamment avec le fait que, malgré tous les efforts déployés, certaines des personnes qu'elles soignent finissent par succomber à leur maladie. Nous ne pouvons rien changer à ce fait inéluctable, mais nos interventions peuvent influer d'une façon sensible et durable sur les derniers moments des personnes qui sont sur le point de mourir, sur les conditions dans lesquelles leur mort aura lieu et sur les souvenirs qu'en garderont leurs proches. La profession infirmière s'inscrit dans une longue tradition de soins holistiques, axés sur la personne et sa famille. Dans la définition qu'il donne des soins palliatifs, le comité des normes en soins infirmiers de l'Association canadienne de soins palliatifs (ACSP) met l'accent sur le soulagement de la souffrance, l'amélioration de la qualité de vie et l'accompagnement vers le décès (Association canadienne de soins palliatifs, 2002).

Profession d'infirmière et soins palliatifs

Pour aider les mourants à prendre les décisions qui les concernent et pour les soutenir à la fin de leur vie d'une manière qui respecte les réactions face à la maladie, les valeurs et les objectifs de chacun, il est indispensable de bien connaître les choix relatifs au dernier stade de la vie tout autant que les principes sur lesquels se fondent les soins. L'enseignement, la pratique clinique et la recherche ont beaucoup évolué dans ce domaine et la nécessité de donner aux infirmières et aux professionnels de la santé une formation spécialisée sur les soins en fin de vie s'est peu à peu imposée comme une priorité. Le comité des normes en soins infirmiers de l'Association canadienne de soins palliatifs vise entre autres les objectifs suivants: favoriser le développement des soins infirmiers palliatifs au Canada et encourager l'établissement des soins infirmiers palliatifs à titre de spécialité (Comité des normes en soins infirmiers de l'ACSP, 2002). Les sciences infirmières n'ont pas connu depuis qu'elles existent d'occasion plus propice d'allier recherche, information et pratique clinique en vue de transformer la culture entourant le passage de la vie à la mort et d'apporter aux soins palliatifs des améliorations essentielles et applicables à tous les milieux de pratique, groupes d'âge, origines culturelles et types de maladie.

MORT ET AGONIE

Depuis une trentaine d'années, nous assistons à un regain d'intérêt pour les soins palliatifs; on se penche en particulier sur le contexte dans lequel la mort a lieu, sur les techniques utilisées pour prolonger la vie et sur les tentatives visant à améliorer les soins prodigués aux personnes qui sont en fin de vie. L'intérêt que suscitent ces soins s'explique par le vieillissement de la population, par la fréquence de maladies qui, comme le sida et le cancer, mettent la vie en jeu et sont abondamment médiatisées, ainsi que par les efforts que déploient les professionnels de la santé pour fournir un continuum de services s'étendant sur toute la durée de la vie, de la naissance à la mort (Lesparre et Matherlee, 1998). Or, bien que nous n'ayons jamais disposé d'autant de moyens de fournir une mort paisible aux mourants, rien dans l'information

VOCABULAIRE

Arrêt du traitement: interruption de tout traitement médical à visée curative ou prolongeant inutilement la vie; si la personne est en mesure de décider, c'est elle qui juge de sa qualité de vie.

Autonomie: autodétermination; dans le contexte des soins de santé, droit pour la personne de décider si le traitement médical doit être poursuivi ou interrompu.

Collaboration interdisciplinaire: planification, mise en œuvre et évaluation des soins effectuées conjointement par des professionnels appartenant à plusieurs disciplines des soins de santé, notamment par des infirmières, des travailleurs sociaux et d'autres personnes.

Deuil: ensemble des sentiments personnels qui accompagnent la perte, réelle ou annoncée, d'une personne.

Euthanasie: terme qui veut dire «bonne mort», en grec. Le sens ayant évolué, ce mot signifie aujourd'hui donner délibérément la mort (par action ou par omission) à une personne dépendante pour ce qu'on juge être son bien.

Maladie terminale: maladie évolutive et irréversible aboutissant au décès de la personne, en dépit des traitements médicaux qui sont administrés à celle-ci.

Programme de soins palliatifs: programme multidisciplinaire et coordonné de soins et de services fournis principalement à domicile aux personnes en phase terminale et à leur famille.

Rituel du deuil: ensemble des manifestations, individuelles, familiales, collectives et culturelles, de l'affliction et des comportements associés.

Sédation continue: administration d'agents pharmacologiques aux personnes en phase terminale qui en font la demande lorsque les autres formes de traitement ne donnent pas de résultats et que l'on souhaite obtenir une action sédative. Il ne s'agit pas d'accélérer la mort de la personne, mais de soulager les symptômes qu'on ne peut traiter.

Soins palliatifs: ensemble des soins prodigués aux personnes qui ne réagissent plus au traitement curatif; le terme désigne aussi le soutien aux proches de la personne qui est en fin de vie.

Spiritualité: ensemble des croyances personnelles associées à la recherche du sens de l'existence et de la raison d'être de l'individu sur terre, éléments intangibles qui donnent à la vie sa signification et son énergie, et foi en une dimension supérieure ou transcendante.

Suicide assisté: recours à des agents pharmacologiques dans le but d'accélérer la mort des personnes qui sont en phase terminale; le suicide assisté est illégal au Canada et au Québec.

et les techniques de pointe mises à la disposition du personnel soignant n'a permis à quiconque de vivre une mort vraiment paisible. Selon Gendron et Carrier (1997), les Occidentaux assimilent la mort à un échec médical et à l'heure actuelle le déni de la mort a pris une ampleur sans précédent. L'étude de la mort et l'amélioration des soins prodigués en fin de vie sont exclus du champ de la médecine et des soins de santé modernes.

Réagissant à la nécessité de changer en profondeur la perception que les Occidentaux ont de la mort, de nombreux projets axés sur l'amélioration des soins prodigués en fin de vie ont vu le jour au cours des dernières années. Mentionnons entre autres l'élaboration d'un guide canadien des soins palliatifs (Association canadienne de soins palliatifs, 2002) faisant de neufs grands principes, ou principes directeurs (PD), les piliers d'une interprétation plus profonde et plus humaine du passage de la vie à la mort; on recommande donc que les soins palliatifs soient:

- PD1 : centrés sur la personne et ses proches
- PD2 : de qualité
- PD3 : sûrs et efficaces
- PD4 : accessibles
- PD5 : dotés de ressources suffisantes
- PD6 : axés sur la collaboration
- PD7 : fondés sur la connaissance
- PD8 : orientés sur la qualité de vie
- PD9 : établis sur la recherche

TECHNIQUES DE POINTE ET SOINS PRODIGUÉS EN FIN DE VIE

Au cours du siècle dernier, les maladies chroniques et dégénératives sont devenues les principales causes de décès, remplaçant ainsi les maladies infectieuses. Bien que les avancées techniques dans le domaine des soins de santé aient permis de prolonger nombre de vies et d'en améliorer la qualité, la capacité même des techniques de pointe à préserver la vie au-delà d'un seuil jugé acceptable soulève des problèmes éthiques préoccupants. Le recours aux techniques de maintien en vie, en particulier, suscite des interrogations portant sur la qualité de la vie, la prolongation de l'agonie, l'efficacité du soulagement de la douleur, le traitement des symptômes et le peu de ressources qui y sont affectées. La principale question éthique qui se pose en matière d'utilisation des techniques de pointe en vue de conserver la vie est la suivante: faut-il, dans tous les cas, prolonger la vie d'une personne uniquement parce nous en avons la possibilité technique? Au cours de la deuxième moitié du xxe siècle, les professionnels de la santé se sont conformés à un «impératif technique» nourri par l'attente des mourants et de leur famille, à savoir qu'il fallait tenter de prolonger la vie par tous les moyens. Simultanément, les enjeux éthiques en soins palliatifs se sont multipliés.

La décision de prolonger la vie en employant toutes les techniques de pointe disponibles a contribué à faire de l'hôpital ou de l'unité de soins prolongés le lieu du décès. Au début du xxe siècle, les gens mouraient presque tous à la maison. Les familles avaient donc l'expérience directe de la mort, soignaient leurs proches arrivés en phase terminale

et observaient le **rituel du deuil**. Au fur et à mesure que grandissait le nombre de personnes qui mouraient à l'hôpital, les familles prenaient graduellement leurs distances à l'égard de l'expérience de la mort. Au début des années 1970, alors qu'en Occident on commençait seulement à offrir des soins palliatifs, il allait de soi que les techniques de pointe encadreraient les soins donnés aux personnes gravement atteintes et en phase terminale (Wentzel, 1981). Le concept de soins destinés aux personnes en fin de vie germe au cours des années 1950 dans l'esprit de Cicely Saunders, infirmière, travailleuse sociale, puis médecin. C'est dans ce contexte que commence à se formuler la revendication d'une mort digne. Deux courants de pensée, issus de deux continents et inspirés par deux médecins, l'Anglaise Cicely Saunders et l'Américaine Elisabeth Kübler-Ross, convergeront dans un même espoir de réhabiliter la mort comme partie intégrante de la vie et de redonner aux personnes une certaine emprise sur leur vie (Gendron et Carrier, 1997); ces deux courants de pensée sont le soulagement de la douleur (Saunders) et l'accompagnement des mourants (Kübler-Ross).

L'interventionnisme et l'acharnement thérapeutique dans les soins prodigués en fin de vie ont des conséquences sérieuses. Les techniques forgent en effet une vision sociétale de la mort qui influe sur un certain nombre d'enjeux: les soins que les cliniciens procurent aux mourants; la participation aux soins que fournissent les proches et les amis; la capacité des personnes et de leur famille à comprendre les options de soins qui s'offrent à eux et à faire des choix; la préparation des familles aux **maladies terminales** et à la mort; le retour à la vie normale après la mort d'un être cher. Les enjeux éthiques sont nombreux. Citons-en les plus importants: refus ou **arrêt du traitement**, acharnement et abandon thérapeutique, sédation continue et euthanasie (Trottier, 2002).

CONTEXTE SOCIOCULTUREL

Bien qu'elle soit propre à chacun, l'expérience de la maladie terminale est considérablement influencée par le contexte social et culturel dans lequel elle est vécue. En Occident, les maladies qui mettent la vie en danger, les décisions concernant les traitements qui visent à prolonger la vie, l'agonie et le trépas s'inscrivent dans un environnement social où la maladie est perçue comme une ennemie. Les Occidentaux occultent le phénomène de la mort parce que, selon le sociologue Edgar Morin (1976), le progrès scientifique permet d'espérer une relative amortalité.

Dans ce modèle curatif de soins médicaux, l'allègement de la souffrance et le partenariat ne sont pas aussi valorisés que la guérison, de sorte que les personnes qui ne peuvent pas être guéries se sentent isolées de l'équipe de soins et considèrent l'échec du traitement comme un échec personnel. S'ils ont intériorisé la conception socialement construite faisant des soins une solution de remplacement, les personnes et leur famille en viennent parfois à craindre que l'abandon des objectifs curatifs pour des soins visant à assurer le bien-être n'aboutisse à l'absence de soins ou à des soins de moindre qualité et que les médecins auxquels ils accordent leur confiance ne les abandonnent s'ils renoncent à la lutte pour la guérison.

Le message que l'on répète si souvent aux personnes arrivées aux derniers stades d'une maladie montre bien que l'on tend à les ramener à leur maladie: «Nous ne pouvons plus rien faire.» Cet énoncé, malheureusement trop fréquent, reflète la conviction commune à de nombreux médecins que rien de valable ne peut être offert aux personnes qui ne guériront pas. Dans l'optique des soins centrés sur la personne, le corps, l'âme et l'esprit sont inextricablement liés et on estime impossible de soigner le corps sans soigner aussi les autres composantes (Upledger, 1989; Wendler, 1996). Cette notion élargie de la «guérison» et des soins, associés ou non à un traitement curatif, implique que la guérison peut être l'affaire de toute une vie et qu'elle déborde les limites de la médecine contemporaine. En ce sens, la guérison transcende la médecine et ses frontières sont illimitées, même lorsque le corps commence à décliner à la fin de la vie (Byock, 1997).

Selon la politique québécoise de soins palliatifs en fin de vie (Trottier, 2002), le Canada et le Québec connaîtront un vieillissement accéléré de la population dans les prochaines décennies. Ce vieillissement de la population engendrera des répercussions notables sur les besoins en services de santé et en services sociaux pour la clientèle nécessitant des soins palliatifs. Les gens seuls, notamment les personnes âgées, sont de plus en plus isolés et ne peuvent plus compter sur le soutien de leur famille ou de leurs proches. La baisse du taux de natalité, le morcellement des familles, la diversification de l'économie, l'urbanisation de la société sont autant de facteurs sociologiques qui déterminent de quelle façon on traverse la fin de la vie (Trottier, 2002).

Attitude des médecins à l'égard de la mort

L'attitude des médecins à l'égard des mourants et des personnes en phase terminale représente le principal obstacle qui s'oppose à l'amélioration des soins prodigués en fin de vie. Kübler-Ross a mis en évidence les préoccupations des personnes gravement malades et des mourants dans son ouvrage précurseur intitulé *Les derniers instants de la vie* (1975). À l'époque où cet ouvrage fut publié, les médecins et les infirmières se conformaient en général à la règle consistant à s'abstenir de révéler les diagnostics des maladies qui mettent la vie en danger, notamment les diagnostics de cancer, et à éviter de parler franchement avec les personnes de la mort et du processus qui y conduit (Krisman-Scott, 2000; Seale, 1991); aujourd'hui encore, ils ont souvent le sentiment de ne pas pouvoir répondre aux nombreuses questions qui leur sont posées. Selon Kübler-Ross (1984), il n'est pas néfaste pour les personnes de parler de la mort et de l'agonie; les entretiens de ce genre reçoivent, au contraire, un accueil favorable de leur part. De plus, il est impossible de prodiguer de bons soins quand il existe une telle conspiration du silence. En dévoilant la vérité et en entrant dans le monde de la personne, écrit-elle, les médecins se trouvent eux aussi réconfortés du fait qu'ils l'accompagnent dans ses luttes et s'inspirent de sa force.

La réticence des médecins à parler franchement de la maladie et du trépas reflète leur propre anxiété à l'égard de la mort, ainsi que les idées fausses qu'ils entretiennent à propos de ce que les personnes en phase terminale veulent réellement savoir de leur maladie. Dans l'étude qu'ils consacrent aux soins prodigués aux agonisants en milieu hospitalier, les sociologues Glaser et Strauss (1965) observent que les professionnels de

la santé évitent de parler ouvertement de la mort avec les personnes dans l'espoir que celles-ci se rendront compte toutes seules de leur état de santé sans qu'on ait à les en informer. D'après les auteurs, on peut ramener à quatre cas de figure la situation de la personne par rapport aux médecins, à sa famille et aux autres professionnels de la santé, selon ce que tous les intervenants savent de son état de santé.

1. *Maintien du secret* La personne ignore la gravité de son état de santé, alors que tout l'entourage en a été informé. Le maintien du secret peut découler de la conspiration mise sur pied par les membres de la famille et les professionnels de la santé, qui s'emploient à «taire la vérité» de crainte que la personne ne soit pas en mesure de la supporter; celle-ci accepte tout ce qu'on lui dit, pourvu qu'elle n'ait pas de raison d'en douter.

2. *Soupçon* La personne a l'impression que les autres en savent plus qu'ils n'en disent et elle essaie d'en savoir davantage. Le soupçon peut naître des contradictions que la personne relève dans les propos et les comportements des membres de la famille et des médecins, des divergences entre les comptes rendus fournis par divers médecins au sujet de la gravité de sa maladie, de la détérioration de son état de santé ou d'autres indices contextuels.

3. *Silence complice* La personne se rend compte qu'elle va mourir et elle sait que la famille et les professionnels de la santé le savent aussi, mais tout le monde agit comme s'il n'en était rien.

4. *Transparence* Tout le monde sait que la personne va mourir et admet franchement cette réalité.

Glaser et Strauss (1965) constatent eux aussi que certains médecins évitent dans leur comportement de composer avec la crainte ou le malaise que les conversations sur la mort suscitent en eux: ces médecins ont recours à des «mythes personnels» pour déterminer ce que les personnes veulent savoir de leur maladie. Par exemple, ils évitent de parler franchement de la gravité de la maladie, en s'appuyant pour cela sur leurs propres croyances: (1) les personnes connaissent la vérité ou poseraient des questions si elles voulaient la connaître; ou (2) les personnes perdraient tout espoir, abandonneraient la lutte ou seraient psychologiquement ébranlées si elles apprenaient la vérité.

Publiées il y a plus de trente-cinq ans, les recherches de Glaser et Strauss sont encore valables aujourd'hui. S'il est vrai que les professionnels de la santé hésitent de moins en moins à informer les personnes et leur famille et à leur révéler franchement la gravité de leur maladie, beaucoup d'entre eux évitent encore d'aborder la question de la mort dans l'espoir que la personne prendra l'initiative et posera des questions ou découvrira la vérité toute seule. Malgré les progrès réalisés dans plusieurs secteurs des soins de santé, ceux et celles qui travaillent auprès des agonisants pointent du doigt la persistance d'une conspiration du silence quand il s'agit d'évoquer la mort (Stanley, 2000, p. 34).

Déni

Du fait qu'ils nient la gravité de la maladie, la personne et ses proches ne peuvent discuter des options de traitement qui s'offrent en fin de vie. Kübler-Ross (1969) a été l'une des pionnières en recherche à étudier le phénomène du déni. Selon elle, celui-ci représente un mécanisme d'adaptation utile, car il permet à la personne de prendre du recul par rapport à une situation trop pénible sur le plan émotif, trop difficile à affronter dans toute sa réalité. Les personnes qui sont en réaction de déni se servent de cette stratégie pour, notamment, préserver des relations personnelles importantes, protéger les autres contre les effets émotionnels de leur maladie ou encore se protéger elles-mêmes contre l'abandon qu'elles redoutent.

Connor (1992) a étudié un petit groupe de personnes cancéreuses en phase terminale qui avaient recours au déni comme mécanisme d'adaptation. Dans le groupe expérimental, des entrevues dirigées furent effectuées auprès des participants ; on leur demanda de formuler ce qu'il y avait selon eux de plus pénible dans le cancer et quels étaient les gestes (posés par eux-mêmes ou par d'autres) qui rendaient cette réalité plus facile ou plus difficile à accepter. Une intervention psychosociale leur fut ensuite proposée, axée en grande partie sur la communication à visée thérapeutique ; après quoi on évalua leur utilisation du déni comme mécanisme de défense. Les stratégies de déni ont également été évaluées chez les personnes cancéreuses appartenant à un groupe témoin, mais aucune intervention psychosociale ne leur fut proposée. Le chercheur a constaté que les personnes en phase terminale qui recouraient au déni comme mécanisme de défense réagissaient favorablement à une intervention psychosociale sensible à leur détresse ; elles obtenaient en effet des scores plus bas lorsqu'on les évaluait par la suite à l'aide d'un outil servant à mesurer le déni. Connor indiquait toutefois qu'il faudrait entreprendre d'autres recherches pour déterminer à quel moment on devrait intervenir en fonction de la préparation de la personne.

Dans une étude plus récente, des chercheurs ont observé que, sur un échantillon comportant 200 personnes atteintes d'un cancer au stade avancé et n'ayant que quelques semaines à vivre, la majorité connaissaient parfaitement le pronostic médical, mais 26,5 % d'entre elles l'ignoraient complètement ou n'en avaient qu'une idée peu claire (Chochinov, Tataryn, Wilson, Ennis et Lander, 2000). La dépression était presque trois fois plus grave chez les personnes qui ignoraient tout du pronostic. Les chercheurs en concluent que les personnes souffrant de difficultés psychologiques ou émotives latentes sont plus susceptibles que les autres de recourir au déni. Dans une autre étude, Chow et ses collègues (2001) indiquent qu'un grand nombre de personnes interrogées à propos de ce qu'elles savaient de la radiothérapie palliative utilisée dans le traitement des cancers au stade avancé avaient la conviction que leur maladie pouvait être guérie, que la radiothérapie éliminerait leur cancer ou prolongerait leur vie. Mentionnons un fait crucial : la plupart des personnes interrogées ont déclaré qu'elles ne comprenaient pas ce qu'était la radiothérapie, qu'elles n'avaient pas reçu d'information à propos du traitement ou n'étaient pas satisfaites de l'information fournie par le médecin. Manifestement, il est indispensable de poursuivre les recherches afin d'examiner davantage les rapports complexes qui s'établissent entre les idées fausses que les personnes entretiennent au sujet des maladies au stade avancé, leur état psychologique sous-jacent et le manque de transparence dont les médecins continuent à faire preuve lorsqu'ils leur communiquent les résultats des traitements et les pronostics.

On doit encore relever un défi de taille : apprendre à communiquer avec les personnes et leur fournir de l'information claire, en fonction du chemin qu'elles ont parcouru vers l'acceptation. Après avoir recueilli les témoignages de 30 infirmières et infirmiers spécialisés en oncologie, Perry (1998) en arrive à la conclusion que les infirmières aux compétences exceptionnelles reconnaissent que l'environnement dans lequel vivent les personnes est à l'image de celles-ci, c'est-à-dire qu'il est multidimensionnel. Elles se soucient beaucoup de la personnalisation de l'environnement. Elles expriment de façon très claire leur propre définition de la santé, de la personne, des soins et de l'établissement d'un partenariat. Les valeurs auxquelles elles adhèrent sont notamment : le caractère précieux de la vie, le respect de la dignité, de la valeur et de l'**autonomie** de chacun, le sentiment qu'il importe de bien se connaître, la volonté d'aider chacun à définir sa qualité de vie et l'acceptation que la mort est intrinsèquement liée à la vie.

Suicide assisté

Le débat sur le **suicide assisté** a attiré l'attention sur la pertinence et la qualité des soins prodigués en fin de vie au Canada. On appelle « suicide assisté » le fait de fournir à quelqu'un les moyens de mettre fin à sa vie. Dans les cas de suicide assisté par le médecin, celui-ci prescrit une dose létale de médicament qui permet à la personne de mettre fin à ses jours. Il ne faut pas confondre le suicide assisté et l'arrêt du traitement ; celui-ci est légal et repose sur des principes éthiques acceptés et pratiqués conformément aux souhaits de la personne qui se trouve en phase terminale.

Dans la tradition judéo-chrétienne, le suicide est perçu comme une violation de l'ordre naturel et de la loi divine (Helm, 1984 ; Sorenson, 1991). Au cours des dernières années, de nombreux groupes et individus se sont toutefois prononcés en faveur de la légalisation du suicide assisté. La volonté de choisir la mort plutôt que d'attendre passivement qu'elle survienne appartient à l'histoire de l'humanité. Mais le mouvement en faveur de la légalisation du suicide assisté qui s'est exprimé ces dernières années a également attiré l'attention sur la nécessité de changer la manière dont on soigne et dont on traite les personnes à la fin de leur vie.

Le débat est alimenté par des groupes comme la société Hemlock aux États-Unis et Dying with Dignity (mourir avec dignité) au Canada, qui réclament la légalisation du suicide médicalement assisté et publient des informations sur les moyens de mettre fin à ses jours quand il est impossible d'obtenir l'aide d'un médecin. Les partisans du suicide assisté (geste formellement interdit par la loi, tant au Canada que dans la plupart des États américains) ont contribué à mettre en relief les lacunes des soins prodigués aux mourants.

En 1990, le docteur Kevorkian, pathologiste à la retraite vivant aux États-Unis, aide une femme à mettre fin à ses jours en lui permettant de déclencher elle-même une injection mortelle de chlorure de potassium au moyen d'un appareil conçu par lui. La femme qu'il aide à mourir a 54 ans et présente les premiers signes de la maladie d'Alzheimer. En 1999, après avoir participé à 130 suicides assistés et fait l'objet de 9 procès, le docteur Kevorkian est condamné pour meurtre au second degré d'une femme de 52 ans atteinte de sclérose latérale amyotrophique. Il purge actuellement une peine de 10 à 25 ans de prison au Michigan. Lors d'un sondage téléphonique effectué une semaine après le prononcé de la sentence, 55 % des répondants se disaient en désaccord avec le verdict (Langer, 1999).

Aux États-Unis, l'appui au suicide assisté exprimé par la population a donné lieu à des référendums dans plusieurs États. En 1994, les électeurs de l'Oregon se prononcent en faveur du droit à mourir dans la dignité (Death with Dignity Act). Cette loi, qui est la première sur la question adoptée aux États-Unis, autorise les personnes qui sont en phase terminale à recourir au suicide médicalement assisté dans des conditions strictement réglementées. Contestée devant les tribunaux, la loi est suspendue, mais lors d'un nouveau référendum la population se prononce en majorité contre son abrogation. En 1997, le Death with Dignity Act entre en vigueur en Oregon. La loi a fait l'objet de plusieurs contre-mesures, dont les plus récentes sont l'adoption d'une loi (Pain Relief Promotion Act, 1999) qui vise à entraver l'application de la loi de l'Oregon en prohibant l'usage des médicaments soumis à la législation du gouvernement fédéral aux fins du suicide médicalement assisté, ainsi qu'une directive de John Ashcroft, alors (2001) procureur général des États-Unis, demandant à la Drug Enforcement Agency de dépister et de poursuivre en justice les médecins qui prescrivent des médicaments en vertu de la loi de l'Oregon. La bataille se poursuit devant les tribunaux. L'Oregon est pour l'instant le seul État doté d'une loi légalisant le suicide médicalement assisté, mais il est fort probable que d'autres États lui emboîteront le pas en soumettant la question à des tribunaux ou en tenant des référendums.

Le 30 septembre 1993, la Cour suprême du Canada a rejeté, avec la plus petite minorité qui soit, la requête d'euthanasie présentée par Sue Rodriguez, atteinte de la maladie de Lou Gehrig, qui est une maladie à l'issue fatale. Cinq juges contre quatre déclarent que l'alinéa 241b du Code criminel est constitutionnel. Sue Rodriguez fondait sa demande sur l'inconstitutionnalité de cet alinéa, en vertu des articles 7 et 12 et du paragraphe 15(1) de la Charte canadienne des droits et libertés de la personne. Un comité spécial du Sénat a ensuite conclu dans une étude datant de 1995 que l'euthanasie et le suicide assisté ne devraient pas être légalisés pour le moment, recommandant néanmoins de revoir les lourdes sanctions prévues pour les personnes qui commettent des homicides par compassion.

Selon Wilson (1999), la population canadienne est majoritairement en faveur de la légalisation du suicide assisté, en particulier dans le cas des personnes qui sont aux prises avec des souffrances qu'on n'arrive pas à soulager. La décision de mettre fin à ses jours s'expliquerait moins par la douleur physique que par la fatigue psychique qu'éprouvent certains sujets; celle-ci mine leur volonté de continuer à vivre. Il ne s'agit pas simplement de l'acceptation de la mort qui approche ou du fait que la personne se sent prête à franchir cette ultime étape. Cet état traduit plutôt le désir actif de mourir, auquel s'ajoutent l'impression que la vie n'a plus de sens, la perte d'intérêt à l'égard des activités et des relations importantes et le sentiment que toute qualité de vie a disparu. Les soins palliatifs ne peuvent pas fournir des solutions à toutes ces préoccupations. Dans de nombreux cas, les soins palliatifs ont soulagé efficacement la douleur physique, mais n'ont pas écarté chez la personne la volonté de mettre fin à sa vie; il en fut ainsi, par exemple, pour Sue Rodriguez.

Les partisans du suicide médicalement assisté jugent que les personnes en phase terminale doivent avoir le droit, garanti par la loi, de prendre les décisions qui les concernent sur la valeur de leur vie ainsi que sur le choix du moment et des circonstances de leur mort. Leurs opposants préconisent de mettre l'accent sur le soulagement des symptômes et sur l'intervention psychosociale. Le débat soulève de nombreuses questions éthiques et juridiques, notamment l'évaluation du caractère volontaire et authentique des demandes de suicide médicalement assisté au vu de la capacité mentale des personnes en cause et de leur aptitude à prendre des décisions, la présence d'une dépression clinique sous-jacente ou d'autres affections non traitées et l'existence d'une coercition ouverte ou supposée de la part de l'entourage. Les associations infirmières et médicales s'opposent au suicide assisté, qu'elles jugent contraire aux traditions éthiques de la profession infirmière et de la médecine. La peur de la souffrance et de la mort, les expériences pénibles, amènent parfois les personnes en phase terminale à réclamer l'euthanasie, dans un ultime geste d'appel à l'aide.

En octobre 1994, l'Association des infirmiers et infirmières du Canada a publié un mémoire adressé au Comité sénatorial spécial sur l'euthanasie et le suicide assisté. Intitulé *Une question de respect: l'infirmière et les dilemmes posés par les soins aux mourants*, le mémoire porte sur les questions reliées à la fin de la vie, les directives préalables, les soins palliatifs, les soins palliatifs à domicile, l'abstention ou l'arrêt du traitement. À propos de ces enjeux, l'AIIC formule les recommandations suivantes:

- Que, avant toute décision de législation de l'euthanasie et du suicide assisté, les gouvernements et les professionnels de la santé favorisent un large débat dans la population canadienne au sujet des questions relatives à la fin de la vie.

- Que les gouvernements et les professionnels de la santé fassent en sorte que la population connaisse et appuie davantage les directives préalables et qu'une loi soit adoptée, au besoin, pour autoriser ces directives.

- Que les gouvernements et les professionnels de la santé favorisent une plus grande accessibilité des soins palliatifs aux Canadiens et la formation de ces mêmes professionnels aux méthodes de prestation de ces services et qu'ils soutiennent des recherches accrues sur les soins palliatifs.

- Que les gouvernements appuient, proposent et financent un éventail continu de services englobant les soins palliatifs à domicile.

- Que le Parlement lève toute ambiguïté dans le Code criminel en regard des professionnels de la santé qui refusent de donner ou qui mettent fin à des traitements futiles ou non voulus, ceux-ci avec le consentement de la personne.

Programmes de soins palliatifs

Selon l'ACSP, «les soins palliatifs visent à soulager la souffrance, à améliorer la qualité de vie et à accompagner vers le décès. Ils sont destinés aux patients atteints d'une maladie pouvant compromettre leur survie, ou qui risquent d'être atteints d'une telle maladie, ainsi qu'à leurs proches» (Comité des normes en soins infirmiers de l'ACSP, 2002). La définition de l'OMS se lit comme suit: «Les soins palliatifs sont l'ensemble des soins actifs et globaux dispensés aux malades dont l'affection ne répond plus au traitement curatif» (Comité des normes en soins infirmiers de l'ACSP, 2002).

En raison des préoccupations croissantes que suscitait la piètre qualité de vie des personnes atteintes d'une maladie évolutive, le concept de **soins palliatifs** a commencé à s'étendre à de nombreux milieux de pratique (Jones, 1997). Les soins palliatifs, qui s'inscrivaient depuis longtemps dans les soins fournis aux personnes atteintes de cancer, sont devenus l'une des façons d'envisager les soins reliés aux maladies graves. Qu'ils soient offerts en milieu hospitalier, dans les centres d'hébergement de courte durée, dans une maison réservée aux soins palliatifs, ou encore à domicile, les soins palliatifs sont considérés comme des ponts entre la volonté acharnée de poursuivre le traitement curatif et le suicide médicalement assisté (Saunders et Kastenbaum, 1997). Ceux qui pensent qu'il faut donner de meilleurs soins aux mourants affirment que la mort et tout ce qui l'entoure – acceptation, compréhension, traitement – doivent faire partie intégrante des soins de santé courants (Callahan, 1993a; Morrison, Siu, Leipzig *et al.*, 2000). Aujourd'hui, on ne propose plus les soins palliatifs seulement aux personnes atteintes de cancer, mais aussi à celles qui souffrent de maladies chroniques, puisque, dans ces cas-là aussi, on améliore la qualité de vie des personnes et de leur famille en soulageant complètement les symptômes et en offrant un soutien psychosocial et spirituel (Gendron et Carrier, 1997).

Visant à alléger les souffrances et les symptômes physiques, les soins palliatifs privilégient la gestion des problèmes psychologiques, sociaux et spirituels. Comme l'indique la définition qu'on en donne, ils ne doivent pas être considérés comme des soins qui commencent là où s'envolent les espoirs d'un traitement curatif. L'objectif des soins palliatifs est d'améliorer la qualité de vie de la personne et de sa famille. Or, cette approche globale et axée sur le bien-être peut à maints égards s'appliquer aux premiers stades des maladies mettant la vie en danger, conjointement avec le traitement curatif. Cela dit, la définition des soins palliatifs, les services qui en relèvent et les positions des médecins qui les fournissent sont en constante et rapide évolution.

On peut avancer que les soins palliatifs ne diffèrent pas d'une façon marquée des soins globaux (infirmiers, médicaux, sociaux et spirituels) et qu'il n'est pas indispensable de recevoir l'étiquette de «mourant» pour bénéficier de soins axés sur la personne et le soulagement des symptômes. Outre le fait qu'ils englobent les multiples dimensions de l'expérience de la maladie dans la vie des personnes et de leur famille, les soins palliatifs font appel à la **collaboration interdisciplinaire**, qui est essentielle si on veut obtenir les résultats souhaités. La collaboration interdisciplinaire se distingue de la pratique multidisciplinaire en ce sens qu'elle s'appuie sur la communication et la coopération entre plusieurs disciplines. Chacun des membres de l'équipe se charge d'un aspect des soins en l'inscrivant dans le cadre d'un plan unique, conçu pour répondre aux besoins de la personne et de sa famille.

Ces équipes sont habituellement composées d'infirmières, de médecins, de travailleurs sociaux, de pharmaciens et de bénévoles, mais souvent aussi de nutritionnistes, de physiothérapeutes, d'animateurs de pastorale, et parfois de psychologues et de musicothérapeutes (Trottier, 2002).

SOINS PALLIATIFS PRODIGUÉS EN FIN DE VIE

Comme nous l'avons vu plus haut, les soins palliatifs se définissent à l'heure actuelle comme des soins globaux, axés sur la personne et la famille, que l'on donne quand aucun traitement médical ne peut plus modifier le cours de la maladie. Mais les soins palliatifs sont associés tout particulièrement à la fin de la vie, et même s'ils tiennent compte de la qualité de vie, ils visent nécessairement à préparer la personne à la mort, sur les plans émotionnel, social, spirituel et financier. Quand les soins palliatifs ont fait leur apparition au Canada au milieu des années 1970, on en a étendu la définition à tous les soins qui prennent en compte la personne dans sa totalité (aspects physiques, sociaux, émotionnels et spirituels) et aux premières phases du traitement des maladies qui mettent la vie en danger.

Si on tarde à faire appel aux services de soins palliatifs et si on recourt peu à ces services, c'est pour des raisons complexes. Ces raisons renvoient aux valeurs et aux attitudes des professionnels de la santé, à la transmission inadéquate des connaissances actuelles concernant le traitement de la douleur et le soulagement des symptômes, aux difficultés qu'éprouvent les professionnels de la santé à communiquer de manière efficace avec les personnes qui sont en phase terminale et à la place insuffisante qu'occupe le concept de soins palliatifs dans l'enseignement et la formation donnés aux professionnels de la santé.

Près de 85 % des Québécois et des Québécoises meurent à l'hôpital; on estime que seulement 5 à 10 % de la population peut bénéficier de services de soins palliatifs spécialisés (Baillargeon, 2003). Quant aux personnes qui sont en phase terminale, elles décèdent pour la plupart dans des hôpitaux et des établissements de soins de longue durée. De toute évidence, il devient urgent d'améliorer les services aux mourants offerts dans les hôpitaux, les établissements de soins prolongés, les organismes de soins à domicile et les services de consultation externe. Par ailleurs, dans de nombreuses maladies chroniques, il n'existe pas de «stade terminal» prévisible qui correspondrait aux critères d'admissibilité à un **programme de soins palliatifs**, de sorte que de nombreuses personnes meurent au terme d'une lente, longue et douloureuse agonie, sans bénéficier des soins coordonnés que les programmes de soins palliatifs sont les seuls à fournir. La façon de voir qui anime ces programmes pourrait être mise au service d'un plus grand nombre de personnes si elle était appliquée dans tous les établissements de soins de santé et aux premiers stades des maladies. De façon générale, les soins palliatifs se développent actuellement sans égard au rythme de l'accroissement des besoins, sans perspective et dans des environnements peu structurés (Trottier, 2002). C'est pourquoi, à la suite d'une vaste consultation, le gouvernement du Québec s'est doté d'une politique en soins palliatifs de fin de vie; on peut en prendre connaissance en consultant le site internet du ministère de la Santé et des Services sociaux du Québec (Trottier, 2002).

Dans les établissements de soins de courte durée

Les intervenants en santé sont formés pour sauver des vies. Certains sont donc pris au dépourvu lorsque la mort devient inéluctable, particulièrement dans les établissements de soins de courte durée (Crowe, 1992). Dans un certain nombre de provinces canadiennes, la proportion de décès attribuables à un cancer dans les hôpitaux offrant des soins de courte durée a diminué. Au cours des années 1994-1998, 87,4 % des Québécois sont décédés dans un centre hospitalier offrant des soins de courte durée et 17,3 % dans un établissement de soins de longue durée. Au cours de la même période, les décès dans les milieux de soins palliatifs sont passés de 0 à 30 %. Seulement 9,2 % de la population est décédée à domicile (Deschênes, Dion et Gratton, 2004). En centre hospitalier, les personnes meurent souvent dans les lits de soins de courte durée et parfois même à l'urgence, sur une civière et dans un corridor. Néanmoins, dans quelques hôpitaux du Québec, on réserve maintenant un certain nombre de lits aux personnes en fin de vie ; ce nombre est estimé à 140 lits en tout. L'accès à ces lits dans les établissements et maisons de soins palliatifs est soumis à des critères « d'admissibilité » fondés sur le pronostic de survie. Dans la plupart des endroits, celui-ci doit être de moins de deux mois (Trottier, 2002)

Une étude charnière (Study to Understand Prognoses and Preferences for Outcomes and Risks of Treatment, SUPPORT, 1995) a mis en relief des lacunes préoccupantes dans les soins aux mourants prodigués en milieu hospitalier :

- De nombreuses personnes reçoivent à la fin de leur vie des soins dont elles ne veulent pas.

- Les médecins ne connaissent pas les vœux des personnes en matière de traitement de survie, même quand ceux-ci sont consignés dans les dossiers médicaux.

- On réussit mal à enrayer la douleur chez les personnes arrivées en fin de vie.

- Les efforts fournis pour améliorer la communication ne donnent aucun résultat.

Il est évident que bien des gens continueront d'opter pour les soins en milieu hospitalier ou aboutiront par défaut dans des établissements hospitaliers à la fin de leur vie. Les responsables de ces établissements ont de plus en plus recours à des évaluations portant sur l'ensemble des pratiques reliées aux soins prodigués en fin de vie et sur les résultats obtenus. Ils mettent aussi en place des modèles novateurs en vue de fournir aux personnes en fin de vie des soins palliatifs de haute qualité et centrés sur l'être humain. Les responsables des hôpitaux rappellent que la mise en place de soins palliatifs de grande qualité dans les établissements de soins actifs se heurte à des obstacles financiers considérables (Cassel, Ludden et Moon, 2000). De nombreux intervenants réclament des changements aux règles gouvernementales afin qu'on puisse rembourser aux hôpitaux les frais entraînés par la mobilisation de lits réservés aux soins palliatifs, par les soins prodigués dans les unités de soins palliatifs et par les services de consultation dans les unités de soins de courte durée.

Dans les établissements de soins de longue durée

La tendance à confier les soins aux mourants aux établissements de soins prolongés s'accentuera avec le vieillissement de la population et les pressions qu'exercent le gouvernement et les organismes privés sur les professionnels de la santé pour qu'ils réduisent les coûts (Field et Cassel, 1997). À la fin de leur vie, les personnes hébergées dans des établissements de soins de longue durée sont habituellement atteintes de plus d'une maladie évolutive et irréversible, et cela depuis nombre d'années. Assurer une mort digne à ces personnes en grande perte d'autonomie représente tout un défi pour le personnel (Crowe, 1992). Pour l'instant, les personnes qui se trouvent dans des unités de soins prolongés ne bénéficient pas encore, selon les rapports, d'un accès adéquat à des soins palliatifs de grande qualité. Si au Québec certains centres d'hébergement et de soins de longue durée (CHSLD) sont dotés d'équipes spécialisées en soins palliatifs, celles-ci ne représentent qu'une infime minorité. Souvent, les services sont fournis par les équipes appartenant aux unités de soins aigus de ces centres hospitaliers (Trottier, 2002).

Dans la communauté

Aux États-Unis, ce qu'on appelle « hospice » n'est pas un endroit, mais renvoie plutôt à un concept de soins palliatifs où la fin de la vie est perçue comme une étape du développement personnel. Le mot « hospice » vient de *hospes*, qui signifie « hôte ». Au départ, l'hospice était un lieu d'accueil ou de halte pour les voyageurs épuisés qui effectuaient de longs pèlerinages (Bennahum, 1996). Dans les années qui suivent les travaux novateurs de Kübler-Ross, le concept de soins palliatifs prodigués dans les établissements hospitaliers et servant de remède à la mort dépersonnalisée que connaissent les personnes agonisantes dans les hôpitaux déclenche le mouvement des soins palliatifs. Conjugués au concept de soins palliatifs que met au point la D[re] Cicely Saunders en Grande-Bretagne, ces travaux soulignent les failles du système de soins prodigués aux personnes en phase terminale (Amenta, 1986). Le mouvement des soins palliatifs voit le jour en réaction aux discordances marquées entre : (1) le traitement de la maladie et les soins prodigués ; (2) la recherche de pointe et le soutien psychosocial ; et (3) le déni général de la mort dans notre société et l'acceptation exprimée par ceux et celles qui y font face (Wentzel, 1981). Selon Saunders, qui a fondé le célèbre St. Christopher's Hospice à Londres (Bennahum, 1996), les soins palliatifs s'appuient sur les principes suivants :

- La mort doit être acceptée.

- Une équipe interdisciplinaire dont les membres se consultent régulièrement est particulièrement apte à gérer les soins globaux prodigués aux personnes.

- La douleur et les autres symptômes des personnes en phase terminale doivent être soulagés.

- La personne et sa famille forment un bloc indissociable dans la prestation des soins.

- Les agonisants doivent recevoir des soins à domicile.

- Les personnes qui pleurent un proche doivent recevoir du soutien.

■ La recherche et l'enseignement mis en œuvre dans ce domaine doivent se poursuivre.

Soins palliatifs au Canada

Bien qu'ils désignent un concept connu depuis fort longtemps, les soins palliatifs en tant que soins globaux destinés aux personnes arrivées en fin de vie n'ont fait leur apparition au Canada que dans les années 1960, dans la foulée du mouvement américain (Hospice Association of America, 2001). Au Canada, le fait de garder une personne mourante à domicile permet de conserver une certaine « normalité » à la maladie terminale et à la mort, tout en préservant le plus longtemps possible l'autonomie des personnes en fin de vie et celles de leurs proches, car ce sont des valeurs aujourd'hui considérées comme précieuses. En outre, face à l'explosion des frais de santé, les soins à domicile sont souvent perçus comme une solution moins onéreuse. Les soins prodigués aux personnes en fin de vie représenteront au cours des prochaines années un défi de taille pour notre système de soins de santé et de services sociaux (Deschênes *et al.*, 2004).

Bien qu'ils existent aux États-Unis et au Canada depuis plus de vingt-cinq ans, les soins palliatifs offerts aux personnes en fin de vie n'ont pas été pleinement intégrés à la pratique générale des soins de santé. Même s'ils sont mis à la disposition de toutes les personnes atteintes de maladies susceptibles d'abréger la vie, ce sont les sujets atteints d'un cancer au stade avancé qui en bénéficient le plus, car l'évolution de cette maladie se prête à des prévisions plus sûres sur le moment où la vie se termine (Boling et Lynn, 1998 ; Christakis et Lamont, 2000). De nombreuses raisons ont été avancées pour expliquer, d'une part, la réticence des médecins à diriger les personnes vers un programme de soins palliatifs et, d'autre part, la réticence des personnes à accepter de recevoir des soins de ce genre : entre autres la difficulté à poser le diagnostic de maladie terminale, l'association étroite entre soins palliatifs et décès, les avancées des traitements « curatifs » au stade avancé de certaines maladies et les pressions financières exercées sur les professionnels de la santé pour retenir davantage dans les établissements de courte durée les personnes qui ont droit à des soins palliatifs. Il en résulte que les personnes qui pourraient profiter du soutien interdisciplinaire global qu'offrent les programmes de soins palliatifs n'y ont souvent accès qu'à leurs derniers jours, ou même à leurs dernières heures (Christakis et Lamont, 2000).

Les soins palliatifs regroupent les soins interdisciplinaires coordonnés que les professionnels de la santé et les bénévoles dûment formés offrent aux personnes qui sont atteintes de maladies graves et évolutives sur lesquelles les traitements n'ont aucune prise. Dans le milieu où ces soins sont prodigués, la personne et sa famille forment une seule et même entité aux yeux du personnel soignant. L'objectif des soins palliatifs fournis à domicile est de permettre à la personne de rester chez elle, entourée des gens et des objets qui lui sont chers. Ils ne visent pas à abréger la vie, mais ils ne favorisent pas non plus son prolongement par des moyens artificiels. Les soins palliatifs s'enracinent dans la conscience pleine ou « ouverte » que la personne a de sa mort ; ils présentent une vision réaliste de celle-ci qui aide la personne et sa famille à comprendre le passage de vie à trépas et à vivre chaque moment le plus pleinement possible.

La plupart du temps, les soins palliatifs sont fournis à domicile, mais il existe aussi des résidences où les personnes qui sont en phase terminale, mais que la famille n'est pas en mesure de soutenir ou qui souhaitent être hébergées en établissement, peuvent recevoir ces soins.

Les critères d'admissibilité varient selon les programmes. De manière générale, les personnes admissibles doivent être atteintes d'une maladie irréversible et évolutive, avoir un temps de survie limité (généralement deux mois ou moins) et avoir opté pour des soins palliatifs plutôt que pour des soins curatifs. Les soins palliatifs ont longtemps été réservés aux cancéreux, mais aujourd'hui ils sont proposés à toutes les personnes atteintes de maladies incurables. La gamme des services offerts en soins palliatifs varie géographiquement et les modalités d'accès sont mal définies. Au Québec, les services de soins palliatifs sont offerts essentiellement dans quatre situations : la personne est chez elle, dans un centre hospitalier, dans un centre d'hébergement et de soins de longue durée (CHSLD) ou dans une maison de soins palliatifs. Certains services de santé relèvent des soins palliatifs et certains médicaments sont couverts par le régime d'assurance-maladie du Québec et le régime d'assurance-médicaments. Les maisons de soins palliatifs ne sont pas publiques ; elles sont le plus souvent subventionnées par des fondations privées à but non lucratif.

Soins infirmiers prodigués en fin de vie

Bien des personnes souffrent inutilement parce que l'on n'accorde pas suffisamment d'attention aux symptômes qui accompagnent les maladies graves. L'évaluation de la personne et de sa famille doit porter non seulement sur les problèmes physiques, mais aussi sur les dimensions psychosociales et spirituelles de la maladie. Cette façon de faire permet de mieux comprendre les effets que peut avoir la maladie tant sur la personne que sur sa famille et elle oriente les soins infirmiers vers des interventions qui répondent à tout l'éventail des besoins.

ENJEUX PSYCHOSOCIAUX

Il incombe aux infirmières de sensibiliser les personnes aux possibilités et aux probabilités qui accompagnent leur maladie ainsi qu'à tout ce qui concerne leur vie avec la maladie, de les accompagner à l'étape du bilan de leur vie, de la clarification de leurs valeurs, de la prise de décision en matière de traitement et de l'adieu à la vie. La manière la plus efficace d'y parvenir est d'examiner et de comprendre la maladie du point de vue de la personne concernée.

Kübler-Ross (1969) a montré que les personnes arrivées en fin de vie peuvent et veulent parler de leurs expériences, dénonçant ainsi comme un mythe l'idée qu'une honnête conversation sur la mort avec le personnel soignant leur serait nuisible. Malgré la réticence persistante des professionnels de la santé à aborder ouvertement les questions touchant la fin de la vie, des études confirment que les personnes veulent être renseignées sur leur maladie et qu'une conversation franche sur la mort ne nuit en rien à leurs choix en fin de vie (McSkimming, Super, Driever *et al.*, 1997; Virmani, Schneiderman et Kaplan, 1994).

Parallèlement, les infirmières doivent faire preuve de sensibilité et de réceptivité face aux différences culturelles quand elles abordent la question de la mort avec les personnes qu'elles soignent et avec leur famille. Les attitudes à l'égard de la pleine divulgation des faits concernant la maladie terminale varient énormément selon les cultures et des conversations trop directes à ce sujet avec la personne concernée peuvent, dans certains cas, être en effet considérées comme nuisibles (Blackhall, Murphy, Frank *et al.*, 1995). Pour fournir avec le plus d'efficacité possible des soins axés sur la personne et sa famille, les infirmières doivent être disposées à mettre de côté leurs présupposition et à évaluer le type et la quantité d'information qui semblent le plus profitable aussi bien à la personne qu'à sa famille, à la lumière du système de valeurs auquel elles adhèrent.

Le fait qu'une plus grande reconnaissance sociale et juridique soit accordée aux directives préalables indique un certain progrès dans notre capacité d'examiner et de transmettre nos volontés en matière de soins prodigués en fin de vie (encadré 17-1 ■). Bien qu'il soit très facile d'obtenir le testament biologique et le mandat en cas d'inaptitude auprès des professionnels de la santé et des associations communautaires, dans les librairies et sur Internet, les Canadiens les utilisent peu, ce qui montre à quel point on évite de faire face ouvertement à l'idée de la mort dans notre société. Il faut cependant préciser que l'existence d'un document rédigé en bonne et due forme ne diminue en rien la complexité des décisions à prendre à la fin de la vie. Les directives préalables ne sauraient se substituer aux conversations entre les professionnels de la santé et les personnes et leur famille à l'approche de la mort (Lynn, 1991).

COMMUNICATION

Comme nous l'avons expliqué précédemment, nous avons accompli des progrès remarquables dans notre capacité de prolonger la vie des êtres humains, mais nous sommes loin d'avoir accordé la même attention aux soins prodigués aux mourants (Callahan,1993b). D'une certaine manière, ce fait n'a rien de très surprenant. Nous devrons tous affronter la mort un jour ou l'autre et, en général, nous préférons ne pas nous attarder à la perspective de notre propre disparition. Comme le font remarquer Glaser et Strauss (1965), la réticence à parler du passage de la vie à la mort dans notre culture

ENCADRÉ **17-1**

Testament biologique et mandat en cas d'inaptitude

Le vocable *testament biologique* est une traduction littérale de l'anglais *living will*. Mais sa réalité concrète se traduirait plutôt en français par l'expression *directives de fin de vie*. [...]

[C]es directives sont fort utiles entre le moment où une personne n'est plus en mesure de consentir et/ou d'exprimer ses volontés et le moment de son décès. [...] Mais au Québec, le testament biologique n'a pas de formalisme imposé par la loi comme c'est pourtant le cas du testament ou du mandat en cas d'inaptitude (mandat en cas d'inaptitude). Il n'en reste pas moins qu'il permet à son auteur de laisser par écrit, ou autrement s'il le désire, des directives qui respectent fidèlement ses volontés advenant son incapacité à les exprimer.

Au Québec, c'est le Code civil du Québec qui nous permet de manifester ainsi nos volontés de fin de vie. [...]

Un testament biologique est donc l'expression de la volonté de fin de vie d'une personne devenue incapable de consentir à des soins entre le moment où cette personne n'est plus en mesure de consentir soit d'accepter ou de refuser des soins et le moment de son décès. Le testament biologique est le complément indispensable du mandat en cas d'inaptitude.

[...]

Un mandat en cas d'inaptitude est un document permettant à une personne, le mandant, de spécifier qui (le mandataire) prendra soin de sa personne et de ses biens si elle devient incapable de le faire (maladie, accident). Le mandat spécifie également quels sont les pouvoirs de cette personne et peut inclure des « désirs de fin de vie ». Cependant, en pratique, le mandat inclut très rarement des dispositions très spécifiques quant aux désirs de fin de vie. Ceux-ci vont souvent être

d'ordre général, tels le désir de ne pas être maintenue en vie par des moyens artificiels s'il ne reste plus d'espoir. Le testament biologique, quant à lui, est très spécifique quant aux volontés de fin de vie.

Les commentaires du législateur portant sur l'article 12 du Code civil du Québec expriment bien la différence entre ces deux documents:

> Le mandat a cependant une portée beaucoup plus large que le testament de vie, puisqu'il peut concerner l'administration des biens et la protection de la personne alors que le testament de vie est limité aux soins à prodiguer à l'approche de la mort. Par ailleurs, le mandat désigne une personne qui devra exercer les droits civils du mandant, alors que le testament de vie donne des directives à quiconque sera en situation de lui prodiguer des soins à l'approche de la mort. En raison de la portée plus limitée de cette expression de volontés, le Code ne réglemente pas le testament de vie de façon particulière, mais il permet d'en prendre acte, comme il permet de considérer toute autre manifestation de volontés que la personne concernée a pu exprimer. [...]

[...]

Dans les cas où il serait nécessaire de désigner une personne pour prendre des décisions pour la personne inapte ou encore consentir pour cette personne, le mandat est le seul instrument approprié. Le testament biologique ne permet pas à une autre personne de prendre des décisions pour une personne inapte, mais seulement de s'exprimer au nom de la personne suivant les directives contenues dans le testament biologique. Cette subtilité est très importante.

est liée au malaise que provoquent en nous des morts particulières (celles des personnes que nous soignons ou la nôtre), et non à la notion abstraite de la mort, qui nous incommode beaucoup moins. Finucane (1999) souligne que la lutte pour la survie constitue l'une des conditions qui nous permet d'exister comme être humain. La confrontation avec la mort des personnes que nous soignons nous renvoie aux peurs enracinées en nous.

Pour aborder la question de la mort avec compétence et sérénité lorsqu'elles s'entretiennent avec les personnes atteintes de maladies graves ou parvenues au stade terminal, ainsi qu'avec leurs proches, les infirmières et les autres membres du personnel soignant doivent d'abord s'interroger sur leurs propres rapports avec la maladie et la mort et sur les valeurs qui y sont rattachées. En réfléchissant, en faisant des lectures et en conversant avec des membres de leur famille, des amis et des collègues, les infirmières se familiariseront avec les croyances qui entourent la maladie et la mort. Les entretiens qu'ils auront avec des personnes issues d'autres cultures les aideront à voir leurs convictions personnelles sous un angle différent et les sensibiliseront aux croyances et aux pratiques reliées à la mort qui ont cours dans d'autres communautés culturelles. Les échanges avec d'autres infirmières ou des collègues leur seront également utiles pour mettre au jour les valeurs communes aux professionnels de la santé et pour en apprendre davantage sur la diversité des valeurs auxquelles adhèrent les personnes qu'elles soignent. Le travail de clarification de ses propres valeurs et la sensibilisation de chacun à la réalité de la mort peuvent constituer les bases de la découverte de soi et de l'échange.

Capacité de communiquer avec une personne atteinte d'une maladie grave

L'infirmière doit acquérir la compétence et l'aisance nécessaires pour évaluer les réactions de la personne et de ses proches face à la gravité de la maladie qui les touche et planifier des interventions conformes à leurs valeurs et à leurs volontés pendant toute la durée des soins. La personne et ses proches doivent recevoir un soutien continu. Il ne suffit pas d'avoir un seul échange avec une personne pour lui enseigner quelque chose; le seul fait d'entendre ce qu'elle dit ne constitue pas de l'écoute active. Dans le cours d'une maladie grave, la personne et ses proches doivent prendre des décisions complexes relativement au traitement, subir les chocs des mauvaises nouvelles concernant l'évolution de la maladie et composer avec les réactions émotionnelles qui s'expriment de manière récurrente. Une fois passé le moment du premier diagnostic, plusieurs étapes cruciales jalonnent la prestation des soins: absence de réaction au traitement, décisions concernant la poursuite ou l'arrêt d'une intervention, acceptation ou refus des soins palliatifs. À toutes ces étapes, l'infirmière doit faire preuve de patience, d'empathie et d'honnêteté. Il n'est jamais facile de parler de sujets aussi névralgiques que la gravité d'une maladie, les espoirs de survie et les craintes que suscite la perspective de la mort. Mais l'art de la communication thérapeutique s'apprend et, comme toutes les autres aptitudes, il s'améliore au fil de la pratique. Cette compétence s'acquiert comme toutes les autres, dans un environnement où l'infirmière se sent en sécurité, par exemple dans une salle de classe ou un laboratoire clinique, aux côtés d'autres étudiants ou de cliniciens.

Bien que leur manière de divulguer les faits doive s'adapter au niveau de compréhension et aux valeurs propres à la personne et à ses proches, les infirmières pourront suivre les normes de pratique suivantes (ACSP, 2002; Comité des normes en soins infirmiers de l'ACSP, 2002):

- Avant de communiquer de l'information, les intervenants décident avec la personne à qui cette information sera transmise.

- Avant de communiquer de l'information, les intervenants déterminent ce que la personne et ses proches savent déjà, ce qu'ils voudraient savoir et ce qu'ils sont prêts à entendre.

- Les intervenants transmettent des informations aussi exactes que possible, selon certaines modalités: en temps voulu, dans un endroit qui permette de respecter la vie privée, dans une langue compréhensible et d'une manière acceptable. Le but est d'aider la personne et ses proches à prendre des décisions en recueillant de l'information pertinente sur les coûts, les risques et les avantages du traitement et des soins prodigués en fin de vie.

- L'infirmière observe les réactions physiques et émotionnelles à l'information communiquée et, au besoin, elle intervient de manière efficace.

- Elle appuie les choix éclairés effectués par la personne et ses proches, y compris l'arrêt du traitement ou le retrait des techniques de maintien en vie.

- Elle vérifie régulièrement si la personne et ses proches comprennent l'information transmise et s'ils souhaitent recevoir de l'information supplémentaire.

- Elle s'efforce de créer une atmosphère propice à la confiance.

- Elle communique avec compétence et avec tact.

- Elle s'adapte aux besoins particuliers de la personne et de ses proches.

Interventions infirmières suivant l'annonce de mauvaises nouvelles

Quel que soit le milieu de pratique, ce sont les efforts coordonnés d'une équipe interdisciplinaire qui donnent les meilleurs résultats lorsqu'on doit transmettre des informations sur un diagnostic grave ou sur les progrès de la maladie. Dans la mesure du possible, un médecin, une infirmière et un travailleur social devraient être sur les lieux pour fournir l'information, faciliter la discussion et répondre aux questions. L'élément crucial est la présence de l'équipe, qui crée un climat de soutien et de respect autour de la personne et de sa famille. Il est tout particulièrement important de créer un environnement adéquat. Si la personne souhaite que ses proches assistent à l'entretien, on doit prendre les dispositions nécessaires pour que le moment convienne à tous. La rencontre doit être tenue dans un endroit calme où on ne sera pas dérangé. Les cliniciens devraient fermer leur téléavertisseur ou autres appareils de communication et laisser à la personne et à sa famille suffisamment de temps pour absorber le choc de la nouvelle et y réagir. Enfin, le lieu choisi pour la réunion doit permettre à tous les participants d'être assis à hauteur de regard. Il est déjà assez pénible pour la personne et

RECHERCHE EN SCIENCES INFIRMIÈRES

Comment prendre des décisions concernant les soins prodigués en fin de vie

V.P. Tilden, S.W. Tolle, C.A. Nelson et J. Fields. (2001). Family decision-making to withdraw life-sustaining treatments from hospitalized patients. *Nursing Research, 50* (2), 105-115.

OBJECTIF

Bien que les membres de la famille participent de plus en plus aux décisions portant sur les soins prodigués en fin de vie, nous ignorons presque tout du stress lié à cette responsabilité. Nous ne savons pas non plus si la façon de raisonner des membres de la famille ressemble ou non à celle des médecins. Cette étude avait pour objectif d'analyser les facteurs de stress chez les familles qui doivent décider s'il faut cesser d'administrer un traitement destiné à maintenir en vie un parent hospitalisé et en phase terminale. Les chercheurs ont également comparé la façon de raisonner des membres de la famille et celle des cliniciens qui participent à la prise de décision.

DISPOSITIF ET ÉCHANTILLON

Les chercheurs ont effectué une étude descriptive quantitative de quatre grands établissements de soins tertiaires. Le groupe de participants se composait de personnes qui avaient pris part à la décision de cesser d'administrer le traitement destiné à maintenir les fonctions vitales chez des membres de leur famille qui n'étaient pas aptes à prendre cette décision eux-mêmes.

Le groupe comptait 74 participants, appartenant aux familles de 51 personnes mourantes. Un ou deux mois après le décès de leur proche, on les interrogea pour se procurer des données; de plus, 65 participants furent de nouveau interrogés sept ou huit mois plus tard. Des données cliniques sur la prise de décision effectuée par les familles ont été obtenues auprès des médecins (n = 21) et des infirmières (n = 24), deux mois après le décès de leur proche.

Le stress des participants fut mesuré à l'aide de l'échelle de l'impact subjectif de l'événement d'Horowitz et de l'échelle d'évaluation de l'état mental et émotionnel 1.0 du questionnaire Rand-36. Grâce aux indicateurs fournis pour chaque facteur sur une échelle visuelle analogique (VAS) de 0 à 100 mm, les chercheurs ont également mesuré isolément l'importance

de trois facteurs (qualité de vie, volontés de la personne et prolongation de la vie) dans le raisonnement mis en œuvre par les proches et les médecins au sujet de la décision à prendre. Les scores obtenus sur l'échelle VAS indiquaient la probabilité pour chaque facteur d'être retenu dans la prise de décision.

RÉSULTATS

On a observé la persistance d'un stress élevé chez les membres de ces familles un mois et, dans une moindre mesure, sept à huit mois après le décès. Parmi les facteurs associés à l'augmentation du stress figuraient l'absence de directives préalables, l'appartenance à une minorité ethnique et la distance à parcourir pour se rendre à l'endroit où était hospitalisé leur proche. Les familles étaient plus enclines que les médecins à donner priorité à la prolongation de la vie plutôt qu'à sa qualité, surtout en l'absence de directives préalables. Les membres de la famille ont indiqué que leur participation à la décision de cesser de maintenir les fonctions vitales a été l'une des épreuves les plus difficiles de leur vie.

IMPLICATIONS POUR LA PRATIQUE INFIRMIÈRE

Il est d'une grande importance que les professionnels de la santé soient sensibilisés aux répercussions que peut avoir la décision de mettre fin au traitement administré à un proche et à l'obligation de les soutenir à cette occasion. L'étude met en lumière la nécessité d'aider les familles à comprendre les volontés de la personne hospitalisée en matière de soins prodigués en fin de vie, ainsi que le rôle facilitateur que jouent les directives préalables dans le processus de décision des familles. Il faudra se livrer à des recherches plus poussées afin de comparer les effets que deux types de situations peuvent avoir sur le stress: d'une part, lorsque la famille se conforme à des directives préalables écrites et, d'autre part, lorsqu'elle se base sur des conversations informelles avec la personne quant à ses volontés en matière de traitement.

sa famille de recevoir de mauvaises nouvelles; il ne faut pas leur imposer en plus une armée de cliniciens qui se tiennent debout autour du lit où repose la personne.

Quand les informations concernant l'évolution de la maladie qui met la vie en danger leur auront été transmises, la personne et ses proches auront beaucoup de questions à poser et voudront peut-être qu'on leur rappelle un certain nombre de faits. Arriver à composer avec un diagnostic grave ou un pronostic peu encourageant représente l'aboutissement d'un long processus. L'infirmière doit être sensible à ces besoins récurrents. Elle devra peut-être répéter des informations fournies auparavant ou tout simplement être présente quand la personne et ses proches auront d'autres réactions émotionnelles à la nouvelle. L'intervention la plus importante de l'infirmière est l'écoute empathique. Les personnes gravement malades et leurs proches ont besoin de temps et de soutien pour s'habituer aux changements qu'engendrent l'annonce d'une maladie grave et la perspective d'une mort prochaine. L'infirmière capable de partager la souffrance d'autrui chaque fois qu'on a besoin d'elle, sans ressentir de gêne, sans porter de jugement et sans éprouver le

besoin de résoudre les problèmes de la personne et de ses proches, apporte une aide inestimable. Les principes clés de l'écoute active sont les suivants:

- Résister à la tentation de remplir les moments «creux» de la conversation par des paroles inutiles.

- Laisser à la personne et à ses proches suffisamment de temps pour réfléchir et répondre à la question qui leur est posée.

- Leur demander avec délicatesse s'il leur faut plus de temps pour réfléchir.

- Bannir les distractions (bruits, interruptions, etc.).

- Résister au désir de donner des conseils.

- Éviter les réponses toutes faites («Je sais ce que vous ressentez», par exemple).

- Poser des questions.

- S'assurer que tout le monde (soi-même inclus) a bien compris ce qui a été dit, en reformulant, en résumant et en récapitulant les informations.

Faire preuve de sensibilité dans les réponses aux questions difficiles

Souvent, les personnes posent des questions et font part de leurs préoccupations aux infirmières avant d'avoir eu l'occasion de s'entretenir des détails de leur diagnostic et de leur pronostic avec le médecin et avec les autres membres de l'équipe soignante. En posant des questions ouvertes, l'infirmière explicitera les préoccupations de la personne et de ses proches, décèlera leurs idées fausses, déterminera ce qu'ils veulent savoir et posera ainsi les bases de la collaboration avec le médecin et les autres membres de l'équipe. Par exemple, à une question comme «Est-ce que je vais mourir bientôt?» que peut lui poser une personne atteinte d'une maladie grave, l'infirmière doit éviter de donner des réponses futiles qui contournent les véritables préoccupations de son interlocuteur ou de renvoyer la balle à un autre professionnel de la santé. L'infirmière peut toujours évaluer la situation et intervenir, même lorsqu'il est clairement indiqué que la personne doit avoir un entretien plus approfondi avec le médecin. Dans la mesure du possible, les conversations suscitées par les préoccupations de la personne doivent toujours avoir lieu quand celle-ci en éprouve le besoin, même si le moment convient mal à l'infirmière (Addington, 1991). En se donnant le temps de s'entretenir sans interruption avec la personne pendant cinq brèves minutes, l'infirmière peut faire beaucoup pour cerner la source des préoccupations, atténuer l'anxiété et planifier le suivi. Par exemple, en réponse à la question «Est-ce que je vais mourir bientôt?», l'infirmière peut établir un contact visuel, émettre une réflexion qui prenne en compte les craintes de la personne («Ce doit être très difficile pour vous») et la faire suivre par une question ou un énoncé ouvert («Parlez-moi un peu plus de ce qui vous tracasse»). L'infirmière doit alors écouter attentivement la personne, lui poser des questions pour clarifier ses préoccupations et ne la rassurer que si un dénouement favorable de la maladie semble réaliste. Dans cet exemple, l'infirmière pourrait se rendre compte que les questions posées par la personne correspondent à son désir d'obtenir des informations particulières. Il peut s'agir d'informations portant sur le diagnostic et le pronostic (qui incombent au médecin), sur le processus physiologique du passage de la vie à la mort (qui incombent à l'infirmière), ou encore sur les répercussions financières pour la famille (qui incombent au travailleur social). Un aumônier peut également intervenir pour répondre aux questions existentielles de la personne.

En tant que membre de l'équipe interdisciplinaire chargée d'accompagner la personne à la fin de sa vie, l'infirmière occupe une place importante parce qu'elle aide l'équipe à comprendre les valeurs et les souhaits de la personne, la dynamique familiale en matière de prise de décision et les réactions de la personne et de ses proches au traitement et à l'évolution de la maladie. Les dilemmes qui peuvent se présenter dans le processus des soins prodigués aux personnes en fin de vie découlent en bonne partie des lacunes de la communication entre les membres de l'équipe et la personne et sa famille, ainsi que des difficultés qu'éprouvent les membres de l'équipe à communiquer efficacement entre eux. Quel que soit l'environnement de soins, l'infirmière doit s'assurer qu'une démarche proactive sera mise en œuvre et que des soins psychosociaux seront fournis à la personne et à sa famille. Des évaluations périodiques et structurées donneront à toutes

les parties l'occasion de revoir leurs priorités et leurs plans pour s'adapter à un avenir incertain. En recourant à une démarche structurée, l'infirmière peut aider la personne et ses proches à clarifier leurs valeurs et leurs souhaits en matière de soins de fin de vie. À chacune des étapes, il faut consacrer suffisamment de temps à la personne et à ses proches pour qu'ils puissent assimiler les nouvelles informations, formuler des questions et étudier les options qui se présentent à eux. L'infirmière devra peut-être prévoir plusieurs rencontres pour franchir les quatre étapes décrites au tableau 17-1 ■.

OUVERTURE AUX DIFFÉRENCES CULTURELLES

L'origine culturelle influe considérablement sur la façon dont on ressent et interprète la douleur, les symptômes et la mort, de même que sur la façon d'y réagir. Si la mort, l'hommage aux disparus et le **deuil** sont des concepts universels chez les êtres humains, les valeurs, les attentes et les pratiques qui accompagnent l'approche de la mort et suivent le décès sont marquées et définies par les normes culturelles. Procéder à une autopsie ou à un don d'organe est contraire aux préceptes religieux et aux normes en vigueur dans certaines cultures. Dans quelques-unes d'entre elles, on croit qu'il faut s'abstenir de toucher le corps après le décès, qu'il doit rester le plus intact possible, pour le repos de l'âme ou sa réincarnation (Poulson, 2003b). Les professionnels de la santé ont en commun des valeurs très semblables en matière de soins prodigués en fin de vie et ils peuvent se sentir mal préparés pour décider de mettre en œuvre des plans de soins adaptés à des pratiques culturelles autres que les leurs. La méfiance traditionnelle à l'égard des systèmes de santé et l'inégalité de l'accès aux soins de première ligne sont peut-être à l'origine des croyances et des attitudes ayant cours au sein de certaines communautés culturelles (Crawley, Payne, Bolden et al., 2000; Phipps, True et Pomerantz, 2000). De plus, l'insuffisance d'information ou de connaissances relativement aux options de traitement proposées en fin de vie ainsi que les obstacles linguistiques influent sur les décisions prises par les personnes issues de nombreux groupes défavorisés.

Au Canada comme aux États-Unis, le cadre officiel dans lequel se prennent les décisions relatives aux soins de santé s'appuie, en grande partie, sur les notions occidentales d'autonomie, de transparence et de consentement à l'interruption ou à l'arrêt des traitements médicaux destinés à prolonger la vie. Dans de nombreuses cultures, toutefois, l'interdépendance a préséance sur l'autonomie, ce qui donne lieu à des échanges où la prise de décision tend à être confiée à un membre de la famille ou à une personne perçue comme représentant l'autorité, au médecin par exemple (Blackhall et al., 1995; Ersek, Kawaga-Singer, Barnes et al., 1998). Par ailleurs, les préférences en matière de traitements médicaux visant à prolonger la vie, comme la réanimation cardiorespiratoire, la nutrition et l'hydratation artificielles, diffèrent selon les cultures : certains groupes sont moins susceptibles que d'autres de consentir à l'arrêt des traitements destinés à maintenir les fonctions vitales en phase terminale (Caralis, Davis, Wright et al., 1993).

Le rôle de l'infirmière est de déterminer les valeurs, les préférences et les pratiques de chacun, indépendamment de son origine ethnique, de son statut socioéconomique et de son

	TABLEAU 17-1

Parler des soins prodigués en fin de vie

Étapes	Interventions

1. Amorcer la conversation.	■ Établir un partenariat avec la personne et ses proches.
	  • Expliquer les raisons de la rencontre entre la personne, ses proches et l'équipe de soins de santé.
	    – S'assurer que le plan de soins de santé est conforme aux valeurs et aux souhaits de la personne et de sa famille.
	    – Déterminer le meilleur moyen d'apporter le soutien requis à la personne et à sa famille.
	  • Demander à la personne et à ses proches s'ils ont des questions ou des préoccupations à exprimer.
	■ Clarifier les valeurs et les souhaits concernant:
	  • Le rôle de la personne et de ses proches dans la prise de décision
	    – Comment ont-ils pris des décisions importantes dans le passé?
	    – Comment ont-ils pris les décisions concernant le traitement ou les soins durant la maladie?
	    – La personne a-t-elle désigné un mandataire?
	      ◦ Officiel (mandat en cas d'inaptitude)
	      ◦ Officieux
	    – Comment la personne et ses proches désirent-ils que le processus de prise de décisions se déroule dorénavant?
	  • Le choix du lieu où seront prodigués les soins de fin de vie
	    – À domicile, mais sans soins palliatifs
	    – Soins palliatifs à domicile (lorsque c'est possible)
	    – Soutien et soins de longue durée, accompagnés ou non de soins palliatifs
	    – Dispositions à prendre en cas d'incapacité de la personne de s'occuper d'elle-même (lieu et modalités des soins privilégiés par la personne en cas de perte d'autonomie)
	  • La participation de la famille à la prestation des soins

2. S'assurer que la famille comprend bien le plan de traitement médical et le pronostic.	■ Déterminer ce que la personne et la famille comprennent. ■ Déterminer ce qui n'a pas été compris et évaluer en conséquence la nécessité d'obtenir davantage d'information ou de consulter d'autres membres de l'équipe soignante. ■ Utiliser des mots simples et d'usage courant.

3. Déterminer les priorités de fin de vie.	■ Favoriser les conversations honnêtes, portant sur les priorités:
	  • «Qu'est-ce qui est le plus important pour vous?»
	  • «Comment puis-je (pouvons-nous) vous aider à réaliser vos objectifs?»
	■ Donner à la personne et à sa famille le temps d'absorber le choc émotionnel.

4. Contribuer au plan de soins de l'équipe inter-disciplinaire.	■ Fournir l'encadrement ou les références nécessaires pour mieux comprendre les options médicales.
	■ Formuler des recommandations portant sur les ressources offertes par d'autres disciplines ou services (soutien spirituel, groupes de soutien, ressources communautaires).
	■ Déterminer le contenu de l'enseignement convenant à la personne et à sa famille.
	■ Mettre au point le plan de suivi:
	  • Modalités (fréquence, horaire, lieu)
	  • Participants
	  • Tâches/fonctions
	  • Information à communiquer avant la rencontre suivante
	  • Membre de la famille responsable de la coordination

SOURCE: R.B. Balaban. (2000). A physician's guide to talking about end-of-life care. *Journal of General Internal Medicine, 15* (3), 195-200. Oxford: Blackwell Science Ltd.

milieu social. En faisant part à l'équipe soignante de ce qu'elle apprend des croyances et des pratiques culturelles de la personne, l'infirmière peut faciliter le remaniement du plan thérapeutique en fonction de ces différences. Par exemple, l'infirmière pourrait constater qu'une personne préfère déléguer à son fils aîné toutes les décisions afférentes aux soins de santé. Les pratiques mises en œuvre dans les établissements et les lois qui régissent le consentement éclairé sont également ancrées dans les notions occidentales de prise de décision autonome et de droit à l'information. Si la personne souhaite confier les décisions à son fils, l'infirmière peut, avec la collaboration des autres membres de l'équipe, obtenir d'elle une déclaration de consentement éclairé, ce qui respectera tant le droit de la personne à se soustraire aux décisions que les pratiques culturelles de sa famille (Ersek *et al.*, 1998).

L'infirmière étudiera et consignera par écrit les croyances, préférences et pratiques de la personne et de sa famille relatives aux soins prodigués en fin de vie, à la préparation à la mort et aux rituels de deuil. L'encadré 17-2 ■ présente les thèmes qu'elle doit aborder et les questions qu'elle peut poser pour expliciter l'information qu'elle obtient. L'infirmière agira avec perspicacité et discrétion pour déterminer le moment et le contexte où elle demandera des précisions. Certaines personnes souhaiteront peut-être qu'un membre de la famille parle en leur nom ou seront incapables de fournir des précisions en raison du fait que la maladie en est au stade avancé. L'infirmière présentera à la personne et à sa famille le pourquoi de l'entretien. Elle peut s'exprimer ainsi: «Il est très important pour nous de vous fournir des soins qui répondent à vos besoins et à ceux de votre famille. Nous voulons respecter vos volontés et nous vous

EXAMEN CLINIQUE

Collecte des données : croyances, volontés et pratiques reliées aux soins prodigués en fin de vie

■ *Divulgation et franchise* « Dites-moi comment vous et votre famille abordez les sujets importants ou délicats. »
  • Contenu : « Existe-t-il des sujets dont vous ou votre famille n'aimez pas parler ? »
  • Personne assurant la divulgation : « Un membre de la famille est-il chargé d'obtenir et de transmettre les informations ? »
  • Pratiques de divulgation aux enfants : « Quel genre d'information faut-il fournir aux enfants appartenant à votre famille ? Quelqu'un est-il chargé de la leur transmettre ? »
  • Transmission de l'information à la famille ou au groupe communautaire : « Quel type d'information et quels détails devrait-on fournir aux membres de votre famille immédiate ? De votre famille étendue ? De votre communauté (membres de votre paroisse, par exemple) ?

■ *Mode de prise de décision* « Comment prenez-vous les décisions dans votre famille ? Voulez-vous participer aux décisions concernant le traitement ou les soins qu'on vous donne ? »
  • Chacun décide pour soi.
  • Les décisions se prennent en famille.
  • Un aîné, le patriarche ou la matriarche prend les décisions.
  • La responsabilité est déléguée à une personne qui représente l'autorité (médecin, par exemple).

■ *Soulagement des symptômes* « Quel aide souhaitez-vous que nous vous apportions pour traiter les effets physiques de votre maladie ? »
  • Caractère acceptable des médicaments destinés à soulager les symptômes
  • Croyances concernant l'expression de la douleur et des autres symptômes
  • Limites dans le soulagement des symptômes

■ *Attentes en matière de traitement administré en vue de conserver la vie* « Avez-vous pensé au type de traitement médical que vous (ou votre proche) souhaiteriez recevoir durant vos derniers jours ? Avez-vous laissé des directives préalables (testament biologique ou mandat en cas d'inaptitude) ? »
  • Nutrition et hydratation en fin de vie
  • Réanimation cardiorespiratoire
  • Ventilateur
  • Dialyse
  • Antibiotiques
  • Médicaments anti-infectieux

■ *Lieu du décès* « Préférez-vous être chez vous ou dans un autre endroit au moment de votre décès ? »
  • Rôle des membres de la famille en ce qui a trait aux soins : « Qui aimeriez-vous voir s'occuper de vous durant vos derniers jours ? »
  • Restrictions relatives au sexe de la personne soignante : « Préférez-vous qu'un homme ou qu'une femme se charge des soins (des soins de votre parent) durant vos (ses) derniers jours ? »

■ *Pratiques et rites spirituels ou religieux* « Avez-vous quelque chose de particulier à nous dire concernant vos croyances spirituelles ou religieuses relativement à la mort ? Y a-t-il des pratiques que nous devrons observer quand la mort sera proche ? »
  • Manière de traiter le corps après la mort : « Avez-vous des directives particulières sur la façon dont votre corps (le corps de votre parent) doit être traité après la mort ? »
  • Expression du chagrin : « Avez-vous connu des deuils dans votre famille ? De qui ? Comment exprime-t-on le chagrin dans votre famille ? »

■ *Pratiques funéraires et rites d'inhumation* « Y a-t-il des pratiques funéraires ou des rites d'inhumation auxquels vous attachez une importance particulière ? »

■ *Rituels de deuil* « Quelle attitude vous et votre famille avez-vous observée lors des deuils précédents ? Y a-t-il des comportements ou des pratiques que vous souhaitez voir observer ou auxquels vous tenez ? »

demandons de nous dire très franchement si ce que nous faisons vous convient ou non, ou si nous pouvons faire autre chose qui répondrait mieux à vos besoins. Je vais vous poser quelques questions. Ce que vous allez me dire m'aidera à comprendre et à respecter ce qui compte le plus pour vous en ce moment. Vous n'êtes pas obligés de répondre aux questions qui vous mettent mal à l'aise. Vous êtes d'accord pour que je vous pose quelques questions ? » L'examen des croyances, des préférences et des pratiques observées en fin de vie devra peut-être se faire en plusieurs étapes au cours d'une période donnée (par exemple, sur plusieurs jours durant le séjour de la personne à l'hôpital ou au cours des visites qu'on lui rend à l'extérieur de l'hôpital). Des exercices pratiques en salle de classe ou en laboratoires cliniques, la participation à des entrevues menées par des infirmières expérimentées et la présence d'une infirmière expérimentée durant les premières évaluations aideront les infirmières débutantes à surmonter la gêne qu'elles éprouvent à aborder ces sujets délicats.

OBJECTIFS DES SOINS EN FIN DE VIE

Quand on abandonne le traitement énergique de la maladie pour les soins visant à assurer le bien-être de la personne, le soulagement des symptômes et l'attention portée à la qualité de vie selon les vœux de la personne et de ses proches deviennent prédominants dans la prise de décision. La personne, la famille et les médecins peuvent avoir tendance, par automatisme, à poursuivre indéfiniment les examens paracliniques pour cerner et traiter la source de la maladie ou des symptômes. Toute décision de la personne et de ses proches concernant l'arrêt du traitement ou l'abandon des examens paracliniques est alors teintée d'un important stress émotionnel. Il se peut notamment qu'ils éprouvent la crainte qu'en mettant fin au traitement ils perdent aussi le soutien des professionnels de la santé sur lesquels ils comptaient.

À toutes les étapes de la maladie grave, et plus particulièrement quand l'état fonctionnel et les symptômes signalent l'approche de la mort, les médecins doivent aider la personne et sa famille à peser le pour et le contre de la poursuite des examens et du traitement médical. En effet, examens et traitements peuvent comporter plus d'inconvénients que ne le justifient les bienfaits qu'il est possible d'en retirer. Les personnes et leur famille seront peut-être extrêmement réticentes à renoncer au suivi médical (analyses de sang, radiographies, etc.), qui est devenu une pratique de routine depuis le début de la maladie, mais qui contribue peu au bien-être de la personne, s'il s'agit de la priorité dorénavant privilégiée. Les professionnels de la santé appartenant à d'autres disciplines éprouveront peut-être quant à eux des difficultés à envisager l'arrêt des examens paracliniques ou du traitement médical. De concert avec les autres membres de l'équipe interdisciplinaire, l'infirmière doit évaluer les données recueillies et mettre sur pied un plan thérapeutique coordonné (figure 17-1 ■). De plus, elle doit aider la personne et ses proches à clarifier leurs objectifs et leurs valeurs ainsi qu'à préciser les résultats escomptés afin qu'ils puissent mieux faire leur choix parmi les traitements offerts (encadré 17-3 ■).

L'infirmière doit être en constante communication avec ses collègues de l'équipe interdisciplinaire pour s'assurer que la personne et sa famille ont accès aux ressources assurant le soutien psychosocial, le traitement des symptômes et l'aide reliée à d'autres enjeux de soins de santé (obtention de soins palliatifs à domicile ou aide financière, par exemple).

SOUTIEN SPIRITUEL

Chaque être humain est animé d'une forme de **spiritualité** dont la signification peut varier tout au long de sa vie (Poulson, 2003a). L'intérêt que porte la pratique infirmière à la composante spirituelle de l'expérience de la maladie n'est pas récent. Cependant, beaucoup d'infirmières ne se sentent pas à l'aise ou ne possèdent pas les compétences nécessaires pour évaluer cette dimension et intervenir de façon adéquate. La spiritualité recouvre certains éléments relevant de la religion, mais les deux concepts ne sont pas interchangeables (Highfield, 2000). Le terme spiritualité renvoie à la quête du sens qu'on attribue aux événements de la vie, sens qui constitue l'élan vital de notre existence (Poulsen, 2003a).

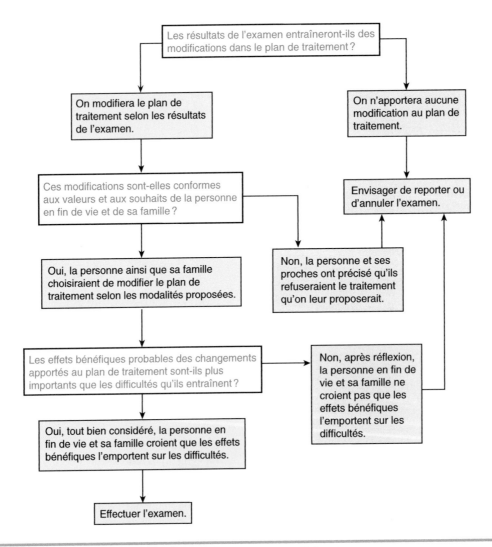

FIGURE 17-1 ■ Algorithme de prise de décisions concernant les examens paracliniques.

EXAMEN CLINIQUE

Collecte des données: comment établir les objectifs des soins palliatifs

LA PERSONNE ET SA FAMILLE

- Connaissance du diagnostic, de l'évolution de la maladie et du pronostic
  - «Que savez-vous de votre maladie, en ce moment?»
- Valeurs
  - «Quelles sont vos priorités en ce qui a trait aux traitements possibles?»
- Vœux
  - «Vous avez déclaré qu'en ce moment vous privilégiez le bien-être et l'absence de douleur. Où désirez-vous recevoir des soins (à domicile, à l'hôpital, dans un établissement de soins de longue durée, au cabinet du médecin) et comment puis-je vous aider?»

RÉSULTATS ESCOMPTÉS ET SOUHAITÉS

- «Qu'est-ce que vous espérez (en ce qui concerne les examens paracliniques, la tomodensitométrie par exemple, ou les traitements)?»

EFFETS BÉNÉFIQUES ET DIFFICULTÉS

- «À quel moment les examens paracliniques ou les traitements entraînent-ils plus de difficultés (par exemple le déplacement à l'hôpital, la douleur, la nausée, la fatigue, les conflits d'horaire avec d'autres activités) que d'effets bénéfiques?»

Indicateurs de bien-être spirituel

1. TROUVER UN SENS ET UN BUT À SA VIE

Le malade

- vit en accord avec son système de valeurs.
- exprime le désir de maintenir sa participation aux rituels de sa religion.
- exprime de la satisfaction face à sa vie.
- vit une foi nuancée, basée sur un besoin de recherche spirituelle pour l'aider à affronter la fin de sa vie.

2. AIMER

Le malade

- recherche l'aspect positif dans sa relation avec autrui.

3. ÊTRE AIMÉ

Le malade

- a le sentiment que l'équipe de soins cherche à le comprendre.
- a le sentiment d'être aimé et soutenu par ses proches.

4. CONSERVER L'ESPOIR ET UN SENS DE CRÉATIVITÉ

Le malade

- s'exprime avec réalisme en parlant de sa maladie.
- a le sentiment d'occuper significativement le temps de sa maladie et de son hospitalisation.
- met davantage l'accent sur le monde intérieur de son expérience plutôt que sur le monde extérieur de l'accomplissement.
- exprime l'espoir d'une vie après la mort.

SOURCE: M. F. Highfield et C. Cason (1983). Cité dans C. Foucault et C. Chapados (1995), *L'art de soigner en soins palliatifs: perspectives infirmières*, p. 149. Montréal: Les Presses de l'Université de Montréal.

Lorsqu'ils font face à leur propre mort, la plupart des gens se posent de nombreuses questions à propos du sens de l'existence, des raisons de la souffrance et de la maladie, de la nature des relations interpersonnelles, de l'héritage que l'on veut léguer, les espoirs déçus, de l'existence d'une vie après la mort (Poulsen, 2003a).

L'évaluation spirituelle est une composante clé de l'examen clinique de la personne en phase terminale et de sa famille. Bien que cette évaluation comporte des questions portant sur l'appartenance religieuse, n'oublions pas que la spiritualité est un concept qui englobe bien davantage que le seul aspect religieux. Alors, quelles que soient les croyances religieuses de la personne, il est toujours approprié d'effectuer une évaluation spirituelle. L'encadré 17-4 ■ présente les indicateurs de bien-être spirituel chez la personne mourante; leur présence peut indiquer que les besoins spirituels sont satisfaits (encadré 17-5 ■).

L'infirmière peut ensuite se servir des questions énumérées par Stoll (1979) pour faciliter l'évaluation des besoins spirituels de la personne mourante dans son histoire clinique (encadré 17-6 ■). Les questions permettent d'explorer quatre champs d'intérêt, soit le concept de Dieu, les sources de force et d'espoir, la signification de la pratique et des rituels religieux, ainsi que les répercussions de la maladie sur les convictions religieuses.

Malgré les soins prodigués, la personne n'est pas à l'abri de la détresse spirituelle (encadré 17-7 ■). Selon l'Association québécoise des classifications de soins infirmiers (2004), la détresse spirituelle est «une perturbation de la capacité de ressentir et d'intégrer le sens et le but de la vie à travers les

liens avec soi-même, les autres, l'art, la musique, la nature ou une Force supérieure». Ses causes sont multiples. Elle peut être engendrée, entre autres, par la culpabilité, par la difficulté à donner un sens à sa vie et aux circonstances de la maladie. La détresse spirituelle peut être évaluée à l'aide des concepts de bien-être spirituel décrits précédemment.

Si l'infirmière peut soulager la douleur et l'inconfort, écouter le désarroi de la personne, donner des marques d'estime et d'empathie, assurer à la personne qu'elle ne sera pas abandonnée, les personnes en phase terminale sont moins enclines à vivre la détresse émotionnelle et, parfois, à faire une demande d'**euthanasie** (Gendron et Carrier, 1997).

L'infirmière se fixe comme objectif d'aider la personne à accomplir les tâches suivantes (Foucault et Chapados, 1995):

- Agir selon ses valeurs et croyances spirituelles.
- Exprimer ses sentiments de peur et d'anxiété face à la mort.
- Faire le bilan de sa vie et se réconcilier avec la part d'ombre qu'elle comporte.

ESPOIR

Elisabeth Kübler-Ross a soutenu que l'espoir demeurait présent tout au long de la phase terminale, soulignant que

ENCADRÉ 17-5

Indicateurs de besoins spirituels

1. LE NON-VERBAL

État émotif

■ Est-ce que l'attitude du malade laisse entrevoir de la solitude, de la colère, de l'agressivité, de l'anxiété, etc. ?

Comportement

■ Est-ce que le malade prie ou se recueille durant la journée ?

■ Est-ce que le malade fait des lectures à caractère religieux ou spirituel ?

2. LE COMPORTEMENT VERBAL

■ Est-ce que le malade formule des plaintes répétitives concernant sa maladie ? Se plaint-il de difficultés à dormir ?

■ Tient-il des propos sur des sujets de nature spirituelle (la prière, l'espoir, les croyances) ?

■ Parle-t-il de la signification de la pratique religieuse dans sa vie ?

3. RELATIONS INTERPERSONNELLES

■ Est-ce que le malade reçoit ou non des visiteurs ? Si oui, sont-ils un soutien pour le malade ou une source d'anxiété ? Reçoit-il des membres d'une affiliation religieuse ? Établit-il facilement des liens avec le personnel soignant ?

4. ENVIRONNEMENT

■ Est-ce que le malade porte sur lui ou s'entoure de certains objets religieux (chapelet, statue, bible, médaille, etc.) ?

SOURCE: C. Foucault et C. Chapados. (1995). *L'art de soigner en soins palliatifs: perspectives infirmières,* p. 154. Montréal: Les Presses de l'Université de Montréal.

ENCADRÉ 17-6

Collecte de données spirituelles

1. CONCEPT DE DIEU

■ Est-ce que le fait de croire en Dieu et d'appartenir à une religion a de l'importance pour vous ? Si oui, pouvez-vous décrire de quelle manière ?

2. SOURCES DE FORCE ET D'ESPOIR

■ Quelle est la personne la plus importante pour vous ?

■ Quelles sont les autres personnes importantes ?

■ De quelle façon ces personnes peuvent-elles vous aider lorsque vous êtes dans le besoin ?

■ Où trouvez-vous la force ou l'espoir pour vivre les moments difficiles de la vie ?

3. PRATIQUE RELIGIEUSE

■ Avez-vous un objet ou un symbole religieux qui vous aide de façon significative ?

■ Accordez-vous une place à la prière, à certains rituels religieux ou au recueillement dans la vie ? Si oui, quels bénéfices en retirez-vous ?

4. IMPACT DE LA MALADIE SUR LA CROYANCE RELIGIEUSE

■ Quelle est votre plus grande préoccupation à propos de votre maladie ?

■ Le fait d'être malade a-t-il changé vos sentiments envers Dieu ou affecte-t-il votre pratique religieuse ?

SOURCE: R. I. Stoll. (1979). Guidelines for spiritual assessment. Cité dans C. Foucault et C. Chapados. (1995), *L'art de soigner en soins palliatifs: perspectives infirmières,* p. 155. Montréal: Les Presses de l'Université de Montréal.

«même les personnes les plus réalistes, celles qui acceptent le plus leur état, n'écartent pas la possibilité d'une guérison, de la découverte d'un nouveau médicament ou de la "réussite inespérée d'un projet de recherche"» (1969, p. 139). Viktor Frankl (1984), survivant de l'Holocauste, a parlé de la capacité de l'être humain de demeurer optimiste même lorsque la souffrance et la mort deviennent possibles, voire certaines. Pour les personnes qui sont en phase terminale, l'espoir est lié à l'avenir qu'elles imaginent. Il est à la base de l'attitude positive, de l'acceptation, et il donne un sens à la vie, un but et de l'optimisme (Hickey, 1986). L'espoir n'est alors plus nécessairement tourné vers la guérison; il est plutôt tourné vers les réalisations possibles dans le temps qui reste. Pour un grand nombre de personnes en phase terminale, cet espoir se traduit par la recherche de meilleurs rapports avec leurs proches et par le souci de laisser un héritage derrière elles. La personne qui est en phase terminale peut se montrer extrêmement résiliente et revoir plusieurs fois sa conception de l'espoir au fur à mesure que la fin de sa vie approche.

Bon nombre d'infirmières ont effectué des recherches ayant pour objectif de définir et d'étudier le concept d'espoir. Elles l'ont associé à la spiritualité, à la qualité de vie et à la transcendance. Morse et Doberneck (1995) ont défini l'espoir comme une construction mentale multidimensionnelle offrant

à l'individu le réconfort nécessaire pour faire face à des situations menaçantes ou à des défis personnels. Étudiant les cas de survivants d'une maladie grave, ces auteurs ont défini les sept composantes universelles de l'espoir, soit:

■ Effectuer au départ une évaluation réaliste de la menace.

■ Envisager d'autres solutions et se fixer des objectifs.

■ Être prêt à entendre les résultats négatifs.

■ Se livrer à une évaluation réaliste des ressources.

■ Rechercher des relations de soutien mutuel.

■ Être continuellement à l'affût des signes allant dans le sens des objectifs.

■ Se montrer déterminé à supporter les difficultés.

L'infirmière peut apporter son soutien grâce à sa capacité d'écoute et de communication; elle peut orienter la personne vers un espoir réaliste, adapté aussi bien à ses besoins propres qu'à ceux de sa famille, qu'il s'agisse d'information, d'attentes, de valeurs ou de volontés concernant la fin de la vie. L'infirmière doit prendre le temps de bien s'observer, de cerner ses idées préconçues et ses craintes concernant la maladie, la vie et la mort. Au fur et à mesure qu'elle acquiert de l'expérience auprès des personnes souffrant d'une maladie grave, l'infirmière cherche moins à «régler» les problèmes et devient plus aptes à l'écoute, plus à l'aise avec le silence, le chagrin, la colère et la tristesse et pleinement présente.

Les interventions infirmières visant à rendre l'espoir possible et à le soutenir sont entre autres les suivantes:

ENCADRÉ 17-7

Indicateurs de détresse spirituelle

1. AVOIR UN SENS ET UN BUT À SA VIE

- Le malade exprime ne plus voir de raisons de vivre; il manifeste aussi être sans réponse face au questionnement du sens de la vie, de la souffrance et de la mort.

2. AIMER

- Le malade est tourmenté par la séparation future d'avec les êtres aimés.

3. ÊTRE AIMÉ

- Le malade manifeste son refus de discuter de ses sentiments à propos de sa mort avec son entourage; il manifeste aussi un fort sentiment de culpabilité ou d'agressivité envers ce qui lui arrive, de même qu'une perte d'estime de soi reliée à ses pertes physiques et psychologiques; enfin, il refuse de demander de l'aide de son entourage lorsqu'il en a besoin.

4. CONSERVER L'ESPOIR ET LA CRÉATIVITÉ

- Le malade a le sentiment d'avoir perdu le contrôle de sa vie; il se sent incapable de s'occuper en vue de se réaliser; il démontre un comportement excessif de dépendance et manifeste de l'ambivalence envers ses convictions spirituelles.

SOURCE: M. F. Highfield et C. Cason. (1983). Spiritual needs of patients: are they recognized? Cité dans C. Foucault et C. Chapados. (1995), *L'art de soigner en soins palliatifs: perspectives infirmières*, p.157. Montréal: Les Presses de l'Université de Montréal.

- Écouter attentivement.
- Encourager les personnes à exprimer leurs émotions et leurs sentiments.
- Fournir une information juste.
- Encourager la personne et la soutenir dans tout ce qui concerne ses conditions de vie, ses choix et son environnement, dans la mesure du possible.
- Aider la personne à explorer de nouvelles façons de donner un sens à sa vie.
- Encourager la personne à se fixer des objectifs réalistes.
- Faciliter la mise en œuvre d'une communication efficace au sein de la famille.
- Diriger la personne vers des ressources de consultation psychosociale et spirituelle.
- Contribuer à la mise en place d'un réseau de soutien à la maison ou dans la communauté, s'il n'en existe pas.

TRAITEMENT DES SYMPTÔMES

L'évaluation et la consignation au dossier de tous les symptômes sont des moyens indispensables pour atteindre le but ultime des soins palliatifs: faire bénéficier la personne en fin de vie du bien-être le plus complet afin que soit optimalisée la qualité de vie pendant le temps qui lui reste (Léveillé, 2003). Soulager les symptômes est parfois complexe, mais pour y

arriver il faut établir une relation thérapeutique qui soit basée sur la confiance entre la personne, l'infirmière et le médecin (Foucault et Chapados, 1995). Les symptômes les plus courants chez les personnes qui se trouvent en phase terminale sont la douleur, la dyspnée, l'anorexie, la cachexie, le délire et la dépression; mentionnons également les nausées et les vomissements, les myoclonies, les convulsions, les coliques, la diarrhée, la constipation et les fécalomes (Léveillé, 2003). Le tableau 17-2 ■ présente un répertoire de la médication administrée au besoin (PRN) pour les symptômes qui se rencontrent le plus fréquemment en soins palliatifs. Pour les détails sur l'utilisation des opioïdes et des coanalgésiques dans le soulagement de la douleur en général, voir le chapitre 13 ⊂⊃.

Quelle que soit la maladie dont elles souffrent, les personnes arrivées en phase terminale présentent presque toutes les mêmes symptômes, qui peuvent avoir plusieurs causes: la maladie elle-même, soit directement (la dyspnée entraînée par la bronchopneumopathie obstructive chronique, par exemple), soit indirectement (la nausée et les vomissements reliés à la pression intragastrique, par exemple), le traitement administré ou des troubles concomitants qui ne sont pas liés à la maladie. Les principes de l'examen paraclinique des personnes qui se plaignent de ressentir des douleurs sont exposées au chapitre 13 ⊂⊃: on explique comment s'y prendre pour déterminer l'effet de la douleur sur la vie de la personne, on insiste sur la nécessité d'ajouter foi aux propos de la personne lorsqu'elle affirme ressentir de la douleur et qu'elle en décrit les effets et on met en avant le caractère essentiel de l'évaluation systématique de la douleur. Il en est de même pour des symptômes tels que la dyspnée, la nausée, la faiblesse et l'anxiété, qui devraient être évalués et traités de manière aussi systématique et avec autant de soin. Les questions permettant d'effectuer l'évaluation des symptômes sont présentées à l'encadré 17-8 ■.

ENCADRÉ 17-8

EXAMEN CLINIQUE

Collecte des données: symptômes associés à la maladie en phase terminale

- Comment ce symptôme affecte-t-il la vie de la personne?
- Que signifie le symptôme pour la personne? pour la famille?
- Comment le symptôme touche-t-il le fonctionnement physique, la mobilité, le bien-être, le sommeil, l'état nutritionnel, l'élimination, les activités de la personne et ses rapports avec les autres?
- Qu'est-ce qui soulage le symptôme?
- Qu'est-ce qui accroît l'intensité du symptôme?
- L'intensité du symptôme est-elle plus importante à un moment particulier de la journée?
- Quels sont les attentes et les objectifs de la personne en ce qui regarde le traitement du symptôme? Quels sont les attentes et les objectifs de la famille?
- Comment la personne s'adapte-t-elle au symptôme?

SOURCE: A. Jacox, D.B. Carr et R. Payne (1994). *Management of cancer pain*. Rockville, Maryland (États-Unis): AHCPR.

Médication administrée en PRN

TABLEAU

17-2

Nom du médicament	Voie d'administration	Particularités	Début d'action	Action maximale	Durée d'action	Effets indésirables	Fréquence
DOULEUR							
Acétaminophène (Tylénol)	PO (liq. ou co.) IR	■ Douleur légère ■ Aucun effet anti-inflammatoire	■ 30-60 min	1-3 h	4-6 h	■ Rares	■ Toutes les 6 h
Kétamine[1] (Ketalar)	PO ou SC	■ Douleur modérée à intense réfractaire aux autres traitements ■ Beaucoup d'effets secondaires	■ SC : 15 min ■ PO : 30 min		PO : environ 3 h	■ Sédation, insomnie ■ Rêves désagréables, hallucinations, délirium ■ ↑Sécrétions salivaires et bronchiques	■ SC : en perfusion ■ PO : 3 ou 4 fois par jour
Méthotriméprazine (Nozinan)	PO (liq. ou co.) SC ou IM	■ Action analgésique sans les effets indésirables des opioïdes ■ Diminue la tension émotionnelle		20-40 min	4 h	■ Sédation importante ■ Hypotension orthostatique ■ Effets anticholinergiques	■ Toutes les 4-6 h
Sufentanil[2] (Sufenta)	SL (utiliser la solution injectable)	■ Douleur modérée à intense selon le protocole d'administration ■ Utilisé pour les douleurs incidentes en raison de son début d'action rapide et de sa courte durée d'action	■ 1-6 min	10-15 min	35 min-1 h	■ Sédation minime	■ 15 min avant la mobilisation ou manœuvre douloureuse
Anxiolytiques		■ Voir section Anxiété, insomnie					
NAUSÉES ET VOMISSEMENTS							
Dimenhydrinate (Gravol)	PO IR SC, IM ou IV	■ Si : • Mobilisations • Obstructions • Vertige	■ 15-60 min ■ 30-45 min ■ 20-30 min		3-6 h	■ Sédation ■ Effets anticholinergiques	■ Toutes les 4-6 h
Hydroxyzine (Atarax)	PO (cap. ou liq.) IM ou SC		■ 15-30 min		4-6 h	■ Sédation ■ Effets anticholinergiques	■ Toutes les 6-8 h
Méclizine (Bonamine)	PO (avaler, croquer ou sucer)		■ 60 min		8-24 h	■ Sédation ■ Effets anticholinergiques rares	■ Toutes les 6-8 h
Halopéridol (Haldol)	PO (liq. ou co.) SC	■ Si zones chémoréceptrices stimulées, perturbations biochimiques, médications ■ Le métoclopramide stimule en plus la motilité gastro-intestinale		30-45 min	Jusqu'à 24 h	■ Réactions extrapyramidales ■ Effets anticholinergiques rares	■ Toutes les 8-12 h
Prochlorpérazine (Stémétil)	PO IR IM ou SC		■ 30-40 min ■ 60 min ■ 10-20 min		4-6 h	■ Réactions extrapyramidales ■ Effets anticholinergiques	■ Toutes les 4-6 h
Métoclopramide (Maxeran)	PO ou SC		■ 30-60 min ■ 15 min		6 h	■ Sédatif	■ Toutes les 6 h

1. A.P.E.S. (2002). *Les coanalgésiques, Guide pratique des soins palliatifs : gestion de la douleur et autres symptômes* (3e éd.), p. 96.
2. I. Beaulieu, C. Nadeau (2002). Le sufentanyl par voie sublinguale dans le traitement des douleurs incidentes. *Bulletin de pharmacie*, (octobre). Maison Michel-Sarrazin.

Nom du médicament	Voie d'administration	Particularités	Début d'action	Action maximale	Durée d'action	Effets indésirables	Fréquence
Benzodiazépine (variétés)	PO SL SC	▪ Si implications des sens ou des émotions	▪ Variable			▪ Sédation ▪ Amnésie antérograde	▪ Variable

AGITATION, CONFUSION

Nom du médicament	Voie d'administration	Particularités	Début d'action	Action maximale	Durée d'action	Effets indésirables	Fréquence
Halopéridol (Haldol)	PO (liq. ou co.) IM ou SC	▪ Agitation et/ou délirium et/ou agressivité/ hallucinations ▪ Médicament de choix ▪ Le moins sédatif		30-45 min	Jusqu'à 24 h	▪ Réactions extra-pyramidales ▪ Effets anticho-linergiques rares	▪ Toutes les 30-60 min ▪ Ad contrôle
Lorazépam (Ativan)	PO SL SC	▪ Agitation légère ▪ Souvent associé à l'halopéridol pour une efficacité accrue ▪ D'autres benzodia-zépines pourraient aussi être utilisées, mais le lorazépam est un bon choix, car l'administration SL, SC ou IM est possible et le début d'action est assez rapide	▪ 15-30 min	PO: 2 h SC: 1 h	12-24 h	▪ Sédation ▪ Amnésie antérograde	▪ Toutes les 1-4 h ▪ Ad contrôle
Métrotriméprazine (Nozinan)	PO (liq. ou co.) IM ou SC*	▪ Agitation et/ou délirium et/ou hallucinations ▪ Si effet sédatif souhaité ▪ Diminue l'anxiété ▪ Analgésique modéré		20-40 min	4 h	▪ Effets anticho-linergiques ▪ Sédation ▪ Hypotension orthostatique importante	▪ Toutes les 4-8 h
Midazolam (Versed)	IM ou SC	▪ Sédatif ▪ Effet rapide	▪ 5-15 min	20-60 min	2 h	▪ Amnésie antérograde ▪ Sédation	▪ Toutes les 2 h

ANXIÉTÉ, INSOMNIE[1]

Nom du médicament	Voie d'administration	Particularités	Début d'action	Action maximale	Durée d'action	Effets indésirables	Fréquence
Alprazolam (Xanax)	PO ou SL	▪ Anxiété plus forte	▪ 1-2 h	1-2 h	Moyenne	▪ Sédation	▪ Toutes les 4-24 h
Bromazépam (Lectopam)	PO ou SL	▪ Benzodiazépine la moins sédative	▪ < 1 h		Moyenne	▪ Sédation	▪ Toutes les 8-24 h
Clonazépam (Rivotril)	PO ou SL	▪ Forte anxiété	▪ 1-2 h		Longue	▪ Sédation	▪ Toutes les 6-24 h
Diazépam (Valium)	PO	▪ Début d'action rapide utile lors de convulsions ▪ Insomnie matinale	▪ < 30 min	1-2 h	Courte si administration sporadique et longue si administration régulière	▪ Sédation	▪ Toutes les 6-24 h
Lorazépam (Ativan)	PO ou SL IM ou SC	▪ Bon choix chez les personnes âgées ▪ Hypnotique: bon choix si insomnie matinale	▪ PO: 30-120 min ▪ SL: 30 min ▪ 15-30 min	2 h	12-24 h	▪ Amnésie rétrograde ▪ Sédation	▪ Toutes les 6-24 h
Méthotriméprazine (Nozinan)	PO (co. ou liq.) IM ou SC	▪ Effet sédatif important		20-40 min	4 h	▪ Sédation ▪ Hypotension orthostatique importante ▪ Effets anti-cholinergiques	▪ Toutes les 6-24 h

1. Toutes les benzodiazépines sont hypnotiques si elles sont données à des doses plus élevées que pour l'usage anxiolytique.

Médication administrée en PRN (*suite*)

TABLEAU
17-2

Nom du médicament	Voie d'administration	Particularités	Début d'action	Action maximale	Durée d'action	Effets indésirables	Fréquence
ANXIÉTÉ, INSOMNIE (*suite*)							
Midazolam (Versed)	IM ou SC	▪ Action rapide ▪ Anxiété forte	▪ 5-15 min	20-60 min	2 h	▪ Amnésie antérograde ▪ Sédation	▪ Toutes les 2 h
Oxazépam (Sérax)	PO	▪ Anxiété légère: administrer 2 h avant le coucher ▪ Hypnotique ▪ Plus sûr chez les personnes âgées	▪ 1-4 h	1-4 h	Courte	▪ Sédation	▪ Toutes les 6-24 h
Prométhazine (Phenergan)	PO IM	▪ Hypnotique ▪ Diminue l'anxiété	▪ 20 min ▪ 20 min	1-2 h	2-8 h 2-4 h	▪ Sédation ▪ Effets anticholinergiques	▪ Toutes les 4-6 h
Scopolamine	SC	▪ Détresse ▪ Anxiété extrême	▪ 30-60 min	1-2 h	2 h	▪ Sédation importante ▪ Amnésie antérograde ▪ Effets anticholinergiques importants	▪ Toutes les 4 h
Témazépam (Restoril)	PO	▪ Hypnotique: administrer 2 h avant le coucher ▪ Plus sûr chez les personnes agées	▪ 2-3 h		Moyenne	▪ Sédation	▪ Toutes les 24 h
DYSPNÉE ET/OU EMBARRAS RESPIRATOIRE							
Anxiolytiques		▪ Voir section Anxiété, insomnie					
Glycopyrrolate (Robinul)	SC	▪ Diminue les sécrétions salivaires et bronchiques	▪ 15-30 min	30-45 min	7 h	▪ Effets anticholinergiques ▪ Non sédatif	▪ Toutes les 2 h
Hyoscine (Scopolamine)	SC		▪ 30-60 min (sédation et salivation)	1-2 h	Sécrétions salivaires: 4-6 h Sédation: 2 h	▪ Effets anticholinergiques importants ▪ Sédation ▪ Amnésie, confusion	
Opioïdes	PO (liq. ou co.) SC	▪ Diminue la sensation de dyspnée ▪ Abaisse le rythme respiratoire à un niveau confortable	▪ 30-60 min ▪ 15 min		4 h 4 h	▪ Constipation ▪ Sédation ▪ Nausées ▪ Vomissements	▪ Toutes les 4 h
NaCl 0,9 %	Nébulisation	▪ Seul ou associé aux bronchodilatateurs ▪ Liquéfie les sécrétions pour en faciliter l'expectoration si l'état le permet	▪ Rapide				▪ PRN
Salbutamol (Ventolin)	Inhalation (inhalateur ou nébuliseur)	▪ Si bronchospasme ▪ Bronchodilatateur ▪ Nébulisation à privilégier si dyspnée importante et collaboration compromise	▪ Rapide: 5 min	60-90 min	3-6 h	▪ Tremblements ▪ Nervosité ▪ Céphalée ▪ Tachycardie	▪ Toutes les 4-6 h

Nom du médicament	Voie d'administration	Particularités	Début d'action	Action maximale	Durée d'action	Effets indésirables	Fréquence
TOUX							
Chlophédianol (Ulone)	liq.	▪ Complète bien l'action des autres	▪ Plus long que les autres		Plus longue que les autres	▪ Rares	▪ Toutes les 6-8 h
Dextrométhorphan (sirop D.M.)	PO	▪ Premier choix ▪ Aussi efficace que la codéine	▪ 15-30 min		3-6 h	▪ Rares et légers	▪ 4-8 h (max: 120 mg/j)
Opioïdes (morphine, codéine, hydromorphone, oxycodone)	PO (liq. ou co.) SC	▪ À dose plus faible que pour l'analgésie	▪ 30-60 min		4 h	▪ Constipation ▪ Nausées ▪ Vomissements ▪ Sédation	▪ Toutes les 4-6 h
MYOCLONIES							
Clonazépam (Rivotril)	PO ou SL	▪ Habituellement favorisé, car il est puissant et à longue action, mais le lorazépam ou diazépam pourraient aussi être utilisés.	▪ 1-2 h	1-2 h	Longue	▪ Somnolence	▪ Toutes les 8-12 h
Lorazépam (Ativan)	PO ou SL			SL: 1 h PO: 2 h	Moyenne		▪ Toutes les 6-12 h
	IM ou SC		▪ 30-60 min	30 min			
CONVULSIONS							
Lorazépam (Ativan)	SC ou IM ou IR		▪ 5-10 min	30 min	12-24 h	▪ Sédation	▪ Stat
Midazolam (Versed)	IM ou SC ou IR		▪ 5-15 min		2 h	▪ Sédation	▪ Stat
Phénobarbital	IM ou SC ou IR		▪ 10-15 min		4-6 h	▪ Sédation	▪ Stat
COLIQUES							
Butylbromure d'hyoscine (Buscopan)	PO		▪ 30-60 min	1-3 h	4-6 h	▪ Effets anticholinergiques ▪ Nausées ▪ Hypotension	▪ Toutes les 6 h
DIARRHÉE							
Diphénoxylate et atropine (Lomotil)	PO		▪ 30-60 min	2 h	3-4 h		▪ Toutes les 6-8 h
Lopéramide (Imodium)	PO	▪ Aucun effet sur le SNC	▪ 30-60 min		Jusqu'à 24 h	▪ Étourdissement ▪ Somnolence ▪ Bouche sèche ▪ Attention: faible risque de mégacolon toxique	▪ Stat + après selle diarrhéique (max: 16 mg/j)
EXTRACTION DES FÉCALOMES							
Xylocaïne (gelée 2 %)	IR	▪ Administrer quelques minutes avant l'extraction	▪ 2-5 min		30-50 min	▪ Allergie	▪ Au besoin
HÉMORROÏDES							
Hydrocortisone (Rectocort, Anusol-HC)	Locale	▪ Corticostéroïde de faible puissance				▪ Rares	▪ 1-4 fois par jour

| Médication administrée en PRN (*suite*) | | | | | | | TABLEAU 17-2 |

Nom du médicament	Voie d'administration	Particularités	Début d'action	Action maximale	Durée d'action	Effets indésirables	Fréquence
HOQUET							
Chlorpromazine (Largactil)	PO (liq. ou co.)	▪ Seul agent avec indication pour le traitement du hoquet	▪ 30-60 min		4-6 h	▪ Effets anticholinergiques ▪ Sédation ▪ Hypotension orthostatique ▪ Réactions extrapyramidales	▪ Toutes les 6 h
Liorésal (Baclofen)	PO	▪ Serait le plus efficace			4-6 h	▪ Somnolence ▪ Ataxie ▪ Confusion ▪ Ne pas cesser brusquement	▪ tid ou qid
PRURIT							
Glaxal base + camphre + menthol	Topique	▪ Particulièrement efficace si prurit cholestatique ▪ Glaxal = hydratant ▪ Camphre = antipruritique léger ▪ Menthol = sensation de fraîcheur; effet analgésique topique				▪ Peut être un peu irritant	▪ Au besoin
Lotion ou crème hydratante (lotion de calamine)	Topique	▪ Effet hydratant					
Diphenhydramine (Benadryl)	PO (cap. ou liq.) IM	▪ Antihistaminique efficace si phénomène d'allergie	▪ 15-30 min	1-3 h	7 h	▪ Sédation ▪ Effets anticholinergiques	▪ Toutes les 6-8 h
Hydroxyne (Atarax)	PO IM ou SC		▪ 15-60 min		4-6 h	▪ Sédation ▪ Effets anticholinergiques	

SOURCE: Adaptation de G. Léveillé à l'intention des infirmières (2003). *Guide d'intervention clinique en soins palliatifs* (2e éd.). Sillery (Québec): Anne Sigier.

En traitant les symptômes qui se manifestent en fin de vie, on vise à les faire disparaître complètement lorsque c'est possible ou à ramener leur intensité à un seuil tolérable pour la personne. Les interventions médicales ont parfois pour objet de traiter les causes sous-jacentes des symptômes. Des méthodes pharmacologiques et non pharmacologiques peuvent être associées aux interventions médicales dans le but de modifier les causes physiologiques des symptômes. Par exemple, les personnes qui présentent un épanchement pleural attribuable à un cancer métastatique peuvent bénéficier d'un soulagement temporaire de la dyspnée qui y est associée si elles subissent une thoracentèse (intervention médicale effractive par laquelle les liquides sont extraits de la plèvre). En outre, le traitement pharmacologique recourant à un opioïde à faible dose, administrée par voie orale, est très efficace pour soulager la dyspnée; la relaxation dirigée peut réduire l'anxiété associée à la sensation d'essoufflement. Comme dans la prise en charge de la

douleur, les principes du traitement pharmacologique des symptômes dictent: d'administrer la dose la plus faible d'un médicament permettant d'obtenir l'effet recherché; d'éviter d'employer une panoplie de médicaments; de prévoir et de traiter les effets indésirables; de mettre en place un schéma thérapeutique acceptable pour la personne, prenant en compte les objectifs qu'elle s'est fixés pour bénéficier d'une qualité de vie optimale.

De la même façon, les personnes peuvent décider de tolérer davantage les symptômes afin de jouir d'une liberté, d'une mobilité et d'une vivacité d'esprit accrues ou d'obéir à d'autres priorités. Prévoir et planifier les interventions qui permettront de prendre en charge les symptômes qui ne se sont pas encore manifestés constituent une des pierres angulaires des soins palliatifs. La personne qui est en fin de vie et les membres de la famille s'adaptent mieux aux nouveaux symptômes ou aux nouvelles exacerbations lorsqu'ils savent à quoi s'attendre et comment traiter ce qui se présente. Par l'entremise des programmes de soins palliatifs existants, on offre habituellement des «trousses d'urgence» qui contiennent des doses prêtes à administrer d'un éventail de médicaments utiles pour traiter les symptômes engendrés par une maladie lorsqu'elle est parvenue à un stade avancé. Les membres de la famille peuvent recevoir une formation concernant l'administration des doses prescrites des médicaments fournis dans la trousse d'urgence, ce qui évite à la personne des souffrances prolongées et d'avoir à être hospitalisée pour qu'on puisse soulager ses symptômes.

Douleur

Il existe de nombreuses définitions de la douleur. Cicely Saunders a été la première à préciser le concept de «douleur totale» en soins palliatifs pour mettre en évidence le caractère multidimensionnel de la douleur et l'interdépendance de ses dimensions chez les personnes en phase terminale (Foucault et Chapados, 1995). Elle définit la douleur totale comme une douleur chronique et persistante qui désorganise la personne, tant sur les plans physique, psychologique, interpersonnel et existentiel, que sur les plans social et économique. Le concept de douleur totale met en rapport trois composantes: la composante physiopathologique, la composante psychosociale de même que la composante spirituelle et philosophique. Ces composantes sont influencées par divers éléments de la vie de la personne, notamment par ses données biographiques, la qualité de son soutien social, son système de croyances et de valeurs ainsi que par sa perception de l'hospitalisation (Foucault et Chapados, 1995).

Chez nombre de personnes atteintes de cancer, la douleur constitue un symptôme notable tout au long de la maladie et du traitement. Elle découle à la fois de la maladie et des moyens mis en œuvre pour la traiter. De nombreuses études ont montré que les personnes souffrant d'une affection parvenue à un stade avancé, du cancer tout particulièrement, ressentent de vives douleurs (Field et Cassel, 1997; Jacox, Carr et Payne, 1994). Même si on connaît depuis bien des années les moyens de soulager efficacement la douleur, on sait qu'en général le traitement n'y parvient pas (American Pain Society, 1999; Jacox *et al.*, 1994). On estime que 70% des personnes atteintes d'un cancer avancé éprouvent des douleurs intenses (Jacox *et al.*, 1994; World Health Organization, 1990); cette situation, qui comporte des répercussions psychologiques, émotionnelles, sociales et financières, a fait l'objet de beaucoup d'études, mais la pratique médicale tarde à changer (Spross, 1992).

Les personnes à qui l'on a prescrit une posologie déterminée d'analgésiques doivent continuer de recevoir ces médicaments lorsqu'elles sont en phase terminale. On ne doit pas considérer que l'incapacité de la personne à dire qu'elle éprouve de la douleur signifie qu'elle ne souffre pas. Bien que, dans la plupart des cas, on puisse soulager la douleur au moyen de médicaments administrés par voie orale, les personnes qui sont en phase terminale peuvent avoir de la difficulté à avaler en raison de l'état de somnolence dans laquelle elles se trouvent ou de la nausée qu'elles éprouvent. Les personnes qui prennent un opioïde doivent continuer de recevoir une dose équivalente, par voie rectale, sublinguale ou sous-cutanée. Une solution concentrée de morphine peut être très efficacement administrée par voie sublinguale, car la personne tolère bien cette petite quantité de liquide même si elle ne peut pas déglutir. On doit faire prendre à la personne un médicament pour combattre la constipation lorsqu'on lui donne un opioïde. Si la personne ne peut pas avaler de laxatif ou d'émollient fécal, il peut être nécessaire de lui donner un laxatif par voie rectale ou un lavement.

L'infirmière doit montrer à la famille comment veiller au bien-être de la personne qui est en phase terminale, comment administrer un analgésique autrement que par la voie orale et comment évaluer la douleur lorsque la personne n'est pas en mesure de parler. Les analgésiques qu'on donne par voie orale, rectale ou sous-cutanée sont généralement prescrits toutes les trois ou quatre heures et en continu, nuit et jour, car leur effet est de courte durée. Des formes à longue action orales ou rectales existent aussi (chapitre 13 ⊙). Il y a donc toujours une forte possibilité que la personne en phase terminale meure très peu de temps après avoir reçu le médicament. Si la personne est à la maison, les membres de la famille qui administrent l'analgésique doivent être préparés à cette éventualité. Il faudra qu'ils sachent qu'ils n'ont pas «causé» la mort de leur proche en tentant de soulager sa douleur.

Dyspnée

La dyspnée est une sensation subjective de malaise associé à l'acte de respirer, lorsque les besoins en oxygène sont plus élevés que ce que l'organisme peut fournir (Léveillé, 2003). Souvent, elle n'est pas liée à des signes manifestes de difficultés respiratoires, comme la tachypnée, la diaphorèse ou la cyanose. Les personnes présentant une tumeur primitive du poumon, des métastases pulmonaires, un épanchement pleural ou un syndrome respiratoire restrictif peuvent souffrir d'une dyspnée importante. Bien qu'il soit possible de déterminer la cause sous-jacente de la dyspnée et de la traiter dans certains cas, les examens paracliniques et le traitement axés sur le trouble physiologique ont sur la qualité de vie de la personne des effets négatifs qui pourraient bien l'emporter sur les avantages de cette intervention. Le traitement de la dyspnée diffère en fonction de l'état physique général de la personne et de l'imminence de la mort. Par exemple, une transfusion sanguine peut soulager temporairement les symptômes d'une personne anémique qui en est à un stade plus précoce de la maladie. Toutefois, chez la personne qui est en phase terminale, les bienfaits d'une telle intervention sont de courte durée ou négligeables. Il se peut que la dyspnée, contrairement à la douleur, ne soit que peu soulagée et qu'elle perdure jusqu'à la mort.

Examen clinique et interventions infirmières

L'infirmière doit accorder autant d'attention à la dyspnée qu'au soulagement de la douleur. Comme la douleur physique, la dyspnée peut représenter une détérioration de l'état de la personne et accroître d'autant ses souffrances. Par exemple, l'intensification de la dyspnée peut être interprétée comme l'un des signes de l'imminence de la mort. Pour certaines personnes, les sensations d'essoufflement évoquent des images terrifiantes de noyade et de suffocation, et le cycle de peur et d'anxiété qu'elles déclenchent peut les accentuer encore davantage. Il est donc indispensable que l'infirmière effectue une analyse attentive des composantes psycho-sociales et spirituelles du symptôme, comme nous l'avons vu p. 476 à 480. Les paramètres de l'évaluation sont les suivants:

- Intensité des symptômes, difficultés respiratoires et entrave aux autres activités (sur une échelle de 0 à 10)
- Auscultation des bruits pulmonaires
- Évaluation de l'équilibre hydrique
- Mesure de l'œdème périphérique (circonférence des membres inférieurs)
- Mesure du débit de pointe
- Mesure de l'abdomen
- Température
- Couleur de la peau et des téguments
- Quantité et qualité des crachats
- Toux

Pour déterminer l'intensité du symptôme et savoir jusqu'à quel point il entrave les activités quotidiennes, l'infirmière peut demander à la personne d'évaluer sa dyspnée sur une échelle de 0 à 10, dans laquelle 0 correspond à l'absence de dyspnée et 10 à la dyspnée maximale. L'évaluation effectuée avant le traitement fournit les données de référence; les mesures subséquentes, prises quand le symptôme s'aggrave (à intervalles réguliers au cours du traitement ou après tout changement apporté au plan de traitement), donneront des indications objectives et continues sur l'efficacité du plan de traitement. De plus, les résultats de l'examen physique aideront à cerner la source de la dyspnée et à choisir les interventions infirmières les plus aptes à soulager le symptôme. Les paramètres de l'examen physique changent au fur et à mesure que l'état de santé de la personne évolue. Par exemple, lorsqu'une personne qu'on pesait jusqu'alors quotidiennement ne peut plus quitter le lit, on peut considérer que les soins visant à assurer le bien-être doivent dorénavant être préférés aux pesées. Comme tous les symptômes qui se manifestent en fin de vie, la dyspnée peut être traitée efficacement sans faire appel aux examens cliniques ou paracliniques (gaz du sang artériel, par exemple) requis lorsque la maladie ou le symptôme est réversible.

Les soins infirmiers de la dyspnée qui se manifeste en fin de vie consistent à administrer le traitement médical applicable à l'affection sous-jacente, à observer les réactions au traitement, à aider la personne et ses proches à apaiser leur anxiété (qui exacerbent la dyspnée), à modifier leur façon de percevoir le symptôme et à aider la personne à ne pas dépenser trop d'énergie (encadré 17-9 ■). L'intervention pharmacologique vise à modifier la physiologie pulmonaire, à améliorer le fonctionnement des poumons et à influer également sur la perception du symptôme. Le traitement pharmacologique recourt le plus souvent aux anxiolytiques, aux bronchodilatateurs, aux corticostéroïdes, à l'oxygène et parfois aux neuroleptiques (Foucault et Chapados, 1995). Administrés à faibles doses, les opioïdes sont d'une grande efficacité dans le soulagement de la dyspnée, quoiqu'on ne sache pas encore très bien comment ce mécanisme opère. Ils diminuent la sensation de dyspnée et abaissent le rythme respiratoire à un niveau supportable (Léveillé, 2003). Bien que la dyspnée observée dans les maladies terminales ne soit pas associée à une diminution

ENCADRÉ 17-9

Interventions infirmières en soins palliatifs dans les cas de dyspnée

ATTÉNUER L'ANXIÉTÉ
- Rassurer la personne par des visites régulières et par une attitude calme et empathique afin d'atténuer son anxiété.
- Aider la personne à discerner ses peurs et à les nommer, l'informer sur les causes de sa dyspnée et sur les moyens dont on dispose pour la diminuer.
- Administrer l'anxiolytique conformément à l'ordonnance afin de calmer l'anxiété ou la panique associée à la dyspnée.
- Aider la personne à se détendre en se servant d'une méthode de relaxation, par exemple du rêve éveillé dirigé.
- Fournir à la personne le moyen de demander de l'aide (sonnette ou voyant d'appel à portée de main de la personne à l'hôpital ou dans un établissement de soins de longue durée; clochette ou autre dispositif à domicile).

TRAITER L'AFFECTION SOUS-JACENTE
- Encourager la personne à bien s'hydrater pour liquéfier ses sécrétions et les cracher.
- Administrer le bronchodilatateur ou le corticostéroïde prescrit (maladie respiratoire obstructive).
- Administrer le diurétique prescrit et veiller à l'équilibre hydrique.

CHANGER LA PERCEPTION NÉGATIVE DE LA SITUATION QU'ENTRAÎNE L'ESSOUFFLEMENT
- Administrer au moyen d'une canule nasale la dose d'oxygène prescrite, si la personne tolère ce mode d'administration; il se peut qu'elle ne tolère pas le masque à oxygène.
- Administrer par voie orale la faible dose d'opioïde prescrite (la morphine est le médicament le plus fréquemment utilisé).
- Se servir d'un ventilateur portatif pour produire un courant d'air à l'endroit où se trouve la personne.

RÉDUIRE LES BESOINS EN OXYGÈNE
- Enseigner à la personne et à ses proches à mettre en œuvre des mesures de préservation de l'énergie.
- Mettre à portée de main de la personne les appareils, les fournitures et la nourriture dont elle a besoin.
- À domicile ou dans un établissement, fournir à la personne une chaise d'aisances ou un lit à réglages électriques (dont la tête se relève).

de la concentration d'oxygène dans le sang, l'administration d'oxygène à faible débit a souvent des effets psychologiques apaisants sur la personne et ses proches, surtout lorsque les soins sont prodigués à domicile.

Comme nous l'avons mentionné plus haut, la dyspnée peut s'aggraver sous l'effet de l'anxiété, laquelle peut même déclencher des épisodes de dyspnée et provoquer une crise respiratoire entraînant un sentiment de panique chez la personne et ses proches. Quand les soins sont prodigués à domicile, on doit transmettre à la personne et à sa famille toutes les indications nécessaires concernant la prévision et la prise en charge des situations de crise, ainsi qu'un plan d'urgence clair et détaillé. On doit également leur donner les directives nécessaires concernant les médicaments à administrer, leur demander de signaler au médecin et à l'infirmière tout changement intervenant dans l'état de santé et leur apprendre à réagir à l'aggravation des symptômes qui accompagnent la progression de la maladie. La personne et sa famille doivent savoir que les symptômes peuvent être soulagés de manière efficace à domicile et qu'il n'est pas nécessaire de recourir aux services médicaux d'urgence ou à l'hospitalisation; une infirmière peut en tout temps les renseigner par téléphone ou se rendre sur place.

Nutrition et hydratation en fin de vie

Anorexie

Selon Foucault et Chapados (1995), chez les personnes mourantes, l'infirmière s'intéresse plus à l'aspect psychologique, émotionnel, relationnel et social du besoin de s'alimenter qu'à la valeur alimentaire de la nourriture. L'anorexie et la cachexie sont des problèmes courants chez les personnes arrivées en fin de vie. Les profonds changements qui surviennent dans leur apparence, ainsi que le peu d'intérêt dont elles font preuve pour les rituels du repas, bouleversent les proches, car les repas sont considérés comme un acte important dans notre société. La méthode utilisée pour composer avec le problème dépend du stade de la maladie, de l'invalidité qui y est associée et des vœux de la personne. L'objectif ultime de l'infirmière est de conserver un juste équilibre entre l'acharnement nutritionnel et la démission (Foucault et Chapados, 1995). Il est important d'apporter un soin particulier à l'alimentation et à l'hydratation des personnes qui se trouvent en fin de vie parce que souvent elles s'agitent et causent de grandes difficultés, tant à leurs proches qu'à elles-mêmes. Il est difficile pour les proches d'accepter qu'on diminue l'alimentation ou l'hydratation, ou encore qu'on y mette fin (Léveillé, 2003).

Le syndrome de l'anorexie-cachexie se caractérise par des anomalies du métabolisme des glucides, des protéines et des matières grasses, par un dysfonctionnement endocrinien et de l'anémie. Le syndrome provoque une asthénie grave (perte d'énergie). On peut agir sur les causes de l'anorexie pendant un certain temps, mais l'anorexie graduelle représente une étape prévisible et naturelle du processus de la mort. Elle peut être reliée à des variables situationnelles ou exacerbée par celles-ci (mentionnons, par exemple, la capacité de la personne de prendre ses repas en compagnie de sa famille plutôt que dans sa chambre). Elle peut aussi être reliée à l'évolution de la maladie, au traitement ou à la détresse psychologique. On doit enseigner à la personne qui est en fin de vie et à sa famille des façons d'influer sur ces variables. Le résumé des mesures que peut prendre l'infirmière ainsi que ce qu'elle peut enseigner pour soulager l'anorexie se trouve au tableau 17-3 ∎.

Cachexie

La cachexie est une perte de poids importante qui s'accompagne d'une asthénie grave, toutes deux associées à la maladie. L'anorexie peut aggraver la cachexie, mais elle n'en est pas la cause principale. La cachexie est plutôt liée à des changements métaboliques, comme l'hypertriglycéridémie, la lipolyse ou la consommation accélérée des protéines, qui entraînent l'épuisement des réserves de matières grasses et

des protéines (Plata-Salaman, 1997). En règle générale, la cachexie chez les personnes en phase terminale est irréversible, même si on réussit à améliorer l'appétit ou l'apport alimentaire.

Dans les cas d'anorexie et de cachexie, la personne perd rapidement l'appétit, un état catabolique s'installe et il s'accompagne d'un dysfonctionnement général. À une certaine époque, on croyait que, chez les personnes atteintes d'un cancer et dont les tumeurs grossissaient rapidement, la cachexie survenait en raison d'une demande nutritionnelle excessive créée par les tumeurs qui détournaient les nutriments du reste de l'organisme. Mais des recherches récentes l'attribuent plutôt aux cytokines produites par la réaction inflammatoire et immunitaire survenant chez les personnes qui présentent des métastases; cette réaction entraînerait de l'anorexie, une perte de poids et un ralentissement du métabolisme. On observe une augmentation des cytokines non seulement dans les cas de cancers, mais également chez les personnes atteintes du sida ou d'autres maladies chroniques (Plata-Salaman, 1997).

Alimentation artificielle et hydratation chez les personnes en phase terminale

Pour survivre, l'être humain doit respirer, manger et boire. Lorsqu'une personne est en fin de vie, les besoins nutritionnels changent, l'appétit et la soif peuvent diminuer et il est possible que l'organisme ne soit plus en mesure d'utiliser, d'éliminer ou de faire des réserves de nutriments ou de liquides comme il convient. Tout ce qui concerne la nourriture et les repas pris en commun constitue une part importante de la vie sociale dans les familles et au sein de la communauté. La préparation des aliments et les plaisirs de la table font partie intégrante de nos souvenirs, évoquent de puissantes émotions et sont liés à nos espoirs de survie. Même si les professionnels de la santé accordent une grande importance aux suppléments nutritionnels dans le plan de traitement quand la maladie en est à ses premiers stades ou s'il s'agit d'une maladie chronique, la perte de poids et la déshydratation non souhaitées accompagnent habituellement les maladies évolutives.

On a constaté qu'on n'augmentait pas la période de survie chez les personnes qui sont au dernier stade de la démence en leur fournissant une alimentation entérale (Meier, Ahronheim, Morris et al., 2001). De plus, l'absence ou l'interruption de l'assistance alimentaire ou liquidienne peut comporter des effets bénéfiques pour la personne qui se trouve au seuil de la mort, notamment la diminution du débit urinaire, de l'incontinence, des liquides gastriques, des vomissements, des sécrétions pulmonaires et respiratoires, des œdèmes et des désagréments causés par les points de pression (Zerwekh, 1987). Les intervenants en soins palliatifs ne préconisent pas le recours à l'alimentation parentérale (Léveillé, 2003).

À l'approche de la mort, la famille et les soignants devraient offrir au mourant ce dont il a envie et ce qu'il peut le mieux tolérer. L'infirmière devrait également enseigner aux membres de la famille à faire la distinction entre l'alimentation, d'une part, et la sollicitude et l'amour, d'autre part, qu'ils peuvent toujours manifester à l'égard de leur proche, mais par d'autres moyens. À trop mettre l'accent sur tout ce qui touche à l'alimentation, à l'appétit et à la perte pondérale, on perd

Interventions infirmières visant à traiter l'anorexie

TABLEAU
17-3

Interventions infirmières	Conseils à la personne qui est en fin de vie et à sa famille
Prendre des mesures afin d'assurer un apport alimentaire adéquat sans aggraver le stress de la personne à l'heure des repas.	■ Moins se préoccuper d'une alimentation «équilibrée»; permettre à la personne de manger les aliments qui lui plaisent aussi souvent qu'elle le désire.
Évaluer l'efficacité des médicaments (par exemple de la chimiothérapie, des agents antirétroviraux) et des autres formes de thérapie (par exemple de la radiothérapie, de la dialyse) administrés dans le traitement de la maladie sous-jacente.	■ Augmenter la valeur nutritionnelle des aliments qu'on sert à la personne. Par exemple, ajouter du lait en poudre au lait et utiliser ce lait enrichi dans les potages, les laits frappés et les sauces.
Administrer les médicaments prescrits contre la nausée, les vomissements et le ralentissement de l'évacuation gastrique et observer les effets de ces médicaments.	
Encourager la personne à manger lorsque les effets des médicaments ont disparu.	■ Permettre à la personne de manger au moment où la faim se manifeste et l'y encourager, quel que soit le moment de la journée.
Évaluer l'environnement et le modifier si l'on y décèle de mauvaises odeurs et d'autres éléments susceptibles de provoquer la nausée, les vomissements ou l'anorexie.	■ Éliminer ou réduire les odeurs de cuisson nauséabondes, les odeurs provenant des animaux ou toute autre odeur pouvant provoquer la nausée, les vomissements ou l'anorexie.
Retirer tout article qui risque de réduire l'appétit de la personne (le linge sale, les bassins hygiéniques, les haricots et le désordre).	■ S'assurer que l'environnement de la personne est propre, rangé et confortable.
Évaluer et, autant que possible, traiter l'anxiété et la dépression.	■ Faire en sorte que les repas soient un moment convivial et qu'ils soient servis à l'extérieur de la chambre, si possible. ■ Atténuer le stress au moment des repas. ■ Éviter toute confrontation à propos de la quantité de nourriture que devrait s'efforcer de manger la personne. ■ Cesser de procéder à la vérification routinière du poids de la personne ou, du moins, espacer les pesées.
Installer la personne dans une position qui favorise l'évacuation gastrique.	■ Inciter la personne à manger en position assise; relever la tête de son lit. ■ Prévoir des menus (choix des aliments et des portions) correspondant aux goûts de la personne. ■ Servir des repas moins copieux, mais plus fréquents, si la personne a plus de facilité à les avaler.
Évaluer la constipation et l'occlusion intestinale.	■ S'assurer que la personne et sa famille comprennent bien qu'il est essentiel de prévenir la constipation, même si la personne ne mange pas beaucoup.
Prévenir et traiter la constipation de façon continue, même si la personne mange très peu.	■ Encourager la personne à consommer des fibres alimentaires et des liquides en quantités adéquates; appliquer un programme de soins visant à prévenir la constipation.
Prodiguer souvent des soins buccodentaires, surtout après les repas.	■ Aider la personne à se rincer la bouche après les repas. ■ Éviter d'utiliser des rince-bouche contenant de l'alcool ou de la glycérine, lesquels assèchent les muqueuses.
S'assurer que les dentiers sont adaptés.	■ La perte pondérale peut entraîner le relâchement des dentiers, ce qui cause de l'irritation. ■ Enlever les dentiers pour examiner les gencives et prodiguer des soins de la bouche.
Administrer des traitements localisés et généraux contre la douleur oropharyngée.	■ On peut améliorer le bien-être de la personne si l'on administre avant les repas les médicaments contre la douleur à prendre au besoin.

du temps et de l'énergie que la personne et sa famille seraient mieux avisées d'employer à des activités importantes pour elles. Voici quelques conseils visant à aider la personne arrivée en fin de vie à s'alimenter:

■ Lui offrir de petites portions de ses aliments préférés.

■ Ne pas trop se soucier de l'«équilibre» de son régime alimentaire.

■ Offrir des aliments tièdes plutôt que chauds, car il est possible qu'ils soient davantage tolérés.

■ Offrir des aliments tels que du fromage, des œufs, du beurre d'arachides, du poisson blanc, du poulet ou de la dinde, que la personne est plus susceptible d'apprécier. Il est possible qu'elle trouve la viande (et surtout le bœuf) amère et désagréable au goût.

- Ajouter des laits frappés, des préparations instantanées pour le déjeuner ou d'autres aliments comme suppléments de liquides.

- Ajouter du lait en poudre aux laits frappés et aux potages afin d'accroître l'apport en protéines et en énergie.

- Placer des aliments nutritifs au chevet de la personne (jus de fruits et laits frappés dans des bouteilles isolantes) de même que des pailles.

- S'arranger pour que les repas soient servis lorsque des membres de la famille sont présents afin que la personne ait de la compagnie, ce qui pourrait stimuler son appétit.

- Éviter de se disputer au moment des repas.

- Aider la personne à respecter un horaire de soins buccodentaires. Elle doit se rincer la bouche après chaque repas ou collation. Éviter d'employer des rince-bouche contenant de l'alcool. Utiliser une brosse à dents souple. Traiter les plaies de pression et les lésions. S'assurer que les dentiers s'adaptent bien.

- Traiter la douleur et les autres symptômes.

- Offrir à la personne atteinte des glaçons faits de jus de fruits.

- Permettre à la personne parvenue en fin de vie de refuser de boire ou de manger.

Délire

Nombre de gens restent éveillés, vifs et capables de communiquer jusqu'au seuil de la mort. D'autres, en revanche, dorment pendant de longues périodes, ne s'éveillant que par intermittence ou demeurant en état de somnolence jusqu'à la fin. Le terme délire désigne les anomalies qui accompagnent la maladie mortelle et touchent l'état de conscience, le comportement psychomoteur, la mémoire, la cognition, l'attention et le cycle veille-sommeil (Brant, 1998). Le délire est aussi communément appelé «delirium terminal» (Léveillé, 2003). Certaines personnes peuvent présenter une période de délire et d'agitation juste avant de mourir; un tel regain d'activité suscite parfois de l'espoir chez les proches. Notons que l'état de confusion peut être relié à des troubles sous-jacents susceptibles d'être traités, par exemple aux effets secondaires des médicaments ou à l'interaction entre certains d'entre eux, à la douleur ou aux malaises, à l'hypoxie ou à la dyspnée, à une vessie pleine ou à des fécalomes. Chez les personnes atteintes de cancer, la confusion peut être consécutive à des métastases cérébrales. Le délire peut également être relié à des changements dans le métabolisme, à des infections ou à la défaillance de certains organes.

La personne atteinte de délire peut devenir hypoactive ou hyperactive, agitée, irritable et craintive. Elle risque aussi d'être privée de sommeil et de présenter des hallucinations. Plus la mort approche, plus les risques de delirium augmentent. Puisqu'on ignore comment se termine ce genre d'incident, on devra continuer à intervenir afin de soulager la personne ou de prévenir d'autres épisodes (Léveillé, 2003).

Les infirmières s'efforcent de cerner les causes sous-jacentes du trouble; elles tiennent compte de la détresse des membres de la famille lorsqu'ils doivent faire face au délire

de leur proche, elles les rassurent quant au caractère normal de ce phénomène, elles leur apprennent à entrer en contact avec la personne et à assurer sa sécurité. Elles doivent aussi surveiller les effets des médicaments administrés dans le but de traiter l'agitation grave, la paranoïa et la peur. La confusion que manifeste la personne arrivée en fin de vie peut, par ailleurs, masquer ses besoins spirituels et sa peur de la mort. Les interventions de nature spirituelle, la musicothérapie, les massages légers et le toucher thérapeutique peuvent apporter un certain soulagement. Il est également souhaitable de réduire les stimuli environnementaux, d'éviter les éclairages trop crus ou trop faibles (qui peuvent produire des ombres inquiétantes), de favoriser la présence de visages familiers, de réorienter et de rassurer la personne sans la brusquer.

Si le traitement administré pour réduire l'effet des facteurs sous-jacents qui contribuent à l'apparition de ces symptômes n'apporte aucun soulagement, l'association de neuroleptiques et de benzodiazépines peut s'avérer efficace pour soulager les symptômes pénibles; on recourt à l'halopéridol (Haldol) pour atténuer les hallucinations et l'agitation, tandis que les benzodiazépines (lorazepam [Ativan], par exemple; Léveillé, 2003) sont utilisés pour apaiser l'anxiété, mais ils ne peuvent traiter les troubles de la conscience. Ces médicaments risquent, en fait, de contribuer à aggraver les troubles cognitifs s'ils sont utilisés seuls.

Dépression

Se rendre compte que nous allons bientôt mourir ou qu'un de nos proches est sur le point de mourir ne devrait pas entraîner nécessairement une dépression clinique. Il ne faudrait pas non plus confondre celle-ci avec la tristesse ou le deuil à venir, qui sont des réactions normales à la perte d'un proche qui est au seuil de la mort. La dépression réactionnelle associée à la maladie terminale peut être surmontée grâce à des interventions appropriées: soutien affectif et spirituel et traitement des symptômes physiques gênants. Les séquelles psychologiques des douleurs associées au cancer ont été reliées aux idées suicidaires; on a aussi relié ces séquelles, bien que moins fréquemment, aux suicides planifiés réussis (Ripamonti, Filiberti, Totis *et al.,* 1999). Les personnes souffrant d'un cancer au stade avancé sont plus susceptibles que les autres d'être atteintes de délire, de dépression, d'avoir des idées suicidaires et d'éprouver une profonde anxiété (Roth et Breitbart, 1996). Plus l'affaiblissement est marqué, plus la souffrance et les symptômes de dépression sont intenses; la présence de la douleur décuple la probabilité de complications psychiatriques importantes (Roth et Breitbart, 1996). Bien sûr, on doit donner aux personnes et à leur famille le temps et la latitude nécessaires pour vivre leur tristesse et leur deuil. Cependant, ces personnes ne devraient pas avoir à souffrir, à la fin de leur existence, d'une dépression non soignée. Il est possible de traiter celle-ci efficacement en soulageant les symptômes physiques et la détresse spirituelle (Block, 2000).

SÉDATION CONTINUE

En règle générale, on peut soulager efficacement les symptômes, quel que soit l'état de la personne, mais il arrive parfois qu'on soit en présence de symptômes réfractaires à tout traitement et très pénibles. L'échec des thérapeutiques palliatives constitue l'un des problèmes les plus délicats que peuvent avoir à endurer les personnes en fin de vie (Trottier, 2002). L'utilisation de la **sédation continue** reste controversée, mais elle est parfois offerte aux personnes dont la mort est imminente et dont on n'arrive pas à traiter les symptômes engendrant de la douleur en recourant à la pharmacothérapie classique ou aux autres méthodes thérapeutiques. Elle consiste en un état de coma provoqué artificiellement par la médication. La sédation continue se distingue de l'euthanasie et du suicide assisté par le médecin, car on vise à soulager les symptômes et non à précipiter la mort. On l'utilise surtout dans les cas de douleurs réfractaires à tout traitement, de dyspnée, de convulsions ou de délire; en général, on la considère comme acceptable seulement dans les cas les plus difficiles à traiter. Avant d'opter pour la sédation, l'équipe de soins doit s'assurer qu'il n'existe pas de causes de souffrances sous-jacentes susceptibles d'être traitées, telles que la dépression ou la détresse spirituelle. Le personnel soignant doit également fournir à la personne et à ses proches tous les renseignements nécessaires sur ce type de traitement et sur les autres possibilités. La sédation continue pose des problèmes éthiques lorsqu'elle se prolonge jusqu'au décès (Trottier, 2002).

Au sein d'une équipe multidisciplinaire, le rôle de l'infirmière est de fournir du soutien émotionnel à la personne arrivée en fin de vie et à sa famille, de s'assurer que l'équipe comprend bien les valeurs et les souhaits de la personne et de prodiguer des soins physiques axés sur le bien-être. Une fois que les sédatifs ont agi, l'infirmière doit continuer de veiller au bien-être de la personne, observer les effets physiologiques de la sédation, soutenir la famille pendant les dernières heures ou les derniers jours de leur proche et assurer une bonne communication entre les membres de l'équipe soignante ainsi qu'entre l'équipe et la famille éprouvée.

Soins infirmiers prodigués à l'approche de la mort

Prodiguer des soins à une personne qui est au seuil de la mort et être présente au moment du décès peut représenter l'une des expériences les plus enrichissantes qui soient dans la vie professionnelle d'une infirmière. La personne arrivée en fin de vie et sa famille sont, bien entendu, craintives devant l'inconnu; l'approche de la mort peut faire surgir de nouvelles préoccupations ou encore faire revenir à la surface d'anciennes craintes ou des problèmes non résolus. On dit souvent que nous ne changeons pas en vieillissant ni en approchant de la mort, mais que nous devenons davantage nous-mêmes. Les familles qui ont toujours éprouvé des difficultés à communiquer ou chez qui subsistent blessures et ressentiments risquent de voir ces difficultés s'exacerber lorsque l'un des leurs est sur le point de mourir. Mais les derniers moments de la vie peuvent aussi donner à la famille l'occasion de résoudre ces problèmes anciens et d'apprendre un nouveau modus vivendi familial. Quel que soit l'environnement où le mourant vit ses derniers moments, il est toujours possible d'assurer son bien-être et de fournir l'espace nécessaire aux membres de la famille lorsqu'ils souhaitent être présents. Des professionnels des soins de santé expérimentés réussiront à aider la famille à

vivre la mort de leur proche comme un moment de croissance personnelle et une étape de leur deuil. De même, dans tous les milieux, l'équipe soignante peut atténuer l'appréhension au moment de la mort en renseignant la famille sur les événements et sur la façon de réagir.

CHANGEMENTS PHYSIOLOGIQUES PRÉVISIBLES

Dans les moments précédant la mort, l'organisme subit des changements prévisibles et observables, et les systèmes de l'organisme commencent à faire défaut. L'infirmière doit continuer à prodiguer des soins axés sur le bien-être de la personne: administration de médicaments contre la douleur (par voie rectale, sublinguale ou sous-cutanée), changements de position, soins buccodentaires, soins des yeux, choix d'une position qui facilite le drainage des sécrétions et mesures de protection de la peau contre l'incontinence. L'infirmière et le médecin décident s'ils peuvent mettre fin aux traitements qui n'améliorent plus le bien-être de la personne arrivée en fin de vie, tels que les prises de sang, l'alimentation par sonde, l'aspiration (dans la plupart des cas) et les mesures de surveillance trop effractives. L'infirmière doit préparer la famille aux changements normaux qui se produisent au cours de la période précédant immédiatement la mort. Bien qu'on ne puisse prévoir l'heure exacte du décès, il est souvent possible de déterminer le moment où la personne est sur le point de mourir. Les programmes de soins palliatifs fournissent souvent à la famille de l'information écrite afin qu'elle sache à quoi s'attendre et quelles mesures prendre quand la mort approche (encadré 17-10 ■).

Si elles sont bien préparées à faire face à la mort, les familles seront moins sujettes à la panique le moment venu et elles seront plus en mesure d'accompagner leur proche de manière satisfaisante. La respiration bruyante et pleine de gargouillis ou les gémissements constituent des manifestations souvent bouleversantes pour la famille. Dans la plupart des cas, les bruits produits par la respiration en fin de vie sont reliés à la détente otorhinopharyngée et au fait que l'état de conscience est réduit. Il peut se révéler difficile de convaincre les membres de la famille que leur proche ne souffre pas ou encore que sa respiration ne sera pas facilitée par l'aspiration des sécrétions. Les réactions les plus utiles de la part de l'infirmière consistent à changer la personne de position et à rassurer la famille.

Râle en phase terminale

Lorsque la mort est imminente, la personne peut devenir de plus en plus somnolente et donc incapable de se débarrasser des expectorations et des sécrétions orales. Cette difficulté risque d'entraîner encore plus de problèmes respiratoires si les sécrétions s'accumulent, sèchent ou s'encroûtent. Les bruits associés à la production et au dégagement des sécrétions ainsi que l'apparence de celles-ci bouleversent souvent davantage les membres de la famille qu'ils ne gênent la personne elle-même. L'infirmière peut rassurer les membres de la famille en leur indiquant que leur proche n'est pas en situation de détresse et en prodiguant à celui-ci les soins appropriés. De légers soins buccodentaires effectués à l'aide d'un coton-tige humecté ou d'une brosse à dents très souple

Signes de mort imminente

La personne a moins d'appétit et a moins soif. Chez nombre de gens, le refus de manger indique qu'ils sont sur le point de mourir. L'apport liquidien peut alors se limiter à une quantité tout juste suffisante pour prévenir la sécheresse de la bouche.

- *Ce que la famille peut faire* Offrir, mais sans insister, des liquides et des médicaments. Parfois, la douleur ou d'autres symptômes qui exigeaient un traitement médicamenteux disparaissent. Cependant, la plupart des mourants devront continuer à recevoir des médicaments contre la douleur. On peut alors les leur administrer par voie sous-cutanée, en solutions concentrées par voie orale ou sublinguale ou encore par suppositoire.

La quantité et la fréquence du débit urinaire peuvent diminuer.

- *Ce que la famille peut faire* Aucune action n'est requise, à moins que la personne n'exprime l'envie d'uriner, mais qu'elle en soit incapable. En cas de doute, appeler l'infirmière.

Au fur et à mesure que le corps s'affaiblit, la personne dort davantage et commence à se détacher de son environnement. Elle peut alors refuser le réconfort que tente de lui offrir sa famille.

- *Ce que la famille peut faire* Laisser dormir la personne. Les membres de la famille peuvent s'asseoir auprès d'elle, écouter de la musique à bas volume ou lui tenir la main. Il faut comprendre que le retrait de l'agonisant est une réaction normale et ne signifie pas qu'il rejette l'amour de sa famille.

La confusion mentale peut s'installer, car la quantité d'oxygène alimentant le cerveau a diminué. Il est possible que la personne commence à faire des rêves étranges ou ait des illusions ou des hallucinations.

- *Ce que la famille peut faire* Dès que la personne se réveille, lui rappeler le jour et lui donner l'heure, sur un ton normal, lui indiquer où elle se trouve et qui sont les personnes présentes.

La personne peut commencer à éprouver des difficultés à voir ou à entendre et son entourage peut avoir du mal à comprendre ce qu'elle dit.

- *Ce que la famille peut faire* Parler clairement, mais pas plus fort que d'habitude. Éclairer la chambre autant que le souhaite la personne, même la nuit. Continuer à converser comme si elle pouvait l'entendre, car l'ouïe est souvent le dernier sens qui fonctionne. Bon nombre de personnes peuvent encore parler quelques minutes avant de mourir et le fait d'échanger quelques mots avec un proche les rassure.

Des sécrétions peuvent s'accumuler à l'arrière de la gorge et engendrer un gargouillis quand la personne qui est en fin de vie respire par la bouche. La personne essayera peut-être alors de tousser et sa bouche peut s'assécher et s'encroûter de sécrétions.

- *Ce que la famille peut faire* Si la personne s'étouffe ou vomit quand elle essaye de cracher les sécrétions en toussant, il faut appeler l'infirmière.

    On peut faire s'écouler les sécrétions si on place la personne sur le côté en la soutenant à l'aide d'oreillers.

Nettoyer la bouche avec un coton-tige humecté aidera à atténuer la sécheresse qui survient lorsque la personne respire par la bouche.

De l'eau en petite quantité peut humidifier la bouche. On peut utiliser une paille obturée à un bout par un doigt pour transférer un peu d'eau dans la bouche de l'agonisant.

La respiration peut devenir irrégulière et comporter des interruptions (respiration de type Cheyne-Stokes). La personne a besoin de beaucoup d'énergie pour respirer et il est possible qu'elle émette un râle à chaque respiration. Celle-ci demeure irrégulière jusqu'au moment de la mort et elle peut devenir plus courte et mécanique.

- *Ce que la famille peut faire* Hausser la tête du lit peut aider l'agonisant à mieux respirer. Le râle n'est pas un signe de souffrance ni d'un autre type de détresse : il s'agit simplement du son que produit l'air en passant au-dessus des cordes vocales très détendues.

Si l'alimentation en oxygène du cerveau diminue, la personne peut devenir agitée. Dans ce cas, il n'est pas rare qu'elle tire sur les draps, qu'elle soit la proie d'hallucinations visuelles ou qu'elle tente de se lever.

- *Ce que la famille peut faire* Il est possible de rassurer l'agonisant en lui disant, d'une voix calme, que ses proches sont à ses côtés. Pour l'apaiser, on peut lui faire entendre de la musique agréable ou lui frotter le dos.

La personne peut avoir trop chaud ou trop froid, en alternance rapide, car l'organisme commence à perdre sa capacité à réguler sa température. Au fur et à mesure que la circulation ralentit, les bras et les jambes refroidissent et deviennent bleus. La peau des régions déclives devient plus sombre. Le pouls est difficile à percevoir sur le poignet.

- *Ce que la famille peut faire* Retirer les couvertures et les replacer au besoin. Éviter de se servir d'une couverture électrique, car elle pourrait causer des brûlures, la personne étant à présent incapable d'indiquer qu'elle a trop chaud. Éponger le front de la personne avec un linge humide si ce geste la soulage.

La personne risque de ne plus maîtriser sa vessie et ses intestins lorsque la mort approche.

- *Ce que la famille peut faire* Protéger le matelas grâce à une housse à l'épreuve de l'eau et la changer au besoin pour assurer le bien-être de la personne agonisante.

Les personnes qui sont sur le point de mourir ont souvent des visions de jardins, de bibliothèques, d'amis ou de membres de leur famille décédés. Elles demandent parfois qu'on fasse leurs bagages, qu'on trouve leur passeport ou des billets d'avion. Certaines voudront absolument accomplir ces tâches elles-mêmes. Elles tenteront alors de sortir du lit (même si elles sont alitées depuis longtemps) afin de pouvoir partir en voyage.

- *Ce que la famille peut faire* Rassurer la personne et l'assurer que tout va bien, qu'elle peut très bien «partir» sans se lever. Il faut rester près d'elle, lui parler et être présent.

Source : Family Home Hospice of the Visiting Nurse Association of Greater Philadelphia. (1999). *Signs of approaching death*. Philadelphia : Author.

contribuent à maintenir l'intégrité des muqueuses de la personne arrivée en fin de vie. En outre, il est possible d'accroître le bien-être de la personne – ce qui par le fait même réconforte la famille – en procédant à une légère aspiration par la bouche, en effectuant un changement de position pour améliorer le drainage des sécrétions et en administrant des médicaments anticholinergiques par voie sous-cutanée ou sublinguale ou par timbre transdermique pour réduire la production de sécrétions. Une aspiration plus profonde risque de gêner beaucoup le mourant ; de plus, il n'en retire généralement aucun bienfait, car les sécrétions s'accumulent de nouveau rapidement.

PRÉSENCE AU CHEVET DU MOURANT

Le clinicien ou l'infirmière qui jouit d'une vaste expérience est souvent en mesure de déterminer si l'agonisant est de fait en train de mourir ou si le moment de la mort ne fait qu'approcher. Selon le moment, il peut préparer la famille et leur indiquer si leur proche en est à quelques heures ou à quelques jours de la mort. Au fur et à mesure que le moment de la mort se rapproche, il est possible que le mourant se replie davantage sur lui-même, dorme pendant de plus longues périodes ou devienne somnolent. Le personnel soignant devrait encourager les membres de la famille à rester au chevet de l'agonisant, à lui parler, à lui montrer qu'ils sont présents à ses côtés, à le caresser ou à le toucher, à s'étendre à ses côtés (même si la personne est à l'hôpital ou dans un établissement de soins de longue durée), si une telle proximité physique ne les gêne pas et si leur proche ne s'en trouve pas incommodé.

La famille se donne peut-être beaucoup de mal afin que leur proche ne meure pas seul. Toutefois, malgré toutes les bonnes intentions et les efforts fournis par les familles et les professionnels de la santé, la mort peut survenir à un moment où il n'y a personne dans la chambre. Peu importe l'endroit, il est irréaliste de penser que la famille puisse demeurer en tout temps au chevet de l'agonisant. Selon des cliniciens d'expérience, certaines personnes semblent « attendre » pour mourir que les membres de leur famille se soient éloignés, peut-être pour leur épargner la douleur que provoque un tel moment. L'infirmière rassurera la famille pendant cette période par une présence intermittente ou continuelle et en donnant l'exemple du comportement à adopter envers le mourant (par exemple en le touchant et en lui parlant) ; elle peut aussi encourager la famille à continuer de prodiguer des soins, la rassurer lorsque surviennent des changements physiologiques normaux et l'inciter à se reposer. Si les membres de la famille sont absents au moment de la mort de leur proche, ils risquent de se sentir coupables et d'en ressentir un profond chagrin. Dans ce cas, ils auront besoin de soutien émotionnel.

SOINS PRODIGUÉS AU CORPS DU DÉFUNT

Le moment de la mort est généralement précédé d'une période où les fonctions de l'organisme ralentissent graduellement, les intervalles s'allongent entre les respirations, le pouls devient plus faible et irrégulier, la pression artérielle s'abaisse et la peau change de couleur ou devient marbrée. Si la personne a reçu les traitements appropriés et si la famille a bénéficié d'une préparation et d'un soutien adéquats, le moment de la mort de leur proche se vit généralement paisiblement et sans résistance. L'infirmière peut choisir d'être présente ou non, à ce moment-là, au chevet du mourant. Le médecin détermine le moment de la mort par un examen physique comportant une auscultation qui sert à confirmer l'absence de respiration et de bruits cardiaques. Les programmes de soins à domicile ou les programmes de soins palliatifs qui permettent à l'infirmière d'accompagner une personne dans la mort et de déterminer le moment où celle-ci survient fournissent à leur personnel un ensemble de règles et de directives afin de guider leur comportement pendant la visite. Dès l'arrêt des fonctions vitales, le corps commence à se transformer. La peau devient plus sombre, bleuit, se refroidit et acquiert une apparence cireuse ; le sang noircit et s'agglutine dans certaines zones de l'organisme (dans le sacrum et le dos si le corps est allongé, par exemple) ; enfin, il est possible que le corps évacue de l'urine et des selles.

Le personnel soignant devrait permettre aux membres de la famille du défunt de rester un certain temps au chevet de leur proche dans les moments qui suivent immédiatement le décès et on devrait même les y encourager. Il existe bon nombre de réactions tout à fait normales au décès d'un être cher, allant du chagrin discret jusqu'aux gémissements et à la prostration. On doit respecter le désir d'intimité des membres de la famille pendant qu'ils veillent le défunt. Ils souhaitent parfois également s'occuper eux-mêmes du corps, ou du moins participer aux soins. Si le décès survient dans un établissement de soins de longue durée, il est souhaitable que l'infirmière suive les directives de la famille pour ce qui est de la préparation du corps et de son transport à la morgue. Les désirs de la famille doivent être respectés : outre le temps qu'elle passe seule avec le défunt, elle peut vouloir attendre l'arrivée d'autres membres de la famille ou souhaiter accomplir des rituels de deuil avant que l'on ne déplace le corps. Lorsqu'une mort annoncée a lieu à la maison, le directeur de funérailles organise souvent lui-même le transport du corps au salon funéraire.

AFFLICTION, RITUEL DU DEUIL ET DEUIL

Les réactions d'adaptation normales et saines lorsque l'on apprend la mort d'un être cher comportent un vaste éventail de sentiments, d'émotions et de comportements. Le terme affliction évoque les émotions et les sentiments particuliers, dominés par le chagrin, que ressent une personne à la suite de la mort d'un être cher ou de l'annonce qu'il va mourir. Le rituel du deuil renvoie à l'ensemble des manifestations de l'affliction, individuelles, familiales, sociales et culturelles. Quant au terme deuil, il désigne la période pendant laquelle les proches s'adonnent au rituel du deuil. Les réactions, sentiments et comportements reliés au deuil se modifient au fil du temps, au fur et à mesure que la personne s'habitue à vivre sans la personne défunte. Certes, l'intensité du chagrin diminue au fil du temps ; cependant, des recherches effectuées récemment et portant sur le concept de perte révèlent qu'il faut voir en elle un processus continu marquant le cheminement de l'être humain. Ainsi, le passage du temps ne permet pas de guérir complètement de la perte subie (Silverman, 2001). L'endeuillé ne se remet jamais entièrement de la perte d'un être cher et il ne peut redevenir exactement la personne qu'il était avant son deuil. Il se forge plutôt une nouvelle idée de son identité et de sa place dans un monde qui a pour lui profondément et irrévocablement changé.

Chagrin et deuil à venir

Le déni, la tristesse, la colère, la peur et l'angoisse constituent des réactions normales lorsqu'un individu, ainsi que ses proches, se trouvent face à une maladie qui met sa vie en danger. Kübler-Ross (1969) a décrit les six réactions émotionnelles que déclenche habituellement la perspective d'une perte (tableau 17-4 ■); cette analyse permet de comprendre l'ensemble du processus par lequel passent les mourants. On croit parfois, à tort, que ces stades obéissent à un ordre déterminé et se suivent de façon linéaire. Or, toutes les personnes qui sont en fin de vie, ou leurs proches, n'effectuent pas nécessairement le même parcours; par exemple, beaucoup de gens n'atteignent jamais l'étape de l'acceptation. Il arrive aussi parfois que les personnes arrivées en fin de vie ou leurs proches ressentent des émotions différentes selon les jours. Pourtant, toutes les familles doivent composer avec le stress engendré par la prise de conscience du fait que la mort est imminente; ce constat entrave également le fonctionnement de la famille. Mais, sachant qu'il lui reste peu de temps à passer avec l'être cher, celle-ci peut profiter de ces moments pour évoquer des souvenirs communs, résoudre les conflits interpersonnels, planifier certains événements et faire ses adieux.

Les parcours variés et contradictoires que peuvent vivre les membres de la famille compliquent d'autant les stratégies d'adaptation à l'imminence de la mort que mettent en œuvre les individus et la famille. Par exemple, au moment où la personne qui est en fin de vie ressent de la tristesse en raison des changements de rôle qu'impose la maladie au sein de la famille, ces mêmes changements suscitent peut-être de la colère, exprimée ou non, chez un autre membre de la famille, qui se révolte en même temps contre la fin imminente de ses rapports avec l'être cher. D'autres proches du mourant peuvent en être à l'étape du déni (par exemple: «Papa ira mieux bientôt; il doit seulement manger plus»), ressentir de la peur (par exemple: «Qui prendra soin de nous?» ou «Est-ce que je vais tomber malade, moi aussi?»), ou encore vouloir se replier sur eux-mêmes. Toutes ces réactions sont normales; cependant, des tensions peuvent être engendrées par ces différences de réactions si l'un des membres de la famille, ou plusieurs, croient que les autres accordent trop peu d'attention au mourant, sont trop émotifs ou encore trop détachés.

L'infirmière doit évaluer le fonctionnement du système familial et intervenir d'une façon qui favorise la cohésion entre ses membres et l'appuie. À l'encadré 17-11 ■, on présente les paramètres permettant d'évaluer une famille aux prises avec la maladie en phase terminale d'un proche. L'infirmière peut encourager les membres de la famille à exprimer leurs émotions et leurs sentiments en les inscrivant dans la perspective plus large du chagrin et du deuil à venir. En effet, c'est en adoptant les stratégies suivantes que les membres de la famille réussissent à accepter la mort imminente de leur proche: prendre en compte et exprimer leurs

sentiments, prévoir le moment de la mort et planifier le deuil à venir tout en continuant d'entretenir une relation satisfaisante avec le mourant. On peut également faire appel à des conseillers de personnes en deuil qui travaillent dans la communauté, dans un hôpital, dans un établissement de soins de longue durée ou en association avec un programme de soins palliatifs. Ce professionnel peut aider la famille à comprendre les émotions et les sentiments liés à la mort et à lui donner un sens.

Souffrance et rituel du deuil lors de la mort d'un proche

Lorsqu'un être cher meurt, les membres de la famille qui lui survivent entrent alors dans une nouvelle phase du deuil dès lors qu'ils commencent à accepter leur perte, ressentent la douleur de la séparation et s'habituent peu à peu à vivre sans le disparu. Même si le proche est mort à la suite d'une longue maladie, le chagrin préparatoire vécu pendant la maladie mortelle ne prend pas la place du chagrin et du deuil vécus après la mort. Si la personne meurt à la suite d'une longue et pénible maladie, il est possible que les membres de la famille éprouvent des sentiments conflictuels: d'une part, ils peuvent se sentir soulagés que les souffrances de la personne qui leur est chère soient enfin terminées, mais ils peuvent en même temps ressentir de la culpabilité et du chagrin en raison des problèmes non résolus dans leurs rapports avec le défunt ou en raison des circonstances de sa mort. La période de deuil peut se révéler difficile à traverser si la mort de la personne chère a été douloureuse, prolongée, accompagnée d'interventions non désirées, ou encore si elle a eu lieu dans la solitude. Les familles qui n'ont pas été préparées à cet événement ou qui n'ont reçu aucun soutien pendant les moments précédant la mort peuvent éprouver davantage de difficultés à supporter les souvenirs pénibles.

Il est toujours possible que certains proches vivent un deuil prolongé ou nourri d'émotions complexes; cependant, la plupart des gens vivent un deuil jugé «normal» dans leur société. Les émotions et sentiments dont sont animées les personnes en deuil restent souvent profonds, mais celles-ci acceptent tôt ou tard la perte subie et réussissent à reprendre leurs activités. La manière dont une personne affligée vit son deuil est reliée à son caractère et à sa personnalité, à sa faculté d'adaptation, à son expérience de la maladie et de la mort, à la nature des rapports qu'elle a entretenus avec la personne décédée, aux facteurs ayant influé sur la maladie et la mort, à la dynamique familiale, au soutien social et aux normes et attentes de sa culture. Sur le plan social et culturel, les rites funéraires, y compris la préparation du corps, l'organisation des funérailles et de l'enterrement, aident la famille à franchir les étapes menant à l'acceptation de la réalité et de la finalité de la mort de leur proche. Les préarrangements funéraires sont à l'heure actuelle une pratique de plus en plus courante; ce sont surtout les professionnels des soins palliatifs qui accompagnent la famille dans la planification des funérailles de leur proche. La personne qui se trouve en fin de vie peut elle aussi y participer si elle le souhaite. Les préarrangements funéraires offrent l'avantage de libérer la famille du fardeau que représentent les décisions à prendre immédiatement après la mort d'un parent, au moment où les membres de la famille

	TABLEAU 17-4

Les étapes du «mourir» selon Kübler-Ross

Étapes	Interventions infirmières
DÉNI	
■ «C'est impossible.» Sentiment d'isolement. Recherche possible d'un autre professionnel de la santé qui pourrait fournir un pronostic plus encourageant. Recherche possible de traitements dont l'innocuité ou l'efficacité n'ont pas été démontrées.	Le déni constitue parfois une réaction qui permet à la personne qui va mourir de s'habituer à l'imminence de sa mort. Chez celle qui vient d'apprendre la mauvaise nouvelle, le déni peut lui permettre de gagner du temps afin de mobiliser ses mécanismes de défense. Cependant, le déni peut aller à l'encontre d'une adaptation réussie lorsqu'il empêche la personne qui est en fin de vie et sa famille de chercher de l'aide et lorsque les comportements liés au déni causent davantage de douleur ou de détresse que n'en cause la maladie ou lorsqu'ils empoisonnent la vie quotidienne de la personne. L'infirmière devrait évaluer les stratégies d'adaptation du mourant et celles de sa famille, et déterminer ce qu'il faut leur apprendre; elle devrait également évaluer leurs connaissances concernant la maladie et le traitement afin de se préparer à les écouter avec empathie, à les éduquer et à leur offrir du soutien émotionnel. La personne qui se trouve en fin de vie n'est parfois pas prête à recevoir certaines informations sur sa maladie; il est alors préférable que l'infirmière l'incite à lui faire part de ses peurs et de ses inquiétudes. En lui posant des questions ouvertes, elle peut aider le mourant à s'exprimer. Elle peut lui poser des questions du genre de celle-ci : «Comment réagissez-vous à cette nouvelle information à propos de votre maladie?»
COLÈRE	
■ «Pourquoi moi?» Sentiments de rage, de ressentiment ou d'envie à l'égard de Dieu, des professionnels de la santé, de la famille ou d'autres personnes.	Le sentiment de colère peut entraîner un grand isolement, car il risque d'éloigner les proches et le personnel soignant. Cependant, il est bon que l'infirmière permette à la famille et à la personne en fin de vie d'exprimer leur colère; l'infirmière doit faire preuve de compréhension et les traiter avec respect, en se rappelant que la colère est provoquée par la profonde affliction à l'idée de l'imminence de la disparition.
MARCHANDAGE	
■ «Je demande seulement de ne pas mourir avant la naissance de mon petit-enfant.» ■ Le mourant et sa famille implorent d'avoir plus de temps pour atteindre un but important. ■ On fait parfois des promesses à Dieu.	Les personnes atteintes d'une maladie mortelle en phase terminale réussissent parfois à déjouer le pronostic et à survivre plus longtemps que prévu pour atteindre un dernier objectif. L'infirmière doit faire preuve de patience, permettre à la personne d'exprimer ses sentiments et ses émotions, et l'encourager dans ses espoirs positifs et réalistes.
DÉPRESSION	
■ «Mes enfants ne s'en sortiront pas sans moi.» ■ Sentiments de tristesse, de chagrin et d'affliction à cause des séparations imminentes.	Réaction normale d'adaptation. L'infirmière doit évaluer la dépression et la traiter, le cas échéant. Elle devrait encourager le mourant et sa famille à exprimer leur tristesse sans retenue. Elle devrait éviter de faire naître des espoirs irréalistes chez la personne qui est en fin de vie.
ACCEPTATION	
■ «J'ai eu une bonne vie et je n'éprouve aucun regret.» ■ Le mourant et sa famille ne ressentent plus de colère et ne sont plus dépressifs.	À cette étape, le mourant est susceptible de se replier sur lui-même au fur et à mesure que ses champs d'intérêt se rétrécissent. La famille peut alors se sentir rejetée. Le rôle de l'infirmière est d'encourager les membres de la famille à exprimer leurs émotions et à être présents auprès de leur proche.
DECATHEXIS	
	Tout est fini maintenant.

éprouvent des émotions particulièrement intenses. Sous sa forme simple, le deuil se caractérise par des sentiments de tristesse, de colère, de culpabilité, de même que par une sorte de léthargie. Mentionnons un certain nombre d'autres sensations physiques : estomac noué, gorge serrée, faiblesse et manque d'énergie. Sur le plan cognitif, les pensées de l'endeuillé se concentrent sur la perte qu'il ressent et il a l'impression que la personne disparue est toujours présente à ses côtés. La personne en deuil est susceptible de pleurer, de se rendre dans des lieux lui rappelant la personne décédée, de se retirer du monde et de s'agiter d'une manière hyperactive (Worden, 1991).

ENCADRÉ 17-11

Évaluation du deuil à venir au sein d'une famille dont l'un des membres est en phase terminale

CONSTELLATION FAMILIALE
- Qui sont les membres de la famille?
  - Quels sont ceux qui comptent le plus pour la personne?
- Déterminer les rôles de chacun des membres au sein de la famille et les rapports qu'ils entretiennent entre eux.
  - Qui est le principal soignant?
  - Qui lui a conféré ce rôle?

COHÉSION ET LIMITES
- Déterminer l'autonomie et l'interdépendance de chacun des membres de la famille.
  - Déterminer l'engagement de chacun des membres de la famille les uns envers les autres et envers la famille.
  - Déterminer l'attachement de chacun des membres de la famille les uns envers les autres.
  - Déterminer si la famille travaille en équipe.
  - Déterminer si l'on peut se fier à certains membres de la famille pour l'accomplissement de tâches précises.
- Définir les différences existant entre les membres de la famille en ce qui concerne:
  - La personnalité
  - La vision du monde
  - Les priorités
- Quelles sont les règles de comportement explicites et implicites que la famille impose à ses membres?

SOUPLESSE ET CAPACITÉ D'ADAPTATION
- La famille est-elle capable d'assimiler de nouvelles informations?
- Comment la famille s'adapte-t-elle aux changements?
- Les membres de la famille sont-ils en mesure d'adopter de nouveaux rôles et d'assumer de nouvelles responsabilités?

COMMUNICATION
- La communication entre les membres de la famille est-elle:
  - Ouverte?
  - Directe?
  - Claire?
- Quelles limites la famille impose-t-elle à la communication entre ses membres?
- Quels sujets évite-t-on d'aborder?

En règle générale, le deuil représente un ensemble de réactions qui permet aux individus de s'adapter à la disparition de la personne qui leur était chère. C'est la période pendant laquelle l'endeuillé accepte petit à petit la réalité et l'irréversibilité de la mort, reconnaît et accepte les émotions douloureuses qu'il éprouve, s'essaye à vivre sans l'être disparu, surmonte les obstacles à l'adaptation et trouve de nouvelles façons d'habiter le monde. Surtout pendant la période suivant immédiatement le décès, la personne en deuil peut commencer à s'adapter à la réalité et à l'irréversibilité de la mort en parlant de la personne disparue ainsi qu'en refaisant souvent le récit de son agonie et de sa mort. En Amérique du Nord, les normes sociales entravent souvent le déroulement normal du processus de deuil; en effet, les congés accordés aux travailleurs en pareil cas ne durent que quelques jours, la plupart du temps, et on s'attend à ce que ceux qui ont perdu un être cher fassent leur deuil rapidement et reprennent sans délai leurs habitudes.

C'est ainsi que le noir n'est plus porté en signe de deuil et d'affliction.

Or, il faut du temps pour surmonter son chagrin et faire son deuil. Si l'on tente de contourner ou d'étouffer le travail que cela exige, on risque d'éprouver des difficultés d'adaptation à plus long terme. Selon Rando (2000), faire son deuil implique aussi de «dénouer» les liens psychologiques qu'on entretenait avec le disparu, de s'adapter à sa perte et de s'habituer à vivre sans lui. Afin de s'adapter de manière saine à la disparition d'un proche, l'endeuillé doit passer par six processus clés: admettre la mort de l'être cher; réagir à la séparation, vivre pleinement la douleur du deuil et l'exprimer; se rappeler la personne décédée et revivre certains moments passés avec elle, les rapports qu'on avait avec elle, les émotions et sentiments qui y sont associés; se détacher de la personne défunte; s'adapter à un monde différent sans pour autant oublier l'ancien; et contracter de nouveaux engagements (Rando, 2000). Dans la même veine, Worden (1991) présente une liste de quatre tâches à accomplir pendant le travail de deuil: accepter la réalité de la mort; vivre son chagrin; s'adapter à un environnement d'où est désormais absente la personne qui était chère; et lui accorder une «place émotionnelle» moins grande afin de pouvoir continuer à vivre.

Il est vrai que nombre de personnes accomplissent le travail du deuil en n'étant soutenues que par leur famille et leurs amis. Cependant, bien des gens souhaitent participer à un groupe de soutien afin de pouvoir se livrer à des échanges avec des personnes qui ont vécu les mêmes expériences et ressenti les mêmes émotions. Ils ont ainsi l'impression que leurs réactions sont normales. Le groupe constitue aussi un lieu où ils peuvent apprendre de nouvelles stratégies d'adaptation à leur perte et des stratégies servant à se construire une nouvelle vie. Les hôpitaux, les organismes de soins palliatifs et d'autres organisations communautaires mettent souvent sur pied des groupes de soutien des personnes en deuil. Il existe dans certaines régions des groupes de soutien spécialisés, destinés par exemple aux parents qui ont perdu un enfant, aux veufs et aux veuves ou aux homosexuels et homosexuelles ayant perdu compagnon ou compagne. À l'encadré 17-12 ■, on présente les interventions infirmières destinées aux personnes en deuil.

Complications associées au chagrin et au deuil

On appelle complications associées au chagrin et au deuil les sentiments de tristesse durable, d'abandon ou de désespoir qui persistent longtemps après la mort de l'être cher; on observe également des symptômes (anorexie, insomnie, fatigue, panique) qui perdurent et entravent les activités quotidiennes. Selon Rando (1993), le deuil pathologique, ou compliqué, se produit lorsque l'endeuillé se sent incapable d'accomplir une ou plusieurs de ses tâches, et cela pendant une période prolongée. L'endeuillé s'accroche au défunt et ne peut laisser la vie suivre son cours (Hétu, 1994).

La personne en deuil peut aussi adopter un comportement autodestructeur, par exemple s'adonner à une consommation d'alcool excessive ou à l'usage de drogues; elle peut nourrir des idées suicidaires ou se livrer à des tentatives de suicide. Les principaux types de deuils compliqués sont le deuil absent ou inhibé, le deuil reporté, le deuil tronqué, le deuil conflictuel et le deuil chronique. Les complications qui se manifestent à la suite d'un deuil doivent être évaluées par un professionnel de la santé. Pour détecter un deuil compliqué, Rando (1993) propose d'employer les critères suivants :

- Hypersensibilité aux expériences de perte et de séparation
- Hyperactivité servant à bloquer l'émergence d'idées ou de sentiments réprimés
- Forte anxiété concernant sa propre mort ou celle des proches
- Idéalisation excessive et persistante du défunt
- Comportements rigides ou compulsifs
- Idées obsessives au sujet du défunt
- Incapacité d'éprouver les émotions normales du deuil
- Incapacité d'exprimer verbalement ses émotions et ses idées concernant le défunt
- Peur de l'intimité avec autrui pour ne pas risquer de connaître d'autres pertes
- Relations interpersonnelles déstabilisées depuis le décès
- Problèmes de comportement à la suite du décès, tels que dépendance à l'alcool ou à d'autres drogues
- Sentiment d'engourdissement ou sentiment d'être mal dans sa peau
- Présence chronique de colère, d'irritabilité, ou d'un mélange de colère et de dépression

Adaptation à la mort et aux mourants : les préoccupations des professionnels de la santé

Les infirmières exercent leur profession dans de nombreux milieux : dans des centres de traumatologie, des services de soins intensifs, des services de soins de courte durée, à domicile, dans des établissements de soins palliatifs ou de soins de longue durée, ou encore dans des établissements fournissant des soins ambulatoires à la personne et à sa famille. Quel que soit leur milieu professionnel, elles doivent régulièrement faire face aux problèmes complexes et aux difficultés de nature émotionnelle qui entourent la fin de la vie. Dans le but d'être efficace et satisfaite du travail qu'elle accomplit, l'infirmière doit observer ses propres réactions émotionnelles aux deuils auxquels elle assiste tous les jours. Sans attendre de présenter des symptômes de stress ou d'épuisement professionnel, elle doit reconnaître les difficultés reliées à l'accompagnement quotidien de personnes qui souffrent et elle doit recourir à des stratégies qui lui permettent de conserver sa santé mentale. Dans les établissements de soins

ENCADRÉ 17-12

Interventions infirmières auprès des personnes en deuil

- Encourager la personne à exprimer ses émotions et ses sentiments.
  - Encourager la personne à parler des événements en posant des questions ouvertes (par exemple : « Parlez-moi de votre mari »).
  - Aider la personne en deuil à trouver un lieu où elle puisse exprimer ses émotions, ou un exutoire : quelqu'un à qui parler, un groupe de soutien, un journal intime, un moyen sûr d'exprimer sa colère (par exemple : rédiger des lettres qui ne seront pas expédiées, se livrer à des activités physiques).
  - Évaluer l'état émotionnel ; insister sur le fait que ses émotions sont normales.
  - Vérifier si la personne ressent de la culpabilité ou des regrets en posant des questions telles que :
    - Un souvenir ou un événement relatif à la personne décédée vous poursuit-il ?
    - Comment vivez-vous avec ces souvenirs ?
- Évaluer la nécessité d'un soutien social.
  - Pouvez-vous parler de votre mari avec quelqu'un ?
  - Acceptez-vous que je vous aide à trouver quelqu'un à qui parler ?
- Évaluer les stratégies d'adaptation de la personne en posant des questions telles que :
  - Comment se déroule chacune de vos journées ?
  - Avez-vous perdu un autre de vos proches ? Comment avez-vous vécu ces deuils ?
  - Éprouvez-vous de la difficulté à effectuer certaines activités ?
  - Recevez-vous de l'aide pour effectuer certaines tâches ? Sinon, auriez-vous besoin d'en avoir ?
- Vérifier s'il y a des signes de complications associées au deuil et offrir de diriger la personne vers des professionnels qui peuvent l'aider.

palliatifs, où la mort, le chagrin et le deuil sont souvent l'aboutissement des soins, les intervenants de différentes disciplines reliées à la santé se soutiennent les uns les autres ; au cours de leurs réunions, ils peuvent exprimer leurs frustrations, leur tristesse, leur colère et toutes les émotions qu'ils sont susceptibles de ressentir ; ils peuvent apprendre des stratégies d'adaptation de leurs collègues et parler des personnes, disparues depuis la dernière réunion, qui les ont touchés. Dans bien des milieux, les membres du personnel organisent une cérémonie à la mémoire de la personne défunte, ou ils y assistent, afin de soutenir la famille ou les autres soignants ; ils trouvent du réconfort lorsqu'ils se réunissent dans le but de se remémorer la personne et de commémorer sa vie. Enfin, de saines habitudes de vie, notamment un bon régime alimentaire, de l'exercice, des activités visant à atténuer le stress (danse, yoga, tai-chi, méditation) et le sommeil, aident à se préserver des effets néfastes du stress.

EXERCICES D'INTÉGRATION

1. Un homme de 70 ans est atteint d'un cancer métastatique de la prostate et on lui donne des soins palliatifs à domicile. Il a reçu des transfusions de concentré de globules rouges pour traiter une anémie associée à une affection de la moelle osseuse. Or, les bienfaits de ces transfusions ont toujours été transitoires. Sa femme a demandé au personnel infirmier de vérifier l'hémoglobine de son mari toutes les semaines, car il est de plus en plus faible et la dyspnée d'effort s'aggrave. L'équipe de soins multidisciplinaire doit se réunir afin de discuter du plan de traitement de cet homme; tous les membres de l'équipe croient qu'il est improbable qu'il survive plus de quelques jours ou de quelques semaines. Quelles données doivent-ils recueillir afin de déterminer les souhaits et les attentes de la personne et ceux de sa femme? Quelles sont les possibilités d'intervention pour l'équipe de soins? Quels avantages et inconvénients chacune de ces solutions comporte-t-elle?

2. Vous effectuez votre première visite à domicile chez une femme âgée de 88 ans qui a été hospitalisée trois fois au cours des quatre derniers mois en raison de son insuffisance cardiaque. Elle est constamment essoufflée, bien qu'elle recoure continuellement à l'oxygène. Elle est alitée, incontinente et elle souffre d'une plaie de pression de stade III au coccyx. Son appétit a disparu, ce qui a entraîné une perte pondérale de plus de 13 kg au cours des quatre derniers mois. Elle s'affaiblit de plus en plus. Son mari, également

âgé de 88 ans, a une mobilité réduite, car il est atteint d'arthrite. Souffrant d'un cancer du côlon, il a subi une colostomie il y a 10 ans. Il essaie de s'occuper seul de sa femme, mais il éprouve des difficultés de plus en plus considérables. Mariés depuis près de 70 ans, les époux sont très attachés l'un à l'autre. Quels examens devriez-vous faire subir à cette femme et quelles stratégies utiliseriez-vous pour: (a) soulager certains de ses malaises et de ses symptômes; (b) aider son mari à lui prodiguer des soins; (c) préparer le couple à la mort inévitable de cette femme?

3. Vous soignez un homme de 34 ans, père de trois enfants, qui en est au dernier stade de la sclérose latérale amyotrophique. Il a quitté l'hôpital hier et il pourrait bénéficier du programme de soins palliatifs à domicile offert par un groupe de médecine familiale. Au cours de l'entrevue préalable à l'octroi de ces services, il est prévu de lui poser des questions concernant ses opinions religieuses et ses croyances. Il y répond de la manière suivante: «Je ne vais plus à la messe et je ne veux pas perdre mon temps à entendre parler de religion.» Devriez-vous réagir à ce commentaire? Sinon, pour quelles raisons? Si oui, que lui diriez-vous? Devriez-vous poursuivre l'entrevue sur la spiritualité, en tout ou en partie? Justifiez votre réponse. Si vous décidiez de poursuivre l'entrevue portant sur la spiritualité, quelles questions choisiriez-vous de poser? Présentez votre plan de suivi.

RÉFÉRENCES BIBLIOGRAPHIQUES
en anglais • en français

ACSP – Association canadienne de soins palliatifs. (2002). *Modèle de guide des soins palliatifs fondé sur les principes et les normes de pratique nationaux.* Ottawa.

Addington, T.G. (1991). *Communication and cancer.* Hershey, PA: Central Pennsylvania Oncology Group.

Amenta, M.O. (1986). The hospice movement. In M.O. Amenta & N.L. Bohnet (Eds.), *Nursing care of the terminally ill* (pp. 49–64). Boston: Little Brown.

American Pain Society. (1999). *Principles of analgesic use in the treatment of acute pain and cancer pain* (4th ed.). Glenview, IL: Author.

Association canadienne de soins palliatifs. (2003). Modèle de guide des soins palliatifs. http://www.acsp.net/publications et_ressources.htm.

Association canadienne de soins palliatifs. (2002). *Normes de pratique en soins infirmiers palliatifs.* http://www.acsp.net

Association québécoise des classifications de soins infirmiers. (2004). *Diagnostics infirmiers: définitions et classification 2003-2004.* Paris: Masson.

Baillargeon, L. (2003). Les soins palliatifs à domicile. *Le médecin de famille canadien*, (déc.). (Page consultée le 28 mars 2005), http://www.cfpc.ca/cfp/2003/Dec/vol49-dec-editorials-1_fr.asp

Bennahum, D.A. (1996). The historical development of hospice and palliative care.

In D.C. Sheehan & W.B. Forman (Eds.), *Hospice and palliative care: Concepts and practice* (pp. 1–10). Boston: Jones & Bartlett.

Bessette, L. (dir.). (1995). *Le deuil comme processus de guérison.* Montréal: MHN.

Blackhall, L.J., Murphy, S.T., Frank, G., Michel, V., & Azen, S. (1995). Ethnicity and attitudes toward patient autonomy. *Journal of the American Medical Association*, 274(10), 820–825.

Block, S.D. (2000). Assessing and managing depression in the terminally ill patient. *Annals of Internal Medicine*, 132(3), 209–218.

Boling, A., & Lynn, J. (1998). Hospice: Current practice, future possibilities. *Hospice Journal*, 13(1/2), 29–36.

Brant, J.M. (1998). The art of palliative care: Living with hope, dying with dignity. *Oncology Nursing Forum*, 25(96), 995–1004.

Byock, I. (1997). *Dying well: The prospect for growth at the end of life.* New York: Riverhead.

Callahan, D. (1993a). Pursuing a peaceful death. *Hastings Center Report*, 23(4), 33–38.

Callahan, D. (1993b). *The troubled dream of life.* New York: Simon & Schuster.

Caralis, P.V., Davis, B., Wright, K., & Marcial, E. (1993). The influence of ethnicity and race on attitudes toward advance directives, life-prolonging treatments and euthanasia. *Journal of Clinical Ethics*, 4(2), 155–165.

Cassel, C.K., Ludden, J.M., & Moon, G.M. (2000). Perceptions of barriers to high-quality palliative care in hospitals. *Health Affairs*, 19(5), 166–172.

Chochinov, H. M., Tataryn, D. J., Wilson, K. G., Ennis, M., & Lander S. (2000). Prognostic awareness and the terminally ill. *Psychosomatics*, 41(6), 500–504.

Chow, E., Anderson, L., Wong, R., *et al.* (2001). Patients with advanced cancer: A survey of

the understanding of their illness and expectations from palliative radiotherapy for symptomatic metastases. *Clinical Oncology*, 13(3), 204–208.

Christakis, N.A., & Lamont, E.B. (2000). Extent and determinants of error in doctors' prognoses in terminally ill patients: Prospective cohort study. *British Medical Journal*, 320, 469–473.

Comité consultatif national en soins palliatifs. (2000). *Un guide des soins en fin de vie aux aînés.* Ottawa: Université d'Ottawa.

Comité des normes en soins infirmiers de l'ACSP. (2002). *Normes de pratique en soins palliatifs.* Ottawa: Santé Canada.

Connor, S.R. (1992). Denial in terminal illness: To intervene or not to intervene. *Hospice Journal*, 8(4), 1–15.

Crawley, L., Payne, R., Bolden, J., Payne, T., Washington, P., & Williams, S. (2000). Palliative and end-of-life care in the African American community. *Journal of the American Medical Association*, 284(19), 2518–2521.

Crowe, C. (1992). Mourir à l'hôpital. Dans J. Dufresne (dir.), *Le chant du cygne: mourir aujourd'hui*, p. 127-129. Montréal: Les Éditions du Méridien.

Deschênes, G., Dion, D., et Gratton, J. (2004). Où meurent les Québécois: II. *Le Médecin du Québec*, 39(8), 81-86.

Ersek, M., Kagawa-Singer, M., Barnes, D., Blackhall, L., & Koenig, B.A. (1998). Multicultural considerations in the use of advance directives. *Oncology Nursing Forum*, 25(10), 1683–1690.

Fattorusso V., Ritter, O. (1998). *Vademecum clinique: du diagnostic au traitement* (15e éd.). Paris: Masson.

Field, M.J., & Cassel, C.K. (Eds.). (1997). *Approaching death: Improving care at the end of life.* Washington, DC: National Academy Press.

Finucane, T. (1999). How gravely ill becomes dying. *Journal of the American Medical Association, 282*(17), 1670–1672.

Fisher, R., Ross, M. M., et MacLean, M. J. (2000). *Un guide des soins en fin de vie aux aînés.* Ottawa: Santé Canada.

Fontaine, N. (1992). Les volontés de fin de vie. Dans J. Dufresne (dir.), *Le chant du cygne: mourir aujourd'hui,* p. 269-273. Montréal: Les Éditions du Méridien.

Foucault, C., et Chapados, C. (1995). *L'art de soigner en soins palliatifs: perspectives infirmières.* Montréal: Les Presses de l'Université de Montréal.

Frankl, V.E. (1984). *Man's search for meaning.* New York: Washington Square.

Gendron, C., et Carrier, M. (1997). *La mort, condition de la vie.* Québec: Presses de l'Université du Québec.

Glaser, B.G., & Strauss, A. (1965). *Awareness of dying.* Chicago: Aldine.

Gouvernement du Canada. (2002). *Stratégie canadienne de lutte contre le cancer.* Ottawa: Santé Canada.

Groupe de travail sur les soins palliatifs. (2002). *Stratégie canadienne de lutte contre le cancer.* Rapport final. Ottawa: Santé Canada.

Helm, A. (1984). Debating euthanasia: An international perspective. *Journal of Gerontological Nursing, 10*(11), 20–24.

Hétu, J.-L. (1994). *Psychologie du deuil et du mourir* (2ᵉ éd.). Québec: Éditions du Méridien.

Hickey, S.S. (1986). Enabling hope. *Cancer Nursing, 9,* 133–137.

Highfield, M. E. F., & Cason, C. (1983). Spiritual needs of patients: are they recognized? *Cancer Nursing, 6*(3), 187-192.

Highfield, M. E. F. (2000). Providing spiritual care to patients with cancer. *Clinical Journal of Oncology Nursing, 4*(3), 115–120.

Hospice Association of America. (2001). *Hospice facts & statistics.* Washington, DC: Author.

Jacox, A., Carr, D.B., & Payne, R. (1994). *Management of cancer pain.* Clinical practice guideline No. 9 (AHCPR Publication No. 94-0592). Washington, DC: Agency for Health Care Policy and Research, United States Department of Health and Human Services, Public Health Service.

Jones, D. (1997). Issues and trends affecting the nation's hospices. *Caring, 16*(11), 14–24.

Krisman-Scott, M.A. (2000). An historical analysis of disclosure of terminal status. *Journal of Nursing Scholarship, 32*(1), 47–52.

Kübler-Ross, E. (1969). *On death and dying.* New York: MacMillan.

Kübler-Ross, E. (1984). *Vivre avec la mort et les mourants.* Genève: Éditions du Tricorne.

Kübler-Ross, E. (1996). *La mort est une question vitale.* Paris: Éditions Albin Michel.

Kübler-Ross, E. (1998). *Accueillir la mort.* Éditions du Rocher.

Lamau, M. L. (1994). *Manuel de soins palliatifs.* Toulouse: Privat.

Langer, G. (1999). Kevorkian verdict unpopular. [En ligne], http://abcnews.go. com./sections/us/DailyNews/kevorkianpoll990327.html.

Lesparre, M., & Matherlee, K. (1998). *Delivering and financing care at the end of life.* Issue Brief (No. 711). Washington, DC: The George Washington University.

Léveillé, G. (2003). *Guide d'intervention clinique en soins palliatifs à l'intention des infirmières et infirmiers* (2ᵉ éd.). Sillery (Québec): Anne Sigier.

Librach, S.L, et Squires, B.P. (2000). *Le manuel de la douleur* (2ᵉ éd.). Toronto: Pegasus Healthcare.

Lynn, J. (1991). Why I don't have a living will. Law, *Medicine & Health Care, 19*(1–2), 101–104.

MacDonald, N., et Baril, É. (2003). *Médecine palliative: étude de cas.* Montréal: Centre de bioéthique, Institut de recherches cliniques de Montréal.

McKay, P., Rajacich, D., et Rosenbaum, J. (2002). Rehausser les soins palliatifs à l'aide des facteurs caritifs de Watson. *Revue canadienne de soins infirmiers en oncologie, 12*(1), 40-45.

McSkimming, S.A., Super, A., Driever, M.J., Schoessler, M., Franey, S.G., & Fonner, E. (1997). *Living and healing during life-threatening illness.* Portland, OR: Supportive Care of the Dying.

Meier, D.E., Ahronheim, J.C., Morris, J., Baskin-Lyons, S., & Morrison, S. (2001). High short-term mortality in hospitalized patients with advanced dementia. *Archives of Internal Medicine, 161,* 594–599.

Morin, E. (1976). *L'homme et la mort.* Paris: Seuil.

Morrison, R.S., Siu, A.L., Leipzig, R.M., Cassel, C.K., & Meier, D.E. (2000). The hard task of improving care at the end of life. *Archives of Internal Medicine, 160,* 743–747.

Morse, J.M., & Doberneck, B. (1995). Delineating the concept of hope. Image: *Journal of Nursing Scholarship, 27,* 283–291.

MSSS, gouvernement du Québec. (2002). *Politique en soins palliatifs de fin de vie.* http://www.msss.gouv.qc.ca/documentation/publications.html.

Organisation mondiale de la santé. *Gestion des symptômes en fin de vie.* (Page consultée le 1ᵉʳ février 2005), http://www.who.int/3by5/publications/documents/en/imai_palliative_fr.pdf.

Perry, B. (1998). Les croyances de huit infirmiers et infirmières modèles en oncologie se rapportant au cadre théorique en sciences infirmières de Watson. *Revue canadienne de soins infirmiers en oncologie, 8*(2), 102-107.

Phipps, E., True, G., & Pomerantz, S. (2000). Approaches to end-of-life care in culturally diverse communities [En ligne], http://www.lastacts.org/statsite/3770la%5Feln%5Fnewsletter.htm.

Plata-Salaman, C. (1997). *Symptoms in terminal illness: A research workshop.* Cachexia or wasting: basic perspective. [En ligne], http://www.nih.gov/ninr/end-of-life.htm.

Poulson, J. (2003a). Les besoins spirituels des mourants. Dans N. MacDonald et É. Baril (dir.), *Manuel de médecine palliative,* p. 383-391. Montréal: Centre de bioéthique, Institut de recherches cliniques.

Poulson, J. (2003b). Les différences culturelles: leur impact sur les soins en phase terminale. Dans N. MacDonald et É. Baril (dir.). *Manuel de médecine palliative,* p. 307-316. Montréal: Centre de bioéthique, Institut de Recherches cliniques.

Rando, T. (1993). *Treatment of complicated mourning.* Champaing, Illinois: Research Press.

Rando, T.A. (2000). Promoting healthy anticipatory mourning in intimates of the life-threatened or dying person. In T.A. Rando

(Ed.), *Clinical dimensions of anticipatory mourning* (pp. 307–378). Champaign, IL: Research Press.

Regroupement des pharmaciens ayant un intérêt pour les soins palliatifs. (2002). *Guide pratique des soins palliatifs: gestion de la douleur et des autres symptômes* (3ᵉ éd.). Montréal: A.P.E.S.

Ripamonti, C., Filiberti, A., Totis, A., DeConno, F., & Tamburini, M. (1999). Suicide among patients with cancer cared for at home by palliative care teams. *Lancet, 354*(9193), 1877–1878.

Roth, A.J., & Breitbart, W. (1996). Psychiatric emergencies in terminally ill cancer patients. *Hematology/Oncology Clinics of North America, 10*(1), 235–258.

Saunders, C., & Kastenbaum, R. (Eds.). (1997). *Hospice care on the international scene.* New York: Springer.

Saunders, C. (dir.). (1994). *Soins palliatifs: une approche pluridisciplinaire.* Paris: Lamarre et Saint-Hyacinthe (Québec): Édisem.

Saunders, C., et Baines, M. (1986). *La vie aidant la mort.* Paris: MEDSI.

Seale, C. (1991). Communication and awareness about death: A study of a random sample of dying people. *Social Science and Medicine, 32*(8), 943–952.

Silverman, P.R. (2001). Living with grief, rebuilding a world. Innovations in End-of-Life Care [En ligne], *3*(3). http://www2.edc.org/lastaacts/editorail.asp.

Société francaise d'accompagnement et de soins palliatifs. (2002). *L'infirmière et les soins palliatifs* (2ᵉ éd.). Paris: Masson.

Sorenson, B.F. (1991). Euthanasia: the "good death"? *Surgical Neurology, 35,* 827–830.

Spross, J.A. (1992). Cancer pain relief: An international perspective. *Oncology Nursing Forum, 19*(7), 5–19.

Stanley, K.J. (2000). Silence is not golden: Conversations with the dying. *Clinical Journal of Oncology Nursing, 4*(1), 34–40.

Stoll, R. I. (1979). Guidelines for spiritual assessment. *American Journal of Nursing, 79*(9), 1574-7.

Stratégie canadienne de lutte contre le cancer, Rapport final du Groupe de travail sur les soins palliatifs. (2002). http://209.217.127.72/sclcc/mise/mise.html.

SUPPORT Principal Investigators. (1995). A controlled trial to improve care for seriously ill hospitalized patients. *Journal of the American Medical Association, 274*(20), 1591–1598.

Trottier, G. (2002). *Politique en soins palliatifs de fin de vie.* Québec: ministère de la Santé et des Services sociaux.

Ugoalah (2002). L'utilisation de thérapies non conventionnelles par les patients atteints de cancer: répercussions pour la pratique infirmière. *Revue canadienne de soins infirmiers en oncologie, 12*(2), 121-124.

Université d'Ottawa et Université de Toronto. (2000). *Guide pour les aînés en fin de vie.* http://rgp.openflows.org/PDFfiles/eol-french.pdf.

Upledger, J.E. (1989). Self-discovery and self-healing. In R. Carlson & B. Shield (Eds.), *Healers on healing* (p. 67-72). Los Angeles: Tarcher.

Virmani, J., Schneiderman, L.J., & Kaplan, R.M. (1994). Relationship of advance directives to physician-patient communication. *Archives of Internal Medicine, 154,* 909–913.

Wendler, M.C. (1996). Understanding healing: A conceptual analysis. *Journal of Advanced Nursing, 24*(4), 836–842.

Wentzel, K.B. (1981). *To those who need it most, hospice means hope.* Boston: Charles River.

Wilson, K. G. (1999). *L'euthanasie et le suicide assisté : ça ne devrait jamais être la seule solution possible.* Psynopsis. (Page consultée le 28 mars 2005), [en ligne], *Société canadienne de psychologie.* http://www.cpa.ca/Psynopsis/EuthanasiaF-99.html.

Worden, J.W. (1991). *Grief counseling and grief therapy.* New York: Springer.

World Health Organization. (1990). *Cancer pain relief and palliative care: Report of a WHO expert committee.* World Health Organization Technical Report Series, 804, 1–75.

Zerwekh, J.V. (1997). Do dying patients really need IV fluids? *American Journal of Nursing, 97*(3), 26–30.

En complément de ce chapitre, vous trouverez sur le Compagnon Web :
• une bibliographie exhaustive ;
• des ressources Internet.

Adaptation française
Céline Plante, inf., M.Sc.
clinique (sciences infirmières)
Professeure, Module des sciences
de la santé – Université du Québec
à Rimouski (campus de Lévis)

CHAPITRE

18

Soins d'urgence

Objectifs d'apprentissage

Après avoir étudié ce chapitre, vous pourrez:

1. Expliquer en quoi consistent les soins prodigués au service des urgences.

2. Décrire les normes d'évaluation sur lesquelles se fonde l'Échelle de triage et de gravité (ETG).

3. Établir l'ordre des priorités parmi les interventions effectuées auprès des personnes qui se présentent au service des urgences.

4. Décrire les soins prodigués en cas de lésions intra-abdominales.

5. Différencier les soins requis en regard des affections dues à la chaleur, au froid, à une immersion, à une sub-mersion, à des allergies ou à des morsures.

6. Comparer les traitements prodigués dans les diverses formes d'intoxication.

7. Énoncer les principes qui guident les interventions effectuées auprès des personnes victimes de maltraitance.

8. Énumérer les interventions à privilégier, selon qu'il s'agit de personnes hyperactives, violentes, déprimées ou suicidaires.

Le Conseil médical du Québec (1995) répartit les services médicaux à la population en trois catégories: les services de première ligne, les services de deuxième ligne et les services de troisième ligne. La première ligne offre des services de santé courants, s'appuyant sur une infrastructure légère en matière de moyens diagnostiques et thérapeutiques; elle permet de résoudre la plupart des problèmes de santé (au cabinet du médecin ou en consultation externe, par exemple). Les services de deuxième ligne concernent quant à eux les problèmes qui ne peuvent être résolus en première ligne; ils s'appuient sur des moyens diagnostiques et thérapeutiques plus importants, mais tout de même assez répandus (dans les centres hospitaliers régionaux, par exemple). Si les problèmes de santé sont complexes ou se rencontrent rarement, il convient d'avoir recours aux services médicaux de troisième ligne, ultraspécialisés (comme ceux qu'on trouve par exemple dans les centres hospitaliers universitaires). En matière de diagnostic et de thérapie, cette dernière ligne de soins s'appuie sur des moyens techniques plus lourds et peu répandus. Les centres de deuxième et de troisième ligne offrent des services d'urgence ponctuels.

Définition et organisation des soins d'urgence

L'expression *soins d'urgence* désigne habituellement les soins requis dans un délai très bref, parce qu'une affection menace immédiatement ou potentiellement la vie ou l'intégrité physique de la personne. Toutefois, en raison des difficultés d'accès aux soins de première ligne et du fait que les personnes n'ont pas les connaissances nécessaires pour déterminer la nature de leur problème de santé, il arrive que des gens dont l'état n'exige pas d'intervention immédiate se présentent aux urgences. En effet, selon le rapport intitulé « Comprendre les temps d'attente dans les services d'urgence: qui sont les utilisateurs des services d'urgence et quels sont les temps d'attente? », 57 % des personnes qui ont visité en 2003-2004 un service des urgences au Canada présentaient un problème de santé considéré comme peu urgent ou non urgent (ICIS, 2005). Les gens qui étaient dans un état grave, mettant la vie en péril et exigeant une intervention immédiate ne représentaient que 0,5 % du total des visites. Les Canadiens semblent par ailleurs utiliser les services d'urgence plus souvent qu'on ne le fait dans d'autres pays (ICIS, 2005).

Au Québec, on a retenu la définition des soins d'urgence mise au point par l'American College of Emergency Physicians (ACEP): «Les soins d'urgence sont des services de santé prodigués pour évaluer et traiter des conditions médicales dont les symptômes sont apparus subitement et sont assez sévères pour qu'une personne prudente, possédant un niveau moyen de connaissances en santé, soit amenée à croire qu'une visite médicale urgente et/ou non prévue est nécessaire» (MSSS, 2000). Il existe cinq catégories d'urgence au Québec: les centres «de stabilisation», les centres primaires, secondaires, tertiaires et à vocation unique (Collège des médecins du Québec, 1998). Ces catégories d'urgence s'inspirent de celles que propose le réseau de traumatologie et elles se distinguent par les ressources médicales disponibles. Cette répartition a pour objectif d'orienter la personne vers le lieu où on pourra lui fournir les traitements et les soins les plus appropriés à son état. Avant 1993, il n'existait pas au Québec de structure destinée tout particulièrement aux personnes victimes de traumatismes. Celles-ci étaient transportées au

VOCABULAIRE

ABCD: abréviation anglaise de *Airways* (voies respiratoires), *Breathing* (respiration), *Circulation* (circulation) *neurological Deficit* (déficit neurologique).

Aponévrose: membrane fibreuse conjonctive, blanchâtre et résistante, liée au muscle squelettique.

Aponévrotomie: incision chirurgicale de l'aponévrose d'une extrémité, visant à alléger la pression et à restaurer la fonction neurovasculaire.

Attelle de traction de Hare: attelle de traction portative, installée sur un membre inférieur afin de l'immobiliser et de réduire une fracture de la tête du fémur.

AVPU: abréviation anglaise de *Alert* (alerte), *Verbal* (réponse aux stimuli verbaux), *Pain* (réponse aux stimuli douloureux), *Unresponsive* (aucune réaction).

Carboxyhémoglobine (COHb): hémoglobine qui, étant liée au monoxyde de carbone, ne peut se lier à l'oxygène; il en résulte une hypoxémie.

Indice préhospitalier de traumatologie (IPT): outil servant à juger et à évaluer la gravité d'un traumatisme grâce à divers signes cliniques tels que la pression artérielle systolique, les fréquences cardiaque et respiratoire, les changements dans l'état de conscience et la présence de blessures pénétrantes. Selon le score obtenu et la présence ou l'absence d'un impact à haute vélocité, un algorithme oriente les ambulanciers vers le centre le plus approprié pour recevoir la personne.

Inotrope: ayant trait à la contractilité de la fibre musculaire.

Lavage péritonéal diagnostique: instillation de lactate de Ringer ou d'un sérum physiologique dans la cavité abdominale afin d'y détecter la présence de globules rouges, de globules blancs, de bile, de bactéries, d'amylase ou de contenu gastro-intestinal indiquant la présence d'une lésion abdominale.

Sphygmooxymétrie (saturométrie): mesure de la saturation en oxygène de l'hémoglobine.

Triage: processus d'évaluation des besoins en matière de santé des personnes qui se présentent au service des urgences afin de déterminer l'ordre de priorité dans les soins qui leur seront prodigués et de les orienter vers les ressources appropriées.

centre hospitalier le plus proche, puis transférées ailleurs si on ne disposait pas sur place des moyens requis. Ces transferts occasionnaient des délais ; or, depuis l'instauration au Québec d'un système intégré de traumatologie (SIT), la mortalité de ces personnes est passée de 52 % en 1992, à 9 % en 2002 (Liberman *et al.*, 2004). La géographie québécoise ne permet toutefois pas toujours de transporter immédiatement les personnes traumatisées là où on pourrait leur procurer tous les soins exigés par leur état.

Les centres de stabilisation offrent généralement les services d'un omnipraticien, 24 heures sur 24 et 7 jours sur 7. Cette catégorie d'urgence comporte des ressources diagnostiques et thérapeutiques limitées et on ne peut y obtenir les services d'un spécialiste en 30 minutes. Si les professionnels de la santé qui travaillent dans ces centres se rendent compte que l'état de la personne correspond à certains critères préétablis (notamment à ceux qu'on trouve dans l'indice préhospitalier de traumatologie), leur rôle est stabiliser la personne et de la transférer, dans les délais les plus brefs, vers un centre qui offre des soins plus complets. Le terme *stabilisation* renvoie à l'évaluation adéquate et au traitement qu'on prodigue afin de réduire les risques que le transfert entraîne la mort de la personne, une perte ou une atteinte fonctionnelle sérieuse. La stabilisation devant théoriquement se faire en moins de 10 minutes, les interventions visent surtout à maintenir la perméabilité des voies respiratoires, à endiguer l'hémorragie, à immobiliser adéquatement la personne ou ses membres et à établir un accès veineux pour administrer un soluté, des produits sanguins ou des médicaments.

Les centres primaires assurent la prise en charge de l'**ABCD**. On y exige qu'un chirurgien généraliste et un anesthésiste puissent intervenir dans un délai de moins de 30 minutes ; il faut en outre disposer d'une unité de soins intensifs. Quant aux centres secondaires, ils doivent pouvoir offrir en plus des soins chirurgicaux orthopédiques dans un délai de 30 minutes. Les centres tertiaires doivent être en mesure de traiter les cas particulièrement sérieux, notamment les traumatismes crâniens graves, et d'assurer des soins neurochirurgicaux. Précisons que deux centres tertiaires sont spécifiquement désignés pour traiter les traumatismes médullaires : l'Hôpital du Sacré-Cœur, à Montréal, et l'Hôpital de l'Enfant-Jésus, à Québec. Depuis 1998, toute personne qui a été victime d'un traumatisme médullaire doit être dirigée vers l'un de ces deux centres pour y être traitée, et cela dès que possible. Par ailleurs, le nouveau « Programme provincial de prise en charge des personnes ayant subi une amputation avec un potentiel de réimplantation » requiert un transfert direct à l'Hôpital Notre-Dame de Montréal (CHUM). Certains centres « à vocation unique » offrent des services spécialisés et ultraspécialisés, axés sur une mission précise (citons par exemple l'Hôpital Sainte-Justine, qui a une mission pédiatrique).

Les problèmes qu'on rencontre dans les services d'urgence du Québec sont multiples et ressemblent à ceux qu'on observe ailleurs au Canada (encadré 18-1 ■). Même si toutes les urgences accueillent des personnes qui présentent des affections cardiaques, il va de soi qu'un centre à vocation unique en cardiologie, comme l'Institut de cardiologie de Montréal, traite presque exclusivement des problèmes d'origine cardiaque. Aux urgences, il est essentiel de savoir quelles sont les priorités de traitement en cardiologie ; on

trouve aux chapitres 29 ⊚, 30 ⊚ et 32 ⊚ plus d'explications sur cette question. Le présent chapitre ne s'attardant qu'aux lésions ou aux problèmes non abordés ailleurs dans ce manuel, il n'est pas exhaustif et ne couvre pas tous les types de problèmes qui se rencontrent aux urgences.

Soins infirmiers au service des urgences

Travailler au service des urgences exige un vaste éventail de connaissances ; en raison de la diversité des situations qui se présentent, il faut en effet posséder des compétences multiples pour être efficace. De plus, prodiguer des soins globaux dans un milieu où on utilise des techniques de pointe, où des situations complexes et instables se modifient rapidement, représente tout un défi. Il faut avoir un jugement clinique aguerri pour établir l'ordre des priorités ainsi que pour évaluer rapidement l'état de la personne et la façon dont celui-ci évolue. L'infirmière qui travaille au service des urgences assume les responsabilités suivantes : intervenir selon l'ordre des priorités ; coordonner les activités diagnostiques et les consultations médicales ; collaborer avec l'équipe interdisciplinaire dans la gestion de l'épisode de soins ; être au fait de la problématique des soins d'urgence ; connaître les normes et les critères utilisés en soins infirmiers ainsi que les règles en vigueur dans l'établissement et les façons de faire au service des urgences ; utiliser les moyens nécessaires pour mettre à jour ses compétences ; satisfaire aux conditions requises pour accomplir les actes autorisés ; enfin, participer aux activités de formation du service des urgences et à l'intégration des nouveaux membres du personnel (MSSS, 2000). Au cours de ces interventions, tantôt autonomes, tantôt interdisciplinaires, l'infirmière soutient la famille et les proches, au besoin. Précisons que l'infirmière qui s'occupe du **triage**, la monitrice clinique et l'assistante infirmière-chef (AIC) ont des responsabilités quelque peu différentes au service des urgences. En effet, l'infirmière chargée du triage évalue la

ENCADRÉ 18-1

Visites aux services des urgences

- Chaque année, plus de 14 millions de Canadiens se rendent aux services des urgences.

- Dans l'ensemble, 12 % des personnes qui se sont présentées aux services des urgences en 2003-2004 s'y sont rendues en ambulance, cette proportion atteignant 52 % chez les personnes de plus de 85 ans.

- En 2003-2004, 57 % des visites aux services des urgences étaient attribuables à des problèmes de santé considérés comme peu urgents (douleurs dorsales chroniques, par exemple) ou non urgents (maux de gorge, par exemple) selon l'ETG.

- Environ 11 % des personnes qui se sont rendues en 2003-2004 dans un service des urgences ont été hospitalisées, tandis que 3 % d'entre elles sont rentrées chez elles sans avoir été examinées par un médecin.

Source : ICIS (2005). *Comprendre les temps d'attente dans les services d'urgence : Qui sont les utilisateurs des services d'urgence et quels sont les temps d'attente ?*

personne sur le plan clinique, établit l'ordre des priorités et veille à ce que l'état de la personne ne se détériore pas avant que des soins médicaux lui soient prodigués. Quant à la monitrice clinique, elle sert de personne-ressource auprès de l'équipe; elle évalue et améliore la qualité des soins, et s'occupe des programmes d'orientation, d'intégration et de formation continue. L'AIC peut intervenir auprès des personnes, mais souvent elle se consacre à la supervision, à l'organisation et au soutien du travail de l'équipe; elle s'assure qu'elle dispose de suffisamment de ressources compétentes, réparties de façon appropriée.

Depuis peu, des infirmières cliniciennes spécialisées sont à l'œuvre dans certains services des urgences et, dans un proche avenir, peut-être y trouvera-t-on aussi des infirmières praticiennes spécialisées (IPS). Celles-ci détiennent une maîtrise, conseillent l'équipe interdisciplinaire, font connaître les dernières avancées en soins infirmiers et mettent au point de nouveaux modèles d'intervention. Le rôle de l'infirmière praticienne spécialisée dans les urgences (IPSU) n'est pas facile à définir, puisqu'il varie d'une province à l'autre (Drummond et Bingley, 2003). Disons qu'en règle générale l'IPSU détient une maîtrise, que ses compétences lui permettent de prodiguer les soins infirmiers et d'effectuer des activités médicales qui répondent aux besoins complexes des personnes et de leur famille au service des urgences. Ainsi, l'IPSU a une formation complémentaire dans le domaine de l'évaluation de la santé, du diagnostic, des affections et des blessures ainsi que de la prescription de médicaments et d'examens diagnostiques. À l'heure actuelle, on ne trouve pas au Québec d'infirmière praticienne spécialisée dans les urgences.

CONSENTEMENT AUX SOINS

Le *Code civil du Québec* (1991) formule clairement l'obligation d'obtenir le consentement de la personne pour toute intervention effractive, entre autres pour les angiographies, les ponctions lombaires, les transfusions sanguines, etc. Ce consentement aux examens ainsi qu'aux traitements doit figurer dans le dossier de la personne au service des urgences; il repose sur des informations claires, véridiques, appropriées à la personne, à l'évolution de l'affection qu'elle présente et des soins qu'on lui donne. Il est possible d'obtenir un consentement éclairé si la personne est consciente et que son jugement n'est pas altéré par une affection quelconque ou par les médicaments qu'on lui a administrés. Il faut s'assurer que l'anxiété du moment n'occasionne pas de «surdité émotionnelle», qui l'empêche de bien comprendre la situation. Si la personne adulte refuse en toute connaissance de cause un traitement indispensable à sa survie ou à sa qualité de vie, ou désire qu'on y mettre fin, il faut respecter sa décision, après avoir exposé à plusieurs reprises les conséquences d'un tel choix (loi nº 2002-303, 2002).

Par contre, si la personne fait preuve de confusion ou est inconsciente, on demande à un proche ou au tuteur de consentir aux soins. Si la décision de la tierce personne ne correspond pas à l'intérêt de l'adulte, le médecin peut demander à un juge de trancher. Si aucun proche n'est présent ni ne peut être joint à court terme et qu'on ne trouve pas dans les effets personnels du patient de document indiquant qu'il refuse certains soins, on doit inscrire ce fait

au dossier et administrer les traitements dans l'intérêt de la personne (*Code de déontologie des infirmières et des infirmiers du Québec*, 2005; *Code de déontologie des médecins du Québec*, 2002). En ce qui concerne les mineurs, il faut savoir qu'à partir de 14 ans et plus il n'existe pas d'obligation légale d'informer les parents ou le représentant légal, à condition que l'état soit stable, non critique et que le séjour à l'hôpital soit de moins de 12 heures. On doit noter les observations, les soins et les traitements. De plus, lorsque la personne quitte le centre hospitalier, il faut inscrire au dossier dans quel état elle se trouve au moment du départ, de même que les directives données en matière de suivi, tant à elle qu'à ses proches.

RISQUE DE CONTRACTER UNE INFECTION AU COURS DES ACTIVITÉS PROFESSIONNELLES

En raison de l'accroissement du nombre de personnes atteintes des virus de l'hépatite B, de l'immunodéficience humaine (VIH) ou autres, et de la diversité des problèmes qu'ils rencontrent, les professionnels de la santé s'exposent au risque de contracter diverses infections, dont certaines peuvent être transmises par le sang ou par les autres liquides biologiques. Même si la fréquence des expositions est très peu connue et que celles-ci ne sont probablement pas toutes déclarées, le risque infectieux est particulièrement élevé au service des urgences en raison de la rapidité des interventions effectuées et du caractère effractif de celles-ci. Au Québec, 138 accidents de travail reliés à des expositions à des agents biologiques ont été relevés en 1999, et 202 en 2000; dans environ 70 % des cas, il s'agissait de contacts potentiels avec le VIH (INSPQ, 2003).

En présence d'affections aérogènes telles que la tuberculose ou le syndrome respiratoire aigu sévère (SRAS), tous ceux qui entrent en contact avec la personne doivent porter au moins un masque personnel à filtre à haute efficacité pour les particules de l'air (HEPA). Durant la période comprise entre 1995 et 2000, la Commission de la santé et de la sécurité au travail (CSST) a accepté 123 réclamations à la suite d'une exposition accidentelle au *Mycobacterium tuberculosis*; 38 de ces cas sont survenus chez des travailleurs de la santé (INSPQ, 2003). Quant au SRAS, le pic d'éclosion en avril 2003 a touché l'Ontario, où plus de 100 travailleurs de la santé, appartenant à 3 hôpitaux de la région métropolitaine de Toronto, ont été atteints; certaines infirmières sont d'ailleurs décédées en raison de cette maladie (ASPC, 2003).

Comme aucun pays ne peut se croire à l'abri d'actes terroristes ou de catastrophes naturelles, le personnel infirmier devrait être informé des mesures particulières qu'il convient de prendre dans ces situations et il devrait s'y préparer par des simulations annuelles. On se préparera également à une exposition à des organismes hautement contagieux, à des gaz, à des produits chimiques nocifs ou à des radiations, car il faut alors recourir à des mesures de décontamination rarement utilisées. Ces mesures sont présentées au chapitre 19 🔗.

Il est essentiel d'appliquer en tout temps une rigueur absolue en regard des précautions universelles afin d'abaisser le risque d'infection. Si malgré tout un membre du personnel infirmier est exposé accidentellement au sang d'une personne contaminée, à des liquides biologiques ou autres, il est impératif de lui administrer rapidement les premiers soins et de le soumettre au besoin à une décontamination, de déclarer l'événement en l'accompagnant des données pertinentes, puis d'assurer une prise en charge immédiate et un suivi rigoureux.

RÔLE DE L'INFIRMIÈRE DANS LES SITUATIONS DE CRISE

Dans les cas d'affection grave, de défigurement, de traumatisme grave ou de mort subite, les personnes touchées peuvent éprouver de la crainte : crainte de la mort, de la mutilation, de l'immobilisation, ou encore de l'atteinte à l'intégrité physique ou psychique. Cette crise passe par un certain nombre d'étapes : anxiété, déni, remords et culpabilité. Toutefois, le service des urgences n'est généralement pas un milieu où on peut s'adapter à la crise de manière adéquate, car celle-ci revêt un caractère subit et imprévisible. L'infirmière doit tenir compte de ces éléments lorsqu'elle intervient afin d'atténuer l'anxiété générale et de permettre à chacun de retrouver sa capacité de composer avec la situation. Il importe de déterminer l'état psychologique des personnes touchées ; il faut pour cela évaluer leur niveau d'émotivité et d'anxiété, de même que leur fonction cognitive. Dans ce type de situations, on rencontre fréquemment les diagnostics infirmiers suivants : anxiété, stratégies d'adaptation inefficaces et dynamique familiale perturbée, reliées à la situation de crise et au deuil anticipé.

Interventions axées sur la personne

L'anxiété de la personne s'atténue lorsque l'infirmière inspire confiance et fait preuve de compétence. Son attitude chaleureuse, sa capacité d'entrer en contact avec autrui et de fournir fréquemment des explications adaptées à la capacité de compréhension de chacun, tous ces éléments augmentent le sentiment de sécurité et aident à dissiper la peur de l'inconnu. La personne inconsciente doit être traitée comme si elle était consciente, autrement dit il faut la toucher, l'appeler par son nom et lui expliquer chacune des interventions. Dès qu'elle reprend conscience, on l'aide à s'orienter en prononçant son nom, en lui indiquant la date et le lieu où elle se trouve. Ces renseignements, répétés au besoin d'une voix calme, rassurent.

Quant à la famille et aux proches, ils se montrent très reconnaissants d'être informés du lieu où se trouve la personne, de son état ainsi que des soins qu'elle a reçus et qu'elle recevra. Le fait d'autoriser les proches à rester au chevet de la personne, lorsque c'est possible, aide parfois à atténuer l'anxiété. D'autres interventions peuvent également s'imposer en fonction de l'étape de la crise dans laquelle se trouvent la famille et les proches. Précisons que, s'il y a mort cérébrale, la famille et les proches ne pensent pas toujours au don d'organes, puisqu'ils sont en état de choc. L'infirmière peut leur parler de cette possibilité, tout en faisant preuve de sensibilité, et communiquer avec l'organisme Québec-Transplant pour s'informer. Québec-Transplant constitue la seule ressource en ce qui concerne les dons d'organes vitaux, mais il en existe d'autres pour les tissus, tels que la Banque d'yeux, le Centre des grands brûlés et Héma-Québec. La liste des interventions susceptibles d'aider à composer avec la mort subite est présentée dans l'encadré 18-2 ■.

Le personnel infirmier doit lui aussi apprendre à gérer son stress, car le travail au service des urgences l'expose régulièrement au stress post-traumatique, à l'obligation d'accomplir des tâches de plus en plus complexes alors que les moyens sont parfois réduits et à celle d'effectuer des heures supplémentaires. Un examen en équipe des événements perturbants tels qu'une réanimation inefficace incite les membres du personnel soignant à s'exprimer et peut désamorcer les situations conflictuelles.

Interventions axées sur la famille

Anxiété et déni Au cours de ces étapes, l'infirmière encourage la famille ainsi que les proches à admettre leur anxiété et à l'exprimer. Elle les incite à poser des questions et leur répond honnêtement, selon leur capacité de compréhension. Le déni est un moyen de défense contre les situations qui provoquent douleur et crainte. Il ne faut toutefois pas l'encourager, car l'acceptation de ce qui s'est produit aide à se préparer à ce qui va suivre.

ENCADRÉ 18-2

Mesures visant à aider la famille à composer avec la mort subite

- Conduire la famille dans un lieu privé.
- Réunir tous les membres de la famille avant de leur parler ; ainsi pourront-ils faire ensemble l'expérience du deuil.
- Rassurer la famille sur le fait que la personne a reçu tous les soins possibles ; fournir des explications sur les traitements administrés.
- Éviter d'utiliser des euphémismes comme « il est parti ». Manifester sa compassion par des gestes et des paroles.
- Encourager les membres de la famille à se soutenir et à donner libre cours à leurs sentiments de chagrin, de perte, de colère, d'impuissance et de déni.
- Ne pas administrer de sédatifs aux membres de la famille, car cela risquerait de masquer ou de retarder le processus du deuil, nécessaire au rétablissement de l'équilibre affectif.
- Encourager les membres de la famille à voir le corps de la personne décédée s'ils le désirent, ce qui aide à composer avec la perte. S'il y a eu une mutilation, recouvrir la partie atteinte avant de laisser entrer la famille. Accompagner la famille et toucher la dépouille afin d'accorder à la famille l'« autorisation » d'en faire autant.
- Consacrer du temps aux membres de la famille, les écouter et cerner les besoins qui pourraient être comblés grâce à l'intervention du personnel infirmier. Cela exige souvent une réorganisation des tâches assumées par l'équipe infirmière.
- Offrir aux proches de la personne décédée l'occasion de parler de celle-ci et des sentiments qu'elle leur inspire ; cela peut leur permettre d'exprimer leur sentiment de perte. Encourager la famille à parler des faits qui ont précédé l'arrivée aux urgences et en ne contrariant pas les sentiments de colère et de déni.
- Éviter de fournir des renseignements inutiles et que la famille n'a pas réclamés (concernant, par exemple, l'état d'ébriété de la personne).
- Parler du don d'organes possible en le présentant comme une façon de donner un sens à la mort.

Remords et culpabilité Les proches de la personne expriment souvent leur remords et leur culpabilité en se reprochant (parfois les uns les autres) d'être coupables de négligence ou d'omissions. Ces sentiments doivent être exprimés jusqu'à ce que les proches se rendent compte qu'il n'était pas en leur pouvoir d'empêcher l'événement de se produire.

Colère La colère, très fréquente dans les situations de crise, est un autre moyen de réagir à l'anxiété et à la peur. Elle est souvent dirigée contre la personne, mais elle peut aussi viser tout membre du personnel hospitalier. Il convient de laisser cette colère s'exprimer, sans la réprimer, afin d'aider les proches à prendre conscience de leur frustration.

Chagrin Le chagrin est une réaction émotionnelle complexe à une perte, réelle ou anticipée. Il est essentiel que l'infirmière aide les membres de la famille à admettre leur chagrin, soutienne leurs stratégies d'adaptation habituelles et leur fasse comprendre qu'il est normal de souffrir et de pleurer. L'aumônier et le personnel des services sociaux, lorsqu'ils sont présents, ont un rôle inestimable à jouer au sein de l'équipe du service des urgences. Il ne faut pas hésiter à faire appel à eux pour soutenir la famille et l'aider à surmonter son chagrin.

CONTINUITÉ DES SOINS

Comme nous l'avons mentionné précédemment, la personne doit être évaluée et prise en charge rapidement afin d'assurer la continuité des soins. Le service des urgences représente donc un élément très ponctuel dans le continuum des soins ; en effet, la plupart des gens (80 %) rentrent directement chez eux après y avoir reçu des traitements (ICIS, 2005). L'infirmière doit donc vérifier que ces personnes peuvent quitter l'hôpital en toute sécurité et faciliter le suivi à domicile ainsi que dans la communauté.

Planification du départ

Avant que la personne ne quitte le service des urgences, on doit lui donner un certain nombre de directives, aussi bien à elle qu'à ses proches, notamment des renseignements sur les médicaments prescrits, les traitements, le régime alimentaire, les activités autorisées et les consultations de suivi. Ces directives doivent être fournies de façon orale et écrite, surtout lorsqu'elles sont nombreuses ou complexes : la personne pourra les consulter plus tard. Dans de nombreuses urgences, on offre des feuillets qui expliquent les consignes générales concernant les problèmes les plus courants et on fournit des précisions en fonction de chacune des situations. Idéalement, ces informations devraient être disponibles en plusieurs langues, du moins dans les régions à population multiethnique. Avoir une liste de professionnels (qui s'expriment en langue étrangère, connaissent le langage par signes, la lecture en braille) auxquels on peut faire appel dans des cas particuliers peut s'avérer salvateur. Le langage utilisé doit être simple, les explications claires, le tout accompagné de synonymes et d'exemples.

Avant de quitter le service des urgences, certaines personnes doivent s'adresser à un travailleur social pour qu'il

réponde à leurs besoins en matière de soins prolongés : l'infirmière peut entreprendre les démarches nécessaires. Lorsqu'il est impossible d'obtenir des soins à domicile fournis par l'État, l'infirmière dirige la personne vers divers organismes privés, avant son départ, afin de planifier les services nécessaires. Déterminer les besoins de la personne en matière de soins prolongés ou de soins à domicile et prendre les mesures nécessaires pour y répondre permettent souvent d'éviter que les personnes ne consultent de nouveau le médecin ou ne se présentent au service des urgences.

En ce qui concerne les personnes qui retournent dans un établissement de soins prolongés ou qui reçoivent des soins à domicile, il est impératif que l'infirmière transmette les renseignements pertinents aux personnes responsables de ces soins, une fois que la personne l'aura autorisée à le faire. Ces informations assurent la continuité des soins et permettent de les adapter à l'évolution de l'état de la personne.

Précisons que, pour les personnes âgées de 65 ans ou plus, le service des urgences constitue souvent la porte d'entrée dans le système des soins de santé. Ces personnes présentent habituellement plus d'une affection, touchant souvent plus d'une fonction, ce qui complique l'évaluation. Des symptômes non spécifiques, tels que faiblesse, fatigue, chutes, incontinence et état mental altéré, se rencontrent fréquemment chez les personnes âgées. Ces symptômes peuvent être les manifestations de nombreuses affections, exigeant ou non des soins d'urgence ; c'est pourquoi il est plus difficile d'en trouver l'origine. En cas d'urgence, il peut donc être plus ardu de traiter les personnes âgées, car elles présentent les caractéristiques suivantes : symptômes souvent atypiques ; réactions parfois anormales aux traitements ; risque de complications plus élevé.

Comme pour les autres adultes, l'infirmière doit tenir compte des sentiments d'anxiété et de peur qu'éprouvent les personnes âgées. En effet, celles-ci peuvent voir dans la situation d'urgence une crise marquant la fin de leur vie autonome ou indiquant qu'elles sont sur le point de mourir. Les ressources en matière de soutien social et financier étant souvent moins nombreuses après 65 ans, l'infirmière doit évaluer les ressources psychosociales de la personne avant son départ de l'hôpital et au besoin la diriger vers les services de soutien appropriés.

Ordre des priorités au service des urgences

TRIAGE

Comme les personnes qui se présentent aux urgences n'exigent pas toutes des soins immédiats, un système de tri aide à déterminer l'ordre des priorités. Ce « triage » est effectué par le personnel infirmier avant même l'inscription de la personne. Le triage est un processus dynamique et constant qui consiste à évaluer la personne moins de 10 minutes après son arrivée. En 5 minutes environ, l'infirmière détermine le niveau de priorité selon les signes et symptômes présentés, puis elle dirige la personne vers l'aire de traitement appropriée. Selon les règles en vigueur dans l'établissement, elle peut aussi amorcer des interventions thérapeutiques et diagnostiques. Si la personne en attente n'a pas été prise en charge par un médecin dans les délais prescrits, l'infirmière la réévalue systématiquement et périodiquement. Précisons que le « triage au service des urgences » diffère du « triage sur le terrain » effectué lors d'un désastre ou d'une catastrophe dans lesquels il y aurait un grand nombre de blessés. En effet, dans le « triage sur le terrain », on s'efforce d'être utile au plus grand nombre de personnes, et ce malgré le peu de ressources disponibles. Les personnes les plus susceptibles de survivre sont donc traitées en priorité, contrairement au triage de routine aux urgences, dans lequel on dirige toutes les ressources disponibles vers les personnes les plus gravement malades, et ce quel que soit le résultat possible. Des explications détaillées en regard du « triage sur le terrain » sont fournies au chapitre 19 ↺.

L'Échelle de triage et de gravité (ETG) a été implantée au Québec en 1999 afin d'en faire un étalon utilisé dans toutes les urgences (OIIQ, 2005). L'ETG a fait l'objet d'une première mise à jour en novembre 2004. Effectuer le triage, ou « trier », est une activité infirmière qui exige des connaissances approfondies en anatomie, en physiologie et en pathologie, ainsi qu'en examen physique et en examens paracliniques ; le fait d'avoir travaillé dans d'autres services hospitaliers que celui des urgences enrichit considérablement le jugement clinique et améliore l'efficacité du triage. On distingue trois types de triage, selon l'achalandage du moment : l'évaluation initiale complète, l'évaluation sommaire et l'évaluation rapide (communément appelée *quick look*). Puisque la personne doit être évaluée moins de 10 minutes après son arrivée, s'il y a 3 ou 4 personnes en attente, il convient d'affecter du personnel supplémentaire au triage ou de procéder à une évaluation rapide, d'une durée de quelques secondes à une minute. Durant ce cours laps de temps, l'infirmière demande à la personne d'expliquer pourquoi elle consulte, puis elle effectue une évaluation visuelle de l'apparence générale et une évaluation primaire (ABCD). Lorsque deux personnes attendent ou que des soins immédiats sont requis, l'évaluation appropriée est celle qu'on qualifie de sommaire, d'une durée approximative de deux à trois minutes. Quant à l'évaluation initiale, elle dure environ cinq minutes et elle est détaillée.

L'infirmière chargée du triage recueille les données de base essentielles pour déterminer le niveau de priorité de la personne. À cet égard, on préconise d'adopter le système SOAPIE, puisqu'il permet de recueillir toutes les données pertinentes et d'abaisser le nombre d'omissions. SOAPIE est un acronyme dont les éléments correspondent à :

- **S**ubjectif
- **O**bjectif
- **A**nalyse
- **P**lan
- **I**ntervention
- **É**valuation/réévaluation

Cet acronyme correspond à une démarche en cinq étapes dont le détail est fourni ci-après (OIIQ, 2005). Comme le triage a été informatisé dans plusieurs services des urgences, l'infirmière n'a plus qu'à inscrire les données indiquées dans le logiciel et celui-ci détermine le niveau de priorité. Même si cet outil semble faciliter le triage, l'infirmière doit faire appel à son jugement clinique. En effet, les logiciels ne prévoient pas toutes les situations possibles et ne remplaceront jamais le sens clinique de l'infirmière.

L'évaluation initiale permet de recueillir les données subjectives (symptômes), les données objectives (signes) et d'autres renseignements dans le but d'établir le degré de gravité du problème de santé pour lequel la personne consulte. Même si l'infirmière ne dispose que d'un court laps de temps pour effectuer le triage, la quantité et la qualité des informations recueillies doivent lui suffire pour prendre une décision sûre.

Données subjectives Par données subjectives, on entend le motif de la consultation, l'évaluation détaillée du motif de la visite et l'évaluation de la douleur, ou du problème, à l'aide de la méthode PQRST (tableau 30-5, au chapitre 30 ↺).

Données objectives Les données objectives comprennent les observations vérifiables et quantifiables. Bon nombre de ces observations s'obtiennent à l'aide des organes des sens et d'appareils non effractifs tels que le sphygmomanomètre, le glucomètre, le saturomètre, etc.

Au cours de l'examen, l'infirmière se sert des organes des sens pour :

- *Regarder* : faciès et démarche, comportement, hygiène corporelle, coloration, tirage (utilisation des muscles accessoires à la respiration), déformation, etc.
- *Écouter* : gémissements, toux, sibilants, dynamique familiale si la personne est accompagnée, etc.
- *Sentir* : alcool, corps cétoniques, écoulement infectieux, incontinence, etc.
- *Toucher* : température, élasticité et moiteur de la peau, œdème à godet, emphysème sous-cutané, etc.

Elle prend en outre les signes vitaux, y compris la **sphygmo-oxymétrie** (ou **saturométrie**), les signes neurologiques tels que les réflexes pupillaires et l'état d'éveil. L'examen physique (auscultation, palpation, percussion) sera effectué selon le motif de la consultation *et* si la présence ou l'absence d'un signe oriente vers un autre niveau de priorité. Quant aux décisions d'intervention (glycémie capillaire, test de grossesse, radiographies), elles sont prises selon le motif de la consultation et les règles en vigueur dans chaque service des urgences. L'infirmière peut au besoin recueillir d'autres données : médicaments absorbés, avec ou sans ordonnance ; allergies connues ; antécédents médicaux et chirurgicaux ; maladies infectieuses évolutives ; immunisations ; date des dernières menstruations (DDM).

Analyse

Une fois les données recueillies, l'infirmière les analyse afin de décider du degré de priorité qu'il convient d'attribuer à la personne. Il s'agit d'un processus exigeant des connaissances théoriques sur l'ETG et les alertes cliniques ; ces connaissances s'enrichiront d'un jugement clinique rigoureux, d'une expérience de travail variée et d'une intuition fine (tableau 18-1 ■).

		TABLEAU 18-1
Niveaux de priorité selon l'Échelle de triage et de gravité (ETG)		

Niveau	Caractéristiques	Délai d'attente
1 (réanimation)	Situations qui menacent la vie ou la survie d'un membre et commandent une intervention énergique et immédiate.	*Aucun* Prise en charge immédiate par l'infirmière et le médecin.
2 (très urgent)	Situations qui représentent une menace potentielle pour la vie, l'intégrité d'un membre ou sa fonction, et qui requièrent une intervention médicale ou l'exécution d'actes délégués.	*15 minutes* Évaluation immédiate par l'infirmière et prise en charge dans les 15 minutes par le médecin; réévaluation toutes les 15 minutes par l'infirmière.
3 (urgent)	Situations qui peuvent s'aggraver au point d'entraîner un inconfort significatif ou d'affecter la capacité de travailler ou d'effectuer des activités journalières, et qui commandent une intervention urgente.	*30 minutes* Prise en charge dans les 30 minutes par le médecin; réévaluation toutes les 30 minutes par l'infirmière.
4 (moins urgent)	Situations qui, compte tenu de l'âge du patient, du degré de détresse ou de la possibilité d'une détérioration ou de complications, peuvent nécessiter une intervention ou des conseils dans un délai d'une à deux heures.	*60 minutes* Prise en charge dans les 60 minutes par le médecin; réévaluation toutes les 60 minutes par l'infirmière.
5 (non urgent)	Situations qui peuvent être aiguës mais non urgentes ou relever d'un problème chronique sans toutefois présenter de signes de détérioration. L'investigation et les interventions pour certains de ces problèmes peuvent être retardées ou même effectuées dans d'autres unités de l'établissement ou milieux du réseau de soins.	*120 minutes* Prise en charge dans les 120 minutes par le médecin; réévaluation toutes les 120 minutes par l'infirmière.

SOURCE: Ordre des infirmières et infirmiers du Québec (2002). *Échelle de triage et de gravité: suivi du forum sur la situation dans les urgences – Contenu de formation pour le formateur et la participante.*

Planification

La place dans l'ordre des priorités ayant été attribuée, l'infirmière décide de ce que serait un délai d'attente raisonnable avant l'évaluation médicale de la personne (tableau 18-1).

Interventions

Une fois que le niveau de priorité et le délai d'attente ont été déterminés, l'infirmière doit *orienter* la personne vers l'endroit le plus approprié à son état: salle de réanimation, salle de traitement, salle d'attente, salle d'observation, etc. C'est aussi à elle qu'il incombe, selon la situation du moment et selon les règles en vigueur dans le service des urgences où elle travaille, d'amorcer des *mesures diagnostiques* telles qu'une analyse d'urine par bâtonnet, un électrocardiogramme (ECG), etc. Ces mesures peuvent d'ailleurs faciliter la détermination du niveau de priorité ou influer sur le résultat du traitement. Enfin, dans certains services des urgences, des *mesures thérapeutiques* peuvent être prévues; celles-ci permettent à l'infirmière de soulager la douleur, d'immobiliser un membre douloureux, etc.

Évaluation ou réévaluation

Si l'évaluation médicale est différée en raison de l'arrivée continuelle de nouveaux patients, l'infirmière doit réévaluer systématiquement tous ceux qui n'ont pas été examinés dans les délais prescrits par l'ETG. Cette réévaluation peut aller d'une simple vérification visuelle des personnes qui se trouvent dans la salle d'attente à une nouvelle prise des signes vitaux dans la salle de triage. Cela permet de vérifier si l'état ne s'est pas détérioré et de voir s'il ne faut pas recueillir de nouvelles données. Il est important d'indiquer aux personnes soumises au triage qu'il leur faut revenir voir l'infirmière si elles croient que leur état s'est modifié. Par ailleurs, la réévaluation est essentielle lorsque des interventions telles que l'administration d'analgésiques ou d'antipyrétiques ont été effectuées. Néanmoins, lors d'une réévaluation, le niveau de priorité ne peut être ramené à un échelon moins élevé (par exemple, faire passer une personne du niveau 3 au niveau 4), et cela même si l'état de la personne s'est amélioré, spontanément ou à la suite d'une intervention infirmière telle que l'administration d'un analgésique. La figure 18-1 ■ résume bien les étapes du triage.

PROTOCOLE DE MISE SOUS TENSION

Depuis l'été 2002, tous les services des urgences québécois utilisent un protocole appelé «mise sous tension» lorsqu'on annonce l'arrivée d'une personne traumatisée. Ce protocole vise à ce que l'équipe interdisciplinaire du service des urgences (comprenant souvent les personnes suivantes: médecin[s], infirmière[s] désignée[s], inhalothérapeute, préposé, techniciennes de laboratoire et en radiologie) soit prête ou en poste pour une réanimation, un bilan lésionnel et une orientation définitive dès que la personne arrive. Comme le temps est un facteur très important dans la réduction du taux de morbidité ou de mortalité, il est essentiel d'effectuer une prise en charge précoce et dynamique de la personne traumatisée. En effet, selon le principe de la «golden hour» (heure dorée), la personne

Processus de triage

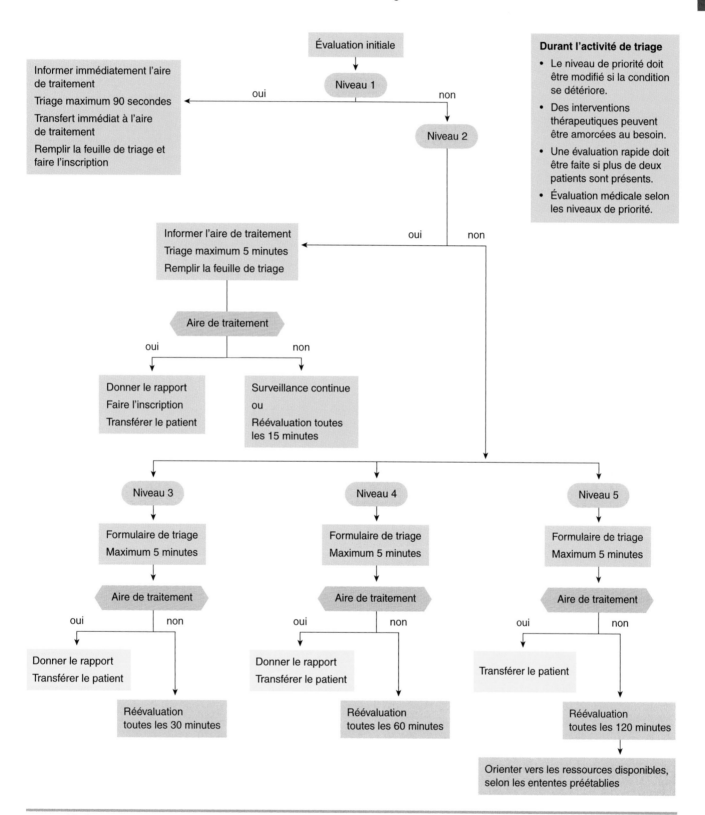

FIGURE **18-1** ■ Algorithme de l'Échelle de triage et de gravité (ETG).

Source : Ordre des infirmières et infirmiers du Québec (2002). *Échelle de triage et de gravité : suivi du forum sur la situation dans les urgences – Contenu de formation pour le formateur et la participante.*

Indice préhospitalier de traumatologie (IPT) chez l'adulte*

TABLEAU 18-2

	Points
1. Pression artérielle systolique palpable	
▪ > 100	0
▪ 88 – 100	1
▪ 75 – 85	2
▪ < 75 ou absence de pouls radial ou carotidien...........	5
2. Fréquence cardiaque	
▪ > 120	3
▪ 51 – 120	0
▪ < 51	5
3. Fréquence respiratoire	
▪ normale	0
▪ difficile/superficielle......................................	3
▪ < 8/minute ou intubé....................................	5
4. Lésions par pénétration (tête, cou, dos, thorax, abdomen)	
▪ non	0
▪ oui, au thorax, à l'abdomen, au dos, au cou ou à la tête	4
5. État de conscience	
▪ **A** (*alerte*)	0
▪ **V** (*verbal*) Réponse aux stimuli verbaux....................	3
▪ **P** (*pain*/douleur) Réponse aux stimuli douloureux seulement	5
▪ **U** (*unresponsive*/aucune réaction)	5

Score de 0 à 3 : traumatisme mineur
Score de 4 à 24 : traumatisme majeur et transport à un centre de traumatologie

Dans les cas d'impact à haute vélocité (IHV) : transport à un centre de traumatologie (à moins d'avis contraire de la centrale de coordination)
- Chute > 7 mètres
- Autre(s) occupant(s) décédé(s)
- Éjection hors du véhicule/moto
- Déformation ou enfoncement de l'habitacle
- Piéton ou cycliste frappé à > 8 km/h
- Tonneaux
- Marque de la tête dans le pare-brise (pare-brise étoilé)
- Autres

*L'IPT est calculé par les ambulanciers lors d'un traumatisme.
Sources : R. Dionne et C. Timmons (2000). L'évaluation préhospitalière du polytraumatisé. *Le Médecin du Québec*, *35*(11), 39-45 ; D. Lamothe (2002). Le Centre de formation d'Urgences-Santé. *Clinicus*, *1*(2), 3.

qui est traitée dans les 60 minutes suivant un traumatisme a un taux de survie plus élevé que celle dont les traitements sont différés, puisque le nombre de décès double toutes les heures entre le moment du traumatisme et celui du début des soins (McSwain, 2004).

Ainsi, lors d'un traumatisme, les ambulanciers communiquent avec le personnel infirmier du service des urgences (souvent, la personne chargée du triage), parfois avec le médecin, pour informer du transport d'une victime. Les ambulanciers fournissent le résultat de l'**indice préhospitalier de traumatologie (IPT)** ; outre l'âge, le sexe, les signes vitaux et l'**AVPU**, ils indiquent s'il y a eu ou non un impact à haute vélocité (IHV) ou des blessures pénétrantes (tableau 18-2 ▪). L'IPT est une échelle validée définissant le traumatisme majeur par un score de 4 ou plus, et le traumatisme mineur par un score de 3 ou moins. Selon le nombre de points et les informations transmises, le centre peut commencer à préparer les ressources nécessaires pour recevoir la personne, soit effectuer la « mise sous tension » (Dionne et Timmons, 2000). Mentionnons que l'IPT diffère quelque peu en pédiatrie.

DÉMARCHE SYSTÉMATIQUE LORS D'UN TRAUMATISME

En présence d'un traumatisme, une première évaluation (ABCD) visant à stabiliser les fonctions vitales de la personne doit être réalisée en priorité. Le traitement des problèmes des voies respiratoires ainsi que des atteintes aux fonctions respiratoire et circulatoire s'effectue par la suite ou de façon concomitante. Une fois que les fonctions vitales ont été stabilisées, un deuxième examen peut être entrepris en réévaluant constamment celles-ci et en ayant en tête les complications potentielles. Au cours du deuxième examen physique, on inspecte le corps au complet, de la tête aux pieds, y compris le dos, afin de détecter d'autres lésions et d'ajouter à l'anamnèse de la personne. L'équipe interdisciplinaire affectée à la salle de stabilisation ou de traumatologie travaille donc de concert, conformément à la démarche et aux objectifs suivants :

- Assurer le dégagement des voies respiratoires.
- Fournir une ventilation efficace, en employant au besoin des manœuvres de réanimation ; la colonne cervicale sera immobilisée si l'on entretient des doutes sur son intégrité et on tiendra compte de la présence de lésions au thorax.
- Évaluer et rétablir le débit cardiaque en stoppant l'hémorragie, en prévenant ou en traitant l'état de choc et en rétablissant la circulation.
- Évaluer les dommages neurologiques à l'aide de l'échelle de Glasgow (chapitre 68 ⬥).

Une fois la personne stabilisée et l'ABCD réévalué, on entreprend le deuxième examen, qui consiste entre autres à :

- Effectuer une anamnèse et un examen physique complets de la personne.
- Effectuer les analyses de laboratoire et les examens diagnostiques indiqués.
- Installer des appareils de surveillance, comme des électrodes pour l'électrocardiogramme (ECG), des voies de perfusion veineuses et une sonde vésicale.
- Immobiliser les fractures potentielles.
- Nettoyer et bander les plaies.
- Effectuer toute autre intervention exigée par l'état de la personne.

Dès que la personne a été examinée, que son état s'est stabilisé et qu'elle a subi les examens indiqués, on établit les diagnostics infirmiers et médicaux appropriés, on amorce le traitement initial et on se prépare à installer la personne. De nombreuses situations urgentes et très urgentes ainsi que l'ordre des priorités des interventions sont présentés en détail dans les sections suivantes de ce chapitre.

Obstruction des voies respiratoires

L'obstruction aiguë des voies respiratoires supérieures, qu'elle soit totale ou partielle, est une situation qui met en danger la vie de la personne. En effet, l'obstruction entraîne une hypoxie et une hypercapnie pouvant mener à l'arrêt respiratoire et cardiaque. Des lésions cérébrales irréversibles, ou la mort, surviennent alors en moins de 10 minutes.

Physiopathologie

Les causes d'une obstruction des voies respiratoires supérieures sont diverses : aspiration d'un corps étranger, anaphylaxie, traumatisme. Néanmoins, l'aspiration d'un morceau de viande est la cause la plus fréquente chez l'adulte. Chez l'enfant, les petits objets, tels que jouets, boutons ou monnaie, sont la cause la plus fréquente des obstructions, après l'aspiration de nourriture. Les bonbons durs, les arachides et les noix, les croustilles, les grains de maïs soufflé, les bijoux, les pièces de jeu Lite Brite et Lego ainsi que les piles alcalines ne devraient pas être donnés aux enfants de moins de quatre ans. Chaque année au Québec, plus de 200 enfants doivent subir une intervention d'urgence parce qu'un objet ou un aliment s'est logé dans leurs voies respiratoires : dans la période comprise entre 1997 et 2003, 9 enfants sont décédés en raison d'une obstruction (Lemay, 2005).

Examen clinique et examens paracliniques

Dans l'ABCD, le « A » correspond à « *airways*/voies respiratoires ». Dès les premiers moments, il faut s'assurer que les voies respiratoires de la personne sont dégagées et protégées. Une personne éveillée a habituellement un bon tonus musculaire ainsi que des réflexes qui lui permettent de maîtriser sa posture et son réflexe de déglutition : elle ne devrait donc pas aspirer ses sécrétions. Si cette même personne parle, on peut conclure qu'elle protège ses voies respiratoires et que l'obstruction, s'il y en a une, est partielle.

En présence d'une obstruction partielle des voies respiratoires supérieures, la personne consciente fait des efforts respiratoires, tousse et émet des sons. L'infirmière doit se présenter, indiquer qu'elle est une professionnelle de la santé et l'encourager à continuer ses efforts de toux pour expulser le corps étranger. Les principaux signes et symptômes de l'obstruction partielle sont les regards craintifs, l'anxiété, la dyspnée, le tirage et le stridor. Lorsque la personne ne peut plus parler ni émettre des sons, tousser ni même respirer, cela révèle une obstruction complète : hypoxie, cyanose et inconscience s'ensuivent alors rapidement. La personne portera souvent ses deux mains à la gorge (signe international de détresse). Une fois la personne inconsciente, l'examen de son oropharynx peut révéler la présence de l'objet indésirable, si l'obstruction est attribuable à un corps étranger. Lorsque

celui-ci est à portée de main, on le retire manuellement ; dans le cas contraire, on doit effectuer d'autres manœuvres : poussées thoraciques, laryngoscopie directe ou autre. Il ne faut par contre jamais faire de balayage à l'aveugle de l'oropharynx.

Certains facteurs augmentent les risques d'asphyxie par la nourriture chez les personnes âgées, particulièrement chez celles qui résident dans un établissement de soins prolongés : prise de sédatifs ou d'hypnotiques, maladies affectant la coordination motrice (la maladie de Parkinson, par exemple) et maladies qui touchent les fonctions mentales (la sénilité, par exemple). Le personnel infirmier qui intervient auprès des personnes âgées doit connaître les symptômes de l'obstruction des voies respiratoires supérieures et maîtriser les manœuvres citées plus bas.

Le « B » correspond à « *breathing*/respiration » et requiert que la personne soit ventilée et oxygénée adéquatement. Lors d'un traumatisme, le cou et le thorax doivent être examinés minutieusement afin d'envisager certaines complications respiratoires en raison de signes tels que déviation de la trachée, mouvement paradoxal d'un côté du thorax, plaie aspirante, emphysème sous-cutané et absence de bruit pulmonaire. La sphygmooxymétrie peut être très utile, mais il faut se montrer particulièrement prudent, car dans certains cas, comme dans l'intoxication au monoxyde de carbone, les valeurs affichées seront faussement normales.

Traitement

En présence d'une obstruction complète due à un corps étranger, il convient d'effectuer la manœuvre de Heimlich lorsque la personne est consciente. Si la personne est inconsciente et ne respire plus, il faut vérifier la perméabilité de ses voies respiratoires en protégeant sa colonne cervicale et en plaçant sa tête dans la bonne position. Pour ce faire, la personne doit être installée en décubitus dorsal sur une surface dure et plane. Si elle est couchée le visage contre le sol et que l'on pense à un traumatisme cervical, la personne doit être retournée en « bloc » de sorte que la tête, les épaules et le tronc suivent le même mouvement, exempt de torsion. Ensuite, les voies respiratoires sont dégagées à l'aide d'une des manœuvres suivantes : renversement de la tête et élévation du menton (*chin-lift*) ou subluxation de la mâchoire (*jaw-thrust*). Ces manœuvres visent à empêcher la langue d'obstruer le pharynx. Du matériel spécialisé peut aussi être inséré pour rétablir la perméabilité des voies respiratoires, par exemple une canule nasopharyngée (trompette nasale ou Bardex) ou une canule oropharyngée (Guedel).

En l'absence de respiration spontanée, une ventilation artificielle est requise ; s'il n'y a pas de pouls, il faut y associer un massage cardiaque (réanimation cardiorespiratoire, ou RCR). La RCR achemine de l'oxygène au cerveau, au cœur et aux autres organes vitaux en attendant qu'on puisse administrer un traitement médical plus complet. Cependant, s'il n'est pas possible de lever l'obstruction, on devra recourir à une cricothyroïdotomie d'urgence pour obtenir une oxygénation et une RCR efficaces. L'encadré 18-3 ■ fournit un résumé des recommandations pour la prise en charge de la personne qui présente une obstruction des voies respiratoires par un corps étranger.

RECOMMANDATIONS

Prise en charge de la personne (adulte) présentant une obstruction des voies respiratoires par un corps étranger

INTERVENTIONS INFIRMIÈRES

ÉVALUER LES SIGNES D'OBSTRUCTION DES VOIES RESPIRATOIRES

- La personne porte ses deux mains à la gorge (signe international de détresse).
- Toux faible et inefficace; bruits aigus à l'inspiration (stridor)
- Détresse respiratoire de plus en plus marquée
- Incapacité de parler, de respirer ou de tousser (aucun son)
- Collapsus, perte de conscience

Personne consciente, assise ou debout
(manœuvre de Heimlich, ou poussées abdominales sous-diaphragmatiques)

1. Se tenir debout, derrière la personne, et lui entourer la taille de vos bras.
2. Fermer un poing et le placer, pouce vers l'intérieur, contre l'abdomen de la personne, au-dessus de son nombril et bien au-dessous de la pointe de son sternum.
3. Appuyer sur ce poing avec la paume de l'autre main.
4. Appliquer sur l'abdomen des poussées rapides vers vous et vers le haut (mouvement en « J »).
5. Répéter les poussées jusqu'à ce que l'obstruction soit levée ou que la personne ait perdu conscience.

Femme enceinte ou personne obèse consciente, assise ou debout
(poussées thoraciques)

1. Se tenir debout, derrière la personne, et lui entourer le thorax de vos bras, en les passant sous ses aisselles.
2. Fermer un poing et le placer, pouce vers l'intérieur, au centre du sternum, en s'abstenant d'appuyer sur l'appendice xyphoïde et sur les bords de la cage thoracique.
3. Appuyer sur ce poing avec la paume de l'autre main.
4. Appliquer des poussées sur le sternum, le plus verticalement possible. Déprimer le sternum de 5 cm environ.
5. Répéter le geste jusqu'à ce que l'obstruction soit délogée ou que la personne perde conscience.

Personne inconsciente

1. Placer la personne en décubitus dorsal en protégeant la colonne cervicale, au besoin.
2. S'agenouiller à côté de la personne.
3. Dégager les voies respiratoires (élévation du menton ou renversement de la tête).
4. Vérifier s'il est possible d'apercevoir le corps étranger dans la bouche.
5. Si on ne peut le voir, vérifier la respiration pendant 10 secondes maximum.
6. En cas d'absence de respiration, donner deux insufflations.
7. Si les deux insufflations ne passent pas, repositionner la tête et insuffler à nouveau.
8. Si l'air ne passe pas, faire 30 poussées thoraciques.

JUSTIFICATIONS SCIENTIFIQUES

En cas d'*obstruction complète,* il n'y a aucun échange d'air; on observe une baisse rapide de la sphygmooxymétrie (hypoxémie), une hypercapnie, une perte de conscience et la mort à brève échéance.

On utilise cette technique chez les personnes qui ne sont ni enceintes ni obèses.

Les poussées soulèvent le diaphragme, chassent l'air des poumons et peuvent déloger le corps étranger obstruant les voies respiratoires.

Lors de la désobstruction, la personne doit être examinée par un médecin qui s'assurera qu'il n'y a pas de complications (fractures costales, rupture viscérale, par exemple).

Le risque de traumatisme s'accroît si les poussées sont décentrées par rapport au sternum ou si elles s'effectuent au niveau de l'appendice xyphoïde (fractures costales, rupture viscérale, par exemple).

Chaque poussée vise à dégager les voies respiratoires.

En cas de désobstruction, adresser la personne à un médecin pour évaluer la présence ou l'absence de complications.

Cette technique peut être utilisée chez tous les adultes. Si on craint qu'il n'y ait un traumatisme cervical, protéger la colonne.

Si le corps étranger est visible, le retirer en effectuant un balayage avec le doigt (voir ci-après). Si la respiration et le pouls sont adéquats, placer la personne en position de recouvrement (ou position latérale de sécurité), puis la faire examiner par le médecin.

Les compressions peuvent déloger le corps étranger.

**Prise en charge de la personne (adulte) présentant une obstruction
des voies respiratoires par un corps étranger** (*suite*)

9. Effectuer alternativement 2 ventilations et 30 poussées thoraciques jusqu'à ce qu'on ait dégagé le corps étranger ou qu'une personne qualifiée effectue des manœuvres avancées.

10. Retirer le corps étranger s'il est visible et accessible.

11. Lorsque la ventilation est rétablie, vérifier le pouls carotidien.

12. En cas d'absence de pouls, placer le talon d'une main sur la partie inférieure du sternum de la personne, 2 doigts plus haut que l'appendice xyphoïde.

13. Placer le talon de l'autre main par-dessus la première en entrelaçant les doigts.

14. Effectuer 30 compressions thoraciques (5 cm), le plus verticalement possible et sans plier les coudes, puis 2 insufflations.

15. Continuer ainsi jusqu'à la reprise spontanée du pouls, de la respiration ou une prise en charge plus complète.

Si le corps étranger a été délogé, la personne doit être examinée par un médecin pour une évaluation.

Renversement de la tête et élévation du menton (*chin-lift*)

Pour effectuer le renversement de la tête avec élévation du menton, l'infirmière place une main sur le front de la personne et exerce une pression ferme vers l'arrière avec la paume de la main. Elle place les doigts de l'autre main sous l'os de la mâchoire inférieure, près du menton, et soulève le menton en le poussant vers l'avant de telle sorte que les dents sont presque en occlusion.

! ALERTE CLINIQUE *On ne doit effectuer cette manœuvre, qui permet de renverser la tête de la personne vers l'arrière, qu'après s'être assuré de l'absence de lésion à la colonne cervicale.*

Subluxation de la mâchoire (*jaw-thrust*)

Après avoir placé ses mains de chaque côté de la mâchoire de la personne, l'infirmière saisit les angles de la mâchoire inférieure et soulève la mâchoire vers l'avant. La subluxation de la mâchoire n'entraîne pas de mouvement d'extension du cou. Cette méthode est donc plus sûre si on craint une lésion cervicale.

Introduction d'une canule oropharyngée

La canule oropharyngée est un dispositif semi-circulaire en plastique qu'on introduit par la bouche dans la partie postéro-inférieure du pharynx, à l'arrière de la langue. Lorsque la personne est inconsciente et qu'elle ne peut protéger ses voies respiratoires, on emploie cette technique pour la ventiler avec un masque Ambu en attendant de pratiquer une intubation (encadré 18-4 ■). La canule oropharyngée empêche la langue de descendre vers la partie postérieure du pharynx et

d'obstruer les voies respiratoires; elle facilite en outre l'aspiration des sécrétions.

Intubation endotrachéale

L'intubation endotrachéale a pour but d'assurer et de préserver la perméabilité des voies respiratoires chez les personnes atteintes d'insuffisance respiratoire ou d'hypoxie. Elle est indiquée lorsqu'on vise les objectifs suivants: (1) rétablir la perméabilité des voies respiratoires quand la canule oropharyngée ne suffit pas à assurer la ventilation; (2) contourner une obstruction des voies respiratoires supérieures; (3) protéger de l'aspiration les voies respiratoires inférieures; (4) permettre la ventilation assistée; (5) faciliter l'évacuation des sécrétions trachéobronchiques (figure 18-2 ■). L'intubation endotrachéale exige une certaine habileté et ne doit être effectuée que par des personnes qui ont reçu une formation particulière (médecin, infirmière, inhalothérapeute).

Cricothyroïdotomie

La cricothyroïdotomie est une intervention qui consiste à ponctionner ou à inciser la membrane cricothyroïdienne afin de permettre la ventilation dans certaines situations d'urgence (par exemple en cas d'échec ou de contre-indication de l'intubation endotrachéale, d'importants traumatismes faciaux, de laryngospasme, etc.). L'insertion d'une canule endotrachéale dans l'incision assure la perméabilité aérienne et l'efficacité de la ventilation.

Autres méthodes d'intubation

Il arrive qu'une personne soit amenée aux urgences alors qu'elle a été intubée par les ambulanciers, à l'aide d'un Combitube. Introduit à l'aveugle, ce tube permet une ventilation efficace. Il suffit de gonfler deux ballonnets le long du tube, une fois qu'il est en place, pour que l'oropharynx et l'œsophage supérieur se trouvent bloqués, ce qui protège contre l'aspiration. On doit ausculter les poumons afin de s'assurer que l'air passe bien et qu'il n'y a pas de fuite d'air à la bouche et vers l'estomac. La ventilation de la personne s'effectue par un masque Ambu ou grâce à un respirateur branché au Combitube. Quand l'une des interventions précédentes a été effectuée, l'infirmière s'assure que la personne respire en notant le soulèvement de la poitrine et la présence de bruits pulmonaires bilatéraux.

Hémorragie

Le mot *ecchymose* désigne un saignement localisé qui forme une infiltration sanguine dans les tissus de l'organisme (tissus sous-cutanés, muscles, viscères, etc.). L'hématome est une accumulation de sang circonscrite qui forme une cavité. Quant à l'hémorragie, elle se définit comme l'extravasation du sang hors du système circulatoire. Lorsqu'elle prend en charge la personne, après les étapes «A» et «B», l'infirmière doit passer au «C», autrement dit à la «circulation». Il faut donc rechercher tout saignement ou signe d'hypovolémie, évolutive ou potentielle. L'infirmière, qui en présence d'une hémorragie évidente s'efforce de déceler les signes les plus inquiétants, doit demeurer vigilante même s'il n'y a pas de signe extérieur de saignement. Une hémorragie non traitée s'accompagne d'un risque d'hypoperfusion tissulaire engendrant une hypoxie cellulaire et une défaillance viscérale secondaire. Ainsi, une fracture non ouverte du fémur peut occasionner une perte sanguine de 2 000 mL qui, faute de traitement, peut résulter en un choc hypovolémique; il en est de même d'une fracture du bassin, d'une rupture traumatique de viscères tels que le foie, la rate, etc. Normalement, une baisse de la pression artérielle n'intervient que dans les cas où on observe une perte de 25 à 40 % du volume sanguin. On parle alors de choc décompensé; s'il n'est pas traité, celui-ci peut devenir un choc irréversible. Il faut donc prévenir les complications de ce genre et agir de façon énergique avant qu'elles ne se manifestent.

Il existe trois types de saignements externes: les saignements capillaires, les saignements veineux et les saignements artériels. Le saignement capillaire survient lors des dermabrasions, tandis que les saignements veineux et artériels se produisent plus en profondeur dans les tissus. Le saignement artériel est plus difficile à endiguer; il se manifeste par des écoulements de sang rouge clair, souvent pulsatiles et en jet. Quant aux hémorragies internes, elles ne peuvent être visualisées qu'au moyen d'un matériel diagnostique spécifique.

ENCADRÉ 18-4

Insertion d'une canule oropharyngée (chez une personne inconsciente)

1. **(A)** Vérifier la longueur de la canule en la plaçant le long de la tête de la personne. La canule devrait aller du coin de la bouche au lobe de l'oreille.

2. Renverser la tête de la personne vers l'arrière (en l'absence de traumatisme cervical) et soulever le menton.

3. Ouvrir la bouche de la personne.

4. **(B)** Introduire la canule oropharyngée dans la bouche, la partie concave vers le palais, et lui faire franchir la luette. **(C)** Imprimer à la canule un mouvement de rotation de 180°, de façon à orienter la partie concave vers la langue, qui se trouve ainsi refoulée vers le bas et l'avant; la personne respire à la fois à travers la canule et autour de celle-ci.

5. L'extrémité distale de la canule se trouve maintenant dans le laryngopharynx et le rebord à peu près au niveau des lèvres.

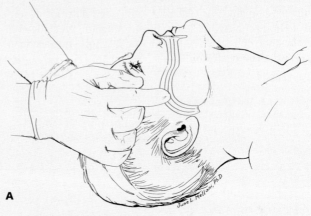

A

SOURCE: © Stéphane Bourrelle.

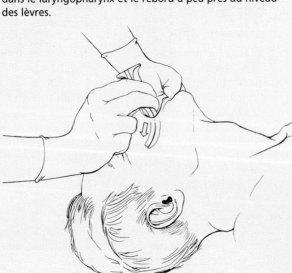

B

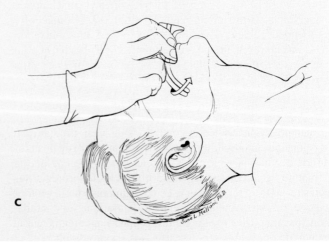

C

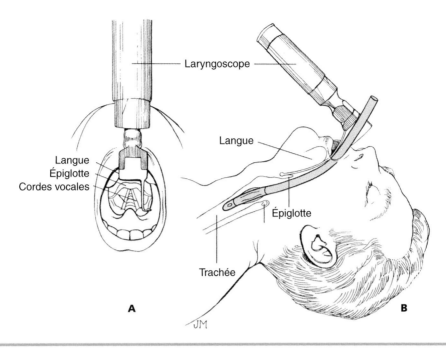

FIGURE 18-2 ■ Intubation endotrachéale. **(A)** Principaux repères anatomiques tels qu'ils apparaissent quand le laryngoscope est correctement introduit. **(B)** Mise en place du tube endotrachéal.

Cependant, le professionnel de la santé qui est au fait de la biomécanique du traumatisme et qui observe les signes cliniques peut en soupçonner la présence.

On doit donc déterminer, chez toute personne traumatisée, l'absence ou la présence de signes de choc et le type de choc, selon la cause sous-jacente (chocs hémorragique, cardiogénique, neurogénique, septique ou anaphylactique). Un arrêt cardiaque peut survenir lors d'une hémorragie, car celle-ci entraîne de l'hypovolémie et de l'anoxie.

Examen clinique et examens paracliniques

L'anamnèse, l'examen physique et les examens paracliniques permettent parfois de déceler une hémorragie non manifeste. Divers éléments d'information y contribuent: il faut savoir dans quelles circonstances les symptômes sont apparus (traumatisme, effort), quels sont les antécédents de la personne (hypertension artérielle, ulcère) et les traitements qu'elle suit (antiplaquettaires [aspirine, par exemple], anticoagulants). L'examen clinique confirme l'hypothèse de l'hémorragie en présence de signes d'instabilité hémodynamique (perfusion limite): pâleur, moiteur, froideur de la peau, diaphorèse, retard du remplissage capillaire, cyanose labiale, oligurie, tachycardie, hypotension posturale (encadré 18-5 ■). L'apparition de ces signes témoigne d'une perte sanguine de 25 à 40 %, soit de 1 000 à 1 700 mL chez une personne pesant 60 kg. En ce qui concerne les examens paracliniques, certains troubles biologiques témoignent également de la souffrance cellulaire: acidose métabolique, hypoxémie, hyperkaliémie, hypercréatinémie. D'autres examens, tels que l'échographie, les radiographies et l'endoscopie, complètent le bilan.

Traitement

En présence d'une hémorragie, les interventions visent principalement trois objectifs: mettre fin au saignement, maintenir la volémie et assurer un apport en oxygène adéquat. L'arrêt du saignement exige le recours à diverses manœuvres telles que la compression manuelle directe, la pose d'un paquetage (en cas d'épistaxis), une suture, un garrot temporaire, une intervention chirurgicale, etc. Pour maintenir la volémie, on peut surélever les membres inférieurs (ce qui mobilise de 500 à 1 000 mL de sang), administrer des cristalloïdes ou des produits sanguins par deux voies veineuses de gros calibre (au besoin par la voie fémorale) ou prescrire des vasopresseurs (noradrénaline, dopamine, etc.). Quant à l'amélioration de l'oxygénation, elle passe systématiquement par l'administration d'oxygène à fort débit, le réchauffement de la personne, une analgésie adéquate et parfois par une

ENCADRÉ 18-5

Signes et symptômes de choc hémorragique

- Baisse de la pression artérielle
- Augmentation de la fréquence cardiaque
- Moiteur et froideur de la peau
- Retard du remplissage capillaire
- Pâleur
- Soif
- Diaphorèse
- Troubles de la conscience
- Oligurie
- Acidose métabolique

transfusion. Enfin, le débit urinaire doit être relevé toutes les heures, puisque le volume urinaire traduit l'efficacité de la perfusion rénale.

Hémorragie externe

En cas d'hémorragie externe, il faut exercer une *compression directe* et ferme sur la région atteinte lorsque c'est possible. Une compression sur l'artère proximale de la plaie peut aussi être effectuée. En effet, l'artère humérale irrigue l'avant-bras; l'artère axillaire, les membres supérieurs proximaux; l'artère poplitée, la jambe; et l'artère fémorale, les membres inférieurs proximaux (figure 18-3 ■). L'infirmière applique un pansement compressif, puis, si possible, elle surélève le membre atteint.

Lorsqu'on n'arrive pas à réprimer l'hémorragie externe, on peut, en dernier recours, appliquer un *garrot* temporaire sur le membre atteint. Il faut effectuer parallèlement d'autres interventions, car le maintien prolongé du garrot peut entraîner la perte du membre; la viabilité des tissus distaux peut être compromise. Mis en place à proximité de la plaie, la garrot doit être suffisamment serré pour arrêter l'hémorragie artérielle; sinon, le saignement pourrait augmenter. Il existe plusieurs méthodes pour poser un garrot, notamment celle qui consiste à appliquer sur le membre un brassard de sphygmo-manomètre, en amont de la lésion, et à le gonfler à 30 mm Hg au-dessus de la pression systolique de la personne. L'emplacement du garrot et l'heure exacte de la pose sont notés. Il faut desserrer régulièrement le garrot afin de prévenir les lésions neurologiques ou vasculaires irréversibles. Une amputation traumatique accompagnée d'une hémorragie impossible à réprimer requiert la mise en place d'un garrot tant que la personne n'est pas en salle d'opération. Peu importe le traitement qu'on entreprend, il est essentiel d'assurer une surveillance constante de l'état hémodynamique (état de conscience, signes vitaux, coloration de la peau, diurèse, ECG, valeurs des gaz artériels et épreuves sanguines, etc.). L'infirmière inscrit au dossier de la personne les paramètres qu'elle relève.

Hémorragie interne

Lorsque la biomécanique et les signes cliniques font penser à une hémorragie interne, la personne doit rester en décubitus dorsal jusqu'à ce que les paramètres hémodynamiques s'améliorent ou qu'elle soit transportée en salle d'opération. Divers prélèvements sanguins et épreuves de compatibilité sont effectués afin, entre autres, de déterminer le groupe sanguin de la personne, advenant qu'il soit nécessaire de lui donner une transfusion. Les liquides de remplacement sont administrés

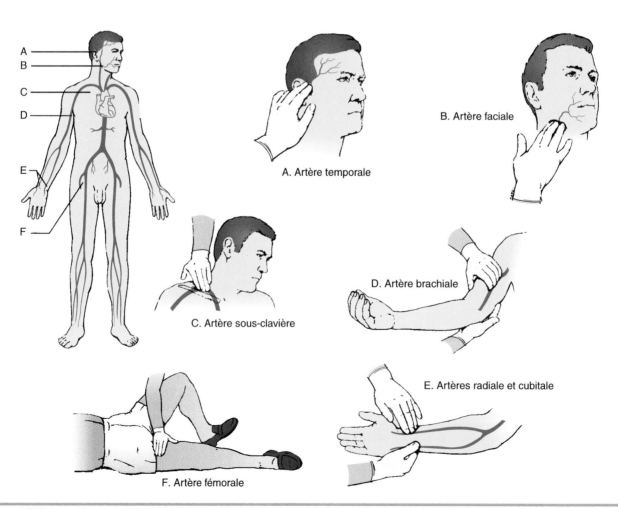

A. Artère temporale

B. Artère faciale

C. Artère sous-clavière

D. Artère brachiale

E. Artères radiale et cubitale

F. Artère fémorale

FIGURE **18-3** ■ Système artériel.

selon l'estimation clinique des pertes sanguines et la réponse clinique de la personne (fréquences cardiaque et respiratoire, pression artérielle, diurèse). Il peut s'agir de cristalloïdes (lactate de Ringer, NaCl à 0,9 %), de colloïdes (pentastarch [Pentaspan]) ou de dérivés sanguins. On privilégie souvent les cristalloïdes, comme première intervention: le personnel soignant a ainsi plus de temps à sa disposition pour déterminer le groupe sanguin de la personne. Précisons que les solutés glucosés (glucose à 5 %) ne constituent pas des liquides de remplacement.

S'il faut commencer à administrer la transfusion alors que les résultats des épreuves de compatibilité ne sont pas encore connus, on donnera du sang O (Rh- ou Rh+), sauf s'il s'agit d'une femme en âge de procréer. En effet, il est préférable de lui administrer du sang O (Rh-) afin de prévenir une sensibilisation au sang Rh+, si celle-ci est Rh- et que des grossesses futures sont possibles. Une transfusion massive requiert l'administration de plaquettes et de plasma frais, puisque le sang de remplacement ne contient pas de facteur de coagulation. De plus, tout apport important de sang doit être réchauffé à l'aide d'un appareil commercial (et non d'un micro-ondes) avant d'être administré. On prévient ainsi les problèmes d'hypothermie.

Plaies

L'infirmière chargée de soigner des plaies doit savoir où, quand et comment l'accident s'est produit, et à quel endroit du corps se trouvent les plaies, afin de bien les traiter.

Examen clinique et examens paracliniques

On doit effectuer un examen de la personne, rapide mais adéquat. Il importe de savoir *quand* et *comment* l'accident s'est produit parce que les risques d'infection augmentent si le traitement est entrepris plus de trois heures après l'accident. De plus, cela peut permettre de déterminer la probabilité de complications d'ordre sensoriel, moteur ou vasculaire. On doit aussi vérifier si la personne a été immunisée contre le tétanos.

En respectant les règles de l'asepsie, l'infirmière examine la plaie pour en déterminer l'étendue et l'apparence. Selon le contexte, ces renseignements pourraient servir de preuve médicolégale, tout comme les photos de la plaie prises si la personne en donne l'autorisation.

Traitement

Si le saignement est évolutif, il faut appliquer une compression directe et parfois clamper ou suturer les vaisseaux hémorragiques, ou encore établir l'hémostase par cautérisation. Le premier objectif des soins, en l'absence de saignement évolutif, est d'assurer la guérison de la plaie dans le délai le plus court possible, et avec un résultat fonctionnel et esthétique optimal. À la demande du médecin, l'infirmière peut préparer l'anesthésie locale ou régionale. Il est préférable de recourir à l'anesthésie locale avant de pratiquer l'exérèse de corps

étrangers (gravier, éclats de verre, etc.). Dans certains cas, on peut donner un anxiolytique ou un analgésique, selon l'ordonnance médicale. L'infirmière collabore ensuite au nettoyage et au débridement de la plaie. Les particules plus fines, le sable par exemple, sont éliminées au moyen d'un lavage avec du sérum physiologique, ce qui aide aussi à diminuer le nombre de bactéries. Il existe des appareils conçus à cette fin, mais on peut tout aussi bien utiliser une seringue de 30 ou 50 mL et une sonde ou une aiguille de calibre 19. Le nettoyage ne doit pas se faire à l'aide de solutions non diluées, de la proviodine à 10 % par exemple, car ces agents comportent une certaine toxicité pour les tissus et peuvent nuire au processus de guérison. Si la présence de poils autour de la plaie risque de l'empêcher de se refermer, le médecin peut demander qu'on les coupe ou qu'on les rase. Il faut s'assurer que les tissus qui se trouvent en bordure de la plaie sont viables; au besoin, on enlève tout tissu nécrosé, non vascularisé ou dont le délabrement le rend impropre à une fermeture adéquate de la plaie. En effet, la présence de tissu nécrosé ou d'un corps étranger retarde la guérison et peut favoriser l'infection. Les signes de viabilité des tissus sont la coloration, la présence d'un saignement capillaire rouge clair et un remplissage capillaire adéquat après l'exercice d'une pression sur le tissu atteint.

La décision de fermer ou non la plaie dépend de la nature de celle-ci, du temps écoulé depuis que la blessure s'est produite et du degré de contamination. On distingue trois types de fermeture: primaire (la plaie se referme immédiatement), secondaire (la plaie guérit d'elle-même sans fermeture) et tertiaire (fermeture secondaire, suivie de primaire). Le médecin commence par rapprocher les tissus sous-cutanés en faisant des sutures résorbables; il veille à ce qu'elles ne soient pas trop serrées de façon à pouvoir refermer l'espace libre. S'il est difficile de fermer la plaie sans exercer de tension, le médecin peut pratiquer une dissection entre la graisse sous-cutanée et l'**aponévrose** de chaque côté de la plaie. Le médecin referme ensuite la couche intradermique, puis l'épiderme. On insère les points de suture près des bords de la plaie, en prenant soin de mettre ceux-ci en contact afin de favoriser la guérison. Si les plaies sont superficielles et propres, on peut employer des rubans de rapprochement (Stéristrips) ou une colle tissulaire.

Après le traitement, on protège la plaie pendant 48 heures, à l'aide d'un pansement sec et non adhésif afin que les cellules épithéliales scellent la surface cutanée. Ce pansement sert aussi à absorber les exsudats et à protéger la plaie. Une vérification devrait être effectuée dans les 48 heures. En fonction des circonstances de la blessure, du délai écoulé et du risque d'infection, il peut être indiqué d'administrer des antibiotiques à des fins prophylactiques (personne immunodéprimée ou diabétique, morsure humaine, souillure de matière fécale, etc.) de même qu'un vaccin antitétanique, en fonction du dossier d'immunisation de la personne. L'infirmière rappelle à la personne les signes et symptômes d'infection et lui conseille de consulter de nouveau en cas de douleur soudaine ou persistante, de fièvre ou de frissons, d'hémorragie, de tuméfaction rapide, d'odeur nauséabonde, d'écoulement ou de rougeur autour de la plaie. La personne devra revenir consulter un professionnel de la santé pour faire enlever ces sutures, selon les recommandations du médecin.

Traumatismes

Collecte des données

Les lésions traumatiques, infligées de manière intentionnelle ou non, peuvent être associées à la consommation excessive d'alcool ou à l'usage de drogues. Au cours de l'évaluation et du traitement d'une personne qui est en situation d'urgence, en particulier dans les cas de traumatismes, l'infirmière doit recueillir le plus de renseignements possible sur les lésions et sur leur biomécanique, sur le moment de l'accident, de manière à réunir des preuves médicolégales. Elle doit faire preuve d'une grande prudence à l'égard de ce qui peut servir de preuve lorsqu'elle effectue des manipulations et consigne des notes dans le dossier. L'infirmière doit savoir que les données qu'elle recueille et consigne peuvent avoir des répercussions légales ou médicolégales, que la personne soit vivante ou décédée.

Dans les cas d'actes criminels – et selon les directives des policiers –, les vêtements d'une personne traumatisée ne peuvent pas être remis à la personne ni à sa famille ; chaque vêtement est placé dans un sac de plastique particulier. Les objets de valeur sont déposés dans le coffret de sûreté du centre hospitalier ; s'ils sont remis à un membre de la famille, il faut indiquer clairement le nom de cette personne et la faire signer. Si des vêtements ou d'autres objets appartenant à la victime sont remis à un agent de police, chacun d'entre eux doit être étiqueté. On doit aussi inscrire ces renseignements au dossier en précisant le nom du policier ainsi que la date et l'heure de la remise des objets, puis le faire signer.

Lors d'un décès résultant d'une lésion traumatique, le médecin légiste examinera le corps sur place ou demandera qu'il soit transféré au Bureau du coroner pour autopsie, s'il estime qu'il peut s'agir d'un homicide ou d'un suicide. Les sondes et les tubes doivent rester en place, et les mains de la personne seront recouvertes de sacs de plastique afin de préserver les preuves qui s'y trouveraient. Si la personne a survécu, on procède à des prélèvements tissulaires sur ses mains et sous ses ongles afin d'en faire l'analyse. Il est essentiel de prendre des photos des plaies et des vêtements, une première fois en utilisant une règle de référence, une seconde fois sans règle de référence.

L'infirmière doit inscrire dans le dossier de la personne tout ce que celle-ci a déclaré ; il lui faut reprendre les termes exacts employés par la personne et placer ces citations entre guillemets en respectant le déroulement des événements. Le cas échéant, des notes claires faciliteront le processus judiciaire et aideront à établir ce qui s'est passé aux urgences.

Prévention des traumatismes

Dans sa pratique quotidienne, l'infirmière du service des urgences doit donner des renseignements sur la prévention des lésions à toutes les personnes qu'elle examine, y compris à celles qui ne consultent pas pour cette raison. La prévention est le seul moyen de réduire la fréquence des lésions traumatiques et elle fait partie du rôle des infirmières. Une fois que la personne a quitté le service des urgences, il lui appartient de suivre ou non ces directives, mais il faut les lui fournir et le noter au dossier. Par exemple, l'infirmière conseillera à une personne ayant un pansement oculaire occlusif de ne pas conduire pour rentrer chez elle. Si la personne passe outre et qu'elle est mêlée à une collision, il sera important que le conseil préventif donné par l'infirmière figure dans le dossier.

Lésions intraabdominales

On distingue deux types de traumatismes abdominaux, selon qu'il s'agit de traumatismes fermés (chute, volant de voiture) ou de traumatismes pénétrants (balle, arme blanche). Le traumatisme fermé engendre un taux de mortalité plus important du fait qu'il peut être difficile à diagnostiquer et qu'il est souvent associé à des traumatismes touchant d'autres systèmes. La rate est, après le foie, l'organe le plus fréquemment atteint en cas de traumatismes. S'il s'agit d'un traumatisme pénétrant par balle, le facteur le plus important est la vitesse de pénétration de l'objet. Les balles infligeant des dommages tissulaires étendus, une exploration chirurgicale est requise si elles traversent le péritoine ou sont associées à des signes d'atteinte péritonéale. Dans les lésions pénétrantes par arme blanche, il faut tenir compte de nombreux facteurs, tels que l'axe d'entrée de l'arme dans le corps de la personne, la longueur de la lame, les mouvements de rotation de l'arme, etc.

Examen clinique et examens paracliniques

En se fondant sur les renseignements obtenus, l'infirmière examine le devant du corps, dont l'abdomen et les flancs, ainsi que le dos de la personne, afin d'y déceler les signes suivants : distension, asymétries, abrasions, contusions, ecchymoses, etc. Les traumatismes abdominaux s'accompagnant souvent de saignement, en particulier lorsque le foie ou la rate sont touchés, il faut être continuellement à l'affût des signes et des symptômes d'hémorragie ou de choc mentionnés précédemment. Une douleur à l'épaule gauche se rencontre chez les personnes présentant une hémorragie de la rate (signe de Kehr), alors qu'une douleur à l'épaule droite peut provenir d'une atteinte au foie. On passe ensuite à l'auscultation du péristaltisme, puisque l'absence de bruits intestinaux est l'un des premiers signes d'atteinte péritonéale (bien qu'ils puissent également diminuer sous l'effet du stress). Si l'infirmière détecte un souffle au niveau abdominal, elle doit immédiatement faire part de cette observation au médecin. Une réaction musculaire involontaire à la palpation tout comme un ressaut positif représentent des signes d'irritation péritonéale. Néanmoins, si un objet est empalé dans l'abdomen, celui-ci ne doit pas être palpé, car on risque d'étirer les tissus ou de faire pénétrer encore plus le corps étranger. Une exploration chirurgicale est d'emblée indiquée.

L'examen clinique se termine par un toucher rectal (homme) ou vaginal (femme) afin d'établir la présence de lésions au bassin, à la vessie ou à la paroi de l'intestin. Une prostate mobile lors du toucher rectal ou une apparition de sang au méat urinaire féminin lors du toucher vaginal indique une lésion urétrale. Dans ces cas, l'infirmière doit s'abstenir d'insérer une sonde vésicale à demeure afin d'éviter toute complication. On fera appel à un urologue.

Les examens paracliniques suivants facilitent le diagnostic :

- Recherche de sang dans les urines, afin de déceler une atteinte des voies urinaires
- Mesures répétées de l'hématocrite, afin de déceler la présence d'une hémorragie
- Mesure du taux d'amalyse sérique, puisqu'une augmentation de ce taux fait penser à une atteinte au pancréas ou à une perforation intestinale

Afin de vérifier s'il y a une lésion et une hémorragie intrapéritonéales, des examens paracliniques tels que le lavage péritonéal, l'échographie abdominale et la tomodensitométrie peuvent être effectués dans les services des urgences offrant ces possibilités. Pour évaluer rapidement la présence d'une hémorragie intrapéritonéale ou d'une tamponnade cardiaque, la technique d'échographie abdominale FAST (Focused Assessment for Sonographic Examination of the Trauma Patient) est très utile. La tomodensitométrie permet d'effectuer un bilan précis du contenu de l'abdomen ainsi qu'un examen rétropéritonéal. Depuis l'avènement des nouvelles techniques de pointe, le **lavage péritonéal diagnostique** s'emploie beaucoup moins. Il consiste néanmoins à injecter 1 L chauffé de lactate de Ringer ou de sérum physiologique dans la cavité abdominale. Un minimum de 400 mL de liquide étant rejeté, un échantillon est envoyé au laboratoire pour analyse. On considère les résultats comme positifs si la numération érythrocytaire est supérieure à 100 000/mm^3, si la numération leucocytaire dépasse 500/mm^3 ou si on décèle de la bile, des fèces ou de la nourriture dans le liquide.

Il peut être nécessaire de procéder à une fistulographie pour déceler une atteinte péritonéale dans les cas de lésion par arme blanche. Au cours de cet examen, on pratique une suture « en bourse » autour de la plaie et on y insère une petite sonde. Un produit de contraste est injecté dans la sonde, puis on prend des radiographies afin de déterminer si la lame a pénétré dans la cavité péritonéale.

Traitement

Il est essentiel de connaître la biomécanique du traumatisme pour déterminer le type de traitement requis. Si les circonstances l'indiquent, il faut veiller tout particulièrement à protéger la colonne cervicale. L'immobilisation de la colonne cervicale doit être maintenue jusqu'à l'obtention des résultats radiologiques confirmant l'absence de risque cervical. Rien ne doit être ingéré par la bouche et le contenu de l'estomac devrait être aspiré au moyen d'une sonde nasogastrique si le médecin envisage une intervention chirurgicale. Ces précautions atténuent le risque d'aspiration et réduisent la pression gastrique en vue des examens paracliniques.

L'infirmière entreprend les manœuvres de réanimation appropriées à l'état de la personne. Si la personne a reçu une transfusion, il faut l'observer attentivement ; en effet, après un traumatisme majeur, des signes et symptômes du choc causé par une hémorragie interne peuvent apparaître rapidement, et cela même si les signes vitaux et l'état de la personne sont satisfaisants. En cas d'éviscération, une portion des intestins ou d'autres organes passe à l'extérieur de l'abdomen et on peut apercevoir l'épiploon graisseux. Il ne faut pas tenter de remettre en place ces organes, mais plutôt éviter qu'ils ne s'assèchent en les recouvrant de pansements stériles humides (NaCl à 0,9 %), puis de pansements secs. L'assèchement peut provoquer une nécrose ; c'est pourquoi il importe de réhumidifier régulièrement les pansements. Comme cette humidification peut entraîner une baisse de la température corporelle, on applique des pansements secs.

La personne traumatisée est sujette à l'infection pour plusieurs raisons : non-intégrité des barrières corporelles ; exposition à des bactéries exogènes au moment de l'incident ; et mesures diagnostiques ainsi que thérapeutiques comportant un risque d'infection nosocomiale. Une prophylaxie antitétanique et un antibiotique à large spectre doivent être administrés, selon l'ordonnance. Il faut assurer une surveillance continue de la personne et inscrire dans son dossier tous les détails de son état.

Lésions par écrasement

Les lésions par écrasement peuvent survenir lorsqu'une personne est ensevelie sous des décombres, écrasée sous les roues d'une voiture ou pour d'autres raisons. Tout en maintenant la perméabilité des voies respiratoires, en préservant la respiration et la circulation, il faut accorder de l'attention aux signes d'insuffisance rénale aiguë. En effet, lors d'un écrasement, des lésions musculaires importantes peuvent causer une forte libération de myoglobine, susceptible d'engendrer une nécrose des tubules rénaux aiguë. Une hypotension prolongée peut aussi constituer un des facteurs qui sont à l'origine des dommages rénaux. On doit observer le membre atteint afin de déceler l'apparition d'érythème, d'œdème, de durcissement ou de paralysie. Il est particulièrement difficile de détecter le syndrome de loge.

Le syndrome de loge consiste en une augmentation de la pression à l'intérieur d'un compartiment fermé des membres supérieurs ou inférieurs, délimité par une gaine aponévrotique ou un os. Cette pression perturbe la fonction et la viabilité des tissus contenus dans ce compartiment, et ce en 4 à 12 heures. Une douleur intense et souvent disproportionnée par rapport au mécanisme causal, qui résiste aux analgésiques et aux changements de position, qui est en outre exacerbée par la surélévation du membre, suggère la présence de ce syndrome. L'absence ou la diminution de la sensibilité dans le territoire du nerf passant par la loge atteinte est également un signe fiable, mais plus tardif. On sent à la palpation du compartiment que la peau est tendue et que les muscles ont perdu de leur force.

Si la pression n'est pas abaissée au plus tôt dans la loge (par une **aponévrotomie**), une déficience motrice se manifeste, les pouls distaux disparaissent et on observe des signes d'ischémie et de souffrance tissulaire. Ce syndrome peut aussi résulter de la présence d'un pansement compressif ou d'un plâtre, ou encore du fait que la personne a dû adopter une position non conforme à l'anatomie, d'une manière prolongée. Il faut donc s'abstenir de surélever le membre au-dessus du niveau du cœur, car cela fait monter la pression veineuse. On s'abstient également d'appliquer de la glace parce que cette mesure provoque de la vasoconstriction.

Fractures

Une fracture survient lorsqu'un stress appliqué sur un os excède sa tension et dépasse son point de rupture. Une fracture consiste donc en une rupture de la continuité osseuse, à la suite d'un traumatisme direct ou indirect. Lorsque toute la circonférence osseuse est rompue, on dit qu'il s'agit d'une fracture complète; dans le cas contraire, on la définit comme incomplète. On qualifie aussi une fracture d'ouverte ou de fermée, selon que la peau a gardé son intégrité ou pas. Dans les cas de fracture, il faut envisager la possibilité d'une hémorragie. En effet, la quantité de sang perdue varie grandement selon l'os atteint: de 150 à 250 mL pour un radius; 500 mL pour un tibia; de 1 500 à 3 000 mL pour le pelvis. Parfois, on doit être à l'affût des signes de choc. Il ne faut cependant pas attendre d'observer des signes extérieurs pour réagir, puisque, dans le cas d'un fémur, une perte de sang importante peut n'engendrer qu'un gonflement minime à cause de la forte musculature présente dans cette région.

Examen clinique et examens paracliniques

Lors de l'évaluation, le membre touché doit être déplacé le moins possible. Les vêtements sont coupés et retirés afin qu'on puisse bien voir la partie atteinte. Une fracture entraîne généralement de la sensibilité ou de la douleur ainsi qu'un œdème, parfois une déformation, un raccourcissement, une rotation ou une asymétrie. Ces symptômes et signes, habituellement circonscrits à l'endroit de la fracture, peuvent être plus diffus si une blessure aux tissus mous est présente. On note souvent une perte fonctionnelle du membre atteint et on entend des crépitations. Pour s'assurer qu'il n'y a pas de trouble vasculaire, l'infirmière évalue les pouls distaux de la zone ainsi que la sensibilité, la coloration et la température du membre.

Traitement

Si un élément de l'ABCD est source d'inquiétude, c'est d'abord à celui-ci qu'il faut accorder son attention. Par la suite, on entreprend de stabiliser la région douloureuse et, le cas échéant, de réduire la fracture. Les attelles permettent d'immobiliser les articulations situées au-dessus et au-dessous de la fracture, de calmer la douleur, de rétablir ou d'améliorer la circulation, de prévenir de nouvelles lésions aux tissus mous et d'empêcher qu'une fracture fermée ne se transforme en fracture ouverte. Lors de la pose d'une attelle, on place une main en aval de la fracture et on exerce une traction sur le membre, tout en plaçant l'autre main sous la fracture pour assurer un soutien. L'attelle doit se prolonger bien au-delà des articulations voisines de la fracture. Lorsqu'on pose une attelle sur les membres supérieurs, ceux-ci doivent rester fonctionnels. En cas de fracture ouverte, on applique d'abord un pansement humide et stérile sur la plaie. Une fois l'attelle installée, on vérifie l'état vasculaire de l'extrémité en évaluant la couleur, la température, le pouls et la pâleur du lit unguéal. Si l'équilibre semble précaire, on enlève l'attelle, puis on la réinstalle. En outre, on doit chercher la cause des douleurs ou des pressions dont la personne fait état (penser au syndrome de loge).

L'absence de pouls périphérique exige une intervention prioritaire; il faut replacer le membre atteint dans une position aussi conforme que possible à l'anatomie. Dans les cas de fracture de la hanche ou du fémur, le membre sera replacé à l'aide d'une **attelle de traction de Hare** (figure 18-4 ■). Si cette mesure ne rétablit pas le pouls, une nouvelle évaluation générale est effectuée, puis la personne est transportée en salle d'opération pour une artériographie et une éventuelle revascularisation chirurgicale. Le chapitre 72 ⟨⟩ expose le traitement des fractures de manière plus détaillée.

Urgences environnementales

AFFECTIONS SYSTÉMIQUES DUES À LA CHALEUR

Les affections dues à la chaleur peuvent être localisées (brûlures d'origine thermique ou non) ou systémiques (hyperthermie). Comme les brûlures sont présentées dans un autre chapitre, seules les affections systémiques seront abordées ici. La hausse de la température corporelle, endogène ou d'origine environnementale, peut mettre la vie en danger. Les longues périodes de températures environnementales élevées favorisent la transpiration; celle-ci entraîne la déperdition d'une grande quantité de liquide, et par conséquent d'électrolytes. Si la personne ne s'hydrate pas suffisamment, elle s'expose à une hypovolémie et à une «fatigue due à la chaleur». Cette fatigue s'accompagne d'une température corporelle supérieure à 38,5 °C, de céphalées, de vertiges, d'euphorie, de nausée, d'anxiété, d'asthénie, d'apathie, de froideur et de pâleur de la peau; les fréquences respiratoire et cardiaque sont rapides. Des «crampes de chaleur» se manifestent souvent dans ces circonstances; elles sont attribuables à l'accumulation d'acide lactique dans les muscles et la personne les ressent d'abord à l'effort, puis au repos. Ces crampes sont douloureuses et consécutives à une importante perte de sodium et de potassium. Néanmoins, la température centrale du corps demeure normale. Le traitement approprié consiste en une réhydratation; si elle est administrée par voie intraveineuse, le rétablissement s'en trouve accéléré.

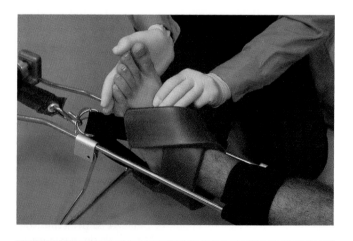

FIGURE **18-4** ■ Attelle de Hare. Source: Michal Heron/Prentice Hall Inc./DK images.

Le «coup de chaleur» exige par contre une intervention immédiate en raison de la défaillance des mécanismes de thermorégulation. Il entraîne des lésions thermiques dans les cellules et risque donc de toucher le cœur, le foie, les reins et le processus de coagulation. Les coups de chaleur surviennent généralement pendant les périodes de canicule, en particulier lorsque le taux d'humidité est très élevé. Ils touchent principalement les personnes non acclimatées aux grandes chaleurs, les enfants, les personnes âgées, les personnes non autonomes, atteintes d'affections chroniques et débilitantes ainsi que celles qui prennent des médicaments tels que des neuroleptiques, des anticholinergiques, des diurétiques ou des bêtabloquants. Les coups de chaleur peuvent aussi se produire dans d'autres circonstances: il peut s'agir d'un bébé laissé l'été dans une voiture surchauffée ou d'un adulte dans un sauna. Les personnes âgées succombent plus que les autres aux effets de la chaleur, puisque leur fonction circulatoire compense moins bien le stress imposé par la hausse de la température. Ces personnes transpirent moins et elles ressentent moins la soif, ce qui diminue leur capacité d'adaptation à la chaleur.

Le «coup de chaleur à l'exercice» survient chez les personnes en bonne santé qui pratiquent des sports ou des activités reliées à leur travail par temps chaud et humide (athlètes, militaires, par exemple). Ils ont la peau rouge et chaude et leur corps n'est plus en mesure de réguler la production et la déperdition de chaleur. La hausse de la température corporelle et l'altération de l'état de conscience constituent des signes qu'un traitement doit être entrepris, sinon la mort peut s'ensuivre. Les mesures de prévention de l'hyperthermie sont présentées dans l'encadré 18-6 ■.

Examen clinique et examens paracliniques

La collecte des données peut permettre de relever les symptômes suivants: atteinte neurologique profonde (se traduisant par de la confusion, du délire, des comportements aberrants et le coma), peau chaude et rouge, tachypnée, hypotension, tachycardie et température corporelle élevée (40,6 °C ou plus). La durée de l'hyperthermie est en rapport direct avec le pronostic.

Les examens paracliniques mettent en évidence une insuffisance rénale (hausse de l'urée, de la créatinine, de l'hyperosmolalité urinaire), une hémoconcentration (hyperosmolalité plasmatique, hausse de l'hématocrite), une hypokaliémie, une hyponatrémie, une acidose métabolique et une hausse des enzymes musculaires.

Traitement

L'objectif thérapeutique est d'abaisser en quelques heures la température corporelle centrale à moins de 38,5 °C, tout en stabilisant l'ABC. Pour répondre aux besoins des tissus, qui sont plus importants en raison de l'accélération du métabolisme, on administre de l'oxygène à 100 %. Il peut être nécessaire d'intuber et de ventiler artificiellement la personne afin de soutenir l'appareil cardiorespiratoire défaillant. Une perfusion intraveineuse remplace les pertes liquidiennes et maintient le volume circulatoire. Le débit de

perfusion doit être réglé en fonction de la diurèse. Les interventions de refroidissement permettent de redistribuer le volume liquidien de la circulation périphérique vers le centre. Une fois la personne dévêtue, on recourt à l'une ou l'autre des mesures suivantes:

- On la couvre de serviettes ou de draps frais ou on l'éponge continuellement avec de l'eau fraîche.
- On lui applique de la glace sur le cou, les aines, le thorax, les aisselles, tout en aspergeant continuellement la peau d'eau tiède.
- On utilise un ventilateur de façon à envelopper la personne d'un courant d'air (ce qui augmente la dissipation de chaleur).
- On emploie des couvertures de refroidissement.
- On perfuse des solutés glacés conservés au réfrigérateur (à 4 °C).
- On effectue, selon l'ordonnance, un lavage gastrique avec du soluté physiologique glacé, dans les cas où la température ne s'abaisse pas.

Pendant ces interventions, on masse la personne afin de faciliter la circulation et de maintenir la vasodilatation cutanée. L'infirmière doit surveiller constamment les signes vitaux, le moniteur cardiaque, la diurèse et la température au moyen d'un thermomètre électronique introduit au niveau rectal, vésical ou œsophagien. Même si le traitement est efficace, il arrive que l'hyperthermie réapparaisse spontanément quelques heures plus tard. Il faut donc assurer un suivi régulier, même après la fin du traitement. Précisons que l'immersion complète du corps dans l'eau froide est à proscrire, car elle expose à une vasoconstriction brutale et à une élévation dangereuse de la température centrale.

D'autres soins d'urgence peuvent s'imposer, notamment une dialyse si on observe une insuffisance rénale, l'administration

ENCADRÉ 18-6

PROMOTION DE LA SANTÉ

Prévention des coups de chaleur

- Recommander à la personne d'éviter toute nouvelle exposition à des températures élevées; pendant une période assez longue, elle peut en effet présenter une hypersensibilité à la chaleur.
- Insister sur la nécessité de s'hydrater suffisamment et régulièrement, de porter des vêtements légers, amples et de couleur claire, et de réduire son activité par temps chaud.
- Conseiller aux athlètes de surveiller leurs pertes liquidiennes et pondérales durant leur entraînement, et de les compenser en buvant suffisamment.
- Conseiller à la personne d'augmenter graduellement l'intensité de l'effort physique, en prenant le temps qu'il faut pour s'acclimater à la chaleur.
- Recommander aux personnes âgées et vulnérables, qui vivent en milieu urbain où la chaleur est parfois intense, de fréquenter des lieux où elles auront de l'air frais (centres commerciaux, bibliothèques, par exemple).

d'anticonvulsivants s'il y a des convulsions, du potassium pour remédier à l'hypokaliémie et du bicarbonate de sodium pour remédier à l'acidose métabolique.

ENGELURES

Le froid peut occasionner des affections localisées (engelures) ou systémiques (hypothermie). Comme l'hypothermie est abordée à la section «Affections dues à l'immersion ou à la submersion», nous ne traiterons ici que des engelures. Les lésions localisées dues au froid touchent généralement les doigts, les orteils, les mains, les pieds, la face et les oreilles, parce que ces parties du corps sont davantage en contact avec le milieu extérieur et plus éloignées des zones génératrices de chaleur. On observe des engelures lorsque l'eau contenue dans les tissus gèle après une exposition prolongée à une température inférieure à 0 °C. Des dommages peuvent survenir lors d'expositions moins longues si certains facteurs aggravants sont présents: absorption de nicotine ou d'alcool, port de vêtements serrés et humides, maladies vasculaires périphériques. Par ailleurs, des engelures presque instantanées peuvent se former lorsqu'une peau chaude et humide entre en contact avec des objets métalliques extrêmement froids. De petits cristaux de glace se forment donc dans les liquides interstitiels des cellules et des espaces intracellulaires, entraînant des dommages cellulaires ainsi que vasculaires. La gravité des lésions causées par le froid s'échelonne du premier degré (rougeurs et érythème) au quatrième degré (destruction permanente des tissus). Elles ne comportent qu'un seul traitement: le débridement des tissus morts et l'amputation.

Examen clinique et examens paracliniques

L'infirmière doit chercher à connaître la température à laquelle la personne a été exposée, la durée de l'exposition et le degré d'humidité, et observer les signes cliniques: douleurs ou hypoesthésies, décoloration de la peau (qui est blanche avec des taches bleuâtres), induration des tissus. L'étendue des lésions causées par le froid n'apparaissant pas toujours au premier examen, il faut procéder régulièrement à une réévaluation. La palpation est habituellement douloureuse lors d'une engelure superficielle (premier ou deuxième degré) et indolore lorsqu'elle est profonde (troisième ou quatrième degré).

Traitement

L'objectif du traitement consiste à rétablir la température corporelle. Le réchauffement à l'endroit de l'engelure peut provoquer une douleur intense qui impose le recours aux analgésiques. L'infirmière enlève les vêtements et les bijoux qui risquent d'entraver la circulation et elle fait preuve d'une grande délicatesse lorsqu'elle touche ou déplace la personne afin ne ne pas provoquer de lésions mécaniques. Pour la même raison, on évite de masser la personne; celle-ci ne doit pas marcher si les membres inférieurs sont atteints.

! ALERTE CLINIQUE *Si la personne est transférée dans un autre service, l'infirmière doit s'assurer que les mesures de réchauffement se poursuivront sans interruption.*

Habituellement, on place l'extrémité gelée dans un bain tourbillon dont la température est réglée à une température comprise entre 38° et 40 °C, pendant une période de 30 à 40 minutes. Cette intervention est répétée jusqu'à ce que la circulation reprenne. Entre les bains, il faut protéger la partie réchauffée de toute nouvelle lésion et la surélever pour aider à traiter l'œdème. On place un morceau de gaze ou de coton stérile entre les doigts ou les orteils atteints afin de prévenir la macération. Si les pieds sont affectés, il faut installer un cerceau de lit pour empêcher que la literie ne les touche; s'il y a des phlyctènes, on s'abstient de les percer.

Pendant le réchauffement, on effectue un examen physique pour déceler les problèmes concomitants (lésion des tissus mous, déshydratation, coma alcoolique, embolie graisseuse). Il faut remédier aux autres problèmes que les personnes victimes d'engelures présentent fréquemment, notamment la déshydratation, l'hyperkaliémie et l'hypovolémie. Comme les engelures prédisposent aussi à l'infection, on doit maintenir une asepsie rigoureuse lors des changements de pansements et administrer la prophylaxie antitétanique appropriée. On peut aussi recourir aux mesures suivantes:

- Assurer le débridement des tissus nécrosés et aider à prévenir l'infection.

- Procéder à une escarrotomie pour prévenir de nouveaux dommages aux tissus, faciliter le rétablissement de la circulation normale et le mouvement des articulations.

- Pratiquer une aponévrotomie pour traiter le syndrome de loge.

Après le réchauffement, on recommande à la personne de remuer énergiquement les doigts et les orteils touchés toutes les heures pour qu'ils retrouvent le plus possible leur capacité fonctionnelle et pour prévenir les contractures. La personne doit éviter le tabac et la caféine en raison de leurs effets vasoconstricteurs, qui réduisent l'irrigation sanguine déjà insuffisante dans les tissus abîmés.

AFFECTIONS DUES À L'IMMERSION OU À LA SUBMERSION

Noyade et quasi-noyade

On appelle *noyade* la mort par suffocation, à la suite d'une submersion dans l'eau, tandis que lors d'une *quasi-noyade* la personne survit, pendant au moins 24 heures, à l'asphyxie de la submersion. La submersion donne lieu à de l'apnée, laquelle entraîne de l'hypercapnie, de l'hypoxémie, de la bradycardie et de l'hypertension artérielle; ces symptômes sont suivis d'un arrêt respiratoire accompagné d'une perte de conscience par hypoxie, puis d'un arrêt cardiaque. En 1998, on dénombrait au Canada 309 décès par noyade et immersion accidentelles. La noyade est la deuxième cause de décès dû à un traumatisme chez les enfants âgés de 1 à 4 ans; dans bien des cas, ces décès sont attribuables au manque de surveillance (Croix-Rouge, 2000). Par ailleurs, dans le même groupe d'âge, pour chaque enfant qui est victime de noyade on en compte de 6 à 10 qui sont hospitalisés pour une quasi-noyade: 20 % d'entre eux ont des lésions cérébrales permanentes. Les facteurs associés à la noyade et à la quasi-noyade sont notamment les suivants: la consommation d'alcool ou de drogues, le fait de ne pas savoir nager, les blessures subies en plongeant, l'hypothermie et l'épuisement.

Il ne faut pas renoncer trop vite aux efforts de réanimation, car on sait que des personnes qui ont fait un long séjour dans l'eau froide ont pu être réanimées et n'ont pas conservé de séquelles neurologiques. Une fois la personne réanimée, les principales complications sont l'hypoxie et l'acidose, qui exigent des soins immédiats au service des urgences. Les modifications physiopathologiques et les lésions pulmonaires dépendent de la quantité d'eau aspirée et de sa nature (eau douce ou eau salée, par exemple). L'aspiration d'eau douce entraîne une perte de surfactant, donc une altération de la fonction pulmonaire, tandis que l'aspiration d'eau salée engendre un œdème pulmonaire, en raison des effets d'osmose du sel dans les poumons. La personne qui a survécu à une submersion peut présenter un syndrome de détresse respiratoire aiguë, entraînant une hypoxie, une hypercapnie et une acidose respiratoire ou métabolique.

Examen clinique et examens paracliniques

L'analyse du sang artériel sert à mesurer l'oxygène, le dioxyde de carbone, la concentration de bicarbonate et le pH, et aide à déterminer le type de soins respiratoires à prodiguer. La personne présentant habituellement de l'hypothermie, il faut prendre la température rectale. Cette hypothermie entraîne des modifications physiologiques dans tous les systèmes et fonctions. La détérioration est graduelle; elle se traduit par de l'apathie, l'altération du jugement, l'ataxie, la dysarthrie, de la somnolence et finalement le coma. Quand la température est inférieure à 32,2 °C, il se peut que les frissons disparaissent, car les mécanismes de production de la chaleur sont inefficaces. Les battements cardiaques et la pression artérielle sont parfois si faibles que les pouls périphériques deviennent imperceptibles. On peut également observer des irrégularités du rythme cardiaque ainsi que de l'acidose.

Traitement

Le traitement vise à prévenir toute nouvelle atteinte aux organes vitaux grâce au maintien de l'irrigation sanguine dans le cerveau et d'une oxygénation suffisante. La réanimation cardiorespiratoire immédiate est le facteur qui influe le plus sur la survie de la personne. On peut installer un tube endotrachéal, qui assure une ventilation assistée avec pression positive en fin d'expiration (PEEP), afin d'améliorer l'oxygénation dans les cas de syndrome de détresse respiratoire aiguë ou de troubles de la relation ventilation-perfusion (causés par l'aspiration d'eau). Si la personne respire spontanément, on continue de donner un supplément d'oxygène au moyen d'un masque; dans le cas contraire, on l'administre à l'aide du système de ventilation assistée.

Comme la personne souffre habituellement d'hypothermie (température corporelle inférieure à 35 °C) lors d'une submersion, la réanimation exige des mesures de réchauffement (réchauffement extracorporel, lavage péritonéal ou pleural effectué au moyen de liquides réchauffés, inhalation d'oxygène

réchauffé, par exemple). On administre des solutions de remplissage vasculaire et des médicaments vasopresseurs et à action **inotrope** pour traiter l'hypotension et atténuer les affections de l'irrigation tissulaire. Un moniteur cardiaque surveille les arythmies, qui sont fréquentes lorsque la personne se déplace, et une sonde vésicale permet de mesurer le débit urinaire. Une sonde nasogastrique peut aussi s'avérer pertinente afin de vider l'estomac et de prévenir l'aspiration. Durant les interventions de réchauffement, les soins de soutien sont entre autres les suivants:

- Massage cardiaque externe, effectué seulement si la température corporelle est très basse
- Défibrillation ventriculaire si la température est supérieure à 32 °C (intervention inefficace à < 32 °C)
- Ventilation artificielle avec pression positive en fin d'expiration et administration d'oxygène chaud et humide afin d'assurer l'oxygénation des tissus (moyen de réchauffement interne)
- Perfusion de liquides réchauffés pour remédier à l'hypotension, maintenir le débit urinaire et assurer le réchauffement interne
- Administration de bicarbonate de sodium pour remédier à l'acidose métabolique, au besoin
- Administration, au besoin, d'antiarythmiques

Même si la personne semble s'être rétablie, des vérifications s'imposent. Il faut donc surveiller constamment les signes vitaux, effectuer des dosages répétés des gaz du sang artériel, surveiller l'ECG, le dosage des électrolytes sériques et des ingesta-excreta, la diurèse, et effectuer des radiographies en série au besoin. La personne qui a subi une quasi-noyade s'expose à des complications telles que les lésions cérébrales hypoxémiques, le syndrome de détresse respiratoire aiguë (ARDS), les lésions pulmonaires causées par l'aspiration, etc.

Accidents de décompression

Les accidents de décompression provoquent le *mal des caissons*, autrement dit la formation de bulles d'azote dans les articulations, les muscles et au niveau intravasculaire, chez les personnes qui se sont livrées récemment à certaines activités: plongée, vol en haute altitude ou vol en avion moins de 24 heures après avoir fait de la plongée. Lorsqu'on obtient ce type de renseignements, on peut plus rapidement établir des liens entre les signes et symptômes observés et la physiopathologie de la maladie. Celle-ci peut engendrer divers problèmes musculoquelettiques, et même entraîner la mort, si le traitement est administré trop tardivement. Il faut le plus tôt possible placer la personne dans des conditions de recompression, c'est-à-dire la transporter vers la chambre hyperbare la plus proche.

Examen clinique et examens paracliniques

Pour déceler le mal des caissons, on demande à la personne (ou à son compagnon de plongée) de relater en détail le déroulement des événements qui ont précédé l'apparition des symptômes. Ainsi, une remontée trop rapide, une panne d'air, le recours à la respiration à deux ou la consommation d'alcool sont tous des faits révélateurs, bien que dans certains cas les personnes disent avoir effectué une plongée sans anicroche. En effet, même les plongées sans problème peuvent occasionner la formation de bulles d'azote dans l'organisme. En petite quantité, celles-ci engendrent des douleurs musculosquelettiques, une perte d'amplitude des mouvements, de l'engourdissement ou de l'hypoesthésie. En grande quantité, elles peuvent causer des embolies gazeuses et provoquer un AVC. Tout symptôme neurologique ressemblant à ceux d'un AVC ou d'un traumatisme médullaire peut être le signe d'une embolie gazeuse. Dans les cas les plus graves, les personnes peuvent subir un arrêt cardiorespiratoire entraînant la mort en raison de l'hypoxie. Une radiographie pulmonaire pour déceler la présence d'une aspiration est effectuée.

Traitement

On effectue les interventions prioritaires (ABCD), on administre de l'oxygène à 100 % et on installe une perfusion intraveineuse. La tête du lit doit être abaissée (en position de Trendelenburg) et on retirera les vêtements humides de la personne afin de la garder au chaud. Il faut entreprendre les démarches de transfert vers la chambre hyperbare la plus proche (Hôtel-Dieu de Lévis à Québec, Hôpital du Sacré-Cœur à Montréal). Si on doit transporter la personne par avion, l'avion doit rester à basse altitude, c'est-à-dire à moins de 300 mètres. Si la personne est éveillée, alerte et exempte d'affection neurologique, il est possible de la transporter par ambulance ou en automobile, à condition que son état le permette. Pendant toute la durée du traitement, l'infirmière surveille la personne et elle note le moindre changement dans son état. Si on pense qu'une aspiration aurait pu se produire, des antibiotiques ou d'autres formes de traitement peuvent être prescrits.

RÉACTIONS ALLERGIQUES

Latex

Le latex est un composant qui se retrouve dans bien des produits, entre autres dans les sphygmomanomètres, les gants jetables, certaines sondes, les ballons décoratifs offerts aux personnes hospitalisées, etc. Nombre de gens, notamment des professionnels de la santé, sont sensibles ou allergiques à ce composant; c'est pourquoi dans certains centres hospitaliers il est interdit d'apporter des ballons décoratifs pour les donner comme présents. Heureusement, les fournitures de soins sont maintenant de plus en plus souvent offertes sans latex (gants, par exemple); il suffit que l'infirmière informe son employeur de son allergie ou que la personne l'indique à l'infirmière.

Il existe deux types de dermite de contact: la dermite irritante et la dermite allergique. Plus de 90 % des cas de dermite sont attribuables à la présence de facteurs irritants dans les gants, tels que l'alcalinité de la poudre ou la macération due à la transpiration (Parkhurst Exchange, 2005). L'utilisation de crème de silicone comme barrière peut aggraver l'affection, car celle-ci a un effet occlusif. Cette dermite attribuable à la poudre est cependant difficile à différencier d'un eczéma de contact dû à d'autres produits chimiques (aux colorants, par exemple) utilisés dans la fabrication des gants. Une épreuve épicutanée permet habituellement de cerner l'origine de l'affection. Apparaissant plusieurs heures après que la personne a retiré les gants, les lésions touchent surtout la partie dorsale de la main et les régions interdigitales; elles durent environ trois jours. Dans certains cas, on pourra porter des gants munis d'un revêtement tel que du coton, qui absorberont la sueur et atténueront l'irritation.

L'allergie au latex est plus rare, mais sa prévalence a augmenté; elle est aujourd'hui deux ou trois fois plus élevée chez les professionnels de la santé que dans la population en général. L'utilisation quotidienne de gants à usage unique n'est probablement pas étrangère à cette sensibilisation. Les personnes allergiques au latex peuvent présenter des symptômes sans même être entrées en contact avec ce produit, à cause de la présence de poudre dans les gants. En effet, cette poudre absorbe de grandes quantités de protéines du latex naturel et, étant volatile, elle contamine les lieux où sont utilisés les gants (Leynadier, 2005). De plus, l'allergie aux gants n'est pas toujours attribuable au latex, mais plutôt aux composants chimiques employés pour renforcer le caoutchouc. Mentionnons également que, bien souvent, les personnes allergiques au latex réagissent aussi à certains aliments tels que les bananes, les avocats et les kiwis (Parkhurst Exchange, 2005).

L'anamnèse est la pierre angulaire du diagnostic: les démangeaisons, les rougeurs ou les éruptions cutanées reliées à l'utilisation d'un produit contenant du latex fournissent des indications assez révélatrices. La première exposition au latex peut entraîner une grave réaction anaphylactique; c'est pourquoi il importe de savoir en reconnaître les manifestations et symptômes, exposés ci-après. On doit retirer le produit qui est à l'origine de la réaction et amorcer rapidement le traitement. Afin de prévenir toute récidive, l'infirmière donne à la personne des conseils préventifs, tels que le port d'un bracelet indiquant cette allergie. Une fois que ce fait est connu, le personnel infirmier doit veiller à ce que cette information soit affichée clairement dans tous les endroits à risque pour la personne: salles d'opération, salle de réveil, etc. Le personnel de santé doit être au courant des risques qu'encourt la personne si elle est traitée avec du matériel contenant du latex ou ayant été en contact avec ce produit. Les chapitres 19 ⧉ et 55 ⧉ fournissent davantage d'information sur les allergies au latex.

Piqûres d'insectes

À l'âge de 20 ans, plus d'un adulte sur deux a été piqué par un insecte au moins une fois dans sa vie et près de 20 % de la population présente de l'anaphylaxie sous une forme plus ou moins grave (Incorvaia *et al.*, 1997). Les piqûres infligées par certains insectes hématophages, comme les maringouins, les tiques et les puces, occasionnent rarement des manifestations allergiques, car elles ne contiennent pas de venin, contrairement aux piqûres des abeilles, frelons, guêpes et fourmis. Ces insectes-ci appartiennent à l'ordre des hyménoptères; leur venin peut être fatal, surtout si on l'injecte à la tête ou au cou, ou bien en grande quantité ailleurs dans le corps.

Examen clinique et examens paracliniques

Autour de la piqûre, on observe presque toujours une réaction érythémateuse et douloureuse au venin inoculé par l'hyménoptère. La rougeur et l'induration atteignent la plupart du temps un diamètre de 2 à 10 cm, puis elles régressent spontanément au cours des 24 heures qui suivent. L'intensité de cette manifestation varie selon la quantité de venin inoculé (de 50 à 300 µg selon l'insecte) et la durée de la piqûre (il faut 1 minute à une abeille pour vider complètement le contenu de sa poche à venin); c'est pour cette raison qu'il vaut mieux retirer rapidement le dard de la peau. Lorsqu'un érythème, accompagné d'une induration, dépasse les 10 cm et qu'un œdème s'installe rapidement (< 30 minutes) et persiste plus de 24 heures (jusqu'à 7 jours), on parle d'une réaction allergique locale. Il arrive néanmoins que ce type de réaction se produise jusqu'à 48 heures après l'inoculation. Mentionnons que 5 % des gens qui ont eu une réaction allergique locale seront plus tard sujets à une réaction généralisée (Herman *et al.*, 1997). Cette réaction généralisée, ou systémique, est présentée en détail plus bas.

Traitement

Comme nous l'avons indiqué précédemment, si le dard est dans la peau, il doit être extrait rapidement, puisque le poison se trouve dans la poche à venin située autour de la pointe. Il faut d'abord désinfecter la région touchée. Le fait d'appliquer de la glace à l'endroit de la piqûre réduit l'œdème et l'absorption du venin; le médecin prescrit un analgésique si la personne ressent de la douleur. Les antihistaminiques atténuent les démangeaisons, ce qui est bénéfique puisque le grattage cause une réaction histaminique. L'enseignement que l'infirmière donne à la personne et à ses proches contribue grandement à la prévention des piqûres d'insectes (encadré 18-7 ■).

CHOC ANAPHYLACTIQUE

Le choc anaphylactique est une réaction d'hypersensibilité aiguë et généralisée qui survient quelques secondes ou quelques minutes après l'exposition à une substance étrangère (il peut s'agir de médicaments tels que la pénicilline, du venin d'un hyménoptère tel que l'abeille, d'aliments tels que des œufs, etc.). La réaction anaphylactique provient d'une interaction entre l'antigène et les anticorps (immunoglobine) spécifiques à un allergène qui se sont formés à la suite d'une exposition antérieure. On devient donc sensible à un antigène particulier une fois qu'on a fabriqué des immunoglobulines qui correspondent à cet antigène. Une exposition ultérieure au même antigène peut déclencher une réaction plus grave et plus rapide (chapitre 55 ￼). Ainsi, l'administration répétée d'un médicament comme la pénicilline, par voie parentérale ou orale, peut déclencher une réaction anaphylactique. La réaction anaphylactique provoque une large gamme de signes et symptômes, qu'on retrouve à l'encadré 18-8 ■ ainsi qu'aux chapitres 15 ￼ et 55 ￼.

Traitement

Le traitement vise d'abord à vérifier l'ABC et à administrer rapidement de l'adrénaline par voie intramusculaire. Il faut assurer une ventilation et une oxygénation adéquates, ce qui peut aller, selon les circonstances, de la simple oxygénation au moyen d'un masque jusqu'à l'intubation endotrachéale. On peut administrer de nouveau de l'adrénaline pour répondre aux besoins de la personne et conformément à l'ordonnance médicale. La voie d'administration se détermine en fonction de la gravité de l'affection:

- Dans les cas plus légers, on choisit l'injection intramusculaire qui facilite l'absorption du médicament.
- La voie intraveineuse (*administration lente* d'adrénaline diluée dans un soluté physiologique) est réservée aux cas, rares, où on observe une perte de conscience totale et un grave collapsus cardiovasculaire. Comme l'administration intraveineuse peut déclencher une arythmie cardiaque ou des douleurs coronariennes, l'infirmière surveille attentivement l'ECG et s'assure qu'elle a un défibrillateur ainsi que les médicaments adaptés à portée de la main.

D'autres mesures sont parfois indiquées:

- Administration d'antihistaminiques pour bloquer la fixation de l'histamine sur les cellules cibles

ENCADRÉ 18-7

Comment réduire l'exposition aux piqûres d'insectes

- Éviter de fréquenter les lieux où les insectes sont présents en grand nombre (terrains de camping ou de pique-nique, par exemple) ainsi que les endroits où ils se nourrissent (parterres fleuris, vergers de fruits mûrs, lieux de dépôt des ordures, etc.).
- Éviter de marcher pieds nus à l'extérieur.
- Éviter d'utiliser des parfums, des savons parfumés et de porter des vêtements de couleurs vives.
- Laisser les vitres de la voiture fermées.
- Vaporiser les poubelles avec un insecticide à action rapide.
- Faire appel à un exterminateur professionnel pour éliminer les nids de guêpes, de frelons ou d'abeilles à proximité du domicile.
- S'immobiliser quand on entend un insecte bourdonner autour de soi, car le risque de piqûre est plus important si la personne bouge ou court.
- Avoir sur soi les médicaments appropriés si on sait que de fortes réactions locales peuvent se manifester.
- Utiliser des produits à base de DEET lors des sorties à l'extérieur.

EN CAS DE PIQÛRE ET DE SIGNES SYSTÉMIQUES

1. Se faire immédiatement une injection d'adrénaline (Twinject, EpiPen®, par exemple), si on sait qu'on est affecté d'une allergie au venin ou si on a une réaction allergique.
2. Extraire le dard d'un mouvement rapide de l'ongle. *Ne pas presser le sac à venin*, ce qui risquerait d'augmenter la quantité de venin injecté.
3. Laver la région de la piqûre à l'eau savonneuse et appliquer de la glace.
4. Se présenter à l'établissement de soins le plus proche pour y subir un examen si on observe une réaction allergique ou si on pense qu'il pourrait y en avoir une.

Signes et symptômes de choc anaphylactique

MANIFESTATIONS RESPIRATOIRES
- Congestion nasale, éternuements et toux
- Dyspnée évoluant rapidement vers une oppression thoracique
- Sibilants, stridor

MANIFESTATIONS CUTANÉES
- Prurit, urticaire
- Angio-œdème facial massif, pouvant provoquer un œdème obstructif des voies respiratoires

MANIFESTATIONS CARDIOVASCULAIRES
- Tachycardie ou bradycardie
- Collapsus vasculaire périphérique se traduisant par:
  - Un pouls filant
  - De la tachycardie
  - De l'hypotension
  - De l'agitation, suivie d'une altération de l'état de conscience

MANIFESTATIONS DIGESTIVES
- Nausées, vomissements
- Douleurs abdominales
- Diarrhée

- Administration lente d'aminophylline en perfusion, lors d'un grave bronchospasme et d'un stridor réfractaire aux autres traitements
- Administration de salbutamol (Ventolin) par inhalation ou nébulisation pour réduire la bronchoconstriction
- Administration de cristalloïdes, colloïdes ou vasopresseurs pour traiter l'hypotension prolongée
- Administration d'inotropes en cas de diminution du débit cardiaque
- Administration de benzodiazépines par voie intraveineuse pour traiter les convulsions
- Administration de corticostéroïdes en cas de réaction prolongée s'accompagnant d'hypotension ou de bronchospasme

Même si elle réagit au traitement de manière satisfaisante, la personne doit rester en observation au centre hospitalier durant 24 heures. Il sera par ailleurs très important, avant que la personne quitte l'hôpital, de lui prescrire un traitement d'adrénaline auto-injectable d'urgence et de lui donner les conseils préventifs d'usage (encadré 18-9 ■). En effet, par mesure de sécurité, la personne qui a subi un choc anaphylactique devrait toujours avoir sur elle de l'adrénaline auto-injectable. Il faudra aussi convaincre la famille et les proches de l'importance de ce médicament et veiller à ce qu'ils sachent l'administrer au besoin. L'administration précoce d'adrénaline est *le* traitement de première ligne de l'anaphylaxie: toute administration tardive, surtout celle qui dépasse un délai de 30 minutes, est associée à la mort (Vadas, 2005).

MORSURES

L'atteinte tissulaire découlant d'une morsure dépend des caractéristiques des dents et de la pression exercée par la mâchoire de l'agresseur. Les saignements qui en résultent et le type de toxines inoculées déterminent la gravité des conséquences et, éventuellement, le décès. Les morsures de chien peuvent engendrer des lésions cutanées importantes et défigurantes, selon la taille de la victime et celle de l'agresseur canin. Les morsures félines occasionnent des lésions cutanées plus restreintes que celles des chiens, mais le risque d'infection est plus élevé; en effet, la majorité des chats sains sont porteurs de la bactérie *Pasteurella multocida*. De plus, les morsures de chat touchent plus souvent que les autres les tendons et les capsules articulaires, ce qui peut entraîner diverses complications: arthrite septique, ostéomyélite, ténosynovite, etc. Quant aux morsures humaines, rarement défigurantes et étendues, elles sont à haut risque infectieux, principalement à cause de la bactérie *Staphylococcus aureus* et des streptocoques qui se trouvent dans la bouche. C'est pourquoi toute personne qui a été mordue par un être humain devrait consulter un médecin et recevoir un traitement médical dans les 24 premières heures suivant l'incident.

Aux États-Unis, il existe 19 espèces de serpents venimeux, dont la répartition varie d'une région à l'autre. Le venin d'un serpent est essentiellement constitué de protéines; la morsure touche par conséquent de multiples fonctions et systèmes, notamment les fonctions neurologique, cardiovasculaire et respiratoire. Au Canada, il y a deux espèces de serpents venimeux mais, comme elles sont en voie de disparition et que la loi interdit d'en posséder, il n'y a pas de banque de sérum antivenimeux dans notre pays. L'infirmière doit donc connaître les espèces présentes dans la région où elle travaille et savoir quels sont les traitements ou ressources appropriés. Néanmoins, l'entrée illégale d'animaux exotiques au pays rend la situation un peu plus complexe.

Chez la personne qui a été mordue par un serpent venimeux, il faut d'abord retirer les objets susceptibles d'entraver la circulation (les bagues, par exemple) dans la partie du corps atteinte. L'infirmière nettoie l'endroit de la morsure et la

Prévention des réactions anaphylactiques

- S'abstenir de consommer des aliments ou des boissons dont on ne connaît pas précisément la composition (allergies alimentaires).
- Éviter de fréquenter les lieux où vont les hyménoptères, de porter des parfums, des vêtements de couleurs vives, etc. (allergie aux hyménoptères).
- Avoir en tout temps un traitement auto-injectable (EpiPen ou Twinject) à portée de la main.
- Porter un bracelet indiquant l'allergie dont on est affecté.
- Connaître les premiers signes de choc anaphylactique.
- Communiquer aux professionnels de la santé la liste de ses allergies (latex, médicament, aliment, etc.): ne pas tenir pour acquis que ces renseignements sont connus de tous.

couvre d'un pansement stérile; elle immobilise le membre atteint en le plaçant sous le niveau du cœur. L'infirmière recueille les informations suivantes:

- Le caractère venimeux ou non du serpent (si le serpent est mort, il faut l'apporter au service des urgences afin de savoir à quelle espèce il appartient)
- Le moment, le lieu et les circonstances de la morsure
- Le déroulement des événements et la séquence d'apparition des signes et symptômes (incisions par crocs, douleur, œdème et érythème de la morsure et des tissus qui l'entourent)
- Les signes vitaux
- La circonférence de la partie atteinte, mesurée en plusieurs endroits, puis comparée à la circonférence du membre opposé
- Les résultats des épreuves de laboratoire: hémogramme, analyse d'urine, épreuves de coagulation

L'évolution et le pronostic des morsures de serpent varient selon le type et la quantité de venin injecté, le siège de la morsure ainsi que l'état de santé, l'âge et la taille de la personne. Il n'existe pas de protocole uniforme pour traiter les morsures de serpent. Toutefois, pendant la période aiguë de l'intoxication, il faut généralement éviter d'employer de la glace, des garrots, de l'héparine ou des corticostéroïdes. Les corticostéroïdes sont contre-indiqués dans les 6 à 8 heures suivant la morsure parce qu'ils risquent de faire baisser la production d'anticorps et d'inhiber l'action du sérum antivenimeux. On traite l'hypotension en administrant des liquides par voie parentérale. En général, il faut surveiller la personne de près pendant au moins 6 heures.

Intoxications

On nomme intoxication, ou parfois empoisonnement, un ensemble de troubles du fonctionnement dus à l'absorption d'une substance étrangère considérée comme toxique. L'absorption d'un produit toxique peut s'effectuer par effraction muco-cutanée (la substance se diffuse à travers la muqueuse ou la peau), par inhalation (la personne respire un gaz ou des poussières toxiques) ou par ingestion (en buvant ou en mangeant). Après les chutes et les accidents de la route, l'intoxication est par ordre de fréquence la troisième cause de lésions exigeant l'hospitalisation. Selon l'Institut canadien d'information sur la santé (ICIS), on comptait 28 581 cas d'intoxication ayant entraîné une hospitalisation en 1999-2000, et cela sur un total de 197 002 hospitalisations, toutes lésions confondues. C'est à l'absorption de médicaments qu'il faut attribuer la majorité des intoxications, d'ailleurs délibérées pour la plupart.

Que l'intoxication soit délibérée ou d'origine accidentelle, il faut tenter d'éliminer la substance toxique, en réduire l'absorption et en favoriser l'élimination. On doit entreprendre des soins d'urgence comportant les objectifs suivants:

- Donner la priorité à l'ABCD.
- Éliminer la substance toxique ou la rendre inactive avant qu'elle ne soit absorbée.

- Donner les soins d'entretien nécessaires pour maintenir les fonctions vitales.
- Administrer, si possible, un antidote spécifique pour neutraliser la substance toxique.
- Accélérer l'élimination de la substance toxique à l'aide du traitement approprié.

Lorsque l'état de la personne est stabilisé et qu'elle quitte le centre hospitalier, l'infirmière lui remet des renseignements écrits sur les signes et symptômes des complications reliées à la substance ingérée, de même que sur ceux qui exigent des visites de suivi. Si l'intoxication était délibérée, on lui conseille de se soumettre à une évaluation psychiatrique. S'il s'agissait d'un accident, on donne à la personne et à sa famille les moyens de prévenir les intoxications en assurant la sécurité de chacun au domicile.

BRÛLURES PAR EFFRACTION CUTANÉE

La gravité d'une brûlure chimique dépend du mécanisme d'action de la substance toxique, de sa force de pénétration, de sa concentration et, enfin, de la surface ainsi que de la durée de l'exposition. En règle générale, les produits alcalins ont une action plus nocive sur les tissus, car ils ont une capacité de pénétration plus marquée: les dommages tissulaires en sont d'autant plus graves.

ALERTE CLINIQUE *Les brûlures causées par l'hydroxyde de sodium ou le phosphore blanc ne doivent pas entrer en contact avec l'eau, parce que les risques d'explosion ou d'aggravation des brûlures sont élevés. Avant de procéder à l'immersion, on doit faire disparaître toute trace de ces produits sur la peau.*

Traitement

Il est essentiel de retirer les vêtements contaminés. Le personnel soignant doit également bénéficier d'une protection cutanée. On nettoie la peau à l'eau courante tiède, puis on la rince abondamment. Entre-temps, on s'efforce pour déterminer le traitement d'établir la nature et les caractéristiques du produit chimique. On prodigue le traitement habituellement administré pour les brûlures: traitement antimicrobien, débridement, prophylaxie antitétanique ou autre, selon l'ordonnance. Même lors d'une exposition limitée, on suggère à la personne de faire examiner de nouveau la lésion 24 heures, 72 heures et 7 jours plus tard, en fonction de l'évolution. En effet, il arrive souvent que l'étendue et la profondeur de ce type de lésions soient sous-estimées. Le traitement doit être adapté à chaque situation.

EMPOISONNEMENT PAR INHALATION (MONOXYDE DE CARBONE)

Le monoxyde de carbone (CO) engendre davantage de décès que tout autre agent toxique, mis à part l'alcool. Le CO est un gaz inodore et incolore dont la toxicité provient de son affinité pour l'hémoglobine, qui est 250 fois supérieure à celle qu'il présente avec l'oxygène. C'est ainsi que le CO se lie à l'hémoglobine au lieu de se lier à l'oxygène, ce qui entraîne une hypoxie cérébrale, cardiaque et musculaire. L'hémoglobine liée au monoxyde de carbone s'appelle **carboxyhémoglobine (COHb)**. Parce que le système nerveux central (SNC) est avide d'oxygène, divers symptômes neurologiques peuvent se manifester, selon le degré d'intoxication au CO. Les intoxications légères engendrent des céphalées (dans 91 % des cas), de la fatigue (77 %), des problèmes de concentration (43 %) et des étourdissements (Poitras, 2005b). Lors des intoxications plus graves, on observe des problèmes visuels (25 %), des syncopes (6 %), de l'ataxie, des convulsions et enfin le coma, tout comme de l'ischémie (9 %), de l'hypotension, de la tachycardie, des arythmies ou une acidose métabolique. Contrairement à une opinion très répandue, la couleur de la peau ne constitue pas un signe fiable : elle peut être rose, rouge cerise ou pâle et cyanosée. La sphygmooxymétrie n'est pas davantage révélatrice, puisque l'hémoglobine, hautement saturée par le CO, affiche une valeur normale ; le personnel soignant risque donc de conclure, à tort, que la personne ne fait pas d'hypoxie.

Traitement

Le traitement d'urgence a pour objectif de remédier à l'hypoxie. Dès qu'une personne intoxiquée au CO arrive au service des urgences, on dose la concentration de carboxyhémoglobine, de préférence avant d'administrer le traitement à l'oxygène. Ensuite, on administre de l'oxygène à 100 % au moyen d'un masque muni d'un réservoir si la personne est consciente, coopère et présente des valeurs de COHb anormales. Le respirateur n'est utilisé que si la personne est dans le coma. Selon le taux de carboxyhémoglobine, le médecin peut décider de recourir à un traitement hyperbare afin de renverser l'hypoxie et d'accélérer l'élimination du monoxyde de carbone. Comme nous l'avons mentionné plus haut, il n'existe au Québec que deux centres hyperbares, soit celui de l'Hôtel-Dieu de Lévis et celui de l'Hôpital du Sacré-Cœur, à Montréal. En collaboration avec le Centre de toxicologie du Québec, ces deux centres ont fait paraître en 2002 un guide d'intervention et de référence. En bref, la chambre hyperbare est utilisée dans les circonstances suivantes : inconscience, changements dans l'ECG, signes neurologiques anormaux ou COHb supérieure à 25 %. On continue à administrer l'oxygénothérapie jusqu'à ce que la proportion de carboxyhémoglobine soit tombée sous les 5 % ; la personne est surveillée continuellement. Selon la gravité et la durée de l'intoxication, certaines complications peuvent se manifester : psychose, paralysie spastique, ataxie, troubles visuels ou détérioration de la personnalité. Elles révèlent des lésions nerveuses permanentes si elles persistent.

Dans les cas d'intoxication involontaire, le service de la Santé publique inspecte le domicile ou l'établissement où l'intoxication a eu lieu, tandis qu'une intoxication délibérée exige une évaluation psychiatrique.

BRÛLURES PAR INGESTION

Produits caustiques

Les substances caustiques comprennent un grand nombre de produits alcalins et acides, qui détruisent les tissus lorsqu'ils entrent en contact avec les muqueuses. Il s'agit notamment des produits alcalins suivants : produits de drainage, détergents pour lave-vaisselle et ammoniaque. Les produits alcalins sont considérés comme plus toxiques que les produits acides (produits servant à nettoyer la cuvette des toilettes, composants antirouille), car leur action persiste plus longtemps dans les tissus.

Traitement

L'essentiel dans un premier temps est d'assurer l'ABCD : intégrité des voies respiratoires, ventilation, oxygénation et état de la circulation. On procède à des analyses biologiques du sang veineux et artériel, des urines et du contenu gastrique, selon les besoins. On installe une sonde urinaire pour suivre la diurèse. Il est capital d'obtenir des données concernant la nature du produit ingéré et sa quantité, le délai écoulé depuis l'ingestion ainsi que les signes et symptômes observés. L'âge, le poids ainsi que les antécédents médicaux de la personne sont des informations qui orientent le traitement.

Lors d'ingestion de substances acides ou alcalines, les risques de perforation et de fragilisation des voies digestives supérieures contre-indiquent la mise en place d'un tube nasogastrique. De même, on devra éviter de provoquer des vomissements de peur d'aggraver les brûlures œsophagiennes et de provoquer une aspiration. On doit aussi éviter tout stimulant intestinal pour ne pas provoquer de dommage supplémentaire dans la partie distale du tube digestif. Dans un deuxième temps, une orientation pour une endoscopie haute doit être faite. Cela permettra d'évaluer les dommages, d'aspirer le contenu gastrique (encadré 18-10 ■) et de décider si une chirurgie exploratrice est nécessaire. Le tube nasogastrique sera installé sous vision directe lors de l'endoscopie.

> **● ALERTE CLINIQUE** *Il faut appeler le Centre anti-poisons si on ne connaît pas la nature du produit toxique ou si on veut savoir quel est l'antidote d'un produit toxique particulier.*

Aliments ou liquides contaminés

L'intoxication alimentaire est une affection soudaine qui apparaît après l'ingestion d'une boisson ou d'un aliment contaminé. Le botulisme est une forme grave d'intoxication alimentaire, qui exige un traitement particulier ainsi qu'une surveillance de tous les instants ; il est cependant peu fréquent. L'infirmière s'informera des circonstances entourant une possible intoxication alimentaire en posant les questions suivantes :

■ Quel a été le délai entre l'ingestion de l'aliment et l'apparition des symptômes ? (L'apparition immédiate des symptômes évoque une intoxication due à une toxine déjà présente dans l'aliment.)

■ De quoi le dernier repas se composait-il ? La nourriture avait-elle une odeur ou un goût inhabituel ? (Il faut cependant préciser que la majorité des aliments pouvant causer une intoxication bactérienne *n'ont ni odeur ni goût inhabituels.*)

RECOMMANDATIONS

Prise en charge d'un lavage gastrique

Le lavage gastrique consiste à aspirer le contenu de l'estomac et à nettoyer celui-ci au moyen d'un tube nasogastrique à large diamètre. Tout comme le vomissement provoqué, cette mesure est contre-indiquée chez les personnes qui ont ingéré un produit acide ou alcalin, des hydrocarbures ou un dérivé du pétrole. En effet, on expose alors la personne à une extension des brûlures et à l'aspiration de ces produits. Une fois le lavage gastrique terminé, on administre du charbon activé, selon l'ordonnance. La personne repose en décubitus latéral gauche, position qui permet au contenu gastrique de s'accumuler et au liquide gastrique de moins passer dans le duodénum au cours du lavage.

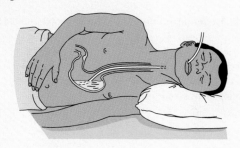

OBJECTIFS

- Éliminer le produit toxique ingéré afin d'en diminuer l'absorption.
- Vider et nettoyer l'estomac avant d'effectuer une observation endoscopique.
- Administrer le charbon activé.

MATÉRIEL

- Sonde de Levin ou sonde d'Ewald, de gros calibre
- Seringue d'irrigation de 60 mL munie d'un adaptateur
- Grand entonnoir de plastique muni d'un adaptateur permettant de le fixer au tube
- Lubrifiant hydrosoluble
- Eau du robinet ou solution saline
- Récipient servant à recueillir le liquide gastrique; matériel d'aspiration
- Récipients pour les échantillons
- Sondes nasotrachéale et endotrachéale comportant un ballonnet (selon la capacité de la personne à protéger ses voies respiratoires)

INTERVENTIONS INFIRMIÈRES

1. Examiner la cavité buccale pour voir s'il y a des dents mobiles; enlever les prothèses dentaires s'il y en a.
2. Mesurer la distance de l'aile du nez au lobe de l'oreille et jusqu'à la zone située juste sous l'appendice xyphoïde. Marquer cette distance sur la sonde nasogastrique à l'aide d'un ruban adhésif.
3. Enduire la partie distale du tube nasogastrique de lubrifiant hydrosoluble.
4. Si la personne est dans le coma, procéder d'abord à une intubation endotrachéale.
5. Placer la personne en position semi-assise si elle est consciente ou en décubitus dorsal si elle est intubée et sous sédation. Au besoin, anesthésier localement la narine qui sera utilisée au moyen de xylocaïne en vaporisateur.
6. Introduire le tube nasogastrique dans la narine tout en maintenant la tête en légère hyperextension; le pousser jusqu'à la marque placée au préalable. Encourager la personne à avaler pour faciliter le passage du tube.
7. Avec le matériel d'aspiration, aspirer le contenu gastrique au moyen de la seringue de 60 mL fixée au tube. S'assurer que le dispositif est bien placé avant d'instiller l'eau ou l'antidote.
8. Au moyen de la seringue remplie de 60 mL d'eau, injecter la solution par la sonde nasogastrique, puis effectuer de nouveau l'intervention. L'estomac ne doit recevoir qu'une petite quantité de liquide à la fois.
9. Aspirer ensuite le contenu gastrique en se servant de la même seringue.
10. Répéter l'intervention jusqu'à ce que le liquide de retour soit à peu près translucide et exempt de particules.

JUSTIFICATIONS SCIENTIFIQUES

1. On prévient toute obstruction mécanique des voies respiratoires supérieures par un corps étranger.
2. C'est une mesure approximative de la distance que doit parcourir le tube pour atteindre l'estomac.

3. Le tube s'insère plus facilement.

4. On prévient ainsi l'aspiration.

5. On obtient une meilleure collaboration de la personne consciente si elle est en position semi-assise.

6. Si le tube pénètre dans la trachée plutôt que dans l'œsophage, la personne présentera une toux et aura un réflexe nauséeux. On pourra au besoin confirmer que le tube se trouve bien en place grâce à une radiographie.
7. On conserve une partie de l'échantillon pour analyse toxicologique.

8. Un excès de liquide dans l'estomac peut causer des nausées et des vomissements ou amener le contenu gastrique vers le pylore.

9. Le liquide doit s'écouler librement; il doit être évacué par la pesanteur. On conserve à part un échantillon provenant du premier lavage pour analyse toxicologique.
10. Au total, l'intervention exige souvent au moins 2 L de liquide.

Prise en charge d'un lavage gastrique (*suite*)

11. Une fois le lavage terminé, on peut décider:
   a) De laisser l'estomac vide et de clamper le tube.
   b) D'instiller dans le tube un produit absorbant tel que du charbon activé, mélangé à de l'eau pour former une bouillie de la consistance d'une soupe épaisse.
   c) D'instiller un cathartique dans la sonde, selon l'ordonnance.
   d) D'instiller un antidote si cette mesure est indiquée.

12. Pincer le tube.
13. Si on a administré du charbon, prévenir la personne que ses selles seront noires.

11.
   a) On laisse l'estomac vide, sauf avis contraire.
   b) Le charbon activé a la faculté d'absorber (fixer) une vaste gamme de substances; il diminue ainsi la toxicité de nombreuses substances en les maintenant dans le tube digestif, de sorte qu'elles ne sont pas absorbées.
   c) On peut administrer un cathartique pour accélérer l'évacuation du résidu toxique; advenant que des doses multiples de charbon activé soient administrées, le cathartique ne sera donné qu'avec la 1re dose.
   d) Si un antidote oral doit être donné, il faut éviter de l'administrer immédiatement après le charbon activé afin de ne pas en inhiber l'efficacité.

- Y a-t-il eu d'autres cas dans l'entourage?
- Y a-t-il des nausées et des vomissements? Préciser la durée, la fréquence, la qualité, la quantité.
- Y a-t-il de la diarrhée? Préciser la durée, la fréquence, la quantité.
- Y a-t-il de la fièvre? Préciser le résultat et la durée.
- Y a-t-il des douleurs abdominales? Les décrire.
- Y a-t-il des symptômes neurologiques? (Le botulisme est souvent associé à des symptômes tels que la faiblesse musculaire et des troubles visuels, entre autres la diplopie.)
- Quelle est l'apparence de la personne? (Recueillir des données sur son état de conscience et son niveau d'hydratation, notamment en prenant régulièrement les signes vitaux.)

Traitement

Il est préférable de déterminer la source et le type de l'intoxication alimentaire. Dans la mesure du possible, il faut demander à la famille d'apporter l'aliment suspect à l'établissement de santé et obtenir les informations pertinentes auprès de la personne ou de son entourage. À des fins d'analyse, on recueille, au besoin et si possible, des échantillons de la nourriture, du contenu gastrique, des vomissements, du sérum et des selles. On doit évaluer régulièrement les signes vitaux, la diurèse et le niveau de conscience. En raison des fortes pertes d'électrolytes et d'eau que peuvent entraîner les vomissements et la diarrhée, il est essentiel d'évaluer et de maintenir l'équilibre hydroélectrolytique. Les vomissements importants provoquent une alcalose, et les diarrhées, une acidose. De graves pertes de liquides et d'électrolytes peuvent conduire à un choc hypovolémique. On doit déterminer si la personne présente des signes ou symptômes de déséquilibre liquidien et électrolytique: léthargie, pouls rapide, oligurie, anurie, hypotension. Des analyses biochimiques peuvent compléter l'évaluation.

On traite les nausées afin de prévenir les vomissements; l'infirmière administre l'antiémétique prescrit, de préférence par voie parentérale. Si les nausées sont légères, on favorisera une hydratation orale. Si les nausées et les vomissements sont contrôlés, le médecin prescrit habituellement une diète qui permet de passer graduellement à une alimentation à consistance molle, pauvre en résidus, pour ensuite revenir à un régime normal.

Substances psychoactives

Les substances psychoactives comprennent les drogues, certains médicaments vendus sur ordonnance et l'alcool; elles entraînent des modifications de l'humeur et des comportements. Les personnes qui font un mauvais usage des drogues les prennent souvent en les associant (polytoxicomanie), ce qui peut en multiplier les effets. Les utilisateurs de drogues, notamment de celles qu'on s'auto-injecte par voie intraveineuse (IV), sont plus à risque d'être contaminés par les virus du VIH, des hépatites B et C ainsi que par de nombreux autres agents pathogènes.

Les manifestations cliniques varient selon les substances, mais le traitement obéit aux mêmes principes. La liste des drogues qui font le plus souvent l'objet de surdoses ainsi que leurs manifestations cliniques et le traitement thérapeutique approprié figurent au tableau 18-3 ■. L'évaluation initiale vise l'ABCD. Par la suite, on limite l'absorption des drogues, on s'efforce de les éliminer et on administre un antidote ou un autre traitement, selon la substance.

Intoxication alcoolique aiguë

L'alcool est une drogue psychotropique qui influe sur l'humeur, le jugement, le comportement, la concentration et la conscience. Parmi les personnes qui consomment trop d'alcool,

Soins d'urgence en cas d'abus de drogues ou de surdose

TABLEAU
18-3

Drogues	Manifestations cliniques	Traitement
Cocaïne • Inhalation nasale: la poudre est aspirée dans les narines au moyen d'une paille ou d'un autre tube. • Inhalation pulmonaire: le crack, un alcaloïde de la coca épurée (chlorydrate de cocaïne dissous dans l'éther), se fume dans une petite pipe; les poumons absorbent rapidement une quantité importante de cocaïne, qui est distribuée dans le corps tout entier par voie sanguine. • Administration IV directe • Administration orale	La cocaïne stimule le système nerveux central (SNC) et peut engendrer les effets suivants: ▪ Anxiété ▪ Arythmie cardiaque ▪ Convulsions ▪ Diaphorèse ▪ Euphorie intense ▪ Hausse de la pression artérielle (PA) ▪ Hyperthermie ▪ Hypervigilance ▪ Indifférence sexuelle ▪ Insomnie ▪ Mydriase ▪ Syndrome coronarien aigu ▪ Tachycardie ▪ Tristesse Si l'usage se prolonge, les symptômes psychotiques peuvent devenir chroniques.	1. Assurer l'ABCD, puis, selon le cas: monitorage cardiaque, sphygmooxymétrie, voies veineuses, sonde urinaire, épreuves de laboratoire (sang, urine, gaz du sang artériel). 2. Traiter les convulsions. 3. Surveiller les effets cardiovasculaires à l'aide d'un ECG et d'un monitorage cardiaque. Traiter les arythmies, au besoin. 4. Traiter l'hyperthermie par des antipyrétiques. 5. En cas d'ingestion orale de cocaïne, utiliser un traitement au charbon activé. 6. Obtenir une évaluation en psychiatrie, au besoin, et orienter la personne vers les ressources appropriées.

OPIOÏDES

▪ Héroïne ▪ Opium ▪ Morphine, codéine, oxycodone (Supeudol, OxyContin), fentanyl, mépéridine (Demerol) • Administration IV directe • Administration orale	L'intoxication aiguë (dose excessive) engendre les effets suivants: ▪ Altération de l'état de conscience ▪ Dépression respiratoire ▪ Diminution de la PA ▪ Hypotension orthostatique ▪ Myosis extrême ▪ Nausées et vomissements ▪ Rétention urinaire Le sevrage aigu engendre les effets suivants: ▪ Abcès cutané ▪ Anxiété ▪ Diaphorèse ▪ Diarrhée ▪ Douleurs abdominales ▪ Larmoiement ▪ Marques récentes d'aiguilles sur des veines superficielles ▪ Myalgies diffuses ▪ Mydriase ▪ Nausées et vomissements ▪ Piloérection ▪ Rhinorrhée	1. Assurer l'ABCD, puis, selon le cas: monitorage cardiaque (ECG), sphygmooxymétrie, voie veineuse, sonde urinaire, épreuves de laboratoire pour recherche d'opioïdes (sang, urine, gaz du sang artériel). 2. Être à l'affût de l'hypoglycémie. 3. Administrer l'antagoniste opioïde prescrit (naloxone [Narcan]) pour réprimer une grave dépression respiratoire et prévenir l'apparition du coma; toutefois, faire attention au sevrage aigu. 4. Continuer de surveiller la réactivité, la respiration, le pouls et la pression sanguine. Il faut parfois répéter les doses de naloxone (Narcan), car sa durée d'action est beaucoup plus courte que celle de l'héroïne. 5. Ne pas laisser la personne seule. Le tableau clinique peut se modifier rapidement et la personne sombrer dans le coma, ou au contraire être atteinte du syndrome de sevrage aigu. 6. Obtenir une évaluation en psychiatrie, au besoin, et orienter la personne vers les ressources appropriées. 7. En cas de sevrage, administrer le traitement de soutien avec sédation, car le naxolone (Narcan) est inutile.

BARBITURIQUES

▪ Phénobarbital, pentobarbital (Nembutal) ▪ Sécobarbital (Seconal) ▪ Amobarbital (Amytal) • Administration orale	L'intoxication aiguë ressemble à l'intoxication alcoolique: ▪ Coma ▪ Décès ▪ Dépression respiratoire ▪ Désinhibition ▪ Diminution de la vigilance mentale ▪ Diminution des réflexes tendineux ▪ Hypoglycémie ▪ Hypotension ▪ Nystagmus de plus en plus accentué	1. Assurer l'ABCD, puis, selon le cas: monitorage cardiaque, sphygmooxymétrie, voies veineuses, sonde urinaire, épreuves de laboratoire (sang, urine, gaz du sang artériel). 2. Être à l'affût de l'hypoglycémie. 3. Pratiquer un lavage gastrique si l'ingestion remonte à moins de 4 heures. 4. Administrer du charbon activé en doses multiples. 5. Du bicarbonate de sodium peut être administré pour alcaliniser les urines, ce qui favorise l'élimination des barbituriques.

TABLEAU
18-3

Soins d'urgence en cas d'abus de drogues ou de surdose (*suite*)

Drogues	Manifestations cliniques	Traitement
	■ Rougeur au visage ■ Troubles de la coordination motrice ■ Troubles d'élocution	6. Effectuer une hémodialyse. 7. Tenir une fiche où figure l'évolution des signes neurologiques et vitaux. 8. Au réveil, la personne qui a consommé une surdose peut manifester de l'hostilité. 9. Obtenir une évaluation en psychiatrie, au besoin, et orienter la personne vers les ressources appropriées.

STIMULANTS DU SNC

Drogues	Manifestations cliniques	Traitement

Amphétamines et autres drogues du même type
■ Amphétamine et dextroamphétamine (Aderall)
■ Dexamphétamine (Dexedrine)
■ MDMA («*Ecstacy*», «*Adam*»)
■ MDEA («*Eve*»)
■ MDA (méthamphétamine: «*pep pills*», «*uppers*», «*speed*», «*crystal*», «*meth*»)
  • Administration par inhalation
  • Administration orale
	■ Agitation
	■ Anorexie
	■ Anxiété
	■ Augmentation de la PA
	■ Coma
	■ Conduites répétitives ou stéréotypées
	■ Convulsions
	■ Crainte
	■ Dépression
	■ Diaphorèse
	■ Élocution rapide
	■ Euphorie
	■ Hallucination auditive
	■ Hausse de la température
	■ Hostilité
	■ Hyperactivité
	■ Insomnie
	■ Irritabilité
	■ Mydriase
	■ Nausées et vomissements
	■ Nervosité
	■ Palpitations
	■ Tachycardie
	■ Tachypnée
	■ Troubles de la perception visuelle
		1. Assurer l'ABCD, puis, selon le cas: monitorage cardiaque, sphygmooxymétrie, voies veineuses, sonde urinaire, épreuves de laboratoire (sang, urine, gaz du sang artériel).
		2. En cas de surdose par voie orale, employer des mesures de décontamination de l'estomac: lavage, charbon activé.
		3. Garder la personne dans un endroit calme et frais. Une température élevée augmente la toxicité des amphétamines.
		4. Traiter l'hyperactivité des muscles et du SNC en administrant une benzodiazépine (comme le diazépam [Valium]) ou un neuroleptique (comme l'halopéridol [Haldol]), selon l'ordonnance.
		5. Traiter les complications: hypertension grave, arythmies ventriculaires, convulsions.
		6. En cas de délire ou d'hallucinations, essayer de communiquer avec la personne.
		7. Placer la personne dans un lieu protégé.
		8. Obtenir une évaluation en psychiatrie, au besoin, et orienter la personne vers les ressources pour surmonter sa toxicomanie.

HALLUCINOGÈNES OU DROGUES DE TYPE PSYCHÉDÉLIQUE

Drogues	Manifestations cliniques	Traitement

■ LSD (diéthylamide de l'acide lysergique)
■ PCP (phencyclidine, «*angel dust*»)
■ Mescaline, psilocybine
■ Cannabinoïde (marijuana)
  • Administration par inhalation
  • Administration orale
	■ Agitation
	■ Coma
	■ Confusion
	■ Convulsion
	■ Décès
	■ Hallucinations
	■ Hypertension (HTA)
	■ Hyperréflexie
	■ Hyperthermie
	■ Mydriase
	■ Nystagmus
	■ Panique
	■ Paranoïa
	■ Piloérection
	■ Psychose
	■ Rougeur au visage
	■ Tachycardie
	■ Tension musculaire
	■ Violence
	On observe des automutilations, surtout quand il s'agit de PCP, un produit qui
		1. Assurer l'ABCD, puis, selon le cas: monitorage cardiaque, sphygmooxymétrie, voies veineuses, sonde urinaire, épreuves de laboratoire (sang, urine, gaz du sang artériel).
		2. Déterminer si la personne a pris un hallucinogène ou si elle présente une psychose toxique.
		3. Tenter de communiquer avec la personne, la rassurer.
		  a) Lui parler calmement et lui montrer qu'on la comprend; cela aide à apaiser ses craintes au moment où elle reprend contact avec la réalité.
		  b) Lui faire comprendre qu'il est normal d'avoir peur dans ce genre de situations.
		  c) La rassurer en lui disant qu'elle ne perd pas la raison, mais qu'elle subit, de façon temporaire, les effets de la drogue.
		  d) Lui recommander de garder les yeux ouverts, ce qui diminue l'intensité de la réaction.
		  e) Réduire les stimuli sensoriels: bruits, lumière, mouvements, excitations tactiles.

Drogues	Manifestations cliniques	Traitement
	engendre des comportements irrationnels et dangereux, par exemple le fait de conduire en sens inverse sur une autoroute.	4. Administrer les sédatifs prescrits (diazépam ou autres) si on ne parvient pas à calmer l'hyperactivité. 5. Rechercher des traces de lésions; les hallucinations provoquées par les drogues psychédéliques poussent souvent à s'automutiler. 6. Traiter les convulsions. 7. Surveiller la personne de près, car elle peut présenter un comportement dangereux; s'assurer qu'un agent de sécurité se tient à proximité de la chambre. 8. En cas de psychose prolongée causée par la drogue, être à l'affût d'une crise hypertensive. 9. Placer la personne dans un lieu protégé pour l'empêcher de s'infliger des blessures et assurer la surveillance médicale qui convient. 10. Obtenir une évaluation en psychiatrie, au besoin, et orienter la personne vers les ressources appropriées.

BENZODIAZÉPINES

Drogues	Manifestations cliniques	Traitement
(Drogues provoquant une sédation, une intoxication, ou encore une dépendance psychologique ou physique lors d'un usage prolongé) ■ Alprazolam (Xanax) ■ Bromazépam (Lectopam) ■ Chlordiazépoxide (Librium) ■ Clonazépam (Rivotril) ■ Diazépam (Valium) ■ Flurazépam (Dalmane) ■ Lorazépam (Ativan) ■ Midazolam (Versed) ■ Oxazépam (Serax) ■ Témazépam (Restoril) ■ Triazolam (Halcion) • Administration orale	L'intoxication aiguë engendre les effets suivants: ■ Ataxie ■ Baisse de la vigilance mentale (somnolence) ■ Coma ■ Confusion ■ Dépression respiratoire ■ Étourdissements ■ Œdème pulmonaire ■ Troubles de l'élocution, diminution de la pression artérielle	1. Assurer l'ABCD, puis, selon le cas: monitorage cardiaque, sphygmooxymétrie, voie veineuse, sonde urinaire, épreuves de laboratoire (sang, urine, gaz du sang artériel). 2. Effectuer un lavage gastrique et administrer du charbon activé. 3. Administrer du flumazénil (Anexate), qui est l'antidote des benzodiazépines, au besoin. 4. Obtenir une évaluation en psychiatrie, au besoin, et orienter la personne vers les ressources appropriées.

SALICYLÉS

Drogues	Manifestations cliniques	Traitement
Aspirine (seule ou présente dans les analgésiques composés comme Fiorinal, 222, Robaxisal, Percodan, etc.) • Administration orale	La toxicité est proportionnelle à la dose ingérée: ■ Légère: < 150 mg/kg ■ Modérée: 150-300 mg/kg ■ Grave: > 300 mg/kg • Acouphènes • Agitation • Coma • Déséquilibre acidobasique • Déshydratation • Désorientation • Douleurs abdominales • Hyperthermie • Hyperventilation • Mort • Nausées et vomissements • SDRA (syndrome de détresse respiratoire de l'adulte) • Sudation • Surdité • Troubles de la vision	1. Assurer l'ABCD, puis, selon le cas: monitorage cardiaque, sphygmooxymétrie, voie veineuse, sonde urinaire, épreuves de laboratoire (sang, urine, gaz du sang artériel). 2. Assurer la vidange gastrique par un lavage. 3. Administrer du charbon activé, associé ou non à un cathartique. 4. Soutenir la personne par des perfusions intraveineuses, selon l'ordonnance, pour assurer l'hydratation et rétablir l'équilibre hydroélectrolytique. 5. Selon l'ordonnance, accélérer l'évacuation des salicylés par une diurèse forcée, une alcalinisation de l'urine, une dialyse péritonéale ou une hémodialyse, selon la gravité de l'intoxication. 6. Déterminer l'efficacité du traitement en obtenant le taux de concentration sérique des salicylés. 7. Traiter l'hémorragie ou tout autre problème en administrant les médicaments prescrits. 8. Obtenir une évaluation en psychiatrie, au besoin, et orienter la personne vers les ressources appropriées.

		TABLEAU 18-3
Soins d'urgence en cas d'abus de drogues ou de surdose (*suite*)		

Drogues	Manifestations cliniques	Traitement
ACÉTAMINOPHÈNE		
Seule ou présente dans les analgésiques donnés sur ordonnance ou non, les antipyrétiques et les médicaments contre la grippe comme Empracet, Percocet, Robaxacet, Sudafed Rhume et Grippe, etc. • Administration orale	Selon la dose ingérée et le laps de temps écoulé depuis l'ingestion: ■ < 24 heures: symptômes peu importants, surtout d'ordre gastro-intestinal (nausées et vomissements, anorexie, gêne abdominale) ■ > 24 heures: douleur abdominale au quadrant supérieur droit (QSD), hépatalgie, anomalies hépatiques, diminution des symptômes gastro-intestinaux ■ > 72 heures: insuffisance hépatique fulminante pouvant causer la mort	1. Assurer l'ABCD, puis, selon le cas: monitorage cardiaque, sphygmooxymétrie, voies veineuses, sonde urinaire, épreuves de laboratoire (sang, urine, gaz du sang artériel). 2. Déterminer le niveau d'acétaminophène. Le risque de toxicité peut être déterminé à l'aide d'un nomogramme selon le niveau d'acétaminophène et le laps de temps écoulé depuis l'ingestion. 3. Effectuer les analyses de laboratoire suivantes: exploration fonctionnelle du foie, temps de prothrombine/temps de céphaline, formule sanguine, urée, créatinine; gaz du sang artériel. 4. Lavage gastrique et charbon activé multidose. 5. Déterminer si une hémodialyse est nécessaire pour éliminer l'acétaminophène, ce qui n'empêche pas l'atteinte hépatique. 6. Administrer de l'acétylcystéine (Mucomyst), l'antidote de l'acétaminophène, dès que possible. L'acétylcystéine IV diminue la toxicité hépatique plus efficacement si elle est donnée tôt (< 8 heures suivant l'ingestion). 7. Obtenir une évaluation en psychiatrie au besoin et orienter la personne vers les ressources appropriées.
ANTIDÉPRESSEURS TRICYCLIQUES		
■ Amitriptyline (Elavil) ■ Doxépine (Sinequan) ■ Nortriptyline (Aventyl) ■ Imipramine (Tofranil) • Administration orale	■ Acidose ■ Agitation ■ Anomalies dans l'ECG ■ Arythmie ventriculaire ■ Ataxie ■ Coma ■ Confusion ■ Convulsions ■ Difficultés d'élocution ■ Hallucinations visuelles ■ Hyperréflexie ■ HTA ■ Rétention urinaire ■ Spasmes musculaires ■ Troubles de la vision ■ Xérostomie	1. Assurer l'ABCD, puis, selon le cas: monitorage cardiaque, sphygmooxymétrie, voies veineuses, sonde urinaire, épreuves de laboratoire (sang, urine, gaz du sang artériel). 2. Effectuer un lavage gastrique et administrer du charbon activé en doses multiples. 3. Procéder à une série d'ECG pour détecter une cardiotoxicité. 4. Si le complexe QRS sur l'ECG < 100 ms, déviation axiale droite > 120° et autres signes, donner des bicarbonates IV afin d'obtenir un pH artériel autour de 7,5. 5. Surveiller le potassium et donner des suppléments, au besoin. 6. Obtenir une évaluation en psychiatrie, au besoin, et orienter la personne vers les ressources appropriées.

certaines se présentent souvent aux urgences, ce qui engendre de la frustration et de l'impatience chez les professionnels de la santé. Il est important de soigner ces personnes en faisant preuve de patience et de sollicitude, tout en leur assurant un traitement adéquat et continu.

La toxicité de l'alcool (ou éthanol) se manifeste à plusieurs niveaux; celui-ci entraîne de la somnolence, une perte de coordination, des troubles de l'élocution, des sautes d'humeur, de l'agressivité, des idées de grandeur et l'absence d'inhibition. S'il est consommé en quantité exagérée, l'alcool peut causer de la stupeur, le coma et la mort. On doit toujours songer au risque d'hypoglycémie. Dans les cas d'éthylisme chronique, il faut d'abord administrer de la thiamine avant de

recourir aux solutés glucosés pour éviter de provoquer le syndrome de Korsakoff. Ce dernier se manifeste par une démence irréversible, d'apparition subite, et en rapport direct avec l'usage inapproprié de glucosés non accompagnés de thiamine et avec la consommation chronique d'alcool.

Traitement

Le traitement comporte la désintoxication, la guérison et la réhabilitation. Il n'est pas rare que la personne fasse preuve de déni et soit sur la défensive. L'infirmière doit l'aborder sans la juger; son attitude doit être ferme, cohérente, accueillante et raisonnable. Il est important de parler calmement et lentement à la personne, car l'alcool affecte le processus cognitif. Avant de conclure que la personne a fait usage de substances psychoactives, on doit d'abord envisager la possibilité d'une hypoxie, d'une hypovolémie et d'une incapacité neurologique. On peut effectuer un prélèvement sanguin afin d'analyser l'alcoolémie.

Si la personne est somnolente, on doit la laisser dormir le temps qu'il faut pour lui permettre de dépasser le stade de l'intoxication alcoolique. Durant cette période, il est essentiel de surveiller sa capacité à protéger ses voies respiratoires et d'évaluer notamment ses signes vitaux, sa diurèse et sa glycémie capillaire.

En outre, on doit déterminer si la personne est atteinte d'un délire causé par le manque d'alcool (sevrage). Il faut également l'examiner afin de déceler des blessures ou des maladies organiques (par exemple, blessures à la tête, convulsions, infection pulmonaire, hypoglycémie et carences nutritionnelles) concomitantes à l'intoxication alcoolique. Les personnes alcooliques subissent plus de lésions que les autres, car l'alcool prédispose aux chutes. Les infections pulmonaires par aspiration sont également plus courantes chez les personnes atteintes d'alcoolisme. On peut hospitaliser la personne ou la confier à un centre de désintoxication afin de l'aider à prendre conscience des problèmes qui l'incitent à se livrer à une consommation excessive de ces substances.

DÉLIRE DE SEVRAGE ALCOOLIQUE (DELIRIUM TREMENS)

Le délire de sevrage alcoolique est un état toxique aigu qui résulte d'une consommation d'alcool régulière et prolongée, suivie d'une diminution abrupte de l'apport en alcool. L'intensité des symptômes varie selon la quantité d'alcool ingérée et la durée de la consommation. Le *delirium tremens* constitue la forme la plus violente de délire lors d'un sevrage éthylique.

La personne atteinte de délire alcoolique présente des signes d'anxiété, une peur insurmontable, des tremblements, de l'irritabilité, de l'agitation, de l'insomnie, de la sudation, de l'incontinence, etc. La personne est loquace, préoccupée, et elle a souvent des hallucinations terrifiantes (visuelles, tactiles, olfactives ou auditives). On note une hyperactivité du système nerveux autonome qui se traduit par de la tachycardie, la dilatation des pupilles et une transpiration abondante. Le délire de sevrage alcoolique met la vie de la personne en danger et est associé à un taux de mortalité élevé.

Traitement

L'objectif du traitement est de donner à la personne la sédation et le soutien appropriés pour lui permettre de se reposer et de se rétablir, en prévenant les blessures et le collapsus vasculaire périphérique.

En général, on doit administrer des benzodiazépines en dose suffisante pour assurer la sédation, ce qui a pour effet d'apaiser l'agitation, de prévenir l'épuisement et les convulsions et de faciliter le sommeil. La personne doit être calme, en état de réagir et d'assurer le maintien de ses voies respiratoires. Bien qu'on recoure souvent au lorazépam (Ativan), au diazépam (Valium) et au chlodiazépoxide (Librium), toutes les benzodiazépines pourraient être utilisées. En cas de *delirium* grave,

on peut avoir recours à l'halopéridol (Haldol) ou à d'autres neuroleptiques. Les doses sont adaptées aux symptômes de la personne (agitation, anxiété, etc.).

On place la personne dans un environnement calme et apaisant (habituellement en chambre individuelle) où on pourra l'observer étroitement. La chambre doit être éclairée de façon à réduire le risque d'hallucinations, qui peuvent susciter un comportement suicidaire. Il faut fermer les portes de la garde-robe et de la salle de bains, ce qui a pour effet d'éliminer les ombres. Il est important qu'une autre personne soit présente dans la chambre, aussi souvent que possible. Cette présence a un effet apaisant et rassurant et elle permet à la personne atteinte de délire alcoolique de garder un lien avec la réalité; on doit immédiatement ramener celle-ci à la réalité chaque fois qu'elle est en proie à une illusion ou à une hallucination.

> **ALERTE CLINIQUE** *On ne doit utiliser un dispositif de contention qu'en dernier recours et seulement si la personne donne des signes d'agressivité ou de violence. Ces mesures, qui visent à empêcher la personne de se blesser et de blesser les autres, doivent être les moins brutales possible. On doit fixer correctement les attaches afin de ne pas gêner la circulation dans une partie du corps ou la respiration. Il est impératif de respecter les règles en vigueur dans l'établissement. Il faut assurer une surveillance physique constante (couleur de la peau, état de la circulation, état de la respiration, etc.) et noter les réactions de la personne dans son dossier.*

Les pertes liquidiennes peuvent résulter des troubles digestifs (vomissements), de la sudation ou de l'hyperventilation. De plus, l'alcool diminuant la quantité d'hormones antidiurétiques, la personne qui en a consommé peut être atteinte de déshydratation. Pour remplacer les liquides ou rétablir l'équilibre hydroélectrolytique, on peut utiliser la voie orale ou intraveineuse. Afin de prévenir un collapsus de la circulation périphérique ou l'hyperthermie (les deux complications les plus meurtrières), on vérifie fréquemment la température corporelle, le pouls, la respiration et la pression artérielle (toutes les 30 minutes, en cas de *delirium* grave). Le médecin peut prescrire un anticonvulsivant tel que la phénytoïne (Dilantin) pour prévenir ou traiter les convulsions récurrentes associées au sevrage.

Les complications les plus fréquentes sont notamment l'infection pulmonaire par aspiration, les lésions, l'insuffisance hépatique, l'hypoglycémie et les troubles cardiovasculaires. Le sevrage alcoolique peut s'accompagner d'hypoglycémie, car l'alcool épuise les réserves du foie en glycogène et entrave la gluconéogenèse. En outre, les personnes alcooliques sont souvent atteintes de malnutrition. Si les réserves du foie en glycogène sont épuisées, il faut administrer par voie parentérale le dextrose prescrit. On donne du jus d'orange, du Gatorade ou tout autre produit à forte teneur en glucides pour stabiliser la glycémie et neutraliser les tremblements. Le médecin peut prescrire une vitaminothérapie et un régime riche en protéines afin de combler une carence vitaminique. La personne doit finalement être dirigée vers un centre de traitement de l'alcoolisme qui assure le suivi et la rééducation.

Maltraitance

VIOLENCE FAMILIALE, MAUVAIS TRAITEMENTS, NÉGLIGENCE

Le service des urgences est souvent le premier endroit où les personnes maltraitées viennent chercher de l'aide: si l'infirmière ne saisit pas cette occasion pour déceler le problème, la personne se trouve exposée à un risque important de récidive, pouvant entraîner le décès par homicide ou par suicide. Il ne s'agit pas d'une tâche aisée puisque, pour l'accomplir, il faut faire appel à des connaissances qu'on enseigne peu; une étroite collaboration entre les membres de l'équipe est particulièrement recommandée. Il faut veiller à ne pas avoir une vision stéréotypée des personnes maltraitées: tout le monde peut devenir victime, mais certaines personnes sont plus vulnérables que d'autres (par exemple, les personnes très âgées ou très jeunes, celles qui sont atteintes d'une maladie chronique, de déficiences physiques ou mentales, etc.). La maltraitance est donc une situation pathologique dans laquelle une personne ou un groupe de personnes inflige des mauvais traitements à autrui. La maltraitance comprend deux catégories: d'une part, les mauvais traitements, regroupant les actes de violence physique (coups, viols), psychologique (grossièretés, cruauté mentale, menaces, harcèlement), financière (rétention de pension, vols) ainsi que médicamenteuse (excès ou privation de médicaments); d'autre part, la négligence *par omission ou par privation*, par laquelle on ne satisfait pas aux besoins de la vie quotidienne (placement autoritaire, enfermement, ligotage, négligence des soins). Les mauvais traitements peuvent conduire au décès de la personne ou lui causer un préjudice: notamment porter atteinte à l'intégrité corporelle ou psychique, à la dignité, à la vie sociale, au développement de la personnalité, à la jouissance des biens, des ressources ou des libertés (SFMU, 2004).

Chaque année, aux États-Unis, de 3 à 4 millions de femmes sont victimes de violence conjugale et 1 million d'entre elles sont grièvement blessées. Plus du tiers des femmes vivront un jour ou l'autre un épisode de violence conjugale. De 4 à 14 % des femmes enceintes sont victimes de violence physique de la part de leur conjoint, et de 10 à 24 % d'entre elles ont fait l'objet de violence au cours de l'année précédant leur grossesse. La situation est encore plus alarmante chez les adolescentes, puisque 20 % d'entre elles ont été agressées alors qu'elles étaient enceintes. Ces agressions sont de plus en plus violentes, surtout lorsqu'elles touchent les femmes enceintes. La violence conjugale est la première cause de décès chez les jeunes Noires américaines (Campbell, 1999; Harrell *et al.*, 2002). En moyenne, de 6 à 28 % des femmes qu'on rencontre au service des urgences ont souffert de violence, et 6 % d'entre elles sont traitées pour un événement récent. De 20 à 35 % des visites dans les services des urgences sont reliées à des actes de violence répétitifs. Ce sont bien souvent de jeunes femmes qui sont victimes de ces actes; quoique ceux-ci ne soient pas mortels, ils n'en nécessitent pas moins des soins urgents (Moskowitz, Griffith, DiScala, Sege, 2001). Les infirmières devraient aussi savoir que les hommes et les personnes présentant une incapacité quelconque sont aussi victimes de ce type de violence; elles devraient tenir compte de ce fait au moment d'effectuer leur évaluation.

Examen clinique et examens paracliniques

Pour pouvoir aider une personne maltraitée, il faut d'abord détecter le problème et en définir la nature. L'infirmière du service des urgences se trouve dans une situation idéale pour accomplir cette tâche, surtout lorsque la maltraitance occasionne des lésions visibles. Cependant, si les signes sont ténus, elle ne songera peut-être pas à la maltraitance. Même si elle n'a pas à assumer seule l'évaluation de la maltraitance, l'infirmière doit savoir en reconnaître les indices. Elle peut participer à la collecte des données et mettre en branle le processus visant à protéger la personne. La présomption de maltraitance s'appuie sur des éléments souvent négligés, entre autres sur l'attitude de la personne et de son entourage, les disconcordances et les incohérences entre l'anamnèse et l'examen clinique, la présence inexpliquée de lésions à différents stades de guérison, le délai de consultation, le nomadisme médical et les signes de mauvaise hygiène – de malnutrition – et de manque de soins. En ce qui concerne les stades de guérison, mentionnons qu'une ecchymose datant de moins de 2 jours est érythémateuse et œdémateuse; 3 jours plus tard, elle passe du bleu au rouge, au violet, puis elle devient vert-jaune au bout de 5 à 10 jours. Après 10 jours, elle prend une teinte marron et finit par disparaître en 2 à 4 semaines.

En interrogeant la personne dans un endroit isolé, à l'abri des regards, l'infirmière peut l'amener à se confier (encadré 18-11 ■). Lorsque les informations recueillies indiquent qu'il peut y avoir de la maltraitance, on doit inscrire dans le dossier la description détaillée des événements, et y joindre des dessins et des photos des lésions. Ainsi, les excoriations au cou font penser à une strangulation; les lésions à la face interne des cuisses, à une agression sexuelle; les lésions

ENCADRÉ 18-11

Violence, mauvais traitements et négligence

Les questions suivantes peuvent aider à déterminer si la personne est victime de violence, de mauvais traitements ou de négligence:

- J'ai remarqué que vous aviez de nombreuses ecchymoses. Pouvez-vous m'expliquer quelle en est l'origine? Avez-vous été frappée?

- Vous semblez terrifiée. Est-ce que quelqu'un a tenté de vous blesser?

- Souvent, les gens me confient qu'ils ont été maltraités à leur travail ou à la maison. Est-ce votre cas?

- Avez-vous peur de quelqu'un au travail ou à la maison? Ou s'agit-il d'une personne de votre entourage?

- Est-il arrivé qu'on refuse de vous aider alors que vous aviez besoin qu'on prenne soin de vous?

- Vous a-t-on empêchée de voir des amis ou des gens que vous désiriez rencontrer?

- Vous est-il arrivé de signer des papiers dont vous ne compreniez pas le contenu ou que vous ne vouliez pas signer?

- Est-il arrivé que quelqu'un vous oblige à signer des documents?

au bras, à une lutte. Comme il peut être utilisé dans le cadre de poursuites en justice, le dossier doit être bien rédigé. Un enfant qui déclare de façon spontanée avoir été victime de maltraitance dit habituellement la vérité (Pelletier, 2005). Le fait d'avoir eu trois accidents ou plus exigeant une consultation médicale en l'espace d'un an est considéré comme suspect (Reece et Grodin, 1985). Par ailleurs, toute maltraitance peut engendrer ou aggraver des troubles psychocomportementaux : état de stress aigu, syndrome post-traumatique, problèmes dépressifs, somatiques, alimentaires, de dépendance, de personnalité, etc.

Approche thérapeutique

Pour mener à bien l'entretien avec la personne victime de maltraitance, il est essentiel de posséder trois grandes qualités : la capacité d'écouter avec empathie et sans porter de jugement, d'inspirer confiance à l'autre et de lui apporter son soutien. On doit aussi pouvoir converser dans une pièce calme, où la personne pourra s'exprimer de manière confidentielle et à son rythme. En outre, même si on souhaite que le traitement s'inscrive dans un cadre interdisciplinaire, il vaut mieux que la personne ne rencontre qu'un petit nombre de professionnels de la santé. Les membres de l'équipe interdisciplinaire échangeront les données recueillies afin que la personne n'ait pas à fournir plusieurs fois la même information. Il faut gagner pas à pas la confiance de la personne, en réduisant la peur et la gêne qu'elle ressent, puis en soulignant le fait que la maltraitance existe et est répréhensible. Le fait de ne pas être jugée ni d'avoir à « faire des aveux » aide la personne à accepter ce qu'on lui offre : protection, information, orientation et, du même coup, organisation des soins et de la sécurité.

Si la personne encourt un danger quelconque, il faut, dans la mesure du possible, la séparer de son agresseur ou de la personne qui la néglige : l'hospitalisation constitue souvent l'option choisie dans l'attente d'une meilleure solution. Cependant, il est possible qu'un tiers refuse que la personne soit hospitalisée uniquement en raison de la maltraitance, tout comme une personne adulte et lucide est libre d'accepter ou non l'aide offerte. Une fois qu'on a présenté les ressources disponibles et fourni toutes les explications nécessaires, il faut respecter la volonté de la personne.

Il peut être indiqué de recourir à un service de relève lorsque la maltraitance semble résulter du stress du proche aidant, qui ne peut plus assumer sa lourde tâche (par exemple, soins prodigués à une personne âgée qui est atteinte d'une affection chronique ou d'une déficience). Il existe des groupes de soutien et de dépannage, qui ont justement pour but d'aider les personnes ayant besoin de répit. En revanche, un changement d'environnement s'impose si c'est l'état d'esprit de l'agresseur qui semble être en cause.

Tout comme les autres citoyens, les professionnels de la santé ont le devoir de signaler tout cas de maltraitance, même s'ils n'entretiennent que des soupçons. Si cette déclaration est faite de bonne foi, elle n'engage pas leur responsabilité, civile ou criminelle. Après avoir recueilli cette déclaration, les organismes responsables se chargent d'effectuer des visites à domicile afin de recueillir des renseignements sur la présumée victime et son environnement.

AGRESSION SEXUELLE

On appelle agression sexuelle un acte commis sans le consentement de la personne visée, par un ou plusieurs individus, comportant ou non des contacts physiques, ou encore effectué sous l'effet d'une manipulation affective ou de chantage. Par cet acte, l'agresseur assujettit l'autre personne à ses propres désirs en recourant à la force, à la contrainte ou aux menaces. Ces agressions comprennent des gestes à caractère sexuel tels que baisers, frottements, attouchements, voyeurisme, sodomie, fellation, etc. Selon l'organisme québécois Viol-Secours, le tiers des femmes ont subi au moins une agression sexuelle au cours de leur vie ; chez les enfants, ces agressions touchent le quart des filles et le tiers des garçons. Quatre-vingt-dix-huit pour cent des agresseurs sont masculins et, dans 90 % des cas, ceux-ci connaissent leur victime. Ces personnes ont d'ailleurs beaucoup de difficultés à révéler et à dénoncer l'agression en raison des craintes qu'inspirent : (a) les représailles ; (b) les démarches judiciaires ; (c) la réaction de l'entourage ; (d) le rejet et l'isolement ; (e) la banalisation ; (f) le sentiment de culpabilité, etc.

Les personnes victimes d'une agression passent généralement par trois stades successifs : choc, adaptation, intégration. L'infirmière doit savoir à quelle étape en est la personne afin de bien comprendre les réactions de celle-ci et de faire preuve d'efficacité dans ses interventions. À long terme, la personne victime s'expose à une baisse de l'estime de soi, à des difficultés relationnelles liées ou non à la sexualité, à un sentiment d'isolement et de culpabilité, de même qu'à la peur des hommes, de l'obscurité, etc. L'infirmière qui possède ces connaissances est en mesure d'accueillir adéquatement la personne, ce qui a des effets déterminants sur le bien-être psychologique ultérieur de celle-ci. Il faut donc laisser à la personne victime le temps de s'exprimer, de définir ses besoins et de prendre des décisions. En règle générale, la personne a besoin de protection, d'information, de soins de santé ponctuels, de même que d'une intervention médicosociale et psychosociale.

Au Québec, un certain nombre de centres ont été désignés pour effectuer des interventions médicosociales auprès des personnes victimes d'agression sexuelle. Ainsi, une victime qui se présente à un service des urgences non désigné se verra offrir, après l'accueil, d'être dirigée vers un centre désigné, accompagnée d'une infirmière ou d'une autre personne compétente. On trouve à cet endroit du personnel qui a reçu une formation lui permettant d'intervenir dans ce genre de situation, entre autres d'utiliser les trousses médicolégale (TML) et médicosociale (TMS). Ces trousses sont d'une grande importance sur le plan juridique, si la personne envisage de porter plainte. La victime peut refuser d'être envoyée ailleurs ou qu'on se serve de la trousse ; toute décision éclairée doit être respectée.

Lorsqu'une victime veut porter plainte et que l'agression remonte à cinq jours ou moins, il faut utiliser la trousse médicolégale. Si elle souhaite être examinée, mais ne désire pas porter plainte, ou encore si l'agression remonte à plus de cinq jours, c'est la TMS qui doit être utilisée. Peu importe la trousse qu'on emploie, la personne adulte doit donner son consentement avant toute intervention ; si la personne est âgée de moins de 14 ans, le consentement d'un parent ou du tuteur est requis.

Examen clinique et examens paracliniques

La TML comprend un examen médical ainsi que des prélèvements médicolégaux ; le recours à la trousse permet d'uniformiser et de garantir l'intégrité des prélèvements, de disposer de preuves scientifiques objectives pouvant éclairer certains aspects de l'agression ainsi que de soutenir l'éventuelle démarche judiciaire de la victime. La TML contient aussi des formulaires (figure 18-5 ■) et du matériel servant à effectuer les prélèvements, mais ils ne seront pas tous utilisés : le récit de la victime oriente le choix. On conserve des copies dans le dossier de la personne et on en remet d'autres aux policiers si une plainte est déposée. La TMS se différencie de la TML en ce qu'elle ne comprend pas de prélèvement à des fins médicolégales.

Les règles à suivre lorsqu'une personne victime se présente au service des urgences d'un centre non désigné sont exposées à l'encadré 18-12 ■. Lorsque la personne est arrivée au centre désigné, il faut l'aider à retirer ses vêtements, puis la couvrir. Chacun de ses vêtements doit être placé dans un sac de papier distinct. On ne doit pas utiliser de sacs en plastique, car ils retiennent l'humidité et favorisent la formation de moisissures pouvant détruire les éléments de preuve. Les sacs sont ensuite étiquetés et remis aux autorités judiciaires compétentes.

On examine la personne de la tête aux pieds afin de déceler les lésions dont elle pourrait être atteinte, notamment à la tête, au cou, aux seins, aux cuisses, au dos et aux fesses. Il faut dessiner les signes de traumatisme sur les diagrammes corporels des formulaires de la trousse ; on peut y joindre des photographies. Pendant l'examen physique, l'infirmière explique la nature et les raisons de chaque intervention, et elle répond aux questions posées par la personne. L'infirmière doit notamment :

- Rechercher les signes externes de traumatisme (ecchymoses, contusions, lacérations, plaie par arme blanche).
- Rechercher les taches de sperme séché (plaques croûteuses et friables) sur les vêtements et le corps de la victime.
- Inspecter les doigts de la victime pour repérer les ongles cassés ou la présence de matières étrangères.
- Examiner la bouche et y prélever un échantillon de salive ainsi que des cultures gingivales et dentaires.

Le bassin et le rectum doivent aussi être examinés à l'aide d'une lampe à ultraviolets filtrés ou d'une lampe de Wood. En effet, certaines zones deviennent fluorescentes en raison de la présence de taches de sperme. On note la couleur et la consistance des écoulements, la présence de lésions ou de taches de sang. L'examen vaginal s'effectue au moyen d'un spéculum lubrifié à l'eau, puisque les autres lubrifiants contiennent des produits chimiques qui pourraient nuire à l'analyse médicolégale des prélèvements. Dans la trousse médicolégale, on prévoit d'effectuer un certain nombre d'interventions, entre autres :

- L'aspiration des sécrétions vaginales afin d'y déceler des spermatozoïdes mobiles
- L'écouvillonnage stérile des sécrétions de la muqueuse vaginale afin d'analyser les phosphatases acides et de déceler la présence d'antigènes des groupes sanguins du sperme

- Un frottis des régions buccale, vaginale et anale
- La culture des différents orifices corporels afin de dépister la gonorrhée ou d'autres infections transmises sexuellement (ITS)
- Une prise de sang afin de dépister la syphilis et le VIH
- Un test de grossesse
- La collecte des matières étrangères (feuilles, brindilles, terre)
- Le peignage des poils pubiens au moyen d'un peigne préemballé : couper ces poils si on pense qu'il peut y avoir du sperme, puis en prélever quelques-uns avec leur follicule et les placer dans les contenants fournis avec la trousse

Tous ces échantillons et prélèvements sont étiquetés ; afin d'assurer la continuité de possession, on inscrit sur le contenant le nom de la personne, la date et l'heure du prélèvement, la provenance de l'échantillon et le nom des membres du personnel ayant effectué le prélèvement. On remet ensuite les échantillons à la personne autorisée (par exemple, le représentant du laboratoire de médecine légale) en échange d'un reçu détaillé.

Approche thérapeutique

Il est indispensable de rencontrer la personne victime d'une agression sexuelle dans les plus brefs délais, puisqu'il faut lui accorder une attention prioritaire. L'infirmière doit faire preuve à son égard d'empathie et de respect, ajouter foi à ses propos, l'aider et non la dominer, la déculpabiliser et non la juger. Les interventions doivent se dérouler dans une pièce close afin de préserver la confidentialité, l'intimité et la sécurité de la personne. Comme celle-ci peut présenter une vaste gamme de réactions telles que l'hystérie, le stoïcisme ou le désarroi, il ne faut jamais la laisser seule. L'infirmière doit la rassurer en lui disant qu'il est normal de ressentir de l'anxiété dans ce type de situation et qu'elle peut compter sur l'aide fournie par divers professionnels de la santé et organismes communautaires.

L'infirmière chargée de l'évaluation doit savoir qu'une réaction de stress aigu causée par la présence d'un danger mortel peut déclencher le syndrome du traumatisme de viol. La personne passe alors par diverses réactions psychologiques, notamment les suivantes (Dole, 1996 ; Ritchie, 1998) :

- *Désorganisation* : des émotions telles que le choc, l'incrédulité, la peur, la culpabilité, l'humiliation ou la colère, se font jour.
- *Déni* : la personne ne veut pas parler de l'agression, ensuite elle éprouve une anxiété et une peur considérables, dues au fait qu'elle pense sans cesse à l'agression. Des troubles du sommeil, une hypervigilance et des réactions psychosomatiques se manifestent.
- *Réorganisation* : l'agression est replacée dans une nouvelle perspective. Certaines personnes n'atteignent jamais cette phase ; elles présentent alors des phobies et des troubles chroniques.

Au service des urgences, l'infirmière doit créer une atmosphère paisible, inspirant confiance : il convient de frapper avant d'entrer dans la pièce où se trouve la victime,

AGRESSION SEXUELLE
Examen médicolégal

Nom de l'établissement	Nom — Prénom
Ville	Date de naissance — Sexe — N° de téléphone
N° de téléphone	Adresse
	N° du dossier médical

DATE DE L'EXAMEN — Année — Mois — Jour — Heure (00:01 à 24:00)

(Si différente de celle inscrite sur le formulaire 1)

♦ **NE FAIRE QUE LES PRÉLÈVEMENTS NÉCESSAIRES**

Site	Circonstances	TYPES DE PRÉLÈVEMENTS (cocher ceux qui ont été faits)	
		Examen médicolégal	
		Laboratoire de l'établissement	**Laboratoire de sciences judiciaires**
BUCCAL	Pas de fellation		**1A** ☐ Prélèvement buccal (pour analyse d'ADN) : prélever deux écouvillons, un pour chaque joue, en frottant pendant environ 15 secondes pour chacun des écouvillons ; laisser sécher.
	Si fellation	☐ Chlamydia ☐ Gonorrhée ☐ Culture générale (si symptômes)	**2A** ☐ Recherche de sperme et analyse d'ADN : rinçage buccal avec un volume de 5 à 10 mL de sérum physiologique. Récupérer dans le petit contenant à bouchon bleu inclus dans la trousse. **2B** ☐ Après 2 ou 3 rinçages de la bouche, effectuer un nouveau prélèvement buccal sur écouvillons, tel que décrit au point 1A.
VAGINAL ET COL UTÉRIN	Si pénétration	☐ Chlamydia (PCR, LCR) ☐ Gonorrhée ☐ Culture générale ☐ Test Pap ☐ État frais (avant 1D) Spermatozoïdes : ☐ mobiles ☐ non mobiles ☐ non visualisés Trichomonas ☐	**1B** ☐ 2 écouvillons (voir 1C) : laisser sécher. **1C** ☐ 1 lame à bordure bleue (une goutte de sérum physiologique et des sécrétions vaginales provenant d'un des écouvillons de 1B) : laisser sécher sans fixation. **1D** ☐ Lavage vaginal : introduire 10 ml de sérum physiologique et retirer par aspiration la quantité maximum.
PÉNIS ET URÈTRE		☐ Chlamydia ☐ Gonorrhée	**2CI** ☐ Morsure, salive ou sperme de l'agresseur au niveau du pénis : essuyer avec un écouvillon humide, essuyer ensuite avec un écouvillon sec : garder les deux. N.B. : Inscrire au formulaire 10, sperme ou salive.
ANAL	(avant VAGINAL) Si pénétration	☐ Chlamydia ☐ Gonorrhée ☐ Culture générale (si symptômes)	**2E, 2F** ☐ Recherche de sperme : prélever avec un écouvillon, l'étaler sur une lame. Laisser sécher le tout avant de remettre dans l'enveloppe.
CUTANÉ	Si tache de salive, de sperme, ou morsure		**2CI** ☐ et **2CII** ☐ Morsure, salive ou sperme au niveau de la vulve, de l'anus ou autres : essuyer avec un écouvillon humide, essuyer ensuite avec un écouvillon sec : garder les deux. N.B. : Inscrire au formulaire 10, sperme ou salive.
CORPS ÉTRANGERS,	SERVIETTES HYGIÉNIQUES OU TAMPONS		Fibre, poil, rognures d'ongles s'il y a lieu, etc. : placer le prélèvement dans l'enveloppe incluse dans la trousse. **2D** ☐ Placer les serviettes ou les tampons dans le sac blanc identifié à cette fin.
SANGUIN		☐ Alcool ou drogues ☐ HCG ☐ Syphilis ☐ VIH Hépatite : ☐ A ☐ B (Ac/Ag) ☐ C	**1E** ☐ Profil génétique (ADN), recherche d'alcool et de drogues. Prélever de 5 à 10 ml de sang.
URINAIRE		☐ Alcool ou drogues ☐ HCG ☐ Chlamydia ☐ Gonorrhée	**2G** ☐ Recherche d'alcool et de drogues. De 20 à 50 ml d'urine.
VESTIMENTAIRE (incluant les couches)			**3A** ☐ B, C, D, E Vêtements tachés ou déchirés : mettre dans des sacs de papier séparés : identifier le contenu sur la requête.

FIGURE 18-5 ■ **Prélèvements effectués dans les cas d'agression sexuelle.** Source : Trousse médicolégale AH-429 DT (rév. 04-04). Reproduction autorisée par les Publications du Québec.

Règles en vigueur dans un centre non désigné (exemple)

PROCÉDURES LORS DU TRIAGE D'UNE VICTIME D'AGRESSION SEXUELLE

Procédures lors du triage d'une victime d'agression sexuelle dont l'agression remonte à 5 jours et moins, qui se présente dans un centre hospitalier ou un CLSC de l'Estrie et qui nécessite un transfert au centre désigné régional CHUS-Hôpital Fleurimont

1. Accueillir la victime et ses proches et leur apporter un soutien émotionnel
2. Remplir la feuille de triage comme d'habitude et fournir les éléments d'information suivants à l'infirmière du triage ou l'infirmière de garde spécialisée au centre désigné:
   - âge de la victime
   - type d'agression: demander à la victime ce qu'on lui a fait et s'abstenir des détails
   - date et heure de l'agression
   - si la victime est seule ou acompagnée
   - si le signalement à la DPJ a été fait (lorsqu'il s'agit d'une victime de moins de 18 ans)
3. Prendre les signes vitaux
4. Ne donner ni à boire ni à manger à la victime, car possibilité de prélèvements buccaux, s'il y a eu agression avec fellation et si la victime se présente moins de 24 h après l'agression
5. Demander à la victime de ne pas se laver tant que les prélèvements médico-légaux n'auront pas été effectués
6. Recueillir l'échantillon d'urine si la victime ne peut attendre d'être au centre désigné. Garder, identifier et sceller l'échantillon et le remettre à l'infirmière de garde spécialisée au centre désigné
7. Faire voir la victime par l'urgentologue qui, après examen et évaluation sommaire (prodigue les soins d'urgence, si nécessaire), communiquera avec l'infirmière de garde spécialisée ou l'infirmière du triage au centre désigné, afin d'organiser le transfert sécuritaire de la victime. Si la situation est ambiguë ou nécessite des précisions, l'urgentologue ou l'infirmière responsable de la victime communique avec l'infirmière de garde spécialisée du centre désigné
8. Assurer un transfert sécuritaire et accompagné au centre désigné, soit par un proche de la victime ou un professionnel de la santé
9. Aviser la victime qu'une équipe spécialisée pour l'intervention auprès des victimes d'agression sexuelle la prendra en charge au centre désigné
10. Envoyer une copie de la feuille de triage ou tout autre document pertinent au centre désigné

Centre désigné régional CHUS-Hôpital Fleurimont
Téléphone: (819) 346-1110 poste 15513, salle de triage
pagette 3091, infirmière de garde spécialisée

Révisé le 2004-07-16

SOURCE: Hélène Forget, B. Sc. inf., infirmière de liaison au programme en agression sexuelle au centre désigné régional CHUS-Hôpital Fleurimont, mai 2003.

doser l'information présentée, ne pas réduire ni exagérer l'importance de l'événement, etc. Une fois que toutes les interventions comprises dans la trousse ont été effectuées, on traite les lésions physiques, on donne à la personne des informations sur les symptômes susceptibles de se présenter (par exemple, insomnie, peur, fatigue, etc.) et au besoin on administre des anxiolytiques, conformément à l'ordonnance. On offre à la victime la possibilité d'appliquer des mesures de prévention des infections transmissibles sexuellement (ITS), particulièrement de la gonorrhée et du chlamydia. La pilule contraceptive d'urgence doit être offerte jusqu'à cinq jours après l'agression si la victime n'était pas adéquatement protégée par une méthode contraceptive. On prescrit et on administre un antiémétique pour atténuer les effets désagréables du contraceptif. En outre, on propose généralement à la personne de prendre une douche et d'utiliser un rince-bouche, et on lui offre des vêtements propres. Il faut encourager les proches à soutenir la personne, les aider à mieux comprendre ses réactions. Si les proches présentent des réactions défavorables, il est préférable de les éloigner de la victime.

Avant que la personne ne quitte le service des urgences, il faut s'assurer qu'on lui a donné des rendez-vous de suivi, autant sur le plan physique que psychologique (il faudra reprendre le dépistage des ITS, le test de grossesse, effectuer le suivi des lésions, offrir une thérapie de soutien) et que diverses brochures d'information lui ont été remises (ITS, indemnisation, démarches judiciaires, etc.).

VIOLENCE AU SERVICE DES URGENCES

Une étude québécoise menée dans des services des urgences générales et psychiatriques révèle que 96 % des répondants ont été victimes d'agressions verbales et que 62 % des répondants des urgences psychiatriques ainsi que 42 % des urgences générales ont été victimes d'au moins une agression physique au cours de l'année précédant l'enquête (Larose et Bigaouette, 1999). Le personnel de nuit est plus exposé (64 %) que le personnel de soir (57 %) et de jour (31 %). Dans les urgences générales, les agressions sont le fait tout autant des personnes que de leurs proches ; le temps d'attente est le facteur le plus important dans le déclenchement de ces agressions. Par ailleurs, les agressions surviennent plus fréquemment aux périodes où les ressources sont réduites. Dans les services des urgences générales, la moitié des répondants se disent mal préparés à intervenir efficacement auprès des personnes potentiellement agressives.

Certains services des urgences ont engagé des agents de sécurité et installé des détecteurs de métal afin de protéger les personnes qu'elles reçoivent, leur famille et les employés. Il se peut qu'une personne armée se présente au service des urgences : le personnel doit être préparé à une telle éventualité et pouvoir appliquer des règles claires (par exemple, se servir du bouton de panique, d'un code particulier, etc.). D'après les dispositions de la loi, toute personne qui reçoit des soins doit déposer son arme dans le coffret de sécurité de l'établissement, au même titre que son portefeuille et ses autres objets de valeur. À son départ, l'arme doit lui être remise en mains propres et non pas aux policiers, à moins qu'un mandat n'ait été émis.

Approche thérapeutique

Une personne qui vit une crise émotionnelle retient 7 % de ce qui lui est dit, puisque 93 % de son attention porte sur l'attitude des personnes qui l'entourent, sur leurs gestes, sur leur regard, etc. Pour mieux maîtriser la situation, il faut écouter la personne avec empathie, rester en contact sur le plan visuel, faire des gestes lents, se protéger de tout acte menaçant et conserver une distance sûre (Lemieux, 2005). Si elle ne peut malgré tout désamorcer la crise, l'infirmière doit quitter la chambre ou la pièce en recourant à un prétexte quelconque. Il est toujours bon de s'assurer que le soignant se trouve plus près de la porte que la personne agressive. Pour éviter les confrontations, on peut isoler les personnes agressives, les prisonniers sous surveillance ou les membres d'un groupe criminel, que ce soit dans la salle d'attente ou dans les unités de soins. Toutes ces personnes ont droit aux examens et aux soins usuels, mais certaines précautions doivent être prises :

- On ne doit jamais retirer les dispositifs de sécurité (menottes ou entraves aux chevilles).

- Un agent de sécurité doit toujours être présent.

- Il faut placer la personne à plat ventre afin d'éviter qu'elle ne morde, donne des coups de tête ou crache sur le personnel.

- Au besoin, utiliser des moyens de contention si la personne montre des signes d'agressivité.

- Au besoin, administrer un médicament prescrit afin de maîtriser la personne dont le comportement est violent.

- En cas de fusillade, les membres du personnel doivent d'abord se protéger (s'ils sont blessés, ils ne pourront s'occuper des autres).

- Attendre que les autorités aient maîtrisé la situation à risque avant d'administrer des soins.

Il doit y avoir au service des urgences un plan d'intervention connu de tous. On encouragera le personnel soignant à déclarer toutes les agressions, verbales ou physiques, on le formera adéquatement pour faire face à ce genre de situations et on mettra en place un système d'appel d'urgence efficace ainsi qu'une équipe d'intervention.

Urgences psychiatriques

Il y a urgence psychiatrique quand une grave perturbation du comportement, de l'affect ou de la pensée empêche un sujet de surmonter les difficultés courantes de la vie quotidienne et entrave ses rapports avec autrui. Cette urgence peut se traduire par de l'hyperactivité et de la violence, par de la léthargie et de la dépression ou par un comportement suicidaire. Le personnel infirmier doit tout d'abord déterminer si la personne représente un danger pour elle-même ou pour les autres : le but consiste essentiellement à préserver l'estime de soi de la personne, et sa vie le cas échéant. Il est important de déterminer si la personne reçoit des soins psychiatriques afin de pouvoir entrer en contact avec son médecin ou son thérapeute.

HYPERACTIVITÉ

Les personnes hyperactives sont troublées, peu coopératives, paranoïdes, dépressives, et elles pleurent parfois. Elles expriment des sentiments d'anxiété parfois voisins de la panique, peuvent être sujettes à des impulsions violentes et destructrices, et présenter un comportement antisocial. La consommation d'alcool ou l'usage de drogues peut exacerber le dérèglement du comportement.

Il faut recourir à une source fiable pour déterminer les circonstances qui ont abouti à la crise. On doit obtenir les renseignements suivants : troubles mentaux, séjours en centre hospitalier, lésions et affections antérieures, consommation d'alcool ou usage de drogues, difficultés sociales graves ou conflits intrapsychiques. On effectue un examen physique dès que possible, car les pensées et les comportements anormaux peuvent indiquer un trouble physique sous-jacent (entre autres, hypoglycémie, accident vasculaire cérébral [AVC], épilepsie, traumatisme crânien, alcoolisme ou toxicomanie).

Approche thérapeutique

L'objectif est de maîtriser la situation. Par exemple, si la personne est susceptible d'avoir un comportement violent, un agent de sécurité ou un policier devrait rester à proximité. Les dispositifs de sécurité sont utilisés en dernier recours. Il faut aborder la personne de façon posée, confiante et ferme : cette attitude a un effet thérapeutique et favorise le retour au calme. Les interventions de l'infirmière comportent les éléments suivants :

- Se nommer.
- Dire à la personne: «Je suis là pour vous aider.»
- Répéter de temps à autre le nom de la personne.
- S'exprimer clairement, en énonçant une idée à la fois et en faisant preuve de cohérence.
- Ne pas brusquer la personne et lui donner le temps dont elle a besoin pour se calmer et se montrer coopérative.
- Témoigner de l'intérêt à l'égard de la personne, l'écouter, l'encourager à faire part de ce qu'elle pense et de ce qu'elle ressent.
- Offrir des explications pertinentes, conformes à la vérité.

Afin d'assurer le traitement d'urgence de la psychose fonctionnelle, le médecin peut prescrire un psychotrope (agissant sur l'état d'esprit, par exemple). Généralement, une fois que la crise a été traitée, la personne fait un séjour au service psychiatrique ou est suivie en consultation externe.

VIOLENCE

Les conduites violentes ou agressives sont habituellement épisodiques et constituent un moyen d'exprimer de la colère, de la crainte ou du désespoir. Habituellement, la personne a des antécédents d'accès de rage, d'emportements ou, plus largement, de conduite impulsive. La personne encline à la violence perd souvent la maîtrise d'elle-même sous l'effet de l'alcool ou de la drogue. En général, elle s'en prend aux membres de sa famille (voir plus haut). Le penchant pour la violence peut être lié aux situations suivantes: intoxication ou sevrage associés à la drogue ou à l'alcool, formes aiguës de psychose hallucinatoire chronique ou de syndrome cérébral organique, psychose aiguë, paranoïa, marginalité et personnalité psychopathique.

Approche thérapeutique

L'objectif du traitement est de maîtriser le comportement violent. L'entrevue avec la personne doit avoir lieu dans une pièce spécialement aménagée et comportant au moins deux issues. Les portes de la pièce doivent rester ouvertes. L'infirmière doit toujours être à portée de regard des autres membres du personnel et *se tenir entre la personne et la porte*. Il ne faut pas, toutefois, qu'elle lui bloque le passage, car la personne pourrait se sentir prise au piège et menacée. Aucun objet pouvant servir d'arme ne doit être visible, que ce soit dans la pièce ou sur un membre du personnel soignant. Si l'infirmière ressent de l'inquiétude, elle demande à quelqu'un de rester dans le couloir, près de la porte, afin d'intervenir au besoin. La personne ne devrait jamais être laissée seule, car elle pourrait interpréter cela comme une forme de rejet et pourrait également s'automutiler.

Pour aider la personne à retrouver une certaine emprise sur elle-même, il est essentiel de l'aborder calmement, d'éviter de porter des jugements et de garder la maîtrise de la situation. Il faut éviter d'effectuer des mouvements brusques et veiller à donner de l'espace à la personne. Si elle est munie d'une arme, on lui demandera de la donner et, en cas de refus, on fera appel au personnel de la sécurité, qui peut s'adresser à la police locale. En situation de crise, l'intervention la plus efficace consiste à parler à la personne et à l'écouter, à lui

montrer qu'on se soucie de son bien-être et qu'on la comprend, tout en restant ferme. Il faut reconnaître l'état d'agitation de la personne, en lui disant par exemple: «Je veux travailler avec vous pour soulager votre détresse.»

Il faut offrir à la personne la possibilité de verbaliser sa colère et éviter de remettre en question ses idées délirantes. Il est utile d'écouter ce qu'elle dit et de lui faire comprendre qu'on peut lui offrir l'aide dont elle a besoin pour se comporter de manière appropriée. La personne doit savoir que sa conduite effraie les personnes qui l'entourent et que la violence est inacceptable. Il faut aussi lui indiquer les formes d'aide auxquelles elle peut recourir au moment d'une crise (cliniques, urgences, services de santé mentale) et les lui proposer. Bien souvent, la personne qui a peur de perdre la maîtrise d'elle-même et de se blesser, ou de blesser quelqu'un d'autre, accueille favorablement l'offre d'une protection par l'hospitalisation.

Si ces mesures s'avèrent inefficaces, l'infirmière peut administrer, conformément à l'ordonnance, un médicament visant à réduire la tension, l'anxiété et l'hyperactivité de la personne (l'halopéridol [Haldol] et le diazépam [Valium] agissent rapidement). La force doit être employée le moins possible.

SYNDROME DE STRESS POST-TRAUMATIQUE

Le syndrome de stress post-traumatique (SSPT), qu'il soit aigu, chronique ou différé, se manifeste par des symptômes caractéristiques apparaissant à la suite d'un événement stressant sur le plan psychologique et qui ne fait pas partie de l'expérience humaine normale (par exemple, viol, accident de voiture, catastrophe naturelle, attaque terroriste). Ce syndrome s'accompagne notamment des symptômes suivants: pensées et rêves importuns, phobie, réaction d'évitement (la personne s'abstient d'effectuer des activités rappelant l'événement traumatisant), hypervigilance, réaction d'alarme exagérée, anxiété généralisée et repli sur soi.

Il faut établir le profil de la personne avant le traumatisme, savoir quelle est la nature du traumatisme lui-même et quel mode de fonctionnement il engendre. La personne atteinte de SSPT est souvent réadmise au service des urgences pour des troubles mineurs ou récurrents, sans lésion apparente. On doit lui permettre de parler de l'événement traumatique et de le surmonter.

Approche thérapeutique

Pour la personne, l'objectif consiste à organiser ses pensées et à commencer à assimiler l'expérience afin de pouvoir retrouver le plus rapidement possible le niveau de fonctionnement qu'elle avait avant le traumatisme. Le traitement d'urgence doit être axé sur les comportements présentés par la personne. On recourt à une vaste gamme de moyens, qui consistent notamment à déployer des stratégies d'intervention en situation de crise, à établir une relation fondée sur la confiance et la communication, à enseigner à la personne et à sa famille à gérer le stress et à l'informer sur les services de soutien offerts dans la communauté. Il peut être nécessaire de faire suivre la personne par un psychiatre.

PERSONNE DÉPRIMÉE OU APATHIQUE

La dépression est souvent la principale raison qui amène une personne au service des urgences. Chez certaines personnes, les symptômes de dépression sont masqués par l'anxiété et des troubles somatiques, mais la plupart présentent de la tristesse, de l'apathie, un sentiment de dévalorisation et de culpabilité, des idées suicidaires, un désir d'évasion, une tendance à négliger les problèmes les plus simples, de l'anorexie, une perte de poids, une diminution de la libido et de l'insomnie.

Approche thérapeutique

Le fait d'exprimer ses sentiments soulage la personne déprimée. Le personnel du service des urgences doit donc lui donner l'occasion de parler de ses problèmes, tout en demeurant calme et en évitant de la brusquer. Il est important de déterminer si la personne présente, ou croit présenter, une affection particulière, ou s'il y a eu une exacerbation soudaine de la dépression.

Comme toutes les personnes déprimées peuvent avoir des pensées suicidaires, il faut leur demander si elles ont envisagé ou tenté de se suicider. Souvent, la personne est soulagée de pouvoir aborder le sujet; en cas de dépression grave, la famille doit être mise au courant. Il ne faut pas laisser la personne seule, puisque les tentatives de suicide s'effectuent dans la solitude.

L'infirmière doit insister sur le fait qu'il est possible de traiter la dépression grâce à des médicaments. Il faut donner à la personne et à ses proches des informations concernant les services communautaires auxquels ils peuvent faire appel au moment d'une crise: établissements de santé mentale, services d'écoute et d'orientation téléphonique, centres de prévention du suicide, thérapie de groupe et service de conseils en matière conjugale et familiale.

PERSONNE SUICIDAIRE

Les gestes suicidaires découlent d'un état de dépression dont les causes sont variées: perte d'un être cher, perte de la santé ou de l'intégrité corporelle, mauvaise image de soi, etc. Les tentatives de suicide constituent souvent un appel au secours; elles sont plus fréquentes chez les femmes que chez les hommes. L'infirmière doit savoir quels sont les facteurs de risque qui prédisposent au suicide. La personne suicidaire peut présenter un ou plusieurs des signes et symptômes suivants:

- Elle se montre depuis peu préoccupée par la mort; elle parle du suicide de quelqu'un d'autre ou fait des remarques telles que: «J'en ai assez de la vie»; «J'ai mis de l'ordre dans mes affaires»; «Je serais mieux si j'étais morte»; «Je suis un fardeau pour ma famille».
- Elle a fait des tentatives de suicide par le passé.
- Il y a des antécédents de suicide dans sa famille.
- Elle a perdu l'un de ses parents quand elle était enfant.
- Elle a mis au point un projet de suicide.
- Elle a les moyens de le réaliser.

Approche thérapeutique

Lors d'une tentative de suicide, le traitement consiste à traiter les lésions qui en résultent et à prévenir toute nouvelle tentative. Il faut utiliser une stratégie d'intervention en situation de crise pour évaluer les risques de suicide, repérer la dépression et les conflits, se renseigner sur le réseau de soutien dont la personne dispose et évaluer la nécessité d'une hospitalisation ou d'une intervention psychiatrique. Selon son état et l'évaluation des risques de suicide, la personne peut être admise à l'unité des soins intensifs, dans le service de psychiatrie, ou bénéficier de soins de suivi.

EXERCICES D'INTÉGRATION

1. Une jeune femme arrive en ambulance au service des urgences, à la suite d'un accident de voiture. Immobilisée sur une planche dorsale, elle porte un collet cervical ainsi qu'un masque à oxygène. Sa respiration est faible et lente, et on n'observe aucun mouvement dans sa paroi thoracique gauche. La personne se plaint de douleurs à l'abdomen; celui-ci est tendu. Sa jambe gauche présente un angle inhabituel. Classez par ordre des priorités les besoins de cette personne. Élaborez une stratégie d'examen clinique, déterminez les examens paracliniques qui seraient utiles et décrivez les traitements nécessaires.

2. Un homme a passé la journée à pêcher sur la glace alors qu'il portait des chaussures de sport, plutôt que des bottes. Il se présente au service des urgences pour des engelures aux pieds. Ses amis lui ont massé les pieds pendant le trajet vers l'hôpital. L'homme insiste pour qu'on trempe ses pieds dans de l'eau chaude. Quelles explications lui donnerez-vous

et quels soins lui prodiguerez-vous? Décrivez les choix que vous aurez à faire.

3. Une jeune femme qui porte un bébé dans les bras attend son tour devant le bureau de l'infirmière responsable du triage. Le bébé pleure et se frotte les yeux et le visage. Vous entendez la mère dire que son bébé a une réaction allergique parce qu'il vient de manger un œuf à la coque pour la première fois et qu'il l'a recraché. Tandis que la mère attend, le bébé se calme et devient pâle. Comment réagirez-vous? Pourquoi?

4. Une personne âgée arrive au service des urgences, accompagnée par son fils; elle se plaint de douleurs à la hanche. Son fils déclare qu'elle a trébuché sur son tube à oxygène et qu'elle est tombée. Au cours de l'examen clinique, vous remarquez que cette personne présente de nombreuses ecchymoses à divers stades de guérison. Quelles conclusions en tirerez-vous? De quelle manière procéderez-vous pour évaluer la situation et établir la marche à suivre?

RÉFÉRENCES BIBLIOGRAPHIQUES
en anglais • en français

L'astérisque indique un compte rendu de recherches en soins infirmiers.

ASPC – Agence de santé publique du Canada. *Sommaires épidémiologiques du SRAS: 26 avril 2003* (page consultée le 16 février 2006), [en ligne], http://www.phac-aspc.gc.ca/sars-sras/pef-dep/sras-se20030426_f.html.

Bellemare, B. (2005). Je vais avoir combien de points, docteur? *Le Médecin du Québec*, *40*(2), 57-63.

Campbell, J.C. (1999). If I can't have you no one can't. *Reflexions*, 3rd quarter, 8–12.

Code civil du Québec (1991). L.Q., c.69, art. 10 et suivants.

Code de déontologie des infirmières et des infirmiers du Québec (2005). L.R.Q., c.I-8, r.4.1.) Code des professions (L.R.Q., c.C-26, a.87). Québec: Éditeur officiel du Québec.

Code de déontologie des médecins du Québec (2002). Loi médicale (L.R.Q., c. M-9, r.4). Québec: Éditeur officiel du Québec.

Collège des médecins du Québec (1998). *Complémentarité des services d'urgence: prise en charge des patients*, Guide d'exercice du Collège des médecins du Québec.

Conseil médical du Québec (1995). *Avis sur une nouvelle dynamique organisationnelle à implanter: la hiérarchisation des services médicaux*. Québec: Conseil; www.cmed.gouv.qc.ca/fr.

Croix-Rouge (2006). *Qui se noie?* (page consultée le 16 février 2006), [en ligne], http://www.petitmonde.com/iDoc/Fiche.asp?ID=7385.

Dionne, R., et Timmons, C. (2000). L'évaluation préhospitalière du polytraumatisé. *Le Médecin du Québec*, *35*(11), 39-45.

Dole, P. J. (1996). Centering: Reducing rape trauma syndrome anxiety during a gynecologic examination. *Journal of Psychosocial Nursing and Mental Health Services*, *34*(10), 32–37.

Drummond, A.J., & Bingley, M. (2003). Nurse practioners in the emergency department:

a discussion paper. *Canadian Journal of Emergency Medicine*, *5*(4), 276–280.

Fondation des maladies du cœur du Canada (2001). *Réanimation cardiorespiratoire, soins immédiats: lignes directrices pour la RCR et les SUC à l'intention de l'intervenant désigné.* FMCC: Ottawa.

Guth, A.A., & Pachter, H.L. (2000). Domestic violence and the trauma surgeon. *American Journal of Surgery*, *179*(2), 134–140.

Harrell, R., Toronjo, C.H., McLaughlin, J., Pavlik, V. N. Hyman, D.J., and Bitondo, D. (2002). How geriatricians identify elder abuse and neglect. *American Journal of Medical Sciences*, *323*(10), 34–38.

Herman, D., *et al.* (1997). Manifestations cutanéo-muqueuses de l'allergie aux venins d'hyménoptères. Modalités de l'immunothérapie spécifiques. *Allergologie*, *37*, 579-584.

ICIS – Institut canadien d'information sur la santé (2005). *Comprendre les temps d'attente dans les services d'urgence: Qui sont les utilisateurs des services d'urgence et quels sont les temps d'attente?*

Incorvaia, C., et al. (1997). Hymenoptera stings in conscripts. *Allergy*, *52*, 680-681.

INSPQ – Institut de santé publique du Québec (2003). *Risques biologiques en milieu de travail* (page consultée le 16 février 2006), [en ligne], http://www.inspq.qc.ca/domaines/SanteTravail/RisquesBiologiques.asp?D=5&D5=3.

Ladouceur, R. (2005). Attention à nos enfants, c'est peut-être le vôtre. *Le Médecin de famille canadien*, 51, 1315.

Lamothe, D. (2002). Le Centre de formation d'Urgences-Santé. *Clinicus*, *1*(2), 3.

Larose, D., et Bigaouette, M. (1999). Les agressions dans les urgences générales et psychiatriques. *Objectif prévention*, *22*(1), 19-21.

Lemay, E.Y. (2005). Témoignage. *Journal de Montréal*, 29 octobre, 7.

Lemieux, M.-J. (2005). Menace dans la salle d'attente: comment faire face à un patient hostile. *Santé inc.*, juillet, 20.

Leynadier, F. L'allergie au latex d'Hévéa brasiliensis (page consultée en octobre 2005); www.urgence-pratique.com.

Liberman, M., et al. (2004). Implementation of a Trauma Care System: Evolution Through Evaluation. *J Trauma*, *56*(6), 1330-1335.

Loi n° 2002-303 du 4 mars 2002 relative aux droits des malades et à la qualité du système de santé. Québec: Éditeur officiel du Québec.

McSwain, N.E., *et al.* (2004). *PHTLS – Secours et soins préhospitaliers aux traumatisés.* Paris: Elsevier.

MSSS - Direction des communications du ministère de la Santé et des Services sociaux du Québec (2000). *Le guide de gestion de l'unité d'urgence.*

OIIQ – Ordre des infirmières et infirmiers du Québec (2005). *Échelle de triage et de gravité. Contenu de formation pour le formateur et le participant* (page consultée en octobre 2005). www.oiiq.org.

Pelletier, C. (2005). *Pratiques de soins parentales et négligence infantile: des signes au sens.* Paris: L'Harmattan.

Poitras, J. (2005). Carbon monoxide poisoning: the role of hyperbaric medicine. *Parkhurst Exchange*, *13*(10), 122-123; 147.

Reece, R.M., et Grodin, M. A. (1985). Recognition of non accidental injury. *Paediat. Clin. N. Am.*, 32, 41-60.

Ritchie, E. C. (1998). Reactions to Rape: A military forensic psychiatrist's perspective. *Military Medecine*, *163*(8), 505–509.

RRSSSE – Régie régionale de la santé et des services sociaux de l'Estrie (2003). *L'intervention médicosociale auprès des victimes d'agression sexuelle*. Document de travail: Guide aide-mémoire.

SFMU – Conférence de consensus (2004). *Maltraitance: dépistage – conduite à tenir aux urgences (en dehors des maltraitances sexuelles)* (page consultée le 16 février 2006), [en ligne], http://umvf.cochin.univ-paris5.fr/img/pdf/texte_long_en_ligne_ad040105.pdf.

Vadas, P. (2005). Epinephrine and allergies. *The Canadian Journal of CME*, *17*(10), 37.

 En complément de ce chapitre, vous trouverez sur le Compagnon Web:
• une bibliographie exhaustive;
• des ressources Internet.

Adaptation française
Jacqueline Bergeron, inf., B.Sc., MAP
Chargée de cours, Département des sciences infirmières –
Université du Québec à Trois-Rivières;
Infirmière bachelière, CLSC Sainte-Geneviève –
Centre de santé et services de la Vallée-de-la-Batiscan

CHAPITRE **19**

Soins reliés aux catastrophes d'origine naturelle ou humaine

Objectifs d'apprentissage

Après avoir étudié ce chapitre, vous pourrez:

1. Définir les composantes essentielles d'un plan d'intervention en situation d'urgence.

2. Comparer le triage des blessés lors d'une catastrophe et le triage dans les services d'urgence.

3. Élaborer un plan de soins et de traitements pour une personne présentant des problèmes psychologiques à long ou à court terme après une catastrophe.

4. Évaluer les différents degrés de protection individuelle et les méthodes de décontamination appropriées lors d'un événement faisant de nombreux blessés ou mettant en jeu des armes de destruction massive.

5. Décrire les précautions d'isolement à suivre en présence d'agents biologiques.

6. Définir ce qui distingue les divers agents chimiques, leurs actions, ainsi que les méthodes de décontamination et les traitements nécessaires lors de catastrophes.

7. Déterminer les blessures associées aux différents niveaux d'exposition aux radiations ou aux produits chimiques, ainsi que les méthodes de décontamination adéquates.

L'histoire de l'humanité est jalonnée de catastrophes, qu'elles soient le fait de l'être humain ou de la nature. L'utilisation d'**armes de destruction massive** n'a rien de nouveau: elle remonte au moins au VIe siècle avant J.-C. dans le cas des agents biologiques et à 436 avant J.-C. dans le cas des agents chimiques (U.S. Army Medical Research Institute of Infectious Disease, 1996; U.S. Army Medical Research Institute of Chemical Defense, 1999). Les risques que des attentats terroristes ou des **attaques bactériologiques** se produisent à nos portes ont cependant augmenté en raison des forces et des intérêts géopolitiques, du « rétrécissement de la planète » et de l'accès plus large aux technologies de destruction.

Si angoissants que soient les actes terroristes et guerriers, il existe cependant bien d'autres raisons pour lesquelles les professionnels de la santé doivent élaborer des plans d'intervention en vue d'événements faisant de nombreux blessés. Les écrasements d'avions, les déraillements de trains, les émeutes et les déversements de substances toxiques sont autant de catastrophes d'origine humaine qui peuvent mettre à l'épreuve les ressources soignantes et la communauté. De plus, des phénomènes naturels comme les inondations, les tornades, les ouragans, le verglas, les canicules, les incendies et les tremblements de terre tuent et blessent des centaines de milliers de gens chaque année dans le monde. En août 2003, la France a connu 9 jours de chaleurs accablantes, au cours desquels la température a dépassé 35 °C, causant plus de 15 000 décès (Ministère français de la santé et de la protection sociale, 2004). Le tremblement de terre qui a provoqué un tsunami frappant le Sud et le Sud-Est de l'Asie le 26 décembre 2004 faisant des centaines de milliers de morts est un autre exemple de catastrophe naturelle. Au cours des dernières années, le Canada a également été touché: inondation du Saguenay en 1996, inondation de la vallée de la rivière Rouge en 1997, tempête de pluie verglaçante dans l'Est du Canada en 1998 et tornade de Pine Lake en Alberta, qui a fait 12 morts et 140 blessés, en 2000 (www.ocipep.gc.ca/info pro/Posters/naturalhazards/index f.asp).

Il est donc important que les établissements de soins se préparent à faire face à de tels événements. Le présent chapitre porte sur les méthodes de préparation à ces situations, et en particulier sur la prise en charge des blessures et des affections pouvant survenir à la suite d'attaques biologiques, chimiques, nucléaires ou radiologiques. Les méthodes présentées ici s'appliquent également dans les autres cas de catastrophes importantes.

Préparation d'un plan d'urgence

AUTORITÉS RESPONSABLES

Il existe plusieurs niveaux de responsabilité en cas de sinistre: fédéral, provincial et municipal. En fonction du niveau de la catastrophe (encadré 19-1 ■) et afin d'éviter un **incident de destruction massive**, on rassemble les ressources nécessaires selon des instructions particulières. Les interventions font l'objet d'une coordination serrée et les décisions sont revues en permanence au fur et à mesure que la situation évolue.

Niveau fédéral

Au niveau fédéral, le ministère de la Sécurité publique et de la Protection civile (SPPCC) a pour mandat d'assurer la sécurité de la population. Son rôle est de réduire les risques auxquels les Canadiens sont exposés en cas de catastrophes naturelles et de menaces à la sécurité telles que les activités terroristes. Le Centre d'opérations du gouvernement (COG), qui relève du SPPCC, exerce une surveillance continuelle et distribue aux instances responsables les informations sur les menaces. Il coordonne les interventions afin d'aider les gouvernements provinciaux et territoriaux à soutenir les autorités locales et les premiers intervenants.

En lien étroit avec le SPPCC, Santé Canada a pour mission de protéger la santé et la sécurité des Canadiens en situation d'urgence. Depuis 2000, le Centre de mesures et d'interventions d'urgence (CMIU) assume le rôle de centre national de coordination pour protéger la santé publique au Canada. Le CMIU établit les normes fédérales régissant les situations de crises en matière de santé et tient à jour les plans d'urgence nationaux de Santé Canada. Il collabore avec le Réseau canadien de laboratoires en santé publique (RCLSP) pour ce qui a trait aux menaces biologiques. Il surveille les éclosions de maladies et les événements épidémiques et pandémiques. Le CMIU dirige le Bureau des services d'urgence qui gère la Réserve nationale d'urgence, laquelle assure

VOCABULAIRE

Arme de destruction massive: arme conçue pour faire de nombreux morts et provoquer une destruction étendue.

Attaque nucléaire: utilisation d'un contaminant nucléaire comme arme de destruction massive.

Décontamination: procédé consistant à éliminer ou à neutraliser des contaminants accumulés sur le personnel, les personnes soignées ou l'équipement.

Incident de destruction massive: situation dans laquelle le nombre de blessés excède les ressources mobilisables.

ENCADRÉ 19-1

Niveaux de catastrophes

Les catastrophes sont souvent classées selon le type d'intervention de secours qu'elles rendent nécessaire.

- **Niveau I:** Le personnel et les organismes locaux d'intervention peuvent contenir et gérer efficacement la catastrophe et ses conséquences.
- **Niveau II:** Les efforts et l'aide provenant des communautés voisines sont suffisants pour gérer les effets de la catastrophe.
- **Niveau III:** Les ressources locales et régionales sont dépassées; l'intervention des gouvernements provincial et/ou fédéral est requise.

ENCADRÉ 19-2

Organismes responsables, à l'échelle des provinces et des territoires, en cas de situation d'urgence

- Alberta: Gestion des urgences de l'Alberta, www.gov.ab.ca/ma/ema
- Colombie-Britannique: Provincial Emergency Program (PEP), www.pep.bc.ca
- Île-du-Prince-Édouard: Organisation de mesures d'urgence, www.gov.pe.ca/caag/emo-info/index.php3
- Manitoba: Organisation des mesures d'urgence, www.manitobaemo.ca
- Nouveau-Brunswick: Organisation des mesures d'urgence, www.gnb.ca/cnb/emo-omu/index-f.asp
- Nouvelle-Écosse: Organisation de mesures d'urgence, www.gov.ns.ca/emo
- Nunavut: Organisation de mesures d'urgence
- Ontario: Gestion des situations d'urgence Ontario (GSUO), www.mpss.jus.gov.on.ca/french/pub_security/emo/about_emo_fr.html
- Québec: Direction générale de la sécurité civile et de la sécurité incendie, www.msp.gouv.qc.ca
- Saskatchewan: Organisation de mesures d'urgence, www.cps.gov.sk.ca/Safety/emergency/default.shtml
- Terre-Neuve et Labrador: Division des mesures d'urgence, www.gov.nf.ca/mpa/emo.html
- Territoires du Nord-Ouest: Organisation de mesures d'urgence, www.maca.gov.nt.ca/safety/emergency_organization.html
- Yukon: Bureau des mesures d'urgence, www.gov.yk.ca/depts/community/emo

l'approvisionnement en matériel d'urgence, en fournitures médicales et en produits pharmaceutiques. Le Bureau des services d'urgence gère également le Centre des opérations d'urgence (COU), qui peut réunir rapidement des experts, selon le sinistre ou la catastrophe, et répondre aux appels d'urgence des différents niveaux de gouvernements.

Les autres ministères collaborent également en cas de catastrophes. Le ministère de la Défense nationale et des Forces canadiennes (armée de terre, forces aériennes et marine) est toujours prêt à intervenir. Les Forces canadiennes (FC) accordent un appui indéfectible aux opérations d'assistance humanitaire et de secours en cas de catastrophe au Canada comme à l'étranger. L'Équipe d'intervention en cas de catastrophe (DART) des FC vise à répondre à des besoins essentiels dans les situations d'urgence; elle est notamment en mesure de prodiguer des soins médicaux primaires et de produire de l'eau potable (www.forces.gc.ca).

Le gouvernement fédéral garde un lien constant avec les différents organismes responsables, à l'échelle des provinces et des territoires, en cas de situation d'urgence (encadré 19-2 ■).

Niveau provincial

L'organigramme des ressources d'urgence est similaire au niveau provincial. Au Québec, l'Organisation de sécurité civile du Québec (OSCQ) regroupe les coordonnateurs en matière de sécurité civile de tous les ministères appelés à intervenir, ainsi que des représentants de certains organismes tel Hydro-Québec. L'OSCQ assure la planification et la coordination des activités de sécurité civile pour l'ensemble du Québec. Elle veille également à la planification interrégionale et répond, le cas échéant, aux demandes de ressources, quelle qu'en soit l'origine: privée, fédérale, transfrontalière ou autre.

Comme le stipule la *Loi sur la sécurité civile* (loi 173), en liaison avec les autres ministres, le ministre de la Sécurité publique établit un Plan national de sécurité civile (PNSC) et s'assure que celui-ci reste opérationnel. Le but du PNSC est de soutenir les autorités responsables lorsque l'ampleur d'un risque ou d'un sinistre de grande envergure, qu'il soit réel ou imminent, dépasse leur capacité d'action dans les domaines qui relèvent de leur compétence. Plusieurs lois et règlements régissent le PNSC, notamment la *Loi sur la sécurité civile* (L.R.Q., c. P-173), la *Loi sur la santé et la sécurité du travail* (L.R.Q., c. S-2.1), la *Loi sur la santé publique* (L.R.Q.,

c-S2.2), le règlement d'application de la *Loi sur la protection de la santé publique* (L.R.Q., c. P-35, r.1) et la *Loi sur les services préhospitaliers d'urgence* (L.R.Q., c. S-6.2).

Quatre partenaires principaux interagissent avec le réseau de la santé dans le domaine de la sécurité civile. Au niveau provincial, par l'entremise de l'Agence de développement de réseaux locaux de services de santé et de services sociaux, le réseau est en lien avec l'Organisation de sécurité civile du Québec et le ministère de la Santé et des Services sociaux. Au niveau régional, le réseau interagit avec l'ensemble des ministères et des organismes formant l'Organisation régionale de sécurité civile. Aux niveaux local et territorial, les municipalités sont les premiers partenaires.

Le PNSC encadre les responsabilités de chacun des ministères, dont le ministère de la Santé et des Services sociaux (MSSS). Dans le cadre de la sécurité civile, la mission sociosanitaire du réseau de la santé et des services sociaux est de préserver la vie, la santé et le bien-être des personnes. Cette mission comporte cinq volets: mise en œuvre des plans des mesures d'urgence, santé physique, santé publique, services psychosociaux et informations publiques. De plus, le MSSS doit s'assurer que son réseau collabore avec les autres ministères et organismes appelés à intervenir en cas de sinistre, et ce en ce qui a trait aux missions suivantes: évacuation massive et réintégration; hébergement des sinistrés; services spéciaux aux personnes sinistrées; communications à la population ; sécurité (recommandations de santé liées aux périmètres de sécurité) ; soutien aux municipalités ; habitation ; énergie ; environnement ; et bioalimentaire.

La coordination des ressources provinciales et des interventions touchant plusieurs régions est assurée par les autorités ministérielles, soit par le coordonnateur ministériel des mesures d'urgence du MSSS, soit par le directeur national de santé publique, soit par les deux.

Chaque Organisation régionale de sécurité civile (ORSC) rassemble les répondants régionaux des divers ministères et organismes gouvernementaux engagés dans les interventions de sécurité civile, notamment l'Agence de développement de réseaux locaux de services de santé et de services sociaux (ADRLSSSS). L'ORSC assure la concertation et la planification régionales, ainsi que la coordination des activités de sécurité civile intermunicipales et régionales. En situation de sinistre, elle apporte son soutien aux municipalités touchées. L'ORSC dépend de la Direction régionale de la sécurité civile (DRSC). À l'échelle régionale, l'ADRLSSSS assure la coordination de différents champs d'activité (santé physique, dont les services préhospitaliers d'urgence, services psychosociaux d'urgence ou santé publique) ou de plusieurs établissements ou organismes au sein d'un même champ d'activité. L'ADRLSSSS assure également la concertation des communications publiques du réseau régional de la santé. Le cas échéant, le centre de santé du territoire touché joue le rôle de répondant du réseau auprès de l'OMSC, en lien avec l'ADRLSSSS.

Niveau municipal

La municipalité est la première responsable de la gestion d'un sinistre sur son territoire. Elle doit élaborer un Plan municipal de sécurité civile et développer une capacité maximale de réponse à un sinistre. La coordination des différentes interventions relève donc de sa responsabilité sur son territoire.

Établissements de santé

Les établissements de santé qui ont une mission de CLSC sont appelés à siéger au sein de l'Organisation municipale de sécurité civile (OMSC) ou, à tout le moins, à agir à titre d'agents de liaison entre la municipalité et le réseau de la santé. Si la situation oblige la municipalité à activer son OMSC, le CLSC agit comme répondant. En tout temps, l'Agence de développement de réseaux locaux de services de santé et de services sociaux est avisée lorsqu'un sinistre survient.

Il incombe à chaque établissement de santé de mettre en place localement des mesures d'urgence. Le plan élaboré par chaque établissement doit comprendre les éléments suivants : normes et pratiques de gestion ; procédure de confinement ; formulaire d'aide à la gestion lors de relocalisation permanente ; guide des installations électriques ; intervention en cas d'incendie ; journal des opérations ; bottin d'urgence ; registre des mises à jour ; rapport de situation ; directives concernant les alertes reçues par téléphone ou les appels à la bombe ; gestion de dossier ; contenu d'un chariot de lutte contre l'incendie ou le déversement de matières dangereuses, trousse de décontamination, trousse de centre de coordination et liste d'affiches de mesures d'urgence ; liste de vérification d'un exercice d'incendie ; rapport annuel d'activités.

PLAN D'INTERVENTION D'URGENCE

Quel que soit le niveau de sinistre ou de coordination, la gestion de la situation doit suivre des étapes qui impliquent des procédures particulières. Ces dernières sont exposées dans les documents appropriés (par exemple les plans opérationnels). Chaque établissement doit mettre en œuvre son Plan des mesures d'urgence selon les modalités qu'il juge appropriées à la situation.

Selon les besoins, l'ADRLSSSS peut mettre en alerte ou mobiliser l'ensemble ou une partie du réseau de la santé et des services sociaux de la région. Dans de telles circonstances, les établissements visés doivent répondre à la demande ainsi formulée en mettant en œuvre leur Plan des mesures d'urgence. Il est donc important que chaque intervenant ait la même compréhension des étapes que ce plan doit comprendre : mise en alerte, mobilisation, intervention, rétablissement, démobilisation et compte rendu (Isabelle, 2002).

Mise en alerte

À la suite d'une alerte provenant du 911, d'une source externe, ou de l'établissement lui-même (si l'incident s'y est déroulé), les personnes appelées à intervenir sont informées qu'un sinistre vient de se produire ou est appréhendé. L'établissement, le Centre de communication santé (CCS) ou l'ADRLSSSS répond à la situation en cours ou se prépare à faire face à la situation appréhendée, en prenant les mesures suivantes : alerter ses intervenants, réviser ses procédures, vérifier que les ressources nécessaires sont mobilisables, etc.

Mobilisation

L'établissement, le CCS ou l'ADRLSSSS mobilise ses ressources selon le niveau approprié. La phase de mobilisation regroupe l'ensemble des opérations stratégiques et tactiques nécessaires pour permettre un déploiement optimal des ressources et l'adoption des mesures d'urgence sur le terrain et dans les instances de coordination. Si les modes de communication fonctionnent bien, le commandement présent sur le terrain donne le nombre approximatif de personnes dirigées vers l'établissement, même si le nombre de personnes qui prennent elles-mêmes l'initiative de s'y rendre n'est pas connu.

Intervention

La phase d'intervention correspond à la réponse à la situation de sinistre. L'établissement, le CCS ou l'Agence de santé et de services sociaux intervient selon ses rôles et responsabilités, tout en assurant le maintien de ses services habituels, autant que faire se peut.

Rétablissement

La situation de sinistre est maîtrisée. Les interventions visent à permettre le retour le plus rapide possible aux activités normales de l'organisme.

Démobilisation

L'établissement, le CCS ou l'Agence de développement de réseaux locaux de services de santé et de services sociaux avise les intervenants et ses partenaires que la situation de sinistre est terminée.

Compte rendu

Quelque temps après que la situation de sinistre est passée, l'établissement, le CCS ou l'Agence de santé et de services sociaux détermine les points forts et les points à améliorer pour chacune des phases du Plan des mesures d'urgence. En fonction de ce compte rendu, on élabore et on met en œuvre des activités d'information ou de formation destinées aux intervenants.

Mise en œuvre du plan d'urgence

IDENTIFICATION DES PERSONNES

Pour assurer une bonne gestion des soins, il est crucial d'identifier clairement les personnes et de consigner les données décrivant leur état. On utilise des étiquettes numérotées et de couleurs différentes sur lesquelles figurent des renseignements essentiels sur la personne : catégorie de triage dont elle relève, nom, adresse et âge, emplacement et description des blessures, traitement et médicaments administrés. Cette étiquette doit être soigneusement fixée sur la personne et y demeurer en tout temps.

TRIAGE DES VICTIMES DE CATASTROPHE

Le triage consiste à catégoriser le plus rapidement possible les blessés nécessitant des soins immédiats. La personne responsable du triage évalue rapidement l'étendue des blessures sur le lieu de la catastrophe (figure 19-1 ■). Les personnes touchées reçoivent immédiatement une étiquette de triage. Le tableau 19-1 ■ donne une description des catégories de triage, ainsi que des exemples de blessures correspondant à chacune. Les premiers répondants (les services ambulanciers par exemple) stabilisent ensuite les blessés en appliquant les protocoles cliniques autorisés ; une fois décontaminés (décontamination grossière), les blessés sont évacués.

Bien que le personnel médical d'urgence procède à un triage initial sur le terrain, il est essentiel d'effectuer un triage secondaire et continuel à toutes les étapes de soins suivantes.

Le personnel désigné contrôle toutes les entrées dans l'établissement de soins et dirige les victimes vers la zone de triage. Celle-ci peut se trouver près de l'entrée, à l'extérieur de l'établissement ou juste à la porte du service des urgences. On peut ainsi trier toutes les victimes, qu'elles arrivent en ambulance ou par leurs propres moyens, et procéder à la décontamination fine ou grossière le cas échéant. Certaines personnes déjà vues sur le terrain seront réévaluées dans la zone de triage, selon leur état.

En temps normal, le personnel soignant attribue la priorité et alloue le maximum de ressources aux personnes les plus atteintes. Par exemple, un jeune homme blessé à la poitrine et en arrêt cardiaque recevra des soins spécialisés de réanimation, comprenant l'administration de médicaments ou de solutés, l'installation de drains thoraciques ou une transfusion sanguine ; on effectuera peut-être même une intervention chirurgicale d'urgence pour essayer de lui sauver la vie. À l'opposé, en situation de catastrophe, à cause du grand nombre de blessés, le personnel soignant doit suivre le principe de base selon lequel on doit apporter le plus grand bien-être possible au plus grand nombre de personnes possible. Les décisions doivent reposer sur les chances de survie et sur les ressources mobilisables. Par conséquent, en cas de catastrophe, le jeune homme évoqué ci-dessus et d'autres personnes dont l'état est associé à un fort taux de mortalité se verront attribuer une faible priorité lors du triage, et ce, même s'ils sont conscients. Bien que cela paraisse dénué de compassion, on ne peut justifier d'un point de vue éthique l'utilisation des ressources limitées pour soigner des personnes ayant peu de chances de survie, ce qui reviendrait à priver de ces ressources d'autres personnes présentant un état grave mais traitable.

GESTION DES PROBLÈMES INTERNES

Chaque établissement doit établir sa liste d'équipements après évaluation de ses propres besoins. De son côté, la Croix-Rouge a conçu une trousse de survie et de protection. Le comité d'intervention doit établir la liste des médicaments indispensables utilisés au cours d'une journée normale, puis déterminer les autres médicaments pouvant être nécessaires en cas de catastrophe ou d'événement faisant de nombreux blessés. Par exemple, l'hôpital pourrait garder en stock des trousses anticyanure ou des antibiotiques pour combattre les agents biologiques. Il faut également que le personnel connaisse les formalités d'approvisionnement et de réapprovisionnement en articles de base et de soins spécialisés auprès des ressources locales, le mode de commande du matériel et les délais de livraison.

COMMUNICATION AVEC LES MÉDIAS ET LES FAMILLES

La communication est un élément clé de la gestion des interventions en cas de catastrophe, que ce soit entre les membres de la vaste équipe d'intervenants ou avec les médias et les familles inquiètes.

Gestion de l'information aux médias

Bien qu'ils aient l'obligation de diffuser les nouvelles et puissent favoriser la communication, les reporters, les journalistes et leurs équipes risquent de compromettre les opérations et la confidentialité à laquelle ont droit les victimes. Le plan d'intervention doit donc permettre d'assurer une gestion clairement définie de l'information destinée aux médias, ce qui suppose notamment un porte-parole officiel, un lieu de diffusion de l'information (éloigné des aires de traitement) et des points de presse réguliers.

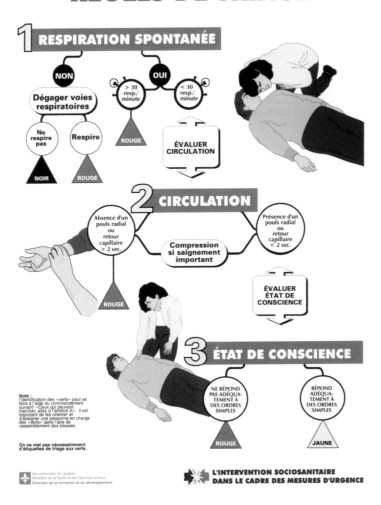

FIGURE **19-1** ■ Règles de triage: méthode START. Source: Ministère de la Santé et des Services sociaux, Direction de la formation et du développement, Gouvernement du Québec. Reproduction autorisée par Les Publications du Québec.

Un tel plan permet d'éviter la diffusion de renseignements contradictoires ou inexacts. Les premières déclarations doivent porter sur les efforts en cours et permettre aux médias de bien saisir l'ampleur et la gravité de la situation. On ne doit pas diffuser d'informations sur les blessés. Le personnel de sécurité ne doit pas autoriser l'accès des médias aux aires de soins.

Prise en charge des familles

Lorsqu'ils se rendent sur le lieu de la catastrophe, les familles et les amis des victimes doivent être pris en charge. Ils peuvent être très anxieux, en état de choc ou affligés; il faut donc leur donner des informations à jour sur leur proche, le plus tôt possible, puis à intervalles réguliers. Les familles et les amis ne doivent pas se trouver dans la zone de triage ou de traitement, mais dans un endroit destiné à les accueillir, où des

psychologues et des membres du clergé pourront leur offrir de l'aide. Il faut contrôler l'accès à cette zone pour éviter qu'ils ne soient dérangés. On doit tenir compte des différences culturelles lorsqu'on s'occupe de blessés ou de morts à la suite d'une catastrophe (encadré 19-3 ■).

RÔLE DES INFIRMIÈRES

En cas de catastrophe, le rôle de l'infirmière varie selon les situations. Elle peut devoir effectuer des tâches particulières et assumer des responsabilités qui relèvent normalement de médecins ou d'infirmières spécialisées. Par exemple, elle peut être amenée à intuber une personne pour la réanimer; elle peut avoir à débrider ou à suturer une plaie; elle peut être responsable du triage.

Catégories de triage

TABLEAU 19-1

On utilise des catégories de triage pour répartir les personnes selon la gravité de leurs blessures; à chaque catégorie correspond une étiquette. Il existe différents systèmes de triage, et chaque infirmière doit connaître celui qu'utilise son établissement ou sa communauté. La méthode de triage START 2004 (Simple Triage and Rapid Treatment) est utilisée au Canada (figure 19-1). Elle compte quatre couleurs: rouge, jaune, vert et noir, chacune correspondant à un degré de priorité déterminé pour l'évaluation de la respiration, de la circulation et des fonctions neurologiques (Conterra Triage Belt).

Catégories	Priorité	Couleur	Lésions
Immédiat: Les blessures sont mortelles, mais une intervention minimale permet d'assurer la survie. Les personnes relevant de cette catégorie peuvent rapidement passer dans la catégorie «En attente» si les traitements sont différés.	1	Rouge	Plaie aspirante au thorax, obstruction mécanique des voies respiratoires, choc, hémothorax, pneumothorax suffocant, asphyxie, plaies thoraciques et abdominales instables, amputations incomplètes, fractures ouvertes des os longs et brûlures aux 2e et 3e degrés sur 15 à 40 % de la surface du corps.
Différé: Les blessures sont importantes et nécessitent un traitement médical, mais celui-ci peut être reporté pendant plusieurs heures sans danger pour la vie de la personne ou l'intégrité d'un de ses membres. Les personnes relevant de cette catégorie sont traitées après celles qui relèvent de la catégorie «Immédiat».	2	Jaune	Plaies abdominales stables sans signe d'hémorragie importante; lésions des tissus mous; plaies maxillofaciales sans obstruction des voies aériennes; blessures vasculaires avec circulation collatérale adéquate; blocage des voies génito-urinaires; fractures nécessitant une réduction chirurgicale, un débridement et une fixation externe; la plupart des lésions à l'œil et au SNC.
Mineur: Les blessures sont mineures et le traitement peut être différé de quelques heures à quelques jours. Ces personnes doivent être transportées loin de l'aire principale de triage. On ne leur met pas nécessairement d'étiquette de triage.	3	Vert	Fractures des extrémités supérieures, brûlures mineures, claquage, petites lacérations sans saignement important, troubles comportementaux ou psychologiques.
En attente: Les blessures sont importantes et les chances de survie sont improbables même si des soins complets sont donnés. Les personnes relevant de cette catégorie doivent être isolées des autres blessés, sans être laissées à l'abandon. Un réconfort doit leur être apporté quand c'est possible.	4	Noir	Personnes inconscientes avec plaies pénétrantes à la tête; lésions hautes de la moelle épinière; plaies touchant de nombreux sites anatomiques et organes; brûlures aux 2e et 3e degrés sur plus de 60 % de la surface du corps; crises épileptiques ou vomissements dans les 24 heures suivant une exposition à des radiations; choc profond avec blessures multiples; respiration agonisante; absence de pouls; absence de pression sanguine; pupilles fixes et dilatées.

Dans ces situations, le rôle précis de l'infirmière dépend des besoins immédiats de l'établissement, mais on doit clairement déterminer quelle infirmière ou quel médecin est responsable d'une aire de soins donnée et quelles interventions chacune des infirmières est habilitée à effectuer. Le centre de commandement apporte son aide, et du personnel non médical offre des services là où c'est possible. Par exemple, les membres des familles peuvent donner des soins non spécialisés à leurs proches. Les infirmières doivent se rappeler qu'en situation de catastrophe la priorité va aux soins essentiels et qu'on doit donner ceux-ci en tenant compte de l'ensemble des personnes touchées.

Les situations de catastrophe amènent l'infirmière à assumer des responsabilités et des rôles inhabituels. Elle peut avoir à donner des soins d'urgence dans un abri temporaire, à soutenir les familles éprouvées par le deuil ou à participer à l'identification des morts. Elle peut avoir à s'occuper d'une personne en crise ou être appelée à conseiller d'autres membres du personnel et à intervenir dans la gestion du stress. Les personnes handicapées peuvent également avoir besoin de soins particuliers au cours d'une catastrophe (encadré 19-4 ■).

Gestion des conflits éthiques

Les catastrophes provoquent un déséquilibre entre les ressources de soins de santé et les besoins des victimes. Ce phénomène soulève des dilemmes éthiques pour les infirmières et les autres travailleurs de la santé. Les questions pouvant entraîner des conflits éthiques portent notamment sur les points suivants:

- la rationalisation des soins
- les traitements inutiles
- le consentement
- les tâches
- la confidentialité
- la réanimation
- le suicide assisté

Il peut être difficile pour les infirmières de ne pouvoir donner aucun soin à des mourants ou d'avoir à taire des informations afin de ne pas susciter la peur ou la panique. Les situations extrêmes placent les infirmières face à des scénarios cliniques inimaginables en temps normal. L'instinct d'auto-protection et de protection de leurs familles peut également

Considérations culturelles

Toute catastrophe ou tout incident faisant un grand nombre de blessés peut toucher des membres de divers groupes religieux et ethniques; il se peut même qu'une religion ou qu'une ethnie soit visée. En conséquence, l'équipe de soins doit également compter des membres de tous ces groupes et doit se rappeler que les victimes peuvent:

- présenter des problèmes linguistiques susceptibles d'accroître la peur et la frustration;
- avoir des pratiques religieuses relatives aux traitements, à l'hygiène ou au régime alimentaire;
- avoir besoin de lieux ou de moments réservés à la prière;
- avoir des rituels particuliers face à la mort;
- avoir des pratiques particulières en matière de services funèbres.

Certaines communautés religieuses ont des plans d'intervention en cas d'urgence et de catastrophe; les établissements de santé doivent en tenir compte.

Soins aux personnes handicapées lors d'une catastrophe

Lorsqu'une catastrophe survient, les multiples organismes d'aide et d'assistance tentent de fournir de la nourriture, de l'eau et un abri aux victimes. Les personnes handicapées ont des besoins particuliers et il est recommandé de mettre en place un réseau d'aide individuelle afin de les prendre en charge après une catastrophe et de combler leurs besoins. Les intervenants doivent être conscients que les animaux d'assistance sont également touchés lors d'une catastrophe et qu'ils sont autorisés à accompagner leur maître aux abris.

Il est impératif d'offrir une aide à l'évacuation aux personnes handicapées. Les sauveteurs doivent recevoir des instructions relatives aux besoins particuliers de ces personnes (par exemple appareils de communication, médicaments, oxygène). En cas d'évacuation rapide, les abris doivent être équipés d'appareils de mobilité et d'appareils de succion; les personnes handicapées devraient pouvoir y recevoir l'oxygène et les médicaments dont elles ont besoin. Les personnes qui connaissent le langage des signes représentent également une ressource appréciée lors d'une catastrophe.

Le site Web de la Croix-Rouge canadienne offre un manuel pratique sur la préparation des soins à apporter aux personnes handicapées en cas de catastrophe (www.croixrouge.ca/article.asp?id=000284&tid=025).

placer les travailleurs de la santé face à d'autres dilemmes. Par exemple, que devrait faire une infirmière enceinte quand les victimes ont été exposées à des substances radioactives et que le nombre d'infirmières est insuffisant?

Afin de prévoir les dilemmes éthiques dont elles auront à débattre en cas de catastrophe, les infirmières peuvent élaborer un cadre leur permettant d'évaluer les questions éthiques avant qu'elles ne surviennent, puis déterminer et envisager les réponses possibles aux situations cliniques critiques. Il leur faut tenir compte des principes éthiques fondamentaux que sont l'utilitarisme, la bienfaisance et la justice, et de leur influence sur les décisions qu'elles prendront lors d'une catastrophe ainsi que sur les soins qu'elles donneront.

Gestion des problèmes comportementaux

Même si la plupart des gens travaillent ensemble et assument leur rôle lors d'une catastrophe, les citoyens et les communautés subissent des traumatismes psychologiques immédiats et à long terme. Parmi les réactions courantes aux catastrophes figurent:

- la dépression
- l'anxiété
- la somatisation (fatigue, malaise général, céphalées, problèmes gastro-intestinaux, éruptions cutanées)
- le syndrome de stress post-traumatique
- l'abus de substances
- les conflits interpersonnels
- l'altération de la performance

Divers facteurs influent sur la réaction d'une personne à une catastrophe, notamment: le degré et la nature de l'exposition au sinistre, la perte d'amis et de proches, les stratégies d'adaptation existantes, les ressources et l'aide disponibles, et la signification individuelle donnée à l'événement. D'autres facteurs, comme la perte de la demeure et d'objets de valeur,

une exposition prolongée au danger ou à des substances toxiques, influent également sur la réaction et augmentent le risque de problèmes d'adaptation. Les personnes les plus susceptibles de souffrir de séquelles émotionnelles sont celles qui ont côtoyé les morts et les blessés, les témoins oculaires de l'événement, les personnes exposées à un danger immédiat, ainsi que les personnes âgées, les enfants, les intervenants de première ligne et le personnel médical traitant les victimes.

Les infirmières peuvent aider les sinistrés en leur offrant une écoute active et un soutien affectif, en les informant et en les dirigeant vers les services psychosociaux. En effet, l'expérience a montré que peu de victimes recherchent ces services et qu'une intervention rapide réduit les conséquences psychologiques. Les infirmières peuvent également décourager les victimes de se soumettre à une exposition répétée aux événements par le biais des médias et des articles de journaux; elles doivent plutôt les encourager à reprendre leurs activités normales et leur travail au moment approprié.

Gestion du stress

La gestion du stress à la suite d'un incident critique permet de prévenir et de traiter les traumatismes émotionnels qui peuvent affecter aussi bien les intervenants de première ligne que toute personne ayant vécu une catastrophe ou un incident faisant de nombreuses victimes. Les établissements de santé et le bureau des services d'urgence tiennent plusieurs documents à la disposition des intervenants et des personnes ayant subi une catastrophe, notamment *Comment prendre soin de soi comme intervenant* (Agence de santé publique du Canada, 2002).

Tout plan d'intervention doit comprendre les éléments suivants: une formation préalable portant sur le stress résultant d'un incident et sur les stratégies d'intervention; un soutien sur le terrain durant l'incident (afin d'assurer le repos adéquat et le ravitaillement de l'équipe de travail, ainsi qu'une rotation des charges de travail); le «désamorçage», les comptes rendus, la démobilisation et le suivi des soins après l'incident.

Le désamorçage consiste à apprendre aux gens à reconnaître les signes de stress et à appliquer des stratégies pour les gérer. Le compte rendu est une intervention plus compliquée: il s'agit d'une rencontre de 2 à 3 heures durant laquelle les participants doivent exprimer leurs réactions émotives face à l'incident, les symptômes qu'ils peuvent présenter (par exemple flashback, insomnie, pensées intrusives) et d'autres signes psychologiques. Le suivi des soins consiste, pour les membres de l'équipe de gestion du stress, à contacter les personnes ayant participé à un compte rendu et à prévoir une rencontre de suivi au besoin. Ils dirigent alors les personnes qui présentent des signes de stress continus vers des spécialistes en santé mentale.

Préparation aux situations engendrées par les catastrophes

RECONNAISSANCE ET SENSIBILISATION

Pour se préparer à faire face aux catastrophes, le travailleur de la santé doit prendre conscience des dangers potentiels, tout en se familiarisant avec les mesures d'autoprotection, de détection, de confinement ou de décontamination de substances et d'agents pouvant nuire à d'autres personnes par le biais d'une exposition indirecte. Divers facteurs peuvent permettre à une épidémie de se répandre rapidement et sournoisement dans tout le pays, notamment: la force de nombreuses toxines, la mobilité des populations et les longues périodes d'incubation de certaines substances. Par exemple, on doit être conscient qu'une personne en bonne santé présentant une évolution rapide des symptômes pseudo-grippaux peut être porteuse d'une maladie menaçante, comme ce fut le cas lors de l'exposition au bacille du charbon en 2001.

Le personnel soignant doit être très sensibilisé aux indices d'un épandage délibéré d'agents toxiques ou infectieux (Howard, 2001). Voici quelques situations qui devraient le mettre en alerte:

- Une augmentation inhabituelle du nombre de personnes se plaignant de fièvre ou d'affections respiratoires ou gastro-intestinales.
- Une affection inhabituelle pour la saison touchant un groupe de personnes venant d'un lieu géographique particulier, comme une ville, ou ayant assisté à un même événement (sportif ou culturel).
- Un nombre élevé de cas rapidement fatals, particulièrement quand la mort survient dans les 72 heures après l'admission à l'hôpital.

- Toute augmentation de l'incidence d'une maladie au sein d'une population normalement en bonne santé (ces cas doivent être signalés à la Direction de la santé publique).

Il faut connaître les antécédents complets de la personne afin d'identifier l'agent en cause. Outre les renseignements médicaux fournis habituellement lors de l'admission, l'anamnèse doit comprendre les antécédents professionnels et environnementaux. Les antécédents d'exposition doivent au minimum comprendre des données sur les expositions actuelles et passées à des dangers possibles, ainsi qu'une description du déroulement d'une journée type et des changements dans la routine quotidienne de la personne. Les antécédents professionnels doivent au minimum comprendre une description de tous les emplois précédents, y compris les emplois à court terme, saisonniers et à temps partiel, ainsi que tout service militaire. Les antécédents environnementaux comprennent, entre autres, une évaluation des résidences actuelle et précédentes, des sources d'approvisionnement en eau et de tous les passe-temps de la personne. Il faut aussi noter les voyages récents et les contacts avec des personnes atteintes d'une maladie ou récemment mortes des suites d'une maladie.

Il existe en outre des questionnaires sur mesure pour mieux cerner l'apparition d'affections telles que les maladies respiratoires graves associées au SRAS (Isabelle, 2002); les figures 19-2 ■ et 19-3 ■ en donnent des exemples.

Les doutes et les découvertes émanant de ces rapports doivent être communiqués aux autorités compétentes, soit à l'Unité des maladies infectieuses de la Direction de la santé publique de la région touchée. La communication de ces informations est essentielle pour les organismes responsables des études épidémiologiques et des interventions. Elle permet également aux instances responsables d'échanger des renseignements qui les aident à déterminer la source des infections ou de l'exposition et ainsi à prévenir des expositions ultérieures, voire des pertes de vies.

ÉQUIPEMENT DE PROTECTION INDIVIDUELLE

Pour bien se préparer et réagir à toute catastrophe, l'intervenant en soins de santé doit aussi avoir un équipement de protection individuelle à sa disposition. Les agents chimiques et biologiques, ainsi que les radiations, sont des tueurs silencieux généralement incolores et inodores. La fonction de l'équipement de protection individuelle est de protéger les soignants des menaces chimiques, physiques et biologiques auxquelles ils peuvent être exposés lorsqu'ils donnent des soins aux personnes contaminées. Il existe quatre catégories (niveaux A, B, C et D) de vêtements de protection et d'appareils respiratoires approuvés par l'Association canadienne de normalisation (ACNOR) et/ou le National Institute for Occupationnal Safety and Health (NIOSH):

- L'équipement de niveau A assure une protection maximale des voies respiratoires, de la peau, des yeux et des muqueuses. Il comprend un appareil respiratoire autonome (ARA), qui fait partie de l'équipement préhospitalier, une combinaison complète étanche à la vapeur avec des gants et des bottes résistant aux substances chimiques.

RÉGIE RÉGIONALE
DE LA SANTÉ ET DES
SERVICES SOCIAUX
DE MONTRÉAL-CENTRE

Direction de la santé publique

> **RÉCEPTION AU TRIAGE
> EN CLINIQUES MÉDICALES**

1- PRÉ-TRIAGE SUR PLACE DANS UN LIEU DE CONSULTATION MÉDICALE

QUESTIONS À POSER AU PATIENT

AVEZ-VOUS AU COURS DES 2 DERNIÈRES SEMAINES?

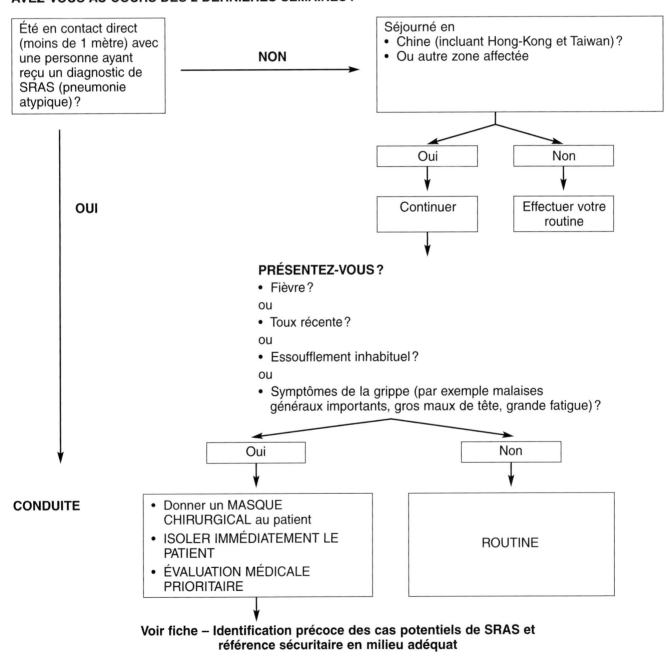

FIGURE 19-2 ■ Prétriage sur place dans un lieu de consultation médicale. Source: Régie régionale de la Santé
et des Services sociaux de Montréal-Centre, Direction de la santé publique, Questionnaire triage clin med.doc22mai.doc.
Reproduction autorisée par Les Publications du Québec.

RÉGIE RÉGIONALE
DE LA SANTÉ ET DES
SERVICES SOCIAUX
DE MONTRÉAL-CENTRE

Direction de la santé publique

**MÉDECINS OU INFIRMIÈRES CLINICIENNES
EN CLINIQUES MÉDICALES**

2- IDENTIFICATION PRÉCOCE DES CAS POTENTIELS DE SRAS ET RÉFÉRENCE SÉCURITAIRE EN MILIEU ADÉQUAT

ÉVALUATION MÉDICALE DU SRAS

- Le clinicien doit porter de préférence un masque N-95 ou à défaut un masque chirurgical (protection aérienne).
- Si examen du patient, porter blouse, gants, masque et idéalement lunettes (si le patient n'a pas de masque).
- Requestionner le patient:
  1) Nature exacte du voyage (voir zones affectées / établissements affectés)
  2) Date de retour de voyage (premiers symptêmes ≤ 10 jours de la date de retour)
  3) Objectivation de la fièvre (> 38°), signes vitaux
  4) Évaluation respiratoire: toux, dyspnée, râles, saturation d'oxygène

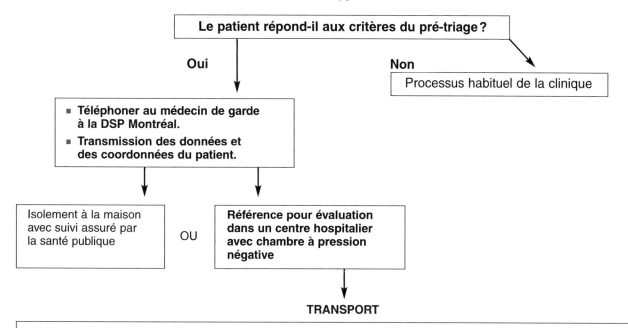

TRANSPORT

Le médecin de garde en maladies infectieuses de la DSP est en mesure de vérifier quel serait l'hôpital disponible et le moyen de transport approprié.

L'état du patient et sa compréhension de la situation détermineront s'il devra s'y rendre **en ambulance ou en automobile.**

Ambulance	**Automobile**
La santé publique fera le contact avec Urgences-Santé.	La santé publique fera le contact avec l'hôpital désigné.
	Le patient doit porter son masque chirurgical en permanence.
Protocole d'Urgences-Santé sera utilisé.	Le patient doit se présenter à l'urgence de l'hôpital avec le motif de la consultation.
	Indiquer sur la consultation: «**SRAS à investiguer**».
	Tout accompagnateur devra aussi porter un masque chirurgical.

CONDUITE À LA CLINIQUE

- S'il n'y a pas eu d'isolement au triage: prendre le **nom des personnes présentes** dans la salle d'attente.
- Suivre les recommandations de Santé Canada pour les cliniques externes.

FIGURE 19-3 ■ Détection des cas potentiels de SRAS. Source: Régie régionale de la Santé et des Services sociaux de Montréal-Centre, Direction de la santé publique, SRAS/Indication precoce clin med 22 mai.doc. Reproduction autorisée par Les Publications du Québec.

■ L'équipement de niveau B ressemble à celui du niveau A, mais sert quand la situation nécessite une protection maximale des voies respiratoires et une protection moindre de la peau et des yeux. Cet équipement comprend un ARA et une combinaison résistant aux substances chimiques (Currance et Bronstein, 1999).

■ L'équipement de niveau C est composé d'un appareil respiratoire muni de filtres ou de matériaux absorbants permettant d'éliminer les substances toxiques de l'air. Le masque N-95 assure un taux de filtration de 95 % en présence de particules supérieures ou égales à 1 μm. L'équipement de niveau C comprend aussi une combinaison résistant aux substances chimiques munie d'une cagoule anti-éclaboussures, des gants résistant aux substances chimiques et des bottes.

■ L'équipement de niveau D correspond pour l'essentiel à l'uniforme de travail.

L'équipement de protection doit être porté avant tout contact avec une personne contaminée. Celui qu'on trouve normalement dans l'établissement de soins de courte durée (de niveau D ou C) n'est généralement pas approprié. Le personnel soignant doit utiliser l'équipement qui lui assure une protection contre l'agent en cause. Il est donc possible que le port d'une combinaison anti-éclaboussures munie d'un appareil respiratoire intégral de pression négative ou positive (un masque à gaz avec filtre) soit requis, ou encore le port d'un ARA dans le cas du personnel médical sur le terrain (Burgess *et al.*, 1999; Currance et Bronstein, 1999; JCAHO, 2000). Selon les risques propres à chaque situation, différentes précautions doivent être prises à l'intérieur des établissements où séjournent des personnes contaminées (tableau 19-2 ■).

Aucune combinaison de matériel de protection ne protège contre tous les dangers. Les intervenants ne devraient en aucun cas porter un équipement de protection individuelle sans avoir reçu au préalable une formation pertinente et sans avoir essayé cet équipement et testé les masques respiratoires.

DÉCONTAMINATION

La **décontamination** consiste à éliminer les contaminants accumulés. Elle permet de prévenir la contamination secondaire et est essentielle à la santé et à la sécurité du personnel soignant. Le plan de décontamination comprend les protocoles, que les employés doivent apprendre, le matériel nécessaire et les procédures à suivre, ainsi que les méthodes d'élimination des matières contaminées (Currance et Bronstein, 1999).

La décontamination comporte deux étapes. La *décontamination grossière* est effectuée sous la responsabilité des municipalités avant que la personne soit prise en charge par les services préhospitaliers d'urgence (SPU). Cette étape consiste habituellement à retirer les vêtements et les bijoux de la personne, puis à rincer celle-ci à l'eau. La seconde étape est la *décontamination fine,* qui consiste à laver la personne de façon plus minutieuse et à soigner ses plaies. On ne doit pas tenir pour acquis que les personnes arrivant des services préhospitaliers d'urgence ont été minutieusement décontaminées. (Voir également la section «Décontamination en cas d'incident radiologique», p. 569.)

Armes de terreur

Au nombre des armes de terreur, citons les armes biologiques et les armes chimiques.

ARMES BIOLOGIQUES

Les armes biologiques visent à répandre une affection dans une population civile ou militaire. De telles armes ont été utilisées très tôt dans l'histoire. Aujourd'hui, les techniques de production sophistiquées et le génie génétique ont augmenté leur pouvoir destructeur, de sorte qu'elles peuvent faire un grand nombre de victimes.

Une attaque biologique constitue une méthode invisible permettant d'affecter gravement une cible donnée. Les armes utilisées sont faciles à obtenir et à disséminer. Elles entraînent une mortalité et une morbidité importantes. L'éventualité que des agents biologiques soient utilisés exige une surveillance accrue et continuelle de la part des ministères de la santé, ainsi qu'un indice de suspicion élevé chez les médecins, car ils entraînent des signes et symptômes semblables à ceux de maladies courantes.

Les agents biologiques peuvent être répandus sous forme liquide ou sèche, dans l'eau ou la nourriture, ou bien vaporisés afin de provoquer une inhalation ou un contact direct. La vaporisation de l'agent peut se faire grâce à des gicleurs ou à des explosifs. En raison des moyens de transport modernes, un agent libéré dans une ville peut atteindre les habitants de régions situées à des milliers de kilomètres. Le vecteur peut être un insecte, un animal ou une personne. Il peut également y avoir contact direct avec l'agent lui-même.

Le bacille du charbon et le virus de la variole, deux des agents les plus susceptibles de servir d'armes biologiques, ainsi que le SRAS et la grippe aviaire, sont décrits dans le tableau 19-3 ■. D'autres agents biologiques peuvent facilement être convertis en armes (tableau 19-4 ■).

ARMES CHIMIQUES

Les agents pouvant servir d'armes lors d'une attaque chimique sont qualifiés de «manifestes» en ce sens que leurs effets sont plus apparents et surviennent plus rapidement que les effets associés aux agents biologiques. Ces agents, parfois faciles à obtenir, sont bien connus; ils provoquent une mortalité et une morbidité importantes, causent la panique et une perturbation sociale.

Les substances chimiques se caractérisent par diverses propriétés: la volatilité, la persistance, la toxicité et la latence.

■ La *volatilité* est la capacité d'une substance chimique à se vaporiser. Les agents les plus volatils sont le phosgène et le cyanure. La plupart des substances chimiques sont plus lourdes que l'air, exception faite de l'acide cyanhydrique, et descendent donc vers le sol. En conséquence, en présence de la plupart des substances chimiques, il faut se tenir debout pour éviter une exposition importante.

■ La *persistance* d'une substance chimique est la propriété qui s'oppose à sa vaporisation ou à sa dispersion. Une substance chimique persistante ne s'évapore pas très rapidement. La plupart des substances chimiques

(suite à la p. 565)

TABLEAU
19-2

Précautions à prendre au sein des établissements en cas de contamination

	Précautions de base	Précautions extraordinaires (contamination par gouttelettes, par voie aérienne, par contact)	Précautions contre la contamination par voie aérienne	Précautions contre la contamination par voie aérienne et par contact	Précautions contre la contamination par gouttelettes
Masque	■ Porter un masque ordinaire à usage unique.	■ Mettre un masque à haut pouvoir filtrant (N-95), doté d'une visière, avant d'entrer dans la chambre; l'enlever après être sorti de la chambre.	■ Mettre un masque à haut pouvoir filtrant (N-95) avant d'entrer dans la chambre; l'enlever après être sorti de la chambre.	■ Mettre un masque à haut pouvoir filtrant (N-95) avant d'entrer dans la chambre; l'enlever après être sorti de la chambre.	■ Mettre un masque ordinaire à usage unique avant d'entrer dans la chambre; l'enlever après être sorti de la chambre.
Gants	■ Changer de gants entre chaque personne.	■ Mettre des gants avant d'entrer dans la chambre en veillant à recouvrir le poignet de la blouse. ■ Enlever les gants avant de sortir de la chambre.	■ Changer de gants entre chaque personne.	■ Mettre des gants avant d'entrer dans la chambre en veillant à recouvrir le poignet de la blouse. ■ Enlever les gants avant de sortir de la chambre.	■ Changer de gants entre chaque personne.
Lavage des mains	■ Se laver les mains avec du gel antiseptique avant de sortir de la chambre.	■ Se laver les mains avec du gel antiseptique après avoir retiré les gants.	■ Se laver les mains avec du gel antiseptique avant de sortir de la chambre.	■ Se laver les mains avec du gel antiseptique après avoir retiré les gants.	■ Se laver les mains avec du gel antiseptique avant de sortir de la chambre.
Blouse	■ Porter une blouse s'il y a risque de souillure.	■ Mettre une blouse à manches longues avant d'entrer dans la chambre et l'enlever avant d'en sortir.	■ Porter une blouse s'il y a risque de souillure.	■ Mettre une blouse à manches longues avant d'entrer dans la chambre et l'enlever avant d'en sortir.	■ Porter une blouse s'il y a risque de souillure.
Literie	■ Mettre le linge dans un sac étanche; mettre ce sac dans un deuxième sac étanche en cas de fuite de liquide.	■ Mettre le linge dans un sac à linge dans la chambre.	■ Mettre le linge dans un sac à linge dans la chambre.	■ Mettre le linge dans un sac à linge dans la chambre.	■ Mettre le linge dans un sac étanche; mettre ce sac dans un deuxième sac étanche en cas de fuite de liquide.
Chambre	■ Chambre à un lit.	■ Chambre à un lit dotée d'un système de ventilation à pression négative. ■ Garder la porte toujours fermée.	■ Chambre à un lit dotée d'un système de ventilation à pression négative (si possible). ■ Garder la porte toujours fermée.	■ Chambre à un lit dotée d'un système de ventilation à pression négative (si possible). ■ Garder la porte toujours fermée.	■ Chambre à un lit ou à plusieurs lits. ■ La porte peut être ouverte, mais la personne doit rester dans la chambre.
Entretien ménager	■ Effectuer un nettoyage quotidien de la chambre avec un germicide.	■ Effectuer un nettoyage quotidien de la chambre avec un germicide (à usage unique). ■ Après le départ de la personne, laisser la chambre fermée pendant 6 heures avant de la désinfecter.	■ Effectuer un nettoyage quotidien de la chambre avec un germicide (à usage unique). ■ Après le départ de la personne, laisser la chambre fermée pendant 6 heures avant de la désinfecter.	■ Effectuer un nettoyage quotidien de la chambre avec un germicide (à usage unique). ■ Après le départ de la personne, laisser la chambre fermée pendant 6 heures avant de la désinfecter.	■ Effectuer un nettoyage quotidien de la chambre avec un germicide (à usage unique).

SOURCE: adapté de H. Caron *et al.* (2005).

Maladies engendrées par des agents biologiques			TABLEAU 19-3
Variole	**Maladie du charbon (anthrax ou maladie des trieurs de laine)**	**SRAS (syndrome respiratoire aigu sévère ou pneumonie atypique)**	**Grippe aviaire (influenza aviaire ou grippe du poulet)**
MICROORGANISME			
■ Virus variolique à ADN. ■ Le virus de la variole survit jusqu'à 24 heures lorsque la température est basse et le taux d'humidité faible.	■ Bactérie *Bacillus anthracis.* ■ *Bacillus anthracis* est un bacille à Gram positif encapsulé qui se développe dans le sol sous forme de spores; il existe dans le monde entier. Les spores sont libérées lorsqu'elles sont exposées à l'air; seules les spores sont infectieuses. ■ On estime qu'une personne doit inhaler approximativement de 8 000 à 50 000 spores pour contracter la maladie.	■ CoV-SRAS. ■ Le virus du SRAS est une nouvelle variante de *Coronavirus*, transmise de l'animal à l'humain. Il est probablement engendré par un virus qui n'est habituellement pas responsable de la pneumonie.	■ Virus grippal de type A H5N1. ■ Il existe plusieurs types de virus: la souche responsable du taux de mortalité le plus élevé porte le nom de grippe aviaire ultrapathogène. ■ La combinaison chez une même personne du virus habituel de la grippe H3N2 avec le virus H5N1 pourrait engendrer un hybride très virulent et contagieux, transmissible entre humains. ■ On distingue présentement deux sous-groupes de virus, capables de se modifier génétiquement. Les nouveaux types de virus proviennent souvent de plusieurs souches existantes.
PRÉVENTION			
■ Le vaccin antivariolique contient le virus de la variole bovine (vaccine), et non le virus de la variole. ■ La variole est éradiquée depuis 1980; la dernière vaccination au Canada a été faite en 1972. Depuis 1990, peu de gens en Amérique du Nord sont protégés contre cette maladie. Compte tenu des récentes activités terroristes, l'administration américaine s'est dotée de réserves supplémentaires de vaccin antivariolique. Au besoin, ces vaccins pourraient être utilisés pour immuniser toute personne exposée au virus de la variole. Le Canada a mis en place un plan d'urgence.	■ La prévention de la maladie comprend l'immunisation et le traitement par antibiotiques des personnes exposées à la bactérie du charbon. ■ L'immunisation avant l'exposition n'est pas recommandée. On administre des vaccins sous-cutanés dès qu'une exposition est détectée, puis 2 et 4 semaines plus tard.	■ Il n'existe ni vaccin, ni médicament qui protègent contre le SRAS. ■ Il est recommandé de se faire immuniser contre la grippe afin de ne pas attraper une maladie qui ressemble au SRAS.	■ Vacciner les personnes fortement exposées à la volaille infectée, à l'aide de vaccins existants efficaces contre les souches humaines en circulation à l'heure actuelle, peut diminuer la probabilité de co-infection par des souches humaines et aviaires de grippe, réduisant ainsi le risque d'échange des gènes. ■ Intensifier la surveillance des infections animales et éliminer les populations de volailles infectées ou ayant été exposées.
MODE DE TRANSMISSION			
■ Projection de gouttelettes de salive infectieuses (à une distance de 2 mètres d'une personne infectée). ■ Contact avec des vêtements ou des draps.	■ Aucune contagiosité interpersonnelle connue à ce jour. ■ Contact avec des animaux infectés (vache, moutons) ou leurs produits; afin de prévenir la transmission par la viande contaminée, on vaccine les vaches et d'autres herbivores contre le bacille du charbon.	■ Projection de gouttelettes. ■ Contamination par voie aérienne (possible). ■ Contact direct ou indirect.	■ Contact avec une espèce avifaune, notamment la sauvagine, qui peut transmettre la maladie sans en présenter les symptômes. ■ Contact avec de la volaille ou des produits avicoles infectés. ■ Contact avec des vêtements ou des chaussures contaminés.

Variole	Maladie du charbon (anthrax ou maladie des trieurs de laine)	SRAS (syndrome respiratoire aigu sévère ou pneumonie atypique)	Grippe aviaire (influenza aviaire ou grippe du poulet)
	▪ Inhalation des spores; après le décès, la crémation est recommandée, car les spores peuvent survivre plusieurs décennies (dans le sol) et constituer une menace pour les personnes travaillant dans les cimetières.		▪ Contact avec des véhicules et de l'équipement contaminés. ▪ Contact avec des aliments ou de l'eau contaminés. ▪ Contact avec du fumier et de la litière présentant de fortes concentrations virales. ▪ Piqûres d'insectes porteurs de la maladie; les rongeurs et les chiens ou les chats de ferme peuvent être des vecteurs mécaniques.

MATÉRIEL INFECTIEUX

▪ Sécrétions respiratoires. ▪ Suintement des éruptions cutanées.	▪ Suintement des lésions cutanées. ▪ Selles. ▪ Sécrétions respiratoires.	▪ Sécrétions respiratoires. ▪ Selles. ▪ Autres liquides organiques.	▪ Par contact, comme pour le mode de transmission.

CONTAGIOSITÉ

▪ Période d'incubation de 12 jours. ▪ Contagiosité très forte à partir de la diminution de la fièvre et du début de la phase éruptive.	▪ Période d'incubation de 1 à 6 jours, pouvant durer jusqu'à 60 jours en cas de problèmes respiratoires rendant difficile l'identification de la source d'infection. ▪ Sous forme d'aérosol, le bacille du charbon est inodore et invisible et peut parcourir une grande distance avant de se disséminer; le site de libération et le site d'infection peuvent ainsi être distants de nombreux kilomètres.	▪ Contagiosité très forte (affecte particulièrement le personnel de santé).	▪ Contagiosité 1 jour après le début de l'exposition et 7 jours après la dernière exposition.

TABLEAU CLINIQUE

▪ Forte fièvre, malaise, céphalée, douleur lombaire, prostration. ▪ Après 1 ou 2 jours, éruption maculopapuleuse (figure 19-4 ▪, p. 566) progressant régulièrement, à partir du visage, de la bouche, du pharynx et des avant-bras jusqu'au tronc; de vésiculaire, l'éruption devient pustuleuse (Inglesby *et al.*, 1999; Hagstad, 2000; Franz et Zajtchuk, 2000).	▪ Infection cutanée se caractérisant généralement par un œdème avec prurit et macule. ▪ Formation possible d'une papule se transformant en vésicules de 1 à 3 mm, puis en ulcération et escarre indolores se résorbant en 1 ou 2 semaines. ▪ Infection gastro-intestinale. ▪ Fièvre, nausées et vomissements, douleurs abdominales, diarrhée sanglante et occasionnellement ascite (la bactérie affecte l'iléum terminal et le cæcum). ▪ Risque de septicémie. ▪ Infection pulmonaire par inhalation; l'inhalation du bacille du charbon est la forme d'infection la plus grave; le début est insidieux, les symptômes ressemblant à ceux de la grippe: toux, céphalée,	▪ Signes et symptômes s'apparentant à la pneumonie: forte fièvre (plus de 38 °C), toux sèche, essoufflement ou difficulté à respirer. ▪ Habituellement, le premier symptôme est la fièvre. ▪ S'accompagne souvent de douleurs musculaires, de frissons, de maux de tête et de gorge, de diarrhée et de toux sèche. ▪ Après 3 ou 4 jours, les troubles respiratoires s'intensifient; dans 80 à 90 % des cas, l'état de santé commence à s'améliorer après 6 ou 7 jours; de 10 à 20 % des personnes présentent des troubles respiratoires très graves nécessitant une aide respiratoire (ventilateur). Le risque de décès est plus élevé dans ce groupe; les	▪ Conjonctivite, rougeur des yeux, inflammation ou œdème de la conjonctive ou des paupières, larmoiement, prurit oculaire, douleur oculaire, brûlement oculaire, écoulement, photophobie. ▪ Infection respiratoire grave avec fièvre, toux, rhinorrhée, mal de gorge, myalgie/ arthralgie, céphalée.

| | Agents biologiques (*suite*) | | TABLEAU 19-3 |

Variole	Maladie du charbon (anthrax ou maladie des trieurs de laine)	SRAS (syndrome respiratoire aigu sévère ou pneumonie atypique)	Grippe aviaire (influenza aviaire ou grippe du poulet)
	fièvre, vomissements, frissons, faiblesse, léger malaise pulmonaire, dyspnée et syncope, sans rhinorrhée ni congestion nasale. ■ Évolution de l'affection: dans la plupart des cas, il y a une brève période de rémission, puis apparition en 1 à 3 jours du second stade de l'affection dont les caractéristiques sont: fièvre, détresse respiratoire grave, stridor, hypoxie, cyanose, sudation abondante, hypotension et choc. La personne consulte habituellement un médecin quand le stade de détresse respiratoire grave apparaît; à ce point, même une antibiothérapie ne stoppera pas la progression de l'affection.	personnes âgées de plus de 40 ans ou souffrant d'autres maladies sont relativement plus sensibles aux troubles respiratoires graves.	

COMPLICATIONS POSSIBLES

Variole	Maladie du charbon	SRAS	Grippe aviaire
■ Variole hémorragique: symptômes allant d'un érythème foncé et de pétéchies à une franche hémorragie de la peau et des muqueuses; mort survenant le cinquième ou le sixième jour.	■ Méningite accompagnée d'une hémorragie méningée; mort survenant dans les 24 à 36 heures après l'apparition de la détresse respiratoire grave.	■ Pneumonie grave. ■ Insuffisance rénale.	

TRAITEMENT

Variole	Maladie du charbon	SRAS	Grippe aviaire
■ Aucun traitement spécifique connu. ■ Mesures essentielles: réduire la fièvre, prévenir la déshydratation, bien nettoyer les plaies et antibiothérapie contre toute infection secondaire d'origine bactérienne; isoler immédiatement toute personne atteinte; isoler toute personne dont la température s'élève jusqu'à 38 °C ou plus dans les 17 jours qui suivent une exposition au virus. ■ Vacciner et surveiller de près quiconque a été en contact avec une personne atteinte afin de déceler le moindre signe de maladie; vacciner dans les 4 jours toute personne ayant eu un contact direct avec une personne atteinte après le début de la fièvre, afin de prévenir l'infection et la mort (Franz et Zajtchuk, 2000; Inglesby *et al.*, 1999).	■ Le bacille du charbon étant actuellement sensible à la pénicilline, le traitement recommandé peut comprendre la pénicilline, la ciprofloxacine, la clindamycine, la rifampicine ou la doxycycline. Le traitement doit être administré pendant 60 jours. ■ Infection gastro-intestinale: en cas de diarrhée abondante, traiter en priorité la déshydratation. ■ Infection pulmonaire: si l'antibiothérapie commence dans les 24 heures qui suivent l'exposition au bacille, la mort peut être évitée (Franz et Zajtchuk, 2000). ■ Chez les personnes ayant été directement exposées au bacille du charbon, mais ne présentant ni signe ni symptôme de l'affection, on administre de la ciprofloxacine ou de la doxycycline en prophylaxie pendant 60 jours.	■ Corticostéroïdes, solutions intraveineuses et traitement de soutien. Les antiviraux ne semblent pas efficaces. ■ Antibiotiques: bien qu'ils n'exercent aucun effet direct sur le SRAS (car il est de nature virale), ils peuvent être administrés en cas d'infection bactérienne secondaire. ■ Les personnes qui éprouvent de graves difficultés respiratoires sont placées sous respirateur.	■ Isolement volontaire à la maison jusqu'à 24 heures après la fin des symptômes. ■ Administration d'oseltamivir (Tamiflu) à raison de 75 mg, 2 fois par jour pendant 5 jours, idéalement, dans les 48 heures suivant l'apparition des symptômes; toutefois, un traitement plus tardif peut parfois être envisagé (Brodeur *et al.*, 2004).

Variole	Maladie du charbon (anthrax ou maladie des trieurs de laine)	SRAS (syndrome respiratoire aigu sévère ou pneumonie atypique)	Grippe aviaire (influenza aviaire ou grippe du poulet)
■ Administré dans les 4 jours suivant l'exposition au virus, le vaccin peut prévenir ou réduire considérablement les symptômes de la maladie.	■ En présence de nombreuses victimes, on recommande l'administration de ciprofloxacine ou de doxycycline pendant 60 jours. ■ Chez les personnes ayant été directement exposées au bacille du charbon, mais ne présentant ni signe ni symptôme de l'affection, on administre de la ciprofloxacine ou de la doxycycline en prophylaxie pendant 60 jours.		

PRÉCAUTIONS (tableau 19-2)

■ Respecter les précautions extraordinaires dès l'apparition de la maladie jusqu'à la disparition des croûtes (1 mois plus tard). ■ Passer les draps et les vêtements à l'autoclave, puis les laver à l'eau chaude et au javellisant.	■ Respecter les précautions universelles de base en tout temps.	■ Respecter les précautions extraordinaires jusqu'à la disparition de la maladie.	■ Se protéger des gouttelettes et éviter tout contact jusqu'à la disparition de la maladie.

PROTECTION

■ Suivre le Plan canadien d'urgence contre la variole. ■ Après la mort, la crémation est recommandée, car le virus peut survivre 13 ans dans les croûtes.	■ Après la mort, la crémation est recommandée, car les spores peuvent survivre dans le sol pendant plusieurs décennies.		

MORTALITÉ

■ Variole mineure : taux de mortalité de 1 % environ (données de 1972, année du dernier cas de variole au Canada). ■ Variole majeure : taux de mortalité de 30 %.	■ Souvent mortelle à 100 % en l'absence de traitement précoce.	■ Mortalité inférieure à 10 %.	■ Mortalité comprise entre 66 et 100 %.

ARME BIOLOGIQUE

■ Le virus de la variole a été utilisé en 1763 contre les Amérindiens en rébellion. Les Français envoyèrent des couvertures provenant de lits de personnes atteintes dans les camps amérindiens ; le taux de mortalité dépassa 50 % (Inglesby *et al.*, 1999).	■ Les cas de charbon résultant de causes naturelles sont très rares chez l'humain. Par contre, la bactérie du charbon peut être produite en laboratoire et utilisée comme agent pathogène dans les armes biologiques. Le bacille du charbon est l'agent biologique le plus susceptible d'être utilisé comme arme. Depuis des siècles, il est connu comme un agent fortement débilitant. On pense que la plaie d'Égypte de 1500 avant J.-C. a été causée par ce bacille (Spencer, Whitman et Morton, 2001). En 1979, à Sverdlovsk, en Russie, une libération intentionnelle du bacille du charbon	■ D'abord remarqué en février 2003, dans le sud-est de l'Asie.	■ Ce virus hautement pathogène est responsable de l'épidémie qui a frappé l'Asie du Sud-Est au début de l'année 2004. ■ Un cas unique de grippe aviaire ultrapathogène a été constaté en Ontario en 1966 ; depuis 1975, on a noté trois cas isolés de grippe aviaire infrapathogène au Canada.

▶

TABLEAU
19-3

Agents biologiques (*suite*)

Variole	Maladie du charbon (anthrax ou maladie des trieurs de laine)	SRAS (syndrome respiratoire aigu sévère ou pneumonie atypique)	Grippe aviaire (influenza aviaire ou grippe du poulet)
	a provoqué une mortalité et une morbidité étendues. Le gouvernement russe travaille à la production d'un bacille pénicillo-résistant. Aux États-Unis, plusieurs personnes ont contracté la maladie par la transmission de spores dans des lettres ou colis postaux après les attentats de septembre 2001.		

TABLEAU
19-4

Autres agents pouvant servir d'armes biologiques

Tularémie	Botulisme	Peste
MICROORGANISME		
■ *Francisella tularensis.* ■ Il s'agit d'un coccobacille à Gram négatif, une des bactéries les plus infectieuses que l'on connaisse.	■ *Clostridium botulinum.* ■ La toxine botulique empêche les vésicules contenant l'acétylcholine de se fusionner à la membrane de la terminaison axonale au niveau de la jonction neuromusculaire, ce qui provoque une paralysie flasque.	■ *Yersinia pestis.* ■ Il s'agit d'un coccobacille à Gram négatif non sporulé. La bactérie provoque la destruction ou la nécrose des ganglions (nœuds) lymphatiques.
TRANSMISSION		
■ Contact direct avec des animaux infectés; morsures. ■ Non contagieux entre humains.	■ Contact direct. ■ Non contagieux entre humains	■ Peste bubonique: transmise par les morsures de puces; aucune transmission entre humains. ■ Peste: transmise par les gouttelettes de la respiration.
DÉCONTAMINATION ET ÉQUIPEMENT DE PROTECTION		
■ Prendre les précautions universelles de base. ■ Laver vêtements et draps selon le protocole habituel de l'hôpital.	■ Prendre les précautions universelles lorsqu'on traite des personnes atteintes de botulisme. ■ Laver toute région exposée à la toxine botulique au savon et à l'eau ou avec une solution d'hypochlorite à 0,1 %.	■ Prendre les précautions extraordinaires. ■ Laver vêtements et draps souillés de liquides corporels avec le désinfectant habituel. ■ Prendre les précautions habituelles en cas de décès.
SIGNES ET SYMPTÔMES		
■ Au début: fièvre soudaine, fatigue, frissons, céphalée, douleur lombaire, malaise, coryza, toux sèche et mal de gorge sans adénopathie; nausées et vomissements ou diarrhée possibles. ■ Quand l'affection progresse: sudation, fièvre, faiblesse progressive, anorexie et perte de poids démontrant un prolongement de l'affection. ■ Mortalité causée par pneumopathie (si l'inhalation est la source) accompagnée de crachats aqueux et purulents abondants, hémoptysie, insuffisance respiratoire, septicémie et choc.	■ Botulisme gastro-intestinal: crampes abdominales, nausées, vomissements et diarrhée. ■ Botulisme: fièvre; paralysie flasque symétrique descendante accompagnée de paralysies neurales crâniennes multiples; diplopie, dysphagie, sécheresse de la bouche, absence de fièvre et état mental éveillé; ptose des paupières, vision brouillée, dilatation des pupilles lente, dysarthrie et dysphonie. ■ Mortalité causée par obstruction des voies respiratoires et volume courant insuffisant.	■ Peste bubonique: fièvre soudaine et frissons, faiblesse, ganglions lymphatiques enflés et douloureux à la pression (bubons) dans la région inguinale, axillaire ou cervicale. La bactériémie qui en résulte progresse en septicémie par l'endotoxine et, finalement, vers le choc et le décès. ■ Peste septicémique primaire: coagulation intravasculaire disséminée (CIVD), nécrose des petits vaisseaux, purpura et gangrène des doigts et du nez (mort noire). ■ Peste: bronchospasme grave, douleur thoracique, dyspnée, toux et hémoptysie.

Tularémie	Botulisme	Peste
TRAITEMENT		
■ Administrer de la streptomycine ou de la gentamicine pendant 10 à 14 jours. ■ Amorcer le traitement dans les 48 heures qui suivent l'apparition de l'affection. ■ En situation de catastrophe, administrer de la doxycycline ou de la ciprofloxacine. ■ En cas d'exposition à la tularémie, administrer de la tétracycline ou de la doxycycline pendant 14 jours.	■ Fournir au besoin une assistance respiratoire en cas d'infection. ■ Éviter les aminosides et la clindamycine car ils exacerbent le blocage neuromusculaire. ■ Quoiqu'elle permette de réduire les lésions neurales, l'antitoxine botulinique (équine) provoque une réaction anaphylactique dans 2 % des cas; on doit donc avoir de la diphenhydramine et de l'épinéphrine à portée de la main. ■ Traitement de soutien: respiration mécanique, alimentation, hydratation, prévention des complications.	■ Administrer de la streptomycine ou de la gentamicine pendant 10 à 14 jours, ou encore de la ciprofloxacine ou de la doxycycline si un aminoside ne peut être utilisé. ■ Administrer pendant 7 jours un traitement prophylactique de doxycycline ou de ciprofloxacine aux personnes ayant été en contact rapproché (< 2 mètres) avec une victime.
MORTALITÉ		
■ 2 %	■ 5 %	■ 100 % en l'absence de traitement dans les 24 premières heures. ■ 50 % en cas de traitement.
ARME BIOLOGIQUE		
■ Contact avec un virus dispersé par aérosol.		■ Contagiosité très importante.

commerciales ne sont pas très persistantes. À l'opposé, les agents chimiques élaborés comme armes par les militaires sont plus susceptibles que les agents industriels d'avoir un pouvoir de pénétration et de provoquer une exposition indirecte.

■ La *toxicité* est le potentiel qu'a un agent de provoquer des lésions à l'organisme. La dose létale médiane (DL_{50}) est la quantité de substance chimique nécessaire pour provoquer le décès de 50 % des personnes exposées. La dose efficace médiane (DE_{50}) est la quantité de substance chimique qui provoquera des signes et symptômes chez 50 % des personnes exposées. La concentration en fonction du temps (CT) est la concentration de substance libérée multipliée par le temps d'exposition (mg/min). Par exemple, s'il y a eu un épanchement de 1 000 mg d'une substance chimique et que la période d'exposition a été de 10 minutes, la concentration en fonction du temps est de 10 000 mg/min.

■ La *latence* est le laps de temps qui s'écoule entre l'absorption de la substance et l'apparition des symptômes. Ce sont les moutardes au soufre et les agents asphyxiants qui ont les périodes de latence les plus longues, alors que les agents vésicants, les agents neurotoxiques et le cyanure provoquent des symptômes en quelques secondes.

Afin de limiter l'exposition à tout agent chimique, il est essentiel d'évacuer les personnes; il est également impératif de retirer les vêtements et de décontaminer les personnes exposées le plus près possible du lieu de l'exposition avant de les transporter. Dans la plupart des cas, l'eau et le savon représentent un moyen de décontamination efficace. Le personnel exécutant ce travail doit porter un équipement de protection individuelle et prendre des mesures pour retenir l'eau de ruissellement.

Parmi les nombreux agents chimiques existants (tableau 19-5 ■), on trouve les neurotoxiques (sarin, soman), les hémotoxiques (cyanure), les vésicants (lewisite, moutarde soufrée ou azotée, phosgène), les métaux lourds (arsenic, plomb), les toxines volatiles (benzène, chloroforme), les asphyxiants (chlore) et les acides corrosifs (acide nitrique, acide sulfurique). Le chlore, le phosgène et le cyanure sont largement employés dans l'industrie et sont donc faciles à obtenir.

Agents neurotoxiques

Les agents neurotoxiques sont les agents existants les plus toxiques; il s'agit notamment du sarin, du soman, du tabun, du VX et des phosphates organiques (pesticides). Ils sont peu coûteux, efficaces en petites quantités et facilement dispersés. Sous forme liquide, ils s'évaporent en restant incolores et inodores. Les agents neurotoxiques peuvent être inhalés ou absorbés par voie cutanée ou sous-cutanée. Ils se lient à l'acétylcholinestérase, empêchant le retrait de l'acétylcholine, ce qui se traduit par une hyperstimulation des terminaisons nerveuses. Les carbamates, insecticides initialement extraits de la fève de Calabar, sont des dérivés de l'acide carbamique; ces agents neurotoxiques inhibent spécifiquement l'acétylcholinestérase durant plusieurs heures, puis s'en détachent spontanément. Dans le cas des phosphates organiques, il faut que l'organisme synthétise de nouvelles molécules d'acétylcholinestérase pour que la fonction enzymatique soit restaurée. Les phosphates organiques ressemblent aux agents neurotoxiques utilisés par les militaires; ils sont faciles à obtenir.

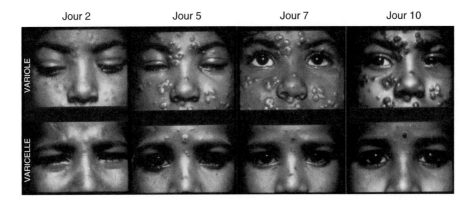

FIGURE **19-4** ■ Progression comparée des éruptions de la variole et de la varicelle.
Source : Organisation mondiale de la santé (2001). Diapositives sur le diagnostic de la variole, [en ligne],
http://www.who.int/emc/diseases/ smallpox/slides/index.htm.

Il suffit d'une infime goutte d'agent pour provoquer une sudation et des contractions saccadées au site d'exposition. Une quantité supérieure provoque des symptômes plus systémiques. Les effets peuvent survenir à tout moment entre 30 minutes et 18 heures après l'exposition. Les phosphates organiques et les carbamates qui étaient couramment utilisés en agriculture (sevin et malathion) provoquent des symptômes moins importants que ceux qui sont utilisés comme armes.

Les signes et symptômes provoqués par les gaz neurotoxiques sont identiques à ceux d'une crise cholinergique, notamment : myosis bilatéral, troubles visuels, motilité gastro-intestinale

Agents chimiques courants			TABLEAU 19-5
Agents	**Action**	**Signes et symptômes**	**Décontamination et traitement**
AGENTS NEUROTOXIQUES			
■ Sarin ■ Soman et phosphates organiques	■ Inhibition de l'acétylcholinestérase	■ Sécrétions accrues, motilité gastro-intestinale, diarrhée, bronchospasme	■ Savon et eau ■ Soins de soutien ■ Benzodiazépine ■ Pralidoxime ■ Atropine
AGENT HÉMOTOXIQUE			
■ Cyanure	■ Inhibition du métabolisme aérobie	■ Inhalation : tachypnée, tachycardie, coma, crises épileptiques ■ Progression possible vers un arrêt respiratoire, une insuffisance respiratoire, un arrêt cardiaque et la mort	■ Nitrite de sodium ■ Thiocyanate de sodium ■ Nitrate d'amyle ■ Hydroxycobalamine
AGENTS VÉSICANTS			
■ Lewisite ■ Moutarde soufrée ■ Moutarde azotée ■ Phosgène	■ Formation de cloques	■ Brûlure du 1er ou du 2e degré avec vésicules regroupées	■ Savon et eau ■ Sécher la personne sans la frictionner
AGENTS ASPHYXIANTS			
■ Phosgène ■ Chlore	■ Séparation des alvéoles du lit capillaire	■ Œdème, bronchospasme	■ Soins des voies respiratoires ■ Assistance respiratoire ■ Bronchoscopie

accrue, nausées et vomissements, diarrhée, spasmes rétro-sternaux, indigestion, bradycardie et bloc auriculoventriculaire, bronchoconstriction, laryngospasmes, faiblesse, fasciculations et incontinence. On doit examiner la personne atteinte dans un endroit sombre afin de pouvoir bien déceler le myosis. Les réactions neurologiques sont notamment les suivantes: insomnie, problèmes mnésiques, altération du jugement, dépression et irritabilité. Une dose mortelle provoque une perte de conscience, des crises épileptiques, des sécrétions abondantes, des fasciculations, une flaccidité musculaire et l'apnée.

Il est essentiel d'effectuer une décontamination au moyen d'une grande quantité d'eau et de savon ou d'une solution saline, et ce, durant 8 à 20 minutes. L'eau doit être épongée; il ne faut pas frictionner la personne pour la sécher. On peut aussi utiliser une solution d'hypochlorite à 0,5 %. On doit maintenir les voies respiratoires dégagées. Il est souvent nécessaire d'effectuer une succion. De plus, il faut savoir que les tubes de plastique introduits dans l'appareil respiratoire absorbent le sarin, si bien que la personne y reste exposée.

Traitement

On administre une dose de 2 à 4 mg d'atropine par voie intraveineuse, puis une dose de 2 mg toutes les 5 à 10 minutes au besoin pendant une période pouvant durer jusqu'à 24 heures. On peut également administrer une dose de 1 à 2 mg/h d'atropine par voie intraveineuse jusqu'à réapparition des signes de l'activité anticholinergique (diminution des sécrétions, tachycardie et diminution de la motilité gastro-intestinale). On peut aussi administrer une dose de 1 à 2 g de pralidoxime dans 100 à 150 mL de solution saline normale durant 15 à 30 minutes. La pralidoxime permet la réactivation de l'activité de l'acétylcholinestérase; elle n'agit pas sur les sécrétions et peut avoir les effets indésirables suivants: hypertension, tachycardie, faiblesse, étourdissements, vision brouillée et diplopie.

En cas de crise épileptique, afin de diminuer les fasci-culations et de calmer l'appréhension et l'agitation, on devrait recourir au diazépam ou à d'autres benzodiazépines.

Agents hémotoxiques

Les agents hémotoxiques agissent directement sur le métabolisme cellulaire, entraînant une asphyxie par l'altération de l'hémoglobine. Parmi ces agents, on trouve le cyanure d'hydrogène et le chlorure de cyanogène. Le cyanure provoque des effets systémiques profonds. Son utilisation est répandue dans les mines d'or et d'argent, ainsi que dans les industries du plastique et de la teinture. En 1984, de grandes quantités de cyanure ont été libérées à l'usine de pesticides de l'Union Carbide située à Bhopal, en Inde, ce qui a entraîné des centaines de pertes de vies.

Une fuite de cyanure s'accompagne souvent d'une odeur d'amande sure. Dans les incendies résidentiels, du cyanure s'échappe de la combustion des plastiques, des tapis, de la soie, des meubles et d'autres matériaux de construction. Il y a une corrélation significative entre le cyanure sanguin et les concen-trations de monoxyde de carbone chez les victimes d'incendie; dans la plupart des cas, la cause de la mort est le cyanure.

Le cyanure peut être ingéré, inhalé ou absorbé par la peau ou les muqueuses. Il se lie aux protéines et inhibe le métabolisme aérobie, provoquant une insuffisance des muscles respiratoires, un arrêt respiratoire, un arrêt cardiaque et la mort. L'inhalation de cyanure provoque des bouffées vaso-motrices, une tachypnée, une tachycardie, des symptômes neurologiques non spécifiques, une stupeur, un coma et une crise épileptique précédant un arrêt respiratoire.

Traitement

Pour traiter efficacement une intoxication au cyanure, il est essentiel d'administrer rapidement les médicaments suivants: nitrate d'amyle, nitrite de sodium et thiosulfate de sodium. La personne exposée est d'abord intubée et placée sous respirateur. Ensuite, on écrase des perles de nitrate d'amyle qu'on place dans le réservoir du respirateur pour induire une méthémoglobinémie. L'affinité du cyanure pour la méthémo-globine est de 20 à 25 % plus élevée que son affinité pour l'hémoglobine. La détoxication de la cyanméthémoglobine se produit alors dans le foie sous l'action d'une enzyme, la rhoda-nase. On administre ensuite le nitrite de sodium par voie intraveineuse, également pour induire une formation rapide de méthémoglobine. Puis on administre le thiosulfate de sodium par voie intraveineuse; comme l'affinité du thiosulfate de sodium pour le cyanure est plus grande que celle de la méthé-moglobine pour le cyanure, le thiosulfate de sodium stimule la conversion du cyanure en thiocyanate de sodium, qui peut être excrété par les reins. Cette médication d'urgence a des effets indésirables: le nitrite de sodium peut provoquer une hypo-tension grave; le thiocyanate peut provoquer des vomissements, une psychose, une arthralgie et une myalgie.

La production de méthémoglobine est contre-indiquée en cas d'inhalation de fumée: en effet, le transport de l'oxygène est déjà diminué en raison de la présence de carboxyhémo-globine. L'hydroxocobalamine (vitamine $B_{12}a$) est alors un traitement de rechange suggéré en cas d'intoxication au cyanure. L'hydroxocobalamine se lie au cyanure pour former la cyanocobalamine (vitamine B_{12}). Il faut l'administrer par voie intraveineuse en doses élevées. L'administration de vitamine $B_{12}a$ peut provoquer une décoloration rose tran-sitoire des muqueuses, de la peau et de l'urine. Lorsqu'elle est administrée en doses élevées, une tachycardie et une hypertension peuvent survenir, mais celles-ci disparaissent habituellement en 48 heures.

Agents vésicants

Les agents vésicants sont des substances chimiques qui pro-voquent l'apparition de vésicules et entraînent des brûlures, des conjonctivites, des bronchites, des pneumonies, une dépression hématopoïétique et la mort. Ces agents sont notamment la lewisite, le phosgène, la moutarde azotée et la moutarde soufrée. Des agents vésicants ont été employés pendant la Première Guerre mondiale et le conflit de 1980-1988 entre l'Iran et l'Iraq. Ce sont principalement des agents incapacitants, provoquant un nombre minimal de décès (moins de 5 %), mais faisant un grand nombre de blessés

(Brennan, Waeckerle, Sharp et Lillibridge, 1999). L'agent le plus utilisé pendant ces conflits a été la moutarde soufrée liquide. Il s'agit d'un liquide huileux à odeur d'ail qui a une longue période de latence et qui pénètre la peau si on ne l'enlève pas rapidement. Les lésions cutanées sont irréversibles, mais rarement mortelles (2 à 3 % de mortalité).

Après une exposition à un agent vésicant, la manifestation initiale ressemble à une grande brûlure superficielle ou à une brûlure du deuxième degré dans les zones chaudes et humides du corps (par exemple périnée, aisselles, pli du coude). La personne a des sensations d'irritation et souffre d'érythème durant 24 heures environ, puis il y a prurit, brûlures douloureuses et formation de petites vésicules après 2 à 18 heures. Ces vésicules peuvent se regrouper en grosses bulles remplies de liquide. L'exposition à la lewisite et au phosgène provoque une douleur immédiate. Les lésions tissulaires apparaissent en quelques minutes.

En cas d'exposition des yeux, il y a douleur, photophobie, larmoiement et perte d'acuité visuelle. Les lésions évoluent alors vers la conjonctivite, le blépharospasme, l'ulcère cornéen et l'œdème cornéen.

Les affections respiratoires causées par les agents vésicants sont plus graves et entraînent souvent la mort. La sécrétion de la pseudomembrane fibrineuse purulente obstrue les voies respiratoires. Une exposition gastro-intestinale provoque des nausées et des vomissements, une leucopénie et un saignement dans les segments du tube digestif supérieur.

Traitement

Par décontamination adéquate, on entend un lavage à l'eau et au savon. Pour ne pas augmenter la pénétration, il faut éviter de frictionner et d'employer des solutions d'hypochlorite. Une fois qu'elle a pénétré la peau, la substance ne peut plus être enlevée. Si les yeux ont été touchés, il faut les laver à grande eau. En cas d'exposition respiratoire, l'intubation et l'extraction par bronchoscopie des tissus nécrosés sont nécessaires. En cas d'exposition à la lewisite, on administre du dimercaprol (BAL dans de l'huile) par voie intraveineuse pour combattre la toxicité systémique et par application locale pour traiter les lésions cutanées. Toute personne ayant été exposée au gaz moutarde soufrée doit faire l'objet d'une surveillance durant 24 heures, au cas où des effets différés (latents) apparaîtraient.

Agents asphyxiants

Les agents asphyxiants, comme le phosgène et le chlore, détruisent la membrane qui sépare l'alvéole du lit capillaire. La personne ne peut alors ni évacuer le dioxyde de carbone, ni absorber l'oxygène. La fuite capillaire entraîne un épanchement liquidien dans les alvéoles: le phosgène et le chlore se vaporisent tous deux, provoquant rapidement cette lésion. Le phosgène a une odeur de foin fraîchement coupé.

Les signes et symptômes comprennent un œdème accompagné d'essoufflement, particulièrement à l'effort. La toux commence par un toussotement suivi par une production de crachats mousseux. Le masque est la seule protection requise pour le personnel soignant. Le phosgène n'affecte pas les yeux.

Exposition aux radiations nucléaires

La menace d'une **attaque nucléaire** ou d'une exposition aux radiations (irradiation) est très réelle en raison de la facilité d'accès aux substances radioactives et au dispositif simple et facile à dissimuler qu'est par exemple la «bombe sale». Une bombe sale est constituée d'un explosif classique (par exemple de la dynamite) enveloppé d'un matériau radioactif qui est dispersé au moment de l'explosion. Comme une telle bombe répand des substances radioactives, on peut la qualifier d'*arme radiologique*; il ne s'agit toutefois pas d'une arme nucléaire, ce qui supposerait une fission nucléaire complexe des milliers de fois plus dévastatrice qu'une bombe sale.

On trouve des substances radioactives non seulement dans les armes nucléaires, mais aussi dans les réacteurs nucléaires, les simples échantillons radioactifs comme le plutonium et l'uranium pouvant servir à des fins militaires, le combustible nucléaire fraîchement épuisé, ainsi que dans le matériel médical (par exemple le radium et certains isotopes de césium) utilisé dans le traitement du cancer et dans les appareils de radiographie. Au Canada, on recense les centrales nucléaires suivantes: centrale de Pickering à Markham, centrale de Darlington, centrale de Bruce, laboratoires d'EACL à Chalk River, centrale de Gentilly-2 à Gentilly et centrale de Pointe Lepreau à Saint John.

Il est possible d'exposer un grand nombre, voire des milliers de personnes, en plaçant un échantillon radioactif dans un endroit public. Certaines personnes peuvent être immédiatement affectées, alors que d'autres subissent des effets à long terme et doivent se soumettre à un contrôle médical pendant de nombreuses années.

Les résultats dévastateurs des bombardements de Hiroshima et de Nagasaki à la fin de la Seconde Guerre mondiale ont démontré l'efficacité des armes nucléaires. En 1987, les habitants d'un petit village du Brésil ont également ressenti les effets d'une exposition aux radiations. Ces personnes avaient trouvé et ouvert une petite boîte de césium 137 et s'étaient enduites de cette poudre bleue: 249 personnes sont tombées malades et 4 sont mortes (Jagminas et Suner, 2001). Des incidents nucléaires de plus grande échelle, touchant des réacteurs, sont survenus à Tchernobyl (1986) et à Three Mile Island (1979). À Tchernobyl, 31 décès ont été recensés le jour même de l'accident. Ce dernier fut causé par une fusion du cœur du réacteur et par une explosion répandant des radiations dans la communauté. Les effets à long terme, notamment une incidence accrue de cancers de la thyroïde et de leucémies, font toujours l'objet d'évaluations. Cependant, les réacteurs sont soumis à des mesures de sécurité et à des protocoles très stricts visant à prévenir la fusion de leur cœur. Ces mesures réduisent la possibilité qu'un incident survienne dans un réacteur.

TYPES DE RADIATIONS

Les atomes sont constitués de protons, de neutrons et d'électrons. Il existe un équilibre entre les protons et les neutrons dans le noyau. Les protons portent des charges positives et se repoussent mutuellement. Le nombre de protons est spécifique de chaque élément du tableau périodique. De plus, il existe un ratio protons-neutrons spécifique de chaque atome, ce qui assure la stabilité des éléments. Un élément est radioactif lorsqu'il y a, dans le noyau, un déséquilibre découlant d'un nombre excessif de neutrons.

Pour devenir stable, un nucléide radioactif peut éjecter des particules jusqu'à ce qu'il présente le nombre le plus stable (un nombre égal) de protons et de neutrons. Par ailleurs, un proton peut devenir un neutron en éjectant un positron; inversement, un neutron peut devenir un proton en éjectant un électron. Une particule alpha est dégagée quand deux protons et deux électrons sont éjectés.

Les particules alpha ne peuvent pas pénétrer la peau; il suffit donc d'une fine couche de papier ou de tissu pour la protéger. Cependant, ce rayonnement faible peut entrer dans l'organisme par inhalation, ingestion ou injection (plaie ouverte). Il ne provoque alors qu'une lésion localisée.

Les particules bêta peuvent modérément pénétrer la peau jusqu'à la couche de production des cellules cutanées. Ce rayonnement à haute énergie peut provoquer des lésions cutanées en cas d'exposition pendant de longues périodes. Les particules bêta peuvent occasionner des lésions internes si elles pénètrent en profondeur.

Les rayons gamma, dont les rayons X sont un exemple, constituent une énergie électromagnétique d'ondes courtes émise lorsqu'il y a un excès d'énergie dans le noyau. Ces rayons étant pénétrants, il est difficile de s'en protéger. Ils accompagnent souvent l'émission des particules alpha et bêta.

MESURE ET DÉTECTION

Il existe différentes unités de mesure des radiations. Le *rad* est l'unité de base: 1 rad équivaut à 0,01 joule d'énergie absorbée par kilogramme de tissu. Pour déterminer l'action dommageable du rad, il faut effectuer une conversion en *rem* (de l'anglais *Roentgen equivalent man*). Le rem reflète la nature du rayonnement absorbé et le potentiel des dommages. Par exemple, 200 000 mrem[*] provoqueront un léger mal des rayons (Jagminas et Suner, 2001). En temps normal, une personne subit une exposition annuelle moyenne de 360 mrem. La *demi-vie* est un autre concept important en radiologie. La demi-vie d'une substance radioactive est le temps qu'il lui faut pour perdre la moitié de sa radioactivité.

Les radiations sont invisibles. On peut seulement les détecter au moyen d'un appareil qui détermine l'exposition par minute. Divers appareils sont utilisés dans ce but, dont le compteur Geiger, qui permet de mesurer rapidement le rayonnement de fond en détectant les rayons gamma et certains rayons bêta. Le compteur Geiger peut sous-estimer l'exposition à un rayonnement à haut niveau d'énergie. Les autres appareils de ce type sont notamment la chambre d'ionisation, les détecteurs alpha et les débitmètres. Les dosimètres individuels sont des outils simples, portés par le personnel du service de radiologie, qui permettent de mesurer l'exposition au rayonnement.

IRRADIATION

Le degré d'irradiation est influencé par la durée d'exposition, la distance de la source et la protection de la personne exposée. Plus une personne se trouve longtemps dans une zone de rayonnement, plus l'irradiation est élevée. De même, plus il y a de matière radioactive dans la zone, plus l'irradiation est élevée. Plus la personne est éloignée de la source de radiation, plus l'irradiation est faible. L'irradiation est également diminuée si un écran sépare la personne de la source de rayonnement. On ne doit jamais toucher directement une substance radioactive.

Les lésions engendrées par le rayonnement varient selon qu'il y a eu irradiation externe, contamination par des substances radioactives ou incorporation de matière radioactive dans l'organisme.

- *Irradiation externe* Le corps est exposé en entier ou en partie à un rayonnement qui le pénètre ou le traverse complètement. La personne ne devient pas radioactive et aucune mesure d'isolement ni de décontamination ne s'impose. Il ne s'agit pas nécessairement d'une urgence médicale.
- *Contamination par des substances radioactives* Le corps est exposé à des gaz, à des liquides ou à des solides radioactifs, que ce soit de manière externe ou interne. Si l'exposition est interne, le contaminant peut se déposer dans l'organisme. On doit prodiguer immédiatement des soins médicaux en cas de contamination afin de prévenir l'incorporation.
- *Incorporation de matière radioactive dans l'organisme* Il y a dans ce cas absorption réelle de matière radioactive dans les cellules, les tissus et les organes vulnérables. Les organes touchés sont habituellement les reins, les os, le foie et la glande thyroïde.

Les séquelles de la contamination et de l'incorporation peuvent apparaître des jours ou des années après l'exposition. Il est possible de protéger dans une large mesure la glande thyroïde des rayonnements en administrant de l'iode stable (iodure de potassium, ou KI) avant ou rapidement après l'absorption d'iode radioactif (OMS, 1999).

Quel que soit le type d'irradiation, on doit traiter en priorité les blessures et les affections qui mettent la vie de la personne en danger. On doit ensuite limiter l'exposition, contrôler la contamination et, enfin, assurer la décontamination.

DÉCONTAMINATION EN CAS D'INCIDENT RADIOLOGIQUE

On doit suivre les plans d'intervention des hôpitaux et de la région sociosanitaire en cas de catastrophe. Il est essentiel d'établir une zone d'accès restreint afin d'éviter la contamination des autres secteurs du centre hospitalier. Le triage à l'extérieur de l'hôpital est le moyen le plus efficace de prévenir une contamination de l'établissement lui-même. Les planchers doivent être recouverts de façon à empêcher que des contaminants ne soient répandus dans toutes les aires de traitements.

Des précautions d'isolement strictes doivent être prises. On doit placer les déchets dans des sacs doubles et des contenants tapissés de plastique hors de l'établissement. Il est impératif

---

[*] mrem: millirem

que le personnel porte des vêtements de protection, comme une blouse d'hôpital imperméable, deux paires de gants, un masque, un bonnet, des lunettes de protection et des bottes. Chaque membre du personnel qui participe aux soins des personnes atteintes doit porter un dosimètre.

Le responsable de la radioprotection de l'hôpital doit être dépêché immédiatement pour assister au contrôle (à l'aide d'un appareil de surveillance radiologique) des personnes arrivant à l'hôpital et pour fournir un dosimètre à toutes les personnes prenant soin des victimes. Si les personnes exposées ont fait l'objet d'un contrôle et d'une décontamination adéquats, le risque de contamination du personnel est minime. La majorité des gens peuvent être adéquatement décontaminés au savon et à l'eau.

La *décontamination fine* s'effectue hors du service des urgences. L'équipement de décontamination se compose d'une douche, d'un bassin de collecte de l'eau usée, d'une bâche et de contenants pouvant contenir les effets personnels de chacun; il comprend également du savon, des serviettes et des blouses en papier jetables pour les personnes traitées. L'eau usée doit être recueillie. Les personnes qui en sont capables peuvent se décontaminer elles-mêmes à l'aide d'une douche à main. Une fois la personne douchée, il faut de nouveau la contrôler pour s'assurer que les contaminants radioactifs ont été éliminés. On doit répéter les douches jusqu'à ce qu'il n'y ait plus aucun signe de contamination. Durant la douche, il est important de s'assurer que l'eau ruisselant des parties que la personne est en train de laver ne contamine pas les parties du corps déjà lavées (par exemple la personne doit se laver les cheveux en se penchant en avant afin de ne pas contaminer le reste du corps).

Il faut faire des prélèvements biologiques dans le nez ou la gorge à l'aide d'écouvillons. On doit également obtenir un hémogramme avec formule leucocytaire. Les plaies doivent être irriguées, puis recouvertes d'un pansement imperméable avant la décontamination complète du corps.

En cas de contamination interne ou d'incorporation, on doit effectuer la décontamination par purgation ou lavage gastrique avec chélateurs (agents qui se lient aux substances radioactives avant d'être excrétés), ou en utilisant ces deux méthodes. Il faut analyser des échantillons d'urine, de fèces ou de vomissures afin de déterminer le taux de contamination interne.

SYNDROME AIGU D'IRRADIATION

Le syndrome aigu d'irradiation peut survenir après une exposition aux radiations. C'est la dose et non la source du rayonnement qui détermine son apparition. Les facteurs essentiels sont notamment les suivants: une dose élevée de rayonnement (au minimum 100 rad) et le taux d'irradiation du corps entier par un rayonnement pénétrant. L'âge, les antécédents médicaux et l'hérédité déterminent également l'apparition du syndrome après une exposition. Les effets suivent une courbe prévisible. Les phases du syndrome aigu d'irradiation sont décrites dans le tableau 19-6 ■.

Le syndrome aigu d'irradiation affecte différemment chacun des appareils de l'organisme. Les appareils composés de cellules qui se reproduisent rapidement sont les plus touchés. Le système hématopoïétique est le premier atteint et son état est révélateur de l'importance de l'irradiation (Jarrett, 2001; Jagminas et Suner, 2001). On constate notamment une diminution du nombre de lymphocytes, de granulocytes, de thrombocytes et de réticulocytes. Le compte du nombre absolu de lymphocytes 48 heures après l'exposition est un indicateur de la réaction. Un compte de 300 à 1 200 lymphocytes/mm^3 de sang révèle une irradiation importante (le nombre normal de lymphocytes est de 1 500 à 3 000/mm^3). On doit prendre des précautions pour protéger la personne de l'infection. Le nombre de neutrophiles diminue en l'espace de 1 semaine, celui des plaquettes en l'espace de 2 semaines, et celui des globules rouges en l'espace de 3 semaines. Des complications hémorragiques, la fièvre et la septicémie sont courantes.

Phases des effets attribués à une irradiation		TABLEAU 19-6
Phase	**Apparition**	**Signes et symptômes**
Phase prodromique (apparition des symptômes)	■ 48 à 72 heures après l'exposition.	■ Nausée, vomissement, perte d'appétit, diarrhée, fatigue; s'il y a eu rayonnement à forte dose: fièvre, détresse respiratoire et excitabilité accrue.
Phase latente (absence de symptômes)	■ Après la résolution de la phase prodromique; peut durer jusqu'à 3 semaines; en cas d'irradiation à forte dose, la période de latence est plus courte.	■ Diminution du nombre des leucocytes, des thrombocytes et des globules rouges.
Phase de la maladie	■ Après la phase latente.	■ Infection, déséquilibres liquidien et électrolytique, saignement, diarrhée, choc et altération de la conscience.
Phase de rémission *ou*	■ Après la phase de la maladie.	■ La rémission peut prendre des semaines ou des mois.
Mort	■ Après la phase de la maladie.	■ L'augmentation de la pression intracrânienne est un signe de mort imminente.

Le système gastro-intestinal, dont les cellules se reproduisent rapidement, est lui aussi facilement affecté par le rayonnement. Des symptômes apparaissent lorsque les doses de radiations sont approximativement de 600 rad ou plus (Jagminas et Suner, 2001). Ces symptômes gastro-intestinaux apparaissent habituellement en même temps que les modifications du système hématopoïétique. Les nausées et les vomissements se produisent dans les deux heures qui suivent l'exposition. Des complications, telles que la septicémie, le déséquilibre hydro-électrolytique et les infections opportunistes, peuvent également survenir. La présence d'une forte fièvre et d'une diarrhée sanglante constitue un signe alarmant ; ces symptômes se manifestent habituellement le dixième jour après l'exposition.

Le système nerveux central est affecté quand les doses dépassent 1 000 rad (Jagminas et Suner, 2001). Les symptômes apparaissent quand les lésions aux vaisseaux sanguins de l'encéphale provoquent un épanchement de liquides. Les signes et symptômes sont notamment les suivants : œdème cérébral, nausées, vomissements, céphalée et augmentation de la pression intracrânienne. Cette dernière est de mauvais augure et annonce le décès imminent de la personne. Une telle quantité d'irradiation cause des lésions irréversibles au système nerveux central. Ces lésions surviennent avant l'apparition des symptômes du système hématopoïétique et de l'appareil gastro-intestinal ; elles s'accompagnent souvent d'un collapsus cardiovasculaire.

Selon la dose d'irradiation, la peau peut aussi présenter des lésions. Une exposition à des doses comprises entre 600 et 1 000 rad entraîne l'apparition d'un érythème pouvant disparaître en quelques heures, puis réapparaître. On doit examiner la personne toutes les heures à la recherche d'un érythème. En cas d'exposition à plus de 1 000 rad, il y a desquamation de la peau (radiodermite). La nécrose devient évidente de quelques jours à quelques mois après une exposition à des doses supérieures à 5 000 rad. Les signes cutanés donnent une bonne indication de la dose d'irradiation reçue.

Il peut également y avoir une blessure secondaire lorsque l'irradiation se produit pendant un événement traumatisant tel qu'une explosion ou un incendie. Le traumatisme qui s'ajoute à l'irradiation augmente le risque de décès. On doit d'abord évaluer le traumatisme, en accordant une attention immédiate aux voies aériennes, à la respiration, à la circulation et à la réduction de fracture. Tout traitement définitif doit être effectué dans les 48 premières heures. Toutes les interventions chirurgicales doivent ensuite être différées de deux à trois mois, car la plaie pourrait mettre beaucoup de temps à cicatriser et des infections opportunistes pourraient apparaître plusieurs semaines après l'exposition.

SURVIE

Après une irradiation, on classe les personnes en trois catégories selon leurs chances de survie : survie probable, survie possible et survie improbable. Le triage des victimes mené sur le terrain après décontamination s'effectue selon les critères décrits en cas de catastrophe. Les signes et symptômes apparents déterminent le pronostic vital et, en conséquence, la catégorie de triage.

Survie probable

Les victimes ne présentent aucun symptôme initial, ou présentent un minimum de symptômes (par exemple nausée et vomissement) ou des symptômes disparaissant en quelques heures. On devrait faire subir un hémogramme à ces personnes, puis leur donner leur congé en leur enjoignant de se représenter à l'hôpital si un symptôme réapparaît.

Survie possible

Les victimes souffrent de nausées et de vomissements qui persistent de 24 à 48 heures. Elles passeront par une période de latence, durant laquelle apparaîtront une leucopénie, une thrombopénie et une lymphopénie. On doit prendre des mesures de précaution et d'isolement si le nombre de lymphocytes est inférieur à 1 200/mm^3. Le traitement des symptômes comprend l'administration de produits sanguins, la prévention des infections et une bonne alimentation.

Survie improbable

Les victimes ont reçu plus de 800 rad de rayonnement pénétrant totalement le corps. Elles présentent des vomissements, des diarrhées et un choc intenses. Tout symptôme neurologique est un signe de dose d'irradiation mortelle (Jarrett, 2001). On doit également décontaminer ces personnes pour ne pas polluer l'aire de traitements. Il est essentiel de porter une protection individuelle : en effet, il est pratiquement impossible de décontaminer complètement ces personnes car tous leurs organes internes ont été exposés à la radioactivité. La période de survie varie ; cependant, en règle générale, la mort survient rapidement en raison du choc. En l'absence de symptômes neurologiques, la personne peut être alerte et orientée, comme dans le cas d'un grand brûlé. En situation de catastrophe, l'infirmière doit être préparée à classer ces personnes dans la « catégorie noire » ; dans ce cas, on leur donne des soins de réconfort et un soutien affectif. Si on n'est pas en situation de catastrophe, il est essentiel d'administrer à ces personnes un traitement hydroélectrolytique énergique.

Bien que les événements radiologiques, biologiques et chimiques ne surviennent pas fréquemment, toutes les infirmières doivent connaître la base des soins à apporter aux personnes touchées.

Toute fuite radiologique, qu'elle soit intentionnelle ou fortuite, peut être assez considérable et le personnel préhospitalier et hospitalier doit donc y être préparé : il doit être en mesure de reconnaître les signes et symptômes d'une irradiation et de traiter rapidement les victimes sans contaminer le personnel, les visiteurs, les personnes hospitalisées ou l'établissement.

EXERCICES D'INTÉGRATION

1. Vous êtes infirmière de triage dans un établissement qui reçoit des blessés après une tornade. Cinq personnes arrivent en même temps : un homme âgé dont la fréquence respiratoire est de 8 par minute, qui présente une décoloration cendreuse, une tension abdominale et seulement un pouls carotidien ; un enfant âgé de 7 ans, qui souffre d'une lacération sanglante au cuir chevelu, présente un score de Glasgow de 8 et a besoin d'être intubé ; la mère de cet enfant, âgée de 30 ans, qui pleure de manière hystérique en marchant, semble ne pas souffrir et ne présente aucune blessure visible ; une jeune fille âgée de 15 ans, qui se plaint d'une douleur à la jambe gauche et présente une difformité évidente au mollet, mais dont le pouls au pied est bon ; et une femme âgée de 65 ans, qui arrive en voiture de police, se tenant le poignet droit œdématié, douloureux et marqué d'une ecchymose, mais qui présente une bonne pulsation. Avec le chirurgien en poste, vous devez déterminer les besoins de chacune de ces personnes. Comment classerez-vous ces personnes ?

    Les membres des familles, les journalistes et les élus locaux commencent à affluer à l'hôpital. Selon vous, comment devrait-on les accueillir ? Comment devrait-on prendre soin des membres des familles ?

2. Une personne arrive au poste de triage en se plaignant d'une apparition soudaine de fièvre et de symptômes respiratoires pseudogrippaux. Quels signes et symptômes devrez-vous rechercher dans l'hypothèse où cette personne a été exposée à un agent biologique d'origine aviaire ? Quels agents provoquent des signes et symptômes rappelant une pneumonie ? Quelles précautions devrait-on prendre pour protéger le personnel ?

3. De nombreuses personnes arrivent au service des urgences en se plaignant de brûlures aux yeux et d'une difficulté à respirer. Toutes ces personnes travaillent aux chemins de fer, où passent souvent des camions citernes transportant des substances chimiques. Que devrez-vous faire en premier lieu ? Où trouverez-vous des informations sur les agents chimiques et les traitements associés ?

4. Vous faites partie du comité d'intervention de votre hôpital en cas de catastrophe. Quels éléments du plan d'intervention devrez-vous intégrer ? Comment planifierez-vous le triage ? Quels types d'équipement de protection individuelle vous procurerez-vous ?

RÉFÉRENCES BIBLIOGRAPHIQUES
en anglais • en français

Agence de santé publique du Canada (2002). *Comment prendre soin de soi comme intervenant.* www.phac-aspc.gc.ca/ publicat/oes-bsu-02/caregvr_f.html.

Beaudreau, L., et Bouchard, F. (2004). Dossier protection respiratoire ; petite histoire vécue ! *Objectif, prévention, 27*(5).

Bédard, G. (2003). *L'intervention externe lors d'un accident à la centrale Gentilly-2.* Sécurité civile de la Mauricie et du Centre-du-Québec, 36 p. http://www.inspq.qc.ca/ pdf/evenements/MatieresRadioactives/ 09-Gilles_Bedard_PMUNE-G2.pdf.

Belleau, F. (2003). *Les principales ressources pour l'intervention d'urgence.* Sécurité civile, 27 p. http://www.inspq.qc.ca/pdf/ evenements/MatieresRadioactives/ 02-Francine_Belleau_Principales_ ressources_intervention.pdf.

Blais, R. (1997). Toxicologie d'urgence : faut-il avoir tous les antidotes à portée de main ? *Bulletin d'information toxicologique, 13*(1). www.inspq.qc.ca/bulletin/Information Toxicologique/articles/antidotes.asp?E=p.

Brennan, R.J., Waeckerle, J.F., Sharp, T.W., & Lillibridge, S.R. (1999). Chemical warfare agents : EMS and emergency public health issues. *Annals of Emergency Medicine, 34*(2), 191–204.

Brodeur, J., Lavigne, J., Lefebvre, L.F., Roy, L.A. (2004). *Guide toxicologique pour les urgences en santé environnementale.* Institut national de Santé publique du Québec et Direction de santé publique de Montréal. www.inspq.qc.ca/pdf/publications/ 276-GTU-SanteEnvironnementale.

Burgess, J.L., Kirk, M.B., Burron, S.W., & Cisek, J. (1999). Emergency department hazardous materials protocol for contaminated patients. *Annals of Emergency Medicine, 34*(2), 205–212.

Caron, H., et al. (2005). *Abrégé de prévention des infections : pratiques de base, précautions additionnelles.* Fédération des infirmières et infirmiers du Québec.

Chartrand, G. (2003). *Le matériel de mesure et de protection.* Centrale nucléaire Gentilly-2, 24 p. http://www.inspq.qc.ca/ pdf/evenements/MatieresRadioactives/ 05-Gaston_Chartrand_Materiel_protection_ mesure.pdf.

Chartrand, G. (2003). *Quelques notions de base : tout ce que vous avez toujours voulu savoir sur la radioactivité.* Centrale nucléaire Gentilly-2, 26 p. http://www.inspq.qc.ca/ pdf/evenements/MatieresRadioactives/ 03-Gaston_Chartrand_Notions_base.pdf.

Commission canadienne de sûreté nucléaire. *Compte rendu des ateliers sur la gestion des mesures d'urgence nucléaire,* novembre 2002 à février 2003, 37 p.

Conterra triage Belt. http://www.allmed.net/catalog/item/205/479 [en ligne], page consultée le 16 novembre 2005.

Currance, P., & Bronstein, A., C. (1999). *Hazardous materials for EMS : Practices and procedures.* St. Louis : Mosby.

Dubois, B. (2003). *La planification des mesures d'urgence radiologique.* Sécurité civile du Québec, 42 p. http://www.inspq.qc.ca/pdf/ evenements/MatieresRadioactives/ 11-Bernard_Dubois_Planification_ radiologique.pdf.

Faille, S. (2003). *Le transport de matières radioactives.* Commission canadienne de sûreté nucléaire, 51 p. http://www.inspq.qc.ca/ pdf/evenements/MatieresRadioactives/ 06-Sylvain_Faille_Transport.pdf.

Franz, D.R., & Zajtchuk, R. (2000). Biological terrorism : Understanding the threat, preparation, and medical response. *Disease-a-month, 46,* 125–192.

Gaudreault, P. (1998). Intoxication à la ferme, Toxicologie des Organophosphorés. *Bulletin d'information toxicologique, 14*(3). www.ctq.qc.ca/jui98clin.html.

Grenier, G.W. (2002). *Lignes directrices pour l'utilisation de comprimés d'iode stable en cas d'accident à la centrale nucléaire Gentilly-2.* Régie régionale de la santé et des services sociaux de la Mauricie et du Centre-du-Québec, 64 p.

Grenier, G. (2003). *Accidents à la centrale Gentilly-2 et effets sur la santé.* Régie régionale de la santé et des services sociaux de la Mauricie et du Centre-du-Québec et INSPQ, 13 p. http://www.inspq.qc.ca/pdf/ evenements/MatieresRadioactives/ 08b-Gilles_Grenier_Accident_G2.pdf.

Hagstad, D. (2000). Bioterrorism. *American Journal of Nursing, 100,* 33–35.

Howard, A. (2001, November). On the frontlines. *NurseWeek,* 19–20.

Inglesby, T.V., Henderson, D.A., Bartlett, J.G. (1999). Anthrax as a biological weapon. *Journal of the American Medical Association, 281,* 1735–1745.

Irwin, B. (2003). *Utilisation des matières radioactives au Québec.* Commission canadienne de sûreté nucléaire, 17 p. http://www.inspq.qc.ca/pdf/evenements/ MatieresRadioactives/01-Bob_Irwin- Utilisation_matieres_radioactives_Quebec.pdf.

Irwin, B. (2003). *Les utilisations dans les secteurs de la médecine, de la recherche et de l'industrie.* Commission canadienne de sûreté nucléaire, 18 p. http://www.inspq.qc.ca/pdf/evenements/ MatieresRadioactives/07-Bob_Irwin_ Utilisations_medicales.pdf.

Isabelle, J. (2002). *Plan régional des mesures d'urgence de la Mauricie et du Centre-du-Québec.* Régie régionale de la santé et des services sociaux de la Mauricie et du Centre-du-Québec. www.rrsss04.gouv.qc.ca.

Jagminas, L., & Suner, S. (2001). *Weapons of terrorism handout.* Baltimore, MD: International Trauma Anesthesia and Critical Care Society.

Jarrett, D.G. (2001). Medical aspects of ionizing radiation weapons. *Military Medicine, 166,* (Supp. 12), 6–8.

JCAHO – Joint Commission on Accreditation of Healthcare Organizations Manual (2000). Environment of care section. Available at: http://www. jacho.org. Accessed February, 2002.

Massad, R., et Métra, A. (2004). Dossier protection respiratoire: Les étapes pour développer un programme de protection respiratoire, *Objectif prévention, 27*(5).

Ministère français de la santé et de la protection sociale et Ministère délégué aux personnes âgées (2004). *Plan national Canicule,* France. www.sante.gouv.fr/canicule/doc/plan_canicule.pdf

Ministère de la santé et de la famille et des personnes handicapées (2003). *Accidents collectifs, attentats, Catastrophes naturelles: conduite à tenir pour les professionnels de santé.* Sicon03084, République française, 51 p.

Moffett, R. (2003). *Un accident à la centrale nucléaire Gentilly-2.* Hydro-Québec, 15 p., http://www.inspq.qc.ca/pdf/evenements/MatieresRadioactives/08-Richard_Moffett_Accident_G2.pdf.

Nantel, A.J (1998). Toxicologie et mesures d'urgence: guerre chimique et biologique. *Bulletin d'information toxicologique, 14*(3). www.inspq.qc.ca/bulletin/Information Toxicologique/articles/jui98urg.asp?E=p.

Nolin, M. (2003). *Communication du risque radiologique: des principes à la pratique.* Régie régionale de la santé et des services sociaux de la Mauricie et du Centre-du-Québec, 21 p. http://www.inspq.qc.ca/pdf/evenements/MatieresRadioactives/10-Marc_Nolin_Communication_risque.pdf.

Spencer, D.A., Whitman, K.M., & Morton, P.G. (2001). Inhalational anthrax. *MedSurg Nursing, 10,* 308–312.

Tremblay, N., Grenier, G.W., et Nolin, M. (2003). Utilisation de comprimés d'iodure de potassium en cas d'urgence à la centrale nucléaire de Gentilly-2, *Le Médecin du Québec, 38*(12).

U.S. Army Medical Research Institute of Infectious Disease (1996). *Medical management of biological casualties handbook.* Fort Detrick, MD: U.S. Army.

U.S. Army Medical Research Institute of Chemical Defense (1999). *Medical management of chemical casualties handbook.* Fort Detrick, MD: Aberdeen Proving Ground.

Vennes, M., et Lara, J. (2003). *Guide pratique de protection respiratoire* (2ᵉ éd.). Guide technique R-319 IRSST, 56 p. www.irsst.qc.ca/fr/_publicationirsst_862.html.

World Health Organization (1999). *Guidelines for iodine prophylaxis following nuclear accidents.* Geneva: WHO.

 En complément de ce chapitre, vous trouverez sur le Compagnon Web:
- une bibliographie exhaustive;
- des ressources Internet.

Intervention chirurgicale

Adaptation française
Marie-Claude Thériault, B.Sc.inf., M.Sc.inf.
Professeure, École de science infirmière –
Université de Moncton

CHAPITRE **20**

Période préopératoire

Objectifs d'apprentissage

Après avoir étudié ce chapitre, vous pourrez:

1. Définir les trois phases de la période périopératoire.

2. Décrire un examen clinique complet qui met en lumière les facteurs de risque d'une intervention chirurgicale.

3. Reconnaître les causes d'anxiété préopératoire et décrire les interventions infirmières destinées à l'apaiser.

4. Reconnaître la portée légale et éthique du consentement éclairé.

5. Décrire les soins et traitements infirmiers préopératoires destinés à réduire les risques d'infection et autres complications postopératoires.

6. Décrire les soins et traitements infirmiers préopératoires immédiats.

7. Élaborer un plan d'enseignement préopératoire pour aider la personne à se rétablir après l'anesthésie et l'opération, et ainsi prévenir les complications postopératoires.

Toute opération chirurgicale, qu'elle soit élective ou extrêmement urgente, constitue un événement complexe qui est source de stress. Les progrès réalisés dans les techniques et le matériel, ainsi qu'en anesthésie, permettent d'effectuer dans des services de soins ambulatoires ou de chirurgie d'un jour de nombreuses interventions chirurgicales qui exigeaient autrefois l'hospitalisation de la personne ; c'est aujourd'hui le cas d'environ 60 % des opérations non urgentes (Russell, Williams et Bulstrode, 2000). Cette tendance a fait augmenter la précision et la complexité des interventions chirurgicales. On s'attend à ce que le nombre de personnes hospitalisées en vue d'une opération continue à diminuer.

Autrefois, une personne devant subir une intervention chirurgicale élective devait se présenter à l'hôpital au moins un jour à l'avance, afin de se soumettre à des examens et de se préparer. Aujourd'hui, les tests et la préparation se font au préalable, si bien que de nombreuses personnes arrivent à l'hôpital le matin de l'intervention et retournent chez elles après s'être remises de l'anesthésie dans la salle de surveillance postinterventionnelle (SSPI). L'hospitalisation est le plus souvent nécessaire pour les personnes souffrant de traumas ou d'affections aiguës, ayant besoin de subir une opération majeure ou une intervention d'urgence, ou présentant des problèmes de santé concomitants. Les divers milieux dans lesquels les soins sont prodigués présentent chacun des avantages mais, dans tous les cas, l'infirmière doit effectuer un examen clinique complet et préparer adéquatement la personne et sa famille.

Les progrès de la technologie permettent aujourd'hui d'effectuer des actes chirurgicaux de plus en plus complexes, de recourir au laser et à la microchirurgie pour des interventions compliquées, d'utiliser un équipement de pontage plus sophistiqué, d'effectuer davantage d'opérations par laparoscopie et d'employer des appareils de surveillance plus sensibles. La chirurgie permet de greffer plusieurs organes humains à la fois, d'implanter des appareils mécaniques, de réimplanter des parties du corps et d'utiliser des robots et des techniques peu effractives en salle d'opération (Mack, 2002). Les progrès ont suivi en matière d'anesthésie. Une surveillance électronique plus sophistiquée et de nouveaux agents pharmacologiques (comme des anesthésiques à action rapide et des antiémétiques de plus en plus efficaces) permettent d'atténuer les douleurs postopératoires, de réduire les nausées et les vomissements, ainsi que d'écourter les périodes de traitement et de rétablissement.

Ces progrès technologiques se sont accompagnés de changements dans la façon de donner les soins de santé et d'en assumer les coûts. Afin de réduire les hospitalisations et les frais qui en découlent, la personne doit maintenant se soumettre, avant d'être admise à l'hôpital, à des **examens de préadmission** et à une préparation préopératoire. De nombreux établissements possèdent un service préopératoire qui facilite le déroulement des examens cliniques et la collecte des données. Ces dernières portent en particulier sur les caractéristiques sociodémographiques de la personne, ses antécédents médicaux et d'autres renseignements pertinents pour l'intervention prévue. En raison de la fréquence accrue de la **chirurgie ambulatoire**, ou **chirurgie d'un jour**, la personne opérée quitte l'hôpital plus tôt qu'avant, d'où le besoin accru d'enseignement, de planification des congés, de préparation aux autosoins et d'une consultation éventuelle en soins à domicile et en réadaptation. Pour prodiguer aux personnes des soins ambulatoires ou de chirurgie d'un jour appropriés, l'infirmière doit avoir une connaissance solide de tous les aspects des soins et traitements infirmiers périopératoires et périanesthésiques.

VOCABULAIRE

Chirurgie ambulatoire : chirurgie sans hospitalisation (ou *chirurgie d'un jour*), ou chirurgie nécessitant un séjour inférieur à 24 heures.

Consentement éclairé : décision autonome de se soumettre à une opération chirurgicale prise par la personne, compte tenu de la nature de sa maladie, des traitements de remplacement ainsi que des risques et des avantages pour sa santé.

Examen de préadmission : examen diagnostique effectué avant l'admission de la personne à l'hôpital.

Période périopératoire : période qui couvre toute l'expérience chirurgicale ; elle comprend les phases préopératoire, peropératoire et postopératoire.

Période peropératoire : période qui débute dès qu'on installe la personne sur la table d'opération et qui s'achève lorsqu'on l'admet à la salle de surveillance postinterventionnelle (SSPI).

Période postopératoire : période qui débute quand on amène l'opéré dans la salle de surveillance postinterventionnelle (SSPI) et qui s'achève après un examen de suivi mené dans une clinique ou au domicile de la personne.

Période préopératoire : période qui débute dès qu'on prend la décision de recourir à l'intervention chirurgicale et qui s'achève lorsqu'on installe la personne sur la table d'opération.

Soins infirmiers périopératoires et périanesthésiques

Les soins infirmiers périopératoires et périanesthésiques sont une spécialité qui comprend une grande diversité d'interventions infirmières relatives à la chirurgie. Ils renvoient au rôle que joue l'infirmière dans l'expérience chirurgicale de la personne lors de la **période périopératoire**. Celle-ci se compose de trois étapes: la période préopératoire, la période peropératoire et la période postopératoire. Comme le montre l'encadré 20-1 ■, chaque période commence et finit à un moment particulier de l'expérience chirurgicale; chacune comporte un grand nombre d'interventions que l'infirmière effectue en suivant la démarche de soins et traitements infirmiers et les normes de la pratique (Association des infirmières et infirmiers de salles d'opération du Canada, 2003; Litwack, 1999; Quinn, 1999).

PÉRIODE PRÉOPÉRATOIRE

La **période préopératoire** commence dès qu'on prend la décision de recourir à la chirurgie et s'achève lorsqu'on installe la personne sur la table d'opération. Durant cette période, les interventions de l'infirmière sont notamment les suivantes: effectuer un examen de base de la personne, avant le jour de l'opération, lors d'une rencontre préopératoire (qui comprend non seulement un examen physique, mais aussi une évaluation de l'état émotionnel et une anamnèse portant sur les antécédents anesthésiques, les allergies et les problèmes héréditaires connus pouvant influer sur le résultat de l'opération); s'assurer que tous les examens nécessaires ont été ou seront effectués (examens de préadmission); prendre rendez-vous avec les services appropriés; et donner à la personne un enseignement sur le rétablissement postopératoire et post-anesthésique. Le jour de l'opération, l'infirmière vérifie l'identité de la personne et le site de l'intervention, s'assure

ENCADRÉ 20-1

Exemples d'interventions infirmières périopératoires

PÉRIODE PRÉOPÉRATOIRE

Examen de préadmission

1. Commencer l'examen clinique préopératoire.
2. Commencer l'enseignement approprié aux besoins de la personne.
3. Encourager la participation de la famille à l'entrevue.
4. Vérifier que tous les examens préopératoires ont été effectués.
5. Vérifier que la personne comprend bien toutes les démarches préopératoires (par exemple, préparation intestinale, douche préopératoire).
6. Déterminer les besoins de la personne quant au transport et aux soins postopératoires.

Admission au service de chirurgie

1. Terminer l'examen préopératoire.
2. Déterminer les risques de complications postopératoires.
3. Signaler tout résultat inattendu ou tout écart par rapport à la normale.
4. Vérifier que la personne a bien signé la formule de consentement.
5. Coordonner l'enseignement à la personne avec d'autres infirmières de l'équipe.
6. Renforcer l'enseignement donné.
7. Expliquer les phases de la période périopératoire et les résultats escomptés.
8. Répondre aux questions de la personne et de sa famille.
9. Élaborer un plan de soins.

Salle d'attente préopératoire

1. Évaluer l'état de la personne, le niveau de base de la douleur et l'état nutritionnel.
2. Revoir le dossier.
3. Vérifier l'identité de la personne.
4. Vérifier le site de l'intervention et le marquer conformément au protocole de l'établissement.
5. Installer une perfusion intraveineuse.
6. Administrer les médicaments prescrits.
7. Voir au bien-être de la personne.

8. Apporter à la personne un soutien psychologique.
9. Faire part de l'état émotionnel de la personne aux membres concernés de l'équipe de soins.

PÉRIODE PEROPÉRATOIRE

Maintien d'un environnement sécuritaire

1. Contrôler l'asepsie de l'environnement.
2. Gérer efficacement les ressources humaines, l'équipement et le matériel nécessaires pour assurer des soins personnalisés.
3. Installer la personne sur la table d'opération.
4. Placer la personne:
   • Alignement fonctionnel
   • Exposition du site de l'intervention
5. Installer les courroies de sécurité.
6. S'assurer que le nombre d'éponges, d'aiguilles et d'instruments est bon.
7. Mettre à jour le dossier peropératoire.

Surveillance physiologique

1. Calculer les effets d'une perte ou d'un gain liquidien excessifs chez la personne.
2. Distinguer les données cardiopulmonaires normales des données anormales.
3. Signaler toute variation dans les signes vitaux de la personne.
4. Instaurer des mesures favorisant la normothermie.

Soutien psychologique (avant l'induction et quand la personne est consciente)

1. Apporter à la personne un soutien psychologique.
2. Se tenir près de la personne ou la toucher durant les interventions et l'induction.
3. Continuer à surveiller l'état émotionnel de la personne.

PÉRIODE POSTOPÉRATOIRE

Transfert de la personne à la salle de surveillance postinterventionnelle (SSPI)

1. Communiquer les données peropératoires.
   • Identifier la personne par son nom.
   • Indiquer le type d'intervention effectué.

Exemples d'interventions infirmières périopératoires (*suite*)

- Indiquer le type d'anesthésique employé.
- Signaler les réactions de la personne à l'intervention chirurgicale et à l'anesthésie.
- Décrire les facteurs peropératoires (par exemple, insertion de drains ou de cathéters; administration de sang, d'analgésiques ou d'autres médicaments pendant l'opération; événements inattendus).
- Décrire les limites physiques.
- Signaler le niveau de conscience préopératoire de la personne.
- Indiquer le matériel nécessaire.
- Faire part de la présence de la famille ou de proches.

SALLE DE RÉVEIL

1. Déterminer la réaction immédiate de la personne à l'opération.
2. Surveiller l'état physiologique de la personne.
3. Évaluer l'intensité de la douleur ressentie par la personne et prendre les mesures de soulagement appropriées.
4. Assurer la sécurité de la personne (dégager les voies aériennes, favoriser la circulation, prévenir les blessures).
5. Administrer les médicaments, les liquides et les produits sanguins prescrits.
6. Donner des liquides par voie orale, selon l'ordonnance, pour les personnes en chirurgie d'un jour.
7. Évaluer si la personne est en état d'être transférée dans un autre service de l'hôpital ou de rentrer

chez elle, selon le protocole de l'établissement (par exemple, indice Aldrete, Apgar postanesthésie, chapitre 22 ⬚).

UNITÉ DE SOINS CHIRURGICAUX

1. Poursuivre la surveillance étroite de la réaction physique et psychologique de la personne à l'opération.
2. Évaluer le degré de douleur ressentie par la personne et prendre les mesures de soulagement appropriées.
3. Donner un enseignement au tout début de la période de rétablissement de la personne.
4. Aider la personne à se rétablir et à se préparer à son congé.
5. Déterminer l'état psychologique de la personne.
6. Aider à la planification du congé.

DOMICILE OU CLINIQUE

1. Donner des soins de suivi pendant les visites au cabinet du médecin ou à la clinique ou bien au téléphone.
2. Revenir sur l'enseignement donné et répondre aux questions de la personne et de sa famille sur l'intervention et les soins postopératoires.
3. Évaluer la réaction de la personne à l'intervention et à l'anesthésie, ainsi que leurs effets sur l'image corporelle et les capacités fonctionnelles.
4. Déterminer la perception de la famille en ce qui concerne l'opération et ses résultats.

qu'elle a bien assimilé l'enseignement donné, obtient confirmation de son consentement éclairé et installe une perfusion intraveineuse. Si la personne rentre chez elle le jour même, l'infirmière s'assure qu'elle bénéficiera d'un moyen de transport fiable et qu'elle sera accompagnée d'un adulte responsable. Selon le moment où ont été effectués l'évaluation et les tests de préadmission, l'infirmière peut tout simplement, le jour de l'opération, effectuer l'examen préopératoire de la personne et répondre à ses questions ou à celles des membres de sa famille.

PÉRIODE PEROPÉRATOIRE

La **période peropératoire** commence à l'instant où on installe la personne sur la table d'opération et s'achève lorsqu'on la transfère dans la salle de surveillance postinterventionnelle (SSPI). Durant cette période, les interventions de l'infirmière consistent notamment à veiller à la sécurité de la personne, à maintenir un environnement aseptique, à s'assurer du bon fonctionnement de l'équipement, à fournir au chirurgien les instruments et le matériel dont il a besoin dans le champ opératoire, ainsi qu'à consigner les notes pertinentes au dossier. Dans certains cas, l'infirmière peut apporter à la personne un soutien affectif en lui tenant la main pendant l'induction de l'anesthésie. Elle peut aussi aider à installer la personne sur la table d'opération selon les principes de base d'alignement corporel ou agir en tant qu'infirmière en service interne, infirmière en service externe ou infirmière première assistante en chirurgie.

PÉRIODE POSTOPÉRATOIRE

La **période postopératoire** commence quand la personne est admise à la SSPI et s'achève par une évaluation de suivi à la clinique ou au domicile de la personne. Durant cette période, l'infirmière est appelée à accomplir de multiples fonctions. En phase postopératoire immédiate, elle doit notamment veiller à maintenir la fonction respiratoire, à surveiller les signes vitaux, à évaluer les effets des anesthésiques, à examiner la personne opérée pour déceler des complications, à assurer son bien-être et à mettre en œuvre les mesures de soulagement efficace de la douleur. Ensuite, les interventions infirmières visent à faciliter le rétablissement de la personne, à commencer l'enseignement et les soins de suivi, ainsi qu'à l'orienter vers des spécialistes pour le rétablissement et la réadaptation après le congé. Nous reviendrons sur chacune de ces tâches dans les trois chapitres de la présente partie.

Traditionnellement, l'infirmière en soins opératoires travaillait dans un environnement isolé, derrière les portes doubles du bloc opératoire. Bien qu'elles se fondaient sur la démarche systématique, les infirmières peu familières avec les soins chirurgicaux comprenaient souvent mal sur quoi reposaient la collecte des données, le diagnostic, la planification, les interventions et l'évaluation. Ces dernières années, grâce à l'adoption d'un modèle conceptuel relatif aux soins des personnes, publié par l'Association of PeriOperative Registered Nurses, auparavant dénommée Association of Operative Room Nurses, mais toujours désignée par le sigle AORN, on cerne mieux la relation existant entre diverses composantes de la pratique infirmière et les effets sur les résultats (Beyea, 2000). Le *Perioperative Nursing Data Set* (PNDS) est utilisé pour décrire la pratique des soins et traitements infirmiers périopératoires dans quatre domaines : sécurité, réactions physiologiques, réactions comportementales et système de santé (figure 20-1 ■). Les trois premiers domaines englobent des aspects qui intéressent particulièrement les infirmières de soins périopératoires : les diagnostics infirmiers, les interventions et les résultats (tant les résultats qui concernent la santé de la personne que les résultats escomptés par la famille). Le quatrième domaine, le système de santé, porte sur des éléments structuraux et est centré sur la démarche clinique et les résultats. Ce modèle sert à décrire la relation existant entre les composantes de la démarche systématique dans la pratique infirmière et l'obtention de résultats optimaux pour la personne.

Classification des interventions chirurgicales

Les interventions chirurgicales peuvent avoir différents buts. Elles peuvent être diagnostiques (biopsie ou laparotomie exploratrice), curatives (excision d'une tumeur ou d'un appendice enflammé), réparatrices (traitement de lésions multiples), reconstructrices ou esthétiques (mammoplastie ou rhytidectomie) ou bien palliatives (pour soulager la douleur ou corriger un problème ; par exemple, insertion d'un tube de gastrostomie visant à compenser l'incapacité à avaler la nourriture). On peut également classer les interventions chirurgicales selon l'urgence de la situation : extrêmement urgente, urgente, nécessaire, élective ou optionnelle. Ces termes sont définis dans le tableau 20-1 ■.

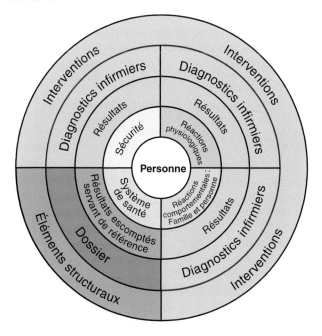

FIGURE 20-1 ■ ■ Modèle de soins périopératoires centrés sur la personne. Source: *Association of PeriOperative Registered Nurses*, Inc. Denver, CO. Reproduit avec l'autorisation de l'AORN. *Perioperative Nursing Data Set*, 2e éd., © 2002. AORN Inc. 2170 S Parker Road, suite 300, Denver, CO, 80231. L'association décline toute responsabilité concernant la traduction et l'exactitude du contenu français de la figure.

Préparation à l'intervention chirurgicale

CONSENTEMENT ÉCLAIRÉ

Avant d'effectuer toute intervention chirurgicale non urgente, il est nécessaire d'obtenir un **consentement éclairé,** libre et écrit de la part de la personne. Une telle permission écrite protège la personne d'une opération non approuvée, et le chirurgien de toute poursuite relative à une opération non autorisée. Dans l'intérêt de toutes les parties concernées, on observe des principes médicaux, éthiques et légaux fondamentaux. L'infirmière peut demander à la personne qui va être opérée de signer la formule de consentement et peut servir de témoin. C'est toutefois au médecin qu'il incombe de donner à la personne toute l'information pertinente. La liste des conditions de validité d'un consentement éclairé figure dans l'encadré 20-2 ■ et un exemple d'une formule de consentement est présenté à la figure 20-2 ■.

Le consentement éclairé repose sur de nombreux principes éthiques (chapitre 3 ⊂⊃). Avant que la personne signe la formule de consentement, le chirurgien doit lui expliquer, en termes simples et clairs, tout ce que l'opération entraînera. Il doit aussi l'informer des effets bénéfiques prévus de l'opération, des autres mesures thérapeutiques possibles, des risques, des complications, des altérations physiques, des incapacités et des ablations des parties du corps, ainsi que de ce à quoi elle peut s'attendre après l'opération. Si la personne a besoin d'informations supplémentaires pour prendre sa décision, l'infirmière en avise le médecin. L'infirmière doit également s'assurer que la formule de consentement est signée avant que tout psychotrope soit administré à la personne : le consentement peut ne pas être valide s'il a été obtenu alors que la personne était sous l'influence d'un médicament affectant le jugement et la capacité à prendre une décision. Le consentement éclairé est obligatoire dans les cas suivants :

- interventions effractives, telles qu'une incision chirurgicale, une biopsie, une cystoscopie ou une paracentèse
- interventions nécessitant une sédation ou une anesthésie (voir le chapitre 21 ⊂⊃ pour en savoir plus sur les niveaux de sédation et d'anesthésie.)
- interventions non chirurgicales, telles qu'une artériographie, qui comporte des risques plus que légers pour la personne
- interventions nécessitant des radiations

Si elle a l'âge légal et qu'elle est en possession de ses moyens, la personne signe elle-même la formule de consentement. Si elle est mineure, inconsciente ou inapte, il incombe à un mandataire approprié de signer la formule. Par exemple, un membre responsable de sa famille (de préférence le plus proche parent) ou son représentant légal peut devenir mandataire. Il est impératif d'observer les lois et le protocole. En cas d'urgence, il peut être nécessaire d'opérer la personne pour des raisons de survie sans avoir obtenu son consentement éclairé. Il faut toutefois tout tenter pour joindre un membre de sa famille. Dans une telle situation, on peut obtenir une autorisation par téléphone, par télégramme, par télécopieur ou par d'autres moyens électroniques.

	TABLEAU 20-1

...ication des interventions chirurgicales selon l'urgence de la situation

Catégories	Indications pour l'intervention	Exemples
I. Extrêmement urgente – La personne est dans un état qui exige des soins immédiats; sa vie peut être en danger.	Sans délai	■ Hémorragie grave ■ Obstruction vésicale ou intestinale ■ Fracture du crâne ■ Blessure par arme blanche ou par balle ■ Brûlures étendues
II. Urgente – La personne est dans un état qui exige des soins rapides.	Dans les 24 à 30 heures	■ Cholécystite aiguë ■ Calculs rénaux ou urétéraux
III. Nécessaire – La personne est dans un état qui exige une intervention chirurgicale.	Dans quelques semaines ou quelques mois	■ Hyperplasie de la prostate sans obstruction vésicale ■ Troubles thyroïdiens ■ Cataractes
IV. Élective – L'intervention chirurgicale est indiquée.	Opération non indispensable	■ Réparation de cicatrices ■ Hernie simple ■ Colpoplastie
V. Optionnelle – La décision appartient à la personne.	Préférence personnelle	■ Chirurgie esthétique

Si la personne a des doutes sur l'intervention et n'a pas eu la possibilité d'étudier les autres options thérapeutiques, elle est en droit de consulter un autre médecin. On ne peut presser ni forcer qui que ce soit à signer une formule de consentement opératoire. Refuser une opération chirurgicale est un droit et un privilège de la personne. Ce refus doit toutefois être noté par écrit et transmis au chirurgien afin que d'autres mesures soient prises. On peut, par exemple, donner des explications supplémentaires à la personne et à sa famille ou reporter l'intervention.

Pour aider la personne à prendre sa décision, on peut utiliser du matériel audiovisuel pour mieux l'informer, s'assurer que la formule de consentement est rédigée dans un langage accessible ou, selon les besoins, recourir à d'autres stratégies ou ressources facilitant sa compréhension.

! ALERTE CLINIQUE *La formule de consentement signée doit être placée bien en vue sur le dossier de la personne et doit l'accompagner dans la salle d'opération.*

ÉVALUATION DES FACTEURS INFLUANT SUR L'ÉTAT PRÉOPÉRATOIRE

Au cours de la période préopératoire, l'objectif principal est de réunir chez la personne autant de facteurs positifs que possible. Il faut tout entreprendre pour stabiliser les affections qui pourraient faire obstacle à un rétablissement en douceur. Les risques de complications chirurgicales et postopératoires augmentent lorsque les facteurs négatifs prédominent.

Avant toute intervention chirurgicale, on dresse le profil de l'état de santé de la personne, on effectue un examen physique au cours duquel on mesure les signes vitaux et on

note les données qui serviront à des fins de comparaison (Meeker et Rothrock, 1999). L'examen physique permet de déceler de nombreux facteurs pouvant affecter la personne qui va être opérée. Les professionnels de la santé doivent

ENCADRÉ 20-2

Conditions de validité du consentement éclairé

CONSENTEMENT DONNÉ VOLONTAIREMENT

Pour être valide, le consentement doit être donné librement et sans contrainte.

PERSONNE INAPTE

Selon la loi, une personne inapte est une personne non autonome qui ne peut ni donner ni refuser son consentement (par exemple, une personne atteinte d'une déficience intellectuelle ou d'une maladie mentale, ou une personne dans le coma).

PERSONNE INFORMÉE

Le consentement éclairé doit être donné par écrit. Le consentement éclairé de la personne suppose les points suivants:

■ l'explication de l'intervention et de ses risques
■ la description des effets bénéfiques prévus et des autres mesures thérapeutiques possibles
■ la possibilité de poser des questions sur l'intervention
■ le droit de refuser son consentement
■ les modifications éventuelles au protocole opératoire habituel, s'il y a lieu

CAPACITÉ DE COMPRÉHENSION DE LA PERSONNE

L'information doit être écrite et rédigée dans un langage que la personne est en mesure de comprendre. Il faut répondre à ses questions pour clarifier les points obscurs.

Hôpital régional Dr-Georges-L.-Dumont

CONSENTEMENT À L'INTERVENTION

1. Je, _____ autorise, par la présente, Dr _____
             patient/tuteur

  à faire _____
                procédure

  sur _____
         patient

  Je reconnais que Dr _____ devra choisir d'autres personnes, médecins,

  résidents, infirmiers ou infirmières pour l'assister dans cette procédure, et j'y consens.

2. Dr _____ m'a fourni et expliqué les informations suivantes:

    a) la nature de l'intervention   d) les avantages probables
    b) le but de l'intervention   e) les risques probables
    c) les autres traitements possibles   f) il a répondu à toutes mes questions

    Je reconnais qu'il y a d'autres risques et conséquences peu probables associés à l'intervention et qu'aucune garantie de succès ne m'a été donnée.

3. J'autorise également tout autre traitement, procédure, transfusion sanguine ou intervention non prévu(s) qui selon

  l'opinion du/de la Dr _____ ne peut (peuvent) pas être remis à plus tard.

4. J'autorise l'hôpital à éliminer les tissus, organes ou membres prélevés de la façon qu'il juge appropriée, par incinération ou autre méthode.

5. Je consens, à des fins éducatives, à la présence d'étudiants durant l'intervention. (oui/non) _____

6. Je consens à recevoir l'anesthésie appropriée pour la procédure et qui sera administrée par un anesthésiste dûment autorisé.

7. JE DÉCLARE AVOIR LU ET COMPRIS LA PRÉSENTE FORMULE DE CONSENTEMENT A L'INTERVENTION, QUE LES RENSEIGNEMENTS QUI Y SONT MENTIONNÉS M'ONT ÉTÉ DONNÉS ET QUE J'AI SIGNÉ LA FORMULE VOLONTAIREMENT ET CE, AVANT L'INTERVENTION MENTIONNÉE.

_____   _____   _____
    Témoin/médecin   *Patient/tuteur*   Date

FIGURE 20-2 ■ Formule de consentement à une intervention chirurgicale.

déceler chez la personne les signes de mauvais traitements, qui peuvent concerner aussi bien les hommes que les femmes, à tout âge et quels que soient le groupe socioéconomique, ethnique ou culturel (Little, 2000 ; Marshall, Benton et Brazier, 2000). Le cas échéant, ils doivent en faire rapport (voir le chapitre 5 ⬭ sur les signes de mauvais traitements).

Quand les données recueillies lors d'un examen approfondi de l'état de santé de la personne et de ses antécédents le dictent, on prescrit des tests sanguins, des radiographies et d'autres examens paracliniques (King, 2000). Ces contacts préliminaires avec l'équipe de soins donnent la possibilité à la personne de poser des questions et de faire connaissance avec le personnel qui s'occupera d'elle pendant et après l'opération.

États nutritionnel et liquidien

Il est essentiel d'assurer une nutrition optimale pour favoriser le rétablissement et la résistance aux infections, et pour réduire les risques de complications (Braunschweig, Gomez et Sheean, 2000). Évaluer son état nutritionnel permet de vérifier si la personne souffre d'obésité, de sous-alimentation, de perte de poids, de malnutrition, de carence en certains nutriments, d'anomalies métaboliques ou de problèmes spéciaux, et si des médicaments ont des effets sur son alimentation (Quinn, 1999). Pour déterminer les besoins nutritionnels d'une personne, on peut mesurer son indice de masse corporelle et son tour de taille (National Institutes of Health, 2000). Pour en savoir davantage sur l'évaluation de l'état nutritionnel, voir le chapitre 5 ⬭.

Toute carence nutritionnelle, telle que la malnutrition, doit être corrigée avant l'intervention chirurgicale afin qu'il y ait suffisamment de protéines essentielles pour la cicatrisation des tissus (King, 2000 ; Russell, Williams et Bulstrode, 2000). Les nutriments nécessaires à la cicatrisation des plaies sont énumérés dans le tableau 20-2 ■.

La déshydratation, l'hypovolémie et les déséquilibres électrolytiques peuvent provoquer des problèmes graves chez les personnes atteintes d'affections préexistantes ou chez les personnes âgées. La gravité des déséquilibres hydroélectrolytiques est souvent difficile à déterminer. Un déficit liquidien léger peut être traité pendant l'intervention chirurgicale ; toutefois, pour corriger une perte hydroélectrolytique prononcée, il est possible qu'on doive retarder l'opération afin d'obtenir un état préopératoire optimal.

Consommation de drogues et d'alcool

Les gens qui consomment des drogues ou abusent de l'alcool ont souvent tendance à le nier ou à tenter de le cacher. Dans de tels cas, l'infirmière qui procède à l'anamnèse doit poser à la personne des questions franches en faisant preuve de patience et de vigilance, et sans porter de jugement (chapitre 5 ⬭).

Les personnes qui présentent une intoxication aiguë sont exposées aux blessures ; par conséquent, on doit retarder l'intervention chirurgicale si possible. Si l'intervention est urgente et mineure, on pratique une anesthésie locale, rachidienne ou régionale. Dans les cas où l'anesthésie générale est nécessaire, on installe préalablement une sonde nasogastrique

pour prévenir les vomissements et l'aspiration éventuelle des sécrétions gastriques.

Une personne ayant des antécédents d'alcoolisme chronique souffre souvent de malnutrition et d'autres problèmes systémiques qui augmentent les risques chirurgicaux. De plus, on peut observer un delirium tremens chez ces personnes jusqu'à 72 heures après le sevrage alcoolique. Le delirium tremens est associé à un taux de mortalité significatif lorsqu'il survient après l'opération.

Les facteurs de risque pouvant entraîner des complications postopératoires sont résumés dans l'encadré 20-3 ■.

État respiratoire

Il importe que le futur opéré ait une fonction respiratoire optimale. On lui enseigne des exercices de respiration et le mode d'utilisation d'un inspiromètre d'incitation quand c'est indiqué. En cas d'infection des voies respiratoires, l'intervention est généralement retardée en raison des risques d'hypoventilation présents durant toutes les étapes du traitement chirurgical. On examine soigneusement les personnes atteintes d'une maladie respiratoire (par exemple, asthme, bronchopneumopathie chronique obstructive) afin d'évaluer les risques qui pèsent sur leurs fonctions pulmonaires. On évalue également si la personne prend des médicaments qui peuvent nuire à son rétablissement (King, 2000 ; Smetana, 1999).

On doit exhorter les fumeurs à cesser de fumer deux mois avant l'opération (King, 2000), bien que nombre d'entre eux ne le fassent pas. Il faut conseiller à ces derniers de cesser de fumer au moins 24 heures avant l'intervention. Selon les recherches, le counseling à ce sujet aurait un effet positif sur le comportement face au tabac au cours des 24 heures qui précèdent l'intervention. Cela aide à réduire le risque d'effets indésirables liés au tabac, tels qu'une réactivité accrue des voies respiratoires, une épuration mucociliaire diminuée, ainsi que des altérations physiologiques de la fonction cardiovasculaire et du système immunitaire (Shannon-Cain, Webster et Cain, 2002).

État cardiovasculaire

Lorsqu'on prépare une personne à une intervention, on doit s'assurer que son système cardiovasculaire est en bon état et permet de combler les besoins de l'organisme en oxygène, en liquide et en nutriments durant la période périopératoire. Si la personne souffre d'hypertension non contrôlée, on peut retarder l'intervention jusqu'à ce que la pression artérielle soit acceptable.

Les personnes atteintes de maladies cardiovasculaires sont davantage exposées aux complications et exigent par conséquent des soins plus attentifs à toutes les phases (King, 2000). Selon la gravité des symptômes, on peut différer l'intervention chirurgicale jusqu'à ce qu'on procède à un traitement médical qui améliore l'état de la personne. Dans certains cas, on peut modifier l'intervention chirurgicale en fonction de la tolérance cardiaque de la personne. Par exemple, chez une personne atteinte d'une obstruction du côlon descendant et d'une maladie coronarienne, on peut effectuer une colostomie simple temporaire au lieu d'une résection plus étendue du côlon, qui nécessiterait une anesthésie plus longue.

| Nutriments favorisant la cicatrisation des plaies | | TABLEAU 20-2 |

Nutriments	Raisons du besoin accru	Manifestations possibles d'une carence
Protéines	■ Remplacer la perte de tissus maigres pendant la phase catabolique suivant un stress. ■ Restaurer le volume sanguin et les protéines plasmatiques pour compenser les pertes dues aux exsudats, aux saignements et aux hémorragies possibles. ■ Remplacer les pertes découlant de l'immobilité (excrétion accrue). ■ Combler les besoins accrus relatifs à la cicatrisation des tissus et à la résistance aux infections.	■ Importante perte de poids ■ Cicatrisation de plaies déficiente ou retardée ■ Choc associé à une réduction du volume sanguin ■ Œdème associé à une diminution de l'albumine sérique ■ Diarrhée associée à une diminution de l'albumine sérique ■ Anémie ■ Risque accru d'infection associé à une diminution des anticorps et à une altération de l'intégrité tissulaire ■ Synthèse des lipoprotéines diminuée → infiltration adipeuse dans le foie → lésion hépatique ■ Mortalité accrue
Glucides et lipides	■ Remplacer les pertes découlant d'un apport oral insuffisant et d'un hypermétabolisme durant la phase catabolique suivant un stress. ■ Économiser les protéines. ■ Restaurer le poids normal.	■ Signes et symptômes de carence protéinique due à l'utilisation des protéines comme source d'énergie ■ Importante perte de poids
Eau	■ Remplacer la perte liquidienne due à des vomissements, à une hémorragie, à des exsudats, à la fièvre, au drainage, à des diurétiques. ■ Maintenir l'homéostasie.	■ Signes, symptômes et complications associés à la déshydratation, tels que la diminution de l'élasticité de la peau, la sécheresse des muqueuses, l'oligurie, l'anurie, une perte de poids, une augmentation du pouls, une diminution de la pression veineuse centrale
Vitamine C	■ Favoriser la formation de capillaires, la synthèse de tissus et la guérison des plaies par la production de collagène. ■ Former des anticorps.	■ Cicatrisation des plaies déficiente ou retardée en raison de l'altération de la formation du collagène et d'une augmentation de la fragilité et de la perméabilité des capillaires ■ Risque d'infection accru en raison d'une diminution des anticorps
Thiamine, niacine, riboflavine	■ Combler les besoins métaboliques accrus.	■ Diminution de la disponibilité des enzymes nécessaires au métabolisme énergétique
Acide folique, vitamine B$_{12}$	■ Favoriser la prolifération des cellules et, par conséquent, la formation des tissus. ■ Aider à la maturation des globules rouges. ■ Remédier à la déficience de la synthèse d'acide folique et à la déficience en matière d'absorption de la vitamine B$_{12}$ provoquées par l'utilisation de certains antibiotiques.	■ Division cellulaire diminuée ou stoppée ■ Anémie mégaloblastique
Vitamine A	■ Favoriser la formation de tissus, la cicatrisation des plaies et la fonction immunitaire. ■ Augmenter la résistance aux infections.	■ Cicatrisation des plaies déficiente ou retardée en raison de la diminution de la synthèse du collagène; fonction immunitaire altérée ■ Risque accru d'infection
Vitamine K	■ Favoriser la formation normale de caillots sanguins. ■ Remédier à la déficience de la synthèse intestinale provoquée par l'utilisation d'antibiotiques.	■ Temps de prothrombine prolongé
Fer	■ Remplacer les pertes de fer causées par les pertes de sang.	■ Signes, symptômes et complications associés à l'anémie ferriprive, tels que fatigue, faiblesse, pâleur, anorexie, étourdissements, céphalées, stomatite, glossite, changements cardiovasculaires et respiratoires, insuffisance cardiaque possible
Zinc	■ Favoriser la synthèse de protéines et la cicatrisation des plaies. ■ Favoriser la réponse normale des lymphocytes et des phagocytes.	■ Cicatrisation des plaies déficiente ou retardée ■ Réponse immunitaire altérée

Source : S.G. Dudek (dir.) (2001). *Nutrition essentials for nursing practice* (4e éd.). Philadelphie: Lippincott Williams & Wilkins.

FACTEURS DE RISQUE

Complications chirurgicales

- Hypovolémie
- Déshydratation ou déséquilibre électrolytique
- Déficits nutritionnels
- Âge (bas âge et âge avancé)
- Maigreur ou obésité
- Infection et sepsie
- Intoxication
- Anomalies immunitaires
- Affections pulmonaires
  - Affection obstructive
  - Problème restrictif
  - Infection respiratoire
- Affections rénales ou des voies urinaires
  - Diminution de la fonction rénale
  - Infection des voies urinaires
  - Obstruction
- Grossesse
  - Diminution des réserves physiologiques
- Affections cardiovasculaires
  - Coronaropathie ou antécédent d'infarctus du myocarde
  - Insuffisance cardiaque
  - Arythmies
  - Hypertension
  - Valvule artificielle
  - Thromboembolie
  - Diathèse hémorragique
  - Accident vasculaire cérébral
- Dysfonctions endocriniennes
  - Diabète
  - Troubles surrénaliens
  - Troubles thyroïdiens
- Affections hépatiques
  - Cirrhose
  - Hépatite
- Handicap mental ou physique préexistant

Fonctions hépatique et rénale

Avant l'opération, on vise une fonction hépatique et une fonction rénale optimales afin que les médicaments, les anesthésiques, les déchets et les toxines soient traités et éliminés adéquatement.

Le foie joue un rôle important dans la biotransformation des anesthésiques. Par conséquent, toute atteinte hépatique perturbe le métabolisme de ces composés. Par ailleurs, toute affection hépatique aiguë augmente les risques de mortalité au cours d'une intervention chirurgicale. C'est pourquoi il est essentiel d'améliorer le fonctionnement du foie au préalable et de procéder à un examen minutieux en effectuant divers tests d'exploration fonctionnelle (chapitre 41 ⊂⊃).

Les reins participent à l'excrétion des anesthésiques et de leurs métabolites; de plus, le bilan acidobasique et le métabolisme sont des facteurs dont il faut tenir compte avant l'anesthésie. Par conséquent, l'intervention chirurgicale est contre-indiquée quand la personne est atteinte d'une néphrite aiguë, d'une insuffisance rénale aiguë avec oligurie ou anurie,

ou de tout autre problème rénal aigu. Aucune intervention chirurgicale ne doit être effectuée dans ces cas, à moins que la vie de la personne soit en danger ou que l'intervention soit nécessaire pour améliorer la fonction urinaire, comme dans le cas d'une uropathie obstructive.

Fonction endocrinienne

Au cours d'une intervention chirurgicale, la personne atteinte de diabète risque de connaître des fluctuations indésirables de son taux de glucose sanguin. L'hypoglycémie peut survenir au cours de l'anesthésie ou pendant la période post-opératoire en raison d'un apport insuffisant de glucides ou de l'administration d'une quantité trop importante d'insuline. L'hyperglycémie accroît le risque d'une infection de la plaie chirurgicale; elle peut résulter du stress causé par l'intervention, qui peut provoquer une augmentation des catécholamines. Les personnes atteintes de diabète sont également exposées au risque d'acidose et de glycosurie. L'objectif est de maintenir la glycémie à un niveau inférieur à 11 mmol/L. Il est donc important de mesurer fréquemment celle-ci avant, pendant et après l'intervention (chapitre 43 ⊂⊃).

Les corticostéroïdes peuvent entraîner une insuffisance surrénalienne chez les personnes qui subissent une opération. Par conséquent, il faut aviser l'anesthésiste et le chirurgien si de tels médicaments ont été administrés à la personne dans l'année précédant l'intervention. Il faut également observer celle-ci pour déceler les signes d'insuffisance surrénalienne.

Les personnes souffrant de problèmes thyroïdiens non contrôlés sont exposées au risque de thyrotoxicose (dans les cas d'hyperthyroïdie) et d'insuffisance respiratoire (dans les cas d'hypothyroïdie). Par conséquent, il importe de vérifier avant l'opération la présence d'antécédents thyroïdiens.

Fonction immunitaire

Pendant l'examen préopératoire, il importe de déceler les antécédents d'allergies de la personne, y compris la nature de ses réactions allergiques antérieures. Il est particulièrement important de déterminer et de noter toute sensibilité et toute réaction indésirable aux médicaments. On demande alors à la personne de nommer les substances (médicaments, produits sanguins, produits de contraste, latex et produits alimentaires) auxquelles elle a déjà eu des réactions allergiques et de décrire les signes et symptômes que ces réactions ont provoqués. Un exemple de questionnaire sur l'allergie au latex est présenté dans la figure 20-3 ■.

L'immunodépression est fréquente chez les personnes qui prennent des corticostéroïdes, qui ont subi une greffe rénale, qui sont soumises à une radiothérapie ou à une chimiothérapie ou qui sont atteintes d'affections touchant le système immunitaire, telles que le syndrome d'immunodéficience acquise (sida) et la leucémie. En cas d'immunodépression, le moindre symptôme ou la moindre élévation de température exige une intervention immédiate. Comme la personne présente des risques d'infection élevés, une asepsie rigoureuse s'impose.

Antécédents pharmacologiques

On doit établir les antécédents pharmacologiques de chaque personne pour prévenir les effets que les médicaments peu-

Poser les questions suivantes au futur opéré. Cocher la case appropriée.	OUI	NON
1. Un médecin vous a-t-il déjà dit que vous étiez allergique au latex ?		
2. Êtes-vous exposé(e) au latex dans votre milieu de travail ?		
3. Êtes-vous né(e) avec des problèmes à la moelle épinière ?		
4. Avez-vous déjà eu des allergies, de l'asthme, le rhume des foins, de l'eczéma ou des éruptions cutanées ?		
5. Avez-vous déjà souffert de détresse respiratoire, de palpitations cardiaques ou d'enflure ?		
6. Avez-vous déjà eu des enflures, une irritation cutanée, de l'urticaire ou d'autres symptômes après avoir touché un ballon ?		
7. Avez-vous déjà eu des enflures, une irritation cutanée, de l'urticaire ou d'autres symptômes après une visite chez le dentiste ?		
8. Avez-vous déjà eu des enflures, une irritation cutanée, de l'urticaire ou d'autres symptômes après un examen vaginal ou rectal ou après un contact avec un diaphragme ou un condom ?		
9. Avez-vous déjà eu des enflures, une irritation cutanée, de l'urticaire ou d'autres symptômes en portant des gants de caoutchouc ou une heure après les avoir portés ?		
10. Avez-vous déjà eu des éruptions cutanées aux mains durant plus d'une semaine ?		
11. Avez-vous déjà eu des enflures, une irritation cutanée, de l'urticaire, des écoulements nasaux, des irritations aux yeux, une respiration sifflante ou des crises d'asthme après avoir touché un produit fait de latex ou de caoutchouc ?		
12. Avez-vous déjà eu des enflures, une irritation cutanée, de l'urticaire ou d'autres symptômes après avoir été examiné(e) par une personne portant des gants de latex ou de caoutchouc ?		
13. Êtes-vous allergique aux bananes, aux avocats, aux kiwis ou aux noisettes ?		
14. Avez-vous déjà vécu un épisode anaphylactique inexpliqué ?		

Signature de l'infirmière autorisée : _____

Nom de la personne : _____

Intervention : _____

FIGURE 20-3 ■ Questionnaire sur l'allergie au latex. Source : Inova Fairfax Hospital, Falls Church, VA.

vent avoir sur son état durant la période périopératoire et périanesthésique, et pour parer à de possibles interactions médicamenteuses (Quinn, 1999). On doit dresser la liste de tous les médicaments que la personne prend ou a pris dans le passé, y compris les produits en vente libre et les produits naturels, et noter la fréquence à laquelle elle les a pris. Les médicaments puissants agissent sur les fonctions physiologiques ; leur interaction avec les anesthésiques peuvent avoir de graves conséquences, telles qu'une hypotension artérielle et un collapsus vasculaire.

L'anesthésiste doit évaluer les effets possibles d'une pharmacothérapie antérieure, en tenant compte de la durée de celle-ci, de l'état physique de la personne et de la nature de l'intervention chirurgicale prévue. Les médicaments requérant une attention particulière sont énumérés dans le tableau 20-3 ■.

De nombreuses personnes prennent aussi des médicaments de leur propre initiative et des médicaments en vente libre. L'aspirine est un produit pharmaceutique en vente libre couramment prescrit par les médecins ou pris par les personnes

de leur propre gré pour prévenir un infarctus du myocarde, un accident vasculaire cérébral et d'autres troubles (Karch, 2002). En raison de l'action que peuvent avoir ces substances et des interactions possibles avec d'autres médicaments et les anesthésiques, il est important d'interroger le futur opéré sur l'utilisation qu'il en fait. Il faut noter cette information dans le dossier de la personne et en aviser l'anesthésiste et le chirurgien.

De nombreuses personnes utilisent des produits naturels. Selon Santé Canada, plus de 50 % de la population canadienne achète régulièrement des produits naturels (Fondation des maladies du cœur du Canada, 2003). Certaines personnes atteintes d'une affection chronique les emploient pour compléter le traitement qui leur est prescrit ou pour le remplacer. Parmi les produits naturels courants dont l'usage doit être surveillé durant la période périopératoire, on trouve l'échinacée, l'éphédra, l'ail (*Allium sativum*), le gingko, le ginseng, le kawa (*Piper methysticum*), le millepertuis (*Hypericum perforatum*), la réglisse (*Glycyhiza glabra*) et la valériane

Médicaments susceptibles de provoquer des complications chirurgicales

TABLEAU
20-3

Agents (exemples de dénominations communes et de noms déposés)	Effets de l'interaction avec les anesthésiques
■ Corticostéroïdes • Prednisone (Deltasone)	Un collapsus cardiovasculaire peut survenir en cas d'interruption soudaine. Par conséquent, on peut en administrer un bolus par voie intraveineuse immédiatement avant et après l'intervention chirurgicale.
■ Diurétiques • Furosémide (Lasix) • Hydrochlorothiazide (HydroDiuril)	La diminution du volume plasmatique causée par les diurétiques peut augmenter l'effet hypotenseur des anesthésiques. L'hypokaliémie causée par les diurétiques peut augmenter le risque d'arythmies pendant la chirurgie.
■ Benzodiazépines • Diazépam (Valium)	Une interruption soudaine peut causer l'anxiété, la tension et même des convulsions.
■ Insuline	Les besoins en insuline peuvent varier beaucoup pendant les périodes peropératoire et postopératoire chez la personne souffrant de diabète.
■ Inhibiteurs de l'enzyme de conversion de l'angiotensine (IECA) et antagonistes des recepteurs de l'angiotensine (ARA)	Peuvent augmenter l'effet hypotenseur des anesthésiques.
■ Hormonothérapie de remplacement et contraceptifs oraux	Augmentent le risque de thromboembolies. Selon le type de chirurgie et les risque de thromboembolies qui la menacent, la personne devrait cesser de prendre ces médicaments plusieurs semaines avant l'opération.
■ Antibiotiques aminoglycosides • Gentamicine	Peuvent augmenter et/ou prolonger l'effet des bloquants neuromusculaires.
■ Anticoagulants • Warfarine (Coumadin) ■ Antiplaquettaires • Aspirine • Clopidogrel (Plavix) • Ticlopidine (Ticlid) • Dipyridamole (Persantin et en association avec l'aspirine dans Aggrenox)	Augmentent le risque de saignement au cours des périodes peropératoire et postopératoire; en vue d'une intervention chirurgicale élective, il faut interrompre l'administration d'anticoagulants. Il incombe au chirurgien de déterminer combien de temps avant l'opération il faut cesser leur administration, selon le type d'intervention prévue et l'état de santé du futur opéré.
■ Anticonvulsivants • Phénytoïne (Dilantin) • Phénobarbital • Acide valproïque (Epiject)	Une administration par voie intraveineuse, en remplacement de la thérapie orale, peut être nécessaire pour empêcher les convulsions pendant et après l'intervention chirurgicale.
■ Inhibiteurs de la monoamine oxydase (IMAO) • Moclobémide (Manerix) • Phénelzine (Nardil) • Tranylcypromine (Parnate)	Peuvent causer une hypertension grave si la personne reçoit certains sympathomimétiques pendant l'anesthésie.

(*Valeriana officinalis*) (Ang-Lee, Moss et Yuan, 2001; Kuhn, 1999; Lyons, 2002). Ces produits peuvent affecter la coagulation et avoir des interactions avec d'autres médicaments. Par conséquent, l'infirmière doit obtenir de la personne des informations précises sur l'utilisation qu'elle en fait, en prendre note et en informer l'équipe de chirurgie et l'anesthésiste (Brumly, 2000).

▼ **ALERTE CLINIQUE**   *En raison des interactions indé-sirables possibles, l'infirmière doit évaluer et noter toute utilisation par la personne de médicaments prescrits, de médicaments en vente libre (particulièrement l'aspirine) et de produits naturels. L'infirmière doit en informer clairement l'anesthésiste.*

Facteurs psychosociaux

Toute personne devant subir une intervention chirurgicale présente une réaction émotionnelle, visible ou cachée, normale ou anormale. Par exemple, l'anxiété préopératoire peut être une réaction d'anticipation à une expérience considérée comme une menace à l'intégrité corporelle, à son rôle habituel, voire à la vie elle-même. La détresse psychologique influant directement sur le fonctionnement de l'organisme, il est essentiel de déceler tout signe d'anxiété chez le futur opéré.

En recueillant les antécédents de la personne, l'infirmière peut évaluer les inquiétudes qu'elle pourrait nourrir relativement à l'intervention chirurgicale (Quinn, 1999). Toute personne qui doit subir une opération ressent sans aucun doute diverses craintes, notamment la crainte de l'inconnu, de la mort, de l'anesthésie, de la douleur ou du cancer. La tension émotionnelle provoquée par la perspective d'une intervention chirurgicale peut être alimentée par la peur de perdre des heures de travail, de perdre son emploi, de dépendre de sa famille ou d'être un fardeau pour ses proches, ainsi que par la peur d'une incapacité permanente. La personne peut également éprouver d'autres craintes moins évidentes, liées à ses expériences antérieures avec le système de santé ou à des personnes connues ayant la même affection.

La peur s'exprime de différentes façons. Par exemple, la personne peut répéter sans cesse de nombreuses questions, même si les réponses lui ont déjà été données. Certaines personnes peuvent se replier sur elles-mêmes ou refuser délibérément de communiquer, en se plongeant dans la lecture ou en restant rivées à leur téléviseur. D'autres personnes vont débiter des banalités. Par conséquent, l'infirmière doit faire preuve d'empathie, être à l'écoute de la personne et tenter de dissiper ses craintes en lui fournissant les informations pertinentes.

Un objectif important de l'évaluation psychosociale est de déterminer l'ampleur et le rôle du réseau de soutien dont bénéficie le futur opéré. On mesure la valeur et la fiabilité de tous ses systèmes de soutien. Connaître le degré habituel d'autonomie et les activités quotidiennes normales de la personne peut également aider le personnel soignant à élaborer un plan de soins et un programme de réadaptation appropriés. L'enseignement préopératoire donné à la personne repose sur une bonne évaluation de sa disposition à apprendre et sur le choix de la méthode qui l'aidera à comprendre au mieux cet enseignement.

Spiritualité et culture

Les croyances spirituelles jouent un rôle important dans la manière de gérer la peur et l'anxiété. Que leur origine soit religieuse ou autre, ces croyances peuvent avoir autant d'effets thérapeutiques que les médicaments. Tous les efforts doivent donc être faits pour procurer à la personne le soutien spirituel qu'elle demande. La foi peut être d'un secours précieux. Il est donc essentiel de respecter et d'encourager les croyances de chacun. Certaines infirmières évitent de proposer la visite d'un membre du clergé par peur d'alarmer la personne. Pour aborder la question avec elle de manière plus rassurante, on peut lui demander si son conseiller spirituel sait qu'elle va subir une intervention.

Le respect des valeurs et des croyances culturelles de la personne facilite les rapports et favorise le climat de confiance. Une partie de l'examen clinique porte sur l'appartenance de la personne à un groupe ethnique, ainsi que sur ses croyances et ses coutumes face à la maladie et au personnel soignant. Par exemple, dans certaines cultures, il n'est pas habituel d'exprimer ouvertement ses sentiments. L'infirmière doit en tenir compte quand elle évalue la douleur de la personne. Par signe de respect, les membres de certains groupes culturels ne regardent pas les gens dans les yeux. L'infirmière doit savoir que ce n'est ni de l'évitement ni un manque d'intérêt.

La qualité la plus précieuse dont l'infirmière peut faire preuve est peut-être sa capacité d'écoute, particulièrement quand elle recueille les antécédents de la personne. Elle peut obtenir des renseignements précieux en engageant la conversa-tion et en se servant des techniques d'entrevue et de communication. Sa patience, sa compréhension et sa gentillesse contribuent également à mettre la personne en confiance.

Personnes ayant des besoins particuliers

Pendant la période préopératoire, il faut porter une attention particulière aux personnes ayant des besoins spéciaux, c'est-à-dire à celles en chirurgie d'un jour, à celles qui sont âgées ou obèses et à celles qui souffrent d'un handicap ou qui doivent subir une intervention chirurgicale urgente.

PERSONNES EN CHIRURGIE D'UN JOUR

La personne et sa famille passent peu de temps en chirurgie d'un jour, ce qui constitue un facteur important de la période préopératoire. L'infirmière doit évaluer et anticiper rapidement tous les besoins de la personne, et planifier dans le même temps le congé et les soins à domicile.

L'infirmière doit s'assurer que la personne et les membres de sa famille comprennent bien que la personne opérée se rendra d'abord dans la salle de préparation préopératoire, puis entrera dans la salle d'opération où se déroulera l'intervention, passera ensuite un certain temps dans la SSPI avant de recevoir son congé avec sa famille plus tard dans la journée. L'infirmière doit également veiller à ce que le futur opéré maîtrise certains éléments de l'enseignement préopératoire (voir la section « Enseignement à la personne en chirurgie d'un jour », p. 593) et, au besoin, lui donner le renforcement nécessaire. Elle doit également vérifier, le cas échéant, qu'un plan de soins à domicile a bien été élaboré (Quinn, 1999).

PERSONNES ÂGÉES

Chez les personnes âgées, des affections chroniques et d'autres problèmes de santé peuvent s'ajouter au problème pour lequel l'intervention chirurgicale est nécessaire. Souvent, ces personnes ne signalent pas leurs symptômes, peut-être parce qu'elles craignent qu'on diagnostique une maladie grave ou qu'elles croient qu'ils font partie du processus du vieillissement. L'infirmière doit donc être à l'affût des signes subtils de problèmes sous-jacents.

Le personnel soignant doit être conscient que le risque chirurgical chez les personnes âgées est proportionnel au nombre et à la gravité des problèmes de santé préexistants, ainsi qu'à la nature et à la durée de l'intervention. Lorsqu'on effectue l'examen clinique préopératoire et lorsqu'on prodigue les soins chirurgicaux et les soins postopératoires, on doit toujours se rappeler que les personnes âgées possèdent une réserve physiologique (capacité d'un organe de revenir à la normale après une perturbation de son équilibre) moins importante que les personnes plus jeunes. Elles ont des réserves cardiaques plus faibles, des fonctions rénale et hépatique diminuées, et parfois une activité gastro-intestinale réduite. Elles peuvent présenter des signes de déshydratation, de constipation et de malnutrition. Leurs facultés sensorielles diminuées – baisse de l'acuité visuelle ou auditive et réduction de la sensibilité tactile, par exemple – les exposent aux chutes et aux brûlures. Par conséquent, l'infirmière doit veiller à ce que leur environnement soit sans danger. En outre, de nombreuses personnes âgées souffrent d'arthrite, ce qui peut affecter leur mobilité et leur causer des douleurs lorsqu'elles se tournent dans le lit. Il importe donc de les déplacer doucement, de protéger les régions sensibles et les proéminences osseuses contre une pression prolongée, et de masser doucement ces personnes pour favoriser la circulation.

Il est important d'examiner l'état de la bouche des personnes âgées. L'anesthésiste doit être particulièrement attentif aux caries et aux prothèses dentaires totales ou partielles, qui peuvent se déloger pendant l'intubation et obstruer les voies aériennes.

Il est également important d'évaluer quel est le degré d'activité avant l'opération. Les recherches indiquent que, lors d'un remplacement de la hanche, les personnes âgées qui étaient physiquement plus actives avant l'intervention (y compris celles qui faisaient elles-mêmes les tâches ménagères) sont susceptibles, après l'opération, de marcher sur de plus grandes distances que les personnes qui étaient moins actives (Whitney et Parkman, 2002).

Le vieillissement s'accompagne d'une diminution de la transpiration, ce qui provoque une sécheresse et des démangeaisons qui fragilisent la peau et l'exposent aux lésions : il faut donc prendre des précautions lorsqu'on déplace une personne âgée. La perte de tissu adipeux sous-cutané rend également les personnes âgées plus sensibles aux variations de température. Il convient donc de les couvrir d'une couverture légère en coton lorsqu'on les transporte entre la chambre et le bloc opératoire.

La plupart des personnes âgées ont déjà souffert de plusieurs maladies et ont été témoins d'affections mettant en danger la vie de parents et d'amis. Par conséquent, elles peuvent avoir des craintes relatives à l'intervention chirurgicale et à l'avenir. Il convient de donner à ces personnes l'occasion d'exprimer leurs peurs afin de les apaiser et de les aider à se sentir acceptées.

Avant l'opération, il est important d'évaluer la douleur chez les personnes âgées. Lorsqu'elle enseigne comment obtenir un soulagement de la douleur postopératoire, l'infirmière doit aborder la question de la gestion de la douleur et les moyens qui permettent de bien exprimer ce qu'on ressent (McDonald, Freeland, Thomas et Moore, 2001).

Comme les personnes âgées sont exposées à davantage de risques au cours de la période périopératoire, il est essentiel : (1) de procéder à un examen et à un traitement préopératoires efficaces, (2) d'effectuer l'anesthésie et l'intervention chirurgicale avec compétence et (3) de prodiguer un traitement postopératoire et postanesthésique méticuleux et éclairé.

Personnes obèses

Tout comme la vieillesse, l'obésité est un facteur qui accroît le risque de survenue et la gravité des complications liées à l'intervention chirurgicale (National Institutes of Health, 2000). Les opérations pratiquées sur les personnes obèses sont techniquement et mécaniquement plus difficiles et les tissus adipeux sont particulièrement sensibles à l'infection.

La déhiscence et l'infection des plaies sont plus fréquentes. De plus, ces personnes sont plus difficiles à soigner en raison de leur surcharge pondérale. Elles ont tendance à être dyspnéiques en décubitus dorsal, ce qui accroît le risque d'hypoventilation et de complications pulmonaires postopératoires. En outre, elles sont plus facilement atteintes de distension abdominale, de phlébites et d'affections cardiovasculaires, endocriniennes, hépatiques et biliaires (Dudek, 2001). On estime que, pour chaque tranche de 15 kg excédentaires, le sang doit circuler sur 40 km de plus, ce qui accroît le travail du cœur.

Personnes handicapées

Les personnes souffrant d'un handicap physique ou mental ont des besoins particuliers. Pour les traiter, il est notamment nécessaire d'utiliser des aides fonctionnelles, de modifier l'enseignement préopératoire, de leur offrir une assistance supplémentaire lorsqu'on les installe ou lorsqu'on les déplace, et d'être attentif aux effets du handicap au cours de l'intervention chirurgicale ou de l'anesthésie (Quinn, 1999).

Parmi les aides fonctionnelles, on trouve les aides auditives, les lunettes, les appareils orthodontiques et les prothèses. Les personnes malentendantes ont besoin d'un système de communication efficace et adapté. Cela peut être un interprète ou un moyen d'appoint si elles communiquent par des signes ou lisent sur les lèvres et qu'elles ne portent pas leurs lunettes ou leurs lentilles cornéennes, ou que le personnel soignant porte des masques chirurgicaux. L'infirmière doit déceler ces besoins lors de l'examen préopératoire et en informer clairement le personnel. Des stratégies appropriées doivent être élaborées à l'avance afin de combler les besoins particuliers de ces personnes. Il faut également prendre grand soin des aides fonctionnelles, car elles sont coûteuses et il est facile de les perdre.

La plupart du temps, on demande à la personne de passer elle-même de la civière à la table d'opération, et vice versa. Les personnes handicapées peuvent non seulement ne pas voir ou entendre les directives, mais elles peuvent aussi être incapables de se déplacer sans un appareil spécial ou une aide importante. Quand la personne souffre d'un handicap qui affecte la posture (par exemple, paralysie cérébrale, syndrome postpoliomyélite et autres déficiences neuromusculaires), une position spéciale peut s'imposer durant l'intervention afin de prévenir la douleur et les blessures. En outre, ces personnes peuvent ne pas être en mesure de ressentir que leurs membres sont mal placés.

Des problèmes respiratoires associés à un handicap, tel que la sclérose en plaques ou la dystrophie musculaire, peuvent entraîner des complications à moins que l'anesthésiste en soit informé et que des ajustements appropriés soient apportés. Il faut donc déceler ces problèmes lors de l'examen préopératoire et en informer le personnel compétent.

Personnes subissant une opération urgente

Les interventions chirurgicales urgentes ne sont pas planifiées et sont effectuées avec un temps de préparation très limité (Meeker et Rothrock, 1999). La nature imprévisible du trauma et l'urgence de la situation représentent des défis supplémentaires pour l'infirmière durant toute la période périopératoire.

Tous les facteurs pouvant affecter la personne qui va être opérée, déjà abordés précédemment, s'appliquent dans le cas d'une intervention urgente, mais la préparation doit habituellement être effectuée dans un très court laps de temps. Ainsi, l'évaluation préopératoire peut être menée en même temps que les interventions de réanimation dans le service des urgences (Meeker et Rothrock, 1999). Si la personne est inconsciente, il faut obtenir le consentement éclairé et les renseignements essentiels, tels que les antécédents médicaux pertinents et les allergies connues, auprès d'un membre de la famille, lorsque c'est possible. En cas de trauma, il est essentiel de faire une observation visuelle rapide de la personne afin de détecter toutes les lésions (chapitre 18 ◯).

Si la personne est consciente, on doit rapidement évaluer son état psychologique en vue de l'opération d'urgence (Meeker et Rothrock, 1999). Comme elle a peut-être traversé une épreuve effroyable, elle peut avoir besoin d'un soutien et d'explications supplémentaires quant à l'intervention chirurgicale.

Interventions infirmières préopératoires

ENSEIGNEMENT PRÉOPÉRATOIRE

Les infirmières reconnaissent depuis longtemps toute la valeur de l'enseignement préopératoire (Fitzpatrick, 1998). Cet enseignement est personnalisé et adapté aux inquiétudes et aux besoins propres à chaque personne; le programme d'enseignement doit être fondé sur les besoins d'apprentissage de chaque individu (Quinn, 1999). Il faut faire appel à de multiples méthodes d'enseignement (par exemple, présentations orales, documents, démonstrations et exercices pratiques), selon les besoins et les capacités du futur opéré. L'enseignement préopératoire commence le plus tôt possible, soit dans le cabinet du médecin, et se termine lorsque la personne arrive au bloc opératoire.

Moment approprié et contenu de l'enseignement

Idéalement, l'enseignement doit s'échelonner dans le temps afin de permettre à la personne de l'assimiler et de poser les questions au fur et à mesure qu'elles surgissent. Les séances d'enseignement sont souvent couplées avec les divers soins préopératoires, ce qui permet de communiquer à la personne les informations au moment opportun. L'infirmière doit guider la personne durant le processus et lui laisser le temps de poser des questions. Des explications trop détaillées peuvent aggraver l'anxiété de certaines personnes: si elles ne souhaitent pas que l'infirmière entre dans les détails, cette dernière doit respecter leur volonté.

L'enseignement ne doit pas se résumer à une simple description de l'intervention. L'infirmière doit expliquer au futur opéré les sensations qu'il sera amené à éprouver. Par exemple, il est préférable de lui expliquer que les médicaments préopératoires, bien qu'administrés pour lui procurer une détente, peuvent aussi provoquer étourdissements et somnolence. Si elle sait à quoi s'attendre, la personne peut anticiper ces réactions et mieux se relaxer.

L'examen de préadmission, au cours duquel ont lieu les tests diagnostiques, est le moment idéal pour donner l'enseignement préopératoire; il est beaucoup moins indiqué de le donner le jour de l'intervention. Lors de l'examen de préadmission, l'infirmière ou la personne ressource est davantage en mesure de répondre aux questions et de relever les points sur lesquels il importe d'axer l'enseignement. Cette visite offre au futur opéré l'occasion de rencontrer l'infirmière des soins périopératoires, de lui poser des questions, de regarder des documents audiovisuels, de recevoir de l'information écrite et de noter le numéro qu'il peut appeler au cas où d'autres questions lui viendraient ultérieurement à l'esprit. Dans la plupart des établissements, on met à la disposition des personnes des documents écrits (conçus pour être photocopiés et distribués) portant sur divers types d'opérations chirurgicales (Economou et Economou, 1999).

Exercices de respiration profonde et de toux, et inspiromètres d'incitation

Les soins et traitements infirmiers préopératoires visent notamment à enseigner au futur opéré comment favoriser une ventilation optimale des poumons et, par conséquent, l'oxygénation du sang après l'anesthésie. La personne se place en position assise, ce qui favorise l'expansion pulmonaire. L'infirmière lui apprend ensuite à inspirer lentement et profondément, et à expirer lentement. Après lui avoir fait faire des respirations profondes à plusieurs reprises, elle lui demande de prendre une grande inspiration, d'expirer par la bouche, de prendre ensuite une courte inspiration, puis de tousser à fond (encadré 20-4 ■). L'infirmière enseigne également à la personne à utiliser un inspiromètre d'incitation, appareil qui permet de mesurer l'efficacité de la respiration. En plus d'améliorer la respiration de la personne, ces exercices peuvent aussi favoriser sa relaxation.

La respiration profonde stimule le réflexe de la toux, laquelle permet d'expulser les sécrétions des poumons. La personne qui ne parvient pas à expectorer efficacement risque des complications pulmonaires, telles que l'atélectasie (affaissement pulmonaire) ou la pneumonie. Ainsi, si on doit pratiquer une incision dans la région du thorax ou de l'abdomen au cours de l'intervention chirurgicale, l'infirmière enseigne à la personne comment exercer une légère pression sur le région concernée afin de la soutenir et de réduire la douleur lorsqu'elle tousse. La personne doit joindre les mains, croiser les doigts et appuyer légèrement sur le siège de l'incision avec les paumes. Les mains font ainsi office de compresse lors des exercices de toux. De plus, on informe la personne que les exercices de respiration profonde et de toux seront plus efficaces si elle prend régulièrement les analgésiques prescrits en période postopératoire.

Mobilisation et exercices actifs

La mobilisation a pour but d'améliorer la circulation, de prévenir l'insuffisance veineuse et de favoriser une fonction respiratoire optimale.

ENSEIGNEMENT

Consignes à donner avant l'opération pour prévenir les complications postopératoires

L'enseignement préopératoire donné au futur opéré comporte des exercices de respiration et des exercices des jambes destinés à prévenir les complications postopératoires, telles que la pneumonie ou la thrombose veineuse profonde. La personne peut faire ces exercices à l'hôpital ou chez elle.

RESPIRATION DIAPHRAGMATIQUE

Le sommet du diaphragme s'aplatit pendant l'inspiration, ce qui provoque une dilatation de la partie supérieure de l'abdomen au moment où les poumons se remplissent d'air. Les muscles abdominaux se contractent durant l'expiration.

1. Se placer dans la position qu'on devra adopter après l'intervention : en position semi-Fowler, bien calé dans le lit, les épaules et le dos bien soutenus par des oreillers.
2. Placer les mains légèrement fermées sur la partie antérieure de la cage thoracique, le bout des doigts sur la bordure inférieure des côtes de façon à sentir le mouvement.

Respiration diaphragmatique

3. Expirer lentement et profondément. Bien sentir les côtes s'enfoncer vers l'intérieur.
4. Inspirer ensuite profondément par le nez et la bouche, en laissant l'abdomen se dilater à mesure que les poumons se remplissent d'air.
5. Retenir sa respiration pendant cinq secondes.
6. Expirer par le nez et la bouche en expulsant *tout* l'air des poumons.
7. Refaire l'exercice 15 fois, en 3 séries de 5 respirations, avec une courte pause entre chaque série.
8. Faire cet exercice deux fois par jour avant l'opération.

TOUX

1. Se placer en position assise et se pencher légèrement en avant ; joindre les mains et croiser les doigts, puis placer les paumes sur la région où sera pratiquée l'incision de façon à y exercer une légère pression pendant la toux.

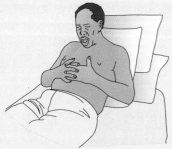

Pression exercée sur la région de l'incision pendant la toux

2. Respirer selon la méthode diaphragmatique (voir ci-dessus).
3. La bouche entrouverte, inspirer profondément.
4. Tousser sans inspirer trois fois de suite.
5. En gardant la bouche ouverte, prendre une respiration rapide et profonde, et tousser à fond immédiatement une ou deux fois, ce qui aide à dégager les sécrétions. La toux peut être douloureuse, mais elle ne porte pas atteinte à l'incision chirurgicale.

EXERCICES POUR LES JAMBES

1. Se placer en position semi-Fowler pour faire ces exercices simples destinés à améliorer la circulation.
2. Plier le genou et lever le pied, garder la position quelques secondes, puis allonger la jambe et la poser sur le lit.

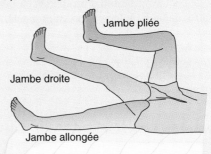

Jambe pliée

Jambe droite

Jambe allongée

Exercices pour les jambes

3. Refaire l'exercice cinq fois. Répéter avec l'autre jambe.
4. Tracer ensuite des cercles avec les pieds en les fléchissant vers le lit, l'un vers l'autre, vers le haut, puis vers l'extérieur.
5. Refaire l'exercice cinq fois.

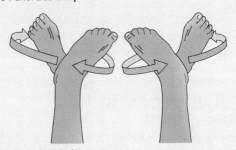

Exercices pour les pieds

DÉCUBITUS LATÉRAL

1. Se tourner sur un côté, la jambe du dessus en position plus fléchie que l'autre et soutenue par un oreiller.
2. S'aider en s'agrippant aux ridelles.
3. Faire les exercices de respiration diaphragmatique et de toux dans cette position.

SORTIE DU LIT

1. Se tourner sur le côté.
2. Se relever en poussant avec une main sur le matelas tout en amenant les jambes hors du lit.

L'infirmière explique à la personne le but des fréquents changements de position qui auront lieu après l'intervention, puis lui enseigne comment se tourner et comment se placer sur le côté sans provoquer de douleur ni arracher les perfusions, les drains ou toute autre pièce d'équipement. Si la personne doit adopter une position particulière après l'opération (par exemple, adduction ou élévation d'un membre), l'infirmière la lui explique, tout en lui rappelant l'importance de la mobilisation malgré les restrictions. Il est utile de passer en revue ces notions avant l'intervention chirurgicale: après l'intervention, la personne opérée risque en effet d'être trop incommodée pour pouvoir assimiler de nouvelles informations.

Les exercices des membres comprennent les extensions et les flexions du genou et de la hanche (comme si on pédalait allongé sur le côté), ainsi que les rotations du pied (la personne trace le plus grand cercle possible avec son gros orteil). Voir les illustrations de l'encadré 20-4. On encourage également les exercices de mobilité articulaire pour les coudes et les épaules. Au début, il faut aider la personne opérée à effectuer ces exercices et lui rappeler de les faire. On l'encourage ensuite à les faire seule. Ces exercices permettent de maintenir le tonus musculaire et facilitent ainsi la remise sur pied.

L'infirmière doit respecter les principes de la mécanique corporelle et s'assurer que la personne fait de même. Chaque fois qu'on change la position de la personne, on doit veiller à maintenir son alignement corporel.

Gestion de la douleur

Pendant l'examen préopératoire, l'infirmière doit expliquer au futur opéré la différence entre une douleur aiguë et une douleur chronique pour qu'il puisse distinguer une douleur postopératoire d'une douleur provoquée par un état chronique. Elle lui présente alors une échelle de douleur, en lui expliquant comment l'utiliser (chapitre 13).

Après l'opération, on administre à la personne des médicaments destinés à soulager la douleur et à maintenir son bien-être sans nuire aux échanges gazeux. On l'avise de prendre ces médicaments aussi fréquemment que la prescription l'indique durant la période postopératoire initiale. Les analgésiques peuvent être administrés aux personnes hospitalisées selon plusieurs méthodes: analgésie contrôlée par la personne (ACP), analgésie par bolus ou perfusion par cathéter péridural ou analgésie épidurale contrôlée par la personne, par exemple. Ils sont administrés par voie orale aux personnes dont le retour à la maison est prévu. On discute de ces méthodes avec la personne avant l'intervention, tout en évaluant l'intérêt qu'elle leur manifeste et sa propension à les utiliser. On lui apprend à utiliser une échelle d'intensité de la douleur afin de mieux gérer l'expérience postopératoire.

Stratégies d'adaptation cognitives

Certaines stratégies cognitives permettent de soulager la tension, de surmonter l'anxiété, de réduire les peurs et de favoriser la détente. En voici quelques exemples:

- *Imagerie mentale* La personne se concentre sur une expérience heureuse ou sur une scène apaisante.

- *Diversion* La personne pense à une histoire agréable, récite son poème préféré ou chante sa chanson préférée.

- *Pensée positive* La personne se répète des phrases empreintes d'optimisme telles que: «Je sais que tout ira bien».

Enseignement à la personne en chirurgie d'un jour

L'enseignement préopératoire destiné à la personne en chirurgie d'un jour comprend tous les éléments déjà exposés dans ce chapitre, auxquels s'ajoute la planification du congé et des soins à domicile, menée avec la collaboration de la personne et de la famille. La principale différence tient à l'environnement dans lequel est donné l'enseignement (Quinn, 1999).

L'enseignement préopératoire peut se faire lors d'une rencontre de groupe, à l'aide d'une vidéocassette, lors de séances du soir, au moment des examens de préadmission ou au téléphone en même temps qu'on recueille les données préopératoires. L'infirmière répond aux questions du futur opéré et lui décrit ce à quoi il doit s'attendre; elle lui indique également où et quand il devra se présenter, ce qu'il doit apporter (carte d'assurance-maladie, liste des médicaments et des allergies), ce qu'il doit laisser chez lui (bijoux, montre, médicaments, lentilles cornéennes) et ce qu'il doit porter (vêtements amples et confortables, chaussures à semelles plates). L'infirmière peut commencer l'enseignement dans le cabinet du chirurgien avant l'appel téléphonique périopératoire.

Au cours du dernier appel téléphonique préopératoire, il faut rappeler à la personne qu'elle ne doit ni boire ni manger. On recommande un jeûne de huit heures ou plus si elle a pris un repas comprenant des aliments gras ou frits ou de la viande (Crenshaw, Winslow et Jacobson, 1999). L'anesthésiste peut prescrire un jeûne plus long, selon l'état d'hydratation de la personne, son âge et son état respiratoire, ainsi que la nature de l'intervention prévue.

Le but du jeûne est de prévenir l'aspiration de nourriture, c'est-à-dire la pénétration dans les voies respiratoires d'aliments ou de liquide régurgités par l'estomac. Ces substances constituent alors des corps étrangers qui entraînent une irritation et provoquent une réaction inflammatoire nuisant aux échanges gazeux. L'aspiration présente de graves dangers et cause souvent la mort (dans 60 à 70 % des cas). Si le risque d'aspiration est élevé, l'anesthésiste prescrit un jeûne solide et liquidien plus strict. Si la personne ne doit pas boire, on peut effectuer l'hydratation par voie intraveineuse afin de maintenir un volume liquidien adéquat.

PRÉPARATION PSYCHOSOCIALE

Réduction de l'anxiété préopératoire

Les stratégies cognitives, abordées précédemment dans ce chapitre, permettent de réduire l'anxiété du futur opéré. La musicothérapie est également efficace; de plus, cette méthode est facile à utiliser, peu coûteuse et non envahissante. La personne doit pouvoir choisir sa musique et jouir d'une période d'écoute ininterrompue (White, 2000).

L'enseignement préopératoire abordé plus haut dans cette section contribue souvent à réduire l'anxiété. Informer à l'avance la personne qu'elle aura peut-être besoin d'un respirateur, de drains ou d'autres pièces d'équipement aide à diminuer ses appréhensions au cours de la période postopératoire.

Réduction de la peur

Au cours de l'examen préopératoire, l'infirmière aide le futur opéré à se rappeler les stratégies d'adaptation qu'il a déjà utilisées pour diminuer ses peurs. Il est généralement bénéfique pour la personne de savoir quand sa famille et ses amis pourront lui rendre visite après l'intervention et qu'elle peut rencontrer un conseiller spirituel si elle le désire. Selon les recherches, l'hypnose peut également aider à réduire la peur et à surmonter l'anxiété associée à l'intervention (Hernandez et Tatarunis, 2000).

Respect des croyances culturelles, spirituelles et religieuses

L'infirmière doit connaître et respecter les croyances culturelles, spirituelles et religieuses du futur opéré. Par exemple, le comportement face à la douleur diffère selon les cultures : certaines traditions exigent que la personne demeure stoïque ; d'autres permettent qu'elle soit plus démonstrative. Le personnel de soins périopératoires doit respecter de telles réactions, considérées comme normales, chez ces personnes et leurs familles. Si une personne refuse toute transfusion sanguine pour des raisons religieuses (comme celles invoquées par les Témoins de Jéhovah), l'infirmière doit clairement le noter dans son dossier lors de l'examen préopératoire, remplir le formulaire approprié, le cas échéant, et en informer le personnel concerné. Un exemple de formulaire de libération de responsabilité est présenté à la figure 20-4 ■.

SOINS ET TRAITEMENTS INFIRMIERS PRÉOPÉRATOIRES GÉNÉRAUX

Recommandations alimentaires et hydriques

Si l'absorption de liquides et d'aliments est interdite avant l'intervention, c'est principalement pour prévenir l'aspiration. Cependant, les études démontrent qu'un jeûne prolongé est inutile chez les personnes qui ne présentent ni problème respiratoire ni affections ou problèmes coexistants touchant la vidange gastrique ou le volume liquidien, telles que grossesse, obésité, diabète, reflux gastro-œsophagien, alimentation entérale, iléus ou obstruction intestinale (Crenshaw et Winslow, 2002 ; Pandit, Loberg et Pandit, 2000). Jusqu'à tout récemment, on interdisait l'absorption par voie orale de liquides et d'aliments après minuit avant l'opération et souvent même durant une période plus longue. Cependant, la Société canadienne des anesthésiologistes (SCA) a récemment révisé cette pratique et donné de nouvelles recommandations concernant les personnes qui doivent subir une intervention chirurgicale élective (SCA, 2004). Ces recommandations varient selon l'âge de la personne, ses antécédents médicaux et le type

d'aliment consommé. La durée minimale du jeûne précédant une opération chirurgicale non urgente doit être de 8 heures après un repas composé de viande ou d'aliments frits ou gras, de 6 heures après un repas léger (pain grillé et liquides clairs, par exemple) et de 2 heures après l'ingestion de liquides clairs.

Préparation des intestins

Habituellement, on ne pratique pas de lavement avant l'opération, à moins que celle-ci ne soit effectuée dans la région abdominale ou pelvienne. Dans ce cas, on pratique un lavement évacuant ou on administre un laxatif le soir précédant l'intervention et, s'il y a lieu, on le répète le matin même de celle-ci. L'objectif est de permettre au chirurgien de bien voir le site de l'intervention et de prévenir un traumatisme intestinal ou la contamination du péritoine par les fèces. À moins que l'état de la personne ne l'interdise, il est préférable qu'elle utilise les toilettes ou une chaise d'aisances plutôt que le bassin hygiénique. Dans certains cas, le médecin prescrit des antibiotiques pour réduire la flore intestinale.

Préparation de la peau

La préparation de la peau vise à réduire les bactéries sans causer d'irritation. Si la personne n'est pas opérée en urgence, on peut lui demander de nettoyer la région de l'incision en utilisant un savon germicide pendant plusieurs jours avant l'intervention, et ce, afin de réduire la quantité de microorganismes présents sur la peau. La personne peut faire ce nettoyage à son domicile.

Généralement, on ne rase pas la région de l'incision, à moins que les poils ne nuisent à l'opération. Si le rasage est exigé, on l'effectue immédiatement avant l'intervention à l'aide d'une tondeuse électrique, ce qui permet un rasage sans danger.

SOINS ET TRAITEMENTS INFIRMIERS PRÉOPÉRATOIRES IMMÉDIATS

Avant l'opération, la personne revêt une blouse laissée ouverte à l'arrière. Si elle a les cheveux longs, on peut les tresser. Il faut retirer les épingles à cheveux et couvrir entièrement la tête d'un bonnet jetable en papier.

On examine ensuite la bouche et on retire les prothèses afin qu'elles ne tombent pas dans la gorge au cours de l'induction de l'anesthésie et n'obstruent les voies aériennes.

Il faut également retirer tous les bijoux, y compris les alliances et les bijoux de perçage corporel, pour prévenir les lésions (Fogg, 2002). Si la personne tient à garder son alliance, il est permis dans certains établissements de l'attacher au doigt avec du ruban adhésif. Tous les objets de valeur, ainsi que les prothèses, sont remis aux membres de la famille ou placés en sécurité, à son nom, dans un endroit prévu à cette fin.

Toutes les personnes (sauf celles qui souffrent d'un problème urinaire) doivent vider leur vessie juste avant de se rendre au bloc opératoire. Cela évite l'émission d'urine au cours d'une intervention au bas-ventre et facilite l'accès aux organes abdominaux. En salle d'opération, on utilise une sonde vésicale si nécessaire.

Hôpital régional Dr-Georges-L.-Dumont

Témoin de Jehovah
LIBÉRATION DE RESPONSABILITÉ

À l'Hôpital régional Dr G.-L. Dumont et aux membres du personnel médical et infirmier ayant quelque intérêt que ce soit

dans le cas de _____ .
(patient)

Soyez, par la présente, avertis que je n'accepte pas de transfusions de sang entier, de plasma sanguin, du culot globulaire ou des produits dérivés du sang au cours de mon traitement ou de celui dudit patient. Ce traitement est contraire à ma croyance religieuse.

Je reconnais et comprends pleinement que les médecins traitants sont d'opinion que les transfusions sanguines sont nécessaires, quelques fois même pour préserver la vie du patient. Ces restrictions n'empêchent pas les traitements, par transfusion ou autres méthodes, des solutés de lactate de Ringer, solutés glucosés ou des succédanés non dérivés du sang.

J'ai soigneusement réfléchi à cette question et ces instructions ne changeront pas même si je suis inconscient.

Je libère l'Hôpital, les membres du personnel médical, infirmier et hospitalier, me traitant ou traitant le patient ci-haut mentionné, de la responsabilité de tout dommage, toute conséquence fâcheuse ou tout effet nocif résultant de ma décision de ne pas accepter les traitements mentionnés ci-haut.

Cette décision liera mes héritiers, mes exécuteurs testamentaires et mes ayants droit.

Je soussigné, _____ , suis le patient décrit plus haut.

J'ai _____ ans. Je suis entièrement d'accord avec les instructions et la décharge ci-dessus, et je les soutiens.

Daté ce jour _____ du mois _____ de l'année _____ .

_____   _____
(Témoin)   (Patient, parent ou tuteur)

Compléter la section suivante si le patient est un mineur de moins de 16 ans.

Je suis _____ dudit patient et c'est en ma capacité de tuteur ou parent dudit
(lien de parenté/tuteur)

patient que je signe cette libération de responsabilité.

Daté ce jour _____ du mois _____ de l'année _____ .

_____   _____
(Témoin)   (Patient, parent ou tuteur)

FIGURE **20-4** ■ Exemple de formulaire de libération de responsabilité.

RECHERCHE EN SCIENCES INFIRMIÈRES

Jeûne préopératoire

J. Crenshaw et E. Winslow (2002). Preoperative fasting: Old habits die hard. *American Journal of Nursing, 102*(5), 36-44.

OBJECTIF

En 1999, l'*American Society of Anesthesiologists* (ASA; association américaine d'anesthésistes) a rendu obsolète la règle qui impose à la personne de ne rien absorber par voie orale après minuit. Elle a révisé les directives pratiques de façon à favoriser un jeûne préopératoire moins restrictif chez les adultes en bonne santé. La présente étude vise à déterminer si ces directives ont modifié la pratique du jeûne préopératoire.

DISPOSITIF ET ÉCHANTILLON

Cette étude descriptive a été réalisée dans un hôpital américain comptant 935 lits. Cet établissement n'avait aucun protocole de jeûne. L'échantillon de convenance utilisé comprenait 155 personnes que des infirmières autorisées et formées adéquatement ont interrogées au cours d'entrevues semi-structurées destinées à recueillir des données sur les jeûnes préopératoires qu'elles ont suivis. Les questions portaient sur la nature, liquide ou solide, des aliments dont il fallait s'abstenir et sur la durée réelle des jeûnes comparativement à ce qui avait été prescrit et à ce qui est recommandé par l'ASA. Les sujets de l'étude étaient tous âgés de plus de 18 ans et étaient admis à l'hôpital pour une intervention chirurgicale élective qui n'était ni obstétrique ni gastro-intestinale. Tous étaient dans un état stable. Aucun n'avait reçu de perfusion intraveineuse au cours des quatre heures précédant l'intervention. Aucun n'a séjourné à l'unité de soins intensifs après l'intervention. Toutes ces personnes ont accepté de participer à l'étude. Toutes parlaient et comprenaient l'anglais; 87 % étaient de race blanche, 7 % étaient Afro-américaines et 6 % d'origine hispanique, asiatique ou autre.

RÉSULTATS

Les personnes interrogées n'ont pas absorbé de liquides ni de solides par voie orale durant une période moyenne de 12 à 14 heures avant l'opération, certaines n'ayant absorbé aucun liquide durant 20 heures et aucune nourriture solide durant 37 heures. Parmi les 155 personnes, 97 % ont fait un jeûne liquide durant plus de 6 heures. Les périodes réelles de jeûne se sont révélées (par des tests T pour observations couplées) notablement plus longues que celles prescrites (moyenne de 10 heures) et que ne le recommande l'ASA. La plupart des personnes (91 %) avaient pour directives de ne rien absorber par voie orale après minuit. Dans 63 % des cas, une infirmière était présente lorsqu'on a donné les directives de jeûne préopératoire. Près de la moitié des personnes ont noté leur soif et leur crainte à 5 sur une échelle allant de 0 à 10.

IMPLICATIONS POUR LA PRATIQUE INFIRMIÈRE

Les infirmières jouent un rôle important dans l'équipe de chirurgie et donnent les directives de jeûne préopératoire à la majorité des futurs opérés. Par conséquent, elles ont une part de responsabilité si le jeûne recommandé est excessivement long ou inutile, et si la personne ne comprend pas bien les consignes comme le révèle la présente étude. Les directives sur la période de jeûne doivent être claires et précises, pour les liquides comme pour la nourriture solide. De plus, il faut bien expliquer la raison d'être du jeûne. Il faut prévenir les personnes qu'elles auront soif et leur enseigner quelques moyens (quand ils sont permis) pour y remédier, comme se brosser les dents, se rincer la bouche et mâcher de la gomme.

Prémédication

La prémédication est minime en cas de chirurgie d'un jour ou de chirurgie ambulatoire. Si elle est prescrite, on administre la médication dans la salle de préparation. La personne qui a reçu une prémédication doit demeurer au lit, ridelles levées, en raison des vertiges ou des étourdissements que peuvent provoquer les médicaments. Durant cette période, l'infirmière doit observer la personne afin de déceler toute réaction indésirable. On maintient un environnement calme afin de permettre à la personne de se détendre.

Il arrive souvent que l'intervention soit retardée ou que l'horaire du bloc opératoire soit modifié. Il est alors impossible d'exiger qu'un médicament soit administré à un moment précis. Dans un tel cas, c'est du bloc opératoire qu'on prescrit par téléphone la prémédication: l'infirmière tient le médicament prêt et l'administre dès qu'on le lui demande. La préparation du futur opéré prend habituellement de 15 à 20 minutes. Si l'infirmière administre les médicaments avant de se consacrer aux autres tâches préparatoires, le futur opéré profitera au moins en partie de leurs effets, et l'anesthésie et l'intervention se dérouleront plus en douceur.

Dossier préopératoire

Avant l'opération, l'infirmière coche les points essentiels qui figurent sur la liste de vérifications préopératoires (Meeker et Rothrock, 1999). La figure 20-5 ■ présente un exemple de liste de vérifications. Ce formulaire rempli, auquel s'ajoutent la formule de consentement éclairé ainsi que tous les résultats des analyses de laboratoire et les observations des infirmières, accompagne la personne au bloc opératoire. Les observations de dernière minute qui peuvent avoir des conséquences pour l'anesthésie ou l'intervention doivent être placées bien en vue sur la couverture du dossier.

Transport au bloc opératoire

Trente à soixante minutes avant l'administration de l'anesthésie, on transporte la personne dans une salle d'attente adjacente à la salle d'opération. La personne est placée sur un lit ou une civière. La civière doit être le plus confortable possible, et il doit y avoir suffisamment de couvertures pour protéger la personne des frissons causés par l'air conditionné. Habituellement, on prévoit aussi un petit oreiller.

Hôpital régional Dr-Georges-L.-Dumont

Soins infirmiers
VÉRIFICATION PRÉOPÉRATOIRE
UNITÉS GÉNÉRALES

Cochez (3) la case appropriée. Ajoutez un commentaire où l'astérisque (*) est indiqué.

	OUI	NON	N/A	COMMENTAIRES
À L'UNITÉ				
A. Client				
1. Préparation du champ opératoire faite / par *				
2. Bijoux enlevés				
3. Dentier enlevé				
4. Maquillage / vernis à ongle enlevé				
5. Lunettes (verres de contact) enlevées				
6. Prothèse enlevée				
7. Épingles à cheveux enlevées				
8. Sous-vêtements enlevés				
9. Sonde urinaire installée				
10. Urine / heure *				
11. Allergie(s) : médicaments, aliments, diachylons, Latex*, bracelet d'allergie présent				
12. Bracelet d'identité / numéro * vérifier				
13. Prend ou a pris de la cortisone / quand ?				
14. Limites : ❑ français ❑ anglais ❑ ouïe ❑ vue ❑ physique Spécifier *				
15. Isolement				
16. ERV*				
B. Dossier				
1. Les ordonnances médicales préopératoire exécutées				
2. Rapports au dossier :				
• Résultats sanguins				
• Analyse d'urine				
• E.C.G.				
• Radiographie				
3. Histoire clinique complétée / dictée *				
4. Consultation (si nécessaire)				
5. Consentement opératoire complété				
6. Signes vitaux				
7. Poids *				
8. Feuille de FIM				
9. Médicaments préop. administrés				
10. Feuilles d'ordonnances médicales / étiquettes (2)				
11. Ancien(s) dossier(s)				
12. Location temporaire à l'informatique indiquée				
Admission demandée				
Information(s) additionnelle(s) :				

Signature de l'infirmière : _____   Date : ____ / ____ / ____
                                                                                        aa / mm / ii

FIGURE **20-5** ■ Liste de vérifications préopératoires.

Hôpital régional Dr-Georges-L.-Dumont

Soins infirmiers
VÉRIFICATION PRÉOPÉRATOIRE
UNITÉS GÉNÉRALES

(suite)

	OUI	NON	N/A	COMMENTAIRES
À LA SALLE D'OPÉRATION				
1. Accueil en salle d'opération / heure *				
2. Identification du client verbalement / bracelet				
3. Allergie(s)				
4. Révision des ordonnances médicales				
5. Site opératoire vérifié:				
• ❑ côté gauche ❑ côté droite ❑ n/a				
• sur la cédule				
• histoire				
• consentement				
6. À jeûn (si non, spécifier heure)*				
7. Radiographie: ❑ au dossier ❑ dans la salle				
Information(s) additionnelle(s):				

Signature de l'infirmier(ère) en salle d'opération : _____

Test obligatoire selon politique #15.40.45

1. Hb pour les enfants de moins de 6 mois et chez les femmes ayant leur cycle menstruel.

2. Radiographie pulmonaire à partir de 60 ans.

3. Électrocardiogramme à partir de 50 ans.

D'autres tests de laboratoire devront être demandés selon la condition médicale du patient.

2005.06
22.50.05

FIGURE **20-5** ■ Suite

On amène la personne dans la salle d'attente, où on l'accueille en l'appelant par son nom et où on l'installe confortablement sur la civière ou le lit. L'environnement doit être calme pour que la prémédication puisse agir pleinement. On doit éviter tout son désagréable ou toute conversation susceptibles d'être mal interprétés par la personne sous sédation.

> **! ALERTE CLINIQUE** *On ne doit jamais laisser le futur opéré seul. Il est essentiel que quelqu'un soit présent pour le rassurer et pour veiller à sa sécurité. Une expression du visage ou une pression de la main sont des méthodes non verbales permettant de le rassurer.*

La sécurité de la personne dans la salle d'attente est une priorité. Afin d'assurer un maximum de sécurité et de pouvoir intervenir rapidement en cas d'erreur, il est important de vérifier systématiquement l'identité de la personne, l'intervention chirurgicale et le site de l'intervention (Brown, Riippa et Shaneberger, 2001).

Soutien à la famille

Dans la plupart des hôpitaux et des centres ambulatoires, une salle d'attente est prévue pour les membres de la famille et les proches de l'opéré. Ces salles d'attente sont généralement équipées de chaises confortables, d'un téléviseur et d'un téléphone, et on peut s'y procurer des rafraîchissements. Parfois, des bénévoles tiennent compagnie aux membres de la famille, leur servent du café et les informent du déroulement de l'intervention. C'est dans cette salle que le chirurgien peut faire part des résultats de l'opération à la famille.

La famille et les proches ne doivent jamais juger de la gravité d'une intervention d'après le temps que l'opéré passe au bloc opératoire, car les délais peuvent être longs pour plusieurs raisons :

- On amène généralement la personne au bloc opératoire bien avant l'heure prévue.
- L'anesthésiste effectue souvent des préparatifs supplémentaires qui peuvent prendre entre 30 et 60 minutes.
- L'intervention précédente peut être plus longue que prévu.

L'intervention terminée, on transfère l'opéré dans la SSPI pour s'assurer qu'il se réveille en toute sécurité.

On doit informer les membres de la famille et les proches qui attendent de voir l'opéré que certains équipements peuvent avoir été mis en place après l'opération (par exemple, cathéters, sonde vésicale à demeure, sonde nasogastrique, matériel d'oxygénation ou de surveillance, tubulures de transfusion sanguine). Une fois que l'opéré est revenu dans sa chambre, l'infirmière doit aussi leur expliquer en quoi consistent les nombreuses interventions postopératoires qui seront effectuées. Cependant, c'est au chirurgien, et non à l'infirmière, qu'il appartient de révéler les résultats et le pronostic de l'intervention, même si les résultats sont favorables.

DÉMARCHE SYSTÉMATIQUE
dans la pratique infirmière

Soins préopératoires

L'examen préopératoire implique d'évaluer les éléments de la section précédente concernant les facteurs influant sur l'état de la personne qui subira une intervention chirurgicale. En s'appuyant sur les données préopératoires, on peut anticiper divers problèmes et formuler certains diagnostics infirmiers.

❖ COLLECTE DES DONNÉES

Au cours de la période préopératoire, la collecte des données porte habituellement sur les paramètres suivants :

- État physique, dont l'état respiratoire, l'état cardiovasculaire et l'état d'autres organes ou systèmes importants de l'organisme (voir les explications données plus haut dans le chapitre)
- Résultats des tests sanguins, des radiographies et d'autres examens paracliniques
- État nutritionnel et liquidien
- Médicaments utilisés (voir les explications données plus haut dans le chapitre)
- Préparation psychologique à l'intervention chirurgicale (anxiété, crainte, croyances spirituelles et culturelles)
- Besoins particuliers, notamment chez les personnes en chirurgie d'un jour et les personnes âgées, obèses, handicapées ou admises en urgence (voir la section « Personnes ayant des besoins particuliers », p. 589)

❖ ANALYSE ET INTERPRÉTATION

Diagnostics infirmiers

En se fondant sur les données recueillies, l'infirmière peut poser les diagnostics infirmiers suivants :

- Anxiété, reliée à l'expérience chirurgicale (anesthésie, douleur) et aux résultats de l'opération
- Peur, reliée au danger perçu de l'intervention et à une séparation de ses réseaux de soutien
- Connaissances insuffisantes sur les techniques et protocoles préopératoires et sur les résultats de l'intervention

Problèmes traités en collaboration et complications possibles

Des complications peuvent survenir si l'infirmière ne reconnaît pas les facteurs de risque préopératoires pertinents ou ne les communique pas.

❖ PLANIFICATION

Les principaux objectifs sont les suivants : réduire l'anxiété préopératoire ; apaiser la peur ; améliorer les connaissances sur les objectifs des soins périopératoires ; et prévenir les complications préopératoires.

☒ INTERVENTIONS INFIRMIÈRES

Les interventions infirmières spécifiques visant l'atteinte de ces objectifs sont décrites en détail dans les sections précédentes du présent chapitre.

☒ ÉVALUATION

Résultats escomptés

Les principaux résultats escomptés sont les suivants :

1. La personne affirme qu'elle se sent moins anxieuse.

   a) Elle s'informe auprès de l'anesthésiste sur les divers types d'anesthésie et sur leur induction.

   b) Elle dit qu'elle comprend en quoi consiste la prémédication et comment se déroule l'anesthésie générale.

   c) Elle fait part à l'infirmière ou au médecin de ses craintes de dernière minute.

   d) Elle parle de ses craintes liées aux conséquences financières de l'opération avec un travailleur social, le cas échéant.

   e) Elle réclame la visite d'un membre du clergé ou d'un conseiller spirituel, le cas échéant.

   f) Elle se repose calmement après la visite des membres de l'équipe soignante.

2. La personne indique que ses peurs diminuent.

   a) Elle parle de ses peurs avec les professionnels de la santé.

   b) Elle dit qu'elle sait où l'attendront les membres de sa famille et ses proches durant l'intervention chirurgicale.

3. La personne dit comprendre le déroulement de l'intervention chirurgicale.

   a) Elle participe aux soins préopératoires.

   b) Elle montre qu'elle sait faire les exercices postopératoires qu'on attend d'elle.

   c) Elle passe en revue les informations qu'elles a reçues sur les soins postopératoires.

   d) Elle accepte la prémédication, le cas échéant.

   e) Elle reste au lit une fois la prémédication administrée.

   f) Elle est détendue pendant le transport au bloc opératoire.

   g) Elle connaît les raisons qui justifient l'utilisation des ridelles.

   h) Elle parle des attentes postopératoires.

4. La personne ne présente aucun signe de complication préopératoire.

EXERCICES D'INTÉGRATION

1. Un homme doit subir une intervention à la main dans un service de chirurgie d'un jour. En écoutant les réponses qu'il donne au cours de l'examen clinique préopératoire, vous estimez qu'il n'a pas compris le déroulement de l'opération et qu'il n'a pas planifié ses soins postopératoires. Quelles autres données devez-vous recueillir ? Quel enseignement supplémentaire devez-vous donner ? Quelles interventions infirmières sont justifiées ?

2. Une femme doit subir une intervention chirurgicale importante. Elle fait depuis longtemps usage de produits naturels. En quoi cette information influe-t-elle sur les soins préopératoires de cette personne ?

3. Deux personnes sont admises dans un service de chirurgie d'un jour pour des remplacements de genoux bilatéraux. L'une d'elles, âgée de 30 ans, se déplace à l'aide de béquilles ; l'autre, âgée de 75 ans, vit seule. En quoi les examens cliniques, l'enseignement préopératoire et la préparation diffèrent-ils pour ces deux personnes ?

RÉFÉRENCES BIBLIOGRAPHIQUES
en anglais • en français

L'astérisque indique un compte rendu de recherche en soins infirmiers.

American Society of Anesthesiologists Task Force on Preoperative Fasting (1999). Practice guidelines for preoperative fasting and the use of pharmacologic agents to reduce risk of pulmonary aspiration: Application to healthy patients undergoing elective procedures. *Anesthesiology, 90*(3), 896–905.

Ang-Lee, M., Moss, J., & Yuan, C. (2001). Herbal medicines and perioperative care. *Journal of the American Medical Association, 286*(2), 208–216.

Association des infirmières et infirmiers de salles d'opération du Canada (2003). Normes de pratiques recommandées, lignes directrices et énoncés de position pour la pratique en soins infirmiers périopératoires (5ᵉ éd.).

Beyea, S. (Ed.) (2000). *Perioperative nursing data set: The perioperative nursing vocabulary.* Denver: AORN, Inc.

Braunschweig, C., Gomez, S., & Sheean, P. (2000). Impact of declines in nutritional status on outcomes in adult patients hospitalized for more than 7 days. *Journal of the American Dietetic Association, 100*(11), 1316–1322.

Brown, B., Riippa, M., & Shaneberger, K. (2001). Promoting patient safety through preoperative patient verification. *AORN Journal, 74*(5), 690–694.

Brumly, C. (2000). Herbs and the perioperative patient. *AORN Journal, 72*(5), 783–804.

CORAMH – Corporation de recherche et d'action sur les maladies héréditaires (2002). *Maladies héréditaires au Saguenay-Lac-St-Jean.* http://www.coramh.org.

*Crenshaw, J., Winslow, E., & Jacobson, A. (1999). Research for practice: New guidelines for preoperative fasting. *American Journal of Nursing, 99*(4), 49.

*Crenshaw, J., & Winslow, E. (2002). Preoperative fasting: Old habits die hard. *American Journal of Nursing, 102*(5), 36–44.

Dudek, S.G. (Ed.) (2001). *Nutrition essentials for nursing practice.* Philadelphia: Lippincott Williams & Wilkins.

Economou, S.G., & Economou, T.S. (1999). *Instructions for surgery patients.* Philadelphia: W.B. Saunders.

Fitzpatrick, J.J. (1998). *Encyclopedia of nursing research.* New York: Springer.

Fogg, D. (2002). Clinical issues: Patient jewelry. *AORN Journal, 74*(2), 249.

Fondation des maladies du cœur du Canada (2003). *La phytothérapie au service de la désintoxication : plus de mal que de bien ?* http://ww2.fmcœur.ca.

Hernandez, A., & Tatarunis, A. (2000). The use of pre-, intra-, and posthypnotic suggestion in anesthesia and surgery. *Clinical Forum for Nurse Anesthetists, 11*(4), 167–72.

Karch, A. (Ed.) (2002). *Nursing drug guide.* Philadelphia: Lippincott Williams & Wilkins.

King, M. (2000). Preoperative evaluation. *American Family Physician, 62*(2), 387–395.

Kuhn, M. (1999). *Complementary therapies for health care providers.* Philadelphia: Lippincott Williams & Wilkins.

Little, K. (2000). Screening for domestic violence. *Postgraduate Medicine, 108*(2), 135–141.

Litwack, K. (Ed.) (1999). *Core curriculum for perianesthesia nursing practice.* Philadelphia: W.B. Saunders.

Lyons, T. (2002). Herbal medicines and possible anesthesia interactions. *AANA Journal, 70*(1), 47–51.

Mack, M. (2002). Minimally invasive and robotic surgery. *Journal of the American Medical Association, 285*(5), 568–572.

Marshall, C., Benton, D., & Brazier, J. (2000). Elder abuse: Using clinical tools to identify clues of mistreatment. *Geriatrics, 55*(2), 42–53.

*McDonald, D., Freeland, M., Thomas, G., & Moore, J. (2001). Testing a preoperative pain management intervention for elders. *Research in Nursing & Health, 24,* 401–409.

Meeker, M.H., & Rothrock, J.C. (Eds.) (1999). *Alexander's care of the patient in surgery.* St. Louis: Mosby Year Book.

National Institutes of Health, National Heart, Lung and Blood Institute, North American Association for the Study of Obesity (2000). *The practical guide: Identification, evaluation, and treatment of overweight and obesity in adults.* NIH Publication Number 00-4084. Bethesda, MD.

Niquille, M., Waeber, J.L., et Clergue, F. (1999). *Critères de sortie de la salle de surveillance postinterventionnelle.* http://www.sfar.org.

Pandit, S., Loberg, K., & Pandit, U. (2000). Toast and tea before elective surgery? A national survey on current practice. *Anesthesia & Analgesia, 90*(6), 1348–1351.

Provençal Belleau, F. (1999). Une clinique préopératoire au cœur du virage ambulatoire. *L'infirmière du Québec, 6*(3), 36-40.

Quinn, D.M. (Ed.) (1999). *Ambulatory surgical nursing core curriculum.* Philadelphia: W.B. Saunders.

Russell, R., Williams, N., & Bulstrode, C. (Eds.) (2000). *Bailey & Love's short practice of surgery* (23rd ed.). New York: Oxford University Press Inc.

SCA – Société canadienne des anesthésiologistes (SCA) (2004). *Guide d'exercice de l'anesthésie.* http://www.cas.ca

Shannon-Cain, J., Webster, S., & Cain, B. (2002). Prevalence of and reasons for preoperative tobacco use. *AANA Journal, 70*(1), 33–40.

Smetana, G.W. (1999). Preoperative pulmonary evaluation. *New England Journal of Medicine, 340*(12), 937–944.

White, J. (2000). State of the science of music interventions. *Critical Care Nursing Clinics of North America, 12*(2), 219–225.

Whitney, J., & Parkman, S. (2002). Preoperative physical activity, anesthesia, and analgesia: Effects on early postoperative walking after total hip replacement. *Applied Nursing Research, 15*(1), 19–27.

En complément de ce chapitre, vous trouverez sur le Compagnon Web:
- une bibliographie exhaustive;
- des ressources Internet;
- une rubrique «La génétique dans la pratique infirmière»: *Soins périopératoires.*

Adaptation française
Marie-Claude Thériault, B.Sc.inf., M.Sc.inf.
Professeure, École de science infirmière –
Université de Moncton

CHAPITRE **21**

Période peropératoire

Objectifs d'apprentissage

Après avoir étudié ce chapitre, vous pourrez:

1. Décrire l'approche multidisciplinaire pour les soins à prodiguer à la personne pendant une intervention chirurgicale.

2. Décrire les principes de l'asepsie chirurgicale.

3. Décrire les différents rôles de l'infirmière et le rôle de l'anesthésiologiste dans les soins prodigués au cours de la période peropératoire.

4. Nommer les effets indésirables de la chirurgie et de l'anesthésie.

5. Nommer les facteurs de risque chirurgicaux chez les personnes âgées et citer les interventions infirmières destinées à contrer ces facteurs.

6. Comparer les différents types d'anesthésie en ce qui a trait à leur fréquence d'utilisation, leurs avantages et leurs inconvénients, de même que les responsabilités infirmières associées.

7. Décrire la démarche de soins et traitements infirmiers utilisée afin d'optimiser les résultats pour la personne au cours de l'intervention chirurgicale.

Lors de l'anesthésie et de l'intervention chirurgicale, la personne est exposée à des risques de complications et d'effets indésirables. Lorsqu'elle entre en salle d'opération, elle doit accepter de mettre de côté, en totalité ou en partie, ses facultés de conscience, de perception, de mobilité, de maîtrise de soi, ainsi que ses fonctions biologiques protectrices. Les membres du personnel des services d'anesthésie, de soins et traitements infirmiers et de chirurgie travaillent en collaboration afin de respecter les normes professionnelles de soins, diminuer les risques iatrogènes et individuels, et obtenir les meilleurs résultats pour la personne.

Équipe chirurgicale

L'équipe chirurgicale est constituée de la personne, de l'anesthésiologiste, du chirurgien, des infirmières et des techniciens en chirurgie. L'anesthésiologiste administre l'**anesthésique** et surveille l'état physique de la personne tout au long de l'opération. Le chirurgien et ses assistants effectuent un lavage chirurgical des mains et pratiquent l'intervention chirurgicale. L'infirmière en service interne prépare les instruments stérilisés et les donne au chirurgien pendant l'opération. L'infirmière en service externe coordonne les soins donnés à la personne en salle d'opération. Elle doit notamment aider à bien positionner la personne, effectuer la préparation de la peau, s'occuper des prélèvements chirurgicaux et consigner au dossier les événements pendant l'intervention.

PERSONNE SUBISSANT L'INTERVENTION

Lorsqu'elle entre en salle d'opération, la personne peut se sentir détendue et prête ou, au contraire, être craintive et extrêmement stressée. Son état émotionnel dépend dans une large mesure de la quantité de sédatif qu'elle a reçue et du moment de son administration, de même que de son niveau de crainte et d'anxiété. Les peurs qu'elle peut ressentir – peur de perdre le contrôle, peur de l'inconnu, de la douleur, de la mort, peur des changements dans la structure ou les fonctions du corps, peur des perturbations du mode de vie – sont susceptibles de contribuer à une anxiété généralisée. De telles peurs peuvent obliger le médecin à augmenter la dose d'anesthésique requise; elles peuvent aussi entraîner un niveau de douleur accru après l'intervention et prolonger la période de rétablissement.

Par ailleurs, la personne est exposée à divers risques. Il arrive à l'occasion que l'intervention chirurgicale cause une infection, ne soulage pas les symptômes, amène des complications temporaires ou permanentes liées à l'intervention elle-même ou à l'anesthésie, ou entraîne la mort (encadré 21-1 ■). De plus, la personne qui subit une sédation ou une anesthésie perd temporairement l'usage de ses fonctions cognitives et de ses mécanismes de protection naturels. Des blessures peuvent en outre survenir du fait que la personne n'a plus ni sensation de douleur, ni réflexes, ni capacité à communiquer au cours de l'opération.

⩚ Particularités reliées à la personne âgée

Les risques que font courir l'anesthésie et l'intervention chirurgicale sont plus grands chez les personnes âgées (Polanczyk *et al.*, 2001). Selon les statistiques, après l'âge de 60 ans, les risques périopératoires augmentent avec chaque décennie, souvent parce que les personnes souffrent de

VOCABULAIRE

Anesthésie: état de narcose, d'analgésie, de détente et de perte des réflexes.

Anesthésiologiste: médecin formé pour pratiquer l'anesthésie et pour veiller sur l'état de la personne pendant l'intervention chirurgicale.

Anesthésique: substance utilisée pour provoquer l'anesthésie.

Asepsie chirurgicale: absence de microorganismes dans l'environnement où a lieu l'opération; méthode destinée à réduire le risque d'infection.

Infirmière en service externe (aussi appelée «infirmière circulante»): infirmière autorisée qui coordonne les soins prodigués à la personne en salle d'opération, aide à maintenir et à surveiller l'intégrité du champ stérile et consigne au dossier les activités de soins, les activités chirurgicales ainsi que les autres activités de l'équipe de soins durant la période périopératoire.

Infirmière en service interne (aussi appelée «instrumentiste» ou «infirmière brossée»): infirmière autorisée qui effectue le lavage chirurgical des mains et revêt la tenue de chirurgie stérile, prépare les instruments et le matériel, donne les

instruments au chirurgien pendant l'opération et surveille la technique aseptique tout au long de l'intervention.

Sédation modérée: sédation visant à affaiblir le niveau de conscience de la personne sans altérer sa capacité à maintenir ses voies respiratoires ouvertes et à réagir aux stimuli physiques et aux consignes verbales.

Zone d'accès non restreint: section de la salle d'opération également utilisée par d'autres services où sont permises les tenues de ville; comprend l'aire d'accueil des personnes ainsi que la salle d'attente préopératoire et peut aussi comprendre un salon du personnel et un bureau des gestionnaires.

Zone d'accès restreint: section de la salle d'opération où on doit porter la tenue de chirurgie et le masque; comprend la salle d'opération et les zones stériles.

Zone d'accès semi-restreint: section de la salle d'opération où on doit revêtir la tenue de chirurgie; peut comprendre les zones où on manipule les instruments chirurgicaux, les zones d'entreposage du matériel propre et stérile, les corridors menant à la salle d'opération.

ENCADRÉ 21-1

Effets indésirables potentiels de l'intervention chirurgicale et de l'anesthésie

L'anesthésie et l'intervention chirurgicale perturbent tous les principaux systèmes de l'organisme. Bien que la plupart des personnes arrivent à surmonter le traumatisme de l'intervention et les effets de l'anesthésie, toutes sont exposées à des risques durant l'opération. Voici certains de ces risques:

- Arythmie cardiaque causée par un déséquilibre électrolytique ou par les effets indésirables des anesthésiques
- Dépression du myocarde, bradycardie ou collapsus vasculaire causés par des niveaux toxiques d'anesthésiques locaux
- Surstimulation du système nerveux central, convulsions ou arrêt respiratoire causés par des niveaux toxiques d'anesthésiques locaux
- Sédation excessive ou insuffisante lors de l'administration d'une sédation modérée
- Agitation ou désorientation, en particulier chez les personnes âgées
- Hypoxémie ou hypercapnie dues à une hypoventilation et à un soutien respiratoire inadéquat pendant l'anesthésie
- Traumatisme oral ou laryngé, et dents cassées à la suite d'une intubation difficile
- Hypothermie causée par une température basse dans la salle d'opération, l'exposition des cavités corporelles ou une altération de la thermorégulation due à la médication anesthésique
- Hypotension entraînée par des pertes sanguines ou causée par l'anesthésie
- Infection
- Thrombose due à la compression des vaisseaux sanguins ou à une stase
- Hyperthermie maligne résultant d'un effet indésirable de l'anesthésie
- Lésion d'un nerf ou atteinte cutanée consécutives à un positionnement inadéquat ou à une immobilisation prolongée de la personne
- Décharges électriques ou brûlures
- Brûlures dues au laser
- Intoxication médicamenteuse, défectuosité de l'équipement ou erreur humaine

comorbidités. On peut réduire ces risques en adaptant l'anesthésie et les techniques chirurgicales aux changements biologiques provoqués par le vieillissement et en traduisant dans la pratique les découvertes récentes portant sur la population âgée.

Les changements pulmonaires et cardiovasculaires sont au nombre des variations biologiques importantes liées à l'âge (Townsend, 2002). En raison de leur vieillissement, le cœur et les vaisseaux sanguins réagissent moins bien au stress. En outre, la diminution du débit et de la réserve cardiaques rend les personnes âgées vulnérables aux variations du volume circulatoire et du taux d'oxygène dans le sang. Une administration excessive ou trop rapide de solution intraveineuse peut provoquer un œdème pulmonaire. Une baisse soudaine ou prolongée de la pression artérielle peut entraîner une

ischémie cérébrale, une thrombose, une embolie, un infarctus ou une anoxie. La diminution des échanges gazeux peut conduire à l'hypoxie cérébrale.

L'anesthésie est atteinte avec moins d'anesthésiques chez les personnes âgées comparativement aux personnes plus jeunes. De plus, les personnes âgées éliminent l'anesthésique plus lentement. Lorsqu'on vieillit, la proportion de tissu maigre diminue et celle de tissu adipeux augmente régulièrement (de 20 à 90 ans). Or, les anesthésiques ayant une affinité pour les lipides s'accumulent dans les tissus adipeux et le cerveau (Dudek, 2001). D'autres facteurs justifient l'administration d'une dose plus faible d'anesthésique chez les personnes âgées. Ces dernières peuvent avoir un faible niveau de protéines plasmatiques, particulièrement si elles sont mal nourries. Lorsque c'est le cas, une grande proportion de l'anesthésique demeure libre, ce qui potentialise son action.

En outre, on note une réduction du volume des tissus composés principalement d'eau et des tissus fortement irrigués par le sang, comme ceux des muscles squelettiques, du foie et des reins. Ayant un volume moindre, le foie inactive de nombreux anesthésiques moins rapidement; par ailleurs, la fonction rénale est altérée, ce qui ralentit l'excrétion des déchets et des anesthésiques. Voici d'autres facteurs touchant les personnes âgées qui subissent une intervention chirurgicale:

- La capacité d'accélérer le métabolisme est limitée et les mécanismes de thermorégulation sont affaiblis, ce qui augmente le risque d'hypothermie.
- La perte osseuse (25 % chez la femme et 12 % chez l'homme) rend nécessaire une manipulation délicate et un positionnement précis de la personne pendant l'intervention.
- La capacité de s'adapter au stress physique et émotionnel est moindre, ce qui peut influer sur l'issue de l'intervention chirurgicale; il faut donc observer méticuleusement les fonctions vitales.

Comme on peut s'y attendre, la mortalité est plus élevée dans les cas d'interventions urgentes (fréquemment pratiquées à la suite de lésions traumatiques) que dans les cas d'interventions électives. Il est donc particulièrement important d'assurer une surveillance constante et rigoureuse des personnes âgés qui subissent une opération et d'effectuer les interventions rapidement (Phippen et Wells, 2000).

Soins et traitements infirmiers

Tout au long de l'intervention chirurgicale, l'infirmière doit notamment veiller à la sécurité et au bien-être de la personne, coordonner le personnel de la salle d'opération, et assurer le bon déroulement des activités. Puisque l'état émotionnel de la personne demeure une préoccupation, les soins holistiques apportés durant la période préopératoire continueront d'être prodigués par le personnel infirmier peropératoire. L'infirmière renseigne la personne et la rassure sans créer de fausses attentes. Elle soutient les stratégies d'adaptation de la personne et renforce sa capacité d'influer sur l'issue de l'opération en l'encourageant à participer activement au plan de soins.

L'infirmière peropératoire est garante de la personne et doit maîtriser les facteurs pouvant causer des blessures, tels que son positionnement, le mauvais fonctionnement de l'équipement et les dangers liés à l'environnement de l'opération ; elle doit également veiller au respect de la dignité et des droits de la personne pendant l'anesthésie. En outre, il lui incombe d'observer les normes chirurgicales de soins, de reconnaître les facteurs de risque et de contribuer à réduire les facteurs de complications (Phippen et Wells, 2000). Les connaissances et les aptitudes que doit posséder l'infirmière avant de se spécialiser en soins périopératoires sont établies par l'Association des infirmières et infirmiers de salles d'opération du Canada (AIISOC) et sont présentées à l'encadré 21-2 ■.

INFIRMIÈRE EN SERVICE EXTERNE

L'**infirmière en service externe** (aussi appelée « infirmière circulante ») assure l'organisation de la salle d'opération, de même que la sécurité et le bien-être de la personne, en supervisant les activités de l'équipe chirurgicale, en vérifiant l'état de la salle d'opération et en demeurant à l'affût des signes de lésions que pourrait présenter la personne, afin d'être en mesure d'intervenir efficacement s'il y a lieu. Il lui incombe surtout de vérifier que la personne a donné son consentement à l'intervention, de coordonner l'équipe, de faire en sorte que la propreté, la température, le degré d'humidité et l'éclairage de la salle d'opération soient adéquats, de réduire le

ENCADRÉ **21-2**

Connaissances et aptitudes préalables à la spécialisation en soins périopératoires

- Approche holistique des soins aux clients, incorporant une connaissance des besoins biologiques, psychologiques, sociaux, culturels, environnementaux et spirituels du client.
- Capacité d'établir des liens entre l'évolution d'une maladie, un traumatisme et une maladie et la santé et le bien-être, en reconnaissant les répercussions de l'environnement et des réseaux de soutien de la famille sur l'ensemble des résultats pour le client.
- Connaissance des sciences physiques et psychosociales (anatomie, physiologie, microbiologie, psychologie, sociologie et pharmacologie).
- Capacité d'appliquer la démarche de soins infirmiers à la résolution de problèmes, à la prise de décision clinique et à une recherche basée sur la connaissance.
- Attitude empathique et humaniste, qui comprend la défense des intérêts du client.
- Aptitudes en communication et en relations humaines.
- Engagement personnel envers la profession d'infirmière, qui est attesté par une imputabilité et une responsabilité envers la formation continue, l'amélioration de la qualité dans la pratique des soins infirmiers et la participation à des associations professionnelles.
- Dextérité psychomotrice qui montre une capacité d'effectuer des interventions complexes durant des périodes limitées.
- Capacité de gérer son stress personnel et les situations stressantes de façon constructive et positive.

SOURCE : Association des infirmières et infirmiers des salles d'opération du Canada (2003). *Normes de pratiques recommandées, lignes directrices et énoncés de position pour la pratique en soins infirmiers périopératoires* (5e éd.).

bruit et de veiller au bon fonctionnement et à l'accessibilité du matériel. De plus, elle doit faire respecter les règles de l'asepsie à l'intérieur de la salle d'opération afin d'éviter toute interruption de procédé, tout en coordonnant les déplacements du personnel extérieur (médecins, techniciens de radiologie et de laboratoire) et en appliquant les mesures de sécurité contre les incendies (Phippen et Wells, 2000). L'infirmière en service externe surveille sans relâche la personne afin d'assurer sa sécurité et son bien-être. Elle consigne au dossier les activités particulières qui se déroulent durant la période périopératoire. La figure 21-1 ■ présente un exemple de rapport d'opération. Les interventions de l'infirmière ont pour but de prévenir les complications et de créer des conditions pour que l'opération ait la meilleure issue possible.

INFIRMIÈRE EN SERVICE INTERNE

L'**infirmière en service interne** (aussi appelée « instrumentiste » ou « infirmière brossée ») doit, entre autres choses, effectuer le lavage chirurgical des mains, préparer les tables d'instruments stériles, le matériel de suture et de ligature, ainsi que le matériel spécial (par exemple, un laparoscope). Elle doit aussi assister le chirurgien et ses résidents en leur fournissant à temps les instruments nécessaires, tels que les compresses et les drains (Phippen et Wells, 2000). À la fin de l'intervention, dès que l'incision est refermée, l'infirmière en service interne effectue la procédure de comptes avec l'infirmière en service externe. Le compte du début et de la fin de l'intervention de tout le matériel (par exemple, les aiguilles et les compresses) et de tous les instruments utilisés (par exemple, les pinces et les trocarts) doivent correspondre afin de s'assurer que rien n'est resté dans la plaie chirurgicale. Un exemple de rapport de ce compte est présenté à la figure 21-2 ■. L'infirmière en service interne doit aussi étiqueter les échantillons prélevés, que l'infirmière en service externe fera ensuite parvenir au laboratoire.

CHIRURGIEN

Le chirurgien effectue l'opération et dirige l'équipe chirurgicale. C'est un médecin (MD), un ostéopraticien (DO), un chirurgien dentiste (DDS ou DMD) ou un podiatre (DPM), qui a reçu une formation en chirurgie.

INFIRMIÈRE PREMIÈRE ASSISTANTE EN CHIRURGIE

Le poste d'infirmière première assistante en chirurgie est relativement récent au Canada. Seulement certaines provinces, dont le Québec et l'Ontario, dispensent la formation qui autorise à pratiquer à ce titre. L'infirmière qui occupe la fonction de première assistante en chirurgie agit sous la supervision directe du chirurgien. Elle peut avoir à manipuler des tissus, à assurer l'exposition du champ opératoire, à exécuter des sutures ou à réaliser une hémostase. Toutes ces tâches exigent une connaissance approfondie de l'anatomie et de la physiologie, de la manipulation des tissus et des règles de l'asepsie chirurgicale. L'infirmière première assistante en chirurgie doit être bien informée des objectifs de l'intervention chirurgicale et

SALLE D'OPÉRATION

SOINS PÉRI-OPÉRATOIRES

Date: _____   Unité: _____

Pt identifié ❑   Dossier vérifié ❑ _____

Alerte ❑   Somnolent ❑   Confus ❑   Agité ❑   Urgence ❑

Arrivée du pt _____   Anesthésie _____   Début de l'op _____   Fin de l'op _____   Départ _____

Anesthésiologiste _____   Chirurgien _____

Anesthésie: Gén ❑   Rachi ❑   Locale ❑   Assistant _____

                Régionale ❑ _____   Autres _____

                Épidurale ❑   Neuroleptique ❑

Dx pré-op _____

Dx post-op _____

Intervention chirurgicale _____
_____

Positionnement du pt: Dorsal ❑   Ventral ❑   Latéral ❑ D ❑ G   Lithotomie ❑   Autre ❑

Support mécanique   Sac de sable ❑ _____   Bolster ❑   Appui-tête ❑

                      Étrier ❑ D ❑ G   Bean Bag ❑   Appui-bras ❑ D ❑ G

Rembourrage: Bras: ❑ D ❑ G   Jambe: ❑ D ❑ G   Pied: ❑ D ❑ G   Autres _____

Bras côté du pt: ❑ D ❑ G   Planche à bras: ❑ D ❑ G

À l'aide des symboles indiquer sur les dessins le site
d'application des items suivants:

1. Électrodes: • ◯

2. Ceinture de sécurité: ▬▬▬

3. Plaque conductrice: ☐

4. Électrocautère # _____   Coag • _____

   Coup • _____   Blend _____   Mono ❑   Bi-pol ❑

Dorsal D   Ventral H

G   D

5. Tourniquet: Bras: ❑ D ❑ G   Pression _____   Durée _____

               Jambe: ❑ D ❑ G   Pression _____   Durée _____

   Chirurgien avisé du temps en place: 1hre ❑ oui   1½ hre ❑ oui   2hre ❑ oui

                                    ❑ non   ❑ non   ❑ non

6. Couverture chauffante ❑   « Bair Hugger » ❑   Supérieure ❑   Inférieure ❑

7. Asepsie cutanée: ❑ Oui   ❑ Non   ❑ Pré-op × 5 minutes

                     ❑ Proviodine   ❑ Cetrimide   ❑ Alcool   ❑ Hibitane   Autre _____

8. Classe ☐   Infecté ❑   Perte sanguine _____

9. Spécimens: Pathologie (×)   Coupe en congélation (×)   Hématologie (×)

               Microbiologie (×)   Cytologie (×)   Autre _____

10. Drain _____   Émovac _____   Shirley sump _____

    Tube thoracique # _____   Tube en T # _____   Paquetage _____

    Tube nasogastrique # _____   Inséré/ _____   Autre _____

    Sonde vésicale # _____   Insérée/ _____

FIGURE 21-1 ▪ Exemple de rapport d'opération. Source: Hôpital régional Dʳ-Georges-L.-Dumont,
Moncton (Nouveau-Brunswick).

COMPTE D'INSTRUMENT

Cabaret: _____

	DÉBUT	FIN
Manche de bistouri		
Ciseau		
Pince à dissection		
Pince à éponge		
Pince Hémostat cr		
Pince Hémostat dt		
Pince Mosquito cr		
Pince Mosquito dt		
Pince Kellies		
Pince à champ		
Pince Kocker		
Pince Babcock		
Pince Allis		
Pince angle droit		
Porte aiguille		
Rétracteur		
Balfour (vis)		
Kirshner		
Omni		
Book Walter		
Pince Duval		
Pince Calcul		
Dilatateur		
Succion		
Pince Lahey		
Grove et Probe		
Pince Hyst		
Pince Tenaculum		
Pince en T		
Cathéter en métal		
Hystéromètre		
Pince paquetage		
Pince vésiclip		
Pince vasculaire		
Bulldog		
Compresseur aorte		
Pince intestinale		
Pince à prostate		
Autre		

COMPTE DIVERS

Éponges:

4 × 4 _____

_____

abdominales _____

_____

3 × 3 _____

Cordon ombilical × _____

Aiguilles _____

Éponge à dissection _____

Éponge à amygdales (petite) _____ (grosse) _____

Éponge Laminectomie _____ Microsponge _____

Mèche _____ Autres _____

Lames _____ Bobines _____

Vésiloop _____ Drain _____

Cartouche _____ Bout caoutchouc _____

Compte divers	1) complet ☐	incomplet ☐
	2) complet ☐	incomplet ☐
	3) complet ☐	incomplet ☐
Compte d'inst:	1) complet ☐	incomplet ☐
	2) complet ☐	incomplet ☐

Si incomplet: chirurgien avisé ☐   rayon-x ☐

Commentaire: _____

_____

Médicament: _____

_____

_____

_____

_____

Remarque: _____

_____

_____

_____

_____

_____

_____

_____

_____

Signature des infirmières:

1re infirmière interne: _____

2e infirmière interne: _____

Infirmière externe: _____

FIGURE 21-2 ■ **Compte du matériel de la salle d'opération.** SOURCE: Hôpital régional Dr-Georges-L.-Dumont, Moncton (Nouveau-Brunswick).

doit en outre posséder les connaissances et les aptitudes nécessaires pour anticiper les besoins et remplir adéquatement son rôle au sein de l'équipe chirurgicale. Elle doit aussi être en mesure de gérer toute situation d'urgence qui survient dans la salle d'opération (Fortunato, 2000; Rothrock, 1999).

ANESTHÉSIOLOGISTE

L'**anesthésiologiste** est un médecin ayant reçu une formation spécialisée dans l'art et la science de l'anesthésiologie. Avant l'intervention chirurgicale, l'anesthésiologiste interroge la personne, évalue son état, choisit le type d'anesthésique à utiliser, l'administre, intube la personne si nécessaire, gère les éventuels problèmes techniques reliés à l'anesthésique et surveille l'état de la personne tout au long de l'intervention chirurgicale. Avant que celle-ci n'entre en salle d'opération, souvent au moment des tests de préadmission, il lui rend visite afin de lui donner des informations et de répondre à ses questions. Lors de cette rencontre, il discute avec elle du type d'anesthésique qui sera administré, de ses réactions antérieures à l'anesthésie et des anomalies anatomiques constatées chez elle qui pourraient nuire à l'assistance respiratoire. Afin de déterminer l'état de la personne, l'anesthésiologiste emploie le système de classification de l'état de santé établi par l'American Society of Anesthesiologists (ASA) (encadré 21-3 ■). Il incombe également à l'anesthésiologiste de prescrire la prémédication lorsque celle-ci est indiquée.

Lorsque la personne entre en salle d'opération, l'anesthésiologiste évalue à nouveau son état physique immédiatement avant l'administration de l'anesthésique. Ensuite, ce dernier est administré, et les voies respiratoires de la personne sont maintenues ouvertes au moyen d'un masque laryngé ou d'un tube endotrachéal. Tout au long de l'opération, l'anesthésiologiste vérifie la pression artérielle, le pouls, la respiration, le niveau de saturation en oxygène, le volume courant, les gaz et le pH du sang, la concentration de gaz alvéolaire, de même que la température corporelle, en plus d'observer l'électrocardiogramme (ECG). Le monitorage par électroencéphalographie est parfois nécessaire. Le niveau d'anesthésique dans l'organisme peut également être déterminé grâce à un spectromètre de masse affichant instantanément, sur un écran vidéo, les niveaux critiques de concentration. Cet appareil permet également d'évaluer la capacité de la personne de respirer sans aide et de déceler les besoins de soutien mécanique lorsque la ventilation est déficiente.

Environnement chirurgical

L'environnement chirurgical est reconnu pour son aspect austère et sa température fraîche. La salle d'opération est isolée par des portes doubles, et son accès est réservé au personnel autorisé, lequel doit observer les principes d'asepsie avant d'entrer. Il est également nécessaire d'assurer une surveillance stricte de l'environnement de la salle d'opération, notamment en ce qui a trait aux allées et venues. Les politiques concernant l'environnement touchent des aspects tels que la santé du personnel, la propreté des salles, la stérilité de l'équipement et des surfaces, les procédés de nettoyage, l'habillement, le port des gants, de même que la tenue vestimentaire.

Parce qu'elle doit offrir des conditions optimales pour la chirurgie, la salle d'opération est située près de tous les services auxiliaires (services de pathologie et de radiologie, laboratoire). De plus, elle est équipée de systèmes de filtration d'air qui éliminent les particules contaminantes, la poussière et les polluants. La température, le degré d'humidité et la circulation d'air y sont également contrôlés (Meeker et Rothrock, 1999).

Des organismes officiels, comme l'Association canadienne de normalisation (ACNOR) ou la Joint Commission on Accreditation of Healthcare Organizations (JCAHO), vérifient périodiquement qu'il n'y a pas de risques électriques, que les sorties de secours sont conformes aux normes et que l'entreposage de l'équipement et des anesthésiques est adéquat. L'établissement de santé est responsable de l'aménagement, de l'entretien ainsi que de l'inspection des lieux et doit se conformer aux normes établies par les agences de réglementation provinciale et canadienne. Afin de contribuer à l'éradication des microbes, on a divisé la salle d'opération en trois zones: la **zone d'accès non restreint**, où la tenue de ville est permise, la **zone d'accès semi-restreint**, où l'on doit porter la tenue de chirurgie et le bonnet, et la **zone d'accès restreint**, où on doit porter la blouse, des couvre-chaussures, un bonnet et un masque. Les chirurgiens et les autres membres

ENCADRÉ 21-3

Système de classification de l'état de santé établi par l'American Society of Anesthesiologists

Pour décrire l'état de santé général de la personne et cerner les risques qu'elle court lors de l'opération, les anesthésiologistes canadiens utilisent le système de classification de l'état de santé établi par l'American Society of Anesthesiologists (Société canadienne des anesthésiologistes, 2004). Les différents états de santé sont regroupés en cinq catégories.

1. Personne en bonne santé.
   Exemples: Aucune anomalie systémique, présence d'une infection locale sans fièvre, d'une tumeur bénigne ou d'une hernie.
2. Personne souffrant d'une maladie systémique légère.
   Exemples: Hypertension maîtrisée, diabète maîtrisé, bronchite chronique, obésité, personne âgée de plus de 80 ans.
3. Personne atteinte d'une affection systémique grave qui limite son activité mais qui n'est pas invalidante.
   Exemples: Maladie grave, insuffisance cardiaque compensée, infarctus du myocarde survenu plus de six mois auparavant, angine de poitrine, arythmie aiguë, cirrhose, diabète ou hypertension non maîtrisés, iléus.
4. Personne atteinte d'une affection systémique invalidante, qui représente un danger constant pour sa vie.
   Exemples: Insuffisance cardiaque sévère, infarctus du myocarde survenu moins de six mois auparavant, insuffisance respiratoire aiguë, insuffisance hépatique ou rénale grave.
5. Personne moribonde dont on ne s'attend pas à ce qu'elle vive plus de 24 heures avec ou sans intervention.
   Exemple: Personne inconsciente souffrant d'une lésion traumatique à la tête et dont le rythme cardiaque est agonique.

(On ajoute la lettre «U» au numéro de la catégorie lorsqu'il s'agit d'une intervention d'urgence.)

de l'équipe chirurgicale doivent porter des vêtements stériles supplémentaires ainsi que des appareils de protection au cours de l'opération.

L'Association des infirmières et infirmiers de salles d'opération du Canada recommande des pratiques particulières pour les infirmières devant porter des vêtements de chirurgie, de façon à assurer un degré de propreté élevé dans un environnement de pratique donné (AIISOC, 2003). Parmi les vêtements chirurgicaux, on trouve notamment les robes de coton ajustées, les ensembles-pantalons, les combinaisons, les tabliers imperméables et les blouses. Les manchettes et les revers de pantalons sont munis de bandes élastiques, ce qui permet de retenir les germes provenant du périnée, des jambes et des bras. Les chemises et les cordons doivent être rentrés à l'intérieur du pantalon, ce qui prévient la contamination des zones stériles et empêche la dispersion des germes cutanés. On doit changer les vêtements mouillés et souillés.

Le port du masque est toujours de rigueur dans la zone d'accès restreint de la salle d'opération. Le masque à haut degré de filtration retient les microorganismes expulsés par l'oropharynx et le nasopharynx, ce qui permet de réduire les risques d'infections postopératoires de la plaie. Il doit être bien ajusté et doit couvrir complètement la bouche et le nez, sans toutefois nuire à la respiration, à l'élocution ou à la vue. Aucun courant d'air ne doit passer par les côtés. L'efficacité de filtration du masque jetable dépasse 95 %. On doit le changer entre chaque opération, et on ne doit jamais le porter à l'extérieur de la salle d'opération, ni le laisser pendre autour de son cou. Les lunettes protectrices ou les écrans faciaux doivent être portés s'il existe un risque d'exposition au sang, aux liquides ou substances organiques ou à d'autres matières potentiellement infectieuses.

Le bonnet doit recouvrir entièrement les cheveux (sur la tête et la nuque), de même que la barbe, ce qui évite que des poils, des épingles à cheveux, des pinces, des pellicules ou de la poussière ne tombent sur les champs stériles.

Les chaussures doivent être confortables et offrir un bon support. Si elles ont été portées à l'extérieur, on doit utiliser des couvre-chaussures jetables pour éviter les salissures. Ceux-ci ne doivent être portés qu'une fois et doivent être enlevés quand on quitte la zone d'accès limité de la salle d'opération.

Les vêtements de chirurgie et les masques ne protègent pas entièrement la personne des microorganismes. En effet, les infections des voies respiratoires supérieures, les maux de gorge et les infections cutanées constituent des sources d'agents pathogènes, qui doivent être signalés, qu'ils touchent la personne ou un membre du personnel.

! ALERTE CLINIQUE *Il est essentiel que toute personne travaillant dans la salle d'opération soit en bonne santé. Un membre de l'équipe chirurgicale souffrant d'une maladie infectieuse (par exemple, une infection des voies respiratoires supérieures ou une lésion cutanée infectieuse) doit éviter tout contact direct avec la personne et ne doit pas travailler dans la salle d'opération tant que son infection n'est pas guérie.*

Étant donné que les ongles artificiels abritent de nombreux microorganismes et peuvent causer des infections nosocomiales (Winslow et Jacobson, 2000), certaines associations, comme Santé Canada, l'Agence de santé publique du Canada et l'AIISOC ont convenu de bannir le port de ces ongles dans les salles d'opération. On encourage le personnel à garder les ongles courts et naturels (Winslow et Jacobson, 2000).

PRINCIPES D'ASEPSIE CHIRURGICALE

L'**asepsie chirurgicale** vise à prévenir la contamination des plaies chirurgicales. Certaines infections postopératoires peuvent être causées par la flore cutanée normale ou une infection préexistante. L'observation rigoureuse des principes d'asepsie chirurgicale par le personnel de la salle d'opération est la pierre angulaire de la prévention des infections du champ opératoire.

Tout le matériel chirurgical doit être stérile, notamment les instruments, les aiguilles, le matériel de suture, les pansements, les gants, les blouses et couvre-chaussures, de même que les solutions qui peuvent être en contact avec la plaie ou les tissus exposés (Meeker et Rothrock, 1999; Townsend, 2002). La pratique veut que le chirurgien, ses résidents et les infirmières se préparent en procédant à un lavage chirurgical des mains et des avant-bras à l'eau et au savon, mais cette méthode traditionnelle est maintenant contestée, et on mène des recherches pour déterminer la durée optimale du nettoyage ainsi que la meilleure préparation à utiliser (encadré «Recherche en sciences infirmières»; Larsen *et al.*, 2001).

Les membres de l'équipe chirurgicale doivent revêtir une blouse stérile à manches longues ainsi que des gants, et se couvrir la tête d'un bonnet. Ils doivent également porter un masque qui recouvre le nez et la bouche afin de réduire au minimum le risque que les bactéries des voies respiratoires supérieures pénètrent dans la plaie. Au cours de l'intervention chirurgicale, les personnes qui ont procédé au lavage chirurgical et qui ont revêtu l'habillement de chirurgie ne doivent toucher que des objets stériles. Les autres membres de l'équipe doivent éviter de toucher ou de contaminer les objets stériles.

La peau de la personne, sur une surface considérablement plus grande que le champ opératoire, doit faire l'objet d'un lavage minutieux, suivi de l'application d'un antiseptique. S'il est nécessaire de raser des cheveux ou des poils, on doit le faire immédiatement avant l'intervention afin de réduire les risques d'infection de la plaie (Townsend, 2002). On doit recouvrir la partie non exposée du corps d'un drap stérile.

Contrôle des paramètres environnementaux

Aux protocoles décrits précédemment s'ajoute l'obligation de nettoyer et d'entretenir méticuleusement la salle d'opération. On doit laver fréquemment les planchers et autres surfaces horizontales à l'eau et au savon ou avec un détersif germicide. On doit inspecter régulièrement le matériel de stérilisation de manière à assurer son efficacité et son bon fonctionnement.

Il est essentiel que le matériel qui entre en contact direct avec la personne soit aseptique (Townsend, 2002). C'est le cas des vêtements, des draps et des solutions, qui sont de surcroît préemballés. Les instruments sont nettoyés et stérilisés dans un endroit situé près de la salle d'opération. Si on a besoin de matériel supplémentaire, on doit seulement utiliser des objets stériles emballés individuellement.

Les bactéries présentes dans l'air sont un sujet de préoccupation constant. Les salles d'opération sont équipées de systèmes de ventilation qui renouvellent l'air 15 fois par heure (Meeker et Rothrock, 1999), de telle sorte que le taux de bactéries dans l'air est faible. En raison des squames qui se détachent de la peau des membres du personnel, on trouve environ 35 000 particules porteuses de bactéries (ou bactéries souches) par mètre cube par minute. Les renouvellements d'air standard permettent d'obtenir un taux de 2 000 à 5 000 bactéries souches par minute. Dans les cas d'interventions propres comportant un risque d'infection, il faut limiter le personnel et éviter les mouvements superflus afin d'atteindre un taux d'infection ne dépassant pas 3 à 5 %.

Certaines salles d'opération sont équipées de systèmes à flux laminaire, qui renouvellent l'air de 400 à 500 fois par heure. Correctement utilisés, les systèmes à flux laminaire permettent de réduire le taux de bactéries souches à 350 par mètre cube par minute pendant une intervention. Dans une salle d'opération équipée d'une tente à flux d'air laminaire, l'objectif est de maintenir un taux d'infection inférieur à 1 %. D'ailleurs, c'est souvent dans ce type de salles qu'on effectue, par exemple, les arthroplasties totales ou les greffes d'organes.

Malgré toutes ces précautions, il arrive que les plaies chirurgicales soient contaminées et qu'une infection ou un abcès apparaisse dans la région de l'incision quelques jours ou quelques semaines après l'opération. C'est pourquoi il est nécessaire d'assurer une surveillance constante et de respecter des techniques rigoureuses d'asepsie.

Règles fondamentales de l'asepsie chirurgicale

Il incombe à tous les professionnels qui participent à l'intervention chirurgicale de veiller à ce que l'environnement de l'opération demeure sécuritaire ; à cet égard, ils doivent respecter les règles de l'asepsie. Voici les huit règles fondamentales de l'asepsie chirurgicale :

- Tout le matériel qui entre en contact avec les plaies chirurgicales et qu'on utilise dans la zone stérile doit être stérile. Les surfaces et les objets restent stériles s'ils n'entrent en contact qu'avec d'autres surfaces ou objets stériles. Tout contact avec des surfaces ou des objets non stériles provoque une contamination.

- La blouse que portent les membres de l'équipe chirurgicale n'est considérée comme stérile qu'à l'avant, de la poitrine jusqu'au niveau de la zone stérile. Les manches de la blouse sont considérées comme stériles de 5 cm au-dessus du coude jusqu'aux manchettes en tricot.

RECHERCHE EN SCIENCES INFIRMIÈRES

Nouvelles techniques de préparation chirurgicale des mains

E. Larsen, A. Aiello, J. Heilman, C. Lyle, A. Cronquist, J. Stahl et P. Dello-Latta (2001). Comparison of different regimens for surgical hand preparation. *AORN Journal, 73*(2), 412-432.

OBJECTIF

La pratique veut que les membres du personnel se livrent à un long processus de nettoyage au moyen d'un agent antiseptique avant l'opération, principalement dans le souci de réduire le risque d'infection. L'objectif de l'étude en question était de comparer la technique traditionnelle de nettoyage pratiquée en salle d'opération avec une méthode consistant à employer une préparation sans eau. L'évaluation portait sur l'efficacité antimicrobienne, l'effet sur l'état de la peau et le temps que nécessite chacune des techniques.

DISPOSITIF ET ÉCHANTILLON

On a mené un essai clinique prospectif et unicentrique d'une durée de six semaines. Au cours de cet essai, 20 membres de l'équipe chirurgicale ont utilisé la préparation sans eau pendant trois semaines et, après un hiatus d'une semaine, ont pratiqué la technique de nettoyage traditionnelle pendant trois autres semaines. Un groupe témoin formé de 5 sujets participait également à l'essai, lequel a eu lieu dans 3 blocs opératoires d'un centre médical comptant 2000 lits. Les participants faisaient tous partie du personnel de chirurgie à temps plein, étaient âgés de 18 à 65 ans et effectuaient en moyenne au moins 10 nettoyages par semaine. Afin de mesurer l'état de la peau des sujets, on a eu recours à l'appréciation visuelle de la peau, à une échelle d'évaluation de l'érythème, ainsi qu'à l'évaluation de la peau des mains. Tout au long de l'essai, on a effectué 13 comptes microbiens sur la peau des mains de chacun des sujets.

RÉSULTATS

On a découvert que la préparation nettoyante sans eau était associée à moins de dommages cutanés et laissait sur la peau un nombre inférieur de microbes, aux jours 5 et 19 de l'essai, comparativement à la méthode traditionnelle de nettoyage. Les chercheurs laissent entendre qu'un long processus de nettoyage combiné à l'utilisation d'une brosse ou d'une éponge est une technique contreproductive qui endommage la peau et favorise la présence de squames. Le protocole de nettoyage lié à la préparation sans eau suppose un temps de contact plus court (moyenne de 80,7 secondes) que le protocole traditionnel (moyenne de 145 secondes). Les participants ont préféré la méthode de lavage au moyen de la préparation sans eau, qu'ils ont trouvée plus facile et plus rapide ; ils ont également déclaré que la préparation était plus douce pour les mains et qu'il était plus facile d'enfiler les gants après l'avoir utilisée.

IMPLICATIONS POUR LA PRATIQUE INFIRMIÈRE

Bien que la préparation sans eau ait offert de meilleurs résultats que la technique traditionnelle de lavage chirurgical, les infirmières doivent tenir compte du fait qu'il s'agissait ici d'un essai à petite échelle. Les résultats de cet essai justifient qu'on évalue cette nouvelle technique de nettoyage dans le cadre d'une étude clinique à grande échelle avant d'envisager de l'adopter.

- On utilise les draps stériles pour créer une zone stérile. Seul le dessus du drap est considéré comme stérile. Quand on place un drap sur une table ou sur une personne, il faut le tenir bien au-dessus de la surface à couvrir, et le placer de l'avant vers l'arrière.

- Lorsqu'on dépose du matériel dans la zone stérile, on doit le faire de façon à préserver sa stérilité ainsi que l'intégrité de la zone stérile. Dès qu'un emballage est ouvert, ses bords ne sont plus stériles. Quand on dépose le matériel stérile, notamment les solutions, dans la zone stérile ou qu'on le donne à une personne affectée à la zone stérile, on doit le faire de manière à préserver la stérilité de l'objet ou du liquide.

- Les membres de l'équipe chirurgicale se déplacent soit d'une zone stérile à une zone stérile, soit d'une zone non stérile à une zone non stérile. Les personnes affectées à la zone stérile doivent rester dans la zone stérile ; les infirmières en service externe et les objets non stériles doivent demeurer à l'extérieur de la zone stérile.

- Les déplacements effectués autour de la zone stérile ne doivent pas provoquer de contamination de la zone. La zone stérile doit toujours être surveillée lorsqu'il y a des déplacements à proximité. On doit rester à une distance de 30 cm de la zone stérile afin de prévenir toute contamination accidentelle.

- Chaque fois que la barrière stérile est franchie, la zone stérile est considérée comme contaminée. De même, la zone stérile est contaminée si le drap qui donne accès à la zone non stérile est déchiré ou percé ; on doit alors remplacer le drap.

- Toute zone stérile doit être constamment surveillée et entretenue. Le matériel dont la stérilité est discutable sera considéré comme non stérile. La zone stérile doit, autant que possible, être préparée immédiatement avant l'opération.

RISQUES POUR LA SANTÉ ASSOCIÉS À L'ENVIRONNEMENT CHIRURGICAL

La sécurité dans la salle d'opération consiste notamment à protéger les individus contre l'exposition au sang ou aux liquides organiques, contre les dangers associés aux rayons laser, et contre les effets nocifs du latex, des radiations et des agents toxiques. L'inspection de la salle d'opération consiste, entre autres, à analyser des échantillons d'air et de surfaces pour y trouver des agents toxiques et infectieux. De plus, on a mis sur pied des politiques et des procédures visant à réduire l'exposition aux liquides organiques et à diminuer les risques associés au laser et aux radiations.

Risques associés au laser

L'AIISOC a émis des recommandations relativement aux pratiques de sécurité liées au laser (AIISOC, 2003). Lorsqu'on utilise celui-ci, des signaux d'avertissement doivent clairement en informer le personnel. Les questions de sécurité portent notamment sur les points suivants : réduire le risque d'exposition des yeux et de la peau, prévenir l'inhalation du panache

laser (composé de fumée et de matière particulaire) et protéger la personne et le personnel du feu et des risques électriques. Étant donné que de nombreux types de laser sont utilisés, le personnel périopératoire doit connaître les caractéristiques et les applications particulières de chacun d'entre eux, de même que les mesures de sécurité qui s'y rattachent (Townsend, 2002).

Les infirmières et les autres membres du personnel peropératoire doivent subir un examen complet des yeux avant de participer à des interventions où on se sert du laser. Le port de lunettes de protection adaptées au type de laser utilisé est de rigueur. On ne s'entend pas toujours sur la façon d'éviter le panache laser et les effets de son inhalation. Dans certains cas, pour expulser ce panache du champ opératoire, on emploie des évacuateurs de fumée comme ceux qui ont été mis au point, ces dernières années, pour protéger l'équipe chirurgicale contre les émanations diffuses des électrocautères.

Exposition au sang et aux liquides organiques

Depuis l'apparition du syndrome d'immunodéficience acquise (sida), la tenue vestimentaire portée en salle d'opération a été considérablement modifiée. Le port de deux paires de gants est recommandé lors d'une intervention où ceux-ci risquent fortement d'être endommagés (interventions traumatologiques au cours desquelles on peut être en présence de fragments d'os acérés), lorsque la personne a été infectée par un virus transmissible, et lors d'une intervention majeure de plus de deux heures ou au cours de laquelle il y aura une perte de plus de 100 mL de sang (AIISOC, 2003). Outre la blouse de chirurgie traditionnelle et les deux paires de gants, certains chirurgiens portent des bottes de caoutchouc, des tabliers imperméables, ainsi que des protège-manches. Quand la plaie chirurgicale est irriguée et quand les os doivent être forés, on doit porter des lunettes protectrices ou des écrans faciaux afin de se protéger des éclaboussures et des fragments d'os. Dans les hôpitaux où on pratique beaucoup d'arthroplasties totales, on utilise parfois un masque à bulle, qui offre une protection totale contre les matières qui peuvent rejaillir du champ opératoire. Par ailleurs, une hotte et un système d'épuration de l'air distincts assurent la ventilation adéquate de la salle.

Allergie au latex

L'AIISOC a émis des recommandations quant aux soins à prodiguer aux personnes allergiques au latex (AIISOC, 2003). Selon ces recommandations, on doit notamment dépister ce type d'allergie le plus tôt possible, préparer les fournitures visant à en combattre les symptômes et, tout au long de la période périopératoire, respecter en permanence les précautions qui s'appliquent dans ce cas. Puisque le nombre de personnes souffrant de cette forme d'allergie est en hausse, on trouve aujourd'hui de nombreux produits sans latex. Quand celui-ci est présent dans le matériel utilisé par les personnes et les professionnels de la santé, les manufacturiers et les directeurs d'approvisionnement des hôpitaux sont tenus, pour des questions de sécurité, de l'indiquer. Voir les chapitres 20 et 55 ⟳ pour le dépistage de l'allergie au latex.

Toutes les infirmières, en particulier les infirmières anesthésiologistes ou périopératoires, doivent être sensibilisées à la réaction allergique que peut déclencher le latex; elles doivent connaître les produits qui ne contiennent pas cette substance et les précautions à prendre pour éviter l'anaphylaxie (Meeker et Rothrock, 1999). Les personnes qui travaillent dans les milieux hospitaliers sont également susceptibles de souffrir de ce type d'allergie, car elles sont fréquemment en contact avec des produits en latex.

Intervention chirurgicale

Au cours de l'intervention chirurgicale, la personne aura besoin d'une sédation, d'une anesthésie ou d'une combinaison des deux.

SÉDATION ET ANESTHÉSIE

Il existe quatre niveaux de sédation et d'anesthésie: la sédation minimale, la sédation modérée, la sédation profonde et l'anesthésie. Les normes de soins liées à chacun de ces niveaux ont été fixées par la Joint Commission on Accreditation of Healthcare Organizations (JCAHO). On peut également avoir recours, lors d'une opération, à des anesthésiques qui neutralisent la sensibilité d'une partie du corps (il s'agit alors d'anesthésie locale, régionale, péridurale ou rachidienne).

Le processus de l'anesthésie se déroule comme suit: on insère une intraveineuse (si ce n'est pas déjà fait), on administre un agent sédatif, avant l'induction de l'anesthésie; la personne perd ensuite conscience, puis est intubée, si c'est nécessaire, et reçoit une combinaison d'agents anesthésiants. Généralement, cette expérience se passe sans problème, et la personne n'en garde aucun souvenir.

Sédation minimale

La sédation minimale est un état provoqué par des médicaments dans lequel la personne peut répondre de façon normale aux consignes verbales. Les fonctions cognitives et la coordination peuvent être perturbées, mais les fonctions respiratoires et cardiovasculaires ne sont pas touchées (JCAHO, 2001; Patterson, 2000a, b).

Sédation modérée

La **sédation modérée**, type d'anesthésie pouvant être administré par voie intraveineuse, affaiblit le niveau de conscience de la personne sans altérer sa capacité de maintenir ses voies respiratoires ouvertes et de réagir aux stimuli physiques et aux consignes verbales. La sédation modérée plonge la personne dans un état de calme et de tranquillité, dont elle ne gardera pas de souvenir. Lorsque la sédation est combinée à des analgésiques, la personne ne ressent pratiquement aucune douleur pendant l'intervention, mais conserve ses réflexes protecteurs (JCAHO, 2001; Patterson, 2000a, b). La sédation peut être administrée par un anesthésiologiste, un autre médecin ou encore une infirmière. Lorsque c'est l'anesthésiologiste qui administre la sédation, on parle de «soins anesthésiques contrôlés». Les médicaments pouvant être utilisés pour la sédation modérée varient selon les compétences de la personne qui administre le sédatif.

Le midazolam (Versed) et le diazépam (Valium) sont des sédatifs intraveineux fréquemment utilisés. D'autres médicaments, comme des analgésiques (par exemple, morphine, fentanyl) ou des antagonistes opioïdes tels que la naloxone (Narcan), peuvent être utilisés. Pendant la sédation, la personne doit être constamment surveillée par une infirmière qui possède de solides connaissances et qui est qualifiée pour détecter les arythmies, administrer l'oxygène et pratiquer la réanimation. On ne doit jamais laisser seule une personne qui reçoit ce type d'anesthésie; on doit surveiller en permanence son système respiratoire, son système circulatoire et son système nerveux central, afin de déceler tout signe de dépression, en recourant à des méthodes telles que la saturométrie (sphygmooxymétrie), ou l'ECG, et en mesurant fréquemment ses signes vitaux (Patterson, 2000a, b). Le niveau de sédation est déterminé par la capacité de la personne à maintenir ouvertes ses voies respiratoires et à réagir aux consignes verbales.

La sédation modérée peut être utilisée seule ou combinée à l'anesthésie locale, régionale ou rachidienne. Elle est de plus en plus utilisée en raison du nombre élevé d'interventions chirurgicales et d'examens paracliniques qui permettent à la personne de retourner chez elle quelques heures plus tard.

Sédation profonde

La sédation profonde est un état provoqué par des médicaments dans lequel la personne ne peut être éveillée facilement, mais peut réagir délibérément à des stimulations répétées (JCAHO, 2001). La différence entre la sédation profonde et l'anesthésie tient au fait qu'on ne peut éveiller une personne sous anesthésie. On provoque la sédation profonde et l'anesthésie en administrant un anesthésique par inhalation ou par voie intraveineuse. Les anesthésiques administrés par inhalation comprennent les liquides volatils et les gaz (Aranda et Hanson, 2000; Townsend, 2002). Les liquides volatils sont l'halothane (Fluothane), l'enflurane (Ethrane), l'isoflurane (Forane), le sévoflurane (Sevorane) et le desflurane (Suprane), tous administrés avec de l'oxygène et, en général, du protoxyde d'azote. Ces liquides volatils sont non explosifs et ininflammables. Ils peuvent tous causer une hyperthermie maligne. Ils potentialisent les effets des bloquants neuromusculaires. À cause des risques de surdosage, ils doivent être administrés seulement par une personne hautement qualifiée.

Les gaz anesthésiques sont administrés par inhalation et sont toujours combinés à l'oxygène. Le protoxyde d'azote est le gaz anesthésique le plus largement utilisé. Une fois inhalés, ces gaz pénètrent dans le sang par les capillaires pulmonaires et agissent sur le cerveau, provoquant une perte de conscience et de sensation. Lorsque l'administration de l'anesthésique prend fin, la vapeur ou le gaz inhalés sont éliminés par les poumons. Les avantages, les inconvénients et les conséquences de l'utilisation des liquides volatils et des gaz employés comme anesthésiques sont énumérés dans le tableau 21-1 ■.

Anesthésie

L'état d'anesthésie, ou quatrième niveau, comprend l'anesthésie générale, l'anesthésie rachidienne et l'anesthésie régionale majeure, mais non l'anesthésie locale (JCAHO, 2001). L'anesthésie générale comporte quatre stades aux caractéristiques cliniques bien distinctes. Certains de ces stades sont absents lorsqu'on administre des opioïdes ou des bloquants neuromusculaires. L'**anesthésie** se définit comme

un état de narcose (dépression marquée du système nerveux provoquée par un agent pharmacologique), d'analgésie, de relaxation et de perte de réflexes. Une personne sous anesthésie générale ne peut être éveillée, même si on exerce sur elle des stimuli douloureux. De même, elle perd sa capacité de maintenir ouvertes ses voies respiratoires, et ses fonctions cardiovasculaires peuvent également être affaiblies (JCAHO, 2001).

TABLEAU 21-1

Anesthésiques administrés par inhalation

Anesthésiques	Administration	Avantages	Inconvénients	Remarques
LIQUIDES VOLATILS				
Halothane (Fluothane)	Inhalation (vaporisateur spécial)	■ Induction rapide et en douceur ■ Utile dans presque tous les types d'opérations ■ Faible incidence de nausées et de vomissements postopératoires	■ Atteintes hépatiques possibles ■ Hypotension possible ■ Potentialisation la plus faible des effets des bloquants neuromusculaires	■ Prendre fréquemment le pouls, les paramètres respiratoires et la pression artérielle après l'opération. ■ Augmentation du risque d'arythmies si l'halothane est administré avec de l'adrénaline.
Enflurane (Ethrane)	Inhalation (vaporisateur spécial)	■ Induction et réveil rapides	■ Dépression respiratoire pouvant survenir rapidement, accompagnée d'anomalies de l'ECG ■ Irritation respiratoire, toux ou laryngospasme possibles ■ Augmentation de la fréquence cardiaque et hypotension possibles	■ Observer la personne afin de déceler tout signe de dépression respiratoire. ■ Prendre fréquemment le pouls et la pression artérielle.
Isoflurane (Forane)	Inhalation (vaporisateur spécial)	■ Induction et réveil rapides	■ Profonde dépression respiratoire possible ■ Irritation respiratoire, toux ou laryngospasme possibles ■ Augmentation de la fréquence cardiaque et hypotension possibles	■ Prendre fréquemment le pouls, les paramètres respiratoires et la pression artérielle. ■ Fournir une ventilation assistée s'il y a lieu.
Sévoflurane (Sevorane)	Inhalation (vaporisateur spécial)	■ Induction et émergence plus rapides ■ Faible toxicité	■ Augmentation de la fréquence cardiaque et hypotension possibles	■ Prendre fréquemment le pouls, les paramètres respiratoires et la pression artérielle.
Desflurane (Suprane)	Inhalation (vaporisateur spécial)	■ Induction et émergence plus rapides	■ Irritation respiratoire, toux ou laryngospasme possibles ■ Augmentation possible de la pression artérielle et de la fréquence cardiaque	■ Prendre fréquemment le pouls, les paramètres respiratoires et la pression artérielle.
GAZ				
Protoxyde d'azote (N_2O)	Inhalation (méthode semifermée)	■ Induction et réveil rapides ■ Ininflammable ■ Utile en association avec de l'oxygène pour des interventions de courte durée ■ Utile en association avec d'autres anesthésiques pour tous les types d'opérations	■ Faible effet relaxant ■ Faible pouvoir anesthésiant ■ Hypoxie possible	■ Surtout utile en association avec d'autres anesthésiques ayant une durée d'action plus longue. ■ Déceler tout signe de douleur thoracique, d'hypertension ou d'accident vasculaire cérébral.

Stade I: début de l'anesthésie

Une fois que l'anesthésique est administré, la personne éprouve une sensation de chaleur et d'étourdissement, puis cesse de percevoir son environnement. Avant de perdre conscience, elle éprouve un bourdonnement ou un sifflement d'oreille, tout en étant incapable de bouger ses extrémités. Au cours de ce stade, elle perçoit les bruits de façon exagérée au point que même les sons les plus faibles peuvent lui sembler forts et irréels. C'est pourquoi il importe d'éviter les bruits et les déplacements superflus pendant cette période.

Stade II: excitation

Selon le cas, la personne est agitée, crie, parle, chante, rit et, parfois même, pleure. Ce stade d'excitation peut souvent être évité par une administration rapide et sans saccades de l'anesthésique. Les pupilles de la personne sont dilatées, mais se contractent en réaction à la lumière. Le pouls est rapide et la respiration peut être irrégulière.

L'anesthésiologiste doit toujours être accompagné d'un assistant capable d'immobiliser la personne en cas de mouvements involontaires de celle-ci. Ses jambes peuvent être retenues par une courroie placée sur les cuisses, et ses mains attachées aux supports de bras. On doit éviter de toucher la personne, sauf pour l'immobiliser. Les dispositifs de contention ne doivent pas nuire au champ opératoire. De plus, les manipulations augmentent l'irrigation sanguine, ce qui accroît les risques d'hémorragie.

Stade III: anesthésie chirurgicale

Pour amener la personne au stade de l'anesthésie chirurgicale, on lui administre les vapeurs ou les gaz de façon continue. Au cours de ce stade, la personne est inconsciente et repose calmement sur la table. Ses pupilles sont en myosis, mais se contractent en réaction à la lumière. La respiration est régulière, le pouls est normal et la peau est rosée ou légèrement rougie. En administrant judicieusement l'anesthésique, on peut maintenir ce stade pendant plusieurs heures, à la profondeur désirée, de faible (1) à grande (4).

Stade IV: surdosage

Ce stade résulte de l'administration d'une quantité d'anesthésique trop importante. La respiration de la personne est superficielle, son pouls est faible et filant. Les pupilles sont très dilatées et ne se contractent plus en réaction à la lumière. Une cyanose se développe, et la mort peut survenir rapidement si on ne prend pas sans délai les mesures appropriées: arrêt immédiat de l'administration de l'anesthésique et recours à une assistance respiratoire et circulatoire. On peut administrer des stimulants (bien qu'on ne le fasse que rarement) si l'anesthésique est en cause. Dans les cas de surdosage d'opioïdes, on peut administrer l'antagoniste approprié.

Si l'anesthésie se déroule normalement, le passage d'un stade à l'autre se fait graduellement et le stade IV n'apparaît pas. Seule l'observation étroite de certains signes permet à l'anesthésiologiste de maîtriser la situation. C'est en surveillant la dilatation des pupilles, la pression artérielle et les fréquences respiratoire et cardiaque de la personne qu'on peut le mieux suivre l'évolution de son état.

MÉTHODES D'ADMINISTRATION

Les anesthésiques produisent leur effet parce qu'ils sont acheminés au cerveau à une pression partielle élevée leur permettant de franchir la barrière hématoencéphalique. Il faut en administrer des quantités relativement importantes au cours de l'induction et au début de la phase d'entretien, car ils sont transportés dans le sang et se déposent dans les tissus de l'organisme. Dès que ceux-ci deviennent saturés, des quantités plus faibles suffisent à entretenir l'état d'anesthésie puisqu'un équilibre (ou un quasi-équilibre) est atteint entre le cerveau, le sang et les autres tissus.

Tout ce qui est susceptible de diminuer le flux sanguin périphérique, comme une vasoconstriction ou un choc, peut réduire la quantité d'anesthésique requise. En revanche, lorsque le flux sanguin périphérique est anormalement élevé, par exemple si la personne est inquiète ou si elle est active sur le plan musculaire, l'induction est plus lente et il faut donner plus d'anesthésique, car le cerveau en reçoit une quantité plus faible.

Inhalation

Pour administrer les anesthésiques liquides volatils, on peut mélanger leurs vapeurs avec de l'oxygène ou du protoxyde d'azote, puis faire inhaler ce mélange à la personne (Townsend, 2002). On administre habituellement la vapeur à l'aide d'un tube ou d'un masque, mais on peut aussi employer un masque laryngé (figure 21-3 ■), soit un tube flexible muni d'un ballonnet et d'un anneau gonflable en silicone qui s'insère dans le larynx (Fortunato, 2000). Pour donner les anesthésiques par la méthode endotrachéale, on introduit un tube endotrachéal en caoutchouc ou en plastique dans la trachée, par le nez ou par la bouche, généralement au moyen d'un laryngoscope. Le tube endothrachéal isole les poumons de l'œsophage, ce qui évite que le contenu de l'estomac soit aspiré dans les poumons si la personne vomit.

Voie intraveineuse

On peut aussi provoquer une anesthésie générale en administrant par voie intraveineuse certains agents tels que les barbituriques, les benzodiazépines, les hypnotiques non barbituriques, les agents dissociatifs et les opioïdes (Aranda et Hanson, 2000; Townsend, 2002). Ces substances sont administrées pour l'induction ou pour l'entretien de l'anesthésie. Elles sont souvent combinées à des anesthésiques administrés par inhalation, mais peuvent aussi être utilisées seules. On s'en sert également pour la sédation modérée. Les anesthésiques administrés par voie intraveineuse sont présentés dans le tableau 21-2 ■.

Avec l'administration par voie intraveineuse, l'anesthésie est induite de façon agréable, sans les bourdonnements d'oreilles et les étourdissements provoqués par l'inhalation. C'est pour cette raison que les personnes qui ont fait l'expérience des deux méthodes préfèrent l'injection à l'inhalation. La durée d'action de l'anesthésie est courte, et le réveil s'accompagne rarement de nausées et de vomissements. Pour les interventions chirurgicales de longue durée, on choisit en général d'administrer le thiopental, souvent en association avec d'autres agents.

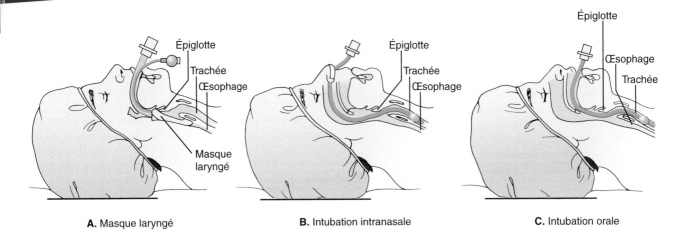

A. Masque laryngé   **B.** Intubation intranasale   **C.** Intubation orale

FIGURE 21-3 ■ Méthodes d'administration des anesthésiques par inhalation : **(A)** masque laryngé, **(B)** tube endotrachéal nasal (en place), **(C)** tube endotrachéal oral (le tube est en place et le ballonnet est gonflé).

Anesthésiques administrés par voie intraveineuse				TABLEAU 21-2
Anesthésiques	**Administration**	**Avantages**	**Inconvénients**	**Remarques**
TRANQUILLISANTS ET BENZODIAZÉPINES				
Midazolam (Versed)	■ Intraveineuse	■ Courte durée d'action ■ Effets anxiolytique, sédatif, amnésique, myorelaxant	■ Sensibilité accrue aux effets chez les personnes atteintes de broncho-pneumopathie chronique obstructive	■ Surveiller rigoureusement l'état de la respiration.
Diazépam (Valium)	■ Intraveineuse ■ Orale	■ Sédation préopératoire ■ Action sédative au cours d'une anesthésie régionale		■ Thrombophlébite possible s'il est administré par voie intraveineuse; à administrer de préférence dans une veine centrale.
Dropéridol (Inapsine)	■ Intraveineuse ■ Intramusculaire	■ Action prolongée	■ Effet antihistaminique faible et effet adrénolytique ■ Effet ganglioplégique sur les voies dopaminergiques pouvant provoquer une rigidité extrapyramidale de type parkinsonien ■ Risque d'arythmies graves	■ Tranquillisant de première importance. ■ En raison des risques d'hypotension, à administrer seulement si on a solutions intraveineuses et vasopresseurs à portée de la main. ■ Un suivi de l'ECG doit être fait avant, pendant et après l'administration.
Lorazépam (Ativan)	■ Intraveineuse ■ Orale	■ Action prolongée	■ Précautions nécessaires lorsqu'on l'utilise chez les personnes atteintes de troubles rénaux ou hépatiques	■ Surveiller rigoureusement l'état de la respiration.
OPIOÏDES				
Morphine	■ Intraveineuse ■ Sous-cutanée	■ Pas d'effet de dépression cardiaque	■ Diminution de la résistance vasculaire générale pouvant provoquer de l'hypotension	■ Peut provoquer une hypotension orthostatique.
Mépéridine (Demerol)	■ Intraveineuse ■ Sous-cutanée ■ Intramusculaire	■ Opioïde ayant le moins d'effet sur le tonus des voies biliaires		

Anesthésiques	Administration	Avantages	Inconvénients	Remarques
Fentanyl (Sublimaze)	■ Intraveineuse ■ Transdermique	■ De 75 à 100 fois plus puissant que la morphine, avec une durée d'action environ 4 fois plus courte (environ 1 heure) ■ Faibles effets cardiovasculaires	■ Effet adrénolytique en cas d'administration à très forte dose	
Sufentanil (Sufenta)	■ Intraveineuse	■ Début d'action très rapide ■ De 10 à 15 fois plus puissant que le fentanyl		■ Durée d'action environ 3 fois plus courte que celle du fentanyl.
Alfentanil (Alfenta)	■ Intraveineuse	■ Début d'action très rapide ■ Environ 10 fois plus puissant que la morphine		■ Durée d'action: environ 10 minutes.
Rémifentanil (Ultiva)	■ Intraveineuse	■ Début d'action très rapide ■ Élimination indépendante du foie et des reins		■ Durée d'action: environ 10 minutes.

AGENTS DISSOCIATIFS

Sous l'effet d'un agent dissociatif, la personne ne semble pas endormie ni anesthésiée, mais plutôt dissociée de son environnement.

Anesthésiques	Administration	Avantages	Inconvénients	Remarques
Kétamine (Ketalar; Ketaject)	■ Intraveineuse ■ Intramusculaire	■ Induction rapide et action de courte durée; souvent utilisé comme supplément au protoxyde d'azote ■ Utile quand l'hypotension présente des dangers; utilisé comme analgésique ou anesthésique	■ Hypertension et dépression respiratoire possibles ■ Hallucinations possibles ■ Vomissements possibles et danger d'aspiration	■ Éviter les stimulations verbales, visuelles ou tactiles, qui peuvent déclencher des troubles psychiques; utiliser le diazépam pour prévenir ces problèmes. ■ Surveiller les signes de dépression respiratoire. ■ Administrer seulement si on a un matériel de réanimation à portée de la main.

BARBITURIQUES

Anesthésiques	Administration	Avantages	Inconvénients	Remarques
Thiopental sodique (Pentothal)	■ Intraveineuse ■ Rectale	■ Induction rapide ■ Administration exigeant peu de matériel ■ Faible incidence de nausées et de vomissements postopératoires	■ Dépression respiratoire importante ■ Faible effet myorelaxant ■ Toux, éternuements et laryngospasme possibles ■ Contre-indiqué chez les enfants, car leurs veines sont petites	■ Surveiller étroitement la personne, en raison de la puissance et de la rapidité d'action du médicament.
Méthohexital sodique (Brietal Sodique)	■ Intraveineuse	■ Action rapide	■ Dépression respiratoire, mouvements involontaires des muscles et convulsions ■ Nécrose possible en cas d'infiltration accidentelle lors de l'injection	■ Surveiller étroitement l'état respiratoire de la personne. ■ Observer la personne afin de déceler toute convulsion. ■ Veiller à bien faire l'injection dans la veine.

HYPNOTIQUES NON BARBITURIQUES

Anesthésiques	Administration	Avantages	Inconvénients	Remarques
Étomidate (Amidate)	■ Intraveineuse	■ Peu d'effet sur le système circulatoire et l'appareil respiratoire ■ Utile pour les personnes fragiles	■ Suppression surrénale transitoire ■ Mouvements involontaires des muscles possibles	
Propofol (Diprivan)	■ Intraveineuse	■ Induction rapide avec un effet excitateur minime ■ Effet antiémétique possible	■ Dépression du myocarde ■ Hypotension ■ Injection douloureuse	■ Surveiller rigoureusement les fonctions cardiaques et la pression artérielle. ■ Contre-indiqué en cas d'allergie aux œufs ou au soya.

Les anesthésiques intraveineux ne sont pas explosifs; leur administration est facile et nécessite peu de matériel. Parce qu'ils provoquent rarement des nausées et des vomissements, ils sont utiles en chirurgie oculaire: des vomissements provoqueraient en effet une augmentation de la pression intraoculaire, ce qui pourrait endommager la vision de l'œil opéré. Ces anesthésiques sont souvent utilisés dans les opérations de courte durée, mais le sont moins dans les interventions abdominales de longue durée. Ils sont contre-indiqués chez les enfants: ces derniers ont de petites veines et doivent être intubés parce qu'ils sont sujets aux obstructions des voies respiratoires.

Un des principaux inconvénients des anesthésiques intraveineux, tels que le thiopental, est qu'ils provoquent une importante dépression respiratoire. Ils ne doivent être administrés que par un anesthésiologiste, et seulement si l'équipement de réanimation est à portée de la main. Ils provoquent parfois des éternuements, de la toux et un laryngospasme.

Les bloquants neuromusculaires empêchent la transmission des influx nerveux à la jonction neuromusculaire des muscles squelettiques. On les utilise pour provoquer un relâchement musculaire dans les interventions abdominales ou thoraciques, pour détendre les muscles des yeux dans certaines interventions oculaires, pour faciliter l'intubation endotrachéale, pour traiter les laryngospasmes et pour faciliter la ventilation assistée. Les bloquants neuromusculaires ne possèdent aucun effet analgésique ou sédatif. Ils sont contre-indiqués chez les personnes souffrant de myasthénie grave. Leur action peut être renversée par l'administration d'un inhibiteur de la cholinestérase: édrophonium (Tensilon), néostigmine (Prostigmin) ou pyridostigmine (Mestinon). L'administration simultanée d'un anticholinergique, comme l'atropine ou le glycopyrrolate (Robinul), permet d'atténuer les effets secondaires cholinergiques de ces agents.

Le premier bloquant neuromusculaire utilisé à grande échelle fut le curare purifié, dont on a isolé le principe actif, la tubocurarine. On s'est ensuite tourné vers la succinylcholine parce que son action est plus rapide que celle du curare. D'autres bloquants neuromusculaires sont également utilisés (tableau 21-3 ■). Le bloquant neuromusculaire idéal possède les caractéristiques suivantes:

- Il n'a pas d'effet dépolarisant; il a une rapidité d'action semblable à celle de la succinylcholine, mais n'en a pas les effets secondaires: bradycardie et arythmies cardiaques (Townsend, 2002).
- Sa durée d'action se situe entre celle de la succinylcholine et celle du pancuronium.
- Il n'a pas d'effets cumulatifs ou cardiovasculaires.
- Il peut être métabolisé et son élimination ne dépend pas des reins.

La morphine, l'hydromorphone (Dilaudid), le fentanyl (Sublimaze) et la mépéridine (Demerol) sont des opioïdes très souvent utilisés pour soulager les douleurs postopératoires. L'alfentanil (Alfenta), le sufentanil (Sufenta) et le rémifentanil

Bloquants neuromusculaires — TABLEAU 21-3

Bloquants neuromusculaires	Action	Avantages	Inconvénients	Remarques
SANS EFFET DÉPOLARISANT				
Tubocurarine (Tubarine)	- Début d'action: 4-6 minutes - Durée d'action: 80-120 minutes		- Réaction de type allergique - Hypotension - Augmentation de la résistance des voies aériennes - Érythème cutané - Élimination par le foie et les reins	- Contre-indiqué chez les personnes ayant des antécédents d'allergie et d'asthme.
Atracurium (Tracrium)	- Début d'action: 2-6 minutes - Durée d'action: 30-40 minutes	- Élimination indépendante du foie et des reins	- Hypotension	
Cisatracurium (Nimbex)	- Début d'action: 3-6 minutes - Durée d'action: 30-40 minutes	- Élimination indépendante du foie et des reins - Très peu d'effets cardiovasculaires		
Doxacurium (Nuromax)	- Début d'action: 4-10 minutes - Durée d'action: 90-120 minutes	- Très peu d'effets cardiovasculaires	- Élimination surtout par les reins	- Prudence chez les personnes souffrant de maladie rénale.

Bloquants neuromusculaires	Action	Avantages	Inconvénients	Remarques
Mivacurium (Mivacron)	■ Début d'action: 2-4 minutes ■ Durée d'action: 12-20 minutes	■ Élimination indépendante du foie et des reins	■ Hypotension reliée à la dose utilisée	
Pancuronium (Pavulon)	■ Début d'action: 4-6 minutes ■ Durée d'action: 120-180 minutes		■ Élimination surtout par les reins ■ Hypotension et tachycardie	■ Prudence chez les personnes souffrant de maladie rénale. ■ Contre-indiqué chez les personnes allergiques aux bromures.
Rocuronium (Zemuron)	■ Début d'action: 1-3 minutes ■ Durée d'action: 30-40 minutes	■ Début d'action presque aussi rapide que la succinylcholine ■ Utile pour l'intubation endotrachéale rapide	■ Élimination surtout par le foie	■ Contre-indiqué chez les personnes allergiques aux bromures.
Vécuronium (Norcuron)	■ Début d'action: 2-6 minutes ■ Durée d'action: 30-40 minutes	■ Très peu d'effets cardiovasculaires	■ Élimination par le foie et les reins	■ Prudence chez les personnes souffrant de maladie rénale. ■ Contre-indiqué chez les personnes allergiques aux bromures.

AVEC EFFET DÉPOLARISANT

Ces bloquants neuromusculaires ont des effets parasympathomimétiques (semblables à ceux de l'acétylcholine) à la jonction neuromusculaire. L'acétylcholine est hydrolysée presque immédiatement après sa libération, ce qui provoque une repolarisation des muscles. Toutefois, les bloquants neuromusculaires à effet dépolarisant provoquent une dépolarisation continue des muscles squelettiques pendant toute leur durée d'action.

Bloquants neuromusculaires	Action	Avantages	Inconvénients	Remarques
Succinylcholine (Anectine, Quelicin)	■ Début d'action rapide (30 à 90 secondes) ■ Durée d'action: 5-20 minutes	■ Idéal dans les cas d'intubation endotrachéale rapide, de réduction de fracture; utile pour le traitement des laryngospasmes	■ Contre-indiqué chez les personnes qui ont de faibles taux de pseudocholinestérase, qui souffrent d'une maladie myopathique, qui sont grands brûlés ou qui ont subi un trauma multiple ■ Bradycardie et arythmies possibles ■ Hyperkaliémie possible ■ Fasciculations musculaires et douleur possibles ■ Hyperthermie maligne possible	■ Utilisé dans le traitement des laryngospasmes, des crises d'asthme et des réactions toxiques aux anesthésiques locaux. ■ Surveiller le taux de potassium.

(Ultiva) sont des opioïdes de haute puissance avec un début d'action rapide et une courte durée d'action qu'on utilise couramment à diverses étapes de l'anesthésie. Tous les opioïdes peuvent causer une dépression respiratoire et contribuent aux nausées et vomissements postopératoires.

Le terme *neuroleptanalgésique* désigne l'association d'un opioïde synthétique à courte durée d'action (comme le fentanyl) et de butyrophénone (comme le dropéridol), qui rend la personne très somnolente, tout en lui permettant de répondre aux consignes verbales même si l'analgésie est profonde. Fait important, cette association entraîne une vasodilatation périphérique suivie d'une baisse de la pression artérielle. S'ils sont administrés rapidement, les neuroleptanalgésiques peuvent provoquer une rigidité des muscles squelettiques ou un trouble respiratoire.

Anesthésie régionale

L'anesthésie régionale est une forme d'anesthésie locale provoquée par l'injection d'un anesthésique autour d'un tronc nerveux. Elle entraîne une perte de sensation dans la région innervée par ce tronc nerveux. L'effet obtenu dépend du type de nerfs touchés. Les fibres des nerfs moteurs sont les plus grosses et celles dont la gaine de myéline est la plus épaisse. Les fibres des nerfs sympathiques sont les plus petites et celles dont la gaine de myéline est la plus mince. Les fibres des nerfs sensitifs se situent entre les deux. Par conséquent, un anesthésique interrompt plus facilement la conduction des nerfs sympathiques que celle des nerfs moteurs. On considère qu'un anesthésique a cessé d'agir seulement quand les trois systèmes (moteur, sensitif et autonome) ont retrouvé leurs fonctions.

La personne sous anesthésie rachidienne ou locale est éveillée et consciente de son environnement, à moins qu'on ne lui ait administré des médicaments destinés à produire une sédation légère à modérée ou à soulager l'anxiété. On doit lui épargner les conversations et les bruits inutiles, de même que les odeurs désagréables: en salle d'opération, ces stimuli pourraient nuire à sa perception de l'intervention. Le calme a un effet thérapeutique. De plus, on ne doit pas formuler le diagnostic à haute voix s'il doit rester inconnu de la personne à ce stade.

Anesthésie par blocage nerveux et anesthésie rachidienne

Différents types d'anesthésie par blocage nerveux sont utilisés selon les groupes de nerfs visés. L'anesthésie péridurale est induite par l'injection d'un anesthésique local dans le canal vertébral, dans l'espace qui entoure la dure-mère (figure 21-4 ■). Comme l'anesthésie rachidienne, l'anesthésie péridurale bloque les fonctions sensorielles, motrices et autonomes; toutefois, le site d'injection et la dose d'anesthésique diffèrent dans ces deux méthodes. Les doses utilisées pour l'anesthésie péridurale sont considérablement plus fortes, car l'anesthésique n'entre pas en contact direct avec la moelle et les racines des nerfs.

Un des avantages de l'anesthésie péridurale est qu'elle n'entraîne pas de céphalées, ce qui arrive parfois lors d'une injection dans l'espace sous-arachnoïdien. Toutefois, l'injection dans l'espace épidural est techniquement plus difficile que l'injection dans l'espace sous-arachnoïdien. Pendant une anesthésie péridurale, s'il se produit une injection accidentelle dans l'espace sous-arachnoïdien et si l'anesthésique se déplace vers la tête, il peut en résulter une anesthésie rachidienne totale, ce qui peut provoquer une hypotension grave, une dépression respiratoire ou même un arrêt respiratoire. Le traitement de ces complications inclut l'assistance respiratoire, l'administration de liquides intraveineux et de médicaments vasopresseurs. Il existe d'autres types d'anesthésie par blocage nerveux, notamment:

- L'anesthésie du plexus brachial, qui provoque l'anesthésie du bras
- L'anesthésie paravertébrale, qui provoque l'anesthésie des nerfs desservant la poitrine, la paroi abdominale et les extrémités
- L'anesthésie caudale, qui provoque l'anesthésie du périnée et parfois de la partie basse de l'abdomen

L'anesthésie rachidienne est une forme d'anesthésie par blocage nerveux étendu provoquée par l'injection d'un anesthésique local dans l'espace sous-arachnoïdien, au niveau des vertèbres lombaires, habituellement entre L4 et L5 (figure 21-4). L'anesthésie rachidienne provoque une perte de sensation dans les membres inférieurs, le périnée et la partie basse de l'abdomen. Pour procéder à la ponction lombaire, on assoit la personne ou on la couche sur le côté en position génupectorale. On effectue la ponction et on administre l'anesthésique en respectant les règles de l'asepsie chirurgicale; la substance médicamenteuse est injectée au moyen d'une seringue. Tout de suite après l'injection, on doit tourner la personne sur le dos. Si on désire que l'anesthésique se diffuse sur une plus grande étendue, on abaisse la tête et les épaules de la personne.

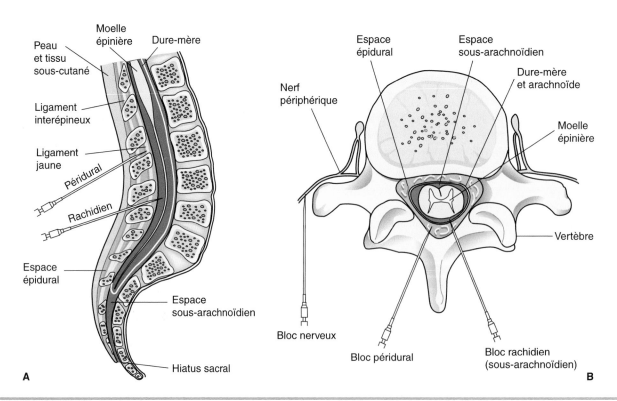

FIGURE 21-4 ■ **(A)** Sites d'injection de l'anesthésie rachidienne et de l'anesthésie péridurale. **(B)** Coupe transversale des sites d'injection des blocs nerveux, épidural et rachidien.

La diffusion de l'anesthésique et le degré de l'anesthésie sont fonction de la quantité d'anesthésique injectée, de la vitesse d'injection, de la position de la personne après l'injection, ainsi que de la densité de l'anesthésique. Les anesthésiques dont la densité est plus grande que celle du liquide céphalorachidien (LCR) se déplacent vers la portion déclive de l'espace sous-arachnoïdien, ceux dont la densité est plus faible se déplacent depuis la portion déclive. C'est l'anesthésiologiste qui détermine comment l'anesthésique doit se diffuser. Les anesthésiques rachidiens les plus souvent utilisés sont présentés dans le tableau 21-4 ■.

Au cours d'une anesthésie rachidienne, les orteils et le périnée perdent leur sensibilité quelques minutes après l'injection, puis la perte de sensibilité se fait sentir de façon graduelle dans les jambes et l'abdomen. Si de fortes concentrations d'anesthésique atteignent le niveau supérieur de la moelle épinière thoracique et la moelle cervicale, on peut observer une paralysie respiratoire transitoire, partielle ou complète. On doit alors maintenir artificiellement la respiration jusqu'à ce que les effets de l'anesthésique se dissipent.

Les personnes qui subissent une intervention chirurgicale sous anesthésie rachidienne peuvent éprouver des nausées, des vomissements et des douleurs. Ces réactions sont généralement la conséquence d'une manipulation de différentes structures, particulièrement celles de la cavité abdominale. On peut les éviter en administrant du thiopental à faible concentration par voie intraveineuse ou du protoxyde d'azote par inhalation.

Les céphalées constituent une complication postopératoire possible de l'anesthésie rachidienne. Leur incidence dépend de plusieurs facteurs : le calibre de l'aiguille utilisée pour la ponction lombaire, les fuites de liquide de l'espace sous-arachnoïdien au site de ponction et le degré d'hydratation de la personne. On peut les soulager en augmentant la pression céphalorachidienne, notamment en veillant à ce que la personne reste allongée à plat, soit bien hydratée et bénéficie d'un environnement calme.

Durant une anesthésie rachidienne continue, le bout d'un cathéter reste en permanence logé dans l'espace sous-arachnoïdien, ce qui permet d'injecter des doses d'anesthésique supplémentaires en cas de besoin. Cette technique permet une meilleure régulation du dosage, mais elle est susceptible d'entraîner des céphalées postanesthésiques en raison du gros calibre de l'aiguille utilisée.

Anesthésie locale par infiltration

L'anesthésie par infiltration consiste à injecter une solution contenant un anesthésique local dans les tissus de la région de l'incision chirurgicale. Elle est souvent combinée à un blocage du tronc nerveux qui dessert immédiatement cette région. L'anesthésie locale par infiltration a les avantages suivants :

- Elle est simple, économique et ne présente aucun risque d'explosion.
- Elle est administrée avec un minimum de matériel.
- Elle réduit la durée de la récupération postopératoire.
- Elle n'a pas les effets indésirables de l'anesthésie générale.
- Elle est idéale pour les opérations superficielles ou de courte durée.

On administre souvent les anesthésiques locaux en association avec de l'adrénaline. Celle-ci provoque une constriction des vaisseaux sanguins, ce qui ralentit l'absorption de l'anesthésique et en prolonge l'action, tout en prévenant les convulsions qui pourraient résulter de son absorption trop rapide dans le sang. Les différents types d'anesthésiques locaux sont présentés dans le tableau 21-5 ■.

Dans toutes les opérations où on peut recourir à l'anesthésie locale, on doit préférer cette dernière aux autres formes d'anesthésie. Elle est toutefois contre-indiquée chez les personnes très anxieuses, car la chirurgie et l'anesthésie locale peuvent aggraver leur malaise. Une personne qui demande une anesthésie générale réagit habituellement mal à l'anesthésie locale. Dans certaines opérations, l'anesthésie locale est irréalisable, car elle exigerait un trop grand nombre d'injections et une trop forte quantité d'anesthésique. C'est le cas de la mammoplastie (reconstruction du sein).

Avant d'effectuer l'anesthésie locale, on doit désinfecter la peau comme pour toute opération. On injecte d'abord une petite quantité d'anesthésique dans les couches cutanées, au moyen d'une aiguille de petit calibre, ce qui provoque le blêmissement de la peau ou la formation d'une saillie. Puis on injecte des quantités supplémentaires d'anesthésique jusqu'à ce que toute la région où sera effectuée l'incision soit insensibilisée. On infiltre alors de l'anesthésique dans les couches cutanées plus profondes au moyen d'une aiguille plus longue. L'action est presque immédiate, de sorte que l'opération peut commencer tout de suite après l'injection. L'anesthésie dure de 45 minutes à 3 heures, en fonction de l'anesthésique employé et selon qu'on a ou non administré de l'adrénaline.

Anesthésiques rachidiens		TABLEAU 21-4
Agents	**Avantages**	**Inconvénients**
■ Procaïne (Novocaine) ■ Tétracaïne (Pontocaine) ■ Lidocaïne (Xylocaine) ■ Bupivacaïne (Marcaine)	■ Facile à administrer ■ Faible coût ■ Peu de matériel nécessaire ■ Action rapide ■ Bon effet myorelaxant	■ Possibilité de chute rapide de la pression artérielle, à moins qu'on ne surveille de près la pression et qu'on n'administre rapidement un médicament comme l'éphédrine ■ Possibilité de difficultés respiratoires si l'anesthésique remonte jusque dans le thorax ■ Possibilité de complications postopératoires, comme des céphalées, ou, rarement, une méningite ou une paralysie

↓ page avant aussi

TABLEAU
21-5

Anesthésiques locaux

Agents	Administration	Avantages	Inconvénients	Remarques
Lidocaïne (Xylocaine) et mépivacaïne (Carbocaine)	■ Topique (sauf pour la mépivacaïne) ■ Infiltration ■ Bloc nerveux ■ Bloc épidural	■ Action rapide ■ Durée d'action plus longue que celle de la procaïne	■ Idiosyncrasie possible	■ Utilisé pour les cystoscopies (application topique). ■ Utilisé en médecine et en chirurgie dentaire (injection). ■ Détecter tout effet indésirable, comme la somnolence ou la dépression respiratoire.
Bupivacaïne (Marcaine)	■ Infiltration ■ Bloc nerveux ■ Bloc épidural	■ Durée d'action de 2 à 3 fois plus longue que celle de la lidocaïne ou de la mépivacaïne ■ Puissance élevée	■ Précautions nécessaires chez les personnes présentant des allergies médicamenteuses ■ Risque d'arythmies apparemment plus élevé que pour les autres anesthésiques locaux	■ Effet analgésique persistant après le retour de la sensibilité, ce qui permet de réduire l'emploi d'analgésiques puissants.
Chloroprocaïne (Nesacaine)	■ Infiltration ■ Bloc nerveux ■ Bloc épidural	■ Début d'action rapide et courte durée d'action		
Prilocaïne (Citanest)	■ Infiltration ■ Bloc nerveux ■ Bloc épidural	■ Cause peu de vasodilatation, donc peut être utilisé sans vasoconstricteur (adrénaline)	■ Méthémoglobinémie possible	
Procaïne (Novocaine)	■ Infiltration	■ Faible toxicité ■ Peu coûteuse	■ Idiosyncrasie possible ■ Éruptions cutanées ■ Faible stabilité	■ Observer les signes d'hypotension, de bradycardie et de faiblesse du pouls. ■ Généralement administrée en association avec de l'adrénaline afin de provoquer une vasoconstriction qui ralentit son absorption et prolonge son effet d'insensibilisation.
Ropivacaïne (Naropin)	■ Bloc épidural ■ Bloc nerveux	■ Longue durée d'action semblable à celle de la bupivacaïne ■ Puissance élevée ■ Peu de toxicité cardiovasculaire		■ Effet analgésique persistant après le retour de la sensibilité, ce qui permet de réduire l'emploi d'analgésiques puissants.
Tétracaïne (Pontocaine)	■ Topique ■ Infiltration ■ Bloc nerveux	■ Avantages identiques à ceux de la procaïne	■ Inconvénients identiques à ceux de la procaïne	■ Plus de 10 fois plus puissante que la procaïne ■ Habituellement administrée en association avec de l'adrénaline.

Complications peropératoires possibles

La personne est exposée à de nombreux risques. Parmi les complications possibles de l'opération figurent la nausée, les vomissements, l'anaphylaxie, l'hypoxie, l'hypothermie, l'hyperthermie maligne et la coagulopathie intravasculaire disséminée.

NAUSÉES ET VOMISSEMENTS

Pendant l'opération, la personne peut être sujette à des nausées, à des vomissements ou à des régurgitations. Dès que la personne a un haut-le-cœur, on la tourne sur le côté, on abaisse la tête de la table d'opération et on lui fournit un bassin destiné à recueillir les vomissures. On utilise l'appareil de succion pour aspirer la salive et les vomissures. Il n'existe pas de procédé qui permette à lui seul d'éviter les nausées et les vomissements ; l'idéal est d'employer une approche interdisciplinaire dans laquelle interviennent le chirurgien, l'anesthésiologiste ainsi que l'infirmière (Meeker et Rothrock, 1999).

Dans certains cas, l'anesthésiologiste administre des antiémétiques avant ou pendant l'opération afin d'éviter toute aspiration. Si elle aspire ses vomissures, la personne sera en proie à une crise ressemblant à une crise asthmatique accompagnée de bronchospasmes aigus et de sifflements. Elle peut ensuite être atteinte d'une pneumonie ou d'un œdème pulmonaire susceptibles d'entraîner une hypoxie extrême. On accorde de plus en plus d'attention à la régurgitation silencieuse du contenu gastrique, phénomène plus fréquent qu'on ne le croyait auparavant. L'administration préopératoire d'antiacides, de procinétiques (comme le métoclopramide [Maxeran, Reglan]) et/ou d'antagonistes des récepteurs H_2 de l'histamine (comme la ranitidine [Zantac] ou la famotidine [Pepcid]) permet de réduire le pH et/ou le volume des sécrétions gastriques et ainsi de diminuer les risques associés à leur aspiration.

ANAPHYLAXIE

De nombreux médicaments, le latex et d'autres substances peuvent déclencher l'anaphylaxie, une réaction allergique aiguë qui peut être immédiate ou retardée et qui met la vie de la personne en danger ; elle entraîne une vasodilatation, une hypotension et une bronchoconstriction (Fortunato, 2000). L'introduction chez une personne de toute substance qui lui est étrangère est susceptible de la déclencher. Étant donné que les médicaments constituent la cause la plus courante d'anaphylaxie, les infirmières peropératoires doivent avoir une bonne connaissance du type d'anesthésie, de la méthode d'administration et des anesthésiques utilisés. Voir les chapitres 15 et 55 🔗 pour plus de détails sur les signes et symptômes de l'anaphylaxie ainsi que sur son traitement.

On emploie des adhésifs de fibrine dans de nombreuses interventions chirurgicales, ainsi que de la colle cyanoacrylate pour refermer les plaies sans faire de points de suture (Kassam *et al.*, 2002 ; Vargas et Reger, 2000). Il arrive que ces adhésifs déclenchent des réactions allergiques et anaphylactiques. De telles réactions se produisent rarement, mais l'infirmière doit être consciente qu'elles sont possibles ; elle doit donc observer la personne afin de déceler les perturbations des signes vitaux et les symptômes d'anaphylaxie.

HYPOXIE ET AUTRES COMPLICATIONS RESPIRATOIRES

L'anesthésie générale peut être à l'origine de graves complications telles que la ventilation inadéquate, l'occlusion des voies respiratoires, l'intubation accidentelle de l'œsophage ou l'hypoxie. La ventilation inadéquate peut résulter de nombreux facteurs. Les échanges gazeux peuvent être compromis par la dépression respiratoire que provoquent les anesthésiques, par l'aspiration de vomissures ou de sécrétions des voies respiratoires, ainsi que par la position de la personne sur la table d'opération. En raison des variations anatomiques existant entre les personnes, il est parfois difficile de bien visualiser la trachée ; il arrive donc que le tube pharyngé soit inséré dans l'œsophage plutôt que dans la trachée. À ces dangers s'ajoutent d'autres risques : asphyxie causée par la présence de corps étrangers dans la bouche, spasmes des cordes vocales, relâchement de la langue ou encore aspiration de vomissures, de salive ou de sang. Puisque l'hypoxie peut entraîner un dommage cérébral en quelques minutes, l'anesthésiologiste et l'infirmière en service externe doivent évaluer l'oxygénation de la personne avec une grande vigilance. Ils doivent aussi vérifier fréquemment la perfusion périphérique et surveiller continuellement les résultats de la sphygmooxymétrie (saturométrie).

HYPOTHERMIE

La température corporelle de la personne peut chuter pendant l'anesthésie. Le métabolisme du glucose est ralenti, ce qui peut entraîner une acidose métabolique. Il en résulte alors une hypothermie, c'est-à-dire une baisse de la température centrale du corps sous les limites de la normale, soit en dessous de 36,6 °C. L'hypothermie peut être causée par la basse température de la salle d'opération, la perfusion de liquides froids, l'inhalation de gaz froids, la pratique d'une incision ou l'ouverture d'une cavité corporelle, la diminution de l'activité musculaire, l'âge avancé de la personne ou l'administration de certains médicaments (vasodilatateurs, phénothiazines, anesthésiques généraux). Pour certaines opérations, telles que les interventions cardiaques nécessitant la circulation extracorporelle, on provoque délibérément une hypothermie dans le but de réduire la vitesse du métabolisme (Finkelmeier, 2000).

Il est essentiel de prévenir l'hypothermie, mais lorsqu'elle se produit, il faut la faire rétrocéder ou empêcher son aggravation. Si elle a été provoquée intentionnellement, on doit ramener la température corporelle à la normale avec précaution. On peut élever temporairement la température ambiante dans la salle d'opération pour qu'elle soit entre 25 et 26,6 °C. On doit réchauffer à 37 °C les liquides de perfusion ou d'irrigation. Les blouses et les draps mouillés doivent être remplacés sans délai, car ils favorisent les pertes de chaleur. Lorsqu'on réchauffe une personne, on doit le faire graduellement, jamais rapidement, quelle que soit la méthode utilisée. Tout au long de l'intervention, il est essentiel de vérifier constamment la température centrale, le débit urinaire, l'ECG, la pression artérielle, les gaz artériels et les électrolytes sériques.

HYPERTHERMIE MALIGNE

L'hyperthermie maligne est un trouble musculaire héréditaire, provoqué par certains anesthésiques (Fortunato-Phillips, 2000 ; Vermette, 1998). Il est essentiel de surveiller les personnes qui sont prédisposées à l'hyperthermie maligne, car elle est fatale dans plus de 50 % des cas. Les personnes à risque sont notamment celles qui ont une importante masse musculaire, des antécédents de crampes ou de faiblesse musculaires et des antécédents d'hyperthermie dont la cause est inconnue, ainsi que celles dont un membre de la famille est mort de cause inconnue pendant une intervention chirurgicale au cours de laquelle il a présenté une poussée fébrile.

Physiopathologie

Ce sont généralement des anesthésiques puissants, tels que les liquides volatils ou la succinylcholine, qui déclenchent les symptômes de l'hyperthermie maligne au cours d'une anesthésie (Fortunato-Philips, 2000). Le stress peut aussi provoquer ou intensifier ce trouble.

La physiopathologie de l'hyperthermie maligne est reliée à l'activité des cellules musculaires. Celles-ci contiennent un liquide (le sarcoplasme) retenu à l'intérieur d'une membrane. Le calcium, essentiel à la contraction musculaire, est normalement stocké dans des vésicules qui composent le réticulum sarcoplasmique (Fortunato-Phillips, 2000). Quand des influx nerveux stimulent les cellules musculaires, les vésicules libèrent le calcium, ce qui permet la contraction du muscle. Le calcium est ensuite retourné dans le réticulum sarcoplasmique grâce à un mécanisme de pompage, de telle sorte que le muscle peut alors se relâcher. Dans l'hyperthermie maligne, ce mécanisme est perturbé. Les ions calcium ne sont plus acheminés vers les vésicules et s'accumulent. Il en résulte un hypermétabolisme qui provoque une augmentation des contractions musculaires (rigidité), une hyperthermie et des lésions du système nerveux central.

Manifestations cliniques

Les premiers signes de l'hyperthermie maligne sont observés dans l'activité cardiovasculaire et musculosquelettique. La tachycardie (fréquence cardiaque supérieure à 150 battements par minute) est souvent le tout premier signe. La stimulation du système nerveux sympathique provoque, outre une tachycardie, de l'arythmie ventriculaire, de l'hypotension, une diminution du débit cardiaque, une oligurie et, plus tard, un arrêt cardiaque. Le transport anormal du calcium peut provoquer une rigidité musculaire et des mouvements tétaniques, souvent de la mâchoire. L'élévation de la température corporelle est généralement un signe tardif mais elle évolue rapidement, la température augmentant de 1 ou 2 °C toutes les cinq minutes (Meeker et Rothrock, 1999). La température peut atteindre ou même dépasser 40 °C en très peu de temps (Fortunato-Phillips, 2000).

Traitement médical

Il est essentiel de reconnaître dès le début les signes de l'hyperthermie maligne et de cesser d'administrer les anesthésiques dès leur apparition. Le traitement a pour but de ralentir le métabolisme, de corriger l'acidose métabolique et respiratoire, de supprimer les arythmies, de faire baisser la température corporelle, d'oxygéner et de nourrir les tissus et de corriger les déséquilibres électrolytiques. Le protocole de traitement publié par la Malignant Hyperthermia Association of North America (MHAUS) devrait être affiché dans la salle d'opération ou faire partie de la trousse d'intervention en cas d'hyperthermie maligne.

Dans la plupart des cas, l'hyperthermie maligne se manifeste entre 10 et 20 minutes après l'induction de l'anesthésie, mais elle peut apparaître à tout moment dans les 24 heures qui suivent l'opération. Dès qu'on pose un diagnostic d'hyperthermie maligne, on doit interrompre l'anesthésie et l'opération, et hyperventiler la personne avec de l'oxygène à 100 %.

De plus, on doit immédiatement administrer un myorelaxant, le dantrolène (Dantrium), et du bicarbonate de sodium (Fortunato-Phillips, 2000 ; Vermette, 1998). Pour évaluer l'état de la personne, il faut assurer un monitorage continu de tous les paramètres appropriés.

Soins et traitements infirmiers

Même si l'hyperthermie maligne est une complication rare, il est essentiel que l'infirmière sache quelles personnes y sont prédisposées, et elle doit être en mesure d'en reconnaître les signes. Elle doit également connaître les modalités de traitement et avoir à portée de la main les médicaments et le matériel nécessaires à ce traitement (Fortunato-Phillips, 2000). La vie de la personne peut en dépendre.

COAGULOPATHIE INTRAVASCULAIRE DISSÉMINÉE

La coagulopathie intravasculaire disséminée met la vie de la personne en danger. Elle est caractérisée par la formation de thrombus et par la déplétion de certaines protéines de coagulation (Dice, 2000). Son origine exacte n'est pas connue, mais on trouve parmi les facteurs prédisposants de nombreux troubles rencontrés lors d'opérations urgentes, tels que les traumatismes graves, les traumatismes crâniens, les transfusions massives, les lésions rénales ou hépatiques, les embolies ou encore le choc. Voir le chapitre 35 ⊂⊃ pour une description des signes, des symptômes, de l'évaluation et du traitement de cette affection.

DÉMARCHE SYSTÉMATIQUE
dans la pratique infirmière

Soins pendant l'opération

Le Perioperative Nursing Data Set (PNDS) est un modèle utile dont se servent les infirmières pendant la période peropératoire (figure 20-1, p. 581). L'infirmière peropératoire doit s'intéresser aux diagnostics infirmiers, aux interventions et aux résultats de l'opération relativement à l'expérience vécue par la personne et sa famille. Elle doit également contribuer à résoudre les problèmes traités en collaboration et à atteindre les objectifs visés.

▥ COLLECTE DES DONNÉES

Il importe de recueillir des données auprès de la personne et dans son dossier afin de cerner les facteurs susceptibles d'influer sur les soins et de contribuer à la mise sur pied d'une démarche de soins individualisée. L'infirmière peropératoire se sert de la collecte des données qui a été réalisée en période préopératoire et qui a été consignée dans le dossier de la personne. Les données comprennent l'évaluation de l'état psychologique (état de santé, état de conscience), de l'état psychosocial (niveau d'anxiété, problèmes de communication verbale, stratégies d'adaptation) et de l'état physique (champ opératoire, état de la peau et efficacité de la désinfection, articulations immobiles), ainsi que certaines questions d'éthique (encadré 21-4 ■).

ÉTHIQUE ET CONSIDÉRATIONS PARTICULIÈRES

Réanimer ou ne pas réanimer ?

SITUATION

Dans votre hôpital, selon une politique autorisée par l'ensemble du personnel médical, toute personne peut exprimer la volonté de ne pas être réanimée pendant une opération. Cette politique est conforme aux recommandations de l'American Society of Anesthesiologists à cet égard. Vous êtes en train de préparer une personne pour une opération, et l'anesthésiologiste rédige une ordonnance à l'encontre des volontés de la personne pour la durée de l'intervention. Le médecin refuse de parler de ce sujet à la personne.

DILEMME

La personne croit que ses volontés en matière de réanimation en cas d'arrêt cardiaque seront respectées, et le médecin ne croit pas pouvoir administrer l'anesthésie si l'ordonnance de non-réanimation est en vigueur.

DISCUSSION

- Quels sont les droits de la personne en ce qui a trait aux directives préalables ?
- Que pouvez-vous faire pour défendre la cause de la personne ?
- Devez-vous consulter le comité d'éthique de l'hôpital ?
- Comment pouvez-vous consulter le comité d'éthique ?

✸ ANALYSE ET INTERPRÉTATION

Diagnostics infirmiers

En se fondant sur les données recueillies, l'infirmière peut poser les diagnostics infirmiers suivants :

- Anxiété, reliée aux inquiétudes exprimées relativement à l'intervention chirurgicale ou à l'environnement de la salle d'opération
- Risque de blessure, relié à la position pendant l'opération et aux conditions propres à l'environnement de la salle d'opération
- Risque d'accident, relié à l'anesthésie et à l'intervention chirurgicale
- Trouble de la perception sensorielle (globale), relié à l'anesthésie générale ou à la sédation

Problèmes traités en collaboration et complications possibles

En se fondant sur les données recueillies, l'infirmière peut déterminer les complications susceptibles de survenir, notamment :

- Nausées et vomissements
- Anaphylaxie
- Hypoxie
- Hypothermie accidentelle
- Hyperthermie maligne
- Coagulopathie intravasculaire disséminée
- Infection

✸ PLANIFICATION

Les principaux objectifs sont les suivants : réduire l'anxiété ; prévenir les blessures liées à la position de la personne pendant l'opération ; assurer la sécurité ; préserver la dignité de la personne ; et prévenir les complications.

✸ INTERVENTIONS INFIRMIÈRES

Réduire l'anxiété

La salle d'opération peut sembler froide, austère et effrayante aux yeux de la personne, qui peut se sentir isolée ou tendue. L'infirmière doit se présenter, appeler la personne par son nom fréquemment et de manière chaleureuse, vérifier tous les détails, lui donner des explications, des encouragements et lui poser des questions, autant d'attentions qui rendront son comportement à la fois professionnel et amical et qui aideront la personne à se sentir en sécurité. Lorsqu'elle explique à celle-ci ce qu'elle peut attendre de l'intervention chirurgicale, l'infirmière doit utiliser des modes de communication élémentaires, notamment le toucher et le regard, afin de réduire l'anxiété. L'attention portée au confort physique de la personne (par exemple, lui fournir des couvertures chaudes ou la repositionner) contribue à la mettre à l'aise. Pour l'aider à se préparer à l'intervention et pour qu'elle ne se sente pas impuissante face aux événements, on peut notamment lui indiquer qui sera présent dans la salle et combien de temps durera l'opération.

Prévenir les blessures reliées à la position de la personne pendant l'opération

La position de la personne sur la table d'opération dépend de l'intervention chirurgicale qui doit être pratiquée et de l'état physique de la personne (figure 21-5 ■). Le risque d'inconfort transitoire ou même de blessure permanente est réel, car de nombreuses positions sont gênantes. L'hyperextension des articulations, la compression des artères, ou encore la pression sur les nerfs ou les protubérances osseuses entraînent habituellement un inconfort, simplement parce que la personne doit rester longtemps dans la même position (Meeker et Rothrock, 1999). Quand on installe une personne sur la table d'opération, il faut tenir compte des points suivants :

- La personne doit être dans une position aussi confortable que possible, qu'elle soit endormie ou éveillée.
- Le champ opératoire doit être exposé de façon adéquate.
- Les positions incommodes, les pressions indues, les tractions ainsi que l'utilisation d'étriers ne doivent pas gêner l'irrigation tissulaire.
- On doit s'assurer que rien ne gêne la respiration : pression sur les bras et la poitrine ou blouse trop serrée au niveau du cou et de la poitrine.
- On doit s'assurer de l'absence de pression indue sur les nerfs : des lésions graves ou une paralysie peuvent en effet résulter d'une mauvaise position des bras, des mains, des jambes ou des pieds. Les courroies qui retiennent les épaules doivent être coussinées de façon à prévenir des lésions nerveuses irréversibles, particulièrement si on doit adopter la position de Trendelenburg.
- On doit observer toutes les mesures de sécurité, particulièrement si la personne est maigre, âgée ou obèse, ou souffre d'une malformation (Curet, 2000).

A Personne allongée sur une table d'opération en vue d'une laparotomie. Noter la présence d'une courroie au-dessus des genoux.

B Personne dans la position de Trendelenburg. Noter la présence d'une courroie coussinée retenant les épaules. On doit s'assurer que la courroie n'exerce pas de pression sur le plexus brachial.

C Personne en position gynécologique. Noter que les hanches dépassent du bord de la table.

D Personne placée en vue d'une intervention aux reins, couchée sur le côté non atteint. La table est articulée, ce qui permet d'agrandir l'espace entre les côtes inférieures et le pelvis. La jambe du dessus est en extension, celle du dessous est fléchie au niveau du genou et de la hanche. Un oreiller est placé entre les jambes.

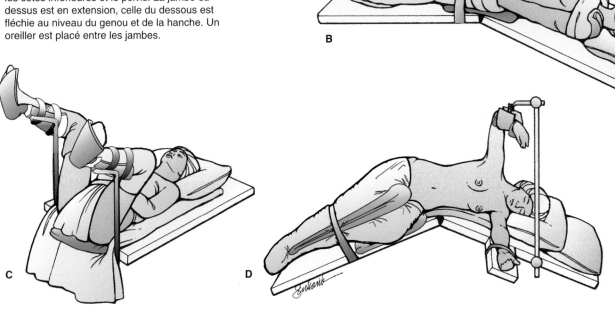

FIGURE 21-5 ■ Différentes positions chirurgicales. Les mesures de sécurité et de bien-être sont indiquées dans les légendes. Tous les opérés doivent porter un bonnet qui recouvre complètement les cheveux.

■ Une légère contention est nécessaire avant l'induction de l'anesthésie, à cause des risques d'excitation.

Dans la position courante en chirurgie, le décubitus dorsal, la personne est couchée sur le dos. L'un de ses bras est placé sur le côté de la table, la paume vers le bas; l'autre est soigneusement immobilisé sur un support de bras, de façon à faciliter la perfusion intraveineuse de liquides, de sang ou de produits médicamenteux. C'est la position généralement choisie lorsqu'on effectue des opérations abdominales, sauf celles qui touchent la vessie et la région pelvienne (figure 21-5A ■).

La position de Trendelenburg est généralement utilisée lorsqu'on effectue des opérations touchant la partie inférieure de l'abdomen et la région pelvienne, ce qui permet de déplacer les intestins vers le thorax et d'obtenir une bonne exposition du site opératoire. Dans cette position, la tête et le tronc de la personne sont inclinés vers le bas. Des courroies coussinées placées au niveau des épaules retiennent la personne (figure 21-5B ■).

La position gynécologique est utilisée dans presque toutes les opérations touchant le périnée, le rectum et le vagin (figure 21-5C ■). Dans cette position, la personne est couchée sur le dos, les jambes et les cuisses fléchies, les pieds retenus dans des étriers.

La position de Sims, ou position latérale, est utilisée en chirurgie rénale. La personne repose sur le côté non atteint, un oreiller gonflé à l'air de 12,5 à 15 cm d'épaisseur placé sous la région lombaire. Une table articulée spéciale peut être utilisée (figure 21-5D ■).

Pour d'autres interventions (par exemple, en neurochirurgie ou en chirurgie abdominale thoracique), il arrive qu'il soit nécessaire d'installer la personne dans une position spéciale et qu'on ait besoin d'équipements supplémentaires, selon l'approche chirurgicale employée.

Protéger la personne contre les blessures

L'une des façons de prévenir les blessures est de procurer à la personne un environnement sécuritaire. Un éventail de mesures permet de remédier aux divers problèmes de sécurité pouvant survenir en salle d'opération. Il incombe notamment à l'infirmière de vérifier l'exactitude des informations, de s'assurer que le formulaire de vérification préopératoire est complet, de veiller au maintien de l'asepsie chirurgicale et de voir à ce que les conditions ambiantes dans la salle d'opération soient idéales. De même, l'infirmière en service externe doit veiller à ce que tous les documents exigés soient dûment remplis. Il faut identifier la personne et s'assurer du type d'intervention chirurgicale prévu et de la sorte d'anesthésique qui sera employé. Il est important de vérifier que le dossier de la personne contient les éléments suivants :

- Formulaire de consentement éclairé approprié, dûment signé par la personne

- Dossier complet comprenant des renseignements sur l'anamnèse et les examens physiques

- Résultats des examens paracliniques

- Allergies de la personne (y compris au latex)

L'infirmière peropératoire doit non seulement s'assurer que toutes les données concernant la personne ont été recueillies, mais elle doit aussi veiller à ce que tout l'équipement nécessaire à l'intervention chirurgicale soit réuni. Elle doit évaluer le besoin de médicaments inhabituels, de produits sanguins, d'instruments et d'autre matériel, tout en s'assurant que la salle est prête et que tous les instruments, le matériel de suture et de pansement sont prévus. Elle doit également déterminer tous les éléments liés à l'environnement de la salle d'opération susceptibles de nuire à la personne ; il peut s'agir de la température et du degré d'humidité de la salle, des risques électriques, des contaminants éventuels (poussière, sang ou sécrétions sur le plancher ou les surfaces, cheveux à découvert, vêtements inadéquats ou bijoux portés par des membres du personnel), ainsi que des déplacements superflus. L'infirmière en service externe doit aussi installer le matériel de succion et s'assurer qu'il fonctionne bien, mettre en place les appareils de surveillance effractive, aider à l'insertion de l'accès vasculaire et des dispositifs de surveillance (canule artérielle, cathéter Swan-Ganz, cathéter veineux central, perfusions intraveineuses) et prendre les mesures nécessaires pour assurer le confort de la personne.

Afin de prévenir toute blessure au cours de l'opération, on doit utiliser les attaches de sécurité ainsi que les ridelles, et on ne doit jamais laisser seule une personne sous sédation. Pour déplacer une personne de la civière à la table d'opération, on doit employer une méthode de transfert sûre. D'autres mesures de sécurité consistent à installer correctement le bornier de mise à la terre sous la personne afin de prévenir les brûlures et les décharges électriques, à débarrasser sa peau du surplus de povidone-iode (Betadine) ou de tout autre germicide utilisé en chirurgie, ainsi qu'à couvrir rapidement et en totalité les parties du corps exposées après la mise en place du champ stérile, dans le but de réduire le risque d'hypothermie.

Afin de prévenir les complications résultant d'une perte de sang excessive, l'infirmière doit assurer la conservation du sang à l'aide d'appareils tels qu'un récupérateur de sang (appareil qui permet la recirculation des cellules sanguines de la personne) ou administrer des produits sanguins (Finkelmeier, 2000). Les personnes qui subissent une opération chirurgicale élective ont rarement besoin d'une transfusion sanguine. Toutefois, celles qui subissent une opération à risque élevé (par exemple, chirurgie orthopédique ou cardiaque) peuvent avoir besoin d'une transfusion pendant l'opération. Dans cette éventualité, l'infirmière en service externe doit veiller à ce que des culots de sang compatible soient en réserve et se tenir prête à administrer le sang (Meeker et Rothrock, 1999).

Soutenir la personne

La personne sous anesthésie générale ou sédation modérée subit une altération ou une perte temporaire de sensibilité et de perception. Elle a donc particulièrement besoin de protection et d'appui. L'infirmière se porte à la défense des intérêts de la personne en salle d'opération, en veillant à son bien-être physique et émotionnel et en préservant son intimité, ses droits et sa dignité. Consciente ou non, la personne ne doit être exposée à aucun bruit excessif, à aucune conversation inconvenante et, par-dessus tout, à aucun commentaire déplaisant. Aussi étonnant que cela puisse paraître, il arrive que l'apparence physique, l'emploi ou les antécédents personnels fassent l'objet de plaisanteries en salle d'opération. On a d'ailleurs signalé des cas où la personne, apparemment sous anesthésie profonde, se souvenait de tout le déroulement de l'opération, y compris des remarques désobligeantes de certains membres du personnel de la salle d'opération. En tant que protectrice des intérêts de la personne, l'infirmière ne doit jamais participer à ce genre de conversation, et elle est tenue de décourager les autres de le faire. L'infirmière doit également pallier l'ambiance clinique et déshumanisante de l'intervention chirurgicale en veillant à ce que la personne soit traitée en tant qu'être humain, en s'assurant que ses valeurs culturelles et spirituelles sont respectées, que son intimité est préservée et que la confidentialité est protégée.

Surveiller et traiter les complications

Il appartient au chirurgien et à l'anesthésiologiste de surveiller et de traiter les éventuelles complications. Toutefois, l'infirmière en salle d'opération a également un rôle important à jouer à cet égard. Elle doit non seulement être à l'affût des changements qui peuvent survenir dans les signes vitaux de la personne et déceler les symptômes de nausée, de vomissements, d'anaphylaxie, d'hypoxie, d'hypothermie, d'hyperthermie maligne ou de coagulopathie intravasculaire disséminée, mais elle doit aussi les signaler et contribuer à leur traitement (Dice, 2000 ; Fortunato-Phillips, 2000). Voir plus haut la description de chacune de ces complications. Il incombe à tous les membres de l'équipe chirurgicale de maintenir l'asepsie et de prévenir les infections.

ÉVALUATION

Résultats escomptés

Les principaux résultats escomptés sont les suivants :

1. La personne manifeste un faible niveau d'anxiété.
2. Elle ne subit aucune blessure reliée à sa position pendant l'opération.
3. Elle n'est exposée à aucun risque inattendu pour sa sécurité.
4. Elle conserve sa dignité tout au long de l'intervention.
5. Elle n'est sujette à aucune complication ou elle bénéficie d'un traitement efficace contre les effets indésirables de l'intervention et de l'anesthésie.

EXERCICES D'INTÉGRATION

1. Une personne est sur le point de subir une intervention chirurgicale. Pendant qu'elle est dans la salle d'attente, elle affirme n'avoir reçu aucune consigne l'enjoignant de ne pas prendre ses médicaments habituels (antihypertenseurs, diurétique, digoxine, chlorure de potassium, injections d'insuline), et qu'elle les a par conséquent pris quelques heures auparavant. Quelles sont les conséquences en ce qui a trait aux soins et au bien-être de la personne avant, pendant et immédiatement après l'opération?

2. En quoi les responsabilités de l'infirmière en salle d'opération sont-elles différentes lorsqu'elle prodigue des soins aux personnes qui reçoivent une anesthésie générale, une sédation, une anesthésie rachidienne et une anesthésie régionale?

3. Pendant qu'elle est transférée de la civière à la table d'opération, une personne affirme que l'intervention la rend très nerveuse, parce qu'elle a déjà vécu de mauvaises expériences à cet égard. Quelle évaluation doit-on faire et quelles interventions doit-on effectuer?

RÉFÉRENCES BIBLIOGRAPHIQUES

en anglais • en français

L'astérisque indique un compte rendu de recherche en soins infirmiers.

AIISOC (2003). *Normes de pratiques recommandées. Lignes directrices et énoncés de position pour la pratique en soins infirmiers périopératoires* (5ᵉ éd.).

Aranda, M., & Hanson, W. (2000). Anesthetics, sedatives, and paralytics: Understanding their use in the intensive care unit. *Surgical Clinics of North America, 80*(3), 933–947.

Curet, M. (2000). Special problems in laparoscopic surgery: Previous abdominal surgery, obesity, and pregnancy. *Surgical Clinics of North America, 80*(4), 1093–1110.

Dice, R. (2000). Intraoperative disseminated intravascular coagulopathy. *Critical Care Nursing Clinics of North America, 12*(2), 175–180.

Dudek, S.G. (2001). *Nutrition essentials for nursing practice.* Philadelphia: Lippincott Williams & Wilkins.

Finkelmeier, B. (2000). *Cardiothoracic surgical nursing* (2nd ed.). Philadelphia: Lippincott Williams & Wilkins.

Fortunato, N. (2000). *Berry and Kohn's operating room technique* (9th ed.). St. Louis: Mosby, Inc.

Fortunato-Phillips, N. (2000). Malignant hyperthermia: Update 2000. *Critical Care Nursing Clinics of North America, 12*(2), 199–210.

JCAHO – Joint Commission on Accreditation of Healthcare Organizations. (2001). *Revisions to anesthesia care standards for comprehensive accreditation manual for ambulatory care.* Philadelphia: Lippincott Williams & Wilkins.

Kassam, A., Carrau, R., Horowitz, M., Snyderman, C., Hirsch, B., & Welch, W. (2002). The role of fibrin sealants in cranial-based surgery. *Clinical Update, 1280,* 1–36.

*Larsen, E., Aiello, A., Heilman, J., Lyle, C., Cronquist, A., Stahl, J., & Dello-Latta, P. (2001). Comparison of different regimens for surgical hand preparation. *AORN Journal, 73*(2), 412–432.

Meeker, M.H., & Rothrock, J.C. (1999). *Alexander's care of the patient in surgery* (11th ed.). St. Louis: Mosby Year Book.

Patterson, C. (2000a). New rules impact sedation and anesthesia care, Part 1. *Nursing Management, 31*(5), 22.

Patterson, C. (2000b). New rules impact sedation and anesthesia care, Part 2. *Nursing Management, 31*(6), 16–17.

Phippen, M., & Wells, M. (2000). *Patient care during operative and invasive procedures.* Philadelphia: WB Saunders.

Polanczyk, C., Marcantonio, E., Goldman, L., et al. (2001). Impact of age on perioperative complications and length of stay in patients undergoing noncardiac surgery. *Annals of Internal Medicine, 134*(8), 637–643.

Rothrock, J. (1999). *The RN first assistant: An expanded perioperative nursing role* (3rd ed.). Philadelphia: Lippincott.

Société canadienne des anesthésiologistes (2004). *Guide d'exercice de l'anesthésie.* http://www.cas.ca.

Townsend, C. (2002). *Pocket companion to Sabiston textbook of surgery* (16th ed.). Philadelphia: WB Saunders.

Vargas, G., & Reger, T. (2000). An alternative to sutures. *MedSurg Nursing, 9*(2), 83–85.

Vermette, E. (1998). Emergency! Malignant hyperthermia. *American Journal of Nursing, 98*(4), 45.

Winslow, E., & Jacobson, A. (2000). Can a fashion statement harm the patients? *American Journal of Nursing, 100*(9), 63–65.

En complément de ce chapitre, vous trouverez sur le Compagnon Web:
- une bibliographie exhaustive;
- des ressources Internet.

Adaptation française
Marie-Claude Thériault, B.Sc.inf., M.Sc.inf.
Professeure, École de science infirmière –
Université de Moncton

Période postopératoire

Objectifs d'apprentissage

Après avoir étudié ce chapitre, vous pourrez:

1. Décrire le rôle de l'infirmière de la salle de réveil dans la prévention des complications postopératoires immédiates.

2. Comparer les soins postopératoires prodigués à la personne opérée en chirurgie ambulatoire avec ceux de la personne hospitalisée.

3. Reconnaître les problèmes postopératoires fréquents et indiquer comment les traiter.

4. Décrire les aspects des soins postopératoires propres à la personne âgée.

5. Décrire les variables qui influent sur la cicatrisation des plaies.

6. Faire la démonstration des techniques d'application de pansements postopératoires.

7. Nommer les critères d'évaluation permettant le dépistage précoce des complications postopératoires.

La période postopératoire commence au moment où la personne quitte la salle d'opération et se termine par la dernière visite de suivi du chirurgien. Elle peut durer à peine une semaine ou s'étendre sur plusieurs mois. Au cours de cette période, les soins et traitements infirmiers visent à rétablir l'équilibre physiologique de la personne, à soulager sa douleur, à prévenir les complications et à lui enseigner les autosoins. Afin d'aider la personne à recouvrer un fonctionnement optimal rapidement, en toute sécurité et avec le moins de douleur possible, l'infirmière doit procéder à une évaluation minutieuse de son état et intervenir immédiatement, s'il y a lieu. Le rétablissement sans complications est favorisé par la continuité des soins après l'intervention chirurgicale, comme les soins à domicile, les consultations à la clinique ou au cabinet du médecin et le suivi par téléphone.

Salle de réveil

La **salle de réveil** est adjacente aux salles d'opération. On y place les personnes qui sont encore sous l'effet de l'anesthésie ou qui récupèrent après celle-ci, afin qu'elles soient à proximité d'infirmières expérimentées et hautement qualifiées, d'anesthésiologistes et de chirurgiens, qui disposent du matériel spécialisé, des appareils de surveillance et de soutien hémodynamique et pulmonaire, et des médicaments appropriés (Litwack, 1999; Meeker et Rothrock, 1999).

La salle de réveil doit être calme, propre et dégagée de tout appareil inutile. Elle est peinte de couleurs sobres et agréables, et dotée d'un éclairage indirect; le plafond est insonorisé et le matériel est conçu de manière à éviter ou à limiter le bruit (haricots en plastique, tables et lits munis de pare-chocs en caoutchouc); elle prévoit des espaces isolés mais à la vue pour les personnes agitées. La salle de réveil doit également être bien aérée. Tous ces éléments concourent au bien-être psychologique et physique de la personne. Les lits en salle de réveil doivent permettre un accès facile à la personne. Ils doivent être sécuritaires et faciles à déplacer, et

être placés de façon à simplifier les soins en cas d'état de choc. Ils doivent être pourvus d'accessoires utiles comme une tige à soluté, des ridelles et des freins. Dans les centres où les dossiers ne sont pas informatisés, les lits doivent également être pourvus d'un support pour le rangement du dossier.

PHASES DES SOINS POSTANESTHÉSIQUES

Les soins postanesthésiques de certains hôpitaux et centres de chirurgie ambulatoire sont divisés en deux phases (Litwack, 1999; Meeker et Rothrock, 1999). Dans la **salle de réveil de phase I**, où sont placées les personnes au cours de la période de récupération immédiate, on prodigue des soins et traitements infirmiers intensifs. La **salle de réveil de phase II** est réservée aux personnes dont l'état exige moins de soins et traitements infirmiers et une observation moins stricte. Dans cette seconde salle de réveil, les personnes sont préparées en vue de leur congé. On y trouve souvent des fauteuils inclinables plutôt que des civières ou des lits. Les personnes peuvent demeurer à la salle de réveil de phase II – qu'on appelle aussi unité de diminution progressive des soins ou unité de soins progressifs – jusqu'à quatre ou même six heures, selon le type de chirurgie qu'elles ont subie et selon leur état avant l'intervention. Dans les établissements qui ne séparent pas les salles de réveil de phase I et de phase II, les personnes reçoivent parfois leur congé de l'hôpital immédiatement après leur séjour en salle de réveil.

Les infirmières des salles de réveil de phase I et de phase II ont des compétences particulières. L'infirmière de salle de réveil de phase I surveille fréquemment (toutes les 15 minutes) le pouls, l'électrocardiogramme, la fréquence respiratoire, la pression artérielle et la lecture du sphygmooxymètre, ou saturomètre (c'est-à-dire le taux d'oxygène dans le sang). Dans certains cas, la pression du gaz carbonique de fin d'expiration (PCO_2 de fin d'expiration) fait elle aussi l'objet d'une surveillance. Les voies respiratoires de la personne peuvent aussi s'obstruer en raison des effets latents de l'anesthésie récente, et l'infirmière de salle de réveil doit être prête à assister l'anesthésiologiste s'il doit effectuer une réintubation et à faire face à toute autre situation d'urgence qui pourrait se présenter. Les compétences particulières de l'infirmière de salle de réveil de phase II sont l'évaluation clinique et l'enseignement à la personne.

VOCABULAIRE

Cicatrisation par deuxième intention: type de cicatrisation dans lequel les lèvres de la plaie ne sont pas rapprochées chirurgicalement et la continuité tégumentaire est restituée par un processus naturel appelé granulation.

Cicatrisation par première intention: type de cicatrisation dans lequel les lèvres de la plaie sont rapprochées chirurgicalement et la continuité tégumentaire est restituée sans granulation.

Cicatrisation par troisième intention: type de cicatrisation dans lequel le rapprochement chirurgical des lèvres de la plaie se fait tardivement, et où la continuité tégumentaire est restituée par apposition des zones de granulation.

Déhiscence: séparation partielle ou complète des lèvres d'une plaie.

Éviscération: protrusion des organes abdominaux à travers l'incision chirurgicale.

Salle de réveil: lieu où s'effectue la surveillance postopératoire des personnes pendant qu'elles récupèrent après l'anesthésie.

Salle de réveil de phase I: lieu réservé aux soins des personnes immédiatement après l'intervention chirurgicale et des personnes dont l'état requiert une surveillance étroite.

Salle de réveil de phase II: lieu réservé aux soins des personnes qui ont été transférées d'une salle de réveil de phase I parce que leur état ne requiert plus une surveillance aussi étroite.

ADMISSION DE LA PERSONNE EN SALLE DE RÉVEIL

Le transport de la personne de la salle d'opération à la salle de réveil s'effectue sous la direction de l'anesthésiologiste. Pendant ce déplacement, l'anesthésiologiste demeure à la tête de la civière (pour surveiller les voies respiratoires), et un membre de l'équipe chirurgicale reste au pied. Une attention spéciale est accordée à la région de l'incision chirurgicale, aux changements vasculaires éventuels et à l'exposition aux facteurs (ou éléments externes). Il faut tenir compte de l'incision chaque fois qu'on déplace une personne qui vient de subir une intervention chirurgicale; en effet, les plaies sont souvent refermées dans des conditions de grande tension, et on doit éviter de les distendre davantage. La personne doit être installée de telle sorte qu'elle ne repose pas sur les drains ou sur les tubes, ce qui risquerait de les obstruer. On peut provoquer une hypotension orthostatique grave en modifiant la position d'une personne, par exemple en la faisant passer de la position gynécologique à la position horizontale, ou du décubitus latéral au décubitus dorsal. Il importe donc que tous les déplacements soient faits lentement et avec soin. Dès que la personne est sur la civière ou sur le lit, on remplace sa chemise d'hôpital souillée par une chemise sèche, puis on la recouvre de couvertures légères et on la réchauffe. Les ridelles doivent être remontées afin de prévenir les chutes.

L'infirmière qui admet la personne en salle de réveil passe en revue les points suivants avec l'anesthésiologiste:

- Le diagnostic médical et la nature de l'intervention chirurgicale
- Les antécédents médicaux pertinents et les allergies
- L'âge de la personne et son état général, la perméabilité de ses voies respiratoires et ses signes vitaux
- Les anesthésiques et autres médicaments reçus pendant l'intervention (opioïdes et autres analgésiques, myo-relaxants, antibiotiques)
- Les complications survenues en salle d'opération susceptibles d'avoir une incidence sur les soins postopératoires (hémorragie importante, choc, arrêt cardiaque)
- Les conditions pathologiques constatées (si l'opération a révélé la malignité d'une tumeur, l'infirmière doit savoir si la personne ou la famille ont été informées)
- Les solutions administrées, les pertes sanguines estimées et leur remplacement
- La présence de tubes, de drains, de sondes ou d'autres dispositifs
- Les données particulières qui devront être signalées, le cas échéant, au chirurgien ou à l'anesthésiologiste (pression artérielle ou fréquence cardiaque au-dessus ou au-dessous d'un seuil donné)

SOINS ET TRAITEMENTS INFIRMIERS EN SALLE DE RÉVEIL

En salle de réveil, la tâche de l'infirmière consiste à donner des soins à la personne jusqu'à ce que cette dernière ne soit plus sous l'effet de l'anesthésie (retour des fonctions motrices et sensorielles), qu'elle ait retrouvé son orientation, que ses signes vitaux soient stables et qu'elle ne présente aucun signe d'hémorragie ou d'une autre complication.

Évaluer l'état de la personne

L'évaluation fréquente et compétente du taux de saturation en oxygène du sang, du pouls et de sa régularité, de la profondeur et de la qualité de la respiration, de la coloration de la peau, du degré de conscience et de la capacité de réagir aux directives est au cœur des soins et traitements infirmiers en salle de réveil. Après avoir effectué une évaluation de base, l'infirmière examine la région de l'incision pour déceler tout écoulement ou hémorragie; elle s'assure que tous les drains et les moniteurs fonctionnent normalement.

Après l'évaluation initiale, l'infirmière prend les signes vitaux et note l'état physique général de la personne au moins toutes les 15 minutes. La perméabilité des voies respiratoires et la fonction respiratoire sont toujours évaluées en premier, puis viennent la fonction cardiovasculaire, l'aspect de la région de l'incision et, enfin, la fonction du système nerveux central. L'infirmière doit connaître les antécédents de la personne qui pourraient avoir de l'importance ici (surdité partielle, convulsions, diabète, allergies à certains médicaments ou au latex).

Maintenir la perméabilité des voies respiratoires

L'objectif premier au cours de la période postopératoire immédiate est de maintenir la ventilation pulmonaire de façon à prévenir l'hypoxémie (insuffisance du taux d'oxygène dans le sang) et l'hypercapnie (excès de gaz carbonique dans le sang), qui peuvent survenir si les voies respiratoires sont obstruées (amenant une hypoventilation). En plus d'administrer l'oxygène, selon l'ordonnance du médecin, l'infirmière évalue la fréquence et la profondeur respiratoires, l'aisance de la respiration, la saturation en oxygène et les bruits respiratoires (Litwack, 1999; Meeker et Rothrock, 1999).

Si la durée de l'anesthésie a été prolongée, la personne sera généralement inconsciente, et tous ses muscles seront relâchés. Cette myorelaxation s'étend aux muscles du pharynx. Lorsque la personne est en décubitus dorsal, sa mâchoire inférieure et sa langue tombent vers l'arrière et empêchent le passage de l'air (figure 22-1A ■). Ce phénomène s'appelle obstruction laryngopharyngienne. Les signes de cette occlusion sont la suffocation, une respiration bruyante et irrégulière, la diminution du taux d'oxygène dans le sang et une coloration bleue de la peau apparaissant en quelques minutes (cyanose). Comme les mouvements du thorax et du diaphragme ne signifient pas nécessairement que la personne respire, l'infirmière doit placer la paume de la main devant le nez et la bouche de celle-ci pour sentir l'air expiré.

> **● ALERTE CLINIQUE** *Le traitement d'une obstruction laryngopharyngienne consiste à incliner la tête de la personne vers l'arrière et à faire glisser la mâchoire inférieure vers l'avant en exerçant une pression dans l'angle de celle-ci, comme pour forcer les dents du bas à dépasser celles du haut (figure 22-1B et C). Cette manœuvre a pour effet de tirer la langue en avant et de permettre le passage de l'air.*

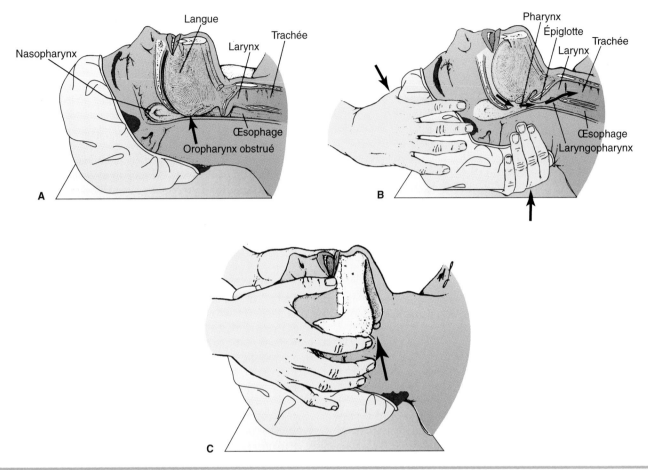

FIGURE 22-1 ■ **(A)** Obstruction laryngopharyngienne causée par une flexion du cou qui fait tomber le menton vers la poitrine; ce genre d'obstruction se produit presque toujours quand la tête est en position droite. **(B)** La tête est inclinée vers l'arrière pour étirer la partie antérieure du cou, ce qui soulève la base de la langue et dégage la paroi postérieure du pharynx. Les flèches indiquent la direction de la pression des mains. **(C)** Ouverture de la bouche pour corriger une obstruction des voies nasales en cours d'expiration; ce genre d'obstruction se produit chez environ 30 % des personnes inconscientes. Après avoir ouvert la bouche de la personne en séparant ses lèvres et ses dents, pousser vers l'avant la mâchoire inférieure de manière à ce que les dents du bas soient plus avancées que celles du haut. Pour incliner la tête vers l'arrière, soulever la mâchoire avec les deux mains au niveau de l'angle avec la branche ascendante.

L'anesthésiologiste peut avoir laissé une canule de caoutchouc ou de plastique (canule oropharyngée) dans la bouche de la personne (figure 22-2 ■) pour garder les voies respiratoires dégagées. Ce dispositif doit être maintenu en place jusqu'à ce que des signes comme des haut-le-cœur indiquent le retour du réflexe de déglutition. La personne peut aussi se présenter en salle de réveil avec un tube endotrachéal en place et avoir besoin d'une ventilation assistée. Certaines personnes, en particulier celles qui ont subi une intervention chirurgicale longue ou importante, peuvent être transférées directement de la salle d'opération à l'unité de soins intensifs, ou de la salle de réveil à l'unité de soins intensifs alors qu'elles sont encore intubées et dépendent d'une ventilation mécanique.

La sécrétion excessive de mucus ou l'aspiration de vomissures peuvent également provoquer des problèmes respiratoires. En tournant la personne sur le côté, on permet aux liquides accumulés de s'échapper par un coin de la bouche. Si les dents sont serrées, on peut forcer l'ouverture de la bouche de la personne en y introduisant avec précaution un abaisse-langue coussiné. À moins de contre-indication, la tête du lit est surélevée de 15 à 30 degrés, et la personne fait l'objet d'une surveillance étroite afin que les voies respiratoires restent dégagées et que les risques d'aspiration soient réduits. Si la personne vomit, on la tourne en décubitus latéral pour prévenir l'aspiration, et les vomissures sont recueillies dans un haricot. On aspire le mucus ou les vomissures obstruant le pharynx ou la trachée à l'aide d'un appareil d'aspiration pharyngienne ou d'un cathéter nasal qu'on introduit dans le nasopharynx ou l'oropharynx. Le cathéter peut être inséré sans danger sur une distance de 15 à 20 cm. Il faut user de précautions lorsqu'on aspire les sécrétions de la gorge chez les personnes qui ont subi une amygdalectomie ou une autre chirurgie buccale ou laryngienne afin de prévenir les saignements et la douleur.

Préserver la stabilité cardiovasculaire

L'infirmière évalue la stabilité cardiovasculaire de la personne par son état mental, ses signes vitaux, son rythme cardiaque, son débit urinaire ainsi que la température, la coloration et l'hydratation de sa peau. La pression veineuse centrale, la

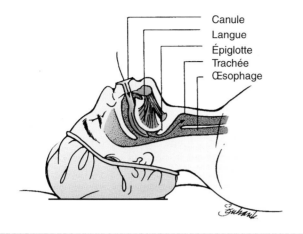

FIGURE 22-2 ■ Utilisation d'une canule pour prévenir les difficultés respiratoires après l'anesthésie. La canule s'appuie sur la base de la langue et permet le passage de l'air vers le pharynx, au niveau de l'épiglotte. La personne quitte souvent la salle d'opération avec ce genre de dispositif et le garde jusqu'à ce qu'elle ait suffisamment récupéré pour respirer normalement. Lorsque la personne reprend conscience, la canule doit être retirée parce qu'elle cause habituellement de l'irritation.

Canule
Langue
Épiglotte
Trachée
Œsophage

pression artérielle pulmonaire et les voies intra-artérielles sont monitorées si l'état de la personne le requiert. L'infirmière vérifie également la perméabilité de toutes les voies intraveineuses. Les principales complications cardiovasculaires qu'on peut observer en salle de réveil sont l'hypotension artérielle et l'état de choc, l'hémorragie, l'hypertension artérielle et les arythmies cardiaques.

Hypotension artérielle et état de choc

La perte de sang, l'hypoventilation, les changements de position, l'accumulation de sang dans les extrémités ou les effets secondaires des médicaments et des anesthésiques peuvent entraîner une hypotension artérielle, mais la cause la plus fréquente est la baisse du volume sanguin circulant en raison des pertes de sang et de plasma. Si ces pertes excèdent 500 mL (en particulier si elles sont survenues brusquement), un remplacement est généralement indiqué.

L'état de choc, l'une des complications postopératoires les plus graves, peut être provoqué par l'hypovolémie. On peut décrire l'état de choc comme l'oxygénation cellulaire inadéquate accompagnée de l'incapacité d'éliminer les déchets métaboliques. Le choc hypovolémique est caractérisé par une chute de la pression veineuse, une hausse de la résistance périphérique et une tachycardie. Le choc neurogénique, moins fréquent chez la personne opérée, se produit lorsque la résistance artérielle diminue sous l'effet d'une anesthésie rachidienne. Il est caractérisé par une chute de la pression artérielle en raison de l'accumulation de sang dans les vaisseaux capacitifs dilatés (ceux dont la capacité peut varier). Le choc cardiogénique est improbable chez la personne opérée, sauf si cette dernière était déjà atteinte d'une maladie cardiaque grave ou si elle a souffert d'un infarctus du myocarde au cours de l'intervention. Voir le chapitre 15 pour une analyse détaillée de l'état de choc.

Les signes classiques de l'état de choc sont les suivants :

- Pâleur
- Peau froide et moite
- Tachypnée
- Cyanose des lèvres, des gencives et de la langue
- Pouls rapide, faible et filiforme
- Diminution de la pression différentielle
- Pression artérielle basse et urine concentrée

On peut presque toujours prévenir le choc hypovolémique en administrant au moment opportun des solutions intraveineuses, du sang, des produits sanguins et des médicaments qui élèvent la pression artérielle. D'autres facteurs peuvent contribuer à l'instabilité hémodynamique, et l'infirmière de la salle de réveil peut mettre en œuvre plusieurs mesures pour contrer leurs effets. On gère la douleur en veillant à ce que la personne soit installée aussi confortablement que possible et en lui administrant des opioïdes de façon judicieuse. On doit éviter toute exposition au froid et on doit maintenir la normothermie de façon à prévenir la vasodilatation.

Le remplacement hydrique est la première intervention en cas de choc. On administre une perfusion de lactate de Ringer ou de composants sanguins. On donne à la personne de l'oxygène à l'aide d'une canule nasale, d'un masque ou d'un appareil de ventilation mécanique. Des médicaments cardiotoniques, vasodilatateurs ou corticostéroïdes peuvent être prescrits afin d'améliorer la fonction cardiaque et de réduire la résistance vasculaire périphérique. On veille à garder la personne au chaud tout en évitant l'excès de chaleur et ce, pour empêcher les vaisseaux cutanés de se dilater et de priver ainsi de sang les organes vitaux. La personne est couchée à plat sur son lit et ses jambes sont surélevées. Afin d'obtenir des données sur l'état respiratoire et cardiovasculaire de la personne, l'infirmière surveille la fréquence respiratoire et celle du pouls, la pression artérielle, la concentration d'oxygène dans le sang, le débit urinaire, l'état de conscience, la pression veineuse centrale, la pression artérielle pulmonaire, la pression capillaire pulmonaire et le débit cardiaque. Les signes vitaux sont surveillés constamment jusqu'à ce que l'état de la personne se soit stabilisé.

Hémorragie

L'hémorragie est une complication rare mais grave qui peut entraîner la mort (Finkelmeier, 2000). Elle peut se présenter de façon insidieuse ou subite en tout temps au cours de la période postopératoire immédiate ou jusqu'à plusieurs jours après la chirurgie. Lorsque la perte de sang est extrême, la personne est anxieuse et agitée et elle a soif ; sa peau est froide, moite et pâle. La fréquence de son pouls augmente, sa température chute et sa respiration est rapide et profonde, souvent haletante (respiration de Kussmaul). Si l'hémorragie progresse sans être traitée, le débit cardiaque diminue, la pression artérielle et veineuse ainsi que le niveau d'hémoglobine diminuent rapidement, les lèvres et les conjonctives deviennent pâles ; la personne voit des points noirs, elle a des bourdonnements d'oreilles et elle s'affaiblit, mais demeure consciente presque jusqu'à la mort.

La transfusion de sang ou de produits sanguins et la détermination de la cause de l'hémorragie sont les premières mesures thérapeutiques à prendre. On doit toujours inspecter le siège de l'incision pour vérifier s'il y a saignement. Si un saignement est apparent, on applique un pansement de gaze stérile et un pansement compressif, et la région du saignement est surélevée, si possible jusqu'à la hauteur du cœur. La personne est placée en position de choc (en décubitus dorsal à plat ; jambes élevées à un angle de 20 degrés ; genoux en extension). Si on ne voit pas d'où vient le saignement, on peut ramener la personne à la salle d'opération pour explorer d'urgence le siège de l'opération.

> **ALERTE CLINIQUE** *Il est important de se rappeler que, à moins que l'hémorragie ait été enrayée, l'administration trop rapide ou d'une trop grande quantité de solution intraveineuse peut augmenter la pression sanguine au point de déclencher de nouveau le saignement.*

Une attention particulière doit être accordée aux personnes qui refusent de recevoir des transfusions sanguines, comme les Témoins de Jéhovah, et à celles qui ont précisé des demandes particulières dans leurs directives préalables ou dans leur testament biologique.

Hypertension artérielle et arythmies cardiaques

L'hypertension artérielle est fréquente au cours de la période postopératoire immédiate et est entraînée par la stimulation du système nerveux sympathique causée par la douleur, l'hypoxie ou la distension vésicale. Les arythmies cardiaques sont associées à un déséquilibre électrolytique, à une fonction respiratoire altérée, à la douleur, à l'hypothermie, au stress et aux anesthésiques. On traite ces deux affections en s'attaquant aux causes sous-jacentes.

Soulager la douleur et l'anxiété

On administre judicieusement des analgésiques opioïdes, souvent par intraveineuse, dans la salle de réveil (Meeker et Rothrock, 1999). Les analgésiques opioïdes intraveineux procurent un soulagement immédiat et leur effet est de courte durée, ce qui réduit les risques d'interaction médicamenteuse ou de dépression respiratoire prolongée quand les anesthésiques sont encore présents dans l'organisme. En plus de surveiller l'état physiologique de la personne et de maîtriser sa douleur, l'infirmière de la salle de réveil lui offre du soutien psychologique dans le but d'atténuer ses peurs et ses inquiétudes. L'infirmière vérifie si le dossier médical fait mention de préoccupations ou de besoins particuliers. Lorsque l'état de la personne le permet, un proche parent peut la visiter en salle de réveil pendant quelques instants. Cette mesure permet souvent de réduire l'anxiété de la famille et aide la personne à se sentir plus en sécurité.

Traiter les nausées et les vomissements

Les nausées et les vomissements sont des problèmes fréquents en salle de réveil. L'infirmière devrait intervenir dès que la personne signale une nausée plutôt que d'attendre qu'elle se mette à vomir.

Il existe de nombreux médicaments pour traiter les nausées et les vomissements sans causer de sédation excessive ; dans bien des cas, on les administre au cours de l'opération et à la salle de réveil (Meeker et Rothrock, 1999). L'administration par voie intraveineuse ou intramusculaire de dropéridol (Inapsine) est beaucoup moins fréquente qu'auparavant. En effet, depuis 2002, Santé Canada recommande qu'un ECG en continu soit fait avant, pendant et plusieurs heures après l'administration de dropéridol en raison du risque d'arythmies ventriculaires. D'autres médicaments souvent prescrits sont le métoclopramide (Maxeran, Reglan), la prochlorpérazine (Stemetil) et la dexaméthasone (Decadron) (Karch, 2002 ; Meeker et Rothrock, 1999). Bien qu'ils soient coûteux, l'ondansétron (Zofran), le granisétron (Kytril) et le dolasétron (Anzemet) sont fréquemment utilisés, car ce sont des antiémétiques efficaces ayant peu d'effets secondaires.

> **ALERTE CLINIQUE** *Au moindre signe de nausées, on doit tourner complètement la personne sur le côté pour favoriser l'écoulement des sécrétions buccales et prévenir l'aspiration des vomissures, qui pourrait causer une asphyxie fatale.*

Particularités reliées à la personne âgée

Pour déplacer une personne âgée de la table d'opération au lit ou à la civière, on doit procéder comme pour toutes les autres personnes, c'est-à-dire lentement et en douceur, tout en observant l'effet de ce mouvement sur la pression artérielle et la ventilation. L'infirmière veille particulièrement à garder la personne au chaud, car les personnes âgées sont plus susceptibles de souffrir d'hypothermie. On change fréquemment sa position afin de stimuler sa respiration et sa circulation et d'améliorer son bien-être.

Les soins postopératoires immédiats sont les mêmes pour la personne âgée que pour toute autre personne opérée ; toutefois, un soutien supplémentaire est prodigué si les fonctions cardiovasculaire, pulmonaire ou rénale sont altérées. Grâce aux techniques effractives de surveillance, il est possible de dépister une insuffisance cardiorespiratoire avant l'apparition des signes et symptômes. La personne âgée possède moins de réserves, et les réactions physiologiques au stress sont amoindries ou ralenties. Ces différences renforcent la nécessité d'exercer un contrôle étroit et de traiter rapidement l'hypotension, l'état de choc ou l'hémorragie. Grâce à l'amélioration des techniques de monitorage et à une meilleure préparation préopératoire, la plupart des personnes âgées tolèrent bien la chirurgie et s'en remettent sans complication.

La confusion postopératoire est fréquente chez les personnes âgées. Cette confusion est aggravée par l'isolement social, les appareils de contention, les anesthésiques et les analgésiques et la privation sensorielle. L'infirmière peut contribuer à la prévenir en réorientant la personne par rapport à son environnement et en utilisant des quantités moins élevées de sédatifs, d'anesthésiques et d'analgésiques. Toutefois, la douleur doit être maîtrisée, car une douleur non soulagée, en particulier celle ressentie au repos, peut augmenter le risque de délire (Lynch, Lazor, Gellis *et al.*, 1998). La confusion et l'agitation peuvent être la manifestation d'une hypoxie, d'une perte de sang ou d'un déséquilibre électrolytique. Il importe donc d'éliminer toutes les causes possibles de confusion avant de présumer qu'elle est reliée à l'âge, aux circonstances ou aux médicaments.

Établir le moment où la personne peut recevoir son congé de la salle de réveil

La personne reste en salle de réveil jusqu'à ce qu'elle se soit entièrement remise de l'anesthésie (Meeker et Rothrock, 1999). Les signes de récupération sont notamment une pression artérielle stable, une fonction respiratoire adéquate, un taux de saturation en oxygène adéquat et comparable au taux de référence et l'exécution de mouvements spontanés ou sur commande. On utilise habituellement les critères suivants pour déterminer si une personne est prête à quitter la salle de réveil :

- Signes vitaux stables
- Orientation dans l'espace, dans le temps, et face aux événements et aux personnes
- Fonction pulmonaire adéquate
- Oxymétrie indiquant une saturation en oxygène adéquate
- Débit urinaire de 30 mL/h ou plus
- Nausées ou vomissements absents ou éliminés
- Douleur minimale

Plusieurs hôpitaux utilisent une feuille de pointage (par exemple, la feuille de score d'Aldrete) pour évaluer l'état général de la personne et déterminer si elle peut quitter la salle de réveil (Quinn, 1999). Ainsi, on observe les signes physiques tout au long de la période de récupération et on leur attribue des points en se reportant à une série de critères objectifs (figure 22-3 ■). Ces critères sont inspirés de l'indice d'Apgar qu'on utilise pour mesurer l'état de santé des nouveau-nés. On évalue la personne à intervalles réguliers (par exemple à toutes les 15 ou 30 minutes), et le score total est noté dans le dossier. Les personnes qui obtiennent un indice inférieur à 7 doivent soit demeurer en salle de réveil jusqu'à ce leur état se soit amélioré, soit être transférées à une unité de soins intensifs. La décision se fonde en partie sur leur indice préopératoire, qui sert de référence.

C'est l'anesthésiologiste qui donne à la personne son congé de la salle de réveil de phase I ; la personne est alors transférée à l'unité de soins intensifs, à l'unité de soins médico-chirurgicaux ou à la salle de réveil de phase II ou, encore, elle peut rentrer à la maison sous la responsabilité d'un membre de la famille (Quinn, 1999). Certains centres hospitaliers possèdent un protocole de congé de la salle de réveil établi par le service d'anesthésie. Celui-ci permet à l'infirmière en salle de réveil de procéder au transfert ou au congé de la personne sans avoir à attendre l'ordonnance de l'anesthésiologiste. Les personnes qui retournent chez elles directement doivent recevoir d'abord des instructions verbales et écrites, et des renseignements sur le suivi à assurer.

Favoriser les soins à domicile et dans la communauté

Afin d'assurer la sécurité et la guérison de la personne, il importe de lui prodiguer un enseignement spécialisé et de planifier correctement son congé lorsqu'elle a subi une chirurgie d'un jour ou une chirurgie ambulatoire. Comme les anesthésiques entravent la mémoire à court terme, les instructions doivent être données à la fois à la personne et à l'adulte qui la raccompagnera à la maison (Quinn, 1999).

Enseigner les autosoins

La personne opérée et la personne qui lui prodiguera des soins (un membre de la famille ou un ami) sont informées des suites prévues et des changements postopératoires qui peuvent rendre les autosoins plus difficiles à réaliser pendant quelque temps (Fox, 1998 ; Quinn, 1999). On leur fournit des instructions écrites sur le soin et le traitement de la plaie, les activités et la diète recommandées, les médicaments et les visites de suivi à l'unité de chirurgie d'un jour ou au cabinet du chirurgien (Economou et Economou, 1999). On donne à la personne qui prodiguera les soins à domicile des instructions verbales et écrites sur ce qu'elle doit observer chez la personne opérée et sur les mesures à prendre s'il y a des complications. On remet à la personne opérée ses ordonnances. On lui confie également le numéro de téléphone de l'infirmière ou du chirurgien et on l'invite, de même que la personne qui lui donnera des soins, à téléphoner si elles se posent des questions et pour prendre les rendez-vous de suivi (encadré 22-1 ■).

Bien que le temps de récupération varie selon le type et l'importance de l'opération et l'état général, on recommande habituellement à la personne de limiter ses activités pendant 24 à 48 heures. Au cours de cette période, la personne ne doit pas conduire, ni consommer de boissons alcoolisées, ni s'adonner à des tâches qui exigent de l'énergie ou de l'adresse. Elle peut boire autant qu'elle le désire, mais doit manger moins qu'à l'habitude. On lui recommande de ne pas prendre de décisions importantes, car les médicaments, l'anesthésie et la chirurgie peuvent fausser son jugement.

Assurer le suivi

En chirurgie ambulatoire, la plupart des personnes se remettent rapidement et sans complication des interventions. Toutefois, certaines d'entre elles auront besoin de soins professionnels à domicile. Il peut s'agir de personnes âgées ou fragiles, de personnes vivant seules, ou encore de personnes atteintes d'une autre affection qui pourrait gêner les autosoins ou le retour à l'activité normale. L'infirmière qui prodigue les soins à domicile évalue l'état physique de la personne (l'état de ses fonctions cardiovasculaire et respiratoire, la gestion de la douleur, l'incision chirurgicale), ainsi que la capacité de la personne et de sa famille à suivre les recommandations qui lui ont été faites à sa sortie de l'hôpital. L'enseignement déjà offert est répété au besoin. L'infirmière peut changer les pansements chirurgicaux, vérifier le bon fonctionnement du système de drainage ou administrer les médicaments. Elle évalue si la personne souffre d'une complication chirurgicale. Elle rappelle à la personne et à sa famille l'importance des rendez-vous de suivi avec le chirurgien. L'infirmière ou le

Salle de réveil :
SCORE D'ALDRETE MODIFIÉ

Personne :   Score final :

Chambre :   Chirurgien :

Date :   Infirmière de la salle de réveil :

Fonction	Points	À l'admission	Après		
			1 h	2 h	3 h
Activité musculaire :					
Mouvement spontané ou sur commande					
• Bouge tous les membres	2				
• Bouge deux membres	1				
• Ne peut bouger les membres	0				
Respiration :					
• Peut respirer profondément et tousser	2				
• Effort respiratoire limité (dyspnée ou spasme)	1				
• Aucun effort respiratoire spontané	0				
Circulation :					
• PA ± 20 % de la valeur préanesthésie	2				
• PA ± 20 % à 49 % de la valeur préanesthésie	1				
• PA ± 50 % de la valeur préanesthésie	0				
Niveau de conscience :					
• Complètement réveillé	2				
• Réagit à l'appel de son nom	1				
• Absence de réaction	0				
Saturation en oxygène :					
• Peut maintenir sat O_2 > 92 % à l'air ambiant	2				
• Requiert oxygénothérapie pour maintenir sat O_2 > 90 %	1				
• Sat O_2 < 90 % même avec oxygénothérapie	0				
Total :					

Un total de 7 ou 8 points est nécessaire pour que la personne puisse quitter la salle de réveil.

_____   _____

Heure du congé   Signature de l'infirmière

FIGURE 22-3 ■ Score d'Aldrete modifié, utilisé en salle de réveil. (Sat O_2 = saturation en oxygène.)

GRILLE DE SUIVI DES SOINS À DOMICILE

Congé après une intervention chirurgicale

Après avoir reçu l'enseignement sur les soins à domicile, la personne ou le proche aidant peut:	Personne	Proche aidant
■ Nommer l'intervention subie et indiquer les changements permanents dans les structures anatomiques ou les fonctions.	✔	✔
■ Décrire le régime thérapeutique postopératoire en cours, notamment les médicaments, la diète, les activités à faire (comme la marche et les exercices respiratoires) et celles à éviter (comme conduire et pratiquer des sports de contact), les traitements adjuvants, les changements de pansements, les soins de la plaie et tout autre traitement.	✔	✔
■ Décrire les signes et symptômes annonçant des complications possibles.	✔	✔
■ Nommer la date et l'heure des rendez-vous de suivi.	✔	✔
■ Décrire les interventions et les stratégies à employer pour s'adapter à tout changement permanent dans les structures anatomiques ou les fonctions.	✔	✔
■ Indiquer la façon de joindre les membres du personnel soignant pour poser des questions ou signaler des complications.	✔	✔
■ Démontrer sa connaissance des ressources communautaires et des services à consulter, le cas échéant.	✔	✔
■ Décrire les activités de promotion de la santé pertinentes (perdre du poids, cesser de fumer, gérer son stress).	✔	✔

chirurgien peuvent également évaluer les progrès de la personne et répondre à ses questions par téléphone (Fox, 1998 ; Marley et Swanson, 2001).

Soins postopératoires aux personnes hospitalisées

Les besoins de la personne admise à l'unité de soins cliniques après une opération sont multiples. Les personnes gravement atteintes ou celles qui ont subi une chirurgie cardiovasculaire, pulmonaire ou neurologique importante sont admises à des unités de soins intensifs spécialisées pour y bénéficier d'une surveillance étroite ainsi que d'interventions et de soutien avancés. Les soins que requièrent ces personnes sont décrits aux chapitres correspondants. Les soins postopératoires pour les personnes opérées retournant à l'unité de soins médico-chirurgicaux sont décrits ci-après.

ACCUEIL DE LA PERSONNE À L'UNITÉ DE SOINS CLINIQUES

On prépare la chambre de la personne en réunissant le matériel et les fournitures nécessaires : tige pour solution intraveineuse, bassin de lit, haricot, papier absorbant, piqués jetables (Chux), couvertures et formulaires d'évaluation postopératoire. Quand l'infirmière de la salle de réveil téléphone à l'infirmière de l'unité de soins pour l'informer que la

personne est en route, elle doit lui mentionner tout matériel supplémentaire requis. L'infirmière de la salle de réveil fait aussi un rapport sur l'état de la personne. Ce rapport doit indiquer les données démographiques, le diagnostic, l'intervention chirurgicale effectuée, la comorbidité, les allergies, les incidents imprévus survenus en cours d'opération, la perte de sang estimée, la nature et le volume des solutions administrées et les médicaments utilisés pour soulager la douleur. Il doit de plus indiquer si la personne a éliminé et préciser les renseignements que la personne et sa famille ont reçus quant à son état. C'est habituellement le chirurgien qui s'adresse aux membres de la famille après l'opération et leur explique comment la personne se porte. L'infirmière de l'unité de soins passe en revue les instructions postopératoires et procède à l'admission de la personne. Elle effectue aussi une première évaluation de celle-ci et répond à ses besoins immédiats (encadré 22-2 ■).

SOINS ET TRAITEMENTS INFIRMIERS POSTOPÉRATOIRES

Au cours des 24 heures qui suivent immédiatement l'intervention chirurgicale, l'infirmière de l'unité de soins médico-chirurgicaux aide la personne à se rétablir des effets de l'anesthésie, évalue fréquemment son état physiologique, surveille les signes de complications, soulage sa douleur et met en œuvre des mesures conçues pour atteindre les objectifs à long terme : l'indépendance dans les autosoins, la prise en charge efficace du programme thérapeutique, le congé et

Interventions infirmières générales après une opération

Une fois que la personne a quitté la salle de réveil et a été admise à l'unité de soins, l'infirmière doit effectuer les interventions suivantes :

- Évaluer la respiration et administrer de l'oxygène supplémentaire selon les directives.
- Surveiller les signes vitaux ainsi que la température, la coloration et l'humidité de la peau.
- Évaluer le siège de l'opération et les drains de la plaie.
- Évaluer l'état de conscience, l'orientation et la capacité à bouger les membres.
- Brancher tous les drains selon les directives (gravité ou succion) et surveiller les circuits de drainage fermés.
- Évaluer l'intensité de la douleur ressentie, ses caractéristiques (siège et nature) ainsi que la fréquence, la nature et la voie d'administration des derniers analgésiques.

- Administrer les analgésiques prescrits et évaluer leur efficacité à soulager la douleur.
- Installer la personne de façon à améliorer son bien-être, sa sécurité et son expansion pulmonaire.
- Vérifier la perméabilité des points d'injection, les types de solutions et la vitesse de perfusion.
- Évaluer le débit urinaire dans les circuits de drainage fermés, ou l'envie d'uriner et la distension vésicale.
- Insister sur la nécessité de commencer les exercices de respiration profonde et les exercices circulatoires.
- Mettre à portée de main le bouton ou la cloche d'appel, le haricot, de la glace concassée (si on le permet) et le bassin hygiénique ou l'urinal.
- Communiquer des renseignements à la personne et à sa famille.

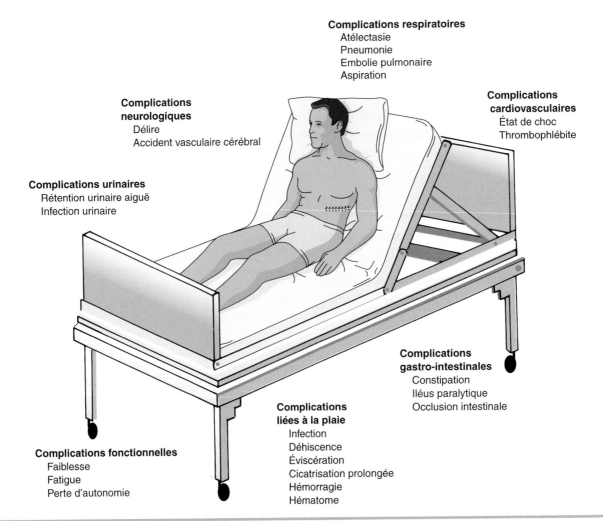

Complications respiratoires
Atélectasie
Pneumonie
Embolie pulmonaire
Aspiration

Complications neurologiques
Délire
Accident vasculaire cérébral

Complications cardiovasculaires
État de choc
Thrombophlébite

Complications urinaires
Rétention urinaire aiguë
Infection urinaire

Complications gastro-intestinales
Constipation
Iléus paralytique
Occlusion intestinale

Complications liées à la plaie
Infection
Déhiscence
Éviscération
Cicatrisation prolongée
Hémorragie
Hématome

Complications fonctionnelles
Faiblesse
Fatigue
Perte d'autonomie

FIGURE 22-4 ■ La personne opérée est exposée à un grand nombre de complications possibles.

la guérison complète. Au cours des premières heures, l'infirmière vérifie surtout la ventilation, la stabilité hémodynamique, la douleur à l'incision, l'intégrité du siège de l'opération, les nausées et les vomissements, l'état neurologique et l'élimination urinaire spontanée. Les protocoles de fréquence d'évaluation des signes vitaux peuvent varier d'un centre hospitalier à l'autre. En général, le pouls, la pression artérielle et la fréquence respiratoire sont enregistrés au moins toutes les 15 minutes pendant la première heure et toutes les 30 minutes pendant les deux heures qui suivent. Par la suite, ces éléments sont observés moins fréquemment s'ils restent stables. La température est mesurée toutes les 4 heures pendant les 24 premières heures.

Les personnes commencent généralement à se sentir mieux plusieurs heures après l'intervention ou au réveil, le lendemain matin. Bien qu'elles puissent encore éprouver une douleur intense, beaucoup sont plus alertes, ont moins de nausées et ressentent moins d'anxiété. Elles ont commencé leurs exercices respiratoires et circulatoires, et beaucoup ont laissé pendre leurs jambes au bord du lit, se sont levées, ont fait quelques pas ou se sont assises avec de l'aide. Beaucoup ont toléré un repas léger et leurs perfusions intraveineuses ont été interrompues. Les soins portent moins sur le traitement physiologique intensif et le soulagement symptomatique des effets secondaires indésirables de l'anesthésie; ils visent davantage à aider la personne à retrouver son autonomie à l'égard des autosoins et à la préparer à recevoir son congé. Malgré ses progrès, la personne en phase postopératoire présente quand même un risque de complications. L'atélectasie, la pneumonie, la thrombose veineuse profonde, l'embolie pulmonaire, la constipation, l'iléus paralytique et l'infection de la plaie la menacent constamment (figure 22-4 ■).

DÉMARCHE SYSTÉMATIQUE
dans la pratique infirmière

Personne hospitalisée : soins postopératoires

Le Perioperative Nursing Data Set (PNDS) (répertoire de données infirmières périopératoires) est un modèle précieux qu'utilisent les infirmières au cours de la période postopératoire (figure 20-1, p. 581). Les phénomènes auxquels s'attache l'infirmière de l'unité de soins cliniques au cours de cette phase sont notamment les diagnostics infirmiers, les interventions infirmières et les résultats escomptés pour la personne opérée et sa famille. Les problèmes traités en collaboration et les objectifs de soins et de traitements sont d'autres sujets pertinents.

✺ COLLECTE DES DONNÉES

La collecte des données consiste à surveiller les signes vitaux de la personne et à faire un examen des systèmes de l'organisme dès son arrivée à l'unité de soins cliniques et par la suite (encadré 22-2).

L'état respiratoire est important parce que les complications pulmonaires comptent parmi les problèmes les plus fréquents et les

plus graves que la personne opérée peut rencontrer. L'infirmière doit vérifier si les voies aériennes sont dégagées et noter les caractéristiques de la respiration (fréquence, amplitude, rythme et bruits). L'auscultation pulmonaire permet de vérifier si les bruits sont normaux (ou anormaux) et symétriques, et les observations sont notées pour permettre des comparaisons ultérieures. Les médicaments contre la douleur ralentissent souvent la respiration ; la douleur, les pansements compressifs, la dilatation de l'estomac ou l'obésité peuvent l'accélérer et en réduire la profondeur. Par ailleurs, une obstruction par des sécrétions ou par la langue peut la rendre bruyante.

L'infirmière évalue la douleur de la personne à l'aide d'une échelle verbale ou visuelle analogique et elle en note les caractéristiques. Les indices permettant de juger de la fonction cardiovasculaire sont l'apparence de la personne, son pouls, sa respiration, sa pression artérielle, la coloration de sa peau (adéquate ou cyanotique) et la température de sa peau (froide et moite, chaude et moite ou chaude et sèche). Lorsque la personne arrive à l'unité de soins, l'infirmière inspecte le siège de l'opération pour déceler tout saignement, vérifier le type et l'intégrité des pansements ainsi que l'état des drains.

En outre, à l'arrivée de la personne, l'infirmière évalue son état psychologique ainsi que son état de conscience, son élocution et son orientation en les comparant aux mesures préopératoires. Un changement d'état psychologique ou une agitation postopératoire peuvent être causés par l'anxiété, la douleur ou les médicaments, mais ils peuvent également être symptomatiques d'un déficit en oxygène ou d'une hémorragie, deux complications graves que l'infirmière doit exclure avant de rechercher d'autres explications possibles.

L'agitation a souvent pour causes le malaise généralisé provoqué par l'immobilisation dans une même position sur la table d'opération, la manipulation des tissus par le chirurgien, la réaction de l'organisme à l'anesthésie et l'anxiété. On peut soulager ces malaises en administrant les analgésiques prescrits, en changeant fréquemment la position de la personne et en évaluant la source de son anxiété pour l'atténuer. Si des pansements serrés ou souillés sont à l'origine de l'inconfort, on peut les renforcer ou les changer complètement selon l'ordonnance. L'infirmière palpe la vessie de la personne pour vérifier s'il y a présence d'une distension vésicale, car la rétention urinaire peut elle aussi provoquer de l'agitation.

✺ ANALYSE ET INTERPRÉTATION

Diagnostics infirmiers

En se fondant sur les données recueillies, l'infirmière peut poser les diagnostics infirmiers suivants :

- Risque de dégagement inefficace des voies respiratoires, relié à la dépression de la fonction respiratoire, à la douleur et à l'alitement
- Douleur aiguë, reliée à l'incision chirurgicale
- Débit cardiaque diminué, relié à un état de choc ou à une hémorragie
- Intolérance à l'activité, reliée à une faiblesse générale occasionnée par la chirurgie
- Atteinte à l'intégrité de la peau, reliée à l'incision chirurgicale et à la présence de drains
- Risque de température corporelle anormale, relié à l'environnement chirurgical et aux anesthésiques

- Risque d'alimentation déficiente, relié à la diminution de l'apport alimentaire et au besoin nutritionnel accru par suite de la chirurgie
- Risque de constipation, relié aux effets des médicaments, de la chirurgie, du changement de diète et de l'immobilité
- Risque de rétention urinaire, relié aux anesthésiques
- Risque d'accident ou de blessure, relié à l'intervention chirurgicale ou aux anesthésiques
- Anxiété, reliée à l'intervention chirurgicale
- Risque de prise en charge inefficace du programme thérapeutique, relié à une connaissance insuffisante des soins de la plaie, des restrictions diététiques, des recommandations relatives aux activités, de la médication, des soins après la chirurgie et des signes et symptômes de complications

Problèmes traités en collaboration et complications possibles

En se fondant sur les données recueillies, l'infirmière peut déterminer les complications susceptibles de survenir, notamment:

- Thrombose veineuse profonde
- Hématome
- Infection
- Déhiscence de la plaie ou éviscération

✖ PLANIFICATION

Les principaux objectifs sont les suivants: favoriser le retour à la fonction respiratoire optimale; soulager la douleur; faciliter le retour à la fonction cardiovasculaire optimale; augmenter la tolérance à l'activité; favoriser la cicatrisation normale de la plaie; préserver la température corporelle; et rétablir l'équilibre alimentaire. Les objectifs secondaires sont notamment: favoriser la reprise de l'élimination vésicale et intestinale normale; soigner toute blessure périopératoire liée à la position, accroître les connaissances sur les autosoins après la sortie de l'hôpital; et prévenir les complications.

✖ INTERVENTIONS INFIRMIÈRES

Prévenir les complications respiratoires

Les effets dépressifs des opioïdes, la diminution de l'expansion pulmonaire (due à la douleur) et la diminution de la mobilité se conjuguent pour exposer la personne à un risque de complications respiratoires courantes, en particulier l'atélectasie, la pneumonie et l'hypoxémie (Finkelmeier, 2000; Meeker et Rothrock, 1999). L'atélectasie menace la personne qui ne bouge pas assez ou ne marche pas, qui ne fait pas ses exercices de respiration profonde et de toux ou qui n'utilise pas l'inspiromètre d'incitation. Les signes et symptômes observés sont les suivants: bruits respiratoires diminués, crépitants et toux. La pneumonie est caractérisée par des frissons et de la fièvre, la tachycardie et la tachypnée. On observe parfois de la toux, qui peut être productive ou non. Une congestion pulmonaire hypostatique peut se développer, occasionnée par l'affaiblissement du système cardiovasculaire qui favorise la stagnation des sécrétions à la base des poumons; cette affection se présente surtout chez les personnes âgées qui sont trop longtemps immobiles. Les symptômes sont souvent vagues; on observe parfois une légère

élévation de la température, du pouls et de la fréquence respiratoire ainsi qu'une toux. Un examen physique révèle une matité et des crépitants à la base des poumons. Si l'affection progresse, l'issue peut être fatale.

Une personne qui vient de subir une opération pourrait souffrir d'hypoxémie subaiguë ou intermittente. On parle d'hypoxémie subaiguë lorsque le taux de saturation en oxygène est continuellement faible, bien que la respiration de la personne semble normale. Quant à l'hypoxémie intermittente, elle survient soudainement et risque de provoquer un dysfonctionnement cérébral, une ischémie myocardique ou un arrêt cardiaque. Parmi les personnes sujettes à l'hypoxémie, on compte celles qui ont subi une intervention chirurgicale importante (surtout abdominale), celles qui sont obèses et celles qui sont atteintes de troubles pulmonaires préexistants. L'hypoxémie peut être décelée par oxymétrie, laquelle permet de mesurer le taux de saturation du sang en oxygène. Les facteurs qui peuvent influer sur la précision des résultats obtenus par oxymétrie sont les extrémités froides, les tremblements, la fibrillation auriculaire, les ongles en acrylique, ainsi que le vernis à ongle noir ou bleu (ces couleurs, contrairement aux autres, brouillent le fonctionnement de l'appareil).

Le fait d'appliquer des mesures de prévention et de reconnaître rapidement les signes et symptômes de l'hypoxémie contribue à éviter les complications pulmonaires. Les stratégies permettant d'éviter ces complications comprennent l'utilisation d'un inspiromètre d'incitation ainsi que la pratique d'exercices de respiration profonde et de toux. Les crépitants révèlent la présence de sécrétions pulmonaires stagnantes que la personne doit dégager grâce à ces exercices. Lorsqu'un bouchon muqueux oblitère entièrement l'une des bronches, le tissu pulmonaire qui se trouve derrière l'obstruction s'affaisse, provoquant ainsi une atélectasie massive.

Pour dégager les sécrétions et éviter une pneumonie, l'infirmière encourage la personne à se tourner au moins toutes les deux heures et à faire ses exercices respiratoires. Elle l'encourage aussi à tousser afin de déloger les bouchons muqueux. Ces exercices pulmonaires doivent commencer dès l'arrivée de la personne à l'unité de soins et se poursuivre jusqu'à ce qu'elle obtienne son congé. Même si la personne n'est pas entièrement réveillée après son anesthésie, on peut lui demander de prendre plusieurs grandes respirations. On contribue ainsi à l'évacuation des restes d'anesthésiques, au délogement des sécrétions et à la prévention de l'affaissement des alvéoles pulmonaires (atélectasie). Pour que la personne ne craigne pas que l'effort produit par la toux fasse ouvrir la plaie, on lui enseigne à soutenir la région abdominale ou thoracique, selon le cas, à l'aide d'un coussin ou d'un oreiller. On administre des analgésiques pour diminuer la douleur reliée à la toux et ainsi rendre celle-ci plus efficace, et de l'oxygène pour prévenir ou corriger l'hypoxie. Pour favoriser l'expansion pulmonaire, on peut encourager la personne à bâiller ou à maintenir au maximum ses inspirations, ce qui crée une pression intrathoracique négative de moins 40 mm Hg et provoque une expansion des poumons à leur pleine capacité. Au besoin, on prescrit une physiothérapie thoracique.

La toux est contre-indiquée chez les personnes ayant un traumatisme crânien ou qui ont subi une intervention chirurgicale intracrânienne (à cause des risques d'augmentation de la pression intracrânienne), chez celles qui ont subi une intervention aux yeux (à cause des risques d'augmentation de la pression intraoculaire) et dans les cas de chirurgie plastique (à cause des risques de tension sur les tissus fragiles). L'infirmière enseigne à la personne qui a subi une intervention abdominale ou thoracique comment soutenir la région opérée à l'aide d'un coussin ou d'un oreiller au moment de tousser.

On donne généralement un inspiromètre d'incitation aux personnes qui viennent de subir une opération, particulièrement aux personnes âgées et à celles qui ont une incision abdominale ou thoracique. Il s'agit d'une méthode qui, en permettant à la personne de voir les résultats de ses efforts sur l'appareil, l'amène à augmenter volontairement son amplitude respiratoire par des inspirations maximales soutenues. On établit d'abord avec la personne le niveau à atteindre. On lui demande ensuite d'expirer, puis de placer les lèvres autour de l'embouchure et d'inspirer lentement, en essayant de faire monter le piston jusqu'à la marque préétablie. Les inspiromètres d'incitation ont plusieurs avantages : ils encouragent la participation active de la personne au traitement ; ils s'adaptent à ses capacités physiologiques ; ils peuvent être laissés près du lit pour que le traitement soit répété selon les besoins et, finalement, ils constituent un moyen économique de prévenir les complications pulmonaires. On recommande généralement à la personne d'utiliser l'inspiromètre d'incitation à raison de dix respirations profondes par heure quand elle est réveillée. Consulter le chapitre 27 ⊂⊃ qui traite davantage des bienfaits de la spirométrie d'incitation.

Le fait de se remettre rapidement à marcher après l'opération permet de stimuler le métabolisme, d'augmenter l'aération pulmonaire et, de façon générale, d'améliorer toutes les fonctions corporelles. On encourage la personne à sortir du lit dès que possible (c'est-à-dire le jour même de l'intervention ou au plus tard le jour suivant). Cette pratique est particulièrement importante pour prévenir les complications pulmonaires chez les personnes âgées.

Soulager la douleur

La majorité des personnes éprouvent de la douleur après une intervention chirurgicale (Meeker et Rothrock, 1999). De nombreux facteurs (motivation, affectivité, connaissances et émotivité) ont une influence sur l'expérience de la douleur. Les résultats des recherches récentes nous permettent de mieux comprendre comment l'anxiété, la dépression et la douleur sont influencées par la perception, l'apprentissage, la personnalité, les facteurs culturels et ethniques, ainsi que l'environnement (Schafheutle, Cantrill et Noyce, 2001 ; Watt-Watson, Stevens, Garfinkel et al., 2001). L'intensité de la douleur postopératoire et le seuil de tolérance dépendent donc du siège de l'incision chirurgicale, de la nature de l'opération, de l'étendue du traumatisme chirurgical, de même que de la nature et du mode d'administration de l'anesthésique. Une bonne préparation préopératoire (informations sur la période postopératoire, réconfort, soutien psychologique) contribue dans une large mesure à réduire l'anxiété, l'appréhension et même la douleur après l'opération.

Le soulagement de la douleur présente des avantages incontestables. Il existe une corrélation bien connue entre la fréquence des complications et l'emplacement de la douleur (Moline, 2001). La douleur intense stimule la réaction au stress, ce qui a des conséquences néfastes sur les systèmes cardiaque et immunitaire. Lorsque les impulsions de la douleur sont transmises, la tension musculaire et la vasoconstriction locale augmentent. L'ischémie de la région affectée entraîne une stimulation supplémentaire des récepteurs de la douleur. Lorsque ces impulsions nocives atteignent les régions centrales, un effet multiplicateur s'exerce sur l'activité sympathique, ce qui accroît la demande myocardique et la consommation d'oxygène.

Des recherches ont démontré que l'insuffisance cardiovasculaire survient trois fois plus souvent et que l'incidence d'infection est cinq fois plus élevée chez les personnes dont la douleur postopératoire est mal soulagée (Moline, 2001 ; Schafheutle et al., 2001 ; Watt-Watson et al., 2001). La réaction hypothalamique au stress est également responsable de l'augmentation de la viscosité du sang et de l'agrégation plaquettaire, ce qui peut entraîner une phlébothrombose et une embolie pulmonaire.

Le médecin aura souvent prescrit différents médicaments ou des doses variées pour traiter diverses intensités de douleur. L'infirmière discute de ces options avec la personne pour déterminer le meilleur traitement médicamenteux. Elle doit ensuite évaluer périodiquement l'efficacité du traitement, en commençant 30 minutes après la première dose ou même avant s'il s'agit d'une analgésie contrôlée par la personne.

Analgésiques opioïdes

Environ le tiers des personnes qui viennent de subir une intervention chirurgicale signalent des douleurs importantes ; pour un autre tiers, les douleurs sont modérées et, enfin, chez le dernier tiers, il y en a peu ou pas du tout. Ces statistiques n'indiquent pas que les personnes de ce dernier groupe n'éprouvent pas de douleur ; il semblerait plutôt qu'elles utilisent des mécanismes psychodynamiques qui inhibent la douleur (théorie du portillon et altération de la transmission nociceptive). Le chapitre 13 ⊂⊃ traite en profondeur de la douleur et des facteurs qui la favorisent.

On administre souvent des analgésiques opioïdes pour soulager la douleur et réduire l'agitation en période postopératoire immédiate. Une approche prophylactique est préférable à une approche « au besoin » (dose prn), car elle s'avère plus efficace. Ainsi, le médicament est administré à intervalles préétablis et non lorsque la douleur devient forte ou intolérable. De nombreuses personnes (et certains professionnels de la santé) sont fort inquiets des risques de dépendance aux médicaments auxquels s'exposent ceux qui viennent de subir une opération. Toutefois, ces risques sont minimes dans le cas des analgésiques opioïdes utilisés à court terme.

Analgésie contrôlée par la personne

Étant donné l'incidence négative de la douleur sur le rétablissement, les infirmières doivent viser la « prévention de la douleur », au lieu d'adopter une approche de soulagement sporadique, et doivent préconiser l'analgésie contrôlée par la personne (ACP). Les personnes se rétablissent plus rapidement avec des mesures adéquates de soulagement de la douleur et l'ACP leur permet de s'administrer elles-mêmes leur analgésique (Quinn, 1999).

La quantité de médicament administrée par voie intraveineuse ou épidurale et l'intervalle auquel il peut être administré sont réglés par un appareil. L'autoadministration favorise la participation de la personne, évite l'administration tardive des analgésiques et maintient un niveau thérapeutique de médication.

La majorité des personnes peuvent recevoir une ACP. Les deux conditions préalables sont une compréhension de la nécessité de se donner soi-même les doses appropriées et la capacité physique de le faire. Lorsqu'elle ressent de la douleur, la personne active la pompe à médicament par un bouton qui est à sa portée. Cette modalité thérapeutique lui laisse la liberté de se déplacer, de se tourner, de tousser et de prendre de profondes respirations avec moins de douleur, ce qui réduit les complications pulmonaires postopératoires.

RECHERCHE EN SCIENCES INFIRMIÈRES

Méthodes inadéquates de soulagement de la douleur après une intervention cardiaque

J. Watt-Watson, B. Stevens, P. Garfinkel, D. Streiner et R. Gallup (2001). Relationships between nurses' pain knowledge and pain management outcomes for their postoperative cardiac patients. *Journal of Advanced Nursing, 36*(4), 535-545.

OBJECTIF

Des études ont été publiées sur les connaissances et les obstacles perçus chez les infirmières quant aux méthodes de soulagement de la douleur, mais bien peu ont abordé la relation entre ces connaissances et leur mise en application concrète. La présente étude, réalisée au Canada, a précisément levé le voile sur la relation entre les connaissances des infirmières sur la douleur et les résultats des méthodes de soulagement de celle-ci chez les personnes ayant subi un pontage aortocoronarien.

DISPOSITIF ET ÉCHANTILLON

L'étude a fait appel à une méthodologie descriptive corrélationnelle mixte. On a interviewé un échantillon de convenance de 94 infirmières provenant de quatre unités de soins cardiovasculaires de trois hôpitaux universitaires, ainsi que 225 des personnes hospitalisées dont elles avaient eu la charge. Le personnel infirmier était formé de 86 femmes et de 8 hommes; les personnes hospitalisées, de 52 femmes et de 173 hommes. Les instruments utilisés pour la recherche étaient le questionnaire McGill Pain Questionnaire-Short Form (MPQ-SF), l'échelle Present Pain Intensity (PPI), ainsi qu'une échelle visuelle analogique (VAS); les données concernant la prescription et l'administration d'analgésiques ont été recueillies par l'examen des dossiers. Pour évaluer les connaissances des infirmières sur la douleur, on a utilisé le Toronto Pain Management Inventory (TPMI) ainsi que l'échelle de désirabilité sociale (SDS).

RÉSULTATS

La majorité des personnes hospitalisées ont dit avoir des douleurs modérées à importantes durant les 24 heures précédant l'interview (86 %) et au moment de celui-ci pendant qu'elles se déplaçaient (68 %). Le résultat moyen total du MPQ-SF, dont l'échelle s'étend de 0 à 45, était de 11,8 ± 7. Les données tirées de l'examen des dossiers ont révélé que les quantités d'analgésiques administrées étaient au-dessous de la limite prescrite, les personnes recevant seulement 47 % de ce que permettaient les ordonnances. Les résultats des infirmières sur le TPMI ont indiqué qu'elles possédaient un niveau moyen de connaissances sur la douleur, la majorité d'entre elles (53 %) ayant obtenu un résultat de 69 % ou moins et une faible minorité (15 %), un résultat de 75 % ou plus. Bien que les politiques des hôpitaux exigent que les données sur la douleur soient consignées comme cinquième signe vital à surveiller, ces données étaient rarement consignées et une forte intensité de la douleur n'a pas eu pour effet d'entraîner une augmentation de la quantité d'analgésiques administrés.

IMPLICATIONS POUR LA PRATIQUE INFIRMIÈRE

Les infirmières qui soignent des personnes hospitalisées après un pontage aortocoronarien doivent recevoir une formation supplémentaire sur la gestion de la douleur. Elles doivent savoir que ces personnes ne reçoivent pas suffisamment d'analgésiques après l'intervention et être mieux informées du besoin qu'elles ont d'être soulagées. Elles doivent aussi administrer les doses prescrites et intervenir au nom de la personne si on n'a pas prévu d'analgésique pour elle.

Perfusions par voie épidurale et anesthésie intrapleurale

Dans les cas de chirurgie thoracique, orthopédique, obstétrique et abdominale majeure, certains analgésiques opioïdes peuvent être administrés par voie épidurale ou intrathécale. Les perfusions par voie épidurale procurent une analgésie plus profonde; elles doivent être utilisées avec précaution lors d'interventions thoraciques, parce que l'effet du médicament pourrait remonter la colonne vertébrale et affecter la respiration. L'anesthésie intrapleurale consiste en l'administration d'un anesthésique local par un cathéter entre la plèvre pariétale et la plèvre viscérale. Elle procure l'anesthésie sensitive sans affecter les fonctions motrices des muscles intercostaux. Elle facilite la toux et les respirations profondes dans les cas de cholécystectomie, de chirurgie rénale et de fracture aux côtes qui provoquent de la douleur dans la région thoracique.

La perfusion par voie épidurale consiste en l'administration d'un opioïde ou d'une combinaison d'anesthétiques (opioïde et agent anesthésique local). On peut aussi utiliser d'autres méthodes d'anesthésie locale. L'anesthésie intrapleurale a bien moins d'effets indésirables que les opioïdes systémiques ou spinaux, ainsi qu'une plus faible incidence de rétention urinaire, de vomissement et de prurit lorsqu'on la compare aux opioïdes par voie épidurale thoracique (Moline, 2001; Quinn, 1999).

Autres mesures de soulagement de la douleur

Dans le cas d'une douleur difficile à soulager, on peut utiliser un système de traitement par voie sous-cutanée. Il s'agit d'un cathéter en silicone inséré dans la région affectée. Ce cathéter est relié à une pompe qui fournit une quantité continue d'opioïde et/ou d'anesthésique local à un dosage précis, prescrit par le médecin.

La région de l'incision chirurgicale peut être sensible pendant plusieurs semaines, selon la région et la nature de la chirurgie, mais l'intensité de la douleur postopératoire diminue graduellement dans les jours qui suivent l'intervention. Néanmoins, le soulagement adéquat de la douleur reste de première importance pour la personne opérée et pour l'infirmière. Libérée de ses effets accablants, la personne peut plus facilement participer aux autosoins, effectuer les exercices respiratoires et circulatoires, et tolérer l'activité. Comme nous l'avons déjà expliqué, un mauvais traitement de la douleur favorise les complications postopératoires et prolonge la durée du séjour à l'hôpital. L'infirmière continue à évaluer l'intensité de la douleur et vérifie l'efficacité de la médication, ainsi que les facteurs qui influent sur la tolérance à la douleur (par exemple, le niveau d'énergie, le degré de stress, les antécédents culturels, la signification de la douleur chez la personne). L'infirmière explique que le fait de prendre des analgésiques avant que la douleur ne devienne intense est plus efficace et elle les offre à intervalles réguliers au lieu d'attendre que la personne ne les demande. Des mesures de soulagement non pharmacologiques, telles que la visualisation, la relaxation, les massages, l'application de chaleur ou de froid (si cela a été prescrit) et les méthodes de diversion, peuvent être utilisées parallèlement aux médicaments (Seers et Carroll, 1998). Repositionner la personne, la distraire, appliquer des compresses d'eau froide sur son visage et frotter son dos avec une lotion apaisante sont des méthodes complémentaires de soulagement qui augmentent l'efficacité du médicament.

Favoriser le débit cardiaque

Si l'on constate des signes et symptômes de choc ou d'hémorragie, on doit mettre en œuvre les interventions décrites dans la section « Soins et traitements infirmiers en salle de réveil » (p. 631).

ALERTE CLINIQUE *Si la pression artérielle systolique est inférieure à 90 mm Hg, on doit en général le signaler immédiatement. Cependant, avant d'alerter le médecin, on doit comparer les données que l'on vient de relever avec celles qui avaient été obtenues avant l'opération ou avec les données de référence de la personne. On doit aussi signaler toute pression artérielle qui, stable au départ, tend à diminuer de 5 mm Hg toutes les 15 minutes.*

La majorité des personnes ne présentent pas d'hémorragie ou ne subissent pas de choc, mais des modifications du volume circulatoire, le stress causé par la chirurgie, de même que les effets des médicaments et des préparations préopératoires affectent tous la fonction cardiovasculaire. Le remplacement liquidien par intraveineuse est normalement maintenu jusqu'à 24 heures après la chirurgie ou jusqu'à ce que l'état de la personne soit stable et qu'elle puisse prendre des liquides par voie orale. On doit effectuer une surveillance étroite pour déceler et corriger toute perturbation, comme la perte hydrique, la mauvaise irrigation des tissus et un débit cardiaque réduit, qui peut accroître la douleur chez la personne, augmenter le risque de complications et prolonger le séjour à l'hôpital.

Certaines personnes sont susceptibles de présenter un excès liquidien en raison d'une maladie cardiovasculaire ou rénale préexistante, de leur âge avancé ou de la libération de corticotrophine et d'hormone antidiurétique résultant du stress causé par la chirurgie. Par conséquent, l'infirmière doit être particulièrement vigilante face au remplacement liquidien et consigner au dossier des données précises sur les ingesta et les excreta.

Les soins et traitements infirmiers incluent l'évaluation de la perméabilité des tubulures intraveineuses et la vérification que les liquides appropriés sont administrés selon le débit prescrit. Les ingesta et les excreta, y compris les vomissements et les écoulements provenant des appareils de drainage des plaies, doivent être notés séparément, puis les valeurs partielles sont additionnées pour déterminer le bilan hydrique total. Si une sonde urinaire à demeure est en place, l'infirmière mesure la quantité excrétée toutes les heures et signale tout débit inférieur à 30 mL/h. Si la personne a des mictions, l'infirmière signale toute quantité inférieure à 240 mL par période de huit heures. Elle vérifie les niveaux sériques des électrolytes, le taux d'hémoglobine et l'hématocrite. La diminution de ces deux dernières valeurs peut indiquer une perte sanguine ou la

dilution du volume circulatoire par les liquides intraveineux. Si la dilution est en cause, le taux d'hémoglobine et l'hématocrite remontent à mesure que la réponse au stress s'atténue et que les liquides sont drainés et excrétés.

La stase veineuse causée par la déshydratation, l'immobilité et la pression dans les veines des jambes durant la chirurgie augmente le risque de thrombose veineuse profonde. On doit commencer assez tôt durant la période postopératoire des exercices pour les jambes et des changements fréquents de position afin de stimuler la circulation. La personne qui vient d'être opérée doit éviter les positions qui compromettent le retour veineux. Ainsi, elle ne doit pas soulever l'articulation du genou (par réglage du lit ou par un oreiller), ni rester assise durant de longues périodes, ni laisser pendre les jambes. Elle peut favoriser le retour veineux en portant des bas élastiques et en se mobilisant tôt après l'opération. Le fait de marcher dès que cela est possible a un effet considérable sur le rétablissement et la prévention des complications; on peut inciter la personne à le faire, dans de nombreux cas, dès le soir même de la chirurgie. Toutefois, l'infirmière doit consulter auparavant les ordonnances concernant l'activité postopératoire permise. Au début, le simple fait de s'asseoir sur le bord du lit durant quelques minutes est parfois tout ce que la personne peut tolérer.

Encourager l'activité

On encourage la plupart des personnes opérées à sortir du lit dès qu'elles en sont capables. Le fait de marcher le plus tôt possible après l'opération réduit les risques de complications postopératoires telles que l'atélectasie, la pneumonie hypostatique, l'inconfort gastro-intestinal et les problèmes circulatoires (Meeker et Rothrock, 1999). La marche accroît la ventilation et réduit l'accumulation de secrétions dans les poumons. Elle diminue aussi la distension abdominale postopératoire en augmentant le tonus du tube digestif et de la paroi abdominale, et en stimulant le péristaltisme. Il est plus rare qu'une thrombophlébite ou une phlébothrombose survienne, puisque le fait de marcher tôt prévient la stase du sang en augmentant le débit dans les extrémités. En outre, la douleur est souvent réduite et le séjour à l'hôpital est plus court et moins coûteux, ce qui constitue des avantages supplémentaires pour la personne et le centre hospitalier.

Malgré les avantages que présente la marche, il se peut que la personne hésite à se lever le soir même de l'opération. Si on lui rappelle qu'elle se prémunit ainsi contre les complications, on peut l'aider à surmonter ses craintes. Lorsque la personne se lève du lit pour la première fois, l'infirmière doit surveiller l'hypotension orthostatique, qui est une diminution considérable de la pression sanguine provoquée par le passage de la position horizontale à la position verticale. L'hypotension orthostatique est courante après une opération en raison de l'alitement et des changements de volume du sang circulant. Les signes et symptômes incluent une diminution de 20 mm Hg de la pression artérielle systolique ou de 10 mm Hg de la pression artérielle diastolique, de la faiblesse, des étourdissements et l'évanouissement. Les personnes âgées risquent plus de souffrir d'hypotension orthostatique, car le vieillissement altère le tonus vasculaire. Pour déceler l'hypotension, l'infirmière évalue la sensation d'étourdissement de la personne par la prise, en premier lieu, de sa pression artérielle en position couchée, en position assise, puis en position debout et à nouveau, lorsque la personne est toujours debout, de deux à trois minutes plus tard. Un changement de position graduel laisse au système circulatoire le temps de s'adapter. Si la personne ressent des étourdissements, elle doit être ramenée en position couchée et il faut attendre quelques heures avant d'essayer à nouveau de la lever.

Pour amener la personne à sortir du lit pour la première fois après une intervention chirurgicale, l'infirmière procède de la façon suivante :

1. Elle aide la personne à passer graduellement de la position couchée à assise jusqu'à ce qu'elle ne soit plus étourdie ; cela peut se faire en soulevant d'abord la tête du lit.

2. Elle la place en position assise, les jambes pendantes au bord du lit.

3. Finalement, elle l'aide à se tenir debout près du lit.

Lorsqu'elle s'est habituée à la position debout, la personne peut commencer à marcher. Il est préférable que l'infirmière demeure près d'elle pour la soutenir physiquement et l'encourager. On doit faire attention à ne pas la fatiguer ; la durée des premières périodes de marche suivant l'opération varie en fonction de la nature de l'intervention ainsi que de la condition physique et de l'âge de la personne.

Que la personne puisse ou non marcher tôt après l'opération, on l'encourage à faire les exercices suivants au lit pour améliorer sa circulation :

■ Exercices pour les bras (amplitude maximale des mouvements, avec une attention particulière à l'abduction et à la rotation externe de l'épaule)

■ Exercices pour les mains et les doigts

■ Exercices pour les pieds, afin d'éviter une thrombose veineuse profonde, le pied tombant et la déformation des orteils et contribuer au maintien d'une bonne circulation

■ Flexion et élévation des jambes pour préparer la personne à marcher

■ Exercices de contraction de l'abdomen et des muscles fessiers

Incommodées par la douleur, les pansements, les tubulures intraveineuses ou les cathéters, de nombreuses personnes ne peuvent bouger sans aide. L'immobilité durant une période prolongée peut provoquer des plaies de pression, une thrombose veineuse profonde, l'atélectasie ou une pneumonie hypostatique. Aider la personne à augmenter son niveau d'activité dès le premier jour postopératoire est une importante tâche infirmière. Une façon de favoriser l'activité, c'est d'inciter la personne à effectuer autant de soins d'hygiène courants qu'elle le peut. En installant une cuvette près de son lit pour qu'elle commence à se laver ou, si possible, en l'aidant à se déplacer jusqu'aux toilettes pour l'asseoir près du lavabo, on fait en sorte non seulement que la personne bouge, mais aussi qu'elle récupère une certaine autonomie et qu'elle soit prête à obtenir son congé.

Pour qu'on la laisse retourner chez elle en toute sécurité, la personne doit pouvoir se déplacer sur une distance fonctionnelle (longueur de la maison ou de l'appartement), sortir du lit et s'y coucher, et faire ses soins d'hygiène, tout cela sans assistance. On peut indiquer à la personne de faire tout ce qu'elle peut, puis d'appeler si elle souhaite obtenir de l'aide. L'infirmière peut établir avec elle un plan d'activités progressives, qui comprend la marche dans la chambre et le couloir et le fait de s'asseoir dans une chaise près du lit. L'évaluation des signes vitaux de la personne, avant, pendant et après une activité, aide l'infirmière et la personne à déterminer si la progression est bien tolérée. En fournissant un soutien physique, l'infirmière maintient la sécurité de la personne ; en transmettant une attitude positive sur sa capacité d'effectuer l'activité, elle l'encourage à avoir confiance en elle-même.

L'infirmière doit veiller à ce que la personne continue à faire ses exercices au lit, qu'elle porte des bas élastiques des orteils jusqu'aux cuisses lorsqu'elle est alitée ou que la compression pneumatique soit adéquatement placée et en marche, et qu'elle se repose autant que nécessaire.

Favoriser la guérison de la plaie

Quand elle évalue le siège de l'opération, l'infirmière vérifie le rapprochement des bords de la plaie, l'intégrité des points de suture ou des agrafes, de même que la présence de rougeurs, de coloration anormale, de chaleur, d'enflure, de douleur inhabituelle ou d'écoulement. La région autour de la plaie doit aussi être inspectée afin d'y déceler une réaction aux bandes adhésives ou des traumatismes provoqués par un pansement trop serré.

Les interventions infirmières favorisant la cicatrisation de la plaie incluent aussi les soins des drains et des pansements chirurgicaux. Le drainage des plaies se fait par des tubes qui sortent en périphérie de l'incision vers un appareil d'aspiration portatif (fermé) ou vers les pansements (ouvert). Le principe derrière le drainage est de permettre l'évacuation du sang et des liquides séreux qui pourraient devenir un milieu de culture pour les bactéries. Dans le cas de l'appareil portatif, l'utilisation d'une succion douce et continue aide à retirer ces liquides et permet l'affaissement des lambeaux de peau sur le tissu sous-jacent, réduisant ainsi « l'espace mort ». Parmi les types de drains, on compte les modèles Penrose, Hemovac et Jackson-Pratt (figure 22-5 ■). Les écoulements recueillis par les appareils de drainage ou tout autre écoulement doivent être notés. La quantité d'écoulement sanguinolent absorbée par le pansement chirurgical doit être évaluée fréquemment. L'infirmière encercle les traces d'écoulement sur les pansements au stylo, et consigne la date et l'heure d'apparition de ces traces de sorte que toute augmentation puisse être facilement décelée. On peut s'attendre à ce qu'un certain écoulement sanguinolent se produise dans un appareil de drainage des plaies et sur les pansements, mais toute quantité excessive doit être signalée au chirurgien. L'infirmière doit signaler immédiatement toute augmentation de la quantité de l'écoulement sanguin frais en surface. Certaines plaies sont abondamment irriguées en salle d'opération avant d'être refermées et les drains qui en sortent peuvent être intégrés au pansement. Ce dernier peut devenir saturé si la plaie produit une grande quantité de liquide sanguinolent. On peut alors le renforcer à l'aide de compresses de gaze stériles et l'infirmière consigne l'heure de l'intervention. Si l'écoulement se poursuit, elle doit en aviser le chirurgien afin qu'il permette le changement du pansement. Tous les drains doivent être numérotés ou identifiés selon une méthode quelconque (par exemple, quadrant inférieur gauche, quadrant supérieur gauche) de sorte que les excreta soient consignés de manière fiable et conséquente.

La cicatrisation des plaies chirurgicales comporte trois phases : inflammation, prolifération et maturation (tableau 22-1 ■). Selon leur état, les plaies peuvent aussi cicatriser de trois façons : par première intention, par deuxième intention ou par troisième intention (Meeker et Rothrock, 1999).

Cicatrisation par première intention

Les plaies chirurgicales, avec peu de destruction tissulaire, et fermées par des sutures cicatrisent généralement par première intention sans

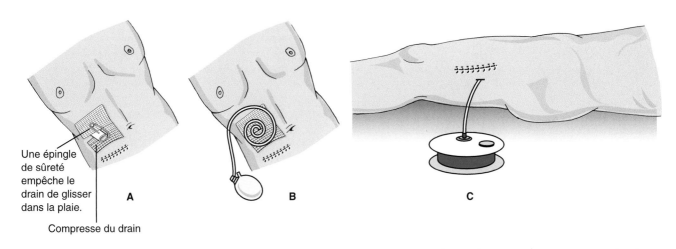

Une épingle de sûreté empêche le drain de glisser dans la plaie.

Compresse du drain

A **B** **C**

FIGURE 22-5 ■ Types de drains chirurgicaux : **(A)** Penrose, **(B)** Jackson-Pratt, **(C)** Hemovac.

complication. Quand il y a **cicatrisation par première intention**, on ne remarque pas de tissu de granulation et le tissu cicatriciel est minime. Après l'opération, on recouvre un grand nombre de ces paies d'un pansement sec et stérile. Si un adhésif à base de cyanoacrylate a été utilisé pour fermer l'incision sans points de suture, l'emploi d'un pansement est contre-indiqué (Vargas et Reger, 2000).

Cicatrisation par deuxième intention

La **cicatrisation par deuxième intention**, aussi appelée cicatrisation par granulation, est obtenue lorsqu'il y a infection (abcès) ou si les bords de la plaie sont écartés. Lorsqu'un abcès est incisé, il s'effondre partiellement, mais les cellules nécrosées et celles en voie de l'être qui forment ses parois s'accumulent dans la cavité. On a alors recours au drainage ou au méchage des cavités de l'abcès, car ces méthodes facilitent l'écoulement. Graduellement, le tissu nécrosé se désintègre et est évacué. La cavité se remplit ensuite d'un tissu rouge, mou et sensible qui saigne très facilement. Ce tissu se compose de capillaires minuscules à parois très minces et de bourgeons qui vont plus tard se transformer en tissu conjonctif. Les bourgeons, que l'on appelle granulations, grossissent jusqu'à ce qu'ils remplissent la cavité laissée par le tissu nécrosé (figure 22-6 ■). Les cellules rondes qui entourent les capillaires s'allongent et s'entrelacent pour former la cicatrice. Celle-ci se recouvre ensuite de cellules

cutanées (épithélium), ce qui achève la guérison. Cette méthode de cicatrisation s'appelle la cicatrisation par granulation et elle a lieu dès que du pus se forme ou lorsqu'il y a eu perte de tissu pour quelque raison que ce soit. Lorsqu'on laisse cicatriser une plaie postopératoire par deuxième intention, on procède habituellement au méchage avec des compresses stériles humectées de solution saline puis on la recouvre de pansements stériles secs.

Cicatrisation par troisième intention

On obtient une **cicatrisation par troisième intention** (seconde suture) quand une plaie profonde a été suturée tardivement ou a cédé et qu'on a dû avoir recours à une seconde suture. Il se forme alors deux couches superposées de tissu de granulation qui produisent une cicatrice plus profonde et plus large. Après l'opération, on procède également au méchage avec de la gaze humectée qu'on recouvre d'un pansement sec et stérile.

De nombreux facteurs, tels qu'une bonne nutrition, la propreté, le repos et la position, déterminent le temps de guérison de la plaie. Le tableau 22-2 ■ présente les évaluations et les interventions infirmières précises concernant ces facteurs et favorisant la cicatrisation. Par ailleurs, l'infirmière a aussi pour tâche l'évaluation continue et le soin de la plaie.

Phases de la cicatrisation		TABLEAU 22-1
Phase	**Durée**	**Événements**
Inflammation (également appelée phase de latence ou d'exsudat)	1 à 4 jours	■ Un caillot de sang se forme. ■ La plaie devient œdémateuse. ■ Les débris de tissus endommagés et le caillot sanguin sont détruits par phagocytose.
Prolifération (également appelée phase fibroblastique ou conjonctive)	5 à 20 jours	■ Il y a production de collagène. ■ Le tissu de granulation se forme. ■ La force de rupture de la plaie augmente.
Maturation (également appelée phase de différenciation, de résorption, de remodelage ou de plateau)	De 21 jours à plusieurs mois ou même des années	■ Les fibroblastes quittent la plaie. ■ La force de rupture augmente. ■ Les fibres de collagène se réorganisent et se resserrent pour diminuer la grosseur de la cicatrice.

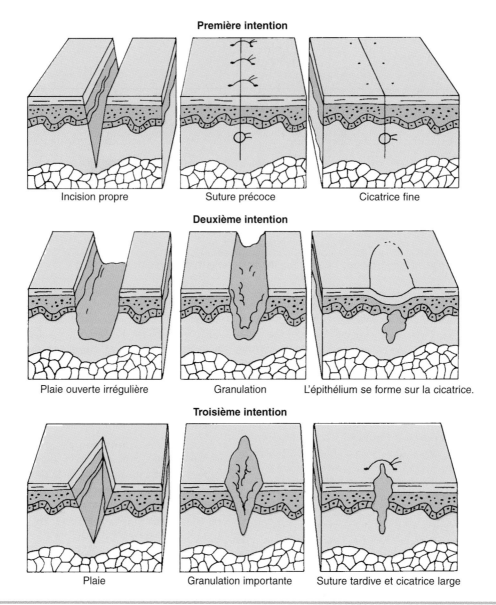

Première intention

Incision propre   Suture précoce   Cicatrice fine

Deuxième intention

Plaie ouverte irrégulière   Granulation   L'épithélium se forme sur la cicatrice.

Troisième intention

Plaie   Granulation importante   Suture tardive et cicatrice large

FIGURE 22-6 ■ Formes de cicatrisation des plaies: cicatrisation par première, deuxième et troisième intention.

Changer le pansement

Le premier pansement postopératoire est habituellement changé par un membre de l'équipe chirurgicale. Par la suite, les changements sont faits par l'infirmière. Les pansements ont différentes fonctions, dont: (1) assurer un environnement adéquat pour la cicatrisation; (2) absorber les écoulements; (3) soutenir ou immobiliser la plaie; (4) protéger la plaie et le nouveau tissu épithélial des lésions mécaniques; (5) protéger la plaie des contaminations bactériennes et de la souillure par les selles, les vomissements et l'urine; (6) favoriser l'hémostase (pansement compressif, par exemple); (7) favoriser le bien-être physique et mental de la personne.

Avant de changer le pansement, on en avertit la personne et on lui dit qu'il s'agit d'une intervention simple qui cause peu de douleur. Il importe de choisir un moment propice pour faire le changement (par exemple, éviter l'heure des repas ou des visites). On doit respecter l'intimité de la personne et la garder à l'abri des regards indiscrets. Le terme « cicatrice » ayant une connotation négative pour certaines

personnes, l'infirmière doit éviter de l'employer. On rassure la personne sur l'aspect futur de l'incision en lui affirmant qu'elle va rétrécir et perdre sa couleur rouge avec le temps.

L'infirmière doit bien se laver les mains avant et après le changement de pansement. On retire le ruban ou la partie adhésive du pansement en le tirant parallèlement à la surface de la peau et dans le sens de la croissance du poil, et non à angle droit. On peut réduire la douleur et faciliter le décollement de l'adhésif en utilisant un tampon imbibé d'alcool ou d'un solvant non irritant. On enlève l'ancien pansement puis on le place dans un contenant conçu pour les déchets biomédicaux. Conformément aux normes de précaution, on ne doit jamais toucher les pansements sans gants, à cause des risques de transmission de germes pathogènes.

Si la personne est sensible au ruban adhésif, on peut utiliser du ruban hypoallergénique pour retenir le pansement. Il existe également des rubans poreux qui permettent à la peau de respirer et préviennent la macération. Pour poser un ruban adhésif, on le

TABLEAU 22-2

Facteurs agissant sur la cicatrisation

Facteurs	Justifications scientifiques	Interventions infirmières
Âge	■ La résistance des tissus diminue avec l'âge.	■ Manipuler les tissus délicatement.
Manipulation des tissus	■ Les manipulations brusques provoquent des lésions et retardent la cicatrisation.	■ Manipuler les tissus avec précaution et sans heurts.
Hémorragie	■ L'accumulation de sang provoque la formation de cavités qui se remplissent de cellules mortes, lesquelles doivent être évacuées. Ces cavités constituent un milieu de culture pour les bactéries.	■ Prendre les signes vitaux. ■ Observer l'incision à la recherche de signes d'hémorragie ou d'infection.
Hypovolémie	■ Un volume sanguin insuffisant entraîne une vasoconstriction et une réduction de l'apport en oxygène et en éléments nutritifs, qui sont nécessaires à la cicatrisation.	■ Rechercher les signes d'un déficit volumique (altération de la circulation). Corriger l'hypovolémie en remplaçant les pertes liquidiennes selon l'ordonnance.
Facteurs locaux ■ Œdème	■ L'œdème provoque une augmentation de la pression extravasculaire, ce qui comprime les vaisseaux et diminue l'irrigation tissulaire.	■ Surélever la partie œdémateuse. ■ Appliquer des compresses fraîches.
■ Pansement inadéquat • Trop petit • Trop serré	■ Un pansement trop petit permet la contamination bactérienne. ■ Un pansement trop serré réduit l'irrigation tissulaire et par conséquent l'apport en oxygène et en éléments nutritifs.	■ Changer les pansements selon les politiques et procédures établies.
Carences nutritionnelles	■ Les carences nutritionnelles peuvent provoquer une déplétion protéique et énergétique. ■ Elles peuvent provoquer une hyperglycémie en inhibant la sécrétion d'insuline.	■ Corriger les carences, par alimentation parentérale s'il y a lieu. ■ Vérifier régulièrement la glycémie. ■ Administrer les suppléments vitaminiques selon l'ordonnance.
Corps étrangers	■ Les corps étrangers retardent la cicatrisation.	■ Veiller à ce qu'il n'y ait pas de fils provenant de la gaze des pansements, de talc ou de poudre provenant des gants sur la plaie.
Déficit en oxygène (oxygénation tissulaire insuffisante)	■ Un apport insuffisant en oxygène peut avoir pour cause une altération de la fonction cardiorespiratoire, ainsi qu'une vasoconstriction localisée.	■ Inciter la personne à pratiquer ses exercices de respiration profonde et de toux et à se tourner fréquemment.
Système de drainage inadéquat	■ L'accumulation de sécrétions nuit au processus de cicatrisation.	■ S'assurer du bon fonctionnement des systèmes de drainage en circuit fermé. ■ Prendre les mesures nécessaires pour évacuer l'exsudat accumulé.
Médicaments ■ Corticostéroïdes ■ Anticoagulants ■ Antibiotiques	■ Peuvent masquer la présence d'une infection en altérant la réaction inflammatoire normale. ■ Diminuent le processus de cicatrisation normal. ■ Peuvent provoquer une hémorragie. ■ Les infections de plaie ralentissent la cicatrisation. Les antibiotiques administrés immédiatement avant une opération à titre prophylactique permettent de réduire le risque d'infection de la plaie.	■ Connaître l'action et les effets des médicaments que reçoit la personne. ■ Surveiller régulièrement les résultats du coagulogramme.
Hyperactivité	■ Empêche le rapprochement des bords de la plaie. ■ Le repos favorise la cicatrisation.	■ Prendre des mesures pour garder les bords de la plaie rapprochés: bandage, immobilisation, attelles. ■ Encourager la personne à se reposer.
Problèmes généralisés ■ Choc hémorragique ■ Acidose ■ Hypoxie	■ Ces problèmes altèrent le fonctionnement cellulaire, ce qui agit directement sur la cicatrisation.	■ Connaître la nature du problème. ■ Administrer le traitement prescrit. ■ S'il y a lieu, procéder à des cultures et antibiogrammes pour permettre au médecin de choisir l'antibiotique approprié.

TABLEAU
22-2

Facteurs agissant sur la cicatrisation (*suite*)

Facteurs	Justifications scientifiques	Interventions infirmières
■ Insuffisance rénale ■ Maladie hépatique ■ Infection		
Immunodépression	■ La perturbation des mécanismes de défense rend la personne plus sujette aux infections bactériennes et virales.	■ Prendre toutes les mesures de protection qui s'imposent pour prévenir les infections. ■ Interdire la visite des personnes qui souffrent d'une grippe.
Stresseurs physiques ■ Vomissements ■ Manœuvre de Valsalva ■ Forte toux ■ Efforts	■ Ces facteurs provoquent des tensions sur la plaie, particulièrement si elle se situe sur le torse.	■ Encourager la personne à changer fréquemment de position et à marcher aussi souvent que possible. ■ Administrer les antiémétiques prescrits. ■ Aider la personne à soutenir l'incision grâce à un coussin ou à un oreiller.

place sur le centre du pansement, puis on l'étale en pressant uniformément à partir du milieu vers les extrémités. Si on pose le ruban de la mauvaise façon, soit en collant une de ses extrémités sur la peau puis en le tirant par-dessus le pansement, on risque de trop tendre la peau ou de le plisser. Il s'exerce alors une traction continue provoquant un effet de cisaillement qui déplace l'épiderme d'un côté et le sépare des couches dermiques plus profondes. Certaines plaies recouvertes d'un pansement deviennent œdémateuses, ce qui cause une traction considérable sur le ruban. S'il n'est pas flexible, le pansement aura tendance à cisailler la peau en résistant à l'étirement. Cela peut causer la dénudation de la peau ou de grosses phlyctènes. On peut utiliser un bandage adhésif élastique (de type Élastoplast, Microfoam-3M) pour retenir un pansement sur des régions mobiles telles que le cou ou les extrémités, ou aux endroits où une pression est nécessaire.

Le changement du pansement donne à l'infirmière l'occasion d'enseigner à la personne comment prendre soin de la plaie et changer soi-même le pansement à la maison. La personne doit toutefois être prête à recevoir les informations que l'infirmière compte lui fournir. Elle doit par exemple être capable de regarder la plaie, exprimer de l'intérêt ou aider au changement du pansement. L'encadré 22-3 ■ résume l'enseignement relatif aux soins de la plaie à la maison et aux signes possibles d'infection.

Préserver la température corporelle normale

Durant la période postopératoire, la personne risque encore de souffrir d'hypothermie ou d'hyperthermie maligne (Fortunato-Phillips, 2000). On doit faire des efforts pour déceler l'hyperthermie maligne et la traiter de manière précoce et rapide (Redmond, 2001). Le chapitre 21 🔗 contient des informations supplémentaires sur l'hyperthermie maligne.

Les personnes qui ont été anesthésiées sont sensibles aux refroidissements et aux courants d'air. L'attention portée à la prévention de l'hypothermie, qui commence dès la période peropératoire et se poursuit durant la période postopératoire, permet d'éviter le catabolisme et une perte considérable d'azote. Les

signes d'hypothermie doivent être signalés au médecin. On garde la chambre à une température confortable et on fournit des couvertures pour prévenir les frissons. Les traitements recommandés comprennent, entre autres, l'administration d'oxygène, ainsi qu'une hydratation et une nutrition adéquates. On surveille aussi de près tout signe d'arythmie. Les risques d'hypothermie sont plus élevés chez les personnes âgées et chez celles qui sont restées longtemps en salle d'opération, où la température ambiante est fraîche.

Favoriser la fonction gastro-intestinale et reprendre l'alimentation

Les malaises gastro-intestinaux (nausées, vomissements, hoquets) et la reprise de l'alimentation par voie orale préoccupent autant la personne que l'infirmière. La nausée et les vomissements sont courants après une anesthésie (Litwack, 1999; Meeker et Rothrock, 1999). Ils sont plus courants chez les femmes, les personnes obèses (les cellules adipeuses agissent comme des réservoirs d'anesthésique), les personnes sensibles au mal des transports et celles qui ont subi de longues interventions chirurgicales. Les autres causes de vomissement postopératoire comprennent l'accumulation de liquide dans l'estomac, la dilatation de l'estomac et l'ingestion d'aliments ou de liquides avant la reprise du péristaltisme.

Quand les risques de vomissement sont élevés à cause de la nature de l'opération, on insère avant la chirurgie une sonde nasogastrique qui reste en place jusqu'à la période postopératoire. De plus, on peut insérer une sonde nasogastrique lorsqu'une personne, qui doit être opérée d'urgence, n'a pas l'estomac vide.

Les crises de hoquet, provoquées par une contraction spasmodique du diaphragme en raison d'une irritation du nerf phrénique, peuvent se produire après une opération. Cette irritation peut être directe (provoquée par une distension de l'estomac, un abcès diaphragmatique ou une distension abdominale), indirecte (résultant d'une toxémie ou d'une urémie qui stimule le centre nerveux) ou encore réflexe (provoquée notamment par un tube de drainage ou une obstruction intestinale). Souvent les crises sont légères et transitoires; elles cèdent spontanément. Parfois elles persistent, deviennent très pénibles et ont d'importants effets comme des

ENSEIGNEMENT

Soins de la plaie

AVANT LE RETRAIT DES SUTURES OU DES AGRAFES

1. Garder la plaie sèche et propre.

- Si elle n'est pas recouverte d'un pansement, demander à l'infirmière ou au médecin si on peut prendre un bain ou une douche.
- Ne pas retirer les pansements ou les attelles à moins qu'ils ne soient humides ou souillés.
- Si le pansement est humide ou souillé, le changer soi-même si on a appris à le faire. Sinon, demander l'aide de l'infirmière ou du médecin.
- Suivre les consignes relatives au changement du pansement, par exemple:
  - Nettoyer *doucement* la plaie avec de la solution saline stérile une ou deux fois par jour.
  - Recouvrir d'une compresse Telfa stérile ou d'une compresse ordinaire suffisamment grande pour couvrir toute la plaie.
  - Appliquer un ruban hypoallergénique (Dermacel ou ruban en papier). Les bandages adhésifs ne sont pas recommandés, parce qu'on risque d'endommager le siège de l'incision quand on les retire.

2. Signaler immédiatement à l'infirmière ou au médecin tout signe d'infection:

- Rougeur, œdème qui s'étend à plus de 2 cm de l'incision, sensibilité au toucher, chaleur au pourtour de la plaie.
- Stries rouges dans la région qui entoure la plaie.
- Pus ou écoulement, odeur nauséabonde.
- Frissons ou fièvre (température buccale de plus de 37,7 °C).

3. Si la douleur est difficile à supporter, appliquer un sac de glace ou d'eau froide sur la région touchée ou prendre de façon régulière le médicament contre la douleur qui a été prescrit ou recommandé par le médecin. Consulter le médecin avant de prendre de l'aspirine, à cause des risques de saignements.

4. La présence d'œdème est fréquente après une opération. Pour le réduire, surélever la partie affectée jusqu'au niveau du cœur.

- Main ou bras
  - Pendant le sommeil, placer le bras sur un oreiller.
  - Si l'on est assis, placer le bras sur un oreiller ou sur une table.
  - Si l'on est debout, placer la main affectée sur l'épaule opposée en soutenant le coude avec la main non affectée.
- Jambe ou pied
  - Si l'on est assis, placer la jambe affectée sur une chaise, le genou sur un oreiller.
  - Si l'on est couché, placer un oreiller sous la jambe affectée.

APRÈS LE RETRAIT DES SUTURES OU DES AGRAFES

Même si la plaie semble guérie après le retrait des sutures ou des agrafes, elle est encore sensible, la cicatrisation devant se poursuivre pendant plusieurs semaines encore.

1. Suivre les directives du médecin ou de l'infirmière pour ce qui a trait aux activités permises.

2. Garder la plaie propre. Ne pas la frotter vigoureusement. La sécher par tapotement. Les bords de la plaie peuvent être rouges et légèrement surélevés, ce qui est normal.

3. Si la cicatrice est encore rouge, épaisse et sensible à la pression après huit semaines, consulter votre médecin. (Une formation excessive de collagène pourrait être en cause, ce qui doit être vérifié).

---

vomissements, de l'épuisement et même la déhiscence de la plaie. Dans certains cas de hoquet grave et persistant, le médecin peut prescrire de la chlorpromazine (Largactil).

Lorsque la nausée et les vomissements sont maîtrisés, et que la personne est complètement réveillée et alerte, on doit veiller à ce qu'elle revienne le plus tôt possible à son régime alimentaire habituel d'avant l'opération. Ainsi, sa fonction gastro-intestinale revient rapidement à la normale. La prise d'aliments par la bouche stimule la production des sucs digestifs et favorise le fonctionnement de l'estomac et le péristaltisme intestinal. Le retour à un apport alimentaire normal doit se faire au rythme établi par la personne. Bien entendu, la nature de la chirurgie et le type d'anesthésie influent directement sur la reprise de l'activité gastrique. Les liquides sont la première substance que veut et tolère habituellement une personne après une opération. On peut donc lui faire prendre de l'eau, des jus de fruit et du thé, en augmentant graduellement les quantités. On évite les liquides glacés ou chauds, qui sont habituellement moins bien tolérés que les liquides tièdes. La diète progressive se poursuit en ajoutant des aliments mous (gélatine, crème-dessert, lait et potages) dès qu'ils sont tolérés. Puis, quand les aliments mous sont tolérés, on leur ajoute des aliments solides.

L'évaluation et le traitement des troubles de la fonction gastro-intestinale sont importants après une intervention chirurgicale, parce que le tube digestif est sujet à des complications qui causent des malaises ou qui pourraient mettre la vie de la personne en danger. Toute personne qui vient de subir une opération est susceptible de souffrir d'une distension abdominale causée par l'accumulation de gaz dans les intestins. La manipulation des organes de l'abdomen pendant l'opération peut retarder de 24 à 48 heures la reprise du péristaltisme normal, selon la nature et la gravité de l'opération. Même si rien n'est absorbé par la bouche, de l'air et des sécrétions peuvent pénétrer dans l'estomac et les intestins, s'y accumuler à cause de l'absence ou de la diminution du péristaltisme, et provoquer une distension de l'abdomen qui se manifeste par une sensation de lourdeur ou de la douleur. Les gaz s'accumulent le plus souvent dans le côlon. De plus, l'immobilité, les agents anesthésiques et l'utilisation de médicaments opioïdes contribuent à augmenter la distension abdominale.

Après une opération abdominale majeure, on peut prévenir la distension en repositionnant fréquemment la personne, en lui faisant faire des exercices et en la faisant marcher dès que possible. Ces mesures permettent aussi d'alléger l'aérophagie due à l'anxiété. Si on prévoit une distension abdominale postopératoire, on peut insérer avant l'opération une sonde nasogastrique et la laisser en place jusqu'à ce que l'on constate le retour du péristaltisme (indiqué par l'expulsion de flatuosités). L'infirmière peut déterminer la présence de bruits intestinaux par auscultation de l'abdomen, puis consigner l'information au dossier pour qu'on commence l'alimentation progressive à la première occasion.

L'iléus paralytique et l'obstruction intestinale sont des complications possibles qui surviennent plus fréquemment chez les personnes qui ont subi une chirurgie intestinale ou abdominale. Le chapitre 39 🔗 décrit le traitement recommandé dans ces cas.

Favoriser la reprise de la fonction intestinale

La constipation est courante après la chirurgie et peut représenter un inconvénient mineur ou une complication grave (Fox, 1998). L'immobilité, la réduction de l'apport alimentaire par la bouche et la prise d'analgésiques opioïdes affectent le fonctionnement intestinal. De plus, l'intervention chirurgicale peut elle-même être à l'origine d'une irritation, voire d'un traumatisme, de l'intestin, et provoquer une inhibition du péristaltisme qui peut durer plusieurs jours. La mobilisation précoce, l'amélioration de l'apport alimentaire et la prise d'un émollient fécal (selon l'ordonnance) favorisent l'élimination. Jusqu'à ce que la personne l'avise d'un retour à une élimination normale, l'infirmière doit ausculter l'abdomen afin de déceler une distension et déterminer la présence et la fréquence de bruits intestinaux. S'il ne semble pas y avoir de distension et que les bruits intestinaux sont normaux, et si la personne n'est pas encore allée à la selle deux ou trois jours après l'opération, on doit le signaler au médecin de sorte qu'on puisse administrer un laxatif le soir même.

Favoriser la fonction urinaire

La rétention urinaire après la chirurgie peut survenir pour plusieurs raisons. Les anesthésiques, les agents anticholinergiques et les opioïdes atténuent la sensation de plénitude de la vessie et l'envie d'uriner. Ils inhibent également le réflexe d'élimination et la capacité de vider complètement la vessie. Les opérations abdominales ou pelviennes et les opérations à la hanche peuvent accroître la rétention urinaire en raison de la douleur. En outre, certaines personnes éprouvent de la difficulté à utiliser le bassin hygiénique ou l'urinal en position couchée.

On doit évaluer la distension de la vessie et l'envie d'uriner dès l'arrivée de la personne à l'unité de soins et fréquemment par la suite. On s'attend à ce que la personne urine dans les huit heures suivant une opération (y compris le temps passé en salle de réveil). Si elle a envie d'uriner mais en est incapable, si sa vessie est distendue et qu'elle n'a pas envie, ou si elle n'arrive pas à uriner, on ne doit pas retarder le cathétérisme en se basant uniquement sur la durée limite de huit heures. Il faut donc utiliser toutes les méthodes dont on dispose pour faciliter la miction (par exemple, laisser l'eau du robinet couler ou appliquer de la chaleur sur le périnée). Le bassin hygiénique doit être réchauffé, car le froid cause une sensation désagréable et provoque une contraction des muscles (y compris le sphincter urétral). Si la personne se dit incapable d'uriner dans le bassin, on peut offrir l'usage d'une chaise d'aisances au lieu de recourir au cathétérisme. Souvent, on permet aux hommes d'utiliser l'urinal en position assise ou debout près du lit, tout en prenant les mesures qui s'imposent pour

prévenir les chutes causées par une perte de coordination due aux médicaments ou les évanouissements résultant de l'hypotension orthostatique. Si la personne ne peut uriner dans les délais indiqués, on procède au cathétérisme intermittent, lequel est préférable à la sonde à demeure, car les risques d'infection sont moindres.

Même si la personne parvient à uriner, cela ne signifie pas que la vessie est vide. L'infirmière doit inscrire au dossier le volume de toutes les urines émises et palper la région sus-pubienne à la recherche de distension ou de sensibilité. On peut aussi utiliser un échographe portatif pour évaluer le volume vésical résiduel. On poursuit le cathétérisme intermittent toutes les quatre à six heures jusqu'à ce que la personne urine spontanément et que le résidu postmictionnel soit inférieur à 100 mL.

Garantir la sécurité

Pendant la période postopératoire immédiate, on doit veiller à ce que les ridelles du lit de la personne qui est encore sous l'effet de l'anesthésie soient remontées et que le lit soit en position basse. L'infirmière évalue le niveau de conscience de la personne et son orientation, et détermine si elle a besoin de ses lunettes ou de son appareil auditif, parce qu'une mauvaise vision, une incapacité de comprendre les directives postopératoires ou l'incapacité de communiquer verbalement constituent un risque de blessures. Tous les objets dont la personne pourrait avoir besoin doivent être à sa portée, surtout la cloche d'appel. On doit appliquer dès que possible toute directive particulière concernant la position de la personne, certaines interventions à effectuer ou de l'équipement spécial à installer. On avise la personne qu'elle doit demander de l'aide pour toute activité. S'il faut utiliser des contentions, par exemple auprès des personnes désorientées, il importe de suivre les politiques et les procédures de l'établissement à cet égard.

Toute intervention chirurgicale présente un potentiel de blessure causée par la perturbation de l'intégrité neurovasculaire résultant d'une position inconfortable dans la salle d'opération, de la manipulation des tissus, de l'atteinte accidentelle de certains nerfs ou de pansements trop serrés. La chirurgie orthopédique et celle touchant les extrémités présentent un risque de lésions aux nerfs périphériques. Les chirurgies vasculaires, telles que le remplacement de sections d'artères périphériques lésées ou l'insertion d'une greffe artérioveineuse, augmentent le risque de thrombose au siège de la chirurgie, ce qui entraîne l'ischémie des tissus distaux du thrombus. Au cours de l'évaluation, on demande à la personne de bouger la main ou le pied en aval du siège de l'opération en lui faisant faire une série de mouvements de pleine amplitude. On évalue aussi la sensation et les pouls périphériques.

Soutenir la personne et sa famille

Même si les personnes et les membres de leur famille sont certainement soulagés que la chirurgie soit terminée, le niveau d'anxiété demeure élevé durant la période postopératoire immédiate. De nombreux facteurs contribuent à cette anxiété: la douleur, le fait d'être dans un environnement inhabituel, le sentiment d'impuissance, la peur des conséquences à long terme de la chirurgie, la peur des complications, la perte d'autonomie fonctionnelle, la fatigue, la détresse spirituelle, la perturbation dans l'exercice du rôle, l'adaptation inefficace et une altération de l'image corporelle sont toutes des réactions possibles. L'infirmière s'emploie à calmer l'anxiété de la personne et de sa famille en les rassurant et en les informant, et elle prend le temps de les écouter et de répondre à leurs préoccupations. Elle décrit les soins et les traitements d'usage et ce à quoi la personne doit s'attendre dans les heures et les journées qui suivent jusqu'à son congé. Elle explique aussi l'objectif de l'évaluation clinique et des interventions infirmières. Le fait d'informer la personne du moment où elle pourra boire, manger et sortir du lit, et du moment où les tubes et les drains seront retirés l'aide à reprendre un sentiment d'autonomie et lui donne l'impression de participer à son rétablissement et à son plan de soins. Le fait de reconnaître les préoccupations des membres de la famille, d'accepter et d'encourager leur participation aux soins de la personne leur donne le sentiment qu'ils aident l'être cher. L'infirmière peut modifier l'environnement de manière à améliorer le repos et la relaxation en offrant de l'intimité, en réduisant le bruit, en réglant l'éclairage, en offrant suffisamment de sièges pour les membres de la famille et en prenant toute autre mesure qui procurera une ambiance de soutien.

Traiter les complications

Thrombose veineuse profonde

La thrombose veineuse profonde (TVP) et d'autres complications, comme l'embolie pulmonaire, sont de graves complications potentielles de la chirurgie (encadré 22-4 ■). La réponse au stress déclenchée par la chirurgie inhibe la fibrinolyse, ce qui provoque l'hypercoagulabilité du sang. La déshydratation, un faible débit cardiaque, l'accumulation de sang dans les extrémités et l'alitement sont des facteurs qui contribuent au risque de thrombose. Bien que toutes les personnes opérées présentent un risque de thrombose, certains types de chirurgie l'augmentent et certains groupes de personnes sont plus susceptibles d'en être atteints. Le premier symptôme de la TVP est souvent une douleur ou une crampe dans le mollet. Bien qu'elle ne se manifeste pas toujours, une douleur dans le mollet déclenchée par la flexion dorsale du pied (signe d'Homans) peut indiquer une thrombose (figure 22-7 ■). Ces premières douleurs et cette sensibilité peuvent être suivies par un œdème douloureux de toute la jambe, souvent accompagné d'une légère fièvre, d'une rougeur localisée et, parfois, de frissons et de diaphorèse.

Il est devenu pratique courante d'administrer un traitement prophylactique aux personnes à risque qui viennent de subir une opération. On peut administrer par voie sous-cutanée de faibles doses d'héparine aux personnes alitées jusqu'à ce qu'elles soient capables de marcher. On peut aussi utiliser d'autres anticoagulants comme les héparines de faible poids moléculaire et de petites doses de warfarine (Coumadin). On peut également utiliser la compression pneumatique externe ou les bas élastiques longs (antiemboliques) avec ou sans administration de faibles doses d'héparine.

On doit bien faire comprendre à la personne qu'il est essentiel de se mettre à marcher le plus tôt possible après l'opération et de faire une fois par heure les exercices pour les jambes afin de prévenir une thrombose veineuse profonde ; ces recommandations s'appliquent à toutes les personnes, peu importe leur niveau de risque. On doit éviter d'utiliser des couvertures ou des oreillers roulés qui pourraient comprimer les vaisseaux sous les genoux. Même la position assise avec les jambes pendantes sur le bord du lit durant des périodes prolongées peut être dangereuse et est à proscrire chez les personnes à risque, parce que la pression sous les genoux peut nuire à la circulation sanguine. On encourage aussi la personne à s'hydrater

suffisamment ; on lui offre à cet effet des jus et de l'eau durant la journée. Le chapitre 32 ⬯ traite en détail de la thrombose veineuse profonde et le chapitre 25 ⬯ de l'embolie pulmonaire.

Hématomes

Parfois, un saignement se produit à l'intérieur de la plaie, sous la peau. Il se résorbe habituellement de façon spontanée, mais provoque la formation d'un caillot (hématome) à l'intérieur de la plaie. Si le caillot est petit, il sera absorbé et n'exige donc pas de traitement. Par contre, s'il est gros et forme une saillie, il doit être retiré, car il risque de retarder la cicatrisation. Celle-ci se fait généralement par granulation (deuxième intention) ; une seconde suture est parfois nécessaire.

ENCADRÉ 22-4

FACTEURS DE RISQUE

Complications postopératoires

Personnes à risque élevé de thrombose veineuse profonde et de complications pulmonaires :

THROMBOSE VEINEUSE PROFONDE
- Les personnes qui ont subi une chirurgie orthopédique à la hanche, au genou ou à une autre partie des membres inférieurs.
- Les personnes qui ont subi une prostatectomie transurétrale et les personnes âgées soumises à une opération touchant les voies urinaires.
- Les opérés âgés de plus de 40 ans, ceux qui sont obèses, ceux qui souffrent de cancer ou qui ont déjà fait une TVP ou une embolie pulmonaire, ou encore ceux qui ont subi une opération majeure et complexe.
- Les personnes en gynécologie ou en obstétrique âgées de plus de 40 ans qui présentent des facteurs de risque (varices, thrombose veineuse antérieure, infection, cancer ou obésité).
- Les personnes en neurochirurgie qui présentent les facteurs de risque mentionnés pour les autres groupes (dans les cas d'accident vasculaire cérébral, les risques de TVP dans la jambe paralysée sont de 75 %).

COMPLICATIONS PULMONAIRES
- Nature de l'opération – les complications pulmonaires sont plus fréquentes chez les personnes qui ont subi une chirurgie abdominale, comparativement à une chirurgie périphérique.
- Emplacement de l'incision – plus l'incision est près du diaphragme, plus les complications pulmonaires sont fréquentes.
- Maladies respiratoires préopératoires.
- Âge – les complications pulmonaires sont plus fréquentes chez les personnes âgées de plus de 40 ans.
- Infection
- Obésité – plus de 110 % du poids idéal
- Immobilité prolongée
- Durée de l'opération – plus de trois heures
- Aspiration
- Déshydratation
- Malnutrition
- Hypotension et choc
- Immunodépression

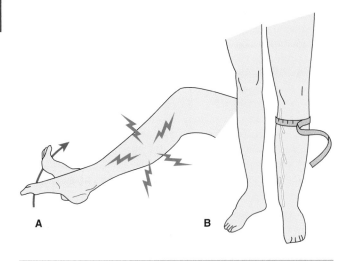

FIGURE 22-7 ■ Évaluation des signes et symptômes de thrombose veineuse profonde. **(A)** Douleur dans le mollet déclenchée par la flexion dorsale du pied, quand le genou est fléchi (signe d'Homans). Il s'agit de l'un des premiers signes de thrombose non apparente, mais il ne se manifeste pas toujours. Les muscles du mollet sont sensibles à une faible pression. **(B)** La jambe affectée enfle, les veines sont plus proéminentes et peuvent être palpées facilement.

Infection

La plaie chirurgicale perturbe l'intégrité de la peau et sa fonction de protection. L'exposition des tissus corporels profonds aux agents pathogènes environnementaux augmente le risque d'une infection, qui pourrait éventuellement menacer la vie de l'opéré. L'infection au siège de la chirurgie prolonge la durée du séjour à l'hôpital, fait augmenter les coûts des soins et accroît les risques de complications supplémentaires. Chez les personnes opérées, les infections au siège de la chirurgie sont les infections nosocomiales les plus courantes, 67 % se développant dans l'incision et 33 % dans un organe adjacent ou au pourtour du site opéré (CDC, 1999). Des études récentes donnent à penser que l'administration supplémentaire d'oxygène pendant une résection colorectale et pendant deux heures après l'opération diminue les risques d'infection postopératoire (Greif, Ozan, Horn et al., 2000).

Les facteurs qui contribuent au risque d'infection d'une plaie sont multiples. L'un d'eux est l'état de la plaie. Les plaies chirurgicales sont classées selon leur degré de contamination. Le tableau 22-3 ■ présente cette classification et donne le taux escompté d'infection par catégorie. Les autres facteurs de risque se répartissent entre ceux reliés à la personne et ceux associés à l'intervention chirurgicale. Les facteurs reliés à la personne incluent les suivants : l'âge, l'état nutritionnel, le diabète, le tabagisme, l'obésité, les infections à distance, les microorganismes endogènes des muqueuses, une réponse immunitaire diminuée, la durée de l'hospitalisation préopératoire et la gravité de la maladie (Bryant, 2000). Les facteurs associés à l'intervention chirurgicale comprennent la méthode de préparation préopératoire de la peau, l'habillement chirurgical de l'équipe, la méthode d'asepsie du champ opératoire, la durée de la chirurgie, la prophylaxie antimicrobienne, la technique d'asepsie, la technique chirurgicale, les drains ou les matières étrangères, l'aération de la salle d'opération ainsi que les microorganismes exogènes. Les efforts déployés pour empêcher l'infection de la plaie visent à réduire ces risques. Les chapitres 20 et 21 ⊖ traitent des risques particuliers des périodes préopératoire et peropératoire et décrivent les interventions qui s'appliquent. Les soins postopératoires sont axés sur l'évaluation de la plaie, la prévention de la contamination et de l'infection avant la cicatrisation des bords de la plaie et la mise en place de conditions qui favorisent la guérison.

Classification des plaies et risques d'infection reliés au siège de la chirurgie		TABLEAU 22-3
Catégories	**Caractéristiques**	**Risques d'infection (%)**
Plaie propre	■ Siège atraumatique ■ Région non infectée ■ Pas d'inflammation ■ Aucune lacune dans la technique aseptique ■ Plaie qui ne touche pas les voies respiratoires, gastro-intestinales, génitales ou urinaires, ni la cavité oropharyngée	1 à 3 %
Plaie propre-contaminée	■ Plaie produite sans contamination inhabituelle avec pénétration dans les voies respiratoires, gastro-intestinales, génitales ou urinaires ou la cavité oropharyngée ■ Appendicectomie ■ Légère faille dans la technique aseptique ■ Drainage mécanique	3 à 7 %
Plaie contaminée	■ Plaie accidentelle, ouverte et fraîche ■ Sécrétions gastro-intestinales massives ■ Lacune majeure dans la technique aseptique ■ Pénétration dans les voies uro-génitales ou biliaires lorsque l'urine ou la bile est infectée	7 à 16 %
Plaie infectée	■ Plaie accidentelle avec cicatrisation retardée, tissus nécrosés, corps étrangers ou contamination fécale ■ Inflammation aiguë et écoulements purulents pendant l'intervention	16 à 29 %

Il se peut qu'on ne remarque aucun signe d'infection dans les cinq premiers jours suivant l'opération. La majorité des personnes ont reçu leur congé pendant ce temps et plus de la moitié des infections sont diagnostiquées après que la personne a quitté l'hôpital, ce qui met en évidence la nécessité de bien enseigner les soins de la plaie. Les facteurs qui contribuent à l'infection d'une plaie incluent la contamination, la présence d'un corps étranger, des points de suture mal faits, la présence de tissu nécrosé, les hématomes, l'affaiblissement, la déshydratation, la malnutrition, l'anémie, l'âge avancé, une obésité importante, un choc, une longue hospitalisation préopératoire, une opération de longue durée, et des maladies connexes (par exemple, le diabète, l'immunodépression). Les signes et symptômes d'une inflammation sont une accélération du pouls, la fièvre, une leuco-cytose, un œdème, de la chaleur, une sensibilité ou un écoulement de la plaie, ainsi qu'une douleur dans la région de l'incision. Les signes locaux sont parfois absents dans les cas d'infections profondes. Un grand nombre de contaminations postopératoires sont dues à *Staphylococcus aureus*, d'autres à *Escherichia coli*, *Proteus vulgaris*, *Aerobacter aerogenes* et *Pseudomonas aeruginosa*, pour ne nommer que les microorganismes les plus communs. Les infections à streptocoques bêtahémolytiques ou à *Clostridium* sont rares mais peuvent évoluer rapidement et être mortelles. Dans ces cas, on doit mettre en œuvre toutes les mesures nécessaires pour éviter de propager l'infection aux autres. Des soins médicaux et infirmiers intensifs sont essentiels pour sauver la personne.

Lorsque l'on diagnostique une infection de l'incision chirurgicale, le chirurgien peut enlever un ou plusieurs points de suture ou agrafes et, en prenant les précautions aseptiques appropriées, séparer les bords de la plaie avec une paire de ciseaux à bout arrondi ou une pince hémostatique. Puis, il insère un drain. Si l'infection est profonde, il peut s'avérer nécessaire d'avoir recours à une incision et au drainage. Un traitement antimicrobien et un protocole de soin des plaies doivent aussi être entrepris (Byrant, 2000).

Déhiscence et éviscération

La **déhiscence** (séparation des lèvres de l'incision chirurgicale ou de la plaie) et l'**éviscération** (protrusion du contenu de la plaie) sont des complications graves (figure 22-8 ■). Elles le sont particulièrement lorsqu'elles concernent la région abdominale. Elles peuvent avoir pour cause la désunion des points de suture, l'infection et, plus souvent, une distension marquée ou une forte toux. Elles peuvent aussi être dues à l'âge, à une mauvaise alimentation ou à une maladie pulmonaire ou cardiovasculaire chez une personne opérée à l'abdomen.

Quand les lèvres de la plaie se séparent lentement, il arrive que les intestins s'engagent dans la brèche. Dans ce cas, le premier signe observé peut être un écoulement de liquide péritonéal sérosan-guinolant. Par contre, quand la rupture se produit brutalement, une portion des intestins est parfois poussée hors de l'abdomen. Souvent, la personne dira: « Quelque chose a lâché ». L'éviscération est douloureuse et peut s'accompagner de vomissements.

! ALERTE CLINIQUE *Si une plaie cède, on doit placer la personne dans la position de Fowler basse, lui indiquer de rester couchée et de demeurer calme. Ces actions réduisent l'éviscération des tissus. Les sections intestinales éviscérées doivent être recouvertes de pansements stériles humectés de solution saline et le chirurgien doit être avisé sur-le-champ.*

Un bandage abdominal, placé correctement, est une excellente mesure prophylactique contre l'éviscération. On l'utilise souvent quand le premier pansement est en place, surtout chez les personnes dont les muscles abdominaux sont faibles ou dont l'abdomen est pendant, ou encore quand il y a eu séparation de la plaie.

Particularités reliées à la personne âgée

Les personnes âgées se rétablissent plus lentement, sont hospitalisées plus longtemps et sont plus exposées aux complications après une opération (Polanczyk *et al.*, 2001). Les principales menaces à leur rétablissement sont le délire, la pneumonie, un déclin de leur capacité fonctionnelle, l'exacerbation de la comorbidité, les plaies de pression, une diminution des ingesta par voie orale, des troubles gastro-intestinaux et les chutes. Les soins prodigués par une infirmière spécialisée peuvent aider à prévenir ces complications ou à diminuer leurs effets.

Le délire postopératoire, que l'on reconnaît par la confusion, les déficits cognitifs, les altérations de la perception, les perturbations du niveau d'attention, les troubles du sommeil et le déclin des capacités psychomotrices, est un problème important chez la personne âgée. Ses causes sont multifactorielles (encadré 22-5 ■). L'évaluation fréquente de l'état mental et de tous les facteurs physiologiques connexes par une personne qualifiée facilite la planification des soins et traitements infirmiers. Chez la personne âgée, le délire est souvent le premier signe, et parfois le seul, d'une infection, d'un déséquilibre hydroélectrolytique, de la détérioration de la fonction respiratoire ou de perturbations hémodynamiques. Les facteurs qui déterminent si une personne est susceptible d'être

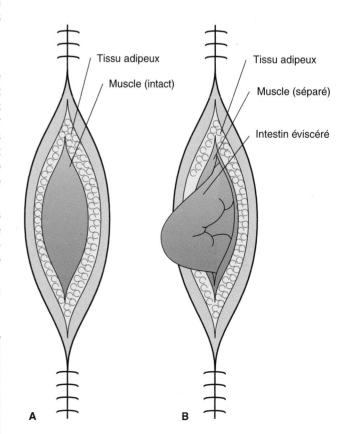

FIGURE **22-8** ■ **(A)** Déhiscence et **(B)** éviscération d'une plaie.

Causes du délire postopératoire

- Déséquilibre liquidien et électrolytique
- Déshydratation
- Hypoxie
- Hypercapnie
- Déséquilibre acidobasique
- Infection (voies urinaires, plaie, voies respiratoires)
- Médicaments (anticholinergiques, benzodiazépines, dépresseurs du système nerveux central)
- Douleur non soulagée
- Perte sanguine
- Diminution du débit cardiaque
- Hypoxie cérébrale
- Insuffisance cardiaque
- Infarctus aigu du myocarde
- Hypothermie ou hyperthermie
- Environnement étranger et privation sensorielle
- Chirurgie imminente
- Sevrage alcoolique
- Rétention urinaire
- Fécalome

atteinte de délire sont, entre autres, l'âge, les antécédents d'abus d'alcool, l'état cognitif préopératoire, l'état physique, les taux d'éléments sériques et la nature de la chirurgie.

Les objectifs des soins consistent à déceler le délire postopératoire, à en déterminer les causes sous-jacentes et à les traiter. On confond souvent cette forme de délire avec la démence préexistante, ou encore on l'attribue à l'âge. En plus de faire le suivi des causes décelables et de les traiter, les infirmières peuvent mettre en œuvre des interventions de soutien. Le fait d'installer la personne dans une chambre bien éclairée et située près du poste des infirmières peut aider à surmonter la privation sensorielle. Du même coup, on doit réduire les bruits dérangeants et non familiers. La douleur pouvant contribuer au délire postopératoire, l'infirmière collabore avec le médecin ou l'infirmière gériatrique et la personne pour soulager la douleur sans toutefois faire un usage excessif de sédatifs (Lynch, Lazor, Gellis *et al.*, 1998). La personne est réorientée aussi souvent que nécessaire et il est préférable que les membres du personnel se présentent chaque fois qu'ils entrent en contact avec elle. En échangeant avec elle, en la faisant participer aux activités de soin, en plaçant une horloge et un calendrier à sa portée, on peut améliorer ses fonctions cognitives. On ne doit pas négliger l'activité physique, même lorsque la personne est confuse, car la détérioration physique peut aggraver le délire et augmenter le risque de complications. On doit éviter d'utiliser les moyens de contention qui pourraient aussi accroître la confusion. Il est préférable de demander à un membre de la famille ou du personnel de s'asseoir, si possible, avec la personne. On peut administrer des doses d'halopéridol (Haldol) ou de lorazépam (Ativan) durant les épisodes de confusion aiguë, mais on doit cesser de les donner dès que possible pour prévenir les effets secondaires.

Les autres problèmes auxquels font face les personnes âgées qui viennent d'être opérées sont, entre autres, la pneumonie, la perturbation de la fonction intestinale, la thrombose veineuse profonde, la faiblesse et une dégradation générale des fonctions; on peut prévenir ces problèmes par une mobilisation progressive peu après l'intervention. Il ne suffit pas de lever la personne du lit ou de l'asseoir sur une chaise pour améliorer sa mobilité; il faut la faire marcher. En effet, les positions assises pendant de longues périodes favorisent la stase veineuse dans les membres inférieurs, ce que l'on doit éviter. Il est préférable d'accompagner la personne lorsqu'elle marche pour lui éviter de se cogner ou de tomber. Il est parfois nécessaire de recourir à la physiothérapie pour encourager la pratique d'exercices sécuritaires et réguliers chez la personne âgée.

Pour prévenir l'incontinence urinaire, il faut s'assurer que la personne peut facilement atteindre la cloche d'appel et la chaise d'aisances; on peut également stimuler sa miction. La marche précoce après l'opération et une bonne connaissance de l'aménagement de la chambre lui permettront de recouvrer plus rapidement son autonomie.

Il est important que l'état nutritionnel de la personne soit optimal pour assurer la cicatrisation de la plaie, le retour à une fonction intestinale normale et le rétablissement de l'équilibre hydroélectrolytique. L'infirmière et la personne peuvent consulter le diététiste pour planifier des repas appétissants et à forte teneur protéinique, ayant un apport énergétique approprié et offrant les fibres et les vitamines nécessaires. On peut recommander des suppléments alimentaires tels que Ensure ou Sustacal. Les multivitamines, le fer et la vitamine C pris en supplément aident à la cicatrisation des tissus, à la formation de nouveaux globules rouges et à l'amélioration de l'état nutritionnel global; ils sont souvent prescrits après une opération.

En plus d'aider la personne âgée à retrouver sa santé physique, l'infirmière détermine ses besoins psychologiques et y répond. Il faut parfois plus d'encouragement et de soutien pour l'amener à reprendre ses activités, et sa progression peut être plus lente. Il se peut qu'en raison de déficits sensoriels, on doive répéter souvent les directives. En outre, une diminution des réserves physiologiques pourrait exiger des périodes de repos plus fréquentes. La planification du congé d'une personne âgée doit être très élaborée afin de coordonner les soins provenant des professionnels autant que des membres de la famille. L'infirmière et le travailleur social peuvent planifier et mettre en œuvre le suivi.

Favoriser les soins à domicile et dans la communauté

Enseigner les autosoins

Il n'est pas nouveau d'avoir à donner des directives détaillées aux personnes qui s'apprêtent à retourner chez elles après une opération dans un hôpital, afin qu'elles poursuivent elles-mêmes certains soins. Cependant, en raison de la diminution importante de la durée des séjours en milieu hospitalier, on doit maintenant fournir beaucoup plus d'informations en moins de temps (Fox, 1998; Quinn, 1999). Bien que les besoins soient propres à chaque personne selon les interventions subies, on a défini des besoins généraux en matière d'enseignement postopératoire (encadré 22-1).

Assurer le suivi

Un suivi assuré par les services communautaires est souvent nécessaire après une intervention chirurgicale. Les personnes âgées, les personnes seules, celles qui n'ont pas de soutien familial, ainsi que celles atteintes d'incapacités préexistantes sont souvent celles qui ont les besoins les plus importants. Il faut planifier le congé dès le début de l'hospitalisation et prendre des dispositions pour que les services requis soient en place lorsque la personne est renvoyée chez elle. Par exemple, le suivi à domicile peut se faire par l'entremise des centres de santé et de services sociaux (CSSS) du Québec et du Programme extra-mural (PEM) du Nouveau-Brunswick, qui offrent une vaste gamme de services professionnels de soins de santé coordonnés. Les soins de la plaie, les soins reliés à un drain, à un cathéter ou à une perfusion, la physiothérapie et l'ergothérapie font partie des besoins auxquels répondent les professionnels des soins de santé communautaires. L'infirmière de soins à domicile coordonne ces activités et services.

Durant ses visites à domicile, l'infirmière évalue l'état de la personne à la recherche de complications postopératoires. Elle examine la plaie chirurgicale, la fonction respiratoire et cardiovasculaire, l'efficacité du traitement de la douleur, l'état liquidien et nutritionnel, et les progrès de la personne dans la reprise de ses activités préopératoires. L'infirmière évalue également les capacités de la personne et des membres de sa famille à changer les pansements et les appareils de drainage portatifs et autres, et à administrer les médicaments prescrits. Au besoin, elle peut changer les pansements ou les cathéters. Elle détermine si la personne a besoin de services supplémentaires et l'aide à faire les arrangements nécessaires en collaboration avec sa famille. L'infirmière renforce l'enseignement reçu et rappelle à la personne l'importance des rendez-vous de suivi. Elle la renseigne sur les signes et symptômes qui doivent être signalés au chirurgien. De plus, elle peut fournir de l'information sur la façon d'obtenir le matériel supplémentaire et suggérer des ressources disponibles ou des groupes de soutien existant dans la région. Dans de nombreuses situations, des appels téléphoniques sont faits pour répondre aux questions, évaluer la convalescence et rassurer la personne et sa famille.

ÉVALUATION

Résultats escomptés

Les principaux résultats escomptés sont les suivants :

1. La personne conserve une fonction respiratoire normale.
   a) Elle fait ses exercices de respiration profonde.
   b) Elle ne présente aucun bruit anormal à l'auscultation.
   c) Elle utilise l'inspiromètre d'incitation selon l'ordonnance.
   d) Quand elle tousse, elle soutient la région de la plaie avec un coussin ou un oreiller pour diminuer la douleur.
2. Elle indique que sa douleur est moins intense.
3. Elle fait les exercices prescrits et marche.
   a) Elle alterne périodes de repos et d'activité.
   b) Elle augmente progressivement ses déplacements.
   c) Elle reprend ses activités normales selon l'échéancier convenu.
   d) Elle effectue ses autosoins.
4. La plaie cicatrise sans complication.
5. La personne maintient une température corporelle normale.
6. Elle reprend son alimentation orale.
   a) Elle ne souffre pas de nausées ni de vomissements.
   b) Elle consomme au moins 75 % de son régime alimentaire habituel.
   c) Elle ne souffre pas de douleurs abdominales ni de flatulence.
   d) Elle présente des bruits intestinaux normaux.
7. Elle signale une reprise de ses habitudes d'élimination intestinale.
8. Elle a repris ses habitudes d'élimination urinaire.
9. Elle évite les blessures.
10. Elle montre une diminution de son anxiété.
11. Elle acquiert les connaissances et compétences nécessaires pour prendre en charge ses soins.
12. Elle ne souffre d'aucune complication.

EXERCICES D'INTÉGRATION

1. La personne que vous soignez a des antécédents de cancer de l'œsophage et est séropositive. Après avoir subi un traitement ambulatoire pour l'installation d'une sonde d'alimentation, elle doit recevoir son congé. Indiquez quels résultats de l'examen clinique permettraient d'affirmer qu'elle est prête à partir. Décrivez un plan d'enseignement destiné à la personne et aux membres de sa famille. Comment adapteriez-vous le plan si la personne vit seule ?

2. Une personne qui a subi une opération à l'abdomen indique qu'elle éprouve de fortes douleurs qui la rendent incapable de tousser et de prendre de grandes respirations. En l'auscultant, vous entendez des crépitants à la base des poumons. Analysez ces constatations et indiquez les interventions qui s'imposent dans cette situation. Comment devez-vous modifier les soins à donner si la personne souffre d'un trouble musculosquelettique qui rend difficile le simple fait de se tourner ou de marcher ?

3. Vous visitez une femme de 72 ans qui vit seule et qui a subi une intervention chirurgicale d'urgence il y a trois semaines pour une fracture de la hanche. Comment allez-vous mener l'examen clinique de manière à déterminer les facteurs qui peuvent affecter son rétablissement ? Comment devez-vous modifier l'évaluation et le plan thérapeutique infirmier en raison de son âge ?

RÉFÉRENCES BIBLIOGRAPHIQUES

L'astérisque indique un compte rendu de recherche en soins infirmiers.

Byrant, R. (2000). *Acute and chronic wounds* (2nd ed.). St. Louis: Mosby.

CDC – Centers for Disease Control and Prevention (1999). Guideline for prevention of surgical site infections. *Infection Control and Hospital Epidemiology, 20*(4), 247–280.

Economou, S.G., & Economou, T.S. (1999). *Instructions for surgery patients.* Philadelphia: WB Saunders.

Finkelmeier, B. (2000). *Cardiothoracic surgical nursing* (2nd ed.). Philadelphia: Lippincott Williams & Wilkins.

Fortunato-Phillips, N. (2000). Malignant hyperthermia: Update 2000. *Critical Care Nursing Clinics of North America, 12*(2), 199–210.

Fox, V.J. (1998). Postoperative education that works. *AORN Journal, 67*(5), 1010, 1012–1017.

Greif, R., Ozan, A., Horn, E., et al. (2000). Supplemental perioperative oxygen to reduce the incidence of surgical wound infection. *New England Journal of Medicine, 342*(3), 161–167.

Karch, A. (Ed.). (2002). *Nursing drug guide.* Philadelphia: Lippincott Williams & Wilkins.

Litwack, K. (1999). *Core curriculum for perianesthesia nursing practice.* Philadelphia: WB Saunders.

Lynch, E.P., Lazor, M.A., Gellis, J.E., et al. (1998). The impact of postoperative pain in the development of postoperative delirium. *Anesthesia and Analgesia, 86,* 761–785.

Marley, R.A., & Swanson, J. (2001). Patient care after discharge from the ambulatory surgical center. *Journal of Perianesthesia Nursing, 16*(6), 399–419.

Meeker, M.H., & Rothrock, J.C. (1999). *Alexander's care of the patient in surgery.* St. Louis: Mosby Year Book.

Moline, B.M. (2001). Pain management in the ambulatory surgical population. *Journal of Perianesthesia Nursing, 16*(6), 388–398.

Polanczyk, C., Marcantonio, E., Goldman, L., et al. (2001). Impact of age on perioperative complications and length of stay in patients undergoing noncardiac surgery. *Annals of Internal Medicine, 134*(8), 637–643.

Quinn, D.M. (Ed.). (1999). *Ambulatory surgical nursing core curriculum.* Philadelphia: WB Saunders.

Redmond, M.C. (2001). Malignant hyperthermia: Perianesthesia recognition, treatment, and care. *Journal of Perianesthesia Nursing, 16*(4), 259–270.

Schafheutle, E., Cantrill, J. & Noyce, P. (2001). Why is pain management suboptimal on surgical wards? *Journal of Advanced Nursing, 33*(6), 728–737.

Seers, K., & Carroll, D. (1998). Relaxation techniques for acute pain management. *Journal of Advanced Nursing, 27*(3), 466–476.

Vargas, G., & Reger, T. (2000). An alternative to sutures. *Medsurg Nursing, 9*(2), 83–85.

*Watt-Watson, J., Stevens, B., Garfinkel, P., et al. (2001). Relationships between nurses' pain knowledge and pain management outcomes for their postoperative cardiac patients. *Journal of Advanced Nursing, 36*(4), 535–545.

 En complément de ce chapitre, vous trouverez sur le Compagnon Web:
• une bibliographie exhaustive;
• des ressources Internet.

RUBRIQUES des six volumes

EFFETS MULTISYSTÉMIQUES

PHYSIOLOGIE/PHYSIOPATHOLOGIE

ENSEIGNEMENT